भारत दर्शन

भारत दर्शन

जगराम सिंह

प्र
प्रभात
प्रकाशन

प्रकाशक
प्रभात प्रकाशन प्रा. लि.
4/19 आसफ अली रोड, नई दिल्ली-110002
फोन : 23289777 • हेल्पलाइन नं. : 7827007777
इ-मेल : prabhatbooks@gmail.com ❖ वेब ठिकाना : www.prabhatbooks.com

संस्करण
2026

पेपरबैक मूल्य
एक हजार पाँच सौ रुपए

मुद्रक
नरुला प्रिंटर्स, दिल्ली

BHARAT DARSHAN
by Shri Jagram Singh

Published by **PRABHAT PRAKASHAN PVT. LTD.**
4/19 Asaf Ali Road, New Delhi-110002

ISBN 978-93-5322-921-4

₹ 1500.00 (PB)

प्रस्तावना

विश्व में अपने वैभव के लिए ख्यातिप्राप्त किसी भी देश के उस वैभव की प्राप्ति के लिए किए हुए प्रयासों का अध्ययन ऐसे वैभव कीं चाह रखनेवाले देशों को बहुत बोधप्रद होता ही है। ऐसे उपलब्ध सभी अध्ययन एक बोध निरपवाद रूप से प्रदान करते हैं कि देश की वैभवप्राप्ति, देश के भाग्योदय की शिल्पकार सदा ही उस देश की सामान्य प्रजा होती है। देश का राज्यतंत्र, नेतागण, प्राकृतिक संसाधन, विचार या तत्त्वज्ञान विशेष की मान्यता आदि बातें केवल सहायक ही होती हैं। सामान्य जनता का पुरुषार्थ ही देश के भाग्य परिवर्तन का कारण होता है।

स्वगौरव की जागृति के बिना समाज अथवा व्यक्ति के पुरुषार्थ का उदय हो नहीं सकता। हमारे अपने देश का भूगोल, इतिहास, प्राकृतिक संसाधन, प्राकृतिक सौंदर्य, सांस्कृतिक विशेषताएँ, पूर्वजों के पुरुषार्थ आदि की वास्तविक जानकारी प्राप्त होने से ही समाज को विरासत में मिली क्षमताओं व संसाधन वर्तमान स्थिति के पीछे कारण बनी। हमारे गुण-दोषों की परंपरा को जानने से ही देश के भाग्य-निर्धारण का पथ तथा दृढ़तापूर्वक उस पथ पर चलकर ध्येय को प्राप्त करने का संकल्प, विजिगीषा तथा आत्मविश्वास प्राप्त होता है।

इसलिए हम सभी भारतीयों को, विशेषकर भारत-भविष्य की शिल्पकार युवा पीढ़ी को भारत को जानना चाहिए। दुर्भाग्य से भारतवर्ष की, विशेषकर भारतवर्ष का इतिहास, संस्कृति व परंपरा की यथातथ्य जानकारी न आज के विद्यालय-महाविद्यालयों के पाठ्यक्रम में है, न ही आज के भारतीय कुटुंबों के कर्ता-धर्ताओं के स्मरण में उपलब्ध है। इसीलिए समाज में अपने भारत की ठीक-ठीक जानकारी देने वाली पुस्तकें समाजहित में ध्यान में रखकर लेखन करनेवाले अध्येताओं द्वारा लिखी गई है। भारतवर्ष की संख्या की विशालता व सब प्रकार कीं विविधता को देखते हुए इस विषय पर जितना भी प्रामाणिक लेखन होता है, उतना सारा ही उपयुक्त है और बहुत सारा होने के बाद भी पर्याप्त नहीं है।

पाठकों के सामने सद्यः प्रस्तुत श्री जगराम सिंह द्वारा लिखित 'भारत दर्शन' नामक यह ग्रंथ इस आवश्यक लेखनसंभार का एक घटक माना जाएगा। श्री जगराम सिंह संघ के प्रचारक हैं, इसीलिए यह लेखन-प्रपंच उनके लिए भारतभक्ति का स्वांतसुख भी निश्चित ही प्रदान करता होगा। भारत के इतिहास, परंपरा में रामायण, महाभारत, पुराण आदि ग्रंथ उसके प्रामाणिक सूचना स्रोत हैं। उनके आधार पर प्राचीन समय से अबतक भारतवर्ष के संबंध में जानने लायक ऐसी सभी आवश्यक जानकारी, यथोचित प्रमाणों सहित इस ग्रंथ में पढ़ने को मिलेगी। इतिहास का कोई पाठ्यक्रम बनाकर देना अथवा शोधकार्य में अपनी प्रवीणता दिखाना, परखना यह इस लेखन

का उद्देश्य नहीं है। इसलिए लेखन-प्रवाह में 'स्वांत सुखाय बहुजन हिताय' जो-जो आता गया; जानने व जानकारी देने के लिए आवश्यक उपयुक्त लगा, वैसे-वैसे इस ग्रंथ के विषयवस्तु ने आकार लिया है। संभवत: इसी सहजता के कारण यह ग्रंथ जानकारी से भरपूर, प्रमाणित तथ्यों से सुसज्ज, फिर भी रोचक बना है।

अपनी पहली ही कृति को लेखक महोदय ने भारतीयों के लिए, विशेषकर उनकी नई पीढ़ी के लिए बहुत परिश्रमपूर्वक अच्छी तरह से सजाया है। इस कृति के लिए श्री जगराम सिंह जी का हार्दिक अभिनंदन। इस ग्रंथ को सुधी पाठकों में विस्तृत प्रचार-प्रसार मिले तथा इसके द्वारा भारत को जानकर तदनुसार स्वयं भारत बनकर विश्वगुरु भारत की नवीन निर्मिति के लिए हम सब मिलकर आगे बढ़ें, यही शुभकामना।

(डॉ. मोहन भागवत)
प.प्र. सरसंघचालक
राष्ट्रीय स्वयंसेवक संघ

SATISH CHANDRA MITTAL
M.A. (History, Pol. Sc.) Ph.D.
(Retired) Professor, Deptt. of History,
Kurukshetra University, Kurukshetra

(M): 0-9319480430
Add:6/1277-A, Madhav Nagar,
Saharanpur-237001 (U.P.) INDIA
e-mail : prof.scmittal@gmail.com

Date : 3.8.2018

श्री जगदीप सिंह द्वारा लिखित 'भारत-दर्शन' के सन्दर्भ में
टिप्पणी

भारत के प्रसिद्ध विद्वान विचारक तथा चिन्तक श्री जगदीप सिंह का भारत दर्शन नामक विशद ग्रन्थ भारतीय एवं विश्व के पाठकों के लिए एक अत्यन्त महत्वपूर्ण ज्ञानवर्धक रचना है। इसमें विद्वान लेखक ने भारत, भारतीयों तथा भारतीयता के सन्दर्भ में अनेक गहन तथा गूढ़ विषयों : भूगोल, खगोल, कालगणना, अध्यात्म, धर्म, संस्कृति, साहित्य तथा इतिहास-कालक्रमात्मक तथा सार रूप में विश्लेषण किया है। साथ ही प्राचीन भारतीय शिक्षा, पुण्यस्थलों, तीर्थस्थलों तथा अनेक विदुषी महिलाओं, सन्तों, महान् भक्तों, आचार्यों के जीवन पर अति संक्षेप में प्रकाश डाला है। लेखक ने विश्व के सन्दर्भ में राष्ट्र, राष्ट्रीयता की सही व्याख्या की है। संक्षेप में भारत की सन्दर्भ में उपयोगी ग्रन्थ एक मिनी इनसाइक्लोपीडिया की भांति है। ग्रन्थ पठनीय तथा संग्रह योग्य है। लेखक को इस अध्ययन, अनुभव तथा अनुभूति पर आधारित विशद ग्रन्थ के शुभ बधाई तथा शुभ कामनायें।

सतीश चन्द्र मित्तल

श्री लाल बहादुर शास्त्री राष्ट्रीय संस्कृत विद्यापीठ

(मानित विश्वविद्यालय)

कुतुब सांस्थानिक क्षेत्र, नई दिल्ली-110016

Shri Lal Bahadur Shastri Rashtriya Sanskrit Vidyapeeth

(Deemed University)

Qutab Institutional Area New Delhi-110016

पत्रांक—15/2019 दर्शनसंकाय दिनांक—21.04.2019

प्रास्ताविकम्

श्री जगरामजी द्वारा विरचित 'भारत दर्शन' ग्रंथ में भारत की प्राचीन परंपरा का विवेचन समीचीन रूप से हमें उपलब्ध होता है। भारत की भौगोलिक स्थिति, पुण्यभूमि भारत, शक्तिपीठों का वर्णन, भारतीय प्राचीन वाङ्मय, भारतीय मूल के धार्मिक पंथ, भारतीय विज्ञान, वैदिककालीन संस्कृति, रामायणकालीन संस्कृति, भुवनकोश का वर्णन, भारतवर्ष का विस्तार प्राचीनकाल में दिग्विजयी राष्ट्र के रूप में था, इसका सप्रमाण विवेचन, प्राचीन भारत के राज्यों का समुचित वर्णन, ऐतिहासिक राजाओं एवं महापुरुषों का विवेचन एवं स्वतंत्रतता सेनानियों का वर्णन आदि इस 'भारत दर्शन' ग्रंथ में उपलब्ध है। श्री जगरामजी भारतीय दर्शन का विवेचन जिस प्रकार से करते हैं, उसको देखने से लगता है कि स्वाध्याय की साधना उनकी अनुपम है। यह ग्रंथ सरस एवं सामान्य जनग्राह्य और श्लाघनीय है। अभी तक भारत के इतिहासकार दिग्भ्रमित करने वाले तथ्यों को समाज के सामने उपस्थापित करते रहे हैं। श्री जगरामजी ने भारत के प्राचीन इतिहास, भारतीय संस्कृति एवं भारतीय परंपराओं का समुचित विवेचन इस ग्रंथ में किया है। इस ग्रंथ की भाषा एवं शैली अत्युत्तम है। पाठकों के मनोग्राह्य सभी तथ्य इस ग्रंथ में हैं। इसका सम्यक् रूपेण अध्ययन मैंने किया। मुझे यह प्रतीत हुआ कि भारत की प्राचीन एवं अर्वाचीन परंपराओं एवं वैज्ञानिक तथ्यों का प्रतिपादक यह ग्रंथ सर्वश्रेष्ठ है। वस्तुतः यदि किसी को भारत राष्ट्र को समझना है तो उसे 'भारत दर्शन' का अध्ययन करना ही होगा। यह ग्रंथ भारतीय परंपरा के लिए विश्वकोश है। ऐसे स्तुत्य कार्य करने के लिए श्री जगरामजी की साधना को नमन करते हुए माँ सरस्वती की कृपा श्री जगरामजी पर बनी रहे, जिससे कालांतर में इस भारतीय परंपरा विश्वकोश की समृद्धि हेतु भारतीय परंपरा के अंगों का विस्तृत विवेचन लेखक के द्वारा किया जाए।

अनंत शुभकामनाओं सहित,

हरेराम त्रिपाठी

(प्रो. हरेराम त्रिपाठी)

दर्शनसंकायाध्यक्ष

मीमांसा एवं अद्वैत वेदांतविभागाध्यक्ष

दूरभाष/Tele : 011-26060606, 011-26564578, फैक्स/Fax.: 011-26533512

वेबसाइट/Website.:www.slbsrsv.ac.in, इ-मेल/Email.:info@slbsrsv.ac.in

आमुख

अर्थशास्त्र (v.१३-१४) में कहा गया है, **'पुराणमितिवृत्तमाख्यायिकोदाहरणम् धर्मशास्त्रमर्थशास्त्रं चेति इतिहासः।'**

प्रस्तुत ग्रंथ इतिहास की उपर्युक्त परिभाषा को सार्थक करता है तथा वास्तव में अध्येता को 'भारत दर्शन' ही करा देता है। इसके विभिन्न विषय महाभारत की भाँति विभिन्न पर्वों में विभाजित किए गए हैं।

प्रथम पर्व में भारत का 'भौगोलिक परिदृश्य', 'पुण्य स्थल', 'भारतीय दर्शन', 'विज्ञान', 'शिक्षण केंद्र', 'संस्कार', 'आश्रम व्यवस्था', 'मेले', आदि हैं। दूसरा पर्व 'वैदिक पर्व' कहा गया है, क्योंकि लेखक का मानना है कि 'मत्स्य पुराण' में वर्णित पृथ्वी के विभिन्न द्वीपों की वैदिक काल की अवधारणा से निरंतरता है। तीसरा पर्व 'रामायण पर्व' है, चौथा 'महाभारत पर्व'। सातवें से नवें पर्वों में विभिन्न कालों में साम्राज्यों का विस्तार तथा सम्राटों के विषय में परिचय वर्णित है। दसवाँ-ग्यारहवाँ 'समर्पण पर्व' है। जिसमें प्राचीन से लेकर आधुनिक भारत तक के सभी सम्राटों, योद्धाओं, मनीषियों, गौरवशाली महिलाओं, संतों आदि के विषय में लिखा गया है। बारहवाँ महत्त्वपूर्ण विदेशी मनीषियों का स्मरण करता है। तेरहवाँ 'आह्वान पर्व' है, जिसमें राष्ट्र तथा संस्कृति के रूप में भारत की महिमा स्पष्ट की गई है एवं राष्ट्रीयता का आह्वान है।

चौदहवें 'कल्कि पर्व' में भारत के स्वर्णिम भविष्य की दृष्टि है।

अनंतर भरत वाक्य तथा संदर्भ है—

समस्त ग्रंथ की अभिकल्पना एकात्मता स्तोत्र पर आधारित है, जिसमें देदीप्यमान राष्ट्र को नमन है।

प्रसिद्ध इतिहासकार फिशर ने अपनी पुस्तक 'हिस्टरी ऑफ यूरोप' की प्रस्तावना में लिखा था कि ऐतिहासिक विकास कभी भी बुद्धि संगत या जैविक नहीं हो सकता। अतः इस विकास में हम उद्देश्यवादी अंत नहीं देख सकते हैं। यह सत्य है कि तथ्यपरक इतिहास की घटनाओं में यह देखना व्यर्थ होता है, परंतु जहाँ तक विचारों का इतिहास है, वहाँ उस विकास की प्रक्रिया तभी भली-भाँति समझी जा सकती है, जब हम उस उद्देश्य अथवा अंत को देखें, जिस ओर इस प्रक्रिया के जाने की प्रवृत्ति दिखती है। सांस्कृतिक इतिहास में इस आदर्श प्रक्रिया के अंतर्गत ही इस विकास का निर्विवाद तर्क व्याख्यायित होता है।

अतः हम यह कह सकते हैं कि एकात्मता स्तोत्र पर आधारित 'भारत दर्शन' इसी प्रकार के सांस्कृतिक इतिहास को दरशाता है। भारतीय दृष्टि में मूल ऐतिहासिक मूल्यों का ही इतिहास है।

वेदों में हम एक समग्र दृष्टि देखते हैं, जो आधिभौतिक, आधिदैविक तथा अध्यात्म को एक सूत्र में पिरोती है। इसकी दार्शनिक रूप से व्याख्या उपनिषदों में मिलती है, जहाँ सृष्टि के पीछे का सत् ब्रह्म तथा मनुष्य के पीछे का सत् आत्मा है तथा ये दोनों एक ही हैं। इस प्रकार का दर्शन, जो अपनी पृष्ठभूमि में अद्वैत को देखता है, उसके लिए सभी विविधताओं का आनुभविक सत्य होते हुए भी परमार्थ सत्य के रूप में एकता होती है। इसीलिए भारतीय संस्कृति में कभी भी एकेश्वरवाद तथा बहुदेववाद में कोई विरोध नहीं देखा गया। यास्क ने सत्य ही कहा था—**'महाभागः देवताया एक आत्मा बहुधा स्तूयते।'**

यही बात हमारे षड् दर्शन से भी प्रमाणित होती है, जिसकी लेखक ने बहुत ही सुंदरता से व्याख्या की है। एक ओर तो वैशेषिक दर्शन है, जो एक विश्लेषणात्मक दर्शन है, जिसके अनुसार प्रत्येक पदार्थ का एक अतींद्रिय विशेष है, तो दूसरी ओर, 'शांकर वेदांत' है, जो संश्लेषणात्मक दर्शन है, जिसके अनुसार जगत् के नानात्त्व वास्तव के पीछे एक ही सत् है।

वैदिक दर्शन के अनुसार जो सत् है, वह नित्य है—**यत् सत् तन्नित्यम्**। बौद्ध दर्शन के अनुसार जो सत् है, वह क्षणिक है—**यत् सत् तत् क्षणिकम्**। जैन धर्म के अनुसार **उत्पाद् व्यय ध्रौव्ययुक्तं सत्** अर्थात जो उत्पन्न है, वह भी सत् है, जो समाप्त है, वह भी सत् है तथा जो ध्रुव है, वह भी सत् है। तीनों में विभिन्न आध्यात्मिक स्तरों के अनुभव देखे जा सकते हैं। इसीलिए भारतीय जनमानस ने विभिन्न बौद्धिक सिद्धांतों तथा आध्यात्मिक अनुभवों में कभी भी विरोध नहीं देखा।

लेखक ने विस्तार से भारतीय भौगोलिक परिदृश्य का वर्णन किया है तथा इसके साथ ही काल-गणना की भी विवेचना की है, जो समसामयिक काल में पुनः विद्वानों के मध्य प्रचलित हो रही है।

ग्रंथ में न केवल धर्म व दर्शन, बल्कि विविध लौकिक विज्ञानों का भी वर्णन किया गया है, क्योंकि हमारी वैदिक दृष्टि संसार तथा अध्यात्म में भेद नहीं रखती थी। आयुर्वेद, रसायन-शास्त्र, गणित-शास्त्र, काम-शास्त्र तथा सौंदर्य-शास्त्र सभी पर चर्चा की गई है। लेखक ने गहन अनुसंधान करके बहुत सटीक बात कही है कि जो सौंदर्य-शास्त्र पाश्चात्य जगत् में १८वीं शताब्दी से प्रारंभ हुआ, वही भारत वर्ष में **'ऐतरेय ब्राह्मण'** में मिलता है तथा व्यवस्थित रूप से दूसरी शताब्दी ई.पू. में भरत के नाट्य-शास्त्र में भी।

भारतीय शिक्षण संस्थाएँ विस्तार से व्याख्यायित की गई हैं, जैसे नालंदा, विक्रमशिला आदि।

भारतीय इतिहास के अंतर्गत आने वाले सभी व्यक्तित्वों के योगदान को निष्ठापूर्वक स्मरण किया गया है। सम्राटों में—अशोक, कृष्णदेवराय, धार्मिक व्यक्तित्व में—श्रीराम एवं हनुमान आदि, संतों में—कबीर, रैदास, गुरुनानक आदि, महिलाओं में—मीरा, दुर्गावती, लक्ष्मीबाई आदि।

सत्य तो यह है कि इतिहास के अर्थ विशिष्ट सांस्कृतिक प्रवृत्ति के ही संदर्भ से जुड़े होने चाहिए, जिनके आधार पर उनका Encodation तथा Decodation करना चाहिए।

अंग्रेजी शब्द 'हिस्टरी' तथा भारतीय शब्द 'इतिहास' में यह भेद है—जहाँ 'हिस्टरी' लौकिक घटनाओं, संस्थाओं, मानव की उपलब्धियों को कालक्रम से वर्णित एवं व्याख्यायित

करती है, वहीं इतिहास संवृत्ति सत्य तथा **अवांऽगमनसगोचर** सत्य (Transcendental) के मध्य सेतु बनता है।

'पंचदशी' (७.४.२-२४) में कहा गया है कि इस प्रकार का इतिहास तर्क अथवा काव्य दोनों ही से श्रेष्ठ हैं, क्योंकि यह क्षणिक जीवन के दंभ को दरशाने का परम ज्ञान देता है।

आशा है कि यह ग्रंथ इतिहास की उपर्युक्त अवधारणा को समेटते हुए सफलतापूर्वक भारत दर्शन कराएगा।

—प्रो. (डॉ.) सुष्मिता पांडे
अध्यक्ष
राष्ट्रीय संस्मारक प्राधिकरण
भारत सरकार, नई दिल्ली

वैदिक राष्ट्र गान

ॐ! आ ब्रह्मन् ब्राह्मणो ब्रह्मवर्चसी जायताम्
आ राष्ट्रे राजन्यः शूरऽइषव्योऽतिव्याधी महारथो
जायतांद्रोग्ध्री धेनुर्वोढानड्वानाशुः सप्तिः
पुरन्ध्रिर्योषा जिष्णू रथेष्ठाः सभेयो
युवास्य यजमानस्य वीरो जायतां
निकामेनिकामे नः पर्जन्यो वर्षतु फलवत्यो
नऽओषधयः पच्यन्ताम् योगक्षेमो नः कल्पताम्

(शुक्ल यजुर्वेद, अध्याय-२२, मंत्र-२२, २३)

भावार्थ—हे महतो महान् परमेश्वर! हमारे राज्य में वेदविद्या में निष्णात, वेद और ईश्वर को जानने वाले ब्राह्मण उत्पन्न हों; हमारे राष्ट्र में बाण चलाने में प्रवीण, शत्रुओं को पीड़ित करने वाले शूरवीर महारथी क्षत्रिय उत्पन्न हों; हमारे राष्ट्र में खूब दूध देने वाली गौयें हों, हमारे राष्ट्र में भार ढोने में समर्थ बैल और शीघ्रगामी घोड़े हों; हमारे राष्ट्र में नारियाँ नगर की रक्षा करने में समर्थ हों; हमारे राष्ट्र में रथ पर स्थित वीर विजयशाली हों; हमारे राष्ट्र में जब-जब हम कामना करें, तब-तब मेघ जल बरसाएँ; औषधियाँ हमारे लिए उत्तम फलवाली होकर पकें; हमारा सर्वविध योग अप्राप्त वस्तु की प्राप्ति और क्षेम (प्राप्त वस्तु) की रक्षा हो।

आभार

राख की ढेरी में जिस प्रकार अग्नि की तपनरूपी दबी-कुचली चिनगारी आहें भरती है और जब पवन का कोई एक जोरदार झोंका कभी-कभार राख के अस्तित्व को चुनौती देता तथा क्षण भर में उसके भीमकाय रूप को तार-तार कर विदीर्ण कर देता, तभी पूरब की लोहित सी स्मित मुसकान लिये कोई अपने होने की आहट दिलाती बिजली-सी काले मेघों के बीच में से एक विमुक्त झलक मानो चमक सी जाती।

हमारा देदीप्यमान भारतमाता रूपी राष्ट्र विगत कुछ झंझावातों के घातों-आघातों-प्रतिघातों से ऐसा आहत हुआ कि सुधि लेनेवाला एक पवन का झोंका तक वर्षों से पास न आया। कैसा दुर्भाग्य, जिसने न जाने कितने धर्मात्माओं, वीरों को जन्म दिया, उसकी यह दशा विडंबना ही है। जो भूत में अपने पुत्रों के कारण धर्मभूमि, त्यागभूमि, भावभूमि, भाग्यभूमि, यज्ञभूमि, मोक्षभूमि, कर्मभूमि आदि ऐसे अनेक दिव्य विशेषणयुक्त आभूषणों से विभूषित हुई, वही आज आहें भरे और अपनी मुक्ति की भीख माँगे!

इसकी यह दुर्दशा किसने की, किसी और ने नहीं, हम ही ने। माँ तो अपने ही पुत्रों से गौरवान्वित होती है और अपने ही पुत्रों से लांछित होती है। ऐसी ही दिग्भ्रमित कालावधि में कोई-न-कोई पुत्र माँ की पुनर्प्रतिष्ठा हेतु सदैव आगे बढ़ा है। उसी कड़ी में आगे बढ़कर माँ के दिव्य रूप, माँ की दिव्य झाँकी और सनातन काल से अपने पुत्रों के कारण माँ का जो गौरव रूप या परम वैभवयुक्त भारत था, उसी की एक झलक आनेवाली पीढ़ी को दिखाने हेतु इस दुस्साहसी कार्य का वर्षों पूर्व बीड़ा उठाकर जिस प्रकार रामसेतु निर्माण में गिलहरी का योगदान था, उसी प्रकार गिलहरी-सा प्रयास करने का संकल्प संपादन किया।

उसी का परिणाम आज 'भारत दर्शन' जैसी सुमनांजलि पूर्वजों की थाती के रूप में, अक्षय निधि के रूप में, पथ के प्रस्तर-स्तंभ के रूप में, भवसागर में धर्मरूप पतवार के रूप में, घोर निराशा में टिमटिमाते दीप के रूप में, रक्तालोडित महासमर में एक मूक मीत चेतक के रूप में, सागर के अतल गर्भ से मोती बीन-बीनकर संग्रह के रूप में आनेवाली पीढ़ी, आनेवाले कल, आनेवाली भोर, आनेवाली श्वासों के चरणों में पुष्पांजलि न्योछावर करने का परम पिता परमेश्वर, परम वंदनीय माता-पिता, परम पूजनीय गुरुदेव, कंधे से कंधा मिलाने वाले सगे-संबंधी, परम हितैषी, आत्मीय इष्ट-मित्र, दूरस्थ-तटस्थ-समीपस्थ-अंतस्थ सहयोगी, सहभागी, सहकारी, समविचारी, अनुज और अग्रज, बंधु-भगिनी, सहलेखक, मुद्रक, प्रकाशक, उत्सुक पाठकगणों आदि सभी की प्रत्यक्ष-अप्रत्यक्ष कृपा, दया, मार्गदर्शन, आशीर्वाद, सहयोग, सहभाग, सहकार आदि के कारण

भारत माँ की झाँकी की प्रस्तुति (लेखन रूप) देने का सौभाग्य मिला, उससे यह जीवन कृतकृत्य हो गया, सधन्य हो गया, सच्चे अर्थों में सार्थक हो गया। सभी का चिरऋणी हो गया।

अंतत: आप सभी के अंदर विराजमान परमात्मा के श्रीचरणों में एक विनम्र विनती है कि यह प्रयास मेरी कोई बुद्धिमत्ता, योग्यता, श्रेष्ठता का परिचायक नहीं है। यह आपकी बगिया के सुरभित सुमन हैं, जो मैंने माली बनकर चुने हैं। इस पर तो अधिकार आप सभी का है, मैं तो केवल एक माली हूँ, सुमन चुनना तो मेरा काम था। जिस प्रामाणिकता, निष्ठा, भक्ति, श्रद्धा, विश्वास, परिश्रम, कर्तव्यपरायणता से ईश्वररूप सेवा जानकर किया। त्रुटियाँ तो मुझे मालूम नहीं, मैंने तो ईश्वरीय कार्य मानकर आसक्तिरहित, भक्तिसहित, ईश्वर अर्पित कर्म के द्वारा मात्र इसी भाव से निमित्त बनकर किया है, जो मेरे हाथ में, बुद्धि में, विवेक में था, उसे ही करने का प्रयास किया है।

इतिहास किसी भी समाज की विकास-धारा का मूल्यांकन होता है, काल-परिस्थिति के परिवर्तन का प्रभाव भाषा पर यत्र-तत्र दिखाई पड़ता है, जो एक सहज लेखनी का मूलतत्त्व होता है। इस प्रभाव से मेरी लेखनी भी अछूती नहीं रही है।

प्राचीन भारत से लेकर आज तक भारत का भौगोलिक स्वरूप बदलता रहा है; स्रोतों के अभाव के कारण भौगोलिक क्षेत्र सुनिश्चित करना अति कठिन रहा है, परंतु फिर भी मैंने समय सीमा परिवेश के अनुसार भारत का चित्र प्रतिबिंबित करने की कोशिश की है।

शेष गुण-दोष, हानि-लाभ, यशापयश, ईश्वर रूप आप सभी का छिद्रान्वेषण, मूल्यांकन, विश्लेषण करने का कार्य है। उस पर मेरा कोई हस्तक्षेप या अधिकार नहीं है, न ही मन में कुछ स्वप्नस्वरूप सोचता हूँ। आप लोगों ने मुझ अकिंचन को जो कार्य सौंपा था, उसी को प्रसाद मानकर ग्रहण किया और उसी को शब्दरूप देने का यज्ञानुष्ठान किया, उसी की अंतिम आहुति के लिए वाणी रूप मंत्र प्रवाह के विराम की अनुमति लेकर पुन: श्रीचरणों में विनम्र नमन कर प्रस्थान की याचना के साथ प्रणामांजलि भेंट। धन्यवाद!

—जगराम सिंह

यज्ञ रूप माँ के चरणों में आत्महवन।
शीश पर कर छत्र के प्रति आत्मनिवेदन॥
गिलहरी की सी तुच्छ भेंट जग आकर्षण।
'जग'राम चरण' में समर्पित भारत दर्शन॥

अभिप्राय

परमशक्ति सर्वेश्वर ईश्वर ने मनु-सतरूपा के रूप में प्रकट होकर जो प्रथम बीज रूप जीवन का गौरव भारत को दिया और सृष्टि के पशुत्व को देवत्व बनाने का भारत से जो पुण्य कार्य करवाया, उन जीवन-मूल्यों, शाश्वत सिद्धांतों एवं व्यष्टि से परमेष्टि तक के सन्मार्ग का सुगम एवं सनातन आचरण भारत से करवाया और जो महर्षियों के रूप में दिव्य सुमधुरवाणी की स्फूर्तिदायिनी प्रेरणा से गायन एवं उद्‌बोधन भारत से करवाया, वही सार रूप में श्रुतियों, स्मृतियों एवं वेदों के रूप में उल्लिखित है। जैसे—

धृतिः क्षमा दमोऽस्तेयं शौचमिन्द्रिय निग्रहः।
धीर्विद्या सत्यमक्रोधो दशकं धर्मलक्षणम्॥

(मनुस्मृति, गीताप्रेस गोरखपुर, ६/९२)

अर्थात्—धृति (धैर्य-संतोष), क्षमा (सामर्थ्य रहते हुए भी अपकारी का अपकार न करना), दम (विषयों का संसर्ग होने पर भी मन को निर्विकार रखना), अस्तेय (काम, मन, वचन से पर द्रव्य को न चुराना), शौच (मिट्‌टी-जल आदि के द्वारा देह शुद्धि), इंद्रियनिग्रह (यथेच्छु विषय-भोग से हटाकर अलौकिक विषय की तृप्ति के लिए, शास्त्रसम्मत मार्ग से इंद्रियों को ले चलना), धी (आत्मविषयिनी बुद्धि में शरीर नहीं आत्मा हूँ।) इस प्रकार की बुद्धि-विद्या अर्थात् आत्मज्ञान जिससे हो, उस ब्रह्मविद्या का अनुशीलन, सत्य यथार्थ कथन और प्राणियों का हित साधन अक्रोध-क्रोध का कारण उपस्थित होने पर भी क्रुद्ध न होना, इन दसों का नाम धर्म है। इनमें जो सम्यक् प्रतिष्ठित है, वही धार्मिक है। उसी को परमगति की प्राप्ति होती है।

अहिंसा सत्यमस्तेयंशौचमिन्द्रिय निग्रहः।
एतं धर्मं समासेन चातुर्वर्ण्येऽब्रवीत्मनुः॥

(मनुस्मृति, अध्याय-११, श्लोक-५४)

अहिंसा—हिंसा का स्थूल अर्थ है शरीर से प्राण का वियोग करना, परंतु इसका सूक्ष्म अर्थ है—मनसा, वाचा, कर्मणा किसी को कष्ट देना, अपने शरीर से किसी को पीड़ा पहुँचाना, वाणी से मृत्यु की धमकी देना अथवा ऐसी कठोर वाणी बोलना, जिससे किसी के मन पर आघात पहुँचे और मन से किसी का विनाश या बुरा चाहना, यह भी हिंसा ही है। ऐसी किसी भी हिंसा से दूर रहने का नाम है अहिंसा का पालन।

सत्य—ऐसा कौन सा संप्रदाय है, जो सत्य की आवश्यकता को स्वीकार न करता हो,

भले ही कदाचित् सत्य वचन पर कोई ध्यान न दे परंतु असत्य का आचरण करने के लिए तो कोई भी संप्रदाय नहीं कहता। अतएव सत्य अर्थात् सत्य का आचरण और असत्य का त्याग, यह सभी संप्रदायों के लिए समान धर्म है।

अस्तेय—स्तेय का अर्थ है चोरी करना, अस्तेय का अर्थ है चोरी न करना, अर्थात् जो लोग अपने व्यवहार में पूरी ईमानदारी नहीं बरतते, जो अपनी आवश्यकता से अधिक संग्रह करते, जो अपने ऊपर सौंपा हुआ कार्य विश्वासपूर्वक नहीं करते, वे सभी चोर, डाकू तथा लुटेरे हैं। इस प्रकार की किसी भी चोरी से दूर रहना अस्तेय व्रत का पालन कहलाता है।

शौच—शौच का अर्थ पवित्रता है। एक तो है शरीर की पवित्रता अर्थात् शरीर को स्वस्थ रखना, इस बात को तो पशु-पक्षी तक समझते हैं। फिर मनुष्य को तो ऐसा करना ही चाहिए। दूसरी है मन की पवित्रता, मन को दुष्ट संकल्पों से दूर रखना चाहिए। मन में किसी भी प्रकार का बुरा विचार आने ही न पाए, उसको ऐसा पवित्र बनाना ही चाहिए।

इंद्रियनिग्रह—वास्तविक स्वतंत्र मनुष्य कौन है? जिसका अपनी इंद्रियों के ऊपर पूरा नियंत्रण है, दूसरा कोई नहीं। स्वतंत्र देश में रहने से शरीर भले ही स्वतंत्र कहलाता है, परंतु वह मनुष्य, जो इंद्रियों का दास है, वे जैसे चलाती हैं, वैसे ही पशु के समान चलता है, तो वह स्वतंत्र नहीं है, बल्कि दास से भी निम्नतर है।

आहारनिद्रा भय मैथुनं च।
सामान्यमेतत्रपशुभिर्नराणाम्॥
धर्मोहितेषामधिकोविशेषो।
धर्मेण हीनाः पशुभिः समानाः॥

(सुभाषितानि)

अर्थात् आहार, निद्रा, भय, मैथुन—ये चार बातें पशुओं और मनुष्यों में समान रूप से होती हैं। मनुष्य में यदि कोई विशेषता है तो वह धर्म की है, अतएव जिस देश, समाज, व्यक्ति में धर्म नहीं होता, उसको शास्त्र पशु कहते हैं।

धर्म एव हतोहन्ति धर्मोरक्षति रक्षितः।
तस्माद्धर्मो न हन्तव्यो मा नो धर्मो हतोऽवधीत्॥

(मनुस्मृति)

नित्य रहनेवाला धर्म सनातन है। अतः जब किसी वस्तु का सनातन धर्म, जिससे वह वस्तु अपनी सत्ता रखती है, हटा दिया जाएगा, तब वह वस्तु वह नहीं रहेगी, क्योंकि धर्म के बिना धर्मी की सत्ता नहीं रह जाती। इसे यों भी कहा जा सकता है कि धर्म को नष्ट करनेवाले को धर्म नष्ट कर दिया करता है और धर्म के रक्षक की धर्म रक्षा करता है।

यम, नियम, आसन, प्राणायाम, प्रत्याहार, ध्यान, धारणा, समाधि आदि व्यष्टि से परमेष्टि तक का सुगम मोक्षमार्ग ऋषियों-महर्षियों ने संपूर्ण सृष्टि में अपने जीवन को दीप की बाती की भाँति तिल-तिल कर जलाकर प्रशस्त किया। तदुपरांत संपूर्ण चराचर को, अष्टांग योगरूपी नौका को इस अंधकारमय भवसागर से निर्विघ्न पार पाने का अमोघ दिव्यास्त्र प्रदान कर संपूर्ण भूमंडल को श्रद्धावनत होने को बाध्य किया। अतः उन दिव्यात्माओं के जीवन की संपूर्ण श्वासें एवं उन

श्रुतियों का निष्काम भाव से अस्थि शेष तक समर्पण जगत् शेष में जीवन की नव-आस अवस्थित हुई। अतः सारी सृष्टि भी नवोदित हुई।

१. यत्र धर्मश्च तत्र बलं च।
२. यत्र धर्मश्च तत्र वाक् च।
३. यत्र धर्मश्च तत्र इन्द्रियं च।
४. यत्र धर्मश्च तत्र श्रीः च।
५. यत्र धर्मश्च तत्र ओजश्च।
६. यत्र धर्मश्च तत्र तेजश्च।
७. यत्र धर्मश्च तत्र सहश्च।
८. यत्र धर्मश्च तत्र श्रुतं च।
९. यत्र धर्मश्च तत्र विनयश्च।
१०. यत्र धर्मश्च तत्र हरिं च।

***

१. संगच्छध्वं संवदध्वं सं वो मनांसि जानताम्।
२. सहनाववतु सहनौ भुनक्तु सहवीर्यं करवावहे।
३. सर्वे भवन्तु सुखिनः। सर्वे सन्तु निरामया।
सर्वे भद्राणि पश्यन्तु मा कश्चिद्‌दुखभागभवेत॥
४. लोकाः समस्ता सुखिनो भवन्तु।
५. सर्वे कर्णेभिः श्रुणुयामदेवाः।
भद्रं पश्येमाक्षाभिर्यजत्राः॥
६. यत्र नार्यस्तु पूज्यन्ते रमन्ते तत्र देवताः।
यत्रैतास्तु न पूज्यन्ते सर्वास्तत्राः फलाः क्रिया॥

(मनुस्मृति, ३/५६)

धर्म की मूल शक्ति है भगवान्। धर्म ही जगत् का प्राण है। धर्म ही जीवन के आनंद का स्रोत है। धर्म का सबसे बड़ा साधन आत्ममर्यादा है। आत्ममर्यादा का सोपान आत्मगौरव है और आत्मगौरव का आधार सदाचार है। सदाचार की प्राणप्रतिष्ठा धर्म पर ही अवलंबित है।

मनुष्यत्व की रक्षा, दिव्यत्व की जागृति और पशुत्व की निवृत्ति के लिए एक ऐसे निर्दिष्ट पथ की आवश्यकता है, जो केवल मन को प्रिय लगने वाले विषयों की परिधि में ही सीमित नहीं, प्रत्युत ज्ञान के विश्वव्यापी आलोक से देदीप्यमान हो और जिसमें पग-पग पर दिव्यभाव की झाँकी एवं उसकी ओर अग्रसर होने में प्रत्यक्ष निदर्शन प्राप्त होते हों, यही सदाचार वह दिव्य राजपथ है, जिस पर चलते रहने से यह आत्मा सुपुष्ट, चरित्र, मनोबल एवं आत्मबल के सहारे सत्य, ब्रह्मचर्य, तप तथा सम्यक् ज्ञान प्राप्त हो अर्थात् सदाचाररूपी अमृत से ही संभव है।

चरित्र के बिना व्यक्ति का जीवन उस दिग्भ्रांत नाविकविहीन जहाज के समान होता है, जो दुविधामयी स्थिति में विस्तृत सागर में डगमग कर रहा हो। चरित्रयुक्त मनुष्य के जीवन का एक

निश्चित लक्ष्य होता है। आत्मज्ञान की प्राप्ति की आकांक्षा रखना ही श्रेष्ठ चरित्र के विकास का रहस्य है। श्रेष्ठ चरित्र एक खिले पुष्प की भाँति शांति और आनंद की सुगंध सदैव प्रसारित करता रहता है। ऐसे चरित्र के कारण ही देवत्व, आर्यत्व संभव है।

मानवता एक ऊँची उदार भावना है, स्वार्थ और संकीर्णता से उसका घोर विरोध है। वह सबके, मानवमात्र के हित-साधन के लिए प्रेरित करती है। सबकी हित-चिंता के लिए उत्प्रेरणा प्रदान करती है। मानवता मनुष्य का मूल धर्म है, अर्थात् मानवमात्र का अध्यात्म पर आधारित धर्म ही भविष्य की आशा का दीपक है। अत: मानवता का विकास धर्म के ही आधार पर संभव है। धर्म के मूल तत्त्वों को मानने पर ही मानव पूर्ण मानव बन सकता है, अर्थात् वैदिक धर्म ही वह धर्म है, जो देश और काल की परिधि से बाहर निकलकर समग्र विश्व के मानवों के हितार्थ जागरूक रहता है। अत: सार्वभौमिकता का समादर धर्म भावना का सनातन सन्मार्ग रहा है।

श्रेष्ठ, आर्य, देव आदि बनाने की उपर्युक्त धर्ममय भावों की भावना भारत के ऋषि-मुनि अपने हृदय में धारण कर वसुधा के कोने-कोने में गए—

एतद् देशप्रसूतस्य सकाशादग्रजन्मनः।
स्वं स्वं चरित्रं शिक्षेरन् पृथिव्यां सर्वमानवाः॥

(मनुस्मृति, २/२२)

कनाडा में महर्षि कणाद हों, ग्वाटेमाला में महर्षि गौतम हों, यूरोप में महर्षि बृहस्पति/कश्यप हों, ऑस्ट्रेलिया में महर्षि पुलत्स्य हों, संपूर्ण एशिया में भरद्वाज/वसिष्ठ हों, चाहे संपूर्ण भूमंडल पर निर्विघ्न रूप से विचरण करनेवाले महर्षि व्यास, अगस्त, लोमहर्ष, सूतजी, शुकदेव आदि हों, अर्थात् 'कृण्वन्तो विश्वं आर्यम्' को साकार करने के लिए कोटिक ऋषि-मुनियों, ज्ञानियों-ध्यानियों एवं तपस्वियों की अविराम साधना हो, इन सभी ने श्रेष्ठ मानवीय जीवन के आधारभूत स्तंभ धर्म के (कोटिक प्रयासों से सिद्ध) दस सिद्धांत आदि को अवस्थित करने में जो आहुति दी, वह भारत को आदि से आद्यपर्यंत गौरवासीन रखने में सहायक सिद्ध हुई है।

फलतः भूमंडल पर सर्वप्रथम चेतना रूप में धर्मस्वरूप भारत की ही गोदी में जीवन का सूर्य उदय हुआ और उदित होकर अपनी संपूर्ण उद्दीप्त कलाओं से, तरुण प्रखरता से संपूर्ण चराचर को अपनी आध्यात्मिक शक्ति, त्याग, तपस्या-तपोबल के अपरिमित ऊर्जापुंज के बल पर पशु, नर, आर्य, देव, परमात्मा तक की महायात्रा का इसने जो शंखनाद किया, यानी वसुधा के हर कोने तक कोई-न-कोई भरतसुत, प्राणार्पण से कष्टकंटकादि की भी चिंता न करते हुए 'कृण्वन्तो विश्वं आर्यम्' जैसे दिव्य ध्येय को पाने का जो महायज्ञ प्रारंभ किया, उसकी दिव्य ज्योति आद्योपांत अहर्निश प्रज्वलित है। इसी कारण भारत अपने अध्यात्म से सदा विख्यात रहा है। इस अध्यात्म की आधारशिला सत्त्वानुरूपा श्रद्धा हैं। इसने भयंकर से भयंकर झंझावात झेले हैं। आँधियों और तूफानों का सामना किया है, पर अपने कर्तव्य भावरूपी धर्म को नहीं त्यागा। आध्यात्मिकता इसकी प्राण बनकर रही है। परमतत्त्व में अविचल विश्वास सदा शक्ति देता रहा है। ब्रह्मतेज और क्षात्रतेज के आधार पर सुचारु रूप से चलने वाला यह सांस्कृतिक रथ सारी सृष्टि में सर्वश्रेष्ठ है। इसका निर्माण संसार ही नहीं अपितु अखिल भुवन के सर्वश्रेष्ठ तत्त्वों के संयोग से संभव हुआ। धर्म और ईश्वर की श्रद्धामय एवं निष्ठायुक्त भावना को ही आध्यात्मिकता कहते हैं। इसी आध्यात्मिकता ने

इस भरत-भू को पावन, गुरु, सर्वश्रेष्ठ, गौरव, स्वर्णसिंहासन का, परम वैभव का अधिकारी अर्थात् जगत्गुरु जैसा पूजनीय बना दिया, जिसके कारण देवता भी इस भूमि पर जन्म लेने की इच्छा रखते हैं और नित्य यशोगान करते हैं।

गायन्ति देवाः किल गीतकानि।
धन्यास्तुते भारत-भूमिभागे॥
स्वर्गापवर्गास्पद मार्गभूते।
भवन्ति भूयः पुरुषाः सुरत्वात॥

(विष्णुपुराण, २/३/४)

नील गगन में जैसा, अटल ध्रुवतारा।
वसुंधरा पर वैसा, भारतवर्ष हमारा॥
जीवन की प्रथम किरण का पूरब द्वार।
विकास का वामन-पग, जगराम उद्धार॥

—जगराम सिंह

अनुक्रम

जय माँ भारती
पश्चिमार्णव
पूर्वार्णव
... शरण्ये त्र्यंबिके देवि नारायणि नमोस्तुते ।।
आदिपराशक्तिरूपिणि ललितापराभट्टारिका
भारतमाता
अस्मान् अनुगृह्णातु ।
दक्षिण महार्णव

स्तुति-पर्व

जो देवों की वंदनीय, ऋषि-मुनियों की पूजनीय, कण-कण की आराधनीय, चर-अचर की अभिनंदनीय, शक्तिस्वरूपा, भक्तिस्वरूपा, धर्मस्वरूपा, कर्मस्वरूपा, त्यागस्वरूपा, मोक्षस्वरूपा, भावस्वरूपा, यज्ञस्वरूपा, तपस्वरूपा, ध्यानस्वरूपा, ज्ञानस्वरूपा, श्रद्धास्वरूपा, जगज्जननी, दुर्गा, आदिशक्ति, चेतनारूपिणी, लक्ष्मी स्वरूपिणी, मातृभूमि भारतमाता की वंदना, स्तुति, प्रार्थना, अभ्यर्थना, अर्चना तो अनादि काल से देवों, ऋषियों-मुनियों, नर-नारियों, कवियों द्वारा भिन्न-भिन्न गानों-तानों, सुरों में ज्ञेय-अज्ञेय रूप में आज तक होती आई है और यावत्चन्द्रदिवाकरौ होती रहेगी।

ऐसी संपूर्ण वैभवरूपिणी माँ की स्तुति कुछ इस प्रकार से श्रुतियों, स्मृतियों, वेदों, पुराणों, उपनिषदों, आगम-निगमों, धर्मग्रंथों अर्थात् समस्त वाङ्मय ने भी भाव (सार-गर्भित) रूप से की, जो वास्तव में आचरणीय-अनुकरणीय है। तान में तान मिलाकर संगीत के प्रवाह के जलबिंदुस्वरूप चाह, ललक, उत्कंठा, पूर्ण समरस हो, समर्पण भाव को अंत:करण में समेट संग-संग प्रवाहित होने का आनंद लेते भाव-विभोर हो, जीवन को शुद्ध सात्त्विक बनाने का यज्ञ सफल हो, उसी उद्यम से, वीणा के तारों की तान-झनकार बनकर संगीत के नाद से सुरभित पवन की तरह बिखरकर उन्मत्त नृत्यमय हो, स्तुत्यलीन। चरैवेति…

रत्नाकरधौतपदां हिमालयकिरीटिनीम्।
ब्रह्मराजर्षि रत्नाढ्यां वन्दे भारतमातरम्॥

(भारत-एकात्मता स्तोत्र, श्लोक-३)

रत्नों की खान समुद्र जिसके पैर धोता है, हिमालय जिसका मुकुट है, ब्रह्मर्षियों और राजर्षियों रूपी रत्नों से समृद्ध ऐसी भारतमाता की मैं वंदना करता हूँ।

नमस्ते सदा वत्सले मातृभूमे।
त्वया हिन्दुभूमे! सुखंवर्धितोऽहम्॥
महामङ्गले पुण्यभूमे त्वदर्थे।
पतत्वेष कायो नमस्ते नमस्ते॥

पुत्रवत् स्नेह-प्यार करनेवाली हे मातृभूमि! तुझे बारंबार प्रणाम है। हे हिंदूभूमि! तूने ही मुझे सुखपूर्वक पाला-पोसा है। हे महामंगलमयी पुण्यभूमि! तेरे ही लिए यह मेरी काया समर्पित हो। हे माता! तुझे बार-बार प्रणाम है।

हिमालयं समारभ्य यावद् इन्दु सरोवरम्।
तं देव निर्मितमदेशं हिन्दुस्थानं प्रचक्षेत॥

(बृहस्पति-आगम)

हिमालय से प्रारंभ होकर हिंद महासागर तक फैले विशाल भू-भाग, देवताओं द्वारा निर्मित देश को हिंदुस्तान कहते हैं।

ऋग्वेद के एक ऋषि का नाम सैंधव था, जो बाद में हैंदव अर्थात् हिंदव हो गया।

उत्तरं यत् समुद्रश्च हिमाद्रश्चैव दक्षिणम्।
तद्भारतं नाम भारती यत् सन्तति॥

(विष्णुपुराण, खंड-१, अध्याय-३, श्लोक-१)

समुद्र के जो उत्तर में और हिमालय के जो दक्षिण में है, उसका नाम भारत है और उसकी संतति ही भारती है।

भरणाच्च प्रजानां वैमनुर्भरत उच्यते।
निरुक्त बचनाच्चैव वर्षं तद् भारतं स्मृतम्॥

(वायुपुराण, अध्याय-४५, श्लोक-७६)

प्रजापति मनु को प्रजाजनों के भरण-पोषण के कारण भरत कहा जाता है। निरुक्त के अनुसार भरत का देश भारत कहलाया।

अस्त्युत्तरस्यां दिशिदेवतात्मा हिमालयो नाम नगाधिराजः।
पूर्वापरौतोयनिधी वगाह्य स्थितः पृथिव्या इव मानदण्डः॥

(कुमारसंभव-कालिदास, प्रथम सर्ग, श्लोक-१)

भारत की उत्तर दिशा में देवतास्वरूप हिमालय नाम से प्रसिद्ध पर्वतों का राजा, पूर्व और पश्चिम के समुद्रों में प्रवेश कर मानो पृथ्वी को मापने के दंड के समान होकर विद्यमान है।

येषां खलु महायोगी भरतो ज्येष्ठः श्रेष्ठगुण।
आसीद्येनेदं वर्षं भारतमिति व्यपदिशन्ति॥

(श्रीमद्भागवत)

सौ पुत्रों में से महायोगी भरतजी सबसे बड़े और सबसे अधिक गुणवान थे। उन्हीं के नाम से लोग इस अजनाभ खंड को भारतवर्ष कहने लगे।

अहो अमीषां किमकारि शोभनं,
प्रशन्नं एषां स्विदुत स्वयं हरिः।
यैर्जन्मलब्धं नृषु भारताजिरे,
मुकुन्द सेवौपयिकं स्पृहा हि नः॥

(भागवत पुराण, स्कंध-५, अध्याय-११, श्लोक-२१)
(देवीभागवत, स्कंध-८, अध्याय-१९, श्लोक-२२)

देवता भी भारतवर्ष में उत्पन्न हुए मनुष्यों की इस प्रकार महिमा गाते हैं। अहा! जिन जीवों

ने भारतवर्ष में भगवान् की सेवा के योग्य मनुष्य जन्म प्राप्त किया है, उन्होंने ऐसा क्या पुण्य किया है अथवा इन पर स्वयं श्रीहरि ही प्रसन्न हो गए हैं। इस परम सौभाग्य के लिए तो निरंतर हम भी तरसते रहते हैं।

माता भूमि पुत्रोऽहं पृथिव्यां।

(अथर्ववेद, भूमिसूक्त-१२-१-१२)

मेरी माता भूमि है और मैं मातृभूमि का पुत्र हूँ।

ते अज्येष्ठा अकनिष्ठास उद्भिदोऽमध्यमासो महासा वि वावृधुः।
सुजातासो जनुषा पृश्निमातरो दिवो मर्या आ नो अच्छा जिगातन॥

(ऋग्वेद, ५-५६-६)

मातृभूमि के भक्त एक ही विचारवाले रहते हैं। उनमें ऊँच-नीच का भाव नहीं होता है। न कोई ज्येष्ठ होता है, न कनिष्ठ, न मध्यम। वे सब बंधु ही होते हैं और सब लोग मिलकर मातृभूमि के उद्धारार्थ काम करते हैं।

इला सरस्वती मही तिस्त्रो, देवीमयोर्भुवः वर्हिः सीदन्तस्विधः॥

(ऋग्वेद, १-१३-९)

यही (मातृभूमि) सरस्वती (मातृभूमि संस्कृति) और कला (मातृभाषा) में तीनों सुख देनेवाली देवियाँ ही वे सर्वकाल अंतःकरण में रहें।

भूमे मतिर्निधेहि मा भद्रया सुप्रतिष्ठितम्॥

(अथर्ववेद, १२-१३-३)

हे मातृभूमि! मेरा कल्याण कर।

सा नो भूमिस्त्विर्षि बलं राष्ट्रे दधतूत्तमे।

(अथर्ववेद, १२-८)

यह हमारी मातृभूमि हमारे राष्ट्र में तेज और बल बढ़ाए।

राष्ट्र रक्षा समं पुण्यं,
राष्ट्र रक्षा समं व्रतम्।
राष्ट्र रक्षा समं याज्ञो,
दृष्टो नैव च नैव च॥

(सुभाषितानि)

राष्ट्र रक्षा के समान न ही कोई पुण्य है और न ही कोई व्रत है। न ही कोई यज्ञ कभी देखा है।

भगवती भारतभूमि अब पुनः अतीत के गौरव-सी जागकर उठ खड़ी हो रही है और पुनः वह गौरवशाली वैभव के सपने साकार होने के लिए भोर के सूर्य के समान प्रतीक्षारत होने लगी है, साथ ही प्रिय मातृभूमि परमपद पर प्रतिष्ठित होकर सृष्टि का मार्गदर्शन करने के लिए लालायित

होने लगी है और उसके दिव्य प्रकाश से घोर निशा निराशा की काली घटाएँ छँटकर नवतेज स्वरूप प्रकाश भासमान होने लग हैं। हे जननी! तेरी जय हो, विजय हो, तेरे पावन चरणों में कोटि-कोटि स्तुति, सदा ही स्तुति!

जननि के चरणों में—
जीवन सुमन की हुति।
नव शिशु की कर जोर—
जग' राम-पग' नम्र स्तुति॥

❑

नमन-पर्व

ॐ भद्रमिच्छन्त ऋषयः स्वर्विदस्तपो दीक्षामुपषेदुरग्रे।
ततो राष्ट्रं बलमोजश्च जातं तदस्मै देवा उपसंनमन्तु॥

(अथर्ववेद, १९, सूक्त-४१, मंत्र-१)

''सर्वजन कल्याण के उद्‍देश्य से जनसमस्या को जाननेवाले ऋषियों ने दीक्षापूर्वक उग्र तप किया एवं उस कारण से समाज में राष्ट्रभाव जाग्रत् हुआ। वह राष्ट्र इतना तेजस्वी और बलवान था कि संसार के दिव्य पुरुष भी उसके सामने नतमस्तक थे, अर्थात् हजारों वर्षों के जनसंस्कारों का संचित (एकत्र) प्रतिफल राष्ट्र होता है।''

भारत में जनमे मनुष्यों की विशेषता बताते हुए स्वर्ग के देवतागण कहते हैं, ''अहा! वे लोग कितने भाग्यशाली हैं, जिनका जन्म भारत में हुआ है।

''हम देवता भी भारत में जन्म ग्रहण करने के लिए तरसते रहते हैं, क्योंकि भगवान् श्रीहरि की आराधना के लिए संपूर्ण ब्रह्मांड में भारतवर्ष से बढ़िया और कोई जगह नहीं है। अवश्य ही श्रीहरि इन भारतीयों पर प्रसन्न हैं।''

भक्ति का सक्रिय स्वरूप है व्यावहारिक राष्ट्र जीवन में, इस भूमि के कण-कण में स्वातंत्र्य और सम्मान की रक्षा के लिए अपना सर्वस्व अर्पण करने की भावना, अभिव्यक्ति, सक्रिय विजयिष्णु भावना के अभाव में किसी श्रेष्ठ कार्य के लिए किया जाने वाला समर्पण भी किसी विशेष उपयोग का नहीं होगा। 'वीर भोग्या वसुंधरा' कथन में संसार के सफल जीवन का संपूर्ण तत्त्वज्ञान निहित है।

ऐसा भारत, जो अनादि काल से सभी उदात्तता, नीति और आध्यात्मिकता का जन्म-स्थान रहा है। वह देश, जिसमें ऋषिगण विचरण करते रहे हैं, जिस भूमि में देवतुल्य मनुष्य अभी भी जीवित और जाग्रत् हैं, इनके कारण से सारा संसार हमारे भारत का बहुत ऋणी है। प्राचीनकाल से लेकर अब तक न जाने कितनी ही भाव-तरंगें भारत से प्रसूत हुई हैं। पर ये सभी तरंगें अपने आगे शांति तथा पीछे आशीर्वाद लेकर अग्रसर हुई हैं।

यह भूमि अपनी माता है। यह चेतनामयी है। आदिशक्ति जगज्जननी का स्वरूप है, केवल कंकड़-पत्थर नहीं। यह आराध्य देवी है। इस देवी के साथ तादात्म्य होने के लिए भक्ति का प्रादुर्भाव करना है और इस भक्ति के लिए मोह-ममता के नाते-रिश्ते तोड़ने हैं।

यह वह भूमि है, जिसकी माटी से सर्वोत्तम मानवों का निर्माण हुआ है। हमारे लिए इस भूमि से पवित्र और कुछ नहीं हो सकता। इस भूमि की धूलि का कण-कण, जड़ और चेतन प्रत्येक वस्तु, काष्ठ, प्रस्तर, वृक्ष, नदी आदि हमारे लिए पवित्र हैं।

प्रत्येक राष्ट्र एक भूखंड के, मातृभूमि के अंचल अधिष्ठान पर अवस्थित रहता है। ऐसी भूमि में ही ईश्वरत्व होता है।

वास्तव में भारत नाम ही निर्देशित करता है कि यह हमारी माँ है। हमारी सांस्कृतिक परंपराओं के अनुसार किसी नारी को पुकारने की सम्मानपूर्ण रीति यह है कि उसे उसके पुत्र के नाम से पुकारा जाए। जैसे हम कहा करते थे, 'वह राम की माँ है।' यही बात हमारी मातृभूमि भारत के नाम के विषय में लागू होती है। भरत हमारे ज्येष्ठ भ्राता हैं, जिनका जन्म बहुत काल पूर्व हुआ था। वे उदार, श्रेष्ठ गुण-संपन्न और विजयिष्णु राजा थे एवं हिंदू पुरुषार्थ के भासमान आदर्श थे। जब किसी स्त्री के एक से अधिक पुत्र होते हैं, तब हम उसे ज्येष्ठ संतान के नाम से या सबसे अधिक ख्याति प्राप्त संतान के नाम से पुकारते हैं। भरत ख्यातिप्राप्त थे और यह भूमि उनकी माता कही गई है। भरत अर्थात् सभी हिंदुओं की माता।

हमारे महाकाव्य तथा पुराण भी हमारी मातृभूमि की वैसी ही विशाल मूर्ति उपस्थित करते हैं। ईरान (आर्यभूमि), अफगानिस्तान (उपगणस्थान), काबुल-कंधार (गांधार), ब्रह्मा (ब्रह्मदेश), असम (प्रागज्योतिष), लंका आदि अभिन्न थे। यह था चित्र हमारी मातृभूमि का, जिसमें हिमालय, पश्चिम में आर्यान (ईरान), पूरब में श्रृंगपुर (सिंगापुर) की ओर दो समुद्रों में अपनी दोनों भुजाओं को अवगाहित कर रही है और साथ ही दक्षिण महासागर उसके पवित्र चरणों पर चढ़ाई गई कमल की पँखुड़ी के समान विद्यमान है। मातृभूमि का यह चित्र कोटिक वर्षों से सतत हमारे जनमानस में देदीप्यमान है। आज भी हिंदू प्रतिदिन स्नान करते हुए पवित्र नदियों का आह्वान करते हैं।

गङ्गे च यमुने चैव गोदावरी सरस्वती।
नर्मदे सिन्धु कावेरी जलेस्मिन् सन्निधिं कुरु॥

(सुभाषितानि)

यह भी भक्ति का एक पाठ है, क्योंकि उसके द्वारा हमें इस बात की अनुभूति कराई जाती है कि इन पवित्र नदियों के एक बूँद जल में भी समस्त पापों को धो डालने की शक्ति है।

हमारे लिए यह संपूर्ण भूमि तपोभूमि है। एक बार एक प्रश्न किया गया कि योग्य फल की प्राप्ति हेतु तप और यज्ञ करने के लिए कौन सा देश शुद्ध एवं पवित्र है और चरम सत्य की अनुभूति के लिए आदर्श स्थान कौन सा है? उत्तर मिला कि इस उद्देश्य की सिद्धि के लिए वही स्थान उपयुक्त है, जहाँ कृष्णसार हिरण मिलते हैं। विशिष्ट प्रकार का यह हिरण केवल भारत देश में ही मिलता है, संसार में और कहीं नहीं। हमारे पूर्वजों का विश्वास था कि संपूर्ण संसार में यही एक ऐसा पवित्रतम देश है, जहाँ छोटा सा सत्कर्म भी सैकड़ों-हजारों गुना अधिक फलदायी होता है। स्वामी विवेकानंद ने कहा, ''यदि पृथ्वी पर कोई ऐसी भूमि है, जिसे मंगलदायिनी पुण्यभूमि कहा जा सकता है, जहाँ ईश्वर की ओर अग्रसर होने वाली प्रत्येक आत्मा को अपना अंतिम आश्रय-स्थल प्राप्त करने के लिए आना ही पड़ता है तो वह भारत है। निःसंशय रूप से ईश्वरानुभूति के हेतु निर्धारित यही देश है। यह भावनाओं का उद्रेक मात्र नहीं, वरन् हमारा अटल विश्वास है।

यह वरदान तो केवल इसी भूमि के पुत्रों के लिए है कि वे ईश्वर को उसकी संपूर्ण आभा के साथ साक्षात् अनुभव करें। ऋषियों ने मानव को अमृतपुत्र के नाम से संबोधित किया था, जब सभी जातियाँ पर्वत-कंदराओं-वनों में रहती थीं।

शृण्वन्तु विश्वे अमृतस्य पुत्राऽयेधामानि दिव्यानि तस्थुः ॥

(ऋग्वेद, १०/१३/१)

और धीर-गंभीर वाणी में उद्घोष किया था।

हमारे लिए इस भूमि से पवित्रतम और कुछ नहीं हो सकता। इस भूमि की धूलि का एक-एक कण, जड़ और चेतन, प्रत्येक वस्तु काष्ठ और प्रस्तर, प्रत्येक वृक्ष एवं नदी हमारे लिए पवित्र है। इस भूमि के बच्चे-बच्चे के हृदय में यह अगाध भक्ति सदैव जीवित रखने के लिए ही पूर्व काल में यहाँ इतने विधि-विधानों एवं लोकाचारों की स्थापना हुई थी। नित्य होनेवाली विविध धार्मिक क्रियाओं में विशिष्ट स्थान के उल्लेख के साथ भारतवर्ष की समग्र विशालता का संबंध स्थापित किया जाता है।

हमारे सभी महत्त्व के धार्मिक संस्कार भूमिपूजन से आरंभ होते हैं। यह एक प्रथा है कि प्रात:काल में जैसे ही हिंदू निद्रा को त्यागता है, सर्वप्रथम वह पृथ्वी माता से इस बात के लिए क्षमा-प्रार्थना करता है कि दिनभर वह उसे अपने पैरों से स्पर्श करने के लिए विवश है।

समुद्र वसने देवि पर्वतस्तनमण्डले।
विष्णु पत्नि नमस्तुभ्यं पादस्पर्शं क्षमस्व मे॥

(विष्णु पुराण)

यह एक साधारण कार्य है, किंतु उसके द्वारा नित्य प्रात:काल हमारे मस्तिष्क में उस माता की भक्ति का विचार आता है, जो दिव्य माँ आदिशक्ति की अति उदात्त भक्ति का ही भाव है। यह प्रशिक्षण इतनी गहराई तक पहुँच गया है कि सामान्य दैनिक कार्यों में भी हमें उस अनुभूति की झलक मिल जाती है। जब कोई बच्चा खेल-खेल में भूमि को रौंदता है तो माँ कहती है—''पुत्र, धरती माता को ठोकर मत मारो, धरती माँ को कष्ट होगा।'' ऐसी है हमारी जीवंत परंपरा।

हमारा देश हमारे लिए कभी निर्जीव-अचेतन पदार्थ नहीं रहा, वरन् सदैव समान भाव से अपने बच्चों के लिए दिव्य माँ के रूप में रहा है। इस प्रकार की रही है हमारी मातृभूमि के दिव्य मातृत्व की सजीव अनुभूति, जो उसके महान् पुत्रों के स्वभाव का एक अंग बन गई है और हमारे समाज के प्रत्येक जन में परिव्याप्त है।

वास्तव में वह सदैव हमारे राष्ट्र-जीवन की कल्पना रही है। उसने अपनी मिट्टी, हवा, जल तथा अन्यान्य विविध पदार्थों से, जो सुख और पोषण के लिए हैं, माँ जैसा हमारा पोषण किया है। उत्तर में अलंघ्य हिमालय के रूप में उसने पिता के समान हमें संरक्षित किया है और देश के विभिन्न हिस्सों में फैली अरावली, विंध्य, सह्याद्रि आदि गिरि-शृंखलाओं ने संकटकाल में रहने के लिए जगह और बचने के लिए व्यवस्था दी है तथा धर्मभूमि और मोक्षभूमि के रूप में उसने हमारे आध्यात्मिक गुरु का स्थान लिया है।

हमारी मातृभूमि ने एकरूप में ही हमारे प्रति माता, पिता एवं गुरु, तीनों का कर्तव्य पूर्ण किया है।

वह भारत, जो प्राचीनकाल से सभी उदात्तता, नीति और आध्यात्मिकता का जन्म-स्थान रहा है। वह देश, जिसमें ऋषिगण विचरण करते रहे हैं; जिस भूमि में देव तुल्य मनुष्य अभी भी जीवित और जाग्रत् हैं। इनके कारण सारा संसार भारतमाता का बहुत ऋणी है, पर वे सब तरंगें

अपने आगे शांति तथा पीछे आशीर्वाद लेकर अग्रसर हुई हैं।

अपनी इस मातृभूमि का स्वरूप कितना दिव्य-भव्य है, कितना उदात्त है! इस बात की सभी को समझ रहे, ऐसी व्यवस्था हमारे पूर्वजों ने कर रखी है। तीर्थयात्रा के चारों धामों का अर्थ है मातृभूमि की पूरी प्रदक्षिणा। इन धामों की यात्रा करने से जान पड़ता है कि अपनी मातृभूमि कितनी विस्तृत, वंदनीय और आदरणीय है।

यह मातृभूमि अपनी माता है। वह चेतनामयी आदिशक्ति जग-जननी का स्वरूप है। केवल कंकड़-पत्थर नहीं। वंदेमातरम् गीत में उसका उच्चारण करते हुए बड़े-बड़े देशभक्त हँसते-हँसते जीवन का उत्सर्ग करने के लिए तैयार हुए। कहा गया, 'त्वं हि दुर्गा दशः प्रहरण धारिणी' अर्थात् 'माँ, तू ही शक्तिमयी दुर्गा है। हम तुझे प्रणाम करते हैं।' मातृभूमि की इस प्रार्थना से देश जाग उठा।

यह हमारी आराध्य देवी है। इस देवी के साथ तादात्म्य होने के लिए भक्ति के प्रादुर्भाव की आवश्यकता होती है और इस भक्ति के लिए मोह-ममता के जितने नाते-रिश्ते तोड़ने पड़ते हैं, वे तोड़े जाते हैं।

हमारी ही मातृभूमि नहीं अपितु यह जगज्जननी है। विश्व के निराश्रित लोगों को आश्रय देकर इसने उनका भी भरण-पोषण किया है। यहूदियों को जब उनके देश से निकाला गया, ईरान से जब पारसी आए, ईसाई और मुसलमान आए, क्रूर आक्रांता तक आए, तब सभी को अन्न-जल, वायु इत्यादि से यहाँ भरपूर पोषण मिला। अतः हमारा कर्तव्य है कि अपनी मातृभूमि के प्रति मातृ-भावना को जाग्रत् रखें।

यह भूमि, जिसे महर्षि अरविंद ने विश्व की दिव्य जननी के रूप में जीवंत आविष्कीकरण कर प्रत्यक्ष किया, जगन्माता, आदिशक्ति, महामाया, महादुर्गा के रूप में मूर्तरूप साकार होकर उसके दर्शन-पूजन का हमें अवसर प्रदान किया है।

यह भूमि जिसकी स्तुति कवि रवींद्रनाथ ठाकुर ने 'देविभुवन मनमोहनी', 'नीलसिंधु जलधौत चरणतल' कहकर की है।

इस भूमि की वंदना स्वतंत्रता के उद्घोषक कवि बंकिमचंद्र ने अपने अमर गीत 'वंदेमातरम्' में की। इसने सहस्रों युवा हृदयों को स्फूर्त कर स्वतंत्रता के लिए आनंदपूर्वक फाँसी के तख्ते पर चढ़ने की प्रेरणा दी।

त्वं हि दुर्गा दश प्रहरण धारिणी

(आनंदमठ, बंकिम बाबू)

इस भूमि की पूजा हमारे संत-महात्माओं ने मातृभूमि, धर्मभूमि, यज्ञभूमि, भावभूमि, तपोभूमि, कर्मभूमि, वीरभूमि, पुण्यभूमि के रूप में की, इसलिए वास्तव में यही देवभूमि और मोक्षभूमि है।

अनंत काल से यह भूमि हमारी प्यारी भारतमाता है, जिसका नाममात्र हमारे हृदयों को शुद्ध-सात्त्विक भक्ति की लहरों से आपूर्ण कर देता है।

अहा! यही तो हम सबकी माँ है। हमारी तेजस्विनी मातृभूमि!

तेरी सदा जय हो!

हे मंगलमयी माँ, तेरा हृदय अति विशाल है, तू अनंत करुणामय है। हर संकट में संसार

भर को स्थान देकर शरणागत भाव दरशाया है। तेरी महिमा तो सारी सृष्टि की जिह्वा पर अनवरत गेय है। तू ही सच्चे अर्थों में वत्सला, रत्नगर्भा और महामाता है। तू जगत् के हृदय पर सचमुच कोटिक वर्षों से अपनी उदारता ममतामयी दया से शासन करती रही है। अपनी इसी उदारता के कारण तू वसुधैव के कुटुंब की आधारशिला बनी, जो कृण्वन्तोविश्वमार्यम् की सूत्रधार बनी। हे महीमाता! तू निरापद वंदनीय है, नमन करने योग्य है। तेरी छाँव की एक झलक पाने के लिए सारे चर-अचर के जीव श्रद्धावनत नतमस्तक होने के लिए लालायित रहते हैं। एक बार तेरी गोदी का सुख पाने की लालसा स्वयं देवता तो क्या, नारायण भी रखते हैं। ऐसी तेरी करुणामय छवि की महिमा, गरिमा, स्तुति, कीर्तन-संकीर्तन, हवन, श्रवण, मनन-चिंतन, आराधन तो अब तक न जाने कितने कवियों, चारणों ने गाई है और भावी काल में भी इसी प्रकार गेय रहेगी। हे माता! तेरी इस छवि की स्तुति को मेरा भी श्रद्धासुमन नमनांजलि रूप में भेंट हो, साथ ही कवियों के गान की एक तान बनकर झंकरित हो, इन्हीं श्रीचरणों में विनती के साथ जीवन-सुमन भेंट की अभिलाषा है।

अंतर की विशालता—
ही वसुधा आलिंगन।
ममता की उदारता—
जग 'राम-चरण' नमन॥

❑

रत्नाकराधौतपदां हिमालयकिरीटिनीम् ।
ब्रह्मराजर्षिरत्नाढ्यां वन्दे भारतमातरम् ॥

रत्नों की खान समुद्र जिसके पैर धोता है, हिमालय जिसका मुकुट है, ब्रह्मर्षियों और राजर्षियों रूप रत्नों से समृद्ध ऐसी भारत माता की मैं वंदना करता/करती हूँ। (भारत एकात्मता स्तोत्र)

- भारत का भूगोल
- भौतिक स्वरूप
- प्रमुख नदियाँ
- हिमालय
- पुण्यभूमि भारत
- हमारे पुण्यस्थल
- शक्तिपीठ
- प्राचीन वाङ्मय (वैदिक वाङ्मय)
- भारतीय दर्शन
- भारतीय काल-गणना और खगोल
- भारतीय मूल के धार्मिक पंथ
- भारतीय राष्ट्र-दर्शन
- भारतीय इतिहास
- प्राचीन गौरवशाली भारतीय विज्ञान

१. प्राचीन भारत के प्रमुख शास्त्र
२. प्राचीन भारती विज्ञान की उपलब्धियाँ
३. प्राचीन प्रमुख भारतीय वैज्ञानिक और उनकी उपलब्धियाँ

- प्राचीन भारत के शिक्षा केंद्र (गुरुकुल)
- भारतीय शिक्षा और संस्कृति का वैश्विक प्रसार
- हमारी गौरवशाली परंपराएँ
- भारतीय परिवार व्यवस्था
- सनातन धर्म के पवित्र सोलह संस्कार
- भारतीय विवाह संस्कार
- आश्रम व्यवस्था
- भारतीय मेले और कुंभ

स्मरण-पर्व

हे महीमाता! तेरी महिमा अपरंपार है। तेरी छटा जग में सबसे न्यारी है। तेरे भाल पर हिमगिरि सा उन्नत मुकुट शोभायमान हो रहा है। कंठ में पुण्य सलिला सरिताओं का हार सुशोभित है। हिमगिरि की लंबी बाँहें मानो दोनों बाँहें बनकर गौरवान्वित हो रही हैं। कमर में विंध्याचल की मेखला विराज रही है।

गिरि-कंदराओं, वन, उपवन, पर्वत, पठार, जलाशय, साथ ही लहलहाती फसलों की मदमाती सुगंधित बयार मानो मनाकर्षित कर रही है। कूलों, कछारों, ऋतुओं, फलों-फूलों, रस, गंधों की मनमोहक सजावट, रंग-बिरंगी झाँकी मानो स्वर्ग को भी लजा रही है। दिव्य ईश्वरत्व का आभास हो रहा है।

हे माता! तेरे कण-कण में तीर्थ, हर बालक में राम, हर बालिका में सीता की अनुभूति, हर उपवन में तपोवन-सा आनंद, हर सरिता में गंगा की उपस्थिति, हर पर्वत में गोवर्धन की छवि, हर वन में वृंदावन की सी साधना स्थली, हिमगिरि की गगनचुंबी श्वेत शिखाओं से लेकर हिंद महोदधि की बलखाती लहरों की स्पर्शानुभूति तक, पूरब के उदयाचल से लेकर पश्चिम के क्षितिजांचल तक की मनोहारी झाँकी चित्त चुराकर जीवन को अशांत कर देती है।

ऐसी पावनतम झाँकी के स्मरण से रोम-रोम में स्वर्गानुभूति होने लगती है।

धन्य है तू माता, ऐसे ही मुझ अकिंचन पर सदा प्रसीद का आशीष रूपी वरदहस्त शीश पर रखने मात्र से जीवन का सार्थक्य सुनिश्चित है।

भूत के सपनों का,
स्मृति में अहर्निश स्मरण।
भविष्य के नव किसलय,
जग 'राम-अंतः' स्फुरण॥

भारतीय भूगोल

भौगोलिक स्थिति का प्रभाव

अनादि काल से मानव और प्रकृति का संबंध ऐसा ही है, जैसे भोजन और शरीर का। पर शरीर का गठन और स्वास्थ्य पूर्णत: भोजन अवलंबित है। अत: प्रत्येक सामाजिक, आर्थिक, राजनैतिक और दूसरी ऐतिहासिक घटनाएँ प्राकृतिक दशा के अनुसार ही होती हैं। भारत के भूगोल

का इसके इतिहास पर प्रभाव प्रत्येक स्थल और घटनाओं में अंकित है। वास्तविक विश्लेषण करते समय भौगोलिक दशा का ही इतिहास पर अनुकूल अथवा प्रतिकूल प्रभाव हमेशा रहता है। यह स्वयंसिद्ध विज्ञान है, जिसके द्वारा ऐतिहासिक घटनाओं के कारण प्रभाव और कार्यों को समझा और समझाया जाता है; यहाँ तक कि राजनैतिक, सामाजिक, धार्मिक, साहित्यिक, वैज्ञानिक विचार और धारणाएँ सब भौगोलिक परिस्थितियों द्वारा निर्मित और विकसित होती हैं। इसलिए इतिहास ही किसी देश का जागरूक दर्पण है, जिसमें वास्तविक स्वरूप का दिग्दर्शन होता है।

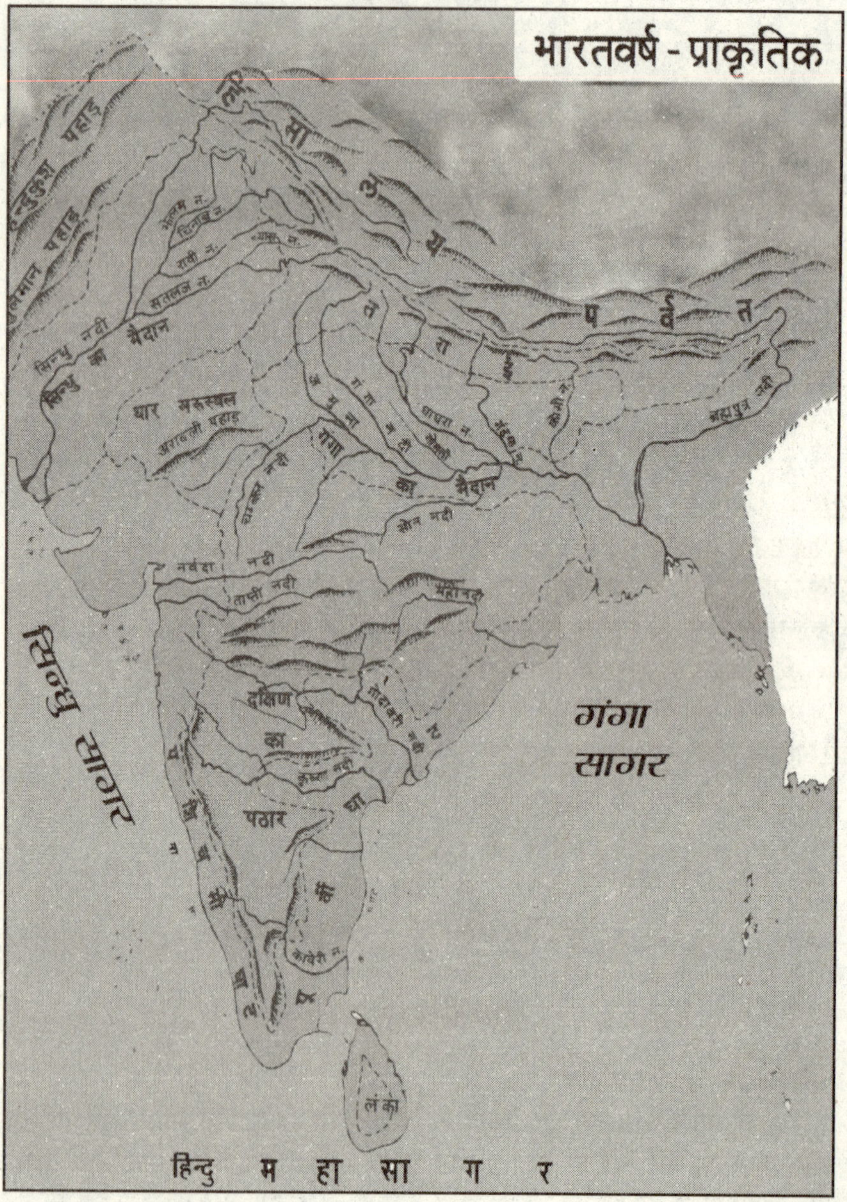

भारतीय प्लेट की गति

भारत पूर्णतः भारतीय प्लेट के ऊपर स्थित है, जो भारतीय-ऑस्ट्रेलियाई प्लेट (Indo-Australian) का उपखंड है। प्राचीन काल में यह प्लेट गोंडवानालैंड का हिस्सा थी और अफ्रीका तथा अंटार्कटिका के साथ जुड़ी हुई थी। तकरीबन नौ करोड़ वर्ष पहले क्रीटेशियस काल में यह प्लेट १५ से.मी./वर्ष की गति से उत्तर की ओर बढ़ने लगी और इओसीन पीरियड में यूरेशियन प्लेट से टकराई। भारतीय प्लेट और यूरेशियन प्लेट के मध्य स्थित टेथीज भूसन्नति के अवसादों के वलन से ऊपर उठने से तिब्बत पठार और हिमालय पर्वत का निर्माण हुआ। सामने की द्रोणी में बाद में अवसाद जमा हो जाने से सिंधु-गंगा मैदान बना। भारतीय प्लेट अभी भी लगभग ५ से.मी./वर्ष की गति से उत्तर की ओर गतिशील है और हिमालय की ऊँचाई में अभी भी २ मि.मी./वर्ष की गति से उत्थान हो रहा है।

प्रायद्वीपीय पठार भारत का प्राचीनतम दृढ भूखंड है। इसका निर्माण भूवैज्ञानिक इतिहास के प्रारंभ काल में हुआ था, जिसे आर्कियन महाकल्प या आद्यमहाकल्प कहते हैं। तब से यह बराबर समुद्र के ऊपर रहा। यह मुख्यतः ग्रेनाइट, नीस और शिस्ट चट्टानों से बना है। परतदार चट्टानें भी अत्यंत पुरानी हैं। अरावली पर्वत प्राचीनतम वलित पर्वत है। पूर्वी घाट प्राचीन वलित तथा पश्चिमी घाट अवशिष्ट पहाड़ों के उदाहरण हैं। दक्षिणी प्रायद्वीप में जो भी भूसंचलन के प्रमाण मिलते हैं, वे केवल लंबवत् संचलन के हैं, जिससे दरारों अथवा भ्रंशों का निर्माण हुआ। इस प्रकार का पहला संचलन मध्यजीवी महाकल्प (Meso5oic) अथवा गोंडवाना काल में हुआ। समांतर भ्रंशों के बीच की भूमि नीचे धँस गई और उन धँसे भागों में अनुप्रस्थ परतदार चट्टानों को धँसने का स्थान गोंडवाना क्रम की चट्टानों में मिलता है। इनका विस्तार दामोदर, महानदी तथा गोदावरी नदियों की घाटियों में लंबे एवं संकीर्ण क्षेत्रों में पाया जाता है। मध्यजीवी महाकल्प के अंतिम काल में लंबी दरारों से लावा निकलकर प्रायद्वीप के उत्तर-पश्चिमी भागों के विस्तृत क्षेत्र में फैल गया। दक्कन का यह लावा क्षेत्र अब भी लगभग दो लाख वर्ग मील में फैला हुआ है। इस क्षेत्र की चट्टान बेसाल्ट है, जिसके विखंडन से काली मिट्टी का निर्माण हुआ है।

अत्यंत प्राचीन काल से स्थिर एवं स्थल भाग रहने के कारण दक्षिणी प्रायद्वीप में अनाच्छादन की शक्तियाँ निरंतर काम करती रही हैं, जिसके फलस्वरूप इसका अधिकांश भाग घर्षित हो गया है, अंदर की पुरानी चट्टानें धरातल पर आ गई हैं।

हिमालय का पर्वतीय भाग अधिकांशतः नवीन परतदार चट्टानों द्वारा निर्मित है, जो लाखों वर्षों तक टेथिस समुद्र में इकट्ठी होती रही थीं। सागर में एकत्र मलबे ने तृतीय महाकल्प में भूसंचलन के कारण विशाल मोड़दार श्रेणियों का रूप धारण किया। इस प्रकार हिमालय पर्वतमाला मुख्यतः वैसी चट्टानों से निर्मित है, जो समुद्री निक्षेप से बनी हैं और दक्षिणी पठार की तुलना में यह एक अस्थिर स्थल है। परतदार चट्टानें, जो क्षैतिज अवस्था में जमा हुई थीं, भूसंचलन के प्रभाव से अत्यंत मुड़ गई हैं और एक-दूसरे पर चढ़ गई हैं। विशाल क्षेत्रों में वलन (folds), भ्रंश (faults), क्षेपभ्रंश (thrust faults) तथा शयान वलन (recumbent folding) के उदाहरण मिलते हैं।

सिंधु-गंगा मैदान भूवैज्ञानिक दृष्टि से सबसे नवीन है। हिमालय पर्वतमाला के निर्माण के समय उत्तर से जो भूसंचलन आया, उसके धक्के से प्रायद्वीप का उत्तरी किनारा नीचे धँस गया,

जिससे विशाल खड्ड बन गया। हिंमालय पर्वत से निकलनेवाली नदियों ने अपने निक्षेपों द्वारा इस खड्ड को भरना शुरू किया और इस प्रकार उन्होंने कालांतर में एक विस्तृत मैदान का निर्माण किया। इस प्रकार यह मैदान मुख्यत: हिमालय के अपक्षरण से उत्पन्न तलछट और नदियों द्वारा जमा किए हुए जलोढक से बना है। इसमें बालू तथा मिट्टी की तहें मिलती हैं, जो अत्यंत नूतन (Pleistocene) और नवीनतम काल की हैं।

भूगर्भीय संरचना

भूवैज्ञानिक क्षेत्र की व्यापक रूप से भौतिक विशेषताओं का पालन करते हैं और इन्हें तीन क्षेत्रों के समूह में रखा जा सकता है—

- हिमालय पर्वत-शृंखला और उससे संबद्ध पर्वत समूह।
- भारत-गंगा मैदानी क्षेत्र।
- प्रायद्वीपीय क्षेत्र।

उत्तर में हिमालय पर्वत क्षेत्र और पूर्व में नागालुशाई पर्वत निर्माण गतिविधि के क्षेत्र हैं। इस क्षेत्र का अधिकांश भाग, जो वर्तमान समय में विश्व का सर्वाधिक सुंदर पर्वत दृश्य प्रस्तुत करता है, ६० करोड़ वर्ष पहले समुद्री क्षेत्र में था। सात करोड़ वर्ष पहले शुरू हुई पर्वत-निर्माण की गतिविधियों की शृखंला में तलछटें और आधार चट्टानें काफी ऊँचाई तक पहुँच गईं। आज हम जो इन पर उभार देखते हैं, उनको उत्पन्न करने में अपक्षय और अपरदन ने कार्य किया। भारत-गंगा का मैदानी क्षेत्र एक जलोढ़ भू-भाग है, जो दक्षिण के प्रायद्वीप से उत्तर में हिमालय को अलग करता है।

प्रायद्वीप सापेक्ष स्थिरता और कभी-कभार भूकंपीय परेशानियों का क्षेत्र है। ३८० करोड़ वर्ष पहले के प्रारंभिक काल की अत्यधिक कायांतरित चट्टानें इस क्षेत्र में पाई जाती हैं, बाकी क्षेत्र गोंडवाना के तटवर्ती क्षेत्र से घिरा है, दक्षिण में सीढ़ीदार रचना और छोटी तलछटें लावा के प्रवाह से निर्मित हैं।

भौगोलिक स्थिति

पृथ्वी के उत्तरी गोलार्ध में ८°४' उत्तरी अक्षांश, ३७°६' उत्तरी अक्षांश तथा ६८°७' पूर्वी देशांतर से ९७°२५ पूर्वी देशातंर के बीच ३२,८७,७८२ वर्ग किमी. क्षेत्रफल पर विस्तृत भारत हिंद महासागर के उत्तर में स्थित है। इस प्रकार इसका अक्षांशीय तथा देशांतरीय विस्तार लगभग ३०° है। भारत की मुख्य भूमि से दूर अंडमान एवं निकोबार द्वीप समूह का दक्षिणतम बिंदु 'इंदिरा पॉइंट' ६०३० उत्तरी अक्षांश पर ग्रेट निकोबार में स्थित है।

८२०१/२ पूर्वी देशांतर इसके लगभग मध्य से होकर गुजरती है, जो कि देश का मानक समय भी है। पूर्व से पश्चिम तक इसकी लंबाई २,९३३ किमी. तथा उत्तर से दक्षिण तक लंबाई ३,२१४ किमी. है। इसकी स्थलीय सीमा की लंबाई १५,२०० किमी. तथा द्वीप सहित जलीय सीमा की लंबाई ७५,१६६ किमी. है। मुख्य धरातलीय भाग की समुद्री सीमा की लंबाई ६१०० किमी. है। यदि अंडमान-निकोबार तथा लक्षद्वीप द्वीप समूहों को भी सम्मिलित किया जाए तो भारत की तटीय सीमा ७५१६.६ किमी. हो जाती है। क्षेत्रफल की दृष्टि से भारत विश्व का सातवाँ बड़ा देश

है। इससे बड़े छह देश हैं—रूस, कनाडा, चीन, संयुक्त राज्य अमेरिका, ब्राजील तथा ऑस्ट्रेलिया। इसके विपरीत भारत पाकिस्तान से ४ गुना, फ्रांस से ६ गुना, जर्मनी से ९ गुना तथा बांग्लादेश से २३ गुना बड़ा है। भारत का सुदूर दक्षिणी भाग भूमध्य रेखा से मात्र ८७६ किमी. दूर है।

भू-आकृति

विश्व में क्षेत्रफल एवं जनसंख्या की दृष्टि से सबसे बड़े महाद्वीप एशिया में स्थित भारत की आकृति पूर्णत: त्रिभुजाकार न होकर चतुष्कोणीय है एवं यह भूमध्यरेखा के उत्तर में स्थित है। कर्क रेखा इसके लगभग मध्य भाग से होकर गुजरती है। कर्क रेखा जिन प्रदेशों से होकर गुजरती है, वे हैं—गुजरात, राजस्थान, मध्य प्रदेश, छत्तीसगढ़, बिहार, झारखंड, पश्चिम बंगाल, त्रिपुरा तथा मिजोरम। देश का मानक समय ग्रीनविच टाइम से पाँच घंटा ३० मिनट आगे है।

अरुणाचल प्रदेश तथा सौराष्ट्र के बीच स्थानीय समय का अंतर ३०×४०=१२० मिनट अर्थात् दो घंटे का है, क्योंकि अरुणाचल प्रदेश सौराष्ट्र के पूर्व में है, इसलिए सूर्योदय वहाँ पहले होगा। पूरा भारत उत्तरी गोलार्ध में स्थित है।

भारत में उत्तर-पश्चिम में इंदिरा कॉल पर देश की स्थलीय सीमा अफगानिस्तान, पाकिस्तान, तजाकिस्तान और चीन से मिलती है, जबकि सुदूर उत्तरी-पूर्वी कोने पर भारतीय सीमा के साथ चीन और म्याँमार की सीमाएँ आपस में मिलती हैं। इसका सबसे दक्षिणी बिंदु अंडमान-निकोबार द्वीप समूह में स्थित है, जिसको वर्तमान में इंदिरा पॉइंट के नाम से जाना जाता है। इसके पूर्व के नाम हैं—ला हि चिंग, पिगमेलियम पॉइंट तथा पारसन पॉइंट। द्वीपों समेत देश की समुद्री सीमा की कुल लंबाई ७५,१६६ किमी. है।

देश संप्रति २९ राज्यों तथा सात केंद्र-शासित प्रदेशों का एक संघ है। इसकी प्रादेशिक जल सीमा आधार पर रेखा से मापे गए १२ समुद्री मील की दूरी तक है, जबकि संलग्न क्षेत्र की दूरी प्रादेशिक जल सीमा के आगे २४ समुद्री मील तक है। इस क्षेत्र में भारत को स्वच्छता का प्रबंध करने, सीमा शुल्क की वसूली करने आदि का अधिकार प्राप्त है। देश का ऐकांतिक आर्थिक क्षेत्र संलग्न क्षेत्र के आगे २०० समुद्री मील तक है, जिसमें वैज्ञानिक शोधकार्य करने तथा कृत्रिम द्वीपों का निर्माण एवं प्राकृतिक संसाधनों का विदोहन करने की छूट मिली हुई है।

क्षेत्रफल

यद्यपि देश का क्षेत्रफल विश्व के कुल क्षेत्रफल का मात्र २.४२ प्रतिशत ही है, किंतु यहाँ पर विश्व की लगभग १६ प्रतिशत जनसंख्या निवास करती है। यहाँ की प्राकृतिक बनावट, संसाधन क्षमता आदि को देखते हुए जार्ज बी. क्रैंसी ने अपनी भौगोलिक पुस्तक 'एशिया की भूमि एवं निवासी' में लिखा है कि 'भारत को महाद्वीप कहलाने का उतना ही अधिकार है, जितना कि यूरोप को।'

भारत की भू-आकृतिक इकाइयाँ

इकाइयाँ	क्षेत्रफल	कुल क्षेत्रफल का प्रतिशत
उत्तरी पर्वत श्रेणियाँ	५,७८,०००	१७.९
विशाल मैदान	५,५०,०००	१७.९
थार मरुस्थल	१,७५,०००	५.४
मध्यवर्ती उच्च भूमि	३,३६,०००	१०.४
प्रायद्वीपीय पठार	१२,४१,०००	३८.५
तटीय मैदान	३,३५,०००	१०.४
द्वीपीय समूह	८,३००	०.३

देश-सीमा पर अवस्थित भारतीय राज्य

पाकिस्तान, गुजरात, राजस्थान, पंजाब और जम्मू-कश्मीर
अफगानिस्तान, जम्मू-कश्मीर
तजाकिस्तान, जम्मू-कश्मीर
चीन, जम्मू-कश्मीर, हिमाचल प्रदेश, उत्तराखंड, सिक्किम और अरुणाचल प्रदेश
नेपाल, उत्तराखंड, उत्तर प्रदेश, बिहार, सिक्किम और पश्चिम बंगाल
भूटान, सिक्किम, पश्चिमी बंगाल, असम और अरुणाचल प्रदेश
बांग्लादेश, पश्चिम बंगाल, असम, मेघालय और त्रिपुरा
म्याँमार, अरुणाचल प्रदेश, नागालैंड, मणिपुर और मिजोरम

भौतिक स्वरूप

बृहत् हिमालय के प्रमुख शिखर

शिखर	ऊँचाई (मी.)
एवरेस्ट (सागरमाथा)	८,८४८ मी.
एवरेस्ट दक्षिण	८,७५४ मी.
कंचनजंगा	८,५९४ मी.
ल्होत्से	८,५०१ मी.
मकालू	८,४८१ मी.
कंचनजंगा (दक्षिण)	८,४७१ मी.
कंचनजंगा (पश्चिम)	८,४२० मी.
ल्होत्से मध्य	८,४१० मी.

ल्होत्से शर	८,३८४ मी.
धौलागिरि	८,१७२ मी.
मनसालू	८,१५६ मी.
चिओयू	८,१५३ मी.
नंगा पर्वत	८,१२६ मी.
अन्नपूर्णा	८,०७८ मी.
गोसाईं नाथ	८,०१३ मी.
मकालू (दक्षिण)	८,०१० मी.
नंदा देवी	७,८१७ मी.
नामचाबरवा	७,७५६ मी.
हरामोश	७,३९७ मी.

भारत का विशाल क्षेत्र भौतिक दृष्टि से सर्वत्र समान नहीं है, बल्कि इसके उच्चावच में काफी विविधता पाई जाती है। इसमें कहीं पर तो उच्च पर्वत-श्रेणियाँ हैं और कहीं पर विशाल मैदान; नदी घाटियाँ एवं पठारी भाग भी देश में विद्यमान हैं। यदि उत्तर में हिमालय जैसी नवीन पर्वतमालाएँ स्थित हैं तो अरावली, विंध्याचल जैसी प्राचीन पर्वत-श्रेणियाँ भी हैं। देश के कुल क्षेत्रफल के १०.७ प्रतिशत भाग पर उच्च पर्वत-श्रेणियों का विस्तार पाया जाता है, जिनकी ऊँचाई समुद्र तल से २,१३५ मी. या इससे अधिक है। समुद्र तल से ३०५ से २,१३५ मी. तक की ऊँचाईवाली पहाड़ियाँ भी देश के १८.६ प्रतिशत भाग पर फैली हैं। इस प्रकार कुल पर्वतीय भाग २९.३ प्रतिशत है। समुद्र तट से ३०५ से ९१५ मी. तक ऊँचाईवाले पठारी भाग का विस्तार भी देश के २७.७ प्रतिशत क्षेत्र पर है, जबकि शेष ४३.० प्रतिशत पर विस्तृत मैदान पाए जाते हैं। उच्चावच की दृष्टि से भारत को सामान्यतः चार प्राकृतिक या भौतिक भागों में वर्गीकृत किया जाता है, जो हैं—

- उत्तर का पर्वतीय एवं पहाड़ी प्रदेश
- उत्तर का विशाल मैदान
- प्रायद्वीपीय पठारी भाग

समुद्र तटीय मैदान। पुनः थार का विशाल मरुस्थल तथा सागरीय भाग में स्थित द्वीप भी एक विशेष प्रकार का भौतिक स्वरूप प्रस्तुत करते हैं।

उत्तर का पर्वतीय एवं पहाड़ी प्रदेश

इस प्रदेश को हिमालय पर्वतीय प्रदेश के रूप में भी जाना जाता है, जो देश की उत्तर सीमा पर एक चाप के आकार में २४०० किमी. की लंबाई में फैला है। इसका क्षेत्रफल लगभग ५ लाख वर्ग किमी. है। इसका उद्‍गम पामीर की गाँठ से हुआ है। इसकी उत्पत्ति वस्तुतः एक

भू-द्रोणी, जिसे टेथिस सागर कहते हैं, से हुई है। हिमालय पर्वत-श्रेणी की कुल लंबाई मकरान तट पर स्थित ग्वाडर से लेकर पूर्व में मिजो पहाड़ियों तक २,४०० किमी. है, जबकि इसकी चौड़ाई पश्चिम में ४०० किमी. और पूरब में १६० किमी. तक है। हिमालय की स्थलाकृतियों में मुख्यत: तीन लंबी और घुमावदार श्रेणियाँ हैं, जिनकी ऊँचाई दक्षिण से उत्तर की ओर क्रमश: बढ़ती जाती है। मंद गति के कारण इन्हें वर्तमान ऊँचाई को प्राप्त करने में ७० लाख वर्ष लगे हैं। भौतिक दृष्टि से हिमालय में चार समानांतर श्रेणियाँ मिलती हैं, जिनमें सबसे उत्तर में ट्रांस अथवा तिब्बत हिमालय, उसके दक्षिण में क्रमश: महान् अथवा आंतरिक हिमालय, लघु अथवा मध्य हिमालय तथा उप अथवा शिवालिक श्रेणी स्थित हैं।

ट्रांस अथवा तिब्बत हिमालय श्रेणी सबसे उत्तर में स्थित है। इसकी खोज सन् १९०६ में स्वैन महोदय ने की थी। इसकी लंबाई १०० किमी. तथा चौड़ाई पूर्वी व पश्चिमी किनारों पर ४० किमी. एवं बीच में २२५ किमी. तक पाई जाती है। इस श्रेणी की औसत ऊँचाई ३,१०० से ३,७०० मी. तक है एवं शीत कटिबंधीय जलवायु के कारण यहाँ वनस्पतियों का पूर्ण अभाव पाया जाता है। यह श्रेणी बंगाल की खाड़ी में गिरनेवाली नदियों तथा उत्तर दिशा में भू-आवेष्टित झीलों से निकलने वाली नदियों के बीच जल विभाजक की भूमिका निभाती है।

हिमालय तीन समानांतर पर्वत-शृंखलाओं में अवस्थित है, जो पश्चिम में सिंधु गार्ज से पूर्व में ब्रह्मपुत्र गार्ज तक विस्तृत है। कश्मीर से अरुणाचल प्रदेश तक हिमालय पर्वत-शृंखला का विस्तार २५०० किमी. है। इस पर्वत-शृंखला की पूर्व में चौड़ाई १५० किमी. तथा पश्चिम में ५०० किमी. तक है। अध्ययन की सुविधा की दृष्टि से हिमालय पर्वत-श्रेणी को तीन वृहत् भागों में वर्गीकृत किया जा सकता है—

महान् (वृहत्) अथवा आंतरिक हिमालय

महान् अथवा आंतरिक हिमालय ही हिमालय पर्वतमाला की सबसे प्रमुख तथा सर्वोच्च श्रेणी है, जिसकी लंबाई उत्तर में सिंधु नदी के मोड़ से पूर्व में ब्रह्मपुत्र नदी के मोड़ तक २,५०० किमी. है। इसकी चौड़ाई १२० से १९० किमी. तथा औसत ऊँचाई ६,१०० मी. है। अत्यधिक ऊँचाई के कारण हिमालय साल भर बर्फ से ढका रहता है, अत: इसे 'हिमाद्रि' भी कहते हैं। इस श्रेणी में विश्व की सर्वोच्च पर्वत चोटियाँ पाई जाती हैं, जिनमें प्रमुख हैं—माउंट एवरेस्ट (८,८४८ मी.), कंचनजंगा (८,५९८ मी.), मकालू (८,४८१ मी.), धौलागिरि (८,१७२ मी.), मनसालू (८१५६ मी.), नंगा पर्वत (८,१२६ मी.), अन्नपूर्णा (८,०७८ मी.), गोवाई थान (८,०१३ मी.), नंदा देवी (७,८१७ मी.), नामचाबरवा (७,७५६ मी.), हरामोश (७,३९७ मी.) आदि। इस श्रेणी में उत्तर-पश्चिम की ओर जास्कर श्रेणी के उत्तर-दक्षिण में देवसाई तथा रूपशू के ऊँचे मैदान मिलते हैं। सिंधु, सतलुज, दिहांग, गंगा, यमुना तथा इनकी सहायक नदियों की घाटियाँ इसी श्रेणी में स्थित हैं।

लघु अथवा मध्य हिमालय श्रेणी

यह महान् हिमालय के दक्षिण के उसके समानांतर विस्तृत है। इसकी चौड़ाई ८० से १०० किमी. तक, औसत ऊँचाई १,८२८ से ३,००० के बीच पाई जाती है। इस श्रेणी में नदियों

द्वारा १,००० मी. से भी अधिक गहरे खड्डों अथवा गार्जों का निर्माण किया गया है। यह श्रेणी मुख्यत: छोटी-छोटी पर्वत-श्रेणियों, जैसे धौलाधर, नागटीवा, पीरपंजाल, महाभारत तथा मसूरी का सम्मिलित रूप है। इस श्रेणी के निचले भाग में देश के प्रसिद्ध पर्वतीय स्वास्थ्यवर्धक स्थान—शिमला, मसूरी, नैनीताल, चकराता, रानीखेत, दार्जिलिंग आदि स्थित हैं। वृहत् तथा लघु हिमालय के बीच विस्तृत घाटियाँ हैं, जिनमें कश्मीर घाटी तथा नेपाल में काठमांडू घाटी प्रसिद्ध है। इस श्रेणी के ढालों पर मिलनेवाले छोटे-छोटे घास के मैदानों को जम्मू-कश्मीर में 'मर्ग' (जैसे—सोनमर्ग, गुलमर्ग आदि) तथा उत्तराखंड में 'बुग्याल' एवं 'पयार' कहा जाता है।

उप-हिमालय या शिवालिक श्रेणी

यह हिमालय की सबसे दक्षिणी श्रेणी है एवं इसको 'बाल हिमालय' के नाम से भी जाना जाता है। यह हिमालय पर्वत की दक्षिणतम श्रेणी है, जो लघु हिमालय के दक्षिण में इसके समानांतर पूर्व-पश्चिम दिशा में फैली हुई है। इसकी औसत ऊँचाई ९०० से १२,०० मीटर तक, औसत चौड़ाई १० से ५० किमी. है। इसका विस्तार पाकिस्तान के पोटवार पठार से पूर्व में कोसी नदी तक है। गोरखपुर के समीप इसे डूँडवा श्रेणी तथा पूर्व की ओर चूरिया-मूरिया श्रेणी के स्थानीय नाम से भी पुकारा जाता है। यह हिमालय पर्वत का सबसे नवीन भाग है। लघु तथा बाल हिमालय के बीच पाई जानेवाली विस्तृत घाटियों को पश्चिम में 'दून' तथा पूर्व में 'द्वार' कहा जाता है। देहरादून, केथरीदून, पाटलीदून और हरिद्वार इसके प्रमुख उदाहरण हैं।

हिमालय पर्वत-श्रेणियों की दिशा असम से पूर्व से उत्तर-पूर्व हो जाती है। नामचाबरचा के आगे ये श्रेणियाँ दक्षिणी दिशा में मुड़कर पटकोई, नागा, मणिपुर, लुशाई, अराकानयोमा आदि श्रेणियों के रूप में स्थित हैं, जो भारत एवं म्याँमार के मध्य सीमा बनाती हैं।

शिवालिक को जम्मू में जम्मू पहाड़ियाँ तथा अरुणाचल प्रदेश में डफला, गिरि, अवोर और मिशमी पहाड़ियों के नाम से भी जाना जाता है। अक्साइचिन, देवसाई, दिषसंग तथा लिंगजीतांग के उच्च तरंगित मैदान इन पर्वतों के निर्माण से पहले ही क्रिटेशश काल में बन चुके थे, जो अपरदन धरातल के प्रमाण हैं।

उत्तर का विशाल मैदान

हिमालय पर्वत की उत्पत्ति के पश्चात् उसके दक्षिण तथा प्राचीन शैलों से निर्मित प्रायद्वीपीय पठार के उत्तर में, दोनों उच्च स्थलों से निकलनेवाली नदियों सिंधु, गंगा, ब्रह्मपुत्र आदि द्वारा जमा की गई जलोढ़ मिट्टी के जमाव से उत्तर के विशाल मैदान का निर्माण हुआ है। इस मैदान को सिंधु-गंगा-ब्रह्मपुत्र का मैदान भी कहते हैं। यह मैदान धनुषाकार रूप में ३२०० किमी. की लंबाई में देश के ७.५ लाख वर्ग किमी. क्षेत्र पर विस्तृत है। इसकी चौड़ाई पश्चिम में ४८० किमी. तथा पूर्व में मात्र १४५ किमी. है। प्रादेशिक दृष्टि से उत्तरी राजस्थान, पंजाब, हरियाणा, उत्तर प्रदेश, बिहार, पश्चिम बंगाल, उड़ीसा तथा असम में इसका विस्तार है। इस मैदान को पश्चिमी तथा पूर्वी, दो भाग में बाँटा जाता है। पश्चिमी मैदान का अधिकांश भाग वर्तमान पाकिस्तान के सिंध प्रांत में पड़ता है, जबकि इसका कुछ भाग पंजाब व हरियाणा राज्यों में भी मिलता है। इसका

निर्माण सतलुज, व्यास तथा रावी एवं इनकी सहायक नदियों द्वारा किया गया है। पूर्वी मैदान का विस्तार उत्तर प्रदेश, बिहार तथा पश्चिम बंगाल राज्यों में है, जिसका क्षेत्रफल ३.५७ लाख वर्ग किमी. है। इस मैदान में धरातलीय भू-आकृति के आधार पर बाँगर तथा खादर नामक दो विशेष भाग मिलते हैं। बाँगर प्राचीनतम संगृहीत पुरानी जलोढ़ मिट्टी के उच्च मैदानी भाग हैं, जहाँ कभी नदियों की बाढ़ का पानी नहीं पहुँच पाता। खादर की गणना नवीनतम कछारी भागों के रूप में की जाती है। यहाँ पर प्रतिवर्ष बाढ़ का पानी पहुँचने एवं नई मिट्टी का जमाव होने से इसे काफी ऊपजाऊ माना जाता है।

उत्तर के विशाल मैदान का प्रादेशिक विभाजन

उत्तर के विशाल मैदान को अनेक उपविभागों में बाँटा गया है, जिनमें प्रमुख हैं—पंजाब, हरियाणा का मैदान, राजस्थान का मैदान, गंगा का मैदान एवं ब्रह्मपुत्र नदी की घाटी। गंगा के मैदान को हरिद्वार से अलीगढ़ तक ऊपरी दोआब तथा अलीगढ़ से इलाहाबाद तक मध्य दोआब के नाम से जाना जाता है। गंगा तथा यमुना दोआब के उत्तरी-मध्य उत्तर प्रदेश में स्थित भाग को रुहेलखंड का मैदान कहा जाता है। इस मैदान में रामगंगा, शारदा तथा गोमती नदियाँ प्रवाहित होती हैं। उत्तर प्रदेश के उत्तरी-पूर्वी भाग में अवध का मैदान स्थित है, जिसमें घाघरा, राप्ती तथा गोमती नदियाँ बहती हैं। गंगा के मैदान के उत्तरी-पूर्वी भाग में असम तक ब्रह्मपुत्र नदी का मैदान स्थित है, जो गारो पहाड़ी, मेघालय पठार तथा हिमालय पर्वत के बीच लंबे एवं पतले रूप में फैला है। इसकी चौड़ाई मात्र ८० किमी. है। ब्रह्मपुत्र नदी घाटी की अवनतित संरचना में जमा किए गए अवसादों से इस मैदान में मियांडर, गोखुर झील आदि का निर्माण हो गया है। इस मैदान के ढाल की दिशा दक्षिण-पश्चिम की ओर है तथा इसकी सीमा पर तराई एवं अर्ध-तराई क्षेत्र मिलते हैं, जो दलदलों एवं सघन वनों से आच्छादित हैं।

उत्तर के विशाल मैदान से संबंधित दो प्रमुख शब्दावलियाँ हैं—भार तथा तराई। ये अवसादी जमाव की विशेषताओं की परिचारक भी हैं।

भावर—यह क्षेत्र हिमालय तथा गंगा के मैदान के बीच पाया जाता है, जिसमें पर्वतीय भाग से नीचे आनेवाली नदियों ने लगभग आठ किमी. की चौड़ाई में कंकड़ों एवं पत्थरों का जमाव कर दिया है। यही गंगा मैदान की सबसे उत्तरी सीमा भी है। इस पथरीले क्षेत्र में हिमालय से निकलनेवाली नदियाँ प्रायः विलीन हो जाती हैं और केवल कुछ बड़ी नदियों की धाराएँ ही धरातल पर प्रवाहित होती हुई दिखती हैं।

तराई—यह क्षेत्र भावर के नीचे उसके समानांतर स्थित है, जिसकी चौड़ाई १५ से ३० किमी. तक पाई जाती है। भावर प्रदेश में विलीन हुई नदियों का जल तराई क्षेत्र में ऊपर आ जाता है। यह वास्तव में निम्न समतल मैदानी क्षेत्र है, जहाँ नदियों का जल इधर-उधर फैल जाने से दलदलों का निर्माण हो गया है। वर्तमान में यहाँ की सघन वनस्पतियों को काटकर तथा दलदलों को सुखाकर कृषिकार्य के लिए उपयोगी बना लिया गया है।

बाँगर—बाँगर प्रदेश भी उत्तर के विशाल मैदान की एक विशेषता है। यह प्रदेश पुरानी जलोढ़ मिट्टी का बना होता है, जहाँ नदियों की बाढ़ का जल नहीं पहुँचता है। इस प्रदेश में

चूनायुक्त सग्रंथनों की अधिकता होने के कारण यह कृषि के लिए अधिक उपयुक्त नहीं होता है। पंजाब में मिलनेवाले बाँगर को 'धाया' कहा जाता है।

खादर—बाँगर के विपरीत खादर प्रदेश में नदियों की बाढ़ का जल प्रतिवर्ष पहुँचता है। इस प्रदेश का निर्माण नवीन जलोढ़ मिट्टी द्वारा होता है, क्योंकि बाढ़ के जल के साथ नवीन मिट्टी यहाँ प्रतिवर्ष बिछती रहती है। यह प्रदेश कृषि के लिए अत्यधिक उपयुक्त होता है। पंजाब में मिलनेवाले खादर को 'बेट' कहा जाता है।

डेल्टा—उत्तरी विशाल मैदान में गंगा तथा सिंधु नदी के डेल्टा मिलते हैं। गंगा का डेल्टा राजमहल की पहाड़ियों में सुंदरवन के किनारे तक ४३० किमी. की लंबाई में विस्तृत है। इसकी चौड़ाई ४८० किमी. है। सिंधु नदी का डेल्टा ९६० किमी. लंबा और १६० किमी. चौड़ा है।

प्रायद्वीपीय पठारी भाग

गंगा के विशाल मैदान के दक्षिण से लेकर कश्मीर से कन्याकुमारी तक त्रिभुजाकार आकृति में लगभग १६ लाख वर्ग किमी. क्षेत्र पर प्रायद्वीपीय पठारी भाग फैला हुआ है। यह भाग दक्षिणी-पूर्वी राजस्थान, मध्य प्रदेश, छत्तीसगढ़, झारखंड, उड़ीसा, महाराष्ट्र, गुजरात, कर्नाटक, आंध्र प्रदेश, तमिलनाडु एवं केरल राज्यों में फैला है। यह देश का सर्वाधिक क्षेत्रफल वाला तथा प्राचीन भौतिक प्रदेश है। इस पर प्रवाहित होने वाली नदियों ने इसको कई छोटे-छोटे पठारों में विभाजित कर दिया है। इसकी लंबाई राजस्थान से कुमारी अंतरीप तक लगभग १,७०० किमी. तथा गुजरात से पश्चिम बंगाल तक चौड़ाई १,४०० किमी. है। इस पठार की औसत ऊँचाई समुद्र तल से ६०० मीटर तक है। इसकी उत्तरी सीमा पर अरावली, कैमूर तथा राजमहल पहाड़ियाँ स्थित हैं। पूर्व में पूर्वी घाट तथा पश्चिम में पश्चिमी घाट की पहाड़ियाँ इसकी सीमा बनाती हैं। यह क्षेत्र विच्छिन्न पहाड़ियों, शिखर मैदानों गभीरकृत, सँकरी एवं अधिवर्धित घाटियों, शृंखलाबद्ध पठारों, समप्राय मैदानों एवं अवशिष्ट खंडों का एक प्राकृतिक भूदृश्य है। पूर्वी एवं पश्चिमी घाट का मिलन जिस स्थान पर होता है, वहाँ अन्नामलाई पहाड़ियाँ स्थित हैं। नर्मदा नदी के उत्तर में मालवा पठार स्थित है। यह पठार लावा निर्मित होने के कारण काली मिट्टी का समप्राय बन गया है, जिसका ढाल विशाल मैदान की ओर है। इस पर बेतवा, पार्वती, नीवज, काली सिंध, चंबल तथा माही नदियाँ बहती हैं। मालवा पठार की उत्तरी तथा उत्तरी-पूर्वी सीमा पर बुंदेलखंड तथा बघेलखंड के पठार स्थित हैं, जबकि कैमूर तथा भारनेर श्रेणियों के पूर्व में बघेलखंड का पठार है। इस पठार के उत्तर में सोनपुर पहाड़ियाँ तथा दक्षिण में रामगढ़ की पहाड़ियाँ स्थित हैं।

समुद्रतटीय मैदान

दक्षिण के प्रायद्वीपीय पठारी भाग के दोनों ओर पूर्वी घाट तथा पश्चिमी घाट पर्वतमालाओं एवं सागर तट के बीच समुद्रतटीय मैदानों का विस्तार है। यह तटीय मैदान देश के अन्य प्राकृतिक विभाग से स्पष्ट भिन्नता रखता है। स्थिति के आधार पर इन्हें पश्चिमी तथा पूर्वी तटीय मैदानों में विभाजित किया जाता है।

पश्चिमी घाट—पश्चिमी समुद्रतटीय मैदान का विस्तार गुजरात में कच्छ की खाड़ी से

लेकर कुमारी अंतरीप तक पाया जाता है। इसकी औसत चौड़ाई ६४ किमी. है। इस मैदान की सर्वाधिक चौड़ाई नर्मदा तथा ताप्ती नदियों के मुहानों के समीप ८० किमी. तक मिलती है। इस मैदान का ढाल पश्चिम की ओर अत्यधिक तीव्र है, जिस पर तीव्रगामी एवं छोटी नदियाँ प्रवाहित होती हैं। इस मैदान को पाँच उपखंडों में विभाजित किया गया है।

कच्छ प्रायद्वीपीय तटीय मैदान, जो कि शुष्क एवं अर्धशुष्क रेतीला मैदान है, इसके मध्य में गिरनार पहाड़ियाँ स्थित हैं। गुजरात का मैदान, जिसका विस्तार कच्छ एवं सौराष्ट्र के पूर्व में है, इस पर माही, साबरमती, नर्मदा तथा ताप्ती नदियाँ प्रवाहित होती हुई अरब सागर में मिलती हैं।

कोंकण का मैदान दमन से गोवा तक ५०० किमी. लंबा है। इस पर साल, सागौन आदि के वनों की अधिकता है।

कनारा तटीय मैदान गोवा से मंगलोर तक पाया जाता है। इसका निर्माण प्राचीन कायांतरित शैलों से हुआ है। इस पर बलुआ स्तूपों का जमाव पाया जाता है। यह तट गरम मसालों, सुपारी, केला, आम, नारियल आदि की कृषि के लिए प्रसिद्ध है।

मालाबार तटीय मैदान केरल का तटीय मैदान है, जो कि मंगलोर से कन्याकुमारी तक ५०० किमी. की लंबाई में फैला है। इस पर लैगून (कयाल) नामक छोटी-छोटी तटीय झीलें पाई जाती हैं। इस मैदान के तटीय भागों में मत्स्यन किया जाता है।

पूर्वी घाट—पूर्वी समुद्र तटीय मैदान पश्चिम बंगाल से लेकर कुमारी अंतरीप तक मिलता है। इसकी चौड़ाई पश्चिमी तटीय मैदान की अपेक्षा अधिक है। इस मैदान पर प्रवाहित होनेवाली नदियों—महानदी, गोदावरी, कृष्णा, कावेरी आदि ने विस्तृत डेल्टा का निर्माण किया है। इस पर चिल्का तथा पुलीकट जैसी विस्तृत लैगून झीलें भी पाई जाती हैं। इस मैदान के उत्तरी भाग को उत्तरी सरकार तथा दक्षिणी भाग को कोरोमंडल तट के नाम से जाना जाता है। इसके तीन प्रमुख उप विभाग हैं।

उत्कल का मैदान, जो कि उड़ीसा तट के सहारे लगभग ४०० किमी. की लंबाई में फैला है। इस मैदान पर महानदी का डेल्टा, चिल्का झील तथा विशाखापत्तनम बंदरगाह स्थित हैं।

आंध्र का मैदान आंध्र प्रदेश के तटीय क्षेत्र में स्थित है, जिस पर गोदावरी एवं कृष्णा नदियों ने अपने डेल्टा का निर्माण किया है। इन दोनों डेल्टाओं के बीच कोलेरू झील स्थित है।

तमिलनाडु के मैदान का विस्तार तमिलनाडु तथा पांडिचेरी के तटीय क्षेत्र में है। पुलीकट झील से कुमारी अंतरीप तक इसकी लंबाई ६७५ किमी. है। इसकी औसत चौड़ाई १०० किमी. है। पुलीकट एक लैगून झील है, जिसके आगे श्रीहरिकोटा द्वीप स्थित है। यह मैदान सबसे लंबा है।

भारत की नदियाँ

भारत की नदियों का देश के आर्थिक एवं सांस्कृतिक विकास में प्राचीनकाल से ही महत्त्वपूर्ण योगदान रहा है। सिंधु तथा गंगा नदियों की घाटियों में ही विश्व की सर्वाधिक प्राचीन सभ्यताओं—सिंधु घाटी तथा आर्य सभ्यता का आविर्भाव हुआ। आज भी देश की सर्वाधिक जनसंख्या एवं कृषि का संकेंद्रण नदी घाटी क्षेत्रों में पाया जाता है। प्राचीनकाल में व्यापारिक एवं यातायात की सुविधा के कारण देश के अधिकांश नगर नदियों के किनारे ही विकसित हुए थे

तथा आज भी देश के लगभग सभी धार्मिक स्थल किसी-न-किसी नदी से संबद्ध हैं।

भारत की नदियों को चार समूहों में वर्गीकृत किया जा सकता है, जैसे—

१. हिमालय से निकलनेवाली नदियाँ,
२. दक्षिण से निकलनेवाली नदियाँ,
३. तटवर्ती नदियाँ,
४. अंतरदेशीय नालों से द्रोणी क्षेत्र की नदियाँ।

हिमालय से निकलने वाली नदियाँ

हिमालय से निकलने वाली नदियाँ बर्फ और ग्लेशियरों के पिघलने से बनी हैं, अतः इनमें वर्ष भर निरंतर प्रवाह बना रहता है। मानसून माह के दौरान हिमालय क्षेत्र में बहुत अधिक वृष्टि होती है और नदियाँ बारिश पर निर्भर हैं, अतः इनके आयतन में उतार-चढ़ाव होता है। इनमें से कई अस्थायी होती हैं। तटवर्ती नदियाँ, विशेषकर पश्चिमी तट पर, लंबाई में छोटी होती हैं और उनका सीमित जलग्रहण क्षेत्र होता है। इनमें से अधिकांश अस्थायी होती हैं। पश्चिमी राजस्थान के अंतरदेशीय नाला द्रोणी क्षेत्र की कुछ नदियाँ हैं। इनमें से अधिकांश अस्थायी प्रकृति की हैं। हिमाचल से निकलने वाली नदी की मुख्य प्रणाली सिंधु और गंगा ब्रह्मपुत्र मेघना नदी की प्रणाली की तरह है।

सिंधु नदी

यह विश्व की महान् नदियों में एक है, तिब्बत में मानसरोवर के निकट से निकलती है और भारत से होकर बहती है; तत्पश्चात् पाकिस्तान से होकर और अंततः कराची के निकट अरब सागर में मिल जाती है। भारतीय क्षेत्र में बहनेवाली इसकी सहायक नदियों में सतलुज (तिब्बत से निकलती है), व्यास, रावी, चिनाब और झेलम हैं।

वाराणसी में गंगा नदी के घाट

गंगा-ब्रह्मपुत्र-मेघना एक अन्य महत्त्वपूर्ण नदी प्रणाली है, जिसका उप द्रोणी क्षेत्र भागीरथी और अलकनंदा में है, जो देवप्रयाग में मिलकर गंगा बन जाती है। यह उत्तरांचल, उत्तर प्रदेश, बिहार और प. बंगाल से होकर बहती है। राजमहल की पहाड़ियों के नीचे भागीरथी नदी, जो पुराने समय में मुख्य नदी हुआ करती थी, निकलती है, जबकि पद्‌मा पूरब की ओर बहती है और बांग्लादेश में प्रवेश करती है।

सहायक नदियाँ—यमुना, रामगंगा, घाघरा, गंडक, कोसी, महानदी और सोन गंगा की महत्त्वपूर्ण सहायक नदियाँ हैं। चंबल और बेतवा महत्त्वपूर्ण उप-सहायक नदियाँ हैं, जो गंगा से मिलने से पहले यमुना में मिल जाती हैं। पद्मा एवं ब्रह्मपुत्र बांग्लादेश में मिलती हैं और पद्मा अथवा गंगा के रूप में बहती रहती हैं।

ब्रह्मपुत्र

ब्रह्मपुत्र तिब्बत से निकलती है, जहाँ इसे 'सांगणो' कहा जाता है और भारत में अरुणाचल प्रदेश तक प्रवेश करने तक यह काफी लंबी दूरी तय करती है, यहाँ इसे दिहांग कहा जाता है। पासी घाट के निकट देबांग और लोहित ब्रह्मपुत्र नदी से मिल जाती हैं और यह संयुक्त नदी पूरे असम से होकर एक संकीर्ण घाटी में बहती है। यह घुबरी के अनुप्रवाह में बांग्लादेश में प्रवेश करती है।

सहायक नदियाँ—भारत में ब्रह्मपुत्र की प्रमुख सहायक नदियाँ सुबसिरी, जिया भरेली, घनसिरी, पुथिभारी, पागलादिया और मानस हैं। बांग्लादेश में ब्रह्मपुत्र तिस्ता आदि के प्रवाह में मिलकर अंततः गंगा में मिल जाती है। मेघना की मुख्य नदी बराक मणिपुर की पहाड़ियों में से निकलती है। इसकी महत्त्वपूर्ण सहायक नदियाँ मक्कू, ट्रांग, तुईवई, जिरी, सोनई, रुक्वी, कचरवल, घालरेवरी, लांगाचिनी, महुवा और जातिंगा हैं। बराक नदी बांग्लादेश में भैरव बाजार के निकट गंगा–ब्रह्मपुत्र के मिलने तक बहती रहती है। दक्कन क्षेत्र में अधिकांश नदी प्रणालियाँ सामान्यतः पूर्व दिशा में बहती हैं और बंगाल की खाड़ी में मिल जाती हैं। गोदावरी, कृष्णा, कावेरी, महानदी आदि पूर्व की ओर बहने वाली प्रमुख नदियाँ हैं और नर्मदा, ताप्ती पश्चिम की ओर बहने वाली प्रमुख नदियाँ हैं। दक्षिणी प्रायद्वीप में गोदावरी का दूसरी सबसे बड़ी नदी का द्रोणी क्षेत्र है, जो भारत के क्षेत्र का १० प्रतिशत भाग है। इसके बाद कृष्णा नदी के द्रोणी क्षेत्र का स्थान है, जबकि महानदी का तीसरा स्थान है। डेक्कन के ऊपरी भू–भाग में नर्मदा का द्रोणी क्षेत्र है, यह अरब सागर की ओर बहती है, बंगाल की खाड़ी में गिरती है, दक्षिण में कावेरी के समान आकार की है, परंतु इसकी विशेषताएँ और बनावट अलग हैं।

कई प्रकार की तटवर्ती नदियाँ हैं, जो अपेक्षाकृत छोटी हैं। ऐसी नदियों में काफी कम नदियाँ पूर्वी तट के डेल्टा के निकट समुद्र में मिलती हैं, जबकि पश्चिम तट पर ऐसी ६०० नदियाँ हैं।

राजस्थान में ऐसी कुछ नदियाँ हैं, जो समुद्र में नहीं मिलती हैं। ये खारी झीलों में मिल जाती हैं और रेत में समाप्त हो जाती हैं, जिसकी समुद्र में कोई निकासी नहीं होती है। इसके अतिरिक्त कुछ मरुस्थल की नदियाँ होती हैं, जो कुछ दूरी तक बहती हैं और मरुस्थल में लुप्त हो जाती हैं। इनमें लुनी और मच्छ, स्पेन, सरस्वती, बनारस और घग्गर जैसी अन्य नदियाँ हैं।

प्रमुख नदियाँ

क्र.	नदी	लंबाई (किमी.)	उद्गम स्थान	सहायक नदियाँ	प्रवाह क्षेत्र (संबंधित राज्य)
१.	सिंधु नदी	२,८८० (७०९)	मानसरोवर झील के निकट (तिब्बत)	सतलुज, व्यास, झेलम, चिनाब, रावी, शिंगार, गिलगित, श्योक	जम्मू और कश्मीर, लेह
२.	झेलम नदी	७२०	शेषनाग झील	किशन, गंगा, पुंछ, लिदार, करेवाल, सिंध	जम्मू-कश्मीर, कश्मीर
३.	चिनाब नदी	१,१८०	बारालाचा दर्रे के निकट	चंद्रभागा	जम्मू-कश्मीर
४.	रावी नदी	७२५	रोहतांग दर्रा	काँगड़ा, साहो, सुइल	हिमाचल प्रदेश, जम्मू-कश्मीर, पंजाब
५.	सतलुज नदी	१४४० (१०५०)	मानसरोवर के निकट राकसताल	व्यास, स्पिती, बस्पा	हिमाचल प्रदेश, पंजाब
६.	व्यास नदी	४७०	रोहतांग दर्रा तीर्थन	पार्वती, हुरला	हिमाचल प्रदेश
७.	गंगा नदी	२,५१० (२०७१)	गंगोत्तरी के निकट गोमुख से	यमुना, रामगंगा, गोमती, बागमती, गंडक, कोसी, सोन, अलकनंदा, भागीरथी, पिंडार, मंदाकिनी,	उत्तरांचल, उत्तर प्रदेश, बिहार, पश्चिम बंगाल
८.	यमुना नदी	१३७५	यमुनोत्तरी ग्लेशियर चंबल	बेतवा, केन, टोंस, गिरी, काली, सिंध, आसन	उत्तरांचल, उत्तर प्रदेश, दिल्ली
९.	रामगंगा नदी	६९०	नैनीताल के निकट	एक हिमनदी से खोन	उत्तरांचल, उत्तर प्रदेश
१०.	घाघरा नदी	१,०८०	मप्सातुंग (नेपाल)	हिमनद शारदा, करनली, कुवाना, राप्सी, चौकिया	उत्तर प्रदेश, बिहार.
११.	गंडक नदी	४२५	नेपाल	तिब्बत सीमा पर मुस्ताग के निकट काली	गंडक, त्रिशूल, गंगा, बिहार
१२.	कोसी नदी	७३०	नेपाल में सप्तकोशिकी (गोंसाईधाम)	इंद्रावती, तामुर, अरुण, कोसी	सिक्किम, बिहार
१३.	चंबल नदी	९६०	मऊ के निकट जानापाव पहाड़ी से	काली, सिंध, सिप्ता, पार्वती, बनास	मध्य प्रदेश
१४.	बेतवा नदी	४८०	भोपाल के पास उबेदुल्ला गंज के पास		मध्य प्रदेश

क्र.	नदी	लंबाई (किमी.)	उद्गम स्थान	सहायक नदियाँ	प्रवाह क्षेत्र (संबंधित राज्य)
१५.	सोन नदी	७७०	अमरकंटक की पहाड़ियों से	रिहंद, कुनहड़	मध्य प्रदेश, बिहार
१६.	दामोदर नदी	६००	छोटा नागपुर पठार से	दक्षिण-पूर्व कोनार जामुनिया, बराकर-झारखंड	पश्चिम बंगाल
१७.	ब्रह्मपुत्र नदी	२,८८०	मानसरोवर झील के निकट (तिब्बत में सांग्पो)	घनसिरी, कपिली, सुवनसिती, मानस, लोहित, नोवा, पद्मा, दिहांग	अरुणाचल प्रदेश, असम
१८.	महानदी	८९०	सिहावा के निकट रायपुर	सियोनाथ, हसदेव, उंग, ईब, ब्राह्मणी, वैतरणी	मध्य प्रदेश, छत्तीसगढ़, उड़ीसा
१९.	वैतरणी नदी	३३३	क्योंझर पठार,		उड़ीसा
२०.	स्वर्ण रेखा	४८०	छोटा नागपुर पठार		उड़ीसा, झारखंड, पश्चिम बंगाल
२१.	गोदावरी नदी	१,४५०	नासिक की पहाड़ियों से	पेनगंगा, इंद्रावती, मंजीरा, पुरना	महाराष्ट्र, कर्नाटक, आंध्र प्रदेश
२२.	कृष्णा नदी	१,२९०	महाबलेश्वर के निकट कोयना	यरला, वर्णा, पंचगंगा, दूधगंगा, घाटप्रभा, मालप्रभा, भीमा, तुंगप्रभा, मूसी	महाराष्ट्र, कर्नाटक, आंध्र प्रदेश
२३.	कावेरी नदी	७६०	केरकारा के निकट	ब्रह्मगिरि, हेमावती, लोकपावना, शिमला, भवानी, अमरावती, स्वर्णवत	कर्नाटक, तमिलनाडु
२४.	नर्मदा नदी	१,३१२	अमरकंटक चोटी	तवा, शेर, शक्कर, दूधी, बर्ना	मध्य प्रदेश, गुजरात
२५.	ताप्ती नदी	७२४	मुल्ताई से (बैतूल), पूरणा	बैतूल, गंजल, गोमई	मध्य प्रदेश, गुजरात
२६.	साबरमती	७१६	जयसमंद झील (उदयपुर)	वाकल, हाथमती	राजस्थान, गुजरात
२७.	लूनी नदी		नाग पहाड़ सुकड़ी	जनाई, बांडी, मिरुडी, जोजरी	राजस्थान, गुजरात
२८.	बनास नदी		खमनौर पहाड़ियों से सोड्रा	मौसी, खारी	कर्नाटक, तमिलनाडु
२९.	माही नदी		मेहद झील से	सोम, जोखम, अनास, सोरन	मध्य प्रदेश, गुजरात
३०.	हुगली नदी		नवद्वीप के निकट	जलांगी।	
३१.	उत्तरी पेन्नार	५७०	नंदी दुर्ग पहाड़ी	पाआधनी, चित्रावती, सागीलेरू।	

क्र.	नदी	लंबाई (किमी.)	उद्‌गम स्थान	सहायक नदियाँ	प्रवाह क्षेत्र (संबंधित राज्य)
३२.	तुंगभद्रा नदी		पश्चिमी घाट में गोमंतक चोटी	कुमुदवती, वर्धा, हगरी, हिंद, तुंगा, भद्रा	
३३.	मयूसा नदी		आसोनोरा के निकट मेदेई।		
३४.	साबरी नदी	४१८	सुईकरम पहाड़ी, सिलेरू।		
३५.	इंद्रावती नदी	५३१	कालाहांडी, नारंगी, कोटरी		उड़ीसा
३६.	क्षिप्रा नदी		काकरी बरडी पहाड़ी	चंबल नदी	इंदौर
३७.	शारदा नदी	६०२	मिलाम हिमनद	कुमाऊँ, घाघरा नदी	हिमालय
३८.	तवा नदी		महादेव पर्वत	पंचमढ़ी, नर्मदा नदी	
३९.	हसदो नदी		सरगुजा में कैमूर पहाड़ियाँ	महानदी	
४०.	काली सिंध नदी	४१६	बागलो, विंध्याचल पर्वत	यमुना नदी	जिला देवास
४१.	सिंध नदी		सिरोज	चंबल नदी	गुना जिला
४२.	केन नदी		विंध्याचल श्रेणी	यमुना नदी	
४३.	पार्वती नदी		विंध्याचल	चंबल नदी	मध्य प्रदेश
४४.	घग्घर नदी		कालका		हिमाचल प्रदेश
४५.	बाणगंगा नदी	४९४	बैराठ पहाड़ियाँ	यमुना नदी	जयपुर
४६.	सोम नदी		बीछा मेंडा	जोखम, गोमती, सारनी	उदयपुर
४७.	आयड़ या				
	बेडच नदी	१९०	गोमुंडा पहाड़ी	बनास नदी	उदयपुर
४८.	दक्षिण पिनाकिन	४००	चेन्ना केशव पहाड़ी		कर्नाटक
४९.	दक्षिणी टोंस	२६५	तमसा कुंड	कैमूर पहाड़ी	
५०.	दामन गंगा नदी		पश्चिम घाट		
५१.	गिरना नदी		पश्चिम घाट		नासिक

भारत की प्रमुख नदियों के प्राचीन नाम व आधुनिक नामों की सूची—

भारत की प्रमुख नदियों का प्राचीन नाम	भारत की प्रमुख नदियों का आधुनिक नाम
क्रुभु	कुर्रम
कुभा	काबुल
वितस्ता	झेलम
आस्किनी	चिनाब
पुरुष्णी	रावी
शतुद्रि	सतलुज
विपाशा	व्यास
सदानीरा	गंडक
दृषद्वती	घग्घर
गोमती	गोमल
सुवास्तु	स्वात
सिंधु	सिंध
सरस्वती/दृषद्वती	घग्घर/रक्षी/चित्तग
सुषोमा	सोहन
मरुद्वृधा	मरुवर्मन

ऋतुएँ

परंपरागत रूप से भारत में छह ऋतुएँ मानी जाती रही हैं, परंतु भारतीय मौसमविज्ञान विभाग चार ऋतुओं का वर्णन करता है, जिन्हें हम उनके परंपरागत नामों से तुलनात्मक रूप से निम्नवत् लिख सकते हैं—

शीत ऋतु (Winters)—दिसंबर से मार्च तक, जिसमें दिसंबर और जनवरी सबसे ठंडे महीने होते हैं। उत्तरी भारत में औसत तापमान १० से १५ डिग्री सेल्सियस होता है।

ग्रीष्म ऋतु (Summers of Pre-monsoon)—अप्रैल से जून तक, जिसमें मई सबसे गरम महीना होता है, औसत तापमान ३२ से ४० डिग्री सेल्सियस होता है।

वर्षा ऋतु (Monsoon or Rain4)—जुलाई से सितंबर तक, जिसमें सर्वाधिक वर्षा अगस्त महीने में होती है। वस्तुतः मानसून का आगमन और प्रत्यावर्तन लौटना, दोनों क्रमिक रूप से होते हैं और अलग-अलग स्थानों पर इनका समय अलग-अलग होता है। सामान्यतः १ जून को केरल तट पर मानसून के आगमन की तारीख होती है। इसके ठीक बाद यह पूर्वोत्तर भारत में पहुँचता है और क्रमशः पूर्व से पश्चिम तथा उत्तर से दक्षिण की ओर गतिशील होता है। इलाहाबाद में मानसून के पहुँचने की तिथि १८ जून मानी जाती है और दिल्ली में २९ जून।

शरद ऋतु (Post-monsoon to Autumn)—उत्तरी भारत में अक्तूबर और नवंबर माह में मौसम साफ और शांत रहता है तथा अक्तूबर में मानसून लौटना शुरू हो जाता है, जिससे तमिलनाडु के तट पर लौटते मानसून से वर्षा होती है।

जल संसाधन

कालीनगर, बर्दवान, पश्चिम बंगाल में बाढ़ का एक दृश्य—भारत में जल संसाधन की उपलब्धता क्षेत्रीय स्तर पर जीवन-शैली और संस्कृति के साथ जुड़ी हुई है, साथ ही इसके वितरण में पर्याप्त असमानता भी मौजूद है। एक अध्ययन के अनुसार भारत में ७१ प्रतिशत जल संसाधन की मात्रा देश के ३६ प्रतिशत क्षेत्रफल में सिमटी है और बाकी ६४ प्रतिशत क्षेत्रफल के पास देश के २९ प्रतिशत जल संसाधन ही उपलब्ध हैं। हालाँकि कुल संख्याओं को देखने पर देश में पानी की माँग अभी पूर्ति से कम दिखाई पड़ती है। २००८ में किए गए एक अध्ययन के मुताबिक देश में कुल जल उपलब्धता ६५४ बिलियन क्यूबिक मीटर थी और तत्कालीन कुल माँग ६३४ बिलियन क्यूबिक मीटर। (सरकारी आँकड़े जल की उपलब्धता को ११२३ बिलियन क्यूबिक मीटर दरशाते हैं, लेकिन यह ओवर एस्टिमेटेड है) साथ ही कई अध्ययनों में यह भी स्पष्ट किया गया है कि निकट भविष्य में माँग और पूर्ति के बीच अंतर चिंताजनक रूप ले सकता है, क्षेत्रीय आधार पर वितरण को भी इसमें शामिल कर लिया जाए तो समस्या और बढ़ेगी।

वर्षाजल—भारत में वर्षाजल की उपलब्धता काफी है और यह यहाँ के सामान्य जीवन का अंग भी है। भारत में औसत दीर्घकालिक वर्षा ११६० मिलीमीटर है, जो इस आकार के किसी देश में नहीं पाई जाती, साथ ही भारतीय कृषि का एक बड़ा हिस्सा सीधे वर्षा पर निर्भर है, जो करीब ८.६ करोड़ हेक्टेयर क्षेत्रफल पर है और यह भी विश्व में सबसे अधिक है। चूँकि भारत में वर्षा साल के बारहों महीने नहीं होती बल्कि एक वर्षा ऋतु में ही होती है, अलग-अलग ऋतुओं में जल की उपलब्धता अलग-अलग होती है। यही कारण है कि वार्षिक वर्षा के आधार पर वर्षाबहुल इलाकों में भी अल्पकालिक जल संकट देखने को मिलता है कि चेरापूँजी जैसे सर्वाधिक वर्षावाले स्थान के आसपास भी चूँकि मिट्टी बहुत देर तक जल धारण नहीं करती और वर्षा एक विशिष्ट ऋतु में होती है, वहाँ अल्पकालिक जल संकट खड़ा हो जाता है। अत: सामान्यत: जिस पूर्वोत्तर भारत को जलाधिक्य के क्षेत्र के रूप में देखा जा रहा था, उसे भी सही अर्थों में ऐसा नहीं कहा जा सकता, क्योंकि यह जलाधिक्य भी ऋतुसापेक्ष होता है।

नदी जल—भारत में १२ नदियों को प्रमुख नदियों में वर्गीकृत किया गया है, जिनका कुल जल-ग्रहण क्षेत्र २५२.८ मिलियन हेक्टेयर है, जिसमें गंगा-ब्रह्मपुत्र-मेघना सबसे वृहद् है।

हालाँकि इन नदियों में भी जल की मात्रा वर्ष भर समान नहीं रहती। भारत में नदियों को जोड़ने की महत्त्वाकांक्षी योजना भी बनाई जा रही है, जिसमें से कुछ के तो प्रस्ताव भी बन चुके हैं।

अन्य सतही जल—अन्य सतही जल में झीलें, ताल, पोखर और तालाब आते हैं।

भू-जल—भारत विश्‍व का सबसे बड़ा भूगर्भिक जल का उपभोग करनेवाला देश है। विश्‍व बैंक के अनुमान के मुताबिक भारत करीब २३० घन किलोमीटर भू-जल का दोहन प्रतिवर्ष करता है। सिंचाई का लगभग ६० प्रतिशत और घरेलू उपयोग का लगभग ८० प्रतिशत जल भू-जल ही होता है। उत्तर प्रदेश जैसे कृषि प्रमुख और विशाल राज्य में सिंचाई का ७१.८ प्रतिशत नलकूपों द्वारा होता है। (इसमें कुओं द्वारा निकाला जानेवाला जल शामिल नहीं है) केंद्रीय भू-जल बोर्ड के वर्ष २००४ के अनुमानों के मुताबिक भारत में पुनर्भरणीय भू-जल की मात्रा ४३३ बिलियन क्यूबिक मीटर थी, जिसमें ३६९.६ बी.सी.एम. सिंचाई के लिए उपलब्ध था।

हिमालय

हे माता! तेरे भाल को सुशोभित करनेवाला देवतास्वरूप हिमालय, जिसकी गोदी में वनौषधियों का भंडार, रत्नों की खान, शांति का आगार, तपस्वियों का शांतिकुंज, गंगा-यमुना जैसी पुण्य सलिलाओं की उद्‌गमस्थली, हरे-भरे पेड़-पौधों की शीतल-सुगंधित छवि, आनंद का धाम और वज्र-सी छाती ताने खड़ा अडिग प्रहरी है। यह सब तेरी ही असीम कृपा से सहज ही प्राप्त हो गया है।

ऐसी अनमोल बातें सँजोकर, सँभालकर रखने से ही भूत के प्रति कृतज्ञता एवं भविष्य के प्रति कर्तव्यपरायणता की सुधि दिलाती हैं। ऐसी ही सुधि का परिचायक देवरूप हिमालय का भारत के लिए योगदान, महत्त्व का विस्तृत विश्लेषण कम शब्दों में प्रवाहित है। यथा—

प्राकृतिक महत्त्व

उत्तरी भारत का मैदान, सिंधु, गंगा, ब्रह्मपुत्र का मैदान हिमालय से लाए गए जलोढ़ निक्षेपों से निर्मित है।

हिमालय का सबसे बड़ा महत्त्व दक्षिण एशिया के क्षेत्रों के लिए है। यह एक महत्त्वपूर्ण नियंत्रक कारक के रूप में कार्य करता है। हिमालय की विशाल पर्वत-शृंखलाएँ आई शीतल वायु राशियों को रोककर भारतीय उपमहाद्वीप को जाड़ों में अधिक ठंडा होने से बचाती हैं।

ये पर्वत-श्रेणियाँ मानसूनी वर्षा के मार्ग में अवरोध उत्पन्न करके इस क्षेत्र में पर्वतीय वर्षा करती हैं, जिस पर इसी क्षेत्र का पर्यावरण और अर्थव्यवस्था काफी हद तक निर्भर है।

हिमालय की उपस्थिति ही वह कारण है, जिसकी वजह से भारतीय उपमहाद्वीप के उन क्षेत्रों में भी उष्ण और उष्णकटिबंधीय जलवायु पाई जाती है, जो कर्क रेखा के उत्तर में स्थित है। अन्यथा इन क्षेत्रों में अक्षांशीय स्थिति के अनुसार कम शीतोष्ण कटिबंधीय जलवायु मिलनी चाहिए थी।

हिमालय की वर्षपर्यंत हिमाच्छिादित श्रेणियों में इनके हिमनद सदावाहिनी नदियों के स्रोत हैं। जिनसे भारत, पाकिस्तान, नेपाल और बांग्लादेश को महत्त्वपूर्ण जल संसाधन उपलब्ध होते हैं।

आर्थिक महत्त्व

१. वन संसाधनों के रूप में शीतोष्ण कटिबंधीय मुलायम लकड़ीवाली वनस्पति और शंक्वाकार वनों के स्रोत के रूप में जिसका काफी आर्थिक महत्त्व है।
२. अन्य विविध वनोपज, जैसे—औषधीय उत्पादों की प्राप्ति।
३. चरागाह के रूप में हिमालय का महत्त्व है, क्योंकि इसकी घाटियों में नरम घासवाले क्षेत्र पाए जाते हैं। इन्हें पश्चिमी हिमालय में मर्ग और कुमायूँ क्षेत्र में बुग्याल तथा पयाल के नाम से जाना जाता है।
४. विविध खनिजों, जैसे—चूना, पत्थर, डोलोमाइट, एलटे, चट्टानी नमक आदि के स्रोत के रूप में।
५. फूलों की खेती के लिए।
६. सिंचाई के स्रोत के रूप में सदावाहिनी नदियों का स्रोत।
७. पर्यटन उद्योग और पर्यटक केंद्रों के लिए।
८. जलविद्युत् उत्पादन के लिए।

पर्यावरणीय महत्त्व

१. जैव विविधता भंडार के रूप में हिमालय काफी महत्त्वपूर्ण है। जैव विविधता के प्रमुख क्षेत्र के रूप में फूलों की घाटी, अरुणाचल का पूर्ण हिमालय क्षेत्र हैं।
२. जलवायु पर वैश्विक प्रभाव।
३. हिमालय के हिमनदों को अभी जलवायु परिवर्तन के प्रमुख संकेतक के रूप में भी देखा जा रहा है।

सामरिक महत्त्व

१. हिमालय क्षेत्र का दक्षिण एशिया के लिए हमेशा से सामरिक महत्त्व रहा है, क्योंकि यह एक प्राकृतिक क्षेत्र है, जो इसके उत्तरी दिशा से सैन्य आक्रमणों को अल्प संभाव्य बनाता है।
२. वर्तमान समय में कश्मीर तथा सियाचिन विवाद क्षेत्र यहीं स्थित हैं। चीन द्वारा हिमालय के शिखर से बनाई गई प्राकृतिक सीमा रेखा को मान्यता देने से इनकार करना भी इस क्षेत्र में एक महत्त्वपूर्ण भू-राजनैतिक विवाद है।
३. हिमालय की उच्च भूमि के कारण ही नेपाल अपनी बफर स्टेट की स्थिति को सुरक्षित बनाए हुए है।
४. जिस तरह से देश का जवान देश की रक्षा करता दुश्मनों से लड़ता हुआ अपनी छाती पर गोलियाँ खाता है, लेकिन अपनी अंतिम साँस तक देश की रक्षा करता है, ठीक उसी तरह हिमालय पर्वत भी देश की रक्षा करता है।

पुण्यभूमि भारत

चार धाम

चार धामों में मुख्य रूप से बदरीनाथ, द्वारका, जगन्नाथपुरी और रामेश्वरम् शामिल हैं। आधुनिक समय में इन चार धामों को भारत के पवित्र तीर्थस्थल भी कहा जाता है। ज्यादातर हिंदू धर्म के लोग यहाँ आते हैं। हिंदू धर्म में कहा गया है कि व्यक्ति को जीवन में एक बार इन चार धामों की यात्रा अवश्य करनी चाहिए।

१. जगन्नाथपुरी—पुरी भारत के ओडिशा राज्य के पूर्व में बसा हुआ है। देश के पूर्वी भाग के प्राचीनतम शहरों में यह एक है। यह शहर बंगाल की खाड़ी के तट पर बसा हुआ है। मंदिर के मुख्य देवता श्रीकृष्ण हैं, जिन्हें भगवान् जगन्नाथ के नाम से जाना जाता है, यह एकमात्र ऐसी जगह है, जहाँ भगवान् जगन्नाथ की बहन देवी सुभद्रा और भाई बलभद्र की पूजा की जाती है। इस मंदिर का निर्माण राजा गंग देव और राजा तृतीय अनंग भीमदेव ने हजार साल पहले कराया था, जिसमें प्राचीन कारीगरी का उत्तम उदाहरण देखने को मिलता है।

आदिशंकराचार्य द्वारा स्थापित चार मठों के समूह में पुरी का गोवर्धन मठ भी शामिल है। यहाँ हर समय ब्रह्मा, विष्णु और महेश्वर, तीनों देवताओं को हम एक साथ पूज सकते हैं। यहाँ जगन्नाथ-विष्णु, बलभद्र-महेश्वर और सुभद्रा-ब्रह्मा के रूप में देवताओं को पूजा जाता है। उड़िया सरकार हर साल यहाँ एक विशाल रथयात्रा का आयोजन करती हैं।

२. बदरीनाथ—बदरीनाथ भारत के उत्तराखंड राज्य में है। यह नगर गढ़वाल पहाड़ियों में अलकनंदा नदी के तट पर स्थित है। यह नर और नारायण पहाड़ियों के बीच में नीलकंठ शिखर (६५६० मीटर) की परछाईं में बसा हुआ है।

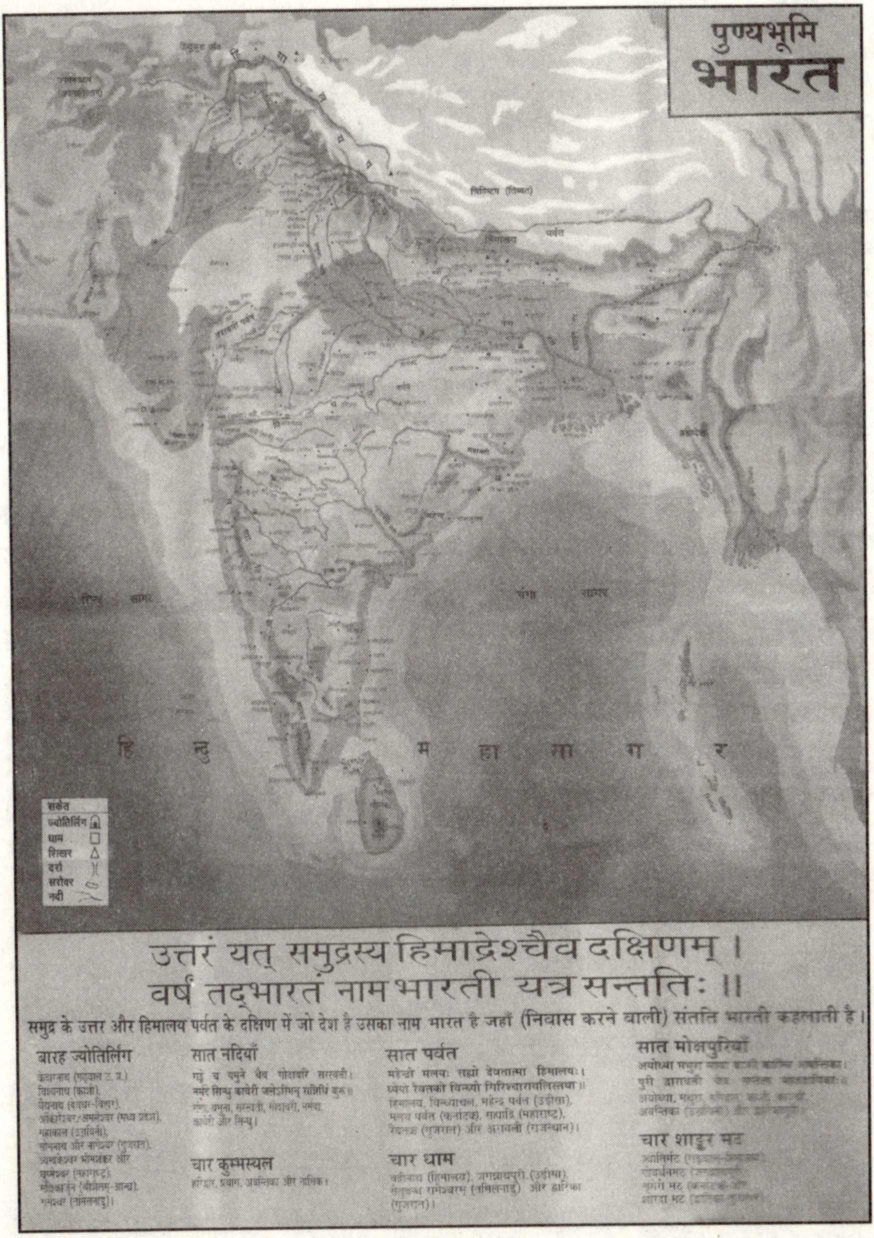

३. रामेश्वरम्—रामेश्वरम् भारत के दक्षिणी राज्य तमिलनाडु में है। यह भारतीय प्रायद्वीप की मन्नार की खाड़ी के शीर्ष पर है। इसी जगह भगवान् राम ने भाई लक्ष्मण और भक्त हनुमान

के साथ एक पुल (रामसेतु) का निर्माण श्रीलंका में जाकर अपनी पत्नी सीता को रावण के चंगुल से छुड़ाने के लिए करवाया था।

भगवान् शिव को समर्पित रामनाथस्वामी मंदिर ने ही रामेश्वरम् का ज्यादातर क्षेत्र घेर रखा है। इस मंदिर का निर्माण श्रीरामचंद्र ने करवाया था। हिंदू धर्म के अनुसार रामेश्वरम् का दर्शन किए बिना बनारस (वाराणसी) की यात्रा पूरी नहीं होती। यहाँ पर मुख्य देवता को शिवलिंग के रूप में पूजा जाता है, जिन्हें रामनाथस्वामी का नाम दिया गया है। साथ ही यह मंदिर भगवान् शिव के १२ ज्योतिर्लिंगों में से एक है।

४. द्वारका—द्वारका भारत के पश्चिमी राज्य गुजरात में स्थित है। इस शहर के नाम की उत्पत्ति 'द्वार' शब्द से हुई, संस्कृत भाषा में जिसका अर्थ दरवाजे से होता है। यह उस जगह पर है, जहाँ गोमती नदी अरब सागर में मिलती है। यह शहर भारत के पश्चिमी भाग में बसा हुआ है। द्वारका नगर भगवान् कृष्ण का निवासस्थान था। कहा जाता है कि समुद्र की वजह से हुए नुकसान के कारण बहुत बार द्वारका नगर की पुनर्निर्मिति की गई और शहर में काफी सुधार भी किए गए। तकरीबन सात से भी ज्यादा बार यह नगर पूरी तरह जलमग्न हुआ।

बारह ज्योतिर्लिंग

१. सोमनाथ—सोमनाथ ज्योतिर्लिंग भारत का ही नहीं अपितु इस पृथ्वी का पहला ज्योतिर्लिंग माना जाता है। यह मंदिर गुजरात राज्य के सौराष्ट्र क्षेत्र में स्थित है। शिवपुराण के अनुसार जब चंद्रमा को दक्ष प्रजापति ने क्षय रोगी होने का श्राप दिया था, तब चंद्रमा ने इसी स्थान पर शिव का तप कर इस श्राप से मुक्ति पाई थी। ऐसा भी कहा जाता है कि इस शिवलिंग की स्थापना स्वयं चंद्रदेव ने की थी। विदेशी आक्रमणों के कारण अनेक बार नष्ट हुआ। यह हर बार बिगड़ता और बनता रहा है।

२. मल्लिकार्जुन—यह ज्योतिर्लिंग आंध्र प्रदेश में कृष्णा नदी के तट पर श्रीशैल पर्वत पर स्थित है। इस मंदिर का महत्त्व भगवान् शिव के कैलाश पर्वत के समान कहा गया है। कई धार्मिक ग्रंथ इसके धार्मिक और पौराणिक महत्त्व की व्याख्या करते हैं। कहते हैं कि इस ज्योतिर्लिंग के दर्शन करने मात्र से व्यक्ति को उसके सभी पापों से मुक्ति मिलती है।

३. महाकालेश्वर—यह ज्योतिर्लिंग मध्य प्रदेश की धार्मिक राजधानी कही जाने वाली उज्जैन नगरी में स्थित है। महाकालेश्वर ज्योतिर्लिंग की विशेषता है कि यह एकमात्र दक्षिणमुखी ज्योतिर्लिंग है। यहाँ प्रतिदिन सुबह की जानेवाली भस्म आरती विश्व भर में प्रसिद्ध है। महाकालेश्वर की पूजा विशेष रूप से आयु वृद्धि और आयु पर आए संकट को टालने के लिए की जाती है। उज्जैनवासी मानते हैं कि भगवान् महाकालेश्वर ही उनके राजा हैं और वे ही उज्जैन की रक्षा कर रहे हैं।

४. ओंकारेश्वर—ओंकारेश्वर ज्योतिर्लिंग मध्य प्रदेश के प्रसिद्ध शहर इंदौर के समीप स्थित है। जिस स्थान पर यह ज्योतिर्लिंग है, वहाँ नर्मदा नदी बहती है और पहाड़ी के चारों ओर नदी बहने से यहाँ ॐ का आकार बनता है। ॐ शब्द की उत्पत्ति ब्रह्मा के मुख से हुई है, इसलिए किसी भी धार्मिक शास्त्र या वेदों का पाठ ॐ के साथ ही किया जाता है। यह ज्योतिर्लिंग ओंकार अर्थात् ॐ का आकार लिये हुए है, इस कारण इसे ओंकारेश्वर नाम से जाना जाता है।

५. केदारनाथ—केदारनाथ स्थित ज्योतिर्लिंग भी भगवान् शिव के १२ प्रमुख ज्योतिर्लिंगों में एक है। यह उत्तराखंड में स्थित है। बाबा केदारनाथ का मंदिर बदरीनाथ के मार्ग में है। केदारनाथ समुद्र तल से ३५८४ मीटर की ऊँचाई पर है। केदारनाथ का वर्णन स्कंद पुराण एवं शिव पुराण में भी मिलता है। भगवान् शिव को यह तीर्थ अत्यंत प्रिय है। जिस प्रकार कैलाश का महत्त्व है, उसी प्रकार का महत्त्व शिवजी ने केदार क्षेत्र को भी दिया है।

६. भीमाशंकर—भीमाशंकर ज्योतिर्लिंग महाराष्ट्र के पुणे जिले में सह्याद्रि पर्वत पर स्थित है। भीमाशंकर ज्योतिर्लिंग को मोटेश्वर महादेव के नाम से भी जाना जाता है। इस मंदिर के विषय में मान्यता है कि श्रद्धा से जो भक्त इस मंदिर के प्रतिदिन सूर्य निकलने के बाद सुबह दर्शन करता है, उसके सात जन्मों के पाप दूर हो जाते हैं। उसके लिए स्वर्ग के मार्ग खुल जाते हैं।

७. काशी विश्वनाथ—विश्वनाथ ज्योतिर्लिंग भारत के १२ ज्योतिर्लिंगों में से एक है। यह उत्तर प्रदेश के वाराणसी नगर में स्थित है। काशी का सभी धर्म स्थलों में सबसे अधिक महत्त्व है। इस स्थान की मान्यता है कि प्रलय आने पर भी यह रहेगा, इसकी रक्षा के लिए भगवान् शिव इस स्थान को अपने त्रिशूल पर धारण कर लेंगे। प्रलय के टल जाने पर काशी को उसके स्थान पर फिर रख देंगे।

८. त्र्यंबकेश्वर—यह ज्योतिर्लिंग गोदावरी नदी के करीब महाराष्ट्र राज्य के नासिक जिले में स्थित है। इस ज्योतिर्लिंग के सबसे अधिक निकट ब्रह्मागिरि नाम का पर्वत है। इसी पर्वत से गोदावरी नदी शुरू होती है। भगवान् शिव का एक नाम त्र्यंबकेश्वर भी है। कहा जाता है कि भगवान् शिव को गौतम ऋषि और गोदावरी नदी के आग्रह पर यहाँ ज्योतिर्लिंग के रूप में रहना पड़ा।

९. बैद्यनाथ—श्रीबैद्यनाथ शिवलिंग का ज्योतिर्लिंगों की गणना में नौवाँ स्थान बताया गया है। भगवान् श्रीबैद्यनाथ ज्योतिर्लिंग का मंदिर जिस स्थान पर अवस्थित है, उसे बैद्यनाथ धाम कहा जाता है। यह स्थान झारखंड प्रांत (पूर्व में बिहार प्रांत) के संथाल परगना के दुमका जनपद में पड़ता है।

१०. नागेश्वर ज्योतिर्लिंग—यह ज्योतिर्लिंग गुजरात के बाहरी क्षेत्र में द्वारका में है। धर्मशास्त्रों में शिव नागों के देवता हैं और नागेश्वर का पूर्ण अर्थ नागों का ईश्वर है। भगवान् शिव का एक अन्य नाम नागेश्वर भी है। द्वारकापुरी से नागेश्वर ज्योतिर्लिंग की दूरी १७ किमी. है। इस ज्योतिर्लिंग की महिमा में कहा गया है कि जो व्यक्ति पूर्ण श्रद्धा और विश्वास के साथ यहाँ दर्शनों के लिए आता है, उसकी सभी मनोकामनाएँ पूरी हो जाती हैं।

११. रामेश्वरम् ज्योतिर्लिंग—यह ज्योतिर्लिंग तमिलनाडु राज्य के रामनाथपुर स्थान पर स्थित है। भगवान् शिव के १२ ज्योतिर्लिंगों में से एक होने के साथ-साथ यह स्थान हिंदुओं के चार धामों में से एक है। इस ज्योतिर्लिंग के विषय में यह मान्यता है कि इसकी स्थापना स्वयं भगवान् श्रीराम ने की थी। भगवान् राम के द्वारा स्थापित होने के कारण ही इस ज्योतिर्लिंग को भगवान् राम का नाम रामेश्वर दिया गया।

१२. घृष्णेश्वर मंदिर—घृष्णेश्वर महादेव का प्रसिद्ध मंदिर महाराष्ट्र के संभाजीनगर के समीप दौलताबाद के पास स्थित है। इसे घृष्णेश्वर या घुश्मेश्वर के नाम से भी जाना जाता है। दूर-दूर से लोग यहाँ दर्शन के लिए आते हैं और आत्मिक शांति प्राप्त करते हैं। भगवान् शिव के १२

ज्योतिर्लिंगों में से यह अंतिम ज्योतिर्लिंग है। बौद्ध भिक्षुओं द्वारा निर्मित एलोरा की प्रसिद्ध गुफाएँ इस मंदिर के समीप स्थित हैं। यहीं पर एकनाथजी गुरु एवं जनार्दन महाराज की समाधि भी है।

सप्तपुरी

सप्तपुरी पुराणों में वर्णित सात मोक्षदायिनी पुरियों को कहा गया है। इन पुरियों में 'काशी', 'कांची' (कांचीपुरम), 'माया' (हरिद्वार), 'अयोध्या', 'द्वारका', 'मथुरा' और 'अवंतिका' (उज्जयिनी) की गणना की गई है।

काशी काञ्ची च मायाख्यातवयोध्याद्वारवतयपि,
मथुराऽवन्तिका चैताः सप्तपुर्योऽत्र मोक्षदाः।
अयोध्या-मथुरामायाकाशीकाञ्चीऽवन्तिका,
पुरी द्वारावतीचैव सप्तैते मोक्षदायिकाः॥

पुराणों के अनुसार इन सात पुरियों या तीर्थों को मोक्षदायक कहा गया है। इनका संक्षिप्त विवरण इस प्रकार है—

१. अयोध्या (राम जन्मभूमि)—अयोध्या उत्तर प्रदेश में स्थित है। दशरथ अयोध्या के राजा थे। श्रीराम का जन्म यहीं हुआ था। राम की जन्मभूमि अयोध्या उत्तर प्रदेश में सरयू नदी के दाएँ तट पर स्थित है। अयोध्या हिंदुओं के प्राचीन और सात पवित्र तीर्थस्थलों में से एक है। अयोध्या को अथर्ववेद में 'ईश्वर का नगर' बताया गया है और इसकी संपन्नता की तुलना स्वर्ग से होती रही है। रामायण के अनुसार अयोध्या की स्थापना मनु ने की थी। शताब्दियों तक यह नगर सूर्य वंश की राजधानी रहा। अयोध्या तीर्थस्थान है और मूल रूप से मंदिरों का शहर है।

२. मथुरा (कृष्ण जन्मभूमि)—पुराणों में मथुरा के गौरवमय इतिहास का विशद विवरण है। अनेक धर्मों से संबंधित होने के कारण मथुरा में बसने और रहने का महत्त्व क्रमशः बढ़ता रहा। ऐसी मान्यता थी कि यहाँ रहने से व्यक्ति पापरहित हो जाते हैं तथा उनको मोक्ष की प्राप्ति होती है। वराह पुराण में कहा गया है कि इस नगरी में जो लोग शुद्ध विचार से निवास करते हैं, वे मानव के रूप में साक्षात् देवता हैं। श्राद्ध कर्म का विशेष फल मथुरा में प्राप्त होता है। मथुरा में श्राद्ध करनेवालों के पूर्वजों को आध्यात्मिक मुक्ति मिलती है। उत्तानपाद के पुत्र ध्रुव ने मथुरा में तपस्या करके नक्षत्रों में स्थान प्राप्त किया था। पुराणों में मथुरा की महिमा का वर्णन है। पृथ्वी के यह पूछने पर कि मथुरा जैसे तीर्थ की महिमा क्या है? महावराह ने कहा था, ''मेरे लिए इस वसुंधरा में पाताल और अंतरिक्ष से भी अधिक प्रिय मथुरा है।'' वराह पुराण में मथुरा के संदर्भ में उल्लेख है, यहाँ की भौगोलिक स्थिति का वर्णन है। इसमें मथुरा की माप बीस योजन बताई गई है। इस मंडल में मथुरा, गोकुल, वृंदावन, गोवर्धन आदि नगर, ग्राम एवं मंदिर, तड़ाग, कुंड, वन एवं अगणित तीर्थों का भी विवरण है। इनका विस्तृत वर्णन पुराणों में है। गंगा के समान ही यमुना के गौरवमय महत्त्व का भी विशद विवरण मिलता है। पुराणों में वर्णित राजाओं के शासन एवं उनके वंशों का भी वर्णन प्राप्त होता है।

३. हरिद्वार (गंगा नदी)—हरिद्वार उत्तराखंड में स्थित भारत के सात सबसे पवित्र तीर्थस्थलों में से एक है। भारत के पौराणिक ग्रंथों और उपनिषदों में हरिद्वार को मायापुरी कहा गया है। गंगा

नदी के किनारे बसा हरिद्वार यानी 'हरि तक पहुँचने का द्वार' है। हरिद्वार को धर्म की नगरी माना जाता है। सैकड़ों सालों से लोग मोक्ष की तलाश में इस पवित्र भूमि में आते रहे हैं। शहर में पवित्र नदी गंगा में डुबकी लगाने और पापों का नाश करने के लिए श्रद्धालुओं का साल भर आना-जाना लगा रहता है। गंगा नदी पहाड़ी इलाकों को पीछे छोड़ती हुई हरिद्वार से ही मैदानी क्षेत्र में प्रवेश करती है। उत्तराखंड क्षेत्र के चार प्रमुख तीर्थस्थलों का प्रवेश द्वार हरिद्वार ही है। संपूर्ण हरिद्वार में सिद्धपीठ, शक्तिपीठ और अनेक नए-पुराने मंदिर हैं।

४. काशी (गंगा नदी के घाट)—वाराणसी, काशी अथवा बनारस भारत में उत्तर प्रदेश का प्राचीन और धार्मिक महत्ता रखनेवाला नगर है। वाराणसी का पुराना नाम काशी है। वाराणसी विश्व का प्राचीनतम शहर है। यह गंगा नदी के किनारे बसा है। हजारों साल से यह उत्तर भारत का धार्मिक एवं सांस्कृतिक केंद्र रहा है। दो नदियों वरुणा और असी के मध्य बसा होने के कारण इसका नाम वाराणसी पड़ा। बनारस या वाराणसी का नाम पुराणों, रामायण, महाभारत जैसे अनेकानेक ग्रंथों में मिलता है। प्राचीन काल से ही लोग संस्कृत पढ़ने वाराणसी आया करते थे।

५. कांचीपुरम् (कैलाशनाथ मंदिर)—कांचीपुरम् तीर्थ को दक्षिण की काशी माना जाता है, जो मद्रास से ४५ मील की दूरी पर दक्षिण-पश्चिम में स्थित है। कांचीपुरम् को कांची भी कहा जाता है। यह आधुनिक काल में कांचीवरम् के नाम से भी प्रसिद्ध है। ऐसी अनुश्रुति है कि इस क्षेत्र में प्राचीन काल में ब्रह्माजी ने देवी के दर्शन के लिए तप किया था। मोक्षदायिनी सप्त पुरियों—अयोध्या, मथुरा, द्वारका, माया (हरिद्वार), काशी और अवंतिका (उज्जैन) में इसकी गणना की जाती है। कांची हरिहरात्मक पुरी है। इसके दो भाग शिवकांची और विष्णुकांची हैं। कामाक्षी अम्मान मंदिर ही यहाँ का शक्तिपीठ है।

६. अवंतिका (महाकालेश्वर ज्योतिर्लिंग, उज्जैन)—उज्जयिनी का प्राचीनतम नाम अवंतिका अवंति नामक राजा के नाम पर था। इस जगह को पृथ्वी का नाभिदेश कहा गया है। महर्षि सांदीपनि का भी आश्रम यहीं था। उज्जयिनी महाराज विक्रमादित्य की राजधानी थी। भारतीय ज्योतिष शास्त्र में देशांतर की शून्य रेखा उज्जयिनी से प्रारंभ हुई मानी जाती है। कालिदास की नगरी के नाम से भी इसे जाना जाता है। यहाँ हर १२ वर्ष पर सिंहस्थ कुंभ मेला लगता है। भगवान् शिव के १२ ज्योतिर्लिंगों में एक महाकाल इस नगरी में स्थित है।

७. द्वारका (द्वारकाधीश मंदिर, द्वारका)—द्वारका का प्राचीन नाम 'कुशस्थली' है। पौराणिक कथाओं के अनुसार महाराजा रैवतक के समुद्र में कुश बिछाकर यज्ञ करने के कारण ही इस नगरी का नाम कुशस्थली हुआ था। बाद में त्रिविक्रम भगवान् ने कुश नामक दानव का वध भी यहीं किया था। त्रिविक्रम का मंदिर द्वारका में रणछोड़जी के मंदिर के निकट है। ऐसा जान पड़ता है कि महाराज रैवतक (बलराम की पत्नी रेवती के पिता) ने प्रथम बार समुद्र में से कुछ भूमि बाहर निकालकर यह नगरी बसाई होगी। हरिवंश पुराण के अनुसार कुशस्थली उस प्रदेश का नाम था, जहाँ यादवों ने द्वारका बसाई थी। विष्णु पुराण के अनुसार आनर्त के रैवत नामक पुत्र हुआ, जिसने कुशस्थली नामक पुरी में रहकर आनर्त पर राज्य किया। विष्णु पुराण से ज्ञात होता है कि प्राचीन कुशावती के स्थान पर ही श्रीकृष्ण ने द्वारका बसाई थी, "कुशस्थली या तव भूप रम्या पुरी पुराभूदमरावतीव, सा द्वारका सम्प्रति तत्र चास्ते स केशवांशो बलदेवनामा।"

चार कुंभ-स्थल

कुंभ पर्व विश्व में किसी भी धार्मिक प्रयोजन हेतु भक्तों का सबसे बड़ा संग्रहण है, सैकड़ों की संख्या में लोग इस पावन पर्व पर उपस्थित होते हैं, कुंभ का संस्कृत अर्थ है—कलश। ज्योतिषशास्त्र में कुंभ राशि का भी यही चिह्न है।

हिंदू धर्म में कुंभ का पर्व हर १२ वर्ष के अंतराल पर चार में से किसी एक पवित्र नदी के तट पर मनाया जाता है—हरिद्वार में गंगा, उज्जैन में शिप्रा, नासिक में गोदावरी और प्रयाग में संगम, जहाँ गंगा, यमुना और सरस्वती मिलती हैं।

प्रयाग का कुंभ पर्व—ज्योतिषशास्त्रियों के अनुसार जब बृहस्पति कुंभ राशि में और सूर्य मेष राशि में प्रवेश करता है, तब कुंभ मेले का आयोजन किया जाता है, प्रयाग का कुंभ मेला सभी मेलों में सर्वाधिक महत्त्व का है।

माघ मकर गत रवि जब होई।
तीरथपतिहि आव सब कोई।

(रामचरितमानस)

हरिद्वार का कुंभ पर्व—हरिद्वार हिमालय पर्वत-शृंखला के शिवालिक पर्वत के नीचे स्थित है। प्राचीन ग्रंथों में हरिद्वार को तपोवन, मायापुरी, गंगाद्वार और मोक्षद्वार आदि नामों से भी जाना जाता है। हरिद्वार की धार्मिक महत्ता विशाल है, हिंदुओं के लिए यह प्रमुख तीर्थस्थान है। मेले की तिथि की गणना करने के लिए सूर्य, चंद्र और बृहस्पति की स्थिति की आवश्यकता होती है, हरिद्वार का संबंध मेष राशि से है।

नासिक का कुंभ पर्व—भारत में १२ ज्योतिर्लिंगों में से एक त्र्यंबकेश्वर नामक पवित्र शहर में है। यह स्थान नासिक से ३८ किलोमीटर की दूरी पर स्थित है और गोदावरी नदी का उद्गम भी यहीं से हुआ। १२ वर्षों में एक बार सिंहस्थ कुंभ मेला नासिक एवं त्र्यंबकेश्वर में आयोजित होता है।

ऐतिहासिक प्रमाणों के अनुसार नासिक उन चार स्थानों में एक है, जहाँ अमृत कलश से अमृत की कुछ बूँदें गिरी थीं। कुंभ मेले में सैकड़ों श्रद्धालु गोदावरी के पावन जल में स्नान कर अपनी आत्मा की शुद्धि एवं मोक्ष के लिए प्रार्थना करते हैं, यहाँ पर शिवरात्रि का पर्व भी बहुत धूमधाम से मनाया जाता है।

उज्जैन का कुंभ पर्व—उज्जैन का अर्थ है—विजय की नगरी और यह मध्य प्रदेश की पश्चिमी सीमा पर स्थित है। इंदौर से इसकी दूरी लगभग ६५ किलोमीटर है। यह शिप्रा नदी के तट पर बसा है। उज्जैन भारत के पवित्र एवं धार्मिक स्थलों में से एक है। ज्योतिषशास्त्र के अनुसार शून्य अंश (डिग्री) उज्जैन से शुरू होता है। महाभारत के अरण्य पर्व के अनुसार उज्जैन सात पवित्र मोक्षपुरी या सप्तपुरियों में से एक है।

उज्जैन के अतिरिक्त हैं—अयोध्या, मथुरा, हरिद्वार, काशी, कांचीपुरम् और द्वारका। कहते हैं कि भगवान् शिव ने त्रिपुर राक्षस का वध उज्जैन में ही किया था।

आदिशंकराचार्य द्वारा स्थापित चार मठ

शृंगेरी मठ—यह मठ भारत के दक्षिण में रामेश्वरम् में है। इसके अंतर्गत दीक्षा लेनेवाले संन्यासियों के नाम के बाद सरस्वती, भारती, पुरी विशेषण लगाए जाते हैं, जिससे उन्हें उस संप्रदाय

का संन्यासी माना जाता है। इस मठ का महावाक्य 'अहं ब्रह्मास्मि' है। मठ के अंतर्गत 'यजुर्वेद' को रखा गया है। इसके पहले मठाधीश आचार्य सुरेश्वर थे। स्वामी भारती कृष्णतीर्थ इसके ३६वें मठाधीश रहे हैं।

गोवर्धन मठ—गोवर्धन मठ भारत में उड़ीसा के पुरी नगर में है। गोवर्धन मठ के अंतर्गत दीक्षा लेनेवाले संन्यासियों के नाम के बाद 'आरण्य' विशेषण लगाया जाता है, जिससे उन्हें उस

संप्रदाय का संन्यासी माना जाता है। इस मठ का महावाक्य है 'प्रज्ञानं ब्रह्म' और इस मठ के अंतर्गत 'ऋग्वेद' को रखा गया है। इस मठ के पहले मठाधीश आदिशंकराचार्य के पहले शिष्य पद्मपाद हुए। वर्तमान में निश्चलानंद सरस्वती इस मठ के १४५वें मठाधीश हैं।

शारदा मठ—शारदा (कालिका) मठ गुजरात में द्वारकाधाम में है। इसके अंतर्गत दीक्षा लेनेवाले संन्यासियों के नाम के बाद 'तीर्थ' और 'आश्रम' विशेषण लगाए जाते हैं, जिससे उन्हें उस संप्रदाय का संन्यासी माना जाता है। इस मठ का महावाक्य है 'तत्त्वमसि' और इसमें 'सामवेद' को रखा गया है। शारदा मठ के पहले मठाधीश हस्तामलक (पृथ्वीधर) थे। हस्तामलक आदिशंकराचार्य के प्रमुख चार शिष्यों में एक थे। वर्तमान में स्वामी स्वरूपानंद सरस्वती इसके ७९वें मठाधीश हैं।

ज्योतिर्मठ—ज्योतिर्मठ उत्तराखंड के बदरिकाश्रम में है। ज्योतिर्मठ के तहत दीक्षा लेनेवाले संन्यासियों के नाम के बाद 'गिरि', 'पर्वत' और 'सागर' विशेषण लगाए जाते हैं, जिससे उन्हें उस संप्रदाय का संन्यासी माना जाता है। इसका महावाक्य 'अयमात्मा ब्रह्म' है। मठ के अंतर्गत अथर्ववेद को रखा गया है। इसके पहले मठाधीश आचार्य तोटक थे। वर्तमान में कृष्णबोधाश्रम इसके ४४वें मठाधीश हैं।

हमारे पुण्यस्थल

भारत अनादि काल से संस्कृति, आस्था, आस्तिकता और धर्म का महादेश रहा है। इसके हर भाग और प्रांत में विभिन्न देवी-देवताओं से संबद्ध कुछ ऐसे अनेकानेक प्राचीन और (अपेक्षाकृत नए) धार्मिक स्थान (तीर्थ) हैं, जिनकी यात्रा के प्रति एक आम भारतीय नागरिक पर्यटन और धर्म-अध्यात्म, दोनों ही आकर्षणों से बँधा इन तीर्थस्थलों की यात्रा के लिए सदैव से उत्सुक रहा है। यों तो तीर्थ की परिभाषाएँ अनेक हैं, पर शायद सबसे संक्षिप्त है, ''तीर्थी कुर्वन्ति तीर्थानि (जो स्थान मन-प्राण-शरीर को निर्मल कर दे, वही तीर्थ है)।'' तीन प्रकार के तीर्थ भारतीय मनीषा में उल्लिखित हैं—नित्य तीर्थ, भगवदीय तीर्थ और संत तीर्थ।

क्षेत्रवार भारतीय तीर्थों की सूची और उनका विवरण—

उत्तराखंड के तीर्थ

हरिद्वार	कनखल
ऋषिकेश	यमुनोत्तरी
गंगोत्तरी	गोमुख
केदारनाथ	बदरीनाथ मंदिर
देवप्रयाग	जोशीमठ
तपोवन	हेमकुंड
वैष्णो देवी	श्रीनगर
अमरनाथ	मणिकर्ण

उत्तर भारत के तीर्थ

काँगड़ा	रिबालसर
नैना देवी	शुक्रताल

कुरुक्षेत्र
दिल्ली
मथुरा
वृंदावन
गोकुल
गोवर्धन
नंदगाँव
बरसाना
कामवन
गढ़मुक्तेश्वर
कर्णवास
रामघाट
संभल
सोरों शूकरक्षेत्र
गोला गोकर्णनाथ
नेमिषारण्य
मिश्रिख
धौतपाप
ब्रह्मावर्त (बिठूर)
कानपुर
चित्रकूट
बाँदा, सतना
अयोध्या
नंदीग्राम
वाराणसी

पूर्वी भारत के तीर्थ

जनकपुर (मिथिला)
सोनपुर (हरिहर क्षेत्र)
पटना
गया
राजगृह
वैद्यनाथ मंदिर, देवघर
वासुकिनाथ
कोलकाता
गंगासागर
तारकेश्वर महादेव, मिर्जापुर
नवद्वीप
कामाख्या
याजपुर
भुवनेश्वर
जगन्नाथपुरी
साक्षी गोपाल

दक्षिण भारत के तीर्थ

मल्लिकार्जुन (श्रीशैल)
अहोबिल
आरसाबिल्ली
श्रीकूर्मम
सिंघचालम
पीठापुरम्
द्राक्षारामम
कोटिपल्ली
राजमहेंद्री
भद्राचलम्
विजयवाड़ा
पना नृसिंह
चेन्नई
तिरुवत्तियूर
तिरुवल्लूर
श्रीपेरुंबदूर (भूतपुरी)
तिरुक्कुलकुन्नम (पक्षी तीर्थ)
महाबलीपुरम्
तिरुपति बालाजी
कालहस्ति
अरुणाचलम (तिरुवन्नमले)
पांडिचेरी
कांची
चिदंबरम्
मायूरम
तिरुवारूर
मन्नारगुड़ी
कुंभकोणम

तंजावूर	तिरुवाडी
तिरुचरापल्ली	पलणी
रामेश्वरम्	मदुरै
श्रीविल्लीपुत्तूर	तेनकाशी
तिरुनेलवेली	तोताद्री
कन्याकुमारी	शुचींद्रम
त्रिवेंद्रम (तिरुवंतपुरम्)	जनार्दन
कालडी	त्रिचूर
गुरुवायूर	मेलचिदंबरम्
सुब्रमण्य क्षेत्र	बंगलुरु
शिवसमुद्रम्	श्रीरंगपट्टन
मैसूर	नंजनगुड
मेलुकोटे	बाणावर
वेल्लूर	हालेविद
हरिहर	श्रृंगेरी
उदीपी	शालिग्राम क्षेत्र
पंचाप्सरस क्षेत्र	मूकांबिका
अंबुतीर्थ	हंपी (किष्किंधा)

दक्षिण-मध्य भारत के तीर्थ

वाई	महाबलेश्वर
पंढरपुर	नरसिंहपुर
वार्सी	कोल्हापुर
गोरेगाँव (मुंबई)	घृष्णेश्वर
एलोरा	दौलताबाद
अजंता	पेठण
अवढा नागनाथ (नागेश)	पुरली बैजनाथ
पुणे	आलंदी
देहू	भीमशंकर (भीमाशंकर)
नासिक पंचवटी	शिरडी
त्र्यंबकेश्वर	मुंबई
सूरत	भरूच
वडोदरा/बड़ौदा	चांपानेर
चाणोद	महीसागर
खंभात	डाकोर
अहमदाबाद	द्वारका
नारायणसर	द्वारकाधाम
पोरबंदर	वेरावल (प्रभास पाटन) सोमनाथ

गिरनार (जूनागढ़)	वडनगर
अंबाजी	

पश्चिम भारत/उत्तर-मध्य भारत के तीर्थ

नाथद्वारा	काँकरोली
चारभुजा	एकलिंगजी
चित्तौड़गढ़	उदयपुर
ओंकारेश्वर	अवंतिका (उज्जैन)
पुष्कर	करौली
जयपुर	करणी माता
केशवराय पाटन	झालावाड़
कोटा	लोहार्गल
अमरकंटक	मैहर
राम वन	

शक्तिपीठ

पौराणिक संदर्भ

पुराणों के अनुसार सती के शव के विभिन्न अंगों से बावन शक्तिपीठों का निर्माण हुआ। इसके पीछे यह अंतर्कथा है कि प्रजापति ने कनखल (हरिद्वार) में 'बृहस्पति सर्व' नामक यज्ञ रचाया। उस यज्ञ में ब्रह्मा, विष्णु, इंद्र और अन्य देवी-देवताओं को आमंत्रित किया गया, लेकिन जान-बूझकर अपने जामाता भगवान् शंकर को नहीं बुलाया। शंकरजी की पत्नी और दक्ष की पुत्री सती पिता द्वारा न बुलाए जाने पर और शंकरजी के रोकने पर भी यज्ञ में भाग लेने गईं। यज्ञ-स्थल पर सती ने अपने पिता दक्ष से शंकरजी को आमंत्रित न करने का कारण पूछा और पिता से उग्र विरोध प्रकट किया। इस पर दक्ष प्रजापति ने भगवान् शंकर को अपशब्द कहे। इस अपमान से पीड़ित हुई सती ने यज्ञ-अग्निकुंड में कूदकर अपनी प्राणाहुति दे दी। भगवान् शंकर को जब इसका पता चला तो क्रोध से उनका तीसरा नेत्र खुल गया। भगवान् शंकर के आदेश पर उनके गणों के उग्र कोप से भयभीत सारे देवता-ऋषिगण यज्ञस्थल से भाग गए। भगवान् शंकर ने यज्ञकुंड से सती के पार्थिव शरीर को निकाल कंधे पर उठा लिया और दुःखी हो इधर-उधर घूमने लगे। संपूर्ण विश्व को प्रलय से बचाने के लिए जगत् के पालनकर्ता भगवान् विष्णु ने सुदर्शन चक्र से सती के शरीर को काट दिया। वे टुकड़े ५२ जगहों पर गिरे। वे ५२ स्थान शक्तिपीठ कहलाए। सती ने दूसरे जन्म में हिमालय पुत्री पार्वती के रूप में शंकरजी से विवाह किया।

तंत्र चूड़ामणि के अनुसार

पुराणों, तंत्र साहित्य एवं तंत्र चूड़ामणि में जिन बावन शक्तिपीठों का वर्णन मिलता है। आगे दी गई सूची 'तंत्र चूड़ामणि' में वर्णित इक्यावन शक्तिपीठों की है। बावनवीं शक्तिपीठ अन्य ग्रंथों के आधार पर है। इन बावन शक्तिपीठों के अतिरिक्त अनेकानेक मंदिर देश-विदेश में विद्यमान

हैं। हिमाचल प्रदेश में नयना देवी की पीठ (पंचकूला) भी विख्यात है। वहाँ एक गुफा में प्रतिमा स्थित है। कहा जाता है कि यह भी शक्तिपीठ है और सती का एक नयन यहाँ गिरा था। इसी प्रकार उत्तराखंड के पर्यटन स्थल मसूरी के पास 'सुरकंडा' देवी का मंदिर धनौल्टी में है। यह भी शक्तिपीठ है। कहा जाता है कि यहाँ पर सती का सिर गिरा था।

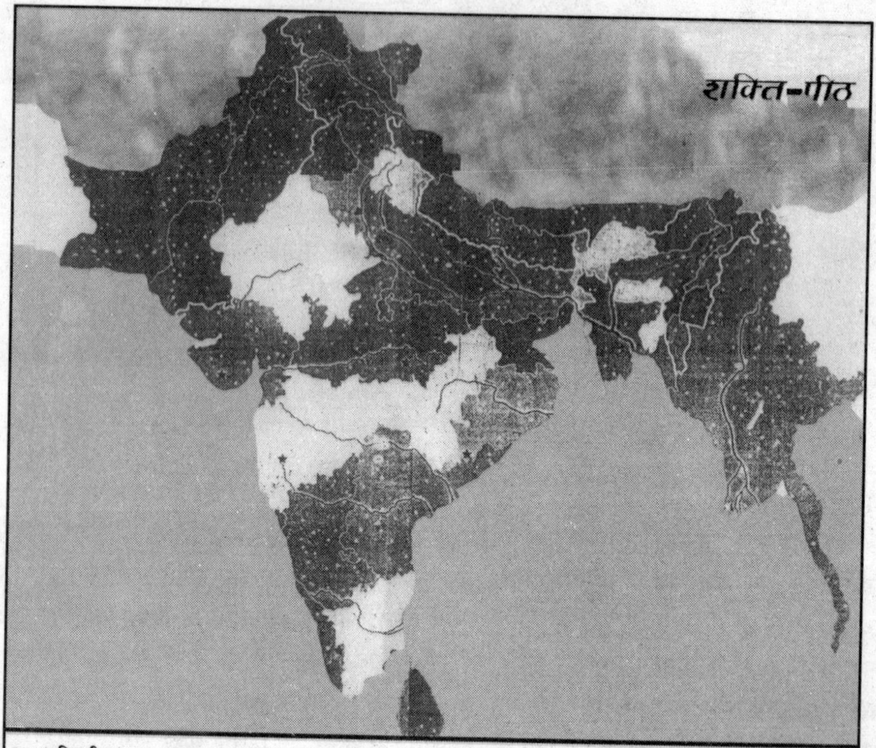

क्र. शक्तिपीठ	स्थान	१८. नंदीपुर	पश्चिम बंगाल	३६. उत्कल-विरजा क्षेत्र	जगन्नाथपुरी
१. हिंगुला	बलोचिस्तान	१९. श्रीशैल	आंध्रप्रदेश	३७. काच्ची	मोक्षदायिनी
२. किरीट	हावड़ा-बरहरवा	२०. नलहाटी	हावड़ा-क्यूल	३८. शोण	अमरकंटक
३. वृंदावन	मथुरा	२१. मिथिला	नेपाल	३९. कामगिरि	गुवाहाटी
४. करवीर	कोल्हापुर	२२. रत्नावली	मद्रास	४०. गुह्येश्वरी	नेपाल
५. सुगंधा	पूर्वी बंगाल	२३. प्रभास	निरनार पर्वत	४१. जयंती	मेघालय
६. अपर्णा	बांग्लादेशांतर्गत	२४. जालंधर	पंजाब	४२. पाटलिपुत्र (मगध)	पटना
७. श्रीपर्वत	लद्दाख	२५. रामगिरि	चित्रकूट	४३. त्रिस्राता	पश्चिम बंगाल
८. वाराणसी	काशी	२६. वैद्यनाथ	ज्योतिर्लिंग	४४. विभाष	त्रिपुरा
९. गोदावरीतट	आंध्र प्रदेश	२७. वक्रेश्वर	पश्चिम बंगाल	४५. त्रिपुरा	पश्चिम बंगाल
१०. गंडकी	नेपाल	२८. कंकाश्रम	कन्याकुमारी	४६. कुरुक्षेत्र	कुरुक्षेत्र
११. शुचि (शुचींद्रम)	कन्याकुमारी	२९. बहुला	अहमदपुर	४७. लंका	लंका
१२. पंच सागर	सती	३०. चट्टल	पं. बंगाल	४८. युगाद्या	संयान स्थान
१३. ज्वालामुखी	पठानकोट	३१. उज्जयिनी	उज्जैन	४९. विराट	राजस्थान
१४. भैरव पर्वत	उज्जैन	३२. मणिवेदिक	पुष्कर	५०. कालीपीठ	कलकत्ता
१५. अट्टहास	पं. बंगाल	३३. मानस	मानसरोवर	५१. कर्णाट	कर्नाटक
१६. जनस्थान	नासिक	३४. यशोर	बांग्लादेश		
१७. कश्मीर	अमरनाथ	३५. प्रयाग	अक्षयवट		

इक्यावन शक्तिपीठ

हिंदू धर्म के अनुसार जहाँ सती देवी के शरीर के अंग गिरे, वहाँ-वहाँ शक्तिपीठ बन गए। ये पावन तीर्थ कहलाए। ये तीर्थ पूरे भारतीय उपमहाद्वीप में फैले हुए हैं। शक्तिपीठों की संख्या इक्यावन कही गई है। यहाँ सभी शक्तिपीठों की सूची दी गई है—

१. 'शक्ति' अर्थात् देवी दुर्गा, जिन्हें दाक्षायनी या पार्वती रूप में भी पूजा जाता है।

२. 'भैरव' अर्थात् शिव के अवतार, जो देवी के स्वांगी हैं।

३. 'अंग या आभूषण' अर्थात् सती के शरीर का कोई अंग या आभूषण, जो श्रीविष्णु द्वारा सुदर्शन चक्र से काटे जाने पर पृथ्वी के विभिन्न स्थानों पर गिरा, आज वह स्थान पूज्य है और शक्तिपीठ कहलाता है।

क्र.	स्थान	अंग या आभूषण	शक्ति	भैरव
१.	हिंगुल या हिंगलाज, कराची, पाकिस्तान से लगभग १२५ किमी. उत्तर-पूर्व में	ब्रह्मरंध्र (सिर का ऊपरी भाग)	कोट्टरी	भीमलोचन
२.	शर्करे, कराची पाकिस्तान के सुक्कर स्टेशन के निकट, इसके अलावा नैनादेवी मंदिर, बिलासपुर, हि.प्र. भी बताया जाता है।	आँख	महिषमर्दिनी	क्रोधीश
३.	सुगंधा, बांग्लादेश में शिकारपुर, बरिसल से २० किमी. दूर सोंध नदी तीरे	नासिका	सुनंदा	त्र्यंबक
४.	अमरनाथ, पहलगाँव, कश्मीर	गला	महामाया	त्रिसंध्येश्वर
५.	ज्वालाजी, काँगड़ा, हिमाचल प्रदेश	जीभ	सिधिदा (अंबिका)	उन्मत्त भैरव
६.	जालंधर, पंजाब में छावनी स्टेशन के निकट देवी तालाब	बायाँ वक्ष	त्रिपुरमालिनी	भीषण
७.	अंबाजी मंदिर, गुजरात	हृदय	अंबाजी	बटुक भैरव
८.	गुजयेश्वरी मंदिर, नेपाल, निकट पशुपतिनाथ मंदिर	दोनों घुटने	महाशिरा	कपाली
९.	मानस, कैलाश पर्वत, मानसरोवर, तिब्बत के निकट एक पाषाण शिला	दायाँ हाथ	दाक्षायनी	अमर
१०.	बिराज, उत्कल, उड़ीसा	नाभि	विमला	जगन्नाथ
११.	गंडकी नदी के तट पर, पोखरा, नेपाल में मुक्तिनाथ मंदिर	मस्तक	गंडकी चंडी	चक्रपाणि
१२.	बाहुल, अजेय नदी तट, केतुग्राम, कटुआ, वर्धमान जिला, पश्चिम बंगाल से ८ किमी.	बायाँ हाथ	देवी बाहुला	भीरुक
१३.	उज्जनि, गुस्कुर स्टेशन से वर्धमान जिला, पश्चिम बंगाल १६ किमी.	दाईं कलाई	मंगल चंद्रिका	कपिलांबर

१४.	माताबाढी पर्वत शिखर, निकट राधाकिशोरपुर गाँव उदरपुर, त्रिपुरा	दायाँ पैर	त्रिपुरसुंदरी	त्रिपुरेश
१५.	छत्राल, चंद्रनाथ पर्वत शिखर, निकट सीताकुंड स्टेशन स्टेशन, चिटागोंग जिला, बांग्लादेश	दाईं भुजा	भवानी	चंद्रशेखर
१६.	त्रिस्रोत, सालबाढ़ी गाँव, बोडा मंडल, जलपाइगुड़ी जिला, पश्चिम बंगाल	बायाँ पैर	भ्रामरी	अंबर
१७.	कामगिरि, कामाख्या, नीलांचल पर्वत, गुवाहाटी, असम	योनि	कामख्या	उमानंद
१८.	जुगाड्या, खीरग्राम, वर्धमान जिला, पश्चिम बंगाल	दाएँ पैर का अँगूठा	जुगाड्या	क्षीर खंडक
१९.	कालीपीठ, कालीघाट, कोलकाता	दाएँ पैर का अँगूठा	कालिका	नकुलीश
२०.	प्रयाग, संगम, इलाहाबाद, उत्तर प्रदेश	हाथ की अंगुली	ललिता	भव
२१.	जयंती, कालाजोर भोरभोग गाँव, खासी पर्वत, जयंतिया परगना, सिल्हट जिला, बांग्लादेश	बाईं जंघा	जयंती	क्रमादीश्वर
२२.	किरीट, किरीटकोण ग्राम, लालबाग, कोर्ट रोड स्टेशन, मुर्शिदाबाद जिला, पश्चिम बंगाल से ३ किमी. दूर	मुकुट	विमला	सांवर्त
२३.	मणिकर्णिका घाट, काशी, वाराणसी, उत्तर प्रदेश	मणिकर्णिका	विशालाक्षी एवं मणिकर्णी	काल भैरव
२४.	कन्याश्रम, भद्रकाली मंदिर, कुमारी मंदिर, तमिलनाडु	पीठ	श्रवणी	निमिष
२५.	कुरुक्षेत्र, हरियाणा	एड़ी	सावित्री	स्थनु
२६.	मणिबंध, गायत्री पर्वत, निकट पुष्कर, अजमेर, राजस्थान	दो पहुँचियाँ	गायत्री	सर्वानंद
२७.	श्रीशैल, जैनपुर गाँव, ३ किमी. उत्तर-पूर्व, सिल्हट टाउन, बांग्लादेश	गला	महालक्ष्मी	शंभरानंद
२८.	कांची, कोपई नदी तट पर, ४ किमी. उत्तर-पूर्व बोलापुर स्टेशन, बीरभूम जिला, पश्चिम बंगाल	अस्थि	देवगर्भ	रुरु
२९.	कमलाधव, शोन नदी तट पर एक गुफा में, अमरकंटक, मध्य प्रदेश	बायाँ नितंब	काली	असितांग

३०.	शोंदेश, अमरकंटक, नर्मदा के उद्‌गम पर, मध्य प्रदेश	दायाँ नितंब	नर्मदा	भद्रसेन
३१.	रामगिरि, चित्रकूट, झाँसी–माणिकपुर रेलवे लाइन पर, उत्तर प्रदेश	दायाँ वक्ष	शिवानी	चंदा
३२.	वृंदावन, भूतेश्वर महादेव मंदिर, निकट मथुरा, उत्तर प्रदेश	केश गुच्छ/ चूड़ामणि	उमा	भूतेश
३३.	शुचि, शुचितीर्थम् शिव मंदिर, ११ किमी. कन्याकुमारी—तिरुवनंतपुरम् मार्ग, तमिलनाडु	ऊपरी दाढ़	नारायणी	संहार
३४.	पंचसागर, अज्ञात	निचला दाढ़	वाराही	महारुद्र
३५.	करतोयतत, भवानीपुर गाँव, २८ किमी. शेरपुर से, बागुरा स्टेशन, बांग्लादेश	बाईं पायल	अर्पण	वामन
३६.	श्रीपर्वत, लद्दाख, कश्मीर, अन्य मान्यतः श्रीशैलम, कर्नूल जिला, आंध्र प्रदेश	दाईं पायल	श्रीसुंदरी	सुंदरानंद
३७.	विभाष, तामलुक पूर्व, मेदिनीपुर जिला, पश्चिम बंगाल	बाईं एड़ी	कपालिनी (भीमरूप)	शर्वानंद
३८.	प्रभास, ४ किमी. वेरावल स्टेशन, निकट सोमनाथ मंदिर, जूनागढ़ जिला, गुजरात	आमाशय	चंद्रभागा	वक्रतुंड
३९.	भैरवपर्वत, शिप्रा नदी तट, उज्जयिनी, मध्य प्रदेश	ऊपरी ओष्ठ	अवंति	लंबकर्ण
४०.	जनस्थान, गोदावरी नदी घाटी, नासिक, महाराष्ट्र	ठोड़ी	भ्रामरी	विकृताक्ष
४१.	सर्वशैल/गोदावरीतीर, कोटिलिंगेश्वर मंदिर, गोदावरी नदी तीरे, राजमहेंद्री, आंध्र प्रदेश	गाल	राकिनी/ विश्वेश्वरी	वत्सनाभ/ दंडपाणि
४२.	बिरात, निकट भरतपुर, राजस्थान	बाएँ पैर की अंगुली	अंबिका	अमृतेश्वर
४३.	रत्नावली, रत्नाकर नदी तीरे, खानाकुल—कृष्णानगर, हुगली जिला, पश्चिम बंगाल	दायाँ स्कंध	कुमारी	शिवा
४४.	मिथिला, जनकपुर रेलवे स्टेशन के निकट, भारत–नेपाल सीमा पर	बायाँ स्कंध	उमा	महोदय
४५.	नलहाटी, नलहाटी स्टेशन के निकट, बीरभूम जिला, पश्चिम बंगाल	पैर की हड्डी	कलिका देवी	योगेश
४६.	कर्नाट, अज्ञात	दोनों कान	जयदुर्गा	अभिरू

४७.	वक्रेश्वर, पापहर नदी तीरे; ७ किमी. दुबराजपुर स्टेशन, बीरभूम, जिला, पश्चिम बंगाल	भ्रूमध्य	महिषमर्दिनी	वक्रनाथ
४८.	यशोर, ईश्वरीपुर, खुलना जिला, बांग्लादेश	हाथ एवं पैर	यशोरेश्वरी	चंदा
४९.	अट्टहास, २ किमी. लाभपुर स्टेशन, बीरभूम जिला, पश्चिम बंगाल	ओष्ठ	फुल्लरा	विश्वेश
५०.	नंदीपुर, चारदीवारी में बरगद वृक्ष, सैंथिया रेलवे स्टेशन, बीरभूम जिला, पश्चिम बंगाल	गले का हार	नंदिनी	नंदिकेश्वर
५१.	लंका, स्थान अज्ञात (एक मतानुसार, मंदिर ट्रिंकोमाली में है, पर पुर्तगाली बमबारी में ध्वस्त हो चुका है। एक स्तंभ शेष है। यह प्रसिद्ध त्रिकोणेश्वर मंदिर के निकट है)	पायल	इंद्रक्षी	राक्षसेश्वर

प्राचीन वाङ्मय (वैदिक वाङ्मय)

वेद

वैदिक साहित्य भारतीय संस्कृति के प्राचीनतम स्वरूप पर प्रकाश डालने वाला तथा विश्व का प्राचीनतम साहित्य है। वैदिक साहित्य को 'श्रुति' भी कहा जाता है, क्योंकि सृष्टिकर्ता ब्रह्मा ने विराटपुरुष भगवान् की वेदध्वनि को सुनकर ही प्राप्त किया है। अन्य ऋषियों ने भी इस साहित्य को श्रवण-परंपरा से ग्रहण किया था। वेद के मुख्य मंत्र भाग को 'संहिता' कहते हैं, इनकी भाषा संस्कृत है, जिसे अपनी अलग पहचान के अनुसार वैदिक संस्कृत कहा जाता है।

जब हम चार वेदों की बात करते हैं तो उससे संहिता भाग का ही अर्थ लिया जाता है। उपनिषद् (ऋषियों की विवेचना), ब्राह्मण (अर्थ) आदि मंत्र भाग (संहिता) के सहायक ग्रंथ समझे जाते हैं। वेद ४ हैं—ऋग्वेद, यजुर्वेद, सामवेद और अथर्ववेद।

वैदिक साहित्य निम्न भागों में बँटा है—

(१) संहिता, (२) आरण्यक, (३) ब्राह्मण-ग्रंथ, (४) उपनिषद्, (५) वेदांग, (६) सूत्र-साहित्य, (७) रामायण, (८) श्रीमद्भगवद्गीता, (९) पुराण।

1. संहिता

संहिता का अर्थ है—संग्रह। संहिताओं में विभिन्न देवताओं के स्तुतिपरक मंत्रों का संकलन है। संहिताएँ चार हैं—(१) ऋक्, (२) यजुष्, (३) साम और (४) अथर्व। प्राचीन परंपरा के अनुसार वेद नित्य और अपौरुषेय हैं। उनकी कभी मनुष्य द्वारा रचना नहीं हुई। सृष्टि के प्रारंभ में परमात्मा ने इनका प्रकाश अग्नि, वायु, आदित्य और अंगिरा नामक ऋषियों को दिया। प्रत्येक वैदिक मंत्र का देवता और ऋषि होता है। मंत्र में जिसकी स्तुति की जाए, वह उस मंत्र का देवता है और जिसने मंत्र के अर्थ का सर्वप्रथम प्रदर्शन किया हो, वह उसका ऋषि है। पाश्चात्य विद्वान् ऋषियों को ही वेद-मंत्रों का रचयिता मानते हैं। वैदिक साहित्य को 'श्रुति' भी कहा जाता है, क्योंकि

पुराने ऋषियों ने इस साहित्य को श्रवण-परंपरा से ग्रहण किया था। बाद में इस ज्ञान को स्मरण करके जो ग्रंथ लिखे गए, वे 'स्मृति' कहलाए। श्रुति के शीर्ष स्थान पर उपर्युक्त चार संहिताएँ हैं।

१. ऋग्वेद : ऋग्वेद में १०,६०० मंत्र और १,०२८ सूक्त हैं, ये दस मंडलों में विभक्त हैं। सूक्तों में देवताओं की स्तुतियाँ हैं। ये बड़ी भव्य, उदात्त और काव्यमयी हैं। इनमें कल्पना की

नवीनता, वर्णन की प्रौढ़ता और प्रतिभा की ऊँची उड़ान मिलती है। 'उषा' आदि कई देवताओं के वर्णन बड़े हृदयग्राही हैं। पाश्चात्य विद्वान् ऋग्वेद की संहिता को सबसे प्राचीन मानते हैं। उनका विचार है कि इसके अधिकांश सूक्तों की रचना पंजाब में हुई। उस समय आर्य अफगानिस्तान से गंगा-यमुना तक के प्रदेशों में फैले हुए थे। उनके मत में ऋग्वेद में कुभा (काबुल), सुवास्तु (स्वात), क्रमु (कुर्रम), गोमती (गोमल), सिंधु, गंगा, यमुना, सरस्वती तथा पंजाब की पाँच नदियों शतद्रु (सतलुज), विपाशा (व्यास), परुष्णी (रावी), असिवनी (चनाब) और वितस्ता (झेलम) का उल्लेख है। इन नदियों से सिंचित प्रदेश भारत में आर्य-सभ्यता का जन्म-स्थान माना जाता है।

२. यजुर्वेद : इसमें यज्ञ-विषयक मंत्रों का संग्रह है। इनका प्रयोग यज्ञ के समय अध्वर्यु नामक पुरोहित किया करता था। यजुर्वेद में ४० अध्याय हैं तथा १९७५ मंत्र निहित हैं। पाश्चात्य विद्वान् इसे ऋग्वेद से काफी समय बाद का मानते हैं। ऋग्वेद में आर्यों का कार्य-क्षेत्र पंजाब है, इसमें कुरु-पांचाल। कुरु सतलुज यमुना का मध्यवर्ती भू-भाग (वर्तमान अंबाला डिवीजन) है और पांचाल गंगा-यमुना का दोआब था। इसी समय से गंगा-यमुना का प्रदेश आर्य-सभ्यता का केंद्र हो गया। ऋग्वेद का धर्म उपासना-प्रधान था, किंतु यजुर्वेद के दो भेद हैं—कृषण यजुष् और शुक्ल यजुष्। दोनों के स्वरूप में बड़ा अंतर है, पहले में केवल मंत्रों का संग्रह है और दूसरे में छंदोबद्ध मंत्रों के साथ गद्यात्मक भाग भी है।

३. सामवेद : इसमें गेय मंत्रों का संग्रह है। यज्ञ के अवसर पर जिस देवता के लिए होम किया जाता था, उसे बुलाने के लिए उद्गाता उचित स्वर में उस देवता का स्तुति-मंत्र गाता था। इस गायन को 'साम' कहते थे। प्राय: ऋचाएँ ही गाई जाती थीं। अत: समस्त सामवेद में ऋचाएँ ही हैं। इनकी संख्या १,५४९ है। इनमें से केवल ७५ ही नई हैं, बाकी सब ऋग्वेद से ली गई हैं। भारतीय संगीत का मूल सामवेद में उपलब्ध होता है।

४. अथर्ववेद : इसका यज्ञों से बहुत कम संबंध है। इसमें आयुर्वेद संबंधी सामग्री अधिक है। इसका प्रतिपाद्य विषय विभिन्न प्रकार की ओषधियाँ, ज्वर, पीलिया, सर्पदंश, विष-प्रभाव को दूर करने के मंत्र सूर्य की स्वास्थ्य-शक्ति, रोगोत्पादक कीटाणुओं के शमन आदि का वर्णन है। इस वेद में यज्ञ करने के लाभ तथा यज्ञ से पर्यावरण की रक्षा का भी वर्णन है। वे इसमें आर्य और अनार्य धार्मिक विचारों का सम्मिश्रण देखते हैं, किंतु वस्तुत: इसमें राजनीति तथा समाजशास्त्र के अनेक ऊँचे सिद्धांत हैं। इसमें २० कांड, ३४ प्रपाठक, १११ अनुवाक्, ७३१ सूक्त तथा ५,८३९ मंत्र हैं, इनमें १२०० के लगभग मंत्र ऋग्वेद से लिये गए हैं। ऊपर बताई गई चारों संहिताएँ पहले एक ही जगह थीं। वेदव्यास ने यज्ञ सिद्धि के लिए इन्हें चार भाग में विभाजन किया था।

वेदों की शाखाएँ

१. ऋग्वेद

- ऐतरेयब्राह्मण (शैशिरीयशाकलशाखा)
- कौषीतकी (या शांखायन) ब्राह्मण (बाष्कल शाखा)

२. सामवेद

- प्रौढ़ (या पंचविंश) ब्राह्मण

- षड्विंश ब्राह्मण
- आर्षेय ब्राह्मण
- मंत्र (या छांदोग्य) ब्राह्मण
- जैमिनीय (या तावलकर) ब्राह्मण

३. यजुर्वेद

- शुक्ल यजुर्वेद
- शतपथब्राह्मण (माध्यन्दिनीय वाजसनेयी शाखा)
- शतपथब्राह्मण (काण्व वाजसनेयी शाखा)
- कृष्णयजुर्वेद
- तैत्तिरीयब्राह्मण
- मैत्रायणीब्राह्मण
- कठब्राह्मण
- कपिष्ठलब्राह्मण

४. अथर्ववेद

- गोपथब्राह्मण (पिप्पलाद शाखा)

२. आरण्यक

ब्राह्मणों के अंत में कुछ ऐसे अध्याय भी मिलते हैं, जो गाँवों या नगरों में नहीं पढ़े जाते थे। इनका अध्ययन-अध्यापन गाँवों से दूर अरण्यों (वनों) में होता था, अत: इन्हें 'आरण्यक' कहते हैं। गृहस्थाश्रम में यज्ञविधि का निर्देश करने के लिए ब्राह्मण-ग्रंथ उपयोगी थे और उसके बाद वानप्रस्थ आश्रम में वनवासी आर्य यज्ञ के रहस्यों और दार्शनिक तत्त्वों का विवेचन करने वाले आरण्यकों का अध्ययन करते थे। उपनिषदों का इन्हीं आरण्यकों से विकास हुआ।

स्मृति ग्रंथ

१. मनुस्मृति तथा टीकाएँ
२. याज्ञवल्क्य स्मृति तथा टीकाएँ
३. पराशर स्मृति तथा टीकाएँ
४. नारद स्मृति तथा टीकाएँ
५. कात्यायन स्मृति तथा टीकाएँ
६. विष्णुस्मृति तथा टीकाएँ
७. बृहस्पति स्मृति तथा टीकाएँ
८. हारीत स्मृति तथा टीकाएँ
९. गौतम स्मृति तथा टीकाएँ
१०. अंगिरा स्मृति तथा टीकाएँ

११. संवर्त स्मृति तथा टीकाएँ
१२. दक्ष स्मृति तथा टीकाएँ
१३. यम स्मृति तथा टीकाएँ
१४. आपस्तंब स्मृति तथा टीकाएँ
१५. अत्रि स्मृति तथा टीकाएँ
१६. शातातप स्मृति तथा टीकाएँ
१७. व्यास स्मृति तथा टीकाएँ
१८. वसिष्ठ स्मृति तथा टीकाएँ

स्मृति शब्द का शाब्दिक अर्थ है—जो याद किए जाने योग्य हो। स्मृतियाँ हिंदुओं के धर्म का मूल उपादान हैं। जिस प्रकार श्रुति को वेद माना जाता है, उसी प्रकार धर्मसूत्र भी स्मृति ग्रंथ माने जाते हैं।

स्मृतियाँ हमारी संस्कृति, आचार, व्यवहार को स्मरण रखने में सहायक हैं। पी.वी. काणे ने अपने ग्रंथ 'धर्मशास्त्र के इतिहास' में स्मृति शब्द के अर्थ के संबंध में कहा है कि ''स्मृति शब्द दो अर्थों में प्रयुक्त हुआ है। एक अर्थ में यह वेदवाङ्मय से इतर ग्रंथों, यथा पाणिनि का व्याकरण श्रौत, गृह्य, धर्मसूत्रों, महाभारत मनु, याज्ञवल्क्य एवं अन्य ग्रंथों से संबद्ध है किंतु संकीर्ण अर्थ में स्मृति एवं धर्मशास्त्र का अर्थ एक ही है।

तैत्तरीय आरण्यक में स्मृति की व्याख्या करते हुए कहा है—

स्मृतिरनुमेयश्रुतिमूलं मन्वादिशास्त्रम्।
प्रत्यक्षं सर्वपुरुषाणां श्रोत्रेण ग्राह्यं वेद वाक्यं च।
अनुमानः शिष्टाचारः।
तेन हि मूलभूतं श्रुतिस्मृतिलक्षणं प्रमाणनुमीयते।
तदेतत्स्मृत्यादिचतुष्मवगतिकारण भूतं प्रमाणम्।
एतैः स्मृत्यादिभिः सर्वै रेव प्रमाणैरादित्यमण्डलं विधास्यते प्रमीयते, यादृशमिदं मण्डलं भवति यथा च प्रवर्तते यथा वा मन्वन्तरादिभेदाभिन्नं कालं प्रवर्तयति यथा चोदकसृष्टयादिना विश्वमुत्पादयति तत्सर्वं स्मृत्यादिप्रमाणसिद्धत्।

गौतम धर्मसूत्र में स्मृति को धर्म का उपादान माना है।

प्रिया अथवा प्रिया की अभूतपूर्व चेष्टाओं आदि द्वारा उद्‌बोधित संस्कार से उत्पन्न होने वाला ज्ञान स्मृति कहलाता है।

स्मृतियों की संख्या के विषय में विभिन्न मत प्राप्त होते हैं। डॉ. काणे के अनुसार मुख्य स्मृतियों की संख्या १८ है—मनुस्मृति, बृहस्पति स्मृति, दक्ष स्मृति, गौतम स्मृति, यम स्मृति, अंगिरा स्मृति, योगीश्वर स्मृति, प्रचेता स्मृति, शातातप स्मृति, पराशर स्मृति, संवर्त स्मृति, उशना स्मृति, लिखित स्मृति, शंख स्मृति, अत्रि स्मृति, विष्णु स्मृति, आपस्तंब स्मृति तथा हारीत स्मृति।

वेद भारतीय संस्कृति का मूलभूत आधार हैं। मनुष्य के समस्त जीवन-मूल्यों का समावेश वेदों में निहित है। हजारों वर्षों से वेदों पर ही मानव जीवन का अस्तित्व टिका हुआ है। वेदों का प्रधान विषय ज्ञान, कर्म एवं उपासना है, किंतु इसके अतिरिक्त धार्मिक, सांस्कृतिक, साहित्यिक, सामाजिक, राजनीतिक, आध्यात्मिक उन्नति का विस्तृत विवेचन किया गया है। वैदिक संस्कृति में

न्याय, समानता, विश्वबंधुत्व जैसे मानवीय मूल्यों का समावेश है। वेदों में धर्म का कोई व्यवस्थित उल्लेख नहीं है। किंतु स्मृतियाँ वेदों से अधिक सुगठित शास्त्र हैं। वेदों के समान स्मृतियों में भी धर्म, शिक्षा, संस्कार, आश्रम व्यवस्था, राजधर्म आदि विषयों का चरणबद्ध प्रतिपादन किया गया है। सामाजिक व्यवस्था को अधिक सुदृढ़ बनाने के लिए मनु ने आश्रम व्यवस्था के समान वर्ण व्यवस्था को भी महत्त्वपूर्ण माना है। वेद एवं मनु की वर्ण व्यवस्था जन्मगत न होकर कर्मगत है। अत: हम यह कह सकते हैं कि स्मृतियाँ वेदों का अनुकरण करती है, इसलिए स्मृतियाँ वेदानुवर्ती हैं।

ऋग्वेद में भी वेदानुकूल कर्म करने का आदेश दिया है। "हे देवो! हम न कभी प्राकृतिक नियमों को तोड़ते हैं तथा न कभी इन नियमों को होने देते हैं। वेद के मंत्रों के आदेशानुसार आचरण करते हैं।" मनु ने वर्णाश्रम धर्म के अंतर्गत क्रमश: वर्ण (ब्राह्मण, क्षत्रिय, वैश्य, शूद्र) तथा आश्रम (ब्रह्मचर्य, गृहस्थ, वानप्रस्थ तथा संन्यास) के विशिष्ट धर्मों का परिगणन कराया है।

टीका शब्द 'टीकृ' धातु से निष्पन्न है। टीकृ का मूल अर्थ गति के स्वरूप में अंतर्निहित है। टीका में टीकाकार मुख्य रूप से कर्ता की मूल भावना को ज्यों-का-त्यों पाठकों के सम्मुख स्पष्ट करने का प्रयास करता है तथापि भाष्य में भाष्यकार मूलग्रंथ के भावों की सम्यक् विवेचना करते हुए उसके उचित अथवा अनुचित पक्ष का भी प्रकाशन करता है, साथ ही मूलग्रंथ की भावना के अनुकूल अथवा प्रतिकूल अपने मत की भी उपस्थापना नि:संकोच रूप से करता है।

१. मनुस्मृति तथा टीकाएँ : मुख्य स्मृतियों में मनुस्मृति सबसे प्राचीनतम है। मनुष्य के धर्म का उल्लेख सर्वप्रथम मनुस्मृति में प्राप्त होता है। सर्वप्रथम ऋग्वेद में मनु शब्द का उल्लेख आया है। इसमें मनु का अर्थ (मनुष्य) से किया गया है। मनु में पिता शब्द जुड़ा हुआ है, जिससे यह अनुमान किया कि मनुष्य के पिता (मनु) हुए, जिन्होंने सृष्टि को उत्पन्न किया तथा मनुस्मृति की रचना की। ऋग्वेद में मनु अर्थ मननशील के अर्थ में प्रयुक्त हुआ है। ऋग्वेद में वैवस्वत मनु मंत्र दृष्टा ऋषि के रूप में उल्लिखित हुए हैं।

ऋग्वेद में उल्लिखित मनु स्मृतिकार मनु नहीं हो सकते हैं, क्योंकि वेदों तथा स्मृतियों के रचनाकाल में अंतर है।

महाभारत में स्वायंभुव मनु तथा प्राचेतस मनु का उल्लेख किया गया है। अपितु मनुस्मृति में भी स्वायंभुव मनु तथा वैवस्वत मनु का उल्लेख किया है। मनु के वंश में उत्पन्न अन्य ६ मनुओं ने अपनी-अपनी प्रजा की सृष्टि की, वे छह मनु हैं—स्वारोचिषु, उत्तम, तामस, रैवत, चाक्षुष तथा महातेजस्वी वैवस्वत। मनु स्मृति के अनुसार ब्रह्मा अपने शरीर के दो भाग करके आधे भाग से पुरुष तथा आधे भाग से स्त्री हो गए, उसी स्त्री से 'विराट' नामक पुरुष की उत्पत्ति हुई। फिर उस विराट पुरुष ने तपस्या करके जिसको उत्पन्न किया, उसे इस संसार का रचयिता मनु को जानो। तत्पश्चात् मनु ने तपस्या करके दस प्रजापतियों को उत्पन्न किया। मनुस्मृति के अनुसार इस ग्रंथ को ब्रह्मा ने सर्वप्रथम मुझे पढ़ाया तथा मैंने मरीचि इत्यादि प्रजापतियों को पढ़ाया।

मनु ने मनुष्य के धर्म को बताने के लिए धर्मशास्त्र में वर्ण धर्म, आश्रम धर्म, गुण धर्म, निमित्त धर्म, साधारण धर्म का विधिपूर्वक प्रतिपादन किया है। इसकी भाषा सरल तथा सुगम है। शैली भी धाराप्रवाह है। इस स्मृति के बहुत से सिद्धांत गौतम, बौधायन, आपस्तंब धर्मसूत्रों में दृष्टिगोचरित होते हैं।

मनुस्मृति के बहुत से श्लोक वसिष्ठ धर्मसूत्र तथा विष्णु स्मृति में प्राप्त होते हैं। मनुस्मृति सभी स्मृति ग्रंथों में अत्यधिक प्राचीन तथा प्रामाणिक ग्रंथ है। गौतम धर्मसूत्र में 'त्रीणि प्रथमान्यनिर्देश्यानि मनु' कहकर मनु का समर्थन किया है। अत्रि, अंगिरा आपस्तम्ब, बृहस्पति, पराशर में मनु को उद्धृत किया गया है। बाल्मीकि रामायण में मनु का वचन उद्धृत किया गया है, इससे सिद्ध होता है कि मनुस्मृति अर्वाचीन है।

मनु ने पौंड्रक, चैड्र, द्रविड, कंबोज, यवन, शक, पारद, चीन, किरात, शक, क्षत्रिय जातियों का उल्लेख किया। इन जातियों का उल्लेख अशोक के पंचम शिला अभिलेख में प्राप्त होता है—धम्मयुतस च योण कम्बो (ज) गन्धाशन रिस्टिकपेतेणिकान्। इतिहासकारों के अनुसार शकों ने (पार्थियों के शासक द्वितीय मिथ्रदत्त) (ई.पू. १२३-८८) की शक्ति बढ़ने के कारण) भारत की ओर रुख किया। अत: दूसरी शताब्दी ई.पू. के बाद मनुस्मृति की रचना हुई। मनुस्मृति का प्रणयन किसने किया, इसका कोई साक्ष्य उपलब्ध नहीं है। मानवों के आदिपूर्वज मनु ने इसका प्रणयन नहीं किया। प्रस्तुत मनुस्मृति में बारह अध्याय तथा १२०० श्लोक हैं।

मनुस्मृति के नौ टीकाकार हैं—मेघातिथि, गोविंदराज, कुल्लूक भट्ट, सर्वज्ञ नारायण, राघवानंद, नंदन, रामचंद्र, मणिराम, भारुचि। इनमें मेघातिथि प्राचीन भाष्यकार माने जाते हैं।

मेघातिथि—मनुस्मृति पर मेघातिथि की टीका का स्थान अत्यंत महत्त्वपूर्ण है। मेघातिथि की टीका अत्यधिक प्राचीन एवं विद्वत्तापूर्ण मानी जाती है। मेघातिथि की टीका 'मनुभाष्य' के नाम से प्रसिद्ध है। मनुस्मृति के बहुत से भाष्यों में मेघातिथि कृत टीका प्रधान है। मनुस्मृति में मेघातिथि ने गौतम, बौधायन, आपस्तंब, वसिष्ठ, विष्णु, शंख, मनु, याज्ञवल्क्य, कात्यायन, पराशर, नारद, बृहस्पति, उशना, जैमिनी आदि के नाम उद्‌धृत किए हैं। मेघातिथि की एक अन्य कृति है, जिसका नाम 'स्मृति विवेक' है।

अंत:साक्ष्य के आधार पर यह कहा जा सकता है कि सहारण के पुत्र मदन नामक राजा ने किसी देश से मेघातिथि की प्रतियाँ मँगाकर भाष्य का जीर्णोद्धार कराया। मनुभाष्य में मेधातिथि ने जन्मस्थान आदि का परिचय नहीं दिया है। उसने अपने पिता का नाम श्री भट्टवीरस्वामी बताया है। मेधातिथि ने कुमारिल का उल्लेख किया है, अत: मेघातिथि उनके बाद हुए हैं। कुल्लूक भट्ट ने इनको गोविंदराज (११०५०-११४०) ई.पू. माना है। पी.वी. काणे ने उसका समय ८२० ई.-१०५० ई. के बीच माना है। विज्ञानेश्वर ने मिताक्षरा में मेधातिथि को प्रामाणिक भाष्यकार गृहीत किया है। अत: मिताक्षरा की अपेक्षा मेघातिथि अधिक प्राचीन हैं।

कुल्लूक भट्ट—कुल्लूक भट्ट ने मनुस्मृति पर 'मन्वर्थमुक्तावली' टीका की रचना की। यह बहुत संक्षिप्त तथा सारगर्भित भाषा शैली निहित है। मनुस्मृति पर बहुत से टीकाकारों में कुल्लूक टीका प्रधान है। कुल्लूक टीका में मेधातिथि, गोविंदराज का अत्यधिक प्रभाव दिखाई देता है। कुल्लूक ने 'स्मृतिसागर' नामक एक ग्रंथ लिखा, जिसमें अशौचसागर, विवादसागर, श्राद्धसागर नामक प्रकरण लिखे हैं।

कुल्लूक भट्ट गौड़ देश के (बंगाल) नंदनग्राम निवासी थे। उनके पिता का नाम दिवाकर भट्ट था। उनके द्वारा टीका के मंगलाचरण में काश्मीर स्थित मन्वर्थ मुक्तावली की रचना की।

कुल्लूक का काल निर्णय करना कठिन है किंतु गोविंद का नामोल्लेख किया है, अत: वह

११५० ई. के बाद ही माना जा सकता है। रघुनंदन ने कुल्लूक का नामोल्लेख किया है। पी.वी. काणे के अनुसार कुल्लूक ११००-१३०० ई. के बीच हुए होंगे।

गोविंदराज—भाष्यकार गोविंदराज ने मनुस्मृति पर एक टीका लिखी। उसका नाम 'मनुटीका' है। गोविंदराज ने अपने भाष्य में अपनी कृति 'स्मृतिमंजरी' की चर्चा की है। उनके पिता का नाम माधव था। वे नारायण के पौत्र थे।

कुल्लूक भट्ट ने अपने भाष्य मन्वर्थ मुक्तावली में गोविंदराज कृत मनुटीका के बहुत से उदाहरण प्रस्तुत किए हैं। अत: पी.वी. काणे ने गोविंदराज को १०५० से ११४० के मध्य माना है। गोविंदराज ने व्यास, उशना, देवल, पराशर, याज्ञवल्क्य स्मृतियों का उल्लेख किया है।

सर्वज्ञनारायण—सर्वज्ञनारायण ने मनुस्मृति पर मन्वर्थ निबंध लिखा है। पी.वी. काणे के अनुसार उसका समय १४०० ई. से पूर्व का है।

राघवानंद—राघवानंद सरस्वती ने 'मन्वर्थचंद्रिका' नामक टीका लिखी। पी.वी. काणे के अनुसार उसका समय १३५० ए.डी. के बाद है।

नंदन—नंदन ने मनुस्मृति पर 'नंदिनी' नामक टीका लिखी। नंदन के बड़े भाई का नाम लक्ष्मण था। इनके समय-काल के बारे में कुछ भी ज्ञात नहीं है।

भारुचि—विज्ञानेश्वर की मिताक्षरा (याज्ञ. १/८१, २/१२४), पराशर स्मृति में माधवाचार्य ने (२/३, पृ.सं.-१०) भारुचि का उल्लेख किया है। आचार्य रामानुज ने छह वेदांताचार्यों के नाम गिनाए हैं— बौधायन, टंक, द्रविण, गुहदेव, कपर्दी एवं भारुचि। पी.वी. काणे ने वेदांताचार्य भारुचि तथा धर्मशास्त्रकार भारुचि को एक मानते हुए उसका समय ९वीं शताब्दी का प्रथमार्ध निश्चित किया है।

२. याज्ञवल्क्य स्मृति तथा टीकाएँ : उपलब्ध स्मृतियों में याज्ञवल्क्य स्मृति सबसे अधिक सुव्यवस्थित, सुगठित एवं सरल है। वैदिक साहित्य में याज्ञवल्क्य नाम सुप्रसिद्ध है। शुक्ल यजुर्वेद के वे प्रणेता माने जाते हैं। याज्ञवल्क्य का एक नाम वाजसनेय भी था, क्योंकि शुक्ल यजुर्वेद का ज्ञान उन्हें वाजिन् (अश्व) रूप आदित्य से प्राप्त हुआ था। महीधर के अनुसार वाजसनि का पुत्र होने के कारण वाजसनेय नाम प्राप्त हुआ। इनके 'माध्यंदिन' नामक शिष्य के द्वारा इनके शुक्ल यजुर्वेद का प्रचार होने के कारण इन्हें 'माध्यंदिन' भी कहते हैं।

वायु पुराण में इन्हें 'ब्रह्मवाह' सुत कहा गया है। याज्ञवल्क्य को ब्रह्मा के अंग से उत्पन्न बताया गया है। विष्णु पुराण में इन्हें ब्रह्मरात का पुत्र कहा गया है।

ब्रह्मांड पुराण में याज्ञवल्क्य के पिता का नाम ब्रह्मरात उल्लिखित है। याज्ञवल्क्य के गुरु का नाम वैशंपायन था। इनके एक अन्य गुरु का नाम हिरण्यनाभ भी था। इसका उल्लेख वायु पुराण में भी है।

श्रीमद्भगवत पुराण में याज्ञवल्क्य के पिता का नाम देवरात तथा गुरु का नाम वैशंपायन उल्लिखित है। याज्ञवल्क्य स्मृति में बृहदारण्यक उपनिषद् का नामोल्लेख किया है। अत: अंत:साक्ष्य से प्रतीत होता है कि वृहदारण्यक में वर्णित याज्ञवल्क्य ही याज्ञवल्क्य स्मृति के रचयिता थे।

याज्ञवल्क्य के इस विवेचन से ऐसा प्रतीत होता है कि अनेक याज्ञवल्क्य हुए होंगे। इस विषय में केवल अनुमान ही लगाया जा सकता है।

याज्ञवल्क्य स्मृति की श्लोक संख्या में विभिन्न मत हैं। विज्ञानेश्वर प्रणीत मिताक्षरा व्याख्या

के प्रस्तुत संस्करण में श्लोकों की संख्या १००९ है। विश्वरूप बालक्रीड़ा के भाष्य में (प्रस्तुत संस्करण) में ९०३ श्लोक हैं। डॉ. पी.वी. काणे ने याज्ञवल्क्य स्मृति का समय १०० ई.पू.-३०० ई. के मध्य माना है।

याज्ञवल्क्य स्मृति को तीन अध्यायों में विभक्त किया गया है—आचाराध्याय, व्यवहाराध्याय, प्रायश्चित्त अध्याय।

आचाराध्याय में निम्न विषयों का समावेश किया गया है—१. उपोद्घात प्रकरण, २. ब्रह्मचर्य प्रकरण, ३. विवाह प्रकरण, ४. वर्णजाति विवेक का वर्णन, ५. गृहस्थ धर्म प्रकरण, ६. स्नातक प्रकरण, ७. भक्ष्याभक्ष्य प्रकरण, ८. द्रव्यशुद्धि प्रकरण, ९. दान प्रकरण, १०. श्राद्ध प्रकरण, ११. गणपतिकल्प प्रकरण, १२. ग्रह शांति प्रकरण, १३. राजधर्म प्रकरण।

व्यवहाराध्याय में निम्न विषयों का उल्लेख किया गया है—१. साधारण व्यवहार मातृका प्रकरण, २. असाधारण व्यवहार मातृका प्रकरण, ३. ऋणादान प्रकरण, ४. उपनिधि प्रकरण, ५. साक्षि प्रकरण, ६. लेख्य प्रकरण, ७. दिव्य प्रकरण, ८. दाय भाग प्रकरण, ९. सीमा विवाद प्रकरण, १०. अस्वामि विक्रय प्रकरण, ११. स्वामि पाल विवाद, १२. दत्ताप्रदानि प्रकरण, १३. क्रीतानुराय प्रकरण, १४. अभ्युपेत्याशुश्रूषा प्रकरण, १५. संविद्व्यतिक्रम प्रकरण, १६. वेतनादान प्रकरण, १७. द्यूतसम्मोहन प्रकरण, १८. वाक्य पारुष्य प्रकरण, १९. दंडपारुष्य प्रकरण, २०. साहस प्रकरण, २१. विक्रीयासंप्रदान प्रकरण, २२. संभूयसमुत्थान प्रकरण, २३. स्तेय प्रकरण, २४. स्त्री-संग्रह प्रकरण, २५. प्रकीर्ण प्रकरण।

प्रायश्चित्ताध्याय में छह विषयों को समावेशित किया गया है—१. अशौच प्रकरण, २. आपद्धर्म प्रकरण, ३. वानप्रस्थ प्रकरण, ४. यतिधर्म प्रकरण, ५. प्रायश्चित्त प्रकरण, ६. प्रकीर्णक प्रायश्चित्तानि।

याज्ञवल्क्य स्मृति पर सात टीकाएँ हैं—विश्वरूप की बालक्रीड़ा, विज्ञानेश्वर की मिताक्षरा, शूलपाणि की दीपकलिका, अपरार्क नंदपंडित की मिताक्षरा पर प्रमीताक्षरा व विश्वेश्वर भट्ट की सुबोधिनी नामक टीका, बालमभट्ट की बालमभट्टी टीका प्रसिद्ध हैं।

न्याय व्यवस्था एवं उत्तराधिकार के संबंध में हिंदू विधि के अंतर्गत इस स्मृति का विशिष्ट स्थान है। याज्ञवल्क्य के अतिरिक्त याज्ञवल्क्य नाम की तीन स्मृतियाँ हैं—वृद्ध याज्ञवल्क्य, योग याज्ञवल्क्य एवं वृहद् याज्ञवल्क्य। याज्ञवल्क्य स्मृति के अनेक टीकाकारों का उल्लेख प्राप्त होता है।

विश्वरूप—धर्मशास्त्र साहित्य के आकाश में भाष्यकार विश्वरूप का योगदान है। भाष्यकारों में विश्वरूप सर्वप्रथम हैं। उनकी याज्ञवल्क्य स्मृति पर 'बालक्रीड़ा' नामक टीका अति प्रसिद्ध है। विज्ञानेश्वर ने मिताक्षरा में विश्वरूप भाष्य की चर्चा की है। "आचार्य शंकर के शिष्य सुरेश्वर को विश्वरूप माना गया है अपितु माधवाचार्य ने सुरेश्वर के ग्रंथों से उद्धरण लिया है तथापि ग्रंथकर्ता का नाम विश्वरूप लिखा है। आचार्य शंकर के चार शिष्य थे—सुरेश्वर, पद्मवाद, त्रोटक एवं हस्तामलक। सुरेश्वर ही विश्वरूप थे, इसका स्पष्ट निर्देश श्री रामतीर्थ ने अपने ग्रंथ 'मानसोल्लास' में किया है।"

जीमूतवाहन के दायभाग एवं व्यवहारमातृका, स्मृतिचंद्रिका आदि ग्रंथों में विश्वरूप के मतों की चर्चा हुई है।

आचार्य शंकर का काल ७८८ ई. से ८२० ई. तक है, अतः विश्वरूप का समय ८०० से १००० ई. के मध्य हो सकता है।

विज्ञानेश्वर—याज्ञवल्क्य स्मृति पर विज्ञानेश्वर की मिताक्षरा टीका स्मृति ग्रंथों में अद्वितीय है। पी.वी. काणे ने मिताक्षरा को केवल याज्ञवल्क्य स्मृति का एक भाष्य मात्र ही नहीं अपितु यह स्मृति संबंधी निबंध माना है। इसमें बहुत सी स्मृतियों के उद्धरण संकलित हैं। इसमें असहाय मेधातिथि, श्रीकर, भारुचि तथा भोजदेव का नामोल्लेख किया है। विज्ञानेश्वर में मीमांसा-शास्त्रीय जैसा वैदुष्य देखने को मिलता है।

उनका जन्म भरद्वाज गोत्र में हुआ था। उन्होंने अपने पिता का नाम पद्मनाभ भट्ट उपाध्याय बताया है। वे परमहंस के शिष्य थे।

पी.वी. काणे के अनुसार विज्ञानेश्वर कृत मिताक्षरा टीका का रचना काल १०७० से ११०० के मध्य है।

'कृत्यकल्पतरु' में लक्ष्मीधर ने विज्ञानेश्वर का उल्लेख किया है। लक्ष्मीधर १२वीं शताब्दी में हुए थे। अतः मिताक्षरा का प्रणयन काल १२वीं शताब्दी से पूर्व हुआ था।

अपरार्क—याज्ञवल्क्य स्मृति पर अपरार्क भाष्य का नाम 'अपरार्क याज्ञवल्क्य धर्मशास्त्र निबंध' है। लंबे-लंबे उद्धरण लेने के कारण यह भाष्य धर्म संबंधी एक निबंध माना जाता है।

जीमूतवाहन वंश के शिलाहार राजकुमार का नाम 'अपरादित्यदेव' था। पी.वी. काणे के अनुसार अपरार्क को अपरादित्य भी कहा जाता है। शिलाहारों के अभिलेखों से ज्ञात होता है कि जीमूतवाहन वंश के तीन राज्य थे : (१) उत्तरी कोंकण, (२) दक्षिण कोंकण, (३) कोल्हापुर। पी.वी. काणे के अनुसार उत्तरी कोंकण वाले शिलाहारों में अपरादित्य देव नाम प्रसिद्ध था। अपने भाष्य में जो उपाधि अपरादित्य ने लिखी है, वैसी ही जानकारी शिलालेखों में उपलब्ध है, यथा—शिलाहार, नरेंद्र, जीमूतवाहनान्वय प्रसूत आदि।

'मंखकृत' कृत 'श्रीकण्ठचरितम्' में वर्णन आया है कि कोंकण नरेश अपरादित्य ने तेजकंठ को कश्मीर नरेश जयसिंह की सभा में दूत बनाकर भेजा था। इससे यह ज्ञात होता है कि 'तेजकंठ' अपरार्क की टीका अपने साथ ले गए होंगे।

पी.वी. काणे के अनुसार उनका समय १२वीं शताब्दी पूर्वार्ध हो सकता है।

शूलपाणि—शूलपाणि का याज्ञवल्क्य स्मृति पर 'दीपकलिका' भाष्य प्रसिद्ध है। यह टीका बहुत संक्षिप्त है। इस भाष्य में कल्पतरु, गोविंदराज, मिताक्षरा, मेधातिथि एवं विश्वरूप के मतों में उल्लेख किया है। उन्होंने 'स्मृतिविवेक' नामक एक विस्तृत ग्रंथ की रचना की, जिसमें विभिन्न भाग हैं—एकादशी विवेक, तिथि विवेक, दत्तक विवेक, दुर्गोत्सव विवेक, यात्रा विवेक, प्रतिष्ठा विवेक, प्रायश्चित्त विवेक, रासयात्राविवेक, व्रतकालविवेक, शुद्धिविवेक, श्राद्ध विवेक, संक्रांति विवेक, संबंध विवेक।

शूलपाणि के व्यक्तिगत जीवन के बारे में कोई प्रमाण उपलब्ध नहीं है। शूलपाणि ने अपने ग्रंथ 'प्रायश्चित्त विवेक' में साहुडियाल महामहोपाध्याय उपाधि दी है। पी.वी. काणे के अनुसार बल्लालसेन के काल से बंगाल में साहुडियाल ब्राह्मण निम्न श्रेणी के कहे जाते हैं। पी.वी. काणे के अनुसार शूलपाणि का समय १४६० ई.पू. माना जा सकता है।

३. पराशर स्मृति तथा टीकाएँ : इसके अनुसार पराशर वसिष्ठ ऋषि के पौत्र थे। पराशर ने मरने की इच्छा रखने वाले वसिष्ठ मुनि को पुनः जीवित रहने के लिए उत्साहित किया था,

इसलिए वह लोक में पराशर नाम से विख्यात हुए। पराशर के पिता का नाम शक्ति था। ऋग्वेद प्रथन मंडल के ६५ से ७३ सूक्त तक पराशर मंत्र दृष्टा ऋषि के रूप में वर्णित हैं। आचार्य यास्क ने पराशर का अर्थ पराशीर्ण (जर्जर) तथा वृद्ध वसिष्ठ ऋषि से उत्पन्न बताया है। पराशर स्मृति प्राचीन स्मृति है, क्योंकि याज्ञवल्क्य ने पराशर को धर्मवक्ताओं में गिना है।

पराशर स्मृति में मनु के उद्धरण प्राप्त होते हैं। मनु के अतिरिक्त इसमें उशनस, प्रजापति, शंख आदि धर्मशास्त्रकारों का उल्लेख किया गया है। मिताक्षरा, अपरार्क, स्मृति चंद्रिका, हेमाद्रि आदि अनेक ग्रंथों में पराशर के उद्धरण प्राप्त होते हैं। पराशर स्मृति में बारह अध्याय एवं तीन कांड हैं—आचार, व्यवहार तथा प्रायश्चित्त। इनमें से व्यवहार कांड आचार्य माधव ने स्वयं जोड़ा है।

इसके प्रथम अध्याय से ज्ञात होता है कि सतयुग में मनु प्रोक्त मानव धर्मशास्त्र, त्रेतायुग में गौतम स्मृति, द्वापर में शंख लिखित स्मृति तथा कलियुग में पराशर स्मृति की प्रमुखता रहेगी।

पी.वी. काणे के अनुसार पराशर स्मृति प्रथम शताब्दी से पाँचवीं शताब्दी के मध्य लिखी गई होगी।

पराशर के नाम से पराशर स्मृति, बृहत्पराशर स्मृति तथा वृहत् पराशर होरा शास्त्र है। जिनमें पराशर स्मृति एक अत्यंत महत्त्वपूर्ण ग्रंथ है। वृहत्पराशर पराशर स्मृति का विस्तृत रूप है। वृहत् पराशर होराशास्त्र ज्योतिष का विवेचन करता है। पराशर स्मृति के टीकाकार माधवाचार्य हैं।

माधवाचार्य—माधवाचार्य की पराशर स्मृति पर 'पराशरमाधवी' नामक टीका अति प्रसिद्ध है। माधवाचार्य विजय नगर के संस्थापक राजा बुक्क के मंत्री थे। इनके पिता का नाम मायण तथा माता का नाम श्रीमती था। ये भरद्वाज गोत्र के थे। इनके दो छोटे भाई थे—सायण तथा भोगनाथ। इनके गुरु का नाम सर्वज्ञ विष्णु तथा भारतीतीर्थ था। राज्यकार्य में प्रवीण माधवाचार्य ने उच्चकोटि के ग्रंथों का निर्माण किया। संन्यास आश्रम ग्रहण करने के पश्चात् उनका नाम 'विद्यारण्य' हुआ। आचार्य माधव ने स्वयं ही कहा है कि संपूर्ण 'व्यवहार' अध्याय को स्वयं प्रतिपादित किया है।

श्री विद्यातीर्थ, भारतीतीर्थ एवं शंकरानंद—ये तीनों ही आचार्य माधवाचार्य के गुरु थे तथा सुप्रसिद्ध विशिष्टाद्वैताचार्य श्रीवेदांतदेशिकाचार्य उनके समकालीन तथा बालसखा थे।

माधवाचार्य ने निम्न ग्रंथों की रचना की—१. ऋग्वेद भाष्य, २. यजुर्वेद भाष्य, ३. सामवेद भाष्य, ४. अथर्ववेद भाष्य, ५. चारों वेदों व शतपथादि ब्राह्मण ग्रंथों का विचार, ६. दशोपनिषद्दीपिका, ७. जैमिनीन्याय माला विस्तर, ८. पंचदशी, ९. अनुभूति प्रकाश, १०. ब्रह्मगीता, ११. पराशर स्मृति भाष्य, १२. मनुस्मृति व्याख्यान, १३. सर्वदर्शन संग्रह, १४. माधवीय धातुवृत्ति, १५. शंकर दिग्विजय, १६. कालनिर्णय।

पी.वी. काणे ने उनका समय १३३०-१३८५ ई. के मध्य निर्धारित किया है।

४. नारद स्मृति तथा टीकाएँ : नारदीय मनु संहिता तथा नारद स्मृति में अधिकतम समानता है। इसमें हिंदू धर्म के प्राचीन नियम हैं, जो किसी प्राचीन ऋषि के द्वारा कहे गए हैं, किंतु इस बात का कोई प्रमाण नहीं है कि नारद ही वह ऋषि हैं। नारद स्मृति का वास्तविक लेखक कौन है, यह कितनी प्राचीन है, यह प्रश्न आज भी बना हुआ है।

याज्ञवल्क्य ने नारद को धर्मवक्ता के रूप में नहीं माना है, अपितु कुछ आचार्यों ने इनकी गणना धर्मशास्त्रकारों में की है। नारद स्मृति में अठारह प्रकरण तथा एक हजार अट्ठाईस (१०२८)

श्लोक हैं। नारद स्मृति तथा मनुस्मृति दोनों में बहुत कुछ समानता है, क्योंकि नारद ने बहुत कुछ मनु स्मृति से लिया है। वर्तमान समय में प्राप्त नारद स्मृति का प्रतिपाद्य विषय व्यवहार है। नारद स्मृति के रचनाकाल के विषय में भी निश्चित कुछ नहीं कहा जा सकता है। याज्ञवल्क्य तथा पराशर ने नारद का नामोल्लेख नहीं किया है, अत: यह याज्ञवल्क्य के बाद की रचना है अपितु मिताक्षरा ने नारद के उद्धरण प्रस्तुत किए हैं। नारद स्मृति में राजनीति पर केवल परोक्ष रूप से यत्र-तत्र चर्चा हुई है, इसमें व्यवहार-संबंधी बातों का अधिकतर उल्लेख किया है। पी.वी. काणे के अनुसार नारद स्मृति की रचना प्रथम शताब्दी से ३०० ई. के बीच संभावित थे। अन्य ग्रंथों में उनके उद्धरण प्राप्त होते हैं। नारद स्मृति के भाष्यकार असहाय हैं।

असहाय—असहाय एक सुप्रसिद्ध टीकाकार थे। नारद स्मृति पर लिखित भाष्य दुर्भाग्यवश पूर्णरूप से उपलब्ध नहीं है। मनुस्मृति (मेधातिथि) भाष्य में असहाय का नामोल्लेख किया है। याज्ञवल्क्य स्मृति की व्याख्या में विश्वरूप ने असहाय को गौतम धर्मसूत्र के भाष्यकार के रूप में याद किया है। विश्वरूप एवं मेघातिथि ने असहाय का उल्लेख किया है, अत: असहाय का समय ७५० ई. के लगभग होना चाहिए।

५. कात्यायन स्मृति तथा टीकाएँ : कात्यायन हिंदू विधि तथा व्यवहार की विशद् व्याख्या करने वाले धर्मशास्त्रकार हैं। उन्होंने व्यवहार संबंधी विवरण में नारद तथा बृहस्पति को आदर्श माना है। उनके उद्धरण भाष्यों तथा निबंधों में पाए जाते हैं। वीरमित्रोदय के प्रत्येक भाग में उसके उद्धरण प्राप्त होते हैं। याज्ञवल्क्य तथा पराशर ने कात्यायन को धर्मवक्ताओं में माना है। बौधायन धर्मसूत्र में भी कात्यायन प्रमाणरूप से उद्धृत हैं। कात्यायन ने भृगु का नामोल्लेख किया है। व्यवहारमयूख ने एक वृहत्कात्यायन तथा दायभाग ने वृद्ध कात्यायन की चर्चा की है। कात्यायन ने 'प्रतिहारसूत्रम्' की भी रचना की है। जीवानंद संग्रह में एक कात्यायन स्मृति ग्रंथ प्रकाशित है। जिसमें तीन प्रपाठक, २९ खंड एवं ५०० श्लोक हैं।

इस ग्रंथ को कात्यायन का 'कर्मप्रदीप' कहते हैं। कर्मप्रदीप में यज्ञोपवीत कर्म, श्राद्ध कर्म, पूताग्निप्रतिष्ठा, तर्पण विधि, पंचमहायज्ञ, ब्रह्मयज्ञ विधि, स्त्री धर्म, दाह संस्कार, शौच-अशौच आदि कर्तव्यों का वर्णन है। कात्यायन ने स्त्रीधन को मुख्य विषय माना है।

पी.वी. काणे के अनुसार कात्यायन, मनु एवं याज्ञवल्क्य के पश्चात् आते हैं। नारद तथा बृहस्पति स्मृतियों का निर्माण भी उनके स्मृति प्रणयन से पहले हो चुका था। अत: उनका समय कम-से-कम चौथी तथा छठी शताब्दी के मध्य माना जा सकता है। कात्यायन स्मृति पर किसी टीकाकार का उल्लेख प्राप्त नहीं होता है।

६. विष्णु स्मृति तथा टीकाएँ : यांज्ञवल्क्य ने बीस धर्मशास्त्रकारों में विष्णु का उल्लेख किया है। इसके अतिरिक्त पैठानसि ने छत्तीस धर्मशास्त्रकारों में विष्णु की चर्चा की है। विष्णु स्मृति सौ अध्यायों में निबद्ध है। विष्णु स्मृति का प्रारंभ सृष्टि के वर्णन से हुआ है। प्रथम अध्याय तथा अंतिम के तीन अध्याय में विष्णु तथा लक्ष्मी की स्तुति की गई है। विज्ञानेश्वर, अपरार्क, देवणभट्ट तथा माधवाचार्य ने विष्णु स्मृति के श्लोकों को उद्धृत किया है।

विष्णु स्मृति का संबंध कठ शाखा के चरक संहिता के कृष्ण यजुर्वेद से माना जाता है। विष्णु स्मृति के बहुत से श्लोक मनुस्मृति, याज्ञवल्क्य स्मृति तथा भगवद्गीता के समान हैं। विष्णु

स्मृति में वर्णित विषय निम्न हैं—सृष्टि की उत्पत्ति, वाराह द्वारा पृथ्वी का उद्धार, देवी की उत्पत्ति, पृथ्वी द्वारा विष्णु की स्तुति, वर्णाश्रम की रचना, राजधर्म, राजा के कर्तव्य, दिन तथा रात्रि परिवर्तन, अशौच, विवाह, स्त्रीधर्म, ब्रह्मचारी के नियम, संन्यास के नियम, ज्ञेयज्ञान, गम्यज्ञान, विचार आदि विषय मध्य के अध्यायों से संबद्ध हैं। अंतिम अध्याय में पृथ्वी के प्रति नारायण की उक्ति है।

विष्णु स्मृति की शैली वसिष्ठ धर्मसूत्र के समान गद्य-पद्य मिश्रित है। विष्णु धर्मसूत्र का प्रकाशन कई बार हुआ है। जीवानंद संग्रह 'धर्मशास्त्र संग्रह' (१८७६ ई.), एशियाटिक सोसाइटी द्वारा (१८८१), वैजयंती टीका सहित डॉ. जाली द्वारा संपादित (१९६२)। चैखंबा संस्कृत सीरीज ऑफिस, वाराणसी।

पी.वी. काणे ने अनुमान के अनुसार विष्णु धर्मसूत्र का काल ईसापूर्व ३००-१०० के बीच माना है। विष्णु स्मृति के टीकाकार नंदपंडित हैं।

नंदपंडित—विष्णु स्मृति पर वैजयंती नामक टीका लिखी गई। नंदपंडित ने संवत् १६७९ में वैजयंती टीका पूरी की। माधवानंद हस्तलिखित ग्रंथ के ऊपर उसने सन् १६५५ में कार्य किया। शुद्धिचंद्रिका पर टीका 'शतशीति' की रचना की। श्राद्धकल्पलता हस्तलिखित ग्रंथ की रचना १६४१ ई. में की। अतः उसका समय १५८०-१६३० ई. के मध्य है। उसने निम्नलिखित पुस्तकों पर कार्य किया—

१. दत्तकचंद्रिका, २. दत्तक मीमांसा, ३. हरिवंश विलास, ४. ज्योतिषशास्त्र समुच्चय, ५. काशीप्रकाश, ६. माधवानंद काव्य, ७. नवरात्रप्रदीप, ८. मिताक्षरा पर प्रथिताक्षरा व्याख्या, ९. स्मार्तसमुच्चय, १०. स्मृतिसिंधु, ११. श्राद्धकल्पलता, १२. श्राद्धमीमांसा, १३. शुद्धिचंद्रिका, १४. शूद्राधिकारमीमांसा, १५. तत्त्व मुक्तावली, १६. तीर्थकल्पलता, १७. पराशरस्मृति पर विद्वन्मनोहरा व्याख्या, १८. विनायक शांति पद्धति।

७. बृहस्पति स्मृति तथा टीकाएँ : याज्ञवल्क्य ने बृहस्पति की चर्चा धर्मशास्त्रकारों में नहीं की है तथापि बृहस्पति को धर्म-शास्त्रकार के रूप में रखा जा सकता है। बृहस्पति देवताओं के गुरु माने जाते हैं। ऋग्वेद के १०वें मंडल के ७१ एवं ७२वें सूक्त के मंत्र दृष्टा ऋषि माने गए हैं।

बृहस्पति अर्थशास्त्रकार भी माने गए हैं। कौटिल्य ने भी बृहस्पति का नाम उल्लेख किया है। बृहस्पति ने धर्म, अर्थ, काम पर ब्रह्मा के ग्रंथ को ३००० अध्यायों में संक्षिप्त किया। वनपर्व में बृहस्पति नीति का उल्लेख किया है। १९२१ में लाहौर डी.ए.वी. कॉलेज के रिसर्च इंस्टीट्यूट के डायरेक्टर प्रो. भगवत दत्त ने अपनी अतिरिक्त प्रस्तावना के साथ डॉ. टामस द्वारा संपादित बृहस्पति स्मृति ग्रंथ देवनागरी लिपि में प्रकाशित हुआ। इस सूत्र ग्रंथ में देवराज इंद्र तथा देवगुरु बृहस्पति के संवाद के रूप में है। इस ग्रंथ को प्रारंभ में ही नीतिसर्वस्व अर्थात् राजनीति का संक्षेप कहा गया है।

बृहस्पति नाम से दूसरा ग्रंथ बृहस्पति स्मृति है। स्मृति ग्रंथ की रचना व्यवहार प्रधान है। डॉ. जाली द्वारा संपादित बृहस्पति स्मृति में ७११ श्लोक हैं। उनके अनुसार बृहस्पति स्मृति में निम्न बातें बताई गई हैं—१. व्यवहाराभियोग के चार स्तर प्रमाण, गवाह, लेखप्रमाण, भुक्ति (स्वत्व), दिव्य, १८ स्वत्व, ऋणादान, निक्षेप, अस्वाभिविक्रय, सम्भूयन्समुत्थान, दत्ताप्रदानिक, अभ्युपेत्याशुश्रूषा वेतनस्यानपाकर्म, स्वामिपालविवाद, सेविद्वयतिक्।

३. ब्राह्मण-ग्रंथ

ब्राह्मण ग्रंथ यानी सत्-ज्ञान ग्रंथ, वेदों के कई सूक्तों या मंत्रों का अर्थ करने में सहायक रहे हैं। वेदों में देवताओं के सूक्त हैं, जिनको वस्तु, व्यक्तिनाम या आध्यात्मिक-मानसिक शक्ति मानकर कई व्याख्यान बनाए गए हैं। ब्राह्मण ग्रंथ इन्हीं में मदद करते हैं, जैसे—

विद्वांसो हि देवा—शतपथ ब्राह्मण के इस वचन का अर्थ है, विद्वान् ही देवता होते हैं।

यज्ञः वै विष्णु—यज्ञ ही विष्णु है।

अश्वं वै वीर्यम्—अश्व वीर्य, शौर्य या बल को कहते हैं।

राष्ट्रम् अश्वमेधः—तैत्तिरीय संहिता और शतपथ ब्राह्मण के इन वचनों का अर्थ है—लोगों को एक करना ही अशवमेध है।

अग्नि वाक्, इंद्रः मनः, बृहस्पति चक्षु (गोपथ ब्राह्मण)—अग्नि वाणी, इंद्र मन, बृहस्पति आँख, विष्णु कान हैं।

इसके अतिरिक्त भी कई वेद-विषयक शब्दों का जीवन में क्या अर्थ लेना चाहिए, इसका उद्धरण ब्राह्मण ग्रंथों में मिलता है। कई ब्राह्मण ग्रंथों में ही उपनिषद भी समाहित हैं।

यद्यपि प्राचीन परंपरा में मंत्रब्राह्मणयोः वेदनामधेयम् के अनुसार ब्राह्मण वेद का ही एकभाग है। तथापि संहिताओं के बाद ब्राह्मण-ग्रंथों का निर्माण हुआ माना जाता है। इनमें यज्ञों के कर्मकांड का विस्तृत वर्णन है, साथ ही शब्दों की व्युत्पत्तियाँ तथा प्राचीन राजाओं और ऋषियों की कथाएँ एवं सृष्टि-संबंधी विचार हैं। प्रत्येक वेद के अपने ब्राह्मण हैं। ऋग्वेद के दो ब्राह्मण हैं—(१) ऐतरेय और (२) कौषीतकी। ऐतरेय में ४० अध्याय और आठ पंचिकाएँ हैं, इसमें अग्निष्टोम, गवामयन, द्वादशाह आदि सोमयागों, अग्निहोत्र तथा राज्याभिषेक का विस्तृत वर्णन ऐतरेय ब्राह्मण जैसा ही है। इनसे तत्कालीन इतिहास पर काफी प्रकाश पड़ता है। ऐतरेय में शुनःशेप की प्रसिद्ध कथा है। कौषीतकी से प्रतीत होता है कि उत्तर भारत में भाषा के सम्यक् अध्ययन पर बहुत बल दिया जाता था। शुक्ल यजुर्वेद का ब्राह्मण 'शतपथ' के नाम से प्रसिद्ध है, क्योंकि इसमें सौ अध्याय हैं। ऋग्वेद के बाद प्राचीन इतिहास की सबसे अधिक जानकारी इसी से मिलती है। इसमें यज्ञों के विस्तृत वर्णन के साथ अनेक प्राचीन आख्यानों, व्युत्पत्तियों तथा सामाजिक बातों का वर्णन है। इसके समय में कुरु-पांचाल आर्य संस्कृति का केंद्र था, इसमें पुरुरवा और उर्वशी की प्रणय-गाथा, च्यवन ऋषि तथा महा प्रलय का आख्यान, जनमेजय, शकुंतला और भरत का उल्लेख है। सामवेद के अनेक ब्राह्मणों में से पंचविंश या ताण्ड्य ही महत्त्वपूर्ण है। अथर्ववेद का ब्राह्मण गोपथ के नाम से प्रसिद्ध है।

४. उपनिषद्

उपनिषद् शब्द 'उप' एवं 'नि' उपसर्ग पूर्वक सद् (सद्लृ) धातु में 'क्विप' प्रत्यय लगकर बनता है, जिसका अर्थ होता है 'समीप में बैठना', अर्थात् गुरु के समीप बैठकर ज्ञान प्राप्त करना। धातुपाठ में सद् (सद्लृ) धातु के तीन अर्थ निर्दिष्ट हैं—विशरण, (विनाश होना), गति (प्रगति), अवसादन (शिथिल होना)। इस प्रकार जो विद्या समस्त अनर्थों के उत्पादक सांसारिक क्रिया-कलापों का नाश करती है, संसार के कारणभूत अविद्या (माया) के बंधन को शिथिल करती है और ब्रह्म का साक्षात्कार कराती है, उसे 'उपनिषद्' कहते हैं।

परंपरा के अनुसार उपनिषदों की संख्या १०८ ही मानी जाती है। मुक्तिकोपनिषद् में १०८ उपनिषदों का उल्लेख है, जिनमें ऋग्वेद से संबद्ध १० उपनिषद्, शुक्त यजुर्वेद की १९, कृष्ण यजुर्वेद की ३२, सामवेद की १६ और अथर्ववेद से संबद्ध ३१ उपनिषद् हैं। मुक्तिकोपनिषद् में कहा गया है कि ये १०८ उपनिषद् सभी उपनिषदों में सारभूत हैं, इनके अध्ययन से मुक्ति प्राप्त की जा सकती है।

सर्वोपनिषदां मध्ये सारमष्टोत्तरं शतम्।
सकृच्छ्रवणमात्रेण सर्वाघौघनिकृंतनम्।।

(मुक्तिकोपनिषद्, प्रथम अध्याय)

(मुक्तिकोपनिषद् १/३०)

ईश, केन, कठ, प्रश्न, मुंडक, मांडूक्य, तैत्तिरीय, ऐतरेय, छांदोग्य तथा बृहदारण्यक—ये ही दस उपनिषदें प्राचीन तथा प्रामाणिक हैं। इनके अतिरिक्त कौषीतकी तथा श्वेताश्वर उपनिषद् भी प्राचीन माने जाते हैं। शंकर ने ब्रह्मसूत्र भाष्य में दस उपनिषदों के साथ इन दोनों को भी उद्धृत किया है, किंतु उन्होंने उन दोनों पर भाष्य नहीं लिखा है। संक्षेप में प्रत्येक वेद से संबद्ध उपनिषदें इस प्रकार हैं—

केवल चौदह उपनिषदों को ही आकर ग्रंथों के रूप में स्वीकार किया गया है, क्योंकि ये चौदह उपनिषद् ही वैदिक परंपरा से संबद्ध एवं प्राचीन हैं। अत: इन चौदह उपनिषदों का ही परिचय यहाँ दिया जा रहा है—

१. ऐतरेयोपनिषद् : ऐतरेयोपनिषद् का संबंध ऐतरेय ब्राह्मण से है। ऐतरेय ब्राह्मण के अंतिम भाग को ऐतरेय आरण्यक कहते हैं। ऐतरेय आरण्यक में द्वितीय आरण्यक के चतुर्थ से षष्ठ अध्यायों को 'ऐतरेय उपनिषद्' कहते हैं। इसमें कुल तीन अध्याय हैं। प्रथम अध्याय में विश्व की उत्पत्ति का मार्मिक विवेचन है। इसमें विश्व का स्रष्टा आत्मा (ब्रह्म) बताया गया है। इस अध्याय का आधार ऋग्वेद का पुरुषसूक्त है। आत्मा (ब्रह्म) का व्यक्त रूप ही पुरुष है और यह आत्मा पुरुष के इंद्रिय, मन और सुषुप्ति, इन तीन अवस्थाओं के समानांतर है। द्वितीय अध्याय में जन्म, जीवन और मरण इन तीन अवस्थाओं का वर्णन किया गया है। तृतीय अध्याय में आत्मा के स्वरूप का विवेचन है। इसमें 'प्रज्ञान' की महिमा वर्णित है और आत्मा को प्रज्ञान का स्वरूप बताया गया है। यह प्रज्ञान ही ब्रह्म है (प्रज्ञानं ब्रह्म) और इसी से समस्त विश्व की उत्पत्ति हुई है।

२. कौषीतकी उपनिषद् : यह कौषीतकी ब्राह्मण से संबद्ध है। कौषीतकी ब्राह्मण से संबद्ध कौषीतकी आरण्यक है। कौषीतकी आरण्यक के तृतीय से षष्ठ अध्याय तक को कौषीतकी उपनिषद् कहते हैं। इसे ही कौषीतकी ब्राह्मणोपनिषद् भी कहते हैं। इस उपनिषद् में कुल चार अध्याय हैं। प्रथम अध्याय में मृत्यु के बाद जीवात्मा के प्रयाण के देवयान और पितृयान नामक मार्गों का वर्णन है। इसमें चित्र नामक क्षत्रिय राजा ने उद्दालक आरुणि को परलोक की शिक्षा दी है। राजा चित्र यज्ञ में आरुणि को पुरोहित बनाता है। आरुणि अपने पुत्र श्वेतकेतु को भेजता है। वहाँ पहुँचने पर चित्र ने पूछा कि लोक में क्या ऐसा कोई गुप्त स्थान है, जहाँ तुम मुझे रख सकोगे? क्या लोक में दो मार्ग हैं, जिनमें से एक में तुम मुझे लगा दोगे? श्वेतकेतु ने कहा कि 'मुझे ज्ञात नहीं, आचार्य से प्रश्न पूछूँगा।' यह कहकर उसने घर लौटकर पिता से प्रश्न पूछा। पिता ने कहा कि मुझे भी उत्तर

ज्ञात नहीं है। तब दोनों चित्र के पास जाते हैं। चित्र ने उन्हें बताया कि कुछ लोग अच्छे कर्मों के बल से ब्रह्मलोक चले जाते हैं और ब्रह्ममय हो जाते हैं। कुछ लोग स्वर्ग एवं नरक में जाते हैं और कुछ मरने के बाद मृत्युलोक में जन्म लेते हैं।

द्वितीय अध्याय में आत्मा के प्रतीक प्राण के स्वरूप का विवेचन है। प्राण ही ब्रह्म है और मन प्राणरूपी ब्रह्म का दूत है, नेत्र रक्षक हैं, श्रोत्र द्वारपाल हैं और वाणी दासी है। जो इनके स्वरूप को जानता है, वही इंद्रियों पर अधिकार रख सकता है। तृतीय अध्याय में इंद्र प्रतर्दन को प्राण और प्रज्ञा का उपदेश देते हैं। इसी प्रसंग में प्राणतत्त्व का विशद विवेचन किया गया है। चतुर्थ अध्याय में काशिराज अजातशत्रु बालाकि को परब्रह्म (ब्रह्मविद्या) का उपदेश देते हैं।

३. ईशोपनिषद् : शुक्लयजुर्वेद की काव्य एवं वासनेयी संहिता का चालीसवाँ अध्याय 'ईशावास्योपनिषद्' के नाम से प्रसिद्ध है। दोनों में अंतर यह है कि काण्वसंहिता के चालीसवें अध्याय में अठारह मंत्र हैं और वाजसनेयी संहिता में सत्रह मंत्र हैं। इस अध्याय का प्रथम मंत्र 'ईशावास्यम्' से प्रारंभ होता है, अतः इसका नाम 'ईशावास्योपनिषद्' है। ईशावास्योपनिषद् को ही 'ईशोपनिषद्' भी कहते हैं। यह लघुकाय उपनिषद् है, किंतु महत्त्व की दृष्टि से सर्वोपरि है। इसमें वेद का सार एवं गूढ़तत्त्व का विवेचन हुआ है। आत्मा के स्वरूप का जितना स्पष्ट विवेचन इस उपनिषद् में हुआ है, उतना किसी अन्य उपनिषद् में नहीं मिलता है। आत्मकल्याण के लिए ज्ञान और कर्म दोनों के अनुष्ठान को आवश्यक बताया गया है। इसमें निष्काम कर्म करते हुए सौ वर्ष तक जीने की कामना व्यक्त की गई है। इसमें विद्या और अविद्या, संभूति और असंभूति का विवेचन अत्यंत महत्त्वपूर्ण है।

४. बृहदारण्यकोपनिषद् : शुक्लयजुर्वेद से संबद्ध शतपथ ब्राह्मण के अंतिम छह अध्यायों को बृहदारण्यक कहते हैं। इसमें आरण्यक और उपनिषद् दोनों ही मिश्रित हैं, इसलिए इसका नाम 'बृहदारण्यकोपनिषद्' पड़ा। यह विशालकाय एवं प्राचीनतम उपनिषद् है। इस उपनिषद् में तीन भाग हैं और प्रत्येक भाग में दो-दो अध्याय हैं। इस प्रकार कुल छह अध्याय हैं। इनमें प्रथम भाग को मधुकांड, द्वितीय भाग को याज्ञवल्क्यकांड और तृतीय भाग को खिलकांड कहते हैं। प्रत्येक अध्याय ब्राह्मणों में विभाजित है। प्रथम अध्याय में छह ब्राह्मण, द्वितीय अध्याय में छह ब्राह्मण, तृतीय में नौ ब्राह्मण, चतुर्थ अध्याय में छह ब्राह्मण, पंचम में पंद्रह ब्राह्मण और षष्ठ अध्याय में पाँच ब्राह्मण हैं।

प्रथम कांड के प्रथम अध्याय में अश्वमेध यज्ञ की रहस्यात्मकता की व्याख्या, प्राण को आत्मा का प्रतीक मानकर आत्मा (ब्रह्म) से जगत् की उत्पत्ति, प्राण का श्रेष्ठता विषय रोचक आख्यान तथा आत्मा (ब्रह्म) की सर्वव्यापकता का वर्णन है, जो प्रत्येक शरीर में जीवात्मा के रूप में दृष्टिगोचर होता है। द्वितीय अध्याय में गार्ग्य एवं काशिराज अजातशत्रु के माध्यम से आत्मस्वरूप का विवेचन किया गया है। गार्ग्य ने काशिराज अजातशत्रु से कहा कि मैं ब्रह्म की व्याख्या करूँगा। उन्होंने सूर्य, चंद्र, विद्युत्, वायु, अग्नि, जल, आत्मा में समन्वित पुरुष को ब्रह्म बताया, किंतु अजातशत्रु ने कहा कि ब्रह्म में ये सब तो समाहित हैं, किंतु इससे ब्रह्म का स्वरूप ज्ञात नहीं हो सकता। जिस प्रकार अग्नि से चिनगारियाँ निकलती हैं, उसी प्रकार ब्रह्म से सभी प्राण एवं प्राणी उद्भूत होते हैं। वह ब्रह्म ही सर्वोच्च सत्ता एवं परमसत्य है। असीम-ससीम, साकार-निराकार, सविशेष-निर्विशेष भेद से ब्रह्म के दो रूप हैं। द्वितीय संवाद याज्ञवल्क्य और मैत्रेयी का है। वानप्रस्थ ग्रहण करते समय

मैत्रेयी ने धन की अभिलाषा न कर अमरत्व प्राप्ति का उपाय पूछा। याज्ञवल्क्य ने विविध उदाहरणों द्वारा ब्रह्म की सर्वमयता का उपदेश दिया। इसमें मधुविद्या का भी उपदेश है।

द्वितीय कांड के प्रथम अध्याय (तृतीय अध्याय) में राजा जनक की सभा में याज्ञवल्क्य के द्वारा सभी ब्रह्मवादियों के पराजित होने का वर्णन है। इसमें चार आध्यात्मिक वाद हैं। प्रथम में याज्ञवल्क्य के द्वारा समस्त ब्रह्मवादियों के पराजित होने का वर्णन है। इस वाद में यह सिद्ध किया गया कि ब्रह्म यद्यपि अज्ञेय है, तथापि उसका ज्ञान साध्य है। द्वितीय वाद में राजा जनक और याज्ञवल्क्य का संवाद है। इस संवाद में याज्ञवल्क्य ऋषियों द्वारा प्रस्तुत 'प्राण ही ब्रह्म है', इस प्रकार के छह सिद्धांतों का खंडन करते हैं और आत्मा (ब्रह्म) को अगोचर, अविनाशी एवं सर्वेश्वर बताते हैं। तृतीय संवाद में भी जनक और याज्ञवल्क्य का संवाद है। इसमें जीवात्मा की जाग्रत्, स्वप्न, सुषुप्ति, जन्म, मरण और मोक्ष, इन छह अवस्थाओं का वर्णन है। चतुर्थ संवाद याज्ञवल्क्य और वचक्नु की कन्या गार्गी का संवाद है। द्वितीय कांड के द्वितीय अध्याय (चतुर्थ अध्याय) में याज्ञवल्क्य और जनक का संवाद है, जिसमें जनक महर्षि याज्ञवल्क्य से तत्त्वज्ञान की शिक्षा ग्रहण करते हैं। इसी अध्याय में याज्ञवल्क्य और उनकी पत्नी कात्यायनी तथा मैत्रेयी का संवाद वर्णित है, जिसमें याज्ञवल्क्य मैत्रेयी को ब्रह्मज्ञान का उपदेश देते हैं।

तृतीय कांड (पंचम और षष्ठ अध्याय) परिशिष्ट भाग है। इसके (पंचम) अध्याय में पंद्रह खंड हैं। जो एक-दूसरे से असंबद्ध हैं। ऐसा प्रतीत होता है कि ये अलग-अलग समय की रचनाएँ हैं। इसमें ब्रह्म, प्रजापति, गायत्री, प्राण, परलोक आदि के संबंध में विचार किया गया है। द्वितीय (षष्ठ) अध्याय में श्वेतकेतु एवं प्रवाह का दार्शनिक संवाद, प्राण की श्रेष्ठता, पंचाग्नि विद्या का महत्त्व, मंत्रविद्या और उसकी परंपरा, संतानोत्पत्ति विज्ञान पुनर्जन्म के सिद्धांत आदि विविध विषयों का विवेचन है।

५. तैत्तिरीयोपनिषद् : कृष्णयजुर्वेद की तैत्तिरीय शाखा से संबद्ध तैत्तिरीय ब्राह्मण का अंतिम भाग 'तैत्तिरीय आरण्यक' कहलाता है। तैत्तिरीय आरण्यक के दस प्रपाठकों में सप्तम, अष्टम एवं नवम प्रपाठकों को तैत्तिरीयोपनिषद् कहते हैं। इस उपनिषद् में तीन अध्याय हैं, जिन्हें क्रमशः शिक्षावल्ली, ब्रह्मानंदवल्ली एवं भृगुवल्ली कहते हैं। प्रथम शिक्षावल्ली में बारह अनुवाक् हैं, ब्रह्मानंदवल्ली में नौ और भृगुवल्ली में दस अनुवाक् हैं। शिक्षावल्ली में वर्ण, स्वर, मात्रा, बल आदि के विवेचन के साथ वैदिक मंत्रों के उच्चारण के नियम तथा स्नातक के लिए उपयोगी शिक्षाओं का निरूपण है। द्वितीय ब्रह्मानंदवल्ली में ब्रह्मविद्या का निरूपण है। इसमें ब्रह्म से स्वरूप का वर्णन है। ब्रह्म आनंदरूप हैं, उसी से समस्त विश्व की सृष्टि हुई है। यह अन्न, प्राण, मन, विज्ञान और आनंद रूप है, किंतु इसका निवास आनंदमय कोश है, जहाँ ब्रह्मानंद को प्राप्त कर मनुष्य परमानंद का अनुभव करता है। ब्रह्म के स्वरूप को जान लेने पर मनुष्य अपने ही समान सबको समझने लगता है। सारा भेदभाव दूर हो जाता है और वह ब्रह्म से तादात्म्य स्थापित कर लेता है। तृतीय अध्याय भृगुवल्ली है। इसमें भृगु और वरुण का संवाद वर्णित है। वरुण अपने पुत्र भृगु को ब्रह्म का स्वरूप समझाते हुए कहते हैं कि जिससे ये समस्त प्राणी उत्पन्न होते हैं, जिससे जीते हैं और अंत में जिसमें प्रवेश कर जाते हैं, वही ब्रह्म है। इसमें ब्रह्मप्राप्ति के साधन रूप तप का वर्णन है और 'पंचकोशों' का विवेचन वरुण एवं भृगु के संवाद के रूप में हुआ है। इसमें अतिथि सेवा का भी महत्त्व वर्णित है।

६. कठोपनिषद् : यह कृष्णयजुर्वेद की कठशाखा का 'कठोपनिषद्' है। इसमें कुल दो अध्याय और छह वल्लियाँ हैं। ऐसा प्रतीत होता है कि इसका प्रथम अध्याय ही मूल उपनिषद् है, दूसरा अध्याय बाद में जोड़ा गया है, क्योंकि इसमें योग-संबंधी विकसित विचारों एवं भौतिक पदार्थों की असत्यता संबंधी विचारों के कारण परवर्ती सन्निवेश जान पड़ता है।

प्रथम अध्याय में नचिकेता और यम के उपाख्यान द्वारा आत्मा और ब्रह्म की व्याख्या की गई है। नचिकेता पिता की आज्ञा से यम के पास पहुँचता है। यमराज उससे तीन वर माँगने को कहता है। नचिकेता दो वर माँगने के पश्चात् 'क्या आत्मा का अस्तित्व मृत्यु के बाद भी रहता है या नहीं ?' यह तीसरा वर माँगता है। यम कहता है कि वह एक सूक्ष्मतत्त्व है, दूसरा वर माँग लो, और उसे नाना प्रकार के सांसारिक प्रलोभन देता है, किंतु नचिकेता अपने प्रश्न पर दृढ रहता है और अंत में उसके विशेष आग्रह पर यमराज आत्मस्वरूप का विवेचन करता हुआ उसे अर्धतत्त्व का मार्मिक उपदेश देता है और नचिकेता वर प्राप्त कर अपने घर लौट आता है। प्रथम अध्याय को द्वितीय वल्ली में श्रेय एवं प्रेय का विवेचन है। श्रेय एक वस्तु है और प्रेय दूसरी वस्तु है। इनमें जो श्रेय को ग्रहण करता है, उसका कल्याण होता है और जो प्रेय को अपनाता है, वह अपने लक्ष्य से पथभ्रष्ट हो जाता है।

द्वितीय अध्याय में प्रकृति और पुरुष दोनों को ही परमात्मा का स्वरूप बताया गया है। यह आत्मा सर्वव्यापक है और समस्त प्राणियों में उसका निवास है। जिस प्रकार वायु सर्वत्र व्याप्त होकर प्रत्येक स्थान पर उपलब्ध है और जिस प्रकार प्रकाश सब जगह व्याप्त रहते हुए बाह्य दोषों से मुक्त रहता है, उसी प्रकार आत्मा भी सर्वत्र व्याप्त रहते हुए बाह्य दोषों से मुक्त निर्विकार बना रहता है। आत्मा को 'विभु' कहते हैं। उसकी प्राप्ति का साधन योग है।

७. श्वेताश्वतरोपनिषद् : यह उपनिषद् कृष्णयजुर्वेद से संबद्ध श्वेताश्वतर संहिता का एक अंश है। यह कठोपनिषद् के बाद की रचना है, क्योंकि उससे बहुत सा अंश इसमें लिया गया है, यहाँ तक कि कुछ वाक्य ज्यों-के-त्यों प्रस्तुत हैं। विषयवस्तु से यह प्रतीत होता है कि यह उस समय की रचना है, जब सांख्य और वेदांत का पार्थक्य नहीं हुआ था। इसमें कुल छह अध्याय हैं। प्रथम अध्याय में परमात्मा साक्षात्कार का उपाय ध्यान बताया गया है। द्वितीय अध्याय में योग का विस्तृत विवेचन है। तृतीय से पंचम अध्यायों में सांख्य एवं शैव सिद्धांतों का विवेचन है। अंतिम अध्याय में गुरुभक्ति का महत्त्व प्रतिपादित है। भक्तितत्त्व का विवेचन भी इस उपनिषद् में है। इस उपनिषद् में सांख्य दर्शन के मौलिक सिद्धांत प्रतिपादित हैं। सत्त्व, रजस् और तमस्, इन तीनों गुणों की साम्यावस्था ही प्रकृति है। यह प्रकृति ही ब्रह्म की माया का दूसरा रूप है। इसमें प्रकृति को माया और महेश्वर को मायी कहा गया है। क्या वह माया वेदांत की माया से भिन्न है, वेदांत के अनुसार जगत् मिथ्या है, किंतु इस उपनिषद् में जगत् के मिथ्यात्व की कल्पना नहीं है। कल्पांत में ब्रह्म के द्वारा ही जगत् की सृष्टि और उसका प्रलय होता है। इस उपनिषद् में शिव को परमेश्वर कहा गया है। यह शिव ही समस्त प्राणियों में व्याप्त है और उसके संबंध में ज्ञान होने पर समस्त बंधनों से मुक्ति मिल जाती है।

८. मैत्रायणी उपनिषद् : यह उपनिषद् कृष्णयजुर्वेद की मैत्रायणी संहिता से संबंधित है। प्राचीनतम उपनिषदों की भाँति यह गद्यबद्ध है। इसमें वैदिक भाषा के कोई चिह्न नहीं दिखाई देते। भाषा शैली की दृष्टि से यह महाकाव्यकाल की रचना प्रतीत होती है। इसमें कुल सात अध्याय

हैं, जिनमें षष्ठ अध्याय के अंतिम आठ प्रपाठक और सप्तम अध्याय परिशिष्ट रूप में हैं। इसमें प्राचीन उपनिषदों के सिद्धांतों का संक्षिप्त विवरण, सांख्य एवं बौद्ध दर्शनों के लिए विचारों का आकलन योग के अंगों का विवेचन तथा हठयोग के मंत्र सिद्धांतों का विवरण प्राप्त होता है। इसका मुख्य विषय आत्मरूप का विवेचन है। इसमें वेद-विरोधी संप्रदायों का भी उल्लेख मिलता है। इस उपनिषद् का विषय विवेचन तीन प्रश्नों के उत्तर के रूप में प्रस्तुत किया गया है। प्रथम प्रश्न है कि 'आत्मा भौतिक शरीर में किस प्रकार प्रवेश पाता है?' इसका उत्तर दिया गया है कि 'स्वयं प्रजापति ही स्वरचित शरीर में चेतनता प्रदान करने के उद्देश्य से पंचप्राणवायु के रूप में प्रविष्ट होता है।' द्वितीय प्रश्न है कि 'यह परमात्मा किस प्रकार भूतात्मा बनता है?' इस प्रश्न का उत्तर सांख्य सिद्धांतों पर आधारित है। 'आत्मा प्रकृति के गुणों से पराभूत होकर अपने को भूल जाता है। तदनंतर आत्मज्ञान एवं मोक्ष के लिए प्रयास करता है।' तृतीय प्रश्न है कि 'इस दु:खात्मक स्थिति से मुक्ति किस प्रकार मिल सकती है?' इस प्रश्न का समाधान स्वतंत्र रूप से दिया गया है—'ब्राह्मण धर्म का पालन करने वाले वर्णाश्रम धर्म के अनुयायी व्यक्ति ही ज्ञान, तप और निदिध्यासन से ब्रह्मज्ञान और मोक्ष प्राप्त कर सकते हैं। ब्राह्मण युग के प्रधान देवता अग्नि, वायु और सूर्य, तीन भावरूप सत्ताएँ काल, प्राण और अन्न-तथा तीन लोकप्रिय देवता ब्रह्मा, विष्णु, महेश, ये सभी ब्रह्म के रूप बताए गए हैं। इस उपनिषद् का अंतिम भाग परिशिष्ट रूप है, जिसमें विश्व को सृष्टि का उपाख्यान वर्णित है। इसमें प्रकृति के तत्त्व, रजस् और तमस्, इन तीन गुणों का ब्रह्मा, विष्णु और रुद्र से संबद्ध बताया गया है। इसमें ऋग्वैदिक एवं सांख्य सिद्धांतों का समन्वय है।

९. महानारायणोपनिषद् : कृष्णयजुर्वेद से संबद्ध तैत्तिरीय आरण्यक के दशम प्रपाठक को 'महानारायणोपनिषद्' कहा जाता है। यह सायण भाष्य के साथ प्रकाशित है। इसमें द्रविणों के अनुसार ६४, आंध्रों के अनुसार ८०, कर्णाटकों के अनुसार ७४ अनुवाक् हैं। इस प्रकार इसके तीन विभिन्न पाठ मिलते हैं, किंतु इनमें आंध्र पाठ की ही मान्यता है। इसे 'याज्ञवल्क्योपनिषद्' भी कहते हैं। कुछ विद्वानों की धारणा है कि यह तैत्तिरीय आरण्यक में परवर्ती काल में जोड़ा गया है, किंतु मैत्रायणी उपनिषद् से प्राचीन है। इस उपनिषद् में नारायण का परमात्मा तत्त्व के रूप में उल्लेख है। इसमें आत्मा का विशद विवेचन है। इस उपनिषद् के अनुसार, 'एक ही परमसत्ता है, वही सबकुछ है।' इसमें सत्य, तपस्, दया, दान, धर्म, अग्निहोत्र, यज्ञ आदि विविध विषयों की महत्त्वपूर्ण विवेचना है। इसमें तत्त्वज्ञानी के जीवन का यज्ञ के रूप में चित्रण है, जिसके अनुसार इसकी 'याज्ञिकी उपनिषद्' नाम की सार्थकता प्रतीत होती है।

१०. छांदोग्योपनिषद् : सामवेद की तवल्कार शाखा का छांदोग्य ब्राह्मण है, जिसमें दस अध्याय हैं। प्रारंभ के दो अध्यायों को छोड़कर शेष आठ अध्यायों को 'छांदोग्योपनिषद्' कहा जाता है। इस उपनिषद् के आठ अध्याय हैं और प्रत्येक अध्याय में अनेक खंड हैं। प्रथम अध्याय में तेरह खंड, द्वितीय में चौबीस, तृतीय में उन्नीस, चतुर्थ में सत्रह, पंचम में चौबीस, षष्ठ में सोलह, सप्तम में छब्बीस और अष्टम अध्याय में पंद्रह खंड हैं। इसमें गूढ़ दार्शनिक तत्त्वों का निरूपण आख्यायिकाओं के रूप में किया गया है। इसके प्रथम एवं द्वितीय अध्यायों में ओउम् (ऊँ), उद्गीथ एवं साम के गूढ़ रहस्यों का मार्मिक विवेचन है। द्वितीय अध्याय में ओउम् की उत्पत्ति, धार्मिक जीवन की तीन अवस्थाएँ तथा ब्रह्मचर्य, गार्हस्थ्य एवं यतिधर्म का विवेचन है। इस अध्याय के अंत

में 'शैव उद्गीथ' का विवेचन है। उद्गीथ का अर्थ है 'उच्चस्वर से गाया जानेवाला गीत।' इसमें भौतिक स्वार्थ की पूर्ति के लिए यज्ञ का विधान तथा सामगान करने वाले व्यक्तियों पर व्यंग्य किया गया है। तृतीय अध्याय में वैश्वानर ब्रह्म का प्रतिपादन है, जिसका व्यक्त रूप सूर्य है। सूर्य की देवमधु रूप में उपासना, गायत्री का वर्णन, अंगिरस द्वारा देवकीनंदन कृष्ण को अध्यात्म-शिक्षा और अंत में अंड से सूर्य की उत्पत्ति का वर्णन है। चतुर्थ अध्याय में सत्यकाम-जाबाल की कथा, रैक्य का दार्शनिक तथ्य, उपकौशल को जाबाल द्वारा ब्रह्मज्ञान का उपदेश आदि का विस्तृत विवेचन है। इसमें ब्रह्म को प्राप्त करने के साधन बताए गए हैं। पंचम अध्याय में बृहदारण्यक के षष्ठ अध्याय की दोनों कथाओं का एक प्रकार से आवर्तन है। इसमें श्वेतकेतु और प्रवाहण जाबाल का दार्शनिक संवाद तथा कैकय अश्वपति के सृष्टि विषयक तथ्यों का विशद वर्णन किया गया है, जिनमें छह दार्शनिक विद्वानों के आत्म-विषय चिंतनों का विवरण है। षष्ठ अध्याय में श्वेतकेतु का आख्यान वर्णित है, जिसमें उद्दालक आरुणि ने अपने पुत्र श्वेतकेतु को ब्रह्मविद्या का उपदेश दिया है। श्वेतकेतु ने वेदों का अध्ययन तो कर लिया, किंतु ब्रह्मज्ञान नहीं सीखा था, तब उसके पिता आरुणि ने उसे ब्रह्म से ही चराचर जगत् की उत्पत्ति का वृत्तांत सुनाते हुए अन्न, जल और तेज से मन, प्राण और वाणी की उत्पत्ति बताई है। तदनंतर आरुणि ने श्वेतकेतु से वटवृक्ष का फल तोड़ने को कहा। फल तोड़ने पर उसमें से नन्हे-नन्हे बीज निकले, तब पिता ने उस बीज को भी फोड़ने को कहा। बीज के फोड़े जाने पर आरुणि ने कहा, "पुत्र, तुमने इसमें क्या देखा है?" पुत्र ने कहा, "मुझे कुछ भी नहीं दिखाई दे रहा है।" तब पिता ने पुत्र को समझाया, "पुत्र! जिस बीज के भीतर तुम्हें कुछ भी नहीं दिखाई देता है, उसी में वह महान् वटवृक्ष है। इसी प्रकार ब्रह्म में ही सारा चराचर जगत् निहित है।" 'तत्त्वमसि' महावाक्य उपनिषदों के चार महावाक्यों में एक है। इस महावाक्य की व्याख्या करते हुए आरुणि श्वेतकेतु से कहता है कि वह अणु जो शरीर में आत्मा है, सत् है, सर्वात्मा है, वही आत्मा है, वही सत् है, हे श्वेतकेतु! तू वही है। श्वेतकेतु पुनः प्रश्न करता है, "वह आत्मा द्रष्टव्य क्यों नहीं है?" इसका उत्तर देते हुए आरुणि कहते हैं, "जिस प्रकार जल में नमक डाल दिया जाए तो वह उसमें ऐसा घुल जाता है कि वह दिखाई नहीं देता, इसी प्रकार आत्मा सब में व्याप्त है, किंतु वह इस प्रकार उनमें घुल-मिल गया है कि वह अलग से दिखाई नहीं देती है।"

सप्तम अध्याय में नारद और सनत्कुमार का वृत्तांत है। नारद ब्रह्मविद्या की शिक्षा के लिए सनत्कुमार के पास जाते हैं। सनत्कुमार ने नाम, वाक्, मन, संकल्पन, चित्त, ध्यान, विज्ञान, बल, अन्न, जल, तेज, आकाश, स्मरण, आशा, प्राण में से प्रत्येक को उत्तरोत्तर बढ़कर बताया और कहा कि सबकुछ प्राण में ही समाहित है और प्राण के न रहने पर मनुष्य का इहलौकिक जीवन नहीं रह जाता। अंत में ब्रह्म के अंतिम रूप 'भूमन्' (असीम) का महत्त्व बताते हुए कहते हैं कि भूमा ही सबकुछ है, वही शरीर में स्थित आत्मा है, वह अमृत है और अल्प ही मर्त्य है। अंतिम अध्याय में शरीर और विश्व में स्थित आत्मा की तीन अवस्थाओं जाग्रत्, स्वप्न और सुषुप्ति का भी निर्देश है। तृतीय अवस्था में ही आत्मा के सच्चे स्वरूप का ज्ञान होता है। इस अध्याय के अंत में इंद्र और विरोचन की कथा वर्णित है। इस आख्यान में आत्म प्राप्ति के व्यावहारिक उपायों का संकेत किया गया है।

११. केनोपनिषद् : यह सामवेद की जैमिनीय शाखा से संबद्ध है। इसी को 'केनोपनिषद्'

और 'जैमिनीयोपनिषद्' भी कहते हैं। इसके दो भाग हैं। प्रथम भाग पद्यमय है। यह वेदांत के विकास काल की रचना प्रतीत होती है। द्वितीय भाग गद्यमय है और अत्यंत प्राचीन है। प्रत्येक भाग में दो खंड हैं। इस प्रकार कुल चार खंड हैं। प्रथम खंड में उपास्य ब्रह्म और निर्गुण ब्रह्म में अंतर बताया गया है। द्वितीय खंड में ब्रह्म के रहस्यमय स्वरूप का विवेचन है। तृतीय एवं चतुर्थ खंडों में उमा हेमवती के रोचक आख्यान द्वारा परब्रह्म की सर्वशक्तिमत्ता का विवेचन है। ब्रह्म के स्वरूप का विवेचन करते हुए हेमवती उमा ने देवताओं को बताया कि ''यही ब्रह्म है, जिनके कारण तुम लोगों की इतनी महिमा है।'' वायु, अग्नि आदि उसी ब्रह्म के विकसित रूप हैं। बिना उसकी इच्छा के ये कुछ भी नहीं कर सकते। सगुण और निर्गुण ब्रह्म का पार्थक्य बताते हुए उमा ने कहा, ''जिसका वर्णन वाणी से नहीं किया जा सकता, किंतु जिसकी शक्ति से वाणी बोलती है, वही ब्रह्म है और जिनकी तुम उपासना करते हो, वह ब्रह्म नहीं है।'' ब्रह्म ज्ञान की सीमा से परे असीम है। वह ज्ञेय-अज्ञेय दोनों से भिन्न है। यह जीवात्मा उस पर ब्रह्म का अंश है। सगुण ब्रह्म उपास्य है और निर्गुण ब्रह्म अज्ञेय तथा अनिर्वचनीय है।

१२. प्रश्नोपनिषद् : यह अथर्ववेद की पिप्पलाद शाखा से संबद्ध है। इसमें सुकेशा, भार्गव, आश्वलायन, सत्यकाम, सौर्यायणी और कबंधी—ये छह ऋषि-महर्षि पिप्पलाद से अध्यात्म विषयक प्रश्नों के उत्तर पूछते हैं। इसी कारण इसका नाम 'प्रश्नोपनिषद्' है। ऋषियों द्वारा पूछे गए छह प्रश्न—

प्रथम प्रश्न कबंधी कात्यायन का है—''समस्त प्रजा की उत्पत्ति कैसे और कहाँ से हुई है?''

द्वितीय प्रश्न भार्गव का है—''कितने देवता प्रजाओं को धारण करते हैं, कौन उन्हें प्रकाशित करता है तथा उनमें कौन सबसे श्रेष्ठ है?''

तृतीय प्रश्न आश्वलायन का है—''प्राणों की उत्पत्ति कहाँ से होती है और उसका शरीर में आवागमन एवं उत्क्रमण किस प्रकार होता है?''

चतुर्थ प्रश्न गार्ग्य सौर्यायणी का है—''आत्मा की जाग्रत्, स्वप्न और सुषुप्ति, इन तीन अवस्थाओं का आध्यात्मिक रहस्य क्या है?''

पंचम प्रश्न सत्यकाम का है—''ऊँ 'आ उम्' की उपासना का क्या रहस्य है? उसके ध्यान से किस लोक की प्राप्ति होती है?''

'षष्ठ प्रश्न सुकेशा का है—''षोड्शकला संपन्न पुरुष का स्वरूप क्या है?'' इन छहों प्रश्नों का उत्तर महर्षि पिप्पलाद ने छहों शिष्यों को दिया है। उनके उत्तर अध्यात्मवाद के प्राण हैं। इस उपनिषद् की शैली अत्यंत वैज्ञानिक और महत्त्वपूर्ण है।

१३. मुंडकोपनिषद् : यह अथर्ववेद की शौनक शाखा का उपनिषद् है। इसका मुंडक नाम इसलिए पड़ा कि संभवत: इस संप्रदाय के लोग अपना शिर मुंडित रखते थे। इसमें कुल तीन मुंडक हैं। प्रत्येक मुंडक में दो-दो खंड हैं। इस उपनिषद् में ब्रह्मा के द्वारा अपने पुत्र अथर्वा को ब्रह्मविद्या का उपदेश देने का वर्णन है। इसमें परा और अपरा नामक दो विद्याओं का विवेचन है, जिसके द्वारा अक्षर ब्रह्म का ज्ञान हो सके, उसे पराविद्या कहते हैं और वेद-देवांग आदि को अपराविद्या कहते हैं। यह अक्षर ब्रह्मज्ञान की सीमा से परे अज्ञेय है। इस अक्षर ब्रह्म से ही जगत् की सृष्टि होती है। इस उपनिषद् में द्वैतवाद का स्पष्ट संकेत मिलता है। दो पक्षियों के रूपक द्वारा जीव और ब्रह्म का भेद समझाया गया है—''परस्पर सख्यभाव से एक साथ रहने वाले दो पक्षी एक ही वृक्ष पर रहते

हैं। उनमें से एक (जीवात्मा) उस पिप्पल के वृक्ष के फलों का स्वाद लेकर उसका भोग करता है और दूसरा भोग न करता हुआ केवल देखता रहता है।''

१४. मांडूक्योपनिषद् : इसमें कुल बारह वाक्य हैं, यह गद्यात्मक है। इसमें ओंकार का रहस्य बताया गया है। इसमें ब्रह्म और आत्मविषयक विवेचन हुआ है। इसमें ब्रह्म (आत्मा, चैतन्य) की चार अवस्थाएँ बताई गई हैं—जाग्रत्, स्वप्न, सुषुप्ति और तुरीय। जाग्रत् अवस्था में आत्मा इंद्रिय विषयों का भोग करता है। इसे वैश्वानर कहते हैं। स्वप्नावस्था में अपनी पूर्व अवस्थाओं का ज्ञान रहता है, इसे तेजस् कहते हैं। सुषुप्त अवस्था में उसे कोई इच्छा नहीं रहती, केवल ज्ञानमात्र रहता है। उस अवस्था में आत्मा प्रज्ञानधन और आनंदमय होता है। इसे 'प्राज्ञ' कहते हैं। तुरीयावस्था में ब्रह्म निर्विकार एवं अद्वैतावस्था में रहता है। इस अवस्था में ब्रह्म शिवरूप हो जाता है। यही चैतन्य आत्मा का विशुद्ध रूप है। इस उपनिषद् के अनुसार 'ओउम्' के अ उ म्—ये तीन वर्ण क्रमशः ब्रह्म की तीन अवस्थाओं के द्योतक हैं और पूरा ओउम् चतुर्थ अवस्था को द्योतित करता है।

५. वेदांग

काफी समय बीतने के बाद वैदिक साहित्य जटिल एवं कठिन प्रतीत होने लगा। उस समय वेद के अर्थ तथा विषयों का स्पष्टीकरण करने के लिए अनेक सूत्र-ग्रंथ लिखे जाने लगे। इसलिए इन्हें 'वेदांग' कहा गया। वेदांग छह हैं—शिक्षा, छंद, व्याकरण, निरुक्त, कल्प और ज्योतिष।

पहले चार वेद मंत्रों के शुद्ध उच्चारण और अर्थ समझने के लिए तथा अंतिम दो धार्मिक कर्मकांड और यज्ञों का समय जानने के लिए आवश्यक हैं। व्याकरण को वेद का मुख कहा जाता है, ज्योतिष को नेत्र, निरुक्त को श्रोत्र, कल्प को हाथ, शिक्षा को नासिका तथा छंद को दोनों पैर।

१. शिक्षा : उन ग्रंथों को शिक्षा कहते हैं, जिनकी सहायता से वेद-मंत्रों के उच्चारण का शुद्ध ज्ञान होता है। वेद-पाठ में स्वरों का विशेष महत्त्व था। इनकी शिक्षा के लिए पृथक् वेदांग बनाया गया। इसमें वर्णों के उच्चारण के अनेक नियम दिए गए हैं। संसार में उच्चारण-शास्त्र की वैज्ञानिक विवेचना करने वाले पहले ग्रंथ यही हैं। ये वेदों की विभिन्न शाखाओं से संबंध रखते हैं और 'प्रातिशाख्य' कहलाते हैं। ऋग्वेद, अथर्ववेद, वाजसेनीय व तैत्तिरीय संहिता के प्रातिशाख्य मिलते हैं। बाद में इसके आधार पर शिक्षा-ग्रंथ लिखे गए। इनमें शुक्ल यजुर्वेद की याज्ञवल्क्य-शिक्षा, सामवेद की नारद शिक्षा और पाणिनि की पाणिनीय शिक्षा मुख्य हैं।

२. छंद : वैदिक मंत्र छंदोबद्ध हैं। छंदों का ठीक ज्ञान बिना प्राप्त किए, वेद-मंत्रों का शुद्ध उच्चारण नहीं हो सकता। अतः छंदों की विस्तृत विवेचना आवश्यक समझी गई। शौनक मुनि के ऋक्प्रातिशाख्य में, शांखायन श्रौतसूत्र में तथा सामवेद से संबद्ध निदान सूत्र में इस शास्त्र का व्यवस्थित वर्णन है। किंतु इस वेदांग का एकमात्र स्वतंत्र ग्रंथ पिंगलाचार्य प्रणीत छंद सूत्र है। इसमें वैदिक और लौकिक, दोनों प्रकार के छंदों का वर्णन है।

३. व्याकरण : इस अंग का उद्देश्य संधि, शब्द-रूप, धातु-रूप तथा इनकी निर्माण-पद्धति का ज्ञान कराना था। इस समय व्याकरण का सबसे प्रसिद्ध ग्रंथ पाणिनि का अष्टाध्यायी है; किंतु व्याकरण का विचार ब्राह्मण-ग्रंथों के समय से शुरू हो गया था। पाणिनि से पहले गार्ग्य, स्फोटायन, भरद्वाज आदि व्याकरण के अनेक महान् आचार्य हो चुके थे। इन सबके ग्रंथ अब लुप्त हो चुके हैं।

४. निरुक्त : इसमें वैदिक शब्दों की व्युत्पत्ति दिखाई जाती थी। प्राचीन काल में वेद के कठिन

शब्दों की क्रमबद्ध तालिका और कोश 'निघंटु' कहलाते थे और इनकी व्याख्या निरुक्त में होती थी। आजकल केवल यास्काचार्य का निरुक्त ही उपलब्ध होता है। इसका समय ८०० ई.पू. के लगभग है।

५. ज्योतिष : वैदिक युग में यह धारणा थी कि वेदों का उद्देश्य यज्ञों का प्रतिपादन है। यज्ञ उचित काल और मुहूर्त में किए जाने से ही फलदायक होते हैं। अत: काल-ज्ञान के लिए ज्योतिष का ज्ञान अत्यावश्यक माना गया। इस प्रकार ज्योतिष के ज्ञाता को यज्ञवेत्ता जाना गया। इस प्रकार ज्योतिष शास्त्र का विकास हुआ। यह वेद का अंग समझा जाने लगा। इसका प्राचीनतम ग्रंथ लगधमुनि-रचित वेदांग ज्योतिष पंचसंवत्सरमयं इत्यादि ४४ श्लोकात्मक है। नेपाल में इस ग्रंथ के आधार पर बना वैदिक तिथिपत्रम् व्यवहार में लाया गया है।

६. सूत्र-साहित्य

वैदिक साहित्य के विशाल एवं जटिल होने पर कर्मकांड से संबद्ध सिद्धांतों को एक नवीन रूप दिया गया। कम-से-कम शब्दों में अधिक-से-अधिक अर्थ-प्रतिपादन करने वाले छोटे-छोटे वाक्यों में सब महत्त्वपूर्ण विधि-विधान प्रकट किए जाने लगे। इन सारगर्भित वाक्यों को सूत्र कहा जाता था। कर्मकांड-संबंधी सूत्र-साहित्य को चार भागों में बाँटा गया—

(१) श्रौत सूत्र, (२) गृह्य सूत्र, (३) धर्म सूत्र और (४) शुल्ब सूत्र।

पहले में वैदिक यज्ञ संबंधी कर्मकांड का वर्णन है। दूसरे में गृहस्थ के दैनिक यज्ञों का, तीसरे में सामाजिक नियमों का और चौथे में यज्ञ-वेदियों के निर्माण का।

१. श्रौत सूत्र : श्रौत का अर्थ है श्रुति (वेद) से संबद्ध यज्ञ-याग। अत: श्रौत सूत्रों में तीन प्रकार की अग्नियों के आधान अग्निहोत्र, दर्श पौर्णमास, चातुर्मास्यादि साधारण यज्ञों तथा अग्निष्टोम आदि सोमयागों का वर्णन है। ये भारत की प्राचीन यज्ञ-पद्धति पर बहुत प्रकाश डालते हैं। ऋग्वेद के दो श्रौत सूत्र हैं—शांखायन और आश्वलायन। शुक्ल यजुर्वेद का एक—कात्यायन, कृष्ण यजुर्वेद के छह सूत्र हैं—आपस्तंब, हिरण्यकेशी, बौधायन, भरद्वाज, मानव, वैखानस। सामवेद के लाट्यायन, द्राह्यायण और आर्षेय नामक तीन सूत्र हैं। अथर्ववेद का एक ही वैतान सूत्र है।

२. गृह्य सूत्र : इनमें उन विचारों तथा जन्म से मरणपर्यंत किए जाने वाले संस्कारों का वर्णन है, जिनका अनुष्ठान प्रत्येक हिंदू-गृहस्थ के लिए आवश्यक समझा जाता था। उपनयन और विवाह-संस्कार का विस्तार से वर्णन है। इन ग्रंथों के अध्ययन से प्राचीन भारतीय समाज के घरेलू आचार-विचार का तथा विभिन्न प्रांतों के रीति-रिवाज का परिचय पूर्ण रूप से हो जाता है। ऋग्वेद के गृह्य सूत्र शांखायन और आश्वलायन हैं। शुक्ल यजुर्वेद का पारस्कर, कृष्ण यजुर्वेद के आपस्तंब, हिरण्यकेशी, बौधायन, मानव, काठक और वैखानस, सामवेद के गोभिल तथा खादिर और अथर्ववेद का कौशिक। इनमें गोभिल को प्राचीनतम माना जाता है।

३. धर्मसूत्र : धर्मसूत्रों में सामाजिक जीवन के नियमों का विस्तार से प्रतिपादन है। वर्णाश्रम-धर्म की विवेचना करते हुए ब्रह्मचारी, गृहस्थ व राजा के कर्तव्यों, विवाह के भेदों, दाय की व्यवस्था, निषिद्ध भोजन, शुद्धि, प्रायश्चित्त आदि का विशेष वर्णन है। इन्हीं धर्मसूत्रों से आगे चलकर स्मृतियों की उत्पत्ति हुई, जिनकी व्यवस्थाएँ हिंदू समाज में आज तक माननीय समझी जाती हैं। वेद से संबद्ध केवल तीन धर्मसूत्र ही अब तक उपलब्ध हो सके हैं—आपस्तंब, हिरण्यकेशी व बौधायन, ये कृष्णयजुर्वेद की तैत्तिरीय शाखा से संबद्ध हैं। शुक्ल यजुर्वेद का शंख लिखित धर्मसूत्र

होने की बात सुनी है। अन्य धर्मसूत्रों में सामवेद से संबद्ध गौतमधर्म सूत्र और ऋग्वेद से संबद्ध वसिष्ठ धर्मसूत्र उल्लेखनीय हैं।

४. शुल्ब सूत्र : इनका संबंध श्रौतसूत्रों से है। शुल्ब का अर्थ है मापने का डोरा। अपने नाम के अनुसार शुल्ब सूत्रों में यज्ञ-वेदियों को नापना, उनके लिए स्थान चुनना तथा उनके निर्माण आदि विषयों का विस्तृत वर्णन है। ये भारतीय ज्यामिति के प्राचीनतम स्रोतग्रंथ हैं।

७. रामायण

हिंदू शास्त्रों के अनुसार भगवान् राम विष्णु के अवतार थे। इस अवतार का उद्देश्य मृत्युलोक में मानवजाति को आदर्श जीवन के लिए मार्गदर्शन देना था। अंततः श्रीराम ने राक्षस जाति के राजा रावण का वध किया और धर्म की पुनर्स्थापना की।

'रामायण' लगभग चौबीस हजार श्लोकों का एक अनुपम महाकाव्य है, जिसके माध्यम से रघुवंश के राजा राम की गाथा गाई गई है।

हिंदू कालगणना के अनुसार रचनाकाल

रामायण का समय त्रेतायुग का माना जाता है। भारतीय कालगणना के अनुसार समय को चार युगों में बाँटा गया है—सतयुग, त्रेतायुग, द्वापर युग, कलियुग।

एक कलियुग ४,३२,००० वर्ष का, द्वापर ८,६४,००० वर्ष का, त्रेता युग १२,९६,००० वर्ष का तथा सतयुग १७,२८,००० वर्ष का होता है। इस गणना के अनुसार रामायण का समय न्यूनतम ८,७०,००० वर्ष (वर्तमान कलियुग के) रामायण के सात अध्याय हैं, जो कांड के नाम से जाने जाते हैं—१. बालकांड, २. अयोध्याकांड, ३. अरण्यकांड, ४. किष्किंधाकांड, ५. सुंदरकांड, ६. लंकाकांड (युद्धकांड) और ७. उत्तराकांड।

इस प्रकार सात कांडों में वाल्मीकि ने रामायण को निबद्ध किया है। उपर्युक्त कांडों में कथित सर्गों की गणना करने पर संपूर्ण रामायण में ६४५ सर्ग मिलते हैं। सर्गानुसार श्लोकों की संख्या २३,४४० आती है, जो २४,००० में ५६० श्लोक कम है।

१. बालकांड : अयोध्या नगरी में दशरथ नाम के राजा हुए, जिनकी कौशल्या, कैकेयी और सुमित्रा नामक पत्नियाँ थीं। संतान प्राप्ति हेतु अयोध्यापति दशरथ ने अपने गुरु श्री वसिष्ठ की आज्ञा से पुत्रकामेष्टि यज्ञ करवाया; जिसे ऋंगी ऋषि ने संपन्न किया।

भक्तिपूर्ण आहुतियाँ पाकर अग्निदेव प्रसन्न हुए और उन्होंने स्वयं प्रकट होकर राजा दशरथ को हविष्यपात्र (खीर, पायस) दिया, जिसे उन्होंने अपनी तीनों पत्नियों में बाँट दिया। खीर के सेवन के परिणामस्वरूप कौशल्या के गर्भ से राम का, कैकेयी के गर्भ से भरत का तथा सुमित्रा के गर्भ से लक्ष्मण और शत्रुघ्न का जन्म हुआ।

सीता स्वंयवर—राजकुमारों के बड़े होने पर राक्षसों से आश्रम की रक्षा हेतु ऋषि विश्वामित्र राजा दशरथ से राम और लक्ष्मण को माँगकर अपने साथ ले गए। राम ने ताड़का और सुबाहु जैसे राक्षसों को मार डाला और मारीच को बिना फल वाले बाण से मारकर समुद्र के पार भेज दिया। उधर लक्ष्मण ने राक्षसों की सारी सेना का संहार कर डाला। धनुषयज्ञ हेतु राजा जनक का निमंत्रण मिलने पर विश्वामित्र राम और लक्ष्मण के साथ मिथिला नगरी (जनकपुर) आ गए। रास्ते में राम ने

गौतम मुनि की स्त्री अहल्या का उद्धार किया। मिथिला में राजा जनक की पुत्री सीता, जिन्हें जानकी के नाम से भी जाना जाता है, के स्वयंवर का आयोजन था। जनकप्रतिज्ञा के अनुसार शिवधनुष को तोड़कर राम ने सीता से विवाह किया। राम और सीता के साथ ही साथ गुरु वसिष्ठ ने भरत का मांडवी से, लक्ष्मण का उर्मिला से और शत्रुघ्न का श्रुतकीर्ति से विवाह करवा दिया।

२. अयोध्याकांड : राम के विवाह के कुछ समय पश्चात् राजा दशरथ ने राम का राज्याभिषेक करना चाहा। इस पर देवता लोगों को चिंता हुई कि राम को राज्य मिल जाने पर रावण का वध असंभव हो जाएगा। व्याकुल होकर उन्होंने देवी सरस्वती से किसी प्रकार के उपाय करने की प्रार्थना की। सरस्वती ने मंथरा, जो कि कैकेयी की दासी थी, की बुद्धि को फेर दिया। मंथरा की सलाह से कैकेयी कोपभवन में चली गई। दशरथ जब मनाने आए तो कैकेयी ने उनसे वरदान माँगे कि भरत को राजा बनाया जाए और राम को चौदह वर्षों के लिए वनवास में भेज दिया जाए।

राम के साथ सीता और लक्ष्मण भी वन चले गए। शृंगवेरपुर में निषादराज गुह ने तीनों की बहुत सेवा की। थोड़ी सी आनाकानी के बाद केवट ने तीनों को गंगा नदी के पार उतारा। प्रयाग पहुँचकर राम ने भरद्वाज मुनि से भेंट की। वहाँ से राम यमुना स्नान करते हुए वाल्मीकि ऋषि के आश्रम पहुँचे। वाल्मीकि से हुई मंत्रणा के अनुसार राम, सीता और लक्ष्मण चित्रकूट में निवास करने लगे।

अयोध्या में पुत्र के वियोग के कारण दशरथ का स्वर्गवास हो गया। वसिष्ठ ने भरत और शत्रुघ्न को उनके ननिहाल से बुलवा लिया। वापस आने पर भरत ने अपनी माता कैकेयी की उसकी कुटिलता के लिए बहुत भर्तस्ना की और गुरुजनों की आज्ञानुसार दशरथ की अंत्येष्टि-क्रिया कर दी। भरत ने अयोध्या के राज्य को अस्वीकार कर दिया और राम को मनाकर वापस लाने के लिए समस्त स्नेही जनों के साथ चित्रकूट चले गए। कैकेयी को भी अपने किए पर अत्यंत पश्चात्ताप हुआ। सीता के माता-पिता सुनयना एवं जनक भी चित्रकूट पहुँचे। भरत तथा अन्य सभी लोगों ने राम के वापस अयोध्या जाकर राज्य करने का प्रस्ताव रखा, जिसे राम ने पिता की आज्ञा पालन करने और रघुवंश की रीति निभाने के लिए अमान्य कर दिया।

भरत अपने स्नेही जनों के साथ राम की पादुकाएँ साथ लेकर वापस अयोध्या आ गए। उन्होंने राम की पादुका को राज सिंहासन पर विराजित कर दिया और स्वयं नंदीग्राम में निवास करने लगे।

३. अरण्यकांड : कुछ काल के पश्चात् राम ने चित्रकूट से प्रयाण किया। वे अत्रि ऋषि के आश्रम पहुँचे। अत्रि ने राम की स्तुति की और उनकी पत्नी अनसूया ने सीता को पातिव्रत धर्म के मर्म समझाए। वहाँ से फिर राम ने आगे प्रस्थान किया और शरभंग मुनि से भेंट की। शरभंग मुनि केवल राम के दर्शन की कामना से वहाँ निवास कर रहे थे, अतः राम के दर्शनों की अपनी अभिलाषा पूर्ण हो जाने से योगाग्नि से अपने शरीर को जला डाला और ब्रह्मलोक को गमन किया। आगे बढ़ने पर राम को स्थान-स्थान पर हड्डियों के ढेर दिखाई पड़े, जिनके विषय में मुनियों ने राम को बताया कि राक्षसों ने अनेक मुनियों को खा डाला है और ये उन्हीं मुनियों की हड्डियाँ हैं। इस पर राम ने प्रतिज्ञा की कि वे समस्त राक्षसों का वध करके पृथ्वी को राक्षस विहीन कर देंगे। राम और आगे बढ़े तो पथ में सुतीक्ष्ण, अगस्त्य आदि ऋषियों से भेंट करते हुए दंडक वन में प्रवेश किया, जहाँ पर उनकी मुलाकात जटायु से हुई। राम ने पंचवटी को अपना निवास स्थान बनाया।

सीताहरण—पंचवटी में रावण की बहन शूर्पणखा ने आकर राम से प्रणय-निवेदन किया। राम ने यह कहकर कि वे अपनी पत्नी के साथ हैं और उनका छोटा भाई अकेला है, उसे लक्ष्मण के पास भेज दिया। लक्ष्मण ने उसके प्रणय-निवेदन को अस्वीकार करते हुए शत्रु की बहन जानकर उसके नाक और कान काट लिये। शूर्पणखा ने अपने भाई खर-दूषण से सहायता की माँग की और वह अपनी सेना के साथ लड़ने के लिए आ गए। लड़ाई में राम ने खर-दूषण और उसकी सेना का संहार कर डाला। शूर्पणखा ने जाकर अपने भाई रावण से शिकायत की। रावण ने बदला लेने के लिए मारीच को स्वर्णमृग बनाकर भेजा, जिसकी छाल की माँग सीता ने राम से की। लक्ष्मण को सीता की रक्षा का भार देकर राम स्वर्णमृगरूपी मारीच को मारने के लिए उसके पीछे चले गए। मारीच राम के हाथों मारा गया, पर मरते-मरते मारीच ने राम की आवाज बनाकर 'हा लक्ष्मण' का क्रंदन किया, जिसे सुनकर सीता ने आशंकावश लक्ष्मण को राम के पास भेज दिया। लक्ष्मण के जाने के बाद अकेली सीता का रावण ने छलपूर्वक हरण कर लिया और अपने साथ लंका ले गया। रास्ते में जटायु ने सीता को बचाने के लिए रावण से युद्ध किया और रावण ने उसके पंख काटकर उसे अधमरा कर दिया।

सीता को न पाकर राम अत्यंत दु:खी हुए और विलाप करने लगे। रास्ते में जटायु से भेंट होने पर उसने राम को रावण के द्वारा अपनी दुर्दशा होने व सीता को हरकर दक्षिण दिशा की ओर ले जाने की बात बताई। यह सब बताने के बाद जटायु ने अपने प्राण त्याग दिए और राम उसका अंतिम संस्कार करके सीता की खोज में सघन वन के भीतर आगे बढ़े। रास्ते में राम ने दुर्वासा के शाप के कारण राक्षस बने गंधर्व कबंध का वध करके उसका उद्धार किया और शबरी के आश्रम जा पहुँचे, जहाँ पर उसके द्वारा दिए गए झूठे बेरों को उसकी भक्ति के वश में होकर खाया। इस प्रकार राम सीता की खोज में सघन वन के अंदर आगे बढ़ते गए।

४. किष्किंधाकांड : राम ऋष्यमूक पर्वत के निकट आ गए। उस पर्वत पर अपने मंत्रियों सहित सुग्रीव रहता था। इस आशंका में कि कहीं बाली ने उसे मारने के लिए उन दोनों वीरों को न भेजा हो, सुग्रीव ने हनुमान को राम और लक्ष्मण के विषय में जानकारी लेने के लिए ब्राह्मण के रूप में भेजा। यह जानने के बाद कि उन्हें बाली ने नहीं भेजा है, हनुमान ने राम और सुग्रीव में मित्रता करवा दी। सुग्रीव ने राम को सांत्वना दी कि जानकीजी मिल जाएँगी और उन्हें खोजने में वह सहायता देगा, साथ ही अपने भाई बाली के अपने ऊपर किए गए अत्याचार के विषय में बताया। राम ने बालि का छलपूर्वक वध कर के सुग्रीव को किष्किंधा का राज्य तथा बाली के पुत्र अंगद को युवराज का पद दे दिया।

राज्य प्राप्ति के बाद सुग्रीव विलास में लिप्त हो गया और वर्षा तथा शरद ऋतु व्यतीत हो गईं। राम की नाराजगी पर सुग्रीव ने वानरों को सीता की खोज के लिए भेजा। सीता की खोज में गए वानरों को एक गुफा में एक तपस्विनी के दर्शन हुए। तपस्विनी ने खोज दल को योगशक्ति से समुद्रतट पर पहुँचा दिया, जहाँ पर उनकी भेंट संपाती से हुई। संपाती ने वानरों को बताया कि रावण ने सीता को लंका की अशोकवाटिका में रखा है। जांबवंत ने हनुमान को समुद्र लाँघने के लिए उत्साहित किया।

५. सुंदरकांड : हनुमान ने लंका की ओर प्रस्थान किया। सुरसा ने हनुमान की परीक्षा ली

और उसे योग्य तथा सामर्थ्यवान पाकर आशीर्वाद दिया। मार्ग में हनुमान ने छाया पकड़ने वाली राक्षसी का वध किया और लंकिनी पर प्रहार करके लंका में प्रवेश किया। उनकी विभीषण से भेंट हुई। जब हनुमान अशोकवाटिका में पहुँचे तो रावण सीता को धमका रहा था। रावण के जाने पर त्रिजटा ने सीता को सांत्वना दी। एकांत होने पर हनुमान ने सीता से भेंट करके उन्हें राम की मुद्रिका दी। हनुमान ने अशोकवाटिका का विध्वंस करके रावण के पुत्र अक्षय कुमार का वध कर दिया। मेघनाथ हनुमान को नागपाश में बाँधकर रावण की सभा में ले गया। रावण के प्रश्न के उत्तर में हनुमान ने अपना परिचय राम के दूत के रूप में दिया। रावण के दरबारियों ने हनुमान की पूँछ में तेल में डूबा हुआ कपड़ा बाँधकर आग लगा दी, इस पर हनुमान ने लंका का दहन कर दिया।

हनुमान सीता के पास पहुँचे। सीता ने अपनी चूड़ामणि देकर उन्हें विदा किया। वे वापस समुद्र पार आकर सभी वानरों से मिले और सभी सुग्रीव के पास लौट आए। हनुमान के कार्य से राम अत्यंत प्रसन्न हुए। राम वानरों की सेना के साथ समुद्रतट पर पहुँचे। उधर विभीषण ने रावण को समझाया कि राम से बैर न लें। इस पर रावण ने विभीषण को अपमानित कर लंका से निकाल दिया। विभीषण राम की शरण में आ गया और राम ने उसे लंका का राजा घोषित कर दिया। राम ने समुद्र से रास्ता देने की विनती की। विनती न मानने पर राम ने क्रोध किया और उनके क्रोध से भयभीत होकर समुद्र ने स्वयं आकर राम की विनती की, साथ ही नल और नील के द्वारा पुल बनाने का उपाय बताया।

६. लंकाकांड (युद्धकांड) : जांबवंत के आदेश से नल-नील दोनों भाइयों ने वानर सेना की सहायता से समुद्र पर पुल बाँध दिया। श्रीराम ने श्रीरामेश्वर की स्थापना करके भगवान शंकर की पूजा की और सेना सहित समुद्र के पार उतर गए। समुद्र के पार जाकर राम ने डेरा डाला। पुल वध जाने और राम के समुद्र के पार उतर जाने के समाचार से रावण मन में अत्यंत व्याकुल हुआ। मंदोदरी के राम से बैर न लेने के लिए समझाने पर भी रावण का अहंकार नहीं गया। इधर राम अपनी वानरसेना के साथ सुबेल पर्वत पर निवास करने लगे। अंगद राम के दूत बनकर लंका में रावण के पास गए और उसे राम की शरण में आने का संदेश दिया, किंतु रावण ने नहीं माना।

शांति के सारे प्रयास असफल हो जाने पर युद्ध आरंभ हो गया। लक्ष्मण और मेघनाद के मध्य घोर युद्ध हुआ। शक्तिबाण के वार से लक्ष्मण मूर्च्छित हो गए। उनके उपचार के लिए हनुमान सुषेण वैद्य को ले आए और संजीवनी लाने के लिए चले गए। गुप्तचर से समाचार मिलने पर रावण ने हनुमान के कार्य में बाधा डालने के लिए कालनेमि को भेजा, जिसका हनुमान ने वध कर दिया। औषधि की पहचान न होने के कारण हनुमान पूरे पर्वत को ही उठाकर वापस चले। मार्ग में हनुमान को राक्षस होने के संदेह में भरत ने बाण मारकर मूर्च्छित कर दिया, परंतु यथार्थ जानने पर अपने बाण पर बैठाकर वापस लंका भेज दिया। इधर औषधि आने में विलंब देखकर राम प्रलाप करने लगे। सही समय पर हनुमान औषधि लेकर आ गए और सुषेण के उपचार से लक्ष्मण स्वस्थ हो गए।

रावण ने युद्ध के लिए कुंभकर्ण को जगाया। कुंभकर्ण ने भी रावण को राम की शरण में जाने की असफल मंत्रणा दी। युद्ध में कुंभकर्ण ने राम के हाथों परमगति प्राप्त की। लक्ष्मण ने मेघनाद से युद्ध करके उसका वध कर दिया। राम और रावण के मध्य अनेक घोर युद्ध हुए और अंत में रावण राम के हाथों मारा गया। विभीषण को लंका का राज्य सौंपकर राम ने सीता और

लक्ष्मण के साथ पुष्पक विमान पर चढ़कर अयोध्या के लिए प्रस्थान किया।

७. उत्तरकांड : उत्तरकांड रामकथा का उपसंहार है। सीता, लक्ष्मण और समस्त वानरसेना के साथ राम अयोध्या वापस पहुँचे। राम का भव्य स्वागत हुआ, भरत के साथ सर्वजनों में आनंद व्याप्त हो गया। वेदों और शिव की स्तुति के साथ राम का राज्याभिषेक हुआ। अभ्यागतों को विदाई दी गई। राम ने प्रजा को उपदेश दिया और प्रजा ने कृतज्ञता प्रकट की। चारों भाइयों के दो-दो पुत्र हुए। रामराज्य एक आदर्श बन गया।

८. श्रीमद्भगवद्गीता

कुरुक्षेत्र की युद्धभूमि में श्रीकृष्ण ने अर्जुन को जो उपदेश दिया था, वह श्रीमद्भगवद्गीता के नाम से प्रसिद्ध है। यह महाभारत के भीष्मपर्व का अंग है। गीता में १८ अध्याय और ७०० श्लोक हैं। जैसा गीता के शंकर भाष्य में कहा गया—'तं धर्मं भगवता यथोपदिष्टं वेदव्यासः सर्वज्ञोभगवान् गीताख्यैः सप्तभिः श्लोकशतैरु पनिबन्ध।' ज्ञात होता है कि लगभग २०वीं सदी के शुरू में गीता प्रेस गोरखपुर (१९२५) के सामने गीता का वही पाठ था, जो आज हमें उपलब्ध है। २०वीं सदी के लगभग भीष्मपर्व का जावा की भाषा में एक अनुवाद हुआ था। उसमें अनेक मूल श्लोक भी सुरक्षित हैं। श्रीपाद कृष्ण बेल्वेलकर के अनुसार जावा के इस प्राचीन संस्करण में गीता के केवल साढ़े इक्यासी श्लोक मूल संस्कृत के हैं। उनसे भी वर्तमान पाठ का समर्थन होता है। गीता की गणना प्रस्थानत्रयी में की जाती है, जिसमें उपनिषद् और ब्रह्मसूत्र भी सम्मिलित हैं। अतएव भारतीय परंपरा के अनुसार गीता का स्थान वही है, जो उपनिषद् और ब्रह्मसूत्रों का है।

गीता में 'ब्रह्मविद्या' का आशय निवृत्तिपरक ज्ञानमार्ग से है। इसे सांख्यमत कहा जाता है, जिसके साथ निवृत्तिमार्गी जीवनपद्धति जुड़ी हुई है। लेकिन गीता उपनिषदों के मोड़ से आगे बढ़कर उस युग की देन है, जब एक नया दर्शन जन्म ले रहा था, जो गृहस्थों के प्रवृत्ति धर्म को निवृत्ति मार्ग के समकक्ष और उतना ही फलदायक मानता था। इसी का संकेत देनेवाला गीता की पुष्पिका में 'योगशास्त्रे' शब्द है। यहाँ 'योगशास्त्रे' का अभिप्राय निःसंदेह कर्मयोग से ही है। गीता में योग की दो परिभाषाएँ पाई जाती हैं। एक निवृत्ति मार्ग की दृष्टि से, जिसमें 'समत्वं योग उच्यते' कहा गया है, अर्थात् गुणों के वैषम्य में साम्यभाव रखना ही योग है। सांख्य की स्थिति यही है। योग की दूसरी परिभाषा है 'योगः कर्मसु कौशलम्', अर्थात् कर्मों में लगे रहने पर भी ऐसे उपाय से कर्म करना कि वह बंधन का कारण न हो और कर्म करनेवाला उसी असंग या निर्लेप स्थिति में अपने को रख सके, जो ज्ञानमार्गियों को मिलती है। इसी युक्ति का नाम बुद्धियोग है और यही गीता के योग का सार है।

गीता के १८ अध्याय

गीता के १८ अध्यायों में वर्णित विषयों की भी क्रमप्राप्त संगति है। प्रथम अध्याय का नाम 'अर्जुनविषादयोग' है। वह गीता के उपदेश का विलक्षण नाटकीय रंगमंच प्रस्तुत करता है, जिसमें श्रोता और वक्ता दोनों ही कुतूहल, शांति के लिए नहीं वरन् जीवन की प्रगाढ़ समस्या के समाधान के लिए प्रवृत्त होते हैं। शौर्य और धैर्य, साहस और बल इन चारों गुणों की प्रभूत मात्रा से अर्जुन का व्यक्तित्व बना था और इन चारों के ऊपर दो गुण और थे—एक क्षमा, दूसरी प्रज्ञा। बलप्रधान

क्षात्रधर्म से प्राप्त होनेवाली स्थिति में पहुँचकर सहसा अर्जुन के चित्त पर एक दूसरे ही प्रकार के मनोभाव का आक्रमण हुआ, कार्पण्य का। एक विचित्र प्रकार की करुणा उसके मन में भर गई और उसका क्षात्र स्वभाव लुप्त हो गया। जिस कर्तव्य के लिए वह कटिबद्ध हुआ था, उससे वह विमुख हो गया। ऊपर से देखने पर तो इस स्थिति के पक्ष में उसके तर्क धर्मयुक्त जान पड़ते हैं, किंतु उसने स्वयं ही उसे कार्पण्य दोष कहा है और यह माना है कि मन की इस कातरता के कारण उसका जन्मसिद्ध स्वभाव उपहत या नष्ट हो गया था। वह निर्णय नहीं कर पा रहा था कि युद्ध करे अथवा वैराग्य ले ले। क्या करे, क्या न करे, कुछ समझ में नहीं आता था। इस मनोभाव की चरम स्थिति में पहुँचकर उसने धनुष-बाण एक ओर रख दिए।

कृष्ण ने अर्जुन की वह स्थिति देखकर जान लिया कि अर्जुन का शरीर ठीक है किंतु युद्ध आरंभ होने से पहले ही उस अद्‌भुत क्षत्रिय का मनोबल टूट चुका है। बिना मन के यह शरीर खड़ा नहीं रह सकता। अतएव कृष्ण के सामने एक गुरु कर्तव्य आ गया। अतः तर्क से, बुद्धि से, ज्ञान से, कर्म की चर्चा से, विश्व के स्वभाव से, उसमें जीवन की स्थिति से, दोनों के नियामक अव्यय पुरुष के परिचय से और उस सर्वोपरि परम सत्तावान ब्रह्म के साक्षात् दर्शन से अर्जुन के मन का उद्धार करना, यही उनका लक्ष्य हुआ। इसी तत्त्वचर्चा का विषय गीता है। पहले अध्याय में सामान्य रीति से भूमिका रूप में अर्जुन ने भगवान् से अपनी स्थिति कह दी।

दूसरे अध्याय का नाम 'सांख्ययोग' है। इसमें जीवन की दो प्राचीन सम्मानित परंपराओं का तर्कों द्वारा वर्णन आया है। अर्जुन को उस कृपण स्थिति में रोते देखकर कृष्ण ने उसका ध्यान दिलाया है कि इस प्रकार का क्लैव्य और हृदय की क्षुद्र दुर्बलता अर्जुन जैसे वीर के लिए उचित नहीं।

कृष्ण ने अर्जुन की अब तक दी हुई सब युक्तियों को प्रज्ञावाद का झूठा रूप कहा। उनकी युक्ति यह है कि प्रज्ञादर्शन काल, कर्म और स्वभाव से होनेवाले संसार की सब घटनाओं और स्थितियों को अनिवार्य रूप से स्वीकार करता है। जीना और मरना, जन्म लेना और बढ़ना, विषयों का आना और जाना। सुख और दुख का अनुभव, ये तो संसार में होते ही हैं, इसी को प्राचीन आचार्य पर्यायवाद का नाम भी देते थे। काल की चक्रगति इन सब स्थितियों को लाती है और ले जाती है। जीवन के इस स्वभाव को जान लेने पर फिर शोक नहीं होता। यही भगवान् का व्यंग्य है कि प्रज्ञा के दृष्टिकोण को मानते हुए भी अर्जुन इस प्रकार के मोह में क्यों पड़ गया है।

ऊपर के दृष्टिकोण का एक आवश्यक अंग जीवन की नित्यता और शरीर की अनित्यता था। नित्य जीव के लिए शोक करना उतना ही व्यर्थ है, जितना अनित्य शरीर को बचाने की चिंता। ये दोनों अपरिहार्य हैं। जन्म और मृत्यु बारी-बारी से होते ही हैं, ऐसा समझकर शोक करना उचित नहीं है।

फिर एक दूसरा दृष्टिकोण स्वधर्म का है। जन्म से ही प्रकृति ने सबके लिए एक धर्म नियत कर दिया है। उसमें जीवन का मार्ग, इच्छाओं की परिधि, कर्म की शक्ति, सभी कुछ आ जाता है। इससे निकलकर नहीं भागा जा सकता। कोई भागे भी तो प्रकृत्ति उसे फिर खींच लाती है।

इस प्रकार काल का परिवर्तन या परिमाण, जीव की नित्यता और अपना स्वधर्म या स्वभाव जिन युक्तियों से भगवान् ने अर्जुन को समझाया है, उसे उन्होंने सांख्य की बुद्धि कहा है। इससे आगे अर्जुन के प्रश्न न करने पर भी उन्होंने योगमार्ग की बुद्धि का भी वर्णन किया। यह बुद्धि कर्म या प्रवृत्ति मार्ग के आग्रह की बुद्धि है, इसमें कर्म करते हुए कर्म के फल की आसक्ति से अपने को

बचाना आवश्यक है। कर्मयोगी के लिए सबसे बड़ा डर यही है कि वह फल की इच्छा के दलदल में फँस जाता है; उससे उसे बचना चाहिए।

अर्जुन को संदेह हुआ कि क्या इस प्रकार की बुद्धि प्राप्त करना संभव है। व्यक्ति कर्म करे और फल न चाहे तो उसकी क्या स्थिति होगी, यह एक व्यावहारिक शंका थी। उसने पूछा कि इस प्रकार का दृढ़ प्रज्ञावाला व्यक्ति जीवन का व्यवहार कैसे करता है? आना, जाना, खाना, पीना, कर्म करना, उनमें लिप्त होकर भी निर्लेप कैसे रहा जा सकता है? कृष्ण ने कितने ही प्रकार के बाह्य इंद्रियों की अपेक्षा मन के संयम की व्याख्या की है। काम, क्रोध, भय, राग, द्वेष के द्वारा मन का सौम्यभाव बिगड़ जाता है और इंद्रियाँ वश में नहीं रहतीं। इंद्रियजय ही सबसे बड़ी आत्मजय है। बाहर से कोई विषयों को छोड़ भी दे तो भी भीतर का मन नहीं मानता। विषयों का स्वाद जब मन से जाता है, तभी मन प्रफुल्लित, शांत और सुखी होता है। समुद्र में नदियाँ आकर मिलती हैं, पर वह अपनी मर्यादा नहीं छोड़ता। ऐसे ही संसार में रहते हुए, उसके व्यवहारों को स्वीकारते हुए, अनेक कामनाओं का प्रवेश मन में होता रहता है। किंतु उनसे जिसका मन अपनी मर्यादा नहीं खोता, उसे ही शांति मिलती है। इसे प्राचीन अध्यात्म परिभाषा में गीता में 'ब्राह्मीस्थिति' कहा है।

इस प्रकार सांख्य की व्याख्या का उत्तर सुनकर 'कर्मयोग' नामक तीसरे अध्याय में अर्जुन ने इस विषय में और गहरा उतरने के लिए स्पष्ट प्रश्न किया कि सांख्य और योग इन दोनों मार्गों में आप किसे अच्छा समझते हैं और क्यों नहीं यह निश्चित कहते कि मैं इन दोनों में से किसे अपनाऊँ? इसपर कृष्ण ने भी उतनी ही स्पष्टता से उत्तर दिया कि लोक में दो निष्ठाएँ या जीवनदृष्टियाँ हैं—सांख्यवादियों के लिए ज्ञानयोग है और कर्ममार्गियों के लिए कर्मयोग है। यहाँ कोई व्यक्ति कर्म छोड़ ही नहीं सकता। प्रकृति तीनों गुणों के प्रभाव से व्यक्ति को कर्म करने के लिए बाध्य करती है। कर्म से बचनेवालों के प्रति एक बड़ी शंका है, वह यह कि वे ऊपर से तो कर्म छोड़ बैठते हैं, पर मन-ही-मन उसमें डूबे रहते हैं। यह स्थिति असह्य है और इसे कृष्ण ने गीता में मिथ्याचार कहा है। मन में कर्मेंद्रियों को रोककर कर्म करना ही सरल मानवीय मार्ग है। कृष्ण ने चुनौती के रूप में यहाँ तक कह दिया कि कर्म के बिना तो खाने के लिए अन्न भी नहीं मिल सकता। फिर कृष्ण ने कर्म के विधान को चक्र के रूप में उपस्थित किया। न केवल सामाजिक धरातल पर भिन्न व्यक्तियों के कर्मचक्र अरों की तरह आपस में पिरोए हुए हैं बल्कि पृथ्वी के मनुष्य और स्वर्ग के देवता, दोनों का संबंध भी कर्मचक्र पर आश्रित है। प्रत्यक्ष है कि यहाँ मनुष्य कर्म करते हैं, कृषि करते हैं और देवी शक्तियाँ वृष्टि का जल भेजती हैं। अन्न और पर्जन्य दोनों कर्म से उत्पन्न होते हैं। एक में मानवीय कर्म, दूसरे में देवी कर्म। फिर कर्म के पक्ष में लोकसंग्रह की युक्ति दी गई है, अर्थात् कर्म के बिना समाज का ढाँचा खड़ा नहीं रह सकता। जो लोक के नेता हैं, जनक जैसे ज्ञानी हैं, वे भी कर्म में प्रवृत्ति रखते हैं। कृष्ण ने स्वयं अपना ही दृष्टांत देकर कहा कि मैं नारायण का रूप हूँ, मेरे लिए कुछ कर्म शेष नहीं है। फिर भी तंद्रारहित होकर कर्म करता हूँ और अन्य लोग मेरे मार्ग पर चलते हैं। अंतर इतना ही है कि जो मूर्ख हैं, वे लिप्त होकर कर्म करते हैं, पर ज्ञानी असंग भाव से कर्म करता है। गीता में यही एक साभिप्राय शब्द बुद्धिभेद है। अर्थात् जो साधारण समझ के लोग कर्म में लगे हैं, उन्हें उस मार्ग से उखाड़ना उचित नहीं, क्योंकि वे ज्ञानवादी बन नहीं सकते और यदि उनका कर्म भी छूट गया तो वे दोनों ओर से भटक जाएँगे।

चौथे अध्याय में, जिसका नाम 'ज्ञान-कर्म-संन्यास-योग' है, यह बाताया गया है कि ज्ञान प्राप्त करके कर्म करते हुए भी कर्मसंन्यास का फल किस उपाय से प्राप्त किया जा सकता है। इसमें सच्चे कर्मयोग को चक्रवर्ती राजाओं की परंपरा में घटित माना है। मांधाता, सुदर्शन आदि अनेक चक्रवर्ती राजाओं के दृष्टांत दिए गए हैं। यहीं गीता का वह प्रसिद्ध आश्वासन है कि जब-जब धर्म की ग्लानि होती है, तब-तब मनुष्यों के बीच भगवान् का अवतार होता है, अर्थात् भगवान् की शक्ति विशेष रूप से मूर्त होती है।

यहीं पर एक वाक्य विशेष ध्यान देने योग्य है—क्षिप्रं हि मानुषे लोके सिद्धिर्भवति कर्मजा (४।१२)। 'कर्म से सिद्धि'—इससे बड़ा प्रभावशाली जयसूत्र गीतादर्शन में नहीं है। किंतु गीतातत्त्व इस सूत्र में इतना सुधार और करता है कि वह कर्म असंग भाव से अर्थात् फलासक्ति से बचकर करना चाहिए।

पाँचवें अध्याय 'कर्मसंन्यास योग' में फिर वे ही युक्तियाँ और दृढ़ रूप में कही गई हैं। इसमें कर्म के साथ जो मन का संबंध है, उसके संस्कार पर या उसे विशुद्ध करने पर विशेष ध्यान दिलाया गया है। यह भी कहा गया है कि ऊँचे धरातल पर पहुँचकर सांख्य और योग में कोई भेद नहीं रह जाता है। किसी एक मार्ग पर ठीक प्रकार से चले तो समान फल प्राप्त होता है। जीवन के जितने कर्म हैं, सबको समर्पण कर देने से व्यक्ति एकदम शांति के ध्रुवबिंदु पर पहुँच जाता है और जल में खिले कमल के समान कर्म रूपी जल से लिप्त नहीं होता।

छठा अध्याय आत्मसंयम योग है, जिसका विषय नाम से ही प्रकट है। जितने विषय हैं, उन सबसे इंद्रियों का संयम—यही कर्म और ज्ञान का निचोड़ है। सुख में और दुख में मन की समान स्थिति, इसे ही योग कहते हैं।

सातवें अध्याय की संज्ञा ज्ञानविज्ञान योग है। ये प्राचीन भारतीय दर्शन की दो परिभाषाएँ हैं। उनमें भी विज्ञान शब्द वैदिक दृष्टि से बहुत ही महत्त्वपूर्ण था। सृष्टि के नानात्व का ज्ञान विज्ञान है और नानात्व से एकत्व की ओर प्रगति ज्ञान है। ये दोनों दृष्टियाँ मानव के लिए उचित हैं। इस प्रसंग में विज्ञान की दृष्टि से अपरा और परा प्रकृति के इन दो रूपों की जो सुनिश्चित व्याख्या यहाँ गीता ने दी है, वह अवश्य ध्यान देने योग्य है। अपरा प्रकृति में आठ तत्त्व हैं, पंचभूत, मन, बुद्धि और अहंकार। जिस अंड से मानव का जन्म होता है, उसमें ये आठों रहते हैं। किंतु यह प्राकृत सर्ग है अर्थात् यह जड़ है। इसमें ईश्वर की चेष्टा के संपर्क से जो चेतना आती है, उसे परा प्रकृति कहते हैं; वही जीव है। आठ तत्त्वों के साथ मिलकर जीवन नौवाँ तत्त्व हो जाता है। इस अध्याय में भगवान् के अनेक रूपों का उल्लेख किया गया है, जिनका और विस्तार विभूतियोग नामक दसवें अध्याय में आता है। यहीं विशेष भगवती दृष्टि का भी उल्लेख है, जिसका सूत्र वासुदेवः सर्वमिति, सब वसु या शरीरों में एक ही देवतत्त्व है, उसी की संज्ञा विष्णु है। किंतु लोक में अपनी-अपनी रुचि के अनुसार अनेक नामों और रूपों में उसी एक देवतत्त्व की उपासना की जाती है। वे सब ठीक हैं। किंतु अच्छा यही है कि बुद्धिमान मनुष्य उस ब्रह्मतत्त्व को पहचाने, जो अध्यात्म विद्या का सर्वोच्च शिखर है।

आठवें अध्याय की संज्ञा अक्षर ब्रह्मयोग है। उपनिषदों में अक्षर विद्या का विस्तार हुआ। गीता में उस अक्षरविद्या का सार कह दिया गया है—अक्षर ब्रह्म परमं, अर्थात् परब्रह्म की संज्ञा अक्षर है। मनुष्य, अर्थात् जीव और शरीर की संयुक्त रचना का ही नाम अध्यात्म है। जीवसंयुक्त

भौतिक देह की संज्ञा क्षर है और केवल शक्तितत्त्व की संज्ञा आधिदैविक है। देह के भीतर जीव, ईश्वर तथा भूत, ये तीन शक्तियाँ मिलकर जिस प्रकार कार्य करती हैं, उसे 'अधियज्ञ' कहते हैं। गीताकार ने दो श्लोकों में (८। ३-४) इन छह पारिभाषाओं का स्वरूप बाँध दिया है। गीता के शब्दों में एकाक्षर ब्रह्म है। (८।१३)

नवें अध्याय को 'राजगुह्ययोग' कहा गया है, अर्थात् यह अध्यात्म विद्या विद्याराज्ञी है और यह गुह्य ज्ञान सबमें श्रेष्ठ है। राजा शब्द का एक अर्थ मन भी था। अतएव मन की दिव्य शक्तियों को किस प्रकार ब्रह्ममय बनाया जाए, इसकी युक्ति ही राजविद्या है। इस क्षेत्र में ब्रह्मतत्त्व का निरूपण ही प्रधान है, उसी से व्यक्त जगत् का बारंबार निर्माण होता है। वेद का समस्त कर्मकांड यज्ञ, अमृत और मृत्यु, संत और असंत तथा जितने भी देवी-देवता हैं, सबका पर्यवसान ब्रह्म में है। लोक में जो अनेक प्रकार की देवपूजा प्रचलित है, वह भी अपने-अपने स्थान में ठीक है, समन्वय की यह दृष्टि भागवत आचार्यों को मान्य थी, वस्तुतः यह उनकी बड़ी शक्ति थी। इसी दृष्टिकोण का विचार या व्याख्या दसवें अध्याय में पाई जाती है। इसका नाम 'विभूतियोग' है। इसका सार यह है कि लोक में जितने देवता हैं, सब एक ही भगवान् की विभूतियाँ हैं। मनुष्य के समस्त गुण और अवगुण भगवान् की शक्ति के ही रूप हैं। बुद्धि से इन छुटभैए देवताओं की व्याख्या चाहे न हो सके किंतु लोक में तो वे हैं ही। कोई पीपल को पूज रहा है। कोई पहाड़ को, कोई नदी या समुद्र को, कोई उनमें रहनेवाले मछली, कछुओं को। यों कितने देवता हैं, इसका कोई अंत नहीं। विश्व के इतिहास में देवताओं की यह भरमार सर्वत्र पाई जाती है। भागवतों ने इनकी सत्ता को स्वीकारते हुए सबको विष्णु का रूप मानकर समन्वय की एक नई दृष्टि प्रदान की। इसी का नाम 'विभूतियोग' है। जो सत्त्व जीव बलयुक्त अथवा चमत्कारयुक्त है, वह सब भगवान् का रूप है। इतना मान लेने से चित्त निर्विरोध स्थिति में पहुँच जाता है।

ग्यारहवें अध्याय का नाम 'विश्वरूपदर्शन' योग है। इसमें अर्जुन ने भगवान् का विश्वरूप देखा। विराट् रूप का अर्थ है मानवीय धरातल और परिधि के ऊपर जो अनंत विश्व का प्राणवंत रचनाविधान है, उसका साक्षात् दर्शन। विष्णु का जो चतुर्भुज रूप है, वह मानवीय धरातल पर सौम्यरूप है।

जब अर्जुन ने भगवान् का विराट् रूप देखा तो उसके मस्तक का विस्फोटन होने लगा। 'दिशो न जाने न लभे च शर्म', ये ही घबराहट के वाक्य उनके मुख से निकले और उसने प्रार्थना की कि मानव के लिए जो स्वाभाविक स्थिति ईश्वर ने रखी है, वही पर्याप्त है।

तेरहवें अध्याय में एक सीधा विषय क्षेत्र और क्षेत्रज्ञ का विचार है। यह शरीर क्षेत्र है, उसका जाननेवाला जीवात्मा क्षेत्रज्ञ है।

चौदहवें अध्याय का नाम 'गुणत्रय विभाग योग' है। यह विषय समस्त वैदिक, दार्शनिक और पौराणिक तत्त्वचिंतन का निचोड़ है—सत्त्व, रज, तम नामक तीन गुण—तीनों की अनेक व्याख्याएँ हैं। गुणों की साम्यावस्था का नाम प्रधान या प्रकृति है। गुणों के वैषम्य से ही वैकृत सृष्टि का जन्म होता है। अकेला सत्त्व शांत स्वभाव से निर्मल प्रकाश की तरह स्थिर रहता है और अकेला तम भी जड़वत् निश्चेष्ट रहता है। किंतु दोनों के बीच में छाया हुआ रजोगुण उन्हें चेष्टा के धरातल पर खींच लाता है। गति तत्त्व का नाम ही रजस् है।

पंद्रहवें अध्याय का नाम 'पुरुषोत्तमयोग' है। इसमें विश्व का अश्वत्थ के रूप में वर्णन किया गया है। यह अश्वत्थ रूपी संसार महान् विस्तारवाला है। देश और काल में इसका कोई अंत नहीं है। किंतु इसका जो मूल या केंद्र है, जिसे ऊर्ध्व कहते हैं, वह ब्रह्म ही है। एक ओर वह परम तेज, जो विश्वरूपी अश्वत्थ को जन्म देता है, सूर्य और चंद्र के रूप में प्रकट है, दूसरी ओर वही एक चैतन्य केंद्र में या प्राणि शरीर में आया हुआ है। जैसा गीता में स्पष्ट कहा है—अहं वैश्वानरो भूत्वा प्राणिनां देहमाश्रित:। (१५.१४) वैश्वानर या प्राणमयी चेतना से बढ़कर और दूसरा रहस्य नहीं है। नर या पुरुष तीन हैं—क्षर, अक्षर और अव्यय। पंचभूतों का नाम क्षर है, प्राण का नाम अक्षर है और मनस्तत्व या चेतना की संज्ञा अव्यय है। इन्हीं तीन नरों की एकत्र स्थिति से मानवी चेतना का जन्म होता है, उसे ही ऋषियों ने वैश्वानर अग्नि कहा है।

सोलहवें अध्याय में देवासुर संपत्ति का विभाग बताया गया है। आरंभ से ही ऋग्वेद में सृष्टि की कल्पना देवी और आसुरी शक्तियों के रूप में की गई है। यह सृष्टि के द्विविरुद्ध रूप की कल्पना है, एक अच्छा और दूसरा बुरा। एक प्रकाश में, दूसरा अंधकार में। एक अमृत, दूसरा मर्त्य। एक सत्य, दूसरा अनृत।

सत्रहवें अध्याय की संज्ञा 'श्रद्धात्रय विभाग योग' है। इसका संबंध सत्, रज और तम, इन तीन गुणों से ही है, अर्थात् जिसमें जिस गुण का प्रादुर्भाव होता है, उसकी श्रद्धा या जीवन की निष्ठा वैसी ही बन जाती है। यज्ञ, तप, दान, कर्म ये सब तीन प्रकार की श्रद्धा से संचालित होते हैं। यहाँ तक कि आहार भी तीन प्रकार का है। उनके भेद और लक्षण गीता ने यहाँ बताए हैं।

अठारहवें अध्याय की संज्ञा 'मोक्षसंन्यास योग' है। इसमें गीता के समस्त उपदेशों का सार एवं उपसंहार है। यहाँ पुन: बलपूर्वक मानव जीवन के लिए तीन गुणों का महत्त्व कहा गया है। पृथ्वी के मानवों में और स्वर्ग के देवताओं में कोई भी ऐसा नहीं, जो प्रकृति के चलाए हुए इन तीन गुणों से बचा हो। मनुष्य को बहुत देख-भालकर चलना आवश्यक है, जिससे वह अपनी बुद्धि और वृत्ति को बुराई से बचा सके और क्या कार्य है, क्या अकार्य है, इसको पहचान सके। धर्म और अधर्म को, बंध और मोक्ष को, वृत्ति और निवृत्ति को जो बुद्धि ठीक से पहचनाती है, वही सात्त्विकी बुद्धि है और वही मानव की सच्ची उपलब्धि है।

इस प्रकार भगवान् ने जीवन के लिए व्यावहारिक मार्ग का उपदेश देकर अंत में यह कहा है कि मनुष्य को चाहिए कि संसार के सब व्यवहारों का सच्चाई से पालन करते हुए, जो अखंड चैतन्य तत्त्व है, जिसे ईश्वर कहते हैं, जो प्रत्येक प्राणी के हृद्देश या केंद्र में विराजमान है, उसमें विश्वास रखे, उसका अनुभव करे। वही जीव की सत्ता है, वही चेतना है और वही सर्वोपरि आनंद का स्रोत है।

९. पुराण

(१) **ब्रह्मपुराण**—इसे 'आदिपुराण' भी का जाता है। प्राचीन माने गए सभी पुराणों में इसका उल्लेख है। इसमें श्लोकों की संख्या अलग-अलग प्रमाणों से भिन्न-भिन्न है। १०,०००/१२,००० और १३,७८७—ये विभिन्न संख्याएँ मिलती हैं। इसका प्रवचन नैमिषारण्य में लोमहर्षण ऋषि ने किया था। इसमें सृष्टि, मनु की उत्पत्ति, उनके वंश का वर्णन, देवों और प्राणियों की उत्पत्ति का वर्णन है। इस पुराण में विभिन्न तीर्थों का विस्तार से वर्णन है। इसमें कुल २४५ अध्याय हैं। इसका एक परिशिष्ट सौर उपपुराण भी है, जिसमें उड़ीसा के कोणार्क मंदिर का वर्णन है।

(२) **पद्मपुराण**—इसमें कुल ६४१ अध्याय और ४८,००० श्लोक हैं। मत्स्यपुराण के अनुसार इसमें ५५,००० और ब्रह्मपुराण के अनुसार इसमें ५९,००० श्लोक थे। इसमें कुल खंड हैं—(क) सृष्टिखंड—५ पर्व, (ख) भूमिखंड, (ग) स्वर्गखंड, (घ) पातालखंड और (ङ) उत्तरखंड। इसका प्रवचन नैमिषारण्य में सूत उग्रश्रवा ने किया था। ये लोमहर्षण के पुत्र थे। इस पुराण में अनेक विषयों के साथ विष्णुभक्ति के अनेक पक्षों पर प्रकाश डाला गया है। इसका विकास ५वीं शताब्दी माना जाता है।

(३) **विष्णुपुराण**—पुराण के पाँचों लक्षण इसमें घटते हैं। इसमें विष्णु को परम देवता के रूप में निरूपित किया गया है। इसमें कुल छह खंड हैं, १२६ अध्याय, श्लोक २३,००० या २४,००० या ६,००० हैं। इस पुराण के प्रवक्ता पराशर ऋषि और श्रोता मैत्रेय हैं।

(४) **वायुपुराण**—इसमें विशेषकर शिव का वर्णन किया गया है, अत: इस कारण इसे 'शिवपुराण' भी कहा जाता है। एक शिवपुराण पृथक् भी है। इसमें ११२ अध्याय, ११,००० श्लोक हैं। इस पुराण का प्रचलन मगध-क्षेत्र में बहुत था। इसमें गया-माहात्म्य है। इसमें कुल चार भाग हैं—(क) प्रक्रियापाद—(अध्याय १-६), (ख) उपोद्घात—(अध्याय ७-६४), (ग) अनुषंगपाद—(अध्याय ६५-९९), (घ) उपसंहारपाद—(अध्याय १००-११२)। इसमें सृष्टिक्रम, भूगो, खगोल, युगों, ऋषियों तथा तीर्थों का वर्णन एवं राजवंशों, ऋषिवंशों, वेद की शाखाओं, संगीतशास्त्र और शिवभक्ति का विस्तृत निरूपण है। इसमें भी पुराण के पंचलक्षण मिलते हैं।

(५) **भागवतपुराण**—यह सर्वाधिक प्रचलित पुराण है। इस पुराण का सप्ताह-वाचन-पारायण भी होता है। इसे सभी दर्शनों का सार 'निगमकल्पतरोर्गलितम्' और विद्वानों का परीक्षास्थल 'विद्यावतां भागवते परीक्षा' माना जाता है। इसमें श्रीकृष्ण की भक्ति के बारे में बताया गया है।

इसमें कुल १२ स्कंध, ३३५ अध्याय और १८,००० श्लोक हैं। कुछ विद्वान् इसे 'देवीभागवतपुराण' भी कहते हैं, क्योंकि इसमें देवी (शक्ति) का विस्तृत वर्णन है। इसका रचनाकाल छठी शताब्दी माना जाता है।

(६) **नारद (बृहन्नारदीय) पुराण**—इसे महापुराण भी कहा जाता है। इसमें पुराण के ५ लक्षण घटित नहीं होते हैं। इसमें वैष्णवों के उत्सवों और व्रतों का वर्णन है। इसमें २ खंड है—(क) पूर्व-खंड में १२५ अध्याय और (ख) उत्तर-खंड में ८२ अध्याय हैं। इसमें १८,००० श्लोक हैं। इसके विषय मोक्ष, धर्म, नक्षत्र, एवं कल्प का निरूपण, व्याकरण, निरुक्त, ज्योतिष, गृहविचार, मंत्रसिद्धि, वर्णाश्रम—धर्म, श्राद्ध, प्रायश्चित्त आदि का वर्णन है।

(७) **मार्कंडयपुराण**—इसे प्राचीनतम पुराण माना जाता है। इसमें इंद्र, अग्नि, सूर्य आदि वैदिक देवताओं का वर्णन किया गया है। इसके प्रवक्ता मार्कंडय ऋषि और श्रोता क्रौष्टुकि शिष्य हैं। इसमें १३८ अध्याय और ७,००० श्लोक हैं। इसमें गृहस्थ—धर्म, श्राद्ध, दिनचर्या, नित्यकर्म, व्रत, उत्सव, अनसूया की पतिव्रता-कथा, योग, दुर्गा-माहात्म्य आदि विषयों का वर्णन है।

(८) **अग्निपुराण**—इसके प्रवक्ता अग्नि और श्रोता वसिष्ठ हैं। इसी कारण इसे अग्निपुराण कहा जाता है। इसे भारतीय संस्कृति और विद्याओं का महाकोश माना जाता है। इसमें इस समय ३८३ अध्याय, ११,५०० श्लोक हैं। इसमें विष्णु के अवतारों का वर्णन है। इसके अतिरिक्त शिवलिंग, दुर्गा, गणेश, सूर्य, प्राणप्रतिष्ठा आदि के अतिरिक्त भूगोल, गणित, फलित-ज्योतिष, विवाह, मृत्यु,

शकुनविद्या, वास्तुविद्या, दिनचर्या, नीतिशास्त्र, युद्धविद्या, धर्मशास्त्र, आयुर्वेद, छंद, काव्य, व्याकरण, कोशनिर्माण आदि नाना विषयों का वर्णन है।

(९) **भविष्यपुराण**—इसमें भविष्य की घटनाओं का वर्णन है। इसमें दो खंड हैं : (क) पूर्वार्ध—(अध्याय ४१) तथा (ख) उत्तरार्ध—(अध्याय १७१)। इसमें कुल १५,००० श्लोक हैं। इसमें कुल पाँच पर्व हैं—(क) ब्राह्मपर्व, (ख) विष्णुपर्व, (ग) शिवपर्व, (घ) सूर्यपर्व तथा (ङ) प्रतिसर्गपर्व। इसमें मुख्यत: ब्राह्मण-धर्म, आचार, वर्णाश्रम-धर्म आदि विषयों का वर्णन है। इसका रचनाकाल ५०० से १२०० ई. माना जाता है।

(१०) **ब्रह्मवैवर्तपुराण**—यह वैष्णव पुराण है। इसमें श्रीकृष्ण के चरित्र का वर्णन किया गया है। इसमें कुल १८,००० श्लोक हैं और चार खंड हैं—(क) ब्रह्म, (ख) प्रकृति, (ग) गणेश तथा (घ) श्रीकृष्ण-जन्म।

(११) **लिंगपुराण**—इसमें शिव की उपासना का वर्णन है। इसमें शिव के २८ अवतारों की कथाएँ दी गई हैं। इसमें ११,००० श्लोक और १६३ अध्याय हैं। इसे पूर्व और उत्तर नाम से दो भागों में विभाजित किया गया है। इसका रचनाकाल आठवीं-नौवीं शताब्दी माना जाता है। यह पुराण भी पुराण के लक्षणों पर खरा नहीं उतरता है।

(१२) **वराहपुराण**—इसमें विष्णु के वराह-अवतार का वर्णन है। पाताललोक से पृथिवी का उद्धार करके वराह ने इस पुराण का प्रवचन किया था। इसमें २४,००० श्लोक, संप्रति केवल ११,००० और २१७ अध्याय हैं।

(१३) **स्कंदपुराण**—यह पुराण शिव के पुत्र स्कंद (कार्तिकेय, सुब्रह्मण्य) के नाम पर है। यह सबसे बड़ा पुराण है। इसमें कुल ८१,००० श्लोक हैं। इसमें दो खंड हैं। इसमें छह संहिताएँ हैं—सनत्कुमार, सूत, शंकर, वैष्णव, ब्राह्म तथा सौर। सूतसंहिता पर माधवाचार्य ने 'तात्पर्य-दीपिका' नामक विस्तृत टीका लिखी है। इस संहिता के अंत में दो गीताएँ भी हैं—ब्रह्मगीता (अध्याय—१२) और सूतगीता-(अध्याय ८)।

इस पुराण में सात खंड हैं—(क) माहेश्वर, (ख) वैष्णव, (ग) ब्रह्म, (घ) काशी, (ङ) अवंती, (रेवा), (च) नागर (ताप्ती) तथा (छ) प्रभास-खंड। काशीखंड में 'गंगासहस्रनाम' स्तोत्र भी है। इसका रचनाकाल ७वीं शताब्दी है। इसमें भी पुराण के ५ लक्षणों का निर्देश नहीं मिलता है।

(१४) **वामनपुराण**—इसमें विष्णु के वामन-अवतार का वर्णन है। इसमें ९५ अध्याय और १०,००० श्लोक हैं। इसमें चार संहिताएँ हैं—(क) माहेश्वरी, (ख) भागवती, (ग) सौरी तथा (घ) गाणेश्वरी। इसका रचनाकाल ९वीं से १०वीं शताब्दी माना जाता है।

(१५) **कूर्मपुराण**—इसमें विष्णु के कूर्म-अवतार का वर्णन किया गया है। इसमें चार संहिताएँ हैं—(क) ब्राह्मी, (ख) भागवती, (ग) सौरा तथा (घ) वैष्णवी। संप्रति केवल ब्राह्मी-संहिता ही मिलती है। इसमें ६,००० श्लोक हैं। इसके दो भाग हैं, जिसमें ५१ और ४४ अध्याय हैं। इसमें पुराण के पाँचों लक्षण मिलते हैं। इस पुराण में ईश्वरगीता और व्यासगीता भी है। इसका रचनाकाल छठी शताब्दी माना गया है।

(१६) **मत्स्यपुराण**—इसमें पुराण के पाँचों लक्षण घटित होते हैं। इसमें २९१ अध्याय और

१४,००० श्लोक हैं। प्राचीन संस्करणों में १९,००० श्लोक मिलते हैं। इसमें जलप्रलय का वर्णन है। इसमें कलियुग के राजाओं की सूची दी गई है। इसका रचनाकाल तीसरी शताब्दी माना जाता है।

(१७) **गरुड़पुराण**—यह वैष्णवपुराण है। इसके प्रवक्ता विष्णु और श्रोता गरुड़ हैं, गरुड़ ने कश्यप को सुनाया था। इसमें विष्णुपूजा का वर्णन है। इसके दो खंड हैं, जिसमें पूर्वखंड में २२९ और उत्तरखंड में ३५ अध्याय तथा १८,००० श्लोक हैं। इसका पूर्वखंड विश्वकोशात्मक माना जाता है।

(१८) **ब्रह्मांडपुराण**—इसमें १०९ अध्याय तथा १२,००० श्लोक हैं। इसमें चार पाद हैं—(क) प्रक्रिया, (ख) अनुषंग, (ग) उपोद्घात तथा (घ) उपसंहार। इसकी रचना ४००-६०० ई. की मानी जाती है।

भारतीय दर्शन

भारत में दर्शन उस विद्या को कहा जाता है, जिसके द्वारा तत्त्व का साक्षात्कार हो सके। तत्त्वदर्शन या दर्शन का अर्थ है—'तत्त्व का साक्षात्कार'। मानव के दुःखों की निवृत्ति के लिए या तत्त्व साक्षात्कार कराने के लिए ही भारत में दर्शन का जन्म हुआ है। हृदय की गाँठ तभी खुलती है और शोक तथा संशय तभी दूर होते हैं, जब सत्य का दर्शन होता है। मनु का कथन है, ''सम्यक् दर्शन प्राप्त होने पर कर्म मनुष्य को बंधन में नहीं डाल सकता तथा जिनको सम्यक् दृष्टि नहीं है, वे ही संसार के महामोह और जाल में फँस जाते हैं। भारतीय ऋषियों ने जगत् के रहस्य को अनेक कोणों से समझने की कोशिश की है। फलतः भारतीय मनीषियों के उर्वर मस्तिष्क से जिस कर्म, ज्ञान और भक्तिमय त्रिपथगा का प्रवाह उद्भूत हुआ, उसने दूर-दूर के मानवों के कल्मष को धोकर पवित्र, नित्य, शुद्ध-बुद्ध और सदा स्वच्छ बनाकर मानवता के विकास में योगदान दिया है। इसी पतित पावनी धारा को लोग 'दर्शन' के नाम से पुकारते हैं।

१. पूर्व-मीमांसा

मीमांसा शब्द का अर्थ (पाणिनि के अनुसार) जिज्ञासा है, जिज्ञासा अर्थात् जानने की इच्छा। अतः पूर्व-मीमांसा शब्द का अर्थ है—जानने की प्रथम जिज्ञासा। इसके सोलह अध्याय हैं। मनुष्य जब इस संसार में अवतरित हुआ, उसकी प्रथम जिज्ञासा यही रही थी कि वह क्या करे? अतएव इस दर्शनशास्त्र का प्रथम सूत्र मनुष्य की इस इच्छा का प्रतीक है।

पूर्व-मीमांसा प्रमुख रूप से धर्मतत्त्व का निरूपण है। धर्म वेद निर्दिष्ट कर्तव्य है अतः इसमें वेदों के कर्मकांड के पीछे का दर्शन है। इसीलिए इसको 'कर्म-मीमांसा' भी कहते हैं।

जैमिनी के 'पूर्व मीमांसा सूत्र' में बारह अध्याय हैं। प्रत्येक अध्याय पाद में तथा प्रत्येक पाद अधिकरणों में बँटा है। मीमांसा की प्रविधि बहुत तर्कपूर्ण है।

सर्वप्रथम जिस वेद वाक्य का परीक्षण करना है, वह 'विषय वाक्य' कहलाता है। फिर उस पर संशय व्यक्त होता है, इसके बाद पूर्व-पक्ष फिर उत्तर-पक्ष तथा अंत में निर्णय होता है।

मीमांसा सूत्रों में प्रारंभिक भाष्य शबर का है। इसकी व्याख्या प्रभाकर तथा कुमारिल द्वारा की गई है। कुमारिल भट्ट के अनुसार, वेद के निर्देश इसलिए माने जाने चाहिए, क्योंकि इससे इष्ट पूर्ति होती है और यह इष्ट साधनता ज्ञान है। परंतु प्रभाकर के अनुसार, बिना किसी फल को

सोचे वेद का निर्देश पालन करना ही धर्म है। यह कार्यता ज्ञान है। अतः धर्म के अंतर्गत कर्म भी आ जाता है।

ज्ञान उपलब्धि के जिन छह साधनों की चर्चा इसमें की गई है, वे हैं—प्रत्यक्ष, अनुमान, उपमान, शब्द, अर्थापत्ति और अनुपलब्धि। मीमांसा दर्शन के अनुसार, वेद अपौरुषेय, नित्य एवं सर्वोपरि हैं और वेद-प्रतिपादित अर्थ को ही धर्म कहा गया है।

मीमांसा सिद्धांत में वक्तव्य के दो विभाग हैं—पहला है अपरिहार्य विधि, जिसमें उत्पत्ति, विनियोग, प्रयोग और अधिकार विधियाँ शामिल हैं। दूसरा विभाग है अर्थवाद, जिसमें स्तुति और व्याख्या की प्रधानता है।

२. ब्रह्मसूत्र (उत्तर-मीमांसा)

जब मनुष्य जीवनयापन करने लगता है तो उसके मन में दूसरी जिज्ञासा जो उठती है, वह है ब्रह्मजिज्ञासा। ब्रह्मसूत्र का प्रथम सूत्र ही है—'अथातो ब्रह्मजिज्ञासा', ब्रह्म को जानने की लालसा।

इस जिज्ञासा का चित्रण श्वेताश्वतर उपनिषद् में भलीभाँति किया गया है। उपनिषद् का प्रथम मंत्र है—

ब्रह्मवादिनो वदन्ति—
किं कारणं ब्रह्म कुतः स्म जाता जीवाम् केन क्व च संप्रतिष्ठाः।
अधिष्ठिताः केन सुखेतरेषु वर्तामहे ब्रह्मविदो व्यवस्थाम्॥

अर्थात् ब्रह्म का वर्णन करने वाले कहते हैं, इस (जगत्) का कारण क्या है, हम कहाँ से उत्पन्न हैं, कहाँ स्थित हैं (कैसे स्थित हैं?), यह सुख-दुःख क्यों होता है, ब्रह्म की जिज्ञासा करनेवाले यह जानना चाहते हैं। उत्पन्न हुआ कि यह सब क्या है, क्यों है? इत्यादि।

पहली जिज्ञासा कर्म-धर्म की जिज्ञासा थी और दूसरी जिज्ञासा जगत् का मूल कारण जानना ज्ञान की थी। इस दूसरी जिज्ञासा का उत्तर ही ब्रह्मसूत्र अर्थात् उत्तर-मीमांसा है। चूँकि यह दर्शन वेद के परम और अंतिम तात्पर्य का दिग्दर्शन कराता है, इसलिए इसे वेदांत दर्शन के नाम से ही जाना जाता है—वेदस्य अन्तः अन्तिमो भाग ति वेदान्तः॥ यह वेद के अंतिम ध्येय और कार्य क्षेत्र की शिक्षा देता है। ब्रह्मसूत्र के प्रवर्तक महर्षि बादरायण हैं। इस दर्शन में चार अध्याय, प्रत्येक अध्याय में चार-चार पाद (कुल १६ पाद) और सूत्रों की संख्या ५५५ है।

इन सूत्रों में ब्रह्म के स्वरूप का प्रतिपादन है। ब्रह्म का लक्षण बताया गया है, जो जगत् की सृष्टि, स्थिति एवं संहार का हेतु है।

ब्रह्म सूत्रों के अनेक व्याख्याकार थे, जैसे बौधायन, उपवर्ष, भतृप्र-पंच आदि। शंकराचार्य, रामानुज, मध्व, निंबार्क, वल्लभ, सभी ने अपने अनुसार इसकी व्याख्या की है। भक्तिवादी आचार्य, जैसे रामानुज, मध्व, निंबार्क एवं वल्लभ की व्याख्या के अनुसार ब्रह्म ईश्वर से तुलनीय है। ब्रह्म के विषय में जो विभिन्न बातें उपनिषदों में कही गई हैं और विभिन्न उपासनाएँ निर्दिष्ट हैं, उन सबके समन्वय के साथ ब्रह्म का एकमात्र परमार्थिक व परमोपासनीय सत्ता के रूप में उपपादित किया गया है।

शंकराचार्य ने इसके आधार पर अद्वैतवाद का प्रतिपादन किया है। इस मत के आधार पर जगत् एक व्यावहारिक प्रतीति मात्र है। नित्य सत्य ब्रह्म है। ब्रह्म और आत्मा अभिन्न हैं। इस प्रकार मानव आत्मा का परमात्मा से ऐक्य बताकर वेदांत एक आध्यात्मिक मानववादी दर्शन कहा जा सकता है। यही कारण है कि आधुनिक युग में वेदांत इतना लोकप्रिय दर्शन बना है।

परमात्मा, जो अपने शब्द रूप में तत्त्वों से संयुक्त होकर भासता है, परंतु उसका अपना शुद्ध रूप नेति-नेति शब्दों से ही व्यक्त होता है। यह दर्शन भी वेद के कहे मंत्रों की व्याख्या में ही है।

३. सांख्य दर्शन

सांख्य सृष्टि रचना की व्याख्या एवं प्रकृति और पुरुष की पृथक्-पृथक् व्याख्या करता है। सांख्य सर्वाधिक पौराणिक दर्शन माना जाता है। इसके पारंपरिक जन्मदाता कपिल मुनि थे। सांख्य दर्शन में छह अध्याय और ४५१ सूत्र हैं।

सांख्य दर्शन दो प्रकार से विकास की प्रक्रिया को दरशाता है—एक ओर सृष्टिगतीय विकास को तो दूसरी ओर मनुष्य के मनोवैज्ञानिक, शारीरिक तथा आध्यात्मिक व्यक्तित्व के विकास को।

सांख्य गुणात्मक रूप से द्वैत तथा मात्रात्मक रूप से बहुवादी माना जाता है। सांख्य का इतिहास अत्यंत प्राचीन है। आचार्य गोविंद चंद्र पांडे इसको प्राचीन श्रमण परंपरा के अंतर्गत देखते हैं। इसके कुछ विचार उपनिषदों में भी दिखते हैं, जैसे कठोपनिषद् तथा श्वेताश्वतर उपनिषद् में। पारंपरिक रूप से इसके प्रणेता कपिल मुनि माने जाते हैं, जिन्होंने आसुरि को यह ज्ञान दिया, जिसने पंचशिख को दिया।

प्रकृति से लेकर स्थूल-भूतपर्यंत सारे तत्त्वों की संख्या की गणना किए जाने से इसे सांख्य दर्शन कहते हैं। सांख्य संख्या द्योतक है। इस शास्त्र का नाम सांख्य दर्शन इसलिए पड़ा कि इसमें २५ तत्त्व या सत्य-सिद्धांत का प्रतिपादन किया गया है। सांख्य दर्शन की मान्यता है कि संसार की हर वास्तविक वस्तु का उद्‌गम पुरुष और प्रकृति से हुआ है। पुरुष में स्वयं आत्मा का भाव है, जबकि प्रकृति पदार्थ और सृजनात्मक शक्ति की जननी है। विश्व की आत्माएँ संख्यातीत हैं, जिसमें चेतना तो है, पर गुणों का अभाव है। वही प्रकृति मात्र तीन गुणों के समन्वय से बनी है। इस त्रिगुण सिद्धांत के अनुसार सत्त्व, रजस् तथा तमस की उत्पत्ति होती है। प्रकृति की अविकसित अवस्था में ये गुण निष्क्रिय होते हैं, पर परमात्मा के तेज सृष्टि के उदय की प्रक्रिया प्रारंभ होते ही प्रकृति के तीन गुणों के बीच का समेकित संतुलन टूट जाता है। सांख्य के अनुसार २४ मूल तत्त्व होते हैं, जिसमें पुरुष पच्चीसवाँ है। प्रकृति का स्वभाव अंतर्वर्ती और पुरुष का अर्थ व्यक्ति आत्मा है। विश्व की आत्माएँ संख्यातीत हैं। ये सभी आत्माएँ समान हैं और विकास की तटस्थ दर्शिकाएँ हैं। आत्माएँ किसी-न-किसी रूप में प्रकृति से संबंधित हो जाती हैं और उनकी मुक्ति इसी में होती है कि प्रकृति से अपने विभेद का अनुभव करें। जब आत्माओं और गुणों के बीच की भिन्नता का गहरा ज्ञान हो जाए तो इनसे मुक्ति मिलती है और मोक्ष संभव होता है।

प्रकृति मूल रूप में सत्त्व, रजस्, तमस की साम्यावस्था को कहते हैं। तीनों आवेश परस्पर एक-दूसरे को निःशेष कर रहे होते हैं, जैसे—त्रिकंटी की तीन टाँगें एक-दूसरे को निःशेष कर रही होती हैं।

परमात्मा का तेज परमाणु (त्रित) की साम्यावस्था को भंग करता है और असाम्यावस्था आरंभ होती है। रचना-कार्य में यह प्रथम परिवर्तन है।

इस अवस्था को 'महत्' कहते हैं। यह प्रकृति का प्रथम परिणाम है। मन और बुद्धि इसी महत् से बनते हैं। इसमें परमाणु की तीन शक्तियाँ बहिर्मुख होने से आस-पास के परमाणुओं को आकर्षित करने लगती हैं। अब परमाणु के समूह बनने लगते हैं। तीन प्रकार के समूह देखे जाते हैं। एक वे हैं, जिनसे रजस गुण शेष रह जाता है। यह तेजस अहंकार कहलाता है। इसे वर्तमान वैज्ञानिक भाषा में इलेक्ट्रॉन कहते हैं। दूसरा परमाणु-समूह वह है, जिसमें सत्त्व गुण प्रधान होता

है, वह वैचारिक अहंकार कहलाता है। इसे वर्तमान वैज्ञानिक प्रोटॉन कहते हैं।

तीसरा परमाणु-समूह वह है, जिसमें तमस गुण प्रधान होता है, इसे वर्तमान विज्ञान की भाषा में न्यूट्रॉन कहते हैं। यह भूतादि अहंकार है।

इन अहंकारों को वैदिक भाषा में 'आपः' कहा जाता है। यह (अहंकार) प्रकृति का दूसरा परिणाम है।

तदनंतर इन अहंकारों से पाँच तन्मात्राएँ (रूप, रस, रंग, गंध, स्पर्श) और शब्द पाँच महाभूत बनते हैं अर्थात् तीनों अहंकार जब एक समूह में आते हैं तो वे परिमंडल कहलाते हैं और भूतादि अहंकार एक स्थान पर (न्यूनाधिक संख्या में) एकत्र हो जाते हैं तो भारी परमाणु-समूह बीच में हो जाते हैं और हलके उनके चारों ओर घूमने लगते हैं। इसे वर्तमान विज्ञान 'एटम' कहता है। दार्शनिक भाषा में इन्हें परिमंडल कहते हैं। परिमंडलों के समूह पाँच प्रकार के हैं। इनको महाभूत कहते हैं—

१. पार्थिव
२. जलीय
३. वायवीय
४. आग्नेय
५. आकाशीय

संख्या का प्रथम सूत्र है।

अथ त्रिविधदुखः खात्यन्तः निवृत्तिरत्यन्त पुरुषार्थः ॥

अर्थात् अब हम तीनों प्रकार के दुःखों—आधिभौतिक (शारीरिक), आधिदैविक एवं आध्यात्मिक से स्थायी एवं निर्मूल रूप से छुटकारा पाने के लिए सर्वोकृष्ट प्रयत्न का इस ग्रंथ में वर्णन कर रहे हैं। सांख्य का उद्देश्य तीनों प्रकार के दुःखों की निवृत्ति करना है। तीन दुःख हैं—

आधिभौतिक—यह मनुष्य को होनेवाला शारीरिक दुःख है, जैसे—बीमारी, अपाहिज होना इत्यादि।

आधिदैविक—ये दैवी प्रकोपों द्वारा होनेवाले दुःख हैं, जैसे—बाढ़, आँधी, तूफान, भूकंप इत्यादि के प्रकोप।

आध्यात्मिक—ये दुःख सीधे मनुष्य की आत्मा को होते हैं, जैसे कि कोई मनुष्य शारीरिक व दैविक दुःखों के होने पर भी दुःखी होता है। उदाहरणार्थ—कोई अपनी संतान, अपने माता-पिता के बिछुड़ने पर दुःखी होता है अथवा कोई अपने समाज की अवस्था को देखकर दुःखी होता है।

सांख्य का एक अन्य सूत्र है—

सत्वरजस्तमसां साम्यावस्था प्रकृतिः प्रकृतेर्महान,
महतोऽहंकारोऽहंकारात् पञ्चतन्मात्राण्युभयमिनिन्द्रियं
तन्मात्रेभ्यः स्थूल भूतानि पुरुष इति पञ्चविंशतिर्गणः ॥

अर्थात् सत्त्व, रजस और तमस की साम्यावस्था को प्रकृति कहते हैं। साम्यावस्था भंग होने पर बनते हैं—महत् तीन अहंकार, पाँच तंत्रमात्राएँ, १० इंद्रियाँ और पाँच महाभूत। पच्चीसवाँ गण है पुरुष।

४. वैशेषिक दर्शन

वैशेषिक दर्शन के प्रवर्तक महर्षि कणाद हैं। उनका 'वैशेषिक सूत्र' दस अध्यायों में है। प्रशस्तपाद का 'पदार्थ धर्म-संग्रह' इसके आधार पर रचित हुआ।

जहाँ वेदांत की विधि विविधताओं में एकता देखने की है, वहीं वैशेषिक दर्शन की विधि विश्लेषणात्मक है। इसके अनुसार पदार्थ वह है, जिसका अस्तित्व है, जो जाना जा सकता है, (ज्ञेय) तथा जिसका नाम दिया जा सकता है (अभिधेय)। प्रारंभ में पदार्थ की छह श्रेणियाँ मानी गई थीं, परंतु बाद में सात मानी गईं। ये हैं—द्रव्य, गुण, कर्म, सामान्य, विशेष, समवाय तथा अभाव।

मूल पदार्थ—परमात्मा, जीवात्मा और प्रकृति का वर्णन तो ब्रह्मसूत्र में है। ये तीन पदार्थ ब्रह्म कहलाते हैं। प्रकृति के परिणाम अर्थात् रूपांतर दो प्रकार के हैं। महत् अहंकार, तन्मात्रा तो अव्यक्त हैं, इनका वर्णन सांख्य दर्शन में है। परिमंडल पंच महाभूत तथा महाभूतों से बने चराचर जगत् के सब पदार्थ व्यक्त पदार्थ कहलाते हैं। इनका वर्णन वैशेषिक दर्शन में है।

वैशेषिक दर्शन के प्रवर्तक महर्षि कणाद हैं। चूँकि यह दर्शन परिमंडल, पंच महाभूत और भूतों से बने सब पदार्थों का वर्णन करता है, इसलिए वैशेषिक दर्शन विज्ञान-मूलक है।

वैशेषिक दर्शन के प्रथम दो सूत्र हैं—

अथातो धर्मं व्याख्यास्यामः ॥

अब हम धर्म की व्याख्या करेंगे।

यतोऽभ्युदयनिः श्रेयससिद्धिः स धर्मः ॥

जिससे इहलौकिक और पारलौकिक (निःश्रेयस) सुख की सिद्धि होती है, वह धर्म है। कणाद के वैशेषिक दर्शन की गौतम के न्याय-दर्शन से भिन्नता इस बात में है कि इसमें छब्बीस के बजाय सात ही तत्त्वों का विवेचन है, जिसमें विशेष पर अधिक बल दिया गया है।

ये तत्त्व हैं—द्रव्य, गुण, कर्म, समन्वय, विशेष और अभाव।

वैशेषिक दर्शन बहुत कुछ न्याय दर्शन के समरूप है और इसका लक्ष्य जीवन में सांसारिक वासनाओं को त्यागकर सुख प्राप्त करना और ईश्वर के गंभीर ज्ञान-प्राप्ति के द्वारा अंततः मोक्ष प्राप्त करना है।

न्याय-दर्शन की तरह वैशेषिक प्रश्नोत्तर के रूप में ही लिखा गया है।

जगत् में पदार्थों की संख्या केवल छह है। द्रव्य, गुण, कर्म, सामान्य, विशेष और समन्वय, क्योंकि इस दर्शन में विशेष पदार्थ सूक्ष्मता से निरूपण किया गया है, इसलिए इसका नाम वैशेषिक दर्शन है।

धर्म विशेष प्रसूदात द्रव्यगुणकर्म सामान्य विशेष समवायानां
पदार्थानां साधर्यवैधर्यभ्यां तत्वज्ञाना निःश्रेयसम् ॥

वैशेषिक १।१।८

अर्थात् धर्म-विशेष से उत्पन्न हुए पदार्थ, यथा—द्रव्य, गुण, कर्म, सामान्य, विशेष और समवाय-रूप पदार्थों के सम्मिलित और विभक्त धर्मों के अध्ययन-मनन और तत्त्वज्ञान से मोक्ष होता है। यह मोक्ष विश्व की अणुवीय प्रकृति तथा आत्मा से उसकी भिन्नता के अनुभव पर निर्भर करता है।

वैशेषिक दर्शन में पदार्थों का निरूपण निम्नलिखित रूप से हुआ है—

जल—यह शीतल स्पर्शवाला पदार्थ।

तेज—उष्ण स्पर्शवाला गुण।

काल—सारे कार्यों की उत्पत्ति, स्थिति और विनाश के निमित्त होता है।

आत्मा—इसकी पहचान चैतन्य-ज्ञान है।

मन—यह मनुष्य के अभ्यंतर में सुख-दुःख आदि के ज्ञान का साधन है।

पंचभूत—पृथ्वी, जल, तेज, वायु और आकाश।

पंच इंद्रिय—घ्राण, रसना, नेत्र, त्वचा, श्रोत्र।

पंच-विषय—गंध, रस, रूप, स्पर्श तथा शब्द।

बुद्धि—यह ज्ञान है और केवल आत्मा का गुण है। नया ज्ञान अनुभव है और पिछला स्मरण।

संख्या—संख्या, परिमाण, पृथकता, संयोग और विभाग आदि ये गुण सारे गुण द्रव्यों में रहते हैं।

अनुभव—यथार्थ (प्रमा, विद्या) एवं अयथार्थ (अविद्या)।

स्मृति—पूर्व के अनुभव के संस्कारों से उत्पन्न ज्ञान।

सुख—इष्ट विषय की प्राप्ति, जिसका स्वभाव अनुकूल होता है। अतीत के विषयों के स्मरण एवं भविष्यत् में उनके संकल्प से सुख होता है। सुख मनुष्य का परमोद्देश्य होता है।

दुःख—इष्ट के जाने या अनिष्ट के आने से होता है, जिसकी प्रकृति प्रतिकूल होती है।

इच्छा—किसी अप्राप्त वस्तु की प्रार्थना ही इच्छा है, जो फल या उपाय के हेतु होता है—धर्म या अधर्म।

अदृष्ट—वेद-विहित कर्म, जो कर्ता के हित और मोक्ष का साधन होता है, धर्म कहलाता है। अधर्म से अहित और दुःख होता है, जो प्रतिषिद्ध कर्मों से उपजता है। अदृष्ट में धर्म और अधर्म दोनों सम्मिलित रहते हैं।

वैशेषिक दर्शन के मुख्य पदार्थ—

द्रव्य—द्रव्य गिनती में नौ हैं, पृथिव्यापस्तेजो वायुराकाशं कालो दिगात्मा मन इति द्रव्याणि॥ (वैशेषिक १।१।५) अर्थात् पृथ्वी, जल, तेज, वायु, आकाश, काल, दिशा, आत्मा और मन।

गुण—गुणों की संख्या चौबीस मानी गई है, जिनमें कुछ सामान्य और बाकी विशेष कहलाते हैं। जिन गुणों से द्रव्यों में बिखराव न हो, उन्हें सामान्य (संख्या, वेग आदि), तथा जिनसे बिखराव (रूप, बुद्धि, धर्म आदि) उन्हें विशेष गुण कहते हैं।

कर्म—किसी प्रयोजन को सिद्ध करने में कर्म की आवश्यकता होती है, इसलिए द्रव्य और गुण के साथ कर्म को भी मुख्य पदार्थ कहते हैं। चलना, फेंकना, हिलना आदि सभी कर्म हैं। मनुष्य के कर्म पुण्य-पाप रूप होते हैं।

सामान्य—मनुष्यों में मनुष्यत्व, वृक्षों में वृक्षत्व जाति सामान्य है और यह बहुतों में होती है। दिशा, काल आदि में जाति नहीं होती, क्योंकि यह अपने आप में अकेली है।

विशेष—देश-काल की भिन्नता के बाद भी एक-दूसरे के बीच पदार्थ, जो विलक्षणता का भेद होता है, वह उस द्रव्य में एक विशेष की उपस्थिति से होता है। उस पहचान या विलक्षण प्रतीति का एक निमित्त होता है—यथा गो में गोत्व जाति से, शर्करा में मिठास से।

समभाव—जहाँ गुण व गुणी का संबंध इतना घना है कि उन्हें अलग नहीं किया जा सकता।

अभाव—इसे भी पदार्थ माना गया है। किसी भी वस्तु की उत्पत्ति से पूर्व उसका अभाव अथवा किसी एक वस्तु में दूसरी वस्तु के गुणों का अभाव (ये घट नहीं, पट है) आदि इसके उदाहरण हैं। यह चार प्रकार के माने गए हैं—

प्रागभाव—अस्तित्व से पूर्व की परिस्थिति।

प्रध्वंसाभाव—समाप्त होने के बाद की परिस्थिति।

अनोन्याभाव—एक का दूसरा न होना, जैसे 'क' जो है, वह 'ख' नहीं है।

अत्यंताभाव—किसी वस्तु का किसी स्थान पर बिल्कुल नहीं होना। जैसे हम कहें कि इस स्थान पर कोई घट नहीं है।

वैशेषिक दर्शन के परमाणुवाद के अनुसार—पृथ्वी, जल, अग्नि, वायु के अंतिम रूप परमाणु है, जो फिर विभाजित नहीं हो सकते। इनके भाग भी नहीं हो सकते हैं। दो परमाणु 'द्वयणुक' तथा ऐसे तीन 'त्रयणुक' कहलाते हैं, जो दिखाई देने वाली सबसे छोटी इकाई है। परमाणु कभी समाप्त नहीं होते तथा ये शाश्वत होते हैं।

वैशेषिक दर्शन का भारतीय मूल्यों के संदर्भ में भी योगदान है। उनके अनुसार, यतोऽभ्युदयनिःश्रेयससिद्धिः स धर्मः। निः श्रेयस के अनुकूल सम्यक् संकल्प, मर्यादित काम तथा नियत क्रिया है। धर्म की यह परिभाषा आज के युग में भी श्रेष्ठ है।

५. न्याय-दर्शन

न्याय मूलतः तर्कशास्त्र एवं ज्ञानशास्त्र है। इसको 'छांदोग्य उपनिषद्' में वाकोवाक्य कहा गया है। इसके अनुसार प्रमाणों में प्रत्यक्ष, अनुमान, उपमान तथा शब्द हैं।

न्यायशास्त्र का प्रमुख आग्रह अनुमान प्रमाण के निरूपण पर था। इससे भारतीय तर्कशास्त्र का बहुत विकास हुआ।

उदयन द्वारा दसवीं शताब्दी में 'न्याय कुसुमांजलि' की रचना हुई, जिसमें ईश्वर के अस्तित्व के प्रमाण दिए गए हैं।

महर्षि अक्षपाद गौतम द्वारा प्रणीत न्यायदर्शन आस्तिक दर्शन है, जिसमें ईश्वर कर्म-फल प्रदाता है। इस दर्शन का मुख्य प्रतिपाद्य विषय प्रमाण है। न्याय शब्द कई अर्थों में प्रयुक्त होता है, परंतु दार्शनिक साहित्य में न्याय वह साधन है, जिसकी सहायता से किसी प्रतिपाद्य विषय की सिद्धि या किसी सिद्धांत का निराकरण होता है—

नीयते प्राप्यते विविक्षितार्थ सिद्धिरनेन इति न्यायः॥

अतः न्याय दर्शन में अन्वेषण अर्थात् जाँच-पड़ताल के उपायों का वर्णन किया गया है।

इस ग्रंथ में पाँच अध्याय हैं तथा प्रत्येक अध्याय में दो-दो आह्निक हैं। कुल सूत्रों की संख्या ५३९ हैं। न्यायदर्शन में अन्वेषण अर्थात् जाँच-पड़ताल के उपायों का वर्णन किया गया है। इसमें कहा गया है

कि सत्य की खोज के लिए सोलह तत्त्व हैं। उन तत्त्वों के द्वारा किसी भी पदार्थ की सत्यता (वास्तविकता) का पता किया जा सकता है। ये सोलह तत्त्व हैं—(१) प्रमाण, (२) प्रमेय, (३) संशय, (४) प्रयोजन, (५) दृष्टांत, (६) सिद्धांत, (७) अवयव, (८) तर्क, (९) निर्णय, (१०) वाद, (११) जल्प, (१२) वितंडा, (१३) हेत्वाभास, (१४) छल, (१५) जाति और (१६) निग्रहस्थान।

इन सबका वर्णन न्यायदर्शन में है और इस प्रकार इस दर्शनशास्त्र को तर्क करने का व्याकरण कह सकते हैं। वेदार्थ जानने में तर्क का विशेष महत्त्व है। अतः यह दर्शनशास्त्र वेदार्थ करने में सहायक है। दर्शनशास्त्र में कहा है—

तत्त्वज्ञानान्निः श्रेयसाधिगमः॥

अर्थात् इन सोलह तत्त्वों के ज्ञान से निःश्रेयस की प्राप्ति होती है। (सत्य की खोज में सफलता की प्राप्ति होती है)

न्यायदर्शन के चार विभाग—

१. सामान्य ज्ञान की समस्या का निराकरण
२. जगत् की समस्या का निराकरण
३. जीवात्मा की मुक्ति
४. परमात्मा का ज्ञान

न्यायदर्शन में अध्यात्मवाद की अपेक्षा तर्क एवं ज्ञान का आधिक्य है, इसमें तर्कशास्त्र का प्रवेश इसलिए कराया गया, क्योंकि स्पष्ट विचार एवं तर्कसंगत प्रमाण परमानंद की प्राप्ति के लिए आवश्यक है। न्यायदर्शन में १. सामान्य ज्ञान, २. संसार की क्लिष्टता, ३. जीवात्मा की मुक्ति एवं ४. परमात्मा का ज्ञान। इन चारों गंभीर उद्देश्यों को लक्ष्य बनाकर प्रमाण आदि १६ पदार्थ उनके तार्किक समाधान के माने गए हैं, किंतु इन सबमें प्रमाण ही मुख्य प्रतिपाद्य विषय है।

किसी विषय में यथार्थ ज्ञान पर पहुँचने और अपने या दूसरे के अयथार्थ ज्ञान की त्रुटि ज्ञात करना ही इस दर्शन का मुख्य उद्देश्य है।

दुःख का आत्यंतिक नाश ही मोक्ष है।

न्यायदर्शन की अंतिम दीक्षा यही है कि केवल ईश्वरीयता ही वांछित है, ज्ञातव्य है और प्राप्य है—यह संसार नहीं। पदार्थ और मोक्ष मुक्ति के लिए इन समस्याओं का समाधान आवश्यक है, जो १६ पदार्थों के तत्त्वज्ञान से होता है। इनमें प्रमाण और प्रमेय भी है। तत्त्वज्ञान से मिथ्या ज्ञान का नाश होता है। राग-द्वेष को सर्वथा नष्ट करके यही मोक्ष दिलाता है। सोलह पदार्थों का तत्त्वज्ञान निम्नलिखित क्रम से मोक्ष का हेतु बनाता है।

दुःख जन्म प्रवृत्ति-दोष मिथ्यामानानाम उत्तरोत्तरापाये तदनन्तरा पायायदपवर्गः॥

अर्थात् दुःख, जन्म, प्रवृत्ति (धर्म-अधर्म), दोष (राग, द्वेष) और मिथ्या ज्ञान, इनमें से उत्तरोत्तर नाश द्वारा इसके पूर्व का नाश होने से अपवर्ग अर्थात् मोक्ष होता है।

इनमें से प्रमेय के तत्त्वज्ञान से मोक्ष की प्राप्ति होती है और प्रमाण आदि पदार्थ उस ज्ञान के साधन हैं। युक्ति तर्क है, जो प्रमाणों की सहायता करता है। पक्ष-प्रतिपक्ष के द्वारा जो अर्थ का निश्चय है, वही निर्णय है। दूसरे अभिप्राय से कहे शब्दों का कुछ और ही अभिप्राय कल्पना करके दूषण देना छल है।

आत्मा का अस्तित्व आत्मा, शरीर और इंद्रियों में केवल आत्मा ही भोगने वाला है। इच्छा, द्वेष, प्रयत्न, सुख-दुःख और ज्ञान उसके चिह्न हैं, जिनसे वह शरीर से अलग जान पड़ता है। उसके भोगने का घर शरीर है। भोगने के साधन इंद्रियाँ हैं। भोगने योग्य विषय (रूप, रस, गंध, शब्द और स्पर्श) यह अर्थ है उस भोग का, यह अनुभव बुद्धि है और अनुभव कराने वाला अंतःकरण मन है। सुख-दुःख का होना फल है और आत्यंतिक रूप से उससे छूटना ही मोक्ष है।

६. योगदर्शन

योग—योग आध्यात्मिक अनुभूति का साधन है। सिंधु घाटी की सभ्यता से भी इसके प्रमाण प्राप्त होते हैं। 'कठोपनिषद्, श्वेताश्वतर उपनिषद्', 'मैत्रायणी उपनिषद्' में आध्यात्मिक जीवन में इसके प्रयोग के प्रमाण हैं। यह भारतीय संस्कृति की सर्वाधिक महत्त्वपूर्ण धरोहर है, जो प्रवृत्तिवादी एवं निवृत्तिवादी दोनों ही प्रकार के धर्मों में सामान्य थी। इसको व्यवस्थित रूप पतंजलि द्वारा 'योगसूत्र' में दिया गया। इस दर्शन के प्रवर्तक महर्षि पतंजलि हैं। यह दर्शन चार पदों में विभक्त है, जिनकी संपूर्ण सूत्र संख्या १९४ है। ये चार पाद हैं—समाधिपाद, साधनपाद, विभूतिपाद और कैवल्य पाद।

यजुरयोगे—अर्थ में इसका अर्थ अपने स्थूल भौतिक रूप को पार करते हुए स्वयं को अपने आध्यात्मिक रूप से जोड़ना, युजसंयमने के अर्थ से यह संयम की शिक्षा देता है—नैतिक, भौतिक तथा प्राणिक जीवन में।

युज समाधि—के अर्थ में यह समाधि के लक्ष्य की ओर ले जाता है। एक चौथा अर्थ प्रविधि है, अर्थात् वह विज्ञान, जो आध्यात्मिक जीवन की ओर ले जाए।

योग दर्शन के प्रथम दो सूत्र हैं।

अथ योगानुशासन्॥ १॥

अर्थात् योग की शिक्षा देना इस समस्त शास्त्र का प्रतिपाद्य विषय समझना चाहिए।

योगश्चित्तवृत्ति निरोधः॥ २॥

अर्थात् चित्त या मन की स्मरणात्मक शक्ति की वृत्तियों को सब बुराई से दूर कर, शुभ गुणों में स्थिर करके परमेश्वर के समीप अनुभव करते हुए मोक्ष प्राप्त करने के प्रयास को योग कहा जाता है।

योग है जीवात्मा का सत्य के साथ संयोग अर्थात् सत्य-प्राप्ति का उपाय। यह माना जाता है कि ज्ञान की प्राप्ति मनुष्य-जीवन का लक्ष्य है और ज्ञान बुद्धि की श्रेष्ठता से प्राप्त होता है।

भगवद्गीता में कहा गया है—

एवं बुद्धेः परं बुद्धवा संस्तभ्यात्मानमात्मना।

अर्थात् इस प्रकार बुद्धि से परे आत्मा को जानकर, आत्मा के द्वारा आत्मा को वश में करके अपने पर नियंत्रण प्राप्त किया जा सकता है यही योग है।

इसे प्राप्त करने का उपाय योगदर्शन में बताया है। आत्मा पर नियंत्रण बुद्धि द्वारा, यह योग दर्शन का विषय है। इसका प्रारंभिक पग योगदर्शन में ही बताया है।

तपः स्वाध्यायेश्वरप्रणिधानानि क्रियायोगः॥

(योग. २-१)

अर्थात् तप (निरंतर प्रयत्न), स्वाध्याय (अध्यात्म-विद्या का अध्ययन) और परमात्मा के आश्रय से योग का कार्यक्रम हो सकता है।

अष्टांग योगः क्लेशों से मुक्ति पाने व चित्त को समहित करने के लिए योग के आठ अंगों का अभ्यास आवश्यक है। इस अभ्यास की अवधि आठ भागों में विभक्त है—१. यम, २. नियम, ३. आसन, ४. प्राणायाम, ५. प्रत्याहार, ६. धारणा, ७. ध्यान, ८. समाधि

१. यम—के अंतर्गत अहिंसा, सत्य, अस्तेय, ब्रह्मचर्य तथा अपरिग्रह है।

२. नियम—के अंतर्गत शौच, संतोष, तप, स्वाध्याय तथा ईश्वर प्राणिधान है।

३. आसन—विभिन्न शारीरिक उपक्रम हैं, जिनसे शरीर स्वस्थ रहे एवं अध्यात्म का साधन बने, जैसे हलासन, मत्स्यासन, पद्मासन, शीर्षासन आदि।

४. प्राणायाम—श्वास का नियंत्रण है तथा उसमें एक लय स्थापित करना है। इससे मस्तिष्क और मन का भी नियंत्रण होता है।

५. प्रत्याहार—इंद्रियों का नियंत्रण है

६. धारणा—किसी एक बिंदु पर मन को स्थिर करना है।

७. ध्यान—मन की वृत्ति का धारणा के प्रति अबाधित प्रवाह है।

८. समाधि—दो प्रकार की हैं—संप्रज्ञात तथा असंप्रज्ञात।

मुख्यतः योग-क्रियाओं का लक्ष्य है—बुद्धि को विकास देना। यह कहा है कि बुद्धि के विकास का अंतिम रूप है—

ऋतंभरा तत्र प्रज्ञा॥

श्रुतानुमानप्रज्ञाभ्यामन्यविषया विशेषार्थत्वात्॥

अर्थात् (योग से प्राप्त) बुद्धि को ऋतंभरा कहते हैं और इंद्रियों से प्रत्यक्ष तथा अनुमान से होने वाला ज्ञान सामान्य बुद्धि से भिन्न विषय अर्थ वाला हो जाता है।

इसका अभिप्राय यह है कि जो ज्ञान सामान्य बुद्धि से प्राप्त होता है, वह भिन्न है और ऋतंभरा (योग से सिद्ध हुई बुद्धि) से प्राप्त ज्ञान भिन्न अर्थ वाला हो जाता है।

इससे ही अध्यात्म ज्ञान की प्राप्ति होती है, जिससे मोक्ष का मार्ग प्रशस्त हो जाता है।

भारतीय काल-गणना और खगोल

हिंदू समय-मापन, लघुगणकीय पैमाने पर प्राचीन हिंदू खगोलीय और पौराणिक पाठ्यों में वर्णित समय चक्र आश्चर्यजनक रूप से एक समान है। प्राचीन भारतीय भार और मापन पद्धतियाँ अभी भी प्रयोग में हैं।

वह जो श्वास (प्राण) से आरंभ होता है, यथार्थ कहलाता है और वह, जो त्रुटि से आरंभ होता है, अवास्तविक कहलाता है, छह श्वास से एक विनाड़ी बनती है। साठ श्वासों से एक नाड़ी बनती है।

साठ नाड़ियों से एक दिवस (दिन और रात्रि) बनते हैं। तीस दिवसों से एक मास (महीना) बनता है। एक नागरिक (सावन) मास सूर्योदयों की संख्याओं के बराबर होता है।

एक चंद्र मास उतनी चंद्र तिथियों से बनता है। एक सौर मास सूर्य के राशि में प्रवेश से निश्चित होता है। बारह मास एक वर्ष बनाते हैं। एक वर्ष को देवताओं का एक दिवस कहते हैं।

देवताओं और दैत्यों के दिन व रात्रि पारस्परिक उलटे होते हैं। उनके छह गुणा साठ देवताओं के (दिव्य) वर्ष होते हैं। ऐसे ही दैत्यों के भी होते हैं।

बारह सहस्र (हजार) दिव्य वर्षों को एक 'चतुर्युग' कहते हैं। यह चार लाख बत्तीस हजार सौर वर्षों का होता है।

चतुर्युगी में ऊषा और संध्या काल होते हैं। कृतयुग या सतयुग और अन्य युगों का अंतर जैसे मापा जाता है, वह इस प्रकार है, जो कि चरणों में होता है।

एक चतुर्युगी के दशांश को क्रमशः चार, तीन, दो और एक से गुणा करने पर कृतयुग और अन्य युगों की अवधि मिलती है। इन सभी का छठा भाग इनकी ऊषा और संध्या होता है। इकहत्तर चतुर्युगी एक मन्वंतर या एक मनु की आयु होते हैं। इसके अंत पर संध्या होती है, जिसकी अवधि एक सतयुग के बराबर होती है और यह प्रलय होती है।

एक कल्प में चौदह मन्वंतर होते हैं, अपनी संध्याओं के साथ प्रत्येक कल्प के आरंभ में पंद्रहवीं संध्या/ऊषा होती है। यह भी सतयुग के बराबर ही होती है।

एक कल्प में एक हजार चतुर्युगी होते हैं और फिर एक प्रलय होती है। यह ब्रह्मा का एक दिन होता है। इसके बाद इतनी ही लंबी रात्रि भी होती है।

इस दिन और रात्रि के आकलन से उनकी आयु एक सौ वर्ष होती है, उनकी आधी आयु निकल चुकी है और शेष में से प्रथम कल्प है। इस कल्प में छह मनु अपनी संध्याओं समेत निकल चुके, अब सातवें मनु (वैवस्वतः विवस्वान (सूर्य) के पुत्र) का सत्ताईसवाँ चतुर्युग समूह बीत चुका है। वर्तमान में अट्ठाईसवाँ चतुर्युग समूह का कृतयुग बीत चुका है। उस बिंदु से समय का आकलन किया जाता है।

एक परमाणु मानवीय चक्षु के पलक झपकने का समय=लगभग चार सेकेंड

एक विघटि = छह परमाणु = (विघटि) २४ सेकेंड

एक घटि या घड़ी = ६० विघटि = २४ मिनट

एक मुहूर्त = दो घड़ियाँ = ४८ निमट

एक नक्षत्र अहोरात्रम् या नक्षत्रीय दिवस = ३० मुहूर्त (दिवस का आरंभ सूर्योदय से अगले सूर्योदय तक, न कि अर्धरात्रि से)

विष्णु पुराण में दिया गया एक अन्य वैकल्पिक पद्धति समय-मापन पद्धति अनुभाग, विष्णु पुराण, भाग-१, अध्याय तृतीय में निम्न है—

१० पलक झपकने का समय = १ काष्ठा।

३५ काष्ठा = १ कला

२० कला = १ मुहूर्त

१० मुहूर्त = १ दिवस (२४ घंटे)

५० दिवस = १ मास

६ मास = १ अयन

२ अयन = १ वर्ष = १ दिव्य दिवस

छोटी वैदिक समय इकाइयाँ

एक त्रिसरेणु = छह ब्रह्मांडीय अणु

एक त्रुटि = ३ त्रिसरेणु या सेकेंड का १/१६८७.५ भाग

एक वेध = १०० त्रुटि

एक लव = ३ वेध

एक निमेष = ३ लव या पलक झपकना

एक क्षण = ३ निमेष

एक काष्ठा = ५ क्षण, ८ सेकेंड

एक लघु = १५ काष्ठा, २ मिनट

१५ लघु = एक नाड़ी, जिसे दंड भी कहते हैं। इसका मान उस समय के बराबर होता है, जिसमें कि छह पल भार के (चौदह आउंस) के ताम्रपात्र से जल पूर्ण रूप से निकल जाए, जबकि उस पात्र में चार मासे की चार अंगुल लंबी सुई से छिद्र किया गया हो। ऐसा पात्र समय आकलन हेतु बनाया जाता है।

२ दंड = एक मुहूर्त

६ या ७ मुहूर्त = एक याम या एक-चौथाई दिन या रात्रि

४ याम या प्रहर = एक दिन या रात्रि

चंद्र मापन

एक तिथि वह समय होता है, जिसमें सूर्य और चंद्र के बीच का देशांतरीय कोण बारह अंश बढ़ जाता है। तिथियाँ दिन में किसी भी समय आरंभ हो सकती हैं और इनकी अवधि उन्नीस से छब्बीस घंटे तक हो सकती है।

एक पक्ष या पखवाड़ा = पंद्रह तिथियाँ

एक मास = २ पक्ष (पूर्णिमा से अमावस्या तक कृष्ण पक्ष और अमावस्या से पूर्णिमा तक शुक्ल पक्ष)

एक ऋतु = २ मास

एक अयन = ३ ऋतुएँ

एक वर्ष = २ अयन

उष्णकटिबंधीय मापन

एक यान = ७ १/२ घटी

८ याम अर्ध दिवस = दिन या रात्रि

एक अहोरात्र = नक्षत्रीय दिवस (जो कि सूर्योदय से आरंभ होता है।)

पितरों की समय गणना

१५ मानव दिवस = एक पितृ दिवस

३० पितृ दिवस = १ पितृ मास

१२ पितृ मास = १ पितृ वर्ष

पितृ जीवन काल = १०० पितृ वर्ष = १२०० पितृ मास = ३६,००० पितृ दिवस = १८,००० मानव मास = १५०० मानव वर्ष

देवताओं की काल गणना

१ मानव वर्ष = एक दिव्य दिवस

३० दिव्य दिवस = १ दिव्य मास

१२ दिव्य मास = १ दिव्य वर्ष

दिव्य जीवनकाल = १०० दिव्य वर्ष = ३६,००० मानव वर्ष

विष्णु पुराण के अनुसार काल-गणना विभाग, विष्णु पुराण भाग-१, तृतीय अध्याय के अनुसार—

२ अयन (छह मास अवधि) = १ मानव वर्ष = एक दिव्य वर्ष

४,००० + ४०० + ४०० =४,८०० दिव्य वर्ष = १ कृत युग

३,००० + ३०० + ३०० =३,६०० दिव्य वर्ष = १ त्रेता युग

२,००० + २०० + २०० = २,४०० दिव्य वर्ष = १ द्वापर युग

१,००० + १०० + १०० = १,२०० दिव्य वर्ष = १ कलि युग

१२,००० दिव्य वर्ष = ४ युग = १ महायुग (दिव्य युग भी कहते हैं)

ब्रह्मा की काल गणना

१००० महायुग = १ कल्प = ब्रह्मा का १ दिवस (केवल दिन) (चार खरब बत्तीस अरब मानव वर्ष और यह सूर्य की खगोलीय वैज्ञानिक आयु भी है) दो कल्प ब्रह्मा के एक दिन और रात बनते हैं।

३० ब्रह्मा के दिन = १ ब्रह्मा का मास (दो खरब ५९ अरब २० करोड़ मानव वर्ष)

१२ ब्रह्मा के मास = १ ब्रह्मा के वर्ष (३१ खरब १० अरब ४ करोड़ मानव वर्ष)

५० ब्रह्मा के वर्ष = १ परार्ध

२ परार्ध = १०० ब्रह्मा के वर्ष = १ महाकल्प (ब्रह्मा का जीवनकाल) (३१ शंख १० खरब ४० अरब मानव वर्ष)

ब्रह्मा का एक दिवस १०,००० भागों में बँटा होता है, जिसे चरण कहते हैं।

चारों युग ४ चरण (१७,२८,००० सौर वर्ष)	सतयुग
३ चरण (१२,९६,००० सौर वर्ष)	त्रेतायुग
२ चरण (८,६४,००० सौर वर्ष)	द्वापरयुग
१ चरण (४,३२,००० सौर वर्ष)	कलियुग

यह चक्र ऐसे दोहराता रहता है कि ब्रह्मा के एक दिवस में १००० महायुग होते हैं। उपरोक्त युगों का चक्र = एक महायुग (४३ लाख २० हजार सौर वर्ष)

श्रीमद्भगवद्गीता के अनुसार, 'सहस्त्र-युग अहर-यद ब्रह्मणो विदुः', अर्थात् ब्रह्मा का एक दिवस = १००० महायुग। इसके अनुसार ब्रह्मा का एक दिवस = ४ खरब ३२ अरब सौर वर्ष। इसी प्रकार इतनी ही अवधि ब्रह्मा की रात्रि की भी है।

एक मन्वंतर में ७१ महायुग (३०,६७,२०,००० सौर वर्ष) होते हैं। प्रत्येक मन्वंतर के शासक एक मनु होते हैं।

प्रत्येक मन्वंतर के बाद एक संधिकाल होता है, जो कि कृतयुग के बराबर का होता है (१७,२८,००० = ४ चरण) इस संधिकाल में प्रलय होने से पृथ्वी पूर्ण जलमग्न हो जाती है)।

एक कल्प में ८,६४,०००,०००० = ८ अरब, ६४ करोड़ सौर वर्ष होते हैं, जिसे आदि संधि कहते हैं, जिसके बाद १४ मन्वंतर और संधि काल आते हैं। ब्रह्मा का एक दिन बराबर है (१४ गुणा ७१ महायुग) + (१५ × ४ चरण) = ९९४ महायुग + (६० चरण) = ९९४ महायुग + (६ × १०) चरण = ९९४ महायुग + ६ महायुग = १,००० महायुग

पाल्या : एक पाल्य समय की इकाई है, यह बराबर होती है, भेड़ की ऊन का एक योजन ऊँचा घन बनाने में लगा समय, यदि प्रत्येक सूत्र एक शताब्दी में चढ़ाया गया हो। इसकी दूसरी परिभाषा के अनुसार, एक छोटी चिड़िया द्वारा किसी एक वर्ग मील के सूक्ष्म रेशों से भरे कुएँ को रिक्त करने में लगा समय, यदि वह प्रत्येक रेशे को प्रति सौ वर्ष में उठाती है। यह इकाई भगवान् आदिनाथ के अवतरण के समय की है। यथार्थ में यह १,००,०००,०००,००० पाल्य पहले था।

वर्तमान तिथि : हम वर्तमान में वर्तमान ब्रह्मा के इक्यानबे वर्ष में सातवें मनु, वैवस्वत मनु के शासन में श्वेतवाराह कल्प के द्वितीय परार्ध में, अट्ठाईसवें कलियुग के प्रथम वर्ष के प्रथम दिवस में विक्रम संवत् २०७६ में हैं। इस प्रकार अब तक १५ नील, ५५ खरब, २१ अरब, ९७ करोड़, १९ लाख, ६१ हजार, ६२० वर्ष इस ब्रह्मा को सृजित हुए हो गए हैं।

भारतीय मूल के धार्मिक पंथ

वैष्णव मत/भागवत मत

वैष्णव धर्म या 'वैष्णव संप्रदाय' का प्राचीन नाम 'भागवत धर्म' या 'पांचरात्र मत' है। इस संप्रदाय के प्रधान उपास्य देव वासुदेव हैं, जिन्हें छह गुणों—ज्ञान, शक्ति, बल, वीर्य, ऐश्वर्य और तेज से संपन्न होने के कारण भगवान् या 'भगवत' कहा गया है और भगवान् के उपासक 'भागवत' कहलाते हैं। इस संप्रदाय की पांचरात्र संज्ञा के संबंध में अनेक मत व्यक्त किए गए हैं। 'महाभारत' के अनुसार चार वेदों और सांख्ययोग के समावेश के कारण यह नारायणीय महाउपनिषद् पांचरात्र कहलाता है। 'नारद पांचरात्र' के अनुसार इसमें ब्रह्म, मुक्ति, भोग, योग और संसार—पाँच विषयों का 'रात्र' अर्थात् ज्ञान होने के कारण यह पांचरात्र है। 'ईश्वरसंहिता', 'पाद्मतंत', 'विष्णुसंहिता' और 'परमसंहिता' ने भी इसकी भिन्न-भिन्न प्रकार से व्याख्या की है। 'शतपथ ब्राह्मण' के अनुसार सूत्र की पाँच रातों में इस धर्म की व्याख्या की गई थी, इस कारण इसका नाम पांचरात्र पड़ा। इस धर्म के 'नारायणीय', 'ऐकांतिक' और 'सात्वत' नाम भी प्रचलित रहे हैं।

प्रारंभ

यह अनुमान है कि लगभग ६०० ई.पू. जिस समय ब्राह्मण ग्रंथों के हिंसाप्रधान यज्ञों की प्रतिक्रिया में बौद्ध-जैन सुधार-आंदोलन हो रहे थे, उससे भी पहले अपेक्षाकृत शांत, किंतु स्थिर ढंग से एक उपासना-प्रधान संप्रदाय विकसित हो रहा था, जो प्रारंभ से विष्णु-वंशीय क्षत्रियों की सात्वत नामक जाति में सीमित था। वैदिक परंपरा का इसने सीधा विरोध नहीं किया, प्रत्युत अपने अहिंसाप्रधान धर्म को वेद-विहित ही बताया। इस कारण कि उसकी प्रवृत्ति बौद्ध और जैन

सुधार–आंदोलनों की भाँति खंडनात्मक और प्रबल उपचारात्मक नहीं थी, इस संप्रदाय की वैसी धूम नहीं मची। ई.पू. चौथी शती में पाणिनि की अष्टाध्यायी के सूत्र से वासुदेव के उपासक का प्रमाण मिलता है। ई.पू. तीसरी–चौथी शती से पहली शती तक वासुदेवोपासना के अनेक प्रमाण प्राचीन साहित्य और पुरातत्त्व में मिले हैं।

प्रचलन

जैनों के शलाका पुरुषों में वासुदेव और बलदेव भी हैं तथा अरिष्टनेमि और वासुदेव के संबंध का भी उल्लेख प्राचीन जैन साहित्य में मिलता है। बौद्धजातकों (घत और महा उमग्ग) में वासुदेव की कथा कही गई है। बौद्ध साहित्य के 'चुल्लनिद्देस' में आजीवक, निगंठ, जटिल बलदेव आदि श्रावकों के साथ वासुदेव को पूजनेवाले वासुदेवकों का भी उल्लेख हुआ है, जिससे सूचित होता है कि यह संप्रदाय तीसरी-चौथी शती ई.पू. में विद्यमान था। इसी काल में चंद्रगुप्त मौर्य की राजसभा के यूनानी राजदूत मेगा स्थनीज ने 'सौरसेनाई' (शौरसेनी) जाति में, जो 'जोबेरीज' (यमुना) नदी के किनारे बसती थी और 'मेथोरा' (मथुरा) और क्लीसोबोरा (कृष्णपुर)। जिसके प्रधान नगर थे, हेराक्लीज (कृष्ण) के विशेष रूप से पूजे जाने का उल्लेख किया है। २०० ई.पू. के वेसनगर (भिलसा) के एक स्तंभ लेख के अनुसार बैक्ट्रिया के राजदूत हैलियोडोरस ने देवाधिदेव वासुदेव की प्रतिष्ठा में गरुड़स्तंभ का निर्माण कराया था। वह अपने को भागवत कहता था। ई.पू. पहली शती के नाणेघाट के गुहाभिलेख में अन्य देवताओं के साथ संकर्षण और वासुदेव का भी नामोल्लेख है। इसी समय एक और शिलालेख चित्तौड़गढ़ के समीप घोसुंडी में मिला है, जिसमें कण्ववंशी राजा सर्वतात द्वारा अश्वमेध यज्ञ के अवसर पर भगवान् संकर्षण और वासुदेव के मंदिर के लिए 'पूजाशिला-प्राकार' बनवाए जाने का उल्लेख है। मथुरा के महाक्षत्रप शोडास (ई.पू. ८०-५७) के समय के एक शिलालेख के अनुसार वसु नामक एक व्यक्ति ने महास्थान (जन्मस्थान मथुरा) में भगवान् वासुदेव का मंदिर बनवाया था। इन प्रमाणों से सूचित होता है कि भागवत धर्म का सबसे पहला नाम वासुदेव धर्म या वासुदेवोपासना है। भागवत नाम भी ई.पू. दूसरी-तीसरी शती में प्रचलित हो गया था। प्रारंभ में यह उपासना-मार्ग शूरसेन (आधुनिक ब्रजप्रदेश) में बसनेवाली सात्वत जाति में सीमित था, परंतु इसका प्रचार कदाचित् सात्वतों के स्थानांतरण के फलस्वरूप ई.पू. दूसरी-तीसरी शताब्दियों में ही पश्चिम की ओर हो गया था तथा विदेशी (यूनानी) लोग इसे मानने लगे थे।

दक्षिण के प्राचीन तमिल साहित्य में वासुदेव, संकर्षण तथा कृष्ण के अनेक संदर्भ मिलते हैं। इन संदर्भों के आधार पर अनुमान किया गया है कि उपर्युक्त सात्वत लोग, जो वैदिक पुरुवंशक एक जाति विशेष के थे, मगध के राजा जरासंध के आक्रांता होने के कारण कुरुपांचाल के शूरसेन प्रदेश से पश्चिमी सीमांत प्रदेश की ओर चले गए। मार्ग में इनमें से कुछ लोग पालव और उसके दक्षिण की ओर बस गए और वहीं से दक्षिण देश के संपूर्ण उत्तरी क्षेत्र तथा कोंकण में फैल गए। इन्हीं में से कुछ और दक्षिण की ओर चले गए। दक्षिण के अद्विया, अंडार और इडैयर जातियों के लोग पशुपालक अहीर या आभीरों के समकक्ष हैं। सात्वत जाति भी पशुपालक क्षत्रियों की जाति थी। 'ऐतरेय ब्राह्मण' में दक्षिण के सात्वतों द्वारा इंद्र के अभिषेक का उल्लेख मिलता है। यह मालूम होता है कि सात्वतों का दक्षिणगमन उससे पहले हो चुका था। वे अपने साथ अपनी धार्मिक परंपराएँ भी अवश्य लेते गए होंगे।

ग्रंथ

आलवारों की भक्तिभावपूर्ण गीति-रचनाओं में केवल भक्ति के साधन पक्ष का उद्घाटन मिलता है। नौवीं-दसवीं शती में तमिल प्रदेश में ही आलवारों के भक्ति-आंदोलन को वैदिक

और शास्त्रीय रूप देनेवाले आचार्यों का उदय हुआ। शंकर मायावाद-अद्वैतवाद के साथ भक्ति का सामंजस्य कैसे हो, यह एक विकट समस्या थी। अतः अद्वैत के स्थान पर विशिष्टाद्वैत का प्रतिपादन किया गया और मायावाद का प्रबल तर्कों के आधार पर खंडन किया गया। सबसे पहले आचार्य रंगनाथ मुनि (८२४-९२४ ई.) हुए, जो नाथमुनि के नाम से प्रसिद्ध हैं। लुप्तप्राय तमिल वेद का उद्धार करके उन्होंने श्रीरंगम के प्रसिद्ध मंदिर में उसके गायन की व्यवस्था की। 'योगरहस्य' और 'न्याय-तत्त्व' नामक इनके दो संस्कृत ग्रंथ भी कहे जाते हैं, जिनमें विशिष्टाद्वैत का प्रतिपादन हुआ है। नाथ-मुनि के पौत्र यामुनाचार्य (आलंबदार) हुए, जिन्होंने 'गीतार्थ-संग्रह', 'सिद्धित्रय', 'महापुरुष-निर्णय' और 'आगम प्रामाण्य' आदि अनेक ग्रंथों की रचना करके विशिष्टाद्वैत सिद्धांत का समर्थन, मायावाद का खंडन, विष्णु की श्रेष्ठता का प्रतिपादन तथा पंचरात्र सिद्धांत की वैदिक प्रामाणिकता की स्थापना की, परंतु वैष्णव आचार्यों में सबसे अधिक प्रसिद्ध श्री रामानुजाचार्य (१०१६-११३७) हुए। उन्होंने ब्रह्मसूत्र पर 'श्रीभाष्य' लिखा। इसके अतिरिक्त 'वेदार्थसंग्रह', 'वेदांतसार', 'वेदांतदीप', 'गद्यत्रय' और 'गीताभाष्य' की रचना करके उन्होंने शंकर अद्वैत और भेदाभेदवादी भास्कर मत का खंडन अपने मायाविरहित विशिष्टाद्वैत तथा उस पर आधारित प्रपत्तिपूर्ण भक्तिधर्म का प्रतिपादन किया। रामानुज का स्थापित भक्ति-धर्म श्रीवैष्णव कहा जाता है, क्योंकि विश्वास किया जाता है कि इसका प्रवर्तन स्वयं श्री लक्ष्मीनारायण के द्वारा हुआ है। लक्ष्मीनारायण इसके उपास्य देव हैं।

रामानुज की मृत्यु के सौ वर्ष के भीतर दक्षिण में एक अन्य आचार्य मध्व हुए, जिनके नाम पर 'माध्व मत' प्रसिद्ध हुआ। मध्वाचार्य का आध्यात्मिक सिद्धांत भेदवाद या द्वैतवाद है। भक्ति के प्रचार के लिए उन्होंने ब्रह्मसंप्रदाय की स्थापना की, क्योंकि उसके मूल प्रवर्तक स्वयं ब्रह्मा माने जाते हैं। मध्वाचार्य ने स्पष्ट रूप से मायावाद-अद्वैतवाद का खंडन करके भक्ति का पथ प्रशस्त किया। दक्षिण भारत में इस भक्ति-संप्रदाय ने, विशेष रूप से कर्नाटक और दक्षिणी महाराष्ट्र में कृष्णभक्ति का व्यापक प्रचार किया। बंगाल का गौड़ीय वैष्णव संप्रदाय भी माध्व मत की एक शाखा कहा जाता है। मध्वाचार्य का एक नाम आनंदतीर्थ भी था। इनके लिखे तीस ग्रंथ कहे जाते हैं, जिनमें 'गीताभाष्य', 'ब्रह्मसूत्रभाष्य', 'अणुभाष्य', 'अनुपाख्यान', 'दशोपनिषद्भाष्य', 'गीतातात्पर्यनिर्णय', 'भागवततात्पर्य-निर्णय', 'महाभारततात्पर्य-निर्णय' मुख्य हैं।

शैव मत

भारत के धार्मिक संप्रदायों में शैवमत प्रमुख है। वैष्णव, शाक्त आदि संप्रदायों के अनुयायियों से उसे माननेवालों की संख्या अधिक है। शिव की त्रिमूर्ति में से तीसरे मूर्ति की मान्यता है कि इनका विशिष्ट कार्य संहार है। शैव वह धार्मिक संप्रदाय है, जो शिव को ही ईश्वर मानकर आराधना करता है। शिव का शाब्दिक अर्थ है—'शुभ', 'कल्याण', 'मंगल', 'श्रेयस्कर' आदि, यद्यपि शिव का कार्य संहार करना भी है।

शैवमत का मूलरूप ऋग्वेद में रुद्र की कल्पना में मिलता है। रुद्र के भयंकर रूप की अभिव्यक्ति वर्षा के पूर्व झंझावात के रूप में होती थी। रुद्र के उपासकों ने अनुभव किया कि झंझावात के पश्चात् जगत् को जीवन प्रदान करने वाला शीतल जल बरसता है और उसके पश्चात्

एक गंभीर शांति और आनंद का वातावरण निर्मित हो जाता है। अत: रुद्र का ही दूसरा सौम्य रूप शिव जनमानस में स्थिर हो गया।

हिंदुओं के देवताओं की त्रिमूर्ति—ब्रह्मा, विष्णु और महेश में शिव विद्यमान हैं और उन्हें विनाश का देवता भी माना जाता है। शिव के तीन नाम शंभु, शंकर और शिव प्रसिद्ध हुए। इन्हीं नामों से उनकी प्रार्थना होने लगी।

यजुर्वेद के शतरुद्रीय अध्याय, तैत्तिरीय आरण्यक और श्वेताश्वतर उपनिषद् में शिव को ईश्वर माना गया है। उनके पशुपति रूप का संकेत सबसे पहले अथर्वशिरस उपनिषद् में पाया जाता है, जिसमें पशु, पाश, पशुपति आदि पारिभाषिक शब्दों का प्रयोग हुआ है। इससे लगता है कि उस समय से पाशुपत संप्रदाय बनने की प्रक्रिया प्रारंभ हो गई थी।

रामायण-महाभारत के समय तक शैवमत शैव अथवा माहेश्वर नाम से प्रसिद्ध हो चुका था। महाभारत में माहेश्वरों के चार संप्रदाय बतलाए गए हैं—

१. शैव
२. पाशुपत
३. कालदमन
४. कापालिक

वैष्णव आचार्य यमुनाचार्य ने कालदमन को ही 'कालमुख' कहा है। इनमें से अंतिम दो नाम शिव को रुद्र तथा भयंकर रूप में सूचित करते हैं, जब कि प्रथम दो शिव के सौम्य रूप को स्वीकार करते हैं। इनके धार्मिक साहित्य को शैवमत कहा जाता है। इनमें से कुछ वैदिक और शेष अवैदिक हैं। संप्रदाय के रूप में पाशुपत मत का संघटन बहुत पहले प्रारंभ हो गया था। इसके संस्थापक आचार्य लकुलीश थे। इन्होंने लकुल (लकुट) धारी शिव की उपासना का प्रचार किया, जिसमें शिव का रुद्र रूप अभी वर्तमान था। इसकी प्रतिक्रिया में अद्वैत दर्शन के आधार पर समयाचारी वैदिक शैव मत का संघटन संप्रदाय के रूप में हुआ। इसकी पूजा-पद्धति में शिव के सौम्य रूप की प्रधानता थी, किंतु इन अद्वैत शैव संप्रदाय की भी प्रतिक्रिया हुई। ग्यारहवीं शताब्दी में वीरशैव अथवा 'लिंगायत संप्रदाय' का उदय हुआ, जिसका दार्शनिक आधार शक्तिविशिष्ट अद्वैतवाद था।

कापालिकों ने भी अपना सांप्रदायिक संघटन बनाया। इनका संप्रदायक चिह्न छह मुद्रिकाएँ थीं, जो इस प्रकार हैं—

१. कंठहार
२. आभूषण
३. कर्णाभूषण
४. चूड़ामणि
५. भस्म
६. यज्ञोपवीत

इनके आचार शिव के घोर रूप के अनुसार बड़े वीभत्स थे, जैसे—कपालपात्र में भोजन, शव की भस्म को शरीर पर लगाना, भस्मभक्षण, यष्टिधारण, मदिरापात्र रखना, मदिरापात्र का आसन बनाकर पूजा का अनुष्ठान करना आदि। कालमुख साहित्य में कहा गया है कि इस प्रकार के आचरण से लौकिक और पारलौकिक सभी कामनाओं की पूर्ति होती है। इसमें संदेह नहीं कि कापालिक

क्रियाएँ शुद्ध शैवमत से बहुत दूर चली गईं और इनका मेल वाममार्गी शाक्तों से अधिक हो गया।

पहले शैवमत के मुख्यतः दो प्रकार थे—

१. पाशुपत

२. शैवसिद्धांत

फिर इन्हीं से कई उपसंप्रदाय हुए, जिनकी सूची निम्नांकित है—

पाशुपत शैव मत

१. पाशुपत

२. लघुलीश पाशुपत

३. कापालिक

४. नाथ संप्रदाय

५. गोरख पंथ

६. रंगेश्वर

आगमिक शैव मत

१. शैव सिद्धांत

२. तमिल शैव

३. कश्मीर शैव

४. वीर शैव

पाशुपत संप्रदाय का आधार-ग्रंथ महेश्वर द्वारा रचित 'पाशुपतसूत्र' है। इसके ऊपर कौंडिन्यरचित 'पंचार्थीभाष्य' है। इसके अनुसार पदार्थों की संख्या पाँच है—

१. कार्य

२. कारण

३. योग

४. विधि

५. दुखांत

जीव (जीवात्मा) और जड़ (जगत्) को कार्य कहा जाता है। परमात्मा (शिव) इनका कारण है, जिसको पति कहा जाता है। जीव पशु और जड़ पाश कहलाता है। मानसिक क्रियाओं के द्वारा पशु और पति के संयोग को योग कहते हैं। जिस मार्ग से पति की प्राप्ति होती है, उसे विधि की संज्ञा दी गई है। पूजाविधि में निम्नांकित क्रियाएँ आवश्यक हैं—

१. हँसना

२. गाना

३. नाचना

४. हुंकाराना

५. नमस्कार

संसार में दुःखों से आत्यंतिक निवृत्ति ही दुःखांत अथवा मोक्ष है।

आगमिक शैवों के शैव सिद्धांत के ग्रंथ संस्कृत और तमिल, दोनों में हैं। इनमें पति, पशु और पाश, इन तीन मूल तत्त्वों का गंभीर विवेचन मिलता है। इनके अनुसार जीव पशु है, जो अज्ञ और अणु है। जीव पशु चार प्रकार के पाशों से बद्ध है, यथा—मल, कर्म, माया और रोध शक्ति। साधना के द्वारा जब पशु पर पति का शक्तिपात (अनुग्रह) होता है, तब वह पाश से मुक्त हो जाता है। इसी को मोक्ष कहते हैं।

कश्मीर शैवमत दार्शनिक दृष्टि से अद्वैतवादी है। अद्वैत वेदांत और कश्मीर शैवमत में सांप्रदायिक अंतर इतना है कि अद्वैतवाद का ब्रह्म निष्क्रिय है, किंतु कश्मीर शैवमत का ब्रह्म (परमेश्वर) कर्तृत्वसंपन्न है। अद्वैतवाद में ज्ञान की प्रधानता है, उसके साथ भक्ति का सामंजस्य पूरा नहीं बैठता, कश्मीर शैवमत में ज्ञान और भक्ति का सुंदर समवन्य है। अद्वैतवाद वेदांत में जगत् ब्रह्म का विवर्त (भ्रम) है। कश्मीर शैवमत में जगत् ब्रह्म का स्वातंत्र्य अथवा आभास है। कश्मीर शैव की दो प्रमुख शाखाएँ हैं—

१. स्पंद शास्त्र

२. प्रत्यभिज्ञा शास्त्र

पहली शाखा के मुख्य ग्रंथ 'शिव दृष्टि' (सोमानंद कृत), 'ईश्वरप्रत्यभिज्ञाकारिका' (उत्पलाचार्य कृत), ईश्वरप्रत्यभिज्ञाकारिकाविमर्शिनी' और (अभिनवगुप्त रचित) 'तंत्रालोक' हैं। दोनों शाखाओं में कोई तात्त्विक भेद नहीं है, केवल मार्ग का भेद है। स्पंद शास्त्र में ईश्वराद्वार की अनुभूति का मार्ग ईश्वर दर्शन और उसके द्वारा मलनिवारण है। प्रत्यभिज्ञाशास्त्र में ईश्वर के रूप में अपनी प्रत्यभिज्ञा (पुनरनुभूति) ही वह मार्ग है। इन दोनों शाखाओं के दर्शन को 'त्रिक्दर्शन' अथवा 'ईश्वराद्वयवाद' कहा जाता है।

शैवमत के प्रधानतः चार संप्रदाय हैं—

१. पाशुपत

२. शैवसिद्धांत

३. कश्मीर शैवमत

४. वीर शैवमत

पहले का केंद्र गुजरात और राजपूताना, दूसरे का तमिल प्रदेश, तीसरे का कश्मीर और चौथे का कर्नाटक है।

वीर शैवमत के संस्थापक महात्मा वसव थे। इस संप्रदाय के मुख्य ग्रंथ ब्रह्म पर 'श्रीकरभाष्य' और 'सिद्धांत-शिखामणि' हैं। इनके अनुसार अंतिम तत्त्व अद्वैत नहीं, अपितु विशिष्टाद्वैत है। यह संप्रदाय मानता है कि परम तत्त्व शिव पूर्ण स्वातंत्र्यरूप है। स्थूल चिदचिच्छक्ति विशिष्ट जीव और सूक्ष्म चिदचिच्छक्ति विशिष्ट शिव का अद्वैत है। वीर शैव मत को लिंगायत भी कहते हैं, क्योंकि इसके अनुयायी बराबर शिवलिंग गले में धारण करते हैं।

बौद्ध मत

बौद्ध दर्शन से अभिप्राय उस दर्शन से है, जो भगवान् बुद्ध के निर्वाण के बाद बौद्ध धर्म के विभिन्न संप्रदायों द्वारा विकसित किया गया और बाद में पूरे एशिया में उसका प्रसार हुआ। 'दुःख

से मुक्ति' बौद्ध धर्म का सदा से मुख्य ध्येय रहा है। कर्म, ध्यान एवं प्रजा इसके साधन रहे हैं।

बुद्ध के उपदेश तीन पिटकों में संकलित हैं। ये सुत्त पिटक, विनय पिटक और अभिधम्म पिटक कहलाते हैं। ये पिटक बौद्ध धर्म के आगम हैं। क्रियाशील सत्य की धारणा बौद्ध मत की मौलिक विशेषता है। उपनिषदों का ब्रह्म अचल और अपरिवर्तनशील है। बुद्ध के अनुसार परिवर्तन ही सत्य है। पश्चिमी दर्शन में हैराक्लाइटस और बर्गसाँ ने भी परिवर्तन को सत्य माना। इस परिवर्तन का कोई अपरिवर्तनीय आधार भी नहीं है। बाह्य और आंतरिक जगत् में कोई ध्रुवसत्य नहीं है। बाह्य पदार्थ 'स्वलक्षणों' के संघात हैं। आत्मा भी मनोभावों और विज्ञानों की धारा है। इस प्रकार बौद्धमत में उपनिषदों के आत्मवाद का खंडन करके 'अनात्मवाद' की स्थापना की गई है। फिर भी बौद्धमत में कर्म और पुनर्जन्म मान्य हैं। आत्मा के न मानने पर भी बौद्धधर्म करुणा से ओतप्रोत है। दुःख से द्रवित होकर ही बुद्ध ने संन्यास लिया और दुःख के निरोध का उपाय खोजा। अविद्या, तृष्णा आदि में दुःख का कारण खोजकर उन्होंने इनके उच्छेद को निर्वाण का मार्ग बताया।

अनात्मवादी होने के कारण बौद्ध धर्म का वेदांत से विरोध हुआ। बख्तियार खिलजी ने आक्रमण के अनेक विरोध का फल यह हुआ कि बौद्ध धर्म को भारत से निर्वासित होना पड़ा, किंतु एशिया के पूर्वी देशों में उसका प्रचार हुआ। बुद्ध के अनुयायियों में मतभेद के कारण कई संप्रदाय बन गए। जैन संप्रदाय वेदांत के समान ध्यानवादी है।

सिद्धांतभेद के अनुसार बौद्ध परंपरा में चार दर्शन प्रसिद्ध हैं। इनमें वैभाषिक और सौत्रांतिक मत हीनयान परंपरा में हैं। ये दक्षिणी बौद्धमत हैं। योगाचार और माध्यमिक मत महायान परंपरा में हैं। यह उत्तरी बौद्धमत है। इन चारों दर्शनों का उदय ईसा की आरंभिक शब्ताब्दियों में हुआ। इसी समय वैदिक परंपरा में षड्दर्शनों का उदय हुआ। इस प्रकार भारतीय परंपरा में दर्शन संप्रदायों का आविर्भाव लगभग एक ही साथ हुआ है तथा उनका विकास परस्पर विरोध के द्वारा हुआ है। पश्चिमी दर्शनों की भाँति ये दर्शन पूर्वापर क्रम में उदित नहीं हुए हैं।

वसुबंधु (४०० ई.), कुमारलात (२०० ई.), मैत्रेय (३०० ई.) और नागार्जुन (२०० ई.) इन दर्शनों के प्रमुख आचार्य थे। वैभाषिक मत बाह्य वस्तुओं की सत्ता तथा स्वलक्षणों के रूप में उनका प्रत्यक्ष मानता है। अतः उसे बाह्य प्रत्यक्षवाद अथवा 'सर्वास्तित्ववाद' कहते हैं। सौत्रांतिक मत के अनुसार पदार्थों का प्रत्यक्ष नहीं, अनुमान होता है। अतः उसे 'बाह्यानुमेयवाद' कहते हैं। योगाचार मत के अनुसार बाह्य पदार्थों की सत्ता नहीं। हमें जो कुछ दिखाई देता है, वह विज्ञान मात्र है। योगाचार मत विज्ञानवाद कहलाता है। माध्यमिक मत के अनुसार विज्ञान भी सत्य नहीं है। सबकुछ शून्य है। शून्य का अर्थ निरस्वभाव, निःस्वरूप अथवा अनिर्वचनीय है। शून्यवाद का यह शून्य वेदांत के ब्रह्म के बहुत निकट आ जाता है।

बौद्ध दर्शन अपने प्रारंभिक काल में जैन दर्शन की ही भाँति आचारशास्त्र के रूप में ही था। बाद में बुद्ध के उपदेशों के आधार पर विभिन्न विद्वानों ने इसे आध्यात्मिक रूप देकर एक सशक्त दार्शनिकशास्त्र बनाया। बुद्ध द्वारा सर्वप्रथम सारनाथ में दिए गए उपदेशों में से चार आर्यसत्य इस प्रकार हैं—

दुःखसमुदायनिरोधमार्गाश्चत्वारआर्यबुद्धस्याभिमतानि तत्वानि।

अर्थात्—

१. दुःख—संसार दुःखमय है।

२. दुःखसमुदाय दर्शन—दुःख उत्पन्न होने का कारण है (तृष्णा)

३. दुःखनिरोध—दुःख का निवारण संभव है।

४. दुःखनिरोधमार्ग—दुःख निवारक मार्ग (आष्टांगिक मार्ग)

बुद्धाभिमत इन चारों तत्त्वों में से दुःखसमुदाय के अंतर्गत द्वादशनिदान (जरामरण, जाति, भव, उपादान, तृष्णा, वेदना, स्पर्श, षडायतन, नामरूप, विज्ञान, संस्कार तथा अविद्या) तथा दुःखनिरोध के उपायों में अष्टांगमार्ग (सम्यक् दृष्टि, सम्यक् संकल्प, सम्यक् वाणी, सम्यक् कर्म, सम्यक् आजीव, सम्यक् प्रयत्न, सम्यक् स्मृति तथा सम्यक् समाधि) का विशेष महत्त्व है। इसके अतिरिक्त पंचशील (अहिंसा, अस्तेय, सत्यभाषा, ब्रह्मचर्य तथा अपरिग्रह) तथा द्वादश आयतन (पंच ज्ञानेंद्रियाँ, पंच कर्मेंद्रियाँ, मन और बुद्धि), जिनसे सम्यक् कर्म करना चाहिए, आचार की दृष्टि से महनीय हैं। वस्तुतः चार आर्य सत्यों का विशद विवेचन ही बौद्ध दर्शन है।

बौद्ध दर्शन का प्रारंभिक श्रेणी विभाग सत्ता के महत्त्वपूर्ण प्रश्न को लेकर किया गया, जो कि चार प्रस्थान के रूप में इस प्रकार जाना जाता है—

मुख्यो माध्यमिको विवर्तमखिलं शून्यस्य मेने जगत्
योगाचारमते तु सन्ति मतयस्तासां विवर्तोऽखिलः।
अर्थोऽस्ति क्षणिकस्त्वसावनुमितो बुद्ध्येति सौत्रांतिकः
प्रत्यक्षं क्षणभङ्गुरं च सकलं वैभाषिको भाषते॥

वैभाषिक संप्रदाय (बाह्यार्थ प्रत्यक्षवाद)—ये अर्थ को ज्ञान से युक्त अर्थात् प्रत्यक्षगम्य मानते हैं।

सौत्रांतिक संप्रदाय (बाह्यार्थानुमेयवाद)—ये बाह्यार्थ को अनुमेय मानते हैं। यद्यपि बाह्यजगत् की सत्ता दोनों स्वीकार करते हैं, किंतु दृष्टि के भेद से एक के लिए चित निरपेक्ष तथा दूसरे के लिए चित्त सापेक्ष अर्थात् अनुमेय सत्ता है। सौत्रांतिक मत में सत्ता की स्थिति बाह्य से अंतर्मुखी है। बाध्य यथार्थ है, परंतु जब तक हम उसको देखते हैं, वह नहीं केवल उसका विचार ही रह जाता है, क्योंकि सभी धर्म क्षणिक है।

योगाचार संप्रदाय (विज्ञानवाद)—इनके अनुसार बुद्धि ही आकार के साथ है, अर्थात् बुद्धि में ही बाह्यार्थ चले आते हैं। चित्त अर्थात् आलयविज्ञान में अनंत विज्ञानों का उदय होता रहता है। क्षणभंगिनी चित्त संतति की सत्ता से सभी वस्तुओं का ज्ञान होता है। वस्तुतः ये बाह्य सत्ता का सर्वथा निराकरण करते हैं। इनके यहाँ माध्यमिक मत के समान सत्ता दो प्रकार की मानी गई है—

(अ) पारमार्थिक

(ब) व्यावहारिक

व्यावहारिक में पुनश्च परिकल्पित और परतंत्र दो रूप ग्राह्य हैं। यहाँ चित्त की ही प्रवृत्ति तथा निवृत्ति (निरोध, मुक्ति) होती है। सभी वस्तुएँ चित्त का ही विकल्प हैं। इसे ही 'आलयविज्ञान' कहते हैं। यह आलयविज्ञान क्षणिक विज्ञानों की संतति मात्र है।

माध्यमिक संप्रदाय (शून्यवाद)—यहाँ बाह्य एवं अंतः दोनों सत्ताओं का शून्य में विलयन

हुआ है, जो अनिर्वचनीय है। ये केवल ज्ञान को ही अपने में स्थित मानते हैं और दो प्रकार का सत्य स्वीकार करते हैं—

(अ) सांवृत्तिक सत्य—अविद्याजनित व्यावहारिक सत्ता।

(ब) पारमार्थिक सत्य—प्रज्ञाजनित सत्य

बौद्धों के इन चारों संप्रदायों में से प्रथम दो का संबंध हीनयान से तथा अंतिम दोनों का संबंध महायान से है। हीनयानी संप्रदाय यथार्थवादी तथा सर्वास्तिवादी है, जबकि महायानी संप्रदायों में से योगाचारी विचार को ही परम तत्त्व तथा परम रूप में स्वीकार करते हैं। माध्यमिक दर्शन एक निषेधात्मक एवं विवेचनात्मक पद्धति है। यही कारण है कि माध्यमिक शून्यवाद को 'सर्ववैनाशिकवाद' के नाम से भी जाना जाता है।

हीनयान तथा महायान की अन्यान्य अनेक शाखाएँ हैं, जो प्रख्यात नहीं हैं—

क्षणिकवाद—बौद्धों के अनुसार वस्तु का निरंतर परिवर्तन होता रहता है और कोई भी पदार्थ एक क्षण से अधिक स्थायी नहीं रहता है। कोई भी मनुष्य किन्हीं भी दो क्षणों में एक सा नहीं रह सकता, इसीलिए आत्मा भी क्षणिक है और यह सिद्धांत क्षणिकवाद। इसके लिए बौद्ध मतानुयायी प्रायः दीपशिखा की उपमा देते हैं। जब तक दीपक जलता है, तब तक उसकी लौ एक ही शिखा प्रतीत होती है, जबकि यह शिखा अनेक शिखाओं की एक शृंखला है। एक बूँद से उत्पन्न शिखा दूसरी बूँद से उत्पन्न शिखा से भिन्न है, किंतु शिखाओं के निरंतर प्रवाह से एकता का भान होता है। इसी प्रकार सांसारिक पदार्थ क्षणिक हैं, किंतु उनमें एकता की प्रतीति होती है। इस प्रकार यह सिद्धांत नित्यवाद और अभाववाद के बीच का मध्यम मार्ग है।

प्रतीत्यसमुत्पाद—'प्रतीत्यसमुत्पाद' से तात्पर्य एक वस्तु के प्राप्त होने पर दूसरी वस्तु की उत्पत्ति अथवा एक कारण के आधार पर एक कार्य की उत्पत्ति से है। प्रतीत्यसमुत्पाद सापेक्ष भी है और निरपेक्ष भी। सापेक्ष दृष्टि से वह संसार है और निरपेक्ष दृष्टि से निर्वाण। यह क्षणिकवाद की भाँति शाश्वतवाद और उच्छेदवाद के मध्य का मार्ग है, इसीलिए इसे मध्यम मार्ग कहा जाता है और इसको माननेवाले माध्यमिक।

इस चक्र के बारह क्रम हैं, जो एक-दूसरे को उत्पन्न करने के कारण हैं, ये हैं—

१. अविद्या
२. संस्कार
३. विज्ञान
४. नाम-रूप
५. षडायतन
६. स्पर्श
७. वेदना
८. तृष्णा
९. उपादान
१०. भव
११. जाति
१२. जरा-मरण।

जैन दर्शन

'कर्मारातीन् जयतीति जिनः', इस व्युत्पत्ति के अनुसार, जिसने राग-द्वेष आदि शत्रुओं को जीत लिया है, वह 'जिन' है।

- अर्हत, अरहंत, जिनेंद्र, वीतराग, परमेष्ठी, आप्त आदि उसी के पर्यायवाची नाम हैं। उनके द्वारा उपदिष्ट दर्शन जैन दर्शन है।
- आचार का नाम धर्म है और विचार का नाम दर्शन है तथा युक्ति-प्रतियुक्ति रूप हेतु आदि से उस विचार को सुदृढ़ करना न्याय है।
- जैन दर्शन का निर्देश है कि आचार का अनुपालन विचारपूर्वक किया जाए। धर्म, दर्शन और न्याय—इन तीनों के सुमेल से ही व्यक्ति के आध्यात्मिक उन्नयन का भव्य प्रासाद खड़ा होता है। अतः जैन धर्म का जो 'आत्मोदय' के साथ 'सर्वोदय'—सबका उद्दिष्ट है, उसका समर्थन करना जैन दर्शन का लक्ष्य है। जैन धर्म में अपना ही कल्याण नहीं चाहा गया है, अपितु सारे राष्ट्र की जनता और विश्व के जनसमूह, यहाँ तक कि प्राणिमात्र के सुख एवं कल्याण की कामना की गई है।

पाँच नैतिक सिद्धांत—

- किसी भी जीव के साथ हिंसा न करना (अहिंसा)।
- सदैव सत्य बोलना।
- चोरी न करना।
- व्यभिचार से दूर रहना।
- भौतिक धन-संपत्ति के लिए लालच न करना (अपरिग्रह)।

इन पाँचों नैतिक सिद्धांतों का पालन गृहस्थ और मुनियों, दोनों को करना चाहिए, परंतु मुनियों के लिए नियम ज्यादा कठोर होते हैं।

जैन दर्शन में स्पष्ट कहा गया है कि किसी भी जीव को शारीरिक या मानसिक पीड़ा पहुँचाना हिंसा है, जिसे पूरी तरह त्याग देना चाहिए। प्रकृति में सभी जीवों का जीवन समान महत्त्व का है। सत्य के संबंध में भी जैन दर्शन का दृष्टिकोण सीधा और स्पष्ट है। व्यक्ति को किसी भी परिस्थिति में सत्य से विचलित नहीं होना चाहिए। हालाँकि जैन दर्शन 'स्याद्वाद' के माध्यम से दूसरे के विचारों की सत्यता में विश्वास के लिए उदारता अपनाने का रास्ता दिखाता है।

जैन दर्शन में चोरी को जघन्य पाप माना है तथा इसके किसी भी तरीके को अपनाना वर्जित समझा गया है। इस दर्शन में यह आदेश भी है कि विवाहित पुरुषों को स्त्रियों पर लोलुप दृष्टि नहीं डालनी चाहिए। उन्हें उनके साथ आदरपूर्वक व्यवहार करना चाहिए। ब्रह्मचर्य का यह नियम सभी पुरुषों पर लागू होता है। जैन दर्शन मनुष्य को अपनी इच्छाओं पर नियंत्रण की शिक्षा भी देता है। मनुष्य को लालची नहीं होना चाहिए तथा धन-संपत्ति के लिए असाधारण प्रेम नहीं पालना चाहिए। अपनी आवश्यकताओं को नियंत्रित रख सदा संतोषी जीवन जीना चाहिए।

इस प्रकार हम पाते हैं कि जैन दर्शन के पाँचों नैतिक सिद्धांत न केवल व्यक्ति के व्यक्तिगत जीवन को सँवारते हैं, बल्कि समाज में आपसी भाईचारा, अहिंसा, सत्य की उपस्थिति व सच्चरित्रता को भी प्रोत्साहित करते हैं।

सिख मत

भारतीय धर्मों में सिख धर्म का एक पवित्र एवं अनुपम स्थान है। सिखों के प्रथम गुरु गुरुनानक देव सिख धर्म के प्रवर्तक हैं। उन्होंने अपने समय के भारतीय समाज में व्याप्त कुप्रथाओं, अंधविश्वासों, जर्जर रूढ़ियों और पाखंडों को दूर करते हुए जनसाधारण को धर्म के ठेकेदारों, पंडों, पीरों आदि के चंगुल से मुक्त किया। उन्होंने प्रेम, सेवा, परिश्रम, परोपकार और भाईचारे की दृढ़ नींव पर सिख धर्म की स्थापना की। ताज्जुब नहीं कि उदारवादी दृष्टिकोण से गुरुनानक देव ने सभी धर्मों की अच्छाइयों को समाहित किया। उनका मुख्य उपदेश था कि ईश्वर एक है, उसी ने सबको बनाया है। हिंदू-मुसलमान सभी एक ईश्वर की संतान हैं और ईश्वर के लिए सभी समान हैं। उन्होंने यह भी बताया है कि ईश्वर सत्य है और मनुष्य को अच्छे कार्य करने चाहिए, ताकि परमात्मा के दरबार में उसे लज्जित न होना पड़े। गुरुनानक ने अपने एक सबद में कहा है कि पंडित पोथी (शास्त्र) पढ़ते हैं, किंतु विचार नहीं बूझते। दूसरों को उपदेश देते हैं, इससे उनका माया का व्यापार चलता है। उनकी कथनी झूठी है, वे संसार में भटकते रहते हैं। इन्हें सबद के सार का कोई ज्ञान नहीं है। ये पंडित तो वाद-विवाद में ही पड़े रहते हैं।

पंडित वाचहि पोथिआ न बूझहि बीचार।
आन को मती दे चलहि माइआ का बापारु।
कहनी झूठी जगु भवै रहणी सबहु सबदु सु सारु॥

(आदिग्रंथ, पृ. ५५)

गुरु अर्जुन देव तो यहाँ तक कहते हैं कि परमात्मा व्यापक है, जैसे सभी वनस्पतियों में आग समाई हुई है एवं दूध में घी समाया हुआ है, इसी तरह परमात्मा की ज्योति ऊँच-नीच सभी में व्याप्त है, परमात्मा घट-घट में व्याप्त है—

सगल वनस्पति महि बैसन्तरु सगल दूध महि घीआ।
ऊँच-नीच महि जोति समाणी, घटि-घटि माथउ जीआ॥

(आदिग्रंथ, पृ. ६१७)

सिख धर्म को मजबूत और मर्यादासंपन्न बनाने के लिए गुरु अर्जुन देव ने आदिग्रंथ का संपादन करके एक बड़ा ऐतिहासिक एवं शाश्वत कार्य किया। उन्होंने आदिग्रंथ में पाँच सिख गुरुओं के साथ १५ संतों एवं १४ रचनाकारों की रचनाओं को भी ससम्मान शामिल किया। इन पाँच गुरुओं के नाम हैं—गुरु नानक, गुरु अंगददेव, गुरु अमरदास, गुरु रामदास और गुरु अर्जुनदेव। शेख फरीद, जयदेव, त्रिलोचन, साधना, नामदेव, वेणी, रामानंद, कबीर, रविदास, पीपा, सैठा, धन्ना, भीखन, परमानंद और सूरदास। १५ संतों की वाणी को आदिग्रंथ में संगृहीत करके गुरुजी ने अपनी उदार मानवतावादी दृष्टि का परिचय दिया। इतना ही नहीं, उन्होंने हरिबंस, बल्हा, मथुरा, गयंद, नल्ह, भल्ल, सल्ह भिक्खा, कीरत, भाई मरदाना, सुंदरदास, राइ बलवंड एवं सत्ता डूम, कलसहार, जालप जैसे १४ रचनाकारों की रचनाओं को आदिग्रंथ में स्थान देकर उन्हें उच्च स्थान प्रदान किया। यह अद्‌भुत कार्य करते समय गुरु अर्जुन देव के सामने धर्म, जाति, क्षेत्र और भाषा की किसी सीमा ने अवरोध पैदा नहीं किया।

शाक्त मत

शाक्त संप्रदाय हिंदू धर्म के तीन प्रमुख संप्रदायों में एक है। इस संप्रदाय में सर्वशक्तिमान को देवी (पुरुष नहीं, स्त्री) माना जाता है। कई देवियों की मान्यता है कि सभी एक ही देवी के विभिन्न रूप हैं। शाक्त मत के अंतर्गत कई परंपराएँ मिलती हैं, जिसमें लक्ष्मी से लेकर भयावह काली तक हैं। कुछ शाक्त संप्रदाय अपनी देवी का संबंध शिव या विष्णु से बताते हैं।

हिंदुओं के श्रुति तथा स्मृति ग्रंथ शाक्त परंपरा का प्रधान ऐतिहासिक आधार बनाते हुए दिखते हैं। इसके अलावा शाक्त लोग देवीमाहात्म्य, देवीभागवत पुराण तथा शाक्त उपनिषदों (जैसे देवी उपनिषद्) पर आस्था रखते हैं।

शाक्त अर्थात् 'भगवती शक्ति की उपासना'। शाक्त धर्म शक्ति की साधना का विज्ञान है। इसके मतावलंबी शाक्त धर्म को भी प्राचीन वैदिक धर्म के बराबर ही पुराना मानते हैं। यह बात उल्लेखनीय है कि इस धर्म का विकास वैदिक धर्म के साथ-ही-साथ या सनातन धर्म में इसे समावेशित करने की जरूरत के साथ ही हुआ। यह हिंदू धर्म में पूजा का एक प्रमुख स्वरूप है, जिसे अब 'हिंदू धर्म' कहा जाता है, उसे तीन अंत:प्रवाहित, परस्परव्यापी धाराओं में विभाजित किया जा सकता है। वैष्णववाद, भगवान् विष्णु की उपासना, शैववाद, भगवान् शिव की पूजा तथा शाक्तवाद, देवी के शक्ति रूप की उपासना। इस प्रकार शाक्तवाद दक्षिण एशिया में विभिन्न देवी-परंपराओं को नामित करनेवाला आम शब्द है, जिसका सामान्य केंद्रबिंदु देवियों की पूजा है।

'शक्ति की पूजा'—शक्ति के अनुयायियों को अकसर 'शाक्त' कहा जाता है। शाक्त न केवल शक्ति की पूजा करते हैं, बल्कि उसके शक्ति-आविर्भाव को मानव शरीर एवं जीवित ब्रह्मांड की शक्ति या ऊर्जा में संवर्धित, नियंत्रित एवं रूपांतरित करने का प्रयास भी करते हैं। विशेष रूप से माना जाता है कि शक्ति, कुंडलिनी के रूप में मानव शरीर के गुदा आधार तक स्थित होती है। जटिल ध्यान एवं यौन-यौगिक अनुष्ठानों के जरिए यह कुंडलिनी शक्ति जाग्रत् की जा सकती है। इस अवस्था में यह सूक्ष्म शरीर की सुषुम्ना से ऊपर की ओर उठती है। मार्ग में कई चक्रों को भेदती हुई, जब तक सिर के शीर्ष में अंतिम चक्र में प्रवेश नहीं करती और वहाँ पर अपने पति-प्रियतम शिव के साथ हर्षोन्मादित होकर नहीं मिलती, भगवती एवं भगवान् के पौराणिक संयोजन का अनुभव हर्षोन्मादी-रहस्यात्मक समाधि के रूप में मनो-दैहिक रूप से किया जाता है। जिसको विस्फोटी परमानंद कहा जाता है, कपाल क्षेत्र से उमड़कर हर्षोन्माद एवं गहनानंद की बाढ़ के रूप में नीचे की ओर पूरे शरीर में बहता है।

मान्यता

हिंदुओं के शाक्त संप्रदाय में भगवती दुर्गा को ही दुनिया की पराशक्ति और सर्वोच्च शक्ति माना जाता है। यह पुराण वस्तुतः 'दुर्गा चरित्र' एवं 'दुर्गा सप्तशती' के वर्णन के लिए प्रसिद्ध है। इसीलिए इसे शाक्त संप्रदाय का पुराण भी कहा जाता है। शास्त्रों में कहा गया है—'मातरः सर्वभूतानां गावः', यानी गाय समस्त प्राणियों की माता है। इसी कारण आर्य संस्कृति में पनपे शैव, शाक्त, गाणपत्य, जैन, बौद्ध, सिख आदि सभी धर्म-संप्रदायों में उपासना एवं कर्मकांड की पद्धतियों में भिन्नता होने पर भी वे गौ के प्रति आदर भाव रखते हैं। हिंदू धर्म के अनेक संप्रदायों में विभिन्न प्रकार के तिलक चंदन, हल्दी और केसरयुक्त सुगंधित पदार्थों का प्रयोग करके बनाया जाता है।

वैष्णव गोलाकार बिंदी, शाक्त तिलक और शैव त्रिपुंड से अपना मस्तक सुशोभित करते हैं।

'धर्म ग्रंथ' शाक्त संप्रदाय में देवी दुर्गा के संबंध में 'श्रीदुर्गा भागवत पुराण' एक प्रमुख ग्रंथ है, जिसमें १०८ देवी पीठों का वर्णन किया गया है। उनमें भी ५१-५२ शक्तिपीठों का बहुत ही महत्त्वपूर्ण स्थान है। इसी में दुर्गा सप्तशती भी है।

'दर्शन', 'स्त्रैण' शब्द पुरुषों के लिए प्रयुक्त होता है। इसीलिए वे देवी दुर्गा को ही ईश्वर रूप में पूजते हैं। दुनिया के सभी धर्मों में ईश्वर की जो कल्पना की गई है, वह पुरुष के समान की गई है, अर्थात् ईश्वर पुरुष जैसा हो सकता है, किंतु शाक्त धर्म दुनिया का एकमात्र ऐसा धर्म है, जो सृष्टि रचनाकार को जननी या स्त्रैण मानता है। सही मायने में यही एकमात्र धर्म स्त्रियों का धर्म है। शिव तो शव है, शक्ति परम प्रकाश है। हालाँकि शाक्त दर्शन भी सांख्य के समान ही है।

'प्राचीनता' सिंधु घाटी सभ्यता में भी मातृदेवी की पूजा के प्रमाण मिलते हैं। शाक्त संप्रदाय प्राचीन संप्रदाय है। गुप्त काल में यह उत्तर-पूर्वी भारत, कंबोडिया, जावा, बोर्नियो और मलाया प्रायद्वीपों के देशों में लोकप्रिय था। बौद्ध धर्म के प्रचलन के बाद इसका प्रभाव कम हुआ।

हिंदू आस्था का प्रतिबिंब

सैद्धांतिक या लोकप्रिय धार्मिक प्रवर्ग के रूप में शाक्तवाद इस हिंदू आस्था का प्रतिबिंब है कि ग्रामीण एवं संस्कृत की किंवदंतियों की असंख्य देवियाँ एक महादेवी की अभिव्यक्तियाँ हैं। आमतौर पर माना जाता है कि महादेवी की अवधारणा प्राचीन है, लेकिन ऐतिहासिक दृष्टि से इसका कालांकन शायद मध्यकाल का है, जब अत्यधिक विषम स्थानीय एवं अखिल भारतीय परंपराओं का एकीकरण सैद्धांतिक रूप से एकीकृत धर्मशास्त्र में किया जाता था। धर्मशास्त्र प्रवर्ग के ऐतिहासिक और सैद्धांतिक रूप से भिन्न परंपराओं में प्रयुक्त किया जा सकता है। मध्यकालीन पुराणों की विभिन्न देवियों की पौराणिक कथाओं से लेकर दो प्रमुख देवी शाखाओं या शाक्त तंत्रवाद कुलों से पूर्ववर्ती एवं वर्तमान, वस्तुत: असंख्य स्थानीय ग्रामीण देवियों तक है।

लोकप्रियता

ऐतिहासिक रूप से शाक्तवाद दक्षिण एशिया के बाहरी इलाके में लोकप्रिय रहा है, विशेष रूप से कश्मीर, दक्षिण भारत, असम और बंगाल में; हालाँकि इसके तांत्रिक प्रतीक और अनुष्ठान कम-से-कम छठी शताब्दी से हिंदू परंपराओं में सर्वव्यापी रहे हैं। हाल में परंपरागत प्रवासी, भारतीय जनसंख्या के साथ, कुछ भारत विद्या शैक्षिक समुदाय में और विभिन्न नवयुग एवं नारीवादोन्मुखी परंपराओं के साथ, सामान्यत: पश्चिम में ज्यादा लोकप्रिय शीर्षक तंत्रवाद या तंत्र के अंतर्गत परंपरागत, दार्शनिक एवं लोकप्रिय शाक्तवाद के विविध स्वरूपों ने अब प्रवेश किया है।

शाक्तसंस्कृति—कृष्ण काल में ब्रज में शाक्त संस्कृति का प्रभाव बहुत बढ़ा। ब्रज में महामाया, महाविद्या, करोली, सांचोली आदि विख्यात शक्तिपीठ हैं। मथुरा के राजा कंस ने वसुदेव द्वारा यशोदा से उत्पन्न जिस कन्या की हत्या की थी, उसे भगवान् श्रीकृष्ण की प्राणरक्षिका देवी के रूप में पूजा जाता है। देवी शक्ति की यह मान्यता ब्रज से सौराष्ट्र तक फैली है। द्वारका में भगवान् द्वारकानाथ के शिखर पर चर्चित सिंदूरी आकर्षक देवी प्रतिमा को कृष्ण की भगिनी बतलाया गया है, जो शिखर पर विराजमान होकर सदा इनकी रक्षा करती है। ब्रज में तांत्रिकों का आज से १००

वर्ष पूर्व तक प्रमुख गढ़ था। यहाँ के तांत्रिक भारत भर में प्रसिद्ध रहे हैं। कामवन भी राजा कामसेन के समय तंत्र विद्या का मुख्य केंद्र था, उसके दरबार में अनेक तांत्रिक रहते थे।

उद्‌देश्य

सभी संप्रदायों के समान शाक्त संप्रदाय का उद्‌देश्य भी मोक्ष है। फिर भी शक्ति का संचय करो, शक्ति की उपासना करो, शक्ति ही जीवन है, शक्ति ही धर्म है, शक्ति ही सत्य है, शक्ति ही सर्वत्र व्याप्त है और शक्ति की सभी को आवश्यकता है। बलवान बनो, वीर बनो, निर्भय बनो, स्वतंत्र बनो और शक्तिशाली बनो। इसीलिए नाथ और शाक्त संप्रदाय के साधक शक्तिमान बनने के लिए तरह-तरह के योग और साधना करते रहते हैं। सिद्धियाँ प्राप्त करते रहते हैं। शक्ति से ही मोक्ष पाया जा सकता है। शक्ति नहीं है तो सिद्ध, बुद्धि और समृद्धि का कोई मतलब नहीं है।

चार्वाक दर्शन (लोकायत)

मानव जीवन का सबसे प्राचीन दर्शन (Philosoph4 of life) कदाचित् चार्वाक दर्शन है, जिसे लोकायत या लोकायतिक दर्शन भी कहते हैं। लोकायत का शाब्दिक अर्थ है, जो मत लोगों के बीच व्याप्त है, जो विचार जनसामान्य में प्रचलित है। इस जीवनदर्शन का सार निम्नलिखित कथनों में निहित है—

यावज्जीवेत्सुखं जीवेत् ऋणं कृत्वा घृतं पिबेत्।
भस्मीभूतस्य देहस्य पुनरागमनं कुतः॥
त्रयोवेदस्य कर्तारौ भण्डधूर्तनिशाचराः।

(स्रोत : ज्ञानगंगोत्तरी, संकलन एवं संपादन : लीलाधर शर्मा पांडेय, ओरियंट पेपर मिल्स, अमलाई, म.प्र., पृष्ठ १३८)

मनुष्य जब तक जीवित रहे, तब तक सुखपूर्वक जिए। ऋण लेकर भी घी पिए अर्थात् सुख-भोग के लिए जो उपाय करने पड़ें, उन्हें करे। दूसरों से उधार लेकर भौतिक सुख-साधन जुटाने में हिचके नहीं। परलोक, पुनर्जन्म और आत्मा-परमात्मा जैसी बातों की परवाह न करे। भला जो शरीर मृत्यु पश्चात् भस्भीभूत हो जाए, यानी जो देह दाहसंस्कार में राख हो चुकी, उसके पुनर्जन्म का सवाल ही कहाँ उठता है। जो भी है, इस शरीर की सलामती तक ही है और उसके बाद कुछ भी नहीं बचता। इस तथ्य को समझकर सुखभोग करे, उधार लेकर ही सही। तीनों वेदों के रचयिता धूर्त प्रवृत्ति के मसखरे निशाचर रहे हैं, जिन्होंने लोगों को मूर्ख बनाने के लिए आत्मा-परमात्मा, स्वर्ग-नरक, पाप-पुण्य जैसी बातों का भ्रम फैलाया है।

चार्वाक सिद्धांत का कोई ग्रंथ नहीं है, किंतु उसका जिक्र अन्य विविध दर्शनों के प्रतिपादन में मनीषियों ने किया है। उपरिलिखित कथन का मूल स्रोत क्या है, इसकी जानकारी अभी मुझे नहीं है। मुझे यह 'ज्ञानगंगोत्तरी' नामक ग्रंथ में पढ़ने को मिला।

माना जाता है कि 'लोकायत' विचार का कोई प्रणेता नहीं है, लेकिन इसे दर्शन रूप में स्थापित करने का श्रेय आचार्य बृहस्पति को दिया जाता है, जो कदाचित् देवगुरु बृहस्पति से भिन्न थे। चार्वाक को उनका शिष्य बताया जाता है, जिसने इस विशुद्ध भौतिकवादी विचारधारा

को प्रचारित-प्रसारित किया। शायद इसीलिए उसका नाम इस दर्शन से जुड़ गया। यह भी माना जाता है कि चार्वाक नाम भी उसका मौलिक नाम नहीं था। मेरे पास उपलब्ध शब्दकोश में इस नाम की व्याख्या इस प्रकार है—

चारुः लोकसम्मतो वाको वाक्यं यस्य सः चारुवाकः।

अर्थात् लोकलुभावन और आम जन को प्रिय लगनेवाले वचन कहता हो, प्रचारित करता हो, वह चारुवाक। कालांतर में यही बदलकर चार्वाक हो गया। जो सीधे तौर में समझ आए और सुविधाजनक लगे, जीवन का रास्ता जो दिखाए, वह चार्वाक।

चार्वाक दर्शन नास्तिकवादी एवं अनीश्वरवादी है। इस दर्शन के अनुसार जो भी इंद्रियगम्य है, जिसके अस्तित्व का ज्ञान देख-सुनकर अथवा अन्य प्रकार से किया जा सकता है, वही वास्तविक है। जिस ज्ञान को चिंतन-मनन से मिलने की बात कही जाती है, वह भ्रामक है, मिथ्या है, महज अनुमान पर टिका है। आत्मा-परमात्मा जैसी कोई चीज होती ही नहीं है, अत: पाप-पुण्य नरक-स्वर्ग का कोई अर्थ नहीं है।

चार्वाक सिद्धांत चार तत्त्वों—'पृथ्वी', 'जल', 'अग्नि' एवं 'वायु' को मान्यता देता है। समस्त जीव-निर्जीव तंत्र/पदार्थ इन्हीं के संयोग से बने हैं। स्थूल वस्तुओं/जीवों की रचना में 'आकाश' का कोई योगदान नहीं रहता है, अत: उसे यह पाँचवें तत्त्व के रूप में नहीं स्वीकार करता है (ध्यान रहे कि कई दर्शन पाँच महाभूतों को भौतिक सृष्टि का आधार मानते हैं—'क्षितिजलपावकगगनसमीरा')। चार्वाक के अनुसार मनुष्यों एवं अन्य जीवों की चेतना इन्हीं मौलिक तत्त्वों के परस्पर मेल से उत्पन्न होती है। जब शरीर अपने अवयवों में बिखर जाता है तो उसके साथ यह चेतना भी लुप्त हो जाती है। इस विचार को स्पष्ट करने के लिए चार्वाक का अधोलिखित कथन विचारणीय है—

जडभूतविकारेषु चैतन्य यत्तु दृश्यते।
ताम्बूलपूगचूर्णानां योगाद् राग इवोत्थितम्॥

(*भारतीय दर्शनशास्त्र का इतिहास*)

अर्थात् जिस प्रकार पान के पत्ते तथा सुपारी के चूर्ण के संयोग से लाल रंग होंठों पर छा जाता है, उसी प्रकार इन चेतनाशून्य घटक तत्त्वों के परस्पर संयोग से चेतना की उत्पत्ति होती है, यानी चेतना आत्मा या तत्तुल्य किसी अन्य अभौतिक सत्ता की विद्यमानता से नहीं आती है। विभिन्न पदार्थों के सेवन से चेतना की तीव्रता कम-ज्यादा हो जाती है, जिससे स्पष्ट है कि ये ही पदार्थ चेतना के कारण हैं।

चार्वाक दर्शन वस्तुत: आज का विज्ञानपोषित भौतिकवाद है, जिसकी मान्यता है कि समस्त सृष्टि भौतिक पदार्थ और उससे अनन्य रूप से संबद्ध ऊर्जा का ही कमाल है। पदार्थ से ही जीवधारियों की रचना होती है। उसमें किसी अभौतिक सत्ता की कोई भूमिका नहीं है। विशुद्ध चेतनाहीन पदार्थ से ही जटिल एवं जटिलतर जीवों की रचना हुई है। जीव-रचना की जटिलता के ही साथ चेतना का भी उदय हुआ है। ऐसी संरचना के निरंतर विकास के फलस्वरूप मानव जैसा चेतन और बुद्धियुक्त जीव का जन्म हुआ है। वैज्ञानिकों का एक वर्ग इस विचारधारा का पक्षधर है कि चेतना का मूल कारण भौतिकी के ही प्राकृतिक नियमों में छिपा है। चेतना का उदय कब

और कैसे होता है, यह अवश्य इन विज्ञानियों के लिए अभी अबूझ पहेली है।

आधुनिक विज्ञान पदार्थमूलक है। अध्यात्म से उसका कोई संबंध नहीं है। आज के विज्ञानमूलक भौतिक दर्शन, जिसमें सबकुछ पदार्थगत है, को चार्वाक दर्शन का परिष्कृत दर्शन कह सकते हैं, क्योंकि यह भौतिक तंत्रों/घटनाओं की तर्कसम्मत व्याख्या कर सकता है। अवश्य ही यह चार्वाक के चार तत्त्वों पर नहीं टिका है। सभी वैज्ञानिक चार्वाक सिद्धांत को यथावत् नहीं मानते हैं। उनमें कई ईश्वर तथा जीवात्मा जैसी चीजों को मानते हैं।

'लोकायत' के मतावलंबियों को अकसर 'चार्वाक' कहते हैं। चार्वाकों को दो श्रेणियों में बाँटा जाता है—(१) धूर्त एवं (२) सुशिक्षित। 'यह शरीर जब तक है, तभी तक सबकुछ है, उसके बाद कुछ नहीं रहता' के सिद्धांत के कारण लोकायत में पाप-पुण्य, नैतिकता आदि बातों का कोई ठोस आधार न होते हुए भी 'सुशिक्षित', चार्वाक सुव्यवस्थति मानव समाज की रचना के पक्षधर होते हैं। दूसरी तरफ 'धूर्त' चार्वाकों के लिए 'खाओ-पियो मौज करो और उसके लिए सबकुछ जायज है' की नीति पर चलते हैं। उनके लिए सुखप्राप्ति एकमेव जीवनोद्देश्य रहता है। कोई भी कर्म उनके लिए गर्हित, त्याज्य या अवांछित नहीं होता है और ऐसे जनों की इस धरती पर कोई कमी नहीं होती है।

इस दुनिया में ९० प्रतिशत से अधिक लोग चार्वाक सिद्धांत के अनुरूप ही जीवन जीते हैं। यद्यपि वे किसी-न-किसी आध्यात्मिक मत में आस्था की बात करते हैं, किंतु उनकी धारणा गंभीरता से विचारी हुई नहीं होती, महज सतही होती है, इस प्रकार का 'तोतारटंत', भेड़चाल में अपनाई गई एक प्रकार की नीति। चूँकि दुनिया में लोग ऐसा या वैसा मानते हैं, अतः हम भी मानते हैं, की बात उन पर लागू होती है, अन्यथा तथ्य यह है कि प्रायः हर व्यक्ति इसी धरती के सुखों को बटोरने में लगा हुआ है। अनाप-शनाप धन-संपदा अर्जित करना और भौतिक सुखों का आनंद पाना, यही लगभग सभी का लक्ष्य रह गया है। मानव समाज में जो भी छोटे-बड़े अपराध देखने को मिलते हैं, वे अपने लिए सबकुछ बटोरने की नीयत से किए जाते हैं। हमारे कृत्य से किसी और को क्या कष्ट होगा, इसका कोई अर्थ नहीं है। जैसे भी मेरा काम निकले, वही तरीका जायज है, की नीति सर्वत्र है। इस जीवन से परे क्या कुछ है, इस प्रश्न को हर कोई टाल देना पसंद करता है और कर्मकांडों के तौर पर कहीं कुछ होता है तो वह अपने, अपने परिवार, अपने लोगों के सुखमय जीवन एवं सुरक्षा की कामना से किया जाता है, यहाँ तक कि आधुनिक धर्मगुरु भी अपने सुख के लिए चेलों का संगठन तैयार करते हैं, वे अपने परलोक के लिए उतने चिंतित नहीं रहते, जितने दूसरों के परलोक के लिए (धोखा देना)। इस समय सर्वत्र चार्वाक सिद्धांत की ही मान्यता है, आप मानें या न मानें।

भारतीय राष्ट्र-दर्शन

विश्व की क्रांतिकारी उत्पत्ति में राष्ट्रवाद की गिनती होती है। कहा जाता है कि फ्रांस की क्रांति से उपजे समता, समानता और बंधुत्व ने राष्ट्रवाद की आधारशिला रखी, लेकिन सवाल यह उठता है कि क्या फ्रांस की क्रांति से पहले समता, समानता और बंधुत्व नहीं था और साथ में इस सवाल का भी जवाब जरूरी है कि क्या आज की तारीख में राष्ट्र में समता, समानता और बंधुत्व

है ? पाश्चात्य राष्ट्रवाद अलगाव पर आधारित है, इसका सीधा अर्थ होता है, जो मैं हूँ, वह आप नहीं हो, तुम हमसे अलग हो। यह अलगाव भूगोल-आधारित, इतिहास-आधारित, भाषा-संस्कृति या किसी अन्य विषय पर आधारित हो सकता है।

सवाल उठता है कि क्या यही राष्ट्रवाद भारतवर्ष में भी था। इसका जवाब पाश्चात्य इतिहासकार, पाश्चात्य बुद्धिजीवी पूरी तरह नकारते हैं और यह सच है कि पश्चिम में जनमे राष्ट्रवाद

का भारत की धरती पर अस्तित्व नहीं था। जिस राष्ट्रवाद का गुणगान पश्चिम जगत् करता है, जिसका आधार अलगाववाद है, भारत उससे अछूता रहा है। फ्रांस और जर्मन भाषा का आधार दो राष्ट्र हैं, ये दोनों एक नहीं हो सकते, लेकिन १५-२० भाषाएँ, अलग-अलग खान-पान, अलग-अलग भौगोलिक स्थिति, फिर भी राष्ट्र एक; वह है भारतवर्ष। अलग राष्ट्र से आनेवाले विदेशी शक, हूण, कुषाण को भारत ने आत्मसात् कर लिया। इसलाम, जिसकी बर्बरता के सामने कोई भी राष्ट्र टिक नहीं सका, वह हजारों साल में भी भारत की आत्मा को चोट नहीं पहुँचा सका। वह कौन सी शक्ति है, जिसने भारत की आत्मा को बचाए रखा, चाहे राजा जीते या हारे, भारत में वह कौन सी शक्ति है, जिसके बल पर वह सबको पचा ले गया। इसका कारण जब ढूँढ़ेंगे तो पाएँगे कि भारत का राष्ट्र-दर्शन, भारत का राष्ट्रभाव ही वह शक्ति है, जिसके कारण विभिन्नता में भी भारत की एकता बनी रहती है। भारत के राष्ट्र-दर्शन की मूल इकाई है वह एकता, जो नाना प्रकार की विविधता में प्रकट होती है। जहाँ पाश्चात्य राष्ट्रवाद जितनी विविधता, उतने राष्ट्र पर आधारित है, वहीं भारतीय राष्ट्र-दर्शन का आधार अध्यात्म है। देश की आत्मा अध्यात्म में है, इसी कारण राजा के बदलने से राष्ट्र का चरित्र नहीं बदलता, इतनी लंबी गुलामी के बाद भी भारत राष्ट्र सम्मान से सिर उठाए खड़ा है। हमारे राष्ट्र का आधार सामाजिक, आर्थिक या राजनीतिक नहीं है, बल्कि यह पूरी तरह आध्यात्मिक है, इसके लिए ऋषि-मुनियों ने बहुत मेहनत की और इसको राजा, राज्य, साम्राज्य से ऊपर स्थान दिलाया।

अब सबसे महत्त्वपूर्ण सवाल यह है कि भारत में राष्ट्रभाव की उत्पत्ति कब हुई और साथ में यह भी महत्त्वपूर्ण है कि भारतीय राष्ट्र-दर्शन का वह कौन सा पक्ष महत्त्वपूर्ण है, जिसके बल पर यह विदेशी राष्ट्र को अपने भीतर समाहित करने में कामयाब हुआ। एक बात तय है कि भारतीय राष्ट्रभाव और अध्यात्म एक-दूसरे से अभिन्न रहे हैं। व्यास, वाल्मीकि, चाणक्य और शंकराचार्य से लेकर दयानंद, विवेकानंद, अरविंद एवं गांधी तक आध्यात्मिक महापुरुषों की अटूट शृंखला ही भारतीय राष्ट्रीय दर्शन की निर्माता एवं मार्गदर्शक रही है।

वैदिक साहित्य में राष्ट्रभाव या राष्ट्र-दर्शन

अगर हम अपने वैदिक साहित्य का सूक्ष्म अवलोकन करें तो राष्ट्रभाव कई हजार साल से विद्यमान नजर आता है। अगर हम वेदों का अध्ययन करें तो 'अथर्ववेद' के 'पृथ्वीसूक्त' को पूरे विश्व का पहला राष्ट्रगान कहा जा सकता है। मातृभूमि के स्वरूप और उससे जन की आकांक्षा, ममता, जुड़ाव का जैसा वर्णन इस सूक्त में मिलता है, विश्व के इतिहास के किसी कालखंड में नजर नहीं आता। यहाँ आमजन की एकरूपता का दबाव नहीं है, बल्कि उसकी विविधता का पूरा सम्मान और स्वीकार भाव रहा है।

जनं विभ्रति बहुधा विवाचसं नाना धर्माणं पृथ्वी यथौकसम्।
सहस्त्रं धारा द्रविडस्य मे दुहां ध्रुवेव धेनुरनपस्फुरन्ति॥

(अथर्ववेद, भूमि सूक्त-१२/१/४५)

अर्थात् अनेक विध धर्मीय, अनेक भाषिक लोग मानो एक ही घर के सदस्य हैं, इस प्रकार समा लेने वाली अविरोधी और स्थिर पृथ्वी-गोमाता जैसी सहस्त्र धाराओं से हमें ऐश्वर्य प्रदान करें। यह पृथ्वी सूक्त प्रकृति तथा मानव जाति में एकत्व प्रस्थापित करता है।

ऋग्वेद के एक श्लोक का उल्लेख करना यहाँ आवश्यक है—

त्वं नो असि भारताऽग्ने वशाभिरूक्षाभिः अष्ठापदीभिराहुतः।

(ऋग्वेद, २/७/५)

यानी भारत में सभी विषयों में अग्नि के समान तेजस्वी विद्वान् गायों और बैलों के द्वारा खेती कर समृद्ध और सुखी हैं।

ऋग्वेद

उप सर्प मातरं भूमिमेताम्। *(ऋग्वेद, १०/१८/१०)*

हे मनुष्य, तू इस मातृभूमि की सेवा कर।

यजुर्वेद

नमो मात्रे पृथिव्ये नमो मात्रे पृथिव्याः। *(यजुर्वेद, ९/२२)*

मातृभमि को हमारा नमस्कार हो, हमारा बार-बार नमस्कार हो।

वयं राष्ट्रे जाग्रयाम पुरोहिताः। *(यजुर्वेद, ९/२३)*

हम राष्ट्र के बुद्धिमान नागरिक अपने राष्ट्र में सर्वहितकारी होकर अपनी सद्प्रवृत्तियों के द्वारा निरंतर आलस्य छोड़कर जागरूक रहें।

अथर्ववेद

अहमस्मि सहमान उत्तरो नाम भूम्याम्।
अभीषाडस्मि विश्वाषाडाशामाशां विषासहिः॥

(अथर्ववेद, १२/१/५४)

मैं अपनी मातृभूमि के लिए सभी प्रकार के कष्ट भोगने हेतु तैयार हूँ। मैं सभी दिशाओं में विजय प्राप्त करूँगा।

यद् वदामि मधुमत तद वदामि यदिक्षे तद् वनन्ति मा।
त्विषीमानस्मि जूतिमानवान्यान हन्मि दो धतः॥

मातृभूमि के हित में ही मैं बोलूँगा। जो कुछ करना है, वह मातृभूमि के वैभव के लिए ही करूँगा।

माता भूमिः पुत्रोहं पृथिव्याः।
नमो पृथिव्यै, नमो माता पृथिव्या॥ *(अथर्ववेद्, १२/१/१२)*

पृथ्वी मेरी माता है और मैं उसका पुत्र हूँ।
हे माता बार-बार प्रणाम है।

सत्यं बृहदृतमुग्रं दीक्षा तपो ब्रह्म यज्ञः पृथिवीं धारयन्ति।
सा नो भूतस्य भव्यस्य पत्न्युरुं लोकं पृथिवी नः कृणोतु॥ *(अथर्ववेद, १२/१/१)*

माता पृथ्वी को नमस्कार! सत्य (सत्यम), ब्रह्मांडीय दैवीय नियमों (रितम), सर्वशक्तिमान

परब्रह्म में विद्यमान आध्यात्मिक शक्ति, ऋषियों, मुनियों के समर्पण भाव से किए गए यज्ञ और तप—इन सब ने माँ धरती को युगों-युगों से संरक्षित और संधारित किया है। वह (पृथ्वी) जो हमारे लिए भूत और भविष्य की सहचरी है, साक्षी है, हमारी आत्मा को इस लोक से उस दिव्य ब्रह्मांडीय जीवन (अपनी पवित्रता और व्यापकता के माध्यम से) की ओर ले जाए।

असंबाधं बध्यतो मानवानां यस्या उद्वतः प्रवतः समं वहु।
नानावीर्या ओषधीर्या विभर्ति पृथिवी नः प्रथतां राध्यतां नः॥

वह धरती माँ, जो अपने पर्वत, ढलान और मैदानों के माध्यम से मनुष्यों तथा समस्त जीवों के लिए निर्बाध स्वतंत्रता (बाहरी और आंतरिक दोनों) प्रदान करती है। वह कई पौधों और विभिन्न क्षमता की औषधीय जड़ी-बूटियों को जन्म देती है, उन्हें परिपोषित करती है; वह हमें समृद्ध करे और हमें स्वस्थ बनाए।

यस्यां समुद्र उत सिन्धुरापो यस्यामन्नं कृष्टयः संवभूवुः।
यस्यामिदं जिन्वति प्राणदेजत्सा नो भूमिः पूर्वपेये दधातु॥

समुद्र और नदियों का जन जिसमें गूँथा हुआ है, इसमें खेती करने से अन्न प्राप्त होता है, जिस पर सबका जीवन आधारित है, वह माँ पृथ्वी हमें जीवन का अमृत प्रदान करे।

यस्यां पूर्वे पूर्वजना विचक्रिरे यस्यां देवा असुरानभ्यवर्तयन्।
गवामश्वानां वयसश्च विष्ठा भङ्ग वर्चः पृथवी नो दधातु॥

इस पर आदिकाल से हमारे पूर्वज विचरण करते थे। इस पर देवों (सात्त्विक शक्तियों) ने असुरों (तामसिक शक्तियों) को पराजित किया। इस पर गाय, घोड़ा, पक्षी, अन्य जीव-जंतु पनपे। वह माता पृथ्वी हमें समृद्धि और वैभव प्रदान करे।

गरयस्ते पर्वता हिमवन्तोऽरण्यं ते प्रथिवि स्योनमस्तु।
बभ्रुं कृष्णां रोहिणीं विश्वरूपां ध्रुवां भूमिं पृथिवीमिन्द्रगुप्ताम्।
अजीतेऽहतो अक्षतोऽध्यष्ठां पृथिवीमहम्॥

मातृ पृथ्वी के लिए नमस्कार! हे मातृ पृथ्वी! आपके पर्वतों और बर्फ से ढकी चोटियाँ, घने जंगल हमें शीतलता और सुखानुभूति प्रदान करें। हे माँ! आप अपने कई रंगों के साथ विश्वरूपा हों—भूरा रंग (पहाड़ों का), नीला रंग (समुद्र के जल का), लाल रंग (फूलों का), लेकिन इन सभी विस्मयकारक रूपों के पीछे हे माँ धरती, आप ध्रुव की तरह हैं—दृढ़ और अचल। आप इंद्र द्वारा संरक्षित हैं। आपकी नींव जो अविजित है, अचल है, अटूट है, उस पर मैं दृढ़ता से खड़ा हूँ।

भारतभूमि से हमारे रिश्ते के आधार का एक लंबा इतिहास है। इस धरती पर हमारे पूर्वजों ने जीव, जगत्, ब्रह्मा के अंतिम रहस्यों को जानने के लिए कठोर तप किया और ज्ञान-साधना की।

पुराण में राष्ट्रभाव

पुराणों में बहुत स्पष्ट शब्दों में कहा गया है—

गायन्ति देवाः किल गीतकानि धन्यास्तु ते भारतभूमि भागे।
स्वर्गापवर्गास्पद मार्गभूते भवन्ति भूयः पुरुषाः सुरत्वात॥

(विष्णु पुराण, २-३-२४)

इस श्लोक में यह बात स्पष्ट की गई है कि स्वर्ग में देवता भी गीत गाते हैं—धन्य हैं वे लोग, जिन्होंने भारतभूमि के किसी भाग में जन्म लिया। यह भूमि स्वर्ग से बढ़कर है। यही बात भगवद्गीता के एक श्लोक में भी कही गई है—

त्रैविद्या मां सोमपाः पूतपापा यज्ञैरिष्टवा स्वर्गतिं प्रार्थयन्ते।
ते पुण्यमासाद्य सुरेंद्र लोकश्नन्ति दिव्यान्दिवि देवभोगान्॥

(श्रीमद्भागवत, ९/२०)

त्रैविद्य (तीनों वेदों में विधान किए हुए सकाम कर्मों को करनेवाले), सोमरस का पान करनेवाले, पापों से पवित्र हुए लोग स्वर्ग प्राप्ति की कामना को लेकर तरह-तरह के यज्ञ करते हैं।

यह पृथ्वी अनेक बोलियों के बोलनेवाले, अलग-अलग धर्म या आचरण का पालन करनेवाले जनों को धारण किए हुए है, वह अपनी सहस्र धाराओं से सबको दूध पिलाती है, सबका पोषण करती है, इसलिए यह भूमि हमारी माता है और हम सब इसकी संतानें हैं।

सा नः माता भूमि
माता भूमिः पुत्रोऽहं पृथिव्याः।

(अथर्ववेद, १२/१/१२)

यही भूमि है, जिस पर हमारे पूर्वजों ने वास किया था, यज्ञ किए थे, एक छोर से दूसरे छोर तक हमारे शंखों और रथों की घरघराहट गूँजती थी। यह हमारे लिए भोगभूमि नहीं, अपितु धर्मभूमि है।

विश्वस्य भातरयोषधीना ध्रुवां भूमिं पृथिवीं धर्मण धृताम्।
शिवां स्योनाम चरेम विश्वहा॥

सबका भरण-पोषण करनेवाली, जन्म देनेवाली, औषधियों की जननी इस भूमि की धारणा धर्म से है। सबको सुख एवं कल्याण देनेवाली इस पृथ्वी की हम सदा सेवा करते रहें।

इस प्रकार यह सिद्ध है कि इस धरती से सदियों का रिश्ता रहा है और सबसे महत्त्वपूर्ण यह है कि यह रिश्ता केवल भौतिक सुखों के कारण नहीं है, बल्कि तप, ब्रह्म और यज्ञ आदि आध्यात्मिक तत्त्वों के कारण है और यही त्याग-वैराग्य इस भूमि की पहचान है। यदि ध्यान से देखें तो अथर्ववेद के पृथ्वी सूक्त में ही बंकिमचंद्र चटर्जी के 'वंदेमातरम् गीत' की बीजभूमि दिखाई देगी।

भगवद्गीता और विष्णु पुराण के इन श्लोकों में आधिदैव से अध्यात्म की ओर भारत की ज्ञान-यात्रा का बहुत सटीक संकेत उपलब्ध है। इस प्रकार राष्ट्रभाव की ओर भारत की ऐतिहासिक यात्रा का चरित्र राजनीतिक न होकर सांस्कृतिक रहा है। अध्यात्म उसकी मुख्य प्रेरणा व अधिष्ठान रहा है।

रामायण में राष्ट्रभाव

रामायण भारतीय राष्ट्रभाव का सबसे सुंदर दस्तावेज है। भगवान् राम ने उत्तर भारत से दक्षिण भारत को एक सूत्र में पिरो दिया। रावण पर राम की विजय भारतीय राष्ट्रभाव की विजय थी। यह एक सांस्कृतिक लड़ाई थी, जिसमें एक धर्म-सम्मत राष्ट्रभाव की एक अधर्मी राष्ट्रभाव के पोषक राजा के ऊपर विजय हुई। अश्वमेध यज्ञ इस राष्ट्र-दर्शन का विस्तार था। जहाँ एक बात ध्यान में रखनेवाली है कि जिस रास्ते से भगवान् श्रीराम गुजरते हैं, उस राज्य में धर्म की स्थापना करते हुए आगे बढ़ जाते हैं और जब रावण पर विजय प्राप्त कर वापस लौटते हैं, तब उत्तर-दक्षिण तक एक राष्ट्रभाव से दीवाली मनाई जाती है। आज भी जब राममंदिर बनवाने की बात आती है तो खुशी समान भाव से देखी जा सकती है। हम राष्ट्रभाव के निरंतर और अनवरत विकास को देख सकते हैं, यह आज भी उसी रूप में प्रवाहित है।

महाभारत में राष्ट्रभाव

महाभारत में भीष्म पर्व के अध्याय ९१ में अद्‌भुत भारत-प्रशस्ति मिलती है, जिसका श्लोक इस प्रकार है—

अथ ते कीर्तयिष्यामि वर्ष भारत भारतम्।
प्रियमिंद्रस्य देवस्य मनोवैवस्वतस्य च॥
प्रयोस्तु राजन्वैन्यस्य तयेक्ष्वाकोर्महानः।
ययारम्बरीषस्य माघ्रातुर्नहुस्य॥
तथैव मुचुकुन्दस्य शिवेरौशनीरस्य च।
ऋषभस्य तथैलस्य नृगस्य नृपतेस्तया॥

अर्थात् हे भारत! अब मैं तुम्हें उस भारतवर्ष की कीर्ति सुनाता हूँ, जो देवराज इंद्र को प्यारा था, जिस भारत को वैवस्वत मनु ने अपना प्रियपात्र बनाया था। आदिराज वेन ने जिस भारत को अपना प्रेम अर्पित किया था, महात्मा इक्ष्वाकु की उससे हार्दिक प्रीति थी। प्रतापी ययाति और भक्तराज अंबरीष, मांधाता एवं नहुष जैसे तेजस्वी पुरुषों ने जिसे अपने हृदय में स्थान दिया। सम्राट् मुचुकुंद, औशीनर, शिवि, ऋषभ, ऐल और नृपति जिस भारत को चाहते थे, उस भारत को अनेक बलशाली संतानों ने प्यार किया, उसे संपूर्ण जनता हृदय से चाहती थी।

अतः महाभारत में भारत के लिए एक मजबूत राष्ट्रभाव दिखता है।

चाणक्य का राष्ट्र-दर्शन

आचार्य चाणक्य महान् शिक्षक, राजनीतिज्ञ, कूटनीतिज्ञ, विद्वान्, राष्ट्रनिर्माता और दूरदृष्टिवाले मौर्य साम्राज्य के निर्माता थे। उनकी पुस्तक 'अर्थशास्त्र' राजनीतिक विकास की महत्त्वपूर्ण कड़ी है। अपनी इसी पुस्तक में चाणक्य ने 'संयुक्त भारत' एक महान् राष्ट्र की परिकल्पना का वर्णन किया है, जिसमें छोटे-छोटे जनपदों को एक में संयुक्त करने का विचार था। चाणक्य जीवनपर्यंत 'संयुक्त भारत' को एक हकीकत बनाने में लगे रहे और मौर्य साम्राज्य की स्थापना कर चंद्रगुप्त मौर्य को उसका अगुआ बनाकर उसे प्राप्त भी किया। भारत की सीमाएँ, जो उस समय थीं, शायद ही उससे पहले कभी रही हों। चाणक्य का मानना था कि सांस्कृतिक भारत के सपने को सच करने

के लिए सभी राज्य-प्रमुखों को यह समझना होगा कि उनके अस्तित्व का आधार राष्ट्र है। अगर राष्ट्रभाव को एक बार चोट पहुँच जाएगी तो फिर कुछ नहीं बचेगा, इस प्रकार चाणक्य सांस्कृतिक भारत के प्रति पूरी तरह प्रतिबद्ध थे। चाणक्य का मानना था कि हमें सभी दूरियों को मिटाकर एक राज्य नियम के अंतर्गत रहने की जरूरत है। एक संप्रभुता, एक नियम, एक जीवन-पद्धति, ताकि हम बाहरी शक्तियों का मुकाबला कर सकें। चाणक्य चंद्रगुप्त को मगध का राजा बनाकर धीरे-धीरे सभी राज्यों को एक झंडे के नीचे लाते हैं और राष्ट्रभावना को एक मजबूत सूत्र में पिरोते हैं।

चाणक्य के अनुसार, 'हिमालय और दक्षिण समुद्र के बीच रहनेवाला हर मनुष्य भारतीय है।' इस प्रकार भारतीय राष्ट्रीयता के राष्ट्र-दर्शन को जमीनी हकीकत बनाने वाले चाणक्य पहले व्यक्ति थे।

'विक्रमादित्य' का राष्ट्र-दर्शन

यह एक हिंदू शासक था, शकों पर विजय प्राप्त कर उसने शकारि 'विक्रमादित्य' की उपाधि धारण की और भारत के एक बड़े भू-भाग पर एक दर्शन को स्थापित करने में सफल रहा। वैष्णव धर्म को माननेवाला वह एक उदार शासक था। उसके शासनकाल में विदेशी शक्तियों के दो बड़े केंद्र थे—एक गुजरात और काठियावाड़ के शक महाक्षत्रप और दूसरे गांधार-कंबोज के कुषाण। वाकाटक राज्य से गठबंधन कर उसने शकों का समूल नाश कर दिया। उसने अश्वमेध यज्ञ किया, जो एक राष्ट्र नियम, एक राष्ट्र-दर्शन का प्रतीक था। विक्रमादित्य ने अपने राष्ट्र के कई राजवंशों को अपने साथ मिलाकर विदेशी शक्तियों से राष्ट्र की रक्षा की और भारतीय राष्ट्र-दर्शन को प्रतिमूर्त किया। अपनी भारतीय संस्कृति और राष्ट्रदर्शन को पुनः गौरवान्वित किया और इस तथ्य को प्रतिपादित किया कि एक राष्ट्र के लिए सभी राजाओं को एक साथ जुटना होगा।

इस प्रकार वैदिक परंपरा से निकले राष्ट्र-दर्शन का यह प्रतिबद्ध काल था, जिसमें विक्रमादित्य बाद में थानेश्वर के सम्राट् हर्षवर्धन आदि अनेक ने इसको आगे बढ़ाने का प्रयास किया।

मध्य काल में

बाद में जब इसलाम का आक्रमण लगातार होने लगा और मुस्लिम आक्रांता भारतीय राष्ट्र-दर्शन के प्रतीक मंदिर और विश्वविद्यालयों आदि पर बड़े हमले करने लगे तो भारत के वीर राजाओं ने इनका मुकाबला करने का प्रयास किया। पृथ्वीराज चौहान जैसे प्रतापी राजा ने ऐसे आक्रांताओं को रोकने का पूरा प्रयास किया। मुहम्मद गौरी कई बार हार के बाद भी भारतीय संपन्नता पर कुदृष्टि लगाए हुए था। छल, बल, कपट के द्वारा भारत में एक दूसरी संस्कृति का आगमन होता है, लेकिन लाखों वर्ष के राष्ट्र-दर्शन को कोई आज तक खत्म नहीं कर पाया। समय-समय पर विदेशी ताकत से निपटने की कोशिश होती रही। राणा साँगा, राणा प्रताप, शिवाजी, भारतीय जाट-सिख योद्धाओं ने लगातार प्रतिरोध किया और अपने राष्ट्र-दर्शन को मरने नहीं दिया। मुगल जैसी बड़ी सत्ता से हिंदुस्तान का किसान लड़ता है। बड़े-बड़े इतिहासकारों का मानना है कि किसानों से उलझना मुगलों को भारी पड़ा। शिवाजी ने हिंदुत्व के आदर्शों पर एक राज्य की स्थापना की और भारतमाता के सभी सपूतों को इकट्ठा कर भारतीय राष्ट्र-दर्शन को फिर से लोगों के दिलों में जगाकर हिंद स्वराज्य का आदर्श स्थापित किया। उसके बाद पेशवाओं ने इस पारंपरिक प्रवाह को सतत रूप से आगे बढ़ाया।

ब्रिटिश काल में

भारत में जब अंग्रेज आए तो इन लोगों ने भारतीय राष्ट्र-दर्शन को नष्ट-भ्रष्ट करने की कोशिश की और यह स्थापित करने की भी कोशिश की कि भारतीय राष्ट्र-दर्शन का कोई अस्तित्व नहीं है। कुछ प्रचलित कुरीतियों को आधार बनाकर भारतीय राष्ट्र-दर्शन को पूरी तरह विफल करने की कोशिश की गई। लड़ाई अब तलवार से ज्यादा विचारों की थी और तब पैदा हुए राजा राम मोहन राय, दयानंद सरस्वती, विवेकानंद, मोहनदास करमचंद गांधी। इन महापुरुषों ने विश्व स्तर पर स्थापित किया कि भारतीय अध्यात्म की जड़ें बहुत गहरी हैं, जो भारतीय राष्ट्र-दर्शन का आधार हैं और इन्हें तोड़ा नहीं जा सकता। बाल गंगाधर तिलक, मदन मोहन मालवीय, सुभाष चंद्र बोस, डॉ. हेडगेवार आदि इसको आगे बढ़ाते हैं। इतनी लंबी गुलामी के बाद भी हम सम्मान से रह रहे हैं तो इसका सबसे महत्त्वपूर्ण कारण भारतीय राष्ट्र-दर्शन की श्रेष्ठता और उसका विराट् रूप ही है।

विश्व की लगभग सभी बड़ी संस्कृतियों से भारतीय राष्ट्र-दर्शन का सामना होता है, लेकिन कोई दूसरी संस्कृति हमारी संस्कृति को समाप्त नहीं कर सकी। हमारा दर्शन शाश्वत है और संस्कृति के लिए मार्ग प्रशस्त करता है। जो भी यहाँ आता है, हमारे राष्ट्र-दर्शन को या तो अपना लेता है या विलीन हो जाता है। हमारी संस्कृति में जनमी बौद्ध संस्कृति भी विश्व का प्रमुख दर्शन बन जाती है।

गांधी ने स्पष्ट किया है कि 'अंग्रेजों ने हमें सिखाया कि हम पहले कभी एक राष्ट्र नहीं थे और हमें एक राष्ट्र बनने में सैकड़ों वर्ष लगेंगे।' यह बात बिल्कुल गलत है। जब अंग्रेज हिंदुस्तान में नहीं थे, तब भी हम एक राष्ट्र थे, हमारे विचार एक थे, हमारा रहन-सहन एक था। तभी अंग्रेजों ने यहाँ एक राज्य कायम किया, भेद तो उन्होंने ही पैदा किया।

कुल मिलाकर भारत राष्ट्र तथा उसका राष्ट्र-दर्शन मूलत: सांस्कृतिक एवं आध्यात्मिक, सामूहिक तथा विवेकपूर्ण सनातन धर्म पर आधारित है। इसकी प्रमुखता सांस्कृतिक तथा सामाजिक है, न कि राजनीतिक व आर्थिक। प्रकृति में यह विकासवादी है, न कि किसी विशेष परिस्थिति की उपज है। यह सदैव भारतीय जनजीवन में सतत प्रेरणा, स्फूर्ति जागरण के साथ-साथ संघर्ष, त्याग तथा बलिदान के लिए भी प्रेरित कर रही है। इसीलिए कोटि कंठों से आज भी एक स्वर निकलता है—

घातों-प्रतिघातों में भी
जो अक्षय।
'जग'राम के कारण' मिली
धर्म विजय॥

भारतीय इतिहास

इतिहास—एक दृष्टि

प्रकृति ने भारत को एक विशिष्ट भौगोलिक इकाई प्रदान की है। उत्तर में हिमालय पर्वत एक ऊँची दीवार के समान इसकी रक्षा करता रहा है तथा हिंद महासागर इस देश को पूर्व, पश्चिम तथा दक्षिण से घेरे हुए है। इन प्राकृतिक सीमाओं द्वारा बाहरी आक्रमणों से अधिकांशत: सुरक्षित रहने के कारण भारत देश अपनी एक सर्वथा स्वतंत्र तथा पृथक् सभ्यता का निर्माण कर सका है।

भारतवर्ष का प्राचीन इतिहास अत्यंत गौरवपूर्ण रहा है। इतिहास लेखन की विधा में जिन

मूल्यों को स्थापित किया गया, उसके आधार पर भारतीय इतिहास लेखन को हाशिए पर रखा गया है। पाश्चात्य इतिहास लेखन-शैली द्वारा भारतीय इतिहास एवं ऐतिहासिक मूल्यों का अंकन निष्पक्ष तरीके से नहीं हुआ। इस लेख से मेरा एक प्रयास होगा कि कि भारतीय इतिहास के संघर्ष, नैतिक मूल्यों एवं विदेशी ताकतों के विरुद्ध भारतीय राजाओं के संघर्ष की विभिन्न घटनाओं की निष्पक्ष व्याख्या की जाए।

ब्रह्मा के पुत्रों से सूर्यवंश, चंद्रवंश, नागवंश, अग्निवंश, ऋषिवंश, गंधर्ववंश आदि की स्थापना हुई। बहुत समय पहले ब्रह्मा ने मनुष्यों में एकता और शांति स्थापित करने के लिए विशालकाय मानवों की रचना भी की थी, लेकिन अब उनका अस्तित्व नहीं बचा। यहाँ प्रस्तुत है उन सम्राटों की सूची, जिन्होंने भारत का निर्माण किया या जिन्होंने भारतीय धर्म और संस्कृति की रक्षा की :

१. प्रजापति : ब्रह्मा को आदेश मिला था कि वे धरती पर जीवों की रचना करें और उन्होंने ऐसा ही किया। उनके कई पुत्र थे, जिनमें से प्रमुख थे—मरीचि, अत्रि, अंगिरस, पुलस्य, पुलह, कृतु, भृगु, वसिष्ठ, दक्ष, कर्दम, प्रचेता, नारद, सनक, सनंदन, सनातन, सनत कुमार, स्वायंभुव मनु, चित्रगुप्त।

इनमें से भी मरीचि, अत्रि, अंगिरस, भृगु, प्रचेता, पुलस्य, पुलह, स्वायंभुव मनु के कुल का ही विस्तार अधिक हुआ। ब्रह्मा ने सिर्फ जीवों की रचना ही नहीं की बल्कि इस धरती को मानव जाति के रहने लायक भी बनाया। इसके लिए उन्होंने और उनके पुत्रों ने जो कार्य किए उनका वर्णन पुराणों में मिलता है।

२. ब्रह्मा पुत्रों का राज : ब्रह्मा पुत्रों ने बसाया धरती को। यह सबसे प्राचीनकाल था, जब धरती पर जीवों और प्राणियों की उत्पत्ति हो रही थी तो दूसरी ओर धरती की प्रकृति बदल रही थी। एक द्वीप की यह धरती बहुत बाद में चार द्वीप में बदली, फिर सप्त द्वीप की हो गई। सबसे पहले मरीचि, अत्रि और भृगु में साम्राज्य विस्तार की होड़ चली। मरीचि और दक्ष का भगवान् शिव से झगड़ा हो चला था, जिसके चलते उन्हें अपने प्राण गँवाने पड़े।

३. कश्यप : मरीचि पुत्र ऋषि कश्यप (अरिष्टनेमी) की कई पत्नियाँ थीं, जिनसे हजारों पुत्रों का जन्म हुआ। कश्यप ऋषि कश्मीर के पहले राजा थे। कश्मीर को उन्होंने अपने सपनों का राज्य बनाया। कश्मीर में भरे हुए बहुत सारे जल को उन्होंने बाहर निकालकर उस स्थान को रहने और जीने लायक बनाया।

४. देवता : मरीचि की पत्नी अदिति से १२ पुत्र थे—विवस्वान, अर्यमा, पूषा, त्वष्टा, सविता, भग, धाता, विधाता, वरुण, मित्र, इंद्र और त्रिविक्रम (भगवान् वामन)। हिमालय और तिब्बत इनका गढ़ था। सभी पुत्रों ने अपने-अपने क्षेत्र को चुना। विवस्वान देवताओं के अधिपति बने, अर्यमा पितरों के, वरुण जल के और इंद्र स्वर्ग के। इसी तरह सभी भिन्न लोक के अधिपति बने।

ऋषि कश्यप के पुत्र विवस्वान से वैवस्वत मनु का जन्म हुआ। महाराज मनु को इक्ष्वाकु, नृग, धृष्ट, शर्याति, नरिष्यंत, प्रांशु, नाभाग, दिष्ट, करुष और पृषध्र नामक १० श्रेष्ठ पुत्रों की प्राप्ति हुई और इनके कुल ने भारत पर राज किया। ये अयोध्या के राजा थे।

५. दैत्य हिरण्यकशिपु : कश्यप की दूसरी पत्नी के भी कई पुत्र थे, जिनमें प्रमुख थे—हिरण्यकशिपु और हिरण्याक्ष। इनके कुल में ही राजा बलि, अनुहल्लाद, हल्लाद, भक्त प्रह्लाद, संहल्लाद, मधु और कैटभ हुए। भारत से मिस्र तक का क्षेत्र इनका राज्य था। इससे पहले ये दानवों के साथ इलावृत में रहते थे।

६. दानव : कश्यप की तीसरी पत्नी दनु से द्विमुर्धा, शंबर, अरिष्ट, ह्यग्रीव, विभावसु, अरुण, अनुतापन, धूम्रकेश, विरुपाक्ष, दुर्जय, अयोमुख, शंकुशिरा, कपिल, शंकर, एकचक्र, महाबाहु, तारक, महाबल, स्वर्भानु, वृषपर्वा, महाबली पुलोम और विप्रचिति आदि ६१ महान् दानव जनमे।

७. नाग : कश्यप की चौथी पत्नी कद्रू से अनंत (शेषनाग), वासुकी, तक्षक, कर्कोटक, पद्म, महापद्म, शंख और कुलिक जनमे। कश्मीर इनका गढ़ था। अनंतनाग इनकी राजधानी थी। नाग जाति मानवों की एक जाति का ही नाम है। बाद में उन्होंने मथुरा और अवंतिका पर भी अधिकार कर लिया था। नाग जातियों में कई महान् और प्रतापी राजा हुए।

८. गंधर्व : कश्यप की पत्नी अरिष्टा के भी कई पुत्र थे, जिनको गंधर्व कहा जाता था। गंधर्व जाति के लोगों को देवोपम भी कहते थे। गंधर्वों के दूसरे नाम 'गातु' और 'पुलम' भी हैं। देवलोक के पास ही इनका लोक था। ये देवताओं के गायक और औषधियों के जानकार थे। अथर्ववेद में ही उनकी संख्या ६,३३३ बताई गई है। गंधर्वों में भी कई महान् प्रतापी राजा हुए और उनके कुल के लोगों ने अवंतिका में भी राज किया था।

९. यक्ष और रक्ष : पुराणों के अनुसार कश्यप की सुरसा नामक रानी से यातुधान (राक्षस) उत्पन्न हुए, लेकिन एक कथा के अनुसार प्रजापिता ब्रह्मा ने समुद्रगत जल और प्राणियों की रक्षा के लिए अनेक प्रकार के प्राणियों को उत्पन्न किया। उनमें से कुछ प्राणियों ने रक्षा की जिम्मेदारी सँभाली तो वे राक्षस कहलाए और जिन्होंने यक्षण (पूजन) करना स्वीकार किया, वे यक्ष कहलाए।

राक्षसों का प्रतिनिधित्व दो लोगों को सौंपा गया—'हेति' और 'प्रहेति'। ये दोनों भाई थे। ये दोनों भी दैत्यों के प्रतिनिधि मधु और कैटभ के समान ही बलशाली एवं पराक्रमी थे। प्रहेति धर्मात्मा था तो हेति को राजपाट और राजनीति में ज्यादा रुचि थी।

हेति के पुत्र विद्युत्केश हुए। विद्युत्केश के पुत्र सुकेश हुए। सुकेश को अनाथ छोड़ दिया गया, तब उसे भगवान् शंकर और पार्वती ने पाला। बस यहीं से राक्षस जाति का भाग्य बदल गया। सुकेश ने गंधर्व कन्या देववती से विवाह किया। देववती से सुकेश के ३ पुत्र हुए—१. माल्यवान, २. सुमाली और ३. माली। तीनों भाइयों ने मिलकर विश्वकर्मा से त्रिकुट पर्वत के निकट समुद्र तट पर लंका का निर्माण कराया और उसे अपने शासन का केंद्र बनाया। तीनों भाइयों के वंशजों में माल्यवान के वज्र, मुष्टि, धिरुपार्श्व, दुर्मख, सप्तवहन, यज्ञकोप, मत्त, उन्मत्त नामक पुत्र और अनला नामक कन्या हुई।

सुमाली के प्रहस्त, अकंपन, विकट, कालिकामुख, धूम्राश, दंड, सुपार्श्व, सहादि, प्रधस, भास्कण नामक पुत्र तथा रांका, पुंडपोत्कटा, कैकसी, कुभीनशी नामक पुत्रियाँ हुईं। इनमें से कैकसी रावण की माँ थी। माली रावण के नाना थे। माली के अनल, अनिल, हर और संपाति नामक चार पुत्र हुए। ये चारों पुत्र रावण की मृत्यु पश्चात् विभीषण के मंत्री बने थे।

रावण राक्षस जाति का नहीं था, उसकी माता राक्षस जाति की थी, लेकिन उसके पिता यक्ष जाति के ब्राह्मण थे। जब माल्यवान, सुमाली और माली आदि राक्षसों को लंका से खदेड़ दिया गया, तब लंका को प्रजापति ब्रह्मा ने धनपति कुबेर को सौंप दिया। रावण को राक्षसों का अधिपति बनाया गया, तब रावण ने राक्षस जाति के खोए हुए सम्मान को पुन: प्राप्त करने का वचन लिया और अपना विश्व विजय का अभियान शुरू किया।

१०. किन्नर : किन्नर हिमालय के क्षेत्रों में बसने वाली एक मनुष्य जाति का नाम था। आजकल 'किन्नर' शब्द का अर्थ बदल गया है। किन्नरों की उत्पत्ति के बारे में दो मत हैं—एक तो यह कि वे ब्रह्मा की छाया अथवा उनके पैर के अँगूठे से उत्पन्न हुए और दूसरा यह कि कश्यप-

अरिष्टा के कुल से थे। हिमालय का पवित्र शिखर कैलाश किन्नरों का प्रधान निवासस्थान था, जहाँ वे भगवान् शंकर की सेवा किया करते थे। यक्षों और गंधर्वों की तरह वे नृत्य और गान में प्रवीण होते थे। उनके सैकड़ों गण थे और चित्ररथ उनका प्रधान अधिपति था।

पुराणों के अनुसार धरती के सात द्वीप थे—जंबू, प्लक्ष, शाल्मली, कुश, क्रौंच, शाक एवं पुष्कर। इसमें से जंबू द्वीप सभी के बीचोबीच स्थित है। पहले संपूर्ण हिंदू जाति जंबू द्वीप पर शासन करती थी। फिर उसका शासन घटकर भारतवर्ष तक सीमित हो गया। जंबू द्वीप के ९ खंड थे—इलावृत, भद्राश्व, किंपुरुष, भरत, हरि, केतुमाल, रम्यक, कुरु और हिरण्यमय।

इसमें से भरत खंड को ही भारतवर्ष कहते हैं, जिसका नाम पहले अजनाभ खंड था। इस भरत खंड के भी नौ खंड थे—इंद्रद्वीप, कसेरु, ताम्रपर्ण, गभस्तिमान, नागद्वीप, सौम्य, गंधर्व और वारुण तथा यह समुद्र से घिरा हुआ द्वीप उनमें नौवाँ है।

वायु पुराण के अनुसार महाराज प्रियव्रत का अपना कोई पुत्र नहीं था तो उन्होंने अपनी पुत्री के पुत्र अग्नीन्ध्र को गोद ले लिया था, जिसका लड़का नाभि था। नाभि की एक पत्नी मेरू देवी से जो पुत्र पैदा हुआ, उसका नाम ऋषभ था। इसी ऋषभ के पुत्र भरत थे तथा इन्हीं भरत के नाम पर इस देश का नाम 'भारतवर्ष' पड़ा।

राजा प्रियव्रत ने अपनी पुत्री के १० पुत्रों में से ७ को संपूर्ण धरती के ७ महाद्वीपों का राजा बनाया दिया था और अग्नीन्ध्र को जंबू द्वीप का राजा बना दिया था। इस प्रकार राजा भरत ने जो क्षेत्र अपने पुत्र सुमति को दिया, वह भारतवर्ष कहलाया। भारतवर्ष अर्थात् भरत राजा का क्षेत्र।

वैवस्वत मनु : ब्रह्मा के पुत्र मरीचि के कुल में वैवस्वत मनु हुए। एक बार जलप्रलय हुआ और धरती के अधिकांश प्राणी मर गए। उस काल में वैवस्वत मनु को भगवान् विष्णु ने बचाया था। वैवस्वत मनु और उनके कुल के लोगों ने ही फिर से धरती पर सृजन और विकास की गाथा लिखी।

वैवस्वत मनु को आर्यों का प्रथम शासक माना जाता है। उनके ९ पुत्रों से सूर्यवंशी क्षत्रियों का प्रवर्तन हुआ। मनु की एक कन्या भी थी—इला। उसका विवाह बुध से हुआ, जो चंद्रमा का पुत्र था। उनसे पुरुरवस् की उत्पत्ति हुई, जो ऐल कहलाया और चंद्रवंशियों का प्रथम शासक हुआ। उसकी राजधानी प्रतिष्ठान थी। वैवस्वत मनु के कुल में कई महान् प्रतापी राजा हुए, जिनमें इक्ष्वाकु, पृथु, त्रिशंकु, मांधाता, प्रसेनजित्, भरत, सगर, भगीरथ, रघु, सुदर्शन, अग्निवर्ण, मरु, नहुष, ययाति, दशरथ और दशरथ के पुत्र भरत, राम और राम के पुत्र लव और कुश।

राजा हरिश्चंद्र : अयोध्या के राजा हरिश्चंद्र बहुत ही सत्यवादी और धर्मपरायण राजा थे। वे अपने सत्य धर्म का पालन करने और वचनों को निभाने के लिए राजपाट छोड़कर पत्नी और बच्चे के साथ जंगल चले गए और वहाँ भी उन्होंने विषम परिस्थितियों में धर्म का पालन किया।

ऋषि विश्वामित्र द्वारा राजा हरिश्चंद्र के धर्म की परीक्षा लेने के लिए उनसे दान में उनका संपूर्ण राज्य माँग लिया था। राजा हरिश्चंद्र भी अपने वचन-पालन के लिए विश्वामित्र को संपूर्ण राज्य सौंपकर जंगल में चले गए। दान में राज्य माँगने के बाद भी विश्वामित्र ने उनका पीछा नहीं छोड़ा और उनसे दक्षिणा भी माँगने लगे।

इस पर हरिश्चंद्र ने अपनी पत्नी, बच्चों सहित स्वयं को बेचने का निश्चय किया और वे काशी चले गए, जहाँ पत्नी व बच्चों को एक ब्राह्मण को बेचा और स्वयं को चांडाल के यहाँ बेचकर ऋषि की दक्षिणा पूरी की।

राजा सुदास : सम्राट् भरत के समय में राजा हस्ति हुए, जिन्होंने अपनी राजधानी हस्तिनापुर बनाई। राजा हस्ति के पुत्र अजमीढ़ को पंचाल का राजा कहा गया है। राजा अजमीढ़ के वंशज राजा संवरण जब हस्तिनापुर के राजा थे तो पंचाल में उनके समकालीन राजा सुदास का शासन था।

राजा सुदास का संवरण से युद्ध हुआ, जिसे कुछ विद्वान् ऋग्वेद में वर्णित 'दाशराज्य युद्ध' नाम से जानते हैं। राजा सुदास के समय पंचाल राज्य का विस्तार हुआ। राजा सुदास के बाद संवरण के पुत्र कुरु ने शक्ति बढ़ाकर पंचाल राज्य को अपने अधीन कर लिया, तभी यह राज्य संयुक्त रूप से 'कुरु-पंचाल' कहलाया, परंतु कुछ समय बाद ही पंचाल पुनः स्वतंत्र हो गया।

राजा कुरु के नाम पर ही सरस्वती नदी के निकट का राज्य 'कुरुक्षेत्र' कहा गया। माना जाता है कि पंचाल राजा सुदास के समय में भीम सात्वत यादव का बेटा अंधक भी राजा था। इस अंधक के बारे में पता चलता है कि शूरसेन राज्य के समकालीन राज्य का स्वामी था। दाशराज्य युद्ध में यह भी सुदास से हार गया था। इस युद्ध के बाद भारत की किस्मत बदल गई। समाज में दो फाड़ हो गए।

भगवान् राम : वनवास से लौटने के बाद जब भगवान् राम ने अयोध्या का शासन सँभाला तो उन्होंने कई वर्षों तक भारत पर शासन किया और भारत को एकसूत्र में बाँधे रखा। राम ने सभी वनवासी, आदिवासी और वानर जातियों सहित संपूर्ण भारतीय जातियों को एकसूत्र में बाँधकर अखंड भारत का निर्माण किया। उनका राज्य दूर-दूर तक फैला हुआ था।

राम के काल में रावण, बाली, सुमाली, जनक, मय, अहिरावण और कार्तवीर्य अर्जुन नाम के महान् शासक थे, लेकिन राम ने उन सभी का अंत कर दिया। सभी राम के राज्य में शामिल हो गए थे।

कार्तवीर्य अर्जुन या सहस्रार्जुन यदुवंश का एक प्राचीन राजा था। वह बड़ा वीर और प्रतापी था। उसने लंका के राजा रावण जैसे प्रसिद्ध योद्धा से भी संघर्ष किया था। कार्तवीर्य अर्जुन के राज्य का विस्तार नर्मदा नदी से हिमालय तक था, जिसमें यमुना तट का प्रदेश भी सम्मिलित था। कार्तवीर्य अर्जुन के वंशज कालांतर में 'हैहय वंशी' कहलाए, जिनकी राजधानी 'माहिष्मती' (महेश्वर) थी। इन हैहयों से ही परशुराम का २१ बार युद्ध हुआ था। राम के काल के सभी राजाओं का अपना-अपना क्षेत्र था, लेकिन राम ने संपूर्ण भारत को एकसूत्र में बाँधकर एक शक्तिशाली साम्राज्य की स्थापना की और जनता को क्रूर शासकों से मुक्ति दिलाई।

भरत तृतीय : महाभारत के काल में एक तीसरे भरत हुए। पुरुवंश के राजा दुष्यंत और शकुंतला के पुत्र भरत की गणना 'महाभारत' में वर्णित १६ सर्वश्रेष्ठ राजाओं में होती है। कालिदास कृत महान् संस्कृत ग्रंथ 'अभिज्ञान शाकुंतलम्' में राजा दुष्यंत और उनकी पत्नी शकुंतला के जीवन के बारे में उल्लेख मिलता है।

राजा युधिष्ठिर : पांडव पुत्र युधिष्ठिर को धर्मराज भी कहते थे। इनका जन्म धर्मराज के

संयोग से कुंती के गर्भ से हुआ था। महाभारत युद्ध के बाद युधिष्ठिर ने ही भारत पर राज किया था। महाभारत युद्ध के बाद लगभग २९६४ ई. पूर्व में युधिष्ठिर का राज्यारोहण हुआ था।

युधिष्ठिर सहित पाँचों पांडव अर्जुन पुत्र अभिमन्यु के पुत्र महापराक्रमी परीक्षित् को राज्य देकर महाप्रयाण हेतु हिमालय की ओर चले गए और वहाँ जाकर पुण्यलोक को प्राप्त हुए। परीक्षित् के बाद उनके पुत्र जनमेजय ने राज्य सँभाला। महाभारत में जनमेजय के ६ और भाई बताए गए हैं। ये भाई हैं—कक्षसेन, उग्रसेन, चित्रसेन, इंद्रसेन, सुषेण तथा नख्यसेन।

इस काल में भरत, कुरु, दरुहु, त्रित्सु और तुर्वस जैसे राजवंश राजनीति के पटल से गायब हो रहे थे और काशी, कोशल, वृज्जि, विदेह, मगध और अंग जैसे राज्यों का उदय हो रहा था। इस काल में मुख्य केंद्र 'मध्य प्रदेश' था, जिसका प्रसार सरस्वती से लेकर गंगा दोआब तक था। यहीं पर कुरु एवं पांचाल जैसे विशाल राज्य भी थे। पुरु और भरत मिलकर 'कुरु' तथा 'तुर्वश' और 'क्रिवि' मिलकर 'पंचाल' (पांचाल) कहलाए।

जनमेजय के बाद क्रमशः शतानीक, अश्वमेधदत्त, धिसीमकृष्ण, निचक्षु, उष्ण, चित्ररथ, शुचिद्रथ, वृष्णिमत सुषेण, नुनीथ, रुच, नृचक्षुस्, सुखीबल, परिप्लव, सुनय, मेधाविन, नृपंजय, ध्रुव, मधु, तिग्म्ज्योति, बृहद्रथ और वसुदान राजा हुए, जिनकी राजधानी पहले हस्तिनापुर थी तथा बाद में समय अनुसार बदलती रही। बुद्धकाल में शत्निक और उदयन हुए। उदयन के बाद अहेनर, निरमित्र (खांदपनी) और क्षेमक हुए।

नंद वंश में उग्रसेन (४२४-४०४), पंडुक (४०४-२९४), पंडुगति (३९४-३८४), भूतपाल (३८४-३७२), राष्ट्रपाल (३७२-३६०), देवानंद (३६०-३४८), यज्ञभंग (३४८-३४२), मौर्यानंद (३४२-३३६), महानंद (३३६-३२४)। इससे पूर्व बृहद्रथ का वंश मगध पर स्थापित था।

अयोध्या कुल के मनु की ९४ पीढ़ी में बृहद्रथ राजा हुए। उनके वंश के राजा क्रमशः सोमाधि, श्रुतश्रव, अयुतायु, निरमित्र, सुकृत, बृहत्कर्मन्, सेनाजित्, विभु, शुचि, क्षेम, सुव्रत, निवृति, त्रिनेत्र, महासेन, सुमति, अचल, सुनेत्र, सत्यजित्, वीरजित् और अरिंजय हुए। इन्होंने मगध पर क्षेमधर्म (६३९-६०३ ई.पू.) से पूर्वराज किया था।

सम्राट् चंद्रगुप्त मौर्य : सम्राट् चंद्रगुप्त महान् थे। उन्हें 'चंद्रगुप्त महान्' कहा जाता है। सिकंदर के काल में हुए चंद्रगुप्त ने सिकंदर के सेनापति सेल्युकस को दो बार बंधक बनाकर छोड़ दिया था। सम्राट् चंद्रगुप्त मौर्य के गुरु चाणक्य थे। चंद्रगुप्त मौर्य ने सेल्युकस की पुत्री हेलन से विवाह किया था। चंद्रगुप्त की एक भारतीय पत्नी दुर्धरा थी, जिससे बिंदुसार का जन्म हुआ।

चंद्रगुप्त ने अपने पुत्र बिंदुसार को गद्दी सौंप दी थीं। बिंदुसार के समय में चाणक्य उनके प्रधानमंत्री थे। इतिहास में बिंदुसार को 'पिता का पुत्र और पुत्र का पिता' कहा जाता है, क्योंकि वे चंद्रगुप्त मौर्य के पुत्र और अशोक महान् के पिता थे।

सम्राट् अशोक : अशोक महान् प्राचीन भारत में मौर्य राजवंश के राजा थे। अशोक के दादा का नाम चंद्रगुप्त मौर्य था और पिता का नाम बिंदुसार था। बिंदुसार की मृत्यु २७२ ईसा पूर्व में हुई थी, जिसके बाद अशोक राजगद्दी पर बैठा। माना जाता है कि अशोक का मार्गदर्शन चाणक्य के बाद ९ रहस्यमी पुरुषों ने किया था।

महात्मा बुद्ध की स्मृति में उसने एक स्तंभ बनवाया, जो आज भी नेपाल में उनके

जन्मस्थल लुंबिनी में मायादेवी मंदिर के पास अशोक स्तंभ के रूप में देखा जा सकता है।

सम्राट् अशोक को अपने विस्तृत साम्राज्य के कुशल प्रशासन तथा बौद्ध धर्म के प्रचार के लिए जाना जाता है। अशोक के काल में बौद्ध धर्म की जड़ें मिस्र, सऊदी अरब, इराक, यूनान से लेकर श्रीलंका, बर्मा, थाईलैंड, चीन आदि देशों में गहरी जम गई थीं। उसके काल में इस संपूर्ण क्षेत्र में शांति और खुशहाली व्याप्त हो चली थी। कहीं किसी भी प्रकार का युद्ध नहीं सिर्फ बुद्ध की गूँज थी।

पुष्यमित्र शुंग : बौद्ध धर्म को प्रचारित और प्रसारित करने में भिक्षुओं से ज्यादा योगदान सम्राट् अशोक का था। चंद्रगुप्त मौर्य ने जहाँ चाणक्य के सान्निध्य में सनातन हिंदू धर्म को संगठित कर राजधर्म लागू किया था, वहीं उसके पोते सम्राट् अशोक ने कलिंग युद्ध के पश्चात् बौद्ध धर्म अपना लिया। कहते हैं कि मिलिंद की गतिविधि की जानकारी बौद्ध सम्राट् वृहद्रथ के सेनापति पुष्यमित्र शुंग को लगी। पुष्यमित्र ने सम्राट् वृहद्रथ से सीमावर्ती मठों की तलाशी की आज्ञा माँगी, परंतु बौद्ध सम्राट् वृहद्रथ ने यह कहकर मना कर दिया कि तुम्हें व्यर्थ का संदेह है, लेकिन पुष्यमित्र शुंग ने राजाज्ञा का पालन किए बिना मठों की तलाशी ली, सभी विद्रोहियों को पकड़ लिया और भारी मात्रा में हथियार जब्त कर लिये, परंतु वृहद्रथ को आज्ञा का उल्लंघन अच्छा नहीं लगा।

कहते हैं कि पुष्यमित्र शुंग जब वापस राजधानी पहुँचा तब सम्राट् वृहद्रथ सेना की परेड लेकर जाँच कर रहा था। उसी दौरान पुष्यमित्र शुंग ने वृहद्रथ की हत्या कर दी और फिर वह खुद सम्राट् बन गया। इस दौरान सीमा पर मिलिंद ने आक्रमण कर दिया।

फिर पुष्यमित्र ने अपनी सेना का गठन किया और भारत के मध्य तक चढ़ आए मिनिंदर पर आक्रमण कर दिया। भारतीय सैनिकों के सामने ग्रीक सैनिकों की एक न चली। अंततः पुष्यमित्र शुंग की सेना ने ग्रीक सेना का पीछा करते हुए उसे सिंधु पार धकेल दिया।

सम्राट् विक्रमादित्य : विक्रम संवत् के अनुसार विक्रमादित्य आज से २२८६ वर्ष पूर्व हुए थे। विक्रमादित्य का नाम विक्रम सेन था। नाबोवाहन के पुत्र राजा गंधर्वसेन भी चक्रवर्ती सम्राट् थे। गंधर्वसेन के पुत्र विक्रमादित्य और भर्तृहरि थे। विक्रमादित्य सम्राट् बने तो भर्तृहरि एक महान् सिद्ध संत।

विक्रमादित्य भारत की प्राचीन नगरी उज्जयिनी के राजसिंहासन पर बैठे। विक्रमादित्य अपने ज्ञान, वीरता और उदारशीलता के लिए प्रसिद्ध थे। उनके दरबार में नवरत्न रहते थे। इनमें एक कालिदास भी थे। कहा जाता है कि विक्रमादित्य बड़े पराक्रमी थे और उन्होंने शकों को परास्त किया था।

चंद्रगुप्त द्वितीय : गुप्तकाल को भारत का स्वर्णकाल कहा जाता है। गुप्त वंश की स्थापना चंद्रगुप्त प्रथम ने की थी। आरंभ में इनका शासन केवल मगध पर था, पर बाद में गुप्त वंश के राजाओं ने संपूर्ण उत्तर भारत को अपने अधीन करके दक्षिण में कांजीवरम् के राजा से भी अपनी अधीनता स्वीकार करा ली।

समुद्रगुप्त का पुत्र 'चंद्रगुप्त द्वितीय' समस्त गुप्त राजाओं में सर्वाधिक शौर्य एवं वीरोचित गुणों से संपन्न था। शकों पर विजय प्राप्त करके उसने 'विक्रमादित्य' की उपाधि धारण की। वह 'शकारि' भी कहलाया। मालवा, काठियावाड़, गुजरात और उज्जयिनी को अपने साम्राज्य में

मिलाकर उसने अपने पिता के राज्य का और भी विस्तार किया। चीनीयात्री फाह्यान उसके समय में छह वर्षों तक भारत में रहा। चंद्रगुप्त विक्रमादित्य का शासनकाल भारत के इतिहास का बड़ा महत्त्वपूर्ण समय माना जाता है।

गुप्त वंश में अनेक प्रतापी राजा हुए—श्रीगुप्त, घटोत्कच, चंद्रगुप्त प्रथम, समुद्रगुप्त, रामगुप्त, चंद्रगुप्त द्वितीय, कुमारगुप्त प्रथम (महेंद्रादित्य) और स्कंदगुप्त। चंद्रगुप्त द्वितीय के काल में भारत ने हर क्षेत्र में उन्नति की। मौर्य वंश के बाद भारत में कुषाण, शक और शुंग वंश के शासकों का भारत के बहुत बड़े भू-भाग पर शासन रहा। इन वंशों में भी कई महान् और प्रतापी राजा हुए। चंद्रगुप्त मौर्य से विक्रमादित्य और फिर विक्रमादित्य से लेकर हर्षवर्धन तक कई प्रतापी राजा हुए।

हर्षवर्धन : इसलाम धर्म के संस्थापक हजरत मुहम्मद के समकालीन राजा हर्षवर्धन ने लगभग आधी शताब्दी तक अर्थात् ५९० ईस्वी से लेकर ६४७ ईस्वी तक अपने राज्य का विस्तार किया। हर्षवर्धन ने 'रत्नावली', 'प्रियदर्शिका' और 'नागरानंद' नामक नाटिकाओं की भी रचना की। हर्षवर्धन का राज्यवर्धन नाम का एक भाई भी था। हर्षवर्धन की बहन का नाम राजश्री था। उनके काल में कन्नौज में मौखरि वंश के राजा अवंति वर्मा शासन करते थे।

हर्ष ने लगभग ४१ वर्ष शासन किया। इन वर्षों में हर्ष ने अपने साम्राज्य का विस्तार जालंधर, पंजाब, कश्मीर, नेपाल एवं बल्लभीपुर तक कर लिया। इसने आर्यावर्त को भी अपने अधीन किया। हर्ष को बादामी के चालुक्य वंशी शासक पुलकेशिन द्वितीय से पराजित होना पड़ा। ऐहोल प्रशस्ति (६३४ ई.) में इसका उल्लेख मिलता है। माना जाता है कि हर्षवर्धन ने अरब पर भी चढ़ाई कर दी थी, लेकिन रेगिस्तान के एक क्षेत्र में उनको रोक दिया गया।

छठी और आठवीं ईसवीं के दौरान दक्षिण भारत में चालुक्य बड़े शक्तिशाली थे। इस साम्राज्य का प्रथम शासक पुलकेसन, ५४० ई. में शासनारूढ़ हुआ और कई शानदार विजय प्राप्त कर उसने शक्तिशाली साम्राज्य की स्थापना की। उसके पुत्रों कीर्तिवर्मन व मंगलेसा ने कोंकण के मौर्यन सहित अपने पड़ोसियों पर सफलताएँ अर्जित कीं तथा अपने राज्य का खूब विस्तार किया।

कीर्तिवर्मन का पुत्र पुलकेसन द्वितीय चालुक्य साम्राज्य के महान् शासकों में से एक था। उसने लगभग ३४ वर्षों तक शासन किया। अपने लंबे शासनकाल में उसने महाराष्ट्र में अपनी स्थिति सुदृढ़ की तथा दक्षिण के बड़े भू-भाग को जीत लिया। उसकी सबसे बड़ी उपलब्धि हर्षवर्धन के विरुद्ध रक्षात्मक युद्ध था।

राजा भोज (राज भोज) : ग्वालियर से मिले राजा भोज के स्तुति-पत्र के अनुसार राजा भोज ने १०७६ से १०९९ के बीच केदारनाथ मंदिर का पुनर्निर्माण कराया था।

राजा भोज ने अपने काल में कई मंदिर बनवाए। राजा भोज के नाम पर भोपाल के निकट भोजपुर बसा है। धार की भोजशाला का निर्माण भी उन्होंने कराया था। कहते हैं कि उन्होंने ही मध्य प्रदेश की वर्तमान राजधानी भोपाल को बसाया था, जिसे पहले 'भोजपाल' कहा जाता था। इनके ही नाम पर भोज नाम से उपाधि देने का भी प्रचलन शुरू हुआ, जो इनके ही जैसे महान् कार्य करने वाले राजाओं की दी जाती थी।

इसके अलवा गौतमी पुत्र शतकर्णी, यशवर्धन, नागभट्ट और बप्पा रावल, मिहिर भोज,

देवपाल, अमोघवर्ष, इंद्र द्वितीय, चोल राजा, राजेंद्र चोल, पृथ्वीराज चौहान, विक्रमादित्य अप, हरिहर राय और बुक्का राय, राणा साँगा, अकबर, कृष्णदेव वर्मन, महाराणा प्रताप, गुरुगोविंद सिंह, शिवाजी महाराज, पेशवा बाजीराव और बालाजी बाजीराव, महाराजा रणजीत सिंह आदि के शासन में भी प्रजा सदा खुशहाल और निर्भीक रही।

इतिहास—एक समीक्षा

इतिहास शब्द की व्युत्पत्ति संस्कृत के तीन शब्दों (इति+ह+आस) से हुई है। इति का अर्थ है 'जैसा हुआ वैसा ही।' ह का अर्थ 'सचमुच' तथा आस का अर्थ है, 'निरंतर रहना या बोध होना'। व्यक्ति, समाज, देश की महत्त्वपूर्ण, विशिष्ट एवं सार्वजनिक क्षेत्र की घटनाओं का कालक्रम से लिखा हुआ विवरण, तथ्यों, घटनाओं का कालक्रमानुसार विवेचन अर्थात् परंपरा से प्राप्त उपाख्यान समूह ही इतिहास है।

भारत का इतिहास बहुत प्राचीन है। इसकी प्राचीनता के प्रमाण इसके साहित्य, कला, दर्शन, शिल्प आदि के अवशेषों के रूप में यत्र-तत्र सर्वत्र बिखरे हैं। जो आज की पुरातात्त्विक दृष्टि से प्रमाणित सिद्ध हो चुके हैं।

जीवन का प्रथम उद्‌भव यहीं हुआ। विकास की लंबी परंपरा का प्रारंभ भी यहीं से हुआ, जब दुनिया ने आँखें भी नहीं खोली थीं। चलना, फिरना तो दूर, मनुष्यता का भी भान तक न था। उस समय भारतीय प्रज्ञा-चक्षुओं ने धर्मध्वजा लेकर धर्मस्थापना के लिए संपूर्ण धरा को वसुधैव कुटुंब मानकर अनथक प्रयासों से अन्वेषित जीवन मूल्यरूपी थाती को प्राण-प्रतिष्ठित किया। जहाँ-जहाँ वे गए, वहाँ-वहाँ उन्होंने संकल्प, विश्वास, श्रद्धा, भक्ति-ज्ञान, कर्म, समर्पण आदि के यज्ञानुष्ठान प्रारंभ किए, जिससे सत्यं, शिवं, सुंदरम् की सुगंध सार्वत्रिक बिखरी और आनंद-सुख शांति का दीप जला एवं पशुवत् जीवन को नारायणत्व की प्राप्ति का मार्ग मिला।

साथ ही संपूर्ण वसुधा के कल्याण, मानवता के उत्थान, जीवन के संस्कार के लिए क्रमशः स्वयं जगत्-नियंता नारायण ने भी मत्स्य रूप में आकर सृष्टि की डूबती नाव को सहारा दिया, कूर्म रूप में आकर चौदह रत्नों की अंजुलि भेंट की, वाराह रूप में आकर धरा को रसातल से लाकर पुनर्प्रतिष्ठित किया। नरसिंह रूप में आकर पाषाणवत् जीवन को पुनर्जीवित किया। वामन रूप में आकर अवरोध बन दानवता के बढ़ते कदम रोके। परशुराम के रूप में आकर आततायियों का समूल नाश किया, राम रूप में आकर जीवन का उत्थान, विश्वास, शौर्य, बलिदान का मंत्र गुँजाया, कृष्ण रूप में आकर धर्म की सत्ता की प्राण-प्रतिष्ठा, बुद्ध रूप में आकर अहिंसा परमोधर्म का शंखनाद किया, महावीर रूप में आकर प्रेम का दीप जलाया, आदिशंकर रूप में आकर वेदमंत्रों का पुनर्समवेत उच्चार किया। चाणक्य, ज्ञानेश्वर, कंबन, आलवार, चैतन्य, शंकर देव, प्राणनाथ, मीरा, सूर, तुलसी, कबीर, नानक आदि रूप में आकर भक्ति के द्वारा राष्ट्रभाव जागरण अभियान चलाया। चंद्रगुप्त, समुद्रगुप्त, अशोक, विक्रमादित्य, शालिवाहन, बप्पा रावल, राणा साँगा, महाराणा प्रताप, ललितादित्य, प्रवरसेन, रणबल, दाहिरसेन, पृथ्वीराज, कृष्णदेव, राजेंद्रचोल, शिवाजी, छत्रसाल, खारवेल, रणजीत सिंह, सुहेलदेव, लाचित, सावरकर, चंद्रशेखर, भगतसिंह आदि अनिर्दिष्ट वीरों-सपूतों के निस्स्वार्थ बलिदान से मातृभूमि की भक्ति से जन-जन को संदेश एवं प्रेरणा दी।

उत्तर की गगनचुंबी चोटियों से लेकर दक्षिण के महासागर की लहरों तक, पूर्व की विस्तृत नदियों से लेकर पश्चिम के समुद्रपर्यंत एकछत्र विस्तृत भू-भाग के अडिग प्रहरी की भाँति अपलक खड़े रहकर सुरक्षा, रक्षा की सँभाल की और आनेवाले सभी तूफानों का सीमाओं पर ही प्रतिरोध कर निस्तेज किया; साथ ही सीमा में प्रवेश तो दूर, उनके घर जाकर उन्हें दंडित करने का उद्यम भी किया। परिणामस्वरूप आज जगती पर न तो हिरण्याक्ष-हिरणाकशिपु के वंशज, यवनों, शकों-कुषाणों, हूणों, बर्बरों, चंगेजों, खिलजी, लोदी, मुगलों और अंग्रेजों आदि के वंशज शेष रहे, सबके सब विलीन हो गए, नेस्तनाबूद हो गए। बचे भी तो वे, जो हमारे अपने थे, जो भूलवश, भ्रमवश, भयवश, लालचवश, मुगल या विधर्मी बने। रही बात अंग्रेजों, डचों, पुर्तगालियों, फ्रांसीसियों की तो वे न कभी शासक थे और न कभी रहे भी, शुद्ध व्यापारी थे और अंत तक व्यापारी ही रहे। उनके वंशज भी आज तक अपने पुरखों की करतूतों पर लज्जित होकर आलोचना करने के लिए कभी-कभार याचक के रूप में दरवाजे-दरवाजे आते-जाते दिखते हैं।

भारत ने कभी पराजय का मुँह नहीं देखा, दुश्मन से संघर्ष किया है। कभी रणनीतिवश कदम पीछे हटाना भी पड़ा या कभी साहस के साथ कदम आगे बढ़ाना पड़ा हो, तो दोनों ही स्थितियों में चट्टान की तरह देश अडिग रहा है और सदा पूर्वजों की परंपरानुसार शिक्षा, संस्कृति और धर्म को लेकर भू-भाग का सीमोल्लंघन किया, पर दिल जीतने के लिए, भू-भाग जीतने के लिए नहीं।

भारत कभी अपने लिए नहीं जिया। हमेशा अपनों के लिए जीने में ही सुख की अनुभूति करता रहा। भला वह कभी किसी को दास बनाना या उसके अधिकारों को छीनने की कोशिश क्यों करता, उसने तो प्रारंभ से ही संपूर्ण धरा को अपना परिवार माना, उसी की अभिवृद्धि में सदा यत्नरत रहा। ऐसा भारत का गौरवशाली, त्यागी, पराक्रमी, समर्पित इतिहास रहा है और आज भी अपनी परंपरा पर अडिग है, जिसे कभी उसके महान् तेजस्वी पुत्रों ने अपने मूल्यों की खातिर बड़ी से बड़ी कीमत चुकाकर स्थापित किया था। आज भी भारत उसे मन-वचन-कर्म से निभाने में कटिबद्ध है और आगे भी रहेगा।

इसी क्रम में हम भारतीय इतिहास की गौरवमयी गाथा और भारतीय राजाओं के विदेशी शक्तियों के खिलाफ हुए संघर्ष को समझ पाएँगे तथा इतिहास को गौरवशाली दृष्टिकोण से देख पाएँगे। प्राचीन भारतीय इतिहास की शुरुआत हम लिखित साक्ष्यों से शुरू कर सकते हैं अर्थात् वैदिक काल। वेद भारत के सर्वप्राचीन धर्मग्रंथ हैं, जिसके संकलनकर्ता महर्षि कृष्ण द्वैपायन वेद व्यास को माना जाता है। वेदों की संख्या चार है—ऋग्वेद, यजुर्वेद, सामवेद तथा अथर्ववेद। इनमें ऋग्वेद न केवल भारतीय आर्यों, बल्कि समस्त आर्य जाति की प्राचीनतम रचना है। इस प्रकार यह भारत तथा भारतीय प्रदेशों के आर्यों के इतिहास, भाषा, धर्म एवं उनकी सामान्य संस्कृति पर प्रकाश डालता है। वेद एवं उपनिषद् के जरिए भारतीय समाज की जानकारी होती है। इसके अतिरिक्त इन सूचनाओं को सत्यापित करने के लिए अभिलेखीय साक्ष्य भी उपलब्ध हैं।

सरस्वती-सिंधु सभ्यता ही हिंदू संस्कृति का उद्भवकाल है। प्रथमत: हजारों वर्ष पूर्व सरस्वती के तट पर जो संस्कृति पल्लवित व पोषित हुई, उसे भारत के इतिहास में सरस्वती-सिंधु सभ्यता अर्थात् वैदिक-काल के नाम से जाना जाता है। अपने उत्कर्ष के प्रारंभिक काल में

इस संस्कृति का प्रभाव क्षेत्र सरस्वती नदी के तटवर्ती क्षेत्रों में और पूर्व-वैदिक काल के रूप में संबोधित किया गया है। ऋग्वेद की ऋचाओं का प्रणयन यहीं हुआ और यही वैदिक संस्कृति का प्रथम पुष्प पल्लवित हुआ।

द्वितीय, भौगोलिक कारणों से सरस्वती नदी जब सूखने लगी तो यह वैदिक संस्कृति सिंधु नदी के तटवर्ती क्षेत्रों की ओर स्थानांतरित हुई, जिसे वर्तमान में 'सिंधु सभ्यता' के नाम से जाना जाता है। इतिहास के नवीनतम शोधों से यह स्पष्ट हो चुका है। यह सैंधव संस्कृति (सिंधु सभ्यता) वैदिक संस्कृति की ही पर्याय है। सैंधव सभ्यता (सिंधु सभ्यता) के पतन के लिए इतिहासकार जिस आर्य आक्रमण की बात करते हैं, वह केवल कपोल-कल्पना है। नूतन अनुसंधान भी इस मत को प्रबल करते हैं कि उत्तर-वैदिक काल अर्थात् सैंधव सभ्यता ही महाभारत का काल है। वैदिक ग्रंथों के अन्यत्र महाभारत, पुराणों, धर्मशास्त्रों को इस अभिमत के प्रमाण के रूप में लिया जा सकता है। इसे वैदिककालीन सभ्यता के नाम से जाना जाता है। इस सभ्यता के अंतर्गत भारतीय समाज, राजनीति का विकास हुआ। हमारी संस्कृति सभ्यता की जड़ मूलत: वैदिक काल से ही चिह्नित होती है। ऋग्वेद में पंचजनों का उल्लेख मिलता है, जो असल में योद्धा होते थे। इसके साथ ही सुदृढ राजनीतिक संरचना का जिक्र भी मिलता है, जो एक सशक्त भारत का निर्माण कर रही थी। वैदिक काल से ही भारत की भौगोलिक स्थिति की संपूर्ण जानकारी प्राप्त होती है और इसी समय से उत्तर भारत का महत्त्व सिद्ध हो जाता है, चूँकि कालांतर में सबसे ज्यादा आक्रमण एवं राजनीतिक उथल-पुथल, उत्तर-पश्चिम भारत में ही रही, इसलिए इस क्षेत्र विशेष में राजाओं के संघर्ष एवं उनके पराक्रम की अनदेखी नहीं की जा सकती है।

वैदिक काल से ही भारत के राष्ट्रभाव की संकल्पना उभरती है, जो असल में भारतभूमि में पल रही संस्कृति एवं सभ्यता के संदर्भ में थी।

वैदिक काल में हमें विभिन्न जनपदों का अस्तित्व दिखाई देता है। इस काल तक पूर्वी उत्तर प्रदेश तथा पश्चिमी बिहार में लोहे का व्यापक रूप से प्रयोग किया जाने लगा था। लौह तकनीक ने लोगों के भौतिक जीवन में बड़ा परिवर्तन ला दिया तथा इससे स्थायी जीवन-यापन की प्रवृत्ति सुदृढ हो गई। कृषि, उद्योग, व्यापार, वाणिज्य आदि के विकास ने प्राचीन जनजातीय व्यवस्था को जर्जर बना दिया तथा छोटे-छोटे जनों का स्थान जनपदों ने ग्रहण कर लिया। ईसा पूर्व छठी शताब्दी तक आते-आते जनपद महाजनपदों के रूप में विकसित हो गए। इन्हीं महाजनपदों के काल में उत्तर भारत एवं मध्य भारत का विकास हुआ।

जिस समय मध्य भारत के राज्य मगध साम्राज्य की विस्तारवादी नीति के शिकार हो रहे थे, पश्चिमोत्तर प्रदेशों में घोर अराजकता एवं अव्यवस्था का वातावरण था। यह क्षेत्र अनेक छोटे-बड़े राज्यों में विभक्त था, जिनमें कंबोज, गांधार एवं भद्र प्रमुख थे। यह संपूर्ण प्रदेश एक ही समय विभाजित एवं समृद्ध था। ऐसी स्थिति में विदेशी आक्रांताओं का ध्यान भारत के इस भू-भाग की ओर आकर्षित होना स्वाभाविक ही था। परिणामस्वरूप परसिया के हखाभनी शासक ने भारत के सीमा प्रांतों पर आक्रमण किया। हखाभनी शासक साइरस द्वितीय का भारत के सीमा प्रांतों पर आक्रमण हुआ। सिकंदर के सेनाध्यक्ष नियार्कस द्वारा दिए गए विवरणों से पता चलता है कि साइरस ने जेड्रोसिया के रेगिस्तान से होकर भारत पर आक्रमण करने का प्रयास किया, परंतु

उसे विनाशकारी असफलताओं का सामना करना पड़ा। मार्ग में उसकी संपूर्ण सेना नष्ट हो गई, केवल सात सैनिकों के साथ वह जान बचाकर भागा, परंतु बाद में साइरस ने अपना आधिपत्य कुछ सीमावर्ती प्रदेशों पर स्थापित कर लिया, इसमें ईरान तथा भारत के सीमावर्ती प्रदेश आते थे।

हखाभनी आक्रमण के पश्चात् पश्चिमोत्तर भारत एक दूसरे यूरोपीय आक्रमण का शिकार हुआ। डॉ. हेमचंद्र रायचौधरी ने २८ स्वतंत्र शक्तियों की चर्चा की, जो इस समय पश्चिमोत्तर सीमा में राजतंत्र, गणतंत्र के रूप में विद्यमान थीं। सीमा प्रांत से होता हुआ सिकंदर सिंधु नदी पार करके (३२६ ई.पू.) झेलम तक आ पहुँचा। दो नदियों के मध्यवर्ती प्रदेश पुरु के राजा पोरस ने सिकंदर का विरोध किया। पोरस तथा सिकंदर की सेनाएँ झेलम नदी के पूर्वी तथा पश्चिमी तटों पर आ डटीं। पोरस की सेना बड़ी विशाल थी। एरियन के अनुसार, इस सेना में चार हजार अश्वारोही, तीन सौ रथ, दो सौ हाथी, तीस हजार पैदल सैनिक थे। विपरीत परिस्थितियों के बावजूद पोरस ने युद्ध में अदम्य साहस का परिचय दिया और सिकंदर की सेना के हौसले पस्त कर दिए, परंतु अंतत: सिकंदर ने घमासान युद्ध में पोरस को परास्त कर दिया।

भारतीय समाज, संस्कृति, राजनीति, अपने विकास के क्रम में अग्रगामी थी। इस काल के विषय में तथा शासन की जानकारी के लिए साहित्य, विदेशी विवरण, पुरातत्त्व तीनों साक्ष्य उपलब्ध होते हैं। मौर्य राजवंश में शूरवीर, पराक्रमी राजा हुए। इनमें से एक सम्राट् चंद्रगुप्त मौर्य थे, जिनका युद्ध सिकंदर के सेनापति सेल्यूकस से हुआ। इस समय का भारत एक सांस्कृतिक भारत के रूप में विकसित हो चुका था। चंद्रगुप्त मौर्य के साथ हुए युद्ध में सेल्यूकस को पराजय का सामना करना पड़ा और दोनों के बीच संधि हुई, जिसमें सेल्यूकस ने चंद्रगुप्त को आरकोसिया (कंधार) और पेरोपनिसडाई (काबुल), एरिया (हेरात) के भाग दिए और सेल्यूकस ने अपने राजदूत मेगस्थनीज को उसके दरबार में भेजा।

इस प्रकार भारत में विभिन्न संस्कृतियों का भी विकास हो रहा था। भारत बौद्ध धर्म के लिए प्रसिद्ध हो रहा था, उसी के साथ-साथ शिक्षा केंद्र के लिए भी। विभिन्न राजवंशों के अंतर्गत भारत और भी सशक्त और विकसित हो रहा था। मौर्य वंश के शासकों के साथ-साथ शुंग, सातवाहन, चेदि आदि राजवंशों ने भारत की छवि एवं प्रसिद्धि और भी बढ़ाई। भारत यूरोपीय शक्तियों के लिए आकर्षण का केंद्र बनता जा रहा था। इसी क्रम में भारत की पश्चिमोत्तर सीमा पर यवनों के भी आक्रमण हुए। सामान्यत: साहित्य एवं पुरातत्त्वीय कुछ प्रमाणों द्वारा यह माना जाता है कि भारत पर यवनों का प्रथम आक्रमण पुष्यमित्र शुंग के समय में हुआ था। इस आक्रमण का नेता डेमेट्रियस था। वह आक्रमण करता हुआ मध्य प्रदेश तक पहुँच गया था, परंतु पुष्यमित्र शुंग के भीषण प्रतिरोध से यवनों के पैर उखड़ गए। उसके पौत्र वसुमित्र ने यवनों को सिंधु नदी के किनारे पराजित कर दिया।

इस प्रकार भारत की भूमि पर मौर्य एवं गुप्त शासकों ने अनेक विदेशी ताकतों को हराया और भारत को न केवल राजनीतिक तौर पर विकसित किया, बल्कि प्रशासनिक और सामाजिक दृष्टि से भी महान् बनाया। इस दौर का भारत शिक्षा एवं धर्म के लिए सुदूर पूर्व एवं पश्चिम दिशा में प्रसिद्ध था। भारतीय शक्ति का जयघोष संपूर्ण विश्व में गूँज रहा था। मौर्य काल में चाणक्य की राजनीति एवं प्रशासनिक कुशलता विश्व में सर्वोपरि थी। गुप्त शासन काल सीमा विस्तार की

दृष्टि से अग्रगामी था। चंद्रगुप्त द्वितीय विक्रमादित्य ने अश्वमेध यज्ञ कराया और गुप्त साम्राज्य को सशक्त किया। स्कंदगुप्त के काल में हूणों का पहला आक्रमण हुआ। स्कंदगुप्त ने हूण बुरी तरह परास्त किए तथा देश के बाहर खदेड़ दिए गए। इसका प्रमाण हमें स्कंदगुप्त के जूनागढ़ अभिलेख से मिलता है, जिसमें हूणों को 'म्लेच्छ' कहा गया है। इस प्रकार स्कंदगुप्त की कीर्ति का गान होने लगा। स्कंदगुप्त ने लोकोपकार के कार्य भी सबसे ज्यादा किए।

गुप्तोत्तर काल के पश्चात् अनेक क्षेत्रीय राजवंशों का उदय हुआ, जिनका कार्यकाल भारतीय इतिहास में सराहनीय है, जैसे हर्षवर्धन का राज्यकाल सामरिक दृष्टि से महत्त्वपूर्ण है। इनके राज्यकाल में साम्राज्य विस्तार के साथ-साथ सांस्कृतिक विकास भी अपनी चरम सीमा पर पहुँच गया। अनेक सीमावर्ती राज्यों में क्षेत्रीय राज्य कश्मीर एवं बंगाल के पालवंश का योगदान महत्त्वपूर्ण है।

हर्षवर्धन की मृत्यु के पश्चात् सातवीं-आठवीं शती से राजपूतों का उदय होता है। बारहवीं शती तक आते-आते उत्तर भारत में लगभग ३६ कुल अत्यंत प्रसिद्ध हो जाते हैं। गुर्जर प्रतिहार वंश का प्रसिद्ध राजा मिहिर भोज हुआ। उसके शासनकाल की घटनाओं की सूचना अनेक लेखों से प्राप्त होती है। मिहिर भोज ने उत्तर भारत में एक विशाल साम्राज्य स्थापित कर लिया, जो उत्तर-पश्चिम में पंजाब तक विस्तृत था।

अरब यात्री सुलेमान बड़े स्पष्ट शब्दों में भोज के शासनकाल का वर्णन करता है कि 'मिहिर भोज के पास अपार सैनिक शक्ति एवं संपत्ति थी। वह मुसलमानों का घोर शत्रु था।' यह भी स्पष्ट होता है कि भोज ने पश्चिम में अरबों के प्रसार को रोक दिया था। अपने इस वीर कृत्य से उसने भारतभूमि की महान् सेवा की थी। इस समय राजपूत राज्यों के अंतर्गत भारतीय राज्यों की सीमा और भी सुदृढ हो गई। अरब मुस्लिम आक्रमण के पूर्व भारत में उत्तर एवं मध्य भारत में तोमर एवं चौहान वंश का शासन था। इसी समय पश्चिमोत्तर सीमा प्रांत पर से मुस्लिमों के आक्रमण होने लगे। परंतु भारतीय क्षेत्रीय राजाओं ने इन आक्रमणों का बड़े साहस के साथ सामना किया। महमूद का प्रथम आक्रमण पश्चिमोत्तर भारत के राजा जयपाल पर १००१ ई. में हुआ। दोनों में घमासान युद्ध हुआ। जयपाल की हार हुई। जयपाल ने बड़े साहस के साथ यह युद्ध लड़ा।

महमूद गजनवी का आक्रमण १०२५-२६ ई. में सोमनाथ के प्रसिद्ध मंदिर पर हुआ। इस आक्रमण ने सभी नैतिक मूल्यों का पतन कर दिया। भारत पर मुस्लिम आक्रमण लगातार होने लगे, परंतु भारतीय राजाओं ने इन आक्रमणों का लगातार सामना किया और इन आक्रमणों को असफल भी किया। पृथ्वीराज चौहान ने मोहम्मद गोरी को लोहे के चने चबवा दिए। पृथ्वीराज चौहान जैसे प्रतापी राजा ने भारतीय संस्कृति को लगातार सुरक्षित रखने का प्रयास किया। दूसरी ओर मुस्लिम शासकों की दृष्टि लगातार भारतीय वैभव एवं संपन्नता पर लगी रही थी। अब वह समय आ गया था, जब भारतीय राजा लगातार होनेवाले इन आक्रमणों से टूटने लगे, परंतु इन राजाओं ने अपने क्षेत्र की गरिमा और संस्कृति को बचाए रखा। भारतीय नरेशों में मूलराज द्वितीय प्रथम शासक था, जिसने सर्वप्रथम गौरी को पराजित किया। तराइन का पहला युद्ध (११९१) पृथ्वीराज चौहान का मोहम्मद गौरी के साथ हुआ और यह मोहम्मद गौरी की दूसरी पराजय थी।

तराइन के द्वितीय युद्ध (११९२ ई.) में भी पृथ्वीराज चौहान ने अपना साहस एवं पराक्रम दिखाया।

इसके पश्चात् उत्तरी भारत में मुस्लिमों के लगातार आक्रमणों के बाद दिल्ली में मुस्लिम सल्तनत की स्थापना हुई। इसी क्रम में दिल्ली सल्तनत में पाँच राजवंशों ने शासन किया। इन राजवंशों ने दिल्ली केंद्र से लगातार भारतीय राज्यों पर समय-समय पर आक्रमण किया। इसमें खिलजी वंश के अलाउद्दीन खिलजी ने गुजरात (१२९७) पर आक्रमण किया। यहाँ के शासक बघेला राजपूत रायकर्ण द्वितीय ने साहस-शौर्य-पराक्रम के साथ सामना किया, परंतु पराजित हुआ। आक्रमण का कारण गुजरात का समृद्ध एवं शक्तिशाली होना था। इस समय राजपूतों का एक गढ़ रणथंभौर था। अलाउद्दीन ने रणथंभौर पर आक्रमण किया। हम्मीर देव बड़ा ही बलशाली था, उसने इस आक्रमण को असफल कर दिया। बाद में अलाउद्दीन ने पुनः आक्रमण कर इसे जीत लिया। परंतु हारे हम्मीर देव ने रणथंभौर की संस्कृति को कूटनीति द्वारा बनाए रखा। सन् १३०३ में चित्तौड़ का राजा रतन सिंह बड़ा ही योग्य एवं कुशल सेनानायक था, उसने भी अलाउद्दीन का डटकर सामना किया। राजा रतन सिंह ने सात माह तक उसे और उसकी सेना को धूल चटाई।

सन् १५२६ में मुगल राजवंश की स्थापना के साथ भारतीय सरजमीं पर एक नई विस्तारवादी तुर्क नीति की शुरुआत हुई। बाबर के दिल्ली पर अधिकार के बाद उसका सामना भारतीय वीर साहसी राजाओं से हुआ। इसमें सर्वप्रथम खानवा का युद्ध (१५२७) राणा साँगा के साथ हुआ। राणा साँगा के पराक्रम एवं सैन्य सामर्थ्य से बाबर डरा हुआ था, इसलिए भयभीत था। परिणामतः खानवा का युद्ध हुआ, जिसमें बाबर की सेनाएँ राणा साँगा के सामने टिक नहीं पाईं, परंतु अंत में बाबर की तोपों के कारण परिस्थिति बदल गई। राणा साँगा की वीरता की प्रशंसा खुद बाबर ने अपनी आत्मकथा 'बाबरनामा' में की है। चंदेरी युद्ध में मालवा के राजा मेदिनी राय ने भी मुगलों से लोहा लिया। अकबर के काल तक राजपूत राजाओं ने इन विदेशी शक्तियों के विरुद्ध लोहा लिया। मालवा, आमेर, मेड़ता आदि राज्यों ने लगातार हिंदू संस्कृति को बचाए रखा। उनके इस योगदान को हम नहीं भुला सकते हैं।

अकबर के राज्यकाल में राजपूत राजाओं ने बड़ी ही कूटनीति के साथ हिंदू सभ्यता एवं संस्कृति बचाए रखी। विभिन्न संधियों द्वारा राजाओं ने राज्यहित के कार्य किए। सन् १५७२ में महाराणा प्रताप सिंह का राज्याभिषेक हुआ। इस अवसर पर राणा प्रताप ने अपनी मातृभूमि की स्वतंत्रता और सम्मान की रक्षा का संकल्प लिया। परिणामस्वरूप हल्दीघाटी का युद्ध (१५७६) हुआ। राणा प्रताप की वीरता एवं शौर्य की खुद अकबर प्रशंसा करता है।

इस प्रकार संपूर्ण मध्यकाल में विपरीत परिस्थितियों के बावजूद शिवाजी सहित अनेक हिंदू राजाओं ने राज्य एवं प्रजा, दोनों का संरक्षण किया। भारतीय इतिहास में हुए इन बदलावों से भी हिंदू संस्कृति लगातार विकसित होती रही। इन विषम परिस्थितियों में भारतीय राजाओं के योगदान को समझना बहुत जरूरी है, विभिन्न युद्धों में हार व जीत, दोनों में महत्त्वपूर्ण यह है कि कैसे सत्ता एवं साम्राज्य दोनों को बनाए रखा जाए। इससे भी ज्यादा यह महत्त्वपूर्ण है कि इनके संघर्ष व शौर्य को याद रखा जाए।

मुगल वंश के अंत के साथ ही यूरोपीय शक्ति का प्रादुर्भाव हुआ और यूरोप के साम्राज्यवादी व उपनिवेशवादी दृष्टिकोण के सामने भारत की सत्ता ब्रिटेन के हाथों में चली गई। भारतीय शूरवीरों

ने ईस्ट इंडिया कंपनी के शासनकाल में क्रांति की और ब्रिटेन की सत्ता के खिलाफ भी विद्रोह किया। गौरतलब है कि सन् १८५७ की क्रांति के साथ ही भारतीयों ने अपने अदम्य साहस और नई ऊर्जा का संदेश दिया। झाँसी की रानी लक्ष्मीबाई ने अंग्रेजों से लोहा लिया व राज्य की रक्षा एवं अधिकार के लिए जान की बाजी लगा दी। यहाँ तक कि उनकी सेविका झलकारी बाई ने भी युद्ध की बागडोर सँभाली। गोरखपुर में गजाधर सिंह के नेतृत्व में विद्रोह हुआ। मथुरा में देवी सिंह व मेरठ में कदम सिंह ने अंग्रेजों के विरुद्ध विद्रोह किया।

इस प्रकार संपूर्ण भारतीय इतिहास में लगातार भारतीय शूरवीरों ने अपने साहस और बल का पराक्रम दिखाया। सन् १८५७ की क्रांति के पश्चात् भारतीय इतिहास में नई ऊर्जा की लहर आती है और विदेशियों को भगाने के लिए सभी शक्तियाँ एकजुट हो जाती हैं। विभिन्न कृषक आंदोलन एवं जनजातीय आंदोलनों द्वारा अंग्रेजों को लगातार यह संदेश दिया जा रहा था कि भारतीय जमीन पर उनका टिकना अब नामुमकिन है।

भारत के स्वतंत्रता आंदोलन में योगदान के मूल्यांकन के लिए हम किसी एक क्षेत्र विशेष पर निर्भर नहीं रह सकते हैं। वस्तुतः स्वतंत्रता आंदोलन में सभी वर्गों की भागीदारी समान रही है। महात्मा गांधी के आगमन के साथ ही भारतीय राजनीति में महत्त्वपूर्ण परिवर्तन होने लगे थे। बंबई से बाल गंगाधर तिलक, लाला लाजपत राय का अभूतपूर्व योगदान एवं संघर्ष अंग्रेजों के खिलाफ रहा।

अंग्रेजी सत्ता के खिलाफ यह संघर्ष केवल एक वर्ग विशेष तक सीमित नहीं रहा, बल्कि कृषक वर्ग और जनजाति वर्ग, सभी तबके के लोगों ने इस संघर्ष में योगदान दिया। सुभाष चंद्र बोस एवं चंद्रशेखर आजाद का क्रांतिकारी तरीका अपने आप में आजादी की प्राप्ति की भूख को जगाता है।

आजादी की लड़ाई में असहयोग आंदोलन (१९२०-२२) अपने आप में सुनियोजित आंदोलन था। सविनय अवज्ञा आंदोलन (१९३०-१९३१), भारत छोड़ो आंदोलन (१९४२) महत्त्वपूर्ण आंदोलन थे। भारतीय इतिहास पर यदि हम एक नजर डालने की कोशिश करें तो पुख्ता साक्ष्य हैं कि भारतीय इतिहास गौरवशाली संघर्षमय इतिहास रहा है। प्राचीनकाल से ही भारत को अनेक विदेशी आक्रमणों का सामना करना पड़ा, परंतु भारतीय राजाओं ने भारतीय संस्कृति, सभ्यता की सदैव तत्परता से रक्षा की और यह अत्यंत गौरव की बात है कि भारत इतने संघर्ष को झेलने के बाद भी और चमक उठा। इसने संपूर्ण विश्व को अद्‌भुत देश होने का संदेश दिया है।

१. अपने राष्ट्रीय (राष्ट्र के) दृष्टिकोण से इतिहास का अध्ययन करना चाहिए। अंग्रेजों की संकल्पना के अनुसार 'Histor4' का अर्थ 'His+story' इतिहास पढ़ना और पढ़ाना उचित नहीं। इतिहास केवल राजाओं का ही नहीं अपितु संपूर्ण समाज और उसकी गतिविधियों का होना चाहिए।
२. इतिहास का अध्ययन स्फूर्ति, प्रेरणा व स्वाभिमान जागरण के लिए होता है।
३. आक्रमणकारी विजित राष्ट्र के इतिहास को नष्ट करने का प्रयास करते हैं।

इतिहास—एकता की अनुभूति

१. महापुरुष, ऋषि, संत, विद्वान् आदि किसी क्षेत्र, प्रांत, जाति अथवा समाज विशेष के नहीं, अपितु संपूर्ण समाज-राष्ट्र के होते हैं।

२. ऐतिहासिक घटनाएँ संपूर्ण देश व समाज को प्रभावित करती हैं। विदेशी आक्रमणकारियों का आक्रमण सभी भारतीयों पर आक्रमण था।

३. इतिहास की भूलों से शिक्षा लेकर भविष्य की दिशा निश्चित कर कार्य करना, राष्ट्रहित में अत्यंत उपयोगी है।

४. हमारे पूर्वजों ने अतीत के मूल्यवान अनुभवों से परिचित करानेवाले इतिहास के महत्त्व को समझा। उन्होंने पहचान लिया था कि उज्ज्वल भविष्य के निर्माण में अतीत कितना उपयोगी है।

५. परस्पर फूट, क्षुद्र स्वार्थ, संकुचित दृष्टि, आलस्य, मिथ्या अहंकार, मोह आदि दोषों (दुर्बलताओं) के कारण देश व समाज को समय-समय पर अपार हानि उठानी पड़ी। भविष्य में इन दोषों-दुर्बलताओं से बचने व जागरूक रहने का निर्णय ही इतिहास की उपलब्धि है।

६. हमें जो इतिहास आज पढ़ाया जाता है, वह मुस्लिम तथा अंग्रेज इतिहासकारों द्वारा लिखित है, जिसमें इतिहास को यवन वंश, अरब वंश, गुलाम वंश, लोदी वंश, खिलजी वंश, मुगल वंश व ईस्ट इंडिया कंपनी (अंग्रेज वंश) काल आदि के रूप में विभाजित करना ऐसा लगता है, मानो इस पूरे कालखंड में भारतवर्ष में इन वंशों (घटनाओं) के अतिरिक्त और वंश (घटनाएँ) हुए ही नहीं।

७. अंग्रेजों द्वारा सुनियोजित षड्यंत्रों के अंतर्गत अलगावपूर्ण इतिहास की रचना करना। (सिखों का इतिहास-सिखों को भ्रमित कर अलगाववादी बनाने के लिए एक अंग्रेज अधिकारी 'मैकलिक' का सिख बनना इसका जीवंत उदाहरण है।)

८. देश की उदात्त आकांक्षाओं को जो जगा सके, इस दृष्टिकोण से राष्ट्रीय इतिहास को प्रस्तुत किया जाना तथा उसका अध्ययन किया जाना चाहिए। डॉ. वी.एस. नायपाल ने कहा, "राष्ट्रीय इतिहास नई पीढ़ी के सामने आए, इसलिए इतिहास के प्रलेखन का (Documentation) महत्त्व है।"

माँ वसुधा की गोदी-
में नवदीप जलाएँ।
पतझड़ के अंतर में-
पावन झड़ी लगाएँ।
जग 'राम-प्रयासों' से-
सोए हृदय जगाएँ॥

प्राचीन गौरवशाली भारतीय विज्ञान

वैदिक काल में भारतीय विज्ञान की परंपरा विश्व की प्राचीनतम वैज्ञानिक परंपराओं में एक है। भारतीय विज्ञान का विकास प्राचीन समय में ही हो गया था। अगर यह कहा जाए कि भारतीय विज्ञान की परंपरा दुनिया की प्राचीनतम परंपरा है, तो अतिशयोक्ति न होगी। जिस समय यूरोप में घुमक्कड़ जातियाँ अभी अपनी बस्तियाँ बसाना सीख रही थीं, उस समय भारत में लोग सुनियोजित

ढंग से नगर बसाकर रहने लगे थे। उस समय तक भवन-निर्माण, धातु-विज्ञान, वस्त्र-निर्माण, परिवहन-व्यवस्था आदि उन्नत दशा में विकसित हो चुके थे। इस काल में गणित, ज्योतिष, रसायन, खगोल, चिकित्सा, धातु आदि क्षेत्रों में विज्ञान ने खूब उन्नति की। इस बीच आर्यभट्ट, वराहमिहिर, ब्रह्मगुप्त, बोधायन, चरक, सुश्रुत, नागार्जुन, कणाद से लेकर सवाई जयसिंह तक वैज्ञानिकों की एक लंबी परंपरा विकसित हुई।

वैदिक काल के लोग खगोल विज्ञान का अच्छा ज्ञान रखते थे। वैदिककालीन भारतीयों को २७ नक्षत्रों का ज्ञान था। वे वर्ष, महीनों और दिनों के रूप में समय के विभाजन से परिचित थे। 'लगध' नाम के ऋषि ने 'ज्योतिष वेदांग' में तत्कालीन खगोलीय ज्ञान को व्यवस्थित कर दिया था।

वैदिक युग की विशिष्ट उपलब्धि चिकित्सा के क्षेत्र में थी। मानव शरीर के सूक्ष्म अध्ययन के लिए वे शव विच्छेदन (पोस्टमार्टम) प्रक्रिया का कुशलता से उपयोग करते थे। प्राकृतिक जड़ी-बूटियों और उनके औषधीय गुणों के बारे में लोगों को विशद ज्ञान था। तत्कालीन चिकित्सक स्नायुतंत्र और सुषुम्ना (रीढ़ की हड्डी) के महत्त्व से भली-भाँति परिचित थे।

मौसम-परिवर्तन शरीर में सूक्ष्म जीवों की उपस्थिति तथा रोग पैदा करने वाले आनुवंशिक कारकों आदि के सिद्धांतों को वहाँ से मान्यता प्राप्त थी। आयुर्वेद चिकित्सा-पद्धति का बहुतायत में उपयोग होता था। आवश्यकता पड़ने पर शल्य-चिकित्सा भी की जाती थी। बाद में तो अरबों तथा यूनानियों ने भी शल्य-चिकित्सा को अपनाया। फिर तो रोम साम्राज्य में भारतीय जड़ी-बूटियों की भी माँग चिकित्सा के क्षेत्र में होने लगी। उसी समय वनस्पतियों और जंतुओं के बाह्य तथा आंतरिक संरचनाओं के अधययन भी किए गए। कृषि के क्षेत्र में मिट्टी की उर्वरता बढ़ाने के लिए फसल-चक्र की पद्धति तब भी अपनाई जाती थी। भारत में वैज्ञानिक प्रगति का स्वर्ण काल ईसा से पूर्व चौथी शताब्दी से लेकर ईसा के बाद छठी या सातवीं शताब्दी तक रहा। धातु-कर्म, भौतिकी, रसायनशास्त्र जैसे विज्ञानों का विकास भी इस युग में हुआ था। मौर्यकाल में युद्ध के लिए अस्त्रों और शस्त्रों का विकास किया गया था। कुछ यांत्रिक अस्त्रों, जैसे—प्रक्षेपकों का विकास तथा सिंचाई में अभियांत्रिकी का उपयोग उल्लेखनीय है। इस काल में भू-सर्वेक्षण की तकनीक अत्यंत विकसित थी। विशालकाय प्रस्तर-स्तंभों के निर्माण में अनेक प्रकार के वैज्ञानिक कौशलों का उपयोग इस युग की एक अन्य विशेषता है।

इस युग में अनेक ख्याति प्राप्त वैज्ञानिक हुए, जिनके अनुसंधानों और आविष्कारों का लोहा तत्कालीन सभ्य समाज के लोग मानते थे।

१. प्राचीन भारत के प्रमुख शास्त्र

१. आयुर्वेदशास्त्र

आयुर्वेदशास्त्र का विकास उत्तरवैदिक काल में हुआ। इस विषय पर अनेक स्वतंत्र ग्रंथों की रचना हुई। भारतीय परंपरा के अनुसार आयुर्वेद की रचना सबसे पहले ब्रह्मा ने की। ब्रह्मा ने प्रजापति को, प्रजापति ने अश्विनी कुमारों को और फिर अश्विनी कुमारों ने इस विद्या को इंद्र को प्रदान किया। इंद्र के द्वारा ही यह विद्या संपूर्ण लोक में विस्तारित हुई। इसे चार उपवेदों में से एक माना गया है।

कुछ विद्वानों के अनुसार यह ऋग्वेद का उपवेद है तो कुछ का मानना है कि यह 'अथर्ववेद' का उपवेद है। आयुर्वेद की मुख्य तीन परंपराएँ हैं—भरद्वाज, धन्वंतरि और काश्यप। आयुर्वेद विज्ञान के आठ अंग हैं—शल्य, शालाक्य, कायचिकित्सा, भूतविधा, कौमारभृत्य, अगदतंत्र, रसायन और वाजीकरण। चरक संहिता, सुश्रुत संहिता, काश्यप संहिता इसके प्रमुख ग्रंथ हैं, जिन पर बाद में अनेक विद्वानों द्वारा व्याख्याएँ लिखी गईं।

आयुर्वेद के सबसे महत्त्वपूर्ण ग्रंथ चरक संहिता के बारे में ऐसा माना जाता है कि मूल रूप से यह ग्रंथ आत्रेय पुनर्वसु के शिष्य अग्निवेश ने लिखा था। चरक ऋषि ने इस ग्रंथ को संस्कृत में रूपांतरित किया। इस कारण इसका नाम चरक संहिता पड़ गया। बताया जाता है कि पतंजलि ही चरक थे। इस ग्रंथ का रचनाकाल ई.पू. पाँचवीं शताब्दी माना जाता है।

२. रसायनशास्त्र

रसायनशास्त्र का प्रारंभ वैदिक युग से माना गया है। प्राचीन ग्रंथों में रसायनशास्त्र के 'रस' का अर्थ होता था—पारद। पारद को भगवान् शिव का वीर्य माना गया है। रसायनशास्त्र के अंतर्गत विभिन्न प्रकार के खनिजों का अध्ययन किया जाता था। वैदिक काल तक अनेक खनिजों की खोज हो चुकी थी तथा उनका व्यावहारिक प्रयोग भी होने लगा था। परंतु इस क्षेत्र में सबसे ज्यादा काम नागार्जुन नामक बौद्ध विद्वान् ने किया। उनका काल लगभग २८०-३२० ई. था। उन्होंने एक नई खोज की, जिसमें पारे के प्रयोग से ताँबा इत्यादि धातुओं को सोने में बदला जा सकता था।

रसायनशास्त्र के कुछ प्रसिद्ध ग्रंथों में एक है रसरत्नाकर। इसके रचयिता नागार्जुन थे। इसके कुल आठ अध्याय थे, परंतु चार ही हमें प्राप्त होते हैं। इसमें मुख्यत: धातुओं के शोधन, मारण, शुद्ध पारद प्राप्ति तथा भस्म बनाने की विधियों का वर्णन मिलता है।

प्रसिद्ध रसायनशास्त्री श्री गोविंद भगवतपाद, जो शंकराचार्य के गुरु थे, द्वारा रचित 'रसहृदयतंत्र' ग्रंथ भी काफी लोकप्रिय है। इसके अलावा रसेंद्रचूड़ामणि, रसप्रकाशुधाकर, रसार्णव, रससार आदि ग्रंथ भी रसायनशास्त्र के ग्रंथों में ही गिने जाते हैं।

३. ज्योतिषशास्त्र

ज्योतिष वैदिक साहित्य का ही एक अंग है। इसमें सूर्य, चंद्र, पृथ्वी, नक्षत्र, ऋतु, मास, अयन आदि की स्थितियों पर गंभीर अध्ययन किया गया है। इस विषय में हमें 'वेदांग ज्योतिष' नामक ग्रंथ प्राप्त होता है। इसके रचना का समय १२०० ई.पू. माना गया है। आर्यभट्ट ज्योतिष गणित के सबसे बड़े विद्वान् के रूप में माने जाते हैं। एक अनुमान के अनुसार इनका जन्म ४७६ ई. में पटना (कुसुमपुर) में हुआ था। मात्र २३ वर्ष की उम्र में इन्होंने 'आर्यभट्टीय' नामक प्रसिद्ध ज्योतिष ग्रंथ की रचना की। इस ग्रंथ में पूरे १२१ श्लोक हैं। इसे चार खंडों में बाँटा गया है—गीतिकापाद, गणितपाद, कालक्रियापाद और गोलपाद।

वराहमिहिर के उल्लेख के बिना तो भारतीय ज्योतिष की चर्चा अधूरी है। इनका समय छठी शताब्दी ई. के आरंभ का है। इन्होंने चार प्रसिद्ध ग्रंथों की रचना की—पंचसिद्धांतिका, वृहज्जातक, वृहद्यात्रा तथा वृहत्संहिता, जो ज्योतिष को समझने में मदद करती हैं।

४. गणितशास्त्र

प्राचीनकाल से ही भारत में गणितशास्त्र का विशेष महत्त्व रहा है। यह सभी जानते हैं कि शून्य एवं दशमलव की खोज भारत में ही हुई। यह भारत के द्वारा विश्व को दी गई अनमोल देन है। इस खोज ने गणितीय जटिलताओं को खत्म कर दिया। गणितशास्त्र को मुख्यत: तीन भागों में बाँटा गया है—अंकगणित, बीजगणित और रेखागणित।

वैदिक काल में अंकगणित अपने विकसित स्वरूप में स्थापित था। 'यजुर्वेद' में एक से लेकर १० खरब तक की संख्याओं का उल्लेख मिलता है। इन अंकों को वर्णों में भी लिखा जा सकता था।

बीजगणित का साधारण अर्थ है, अज्ञात संख्या का ज्ञात संख्या के साथ समीकरण करके अज्ञात संख्या को जानना। अंग्रेजी में इसे ही अलजेब्रा कहा गया है। भारतीय बीजगणित के आविष्कार पर विवाद था। कुछ विद्वानों का मानना था इसके आविष्कार का श्रेय यूनानी विद्वान् डायफ्रैंटस लगभग २७५ ई. को है। परंतु अब यह साबित हो चुका है कि भारतीय बीजगणित का विकास स्वतंत्र रूप से हुआ है और इसका श्रेय भारतीय विद्वान् आर्यभट्ट (४४६ ई.) को जाता है।

रेखागणित का आविष्कार भी वैदिक युग में ही हो गया था। इस विद्या का प्राचीन नाम है—शुल्वविद्या या शुल्वविज्ञान। अनेक पुरातात्त्विक स्थलों की खुदाई में प्राप्त यज्ञशालाएँ, वेदिकाएँ, कुंड इत्यादि को देखने तथा इनके अध्ययन करने पर हम पाते हैं कि इनका निर्माण रेखागणित के सिद्धांत पर किया गया है। ब्रह्मस्फुट सिद्धांत, नवशती, गणिततिलक, बीजगणित, गणितसार संग्रह, गणित कौमुदी इत्यादि गणित शास्त्र के प्रमुख ग्रंथ हैं।

५. कामशास्त्र

भारतीय समाज में पुरुषार्थ का काफी महत्त्व है। पुरुषार्थ चार हैं—धर्म, अर्थ, काम, मोक्ष। काम का इसमें तीसरा स्थान है। सर्वप्रथम नंदी ने १००० अध्यायों का 'कामशास्त्र' लिखा, जिसे बाभ्रव्य ने १५० अध्यायों में संक्षिप्त रूप में लिखा। कामशास्त्र से संबंधित सबसे प्रसिद्ध ग्रंथ है 'कामसूत्र', जिसकी रचना वात्स्यायन ने की थी। इस ग्रंथ में ३६ अध्याय हैं, जिसमें भारतीय जीवन पद्धति के बारे में बताया गया है। इसमें ६४ कलाओं का रोचक वर्णन है। इसके अलावा एक और प्रसिद्ध ग्रंथ है 'कुहनीमत', जो एक लघुकाव्य के रूप में है। कोक्का पंडित द्वारा रचित 'रतिरहस्य' को भी बेहद पसंद किया जाता है।

६. धर्मशास्त्र

प्राचीनकाल में शासन व्यवस्था धर्म-आधारित थी। प्रमुख धर्म-मर्मज्ञों वैखानस, अत्रि, उशना, कण्व, कश्यप, गर्ग, च्यवन, बृहस्पति, भरद्वाज आदि ने धर्म के विभिन्न सिद्धांतों एवं रूपों की विवेचना की है। पुरुषार्थ के चारों चरणों में इसका स्थान पहला है।

उत्तरकाल में लिखे गए संग्रह ग्रंथों में तत्कालीन समय की संपूर्ण धार्मिक व्यवस्था का वर्णन मिलता है। स्मृतिग्रंथों में मनुस्मृति, याज्ञवल्क्यस्मृति, पराशरस्मृति, नारदस्मृति, बृहस्पतिस्मृति में लोकजीवन के सभी पक्षों की धार्मिक दृष्टिकोण से व्याख्या की गई है तथा कुछ नियम भी प्रतिपादित किए गए हैं।

७. अर्थशास्त्र

चार पुरुषार्थों में अर्थ का दूसरा स्थान है। महाभारत में वर्णित है कि ब्रह्मा ने अर्थशास्त्र पर एक लाख विभागों के एक ग्रंथ की रचना की। इसके बाद शिव (विशालाक्ष) ने दस हजार, इंद्र ने पाँच हजार, बृहस्पति ने तीन हजार, उशनस ने एक हजार विभागों में इसे संक्षिप्त किया।

अर्थशास्त्र के अंतर्गत केवल वित्त संबंधी चर्चा का ही उल्लेख नहीं किया गया है। वरन् राजनीति, दंडनीति और नैतिक उपदेशों का भी वृहद् वर्णन मिलता है। अर्थशास्त्र का सबसे प्रसिद्ध ग्रंथ है—कौटिल्य का अर्थशास्त्र। इसकी रचना चाणक्य ने की थी। चाणक्य का जीवनकाल चतुर्थ शताब्दी के आस-पास माना जाता है।

कौटिल्य अर्थशास्त्र में धर्म, अर्थ, राजनीति, दंडनीति आदि का विस्तृत उपदेश है। इसे १५ अधिकरणों में बाँटा गया है। इसमें वेद, वेदांग, इतिहास, पुराण, धार्मशास्त्र, अर्थशास्त्र, ज्योतिष आदि विद्याओं के साथ अनेक प्राचीन अर्थशास्त्रियों के मतों के साथ विषय को प्रतिपादित किया गया है। इसके अलावा अन्य महत्त्वपूर्ण ग्रंथ हैं—कामंदकीय नीतिसार, नीतिवाक्यामृत, लघु अर्थनीति इत्यादि।

८. न्यायशास्त्र

न्यायशास्त्र के दार्शनिक स्वयं से ही प्रश्न करते रहते हैं—'नियम क्या है?', 'क्या नियम होना चाहिए?' विधिशास्त्र या न्यायशास्त्र विधि का सिद्धांत, अध्ययन व दर्शन हैं। इसमें समस्त विधिक सिद्धांत सम्मिलित हैं, जो कानून बनाते हैं। विधिशास्त्र के विद्वान्, जिन्हें जूरिस्ट या विधिक सिद्धांतवादी (विधिक दार्शनिक और विधि के सामाजिक सिद्धांतवादी समेत) भी कहा जाता है। विधि, विधिक कारण, विधिक प्रणाली और विधिक संस्थाओं के प्रकृति की गहरी समझ प्राप्त कर पाने की आशा रखते हैं।

विधि के विज्ञान के रूप में विधिशास्त्र, विधि के बारे में एक विशेष तरह की खोजबीन है। साधारण अर्थ में समस्त वैधानिक सिद्धांत विधिशास्त्र में अंतर्निहित हैं। इस अर्थ में कानून की सारी पुस्तकें विधिशास्त्र की पुस्तकें हैं। इस प्रसंग में कानून का एकमात्र अर्थ होता है देश का साधारण कानून, जो उन नियमों से सर्वथा पृथक् है, जिन्हें कानून से सादृश्य रहने के कारण कानून का नाम दिया जाता है। यदि हम विज्ञान शब्द का प्रयोग इसके अधिक-से-अधिक व्यापक रूप में करें, जिसमें बौद्धिक अनुसंधान के किसी भी विषय का ज्ञान हो जाए तो हम कह सकते हैं कि विधिशास्त्र देश के साधारण कानून का विज्ञान है।

९. योगशास्त्र

अथ योगनुशासनम! योग: चित्तवृत्ति निरोध: ! योग का प्रारंभ अनुशासन से है। चित्त की स्थिरता योग है। योगसूत्र योगदर्शन का मूल ग्रंथ है। यह छह दर्शनों में से एक शास्त्र है और योगशास्त्र योग का एक ग्रंथ है। योगसूत्रों की रचना ४०० ई. के पहले पतंजलि ने की। इसके लिए पहले से इस विषय में विद्यमान सामग्री का भी इसमें उपयोग किया। योगसूत्र में चित्त को एकाग्र करके ईश्वर में लीन करने का विधान है। पतंजलि के अनुसार चित्त की वृत्तियों को चंचल होने से रोकना (चित्तवृत्तिनिरोध:) ही योग है। अर्थात् मन को इधर-उधर भटकने न देना, केवल एक वस्तु में स्थिर रखना ही योग है।

योगसूत्र मध्यकाल में सर्वाधिक अनूदित किया गया प्राचीन भारतीय ग्रंथ है, जिसका लगभग ४० भारतीय भाषाओं तथा दो विदेशी भाषाओं (प्राचीन जावा भाषा एवं अरबी) में अनुवाद हुआ। यह ग्रंथ १२वीं से १९वीं शताब्दी तक मुख्यधारा से लुप्तप्राय हो गया था, किंतु १९वीं-२०वीं-२१वीं शताब्दी में पुनः प्रचलन में आ गया है।

षड् आस्तिक दर्शनों में योगदर्शन का महत्त्वपूर्ण स्थान है। कालांतर में योग की नाना शाखाएँ विकसित हुईं, जिन्होंने बड़े व्यापक रूप में अनेक भारतीय पंथों, संप्रदायों और साधनाओं पर प्रभाव डाला।

'चित्तवृत्ति निरोध' को योग मानकर यम, नियम, आसन आदि योग के मूल सिद्धांत उपस्थित किए गए हैं। प्रत्यक्ष रूप में हठयोग, राजयोग और ज्ञानयोग, तीनों का मौलिक विवेचन यहाँ मिल जाता है। इस पर भी अनेक भाष्य लिखे गए हैं। आसन, प्राणायाम, समाधि आदि विवेचना और व्याख्या की प्रेरणा लेकर बहुत से स्वतंत्र ग्रंथों की भी रचना हुई।

योग दर्शनकार पतंजलि ने आत्मा और जगत् के संबंध में सांख्य दर्शन के सिद्धांतों का ही प्रतिपादन और समर्थन किया है। उन्होंने भी वही पचीस तत्त्व माने हैं, जो सांख्यकार ने माने हैं। इनमें विशेषता यह है कि इन्होंने कपिल की अपेक्षा एक और छब्बीसवाँ तत्त्व 'पुरुषविशेष' या ईश्वर भी माना है, जिससे सांख्य के 'अनीश्वरवाद' से ये बच गए हैं।

पतंजलि का योगदर्शन, समाधि, साधन, विभूति और कैवल्य, इन चार पादों या भागों में विभक्त है। समाधिपाद में यह बतलाया गया है कि योग के उद्देश्य और लक्षण क्या हैं और उसका साधन किस प्रकार होता है। साधनपाद में क्लेश, कर्मविपाक और कर्मफल आदि का विवेचन है। विभूतिपाद में यह बतलाया गया है कि योग के अंग क्या हैं, उसका परिणाम क्या होता है और उसके द्वारा अणिमा, महिमा आदि सिद्धियों की किस प्रकार प्राप्ति होती है। कैवल्यपाद में कैवल्य या मोक्ष का विवेचन किया गया है। संक्षेप में योग दर्शन का मत यह है कि मनुष्य को अविद्या, अस्मिता, राग, द्वेष और अभिनिवेश ये पाँच प्रकार के क्लेश होते हैं और उसे कर्म के फलों के अनुसार जन्म लेकर आयु व्यतीत करनी पड़ती है तथा भोग भोगना पड़ता है। पतंजलि ने इन सबसे बचने और मोक्ष प्राप्त करने का उपाय योग बतलाया है और कहा है कि क्रमशः योग के अंगों का साधन करते हुए मनुष्य सिद्ध हो जाता है और अंत में मोक्ष प्राप्त कर लेता है। ईश्वर के संबंध में पतंजलि का मत है कि वह नित्यमुक्त, एक, अद्वितीय और तीनों कालों से अतीत है और देवताओं तथा ऋषियों आदि को उसी से ज्ञान प्राप्त होता है। योगदर्शन में संसार को दु:खमय और हेय माना गया है। पुरुष या जीवात्मा के मोक्ष के लिए वे योग को ही एकमात्र उपाय मानते हैं।

पतंजलि ने चित्त की क्षिप्त, मूढ़, विक्षिप्त, निरुद्ध और एकाग्र, ये पाँच प्रकार की वृत्तियाँ मानी हैं, जिनका नाम उन्होंने 'चित्तभूमि' रखा है। उन्होंने कहा है कि आरंभ की तीन चित्तभूमियों में योग नहीं हो सकता, केवल अंतिम दो में हो सकता है। इन दो भूमियों में संप्रज्ञात और असंप्रज्ञात दो प्रकार के योग हो सकते हैं। जिस अवस्था में ध्येय का रूप प्रत्यक्ष रहता हो, उसे संप्रज्ञात कहते हैं। यह योग पाँच प्रकार के क्लेशों का नाश करनेवाला है। असंप्रज्ञात उस अवस्था को कहते हैं, जिसमें किसी प्रकार की वृत्ति का उदय नहीं होता, अर्थात् ज्ञाता और ज्ञेय का भेद नहीं रह जाता, संस्कारमात्र बच रहता है। यही योग की चरम भूमि मानी जाती है और इसकी सिद्धि हो जाने पर मोक्ष प्राप्त होता है।

योगसाधन के उपाय में यह बतलाया गया है कि पहले किसी स्थूल विषय का आधार लेकर, उसके उपरांत किसी सूक्ष्म वस्तु को लेकर और अंत में सब विषयों का परित्याग करके चलना चाहिए तथा अपना चित्त स्थिर करना चाहिए। चित्त की वृत्तियों को रोकने के जो उपाय बतलाए गए हैं, वे इस प्रकार हैं—अभ्यास और वैराग्य, ईश्वर का प्रणिधान, प्राणायाम और समाधि, विषयों से विरक्ति आदि। यह भी कहा गया है कि जो लोग योग का अभ्याम करते हैं, उनमें अनेक प्रकार की विलक्षण शक्तियाँ आ जाती हैं, जिन्हें 'विभूति' या 'सिद्धि' कहते हैं। यम, नियम, आसन, प्राणायाम, प्रत्याहार, धारणा, ध्यान और समाधि, ये आठों योग के अंग कहे गए हैं और योगसिद्धि के लिए इन आठों अंगों का साधन आवश्यक एवं अनिवार्य कहा गया है। इनमें से प्रत्येक के अंतर्गत कई बातें हैं। कहा गया है, जो व्यक्ति योग के ये आठों अंग सिद्ध कर लेता है, वह सब प्रकार के क्लेशों से छूट जाता है, अनेक प्रकार की शक्तियाँ प्राप्त कर लेता है और अंत में कैवल्य (मुक्ति) का भागी बनता है। सृष्टितत्त्व आदि के संबंध में योग का भी प्राय: वही मत है, जो सांख्य का है, इससे सांख्य को 'ज्ञानयोग' और योग को 'कर्मयोग' भी कहते हैं।

पतंजलि के सूत्रों पर सबसे प्राचीन भाष्य वेदव्यासजी का है। उस पर वाचस्पति मिश्र का वार्तिक है। विज्ञानभिक्षु का 'योगसारसंग्रह' भी योग का एक प्रामाणिक ग्रंथ माना जाता है। योगसूत्रों पर भोजराज की भी एक वृत्ति है (भोजवृत्ति)। पीछे से योगशास्त्र में तंत्र का बहुत सा मेल मिला और 'कायव्यूह' का बहुत विस्तार किया गया, जिसके अनुसार शरीर के अंदर अनेक प्रकार के चक्र आदि कल्पित किए गए। क्रियाओं का भी अधिक विस्तार हुआ और हठयोग की एक अलग शाखा निकली; जिसमें नेति, धौति, वस्ति आदि षट्कर्म तथा नाड़ीशोधन आदि का वर्णन किया गया। शिवसंहिता, हठयोगप्रदीपिका, घेरंडसंहिता आदि हठयोग के ग्रंथ हैं। हठयोग के बड़े भारी आचार्य मत्स्येंद्रनाथ (मछंदरनाथ) और उनके शिष्य गोरखनाथ हुए हैं।

यह चार पादों या भागों में विभक्त है—

समाधि पाद (५१ सूत्र)
साधन पाद (५५ सूत्र)
विभूति पाद (५५ सूत्र)
कैवल्य पाद (३४ सूत्र)
कुल सूत्र = १९५

इन पदों में योग अर्थात् ईश्वर-प्राप्ति के उद्देश्य, लक्षण तथा साधन के उपाय या प्रकार बतलाए गए हैं और उसके भिन्न-भिन्न अंगों का विवेचन किया गया है। इसमें चित्त की भूमियों या वृत्तियों का भी विवेचन है। इस योग-सूत्र का प्राचीनतम भाष्य वेदव्यास का है, जिस पर वाचस्पति का वार्तिक भी है। योगशास्त्र नीति विषयक उपदेशात्मक काव्य की कोटि में आता है।

यह धार्मिक ग्रंथ माना जाता है, लेकिन इसका धर्म किसी देवता पर आधारित नहीं है। यह शारीरिक योग मुद्राओं का शास्त्र भी नहीं है। यह आत्मा और परमात्मा के योग या एकत्व के विषय में है और उसको प्राप्त करने के नियमों व उपायों के विषय में है। यह अष्टांग योग भी कहलाता है, क्योंकि अष्ट अर्थात् आठ अंगों में पतंजलि ने इसकी व्याख्या की है। ये आठ अंग हैं—यम, नियम, आसन, प्राणायाम, प्रत्याहार, धारणा, ध्यान और समाधि।

अष्टांग योग—योग के आठ अंग

महर्षि पतंजलि ने योग को 'चित्त की वृत्तियों के निरोध' के रूप में परिभाषित किया है। योगसूत्र में उन्होंने पूर्ण कल्याण तथा शारीरिक, मानसिक और आत्मिक शुद्धि के लिए आठ अंगों वाले योग का एक मार्ग विस्तार से बताया है। अष्टांग, आठ अंगों वाले, योग को आठ अलग-अलग चरणों वाला मार्ग नहीं समझना चाहिए; यह आठ आयामों वाला मार्ग है, जिसमें आठों आयामों का अभ्यास एक साथ किया जाता है। योग के ये आठ अंग हैं :

१. यम : पाँच सामाजिक नैतिकता

(क) अहिंसा—शब्दों से, विचारों से और कर्मों से किसी को हानि नहीं पहुँचाना,

(ख) सत्य—विचारों में सत्यता, परम-सत्य में स्थित रहना,

(ग) अस्तेय—चोर-प्रवृत्ति का न होना,

(घ) ब्रह्मचर्य—दो अर्थ हैं :

* चेतना को ब्रह्म के ज्ञान में स्थिर करना,
* सभी इंद्रिय-जनित सुखों में संयम बरतना,

(च) अपरिग्रह—आवश्यकता से अधिक संचय नहीं करना और दूसरों की वस्तुओं की इच्छा नहीं करना।

२. नियम : पाँच व्यक्तिगत नैतिकता

(क) शौच—शरीर और मन की शुद्धि,

(ख) संतोष—संतुष्ट और प्रसन्न रहना,

(ग) तप—स्वयं से अनुशासित रहना,

(घ) स्वाध्याय—आत्मचिंतन करना,

(च) ईश्वर-प्रणिधान—ईश्वर के प्रति पूर्ण समर्पण, पूर्ण श्रद्धा।

३. **आसन :** योगासनों द्वारा शारीरिक नियंत्रण।

४. **प्राणायाम :** श्वास लेने संबंधी खास तकनीकों द्वारा प्राण पर नियंत्रण।

५. **प्रत्याहार :** इंद्रियों को अंतर्मुखी करना।

६. **धारणा :** एकाग्रचित्त होना।

७. **ध्यान :** निरंतर ध्यान।

८. **समाधि :** आत्मा से जुड़ना, शब्दों से परे परम-चैतन्य की अवस्था।

१०. वास्तु शास्त्र

संस्कृत में कहा गया है कि गृहस्थस्य क्रियास्सर्वा न सिद्धयन्ति गृहं विना। वास्तु शास्त्र घर, प्रासाद, भवन अथवा मंदिर निर्माण करने का प्राचीन भारतीय विज्ञान है, जिसे आधुनिक समय के विज्ञान आर्किटेक्चर का प्राचीन स्वरूप माना जा सकता है।

वास्तु विज्ञान की दृष्टि से : कितनी प्रकार की होती हैं दिशाएँ :

दिशा का ग्रहों से संबंध

वास्तु विज्ञान में आठ दिशाओं अर्थात् उत्तर, दक्षिण, पूर्व और पश्चिम तथा चार कोणीय दिशाओं उत्तर-पूर्व (ईशान), दक्षिण-पूर्व (आग्नेय), दक्षिण-पश्चिम (नैऋत्य) और उत्तर-पश्चिम (वायव्य) के आधार पर पूरे वास्तु की गणना की जाती है। प्रत्येक दिशा पर अलग-अलग देवताओं व ग्रहों का प्रभाव रहता है। जिस प्रकार ग्रहों के अनुकूल और प्रतिकूल प्रभाव मानव जीवन पर पड़ते हैं, उसी प्रकार ग्रह अपने शुभ और अशुभ प्रभाव से वास्तु की दिशाओं को प्रभावित करते हैं; उस मकान में रहने वालों के तत्संबंधी प्रभाव में कमी या वृद्धि करते हैं।

पूर्व दिशा—पूर्व दिशा के स्वामी इंद्र एवं प्रतिनिधि ग्रह सूर्य है। सृष्टि के सृजन में सूर्य का विशेष महत्त्व है, इनसे ही समस्त सृष्टि में प्राणियों एवं वनस्पतियों की उत्पत्ति, पोषण एवं प्रलय होते हैं। जिस घर का मुख्य द्वार पूर्व की ओर हो तथा पूर्व की ओर बड़ी-बड़ी खिड़कियाँ एवं झरोखे हों तो उसमें वास करने वाले को अच्छे स्वास्थ्य, पराक्रम, तेजस्विता, सुख-समृद्धि, बुद्धि-विवेक, धन-धन्य, भाग्य एवं गौरवपूर्ण जीवन की प्राप्ति होती है। अत: भवन निर्माण में पूर्व दिशा का स्थान खुला एवं नीचे रखना चाहिए। घर के पूर्वी भाग में कूड़ा-कचरा, पत्थर या मिट्टी का ढेर हो तो संतान की हानि, विकलांग संतान का जन्म एवं पिता के सुख में कमी होती है। यश और प्रतिष्ठा में कमी आती है। इसके अतिरिक्त पूर्व की दिशा में दोष रहने पर धन का अपव्यय, ऋण, मानसिक अशांति, नेत्र विकार, लकवा, रक्तचाप, सिरदर्द या सिर से संबंधित रोग हड्डी के टूटने, दाँत, जीभ, मुँह एवं हृदय से संबंधित बीमारियाँ देखने को मिलती हैं।

पश्चिम दिशा—पश्चिम दिशा के स्वामी वरुण, आयुध पाश एवं प्रतिनिधि ग्रह शनि है। शनि काल है। शनि अवधि है। शनि दुर्भाग्य और सौभाग्य दोनों का प्रतिनिधित्व करता है। पश्चिम दिशा सफलता, प्रसिद्धि, संपन्नता तथा उज्ज्वल भविष्य प्रदान करती है। यदि घर का प्रवेश द्वार पूर्व में हो और वह पूर्ण स्वच्छ एवं साफ हो तथा पश्चिम में मिट्टी, चट्टान आदि हो तो गृह स्वामी की आमदनी ठीक रहती है। पश्चिम दिशा में दोष रहने पर मन चंचल रहता है। मानसिक तनाव बना रहता है और किसी भी कार्य में पूर्ण रूप से सफलता नहीं मिलती। भवन में घर या वर्षा का जल पश्चिम दिशा से जाता हो तो पुरुष लंबी बीमारियों के शिकार होते हैं। घर के पश्चिम दिशा में दरारें रहने पर गृह स्वामी की आमदनी अव्यवस्थित रहने की संभावना बनती है। पश्चिम दिशा में अग्नि का स्थान हो तो गरमी, पित्त और मस्से की शिकायतें आमतौर पर देखने को मिलती हैं। इस दशा में दोष रहने पर नपुंसकता, पैरों में तकलीफ, कुष्ठ रोग, रीढ़ की हड्डी में कष्ट, गठिया स्नायु एवं वात संबंधी रोगों के होने की संभावना रहती है।

उत्तर दिशा—उत्तर दिशा के स्वामी कुबेर, आयुध गदा एवं प्रतिनिधि ग्रह बुध है। बुध को उत्तर दिशा का स्वामी माना गया है। बुध जिस ग्रह के साथ होता है, उसी के अनुसार अपना फल देता है, अर्थात् शुभ ग्रहों के साथ हो तो शुभ और अशुभ ग्रहों के साथ रहने पर अशुभ फल देता हैं। उत्तर दिशा बुद्धि, ज्ञान, चिंतन, मनन, विद्या एवं धन के लिए शुभ होती है। यह दिशा मातृभाव की घोतक है। इस दिशा में खाली जगह छोड़ने से ननिहाल पक्ष से लाभ मिलता है। कवित्व शक्ति तथा विभिन्न प्रकार के आविष्कारों की क्षमता का विकास होता है। नौकर-चाकर, मित्र, घर और विभिन्न प्रकार के सुख की प्राप्ति होती है। उत्तर दिशा दोषपूर्ण रहने पर मातृ सुख, नौकर-चाकर

के सुख, भौतिक सुख आदि की कमी रहती है। साथ ही हर्निया, हृदय एवं सीने के रोग, चर्म रोग, गॉल ब्लैडर, पागलपन, हैजे, फेफड़े एवं रक्त से संबंधित बीमारियों की संभावना रहती है।

दक्षिण दिशा—दक्षिण दिशा के स्वामी यम, आयुध दंड एवं प्रतिनिधि ग्रह मंगल है। मंगल सांसारिक कार्यक्रम को संचालित करने वाली विशिष्ट जीवनदायिनी शक्ति है। यह सभी प्राणियों को जीवनशक्ति, उत्साह, पराक्रम और स्फूर्ति प्रदान करता है। फलस्वरूप दक्षिण दिशा सफलता, यश, पद, प्रतिष्ठा एवं धैर्य की द्योतक है। यह दिशा पिता के सुख का भी कारक है। दक्षिण दिशा से सीने के बाएँ भाग गुरदे, बाएँ फेफड़े एवं मेरुदंड का विचार किया जाता है। इस दशा को जितना भारी और ऊँचा रखेंगे, उतना ही लाभदायी सिद्ध होगा। घर के दक्षिण में कुआँ, दरार, कचरा, कूड़ादान एवं पुराना कबाड़ हो तो हृदय रोग, जोड़ों का दर्द, खून की कमी, पीलिया आदि की बीमारियाँ होती हैं। दक्षिण द्वार नैऋत्याभिमुख रहने पर दीर्घ व्याधियाँ एवं अचानक मृत्यु होती है, इस दिशा के दोषपूर्ण होने पर स्त्रियों में गर्भपात, मासिक धर्म में अनियमितता, रक्त विकार, उच्च रक्तचाप, बवासीर, दुर्घटना, फोड़े-फुंसी अस्थि-मज्जा, अल्सर आदि से संबंधित बीमारियों की संभावना बनती है। साथ ही नौकरी, व्यवसाय में नुकसान, समाज में अपयश, पितृ सुख में अवरोध तथा सरकारी कार्यों में असफलता आदि की संभावना रहती है।

ईशान दिशा—ईशान दिशा के स्वामी रुद्र, आयुध, त्रिशूल एवं प्रतिनिधि ग्रह बृहस्पति है। बृहस्पति को सर्वाधिक शुभ ग्रह कहा गया है। आध्यात्मिक विकास के लिए, प्रयत्नशील जिज्ञासुओं के लिए बृहस्पति अति शुभ होता है। इसका प्रभाव सर्वदा सात्त्विक होता है। ईशान दिशा अत्यधिक पवित्र होने के कारण इसकी सुरक्षा अनिवार्य है। यह दिशा बुद्धि, ज्ञान, विवेक, धैर्य और साहस की सूचक है। इस दिशा को खुला, साफ-सुथरा, नीचे एवं कम-से-कम निर्माण कार्य करना चाहिए, फलस्वरूप आध्यात्मिक, मानसिक एवं आर्थिक सफलता देखने को मिलती है। साथ ही वास करने वाले लोग अच्छी वाणी बोलने वाले होते हैं। इस दिशा में शौचालय, सैप्टिक टैंक एवं कूड़े-करकट रखने पर सात्त्विकता में कमी वंश वृद्धि में अवरोध, नेत्र, कान गरदन एवं वाणी में कष्ट भी होता है। साथ ही वसा, जन्य, लीवर, मधुमेह, तिल्ली आदि से संबंधित बीमारियाँ होने की संभावना रहती है। उत्तर-पूर्व में रसोई घर रहने पर खाँसी, अम्लता, बदहज्मी, पेट में गड़बड़ी आँतों के रोग होते हैं।

वायव्य दिशा—वायव्य दिशा के स्वामी वायु एवं आयुध अंकुश है। इस दिशा में प्रतिनिधि ग्रह चंद्र है। चंद्र में शुभ और अशुभ, सक्रिय और निष्क्रिय दोनों प्रकार की क्षमता होती है। चंद्र शुभ होने पर जातक को सुकीर्ति और यश मिलता है। उसका समुचित मानसिक विकास होता है तथा पारिवारिक जीवन सुखमय होता है। वायव्य दिशा मित्रता एवं शत्रुओं को बतलाता है। इस दिशा का संबंध अतिथियों एवं संबंधियों से है। यह दिशा मानसिक एवं विद्वत्ता का परिचायक है, साथ ही कालपुरुष की शरीर में नाभि, आँत, पित्ताशय, गर्भाशय, पेट का ऊपरी भाग घुटने एवं दायाँ पैर का प्रतिनिधित्व करता है। किसी भी घर में वायव्य की दिशा, ईशान की अपेक्षा नीची हो तो शत्रुओं की संख्या में वृद्धि होती है तथा स्त्रियाँ रोगग्रस्त एवं घर भयग्रस्त रहता है। वायव्य के दोषपूर्ण होने पर फेफड़े, हृदय, छाती, सर्दी, जुकाम, निमोनिया, अपेंडिसाइटिस, डायरिया, स्त्रियों में मानसिक धर्म की अनियमितता एवं स्त्री रोगों की संभावना रहती है।

आग्नेय दिशा—आग्नेय दिशा के स्वामी गणेश, आयुध शक्ति एवं प्रतिनिधि ग्रह शुक्र है। शुक्र समरसता तथा परस्पर मैत्री संबंधों का ग्रह माना जाता है। शुक्र से प्रभावी जातक आकर्षक, प्रभावी, कृपालु, मिलनसार तथा स्नेही होते हैं। आग्नेय दिशा का संबंध स्वास्थ्य से है। यह दिशा परमात्मा सृष्टि को आगे बढ़ाती है। यह दिशा बाईं भुजा, घुटने नेत्र एवं उचित शयन-सुख को भी दरशाती है। इस दिशा में किसी तरह का दोष रहने पर दांपत्य-सुख में कमी आती है। साथ ही नपुंसकता, मधुमेह, तिल्ली, बहरापन, गूँगापन, छाती आदि से संबंधित बीमारियों की संभावना रहती है।

नैऋत्य दिशा—नैऋत्य दिशा का स्वामी राहु एवं देवता नैऋत्य नामक राक्षस है। राहु एक शक्तशाली छाया ग्रह है। प्रत्यक्ष रूप में राहु ग्रह के अनिष्टकारी फल दूर नहीं किए जा सकते। केवल ज्ञान तथा बुद्धिपूर्वक इससे सहयोग करके इसके दुष्प्रभावों को कम किया जा सकता है। नैऋत्य दिशा सभी प्रकार की विषमताओं एवं संघर्षों से जूझने की क्षमता प्रदान करती है। साथ ही स्थायी, सही निर्णय एवं किसी भी निर्णय को मजबूती से दिलवाने में मदद करता है। यह दिशा आयु, अकस्मात् दुर्घटना, आत्महत्या, बाहरी जननेंद्रियों, बायाँ पैर, किडनी, पैरों की बीमारियों, स्नायु रोग आदि का प्रतिनिधित्व करता है। इसके अतिरिक्त इस दिशा में निवास करे वाले लोगों में त्वचा रोग, पैरों की बीमारियाँ हाइड्रोसिल एवं स्नायु से संबंधित बीमारियों की संभावना होती है। घर के नैऋत्य क्षेत्र में खली जगह, गड्ढा, भूतल, जल की वयवस्था एवं काँटेदार वृक्ष हों तो गृहस्वामी बीमार होता है तथा उसकी आयु क्षीण होती है। शत्रु पीड़ा पहुँचाते हैं तथा संपन्नता दूर रहती है—

उत्तरतेजस्वितादक्षिणधन धन्यपराक्रमपश्चिमपूर्वबुद्धि
विवेकभाग्यवास्तुवास्तु विज्ञानंशनिसुख समृद्धिस्वास्थ्य।

ऐसे अत्यंत सरल, प्रभावी एवं सार्थक प्रयोग प्रस्तुत हैं, जिन्हें अपनाकर आप सुखी, स्वस्थ एवं समृद्ध हो जाते हैं।

१. घर में नित्य ईश्वर का भजन-पूजन अवश्य होना चाहिए। पूजन करने वाले सदैव पूर्वाभिमुख अथवा उत्तराभिमुख होकर पूजन करें। घर में घी का दीपक अवश्य जलाएँ।
२. घर के प्रत्येक कमरे में एक बार प्रकाश जरूर फैलाना चाहिए, अर्थात् घर के प्रत्येक कमरे को दिन में भले ही कुछ क्षणों के लिए ही, किंतु प्रकाशित अवश्य ही करना चाहिए।
३. प्रत्येक घर में नित्य सुबह-सबेरे और संध्या के समय एक छोटा सा गाय के गोबर से निर्मित उपला जलाकर उस पर मात्र १ चुटकी भर चावल में घी मिलाकर डालना चाहिए। इस प्रयोग के नित्य करने से घर में आधि-व्याधियों का नाश होता है, घर की उन्नति होती है।
४. प्रत्येक घर में तुलसी का पौधा, सीता अशोक, आँवला, हरसिंगार, अमलतास, निर्गुंडी इत्यादि में से कम-से-कम २ पौधे अवश्य होने चाहिए। ये अमन एवं समृद्धिवर्धक हैं। कैक्टस का घर में होना अशांति देता है।
५. घर में बनने वाले भोजन में से प्रत्येक प्रकार का थोड़ा-थोड़ा पदार्थ एक अलग प्लेट में भोजन बनाने वाली महिला पहले निकालकर हाथ जोड़कर वास्तुदेव को समर्पित करे और फिर घर के अन्य सदस्यों को भोजन कराए (फिर चाहे कोई भी सदस्य कभी

भी भोजन क्यों न करे)। ऐसा करने से वास्तु देवता उस घर पर सदैव प्रसन्न रहते हैं। बाद में प्लेट में निकाला गया पदार्थ गाय को खिला दें।

६. घर में टूटी-फूटी मशीनों को न रखें। जितनी जल्दी हो सके, कोई भी टूटी हुई अथवा विकृत मशीन को चाहे, वह छोटी हो अथवा बड़ी, घर से बाहर कर देना चाहिए। इनके घर में रहने से मानसिक तनाव तथा शारीरिक व्याधियाँ उस घर के रहवासियों को घेरती हैं।

७. जिस घर में एक पाए का पटिया (पाटा) रहता है, वहाँ आर्थिक हानि एवं मानसिक तनाव दृष्टिगोचर होते हैं। अत: घर में ऐसा एक पाए का पाटा न रखें।

८. घर में कहीं भी झाड़ू को खड़ी करके नहीं रखना चाहिए। इसी प्रकार उसे न तो ऐसी जगह रखनी चाहिए, जहाँ उसे पैर लगें या उसे लाँघा जाता हो। ऐसा होने पर घर में बरकत नहीं होती है। धनागम के स्रोतों में कमी आती है।

९. घर के पूजाघर में तीन गणेश की पूजा नहीं होनी चाहिए (तीन होने पर वहाँ एक और रख दें या फिर उसमें से एक को विसर्जित कर दें), अन्यथा उस घर में अशांति का साम्राज्य बना रहता है। इसी प्रकार ३ माताओं तथा २ शंखों का एक साथ पूजन भी वर्जित है।

१०. घर के ईशान्य क्षेत्र में (उत्तर-पूर्वी क्षेत्र में) कोई भी पालतू जानवर न बाँधें। कुत्ते, मुर्गे एवं भैंसों के संबंध में तो और भी सावधान रहें, अन्यथा घर में परेशानियों का अंबार लगा रहेगा।

११. कोई भी जमीन कहीं भी हो तो चौकोर हो या आयताकार हो, गोल, तिकोनी, तिरछी, पूर्व से कटी, नैऋत्य में बड़ी या वायव्य में बड़ी हो तो अग्निकोण बड़ा हो, अगर ऐसी जमीन मुफ्त में भी मिले तो त्याज्य है।

१२. ईशान यानी पूर्व-उत्तर दिशा वाला भाग बड़ा हो तो चलेगा।

१३. जमीन का ढलान पूर्व-उत्तर में हो तो शुभ रहेगा।

१४. दक्षिण-पश्चिम में ढलान नहीं होना चाहिए। मैंने कई ऐसे मकान देखे हैं, जो बड़े-बड़े वास्तुविदों ने बनाए, लेकिन उसमें रहने वाले तबाह हो गए हैं। थोड़े से लालच व अधिक-से-अधिक जगह घेरने की मंशा ही घर का वास्तु बिगाड़ देती है।

१५. ईशान कोण में मुख्य दरवाजा ठीक नहीं रहता।

१६. पढ़ाई का स्थान उत्तर-पूर्व में हो व पूर्व या उत्तर की तरफ मुँह कर बैठना शुभ रहेगा।

१७. आर्थिक स्थिति सुदृढ़ होने के लिए उत्तर में सेफ होना चाहिए।

१८. उत्तर दिशा में पानी रखना शुभ होता है।

१९. आग्नेय में पानी या बोरिंग नहीं होना चाहिए।

२०. कोई भी कमरा तिरछा नहीं होना चाहिए।

२१. उत्तर-पूर्व में बगीचा शुभ रहेगा, वहीं दक्षिण-पश्चिम में शुभ नहीं रहता।

२२. आग्नेय में देवालय व ईशान में रसोई बरबादी का कारण बनता है।

२३. ईशान में शौचालय भी बरबादी का कारण बनता है, स्नानघर हो तो चल जाएगा।

२४. किसी भी सूरत में सीढ़ियों के नीचे मंदिर नहीं होना चाहिए। अकसर जगह के उपयोग व कमी को देखते हुए ऐसे अधिकांश घरों में मंदिर बना लेते हैं, जो गलत है।
२५. आग्नेय कोण में रसोईघर होना शुभ रहता है।
२६. वायव्य में पानी का हौज होना शुभ नहीं।
२७. इसी प्रकार के नैऋत्य में घड़ा होना भी शुभ नहीं रहता।
२८. आग्नेय पश्चिम में शौचालय रखें।
२९. बड़े-बुजुर्गों के सोने का स्थान नैऋत्य में होना चाहिए।
३०. अविवाहितों को वायव्य में सुलाएँ तो विवाह शीघ्र होगा।

११. नाट्य शास्त्र

संगीत, नाटक और अभिनय के संपूर्ण ग्रंथ के रूप में भारतमुनि के नाट्य शास्त्र का आज भी बहुत सम्मान है। उनका मानना है कि नाट्य शास्त्र में केवल नाट्य रचना के नियमों का आकलन नहीं होता, बल्कि अभिनेता रंगमंच और प्रेक्षक इन तीनों तत्त्वों की पूर्ति के साधनों का विवेचन होता है। ३७ अध्यायों में भरतमुनि ने रंगमंच अभिनेता अभिनय नृत्यगीतवाद्य, दर्शक, दशरूपक और रस निष्पत्ति से संबंधित सभी तथ्यों का विवेचन किया है। भरत के नाट्य शास्त्र के अध्ययन से यह स्पष्ट हो जाता है कि नाटक की सफलता केवल लेखक की प्रतिभा पर आधारित नहीं होती बल्कि विभिन्न कलाओं और कलाकारों के सम्यक् के सहयोग से ही होती है।

नाट्य और नृत्य, दृश्य काव्य के ये दो भेद हैं। नट-नटी द्वारा किसी अवस्था विशेष की अनुकृति नाट्य है—'नाट्यते अभिनयत्वेन रूप्यते इति नाट्यम्'। ताल और लय की संगति से अनुबद्ध अनुकृत को नृत्त कहते हैं। ये दोनों ही अभिनय के विषय हैं और ललित कला के अंतर्गत माने जाते हैं। नाट्य के प्रमुख अंग चार हैं—वाचिक, सात्त्विक, आंगिक और आहार्य। उक्ति-प्रत्युक्ति की यथावत् अनुकृति वाचिक अभिनय का विषय है। भावों का यथावत् प्रदर्शन सात्त्विक अभिनय है।

भावप्रदर्शन के लिए हाथ, पैर, नेत्र, भ्रू एवं कटि, मुख, मस्तक आदि अंगों की विविध चेष्टाओं की अनुकृति आंगिक अभिनय है। देश-विदेश के अनुरूप वेशभूषा, चाल-ढाल, रहन-सहन और बोली की अनुकृति, आहार्य अभिनय का विषय है। चतुर्विध अभिनय के सहायक नृत्य, गीत, वाद्य एवं गति, वृत्ति, प्रवृत्ति और आसन का अनुसंधान भी नाट्य के अंतर्गत है। इस प्रकार अभिनय के विविध अंग एवं उपांगों के स्वरूप और प्रयोग के आकार-प्रकार का विवरण प्रस्तुत कर तत्संबंधी नियम तथा व्यवहार को निर्धारित करनेवाला शास्त्र 'नाट्यशास्त्र' है। अभिनय के अनुरूप स्थान को नाट्यगृह कहते हैं, जिसके प्रकार, निर्माण एवं साज-सज्जा के नियमों का प्रतिपादन भी नाट्यशास्त्र का ही विषय है। विविध श्रेणी के अभिनेता एवं अभिनेत्री के व्यवहार, परस्पर संलाप और अभिनय के निर्देशन एवं निर्देशक के कर्तव्यों का विवरण भी नाट्यशास्त्र की व्यापक परिधि में समाविष्ट है। इसका मुख्य उद्देश्य ऐहिक जीवन की नाना वेदनाओं से परिश्रांत जनता का मनोरंजन है—यह देव, दानव एवं मानव समाज के लिए आमोद-प्रमोद का सरल साधन है। यह नयनों की तृप्ति करनेवाला एवं भावोद्रेक का परिमार्जन कर प्रेक्षकवर्ग का आह्लादित करनेवाला मनोरम अनुसंधान है—यह जातिभेद, वर्गभेद, वयोभेद आदि नैसर्गिक एवं सामाजिक विभेदों से

निरपेक्ष, भिन्न रुचि की जनता का सामान्य रूप से समाराधन करनेवाला एक कांत 'चाक्षुषक्रतु' है। इसके प्रवर्तक स्वयं प्रजापति हैं, जिन्होंने ऋग्वेद से पाठ्य, सामवेद से गीत, यजुर्वेद से अभिनय तथा अथर्वांगिरस से रस का परिग्रह कर सार्ववर्णिक पंचम वेद का प्रादुर्भाव किया। उमा-महादेव ने सुप्रीत हो लोकानुरंजन के हेतु लास्य एवं तांडव का सहयोग देकर इसे उपकृत किया है। वस्तुतः ऐसा कोई शास्त्र, कोई शिल्प, न कोई विद्या और न कोई कला ऐसी है, जिसका प्रतिनिधित्व नाट्यशास्त्र में न हो। इस तरह अनुपम दिव्यता से अनुप्राणित नाट्यशास्त्र के अधिष्ठाता देव की भी कल्पना, इतर वेद एवं वेदांगों के अधिष्ठाताओं की भाँति की गई है, जिसके स्वरूप का उल्लेख 'नृसिंहप्रासाद' नामक ग्रंथ में मिलता है।

नाट्यशास्त्रमिदं रम्यं मृगवक्त्रं जटाधरम्। अक्षसूत्रं त्रिशूलं च विभ्रार्णाच त्रिलोचनम्। नाट्य संबंधी नियमों की संहिता का नाम 'नाट्यशास्त्र' है। भारतीय परंपरा के अनुसार नाट्यशास्त्र के आद्य रचयिता स्वयं प्रजापति माने गए हैं और उसे 'नाट्यवेद' कहकर नाट्यकला को विशिष्ट सम्मान प्रदान किया गया है।

जिस प्रकार परम पुरुष के निश्श्वास से आविर्भूत वेदराशि के द्रष्टा विविध ऋषि प्रकल्पित हैं, उसी तरह महादेव द्वारा प्रोक्त नाट्यवेद के द्रष्टा शिलाली, कृशाश्व और भरतमुनि माने गए हैं। शिलाली एवं कृशाश्व द्वारा संकलित नाट्य संहिताएँ आज उपलब्ध नहीं हैं, केवल भरत मुनि द्वारा प्रणीत ग्रंथ ही उपलब्ध हुआ है, जो 'नाट्यशास्त्र' के नाम से प्रथित है। इसका प्रणयन संभवतः कश्मीर देश में हुआ।

भरतमुनि का नाट्यशास्त्र

इस ग्रंथ में प्रत्यभिज्ञा दर्शन की छाप है। प्रत्यभिज्ञा दर्शन में स्वीकृत ३६ मूल तत्त्वों के प्रतीक स्वरूप नाट्यशास्त्र में ३६ अध्याय हैं। पहले अध्याय में नाट्योत्पत्ति, दूसरे में मंडपविधान देने के पश्चात् अगले तीन अध्यायों में नाट्यारंभ से पूर्व की प्रक्रिया का विधान वर्णित है। छठे और सातवें अध्याय में रसों और भावों का व्याख्यान है, जो भारतीय काव्यशास्त्र में व्याप्त रससिद्धांत की आधारशिला है। आठवें और नौवें अध्याय में उपांग एवं अंगों द्वारा प्रकल्पित अभिनय के स्वरूप की व्याख्या कर अगले चार अध्यायों में गति और करणों का उपन्यास किया है। अगले चार अध्यायों में छंद और अलंकारों का स्वरूप तथा स्वरविधान बतालाया है। नाट्य के भेद तथा कलेवर का सांगोपांग विवरण १८वें और १९वें अध्याय में देकर २०वें वृत्ति विवेचन किया है। तत्पश्चात् २९वें अध्याय में विविध प्रकार के अभिनयों की विशेषताएँ दी गई हैं। २९ से ३४ अध्याय तक गीत वाद्य का विवरण देकर ३५वें अध्याय में भूमिविकल्प की व्याख्या की है। अंतिम अध्याय उपसंहारात्मक है।

यह ग्रंथ मुख्यतः दो पाठांतरों में उपलब्ध है—१. औत्तरीय पाठ और २. दाक्षिणात्य। पांडुलिपियों में एक और ३७वाँ अध्याय भी क्वचित् उपलब्ध होता है, जिसका समावेश निर्णयसागरी संस्करण में संपादक ने किया है। इसके अतिरिक्त मूल मात्र ग्रंथ का प्रकाशन चौखंबा संस्कृत सीरीज, वाराणसी से भी हुआ है, जिसका पाठ निर्णयसागरी पाठ से भिन्न है। अभिनव भारती टीका सहित नाट्यशास्त्र का संस्करण गायकवाड़ सीरीज के अंतर्गत बड़ौदा से प्रकाशित है।

वस्तुतः यह ग्रंथ नाट्य संविधान तथा रससिद्धांत की मौलिक संहिता है। इसकी मान्यता

इतनी अधिक है कि इसके वाक्य 'भरतसूत्र' कहे जाते हैं। सदियों से इसे आर्ष सम्मान प्राप्त है। इस ग्रंथ में मूलत: १२,००० पद्य तथा कुछ गद्यांश भी था, इसी कारण इसे 'द्वादशसाहस्त्री संहिता' कहा जाता है। परंतु कालक्रमानुसार इसका संक्षिप्त संस्करण प्रचलित हो चला, जिसका आयाम छह हजार पद्यों का रहा और यह संक्षिप्त संहिता 'षट्साहस्त्री' कहलाई। भरतमुनि उभय संहिता के प्रणेता माने जाते हैं और प्राचीन टीकाकारों द्वारा उनका 'द्वादश साहस्त्रीकार' तथा 'षट्साहस्त्रीकार' की उपाधि से परामर्श यत्र-तत्र किया गया है। जिस तरह आज उपलब्ध चाणक्य नीति का आधार वृद्ध चाणक्य और स्मृतियों का आधार क्रमश: वृद्ध वसिष्ठ, वृद्ध मनु आदि माना जाता है, उसी तरह वृद्धि भरत का भी उल्लेख मिलता है। इसका यह तात्पर्य नहीं कि वसिष्ठ, मनु, चाणक्य, भरत आदि दो-दो व्यक्ति हो गए, परंतु इस संदर्भ में 'वृद्ध' का तात्पर्य परिपूर्ण संहिताकार से है।

१२. काव्यशास्त्र

काव्यशास्त्र काव्य और साहित्य का दर्शन तथा विज्ञान है। यह काव्यकृतियों के विश्लेषण के आधार पर समय-समय पर उद्‌भावित सिद्धांतों की ज्ञानराशि है। काव्यशास्त्र के लिए पुराने नाम 'साहित्यशास्त्र' तथा 'अलंकारशास्त्र' हैं और साहित्य के व्यापक रचनात्मक वाङ्‌मय को समेटने पर इसे 'समीक्षाशास्त्र' भी कहा जाने लगा। संस्कृत आलोचना के अनेक अभिधानों में अलंकारशास्त्र ही नितांत लोकप्रिय अभिधान है। इसके प्राचीन नामों में 'क्रियाकलाप' (क्रिया काव्यग्रंथ; कल्प विधान) वात्स्यायन द्वारा निर्दिष्ट ६४ कलाओं में से अन्यतम है।

'अलंकारशास्त्र' में अलंकार शब्द का प्रयोग व्यापक तथा संकीर्ण, दोनों अर्थों में समझना चाहिए। अलंकार के दो अर्थ मान्य हैं—

(१) अलङ्क्रियते अनेन इति अलङ्कार: ('काव्य में शोभा के आधायक उपमा, रूपक' आदि, संकीर्ण अर्थ),

(२) अलङ्क्रियते इति अलङ्कार: ('काव्य की शोभा', व्यापक अर्थ)।

व्यापक अर्थ स्वीकार करने पर अलंकारशास्त्र काव्यशोभा के आधा-एक समस्त तत्त्वों—गुण, रीति, रस, वृत्ति, ध्वनि आदि—का व्यापक शास्त्र है, जिसमें इन तत्त्वों के स्वरूप तथा महत्त्व का रुचिर विवरण प्रस्तुत किया गया है। संकीर्ण अर्थ में ग्रहण करने पर यह नाम अपने ऐतिहासिक महत्त्व को अभिव्यक्त करता है।

१३. भाषाशास्त्र

भाषाविज्ञान भाषा के अध्ययन की वह शाखा है, जिसमें भाषा की उत्पत्ति, स्वरूप, विकास आदि का वैज्ञानिक एवं विश्लेषणात्मक अध्ययन किया जाता है। भाषा विज्ञान के अध्ययेता 'भाषाविज्ञानी' कहलाते हैं। भाषाविज्ञान व्याकरण से भिन्न है। व्याकरण में किसी भाषा का कार्यात्मक अध्ययन (functional description) किया जाता है, जबकि भाषाविज्ञानी इसके आगे जाकर भाषा का अत्यंत व्यापक अध्ययन करता है। अध्ययन के अनेक विषयों में से आजकल भाषा-विज्ञान को विशेष महत्त्व दिया जा रहा है।

भारतवर्ष में इन सभी यूरोपीय नामों के अतिरिक्त हिंदी भाषा में जो नाम प्रयोग में लाए

जाते हैं, वे इस प्रकार हैं—'भाषा-शास्त्र', 'भाषा-तत्त्व', 'भाषा-विज्ञान' तथा 'तुलनात्मक भाषा-विज्ञान' आदि। इन सभी नामों में से सर्वप्रचलित नाम 'भाषा-विज्ञान' है। इन नाम में प्राचीन और नवीन सभी नामों का समाहार सा हुआ जान पड़ता है। अतः यही नाम इस शास्त्र के लिए सर्वथा उपयुक्त प्रतीत होता है।

भाषाविज्ञान का इतिहास

संस्कृत-साहित्य में दर्शन एवं साहित्यशास्त्रीय ग्रंथों में भी हमें 'शब्द', 'अर्थ', 'रस', 'भाव' के सूक्ष्म विवेचन के अंतर्गत भाषा वैज्ञानिक चर्चाओं के ही संकेत प्राप्त होते हैं। संस्कृत-साहित्य में यत्र-तत्र उपलब्ध होने वाली भाषा-विचार-विषयक सामग्री ही निश्चित रूप से वर्तमान भाषा-विज्ञान की आधारशिला कही जा सकती है।

'भाषा-विज्ञान' नाम में दो पदों का प्रयोग हुआ है : 'भाषा' तथा 'विज्ञान'। भाषा-विज्ञान को समझने से पूर्व इन दोनों शब्दों से परिचित होना आवश्यक प्रतीत होता है।

'भाषा' शब्द संस्कृत की 'भाष्' धातु से निष्पन्न हुआ है; जिसका अर्थ है—व्यक्त वाक् (व्यक्तायां वाचि)। 'विज्ञान' शब्द में 'वि' उपसर्ग तथा 'ज्ञा' धातु से 'ल्युट्' (अन) प्रत्यय लगाने पर बनता है। सामान्य रूप से 'भाषा' का अर्थ है 'बोलचाल की भाषा या बोली' तथा 'विज्ञान' का अर्थ है 'विशेष ज्ञान', किंतु 'भाषा-विज्ञान' शब्द में प्रयुक्त इन दोनों पदों का स्पष्ट और व्यापक अर्थ समझ लेने पर ही हम इस नाम की सारगर्भिता को जानने में सफल होंगे। अतः हम यहाँ इन दोनों पदों के विस्तृत अर्थ को स्पष्ट करने का प्रयास करते हैं।

मानव के संपूर्ण ज्ञान-विज्ञान का प्रकाशन करने के लिए, सभ्यता और संस्कृति के इतिहास को जानने के लिए भाषा एक महत्त्वपूर्ण साधन का कार्य करती है। हमारे पूर्व पुरुषों से सभी साधारण और असाधारण अनुभव हम भाषा के माध्यम से ही जान सके हैं। हमारे सभी सद्ग्रंथों और शास्त्रों से मिलने वाला ज्ञान भाषा पर ही निर्भर है। महाकवि दंडी ने अपने महान् ग्रंथ 'काव्यादर्श' में भाषा की महत्ता सूचित करते हुए लिखा है—

इदधतमः कृत्स्नं जायेत भुवनत्रयम्।
यदि शब्दाहनयं ज्योत्तिरासंसारं न दीप्यते॥

अर्थात् यह संपूर्ण भुवन अंधकारपूर्ण हो जाता, यदि संसार में शब्द-स्वरूप ज्योति अर्थात् भाषा का प्रकाश न होता। स्पष्ट ही है कि यह कथन मानव भाषा को लक्ष्य करके ही कहा गया है। पशु-पक्षी भावों को प्रकट करने के लिए जिन ध्वनियों का आश्रय लेते हैं, वे उनके भावों को वहन करने के कारण उनके लिए भाषा हो सकती है किंतु मानव के लिए अस्पष्ट होने के कारण विद्वानों ने उसे 'अव्यक्त वाक्' कहा है, जो भाषा-विज्ञान की दृष्टि से कोई महत्त्व नहीं रखती। क्योंकि 'अव्यक्त वाक्' में शब्द और अर्थ दोनों ही अस्पष्ट बने रहते हैं। मनुष्य भी कभी-कभी अपने भावों को प्रकट करने के लिए अंग-भंगिमा, भ्रू-संचालन, हाथ-पाँव-मुखाकृति आदि के संकेतों का प्रयोग करते हैं, परंतु वह भाषा के रूप में होते हुए भी 'व्यक्त नहीं है। मानव भाषा की सबसे बड़ी विशेषता यह होती है कि वह 'व्यक्त वाक्' अर्थात् शब्द और अर्थ की स्पष्टता लिए हुए होती है। महाभाष्य के रचयिता पतंजलि के अनुसार 'व्यक्त वाक्' का अर्थ भाषा के वर्णनात्मक होने से ही है।

यह सत्य है कि कभी-कभी संकेतों और अंग-भंगिमाओं की सहायता से भी हमारे भाव और विचारों का प्रेषण बड़ी सरलता से हो जाता है। इस प्रकार वे चेष्टाएँ भाषा की प्रतीक बन जाती हैं किंतु मानव भावों को प्रकट करने का सबसे उपयुक्त साधन वह वर्णनात्मक भाषा है, जिसे 'व्यक्त वाक्' की संज्ञा प्रदान की गई है। इसमें विभिन्न अर्थों को प्रकट करने के लिए कुछ निश्चित् उच्चरित या कथित ध्वनियों का आश्रय लिया जाता है। अत: भाषा हम उन शब्दों के समूह को कहते हैं, जो विभिन्न अर्थों के संकेतों से संपन्न होते हैं। जिनके द्वारा हम अपने मनोभाव सरलता से दूसरों के प्रति प्रकट कर सकते हैं। इस प्रकार भाषा की परिभाषा करते हुए हम उसे मानव-समाज में विचारों और भावों का आदान-प्रदान करने के लिए अपनाया जाने वाला एक माध्यम कह सकते हैं, जो मानव के उच्चारण अवयवों से प्रयत्नपूर्वक नि:सृत की गई ध्वनियों का सार्थक आधार लिये रहता है। वे ध्वनि-समूह शब्द का रूप तब लेते हैं, जब वे किसी अर्थ से जुड़ जाते हैं। संपूर्ण ध्वनि-व्यापार अर्थात् शब्द-समूह अपने अर्थ के साथ एक 'यादृच्छिक' संबंध पर आधारित होता है। 'यादृच्छिक' का अर्थ है पूर्णतया कल्पित। संक्षेप में विभिन्न अर्थों में व्यक्त किए गए मुख से उच्चरित उस शब्द समूह को हम भाषा कहते हैं, जिसके द्वारा हम अपने भाव और विचार दूसरों तक पहुँचाते हैं।

भाषा-विज्ञान के अध्ययन के लाभ

भाषा-विज्ञान के अध्ययन से हमें अनेक लाभ होते हैं, जैसे—

१. अपनी चिर-परिचित भाषा के विषय में जिज्ञासा की तृप्ति या शंकाओं का निर्मूलन।

२. ऐतिहासिक तथा प्रागैतिहासिक संस्कृति का परिचय।

३. किसी जाति या संपूर्ण मानवता के मानसिक विकास का परिचय।

४. प्राचीन साहित्य का अर्थ, उच्चारण एवं प्रयोग संबंधी अनेक समस्याओं का समाधान।

५. विश्व के लिए एक भाषा का विकास।

६. विदेशी भाषाओं को सीखने में सहायता।

७. अनुवाद करने वाली तथा स्वयं टाइप करने वाली एवं इसी प्रकार की मशीनों के विकास और निर्माण में सहायता।

८. भाषा, लिपि आदि में सरलता, शुद्धता आदि की दृष्टि से परिवर्तन-परिवर्धन में सहायता।

इन सभी लाभों की दृष्टि से आज के युग में भाषा-विज्ञान को एक अत्यंत उपयोगी विषय माना जा रहा है और उसके अध्ययन के क्षेत्र में नित्य नवीन विकास हो रहा है।

भाषा-विज्ञान : कला है या विज्ञान ?

भाषा एक प्राकृतिक वस्तु है, जो मानव को ईश्वरीय वरदान के रूप में मिली हुई है। भाषा का निर्माण मनुष्य के मुख से स्वाभाविक रूप में नि:सृत ध्वनियों (वर्णों) के द्वारा होता है। भाषा का सामान्य ज्ञान इसके बोलने और सुनने वाले सभी को हो जाता है। यही भाषा का सामान्य ज्ञान कहलाता है। इसके आगे भाषा कब बनी, कैसे बनी ? इसका प्रारंभिक एवं प्राचीन स्वरूप क्या था ? इसमें कब-कब, क्या-क्या परिवर्तन हुए और उन परिवर्तनों के क्या कारण हैं ? अथवा कुल मिलाकर भाषा कैसे विकसित हुई ? उस विकास के क्या कारण हैं ? कौन सी भाषा किस दूसरी

भाषा से कितनी समानता या विषमता रखती है? यह सब भाषा का विशेष ज्ञान या 'भाषा-विज्ञान' कहा जाएगा। इसी भाषा-विज्ञान के विशेष रूप अर्थात् भाषा विज्ञान को आज अध्ययन का एक महत्त्वपूर्ण विषय मान लिया गया है।

भाषा-विज्ञान कला नहीं है

कला का संबंध मानव हृदय की रागात्मिक वृत्ति से होता है। उसमें व्यक्ति की सौंदर्यानुभूति का पुट मिला रहता है। कला का उद्देश्य भी सौंदर्यानुभूति कराना या आनंद प्रदान करना है, किसी वस्तु का तात्त्विक विश्लेषण करना नहीं। कला के स्वरूप की इन सभी विशेषताओं की कसौटी पर परखने से ज्ञात होता है कि भाषा-विज्ञान कला नहीं है। क्योंकि उसका संबंध हृदय की सरसता-वृत्ति से न होकर बुद्धि की तत्त्वग्राही दृष्टि से होता है। भाषा-विज्ञान का उद्देश्य सौंदर्यानुभूति कराना या मनोरंजन कराना भी नहीं है। वह तो हमारे बौद्धिक चिंतन को प्रखर बनाता है। भाषा के अस्तित्व का तात्त्विक मूल्यांकन करता है। उसका दृष्टिकोण बुद्धिवादी है। भाषा-विज्ञान के निष्कर्ष किसी व्यक्ति, राष्ट्र या काल के आधार पर परिवर्तित नहीं होते हैं तथा भाषा-विज्ञान के अध्ययन का मूल आधार जो भाषा है, वह मानवकृत पदार्थ नहीं है। अतः भाषा-विज्ञान को हम कला के क्षेत्र में नहीं गिन सकते। भाषा-विज्ञान की उपयोगिता इसमें है कि वह भाषा सिखाने की कला का ज्ञान कराता है। इसी कारण स्वीट ने व्याकरण को भाषा को कला तथा विज्ञान दोनों कहा है। भाषा का शुद्ध उच्चारण, प्रभावशाली प्रयोग कला की कोटि में रखे जा सकते हैं।

भाषा-विज्ञान : विज्ञान है

भाषा-विज्ञान को कला की सीमा में नहीं रखा जा सकता, यह निश्चय हो जाने पर यह प्रश्न उठता है कि क्या भाषा-विज्ञान, भौतिक-शास्त्र, रसायन-विज्ञान आदि विषयों की भाँति पूर्णतः विज्ञान है?

व्याकरण और भाषा-विज्ञान में अंतर

(क) व्याकरण शास्त्र में किसी भाषा विशेष के नियम बताए जाते हैं, अतः उसका दृष्टिकोण एक भाषा पर केंद्रित रहता है किंतु भाषा-विज्ञान में तुलना के लिए अन्य भाषाओं के नियम, अध्ययन का आधार बनाए जाते हैं। इस प्रकार व्याकरण का क्षेत्र सीमित है और भाषा-विज्ञान का व्यापक।

(ख) व्याकरण वर्णन-प्रधान है। वह किसी भाषा के नियम तथा साधु रूप सामने रख देता है। व्याकरण भाषा के व्यावहारिक पक्ष का संकेत करता है, उसके कारण व इतिहास की कोई विवेचना नहीं करता। संस्कृत की गम् धातु (गतः) से हिंदी में गया बना है। परंतु 'जाना', 'जाता' आदि शब्द 'या' धातु से बने हैं। इसी कारण गया शब्द को भी इसी के साथ जोड़ दिया गया है। व्याकरण की दृष्टि से कभी 'एक दश' शुद्ध शब्द रहा होगा, परंतु कालांतर में 'द्वादश' की नकल पर 'एकादश' का प्रचलन हो गया। व्याकरण तो प्रचलित रूप बतलाकर चुप हो जाएगा, पर भाषा-विज्ञान इससे भी आगे जाएगा, वह बताएगा कि इसके पीछे मुंडा आदि आसपास की भाषाओं का

प्रभाव है। इस प्रकार भाषा-विज्ञान व्याकरण का भी व्याकरण है।

(ग) भाषा-विज्ञान जहाँ भाषा के विकास का कारण समझाता है, वहाँ व्याकरण प्रचलित शब्द को 'साधु प्रयोग' कहकर भाषा-विज्ञान का अनुगमन करता जाता है। इस प्रकार व्याकरण भाषा विज्ञान का अनुगामी है। भाषा-विज्ञान में ध्वनि-विचार के अंतर्गत हिंदी के अधिकांश शब्द व्यंजनांत माने जाने लगे हैं, जैसे—'राम' शब्द का उच्चारण 'राम' न होकर राम् है किंतु व्याकरण अभी तक अकारांत मानता चला आ रहा है।

(घ) भाषा-विज्ञान में भाषा के जो परिवर्तन उसका विकास माने जाते हैं, वे व्याकरण में उसकी भ्रष्टता कहे जाते हैं। यही कारण है कि संस्कृत के बाद प्राकृत (= बिगड़ी हुई) आदि नाम दिए गए। भाषा-विज्ञान 'धर्म' शब्द के 'धम्म' या 'धरम' हो जाने को उसका विकास कहता है और व्याकरण उसे विकार कहता है।

- साहित्य और भाषा-विज्ञान
- मनोविज्ञान और भाषा-विज्ञान
- शरीर-विज्ञान और भाषा-विज्ञान
- भूगोल और भाषा-विज्ञान
- इतिहास और भाषा-विज्ञान
- भाषा-विज्ञान तथा ज्ञान के अन्य क्षेत्र
- भाषा-विज्ञान के क्षेत्र
- भाषा-विज्ञान के अध्ययन के विभाग
- भाषा-विज्ञान के अध्ययन की पद्धतियाँ अथवा प्रकार
- भौगोलिक भाषा-विज्ञान (Geographical Lingiustics)
- नृजातीय भाषा-विज्ञान (Anthropological Linguistics)
- अनुप्रयुक्त भाषा-विज्ञान (Applied Linguistics)

१४. व्याकरण शास्त्र

किसी भी भाषा के अंग-प्रत्यंग का विश्लेषण तथा विवेचन व्याकरण (ग्रामर) कहलाता है। व्याकरण वह विद्या है, जिसके द्वारा किसी भाषा का शुद्ध बोलना, शुद्ध पढ़ना और शुद्ध लिखना आता है। किसी भी भाषा के लिखने, पढ़ने और बोलने के निश्चित नियम होते हैं। भाषा की शुद्धता व सुंदरता को बनाए रखने के लिए इन नियमों का पालन करना आवश्यक होता है। ये नियम भी व्याकरण के अंतर्गत आते हैं। व्याकरण भाषा के अध्ययन का महत्त्वपूर्ण हिस्सा है।

किसी भी 'भाषा' के अंग-प्रत्यंग का विश्लेषण तथा विवेचन 'व्याकरण' कहलाता है, जैसे कि शरीर के अंग-प्रत्यंग का विश्लेषण तथा विवेचन 'शरीरशास्त्र' और किसी देश-प्रदेश आदि का वर्णन 'भूगोल' यानी व्याकरण किसी भाषा को अपने आदेश से नहीं चलाता-घुमाता, प्रत्युत भाषा की स्थिति प्रवृत्ति प्रकट करता है। 'चलता है' एक क्रियापद है और व्याकरण पढ़े बिना भी सब लोग इसे इसी तरह बोलते हैं; इसका सही अर्थ समझ लेते हैं। व्याकरण इस पद का विश्लेषण करके बताएगा कि इसमें दो अवयव हैं—'चलता' और 'है'। फिर वह इन दो अवयवों का भी

विश्लेषण करके बताएगा कि (च् अ ल् अ त् आ) 'चलता' और (ह अ इ उ) 'है' के भी अपने अवयव हैं। 'चल' में दो वर्ण स्पष्ट हैं; परंतु व्याकरण स्पष्ट करेगा कि 'च' में दो अक्षर हैं 'च्' और 'अ'। इसी तरह 'ल' में भी 'ल्' और 'अ'। अब इन अक्षरों के टुकड़े नहीं हो सकते; 'अक्षर' हैं ये। व्याकरण इन अक्षरों की भी श्रेणी बनाएगा, 'व्यंजन' और 'स्वर'। 'च' और 'ल' व्यंजन हैं और 'अ' स्वर। चि, ची और लि, ली में स्वर हैं 'इ' और 'ई', व्यंजन हैं 'च' और 'ल'। इस प्रकार का विश्लेषण बड़े काम की चीज है; व्यर्थ का गोरखधंधा नहीं है। यह विश्लेषण ही 'व्याकरण' है।

व्याकरण का दूसरा नाम 'शब्दानुशासन' भी है। वह शब्दसंबंधी अनुशासन करता है—बतलाता है कि किसी शब्द का किस तरह प्रयोग करना चाहिए। भाषा में शब्दों की प्रवृत्ति अपनी ही रहती है; व्याकरण के कहने से भाषा में शब्द नहीं चलते। परंतु भाषा की प्रवृत्ति के अनुसार व्याकरण शब्द प्रयोग का निर्देश करता है। यह भाषा पर शासन नहीं करता, उसकी स्थिति-प्रवृत्ति के अनुसार लोकशिक्षण करता है।

महत्त्व

- संसार का सर्वप्रथम व्याकरण,
- व्याकरण भाषा का विश्लेषक है, नियामक नहीं,
- व्याकरण और भाषा-विज्ञान,
- परकीय शब्दों का शासन।

१५. संगीत शास्त्र परिचय

भारतीय संगीत से संपूर्ण भारतवर्ष की गायन-वादन कला का बोध होता है। भारतीय शास्त्रीय संगीत की दो प्रणालियाँ हैं। दक्षिण भारतीय संगीत पद्धति अथवा कर्नाटक संगीत प्रणाली और दूसरी हिंदुस्तानी संगीत प्रणाली, जो कि समूचे उत्तर भारतवर्ष में प्रचलित है। दक्षिण भारतीय संगीत कलात्मक खूबियों से परिपूर्ण है और उसमें जनता जनार्दन को आकर्षित करने और समाज में संगीत कला की मौलिक विधियों द्वारा कलात्मक संस्कार करने की क्षमता है।

हिंदुस्तानी संगीत प्रणाली के गायन-वादन में जनसाधारण को कला की ओर आकर्षित करते हुए भावना तथा रस का ऐसा स्रोत बहता है कि श्रोतृवर्ग स्वरसागर में डूब जाता है और न केवल मनोरंजन होता है अपितु आत्मानंद की अनुभूति भी होती है, जो कि योगीजन अपनी आत्मसमाधि में लाभ करते हैं।

नाद

आवाज अथवा ध्वनि विशेष को नाद कहते हैं। दो पदार्थों के परस्पर टकराने से नाद या आवाज उत्पन्न होती है। इसके दो भेद हैं—एक, जो नाद क्षणिक हो, लहर शून्य अथवा जड़ हो, तो वह आवाज संगीत के लिए अनुपयोगी तथा स्वर शून्य रहेगी; लेकिन दूसरे प्रकार की आवाज कुछ देर तक वायुमंडल पर अपना मधुर प्रभाव डालती है। वह सस्वर होने के कारण संगीत के लिए उपयोगी है।

नाद के दो प्रकार हैं—अनहद नाद और लौकिक नाद। ऐसा कोई भी प्राणी नहीं है, जिसने

संगीत रूपी देवी शक्ति को न सुना हो। नदियों की मधुर कलकल ध्वनि, झरनों की झरझर, पक्षियों का कूजन किसने नहीं सुना है। प्रकृति प्रदत्त जो नाद लहरी उत्पन्न होती है, वह अनहद नाद का स्वरूप है, जो कि प्रकृति की स्वाभाविक प्रक्रिया है। लेकिन जो नाद स्वर लहरी, दो वस्तुओं के परस्पर घर्षण से अथवा टकराने से पैदा होती है, उसे लौकिक नाद कहते हैं।

वातावरण पर अपने नाद को बिखेरने के लिए, बाह्य हवा पर कंठ के अंदर से उत्पन्न होने वाली वजनदार हवा जब परस्पर टकराती है, उसी समय कंठ स्थित 'स्वर तंतु' (Vocal fibra) नाद पैदा करते हैं। अत: मानव प्राणी द्वारा निर्मित आवाज लौकिक है।

स्वर

स्वर एक निश्चित ऊँचाई की आवाज का नाम है। यह कर्णप्रिय, मधुर एवं आनंददायी होता है। जिसमें स्थिरता होनी चाहिए, जिसे कुछ देर सुनने पर मन में आनंद की लहर पैदा होनी चाहिए। यह अनुभूति की वस्तु है। भारतीय संगीत में एक स्वर की ऊँचाई से ठीक दुगुनी ऊँचाई के स्वर के बीच २२ संगीतोपयोगी नाद हैं, जिन्हें 'श्रुति' कहा गया है। इन्हीं दोनों ऊँचाइयों के बीच निश्चित श्रुतियों पर सात शुद्ध स्वर विद्यमान हैं, जिन्हें सा, रे, ग, म, प, ध और नि द्वारा जाना जाता है और जिनके नाम क्रमश: षडज, ऋषभ, गंधार, मध्यम, पंचम, धैवत और निषाद हैं। इसे सप्तक के नाम से जाना जाता है। प्राय: गायक अथवा गायिका के आवाज की रेंज तीन सप्तक तक सीमित होती है। जिसमें गायक के प्राकृतिक सप्तक को मध्य सप्तक कहते हैं। मध्य सप्तक से कम फ्रीक्वेंसी वाले सप्तक को मंद्र सप्तक एवं ऊँची फ्रीक्वेंसी वाले सप्तक को तार सप्तक कहते हैं।

उपरोक्त सात शुद्ध स्वरों में 'सा' और 'प' अचल स्वर हैं, पर बाकी पाँच स्वर अपनी जगह से हटते हैं, जिनमें रे, ग, ध, नि—ये चार स्वर नीचे की तरफ हटते हैं और उन्हें कोमल स्वर कहते हैं। इसी तरह मध्यम ऊपर की तरफ हटता है और उसे तीव्र स्वर कहते हैं। इस तरह एक सप्तक में कोमल, शुद्ध और तीव्र स्वर मिलाकर कुल १२ स्वर होते हैं। १२ स्वरों के नाम इस प्रकार हैं—सा, रे कोमल, रे शुद्ध, ग कोमल, ग शुद्ध, म शुद्ध, म तीव्र, पंचम, ध कोमल, ध शुद्ध, नि कोमल और नि शुद्ध।

वर्ण

वर्ण का अर्थ है मोड। संगीत में चार प्रकार के वर्ण होते हैं—

आरोही वर्ण : केवल आरोह मात्र। तात्पर्य यह कि नीची आवाज को ऊँचाई की ओर ले जाना। फिर चाहे वह एक स्वर तक ही ऊँची क्यों न हो, आरोही वर्ण है।

अवरोही वर्ण : केवल अवरोह मात्र। ऊँची से नीची आवाज ले आना।

स्थायी वर्ण : एक ही जगह पर रुकते हुए कुछ देर तक कायम रहना। जैसे—ममम धध गग रेरे पप आदि।

संचारी वर्ण : ऊपर लिखे हुए तीनो वर्णों का मिला-जुला रूप। जहाँ से मन चाहा, वहाँ को आवाज की दिशा बदल दी या एक ही स्थान पर रुक गए।

आरोह-अवरोह

आरोह : (सा से सा') अर्थात् मध्य सप्तक के सा से तार सप्तक के सा तक चढ़ाने की क्रिया का नाम है आरोह।

अवरोह : सा' से सा अर्थात् तार सप्तक से मध्य सप्तक के सा तक उतरने का नाम है अवरोह।

राग

स्वरों की ऐसी मधुर तथा आकर्षक ध्वनि, जो सुनिश्चित् आरोह-अवरोह, जाति, समय, वर्ण, वादी-संवादी, मुख्य-अंग आदि नियमों से बद्ध हो और जो वायुमंडल पर अपना प्रभाव अंकित करने में समर्थ हो। वातावरण पर प्रभाव डालने के लिए राग में गायन-वादन के अविभाज्य आठ अंगों का प्रयोग होना चाहिए।

ये आठ अंग या अष्टांग इस प्रकार हैं—स्वर, गीत, ताल और लय, आलाप, तान, मींड, गमक एवं बोलआलाप और बोलतान। उपर्युक्त आठ अंगों के समुचित प्रयोग के द्वारा ही राग को सजाया जाता है।

जाति

राग स्वरूप अपने विशेष प्रकार के आरोह-अवरोह के क्रम में रहता है। जिस राग में सातों स्वर सा रे ग म प ध नि हों, उसे संपूर्ण-संपूर्ण जाति कहते हैं। इसी प्रकार ६ स्वरों के क्रम को षाढव। ५ स्वरों के क्रम को औढव और ४ स्वरों को सुरतर कहते हैं। ध्यान में रखें कि आरोह में जितने स्वर लगेंगे, उससे कहीं अधिक या कम-से-कम आरोह के बराबर स्वर अवरोह में आने चाहिए। आरोह की अपेक्षा अवरोह में कम स्वर भारतीय संगीत में नहीं लिये जाते। कारण—वह नितांत अस्वाभाविक बात है। इस प्रकार जातियों के कुल १० प्रकार बनते हैं—

संपूर्ण - संपूर्ण
षाढव - संपूर्ण
षाढव - षाढव
औढव - संपूर्ण
औढव - षाढव
औढव - औढव
सुरतर - संपूर्ण
सुरतर - षाढव
सुरतर - औढव
सुरतर - सुरतर

थाट

संस्कृत में थाट का अर्थ है मेल। थाट रागों के वर्गीकरण हेतु तैयार की हुई पद्धति है। पंडित विष्णु नारायण भातखंडे ने १० थाट प्रचलित किए, जिनको कोमल, शुद्ध और तीव्र स्वरों के आधार पर बनाया गया, जो निम्न हैं—(१) कल्याण, (२) बिलावल, (३) खमाज,

(४) भैरव, (५) पूर्वी, (६) मारवा, (७) काफी, (८) आसावरी, (९) भैरवी, (१०) तोड़ी। उपरोक्त राग पद्धति प्रचलन में होते हुए भी आज बहुत से ऐसे राग हैं, जो इन थाटों के खाँचों में नहीं बैठते। अतः कुछ विद्वान् इन्हें नकारते हुए रागांग पद्धति अर्थात् राग वाचक स्वर समूह तथा उसके आरोह-अवरोह को ही मान्यता देते हैं।

वादी/संवादी

राग एक माहौल या वातावरण विशेष का नाम है, जो रंजक भी है। स्पष्ट रूप से इस वातावरण निर्मिती के केंद्र में वह स्वरावली है, जो रागवाचक है, इसे रागांग कहते हैं। इस रागांग का केंद्रबिंदु होता है वादी स्वर। इसे राग का जीव या प्राण स्वर भी कहा गया है। राग को राज्य की संज्ञा देकर वादी स्वर को उसका राजा कहा जाता है। स्पष्टतः वादी का प्रयोग अन्य स्वरों की अपेक्षा सर्वाधिक होता है तथा इस पर ठहराव भी अधिक होता है।

यह सर्वविदित है कि एक सप्तक में दो भाव पैदा होते हैं—षड्ज-पंचम (सा-प) व षड्ज-मध्यम (सा-म) भाव। इस परिप्रेक्ष्य में यदि वादी स्वर पूर्वांग में है तो उसका, उस स्वर से संवाद करने वाला, उक्त दोनों भावों में से किसी एक भाव में (किसी निश्चित राग के अनुसार), उत्तरांग में एक स्वर जरूर होगा, जो सप्तक के दोनों अंगों (पूर्वांग या उत्तरांग) को संतुलित कर राग की रंजकता में वृद्धि करने में सहायक होगा। इस स्वर को संवादी स्वर कहते हैं। वादी और संवादी स्वर पूर्वांग और उत्तरांग की तुलना पर समान वजन के होने चाहिए, तभी राग स्वरूप शुद्ध शास्त्रीय और रस स्रोत बहाने में समर्थ होगा।

आविर्भाव-तिरोभाव

आविर्भाव व तिरोभाव भारतीय संगीत में अत्यंत महत्त्वपूर्ण मुद्दे हैं। किसी भी राग के स्वरों को ऐसे क्रम में लगाना, जिससे किसी दूसरे राग की छाया दृष्टिगोचर होने लगे, उसे तिरोभाव कहते हैं। परंतु राग के मार्मिक स्वर पुनः लगाकर राग का आविर्भाव किया जाता है, जिससे रागरूप स्पष्ट अपने रूप में आ जाए, आविर्भाव कहलाता है। आविर्भाव-तिरोभाव बहुत कलापूर्ण है और अनुभवी, राग विज्ञान के दक्ष लोगों द्वारा ही संभव है, अन्यथा इसमें राग स्वरूप नष्ट होने की अधिक संभावना रहती है।

मनाक् तथा इषत् स्पर्श

मींड जहाँ से प्रारंभ होती है, उस स्वर का आभास जो कानों के द्वारा सूक्ष्मतर ढंग से सुना जाता है, उस प्रारंभिक आभास वाले स्वर को इषत् स्पर्श कहते हैं। जिस प्रकार मन में कहीं से भी विचार आते हैं, तदनुसार मींड आती हुई दिखाई दे, लेकिन कहाँ से आ रही है, वह सिर्फ मन द्वारा ही जान सकते हैं, उसे मनाक् स्पर्श कहते हैं।

लाग-डाट

मींड के आरोह को लाग और मींड के अवरोह को डाट कहते हैं। इषत् और मनाक् स्पर्श लाग-डाट के आगे की स्थितियाँ हैं।

श्रुति

भारतीय शास्त्रीय संगीत श्रुति-व्यवस्था पर प्रतिष्ठित है और अनेक राग, जैसे राग बहार आदि, हमें आज के १२ स्वरों के प्रचलित वातावरण से श्रुतियों की ओर खींचते हैं। श्रुति का अर्थ है, वह सूक्ष्म नाद लहरी, जो कि श्रवणेंद्रिय (कान) के द्वारा सुनी जा सके और ऐसी २२ श्रुतियाँ सा से सां (मध्य सप्तक के सा से तार सप्तक के सा तक) तक अवस्थित हैं।

पूर्वांग-उत्तरांग

मध्य सप्तक के आधे भाग, यानी षडज, ऋषभ, गंधार व मध्यम स्वरों को पूर्वांग कहते हैं। दूसरे भाग यानी पंचम, धैवत, निषाद व तार-षडज को उत्तरांग कहते हैं।

पुरुष राग

प्राचीन काल के संगीत विश्लेषण के अनुसार छह (६) पुरुष राग और छत्तीस (३६) रागिनियाँ या उनकी भार्याएँ हैं। वे छह राग हैं—भैरव, मालकौंस, हिंडोल, श्रीराग, दीपक और मेघ।

ताल

ताल एक निश्चित मात्राओं में बँधा और उसमें उपयोग में आने वाले बोलों के निश्चित वजन को कहते हैं। मात्रा (beat) किसी भी ताल के न्यूनतम अवयव को कहते हैं। हिंदुस्तानी संगीत प्रणाली में विभिन्न तालों का प्रयोग किया जाता है। जैसे—एकताल, त्रिताल (तीन ताल), झपताल, केहरवा, दादरा, झूमरा, तिलवाड़ा, दीपचंदी, चांचर, चौताल, आडा-चौताल, रूपक, चंद्रक्रीड़ा, सवारी, पंजाबी, धुमाली, धमार इत्यादि।

हिंदुस्तानी संगीत प्रणाली में प्रचलित गायन के प्रकार

हिंदुस्तानी संगीत प्रणाली में निम्न गायन के प्रकार प्रचलित हैं—ध्रुवपद, लक्षण गीत, टप्पा, सरगम, कव्वाली, धमार, ठुमरी, तराना, भजन, गीत, खयाल, होरी, चतुरंग, गजल, लोकगीत, नाट्य संगीत, सुगम संगीत, खटके और मुरकियाँ।

ध्रुवपद— गंभीर सार्थक शब्दावली, गांभीर्य से ओत-प्रोत स्वर संयोजन द्वारा जो प्रबंध गाए जाते हैं, वे ही हैं ध्रुवपद। गंभीर नाद से लय के चमत्कार सहित जो तान शून्य गीत हैं, वह है ध्रुवपद। इसमें प्रयुक्त होने वाले ताल हैं—ब्रह्मताल, मत्तताल, गजझंपा, चौताल, शूलफाक आदि। इसे गाते समय दुगनी, चौगनी, आड़ी, कुआड़ी, बियाड़ी लय का काम करना होता है।

लक्षण गीत— राग स्वरूप को व्यक्त करने वाली कविता जो छोटे ख्याल के रूप में बँधी रहती है, लक्षण गीत कहलाती है।

टप्पा— टप्पा का अर्थ है निश्चित स्थान पर पहुँचना या ठहरी हुई मंजिल तय करना। गुजरात, काठियावाड से पंजाब, काबुल, बलोचिस्तान के व्यापारी जब पूर्व परंपरा के अनुसार ऊँटों के काफिलों पर से राजपुताना की मरुभूमि में से यात्रा करते हुए ठहरी हुई मंजिलों तक पहुँचकर पड़ाव डाला करते थे, उस समय पंजाब की प्रेमगाथाओं के लोकगीत, हीर-राँझा, सोहिनी-महिवाल आदि से भरी हुई भावना से गाए जाते थे। उनका संकलन हुसैन शर्की के द्वारा हुआ। शोरी मियाँ ने

इन्हें विशेष रागों में रचा। यही पंजाबी भाषा की रचनाएँ टप्पा कहलाती हैं। टप्पा भारतीय संगीत के मुरकी, तान, आलाप, मीड के अंगों कि सहायता से गाया जाता है। पंजाबी ताल इसमें प्रयुक्त होता है। टप्पा गायन के लिए विशेष प्रकार का तरल, मधुर, खुला हुआ कंठ आवश्यक है, जिसमें गले की तैयारी विशेषता रखती है।

सरगम—स्वरों की ऐसी मधुर मालिका, जो कर्णमधुर एवं आकर्षक हो और राग रूप को स्पष्ट कर दे, वही सरगम है। इसे आलाप के बजाय स्वरों का उच्चार करते हुए गाया जाता है।

कव्वाली—कव्वाली नामक ताल में जो प्रबंध गाया जाता है, वह है कव्वाली। विशेषकर मुस्लिम भजन प्रणाली, जिन्हें खम्सा और नात् कव्वाली कहते हैं।

धमार—धमार नामक ताल में होरी के प्रसंग के गीत जो कि ध्रुवपद शैली पर गाए जाते हैं, धमार कहलाते हैं।

ठुमरी—राधाकृष्ण के या प्रेम की भावना से परिपूर्ण शृंगारिक गीत, जिसका अर्थ मिलन अथवा विरह की भावना में लिपटा रहता है, खटकेदार स्वरसंगतियों और भावानुकूल बोल आलापों एवं बोलतानों से सजाते हुए अर्थ सुस्पष्ट करके गाया जाता है, उसे ठुमरी कहते हैं। लखनऊ, बनारस तथा पंजाब शैली की ठुमरियाँ अपनी अपनी विशेषता से परिपूर्ण होती हैं। इसमें प्रयक्त होने वाले ताल हैं पंजाबी, चांचर, दीपचंदी, कहरवा और दादरा आदि।

तराना—वीणा वादन के आघात-प्रत्याघातों को निरर्थक दमदार बोलों द्वारा व्यक्त करते हुए वाद्य संगीत की चमाचम सुरावट कंठ द्वारा निकालना और लय के बाँटों का रसभंग न होते हुए सफल प्रदर्शन तराना गायन की अविभाज्य विशेषता है। तेज लय में ना ना ना दिर दिरर्रर आदि कहने का नाम तराना नहीं है। वीणावादन का सफल प्रदर्शन कंठ द्वारा होना चाहिए, वही तराना है।

भजन—सूरदास, मीरा, तुलसी, युगलप्रिया, प्रताप बाला, जाम सुत्ता, कबीर आदि संतों द्वारा रचे हुए ईश्वर के गुणानुवाद तथा लीलाओं के वर्णन के प्रबंध, जिन्हें गायन करके आत्मानंद व आत्मतुष्टि अनुभूत की जाती है, उसे भजन कहते हैं। इनके ताल हैं कहरवा, धुमाली, दादरा आदि।

गीत—आधुनिक कवियों द्वारा रचे हुए भावगीत, जो शब्द अर्थ-प्रधान रहते हैं, लोकसंगीत के आधार पर अर्थानुकूल गाए जाते हैं, इन्हें ही गीत कहते हैं।

खयाल अथवा ख्याल—ख्याल फारसी भाषा का शब्द है, जिसका अर्थ है कल्पना। ख्याल के दो भेद हैं। पहिला है बड़ा ख्याल और दूसरा छोटा ख्याल। बड़ा ख्याल, विलंबित लय में ध्रुवपद की गंभीरता के साथ गाया जाता है और कल्पना के आधार पर विस्तारित किया जाता है। इसे गाते समय आठों अंगों का व्यवहार समुचित किया जाता है। बड़े ख्याल में प्रयुक्त होने वाले ताल हैं—एकताल, तिलवाड़ा, झूमरा, रूपक, झपताल, आड़ा-चौताल, आदिताल आदि।

छोटा ख्याल चंचल सरस चमत्कार प्रधान और लय के आकर्षण से परिपूर्ण होता है, इसे गाते समय भी आठों अंगों का प्रयोग किया जाता है। त्रिताल, एकताल, झपताल, रूपक और आड़ा-चौताल आदि द्रुतलय में बजाए जाते हैं, जो कि छोटे ख्याल में प्रयुक्त होते हैं।

होरी—होली के प्रसंग की कविता या गीत, जो ठुमरी के आधार पर गाया जाता है, होरी कहलाता है।

चतुरंग अथवा चतरंग—चतरंग गीत का ऐसा प्रकार है, जिसमें चार प्रकार के प्रबंध-

दर्शन एक साथ होते हैं। ख्याल, तराना, सरगम और तबला या पखावज की छोटी सी परन, इनका समावेश होता है चतरंग में।

गजल—उर्दू भाषा की शायरी या कविता गायन को गजल गायन कहते हैं। यह शब्द प्रधान, अर्थ दर्शक, गीत प्रकार है, जो कि विशेष प्रकार के खटके, मुरकियों आदि से मंडित किया जाता है। इसमें कहरवा, धुमाली, दादरा आदि तालों का प्रयोग किया जाता है।

खटके और मुरकियाँ—सुंदर मुरकियाँ ही ठुमरी की जान हैं। मुरकी वे मीठी रसीली स्वर योजनाएँ हैं, जो मधुर भाव से कोमल कंठ द्वारा ली जाती हैं। जबकि खटके की स्वर योजनाएँ भरे हुए कंठ द्वारा निकाली जाती हैं। यही मुरकी और खटके में भेद है।

लोकगीत—यह संगीत दूरदराज के गाँवों में गाया जाता है और इसके अनेक रूप विविध भाषाओं में देखने को मिलते हैं। चैती, कजरी आदि लोकगीत के रूप हैं।

नाट्य संगीत—नाटकों में गाया जाने वाला संगीत नाट्य संगीत कहलाता है।

सुगम संगीत—शास्त्रीय संगीत से सुगम अथवा सरल संगीत सुगम संगीत कहलाता है। इसमें गाई जाने वाली विधाएँ हैं गीत, गजल, भजन, कव्वाली, लोकगीत इत्यादि।

गायकी के आठ अंग (अष्टांग गायकी)

वातावरण पर प्रभाव डालने के लिए राग में गायन, वादन के अविभाज्य आठ अंगों का प्रयोग होना चाहिए। ये आठ अंग या अष्टांग इस प्रकार हैं—स्वर, गीत, ताल और लय, आलाप, तान, मींड, गमक एवं बोलआलाप और बोलतान। उपर्युक्त आठ अंगों के समुचित प्रयोग के द्वारा ही राग को सजाया जाता है।

स्वर—स्वर एक निश्चित ऊँचाई की आवाज का नाम है। यह कर्ण मधुर आनंददायी होती है। जिसमें स्थिरता होनी चाहिए, जिसे कुछ देर सुनने पर मन में आनंद की लहर पैदा होनी चाहिए। यह अनुभूति की वस्तु है। सा, रे, ग, म, प, ध और नि जिन्हें क्रमशः षडज, ऋषभ, गंधार, मध्यम, पंचम, धैवत और निषाद के नाम से ग्रंथों में वर्णित किया गया है। १२ स्वरों के नाम इस प्रकार हैं—सा, रे कोमल, रे शुद्ध, ग कोमल, ग शुद्ध, म शुद्ध, म तीव्र, पंचम, ध कोमल, ध शुद्ध, नि कोमल और नि शुद्ध।

गीत, बंदिश—बंदिश, परम आकर्षक सरस स्वर में डूबी हुई, भावना प्रधान एवं अर्थ को सुस्पष्ट करने वाली होनी चाहिए। गायक के कंठ द्वारा अपने सत्य रूप में अभिव्यक्त होने चाहिए गीत।

ताल—ताल एक निश्चित मात्राओं में बँधा और उसमें उपयोग में आने वालों के निश्चित वजन को कहते हैं। मात्रा (beat) किसी भी ताल के न्यूनतम अवयव को कहते हैं। हिंदुस्तानी संगीत प्रणाली में विभिन्न तालों का प्रयोग किया जाता है। जैसे—एकताल, त्रिताल (तीनताल), झपताल, केहरवा, दादरा, झूमरा, तिलवाड़ा, दीपचंदी, चांचर, चौताल, आडा-चौताल, रूपक, चंद्रक्रीड़ा, सवारी, पंजाबी, धुमाली, धमार इत्यादि।

आलाप अथवा बेहेलावे—आकार में स्वर की ताकत और आवश्यक भाव धारा बहाने के लिए, धीमी गति से, हृदयवेधी ढंग से, जो राग स्वरों के छोटे-छोटे स्वर समूह, रुकते हुए लिये

जाते हैं, वे ही आलाप हैं। मींड प्रधान सरस स्वर योजना ही आलाप का आधार है।

तान—राग के स्वरों को तरंग या लहर के समान, न रुकते हुए, न ठिठकते हुए सरस लयपूर्ण स्वर योजनाएँ तरंगित की जाती हैं, वे हैं तानें। मोती के दाने के समान एक-एक स्वर का दाना सुस्पष्ट और आकर्षक होना चाहिए, तभी तान का अंग सही माना जाता है।

मींड—मींड का अर्थ होता है घर्षण, घसीट। किसी भी स्वर से आवाज को न तोड़ते हुए दूसरे स्वर तक घसीटते हुए ले जाने की क्रिया को मींड कहते हैं। सुलझे हुए मस्तिष्क और स्वर संस्कारित कंठ की चरम अवस्था होने पर ही मींड कंठ द्वारा तय होती है।

गमक—मींड के स्वरों के साथ आवश्यक स्वर को उसके पिछले स्वर से धक्का देना पड़ता है, ऐसी क्रिया को गमक कहते हैं।

बोलआलाप बोलतान—आलाप तानों में लय के प्रकारों के साथ रसभंग न होते हुए भावानुकूल अर्थानुकूल गीत की शब्दावली कहना ही बोलआलाप बोलतान की अपनी विशेषता है।

लय

लय किन्हीं दो मात्राओं के बीच की समयावधि को कहते हैं। लय तीन प्रकार की होती हैं—विलंबित-लय, मध्य-लय एवं द्रुत-लय। ताल के निश्चित समयचक्र में सुनिश्चित गति अर्थात् लय से किंचित् भी न चूकते हुए सम पर अचूक आना ताल और लय की कसौटी है।

मात्रा

समय का माना हुआ टुकड़ा या भाग, यह ही ताल की नाड़ी है। सतत मनन, चिंतन द्वारा इसकी लंबाई एक सी रखने का प्रयत्न होना चाहिए। क्योंकि किसी भी ताल की मात्राएँ बराबर होती हैं। अतः इन मात्राओं को एक सा रखना ही ताल, लय में पूर्णता प्राप्त करना है। लय यदि ठीक होगी तो ताल बराबर आएगा ही और ताल के शुद्ध होने पर सम सम पर आएगी। इस प्रकार इनका एक-दूसरे से घनिष्ठ संबंध है।

ताली या ताल

ताल का अर्थ है ताली देना। दूसरे अर्थ में ताल निश्चित समय-चक्र का नाम है। जैसे—तीन ताल या त्रिताल में ताल तीन हैं, इसका अर्थ यह है कि इसके १६ मात्रा के समय चक्र में ३ स्थानों पर ताली देते हैं। पहली, ५वीं तथा १३वीं मात्रा पर ताली दी जाती है। जबकि ९वीं मात्रा पर खाली अथवा काल होता है। खाली के बाद जो ताली आती है, वह पहली, दूसरी, तीसरी इस प्रकार इसका क्रम रहता है।

काल या खाली

काल का मतलब है—खाली या शून्य। काल का शाब्दिक अर्थ है—मृत्यु समय। मृत्यु होने पर जैसे मनुष्य संसार को खाली कर देता है, उसी भाँति काल है। काल प्रायः ताल चक्र के मध्य में रहता है। कुछ अपवाद छोड़कर जैसे रूपक ताल में खाली पहली मात्रा पर होती है। खाली के बाद जो ताली आती है, वह पहली, दूसरी, तीसरी इस प्रकार इसका क्रम रहता है।

सम

सम ताल के आरंभ को कहते हैं। सम सदैव किसी भी ताल की पहली मात्रा पर आती है और इसके आने पर गायन-वादन में स्वाभाविक जोर व आकर्षण पैदा हो जाता है। सम यदि अपने स्थान पर नहीं आई तो सारा मजा फीका हो जाता है और साधारण श्रोताओं की समझ में आ जाता है कि कहीं कुछ बिगड़ गया है।

वाद्ययंत्रों (साजों) के प्रकार

भारतीय संगीत में प्रयुक्त होने वाले वाद्ययंत्रों (साजों) में अष्टांगों में से सात अंगों को व्यक्त करने की क्षमता होनी चाहिए। सुरीले साजों में गमक, मींड, तान के खटके, यथास्थान स्वर, आलाप आदि अंग पूर्ण रूप में अभिव्यक्त होना चाहिए। भारतीय संगीत में पाँच प्रकार के वाद्य प्रचलित हैं—तत् वाद्य, तंतु वाद्य, सुषिर वाद्य, अवनद्ध वाद्य, घन वाद्य।

तत् वाद्य—तत् वाद्य वे हैं, जो कि नखी, मिजराब या अन्य किसी अँगूठी द्वारा अथवा अंगुली के आघात-प्रत्याघातों द्वारा बजाए जाते हैं। जिसमें तानपूरा, विचित्र वीणा, वीणा, सरोद, गिटार, सितार, सुरबहार, रबाब आदि वाद्य आते हैं। इन साजों में एक महत्त्वपूर्ण बात यह है कि आघात होने पर स्वर अत्यंत अल्पकालिक रहता है और बजाने वाले क़लाकारों का रियाज और तालीम ही उसमें सौंदर्यवर्धन करती है। साथ ही इनका स्वर अत्यंत कर्णप्रिय व हृदयग्राही होता है।

तंतु वाद्य—तंतु वाद्य अर्थात् ताँत, गट लगे हुए वाद्य जो कि गज् (bo2) की सहायता से बजाए जाते हैं। इनका नाद गज की लंबाई के हिसाब से दीर्घकाल तक कायम रहता है। जैसे सारंगी, दिलरुबा, बेला (1iolin), तार शहनाई आदि साजों पर गायन के आधार की बंदिशें बजाई जाती हैं। इन वाद्यों की संगत से, गायन की सरसता चरमकोटि की सुंदर बन जाती है।

सुषिर वाद्य—तीसरे प्रकार के वाद्य हैं सुषिर वाद्य—जो कि हवा के दबाव के कारण बजते हैं। जैसे बाँसुरी, अलगोजा, शहनाई, क्लेरियोनेट, पिकलो, हार्मोनियम आदि।

अवनद्ध वाद्य—चौथे प्रकार के वाद्य हैं—अवनद्ध वाद्य, जो कि चमड़े से मढ़े रहते हैं और विशेषत: यह ताल के वाद्य होते हैं। संगत के वाद्यों में पखावज, तबला, ढोलक आदि वाद्य, ताल की आवश्यकता की पूर्ति करते हैं।

घन वाद्य—पाँचवें प्रकार के वाद्य हैं—घन वाद्य, जो कि धातुओं द्वारा बने रहते हैं। जिन्हें हम जलतरंग, झाँझ, तासा, मंजीरा, घुँघरू, घंटा आदि के नाम से भलिभाँति पहचानते हैं।

१६. सौंदर्यशास्त्र

सौंदर्यशास्त्र संवेदनात्मक-भावनात्मक गुण-धर्म और मूल्यों का अध्ययन है। कला, संस्कृति और प्रकृति का प्रतिअंकन ही सौंदर्यशास्त्र है। सौंदर्यशास्त्र दर्शनशास्त्र का एक अंग है। इसे सौंदर्य मीमांसा तथा आनंद मीमांसा भी कहते हैं। सौंदर्यशास्त्र वह शास्त्र है, जिसमें कलात्मक कृतियों, रचनाओं आदि से अभिव्यक्त होने वाला अथवा उनमें निहित रहने वाले सौंदर्य का तात्त्विक, दार्शनिक और मार्मिक विवेचन होता है। किसी सुंदर वस्तु को देखकर हमारे मन में जो आनंददायिनी

अनुभूति होती है, उसके स्वभाव और स्वरूप का विवेचन तथा जीवन की अन्यान्य अनुभूतियों के साथ उसका समन्वय स्थापित करना इनका मुख्य उद्‌देश्य होता है।

सौंदर्यशास्त्र दर्शन की एक शाखा है, जिसके तहत कला, साहित्य और सुंदरता से संबंधित प्रश्नों का विवेचन किया जाता है। ज्ञान के दायरे से भिन्न इंद्रिय-बोध द्वारा प्राप्त होने वाले तात्पर्यों के लिए यूनानी भाषा में 'एस्तेतिको' शब्द है, जिससे 'एस्थेटिक्स' की व्युत्पत्ति हुई। प्रकृति, कला और साहित्य से संबंधित क्लासिकल सौंदर्यशास्त्रीय दृष्टिकोण विकसित हुआ। यह नजरिया केवल कृति की सुंदरता और कला-रूप से ही अपना सरोकार रखते हुए उसके राजनीतिक और संदर्भगत आयामों को विमर्श के दायरे से बाहर रखता है, लेकिन कला और साहित्य विवेचना की कुछ ऐसी विधियाँ भी हैं, जो कृतियों के तात्पर्य और उनकी रचना-प्रक्रिया के सामाजिक और ऐतिहासिक पहलुओं से संवाद स्थापित करती हैं।

पश्चिमी विचार-जगत् में एक दार्शनिक गतिविधि के तौर पर सौंदर्यशास्त्र की पृथक् संकल्पना अठारहवीं सदी में उभरी, जब कलाकृतियों का अनुशीलन हस्तशिल्प से अलग करके किया जाने लगा। इसका नतीजा सिद्धांतकारों द्वारा ललित कला की अवधारणा के सूत्रीकरण में निकला। अलेक्सांदेर गोत्तलीब बॉमगारतेन ने १७५० में एस्थेटिका लिखकर एक बहस का सूत्रपात किया। इसके सात साल बाद डेविड ह्यूम द्वारा 'ऑफ द स्टैंडर्ड ऑफ टेस्ट' लिखकर सौंदर्यशास्त्र के उभरते हुए विमर्श को प्रश्नांकित किया गया, लेकिन आधुनिक युरोपीय सौंदर्यशास्त्रीय विमर्श की वास्तविक शुरुआत इमैनुएल कांट की १७९० में प्रकाशित रचना 'क्रिटीक ऑफ जजमेंट' से हुई। अपनी इस कृति में कांट ने सौंदर्यशास्त्रीय आकलन की कसौटियों को सार्वभौम बनाने पर जोर दिया, लेकिन दूसरी ओर वे किसी भी तरह के सार्वभौम सौंदर्यशास्त्र की संभावना पर संदेह करते हुए भी नजर आए। इस विरोधाभास के बावजूद कांट की उपलब्धि यह रही कि उन्होंने कला और सौंदर्य की विवेचना के लिए कुछ अनिवार्य द्विभाजनों को स्थापित कर दिया। इन द्विभाजनों में सर्वाधिक उल्लेखनीय हैं : इंद्रियबोध और तर्क-बुद्धि, सारवस्तु और रूप, अभिव्यक्ति और अभिव्यक्त, आनंद और उपसंहार, स्वतंत्रता और आवश्यकता आदि। कांट की दूसरी उपलब्धि यह थी कि उन्होंने सौंदर्यशास्त्रीय अनुभव और ऐंद्रिक अनुभव के बीच अंतर स्थापित किया। उनका कहना था कि सौंदर्यशास्त्रीय व्याख्या और उसकी निष्पत्ति विश्लेषण के लक्ष्य के प्रति बिना किसी व्यावहारिक आसक्ति के ही की जानी चाहिए।

सौंदर्यशास्त्रीय चिंतन की जर्मन परंपरा बीसवीं सदी में भी जारी रही। घटना क्रियाशास्त्र, व्याख्याशास्त्र और मार्क्सवाद के औजारों का इस्तेमाल करके सौंदर्यशास्त्र संबंधी सिद्धांतों को और समृद्ध किया गया। १९३६ में मार्टिन हाईडैगर ने 'द ऑरिजन ऑफ द वर्क ऑफ आर्ट' जैसा निबंध लिखा, जिसे कला के दर्शन की सर्वश्रेष्ठ रचनाओं में से एक माना जाता है। हाईडैगर ने इस निबंध में दावा किया कि कला-कृति को इस जगत् में स्थित वस्तु के रूप में देखना आधुनिकता की मूलभूत लाक्षणिक त्रुटियों में से एक है। हाइडैगर के मुताबिक कला तो एक नए जगत् के द्वार खोलती है, कला के रूप में सत्य अपने आप में घटता ही नहीं, हमारे अपने अनुभव के दायरे में वस्तुओं के अस्तित्व का उद्‌घाटन भी करता है।

जहाँ पाश्चात्य जगत् में सौंदर्य शास्त्र की पृथक् संकल्पना बामगारतेन के साथ उभरी, वहीं

भारतवर्ष में इस पर वैदिक काल से ही विचार देखा जा सकता है। 'ऐतरेय ब्राह्मण' में कहा गया है कि कला आत्म-प्रतिनिधित्व करती है—आत्म कृते वै शिल्पम्।

व्यवस्थित ढंग से शास्त्र में इसकी विवेचना दूसरी शताब्दी ई.पू. से ही भरत के 'नाट्यशास्त्र' में दिखती है। भरत ने नाट्य को 'लोकानुकृति' कहा है। जिसका अर्थ यह नहीं है कि कला केवल मनुष्य अथवा जगत् का अनुकरण है, बल्कि इसके वास्तविक अर्थ है—कला मनुष्य जगत् (लोक विषय) का मानसिक साक्षात्कार है। संकुक ने कला के विषय को एक स्वतंत्र संदर्भ माना था, जो सत्य है अथवा मिथ्या, यह नहीं कहा जा सकता।

भट्टनायक के अनुसार, कला वस्तु का दृष्टा सांसारिक कलावस्तु का तटस्थ दृष्टा होता है। अभिनव गुप्त (९५०-१०१६) ने सौंदर्यशास्त्र की अत्यंत उत्कृष्ट अवधारणा दी थी। उनके अनुसार, कला विषय भाव तथा रस की अभिव्यक्ति करते हैं। जिन विषयों पर कलाकार आश्रित होता है अथवा जो उसके आलंबन होते हैं, वह वास्तव में भाव के आलंबन होते हैं तथा चेतना अथवा चैतन्य उसका साक्षी होता है। साक्षी चैतन्य का यह अनुभव ही 'संवित्विश्रांति' कहलाता है। यह अनासक्त तथा निर्लिप्त आनंद की परिस्थिति होती है। इसीलिए शांति की अवस्था होती है।

१७. पाकशास्त्र

भोजन बनाने या पकाने की क्रिया को 'पाक' कहा जाता है एवं इसको शासित करने वाली विधा पाकशास्त्र कहलाती है। पाकशास्त्र का प्रादुर्भाव वैदिककाल से हो चुका था। आर्य पाक कला से भलीभाँति परिचित थे, साथ ही आहार शुद्धि पर विशेष बल देते थे। पाकशास्त्र का ज्ञान होने के कारण ही उचित अन्न ग्रहण करने के विषय में सजग थे, क्योंकि अन्न द्वारा ही प्राणियों का निर्माण होता है—'अन्नाद् भवन्ति भूतानि।' भारतीय संस्कृति में प्रत्येक दिन हमें पवित्रावस्था में तथा उचित भोजन लेने के निर्देश मिलते हैं, क्योंकि संतुलित तथा स्वच्छ भोजन ही मन को निर्मल बनाता है तथा स्वास्थ्य संवर्धन में वृद्धि करता है।

१८. गृहशास्त्र

गृह विज्ञान (Home Sciences) शिक्षा की वह विधा है, जिसके अंतर्गत पाकशास्त्र, पोषण, गृह अर्थशास्त्र, उपभोक्ता विज्ञान, बच्चों की परवरिश, मानव विकास, आंतरिक सज्जा, वस्त्र एवं परिधान, गृह-निर्माण आदि का अध्ययन किया जाता है।

ऐतिहासिक दृष्टि से जब बालकों को कृषि या 'शॉप' (लोहारी, बढ़ईगिरी, आटो की मरम्मत) आदि की शिक्षा दी जाने लगी तो बालिकाओं के लिए इस विषय के शिक्षण की आवश्यकता महसूस की गई।

जैसा कि नाम से ही पता चलता है, गृह विज्ञान का संबंध गृह यानी कि घर से है। आम तौर पर लोग समझते हैं कि गृह विज्ञान घर की देखभाल और घरेलू सामान की साज-सँभाल का विषय है, लेकिन उनका ऐसा समझना केवल आंशिक रूप से सत्य है। गृह विज्ञान का क्षेत्र काफी विस्तृत और विविधता भरा है। इसका दायरा 'घर' की सीमा से कहीं आगे तक निकल जाता है और यह केवल खाना पकाने, कपड़े धोने-सँभालने, सिलाई-कढ़ाई करने या घर की सजावट

आदि तक सीमित नहीं रह जाता। वास्तव में केवल यही एक ऐसा विषय है, जो युवा विद्यार्थियों को उनके जीवन के दो महत्त्वपूर्ण लक्ष्यों के लिए तैयार करता है—घर तथा परिवार की देखभाल और अपने जीवन में कॅरियर अथवा पेशे के लिए तैयारी। आजकल महिला तथा पुरुष, दोनों ही घर तथा परिवार की जिम्मेदारियाँ समान रूप से निभाते हैं तथा अपने जीवन को सुखमय बनाने के लिए उपलब्ध संसाधनों के बेहतर उपयोग की तैयारी में भी बराबर की सहभागिता निभाते हैं।

गृह विज्ञान का अर्थ

गृह विज्ञान अथवा घर के विज्ञान का संबंध आप से, आपके घर से, आपके परिवार के सदस्यों से तथा आपके संसाधनों से जुड़ी सभी चीजों से है। इसका उद्देश्य है—आपके संसाधनों के प्रभावशाली तथा वैज्ञानिक उपयोग द्वारा आपको तथा आपके परिवार के सदस्यों को भरपूर संतुष्टि प्रदान करना।

गृह विज्ञान का अर्थ है, आपके संसाधनों के प्रभावशाली प्रबंधन की कला तथा एक ऐसा विज्ञान, जो एक घर को स्वस्थ तथा सानंद बनाए रखने और आवश्यकता पड़ने पर एक सफल पेशे के चुनाव में आपकी मदद करे।

गृह विज्ञान आपको चीजों को उपयोग करने की कला सिखाता है, जिससे कि चारों ओर एक संपूर्ण सुव्यवस्था, सुंदरता और आनंदमयी वातावरण के निर्माण में सहायता मिलती है। इसके साथ ही यह घर की देखभाल से संबंधित वैज्ञानिक जानकारियाँ भी प्रदान करता है। इसे हम एक उदाहरण के द्वारा आसानी से समझ सकते हैं—गृह विज्ञान शरीर के लिए आवश्यक पोषक तत्त्वों के बारे में जानकारी प्रदान करता है, साथ ही उनके कार्यों के बारे में भी बताता है। यह एक 'विज्ञान' है और जब आप इन्हीं आवश्यक पोषक तत्त्वों से भरपूर भोजन को अपने परिवार को आकर्षक ढंग से परोसते हैं तो यह एक 'कला' है।

विज्ञान और कला का यह समन्वय आपके जीवन के हर क्षेत्र में काम आता है। उनमें से कुछ निम्नलिखित हैं—

- घर, जिसमें आप रहते हैं,
- भोजन, जो आप खाते हैं,
- वस्त्र, जो आप पहनते हैं,
- परिवार, जिसकी आप देखभाल करते हैं,
- संसाधन, जिनका आप इस्तेमाल करते हैं,
- वातावरण, जो आपके आस-पास है,
- दक्षता, जो एक सफल कॅरियर के लिए आवश्यक है।

१९. विमान शास्त्र

साधारणतया यह माना जाता है कि पक्षियों की तरह आकाश में उड़ने का मानव का स्वप्न राइट बंधुओं ने १७ दिसंबर, १९०३ में विमान बनाकर पूरा किया और विमान विद्या विश्व को पश्चिम की देन है। इसमें संशय नहीं कि आज विमान विद्या अत्यंत विकसित अवस्था में पहुँची है। परंतु महाभारत काल तथा उससे पूर्व भारतवर्ष में भी विमान विद्या का विकास हुआ था। न केवल विमान

अपितु अंतरिक्ष में स्थित नगर रचना भी हुई थी। इसके अनेक संदर्भ प्राचीन वाङ्मय में मिलते हैं।

विद्या वाचस्पति पं. मधुसूदन सरस्वती 'इंद्रविजय' नामक ग्रंथ में ऋग्वेद के छत्तीसवें सूक्त के प्रथम मंत्र का अर्थ लिखते हुए कहते हैं कि ऋभुओं ने तीन पहियों वाला ऐसा रथ बनाया था, जो अंतरिक्ष में उड़ सकता था। पुराणों में विभिन्न देवी-देवता, यक्ष, विद्याधर आदि विमानों द्वारा यात्रा करते हैं, इस प्रकार के उल्लेख आते हैं। त्रिपुरासुर यानी तीन असुर भाइयों ने अंतरिक्ष में तीन अजेय नगरों का निर्माण किया था, जो पृथ्वी, जल व आकाश में आ-जा सकते थे और भगवान् शिव ने जिन्हें नष्ट किया। रामायण में पुष्पक विमान का वर्णन आता है। महाभारत में श्रीकृष्ण, जरासंध आदि के विमानों का वर्णन आता है। भागवत में कर्दम ऋषि की कथा आती है। तपस्या में लीन रहने के कारण वे अपनी पत्नी की ओर ध्यान नहीं दे पाए। इसका भान होने पर उन्होंने अपने विमान से उसे संपूर्ण विश्व का दर्शन कराया।

उपर्युक्त वर्णन जब आज का तार्किक व प्रयोगशील व्यक्ति सुनता या पढ़ता है तो उसके मन में स्वाभाविक विचार आता है कि ये सब कपोल-कल्पनाएँ हैं। मानव के मनोरंजन हेतु गढ़ी गई कहानियाँ हैं। ऐसा विचार आना सहज व स्वाभाविक है। क्योंकि आज देश में न तो कोई प्राचीन अवशेष मिलते हैं, जो यह सिद्ध करें कि प्राचीन काल में विमान थे; न ऐसे ग्रंथ मिलते हैं, जिनसे यह ज्ञात हो कि प्राचीन काल में विमान बनाने की तकनीक लोग जानते थे।

केवल सौभाग्य से एक ग्रंथ उपलब्ध है, जो बताता है कि भारत में प्राचीन काल में न केवल विमान विद्या थी, अपितु वह बहुत प्रगत अवस्था में भी थी। यह ग्रंथ, इसकी विषय-सूची व इसमें किया गया वर्णन विगत अनेक वर्षों से देश-विदेश में अध्येताओं का ध्यान आकर्षित करता रहा है।

महर्षि भरद्वाज ने 'यंत्र सर्वस्व' नामक ग्रंथ लिखा था, उसका एक भाग वैमानिक शास्त्र है। इस पर बोधानंद ने टीका लिखी थी। आज 'यंत्र सर्वस्व' तो उपलब्ध नहीं है तथा वैमानिक शास्त्र भी पूरा उपलब्ध नहीं है। पर जितना उपलब्ध है, उससे यह विश्वास होता है कि पूर्व में विमान एक सच्चाई थे।

वैमानिक शास्त्र के पहले प्रकरण में प्राचीन विज्ञान विषय के पच्चीस ग्रंथों की एक सूची है, जिनमें प्रमुख हैं अगस्त्य कृत 'शक्तिसूत्र', ईश्वर कृत 'सौदामिनी कला', भरद्वाज कृत 'अंशुबोधिनी', 'यंत्र सर्वस्व' तथा 'आकाश शास्त्र', शाक्टायन कृत 'वायुतत्व प्रकरण', नारद कृत 'वैश्वानरतंत्र', 'धूम प्रकरण' आदि। विमान शास्त्र की टीका लिखने वाले बोधानंद लिखते हैं—

निर्मथ्य तद्वेदाम्बुधिं भरद्वाजो महामुनिः।
नवनीतं समुद्धृत्य यन्त्रसर्वस्वरूपकम्॥
प्रायच्छत् सर्वकोकानामीपिस्तार्थफलप्रदम्॥
नानाविमानवैतित्र्यरचनाक्रमबोधकम्।
अष्टाध्यायैर्विभजितं शताधिकरणैर्युतम्॥
सूत्रैः पश्चशतैर्युक्तं व्योमयानप्रधानकम्।
वैमानिकाधिकरणमुक्तं भगवता स्वयम्॥

अर्थात् भरद्वाज महामुनि ने वेदरूपी समुद्र का मंथन करके 'यंत्र सर्वस्व' नाम का एक मक्खन निकाला है, जो मनुष्य मात्र के लिए इच्छित फल देने वाला है। उसके चालीसवें अधिकरण

में वैमानिक प्रकरण है, जिसमें विमान विषयक रचना के क्रम कहे गए हैं। यह ग्रंथ आठ अध्याय में विभाजित है तथा उसमें एक सौ अधिकरण, पाँच सौ सूत्र हैं तथा उसमें विमान का विषय ही प्रधान है।

ग्रंथ के बारे में बताने के बाद भरद्वाज मुनि विमान शास्त्र के उनसे पूर्व हुए आचार्य तथा उनके ग्रंथों के बारे में लिखते हैं। वे आचार्य तथा उनके ग्रंथ निम्नानुसार थे—

(१) नारायण कृत 'विमान चंद्रिका', (२) शौनक कृत 'व्योमयान तंत्र', (३) गर्ग कृत 'यंत्रकल्प', (४) वाचस्पतिकृत 'यान बिंदु', (५) चाक्रायणी कृत 'खेटयान प्रदीपिका', (६) धुंडीनाथ 'वियोमयानार्क प्रकाश'। इस ग्रंथ में भरद्वाज मुनि ने विमान का पायलट, जिसे रहस्यज्ञ अधिकारी कहा गया, आकाश मार्ग, वैमानिक कपड़े, विमान के पुर्जे, ऊर्जा, यंत्र तथा उन्हें बनाने हेतु विभिन्न धातुओं का वर्णन किया है।

विमान की परिभाषा

नारायण ऋषि कहते हैं—जो पृथ्वी, जल तथा आकाश में पक्षियों के समान वेगपूर्वक चल सके, उसका नाम विमान है।

शौनक के अनुसार—एक स्थान से दूसरे स्थान को आकाश मार्ग से जा सके। विश्वंभर के अनुसार—एक देश से दूसरे देश या एक ग्रह से दूसरे ग्रह जा सके, उसे विमान कहते हैं।

भरद्वाज मुनि कहते हैं, विमान के रहस्यों को जानने वाला ही उसे चलाने का अधिकारी है। शास्त्रों में विमान चलाने के बत्तीस रहस्य बताए गए हैं। उनका भलीभाँति ज्ञान रखने वाला ही सफल चालक हो सकता है, क्योंकि विमान बनाना, उसे जमीन से आकाश में ले जाना, खड़ा करना, आगे बढ़ाना, टेढ़ी-मेढ़ी गति से चलाना, चक्कर लगाना और विमान के वेग को कम अथवा अधिक करना—इसे जाने बिना यान चलाना असंभव है। अत: जो इन रहस्यों को जानता है, वह रहस्यज्ञ अधिकारी है तथा उसे विमान चलाने का अधिकार है। इन बत्तीस रहस्यों में कुछ प्रमुख रहस्य निम्न प्रकार हैं :

(३) **कृतक रहस्य**—बत्तीस रहस्यों में यह तीसरा रहस्य है, जिसके अनुसार विश्वकर्मा, छायापुरुष, मनु तथा मयदानव आदि के विमान शास्त्र के आधार पर आवश्यक धातुओं द्वारा इच्छित विमान बनाना, इसमें हम कह सकते हैं कि यह 'हार्डवेयर' का वर्णन है।

(५) **गूढ़ रहस्य**—यह पाँचवाँ रहस्य है, जिसमें विमान को छिपाने की विधि दी गई है। इसके अनुसार वायु तत्त्व प्रकरण में कही गई रीति के अनुसार वातस्तंभ की जो आठवीं परिधि रेखा है, उस मार्ग की यासा, वियासा तथा प्रयासा इत्यादि वायु शक्तियों के द्वारा सूर्य किरण में रहने वाली जो अंधकार शक्ति है, उसका आकर्षण करके विमान के साथ उसका संबंध बनाने पर विमान छिप जाता है।

(९) **अपरोक्ष रहस्य**—यह नौवाँ रहस्य है। इसके अनुसार शक्ति तंत्र में कही गई रोहिणी विद्युत् के फैलाने से विमान के सामने आने वाली वस्तुओं को प्रत्यक्ष देखा जा सकता है।

(१०) **संकोचा**—यह दसवाँ रहस्य है। इसके अनुसार आसमान में उड़ते समय आवश्यकता पड़ने पर विमान को छोटा करना।

(११) **विस्तृता**—यह ग्यारहवाँ रहस्य है। इसके अनुसार आवश्यकता पड़ने पर विमान को बड़ा करना। यहाँ यह ज्ञातव्य है कि वर्तमान काल में यह तकनीक १९७० के बाद विकसित हुई है।

(२२) **सर्पागमन रहस्य**—यह बाईसवाँ रहस्य है, जिसके अनुसार विमान को सर्प के समान टेढ़ी-मेढ़ी गति से चलाना संभव है। इसमें कहा गया है कि दंड, वक्र आदि सात प्रकार के वायु और सूर्य किरणों की शक्तियों का आकर्षण करके यान के मुख से जो तिरछे फेंकने वाला केंद्र है, उसके मुख में उन्हें नियुक्त करके बाद में उसे खींचकर शक्ति पैदा करने वाले नाल में प्रवेश कराना चाहिए। इसके बाद बटन दबाने से विमान की गति साँप के समान टेढ़ी-मेढ़ी हो जाती है।

(२५) **परशब्द ग्राहक रहस्य**—यह पच्चीसवाँ रहस्य है। इसमें कहा गया है कि सौदामिनी कला ग्रंथ के अनुसार शब्द ग्राहक यंत्र विमान पर लगाने से उसके द्वारा दूसरे विमान पर लोगों की बातचीत सुनी जा सकती है।

(२६) **रूपाकर्षण रहस्य**—इसके द्वारा दूसरे विमान के अंदर सब देखा जा सकता है।

(२८) **दिक्प्रदर्शन रहस्य**—दिशा संपत्ति नामक यंत्र द्वारा दूसरे विमान की दिशा ध्यान में आती है।

(३१) **स्तब्धक रहस्य**—एक विशेष प्रकार के अपस्मार नामक गैस स्तंभन यंत्र द्वारा दूसरे विमान पर छोड़ने से अंदर के सब लोग बेहोश हो जाते हैं।

(३२) **कर्षण रहस्य**—यह बत्तीसवाँ रहस्य है। इसके अनुसार अपने विमान का नाश करने आने वाले शत्रु के विमान पर अपने विमान के मुख में रहने वाली वैश्रवानर नाम की नली में ज्वालिनी को जलाकर सत्तासी लिंक (डिग्री जैसा कोई नाप है) प्रमाण हो तब तक गरम कर फिर दोनों चक्की की कीलि (बटन) चलाकर शत्रु विमानों पर गोलाकार से उस शक्ति को फैलाने से शत्रु का विमान नष्ट हो जाता है।

महर्षि शौनक आकाश मार्ग का पाँच प्रकार का विभाजन करते हैं तथा धुंडीनाथ विभिन्न मार्गों की ऊँचाई पर विभिन्न आवर्त का उल्लेख करते हैं और उस-उस ऊँचाई पर सैकड़ों यात्रा पथों का संकेत देते हैं। इसमें पृथ्वी से १०० किलोमीटर ऊपर तक विभिन्न ऊँचाइयों पर निर्धारित पथ तथा वहाँ कार्यरत शक्तियों का विस्तार से वर्णन करते हैं।

आकाश मार्ग तथा उनके आवर्तों का वर्णन निम्नानुसार है—

(१) रेखा पथ—शक्त्यावृत्त

(२) मंडल पथ—वातावृत्त

(३) कक्ष पथ—किरणावृत्त

(४) शक्ति पथ—सत्यावृत्त

(५) केंद्र पथ—घर्षणावृत्त

विमान के यंत्र—विमान शास्त्र में ३१ प्रकार के यंत्र तथा उनका विमान में निश्चित स्थान का वर्णन मिलता है। इन यंत्रों का कार्य क्या है? इसका भी वर्णन किया गया है। कुछ यंत्रों की जानकारी निम्नानुसार है—

(१) **विश्व क्रिया दर्पण**—इस यंत्र के द्वारा विमान के आस-पास चलने वाली गतिविधियों का दर्शन वैमानिक को विमान के अंदर होता था, इसे बनाने में अभ्रक तथा पारा आदि का प्रयोग होता था।

(२) **परिवेश क्रिया यंत्र**—इसमें स्वचालित यंत्र वैमानिक का वर्णन है।

(३) **शब्दाकर्षण यंत्र**—इस यंत्र के द्वारा ३६ किमी. क्षेत्र की आवाज सुनी जा सकती थी तथा पक्षियों की आवाज आदि सुनने से विमान को दुर्घटना से बचाया जा सकता था।

(४) **गुह गर्भ यंत्र**—इस यंत्र के द्वारा जमीन के अंदर विस्फोटक खोजने में सफलता मिलती थी।

(५) **शक्त्याकर्षण यंत्र**—विषैली किरणों को आकर्षित कर उन्हें ऊष्णता में परिवर्तित करना और वह ऊष्णता वातावरण में छोड़ना।

(६) **दिशा दर्शी यंत्र**—दिशा दिखाने वाला यंत्र।

(७) **वक्र प्रसारण यंत्र**—इस यंत्र के द्वारा शत्रु विमान अचानक सामने आ गया तो उसी समय पीछे मुड़ना संभव होता था।

(८) **अपस्मार यंत्र**—युद्ध के समय इस यंत्र से विषैली गैस छोड़ी जाती थी।

(९) **तमोगर्भ यंत्र**—इस यंत्र के द्वारा युद्ध के समय विमान को छिपाना संभव था। इनके निर्माण में तमोगर्भ लौह प्रमुख घटक रहता था।

विमान के प्रकार

विमान विद्या के पूर्व आचार्य युग के अनुसार विमानों का वर्णन करते हैं। मंत्रिका प्रकार के विमान, जिसमें भौतिक एवं मानसिक शक्तियों के सम्मिश्रण की प्रक्रिया रहती थी, वह सतयुग और त्रेता युग में संभव था। इसमें २५ प्रकार के विमान का उल्लेख है। द्वापर युग में तांत्रिका प्रकार के विमान थे। इनके ५६ प्रकार बताए गए हैं तथा कलियुग में कृतिका प्रकार के यंत्र चालित विमान थे, इनके २५ प्रकार बताए गए हैं। इनमें शकुन, रुक्म, हंस, पुष्कर, त्रिपुर आदि प्रमुख थे।

२०. धातुशास्त्र

- धातुएँ—मानव सभ्यता के पूरे इतिहास में सर्वाधिक प्रयुक्त पदार्थों में धातुएँ भी हैं
- लुहार द्वारा धातु को गरम करने पर
- रसायनशास्त्र के अनुसार धातु (metals) वे तत्त्व हैं, जो सरलता से इलेक्ट्रॉन त्यागकर धनायन बनाते हैं और धातुओं के परमाणुओं के साथ धात्विक बँध बनाते हैं। इलेक्ट्रॉनिक मॉडल के आधार पर धातु इलेक्ट्रॉनों द्वारा आच्छादित धनायनों का एक लैटिस है।
- धातुओं की पारंपरिक परिभाषा उनके बाह्य गुणों के आधार पर दी जाती है। सामान्यतः धातु चमकीले, प्रत्यास्थ, आघातवर्धनीय और सुगढ़ होते हैं। धातु ऊष्मा और विद्युत् के अच्छे चालक होते हैं, जबकि अधातु सामान्यतः भंगुर, चमकहीन और विद्युत् तथा ऊष्मा के कुचालक होते हैं।
- रासायनिक तत्त्वों को सर्वप्रथम धातुओं और अधातुओं में विभाजित किया गया, यद्यपि दोनों समूहों को बिल्कुल पृथक् नहीं किया जा सकता था। धातु की परिभाषा करना कठिन कार्य है। मोटे रूप से हम कह सकते हैं कि यदि किसी तत्त्व में निम्नलिखित संपूर्ण या कुछ गुण हों तो उसे धातु कहेंगे—
    - चमक,
    - परांधता,

- साधारण ताप पर ठोस,
- स्वच्छ सतह द्वारा प्रकाश के परावर्तन (Reflection) का गुण,
- ऊष्मा एवं विद्युत् की उत्तम चालकता एवं
- द्रव अवस्था से ठंडा करने पर क्रिस्टल रूप में ठोस पदार्थ का बनना।

- हम यह अवश्य कह सकते हैं कि यदि कोई तत्त्व विशुद्ध अवस्था में चमकदार और विद्युत् का चालक नहीं है, तो वह अधातु (non-metal) है। प्रकृति में असंयुक्त अवस्था में बिरली धातु ही मिलती है। स्वर्ण, रजत, प्लैटिनम और कभी-कभी ताम्र धातुएँ यदाकदा मिल जाती हैं। अधिकांश धातुओं के अयस्क (Ores) मिलते हैं, जो अधातुओं (जैसे ऑक्सीजन, कार्बन, गंधक आदि) के साथ धातुओं के यौगिक होते हैं। ये यौगिक भी शुद्ध अवस्था में न होकर अन्य खनिज में मिश्रित रहते हैं। इन अयस्कों से विविध रीतियों द्वारा धातुएँ निकाली जाती हैं। धातुओं की संख्या ९१ है।
    - रासायनिक गुण
    - भौतिक गुण
    - धातुकर्म
    - जर्कोनियम
    - अकार्बनिक रसायन
    - क्रिस्टलीय ठोस

२१. लिपिशास्त्र

भारत में बहुत सी भाषाएँ तो हैं ही, उनके लिखने के लिए भी अलग-अलग लिपियाँ प्रयोग की जाती हैं। किंतु इन सभी लिपियों में बहुत ही साम्य है। ये सभी वर्णमालाएँ एक अत्यंत तर्कपूर्ण ध्वन्यात्मक क्रम (phonetic order) में व्यवस्थित हैं। यह क्रम इतना तर्कपूर्ण है कि अंतरराष्ट्रीय ध्वन्यात्मक संघ (IPA) ने अंतरराष्ट्रीय ध्वन्यात्मक लिपि के निर्माण के लिए मामूली परिवर्तनों के साथ इसी क्रम को अंगीकार कर लिया।

भारत में लिपि का उद्भव और विकास

प्राचीन भारत की दो लिपियों में 'खरोष्ठी' दाएँ से बाएँ लिखी जाती थी और ब्राह्मी बाएँ से दाएँ। प्रायः यहाँ के पश्चिमोत्तर सीमा प्रदेशों (पंजाब, कश्मीर) में ही प्राचीन काल में खरोष्ठी का प्रचार था। दूसरी लिपि 'ब्राह्मी' का क्षेत्र अत्यंत व्यापक था। भारतीयों की परंपरागत मान्यता के अनुसार संस्कृत भाषा (ब्राह्मी या भारती) और ब्राह्मीलिपि का प्रवर्तन सृष्टिकर्ता 'ब्रह्मा' द्वारा आरंभिक युग में हुआ। कदाचित् इस कल्पना या मान्यता का आधार 'ब्राह्मी' नाम है। 'ब्राह्मी तू भारतीय भाषा गीर्वाग्वाणी सरस्वती' द्वारा 'अमरकोश' ने 'ब्राह्मी' पद के अर्थबोध की व्यापक दृष्टि का संकेत किया है। यह शब्द 'सरस्वती' का भी और 'भाषा' (मुख्यतः संस्कृत भाषा) का भी अभिधान है। पर इन पौराणिक और परंपरागत सिद्धांतों में पूर्व और पश्चिम के आधुनिक इतिहासवेत्ता आस्था नहीं रखते।

'वेद' या 'वैदिक वाङ्मय' के लिए प्रचलित 'श्रुति' शब्द के आधार पर अनेक पाश्चात्य

पंडितों ने सिद्धांत निकाला है कि 'दशोपनिषत्काल' तक निश्चय ही भारत में लेखनविद्या या लिपिकला का अभाव था। वैदिक वाङ्मय का अध्यापन गुरु-शिष्य की मुख-परंपरा और स्त्रवण परंपरा से होता था। लिपि का अभाव ही उसका मुख्य कारण था। 'पाणिनि' को ई.पू. चतुर्थ शताब्दी का माननेवाले 'मैक्समूलर' के मत से उस समय तक लिपि का अभाव था। 'बर्नेल' के अनुसार (अशोक) लिपि का उद्भव फिनीशियावासियों से लिखना सीखने के बाद उन्हीं की लिपि से हुआ। यूरोप की भी प्राय: अधिकांश लिपियाँ उसी लिपि से विकसित मानी गई हैं। भारत में इसका प्रवेश ई.पू. ५०० से ४०० तक के बीच हुआ। उक्त मत से असहमति प्रकट करते हुए 'बूलर' का कहना है कि भारत में प्राचीन लिपि का विकास 'सामी' (सेमिटिक) लिपि से हुआ है, जिसके अक्षरों का प्रवेश ई.पू. ८०० के आस पास (संभवत:) हुआ था। ई.पू. ५०० के लगभग अथवा उससे भी पूर्व भारतीयों द्वारा ब्राह्मी के विकास और निर्माण का कार्य बड़े श्रम से संपन्न हो गया था। 'बूलर' ने लिपि-विद्या-संबंधी ग्रंथ में कहा है कि कुछ नव्यतम प्रमाणों के आधार पर भारत में लिपि के प्रवेश का समय ई.पू. १०वीं शती या उससे भी पूर्व स्थिर किया जा सकता है।

ब्राह्मी की उत्पत्ति

ब्राह्मी की उत्पत्ति को विद्वानों का एक वर्ग अभारतीय मानता है, दूसरा वर्ग भारतीय।

(१) डिके असीरीयाई कीलाक्षरों से संबद्ध 'सामी' से,

(२) 'कुपेरी' चीनी लिपि से,

(३) डॉ. साहा आदि 'अरबी लिपि' से

(४) 'सेनार्ट', 'विल्सन' आदि ग्रीक लिपि से,

(५) बूलर, बेवरर, टेलर आदि व्यापारियों द्वारा उनकी 'मेसोपोटामिया' और 'आरमयिक' लिपियों से इसका संबंध बताते हैं। ग्रीक का भी इसी से संबंध है। अत: विलियम और बेवर के मत भी इसी पक्ष के पोषक हैं।

दूसरे वर्ग के लोग इसका विकास स्वतंत्र रूप में भारतीय सीमा के भीतर ही मानते हैं। इधर हड़प्पा और मोहनजोदड़ो से उपलब्ध मुद्राओं के लेखखंडों के आधार पर सिंधुघाटी सभ्यता की लिपि से 'ब्राह्मी' की उत्पत्ति बताते हैं। कुछ साहसिक विद्वानों ने सुमेरी, सिंधुघाटी और वैदिक आर्य— तीनों सभ्यताओं को एक मूल स्रोत से विकसित मानकर किसी एक लिपि से अथवा प्राचीनतम सुमेरी लिपि से ब्राह्मी के उद्भव का अनुमान किया है। पर यह मत अभी गंभीरता से विचारणीय है। सिंधुघाटी की लिपि ब्राह्मी और खरोष्ठी दोनों से विचित्र और भिन्न लगती है। निष्कर्ष रूप में कहा जा सकता है कि अधिकांश भारतीय पंडितों के मतानुसार 'देवनागरी' का विकास उस 'ब्राह्मी' से हुआ है, जो ई.पू. हजारों वर्षों से भारत में प्रचलित थी और जिसका विकास स्वयं भारत में भारतीयों द्वारा हुआ था।

भारतीय लिपियों का साम्य

- लगभग सभी लिपियाँ ब्राह्मी लिपि से व्युत्पन्न हैं।
- सभी के वर्णों के नाम, क्रम, उच्चारण आदि समान हैं।
- सभी ध्वन्यात्मक हैं एवं कवर्ग, चवर्ग आदि में बँटे हैं।

- सभी के लिखने में मात्रा का प्रयोग होता है।
- सबमें संयुक्ताक्षरों का प्रयोग होता है।
- सबके वर्ण रूप में काफी मिलते हैं।
- सबमें स्वर, व्यंजन, मात्रा का कांसेप्ट है।
- सबमें वर्णों की संख्या लगभग समान है।

२२. कृषिशास्त्र

कृषिशास्त्र मूल रूप में वह विधा थी, जिसमें फसलों, उत्पादन एवं जानवरों के पालन में अर्थशास्त्र के सिद्धांतों का प्रयोग करके इसे अधिक उपयोगी बनाने की कोशिशों का अध्ययन किया जाता था। पहले इसे 'एग्रोनॉमिक्स' कहते थे और यह अर्थशास्त्र की वह शाखा थी, जिसमें भूमि के बेहतर उपयोग का अध्ययन किया जाता था।

अर्थशास्त्र में कृषि का विशिष्ट स्थान स्वीकार किया गया है। विकसित, विकासशील एवं अर्धविकसित—सभी प्रकार की अर्थव्यवस्थाओं में आवश्यकतानुसार कृषि के विकास को मान्यता प्रदान की जाती है। खाद्य व्यवस्था, कच्चे माल की उपलब्धि तथा रोजगार प्रदान किए जाने के संबंध में प्रत्येक राष्ट्र की अर्थव्यवस्था में कृषि विकास का विशिष्ट स्थान है। निःसंदेह कृषि के विकास में अनेक अस्थिरताओं से संघर्ष करना पड़ता है। इसके बावजूद किसी दृष्टि से कृषि का महत्त्व खाद्य सामग्री तथा औद्योगिक कच्चे माल की उपलब्धि की दृष्टि से कृषि विकास के महत्त्व को कम नहीं आँका जा सकता। अर्धविकसित तथा विकासशील देशों में इनके अतिरिक्त रोजगार उपलब्ध करवाने की दृष्टि से भी कृषि की विशिष्ट भूमिका है।

कृषि अर्थशास्त्र में कृषि के संबंध में स्थानीय कृषि, कृषि की नवीन व्यूह रचना तथा हरित क्रांति, कृषि का आधुनिकीकरण एवं व्यवसायीकरण, कृषि मूल्य नीति, कृषि श्रमिक, वन संपदा, ग्रामीण आधारभूत ढाँचा, बंजरभूमि विकास कार्यक्रम, कृषि वित्त, सहकारिता, सहकारिता का उद्गम एवं विकास, सहकारी विपणन, उपभोक्ता सहकारी समितियाँ और औद्योगिक सहकारी समितियाँ आदि विषयों का विस्तृत विवेचन किया जाता है।

कृषि अर्थशास्त्र वस्तुतः सामान्य अर्थशास्त्र की एक विशिष्ट शाखा है। इसके अंतर्गत कृषि व्यवसाय से संबंधित विभिन्न आर्थिक समस्याओं एवं सिद्धांतों का अधययन किया जाता है। कृषि एक उत्पादक कार्य है। इसलिए कृषि अर्थशास्त्र उत्पादन की समस्याओं पर अपेक्षाकृत अधिक विस्तार के साथ विचार किया जाता है। कृषि व्यवसाय की विविध समस्याएँ जैसे, कृषि-उत्पादन हेतु विभिन्न साधनों की व्यवस्था, प्रति हेक्येटर उत्पत्ति में वृद्धि, कृषि-भूमि पर जनसंख्या का दबाव, आर्थिक जोत, भूमि-स्वामित्व प्रणाली, कृषि उपज का विपणन, सहकारी कृषि आदि पर कृषि अर्थशास्त्र के अंतर्गत विचार किया जाता है। परंतु इस संबंध में यह स्मरणीय है कि कृषि अर्थशास्त्र में न केवल कृषि संबंधी विभिन्न समस्याओं पर विचार किया जाता है, अपितु अर्थशास्त्र के विभिन्न महत्त्वपूर्ण नियमों, जैसे ह्रासमान प्रतिफल नियम (Law of Diminishing Returns) माँग का नियम, पूर्ति का नियम आदि की कृषि क्षेत्र में क्रियाशीलता की जाँच की जाती है।

२३. शिक्षाशास्त्र

शिक्षण कार्य की प्रक्रिया का विधिवत् अध्ययन शिक्षाशास्त्र या शिक्षणशास्त्र कहलाता है। इसमें अध्यापन की शैली या नीतियों का अध्ययन किया जाता है। शिक्षक अध्यापन कार्य करता है तो वह इस बात का ध्यान रखता है कि अधिगमकर्ता को अधिक-से-अधिक समझ में आए।

शिक्षा एक सजीव गतिशील प्रक्रिया है। इसमें अध्यापक और शिक्षार्थी के मध्य अंत:क्रिया होती रहती है और संपूर्ण अंत:क्रिया किसी लक्ष्य की ओर उन्मुख होती है। शिक्षक और शिक्षार्थी शिक्षाशास्त्र के आधार पर एक-दूसरे के व्यक्तित्व से लाभान्वित और प्रभावित होते रहते हैं तथा यह प्रभाव किसी विशिष्ट दिशा की ओर स्पष्ट रूप से अभिमुख होता है। बदलते समय के साथ संपूर्ण शिक्षा-चक्र गतिशील है। उसकी गति किस दिशा में हो रही है? कौन प्रभावित हो रहा है? इस दिशा का लक्ष्य निर्धारण शिक्षाशास्त्र करता है।

शिक्षण की प्रकृति

१. शिक्षण एक सामाजिक क्रिया है।
२. शिक्षण मानव प्रकृति पर आधारित है।
३. शिक्षण देश के राजनीतिक वातावरण से प्रभावित होता है।
४. शिक्षण में अधिगमकर्ता और शिक्षक के मध्य अंत:क्रिया होती है।
५. शिक्षण उद्‌देश्य पूर्ण होता है।
६. शिक्षण विशेष संदर्भ में प्रभावशाली हो जाता है।
७. विशेष शिक्षण की शैली भी विशेष होती है।
८. शिक्षण में मार्गदर्शन एवं निर्देश होता है।
९. शिक्षा एक वर्णनात्मक क्रिया है।
१०. शिक्षण अनौपचारिक एवं औपचारिक दोनों होता है।
११. शिक्षण प्रक्रिया में शिक्षक छात्र एवं पाठ्यक्रम सम्मिलित हैं।
१२. यह एक गतिशील प्रक्रिया है।
१३. शिक्षण एक अनवरत प्रक्रिया है।
१४. शिक्षण विकास की प्रक्रिया है।

शिक्षण के सिद्धांत

प्रत्येक अध्यापक की हार्दिक इच्छा होती है कि उसका शिक्षण प्रभावपूर्ण हो। इसके लिए अध्यापक को कई बातों को जानकर उन्हें व्यवहार में लाना पड़ता है, यथा—पाठ्यवस्तु का आरंभ कहाँ से किया जाए, किस प्रकार किया जाए, छात्र इसमें रुचि कैसे लेते रहें, अर्जित ज्ञान को बालकों के लिए उपयोगी कैसे बनाया जाए आदि। शिक्षाशात्रियों ने अध्यापकों के लिए इन आवश्यक बातों पर विचार करके अनेक सिद्धांतों का प्रतिपादन किया है, जिनमें से प्रमुख निम्नलिखित हैं—

(१) क्रिया द्वारा सीखने का सिद्धांत : बालक स्वभावत: ही क्रियाशील होते हैं। निष्क्रिय बैठे रहना उनकी प्रकृति के विपरीत है। उन्हें अपने हाथ, पैर व अन्य इंद्रियों को प्रयोग में लाने में अत्यंत आनंद की प्राप्ति होती है। स्वयं करने की क्रिया द्वारा बालक सीखता है। इस प्रकार से प्राप्त

किया हुआ ज्ञान अथवा अनुभव उसके व्यक्तित्व का स्थायी अंग बन जाता है। अत: अध्यापक का अध्यापन इस प्रकार होना चाहिए, जिससे बालक को 'स्वयं द्वारा करके सीखने' के अधिकाधिक अवसर मिलें।

(२) जीवन से संबद्धता का सिद्धांत : अपने जीवन से संबंधित वस्तुओं का ज्ञान प्राप्त करना बालकों की स्वाभाविक रुचि होती है। अत: पाठ्यवस्तु में जीवन से संबंधित तथ्यों को ही शामिल करना चाहिए, अर्थात् वास्तविक जीवन की वास्तविक परिस्थितियों से लिये गए तथ्यों को ही शामिल करना चाहिए। यदि अध्यापक काल्पनिक अथवा जीवन से असंबंधित तथ्यों को ही पढ़ाना चाहेगा तो छात्रों की रुचि उससे हट जाएगी।

(३) हेतु प्रयोजन का सिद्धांत : जब तक बालकों को पाठ का हेतु अथवा उद्देश्य पूर्णतया ज्ञात नहीं होता है, वे उसमें पूर्ण ध्यान नहीं दे सकते। केवल पाठ का उद्देश्य जान लेने से भी काम नहीं चलता। यदि पाठ का उद्देश्य बालकों की रुचि को प्रेरणा देने वाला हुआ तो उनका पूरा ध्यान उस पाठ को सीखने में लगता है।

(४) चुनाव का सिद्धांत : मनुष्य का जीवनकाल अत्यंत कम है और ज्ञान का विस्तार असीम है। अत: पाठ्य सामग्री में संसार की अपार ज्ञानराशि में से अत्यंत उपयोगी वस्तुओं को चुनकर रखा जाना चाहिए।

(५) विभाजन का सिद्धांत : संपूर्ण पाठ्यवस्तु बालक के सम्मुख एक साथ नहीं प्रस्तुत की जा सकती। उसे उचित खंडों, अन्वितियों अथवा इकाइयों में विभक्त किया जाना चाहिए। अन्वितियाँ ऐसी हों, जैसी कि सीढ़ियाँ होती हैं। इन्हें जैसे-जैसे बाल पार करता जाए, वह उन्नति करता जाए।

(६) पुनरावृत्ति का सिद्धांत : बालक किसी पाठ्यवस्तु अथवा ज्ञान को अपने मस्तिष्क में ठोस प्रकार से तभी जमा कर सकता है, जब बार-बार उसकी आवृत्ति कराई जाए।

शिक्षण-सूत्र

(१) ज्ञात से अज्ञात की ओर चलो : बालक के पूर्व ज्ञान से संबद्ध करते हुए यदि नया ज्ञान प्रदान किया जाता है तो बालक को उसे सीखने में रुचि व प्रेरणा प्राप्त होती है। मनुष्य सामान्यतया इसी क्रम से सीखता है। इसलिए अध्यापक को अपनी पाठ्यसामग्री इस क्रम में प्रस्तुत करनी चाहिए।

(२) सरल से कठिन की ओर चलो : पाठ्यवस्तु को इस प्रकार प्रस्तुत करना चाहिए कि उसके सरल भागों का ज्ञान पहले करवाया जाए तथा धीरे-धीरे कठिन भागों को प्रस्तुत किया जाए।

(४) स्थूल से सूक्ष्म की ओर चलो : सूक्ष्म तथा अमूर्त विचारों को सिखाते समय उनका प्रारंभ आसपास की स्थूल वस्तुओं तथा स्थूल विचारों से करना चाहिए। बालक की शिक्षा सदैव स्थूल वस्तुओं तथा तथ्यों से होनी चाहिए; शब्दों, परिभाषाओं तथा नियमों से नहीं।

(५) विशेष से सामान्य की ओर चलो : किसी सिद्धांत की विशेष बातों को पहले रखें, फिर उनका सामान्यीकरण करना चाहिए। गणित, विज्ञान, व्याकरण, छंद व अलंकारशास्त्र की शिक्षा देते समय इसी क्रम को अपनाना चाहिए। आगमन प्रणाली में भी इसी का उपयोग होता है।

(६) अनुभव से तर्क की ओर चलो : ज्ञानेंद्रियों द्वारा बालक यह तो जान लेता है कि अमुक वस्तु कैसी है किंतु वह यह नहीं जानता कि वह ऐसी क्यों है। बार-बार निरीक्षण व परीक्षण से वह इन कारणों को भी जान जाता है। अर्थात् वह अनुभव से तर्क की ओर बढ़ता है। बालक के

अनुभूत तथ्यों को आधार बनाकर धीरे-धीरे निरीक्षण व परीक्षण द्वारा उनकी तर्कशक्ति का विकास करने का प्रयत्न करना चाहिए।

(७) पूर्ण से अंश की ओर चलो : बालक के सम्मुख उसकी समझ में आने योग्यपूर्ण वस्तु या तथ्य को रखना चाहिए। इसके बाद उसके विभिन्न अंशों के विस्तृत ज्ञान की ओर अग्रसर होना चाहिए। यदि एक पेड़ का ज्ञान प्रदान करना है तो पहले उसका संपूर्ण चित्र प्रस्तुत किया जाएगा तथा बाद में उसकी जड़ों, पत्तियों, फलों आदि का परिचय अलग-अलग करवाया जाएगा।

(८) अनिश्चित से निश्चित की ओर चलो।

(९) विश्लेषण से संश्लेषण की ओर चलो।

(१०) तर्कपूर्ण विधि का त्याग व मनोवैज्ञानिक विधि का अनुसरण करो।

वर्तमान समय में मनोविज्ञान के प्रचार के कारण इस बात पर जोर दिया जाता है कि शिक्षण विधि व क्रम में बालकों की मनोवैज्ञानिक विशेषताओं, रुचियों, जिज्ञासा और ग्रहण शक्ति को ध्यान में रखा जाए।

(११) इंद्रियों के प्रशिक्षण द्वारा शिक्षा दो।

(१२) प्रकृति का आधार।

२४. संगीतशास्त्र

भारतीय परंपरा में भगवान् शिव को संगीत तथा नृत्य का प्रथम आचार्य कहा गया है। कहा जाता है कि नारद ने भगवान् शिव से ही संगीत का ज्ञान प्राप्त किया था। इस विषय पर अनेक ग्रंथ प्राप्त होते हैं, जैसे—नारदशिक्षा, रागनिरूपण, पंचमसारसंहिता, संगीतमकरंद आदि।

संगीतशास्त्र के प्रसिद्ध आचार्यों में मुख्यत: उमामहेश्वर, भरत, नंदी, वासुकि, नारद, व्यास आदि की गिनती होती है। भरत के नाट्यशास्त्र के अनुसार गीत की उत्पत्ति जहाँ सामवेद से हुई है, वहीं यजुर्वेद से अभिनय (नृत्य) का प्रारंभ हुआ।

२. प्राचीन भारतीय विज्ञान की उपलब्धियाँ

नक्षत्र विज्ञान (एस्ट्रोनॉमी)

भारत में नक्षत्र विज्ञान ने बहुत उन्नति की। नक्षत्रों को गतियों पर बल देकर उनका सूक्ष्म निरीक्षण किया गया। ज्योतिष वेदांग ने नक्षत्र विज्ञान की सुव्यवस्थित श्रेणियाँ स्थापित कीं, परंतु बहुत सी आधारभूत समस्याओं पर आर्यभट्ट (४९९ ई.पू.) ने बल दिया। उनके संक्षिप्त 'आर्यभट्टीय' ग्रंथ में १२१ श्लोक हैं। इनमें खगोल विषयक परिभाषाओं, नक्षत्रों की सही स्थिति को पहचानने के विभिन्न तरीकों, सूर्य और चंद्र की गतियों के वर्णन और ग्रहणों की गणना विषयक अनेक खंड हैं। उनके अनुसार ग्रहण का कारण था कि पृथ्वी गोलाकार है, अपनी धुरी पर घूमती है और जब पृथ्वी की छाया चंद्रमा पर पड़ती है, तब चंद्र ग्रहण होता है और जब चंद्रमा की छाया पृथ्वी पर पड़ती है, तब सूर्यग्रहण होता है। इसके विपरीत पुरातनपंथी लोगों के अनुसार यह एक प्रक्रिया थी, जिसमें राक्षस नक्षत्र को निगल लेता था। इन सभी अनुभूतियों का वर्णन वराहमिहिर ने अपने ग्रंथ 'पंचसिद्धांतिका' में किया है, जिसमें नक्षत्र विज्ञान विषयक पाँच सिद्धांतों का सार दिया गया है।

आर्यभट्ट ने वैदिक नक्षत्र विज्ञान से भिन्न दृष्टि प्रस्तुत की और इसको एक वैज्ञानिक दृष्टिकोण प्रदान किया, जो आगे चलकर नक्षत्र विज्ञानियों के लिए मार्गदर्शक सिद्ध हुआ। ज्योतिष और जन्मपत्रियों का प्राचीन भारत में अध्ययन किया जाता था। आर्यभट्ट के सिद्धांत उस ज्योतिष से भिन्न थे, जो वैज्ञानिक अध्ययनों के स्थान पर विश्वासों पर अधिक बल देते थे।

'सूर्य सिद्धांत' एक बहुत प्रसिद्ध ग्रंथ है। वराहमिहिर की बृहत्संहिता (६ शताब्दी ई.पू.) नक्षत्र विज्ञान के क्षेत्र में एक अन्य महत्त्वपूर्ण कृति है। उसका निरीक्षण किया कि चंद्रमा पृथ्वी के चारों ओर और पृथ्वी सूर्य के चारों ओर परिक्रमा करती है, बाद में प्रसिद्ध हुआ और इसी के आधार पर अन्य खोजें भी आधारित थीं। गणित शास्त्र और नक्षत्र विज्ञान ने काल और सृष्टि विज्ञान में अध्ययनार्थ रुचि पैदा की। नक्षत्र विज्ञान और गणित शास्त्र भविष्य के शोध के आधार बने।

खगोल विज्ञान

यह विज्ञान भारत में ही विकसित हुआ। प्रसिद्ध जर्मन खगोलविज्ञानी कॉपरनिकस से लगभग १००० वर्ष पूर्व आर्यभट्ट ने पृथ्वी की गोल आकृति और इसके अपनी धुरी पर घूमने की पुष्टि कर दी थी। इसी तरह आइजक न्यूटन से १००० वर्ष पूर्व ही ब्रह्मगुप्त ने पृथ्वी के गुरुत्वाकर्षण सिद्धांत की पुष्टि कर दी थी। यह अलग बात है कि किन्हीं कारणों से इनका श्रेय पाश्चात्य वैज्ञानिकों को मिला।

भारतीय खगोल विज्ञान का उद्भव वेदों से माना जाता है। वैदिककालीन भारतीय धर्मप्राण व्यक्ति थे। वे अपने यज्ञ तथा अन्य धार्मिक अनुष्ठान ग्रहों की स्थिति के अनुसार शुभ लगन देखकर किया करते थे। शुभ लगन जानने के लिए उन्होंने खगोल विज्ञान का विकास किया था। वैदिक आर्य सूर्य की उत्तरायण और दक्षिणायन गति से परिचित थे। वैदिक कालीन खगोल विज्ञान का एकमात्र ग्रंथ 'वेदांग ज्योतिष' है। इसकी रचना 'लगध' नामक ऋषि ने ईसा से लगभग १०० वर्ष पूर्व की थी। महाभारत में भी खगोल विज्ञान से संबंधित जानकारी मिलती है। महाभारत में चंद्रग्रहण और सूर्यग्रहण की चर्चा है। इस काल के लोगों को ज्ञात था कि ग्रहण केवल अमावस्या और पूर्णिमा को ही लग सकते हैं। इस काल के लोगों का ग्रहों के विषय में भी अच्छा ज्ञान था। 'वेदांग ज्योतिष' के बाद लगभग एक हजार वर्षों तक खगोल विज्ञान का कोई ग्रंथ नहीं मिलता।

पाँचवीं शताब्दी में आर्यभट्ट ने सर्वप्रथम लोगों को बताया कि पृथ्वी गोल है और यह अपनी धुरी पर चक्कर लगाती है। उन्होंने पृथ्वी के आकार, गति और परिधि का अनुमान भी लगाया था। आर्यभट्ट ने सूर्य और चंद्रग्रहण के सही कारणों का पता लगाया। उनके अनुसार चंद्रमा और पृथ्वी की परछाईं पड़ने से ग्रहण लगता है। चंद्रमा में अपना प्रकाश नहीं है, वह सूर्य के प्रकाश से प्रकाशित है। इसी प्रकार आर्यभट्ट ने राहु-केतु द्वारा सूर्य और चंद्र को ग्रस लेने के सिद्धांत का खंडन किया और ग्रहण का सही वैज्ञानिक सिद्धांत प्रतिपादित किया। आर्यभट्ट ने 'आर्यभटीय' तथा 'आर्य सिद्धांत' नामक ग्रंथों की रचना की थी।

आर्यभट्ट के बाद छठी शताब्दी में वराहमिहिर नाम के खगोल वैज्ञानिक हुए। विज्ञान के इतिहास में वे प्रथम व्यक्ति थे, जिन्होंने कहा कि कोई ऐसी शक्ति है, जो वस्तुओं को धरातल से बाँधे रखती है। आज इसी शक्ति को गुरुत्वाकर्षण कहते हैं। वराहमिहिर का कहना था कि पृथ्वी गोल है, जिसके धरातल पर पहाड़, नदियाँ, पेड़-पौधों, नगर आदि फैले हुए हैं। 'पंचसिद्धांतिका' और

'सूर्यसिद्धांत' उनकी खगोल विज्ञान संबंधी पुस्तकें हैं। इनके अतिरिक्त वराहमिहिर ने 'वृहत्संहिता' और 'वृहज्जातक' पुस्तकें भी लिखी हैं।

इसके बाद भारतीय खगोल विज्ञान में ब्रह्मगुप्त का भी बड़ा महत्त्वपूर्ण योगदान है। इनका कार्यकाल सातवीं शताब्दी माना जाता है। वे खगोल विज्ञान संबंधित गणनाओं में संभवत: बीजगणित का प्रयोग करने वाले भारत के सबसे पहले महान् गणितज्ञ थे। 'ब्रह्मगुप्त सिद्धांत' इनका प्रमुख ग्रंथ है। इसके अतिरिक्त जीवन के अंतिम वर्षों में ब्रह्मगुप्त ने 'खंड खाद्यक' नामक ग्रंथ भी लिखा था। इन्होंने विभिन्न ग्रहों की गति और स्थिति, उनके उदय और अस्त, युति तथा सूर्यग्रहण की गणना करने की विधियों का वर्णन किया है। ब्रह्मगुप्त का ग्रहों का ज्ञान प्रत्यक्ष वेध (अवलोकन) पर आधरित था। इनका मानना था कि जब कभी गणना और वेध में अंतर पड़ने लगे तो वेध के द्वारा गणना शुद्ध कर लेनी चाहिए। ये पृथ्वी को गोल मानते थे तथा पुराणों में पृथ्वी को चपटी मानने के विचार की इन्होंने कड़ी आलोचना की है। ब्रह्मगुप्त आर्यभट्ट के अनेक सिद्धांतों के साथ पृथ्वी के अपनी धुरी पर घूमने के सिद्धांत के भी आलोचक थे। ब्रह्मगुप्त पृथ्वी की आकर्षण शक्ति के सिद्धांत से सहमत थे। उनके अनुसार 'वस्तुएँ पृथ्वी की ओर गिरती हैं, क्योंकि पृथ्वी की प्रकृति है कि वह उन्हें अपनी ओर आकर्षित करे।'

ब्रह्मगुप्त के बाद खगोल विज्ञान में भास्कराचार्य का विशिष्ट योगदान है। इनका समय बारहवीं शताब्दी था। वे गणित के प्रकांड पंडित थे। इन्होंने 'सिद्धांतशिरोमणि' और 'करण कुतूहल' दो ग्रंथों की रचना की थी। खगोलविद् के रूप में भास्कराचार्य अपनी 'तात्कालिक गति' की अवधारणा के लिए प्रसिद्ध हैं। इससे खगोल वैज्ञानिकों को ग्रहों की गति का सही ज्ञान प्राप्त करने में मदद मिलती है।

भास्कर ने एक तो गोले की सतह और उसके घनफल को निकालने के जर्मन ज्योतिर्विद् केपलर के नियम का पूर्वाभ्यास कर लिया था। दूसरे उन्होंने सत्रहवीं शताब्दी में जनमे आइजक न्यूटन से लगभग ५०० वर्ष पूर्व गुरुत्वाकर्षण सिद्धांत का प्रतिपादन किया था।

गणित

अधिकतर खोज और आविष्कार, जिन पर आज यूरोप को इतना गर्व है, एक विकसित गणितीय पद्धति के बिना असंभव थे। यह पद्धति भी संभव नहीं हो पाता, यदि यूरोप भारी-भरकम रोमन अंकों के बंधन में जकड़ा रहता। नई पद्धति को खोज निकालने वाला वह अज्ञात व्यक्ति भारत का पुत्र था। मध्ययुगीन भारतीय गणितज्ञों, जैसे ब्रह्मगुप्त (सातवीं शताब्दी), महावीर (नौवीं शताब्दी) और भास्कर (बारहवीं शताब्दी) ने ऐसी कई खोजें कीं, जिनसे पुनर्जागरण काल या उसके बाद तक भी यूरोप अपरिचित था। इसमें कोई मतभेद नहीं कि भारत में गणित की उच्चकोटि की परंपरा रही थी।

अंकगणित

हड़प्पाकालीन संस्कृति के लोग अवश्य ही अंकों और संख्याओं से परिचित रहे होंगे। इस युग की लिपि के अब तक न पढ़े जा सकने के कारण निश्चित रूप से कुछ नहीं कहा जा सकता।

लेकिन भवन, सड़कों, नालियों, स्नानागारों आदि के निर्माण में अंकों और संख्याओं का निश्चित रूप से उपयोग हुआ होगा। माप-तौल और व्यापार क्या बिना अंकों और संख्याओं के संभव था? हड़प्पाकालीन संस्कृति की लिपि के पढ़े जाने के बाद निश्चित ही अनेक नए तथ्य उद्घाटित होंगे। इसके बाद वैदिककालीन भारतीय अंकों और संख्याओं का उपयोग करते थे। वैदिक युग के एक ऋषि मेधातिथि १०१२ तक की बड़ी संख्याओं से परिचित थे। वे अपनी गणनाओं में दस और इसके गुणकों का उपयोग करते थे। 'यजुर्वेद संहिता' अध्याय १७, मंत्र २ में १०,००,००,००,००,००० (एक पर बारह शून्य, दस खरब) तक की संख्या का उल्लेख है। ईसा से १०० वर्ष पूर्व का जैन ग्रंथ 'अनुयोग द्वार सूत्र' है। इसमें असंख्य तक गणना की गई है, जिसका परिमाण १०१४० के बराबर है। उस समय यूनान में बड़ी-से-बड़ी संख्या का नाम 'मिरियड' था, जो १०,००० (दस सहस्त्र) थी और रोम के लोगों की बड़ी-से-बड़ी संख्या का नाम 'मिल्ली' था, जो १००० (सहस्त्र) थी। शून्य का उपयोग पिंगल ने अपने छंदसूत्र में ईसा के २०० वर्ष पूर्व किया था। इसके बाद तो शून्य का उपयोग अनेक ग्रंथों में किया गया है। लेकिन ब्रह्मगुप्त (छठी शताब्दी) पहले भारतीय गणितज्ञ थे, जिन्होंने शून्य को प्रयोग में लाने के नियम बनाए। इनके अनुसार—

- शून्य को किसी संख्या से घटाने या उसमें जोड़ने पर उस संख्या पर कोई प्रभाव नहीं पड़ता।
- शून्य से किसी संख्या का गुणनफल भी शून्य होता है।
- किसी संख्या को शून्य से विभाजित करने पर उसका परिणाम अनंत होता है।
- उन्होंने यह गलत कहा कि शून्य से विभाजित करो तो परिणाम शून्य होता है, क्योंकि आज हम जानते हैं कि यह अनंत की संख्या होती है। अब यह निर्विवाद रूप से सिद्ध हो गया है कि संसार को संख्याएँ लिखने की आधुनिक प्रणाली भारत ने ही दी है।

ज्यामिति

ज्यामिति का ज्ञान हड़प्पाकालीन संस्कृति के लोगों को भी था। ईंटों की आकृति, भवनों की आकृति, सड़कों का समकोण पर काटना इस बात का द्योतक है कि उस काल के लोगों को ज्यामिति का ज्ञान था। वैदिक काल में आर्य यज्ञ की वेदियों को बनाने के लिए ज्यामिति के ज्ञान का उपयोग करते थे। 'शुल्ब सूत्र' में वर्ग और आयत बनाने की विधि दी हुई है। भुजा के संबंध को लेकर वर्ग के समान आयत, वर्ग के समान वृत्त आदि प्रश्नों पर इस ग्रंथ में विचार किया गया है। किसी त्रिकोण के बराबर वर्ग खींच ऐसा वर्ग बनाना, जो किसी वर्ग का दो गुणा, तीन गुणा अथवा एक तिहाई हो; ऐसा वर्ग बनाना, जिसका क्षेत्रफल उपस्थित वर्ग के क्षेत्र के बराबर हो, इत्यादि की रीतियाँ भी 'शुल्ब सूत्र' में दी गई हैं।

आर्यभट्ट ने वृत्त की परिधि और व्यास के अनुपात (पाई) का मान ३.१४१६ स्थापित किया है। उन्होंने पहली बार कहा कि यह पाई का सन्निकट मान है।

त्रिकोणमिति

त्रिकोणमिति के क्षेत्र में भारतीयों ने जो काम किया, वह अनुपमेय और मौलिक है। इन्होंने ज्या, कोटिज्या और उत्क्रमज्या का आविष्कार किया। वराहमिहिर कृत 'सूर्य सिद्धांत' (छठी शताब्दी)

में त्रिकोणमिति का जो विवरण है, उसका ज्ञान यूरोप को ब्रिग्स के द्वारा सोलहवीं शताब्दी में मिला। ब्रह्मगुप्त (सातवीं शताब्दी) ने त्रिकोणमिति पर भी लिखा है और एक ज्या सारणी भी दी है।

बीजगणित

भारतीयों ने बीजगणित में भी बड़ी दक्षता प्राप्त की थी। आर्यभट्ट, ब्रह्मगुप्त, भास्कराचार्य, श्रीधराचार्य आदि प्रसिद्ध गणितज्ञ थे। बीजगणित के क्षेत्र में सबसे बड़ी उपलब्धि है—'अनिवार्य वर्ग समीकरण का हल प्रस्तुत करना'। पाश्चात्य गणित के इतिहास में इस समीकरण के हल का श्रेय 'जॉन पेल' (१६८८ ई.) को दिया जाता है और इसे 'पेल समीकरण' के नाम से ही जाना जाता है, परंतु वास्तविकता यह है कि पेल से एक हजार वर्ष पूर्व ब्रह्मगुप्त ने इस समीकरण का हल प्रस्तुत कर दिया था। इसके लिए ब्रह्मगुप्त ने दो प्रमेयकाओं की खोज की थी। अनिवार्य वर्ग समीकरण के लिए भारतीय नाम वर्ग-प्रकृति है।

औषधि विज्ञान

अथर्ववेद में प्रथम बार बीमारियों, चिकित्सा और औषधियों का उल्लेख प्राप्त होता है। ज्वर, खाँसी, खानपान, डायरिया, ड्रॉप्सी (जलोदर), जख्म, कुष्ठ और दौरे जैसे रोग वर्णित हैं। रोगों का कारण शरीर में प्रविष्ट 'भूतप्रेतादि माना गया है। इनका निदान भी जादुई तरीकों द्वारा बताया गया है। ६०० ईसा पूर्व से तर्कसंगत विज्ञान का जन्म हुआ। तक्षशिला और वाराणसी औषध विज्ञान तथा ज्ञान के प्रमुख केंद्र के रूप में उभरे। इस समय के दो प्रमुख ग्रंथ हैं—चरक कृत 'चरक संहिता' और सुश्रुत कृत 'सुश्रुत संहिता'। ये ग्रंथ कितने महत्त्वपूर्ण हैं, इसका पता इसी तथ्य से चलता है कि यह ग्रंथ अनेक भाषाओं में अनुवादित होकर चीन और मध्य एशिया तक पहुँच गया।

भारत में चिकित्सा विज्ञान की सुदीर्घ परंपरा है। चिकित्सा शास्त्र को वेद तुल्य सम्मान दिया गया है। यही कारण है कि भारतीय चिकित्सा पद्धति को आयुर्वेद की संज्ञा से अभिहित किया जाता है। भारतीय चिकित्सा पद्धति के विषय में सर्वप्रथम लिखित ज्ञान 'अथर्ववेद' में मिलता है। अथर्ववेद में विविध रोगों के उपचारार्थ प्रयोग किए जाने संबंध भैषज्य सूत्र संकलित हैं। इन सूत्रों में विभिन्न रोगों के नाम तथा उनके निराकरण के लिए विभिन्न प्रकार की औषधियों के नाम भी दिए गए हैं। जल चिकित्सा, सूर्य किरण चिकित्सा और मानसिक चिकित्सा के विषयों पर इसमें विस्तृत विवरण मिलता है। अथर्ववेद के बाद ईसा से लगभग ६०० वर्ष पूर्व काय चिकित्सा पर 'चरक संहिता' और शल्य चिकित्सा पर 'सुश्रुत संहिता' मिलती हैं। ये चिकित्सा शास्त्र के प्रामाणिक और विश्वविख्यात ग्रंथ हैं।

चरक संहिता में औषधि के रूप में प्रयोग की जाने वाली जड़ी बूटियों का वर्णन है। चौथी शताब्दी (ई.पू.) में शल्य चिकित्सा एक पृथक् अध्ययन धारा के रूप में उभरी। सुश्रुत इस शास्त्र में अग्रणी माने जाते हैं। उन्होंने शल्य चिकित्सा को उपचार कलाओं की सर्वोत्तम विधा माना है, जो सबसे कम भ्रामक है। उन्होंने १२१ शल्य उपकरणों का वर्णन किया। इसके अतिरिक्त उन्होंने हड्डियों को जोड़ना, आँखों का मोतियाबिंद आदि के ऑपरेशन के तरीके भी बताए। प्राचीनकाल के शल्य चिकित्सक प्लास्टिक सर्जरी (नाक, होंठ और कानों का लगाना) आदि से परिचित थे। सुश्रुत ने ७६० पौधों का उल्लेख किया है। पौधों की जड़ें, छाल, फूल और पत्ते सभी का उपयोग

किया जाता था। भोजन पर अधिक बल दिया जाता था, जैसे—गुरदे के रोग में नमक रहित भोजन। आने वाली शताब्दियों में भारतीय चिकित्सा के क्षेत्र में चरक संहिता तथा सुश्रुत संहिता आधार ग्रंथ सिद्ध हुए। प्रारंभिक मध्यकाल के आरंभ में शल्य चिकित्सा में गिरावट आई, क्योंकि उस समय उस्तरे से चीड़फाड़ का काम नाई करने लगे थे।

चरक संहिता

महर्षि चरक को काय चिकित्सा का प्रथम ग्रंथ लिखने का श्रेय दिया जाता है। 'चरक संहिता' को औषधि शास्त्र में आयुर्वेद पद्धति का आधार माना जाता है। आयुर्वेद का अर्थ है—'जीवन का शास्त्र'।

चरक संभवतः इस बात को जानते थे कि शरीर में हृदय एक मुख्य अवयव है। उन्हें शरीर में रक्त-संचार क्रिया का भी ज्ञान था। वे यह भी जानते थे कि कुछ बीमारियाँ ऐसे कीटाणुओं के कारण होती हैं, जिन्हें हम अपनी आँखों से सीधे नहीं देख सकते। 'चरक संहिता' में तत्कालीन प्रशिक्षित चिकित्सकों और चिकित्सालयों का भी विवरण मिलता है। चरक पहले चिकित्सक थे, जिन्होंने चयापचय, पाचन और शरीर प्रतिरक्षा के बारे में बताया। 'चरक संहिता' में शरीर विज्ञान, निदान शास्त्र और भ्रूण विज्ञान के विषय में जानकारी मिलती है। चरक को आनुवंशिकी के मूल सिद्धांतों का भी ज्ञान था। उन्हें उन कारणों का पता था, जिससे बच्चे का लिंग निश्चित होता है। 'चरक संहिता' का अनुवाद अनेक विदेशी भाषाओं में हुआ है।

सुश्रुत संहिता

सुश्रुत रचित यह ग्रंथ भारतीय शल्य चिकित्सा पद्धति का विश्वविख्यात ग्रंथ है। इस संहिता में सुश्रुत ने अपने से पहले के शल्य चिकित्सकों के ज्ञान और अनुभवों को संकलित कर एक व्यवस्थित रूप दिया है। अपनी संहिता में उन्होंने लिखा है कि चिकित्सा विज्ञान के विद्यार्थी मृत शरीर के विच्छेदन से अपने कार्य में कुशल बनते हैं। सुश्रुत के अनुसार शव विच्छेदन एक प्रक्रिया है। सुश्रुत ने शल्य चिकित्सा के लिए १०१ उपकरणों की सूची भी दी है। उनका कहना था कि इनके अतिरिक्त आवश्यकतानुसार स्वयं भी उपकरण तैयार करने चाहिए। उनकी सूची में चिमटियाँ, चाकू, सूइयाँ, सलाइयाँ तथा नलिका आकृति के वे सब उपकरण हैं, जिनका प्रयोग आज का शल्य चिकित्सक करता है। शल्य चिकित्सा से पहले उपकरणों को गरम करके कीटाणुरहित करने की बात भी उन्होंने कही है। सुश्रुत भूज नलिका में पाए जाने वाले पत्थर निकालने में, टूटी हड्डियों को जोड़ने और मोतियाबिंद की शल्य चिकित्सा में बहुत दक्ष थे। सुश्रुत को पूरे संसार में आज प्लास्टिक सर्जरी का जनक कहा जाता है। सुश्रुत संहिता में नाक, कान और होंठ की प्लास्टिक सर्जरी का पूरा विवरण दिया गया है। चरक और सुश्रुत की ही परंपराओं को अनेक सुप्रसिद्ध चिकित्सकों ने आगे बढ़ाया। महर्षि अजेय ने नाड़ी और श्वास की गति पर प्रकाश डाला। महर्षि पतंजलि ने योग से शरीर को निरोग रखने के उपाय बताए। आधुनिक चिकित्सक भी अब हृदय के रोगों के लिए योग का सहारा लेते हैं। आचार्य जीवक भगवान् बुद्ध के चिकित्सक थे। उन्होंने अनेक असाध्य रोगों की चिकित्सा की विधियाँ बताई हैं। वृद्धजय में गिने जाने वाले वाग्भट्ट ने 'अष्टांग संग्रह' और 'अष्टांगहृदय संहिता' की रचना की थी। इनमें

आयुर्वेद का संपूर्ण ज्ञान समाहित हो गया है। माधवाकर रोग निदान और रोग लक्षणों पर प्रकाश डालने वाले पहले आचार्य थे। 'चरक संहिता' के संपादक दृढ़बल तथा 'भावप्रकाश' के लेखक भावमिश्र चिकित्सा जगत् के महान् आचार्य थे।

पशु चिकित्सा

भारत में पशु चिकित्सा विज्ञान भी काफी विकसित था। घोड़ों, हाथियों, गाय-बैलों की चिकित्सा से संबंधित अनेक ग्रंथ उपलब्ध हैं। 'शालिहोत्र' नामक पशु चिकित्सक के 'हय आयुर्वेद', 'अश्व लक्षण शास्त्र' तथा 'अश्व प्रशंसा' नाम के तीन ग्रंथ उपलब्ध हैं। इन्में घोड़ों के रोगों और उनके उपचार के लिए औषधियों का विवरण है। इन ग्रंथों के अनुवाद अनेक विदेशी भाषाओं में हुए। पालकप्य के 'हास्ते-आयुर्वेद' में हाथियों की शरीर रचना तथा उनके रोगों का विवरण, उनके रोगों की शल्य क्रिया और औषधियों द्वारा चिकित्सा, देखभाल और आहार का विवरण चरक और सुश्रुत की संहिताओं में भी मिलता है।

भौतिकी

प्राचीनकाल में भारत में अन्य विज्ञानों के साथ-साथ भौतिकी का भी प्रचलन था। कणाद ऋषि ने छठी शताब्दी ईसा पूर्व ही इस बात को सिद्ध कर दिया था कि विश्व का हर पदार्थ परमाणुओं से मिलकर बना है। उन्होंने परमाणुओं की संरचना, प्रवृत्ति तथा प्रकारों की चर्चा की है।

रसायन विज्ञान

भारत में रसायन विज्ञान की भी बहुत पुरानी परंपरा है। प्राचीन तथा मध्यकाल में संस्कृत भाषा में लिखित रसायन विज्ञान के ४४ ग्रंथ उपलब्ध हैं। नागार्जुन (दसवीं शताब्दी) ने रसायन विज्ञान पर 'रसरत्नाकर' नामक ग्रंथ लिखा है। इस ग्रंथ में पारे के यौगिक बनाने के प्रयोग दिए गए हैं। चाँदी, सोना, टिन और ताँबे के अयस्क भूगर्भ से निकालने और उन्हें शुद्ध करने की विधियों का विवरण भी दिया गया है। नागार्जुन पारे से संजीवनी बनाने के लिए पशुओं और वनस्पति के तत्त्वों तथा अम्ल और खनिजों का उपयोग करते थे। वनस्पति निर्मित तेजाबों में वे हीरे, धातु और मोती गला लेते थे। नागार्जुन ने रसायन विज्ञान में काम आने वाले उपकरणों का विवरण भी दिया है। इस ग्रंथ में आसवन, द्रवण, ऊर्ध्वपातन और भूनने का भी वर्णन है। नागार्जुन के अतिरिक्त भारत के महान् रसायन शास्त्र वृंद का नाम भी उल्लेखनीय है। इन्होंने औषधि रसायन पर 'सिद्ध योग' नामक ग्रंथ की रचना की है। इसमें विभिन्न रोगों के उपचार के लिए धातुओं के मिश्रण का विवरण दिया गया है। भारत में रसायन शास्त्रियों ने पहली और दूसरी शताब्दी तक ही कई रासायनिक फॉर्मूले खोज लिये थे। पारद (पारा) के यौगिक, अकार्बनिक लवण तथा मिश्र धातुओं का प्रयोग और मसालों से कई प्रकार के इत्र बनाए जाते थे।

धातु विज्ञान

भारत में हड़प्पा कालीन संस्कृति के समय से ही अनेक धातुओं का उपयोग होता आ रहा है। धातुओं को प्राप्त करने के लिए कई विज्ञानों का सहारा लेना पड़ता है। धातुओं के अयस्कों

की खोज के लिए भूविज्ञान में दक्षता अनिवार्य है। अयस्कों से धातु निकालने तथा उन्हें मिश्रित धातु बनाने के लिए रसायन विज्ञान और धातु विज्ञान की दक्षता अपेक्षित है। भारत को प्राचीन काल से ही इन सभी विज्ञानों में दक्षता प्राप्त है। धातु विज्ञान में भारत की दक्षता उच्चकोटि की थी। ईसा पूर्व ३२६ ई. में पोरस ने ३० पौंड वजन का भारतीय इस्पात सिकंदर को भेंट में दिया। एक राजा दूसरे राजा को अनुपमेय, दुर्लभ और अतिविशिष्ट वस्तुएँ ही भेंट किया करते थे। भारतीय इस्पात ऐसी ही अति विशिष्ट वस्तु थी। उस काल में भारतीय इस्पात इतनी उच्चकोटि का होता था कि विशेष प्रकार के औजार और अस्त्र-शस्त्र बनाने के लिए तत्कालीन सभ्य देशों में उसकी बहुत माँग थी।

दिल्ली के महरौली इलाके में कुतुबमीनार के निकट खड़ा लौह स्तंभ (चौथी शताब्दी) १७०० वर्षों की सर्दी, गरमी और बरसात सहकर भी जंगविहीन बना हुआ है। यह भारत के उत्कृष्ट लौह कर्म का नमूना है। महरौली के लौह स्तंभ जैसा ही लगभग ७.५ मीटर ऊँचा एक प्राचीन लौह स्तंभ कर्नाटक की पर्वत-शृंखलाओं में खड़ा है। इस पर भी जंग का कोई प्रभाव नहीं हुआ है। यही नहीं, उड़ीसा के कोणार्क मंदिर (तेरहवीं शताब्दी) में लगभग १०.५ मीटर लंबा तथा ९० टन के भार वाला लोहे का स्तंभ भी आज तक जंगविहीन है। यही नहीं, इतने भारी स्तंभ को ढालकर बनाना ही भारत की मध्यकालीन प्रणाली की विस्मयकारी उपलब्धि है। लोहा ही नहीं सोना, चाँदी, ताँबा, टिन, जस्ता जैसी अनेक धातुओं के अयस्क खोजने तथा उन्हें गलाकर शुद्ध धातु प्राप्त करने में भारतीय वैज्ञानिकों को महारत हासिल थी। अनेक धातुओं की तो वे भस्म बनाकर औषधि के रूप में प्रयोग करते हैं।

रत्न विज्ञान

भारत का रत्न विज्ञान भी उच्चकोटि का था। भारतीयों को वज्र (हीरा), मरकत, पद्मराग, मुक्ता, महानील, इंद्रनील, वैदर्य, ग्रंथशस्य, चंद्रकांत, सूर्यकांत, स्फटिक, पुलक, कर्केतन, पुष्पराग, ज्योतिरस, राज पट्ट, राजमय, सौगंधिक, जंज, शंख, गोमेद, रुधिराक्ष, भल्लातक धली, तथक, सीस, पीलू, प्रवाल, गिरिवज्र, भुजंगमणि, वज्रमणि, हिट्टिभ, पिंड, भ्रामर, उत्पल आदि रत्नों का ज्ञान था। इन रत्नों को भूमि या जल से निकालना, उन्हें आभूषणों में जड़े जाने योग्य बनाना, हमारे विज्ञान और अभियंत्रिकी दोनों का ही कमाल था। हीरा संसार में कठोरतम पदार्थ है। इसे काटने के लिए उपकरण भी प्राचीन काल में भारतीयों ने विकसित किए थे।

प्रौद्योगिकी

'भृगुशिल्प संहिता' में १६ विज्ञान तथा ६४ प्रौद्योगिकियों का वर्णन है। इंजीनियरी प्रौद्योगिकियों के तीन 'खंड' होते थे। 'हिंदी शिल्पशास्त्र' नामक ग्रंथ में कृष्णाजी दामोदर वझे ने ४०० प्रौद्योगिकी विषयक ग्रंथों की सूची दी है, जिसमें से कुछ निम्नलिखित हैं—

विश्वमेदिनी कोश, शंख स्मृति, शिल्प दीपिका, वास्तु राजवल्लभ, भृगु संहिता, मयमतम, मानसार, अपराजितपृच्छा, समरांगण सूत्रधार, कश्यप संहिता, वृहतपराशरीय-कृषि, निसारः, शिगृ, सौर सूक्त, मनुष्यालय चंद्रिका, राजगृह निर्माण, दुर्ग विधान, वास्तु विद्या, युद्धजयार्णव।

प्रौद्योगिकी से संबंधित १८ प्राचीन संस्कृत ग्रंथों में से 'कश्यपशिल्पम्' सर्वाधिक प्राचीन माना जाता है।

प्राचीन खनन एवं खनिकी से संबंधित संस्कृत ग्रंथ हैं—रत्नपरीक्षा, लोहार्णव, धातुकल्प, लोहप्रदीप, महावज्र भैरव तंत्र तथा पाषाण विचार। 'नारदशिल्पशास्त्रम्' शिल्पशास्त्र का ग्रंथ है।

३. प्राचीन प्रमुख भारतीय वैज्ञानिक और उनकी उपलब्धियाँ

१. अश्विनी कुमार : मान्यता है कि ये देवताओं के चिकित्सक थे। कहा जाता है कि इन्होंने उड़ने वाले रथ एवं नौकाओं का आविष्कार किया था।

२. धन्वंतरि : इन्हें आयुर्वेद का प्रथम आचार्य व प्रवर्तक माना जाता है। इनके ग्रंथ का नाम धन्वंतरि संहिता है। शल्य चिकित्सा शास्त्र के आदि प्रवर्तक सुश्रुत और नागार्जुन इन्हीं की परंपरा में हुए थे।

३. ऋषि भरद्वाज : आधुनिक विज्ञान के मुताबिक राइट बंधुओं ने वायुयान का आविष्कार किया। वहीं हिंदू धर्म की मान्यताओं के मुताबिक कई सदियों पहले ही ऋषि भरद्वाज ने विमानशास्त्र के जरिए वायुयान को गायब करने के असाधारण विचार से लेकर, एक ग्रह से दूसरे ग्रह व एक दुनिया से दूसरी दुनिया में ले जाने के रहस्य उजागर किए। इस तरह ऋषि भरद्वाज को वायुयान का आविष्कारक भी माना जाता है।

४. ऋषि विश्वामित्र : ऋषि बनने से पहले विश्वामित्र क्षत्रिय थे। ऋषि वसिष्ठ से कामधेनु गाय को पाने के लिए हुए युद्ध में मिली हार के बाद तपस्वी हो गए। विश्वामित्र ने भगवान् शिव से अस्त्र विद्या पाई। इसी कड़ी में माना जाता है कि आज के युग में प्रचलित प्रक्षेपास्त्र या मिसाइल प्रणाली हजारों साल पहले विश्वामित्र ने ही खोजी थी।

ऋषि विश्वामित्र ही ब्रह्म गायत्री मंत्र के दृष्टा माने जाते हैं। शरीर सहित त्रिशंकु को स्वर्ग भेजने का चमत्कार भी विश्वामित्र ने तपोबल से कर दिखाया।

५. गर्ग मुनि : गर्ग मुनि नक्षत्रों के खोजकर्ता माने जाते हैं, यानी सितारों की दुनिया के जानकार। ये गर्ग मुनि ही थे, जिन्होंने श्रीकृष्ण एवं अर्जुन के बारे में नक्षत्र विज्ञान के आधार पर जो कुछ भी बताया, वह पूरी तरह सही साबित हुआ। कौरव-पांडवों के बीच महाभारत युद्ध विनाशक रहा। इसके पीछे वजह यह थी कि युद्ध के पहले पक्ष में तिथि क्षय होने के तेरहवें दिन अमावस्या थी। इसके दूसरे पक्ष में भी तिथि क्षय थी। पूर्णिमा चौदहवें दिन आ गई और उसी दिन चंद्रग्रहण था। तिथि-नक्षत्रों की यही स्थिति व नतीजे गर्ग मुनिजी ने पहले बता दिए थे।

६. महर्षि कपिल : सांख्य दर्शन के प्रवर्तक व सूत्रों के रचयिता थे महर्षि कपिल, जिन्होंने चेतना की शक्ति एवं त्रिगुणात्मक प्रकृति के विषय में महत्त्वपूर्ण सूत्र दिए थे।

७. कणाद ऋषि : ये वैशेषिक दर्शन के प्रवर्तक हैं। ये अणु विज्ञान के प्रणेता रहे हैं।

इनके समय अणु विज्ञान दर्शन का विषय था, जो बाद में भौतिक विज्ञान में आया।

८. सुश्रुत : ये शल्य चिकित्सा पद्धति के प्रख्यात जानकार थे। इन्होंने सुश्रुत संहिता नामक ग्रंथ में शल्य क्रिया का वर्णन किया है। सुश्रुत ने ही त्वचारोपण (प्लास्टिक सर्जरी) और मोतियाबिंद की शल्य क्रिया का विकास किया था। पार्क डेविस ने सुश्रुत को विश्व का प्रथम शल्यचिकित्सक कहा है।

९. जीवक : सम्राट् बिंबसार के एकमात्र वैद्य। उज्जयिनी सम्राट् चंडप्रद्योत की शल्य चिकित्सा इन्होंने ही की थी। कुछ लोग मानते हैं कि गौतम बुद्ध की चिकित्सा भी इन्होंने की थी।

१०. बौधायन : बौधायन भारत के प्राचीन गणितज्ञ और शुल्वशास्त्र के रचयिता थे। आज दुनिया भर में यूनानी उकेलेडियन ज्योमेट्री पढ़ाई जाती है, मगर इस ज्योमेट्री से पहले भारत के कई गणितज्ञ ज्योमेट्री के नियमों की खोज कर चुके थे। उन गणितज्ञ में बौधायन का नाम सबसे ऊपर है, उस समय ज्योमेट्री या एल्जेब्रा को भारत में शुल्वशास्त्र कहा जाता था।

११. भास्कराचार्य : आधुनिक युग में धरती की गुरुत्वाकर्षण शक्ति (पदार्थों को अपनी ओर खींचने की शक्ति) की खोज का श्रेय न्यूटन को दिया जाता है। किंतु बहुत कम लोग जानते हैं कि गुरुत्वाकर्षण का रहस्य न्यूटन से भी कई सदियों पहले भास्कराचार्यजी ने उजागर किया। भास्कराचार्यजी ने अपने 'सिद्धांतशिरोमणि' ग्रंथ में पृथ्वी के गुरुत्वाकर्षण के बारे में लिखा है कि 'पृथ्वी आकाशीय पदार्थों को विशिष्ट शक्ति से अपनी ओर खींचती है। इस वजह से आसमानी पदार्थ पृथ्वी पर गिरता है'।

१२. ब्रह्मगुप्त : सातवीं शताब्दी में ब्रह्मगुप्त गणित को दूसरों से परे अधिक ऊँचाइयों तक ले गए। गुणन के अपने तरीकों में उन्होंने लगभग उसी तरह स्थान मूल्य का उपयोग किया था, जैसा कि आज भी प्रयोग किया जाता है। उन्होंने गणित में शून्य पर नकारात्मक संख्याएँ और संचालन शुरू किया। उन्होंने ब्रह्म मुक्त सिद्धांतिका को लिखा, जिसके माध्यम से अरब देश के लोगों ने हमारी गणितीय प्रणाली को जाना।

१३. अग्निवेश : ये शरीर विज्ञान के रचयिता थे।

१४. शालिहोत्र : इन्होंने पशु चिकित्सा पर आयुर्वेद ग्रंथ की रचना की।

१५. व्याडि : ये रसायनशास्त्री थे। इन्होंने भैषज (औषधि) रसायन का प्रणयन किया। अलबरूनी के अनुसार, व्याडि ने एक ऐसा लेप बनाया था, जिसे शरीर पर मलकर वायु में उड़ा जा सकता था।

१६. हलायुध : इनका जन्म १००० ई. में काशी में हुआ था। ये ज्योतिषविद्, गणितज्ञ व महान् वैज्ञानिक भी थे। इन्होंने 'अभिधानरत्नमाला' या 'मृत संजीवनी' नामक ग्रंथ की रचना की। इसमें इन्होंने पास्कल त्रिभुज (मेरु प्रस्तार) का स्पष्ट वर्णन किया है। पुरातन ग्रंथों के अनुसार प्राचीन ऋषि-मुनि एवं दार्शनिक हमारे आदि वैज्ञानिक थे, जिन्होंने अनेक आविष्कार किए और विज्ञान को भी ऊँचाइयों पर पहुँचाया।

१७. आर्यभट्ट

- ये पाँचवीं सदी के गणितज्ञ, खगोलशास्त्री, ज्योतिषी और भौतिक विज्ञानी थे।
- २३ वर्ष की उम्र में उन्होंने आर्यभटीय (Aryabhattiya) की रचना की, जो उनके समय के गणित का सार है।
- सबसे पहली बार उन्होंने ही (पाई) का मान ३.१४१६ निकाला था।
- उन्होंने बताया कि शून्य केवल अंक नहीं बल्कि एक प्रतीक और अवधारणा है। वास्तव में शून्य के आविष्कार ने आर्यभट्ट को पृथ्वी और चंद्रमा के बीच सटीक दूरी पता लगाने में सक्षम बनाया था और शून्य की खोज से नकारात्मक अंकों के नए आयाम सामने आए।
- इसके अलावा आर्यभट्ट ने विज्ञान के क्षेत्र में, खासतौर पर खगोलशास्त्र में बहुत योगदान दिया और इस वजह से खगोलशास्त्र के पिता के तौर पर जाने जाते हैं। जैसाकि हम सब जानते हैं कि प्राचीन भारत में खोगलशास्त्र विज्ञान बहुत उन्नत था। खगोल नालंदा, जहाँ आर्यभट्ट ने पढ़ाई की थी, में बनी प्रसिद्ध खगोल वेधशाला थी।
- उन्होंने लोकप्रिय मत—हमारा ग्रह पृथ्वी 'अचल' यानी अगतिमान है, को भी खारिज कर दिया था। आर्यभट्ट ने अपने सिद्धांत में कहाँ कि 'पृथ्वी गोल है और अपनी धुरी पर परिक्रमा करती है।'
- उन्होंने सूर्य का पूर्व से पश्चिम की ओर जाते दिखने की बात को भी उदाहरण के माध्यम से गलत साबित किया। जैसे जब कोई व्यक्ति नाव से यात्रा करता है, तो तट पर लगे वृक्ष दूसरी दिशा में चलते हुए दिखाई पड़ते हैं।
- सूर्य एवं चंद्रग्रहण की वैज्ञानिक व्याख्या भी उन्होंने की थी तो अब हम जानते हैं कि भारत द्वारा कक्षा में भेजे गए पहले उपग्रह का नाम क्यों आर्यभट्ट रखा गया था।

१८. महावीराचार्य

- क्या यह अद्‌भुत नहीं है कि जैन साहित्य में गणित का विस्तृत वर्णन मिलता है। (५०० ई.पू.-१०० ई.पू.)।
- जैन गुरु द्विघात समीकरणों को हल करना जानते थे। बेहद रोचक ढंग से उन्होंने भिन्न, बीजगणितीय समीकरण, शृंखला, सेट सिद्धांत, लघुगणक और घातांकों का भी वर्णन किया है।

- महावीराचार्य ८वीं सदी के भारतीय गणितज्ञ (जैन) थे। ये गुलबर्गा के रहने वाले थे, जिन्होंने बताया था कि नकारात्मक अंक का वर्गमूल नहीं होता।
- ८५० ई. में जैन गुरु महावीराचार्य ने गणित सार-संग्रह की रचना की थी। वर्तमान समय में अंकगणित पर लिखी गई यह पहली पाठ्य पुस्तक है। पवालुरी संगन्ना ने 'सार संग्रह गणितम्' नाम से इसका तेलुगु में अनुवाद किया था।
- इन्होंने दी गई संख्याओं का लघुत्तम समापवर्त (एलसीएम—लीस्ट कॉमन मल्टिपल) निकालने का तरीका भी बताया था। दुनिया में जॉन नेपियर ने एलसीएम को हल करने का तरीका बताया, लेकिन भारतीय इसे पहले से ही जानते थे।
- इन्होंने अंकगणितीय अनुक्रम के वर्ग की शृंखला के जोड़ और दीर्घवृत्त (ellipse) के क्षेत्रफल एवं परिधि के लिए प्रयोगसिद्ध नियम भी दिए। महान् राष्ट्रकूट राजा अमोघ वर्षा नरुपतुंगा ने इन्हें संरक्षण दिया था।
- अद्‌भत बात यह है कि अपने समय में उन्होंने समभुज, समद्विबाहु त्रिकोण, विषमकोण, वृत्त और अर्धवृत्त के कुछ नियम बताए थे और साथ ही चक्रीय चतुर्भुज के किनारों तथा विकर्ण के लिए समीकरण भी दिए थे।

१९. वराहमिहिर

- उन्होंने जल विज्ञान, भूविज्ञान, गणित और पारिस्थितिकी के क्षेत्र में महान् योगदान दिए।
- वे पहले वैज्ञानिक थे, जिन्होंने दावा किया था कि दीमक और पौधे भूमिगत जल की उपस्थिति के संकेतक हो सकते हैं। दरअसल इन्होंने दीमकों (ऐसे कीड़े जो लकड़ी को बरबाद कर देते हैं) के बारे में महत्त्वपूर्ण जानकारी दी थी कि अपने घर की नमी बनाए रखने के लिए पानी लाने हेतु ये काफी गहराई में पानी के स्तर की सतह तक चले जाते हैं।
- अपनी बृहत् संहिता में उन्होंने भूकंप बादल सिद्धांत दिया, जिसने विज्ञान जगत् को अपनी ओर आकर्षित किया था।
- आर्यभट्ट और वराहमिहिर द्वारा ज्योतिष को विज्ञान के प्रकाश के तौर पर बेहद व्यवस्थित तरीके से प्रस्तुत किया गया था।
- विक्रमादित्य के दरबार के नौ रत्नों में से एक वराहमिहिर भी थे।
- वराहमिहिर द्वारा की जाने वाली भविष्यवाणियाँ इतनी सटीक होती थीं कि राजा विक्रमादित्य ने उन्हें 'वराह' की उपाधि से सम्मानित किया था।
- विज्ञान के इतिहास में सबसे पहली बार इन्होंने ही दावा किया था कि कोई 'बल' है, जो गोलाकार पृथ्वी की वस्तुओं को आपस में बाँधे रखता है। अब इसे गुरुत्वाकर्षण कहते हैं।
- उन्होंने यह भी कहा था कि चंद्रमा और ग्रह अपनी खुद की रोशनी से नहीं बल्कि सूर्य की रोशनी की वजह से चमकते हैं।
- इनके गणितीय कार्य में त्रिकोणमितीय सूत्रों की खोज भी शामिल थी। इसके अलावा, ये पहले गणितज्ञ थे, जिन्होंने एक ऐसे संस्करण की खोज की थी, जिसे आज की तारीख में पास्कल का त्रिकोण कहा जाता है। ये द्विपद गुणांक की गणना किया करते थे।

२०. चरक

- इन्हें प्राचीन भारतीय चिकित्सा विज्ञान का पिता भी कहा जाता है। राजा कनिष्क के दरबार में ये राज वैद्य (शाही डॉक्टर) थे।
- चिकित्सा पर इनका उल्लेखनीय ग्रंथ है 'चरक संहिता'। इसमें उन्होंने रोगों के विभिन्न विवरण के साथ उनके कारणों की पहचान एवं उपचार के तरीके बताए हैं।
- पाचन, चयापचय और प्रतिरक्षा के बारे में बताने वाले ये पहले व्यक्ति थे।
- उन्हें आनुवंशिकी की मूल बातें भी पता थीं।

२१. महर्षि पतंजलि

- इन्हें योग के पिता के तौर पर जाना जाता है। इन्होंने योग के १९५ सूत्रों का संकलन किया था।
- योग को व्यवस्थित रूप में प्रस्तुत करने वाले ये पहले व्यक्ति थे।
- पतंजलि के योग सूत्र में ॐ को भगवान् के प्रतीक के तौर पर बोला जाता है। इन्होंने ओम को लौकिक ध्वनि बताया था।
- इन्होंने चिकित्सा पर किए काम को एक पुस्तक में संकलित किया और पाणिनि के व्याकरण पर इनके काम को महाभाष्य के नाम से जाना जाता है।
- माना जाता है कि ये एक निबंधकार थे, जिन्होंने प्राचीन भारतीय चिकित्सा प्रणाली, यानी आयुर्वेद पर लिखा था।
- यहाँ तक कि भारत के शास्त्रीय नर्तक उन्हें बुलावा भेजते और उनका सम्मान करते थे।
- ऐसा माना जाता है कि पतंजलि की जीव समाधि तिरुपट्टूर ब्रह्मपुरेश्वर मंदिर में है।
- योग शब्द संस्कृत शब्द योक्त्र से बना है। योग आयुर्वेद से संबंधित विज्ञान है। प्राचीन भारत में बिना दवाओं के शारीरिक एवं मानसिक स्तर पर चिकित्सा करने हेतु इसे विकसित किया गया था। अन्य विज्ञानों के जैसे इसका उल्लेख वेदों में भी मिलता है। यह चित्त को भी परिभाषित करता है, यानी किसी व्यक्ति की चेतना के विचारों, भावनाओं और इच्छाओं को मिलाना एवं संतुलन की स्थिति को प्राप्त करना। योग शारीरिक के साथ-साथ मानसिक भी होता है। शारीरिक योग को हठयोग एवं मानसिक योग को राजयोग कहते हैं।

२२. चंद्रशेखर वेंकट रमन

सी.वी. रमन का जन्म ७ नवंबर, १८८८ को तिरुचिरापल्ली में हुआ। रमन कम उम्र में ही विशाखापत्तनम शहर में आ गए और ११ साल की उम्र में अपनी मैट्रिक की परीक्षा उत्तीर्ण की। उन्होंने अपनी एफ.ए. परीक्षा (आज के इंटरमीडिएट परीक्षा के बराबर) को मात्र १३ साल की उम्र में छात्रवृत्ति के साथ उत्तीर्ण कर लिया था।

वे पहले एशियाई और पहले अश्वेत व्यक्ति थे, जिन्हें विज्ञान के किसी भी क्षेत्र में नोबेल पुरस्कार के लिए चुना गया था। १९५४ में इन्हें भारत के सर्वोच्च नागरिक सम्मान 'भारत रत्न' से सम्मानित किया। उन्हें उनके आविष्कार 'रमन प्रभाव' के लिए १९३० में नोबेल पुरस्कार मिला था।

रमन ने संगीत वाद्ययंत्र की ध्वनिकी पर भी काम किया। वे तबला और मृदंग जैसे भारतीय वाद्यों की ध्वनि की हार्मोनिक प्रकृति की जाँच करने वाले पहले व्यक्ति थे।

रमन का मानना था कि हमें प्रश्न पूछने में कोई हिचक या भय नहीं होना चाहिए। वे कहते थे—'Ask the right questions, and nature 2ill open the doors to her secrets.'

२३. होमी जहाँगीर भाभा

बंबई में अक्तूबर १९०९ को जनमे होमी जहाँगीर भाभा ने क्वांटम थ्योरी (Quantum Theori) में एक महत्त्वपूर्ण भूमिका निभाई है। भाभा भारतीय परमाणु ऊर्जा के जनक के रूप में भी विख्यात हैं। इसके अलावा, उन्हें अल्प यूरेनियम भंडार के बजाय देश के विशाल थोरियम भंडार से ऊर्जा बनाने पर ध्यान केंद्रित करने की रणनीति तैयार करने का श्रेय जाता है।

भारत के परमाणु ऊर्जा आयोग के अध्यक्ष बनने वाले वे पहले व्यक्ति थे। उन्होंने भारत में, भाभा परमाणु अनुसंधान संस्थान (Bhabha Atomic Research Institute) और टाटा मूलभूत अनुसंधान संस्थान (Tata Institute of Fundamental Research) जैसे वैज्ञानिक संस्थानों की स्थापना करके देश की वैज्ञानिक प्रगति में महत्त्वपूर्ण-भूमिका निभाई।

२४. एम. विश्वेश्वरैया

१९५५ में भारत के सर्वोच्च नागरिक सम्मान 'भारत रत्न' से सम्मानित एम. विश्वेश्वरैया, भारतीय इंजीनियर, विद्वान् और एक कुशल राजनेता थे। जॉर्ज पंचम ने जनता की भलाई के लिए उनके योगदान के लिए उन्हें ब्रिटिश भारतीय साम्राज्य के एक नाइट कमांडर (विश्व के रूप में नाइट) की उपाधि दी थी। १९१८ से १९१२ के दौरान वे मैसूर के दीवान भी थे।

उनके दो आविष्कार प्रसिद्ध हुए हैं—'Automatic Sluice Gates' और 'Block Irrigation System', इन्हें अभी भी इंजीनियरिंग के क्षेत्र में चमत्कार माना जाता है। चूँकि रिवर बेड्स महँगा था, तो उन्होंने १८९५ में 'कलेक्टर' वेल्स के माध्यम से पानी फिल्टर करने का एक कारगर तरीका खोज लिया, जो शायद ही कभी दुनिया में कहीं देखा गया था।

उन्होंने हैदराबाद के शहर के लिए एक बाढ़ सुरक्षा प्रणाली तैयार की, जिससे उनको विशिष्ट सम्मान मिला। उनके जन्मदिवस पर १५ सितंबर को उनकी स्मृति में भारत में 'अभियंता दिवस' के रूप में मनाया जाता है।

२५. श्रीनिवास रामानुजन

श्रीनिवास रामानुजन ने गणित में लगभग कोई औपचारिक प्रशिक्षण नहीं लिया था, लेकिन उन्होंने गणितीय विश्लेषण, संख्या सिद्धांत और अनंत शृंखला के क्षेत्र में असाधारण योगदान दिया। रामानुजन ने शुरू में अपने ही गणितीय शोध विकसित किए और जल्द ही इन्हें भारतीय गणितज्ञों द्वारा मान्यता दी गई थी।

अपने अल्प जीवनकाल के दौरान रामानुजन ने स्वतंत्र रूप से लगभग ३,९०० परिणाम प्राप्त किए, उनके लगभग सभी दावे सही सिद्ध हुए हैं। रामानुजन ने अपने मूल और अत्यधिक अपरंपरागत परिणाम, जैसे रामानुज प्राइम और रामानुजन थीटा फंक्शन, से आगे के अनुसंधान को

प्रेरित किया है। रामानुजन के स्कूल के प्रधानाध्यापक कृष्णास्वामी अय्यर के अनुसार, रामानुजन एक ऐसा उत्कृष्ट छात्र था, जो अधिकतम से भी अधिक अंक प्राप्त करने का हकदार था। रामानुजन का मानना था—"An equation means nothing to me unless it expresses a thought of God."

रेवेन्यू विभाग में नौकरी की इच्छा लिये रामानुजन रामास्वामी अय्यर से मिले। रामानुजन ने उन्हें अपनी गणित की नोटबुक दिखाई, अय्यर ने रामानुजन को याद करते हुए कहा है—'मैं रामानुजन के गणितीय परिणामों से इतना प्रभावित था कि रेवेन्यू डिपार्टमेंट के निचले पद पर रामानुजन को नियुक्त कर उनकी प्रतिभा का अपमान करना नहीं चाहता था।'

'I was struck by the extraordinary mathematical results contained in it (the notebooks). I had no mind to smother his genius by an appointment in the lowest rungs of the revenue department.'

२६. एस. चंद्रशेखर

भारतीय मूल के अमेरिकी खगोल वैज्ञानिक प्रो. चंद्रशेखर को संरचना और सितारों के विकास की महत्त्वपूर्ण प्रक्रियाओं पर अपने अध्ययन के लिए १९८३ में भौतिकी के नोबेल पुरस्कार से सम्मानित किया गया। उन्होंने विलियम ए. फ्लावर के साथ इसे साझा किया था। चंद्रशेखर ने गणित के माध्यम से सितारों के विकास के अध्ययन किए, जिनके माध्यम से बड़े पैमाने पर सितारों और ब्लैक होल के वर्तमान सैद्धांतिक मॉडल बनाए गए। 'चंद्रशेखर सीमा' का नाम उनके नाम पर ही रखा गया है।

२७. जगदीश चंद्र बोस

३० नवंबर, १८५८ को बिक्रमपुर, पश्चिम बंगाल में जनमे जगदीश चंद्र बोस बहुमुखी प्रतिभा के धनी थे। वे एक बहुश्रुत (Polymath), भौतिक विज्ञानी (physicist), जीवविज्ञानी (biologist), वनस्पतिशास्त्री (botanist) और पुरातत्त्ववेत्ता (archaeologist) थे। उन्होंने भारत में रेडियो और माइक्रोवेव प्रकाशिकी की नींव रखी। उन्होंने पौधों के अध्ययन के लिए महत्त्वपूर्ण योगदान दिया और उन्होंने भारतीय उप-महाद्वीप में प्रायोगिक विज्ञान की शुरुआत की।

वे पहले व्यक्ति थे, जिन्होंने पहली बार रेडियो संकेतों का पता लगाने के लिए Semiconductor Junctions उपयोग कर वायरलेस कम्युनिकेशन को प्रदर्शित किया। वे ओपन टेक्नोलॉजी के पिता के रूप में जाने गए हैं, क्योंकि उन्होंने अपने आविष्कार और कार्यों को स्वतंत्र रूप से दूसरों के लिए उपलब्ध कराया। अपने काम के लिए पेटेंट के प्रति उनकी अनिच्छा विश्वप्रसिद्ध है।

उनके प्रसिद्ध आविष्कारों में से एक क्रेस्कोग्राफ (crescograph) है, जिसके माध्यम से विभिन्न उत्तेजनाओं के प्रति पौधों की प्रतिक्रिया को मापा और यह धारणा स्थापित की कि पौधे दर्द महसूस कर सकते हैं और स्नेह को समझ सकते हैं।

२८. विक्रम साराभाई

विक्रम साराभाई भारत के प्रसिद्ध साराभाई परिवार से थे, जो उन प्रमुख उद्योगपतियों में से थे, जिन्होंने भारतीय स्वतंत्रता आंदोलन में मुख्य भूमिका निभाई थी। वे एक भारतीय वैज्ञानिक और प्रर्वतक थे। भारत के अंतरिक्ष कार्यक्रम के जनक माने जाते हैं।

विक्रम ए. साराभाई कम्युनिटी विज्ञान केंद्र, जिसकी संस्थापना १९६० में साराभाई द्वारा की गई थी, जो कि विज्ञान तथा गणित शिक्षा का प्रसार करने के लिए कार्यरत है। हर किसी को इसरो की स्थापना में उनकी प्राथमिक भूमिका के बारे में पता है। परंतु शायद हममें से कई लोग यह नहीं जानते हैं कि उन्होंने कई अन्य भारतीय संस्थानों की स्थापना में भूमिका निभाई है; विशेष रूप से भारतीय प्रबंधन संस्थान, अहमदाबाद (IIMA की स्थापना) और विकास के लिए नेहरू फाउंडेशन।

विक्रम साराभाई को राष्ट्रीय सम्मान 'पद्म भूषण' से १९६६ में और १९७२ में 'पद्म विभूषण' (मरणोपरांत) से सम्मानित किया गया।

२९. हरगोबिंद खुराना

हरगोबिंद खुराना भारतीय मूल के एक बायोकेमिस्ट थे, जिन्होंने मार्शल डब्ल्यू नीरेनबेर्ग और रॉबर्ट डब्ल्यू होली के साथ फिजियोलॉजी में अपने अनुसंधान के लिए १९६८ में 'नोबेल पुरस्कार' प्राप्त किया था। उन्हें आनुवंशिक कोड की व्याख्या पर अपने काम के लिए उसी वर्ष कोलंबिया विश्वविद्यालय से 'लुइसा सकल होर्वीत्ज पुरस्कार' से सम्मानित किया गया था।

३०. सलीम अली

सलीम अली एक भारतीय पक्षी विज्ञानी और प्रकृतिवादी थे, जो 'भारत के बर्डमैन' के रूप लोकप्रिय हुए। सलीम अली पहले भारतीयों में से एक थे, जिन्होंने व्यवस्थित पक्षी सर्वेक्षण किए और कई किताबें लिखीं। बॉम्बे नेचुरल हिस्टरी सोसाइटी के लिए अपने व्यक्तिगत प्रभाव का इस्तेमाल किया और संगठन के लिए सरकार का समर्थन जुटाने में सक्षम रहे तथा भरतपुर पक्षी अभयारण्य बनवाया। उन्हें १९५८ में 'पद्मभूषण' और १९७६ में 'पद्म विभूषण' से सम्मानित किया गया।

३१. ए.पी.जे. अब्दुल कलाम

ए.पी.जे. अब्दुल कलाम एक साधारण व्यक्तित्व के असाधारण व्यक्ति थे। वे २००२ से २००७ तक भारत के ११वें राष्ट्रपति रहे। कलाम का जन्म रामेश्वरम्, तमिलनाडु में एक माध्यमवर्गीय परिवार में हुआ था। उन्होंने भौतिकी और एयरोस्पेस इंजीनियरिंग का अध्ययन किया।

कलाम ने भारतीय सेना के लिए एक छोटा हेलीकॉप्टर के डिजाइन द्वारा अपना कॅरियर शुरू किया और बाद में उन्होंने भारतीय अंतरिक्ष विज्ञान में महत्त्वपूर्ण भूमिका निभाई, जिसके कारण उन्हें 'मिसाइल मैन' के रूप जाना जाता है।

१८ जुलाई, १९८० को ए.पी.जे. अब्दुल कलाम के नेतृत्व में भारतीय अंतरिक्ष अनुसंधान संगठन (इसरो) द्वारा भारत के प्रथम स्वदेशी प्रक्षेपण यान एसएलवी-३ का शुभारंभ किया गया।

एसएलवी-३ का प्रक्षेपण, भारतीय अंतरिक्ष कार्यक्रम के लिए एक ऐतिहासिक मील का पत्थर था।

अब्दुल कलाम के विनम्र स्वभाव और अद्‌भुत व्यक्तित्व के कारण आज भी वे करोड़ों भारतीयों के दिलों में निवास करते हैं।

प्राचीन भारत के शिक्षा-केंद्र (गुरुकुल)

१. प्राचीन गुरुकुल

भारत में गुरुकुल शिक्षा पद्धति की बहुत लंबी परंपरा रही है। गुरुकल में विद्यार्थी विद्या अध्ययन करते थे। तपोस्थली में सभा, सम्मेलन और प्रवचन होते थे, जबकि परिषद् में विशेषज्ञों द्वारा शिक्षा दी जाती थी।

प्राचीनकाल में धौम्य, च्यवन ऋषि, द्रोणाचार्य, सांदीपनि, वसिष्ठ, विश्वामित्र, वाल्मीकि, गौतम, भरद्वाज आदि ऋषियों के आश्रम प्रसिद्ध रहे। बौद्धकाल में बुद्ध, महावीर और शंकराचार्य की परंपरा से जुड़े गुरुकुल जगप्रसिद्ध थे, जहाँ विश्वभर से मुमुक्षु ज्ञान प्राप्त करने आते थे और जहाँ गणित, ज्योतिष, खगोल, विज्ञान, भौतिकी आदि सभी तरह की शिक्षा दी जाती थी।

प्रत्येक गुरुकुल अपनी विशेषता के लिए प्रसिद्ध था। कोई धनुर्विद्या सिखाने में कुशल था तो कोई वैदिक ज्ञान देने में। कोई अस्त्र-शस्त्र सिखाने में तो कोई ज्योतिष और खगोल विज्ञान में दक्ष था।

पहला गुरुकुल

वाल्मीकि आश्रम : ऋषि वाल्मीकि का आश्रम भी देश में प्रसिद्ध था। वाल्मीकि की आदिकवि के रूप में भी प्रसिद्धि थी। श्रीराम के काल में हुए वाल्मीकि ने ही 'रामायण' लिखी थी। वाल्मीकि रामायण में स्वयं वाल्मीकि ने श्लोक संख्या ७/९३/१६, ७/९६/१८ और ७/१११९/११ में लिखा है कि वे प्रचेता के पुत्र हैं।

मनुस्मृति में प्रचेता को वसिष्ठ, नारद, पुलस्त्य आदि का भाई बताया गया है। यह भी बताया जाता है कि प्रचेता का एक नाम वरुण भी है। महर्षि कश्यप और अदिति के नवम पुत्र वरुण (आदित्य) से इनका जन्म हुआ। इनकी माता चर्षणी और भाई भृगु थे।

तमसा नदी के तट पर व्याध द्वारा क्रौंच पक्षी के जोड़े में से एक को मार डालने पर वाल्मीकि के मुँह से व्याध के लिए शाप के जो उद्‌गार निकले, वे लौकिक छंद में एक श्लोक के रूप में थे। इसी छंद में उन्होंने नारद से सुनी राम की कथा के आधार पर रामायण की रचना की।

सीताजी ने अपने वनवास का अंतिम काल इनके आश्रम में व्यतीत किया था, वहीं पर लव और कुश का जन्म हुआ। महर्षि वाल्मीकि आदिवासियों और वनवासियों के गुरु थे। इनका आश्रम वर्तमान के तुरतुरिया स्थान पर था। तुरतुरिया जिला रायपुर, छत्तीसगढ़ से लगभग १५० किमी. दूर वारंगा की पहाड़ियों के बीच बहने वाली बालमदेई नदी के किनारे पर स्थित है। यह सिरपुर से १५ मील घोर वन प्रदेश के अंतर्गत है। यहीं पर मातागढ़ में एक स्थान पर वाल्मीकि आश्रम तथा आश्रम जाने के मार्ग में जानकी कुटिया है।

वाल्मीकि डाकू नहीं थे : जिस वाल्मीकि को दस्यु बताया जाता है, वे नागा प्रजाति के थे। उनका ही एक नाम 'रत्नाकर' था। वे परिवार के पालन-पोषण हेतु दस्यु कर्म करते थे। नारद मुनि से मिलने के बाद उनका हृदय बदल गया था और वे 'राम' नाम का जप करने लगे थे। घोर तपस्या के कारण उनके शरीर को दीमकों ने ढक लिया था, जिसके कारण वे 'वाल्मीकि' के नाम से प्रसिद्ध हुए।

एक अन्य विवरण के अनुसार इनका नाम अग्नि शर्मा था और इन्हें हर बात उलटकर कहने में रस आता था, इसलिए ऋषियों ने डाकू जीवन में इन्हें 'मरा' शब्द का जाप करने की राय दी। १३ वर्ष तक 'मरा', 'मरा' रटते-रटते यही 'राम' हो गया। बिहार के चंपारण जिले का भैंसा लोटन गाँव वाल्मीकि का आश्रम था, जो अब वाल्मीकि नगर कहलाता है।

दूसरा गुरुकुल

विश्वामित्र का आश्रम : राम और लक्ष्मण ने ऋषि विश्वामित्र के यहाँ रहकर शिक्षा प्राप्त की थी। विश्वामित्र गायत्री के बहुत बड़े उपासक थे। माना जाता है कि महर्षि विश्वामित्र का आश्रम बक्सर (बिहार) में स्थित था। इस स्थान को गंगा-सरयू संगम के निकट बताया गया है। विश्वामित्र के आश्रम को 'सिद्धाश्रम' भी कहा जाता था।

रामायण के अनुसार राम और लक्ष्मण ने विश्वामित्र के आश्रम में रहकर ही ताड़का, सुबाहु आदि राक्षसों को मारा था। हालाँकि यदि हम उनकी तपोभूमि की बात करें तो वह हरिद्वार में थी, जहाँ आज शांति निकेतन बना है।

विश्वामित्र वैदिक काल के विख्यात ऋषि थे। उनके ही काल में ऋषि वसिष्ठ थे, जिनसे उनकी अड़ी चलती रहती थी, अड़ी अर्थात् प्रतिद्वंद्विता। विश्वामित्र के जीवन के प्रसंगों में मेनका और त्रिशंकु का प्रसंग भी बड़ा ही महत्त्वपूर्ण है। प्रजापति के पुत्र कुश, कुश के पुत्र कुशनाभ और कुशनाभ के पुत्र राजा गाधि थे। विश्वामित्रजी उन्हीं गाधि के पुत्र थे।

ऋषि होने के पूर्व विश्वामित्र राजा थे और ऋषि वसिष्ठ से कामधेनु गाय को हड़पने के लिए उन्होंने युद्ध किया था, लेकिन वे हार गए। इस हार ने ही उन्हें घोर तपस्या के लिए प्रेरित किया। विश्वामित्र की तपस्या और मेनका द्वारा उनकी तपस्या भंग करने की कथा जगत् प्रसिद्ध है। विश्वामित्र ने अपनी तपस्या के बल पर त्रिशंकु को सशरीर स्वर्ग भेज दिया था। इस तरह ऋषि विश्वामित्र के अनेक किस्से हैं।

माना जाता है कि हरिद्वार में आज जहाँ शांतिकुंज है, उसी स्थान पर विश्वामित्र ने घोर तपस्या करके इंद्र से रुष्ट होकर एक अलग ही स्वर्गलोक की रचना कर दी थी। विश्वामित्र ने इस देश को ऋचा बनाने की विद्या दी और गायत्री मंत्र की रचना की, जो भारत के हृदय में और जिह्वा पर हजारों साल से आज तक अनवरत निवास कर रहा है।

तीसरा गुरुकुल

ऋषि वसिष्ठ : राजा दशरथ के कुलगुरु ऋषि वसिष्ठ को कौन नहीं जानता! ये दशरथ के चारों पुत्रों के गुरु थे। वसिष्ठ के कहने पर दशरथ ने अपने चारों पुत्रों को ऋषि विश्वामित्र के साथ आश्रम में राक्षसों का वध करने के लिए भेज दिया था। कामधेनु गाय के लिए वसिष्ठ और विश्वामित्र में युद्ध भी हुआ था। वसिष्ठ ने राजसत्ता पर अंकुश का विचार दिया तो उन्हीं के कुल के मैत्रावरुण वसिष्ठ ने सरस्वती नदी के किनारे सौ सूक्त एक साथ रचकर नया इतिहास बनाया।

चौथा गुरुकुल

भरद्वाज मुनि का आश्रम : वैदिक ऋषियों में भरद्वाज ऋषि का अति उच्च स्थान है। भरद्वाज मुनि का आश्रम प्रयाग में था। ये विमानशास्त्र में प्रवीण थे। इसके अलावा यहाँ वैदिक ज्ञान की शिक्षा भी दी जाती थी। भरद्वाज के पिता बृहस्पति और माता ममता थीं।

रामायण के एक प्रसंग के अनुसार उनका आश्रम गंगा-यमुना के संगम प्रयाग में था। राम, लक्ष्मण और सीता गंगा पार करने के उपरांत चलते-चलते गंगा-यमुना के संगम स्थल पर भरद्वाज के आश्रम में पहुँचे थे। ऋषि भरद्वाज के १० पुत्र थे। सभी पुत्र ऋग्वेद के मंत्रदृष्टा माने गए हैं। उनकी २ पुत्रियाँ भी थीं, जिसमें से एक का नाम 'रात्रि' था, वे रात्रि सूक्त रचयिता थीं। दूसरी का नाम कशिपा था। भरद्वाज के १० पुत्रों के नाम हैं—ऋजिष्वा, गर्ग, नर, पायु, वसु, शास, शिरांबिठ, शुनहोत्र, सप्रथ और सुहोत्र।

ऋषि भरद्वाज व्याकरण, धर्मशास्त्र, शिक्षाशास्त्र, राजशास्त्र, अर्थशास्त्र, धनुर्वेद, आयुर्वेद और भौतिक विज्ञानशास्त्र आदि अनेक विषयों में पारंगत थे। चरक संहिता के अनुसार उन्होंने इंद्र से व्याकरण और आयुर्वेद की शिक्षा ग्रहण कर आयुर्वेद संहिता लिखी। महाभारत के अनुसार भरद्वाज ने महर्षि भृगु से धर्मशास्त्र की शिक्षा ग्रहण कर 'भरद्वाज-स्मृति' की रचना की।

ऋषि भरद्वाज ने 'यंत्र-सर्वस्व' नामक वृहद् ग्रंथ की रचना की थी। इस ग्रंथ का कुछ भाग स्वामी ब्रह्ममुनि ने 'विमानशास्त्र' के नाम से प्रकाश्गित कराया है। इस ग्रंथ में उच्च और निम्न स्तर पर विचरने वाले विमानों के लिए विविध धातुओं के निर्माण का वर्णन मिलता है।

पाँचवाँ गुरुकुल

गुरु धौम्य का आश्रम : गुरु धौम्य का आश्रम सेवा, तितिक्षा और संयम के लिए प्रख्यात था। ये अपने शिष्यों को सुयोग्य बनाने के लिए उनको तप व योग साधना में लगाते थे। स्वयं गुरु महर्षि धौम्य की तप: शक्ति केवल आशीर्वाद से शिष्य को शास्त्रज्ञ बनाने में समर्थ थी। आरुणि, उपमन्यु और वेद (उत्तंक)—ये ३ शास्त्रकार ऋषि महर्षि धौम्य के शिष्य थे।

छठा गुरुकुल

कपिल मुनि : एक प्रसंग है कि जब राजा सगर ने अश्वमेध यज्ञ किया तो उन्होंने अपने ६० हजार पुत्रों को उस घोड़े की सुरक्षा में नियुक्त किया। देवराज इंद्र ने उस घोड़े को छलपूर्वक चुराकर कपिल मुनि के आश्रम में बाँध दिया था, ताकि कोई वहाँ नहीं जा सके।

राजा सगर के ६० हजार पुत्र उस घोड़े को ढूँढ़ते-ढूँढ़ते जब कपिल मुनि के आश्रम में पहुँचे तो उन्हें लगा कि मुनि ने ही यज्ञ का घोड़ा चुराया है। यह सोचकर उन्होंने कपिल मुनि का अपमान कर दिया। ध्यानमग्न कपिल मुनि ने जैसे ही अपने नेत्र खोले, राजा सगर के ६० हजार पुत्र वहीं भस्म हो गए।

कपिल मुनि 'सांख्य दर्शन' के प्रवर्तक थे। इनकी माता का नाम देवहुती व पिता का नाम कर्दम था। कपिल ने माता को जो ज्ञान दिया, वही 'सांख्य दर्शन' कहलाया। महाभारत में ये सांख्य के वक्ता कहे गए हैं।

कपिलवस्तु, जहाँ बुद्ध पैदा हुए थे, कपिल के नाम पर बसा नगर था। सगर के पुत्र ने सागर के किनारे कपिल को देखा। बाद में वहीं गंगा का सागर के साथ संगम हुआ। इससे मालूम होता है कि कपिल का जन्मस्थान संभवत: कपिलवस्तु और तपस्या क्षेत्र गंगासागर था।

रामायण के अनुसार जल की खोज में थके-माँदे राम, सीता और लक्ष्मण कपिल की कुटिया में पहुँचे। कपिल की पत्नी सुशर्मा ने उन्हें ठंडा जल दिया, तभी समिधाएँ एकत्र करके कपिल भी अपनी कुटिया पर पहुँचे। उन्होंने वनवासी के भेष में धूलमंडित वहाँ आए तीनों अतिथियों को देखा और निरादर करके उन्हें घर से बाहर निकाल दिया। बाद में उन्हें इस बात का बड़ा पछतावा हुआ था।

सातवाँ गुरुकुल

कण्व : माना जाता है कि इस देश के सबसे महत्त्वपूर्ण यज्ञ सोमयज्ञ को कण्वों ने व्यवस्थित किया। कण्व वैदिक काल के ऋषि थे। इन्हीं के आश्रम में हस्तिनापुर के राजा दुष्यंत की पत्नी शकुंतला एवं उनके पुत्र भरत का पालन-पोषण हुआ था।

१०३ सूक्त वाले ऋग्वेद के ८वें मंडल के अधिकांश मंत्र महर्षि कण्व तथा उनके वंशजों तथा गोत्रजों द्वारा दृष्ट हैं। कुछ सूक्तों के अन्य भी दृष्ट ऋषि हैं, किंतु 'प्राधान्येन व्यपदेशा भवन्ति' के अनुसार महर्षि कण्व अष्टम मंडल के द्रष्टा ऋषि कहे गए हैं। इनमें लौकिक ज्ञान-विज्ञान तथा अनिष्ट-निवारण संबंधी उपयोगी मंत्र हैं।

महाभारत के आदिपर्व में वर्णित है कि कण्व ऋषि के आश्रम में अनेक नैयायिक रहा करते थे, जो न्याय तत्त्वों के कार्यकारणभाव, कथा संबंधी स्थापना, आक्षेप और सिद्धांत आदि के ज्ञाता थे। न्यायदर्शन के रचयिता महर्षि गौतम थे।

सोनभद्र में जिला मुख्यालय से ८ किलोमीटर की दूरी पर कैमूर श्रृंखला के शीर्ष स्थल पर स्थित कण्व ऋषि की तपस्थली है, जो 'कंडाकोट' नाम से जानी जाती है।

आठवाँ गुरुकुल

अत्रि : ऋग्वेद के पंचम मंडल के दृष्टा महर्षि अत्रि ब्रह्मा के पुत्र सोम के पिता और कर्दम प्रजापति व देवहूति की पुत्री अनसूया के पति थे। अत्रि ऋषि ने इस देश में कृषि के विकास में पृथु और ऋषभ की तरह योगदान दिया था। अत्रि लोग ही सिंधु पार करके पारस (आज का ईरान) चले गए थे, जहाँ उन्होंने यज्ञ का प्रचार किया। अत्रियों के कारण ही अग्निपूजकों के धर्म पारसी धर्म का सूत्रपात हुआ।

अत्रि ऋषि का आश्रम चित्रकूट में था। मान्यता है कि अत्रि-दंपती की तपस्या और त्रिदेवों की प्रसन्नता के फलस्वरूप विष्णु के अंश से महायोगी दत्तात्रेय, ब्रह्मा के अंश से चंद्रमा तथा शंकर के अंश से महामुनि दुर्वासा महर्षि अत्रि एवं देवी अनसूया के पुत्र रूप में जनमे। ऋषि अत्रि पर अश्विनीकुमारों की भी कृपा थी।

नौवाँ गुरुकुल

गौतम ऋषि का आश्रम : गौतम ऋषि न्याय दर्शन के प्रवर्तक थे। देवी अहिल्या उनकी पत्नी थी। इंद्र ने छलपूर्वक अहिल्या का शीलहरण कर लिया था, जिसके चलते गौतम ऋषि ने अहिल्या

को पत्थर बन जाने का शाप दे दिया था। राम ऋषि विश्वामित्र के साथ जनकपुरी पहुँचे तो वहाँ उन्होंने गौतम ऋषि का आश्रम भी देखा, वहीं राम के चरण स्पर्श से अहिल्या शापमुक्त होकर पुनः मानवी बन गई। इसका मतलब उनका आश्रम जनकपुर में था। जनकपुर का सही नाम 'मिथिला' था। जनक मिथिला के राजा और जैन तीर्थंकर निमि के पुत्र थे।

मिथिला वर्तमान में उत्तरी बिहार और नेपाल की तराई का इलाका है, जिसे मिथिला या मिथिलांचल के नाम से जाना जाता था। बिहार-नेपाल सीमा पर विदेह (तिरहुत) का प्रदेश, जो कोसी और गंडकी नदियों के बीच में स्थित है, इस प्रदेश की प्राचीन राजधानी जनकपुर में थी। मिथिला का उल्लेख महाभारत, रामायण, पुराण, जैन एवं बौद्ध ग्रंथों में आया है।

महर्षि गौतम बाण विद्या में अत्यंत निपुण थे। महर्षि गौतम न्यायशास्त्र के अतिरिक्त स्मृतिकार भी थे तथा उनका धनुर्वेद पर भी कोई ग्रंथ था, ऐसा विद्वानों का मत है। उनके पुत्र शतानंद निमि कुल के आचार्य थे।

दसवाँ गुरुकुल

वामदेव : वामदेव ने इस देश को सामगान (अर्थात् संगीत) दिया। वामदेव ऋग्वेद के चतुर्थ मंडल के सूत्रदृष्टा, गौतम ऋषि के पुत्र तथा जन्मत्रयी के तत्त्ववेत्ता माने जाते हैं। भरतमुनि द्वारा रचित 'भरतनाट्यम शास्त्र' सामवेद से ही प्रेरित है। हजारों वर्ष पूर्व लिखे गए सामवेद में संगीत और वाद्य यंत्रों की संपूर्ण जानकारी मिलती है।

वामदेव जब माँ के गर्भ में थे, तभी से उन्हें अपने पूर्व जन्म आदि का ज्ञान हो गया था। उन्होंने सोचा, माँ की योनि से तो सभी जन्म लेते हैं और यह कष्टकर है अतः माँ का पेट फाड़कर बाहर निकलना चाहिए। वामदेव की माँ को इसका आभास हो गया अतः उसने अपने जीवन को संकट में पड़ा जानकर देवी अदिति से रक्षा की कामना की। तब वामदेव ने इंद्र को अपने समस्त ज्ञान का परिचय देकर योग से श्येन पक्षी का रूप धारण किया तथा अपनी माता के उदर से बिना कष्ट दिए बाहर निकल आए।

ग्यारहवाँ गुरुकुल

शौनक : शौनक ने १० हजार विद्यार्थियों के गुरुकुल को चलाकर कुलपति का विलक्षण सम्मान हासिल किया और किसी भी ऋषि ने ऐसा सम्मान पहली बार प्राप्त किया। वैदिक आचार्य और ऋषि, जो शुनक ऋषि के पुत्र थे।

बारहवाँ गुरुकुल

परशुराम का आश्रम : जब एक बार गणेशजी ने परशुराम को शिव-दर्शन से रोक लिया तो रुष्ट परशुराम ने उन पर परशु का प्रहार कर दिया, जिससे गणेशजी का एक दाँत नष्ट हो गया और वे एकदंत कहलाए। जनक, दशरथ आदि राजाओं का उन्होंने समुचित सम्मान किया।

प्रारंभ में परशुराम का आश्रम नर्मदा नदी के तट पर स्थित था। बाद में वे अगत्स्य मुनि की तरह दक्षिण प्रदेश चले गए, जहाँ उन्होंने नया आश्रम स्थापित कर शस्त्र और शास्त्र की शिक्षा दी। एक बार श्रीकृष्ण उनसे दक्षिण के इसी आश्रम में मिलने गए थे।

सीता स्वयंवर में श्रीराम का अभिनंदन किया। कौरव-सभा में कृष्ण का समर्थन किया। असत्य वाचन करने के दंडस्वरूप कर्ण को सारी विद्या विस्मृत हो जाने का श्राप दिया था। उन्होंने भीष्म, द्रोण व कर्ण को शस्त्र विद्या प्रदान की थी। इस तरह परशुराम के अनेक किस्से हैं।

तेरहवाँ गुरुकुल

वेदव्यास : महर्षि वेदव्यासजी का पूरा नाम कृष्णद्वैपायन है। उन्होंने वेदों का विभाग किया, इसलिए उनको व्यास या वेदव्यास कहा जाता है। उनके पिता महर्षि पराशर तथा माता सत्यवती थीं। भारत भर में गुरुपूर्णिमा के दिन गुरुदेव की पूजा के साथ महर्षि व्यास की पूजा भी की जाती है। द्वापर युग के अंतिम भाग में व्यासजी प्रकट हुए थे। उन्होंने महाभारत सहित सैकड़ों ग्रंथों की रचना की, जिनमें से चार पुराण भी थे।

कृष्ण द्वैपायन वेदव्यासजी ने ब्रह्मा की प्रेरणा से चार शिष्यों को चार वेद पढ़ाए—

- मुनि पैल को ऋग्वेद
- वैशंपायन को यजुर्वेद
- जैमिनी को सामवेद तथा
- सुमंतु को अथर्ववेद पढ़ाया।

उक्त चार शिष्यों ने दुनिया भर में अपने-अपने आश्रम खोलकर वेदों की शिक्षा दी। इस तरह वैदिक ज्ञान का बड़े पैमाने पर प्रचार-प्रसार हुआ और संपूर्ण धरती फिर से वेदमय हो गई थी।

चौदहवाँ गुरुकुल

सांदीपनि ऋषि का आश्रम : सांदीपनि ऋषि का आश्रम आज के मध्य प्रदेश के उज्जैन नगर स्थित शिप्रा नदी के किनारे तपोभूमि के रूप में प्रतिष्ठित था। प्राचीनकाल में यह आश्रम जगप्रसिद्ध था तथा यहाँ से उच्च कोटि के शिष्य गुरु से गुरु विद्या सीखकर गए, जिनमें प्रमुख हैं—कृष्ण, बलराम और सुदामा। आज भी सांदीपनि ऋषि के आश्रम के अवशेष पाए जाते हैं।

भगवान् कृष्ण, बलराम और सुदामा के गुरु थे महर्षि सांदीपनि। इनका आश्रम आज भी मध्य प्रदेश के उज्जैन में है। सांदीपनि के गुरुकुल में कई महान् राजाओं के पुत्र पढ़ते थे। श्रीकृष्णजी की आयु उस समय १८ वर्ष की थी और वे उज्जयिनी में सांदीपनि ऋषि के आश्रम में रहकर उनसे शिक्षा प्राप्त कर चुके थे।

सांदीपनि ने भगवान् श्रीकृष्ण को ६४ कलाओं की शिक्षा दी थी। भगवान् विष्णु के पूर्ण अवतार श्रीकृष्ण ने सर्वज्ञानी होने के बाद भी सांदीपनि ऋषि से शिक्षा ग्रहण की और यह साबित किया कि कोई इनसान कितना भी प्रतिभाशाली या गुणी क्यों न हो, उसे जीवन में फिर भी एक गुरु की आवश्यकता होती ही है।

पंद्रहवाँ गुरुकुल

गुरु द्रोण का आश्रम : गुरु द्रोण का आश्रम हस्तिनापुर में था। उन्होंने हजारों शिष्यों को शिक्षा दी। उन शिष्यों में पांडु पुत्र पांडव का नाम विशेष रूप से लिया जाता है। गुरु द्रोण युद्ध से जुड़ी सभी तरह की शिक्षा देने में पारंगत थे। भारत के १६ जनपदों में से एक कुरु जनपद में

घुड़सवारी, धनुर्विद्या, हस्त और दिव्यास्त्रों की शिक्षा का यह प्रमुख आश्रम था। हालाँकि यहाँ ज्योतिष, चिकित्सा और वैदिक ज्ञान की शिक्षा भी दी जाती थी।

द्वापर युग में कौरवों और पांडवों के गुरु रहे द्रोणाचार्य भी श्रेष्ठ शिक्षकों की श्रेणी में सम्मान के साथ गिने जाते हैं। द्रोणाचार्य अपने युग के श्रेष्ठतम शिक्षक थे। द्रोणाचार्य भरद्वाज मुनि के पुत्र थे। ये संसार के श्रेष्ठ धनुर्धर थे। द्रोण का जन्म उत्तरांचल की राजधानी देहरादून में बताया जाता है, जिसे हम 'देहराद्रोण' (मिट्टी का सकोरा) भी कहते थे। द्रोणाचार्य का विवाह कृपाचार्य की बहन कृपि से हुआ, जिनसे उन्हें अश्वत्थामा नामक पुत्र प्राप्त हुआ।

द्रोण के हजारों शिष्य थे, जिनमें अर्जुन को उन्होंने विश्व का सर्वश्रेष्ठ धनुर्धर होने का वरदान दिया। इस वरदान की रक्षा करने के लिए ही द्रोण ने जब देखा कि एकलव्य अर्जुन से श्रेष्ठ धनुर्धर है तो उन्होंने एकलव्य से उसका अँगूठा माँग लिया।

महाभारत युद्ध में द्रोण कौरवों की ओर से लड़े थे। द्रोणाचार्य और उनके पुत्र अश्वथामा जब पांडवों की सेना पर भारी पड़ने लगे, तब एक छल से धृष्टद्युम्न ने उनका सिर काट दिया। द्रोण एक महान् गुरु थे। इतिहास में उनका नाम अजर-अमर रहेगा। इसके अलावा अगस्त्य, कश्यप, अष्टावक्र, याज्ञवल्क्य, कात्यायन और ऐतरेय के भी गुरुकुल थे।

भारत में प्राचीन काल से ही शिक्षा एवं शिक्षण को पवित्र कार्य माना जाता रहा है। शिक्षा को मनुष्य के सर्वांगीण विकास के लिए परमावश्याक बताया गया है। भारत में गुरु की महत्ता माँ-बाप से भी बढ़कर बताई गई है। भारत को विश्वगुरु का भी दर्जा दिया जाता रहा है। जिस समय विश्व के तमाम देश अज्ञानता की निद्रा में सोए हुए थे, भारत ज्ञान के सागर में गोते लगा रहा था। यह भारत जैसे महान् देश की ही देन है कि यहाँ विश्वविद्यालय की संकल्पना का उदय हुआ। प्राचीन काल से ही यहाँ के अनेक नगरों ने शिक्षा केंद्रों के रूप में प्रसिद्धि प्राप्त की तथा कालांतर में विश्वविद्यालयों के रूप में विकसित हुए। यह देखकर विस्मय होता है कि आज से सैकड़ों साल पहले भारत में ऐसे शिक्षा केंद्र थे, जिनका स्वरूप आधुनिक विश्वविद्यालयों जैसा ही था। यहाँ पर हम प्राचीन भारत के कुछ ऐसे ही विश्वविद्यालयों के बारे में जानेंगे, जिन्होंने भारत को विश्वगुरु की पहचान दिलाने में महत्त्वपूर्ण भूमिका निभाई।

२. प्राचीन विश्वविद्यालय

१. तक्षशिला

तक्षशिला विश्वविद्यालय पर कुछ विवाद हैं, जो कि नालंदा विश्वविद्यालय को लेकर नहीं हैं, जिसका स्वरूप आधुनिक विश्वविद्यालय की तरह ही माना जाता है। तक्षशिला वर्तमान समय में पाकिस्तान के पंजाब प्रांत के रावलपिंडी जिले की एक तहसील है। पाकिस्तान पुरातत्त्व विभाग के अनुसार यह स्थल एशिया के बारह प्रमुख पुरातात्त्विक स्थलों में से एक है। प्राचीन काल में तक्षशिला गांधार देश की राजधानी थी। वाल्मीकि रामायण के अनुसार, अयोध्या के राजा श्रीरामचंद्र की विजय के उल्लेख के पश्चात् उनके छोटे भाई भरत ने अपने नाना केकयराज अश्वपति के आमंत्रण और उनकी सहायता से गंधर्वों के देश (गांधार) को जीता तथा अपने दो पुत्रों को वहाँ का शासक नियुक्त किया। गंधर्व देश सिंधु नदी के दोनों किनारे पर स्थित था और उसके दोनों ओर भरत के

तक्ष और पुष्कल नामक दोनों पुत्रों ने तक्षशिला और पुष्करावती नामक अपनी-अपनी राजधानियाँ बसाईं। तक्षशिला सिंधु के पूर्वी तट पर थी। कालिदास ने अपने ग्रंथक 'रघुवंश' में भी इसी तथ्य का उल्लेख किया है। 'महाभारत' में तक्षशिला का वर्णन परीक्षित् के पुत्र जनमेजय द्वारा विजित नगरी के रूप में है। यहीं जनमेजय ने प्रसिद्ध सर्पयज्ञ किया था। छठी शती ई.पू. के पूर्व पाणिनि ने अपनी 'अष्टाध्यायी' में भी तक्षशिला का उल्लेख किया है। बौद्ध साहित्य, विशेष कर जातकों में तक्षशिला का अनेक बार उल्लेख है। तक्षशिला नगरी हिमालय की सुरम्यवादियों में सिंधु एवं झेलम नदियों के दोआब में स्थित थी। यह ऐतिहासिक नगरी बौद्धकाल में अपनी आर्थिक गतिविधियों के लिए काफी प्रसिद्ध थी। यहाँ ३६ प्रकार के शिल्प उद्योग से संबंधित व्यापारिक गतिविधियाँ प्रचलित थीं। यहाँ के तक्षकार अपनी कला के लिए काफी विख्यात थे। डॉ. डी.डी. कोशांबी के अनुसार तक्षकारों की वीथियाँ होने के कारण ही इस नगर का नाम तक्षशिला पड़ा था।

१८६३ ई. में जनरल कनिंघम ने तक्षशिला के खँडहरों को खोज निकाला। तत्पश्चात् १९१२ से १९२९ तक, सर जॉन मार्शल ने इस स्थान पर विस्तृत खुदाई की और प्रचुर तथा मूल्यवान् सामग्री का उद्‍घाटन करके इस नगरी के प्राचीन वैभव तथा ऐश्वर्य की झलक इतिहासप्रेमियों के सामने प्रस्तुत की। उत्खनन से तक्षशिला में तीन प्राचीन नगरों के ध्वंसावशेष प्राप्त हुए हैं, जिनके वर्तमान नाम भीर का टीला, सिरकप तथा सिरसुख हैं। सबसे पुराना नगर भीर के टीले के स्थान पर था। कहा जाता है कि यह पूर्व बुद्धकालीन नगर था, यहाँ तक्षशिला का प्रख्यात विश्वविद्यालय स्थित था। सिरकप के चारों ओर परकोटे की दीवार थी। यहाँ के खँडहरों से अनेक बहुमूल्य रत्न तथा आभूषण प्राप्त हुए। जिनसे इस नगरी के इस भाग की, जो कुषाण राज्यकाल में पूर्व का है, समृद्धि का पता चलता है। सिरसुख जो संभवतः कुषाण राजाओं के समय की तक्षशिला है, एक चौकोर नक्शे पर बना हुआ था। इन तीन नगरों के खँडहरों के अतिरिक्त तक्षशिला के भग्नावशेषों में अनेक बौद्धविहारों की नष्ट-भ्रष्ट इमारतें तथा कई स्तूप हैं, जिनमें कुणाल, धर्मरालिक और भल्लार मुख्य हैं। इनसे बौद्धकाल में इस नगरी का बौद्धधर्म का एक महत्त्वपूर्ण केंद्र होना प्रमाणित होता है। तक्षशिला प्राचीनकाल में जैनों की भी तीर्थस्थली थी। पुरातन 'प्रबंधसंग्रह' नामक ग्रंथ में तक्षशिला के अंतर्गत १०५ जैन तीर्थ बताए गए हैं। इसी नगरी को संभवतः 'तीर्थमाला चैत्यवंदन' में धर्मचक्र कहा गया है।

तक्षशिला विश्वविद्यालय की स्थापना ७०० ईसा पूर्व में की गई थी। ईसा पूर्व ५वीं शती में तक्षशिला मुख्य शिक्षा-केंद्र बन चुका था। ५वीं शताब्दी की जातक कथाओं में भी इसका उल्लेख है। तक्षशिला विश्वविद्यालय में पूरे विश्व के १०,५०० से अधिक छात्र अध्ययन करते थे। यहाँ ६० से भी अधिक विषयों को पढ़ाया जाता था। ३२६ ईस्वी पूर्व में सिकंदर के आक्रमण के समय यह संसार का सबसे प्रसिद्ध शिक्षा केंद्र ही नहीं था, अपितु उस समय के चिकित्सा शास्त्र का एकमात्र सर्वोपरि केंद्र था।

तक्षशिला विश्वविद्यालय का विकास विभिन्न रूपों में हुआ था। इसका कोई एक केंद्रीय स्थान नहीं था, अपितु यह विस्तृत भू-भाग में फैला हुआ था। विविध विद्याओं के विद्वान् आचार्यों ने यहाँ अपने विद्यालय तथा आश्रम बना रखे थे। छात्र रुचि के अनुसार अध्ययन हेतु विभिन्न आचार्यों के पास जाते थे। महत्त्वपूर्ण पाठयक्रमों में यहाँ वेद-वेदांत, अष्टादश विद्याएँ, दर्शन, व्याकरण, अर्थशास्त्र, राजनीति, युद्धविद्या, शस्त्र-संचालन, ज्योतिष, आयुर्वेद, ललित कला, हस्त-विद्या, अश्व-विद्या, मंत्र-विद्या, विविध भाषाएँ, शिल्प आदि की शिक्षा विद्यार्थी प्राप्त करते थे। प्राचीन

भारतीय साहित्य के अनुसार पाणिनि, पतंजलि, कौटिल्य, चंद्रगुप्त, जीवक, कौशलराज, प्रसेनजित् आदि महापुरुषों ने इसी विश्वविद्यालय से शिक्षा प्राप्त की। इनमें पाणिनि ने 'अष्टाध्यायी', पतंजलि ने 'योगसूत्र' तथा कौटिल्य ने 'अर्थशास्त्र' ग्रंथों की रचना की। ४०० ई. पूर्व में यहाँ के एक और विद्वान् कात्यायन ने 'वार्तिक' की रचना की, जो एक प्रकार से 'डिक्शनरी' या शब्दकोश था, जो संस्कृत में प्रयुक्त होनेवाले शब्दों की व्याख्या करता था। कहा जाता है कि मगध का राजवैद्य जीवक मगध नरेश बिंबिसार के पुत्र अभय द्वारा तक्षशिला विश्वविद्यालय पहुँचाया गया, जहाँ सात वर्षों तक रहकर उसने अपनी जीविका कमाने के लिए चिकित्सा विज्ञान का अध्ययन किया तथा अपने युग के महान् चिकित्सक के रूप में प्रसिद्ध हुआ, जिसका चिकित्सा शुल्क १६०० कार्षापण था। एक अन्य वैद्य चरक यहीं का छात्र था, जिसकी औषधियों पर काफी गहरी पकड़ थी।

इस विश्वविद्यालय को गांधार नरेश आंभिक का राजकीय संरक्षण प्राप्त था। तक्षशिला विश्वविद्यालय में वेतनभोगी शिक्षक नहीं थे और न ही कोई निर्दिष्ट पाठ्यक्रम था। आजकल की तरह पाठ्यक्रम की अवधि भी निर्धारित नहीं थी और न कोई विशिष्ट प्रमाणपत्र या उपाधि दी जाती थी। शिष्य की योग्यता और रुचि देखकर आचार्य उनके लिए अध्ययन की अवधि स्वयं निश्चित करते थे। परंतु कहीं-कहीं कुछ पाठ्यक्रमों की समय-सीमा निर्धारित थी। बौद्ध साहित्यों के अनुसार तक्षशिला धनुर्विद्या एवं चिकित्सा शास्त्र की शिक्षा के लिए प्रसिद्ध था। चिकित्सा के कुछ पाठ्यक्रम सात वर्ष के थे तथा पढ़ाई पूरी हो जाने के बाद प्रत्येक छात्र को छह माह का शोध कार्य करना पड़ता था। इस शोध कार्य में वह कोई औषधि की जड़ी-बूटी पता लगाता, तब जाकर उसे डिग्री मिलती थी। ५०० ई.पू. जब संसार में चिकित्सा शास्त्र की परंपरा भी नहीं थी, तब तक्षशिला आयुर्वेद विज्ञान का सबसे बड़ा केंद्र था। जातक कथाओं एवं विदेशी पर्यटकों के लेख से पता चलता है कि यहाँ के स्नातक मस्तिष्क के भीतर तथा अँतड़ियों तक का ऑपरेशन बड़ी सुगमता से कर लेते थे। अनेक असाध्य रोगों के उपचार सरल एवं सुलभ जड़ी-बूटियों से करते थे। इसके अतिरिक्त अनेक दुर्लभ जड़ी-बूटियों का भी उन्हें ज्ञान था। शिष्य आचार्य के आश्रम में रहकर विद्याध्ययन करते थे। एक आचार्य के पास अनेक विद्यार्थी रहते थे। इनकी संख्या प्राय: सौ से अधिक होती थी और अनेक बार ५०० तक पहुँच जाती थी। अध्ययन में क्रियात्मक कार्य को बहुत महत्त्व दिया जाता था। छात्रों को देशाटन भी कराया जाता था। शिक्षा पूर्ण होने पर परीक्षा ली जाती थी। तक्षशिला विश्वविद्यालय से स्नातक होना उस समय अत्यंत गौरवपूर्ण माना जाता था। यहाँ धनी तथा निर्धन दोनों तरह के छात्रों के अध्ययन की व्यवस्था थी। धनी छात्र आचार्य को भोजन, निवास और अध्ययन का शुल्क देते थे तथा निर्धन छात्र अध्ययन करते हुए आश्रम के कार्य करते थे। शिक्षा पूरी होने पर वे शुल्क देने की प्रतिज्ञा करते थे। प्राचीन साहित्य से विदित होता है कि तक्षशिला विश्वविद्यालय में पढ़ने वाले अधिकांशत: उच्च वर्ण के ही छात्र होते थे।

यहाँ धर्म एवं दर्शन के साथ-साथ अर्थशास्त्र, राजनीतिशास्त्र और सैनिक शिक्षा भी दी जाती थी। तक्षशिला विश्वविद्यालय में १८ प्रकार के शिल्पों की शिक्षा की व्यवस्था थी, जिसमें चिकित्सा विज्ञान काफी उन्नत था। इसके अतिरिक्त, धनुर्विद्या, आखेट, हस्तिविद्या, पशुभाषा विज्ञान आदि की शिक्षा की व्यवस्था थी। तक्षशिला विश्वविद्यालय में विद्यार्थी अपने गुरु के साथ रहकर अध्ययन

करते थे। भारत के प्रथम सम्राट् मौर्यवंशीय शासक चंद्रगुप्त ने भी मगध के सिंहासन पर बैठने से पूर्व चाणक्य के साथ रहकर यहाँ अध्ययन किया था। १६ वर्ष की आयु पूरी करने के बाद ही इस विश्वविद्यालय में दाखिला मिलता था। शिक्षा पूर्णत: नि:शुल्क थी, लेकिन शिक्षार्थियों के माता-पिता से यह अपेक्षा की जाती थी कि वे आचार्यों को आर्थिक सहायता पहुँचाने के लिए कुछ चंदा अवश्य दें, धनी श्रेणी पुत्रों एवं राजकुमारों के शिक्षण के लिए शुल्क का निर्धारण आवश्य किया गया था। इस कोटि के लोग प्रवेश के समय ही एकमुश्त शिक्षण शुल्क जमा कर दिया करते थे। जो लोग नकद शुल्क जमा नहीं कर सकते थे, वे एक खास अवधि तक विश्वविद्यालय में आचार्य के रूप में स्नातकों को पढ़ाकर अपने शुल्क की पूर्ति करते थे। मौर्य साम्राज्य का महामंत्री चाणक्य भी सिकंदर के आक्रमण के समय अपनी शिक्षा पूरी कर वहाँ के स्नातकों को शिक्षा देने के लिए ही रुका हुआ था।

तक्षशिला विश्वविद्यालय में परीक्षा की एक विशिष्ट प्रणाली लागू थी। शिक्षा समाप्ति के बाद छात्रों को विद्वन्मंडली के समक्ष प्रस्तुत होना पड़ता था, जहाँ उनकी व्यावहारिक एवं मौखिक परीक्षा ली जाती थी, तत्पश्चात् उन्हें स्नातक की उपाधि दी जाती थी। लेकिन यह उनकी अंतिम परीक्षा नहीं थी, बल्कि अंतिम निर्णय छात्र को शिक्षा देनेवाले आचार्य का होता था। उत्तीर्णता के लिए उनकी सहमति आवश्यक थी। यहाँ से उत्तीर्ण स्नातक इस विश्वविद्यालय के अतिरिक्त पाटलिपुत्र और वाराणसी में आचार्य के रूप में कार्य करते थे। आचार्यों एवं विद्वानों की परीक्षा के लिए एक विद्वत् परिषद् कार्यरत थी, जो समय-समय पर संगोष्ठियों, कार्यशालाओं और व्याख्यानमालाओं का आयोजन कराती थी; जिसमें देश-विदेश के विद्वत्-जन भाग लिया करते थे।

राजकीय संरक्षण प्राप्त होने के बावजूद तक्षशिला विश्वविद्यालय नालंदा विश्वविद्यालय की तरह पूर्णत: व्यवस्थित नहीं था। यहाँ व्याख्यान देने के लिए बड़े-बड़े हॉल नहीं थे और न ही कोई पुस्तकालय था। विश्वविद्यालय के संचालन के लिए कोई नियमित आय का स्रोत भी नहीं था। फिर भी यहाँ सिकंदर के आक्रमण के समय दस हजार पाँच सौ विद्यार्थी अध्ययनरत थे तथा ६० से अधिक विषयों की शिक्षा दी जाती थी।

गुप्त शासक चंद्रगुप्त विक्रमादित्य के समय भारत आनेवाले चीनीयात्री फाह्यान को यहाँ कोई शैक्षणिक महत्त्व की बात नहीं प्राप्त हुई थी। सातवीं शती ई. के तृतीय दशक में चीनीयात्री ह्वेनसांग ने भी तक्षशिला को उजड़ा पाया था। उसके लेख के अनुसार उस समय तक्षशिला कश्मीर का एक करद राज्य था। वास्तव में इसकी शिक्षा विषयक चर्चा मौर्यकाल के बाद नहीं सुनी जाती। संभवत: बर्बर विदेशियों के आक्रमणों ने इसे नष्ट कर दिया, संरक्षण देना तो दूर की बात थी। इसके पश्चात् तक्षशिला का अगले १२०० वर्षों का इतिहास विस्मृति के अंधकार में विलीन हो जाता है।

२. नालंदा

प्राचीन भारत के विश्वविद्यालयों में यह सबसे विशाल एवं सबसे गौरवशाली विश्वविद्यालय था। भारत के समस्त प्राचीन विश्वविद्यालयों में यह पहला ऐसा विश्वविद्यालय था, जिसका स्वरूप आज के आधुनिक विश्वविद्यालयों से मेल खाता है। पश्चिम के पुरातत्त्ववेत्ताओं ने नालंदा विश्वविद्यालय स्थल को 'सूचना का अगाध कोश' बताया है। यह प्राचीन भारत में उच्च शिक्षा का

सर्वाधिक महत्त्वपूर्ण और विख्यात केंद्र था। इस विश्वविद्यालय की पहचान वर्तमान बिहार राज्य में पटना से लगभग ९० किलोमीटर दक्षिण-पूर्व और राजगीर से १२ किलोमीटर उत्तर में तथा वर्तमान बिहार शरीफ से करीब १२ किलोमीटर दक्षिण में एक गाँव के पास अलेक्जेंडर कनिंघम द्वारा की गई थी। इस महान् बौद्ध विश्वविद्यालय के भग्नावशेषों को देखकर ही इसके प्राचीन वैभव एवं गौरव का बहुत कुछ अनुमान लगाया जा सकता है।

नालंदा संस्कृत शब्द 'नालम् + दा' से बना है। संस्कृत में 'नालम्' का अर्थ 'कमल' होता है। कमल ज्ञान का प्रतीक है। नालम् + दा यानी कमल देने वाली, ज्ञान देने वाली। सर्वप्रथम यहाँ एक महाविहार की स्थापना की गई और कालांतर में इसका नाम 'नालंदा महाविहार' रखा गया, जो धीरे-धीरे एक महान् विद्यालय के रूप में परिवर्तित हो गया। वैसे नालंदा की प्रसिद्धि महात्मा बुद्ध एवं महावीर स्वामी के समय से ही थी। दीघ निकाय के ब्रह्मजाल सुत्र में महात्मा बुद्ध के नालंदा प्रवास का उल्लेख किया गया है। जैन भगवती सूत्र में उल्लेख है कि महावीर स्वामी ने मक्खलि गोसाल से नालंदा में भेंट की थी। चीनी यात्री ह्वेनसांग के वर्णन के अनुसार, लगभग ५०० श्रेष्ठियों ने मिलकर १० करोड़ स्वर्ण मुद्राओं से नालंदा क्षेत्र को खरीदकर महात्मा बुद्ध को दान में दिया था। महात्मा बुद्ध ने नालंदा के आम्रवन में कई दिन व्यतीत किए और अपने शिष्यों को धर्म की शिक्षा दी थी। बुद्ध के प्रमुख शिष्य सारिपुत्र की यह जन्मभूमि थी। यहाँ सारिपुत्र के समाधि स्थल पर सम्राट् अशोक ने एक स्तूप का निर्माण भी कराया था। ऐसा प्रतीत होता है कि यह स्थान अपने प्रारंभिक समय में ब्राह्मण शिक्षा एवं बौद्ध शिक्षा दोनों का केंद्र था, किंतु आगे चलकर यह प्रमुखतः बौद्ध शिक्षा के रूप में प्रसिद्ध हुआ। चीनीयात्री फाहियान (४०५-४११ ई.) की भारतयात्रा के समय यह एक बौद्ध विहार था और इस समय तक इसने विश्वविद्यालय का रूप ग्रहण नहीं किया था। इस स्थान की प्रसिद्धि पाँचवीं सदी के मध्य में उस समय और बढ़ गई, जब बौद्ध विद्वान् दिङ्नाग ने नालंदा जाकर वहाँ के ब्राह्मण पंडित सुदुर्गम को शास्त्रार्थ में पराजित किया था।

यद्यपि नालंदा महाविहार की स्थापना गुप्त वंश से बहुत पहले हो चुकी थी, परंतु एक विश्वविद्यालय के रूप में इसके विकास का श्रेय गुप्तवंशीय शासक कुमारगुप्त प्रथम (४१५-४५५ ई.) को प्राप्त है। गुप्त शासकों में सर्वप्रथम उसी ने नालंदा महाविहार को विश्वविद्यालय के रूप में विकसित करने हेतु बौद्ध संघ को दान दिया था। इस विश्वविद्यालय को कुमारगुप्त के उत्तराधिकारियों का पूरा सहयोग मिला। कुमारगुप्त के पौत्र बुधगुप्त ने इस महाविहार के दक्षिण की ओर एक विहार बनवाया एवं तथागत गुप्त ने बुधगुप्त द्वारा बनवाए गए विहार के पूर्व में एक विहार निर्मित करवाया। नरसिंह बालादित्य तथा अन्य गुप्त शासकों ने विश्वविद्यालय परिसर में विभिन्न निर्माण एवं विस्तार कार्य किए। ह्वेनसांग के अनुसार, गुप्त सम्राट् नरसिंहगुप्त बालादित्य ने नालंदा में एक ३०० फीट ऊँचा सुंदर मंदिर निर्मित करवाया। इस मंदिर से लगभग २०० फीट दूर पूर्व की ओर पूर्णवर्मा द्वारा बनवाया गया छह तल का मंदिर था, जिसमें ८० फीट ऊँची ताँबे की बुद्ध प्रतिमा स्थापित थी। सम्राट् वज्र ने बालादित्य विहार के पश्चिम में एक विहार बनवाया था। गुप्तवंश के पतन के बाद भी आने वाले सभी शासक वंशों ने इसकी समृद्धि में अपना योगदान जारी रखा। इसे महान् सम्राट् हर्षवर्धन और पाल शासकों का भी संरक्षण मिला। पाल शासकों के अभिलेखों में इसे 'नालंदा महाविहाराय आर्य भिक्षुस्य' कहा गया है। पाल शासक देवपाल

(८१०-८५० ई.) के समय में इसे अंतरराष्ट्रीय पहचान मिली। देवपाल के मुद्दगिरि ताम्रपत्र में उल्लेख है कि सुमात्रा के बेलपुत्र देव के आग्रह करने पर इनके द्वारा निर्मित कराए गए विहार की व्यवस्था के लिए देवपाल ने पाँच गाँव दान में दिए। स्थानीय शासकों तथा भारत के विभिन्न क्षेत्रों के साथ ही इसे अनेक विदेशी शासकों से भी अनुदान मिला था। इस विश्वविद्यालय को गुप्त तथा मौखरी नरेशों तथा 'कान्यकुब्जाधिप' हर्षवर्धन से निरंतर अर्थ सहायता और संरक्षण प्राप्त होता रहा। सम्राट् हर्षवर्धन ने इस विश्वविद्यालय के परिसर में छठे विहार का निर्माण कराया और परिसर के चारों ओर ९ फीट ऊँची दीवार निर्मित कराई।

इस विश्वविद्यालय के अवशेष चौदह हेक्टेयर क्षेत्र में मिले हैं। अत्यंत सुनियोजित ढंग से और विस्तृत क्षेत्र में बना हुआ यह विश्वविद्यालय स्थापत्य कला का अद्भुत नमूना था। खुदाई में मिली सभी इमारतों का निर्माण लाल पत्थर से किया गया था। इसका पूरा परिसर एक विशाल दीवार से घिरा हुआ था, जिसमें प्रवेश के लिए एक मुख्य द्वार था। यह परिसर दक्षिण से उत्तर की ओर बना हुआ है। मठ या विहार इस परिसर के पूर्व दिशा में उत्तर से दक्षिण की ओर व चैत्य (मंदिर) पश्चिम दिशा में बने थे। यहाँ का सबसे बड़ा मठ या विहार २०३ फीट लंबा और १६४ फीट चौड़ा था। इसके कक्षों की लंबाई ९ से १२ फीट तक थी। यशोवर्मा के एक अभिलेख से ज्ञात होता है कि नालंदा के विहारों की शिखर श्रेणियाँ गगनस्थ मेघों का चुंबन करती थीं। अभी तक खुदाई में केवल तेरह मठ मिले हैं, किंतु इससे अधिक मठों के होने ही संभावना है। मठ एक से अधिक मंजिल के होते थे। कमरे में सोने के लिए पत्थर की चौकी होती थी। दीपक, पुस्तक इत्यादि रखने के लिए आले बने हुए थे। प्रत्येक मठ के आँगन में एक कुआँ बना था। विद्यालय के समीप दस स्नानागार बने हुए थे। प्रात:काल स्नान का समय निर्धारित था और स्नान के समय घंटा बजता था। मंदिरों में बुद्ध भगवान् की सुंदर मूर्तियाँ स्थापित थीं। इस परिसर की सबसे मुख्य इमारत विहार-१ थी। आज भी यहाँ दो मंजिला इमारत शेष है, जो परिसर के मुख्य आँगन के समीप स्थित है। संभवत: यहाँ ही शिक्षक अपने छात्रों को संबोधित किया करते थे। इस विहार में एक छोटा सा प्रार्थनालय भी अभी सुरक्षित अवस्था में बचा हुआ है। इस प्रार्थनालय में भगवान् बुद्ध की भग्न प्रतिमा बनी है। यहाँ स्थित मंदिर नंबर ३ इस परिसर का सबसे बड़ा मंदिर है। इस मंदिर से समूचे क्षेत्र का विहंगम दृश्य देखा जा सकता है। यह मंदिर कई छोटे-बड़े स्तूपों से घिरा हुआ है। इन सभी स्तूपों में भगवान् बुद्ध की विभिन्न मुद्राओं में मूर्तियाँ बनी हुई हैं। नालंदा विश्वविद्यालय के उत्खनन के पश्चात् ही उसकी विशालता और भव्यता का वास्तुविक ज्ञान हो सका है। यहाँ के भवन विशाल, भव्य और सुंदर थे। कलात्मकता तो इनमें भरी पड़ी थी। जैन ग्रंथ 'सूत्रकृतांग' में नालंदा के 'हस्तियान' नामक सुंदर उद्यान का वर्णन है। इसके अतिरिक्त यहाँ ताँबे एवं पीतल की बुद्ध की मूर्तियों के प्रमाण भी मिलते हैं।

केंद्रीय विद्यालय में सात बड़े कक्ष थे और इसके अलावा तीन सौ अन्य कमरे थे। इनमें व्याख्यान हुआ करते थे। आठ विशाल भवन, दस मंदिर, अनेक प्रार्थना कक्ष तथा अध्ययन कक्ष के अलावा इस परिसर में सुंदर बगीचे तथा जलाशय भी थे, जिनमें कमल दल तैरते रहते थे।

यह विश्व का प्रथम पूर्णत: आवासीय विश्वविद्यालय था। पूर्ण विकसित स्थिति में यहाँ विद्यार्थियों की संख्या करीब १०,००० एवं अध्यापकों की संख्या तकरीबन २,००० थी। चीनीयात्री

इत्सिंग के भारत आगमन के समय यहाँ ३००० विद्यार्थी थे। सातवीं शती में जब ह्वेनसांग भारत आया था, उस समय १०,००० विद्यार्थी और १,५१० आचार्य नालंदा विश्वविद्यालय में थे। यहाँ का एक अध्यापक लगभग ९ या १० छात्रों को पढ़ाता था। इस विश्वविद्यालय में भारत के विभिन्न क्षेत्रों से ही नहीं बल्कि कोरिया, जापान, चीन, तिब्बत, श्रीलंका, इंडोनेशिया, फारस तथा तुर्की से भी विद्यार्थी शिक्षा ग्रहण करने आते थे। नालंदा के विशिष्ट शिक्षाप्राप्त स्नातक बाहर जाकर बौद्ध धर्म का प्रचार करते थे। विदेशी यात्रियों के वर्णन के अनुसार नालंदा विश्वविद्यालय में छात्रों के रहने की उत्तम व्यवस्था थी। उल्लेख मिलता है कि यहाँ छात्रों के रहने के लिए आठ शालाएँ और ३०० कमरे थे, जिनमें अकेले या एक से अधिक छात्रों के रहने की व्यवस्था थी। एक या दो भिक्षु छात्र एक कमरे में रहते थे। कमरे छात्रों को प्रत्येक वर्ष उनकी अग्रिमता के आधार पर दिए जाते थे। कई खंडों में विद्यालय तथा छात्रावास थे। प्रत्येक खंड में छात्रों के स्नान के लिए सुंदर तरणताल निर्मित किए गए थे, जिनमें नीचे से ऊपर जल लाने का प्रबंध था। शयनस्थान पत्थरों के बने थे। छात्रावास में जल की आवश्यकता को पूरा करने के लिए मीठे जल के कुएँ थे।

यहाँ छात्रों का अपना संघ था। वे स्वयं इसकी व्यवस्था तथा चुनाव करते थे। यह संघ छात्र संबंधित विभिन्न मामलों, जैसे छात्रावासों का प्रबंध आदि करता था। छात्रों को किसी प्रकार की आर्थिक चिंता न थी। उनके लिए शिक्षा, भोजन, वस्त्र, औषधि व उपचार सभी निःशुल्क थे। राज्य की ओर से विश्वविद्यालय को दो सौ गाँव दान में दिए गए थे, जिनसे प्राप्त आय और अनाज से उसका ख़र्च चलता था।

समस्त विश्वविद्यालय का प्रबंध कुलपति या प्रमुख आचार्य करते थे, जो भिक्षुओं द्वारा निर्वाचित होते थे। कुलपति दो परामर्शदात्री समितियों के परामर्श से सारा प्रबंध करते थे। प्रथम समिति शिक्षा तथा पाठ्यक्रम संबंधी कार्य देखती थी और द्वितीय समिति सारे विश्वविद्यालय की आर्थिक व्यवस्था तथा प्रशासन की देखभाल करती थी। विश्वविद्यालय को दान में मिले दो सौ गाँवों से प्राप्त उपज और आय की देख-रेख यही समिति करती थी। इसी से सहस्रों विद्यार्थियों के भोजन, कपड़े तथा आवास का प्रबंध होता था। सातवीं सदी में ह्वेनसांग के भारत आगमन के समय बौद्ध विद्वान् शीलभद्र इस विश्वविद्यालय के कुलपति थे। उनके पूर्व धर्मपाल इस संस्थान के कुलपति थे।

इस विश्वविद्यालय में तीन श्रेणियों के आचार्य थे, जो अपनी योग्यतानुसार प्रथम, द्वितीय और तृतीय श्रेणी में आते थे। नालंदा के प्रसिद्ध आचार्यों में शीलभद्र, धर्मपाल, चंद्रपाल, गुणमति, स्थिरमति, प्रभामित्र, जिनमित्र, दिङ्नाग, ज्ञानचंद्र, नागार्जुन, वसुबंधु, असंग, धर्मकीर्ति आदि थे। शीलभद्र ने 'आर्य बुद्ध भूमि बुद्ध व्याख्यान' नामक ग्रंथ की रचना की। धर्मपाल ने 'वर्ण सूत्र वृत्तिनाम' नामक संस्कृत व्याकरण की टीका लिखी। इसके अतिरिक्त शांतरक्षित ने 'तत्त्व संग्रह' और पद्मसंभव ने 'समय पज्यशिका' नामक ग्रंथों की रचना की। नागार्जुन ने यहीं पर प्रसिद्ध बौद्ध विद्वान् राहुलभद्र का शिष्यत्व स्वीकार कर विभिन्न शास्त्रों और विद्याओं का अध्ययन किया था। कुछ समय तक असंग भी यहाँ के आचार्य रहे थे। एक प्राचीन श्लोक से ज्ञात होता है कि प्रसिद्ध भारतीय गणितज्ञ एवं खगोलज्ञ आर्यभट भी इस विश्वविद्यालय के प्रमुख रहे थे। उनके लिखे जिन तीन ग्रंथों की जानकारी भी उपलब्ध है, वे हैं—दशगीतिका, आर्यभटीयम् और तंत्र। ज्ञाता बताते हैं

कि उनका एक अन्य ग्रंथ 'आर्यभट्ट सिद्धांत' भी था, जिसके आज मात्र ३४ श्लोक ही उपलब्ध हैं। इस ग्रंथ का सातवीं शताब्दी में बहुत उपयोग होता था।

नालंदा विश्वविद्यालय मुख्य रूप से महायान बौद्ध धर्म का शिक्षा केंद्र था किंतु यहाँ हीनयान बौद्धधर्म के साथ ही अन्य धर्मों तथा अनेक देशों के छात्र पढ़ते थे। अनेक पुराभिलेखों और सातवीं शताब्दी में भारत भ्रमण के लिए आए चीनी यात्री ह्वेनसांग एवं इत्सिंग के यात्रा विवरणों से इस विश्वविद्यालय के बारे में विस्तृत जानकारी प्राप्त होती है।

प्रसिद्ध चीनीयात्री ह्वेनसांग ने सातवीं सदी में यहाँ नालंदा विश्वविद्यालय में बौद्ध दर्शन, धर्म और साहित्य का अध्ययन किया था। उसने योगशास्त्र का भी अध्ययन किया था। इन्होंने अपने यात्रा-वृत्तांत व संस्मरणों में नालंदा के विषय में काफी कुछ लिखा है। ह्वेनसांग द्वारा रचित ग्रंथ 'सी-यू-की' का अंग्रेजी में अनुवाद ब्रिटिश विद्वान् सैमुअल बील द्वारा किया गया है। ह्वेनसांग ने लिखा है कि सहस्त्रों छात्र नालंदा में अध्ययन करते थे और इसी कारण नालंदा प्रख्यात हो गया था। इस विश्वविद्यालय में आचार्य छात्रों को मौखिक व्याख्यान द्वारा शिक्षा देते थे। इसके अतिरिक्त पुस्तकों की व्याख्या भी होती थी। शास्त्रार्थ होता रहता था। दिन के हर पहर में अध्ययन तथा शंका समाधान चलता रहता था। ह्वेनसांग के अनुसार, विश्वविद्यालय में प्रतिदिन १०० व्याख्यान दिए जाते थे। उसके अनुसार इस विश्वविद्यालय में प्रवेश पाना सरल नहीं था। यहाँ केवल उच्च शिक्षा प्राप्त करने वाले छात्र ही प्रवेश पा सकते थे। प्रवेश के लिए पहले छात्र को मौखिक परीक्षा देनी होती थी। इसमें उत्तीर्ण होने पर ही प्रवेश संभव था। विश्वविद्यालय के छह द्वार थे। प्रत्येक द्वार पर एक 'द्वार पंडित' होता था। प्रवेश से पहले वह छात्रों की वहीं परीक्षा लेता था। ह्वेनसांग के समय इस परीक्षा में विदेश से आने वाले छात्रों में केवल २० प्रतिशत छात्र, जबकि भारतीय छात्रों में से केवल ३० प्रतिशत छात्र ही उत्तीर्ण हो पाते थे। विश्वविद्यालय में प्रवेश हेतु वर्ण, धर्म अथवा राष्ट्रीयता के आधार पर कोई भेदभाव नहीं किया जाता था। विश्वविद्यालय में न्यूनतम बीस वर्ष के छात्र ही प्रवेश पा सकते थे। विश्वविद्यालय में प्रवेश के बाद भी छात्रों को कठोर परिश्रम करना पड़ता था तथा अनेक परीक्षाओं में उत्तीर्ण होना अनिवार्य था। यहाँ से स्नातक करने वाले छात्र का हर जगह सम्मान होता था।

चीनी विद्वान् इत्सिंग ने (६७५-६८५ ई.) भी भारत में आकर नालंदा विश्वविद्यालय में शिक्षा ग्रहण की थी। इत्सिंग ने ४०० संस्कृत पुस्तकों की प्रतिलिपियाँ तैयार की थीं, जिनमें लगभग ३ लाख श्लोक थे। उसने नालंदा के बारे में अधिक विस्तार से लिखा है, जिससे इस विश्वविद्यालय के बारे में हमें और जानकारी प्राप्त होती है। इत्सिंग ने लिखा है कि विश्वविद्यालय में भिक्षुओं के स्नान, ध्यान, भोजन, शयन तथा टहलने के निर्धारित नियम थे और प्रत्येक कार्य का निर्धारित समय था। इत्सिंग ने विश्वविद्यालय में लागू किए गए स्वास्थ्य एवं चिकित्सा संबंधी सिद्धांतों और नियमों का विस्तारपूर्वक उल्लेख किया है।

नालंदा विश्वविद्यालय में पाली भाषा का अध्ययन अनिवार्य था। यहाँ महायान के प्रवर्तक नागार्जुन, वसुबंधु, असंग तथा धर्मकीर्ति की रचनाओं का सविस्तार अध्ययन होता था। वेद, वेदांत और सांख्य भी पढ़ाए जाते थे। व्याकरण, दर्शन, शल्यविद्या, ज्योतिष, योगशास्त्र तथा चिकित्सा शास्त्र भी पाठ्यक्रम के अंतर्गत थे। नालंदा की खुदाई में मिली काँसे की अनेक मूर्तियों के आधार

पर कुछ विद्वानों का मत है कि कदाचित् धातु की मूर्तियाँ बनाने के विज्ञान का भी अध्ययन होता था। यहाँ खगोलशास्त्र के अध्ययन के लिए एक विशेष विभाग था। नालंदा के विद्यार्थियों के द्वारा ही एशिया में भारतीय सभ्यता एवं संस्कृति का विस्तृत प्रचार व प्रसार हुआ था। यहाँ के विद्यार्थियों और विद्वानों की माँग एशिया के सभी देशों में थी और उनका सर्वत्र आदर होता था। तिब्बत के राजा के निमंत्रण पर भदंत शांतिरक्षित और पद्मसंभव तिब्बत गए थे और वहाँ उन्होंने संस्कृत, बौद्ध साहित्य और भारतीय संस्कृति का प्रचार किया था। नालंदा में बौद्ध धर्म के अतिरिक्त हेतुविद्या, शब्दविद्या, चिकित्सा शास्त्र, अथर्ववेद तथा सांख्य से संबंधित विषय भी पढ़ाए जाते थे। ह्वेनसांग ने लिखा था कि नालंदा के एक सहस्र विद्वान् आचार्यों में से सौ ऐसे थे, जो सूत्र और शास्त्र जानते थे; पाँच सौ विद्वान् ऐसे थे, जो तीन विषयों में पारंगत थे और बीस विद्वान् ऐसे थे, जो पचास विषयों में निपुण थे। केवल शीलभद्र ही ऐसे थे, जिनकी सभी विषयों में समान गति थी।

नालंदा में सहस्रों विद्यार्थियों और आचार्यों के अध्ययन के लिए 'धर्मगृह' नामक नौ तल का एक विराट् पुस्तकालय था, जिसमें तीन लाख से अधिक पुस्तकों का अनुपम संग्रह था। इस पुस्तकालय में सभी विषयों से संबंधित पुस्तकें थीं। यह पुस्तकालय 'रत्नरंजक', 'रत्नोदधि' एवं 'रत्नसागर' नामक तीन विशाल भवनों में विभाजित था। इन भवनों की ऊँचाई का वर्णन करते हुए ह्वेनसांग ने लिखा है कि 'इनकी सतमंजिली अटारियों के शिखर बादलों से भी अधिक ऊँचे थे और इन पर प्रात:काल की हिम जम जाया करती थी। इनके झरोखों में से सूर्य का सतरंगा प्रकाश अंदर आकर वातावरण को सुंदर एवं आकर्षक बनाता था। इन पुस्तकालयों में सहस्रों हस्तलिखित गंथ थे।' इनमें से अनेक की प्रतिलिपियाँ ह्वेनसांग ने की थीं। 'रत्नोदधि' पुस्तकालय में अनेक अप्राप्य हस्तलिखित पुस्तकें संगृहीत थीं। इनमें से अनेक पुस्तकों की प्रतिलिपियाँ चीनीयात्री अपने साथ ले गए थे।

नालंदा सातवीं शती में तथा उसके पश्चात् कई सौ वर्षों तक एशिया का सर्वश्रेष्ठ विश्वविद्यालय था। इस विश्वविद्यालय को बारहवीं शताब्दी तक अंतरराष्ट्रीय ख्याति प्राप्त थी। तेरहवीं सदी तक इस विश्वविद्यालय का पूर्णत: अवसान हो गया। मुस्लिम इतिहासकार मिनहाजुद्दीन सिराज और तिब्बती इतिहासकार तारानाथ के वृत्तांतों से पता चलता है कि इस विश्वविद्यालय को तुर्कों के आक्रमणों से बड़ी क्षति पहुँची। तारानाथ के अनुसार तीर्थिकों और भिक्षुओं के आपसी झगड़ों से भी इस विश्वविद्यालय की गरिमा को भारी नुकसान पहुँचा। इस पर पहला आघात हूण शासक मिहिरकुल द्वारा किया गया। ११९३ ई. में तुर्क आक्रमणकारी बख्तियार खिलजी, जो कि दिल्ली के सुल्तान कुतुबुद्दीन ऐबक के सेनानायक के तौर पर बंगाल विजय पर निकला था, ने इसे जलाकर पूर्णत: नष्ट कर दिया। इतिहासकार मिनहाजुद्दीन सिराज ने अपनी पुस्तक 'तबकते नासिरी' में लिखा है कि हजारों बौद्ध भिक्षुओं को जीवित ही जला दिया गया और हजारों बौद्ध भिक्षुओं के शीश काट दिए गए। उसके अनुसार नालंदा पुस्तकालय में इतनी पुस्तकें थीं कि छह महीने तक वे पुस्तकें जलती रहीं और इनसे उठता धुआँ आस-पास की पहाड़ियों पर कई महीनों तक बादलों की भाँति मँडराता रहा। कहा जाता है कि विश्वविद्यालय में उस समय आग लगाई गई, जब बौद्ध भिक्षुओं के भोजन करने का समय था। पुरातात्त्विक अवशेषों से इस बात की पुष्टि होती है, जिनसे पता चलता है कि भयाक्रांत बौद्ध भिक्षुओं द्वारा भोजन अपने स्थान पर ही छोड़ दिया गया था।

धान्यगृह में जले हुए चावल के अवशेष भी इस बात की पुष्टि करते हैं। मुसलमानों ने यहाँ की सतमंजिली भव्य इमारतों और सुंदर भवनों को नष्ट-भ्रष्ट करके खँडहर बना दिया। इस प्रकार भारतीय विद्या, संस्कृति और सभ्यता के घर नालंदा को एक ही आक्रमण के झटके ने धूल में मिला दिया। कुछ इतिहासकारों का मत है कि विश्वविद्यालय के चारदीवारी से घिरे होने के कारण आक्रमणकारियों ने संभवतः इसे दुर्ग समझ लिया होगा, जबकि कुछ लोगों का मानना है कि सिर घुटाए हुए बौद्ध विद्वानों को उन्होंने मूर्तिपूजक ब्राह्मण समझकर उनकी हत्या की होगी। ऐसा माना जाता है कि विश्वविद्यालय की संकल्पना मुस्लिम ही भारत से पश्चिम में ले गए और उसके बाद पश्चिमी जगत् में विश्वविद्यालयों की स्थापना हुई।

नालंदा विश्वविद्यालय की खुदाई में मिले अवशेष भारतीय सरकार द्वारा एक संग्रहालय में सुरक्षित रखे गए हैं। १९-११-१९५८ को भारत के प्रथम राष्ट्रपति डॉ. राजेंद्र प्रसाद ने मूल विश्वविद्यालय के स्थल के समीप ही 'नव नालंदा विहार' का उद्घाटन किया। त्रिपिटिक के ज्ञाता विद्वान् जगदीश कश्यप को इस संस्था का प्रमुख नियुक्ति किया गया था।

नालंदा शिक्षा और ज्ञान-विज्ञान का प्रचीनतम केंद्र रहा है तथा भारतीय पुरातत्त्व सर्वेक्षण ने नालंदा पुरावशेष को प्राचीन स्मारक एवं पुरातात्त्विक स्थल और पुरावशेष अधिनियम १९५८ के तहत संरक्षित स्थल घोषित किया है। इस स्थान की मूल सामग्रियों से ही इसकी मरम्मत कराई गई है। यह पूरा प्रयास किया गया है कि नालंदा विश्वविद्यालय का मूल रूप न बदले।

वर्ष २०१० में एक विधेयक के द्वारा नालंदा विश्वविद्यालय के नाम पर एक नए विश्वविद्यालय की स्थापना की गई है। यह स्नातकोत्तर तथा डॉक्टरेट स्तर का विश्वविद्यालय होगा। प्रसिद्ध नोबेल पुरस्कार विजेता साहित्यकार अमर्त्य सेन को इसका प्रथम कुलपति नियुक्त किया गया। राजगीर के निकट एक अस्थायी परिसर में शुरू किए गए इस विश्वविद्यालय में वर्ष २०१४ से शैक्षणिक सत्र भी आरंभ हो चुका है। वर्ष २०२० तक इसके स्थायी कैंपस के पूर्ण रूप से निर्मित हो जाने का अनुमान है। इसके पुनर्जीवन प्रयास में सिंगापुर, चीन, जापान व दक्षिण-कोरिया ने भी सहयोग देने का वादा किया है। इसमें ईस्ट एशिया सम्मेलन के १६ देश आर्थिक सहयोग देंगे।

३. विक्रमशिला

पूर्व-मध्य युग के शिक्षा केंद्रों में इस विश्वविद्यालय की सर्वाधिक ख्याति थी। आठवीं शताब्दी में पाल वंश के शासक धर्मपाल (७७०-८१० ई.) द्वारा बिहार प्रांत के भागलपुर से लगभग २५ मील दूरी पर विक्रमशिला विश्वविद्यालय की स्थापना की गई। इस महाविहार के संबंध में कहा जाता है कि 'विक्रम' का अर्थ मजबूत, शक्तिशाली और 'शील' का अर्थ चरित्र से संबंधित है। कुछ लोगों का विश्वास है कि धर्मपाल का नाम 'विक्रमशील' भी था और उसने अपने इसी नाम पर इस विश्वविद्यालय की स्थापना की। तिब्बती स्रोतों के अनुसार यहाँ विक्रम नामक एक यक्ष को पराजित किया गया था, इसलिए इसे 'विक्रमशिला' कहा जाता है। ऐसा समझा जाता है कि नालंदा विश्वविद्यालय की क्रांति मद्धिम पड़ जाने पर एक विकल्प के रूप में विक्रमशिला विश्वविद्यालय की स्थापना की गई थी। इस विश्वविद्यालय ने अपनी स्थापना के तुरंत बाद ही अंतरराष्ट्रीय महत्त्व प्राप्त कर लिया था। यह प्रायः चार सौ वर्षों तक नालंदा विश्वविद्यालय का समकालीन था।

विद्वानों का मत है कि इस विश्वविद्यालय की स्थिति भागलपुर नगर से लगभग २५ मील दूर कोलगाँव (कहलगाँव) रेल स्टेशन के समीप अंती चक गाँव में थी। कोलगाँव से तीन मील पूर्व गंगा नदी के तट पर 'बटेश्वरनाथ का टीला' नामक स्थान है, जहाँ पर अनेक प्राचीन खँडहर पड़े हुए हैं। इनसे अनेक मूर्तियाँ भी प्राप्त हुई हैं, जिनसे इस स्थान की प्राचीनता सिद्ध होती है। विक्रमशिला के बारे में सबसे पहले प्रसिद्ध साहित्यकार राहुल सांस्कृत्यायन ने सुल्तानगंज के निकट होने का अनुमान किया था। उसका मुख्य कारण था कि अंग्रेजों के जमाने में सुल्तानगंज के निकट एक गाँव में बुद्ध की प्रतिमा मिली थी। किंतु अंग्रेजों ने विक्रमशिला के बारे में पता लगाने का प्रयास नहीं किया। इसकी खुदाई का कार्य सर्वप्रथम पटना विश्वविद्यालय के प्रो. बी.पी. सिन्हा के नेतृत्व में १९६०-६९ ई. में हुआ। इसके बाद भारतीय पुरातत्त्व विभाग द्वारा डॉ. बी.एस. वर्मा के नेतृत्व में १९७२ से १९८२ के बीच मुख्य स्तूप तथा संघाराम के मेहराबदार कमरे और मुख्यस्थल के बाहर के मंदिरों की विस्तृत खुदाई का कार्य किया गया। खुदाई-स्थल में नीचे उतरते ही तिब्बती धर्मशाला के अवशेष दृष्टिगोचर होते हैं। लगभग ६० फीट लंबे-चौड़े एक चबूतरे पर स्थित इस खँडहर की दीवारें और पक्की ईंटों के पाए क्षतिग्रस्त अवस्था में हैं। इस खुदाई से तिब्बती विद्वानों द्वारा वर्णित केंद्रीय चैत्य की पुष्टि हो चुकी है तथा महाविहार के प्रायः सभी भवनों का प्रकाश में आना निश्चित हो गया है। यहाँ ५० फीट ऊँचे और ७५ फीट चौड़े भवन के रूप में एक केंद्रीय चैत्य था। यहाँ भूमि-स्पर्श मुद्रा में भगवान् बुद्ध की प्रतिमा प्राप्त हुई है। पूर्वी और पश्चिमी भवन में पद्मासन पर बैठे अवलोकितेश्वर की काँस्य प्रतिमा प्राप्त हुई है। यहाँ अवस्थित स्तूप को देखने से ऐसा मालूम होता है कि कक्षाओं में प्रवेश के लिए यही मुख्य मंडप है। इसकी दीवारों में चारों ओर टेराकोटा ईंटें लगी हैं, जो जीर्ण अवस्था में हैं।

स्तूप के चारों ओर लगी हुई टेराकोटा की मूर्तियों में बौद्ध धर्म और सनातन धर्म से संबंधित चित्र दरशाए गए हैं। खुदाई के दौरान चतुष्कोणीय आकार का मठ प्रकट हुआ है। यह ३३० वर्गमीटर में फैला है। इसमें २८ कमरे हैं तथा १२ भूगर्भ कोष्ठ बने हुए हैं। इतिहासकारों का मानना है कि इसका प्रयोग चिंतन-कार्य के लिए किया जाता था। केंद्रीय चैत्य के केंद्र के चारों ओर विपरीत दिशा के आराधना-गृह में दो प्रदक्षिणा-पथों का निर्माण किया गया है। इसके अलावा खुदाई में यहाँ तंत्र-साधना की गुफाएँ भी प्रकाश में आई हैं और वहाँ महाविहार अंकित एक मुद्रा भी प्राप्त हुई है।

महाविहार के प्रांगण में अब तक दर्जनों प्रकोष्ठों को प्रकाश में लाया जा चुका है। कई जगहों से ईंट निर्मित मेहराबदार कमरों की भी खुदाई की गई है। इन कमरों का उपयोग संभवतः योग साधना के लिए किया जाता था। मुख्य प्रवेश-द्वार के अहाते में दोनों ओर से खुलने वाले चार-चार कमरों की शृंखला पाई गई है। यहाँ प्रथम चरण में चार सीढ़ियों की संरचना, फिर तीन सीढ़ियाँ, उसके बाद दो सीढ़ियाँ और दो मीटर के अंतराल पर अंततः एक सीढ़ी की कलापूर्ण बनावट मिलती है। तिब्बती स्रोतों के अनुसार यह महाविहार एक विशाल चारदीवारी से घिरा हुआ था और मध्य में महाबोधि का एक विशाल मंदिर बना था। महाविहार प्रांगण के एक भाग में मन्नत स्तूपों की कई शृंखलाएँ पाई गई हैं। इनमें कुछ छोटे तो कुछ मध्यम आकार वाले हैं। एक अनुमान के अनुसार, यहाँ पर लगभग १६० विहार थे, जिनमें अनेक विशाल प्रकोष्ठ बने हुए थे। महाविहार के केंद्र में एक व्याख्यान कक्ष था, जिसे विद्यागृह कहा जाता था।

नालंदा का संरक्षित क्षेत्र ८० एकड़ में फैला है, जबकि विक्रमशिला सौ एकड़ क्षेत्र में फैला हुआ है, लेकिन छात्रों, शिक्षकों, मठ और मंदिरों की संख्या में नालंदा विश्वविद्यालय विक्रमशिला से बड़ा था। नालंदा विश्वविद्यालय में ३२५ कमरे और ६ मंदिर थे, जबकि विक्रमशिला में २०८ कमरे और ४ मंदिर थे। विक्रमशिला विश्वविद्यालय को विश्व का दूसरा आवासीय विश्वविद्यालय होने का गौरव प्राप्त है। यह विश्वविद्यालय राजकीय महाविहार के रूप में प्रतिष्ठित था। नालंदा की भाँति विक्रमशिला विश्वविद्यालय भी बौद्ध संसार में सर्वत्र सम्मान की दृष्टि से देखा जाता था। बौद्ध ग्रंथों से यह भी उल्लेख मिलता है कि गौतम बुद्ध स्वयं यहाँ आए थे और यही से गंगा नदी पार कर सहरसा की ओर गए थे।

तिब्बती इतिहासकार लामा तारानाथ की प्रसिद्ध पुस्तक 'बौद्धधर्म का इतिहास' के अनुसार दसवीं शताब्दी आते-आते विक्रमशिला नालंदा विश्वविद्यालय से भी वृहत् शिक्षा केंद्र बन गया था। इसके संस्थापक पाल शासक धर्मपाल ने अध्ययन के स्तर को ऊँचा उठाने के लिए १०८ विद्वान् विभागाध्यक्ष और १०८ आचार्यों की नियुक्ति की थी। विश्वविद्यालय के सभाभवन में एक साथ ८,००० विद्यार्थी तथा विद्वान् बैठकर धर्म-प्रवचन सुनते थे। लामा सुम्पा के अनुसार, इसकी चारदीवारी के चतुर्दिक् १०७ देव-स्थानों की योजना थी और उसके अंदर ५८ संस्थाएँ थीं, जिनमें १०८ पंडित रहा करते थे। कुछ अन्य स्रोतों के अनुसार, यहाँ के अध्यापकों की कुल संख्या ३,००० के लगभग थी। छात्रों की संख्या के विषय में कोई स्पष्ट जानकारी नहीं मिलती। बारहवीं शताब्दी में यहाँ ३,००० छात्रों के होने का विवरण प्राप्त होता है, लेकिन यहाँ के सभागार के जो खँडहर मिले हैं, उनसे पता चलता है कि सभागार में ८,००० व्यक्तियों को बिठाने की व्यवस्था थी। विदेशी छात्रों में तिब्बती छात्रों की संख्या सर्वाधिक थी। इसीलिए एक छात्रावास केवल तिब्बती छात्रों के लिए ही था।

इतिहासकार सुकुमार दत्ता के अनुसार, विक्रमशिला विश्वविद्यालय में शिक्षकों का जैसा सुस्पष्ट पदक्रम स्थापित था, वैसा अन्य किसी महाविहार या विश्वविद्यालय में नहीं मिलता। यह पदक्रम निम्न प्रकार था—

१. अध्यक्ष

२. द्वारपंडित (छह द्वारों के लिए छह पृथक् द्वारपंडित थे)

३. महापंडित

४. पंडित (संख्या में १०८)

५. उपाध्याय अथवा आचार्य (पंडितों की संख्या को मिलाकर लगभग १६०)

६. भिक्षु (संख्या में लगभग १,०००)

इतिहासकार पंचानन मिश्र का कहना है कि नालंदा विश्वविद्यालय में एक द्वार का पता चला है, जबकि विक्रमशिला में छह द्वार थे। द्वारों की संख्या छह होने का तात्पर्य है कि यहाँ पर छह विषयों की पढ़ाई होती थी। कुछ विद्वानों का मत है कि ये छह द्वार विश्वाविद्यालय के छह विहारों के थे। तिब्बती लेखक लामा तारानाथ के अनुसार इस विश्वविद्यालय में छह प्रवेश द्वार थे, जो विषयों के प्रकांड विद्वान् आचार्यों द्वारा रक्षित थे। वे आचार्य 'द्वार-पंडित' कहे जाते थे। इस महाविहार में प्रवेश पाने के लिए विद्यार्थी को पहले प्रत्येक द्वार-पंडित से शास्त्रार्थ करना पड़ता था और जो

इसमें उत्तीर्ण होता था, वही इस महाविहार में प्रवेश पाने का अधिकारी होता था। प्रवेशार्थियों की योग्यता, चरित्र और धारणा या बुद्धि की परीक्षा के लिए दस आचार्यों की नियुक्ति की गई थी। नालंदा विश्वविद्यालय की तरह यहाँ की भी प्रवेश परीक्षा बड़ी कठिन थी। दस प्रवेशार्थियों में दो या तीन को ही प्रवेश मिल पाता था। तारानाथ के अनुसार, दसवीं शताब्दी के अंतिम भाग में पूर्वी द्वार पर रत्नाकर शांति, पश्चिमी द्वार पर वागीश्वर कीर्ति, उत्तरी द्वार पर नारोप, दक्षिणी द्वार पर प्रज्ञाकरमति, प्रथम केंद्रीय द्वार पर कश्मीर के रत्नवज्र और द्वितीय केंद्रीय द्वार पर गौड़ देश के ज्ञानश्री मित्र थे।

विक्रमशिला विश्वविद्यालय के प्रख्यात विद्वानों की एक लंबी सूची है। इस विश्वविद्यालय से संबद्ध विद्धानों में 'रक्षित', 'विरोचन', 'ज्ञानपद', 'बुद्ध', 'जेतारि', 'रत्नाकर', 'शांति', 'ज्ञानश्री', 'मित्र', 'रत्नवज्र' एवं 'अभयंकर' के नाम प्रसिद्ध हैं। इनकी रचनाएँ बौद्ध साहित्य में महत्त्वपूर्ण स्थान रखती हैं। इस विश्वविद्यालय के सर्वाधिक प्रतिभाशाली भिक्षु दीपंकर श्रीज्ञान 'अतीश' ने लगभग २०० ग्रंथों की रचना की। ये ओदंतपुरी के विद्यालय के छात्र थे और विक्रमशिला के आचार्य। ग्यारहवीं शती में तिब्बत के राजा के निमंत्रण पर ये वहाँ पर गए थे। तिब्बत में बौद्ध धर्म के प्रचार-प्रसार में इनका योगदान बहुत महत्त्वपूर्ण समझा जाता है। उन्हें तिब्बत में इतना सम्मान मिला कि वे अतिशदेव के तुल्य पूज्य हो गए। तिब्बत में उन्हें मंजुश्री का अवतार माना जाता है और मठों में उनकी पूजा की जाती है। तिब्बत के साथ इस शिक्षा केंद्र का प्रारंभ से ही विशेष संबंध रहा है। विक्रमशिला विश्वविद्यालय में विद्याध्ययन के लिए आने वाले तिब्बत के विद्वानों के लिए अलग से एक अतिथिशाला थी। विक्रमशिला से अनेक विद्वान् तिब्बत गए थे तथा वहाँ उन्होंने कई ग्रंथों का तिब्बती भाषा में अनुवाद किया। यही कारण है कि विक्रमशिला-महाविहार से जुड़े अधिकांश साक्ष्य तिब्बती-ग्रंथों में मिलते हैं।

यहाँ भी नालंदा की तरह सुदूर देशों, जैसे—जापान, चीन, तिब्बत, कोरिया, थाईलैंड, भूटान, नेपाल आदि के विद्यार्थी शिक्षा-ग्रहण करने के लिए आया करते थे। नए विद्यार्थी सबसे पहले एक भिक्षु के पास शिक्षा पाने के लिए जाते थे। बाद में उन्हें उच्च शिक्षा के लिए ऊँचे स्तर के पंडित के अधीन रहकर ज्ञान प्राप्त करना होता था। विद्यार्थी को शिक्षकों के अधीन सारे कार्य करने पड़ते थे। छात्रों को वाद-विवाद और तर्क द्वारा भी शिक्षा दी जाती थी, जिसमें शिक्षक एवं छात्र स्वच्छंद रूप से भाग लेते थे। यहाँ के शिक्षक किसी एक विषय पर ही नहीं बल्कि सभी विषयों पर तर्क करते थे। विद्यार्थियों की सुविधा के लिए पुस्तकें उपलब्ध कराई जाती थीं तथा उनकी जिज्ञासाओं का समाधान विद्वान् आचार्यों द्वारा किया जाता था।

उत्खनन में एक ग्रंथागार का अवशेष भी मिला है, जिसे देखने से प्रतीत होता है कि यह ग्रंथागार कभी काफी समृद्ध रहा होगा। भोजपत्र एवं तालपत्र-ग्रंथों को जलवायु तथा मौसमी क्षरण से बचाने के लिए ग्रंथागार में शीतोष्ण व्यवस्था थी। ग्रंथागार की दो दीवारों के बीच पानी बहने की व्यवस्था थी। संभवत: कक्ष के तापमान को हमेशा सामान्य बनाए रखने के लिए ऐसा किया गया था। यहाँ बौद्ध पांडुलिपियों का अच्छा संग्रह था। महाविहार में आधुनिक शैक्षणिक परिषद् के समान एक समिति थी, जो पुस्तकालयों के कार्यों की देख-रेख करती थी। विदेशों से आए बौद्ध भिक्षु अपने अध्ययन काल से कुछ समय निकालकर यहाँ की दुर्लभ व अच्छी-अच्छी पुस्तकों

का अपनी-अपनी भाषा में अनुवाद कर अपने देश ले जाते थे। इस कार्य में उन्हें अधिक-से-अधिक सुविधाएँ प्रदान की जाती थीं। पाल शासक गोपाल द्वितीय के समय में यहाँ से प्राप्त की गई 'प्रज्ञापारमिता' की पांडुलिपि अभी भी ब्रिटिश संग्रहालय में सुरक्षित है। तिब्बती पांडुलिपियों से यह ज्ञात होता है कि विक्रमशिला-महाविहार में बहुत बड़े-बड़े विद्वान् आचार्य के पद पर थे। उनकी लिखी हुई अनेक पुस्तकें थीं।

विद्यार्थियों को भोजन, वस्त्र, आवास, शिक्षा आदि की व्यवस्था निःशुल्क थी। विश्वविद्यालय का खर्च पाल-राजाओं द्वारा दी गई जागीरों से होता था। इस महाविहार में दो तरह के विद्यार्थी होते थे। पहले वे विद्यार्थी, जो शिक्षा प्राप्त करके बौद्ध-धर्म के प्रचार में ही अपना समस्त जीवन गुजारते थे। दूसरे वे विद्यार्थी, जिनका उद्‌देश्य केवल ज्ञान प्राप्त करना और गृहस्थ जीवन गुजारना था। ऐसे विद्यार्थियों को महाविहार के आर्थिक संकट की स्थिति में या अपने निर्वाह के लिए कुछ धन की व्यवस्था भी करनी पड़ती थी। ऐसे धन का प्रबंध वे भिक्षाटन द्वारा या उच्चवर्ग के विद्यार्थी अपने घर से इसकी पूर्ति करते थे। शिक्षकों और विद्वानों को अपनी योग्यता सिद्ध करने के लिए शास्त्रार्थ के आयोजन में भाग लेना पड़ता था। इस प्रकार के शास्त्रार्थ का समय पहले से निश्चित रहता था, जिसमें शिक्षक, विद्यार्थीगण तथा समस्त विद्वान् भाग लेते थे और अपने ज्ञान की वृद्धि करते थे। ऐसी सभा की अध्यक्षता राजा स्वयं करता था।

सफल छात्रों की योग्यता की घोषणा सत्तारूढ़ शासक के द्वारा दीक्षांत समारोह में की जाती थी। यह परंपरा विक्रमशिला में ही पहली बार लागू हुई थी। उच्चकोटि की शिक्षा प्राप्त करके विक्रमशिला के विद्यार्थी 'पंडित' और 'महापंडित' की उपाधि धारण करते थे। यह डिग्री या उपाधि सत्तारूढ़ राजा द्वारा विद्यार्थियों को दी जाती थी। ये उपाधियाँ विक्रमशिला-महाविहार की उच्चतम डिग्री थी। चीनीयात्री इत्सिंग के अनुसार श्रेष्ठ विद्वानों के नाम विश्वविद्यालय के द्वारों पर अंकित किए जाते थे।

विक्रमशिला विश्वविद्यालय में शिक्षा का माध्यम संस्कृत भाषा थी। इस विश्वविद्यालय में व्याकरण, न्याय, दर्शन और तंत्र के अध्ययन की विशेष व्यवस्था थी। यह विश्वविद्यालय वज्रयान संप्रदाय से संबंधित साहित्य और तंत्रवाद के अध्ययन का सबसे बड़ा केंद्र था। पाल शासकों के काल में बौद्ध धर्म के तहत तंत्रज्ञान (वज्रयान) का विकास हुआ। पाल सम्राटों ने उदंतपुरी (बिहार शरीफ), संधौन (बेगूसराय), सोमपुर (बांग्लादेश) और विक्रमशिला में तांत्रिक पीठ की स्थापना की थी। विक्रमशिला सबसे बड़ा तांत्रिक केंद्र था। अनेक इतिहासकारों का विश्वास है कि विक्रमशिला में तंत्र की साधना के साथ नरबलि की भी प्रथा थी। इतिहासकारों का मत है कि महाविहार में पढ़ाई जाने वाली तंत्र में सिद्धि के लिए छात्र वर्तमान में उत्खनन-स्थल से दो किलोमीटर दूर, शांत गंगा के किनारे बटेश्वर-स्थान जाते थे। बटेश्वर-स्थान आज भी सिद्ध-पीठ के नाम से विख्यात है।

ज्येष्ठ धर्म स्वामी लामा ने (११५३-१२१६ ई.) तथा कश्मीरी विद्वान् शाक्य श्रीभद्र (११४५-१२२५ ई.) ने विक्रमशिला को प्रसिद्ध विद्या-केंद्र के रूप में देखा था, लेकिन पुनः धर्म स्वामी लामा जब १२३५ ई. में नालंदा आए, तब उन्होंने विक्रमशिला विश्वविद्यालय को नहीं पाया। इससे निष्कर्ष निकलता है कि १२२५ ई. से १२३५ ई. के बीच मुस्लिम आक्रमणकारियों ने विक्रमशिला विश्वविद्यालय को नष्ट कर दिया था। इस संदर्भ में 'तबकाते नासिरी' से भी जानकारी मिलती है।

लामा तारानाथ ने लिखा है कि तुरुष्क आक्रमणकारियों ने इस महाविहार को सुनियोजित तरीके से नष्ट-भ्रष्ट किया। संपूर्ण महाविहार में आग लगा दी गई। मूर्तियों को भी टुकड़ों-टुकड़ों में तोड़ दिया गया तथा यहाँ के विश्वविख्यात पुस्तकालयों को भी जला दिया गया। तारानाथ के अनुसार तुरुष्क आक्रमणकारियों ने इस महाविहार का विध्वंस कर उसके समीप ही महाविहार की ईंटों और पत्थरों से एक किले का निर्माण किया और उस किले में वे कुछ समय तक रुके रहे।

४. वल्लभी

वल्लभी प्राचीन भारत का एक नगर है, जो पश्चिमी भारत के सौराष्ट्र में और बाद में गुजरात राज्य, भावनगर के बंदरगाह के पश्चिमोत्तर में खंभात की खाड़ी के मुहाने पर स्थित था। यह पाँचवीं से आठवीं शताब्दी तक मैत्रक वंश की राजधानी रहा। वर्तमान समय में इसका नाम वल नामक भूतपूर्व रियासत तथा उसके मुख्य स्थान वल्लभी के नाम में सुरक्षित रह गया है। बुंदेलों के परंपरागत इतिहास से सूचित होता है कि वल्लभीपुर की स्थापना उनके पूर्वपुरुष कनकसेन ने की थी, जो श्रीरामचंद्र के पुत्र लव का वंशज था। इसका समय १४४ ई. कहा जाता है। इतिहासकारों के अनुसार वल्लभी नगर की स्थापना लगभग ४७० ई. में मैत्रक वंश के संस्थापक भट्टारक ने की थी। 'वल' नामक गाँव से मैत्रकों के ताँबे के अभिलेख और मुद्राएँ प्राप्त हुई हैं। वल्लभीपुर या वलभि से यहाँ के शासकों के उत्तरगुप्तकालीन अनेक अभिलेख प्राप्त हुए हैं।

इस शिक्षा केंद्र में विहार का निर्माण सर्वप्रथम राजकुमारी टुड्डा ने कराया था। उसके बाद राजा धरसेन ने ५८० ई. में दूसरा विहार बनवाया, जिसका नाम श्री बप्पपाद था। इस विहार का निर्देशन और प्रशासन आचार्य स्थिरमति द्वारा किया जाता था। वल्लभी का शिक्षा-केंद्र तक्षशिला और नालंदा की परंपरा में ही विकसित हुआ था। वल्लभी लगभग ७८० ई. तक मैत्रकों की राजधानी बना रहा। ऐसा प्रतीत होता है कि लगभग ७२५-७३५ ई. में सौराष्ट्र पर हुए अरब आक्रमणों से यह बच गया था।

जैन अनुश्रुति के अनुसार जैन धर्म की तीसरी परिषद् छठी शती ई. वल्लभीपुर में हुई थी, जिसके अध्यक्ष देवर्धिगणि नामक आचार्य थे। इस परिषद् के द्वारा प्राचीन जैन आगमों का संपादन किया गया था। जो संग्रह संपादित हुआ, उसकी अनेक प्रतियाँ बनाकर भारत के बड़े-बड़े नगरों में सुरक्षित कर दी गई थीं। जैन ग्रंथ 'विविध तीर्थ कल्प' के अनुसार वलभि गुजरात की परम वैभवशाली नगरी थी। वलभि नरेश शीलादित्य ने रंकज नामक एक धनी व्यापारी का अपमान किया था, जिसने अफगानिस्तान के अमीर या हम्मीरय को शीलादित्य के विरुद्ध भड़काकर आक्रमण करने के लिए निमंत्रित किया था। इस युद्ध में शीलादित्य मारा गया था।

वल्लभी बौद्धधर्म की हीनयान शाखा का महत्त्वपूर्ण शिक्षा केंद्र था और यहाँ कई बौद्ध मठ भी थे। इस विश्वविद्यालय के संरक्षण के लिए मैत्रक राजाओं ने अपार धन व्यय किया। सातवीं सदी में वल्लभी उतना ही प्रसिद्ध और समृद्ध था, जितना कि नालंदा विश्वविद्यालय। यहाँ सातवीं सदी के मध्य में चीनीयात्री ह्वेनसांग और सातवीं सदी के अंत में इत्सिंग आए थे, जिन्होंने इसकी तुलना बिहार के नालंदा से की थी। उन्होंने अपने विवरणों में इस विश्वविद्यालय के बारे में कहा है कि भारत की संस्कृति के सभी आयाम यहाँ प्रकाशित हैं। यहाँ से स्नातक होना ही योग्यता का

पर्याय है। ह्वेनसांग ने यहाँ के १०० विहारों और ६,००० भिक्षुओं का उल्लेख किया है, जिनमें से अधिकांश सम्मति मत के थे। वे 'अंतर्भाव' सिद्धांत में विश्वास करते थे और 'पुग्ग लवाद' के प्रचारक थे, जिसके अनुसार 'अभिधर्म' की शिक्षाओं को नकार दिया गया था, क्योंकि वे 'सूत्र' शिक्षाओं की विरोधी थीं। ह्वेनसांग ने वल्लभी नगर में बहुत से हिंदू मंदिर और बड़ी संख्या में हिंदुओं के निवास करने का भी उल्लेख किया है। महात्मा बुद्ध ने भी इस स्थान का भ्रमण किया था। वल्लभी में जिन-जिन स्थानों पर महात्मा बुद्ध गए थे, उन स्थानों पर सम्राट् अशोक द्वारा स्तूप निर्मित कराए जाने का उल्लेख भी ह्वेनसांग ने किया है।

इत्सिंग के अनुसार वल्लभी विश्वविद्यालय में विदेशों से आए छात्र भी अध्ययन करते थे। इससे पता चलता है कि वल्लभी की पहचान अंतरराष्ट्रीय स्तर पर भी थी। यहाँ एक विशाल पुस्तकालय था, जिसका अनुरक्षण राजा द्वारा स्थापित कोष से किया जाता था। राजा गणेश के अभिलेख से इसकी पुष्टि होती है। नालंदा से आए हुए प्रसिद्ध विद्वानों गुणमति और स्थिरमति को इस विश्वविद्यालय का संस्थापक माना जाता है। चूँकि वे नालंदा से आए थे, इसलिए वल्लभी विश्वविद्यालय की अधिकांश गतिविधियाँ नालंदा की परंपरा पर ही आधारित थीं। विक्रमशिला विश्वविद्यालय की भाँति यहाँ भी विख्यात विद्वानों के नाम विश्वविद्यालय के मुख्य द्वार पर श्वेत अक्षरों में लिखे जाते थे। गंगा की तलहटी से अनेक ब्राह्मण अपने पुत्रों को शिक्षा प्राप्ति के लिए यहाँ भेजते थे। इससे इस विश्वविद्यालय का महत्त्व पता चल जाता है। इतिहासवेत्ता अलतेकर महोदय ने भी अपने अध्ययन में वल्लभी को देव संस्कृति का कीर्ति-स्तंभ माना है।

वल्लभी में सौ करोड़पति रहते थे, जिनका आर्थिक सहयोग इस महाविहार को मिलता रहता था। अनेक राजाओं द्वारा भी इस महाविहार को दान दिया गया था। ग्रंथों के लिए भी यहाँ दान प्राप्त होते रहते थे।

इस प्रकार वल्लभी विश्वविद्यालय की प्रसिद्धि ४७५ ई. से लगभग १२०० ई. तक रही। बारहवीं सदी के अंत में जब मुसलमानों के आक्रमण होने लगे, तब अन्य विश्वविद्यालयों की भाँति यह भी नष्ट हो गया।

५. ओदंतपुरी

इसे उदंतपुरी अथवा उदंतपुरा के नाम से भी जाना जाता था। पाल वंश के शासक गोपाल प्रथम ने, जो ७३० ई. में राजा हुआ था, ओदंतपुरी विश्वविद्यालय की स्थापना की थी। किंतु प्रो. आर.सी. मजूमदार इस विश्वविद्यालय की स्थापना का श्रेय पाल शासक धर्मपाल को देते हैं, जिसने विक्रमशिला विश्वविद्यालय की भी स्थापना की थी। इसका यह नाम इसलिए पड़ा, क्योंकि यह एक सीधी ढलान वाली पहाड़ी पर स्थित था और नीचे मैदान से देखने पर यह एक 'उड़ती नगरी' जैसा लगता था। यह पंचानन नदी के किनारे हिरण्यपर्वत नामक पहाड़ी पर स्थित था। इसकी पहचान वर्तमान बिहार शरीफ नगर के समीप एवं नालंदा से लगभग ६ मील दूर स्थित एक स्थल से की गई है। विश्वविद्यालय का उत्खनन कार्य नहीं होने के कारण यह आज भी धरती के गर्भ में दबा है, जिसके कारण बहुत ही कम लोग इस विश्वविद्यालय के इतिहास से परिचित हैं।

तिब्बती इतिहासकारों के अनुसार, ओदंतपुरी विश्वविद्यालय में लगभग १२,००० छात्र थे। यह

विश्वविद्यालय वज्रयान संप्रदाय तथा तंत्र विद्या का केंद्र था। ओदंतपुरी विश्वविद्यालय प्रतिभाशाली विद्वानों एवं विद्यार्थियों का गढ़ था। विक्रमशिला के आचार्य श्री गंग यहाँ के छात्र रह चुके थे। यहाँ धर्मरक्षित, चंद्र कीर्ति और शीलरक्षित नामक प्रसिद्ध विद्वान् थे। यहाँ के विद्वान् भिक्षुओं द्वारा प्रचुर मात्रा में साहित्यिक कृतियों की रचना की गई थी। यही नहीं, यहाँ एक नई लिपि का भी विकास हुआ और यह लिपि काफी समय तक उत्तर भारत में बौद्ध ग्रंथों की रचना के लिए मानक लिपि के रूप में प्रयुक्त होती रही। यहाँ के बौद्ध भिक्षु प्रभाकर ने 'सामुद्रिक व्यंजन वर्णन' नामक ग्रंथों का तिब्बती भाषा में अनुवाद किया था। विक्रमशिला का रत्नाकररक्षित यहाँ सर्वास्तिवादी शाखा का छात्र था। ओदंतपुरी के भिक्षुओं ने तिब्बती में बौद्ध धर्म के प्रचार में महत्त्वपूर्ण कार्य किया। रचना की दृष्टि से यह विश्वविद्यालय इतना उत्कृष्ट था कि विदेशियों ने भी इसका अनुकरण किया। तिब्बत में ७४९ ई. में 'अचिंत्य विहार' का निर्माण भी ओदंतपुरी से प्रेरणा लेकर ही किया गया था। डॉ. एस.के.डे. इस तिब्बती विहार का नाम 'समयविहार' मानते हैं।

अन्य प्राचीन विश्वविद्यालयों की भाँति यह विश्वविद्यालय भी बारहवीं सदी के अंत में मुस्लिम आक्रमणकारियों के हमले में नष्ट हो गया। आज इस विश्वविद्यालय के मूल स्थल का उत्खनन कराए जाने की आवश्यकता है, जिससे इसका गौरवशाली इतिहास लोगों के सामने आ सके।

६. सोमपुर

सोमपुर भी पाल युग में बंगाल का प्रमुख बौद्ध शिक्षा-केंद्र था। इसकी पहचान वर्तमान बांग्लादेश में नवगाँव जिले में स्थित पहाड़पुर से की जाती हैं। इसे १९८५ में यूनेस्को विश्व विरासत स्थल का दर्जा मिल चुका है। सोमपुर महाविहार नालंदा की परंपरा पर आधारित था। दोनों महाविहारों के स्थापत्य में भी साम्य था। नालंदा के समान ही सोमपुर से भी एक टेराकोटा अभिलेख प्राप्त हुआ है, जिससे पता चलता है कि इसकी स्थापना धर्मपाल के पुत्र एवं उत्तराधिकारी देवपाल ने (८१०-८५० ई.) की थी।

इस महाविहार के भग्नावशेष एक वर्ग मील के क्षेत्र में फैले हुए हैं। इस महाविहार का एक विशाल प्रवेश द्वार था तथा महाविहार के चारों ओर ऊँची दीवार थी। पूजागृह एवं ध्यानकक्षों के अतिरिक्त यहाँ भिक्षुओं के लिए १७७ कक्ष भी बने थे। भग्नावशेषों में तीन-मंजिला इमारतों के अवशेष भी मिले हैं। इसके अतिरिक्त एक बड़े भोजनकक्ष तथा रसोई के भी प्रमाण मिले हैं। इस विश्वविद्यालय की ख्याति लगभग ७५० वर्षों तक रही। मुस्लिम आक्रमणों के समय अन्य महाविहारों की भाँति इसका भी अस्तित्व समाप्त हो गया।

७. जगद्दल महाविहार

नालंदा एवं विक्रमशिला की तुलना में जगद्दल विश्वविद्यालय के बारे में अधिक ज्ञात नहीं है। कई वर्षों तक इसके मूल स्थान का पता नहीं लगाया जा सका। सर्वप्रथम ए.के.एम. जकारिया ने उन पाँच संभावित स्थलों का निरीक्षण किया, जो 'जगदल' या उससे मिलते-जुलते नाम से प्रसिद्ध थे। ये पाँच संभावित स्थल इन स्थानों पर थे—पंचगढ़ में राजशाही-मालदा क्षेत्र, ठाकुरगाँव का हरिपुर उपजिला, दीनजपुर में बोचागंज उपजिला, नवगाँव में धामोरहाट उपजिला और मालदा में बामनगोला

ब्लॉक। इनमें से ऐतिहासिक महत्त्व के भग्नावशेष केवल नवगाँव जिले में प्राप्त हुए हैं। यह स्थान पहाड़पुर के निकट वर्तमान बांग्लादेश में स्थित है। पिछले लगभग एक दशक में यूनेस्को के तत्त्वावधान में किए गए उत्खनन कार्य से यह सिद्ध हो चुका है कि यह स्थल एक बौद्ध महाविहार था।

पाल शासक रामपाल (१०७७-११२९ ई.) को इसका संस्थापक माना जाता है। जगद्दल महाविहार पाल शासकों द्वारा किया गया सबसे बड़ा निर्माण कार्य था। उस समय के पाल दरबार के प्रसिद्ध कवि संध्याकरनंदिन ने जगद्दल महाविहार का वर्णन अपने ग्रंथों में किया है। तिब्बती स्रोतों के अनुसार, पाँच बौद्ध महाविहार सर्वप्रसिद्ध थे—नालंदा, विक्रमशिला, सोमपुर, ओदंतपुरी और जगद्दल। ये पाँचों महाविहार राजकीय संरक्षण में थे एवं पाँचों महाविहार आपसी समन्वय के आधार पर संचालित होते थे।

जगद्दल बौद्ध धर्म की तंत्र विद्या का केंद्र था। यह विद्यापीठ अवलोकितेश्वर को समर्पित था और यह नालंदा की परंपरा पर आधारित था। तिब्बती विवरणों के अनुसार, यहाँ पर कई पुस्तकों का तिब्बत में अनुवाद किया गया था। प्रसिद्ध कश्मीरी विद्वान् शाक्य श्रीभद्र, जो कि नालंदा विश्वविद्यालय के अंतिम प्रसिद्ध विद्वान् थे, ने नालंदा, विक्रमशिला और ओदंतपुरी विश्वविद्यालयों का ध्वंस होने के बाद यहाँ प्रवेश लिया था। उन्होंने सात वर्ष तक इस विश्वविद्यालय में अध्ययन किया था। मुस्लिम आक्रमण को अवश्यंभावी जानकर वे १२०७ ई. में तिब्बत चले गए। शाक्य श्रीभद्र को तिब्बत में बौद्ध धर्म की तंत्र विद्या का प्रचारक होने का श्रेय दिया जाता है। उनके शिष्य दानशील ने दस पुस्तकों का तिब्बती भाषा में अनुवाद किया था। मोक्षाकर गुप्त और शुभाकरगुप्त भी यहाँ के प्रसिद्ध आचार्य थे। ऐसा समझा जाता है कि संस्कृति कविताओं का प्राचीनतम ज्ञात संकलन 'सुभाषितरत्नकोश' का संकलन विद्याकर द्वारा जगद्दल में ही ग्यारहवीं सदी के अंत या बारहवीं सदी के आरंभ में किया गया था।

बारहवीं सदी के प्रारंभ में मुस्लिम आक्रमणकारियों ने नालंदा एवं अन्य महाविहारों की भाँति जगद्दल को भी नष्ट कर दिया। इतिहासकार सुकुमार दत्त ने इसके विध्वंस का समय १२०७ ई. निर्धारित किया है। किंतु यह तय है कि यह मुस्लिम आक्रमणकारियों के हाथों नष्ट होने वाला अंतिम विश्वविद्यालय था।

यूनेस्को की रिपोर्ट से ज्ञात होता है कि उत्खनन स्थल से १०५ मीटर लंबा और ८५ मीटर चौड़ा टीला मिला है, जो प्राचीन जगद्दल महाविहार का पुरातात्त्विक अवशेष है। खुदाई में टेराकोटा के प्लेट, अलंकृत ईंटें, कीलें, देवी-देवताओं की तीन पाषाण मूर्तियाँ और एक स्वर्ण पिंड भी मिला है। इस स्थल की और विस्तृत खुदाई करने पर शायद इस महाविहार के बारे में और अधिक जानकारी प्राप्त हो सकती है।

८. पुष्प गिरि

पुष्पगिरि विश्वविद्यालय या महाविहार वर्तमान ओडिशा राज्य (प्राचीन कलिंग राज्य) में कटक एवं जाजपुर जिलों में स्थित था। इस विश्वविद्यालय का अस्तित्व ईसा पूर्व दूसरी सदी से लेकर ग्यारहवीं सदी तक रहा। इसके अवशेष महानदी के डेल्टा से ९० किलोमीटर दूर लांगुडी की पहाड़ियों पर मिलते हैं। चीनी यात्री ह्वेनसांग ने ६३९ ई. में इस महाविहार के दर्शन किए थे और इसे

पुष्पगिरि महाविहार के नाम से वर्णित किया है। मध्यकाल के तिब्बती लेखों में भी इस महाविहार का उल्लेख मिलता है। नागार्जुनकोंडा के अभिलेख में भी इस महाविहार का उल्लेख है।

इस महाविहार के भग्नावशेष काफी समय तक अंधकार में रहे। सन् १९९५ में एक स्थानीय कॉलेज के प्रोफेसर ने इन अवशेषों को खोज निकाला। लगभग १४३ एकड़ में फैले हुए इन अवशेषों के उत्खनन का कार्य सन् १९९६ से २००६ तक Odisha Institute of Maritime and South East Asian Studies द्वारा किया गया। वर्तमान में यहाँ भारतीय पुरातत्त्व सर्वेक्षण द्वारा उत्खनन कराया जा रहा है।

महाविहार का परिसर लांगुडी पहाड़ी के समीप स्थित तीन पहाड़ियों—उदयगिरि, रत्नगिरि और ललितगिरि में फैला हुआ था। महाविहार में अनेक स्तूप, मठ, मंदिर तथा मूर्तियाँ मिलती हैं जो अधिकांशत: गुप्त काल की हैं। ओडिशा की ब्रह्मनी नदी की सहायिका केलुआ नदी, जो लांगुडी की पहाड़ियों के उत्तर-पूर्व में बहती है, इस महाविहार की सुंदर पृष्ठभूमि तैयार करती थी। इन तीन पहाड़ियों में उत्खनन से बने पेगोड़ा के अवशेष, नक्काशीदार पत्थर के प्रवेश द्वार तथा रहस्यमयी बौद्ध प्रतिमाएँ मिली हैं। किंतु इस स्थल की सबसे कीमती खोज सम्राट् अशोक के दो उत्कीर्ण चित्र हैं, जिनमें से एक में अकेले सम्राट् अशोक तथा दूसरे में उन्हें दोनों रानियों के साथ दरशाया गया है।

इन पहाड़ियों में सबसे महत्त्वपूर्ण रत्नागिरि है, जिसे तत्कालीन समय का उल्लेखनीय बौद्ध केंद्र माना गया है। रत्नागिरि पहाड़ी केलुआ नदी के तट पर स्थित है। उत्खनन में यहाँ तीन मठ (इनमें से दो चतुष्कोणीय हैं), आठ मंदिर और कई स्तूप मिले हैं, जो सातवीं सदी के बताए जाते हैं। सबसे बड़ा मठ ५५ वर्ग मीटर का है, जिसके चारों ओर एक बरामदा है तथा एक प्रांगण है, जिसमें साठ स्तंभ हैं। इस प्रांगण का एक प्रवेशद्वार है। इस परिसर में एक ओर महात्मा बुद्ध की मूर्ति है तथा बौद्ध भिक्षुओं के लिए निर्मित २४ प्रकोष्ठों के अवशेष मिलते हैं। ये प्रकोष्ठ ईंटों से निर्मित किए गए हैं किंतु इनके दरवाजों की चौखट पत्थर की बनी हुई मिलती हैं। द्वार-पार्श्वों पर सुंदर चित्रकारी की गई है। इसमें एक नर्तकी अपनी दासी का आलिंगन करती एक राजसी महिला, ध्यान मुद्रा में एक महिला के चित्र उल्लेखनीय हैं। यहाँ की चार गैलरियों में ९-१०वीं सदी की सुंदर मूर्तियों के दर्शन होते हैं। मिट्टी तथा हाथी दाँत से बनी वस्तुएँ, ताम्रपत्र के लेख तथा साँचे में मोम को पिघलाकर बनाई गई काँसे की मूर्तियाँ भी यहाँ मिली हैं। ऐसा माना जाता है कि गुप्तोत्तर काल में यह स्थान बौद्ध शिल्प का संभवत: सबसे बड़ा केंद्र था। यहाँ के बौद्ध विहार के कलात्मक शिल्प एवं उत्कीर्ण द्धार-पार्श्वों से यह प्रमाणित होता है।

प्रथम या द्वितीय शताब्दी का ललितगिरि इन तीनों में सबसे पुराना है। यह विश्व के प्राचीनतम बौद्ध संस्थानों में से एक है। यह सड़क मार्ग द्वारा भुवनेश्वर और कटक से जुड़ा हुआ है। ललितगिरि में हाल ही में हुई खुदाई में महत्त्वपूर्ण पुरातात्त्विक सामग्री मिली है, जिससे ज्ञात होता है कि यह बौद्ध शिक्षा का एक महान् केंद्र था। यहाँ पर ईंटों से बने मठ, एक चैत्य कक्ष, कई मन्नत स्तूप और एक पाषाण निर्मित स्तूप के अवशेष पहाड़ी पर मिले हैं। यहाँ सम्राट् अशोक महान् के भी चित्र उत्कीर्ण किए गए हैं। इसके आधार पर यह अनुमान लगाया गया है कि मूलत: पुष्पगिरि महाविहार की स्थापना सम्राट् अशोक द्वारा ही की गई होगी। ललितगिरि में एक संग्रहालय भी है, जहाँ खुदाई

में मिली हुई वस्तुओं को दरशाया गया है। इनमें विशाल बुद्ध मूर्तियाँ, बोधिसत्त्व की मूर्तियाँ, तारा, जंभाली एवं अन्य मूर्तियाँ सम्मिलित हैं। अधिकांश मूर्तियों पर छोटे-छोटे अभिलेख उत्कीर्ण किए गए हैं। यहाँ तीन मंजूषाएँ भी मिली हैं, जिनमें से दो में कीमती पत्थर, चाँदी और सोने की छोटी मंजूषाओं के अंदर पवित्र अवशेष संरक्षित हैं। संभवत: ये संरक्षित अवशेष महात्मा बुद्ध के हैं।

उदयगिरि में दो मठ खुदाई के दौरान मिले हैं। रत्नगिरि की भाँति उदयगिरि कॉम्प्लेक्स में भी विशाल स्तूपों और मठों के अस्तित्व के प्रमाण मिलते हैं। यहाँ पर प्राप्त पुरालेखीय प्रमाणों के अनुसार इन मठों के नाम 'माधवपुरा महाविहार' और 'सिंहप्रस्थ महाविहार' थे। मठ संख्या एक के प्रवेश स्थान पर एक बावली का भी पता चला है। उदयगिरि स्थल का काल-निर्धारण प्रथम सदी ई. से तेरहवीं सदी तक किया गया है।

९. तेल्हारा

तेल्हारा बिहार के नालंदा जिले में स्थित एक महाविहार था। ह्वेनसांग ने इस स्थल को अपने वृत्तांत में 'तिकिया' बताया है। ह्वेनसांग ने लिखा है कि तिल-त्से-लो-हारा में सातवीं शताब्दी में महायान संप्रदाय के सात मठ थे। यहीं हजारों बौद्ध भिक्षु महायान ग्रंथों का अध्ययन कर रहे थे। चीनीयात्री इत्सिंग ने भी अपने यात्रा-वृत्तांत में 'तेल्याक' विश्वविद्यालय का जिक्र किया है। इत्सिंग के समय में यहाँ ज्ञानचंद्र नामक एक बौद्ध आचार्य नीतिशास्त्र का ज्ञाता माना जाता था। मुगलकालीन विद्वान् अबुल फजल ने अपनी पुस्तक 'आइने अकबरी' में इसका उल्लेख 'तिलादह' के नाम से किया है और इसे तत्कालीन बिहार के ४६ महाल (प्रशासनिक इकाई) में से एक बताया है। ईस्ट इंडिया कंपनी द्वारा १८४२-४५ ई. में तैयार किए गए नक्शों में इस स्थान का नाम 'अपरगन' दरशाया गया है। तेल्हावरा के मूल स्थल के अवशेषों की खोज सर्वप्रथम १८७२ ई. में नालंदा के तत्कालीन मजिस्ट्रेट ए.एम. ब्रॉडले द्वारा की गई थी। उन्होंने अपनी पुस्तक में इस स्थल को 'तिलास-अकिया' बताया है।

वर्ष २००९ में बिहार सरकार ने पुरातत्त्व निदेशक डॉ. अतुल कुमार वर्मा के नेतृत्व में इस स्थल का उत्खनन आरंभ कराया। उत्खस्थ में प्राचीन मृदभांड, अन्य वस्तुएँ तथा ह्वेनसांग द्वारा उल्लिखित तीन मंजिला संरचना के अवशेष मिले हैं। इस महाविहार में प्रार्थना कक्ष एवं आवासीय प्रकोष्ठों के भी अवशेष प्राप्त हुए हैं। इस स्थान की खुदाई में निम्नलिखित कालों की परतें मिली हैं—

१. उत्तर कृष्ण परिमार्जित भांड (तृतीय सदी ई.पूर्व)

२. कुषाण युग (प्रथम सदी ई.)

३. गुप्त युग (पाँचवीं से सातवीं सदी ई.)

४. पाल युग (सातवीं से ग्यारहवीं सदी ई.)

ब्रिटिश काल के दौरान इस स्थल से प्राप्त कई मूर्तिया संग्रहालयों में रखवा दी गई थीं। इंडियन म्यूजियम, कोलकाता में तेल्हारा से प्राप्त हुई मैत्रेय तथा बारह भुजाधारी अवलोकितेश्वर की प्रतिमाएँ सुरक्षित हैं। इसी स्थल से प्राप्त पालयुगीन एक मूर्ति जर्मनी में ज्यूरिख के राइटबर्ग संग्रहालय में रखी हुई है। तेल्हारा में एक मस्जिद है, जिसके बारे में कहा जाता है कि इसका निर्माण बौद्ध महाविहार के अवशेषों से किया गया था।

वर्ष २०१४ में तेल्हारा में महाविहार (विश्वविद्यालय) होने के प्रमाण मिले। वर्ष २०१४ में ही यहाँ भगवान् बुद्ध की पत्थर की एक प्रतिमा खुदाई में मिली है। तीन फीट ऊँची यह प्रतिमा ध्यानावस्था में बुद्ध की है। यह प्रतिमा पाल राजाओं के काल की बताई जा रही है। इस खुदाई स्थल से गोद में बच्चा लिये हुए माँ की तीन सेंटीमीटर ऊँची काँस्य प्रतिमा भी मिली है। अभी तक खुदाई से प्राप्त साक्ष्यों के आधार पर ऐसा लगता है कि प्राचीन काल में यह स्थल काफी विशाल बौद्ध अध्ययन केंद्र रहा होगा। अभी बुद्ध की काले पत्थर वाली जो प्रतिमा मिली है, वह महज १० फीट नीचे से मिली है। कुछ दिन पहले चामुंडा की काँसे की प्रतिमा भी यहीं से मिली है। डॉ. अतुल कुमार वर्मा की राय में तेल्हारा स्थल थेरवाद संप्रदाय के बौद्धों का मठ रहा होगा। विश्वविद्यालय के अवशेषों से पता चला है कि यह नालंदा और विक्रमशिला विश्वविद्यालय से भी प्राचीन है। यह महाविहार पहली शताब्दी में अस्तित्व में था, जबकि नालंदा चौथी और विक्रमशिला सातवीं शताब्दी का है। बिहार सरकार के कला संस्कृति विभाग के पुरातत्त्व निदेशालय को खुदाई में प्राप्त महाविहार की मुहर के आधार पर यह कहा जा सकता है कि यह राज्य का सबसे प्राचीन विश्वविद्यालय है। कोलकाता विश्वविद्यालय के प्राध्यापक डॉ. एस. सान्याल ने पाली लिपि में मुहर पर अंकित अक्षरों को पढ़कर इसका नाम बताया है। श्री सान्याल के अनुसार इस विश्वविद्यालय का नाम तिलाधक, तेलाधक्य या तेल्हाड़ा नहीं बल्कि प्रथम शिवपुर महाविहार है।

चीनीयात्री इत्सिंग के वर्णन के अनुसार, यहाँ तीन मंदिर थे। हवा चलती थी तो यहाँ टँगी घंटियाँ बजती थीं। अब तक हुई एक वर्ग किमी. की खुदाई में ये तीनों हॉल, घंटियाँ, काँस्य मूर्तियाँ आदि मिल चुकी हैं। खुदाई में ईंटें जो मिली हैं, वे ४२ × ३२ × ६ सेमी. की हैं। पहले यहाँ प्राप्त बौद्ध विहारों की संरचनाओं से इसे गुप्तकालीन (४-५वीं सदी) माना जाता था, लेकिन मुहर पर लिखे इतिहास ने इसे कुषाणकालीन साबित कर दिया है। इस प्रकार खुदाई में मिले अवशेष चीनी यात्रियों ह्वेनसांग तथा इत्सिंग के वर्णन से मेल खाते हैं और इसे कुषाणकालीन महाविहार भी सिद्ध करते हैं। इस स्थल की खुदाई का कार्य अभी भी जारी है। आशा है, इससे इस विश्वविद्यालय का इतिहास गहराई से पता चल सकेगा।

१०. विक्रमपुर विहार

विक्रमपुर विहार वर्तमान बांग्लादेश की राजधानी ढाका से १३ मील दूर दक्षिण में मुंशीगंज जिले के रघुरामपुर गाँव में स्थित था। विक्रमपुर बंगाल की सबसे पुरानी राजधानी थी, जिसका उल्लेख वेदों में भी मिलता है। 'अग्रसर विक्रमपुर फाउंडेशन' नामक एक सामाजिक-सांस्कृतिक संगठन एवं जहाँगीरपुर विश्वविद्यालय के पुरातत्त्व विभाग द्वारा संयुक्त रूप से यहाँ लगभग चार वर्षों तक उत्खनन कार्य किया गया, जिसके फलस्वरूप २३ मार्च, २०१३ को इस महाविहार के अवशेष मिलने की घोषणा की गई। बांग्लादेश के संस्कृति मंत्रालय ने इस कार्य हेतु वित्त की व्यवस्था की थी। उत्खनन से प्राप्त प्रमाणों के अनुसार यह महाविहार लगभग १००० वर्ष पुराना है। लगभग १०० मूर्तियाँ अब तक यहाँ उत्खनन से प्राप्त हो चुकी हैं।

ऐसा माना जाता है कि पाल शासक धर्मपाल ने अपने राज्य में विभिन्न स्थानों पर लगभग ३० महाविहारों की स्थापना की थी और यह उनमें से एक था। इस महाविहार का संबंध दीपंकर श्रीज्ञान 'अतिश' से है, जिनका जन्म मुंशीगंज जिले के ही वज्रयोगिनी नामक गाँव में हुआ था।

दीपंकर श्रीज्ञान अतिश के समय यह क्षेत्र बौद्ध शिक्षा का प्रमुख केंद्र था और लगभग ८,००० विद्यार्थी एवं आचार्य यहाँ पठन-पाठन हेतु आते थे। इनमें चीन, तिब्बत, नेपाल और थाईलैंड से आए हुए विदेशी विद्वान् और छात्र भी सम्मिलित थे।

अब तक उत्खनन में ३.५ × ३.५ मीटर के पाँच कक्ष मिल चुके हैं। इस महाविहार के वास्तविक आकार का अभी तक अनुमान नहीं लगाया जा सका है। आशा है कि उत्खनन कार्य में प्रगति के साथ ही नए तथ्य प्रकाश में आएँगे और इस प्राचीन विश्वविद्यालय के इतिहास से हम परिचित हो सकेंगे।

उपरोक्त विश्वविद्यालयों के अतिरिक्त प्राचीन भारत में अनेक नगर विद्या के केंद्र के रूप में प्रसिद्ध थे। इनमें नागार्जुनकोंडा तथा अमरावती, कांपिल्य, कांचीपुरम्, कश्मीर, पुष्कलावती, काशी, उज्जयिनी, कान्यकुब्ज आदि नगर प्रमुख हैं, लेकिन इनमें आधुनिक विश्वविद्यालय जैसी समेकित इकाई के पर्याप्त प्रमाण नहीं मिलते, जैसा कि उपरोक्त विश्वविद्यालयों के संबंध में मिलते हैं। अत: इनका यहाँ विस्तार से उल्लेख करना समीचीन नहीं होगा।

उपरोक्त विवरण के आधार पर हम कह सकते हैं कि भारत प्राचीनकाल से शिक्षा एवं पठन-पाठन कार्य के लिए प्रसिद्ध था। यहाँ प्राचीनकाल से ही गुरुकुल परंपरा चली आ रही थी, किंतु बौद्ध धर्म के उदय एवं विकास के साथ ही देश के विभिन्न भागों में मठों एवं विहारों का निर्माण हुआ, जिनमें से अनेक महाविहार और कालांतर में महाविद्यालय के रूप में विकसित हुए। इस प्रकार आधुनिक विश्वविद्यालय की संकल्पना को जन्म देने का श्रेय बौद्ध धर्म को दिया जा सकता है। किंतु यह ध्यातव्य है कि इन विश्वविद्यालयों में केवल बौद्ध धर्म ही नहीं, वरन् योगशास्त्र, गणित, चिकित्सा, शस्त्र-विद्या आदि विभिन्न विषयों की शिक्षा दी जाती थी। इसी कारण ये विश्वविद्यालय का रूप ले सके। मुस्लिम आक्रमणकारियों के लगातार आक्रमणों से इन विश्ववविद्यालयों का अस्तित्व धूल-धूसरित हो गया। आज इनकी गौरवगाथा के प्रमाण-स्वरूप इनके भग्नावशेष ही रह गए हैं।

भारतीय शिक्षा और संस्कृति का वैश्विक प्रसार

भारतीय शिक्षा

शिक्षा का मूल तात्पर्य यही माना गया था कि वह जीवन के विशेष अंश तक ही सीमित न रहे, संपूर्ण जीवन को सही-सही विकास करने में गति और ऐसी दृष्टि प्रदान करे, जो आर-पार देखने की क्षमता रखती है। शिक्षा के महत्त्व को ऋषियों ने जाना और उन्होंने प्रयास किया कि प्रत्येक व्यक्ति से संपर्क किया जाए। शिक्षा-प्रसार का कार्य दो भागों में विभाजित किया गया। बच्चों को शिक्षा दी जाने लगी और बड़ों को उपदेश। दोनों का लक्ष्य एक ही था—जीवन के स्तर को ऊपर उठाकर उसे परिष्कृत करना। यह ध्यातव्य है कि दोनों का लक्ष्यबिंदु एक ही था। शिक्षा का संबंध जीवन की संपूर्णता एवं उसके भौतिक तथा आध्यात्मिक विस्तार से है। जो शिक्षा धर्म को धारण करने की शक्ति के साथ-साथ अभ्युदय, नि:श्रेयस एवं सिद्धि प्रदान करती है तथा जो भौतिकता, आध्यात्मिकता, दोनों का संवर्धन करती है, वही शिक्षा श्रेष्ठ मानी गई है।

अन्यथा शिक्षा मात्र एक बोझ ही हो जाती है। ऐसी शिक्षा को बाँझ ही कहा जा सकता है, क्योंकि इस प्रकार की शिक्षा में उत्पादन करने की शक्ति का सर्वथा अभाव होता है। केवल रोजी-रोटी की समस्या को हल करनेवाली शिक्षा को शिक्षा नहीं कहा जा सकता, यह शिक्षा का एक अंशमात्र है। जीवन को ऊपर उठाने की क्षमता उसमें नहीं होती, शिक्षा उस औषधि जैसी है, जो रोग को समाप्त करके खुद भी पच जाती है। शरीर की जीवन-शक्ति स्वयं सजग होकर अपना

काम करना प्रारंभ कर देती है। अज्ञान और अशिक्षा, दोनों से पूर्ण मुक्त हो जाना ही पूर्ण प्रकाश को प्राप्त करना है। शिक्षा और अज्ञान दोनों आवरण हैं, दोनों शुद्ध एवं निर्मल चेतना आच्छादित किए रहते हैं। वास्तव में सम्यक् शिक्षा की तत्त्वत: परिणति है कि वह अज्ञान का नाश करके स्वयं भी पच जाए। शरीर, मन, बुद्धि और आत्मा का समाहार मानव है। अत: शिक्षा को अंत:ज्योति का साधन माना गया था, पेट पालने तक इसे सीमित नहीं रखा गया था। वैदिक ऋषि यह मानकर चलते थे कि मानव के विकास की सीमा प्रकृति से ही निर्धारित नहीं होती अपितु यह शिक्षा से भी निर्धारित होती है। व्यक्ति की कार्य-क्षमता और उसकी बुद्धि की प्रखरता-तेजस्विता उसकी शिक्षा पर अधिक तथा परिस्थिति पर बहुत कम निर्भर करती है। विद्या या शिक्षा एक बहुत बड़ी शक्ति है तथा इसका प्रयोग सोच-समझकर ही होना चाहिए, ऐसा ऋषियों का मानना था। ऋषि कभी भी पागल के हाथ में तलवार देने के पक्ष में नहीं रहे, इसलिए उन्होंने शिक्षा को सम्यक् पात्र तक ही सीमित रखा। मनु के अनुसार—आचार्य अपनी विद्या के साथ भले ही मर जाए, किंतु घोर विपत्ति आने पर इस विद्या को अपात्र को न दे। वैदिक शिक्षा में ब्रह्मचर्य का अत्यधिक महत्त्व था। विद्यार्थी जीवन का प्रथम लक्ष्य यही था—'ब्रह्मचर्येण तपसा राजा राष्ट्रं वि रक्षति। आचार्यो ब्रह्मचर्येण ब्रह्मचारिणमिच्छते॥ अर्थात् ब्रह्मचर्य के तप से राजा राष्ट्र की रक्षा करने में समर्थ होता है। ब्रह्मचर्य के द्वारा ही आचार्य शिष्यों के शिक्षण की योग्यता को अपने भीतर संपादित करता है।

अस्वस्थ शरीर में स्वस्थ मस्तिष्क की कल्पना नहीं की जा सकती। मस्तिष्क की स्थिति स्वतंत्र नहीं है, वह शरीर के साथ ही है। संयमित जीवन और आहार-विहार का संयम शरीर के साथ-साथ बाह्य एवं आंतरिक वृत्तियों को भी संयमित-संतुलित रखता है। वैदिक युग प्रवचन काल था। इसमें पढ़ने और लिखने का प्रचलन नहीं था। शुद्ध रूप से प्रवचन काल था। सुनकर स्मरण कर लेना विद्यार्थियों की पूर्ण सफलता थी। आचार्य, विषय और शिष्य, इन तीनों का पूर्ण योग ही शिक्षा की पूर्णता है। इन तीनों के योग से ही एक चौथी शक्ति का विस्फोट होगा। आचार्य और शिष्य एक-दूसरे में समाधिस्थ हो जाते हैं। एकरूप से आचार्य शिष्य की चेतना में प्रवेश करता है और शिष्य आचार्य के ज्ञान में। वैदिक युग में आचार्य का सर्वोच्च सम्मान था, वह राजा से अधिक पूज्य होता था। इसलिए यह उक्ति प्रसिद्ध हो गई कि 'राजा अपने ही देश में पूजित होता है, जबकि विद्वान् का सर्वत्र ही सम्मान होता है, यथा—स्वदेशे पूज्यते राजा विद्वान् सर्वत्र पूज्यते।'

भारतीय संस्कृति

मनुष्य की अमूल्य निधि उसकी संस्कृति है। संस्कृति एक ऐसी पहचान है, जिससे व्यक्ति एक सामाजिक प्राणी बनता है और प्राकृतिक पर्यावरण को अपने अनुकूल बनाने की क्षमता अर्जित करता है। 'होबेल' का मत है, 'वह संस्कृति ही है, जो एक व्यक्ति को दूसरे व्यक्तियों से, एक समूह को दूसरे समूहों से और एक समाज को दूसरे समाजों से अलग करती है।'

सामान्य अर्थ में संस्कृति सीखे हुए व्यवहारों की संपूर्णता है, लेकिन संस्कृति की अवधारणा इतनी विस्तृत है कि उसे एक वाक्य में परिभाषित करना संभव नहीं है। वास्तव में मानव द्वारा अप्रभावित प्राकृतिक शक्तियों को छोड़कर जितनी भी मानवीय परिस्थितियाँ हमें चारों ओर से प्रभावित करती हैं, उन सभी की संपूर्णता को हम संस्कृति कहते हैं और इस प्रकार संस्कृति के इस घेरे का नाम ही 'सांस्कृतिक पर्यावरण' है।

दूसरे शब्दों में, 'संस्कृति एक व्यवस्था है, जिसमें हम जीवन के प्रतिमानों, व्यवहार के तरीकों, अनेकानेक भौतिक एवं अभौतिक प्रतीकों, परंपराओं, विचारों, सामाजिक मूल्यों, मानवीय क्रियाओं और आविष्कारों को शामिल करते हैं।'

सर्वप्रथम वायु पुराण में 'धर्म', 'अर्थ', 'काम' तथा 'मोक्ष' विषयक मानवीय घटनाओं को 'संस्कृति' के अंतर्गत समाहित किया गया। इसका तात्पर्य यह हुआ कि मानव जीवन के दिन-प्रतिदिन के आचार-विचार, जीवन शैली तथा कार्य-व्यवहार ही संस्कृति कहलाते हैं।

मानव समाज के धार्मिक, दार्शनिक, कलात्मक, नीतिगत विषयक कार्य-कलापों, परंपरागत प्रथाओं, खान-पान, संस्कार इत्यादि के समन्वय को संस्कृति कहा जाता है। अनेक विद्वानों ने संस्कार के परिवर्तित रूप को ही संस्कृति स्वीकार किया है।

संस्कृति की व्यापकता

नृविज्ञान में 'संस्कृति' शब्द का प्रयोग अत्यंत व्यापक अर्थ में होता है। प्रसिद्ध मानवविज्ञानी मैलिनोव्स्की के अनुसार, 'मानव जाति की समस्त सामाजिक विरासत या मानव की समस्त संचित सृष्टि का ही नाम संस्कृति है।' इस अर्थ में संस्कृति में शामिल है, मानव-निर्मित वह स्थूल वातावरण, जिसे मानव ने अपने उद्यम, कल्पना, ज्ञान-विज्ञान और कौशल द्वारा रचकर प्राकृतिक जगत् के ऊपर एक स्वनिर्मित कृत्रिम जगत् स्थापित किया। नृविज्ञान इस मानव द्वारा निर्मित कृत्रिम जगत् को ही संस्कृति की संज्ञा देता है। इस कृत्रिम जगत् को रचने की प्रक्रिया में संस्कृति के अंतर्गत विचार, भावना, मूल्य, विश्वास, मान्यता, चेतना, भाषा, ज्ञान, कर्म, धर्म इत्यादि जैसे सभी अमूर्त तत्त्व स्वयमेव शामिल हैं, जबकि दूसरी ओर संस्कृति में विज्ञान और प्रौद्योगिकी, श्रम और उद्यम से सृजित भोजन, वस्त्र, आवास और भौतिक जीवन को सुविधाजनक बनानेवाले सभी मूर्त और अमूर्त स्वरूप भी शामिल हैं। मानवविज्ञान संस्कृति के अमूर्त स्वरूपों को आध्यात्मिक संस्कृति कहता है और मूर्त रूपों को भौतिक संस्कृति की संज्ञा देता है। इस प्रकार इन दोनों संस्कृतियों के संयुक्त विकास से परिष्कार पाकर मनुष्य सुसंस्कृत बनता है।

संस्कृति का शाब्दिक अर्थ

'संस्कृति' शब्द संस्कृत के 'कृ' धातु से 'क्ति' प्रत्यय और 'सम' उपसर्ग को जोड़कर बना है। सम+कृ+क्ति=संस्कृति। वास्तव में संस्कृति शब्द का अर्थ अत्यंत ही व्यापक है, कुछ विद्वान् संस्कृति को संस्कार का रूपांतरित शब्द मानते हैं। विभिन्न विद्वानों ने संस्कृति की परिभाषाएँ कुछ इस प्रकार दी हैं—

रेडफील्ड के अनुसार—'संस्कृति, कला और वास्तुकला में स्पष्ट होने वाले परंपरागत ज्ञान का वह संगठित रूप है, जो परंपरा के द्वारा संरक्षित होकर मानव समूह की विशेषता बन जाता है।'

ह्वाइट के अनुसार—"संस्कृति एक प्रतीकात्मक, निरंतर संचयी एवं प्रगतिशील प्रक्रिया है।"

ई.बी. टेलर के अनुसार—"उन सभी वस्तुओं के समूह को, जिनमें ज्ञान, धार्मिक विश्वास, कला, नैतिक कानून, परंपराएँ तथा वे अन्य सभी योग्यताएँ सम्मिलित होती हैं, जिन्हें कोई मनुष्य समाज का सदस्य होने के नाते सीखता है, इसे संस्कृति कहते हैं।"

कन्हैयालाल माणिकलाल मुंशी के शब्दों में—"संस्कृति जीवन की उन अवस्थाओं का

नाम है, जो मनुष्य के अंदर व्यवहार, लगन और विवेक पैदा करती हैं। यह मनुष्यों के व्यवहारों को निश्चित करती है, उनके जीवन के आदर्श और सिद्धांतों को प्रकाश प्रदान करती है।''

पं. जवाहरलाल नेहरू ने संस्कृति के संबंध में अपने विचार प्रकट करते हुए कहा है, ''संस्कृति का अर्थ मनुष्य का आंतरिक विकास और उसकी नैतिक उन्नति है, पारंपरिक सद्व्यवहार है और एक-दूसरे को समझने की शक्ति है।''

वस्तुतः संस्कृति से आशय मानव की मानसिक, नैतिक, भौतिक, आर्थिक, सामाजिक, राजनीतिक एवं कलात्मक जीवन की समस्त उपलब्धियों की समग्रता से है।

टी.एस. इलियट के अनुसार—''शिष्ट व्यवहार, ज्ञानार्जन, कलाओं के आस्वादन इत्यादि के अतिरिक्त किसी जाति की अथवा वे समस्त राष्ट्रीय क्रियाएँ एवं कार्य-कलाप, जो उसे विशिष्टता प्रदान करते हैं, संस्कृति के अंग हैं।''

ओसवाल्ड स्पेनलर के अनुसार—''सभ्यता संस्कृति की अनिवार्य परिणति है। सभ्यता से किसी संस्कृति की बाहरी चरम एवं कृत्रिम अवस्था का बोध होता है। संस्कृति विस्तार है, तो सभ्यता कठोर स्थिरता।''

बीरस्टीड के अनुसार—''संस्कृति एक जटिल संपूर्णता है, जिसमें वे सभी बातें सम्मिलित हैं, जिन पर हम विचार करते हैं, कार्य करते हैं और एक समाज के एक सदस्य के रूप में अपने पास रखते हैं।''

ब्रानिस्ला मैलिनोव्स्की के अनुसार—''संस्कृति एक सामाजिक विरासत है, जिसमें परंपरागत कला-कौशल, वस्तु सामग्री, यांत्रिक कार्य-कलाप, आचार-विचार, प्रवृत्तियाँ तथा मूल्य समावेशित होते हैं।''

सत्यकेतु विद्यालंकर ने लिखा है—''मनुष्य अपनी बुद्धि का प्रयोग कर कर्म के क्षेत्र में जो सृजन करता है, उसको संस्कृति कहते हैं।''

रामधारी सिंह 'दिनकर' के अनुसार—''संस्कृति मानव जीवन में उसी तरह व्याप्त है, जिस प्रकार फूलों में सुगंध और दूध में मलाई। इसका निर्माण एक या दो दिन में नहीं होता, युग-युगांतर में संस्कृति निर्मित होती है।''

हर्सकोविट्स के अनुसार—हर्सकोविट्स ने संस्कृति को मनुष्य का समस्त सीखा हुआ व्यवहार कहा है, अर्थात् वे चीजें, जो मनुष्य के पास हैं, वे चीजें, जो वे करते हैं और वह सब, जो वे सोचते हैं, संस्कृति है।

वस्तुतः भारतीय संस्कृति विश्व की सर्वाधिक प्राचीन एवं समृद्ध संस्कृति है। अन्य देशों की संस्कृतियाँ तो समय की धारा के साथ-साथ नष्ट होती रही हैं, किंतु भारतीय संस्कृति आदि काल से ही अपने परंपरागत अस्तित्व के साथ अजर-अमर बनी हुई है। इसकी उदारता तथा समन्वयवादी गुणों ने अन्य संस्कृतियों को समाहित तो किया है, किंतु अपने अस्तित्व के मूल को सुरक्षित रखा है। तभी तो पाश्चात्य विद्वान् अपने देश की संस्कृति को समझने हेतु भारतीय संस्कृति को पहले समझने का परामर्श देते हैं।

(महाकवि रामधारी सिंह 'दिनकर'
संस्कृति विशेषांक, गोरखपुर)

भारतीय संस्कृति की विशेषताएँ

प्राचीनता—भारतीय संस्कृति विश्व की प्राचीनतम संस्कृतियों में से एक है। मध्य प्रदेश के भीमबेटका में पाए गए शैलचित्र, नर्मदा घाटी में की गई खुदाई तथा कुछ अन्य नृवंशीय एवं पुरातत्त्वीय प्रमाणों से यह सिद्ध हो चुका है कि भारतभूमि आदिमानव की प्राचीनतम कर्मभूमि रही है। सिंधु घाटी की सभ्यता के विवरणों से भी प्रमाणित होता है कि आज से लगभग पाँच हजार वर्ष पहले उत्तरी भारत के बहुत बड़े भाग में एक उच्चकोटि की संस्कृति का विकास हो चुका था। इसी प्रकार वेदों में परिलक्षित भारतीय संस्कृति न केवल प्राचीनता का प्रमाण है, अपितु वह भारतीय अध्यात्म और चिंतन की भी श्रेष्ठ अभिव्यक्ति है। उपलब्ध प्रमाणों के आधार पर भारतीय संस्कृति को रोम, यूनानी, मिस्त्र, असीरिया, बेबीलोनिया एवं मेसोपोटामिया आदि संस्कृतियों से भी प्राचीनतम माना गया है।

निरंतरता—भारतीय संस्कृति की एक महत्त्वपूर्ण विशेषता यह है कि हजारों वर्षों के बाद भी यह संस्कृति आज भी अपने मूल स्वरूप में जीवित है, जबकि मिस्त्र, असीरिया, यूनान और रोम की संस्कृतियाँ अपने मूल स्वरूप को लगभग विस्मृत कर चुकी हैं। भारत में नदियों, वट, पीपल जैसे वृक्षों, सूर्य तथा अन्य प्राकृतिक देवी-देवताओं की पूजा-अर्चना का क्रम शताब्दियों से चला आ रहा है। देवताओं की मान्यता, हवन और पूजा-पाठ की पद्धतियों की निरंतरता भी आज तक अप्रभावित रही है। वेदों और वैदिक धर्म में करोड़ों भारतीयों की आस्था एवं विश्वास आज भी है, जितना हजारों वर्ष पूर्व था। गीता और उपनिषदों के संदेश हजारों साल से हमारी प्रेरणा और कर्म का आधार रहे हैं। किंचित् परिवर्तनों के बावजूद भारतीय संस्कृति के आधारभूत तत्त्वों, जीवन-मूल्यों और वचन-पद्धति में एक ऐसी निरंतरता रही है कि आज भी करोड़ों भारतीय स्वयं को उन मूल्यों एवं चिंतन प्रणाली से जुड़ा हुआ महसूस करते हैं और इससे प्रेरणा प्राप्त करते हैं।

लचीलापन एवं सहिष्णुता—भारतीय संस्कृति की सहिष्णु प्रकृति ने उसे दीर्घ आयु और स्थायित्व प्रदान किया है। संसार की किसी भी संस्कृति में शायद ही इतनी सहनशीलता हो, जितनी भारतीय संस्कृति में पाई जाती है। भारतीय हिंदू किसी देवी-देवता की आराधना करें या न करें, पूजा-हवन करें या न करें, आदि स्वतंत्रताओं पर धर्म या संस्कृति के नाम पर भी कोई बंधन नहीं लगाए गए। इसीलिए प्राचीन भारतीय संस्कृति के प्रतीक हिंदू धर्म को धर्म न कहकर कुछ मूल्यों पर आधारित एक जीवन-पद्धति की संज्ञा दी गई और हिंदू का अभिप्राय किसी धर्म विशेष के अनुयायी से न लगाकर भारतीय सें लगाया गया। भारतीय संस्कृति के इस लचीले स्वरूप में जब भी जड़ता की स्थिति निर्मित हुई, तब किसी-न-किसी महापुरुष ने इसे गतिशीलता प्रदान कर इसकी सहिष्णुता को एक नई आभा से मंडित कर दिया। इस दृष्टि से प्राचीनकाल में बुद्ध, महावीर, शंकराचार्य और मध्यकाल में कबीर, गुरु नानक और चैतन्य महाप्रभु के द्वारा तथा आधुनिक काल में स्वामी दयानंद, स्वामी विवेकानंद एवं महात्मा ज्योतिबा फुले के द्वारा किए गए प्रयास इस संस्कृति की महत्त्वपूर्ण धरोहर बन गए।

ग्रहणशीलता—भारतीय संस्कृति की सहिष्णुता एवं उदारता के कारण उसमें एक ग्रहणशीलता प्रवृत्ति को विकसित होने का अवसर मिला। वस्तुतः जिस संस्कृति में लोकतंत्र एवं स्थायित्व के आधार व्यापक हों, उस संस्कृति में ग्रहणशीलता की प्रवृत्ति स्वाभाविक रूप से ही

उत्पन्न हो जाती है। हमारी संस्कृति में यहाँ के मूल निवासियों ने समन्वय की प्रक्रिया के साथ ही बाहर से आनेवाले शक, हूण, यूनानी एवं कुषाण जैसी प्रजातियों के लोग भी घुल-मिलकर अपनी पहचान खो बैठे।

आध्यात्मिकता एवं भौतिकता का समन्वय—भारतीय संस्कृति में आश्रम व्यवस्था के साथ धर्म, अर्थ, काम और मोक्ष जैसे चार पुरुषार्थों का विशिष्ट स्थान रहा है। वस्तुतः इन पुरुषार्थों ने ही भारतीय संस्कृति में आध्यात्मिकता के साथ भौतिकता का एक अद्‍भुत समन्वय कर दिया। हमारी संस्कृति में जीवन के ऐहिक और पारलौकिक, दोनों पहलुओं से धर्म को संबद्ध किया गया था। धर्म उन सिद्धांतों, तत्त्वों और जीवन-प्रणाली को कहते हैं, जिससे मानव जाति परमात्मा प्रदत्त शक्तियों के विकास से अपना लौकिक जीवन सुखी बना सके तथा मृत्यु के पश्चात् जीवात्मा शांति का अनुभव कर सके। शरीर नश्वर है, आत्मा अमर है, यह अमरता मोक्ष से जुड़ी हुई है और यह मोक्ष पाने के लिए अर्थ और काम के पुरुषार्थ करना भी जरूरी है। इस प्रकार भारतीय संस्कृति में धर्म और मोक्ष आध्यात्मिक संदेश, अर्थ और काम की भौतिक अनिवार्यता परस्पर संबद्ध है। आध्यात्मिकता और भौतिकता के इस समन्वय में भारतीय संस्कृति की वह विशिष्ट अवधारणा परिलक्षित होती है, जो मनुष्य के इस लोक और परलोक को सुखी बनाने के लिए भारतीय मनीषियों ने निर्मित की थी। सुखी मानव-जीवन के लिए ऐसी चिंता विश्व की अन्य संस्कृतियाँ नहीं करतीं। साहित्य, संगीत और कला की संपूर्ण विधाओं के माध्यम से भी भारतीय संस्कृति के इस आध्यात्मिक एवं भौतिक समन्वय को सरलतापूर्वक समझा जा सकता है।

साहित्य, संगीत, कला विहीनः
साक्षात् पशुः पुच्छ विषाण हीना।
तृणम् न खादन्नपि जीवमानः
तद् भाग देयम् परम पशुनाम्॥

अर्थात् जो मनुष्य साहित्य-संगीत अथवा किसी भी अन्य कला से विहीन है, वह साक्षात् पूँछ और सींगों से विहीन पशु की तरह है। यह जीव घास तो नहीं खाता, पर अन्न से जीता रहता है। ऐसे मनुष्य को परम पशुओं की श्रेणी में रखना चाहिए।

अनेकता में एकता—भौगोलिक दृष्टि से भारत विविधताओं का देश है, फिर भी सांस्कृतिक दृष्टि से एक इकाई के रूप में इसका अस्तित्व प्राचीनकाल से बना हुआ है। इस विशाल देश में उत्तर का पर्वतीय भू-भाग, जिसकी सीमा पूर्व में ब्रह्मपुत्र और पश्चिम में सिंधु नदियों तक विस्तृत है, इसके साथ ही गंगा, यमुना, सतलुज की उपजाऊ कृषि भूमि, विंध्य और दक्षिण का वनों से आच्छादित पठारी भू-भाग, पश्चिम में थार का रेगिस्तान, दक्षिण का तटीय प्रदेश तथा पूर्व में असम और मेघालय का अतिवृष्टि का सुरम्य क्षेत्र सम्मिलित है। इस भौगोलिक विभिन्नता के अतिरिक्त इस देश में आर्थिक और सामाजिक भिन्नता भी पर्याप्त रूप से विद्यमान है। वस्तुतः इन भिन्नताओं के कारण ही भारत में अनेक सांस्कृतिक उपधाराएँ विकसित होकर पल्लवित और पुष्पित हुई हैं।

अनेक विभिन्नताओं के बावजूद भारत की पृथक् सांस्कृतिक सत्ता रही है। हिमालय संपूर्ण देश के गौरव का प्रतीक रहा है, तो गंगा-यमुना और नर्मदा जैसी नदियों की स्तुति यहाँ

के लोग प्राचीनकाल से करते आ रहे हैं। राम, कृष्ण और शिव की आराधना यहाँ सदियों से की जाती रही है। भारत की सभी भाषाओं में इन देवताओं पर आधारित साहित्य का सृजन हुआ है। उत्तर से दक्षिण और पूर्व से पश्चिम तक संपूर्ण भारत में जन्म, विवाह और मृत्यु के संस्कार एक समान प्रचलित हैं। विभिन्न रीति-रिवाज, आचार-व्यवहार और तीज-त्योहारों में भी समानता है। भाषाओं की विविधता अवश्य है, फिर भी संगीत, नृत्य और नाट्य के मौलिक स्वरूपों में आश्चर्यजनक समानता है। संगीत के सात स्वर और नृत्य की त्रिताल संपूर्ण भारत में समान रूप से प्रचलित हैं। भारत अनेक धर्मों, संप्रदायों, मतों और पृथक् आस्थाओं एवं विश्वासों का महादेश है तथापि इसका सांस्कृतिक समुच्चय और अनेकता में एकता का स्वरूप संसार के अन्य देशों के लिए विस्मय का विषय रहा है।

(संस्कृति विशेषांक, गोरखपुर)

भारतीय संस्कृति का प्रसार

भारतीय संस्कृति के विदेशों व एशिया के भाग तथा सुदूर पूर्व के देशों में प्रसार के कारणों का उल्लेख निम्न प्रकार से किया जा सकता है—

भारत की महत्त्वपूर्ण सामरिक स्थिति

प्राचीनकाल के सभ्य संसार में भारत की स्थिति अत्यधिक महत्त्वपूर्ण थी। हिंद महासागर के तट पर स्थित होने के कारण भारत की स्थिति केंद्रीय थी। वह तत्कालीन सभ्य एवं सुसंस्कृत देशों के समुद्री भागों के मध्य में स्थित होने से उन देशों में फैली हुई सभ्यताओं के संपर्क में आता रहता था। सुमात्रा, जावा, बाली, बोर्नियो, स्याम, हिंदचीन, बर्मा (वर्तमान म्याँमार) और मलाया आदि देश इसी प्रकार से भारतीय संस्कृति के संपर्क में आकर सभ्य बने।

व्यापार की वृत्ति

संस्कृति और सभ्यता का प्रसार विजय और व्यापार के साथ होता है। भारतीय संस्कृति के प्रसार में भारतवासियों की व्यापार यात्राओं ने अनुपम सहयोग प्रदान किया। उस काल के भारतीयों को ज्ञान था कि पूर्वी द्वीप-समूह मसालों और स्वर्ण के खानों से भरपूर हैं, अतः भारतीय नाविक और व्यापारी उन देशों की अत्यधिक यात्रा करते थे, जिनके कारण वहाँ की जातियाँ उनके संपर्क में आने लगीं और भारतीय संस्कृति से प्रभावित होने लगीं।

धर्म प्रचार का उत्साह

प्राचीन हिंदू मनीषियों, ऋषि-मुनियों और बौद्ध धर्म के प्रचारकों में धार्मिक प्रचार का उत्साह अत्यधिक था। वे भी व्यापारियों के साथ-साथ धर्म-प्रचार के लिए विदेशों में जाते रहते थे। इनका जीवन त्याग एवं तपस्या के तेज से आलोकित रहता था। ये लोग भीषण बाधाओं का सामना करते और निःशंक होकर असभ्य जातियों को धर्मोपदेश देकर अपने धर्म में दीक्षित करते थे। इनका परम लक्ष्य सत्य का अन्वेषण और उसका विश्व में प्रसार था।

औपनिवेशिक प्रसार की लालसा

भारतीय संस्कृति के प्रचार-प्रसार का सर्वाधिक श्रेय उन साहसी और उत्साही भारतवासियों को प्राप्त है, जिन्होंने विदेश गमन करके विभिन्न देशों में भारतीय उपनिवेशों की स्थायी रूप से स्थापना की। इन उपनिवेशों ने भारतीय संस्कृति और सभ्यता के प्रधान केंद्रों के रूप में विशेष सफलता प्राप्त की तथा अपने संपर्क में आने वाली जातियों को भारतीय संस्कृति, सभ्यता और धर्म ने पूर्णतया प्रभावित किया।

भारतीय सभ्यता और संस्कृति का प्रसार

भारतीय सभ्यता और संस्कृति के प्रसार का अवलोकन निम्न शीर्षकों के अंतर्गत किया जा सकता है—

मध्य एशिया—यह विभिन्न जातियों के निवास और उनकी संस्कृतियों के अवशिष्ट अवशेषों के लिए प्रसिद्ध है। मौर्य साम्राज्य के विस्तार, सम्राट् अशोक के धर्म प्रचार तथा कुषाण शासकों के इस भाग पर अधिकार के कारण भी भारत का मध्य एशिया के साथ घनिष्ठ संपर्क स्थापित हो गया था। वर्तमान काल में मध्य एशिया स्थित विशाल 'गोबी के मरुस्थल' में उस समय सुख-समृद्धि से परिपूर्ण विशाल उपनिवेश स्थापित किए गए।

चीनीयात्री फाह्यान—चीनीयात्री फाह्यान के अनुसार ईस्वी सन् की प्रथम शताब्दी तक मध्य एशिया का भारतीयकरण किया जा चुका था। वहाँ की 'लीबनार झील' के पश्चिम की ओर बसी समस्त जातियों ने भारतीय धर्म और भाषा ग्रहण कर ली थी। वहाँ पाए गए अवशेषों से सिद्ध हो चुका है कि वहाँ अब से लगभग दो सहस्र वर्ष पूर्व अनेक ऐसे नगर थे, जिनमें भारतीय निवास करते थे। वहाँ पर किए गए उत्खनन में अनेक स्थानों पर महात्मा बुद्ध, गणेश, कुबेर एवं अन्य देवी-देवताओं की मूर्तियाँ तथा बौद्धस्तूप, विहार, चैत्य, हस्तलिखित ग्रंथ, भारतीय सिक्के तथा भारतीय लिपि में लिखे छोटे-छोटे अभिलेख उपलब्धि हुए हैं। इनसे स्पष्ट है कि वहाँ बौद्ध धर्म और हिंदू धर्म का व्यापक प्रसार था, संस्कृत भाषा का प्रयोग किया जाता था तथा 'गांधार शैली' एवं भारतीय तक्षण-कला का प्रभाव था। 'अजंता कला' के अवशेष भी वहाँ प्राप्त हुए हैं।

चीनीयात्री ह्वेनसांग—सातवीं शताब्दी में चीनी ह्वेनसांग ने इस बात की पुष्टि की है कि उस काल के मध्य एशिया में भारतीय संस्कृति और सभ्यता तथा बौद्ध धर्म का पूर्णरूपेण प्रसार था। उस समय मध्य एशिया में स्थित कुछ प्रसिद्ध भारतीय राज्य काशगर, कूचा, तुर्कान और खोतान आदि थे। भारतीय संस्कृति के इन मुख्य केंद्रों से भारतीय धर्म-प्रचारकों ने आगे बढ़कर चीन, मंगोलिया, कोरिया, जापान आदि एशिया के दूरस्थ भागों में बौद्ध धर्म और भारतीय संस्कृति की विजय-पताका फहराई।

चीन, जापान, फिलिपाइन द्वीप आदि में भारतीय संस्कृति

मध्य एशिया के भारत से भारतीय संस्कृति और धर्म प्रसार चीन, जापान, मंगोलिया, कोरिया और फिलिपाइन द्वीप समूह आदि में किया गया। ईस्वी सन् की प्रथम शताब्दी में कश्यप, मातंग, धर्मरत्न आदि धर्म प्रचारक बौद्ध धर्म और भारतीय संस्कृति का संदेश लेकर खोतान से चीन में प्रविष्ट हुए। तीसरी शताब्दी से छठी शताब्दी के समय में संपूर्ण चीन देश में बौद्ध धर्म फैल गया।

चीन के सम्राटों ने राजधर्म को उच्च स्थान प्रदान किया। वहाँ पर बौद्ध विहारों का निर्माण कराया गया। इसके पश्चात् चीन में तांग वंश के शासन का आरंभ हो गया, जो ६९८ ई. से ९०७ ई. तक रहा। यह चीन के इतिहास में बौद्ध धर्म का स्वर्ण युग माना जाता है। अनेक चीनीयात्री महात्मा बुद्ध की पवित्र भूमि का दर्शन करने तथा बौद्ध धर्म ग्रंथों को प्राप्त करने भारत आए। उन्होंने पाली व संस्कृत भाषाओं का ज्ञान प्राप्त किया तथा बौद्ध ग्रंथों का चीनी भाषा में अनुवाद किया। उन्होंने भारतीय संस्कृति का चीन में प्रचार किया। वहाँ की कला पर 'गांधार कला' और 'गुप्त कला' का प्रभाव स्पष्ट रूप से दृष्टिगोचर होता है।

ईस्वी सन् की चौथी शताब्दी में बौद्ध धर्म का प्रसार चीन से कोरिया प्रायद्वीप में होने लगा। कोरिया से छठी शताब्दी में इस धर्म का प्रसार जापान द्वीप समूह में हुआ। भारतीय संस्कृति और सभ्यता ने जापान की संस्कृति को विभिन्न क्षेत्रों में अत्यधिक मात्रा में प्रभावित किया। मंगोल सम्राटों द्वारा १३वीं शताब्दी में बौद्ध धर्म अंगीकार किया गया। इस धर्म का प्रसार मंगोलिया में मंचूरिया और साइबेरिया में भी हुआ। आधुनिक अन्वेषणों से सिद्ध हो चुका है कि फिलिपाइन द्वीप समूह में भी दक्षिण भारत के निवासियों द्वारा अपनी बसावट की गई थी। उनके दैनिक जीवन के सभी क्षेत्रों को भारतीय संस्कृति ने पूर्णतः प्रभावित किया था।

अफगानिस्तान

उस काल में अफगानिस्तान में संस्कृत भाषा को महत्त्वपूर्ण स्थान प्राप्त था। वर्तमान काल में भी अनेक अफगान युवक संस्कृत भाषा का अध्ययन करते हैं। अफगानिस्तान के समान ही ईरान, सीरिया, खुरासान और इराक आदि देशों में भी इस्लाम के पूर्व बौद्ध धर्म प्रचलित था।

तिब्बत

सातवीं शताब्दी के कई भारतीय विद्वानों ने तिब्बत की यात्रा की और वहाँ बौद्ध धर्म का प्रचार किया। इसके उपरांत ७४७ ई. में कश्मीर से आचार्य पद्मसंभव तिब्बत पहुँचे। वहाँ उन्होंने तंत्रवाद से युक्त बौद्ध धर्म की महायान शाखा का प्रचार किया। महायान के आधार पर ही आगे चलकर तिब्बत में लामा मत का विकास हुआ। तिब्बत के बौद्ध शासक द्वारा आमंत्रित किए जाने पर नालंदा विश्वविद्यालय के आचार्य शांतरक्षित भी वहाँ गए। उन्होंने वहाँ 'समूये' नामक प्रथम बौद्ध विहार का निर्माण कराया, बौद्ध मत के ग्रंथों का अनुवाद किया गया तथा तिब्बत के निवासियों में से अनेक को बौद्ध भिक्षु बनाया गया। ग्यारहवीं शताब्दी में बंगाल के पाल नरेशों ने तिब्बत में बौद्ध धर्म के प्रचार और सुधार में सहयोग प्रदान किया। सन् १०२८ में बंगाल के प्रख्यात आचार्य दीपशंकर श्रीज्ञान ने तिब्बत में वज्रयान का प्रचार किया, जिसमें दैवी शक्तियों की प्राप्ति के लिए तंत्र-मंत्र और जादू-टोनों का सहारा लिया जाता है। धर्म के साथ-साथ तिब्बत की कला को भी भारतीय कला ने प्रभावित किया।

(विषय बिंदु, संस्कृति विशेषांक, गोरखपुर)

संपूर्ण विश्व के समस्त भागों से ज्ञान-पिपासु मानव ज्ञान की खोज में इस आर्यावर्त में आएँगे तथा देश के सुसंस्कृत साहित्य एवं संस्कृति से नैतिकता और चरित्र का पाठ सीखेंगे। उस

काल में अनेकानेक विदेशियों के जिज्ञासु कदम बरबस ही इस देवसंस्कृति की ओर बढ़ आए। यहाँ उन्हें अपनी आध्यात्मिक जिज्ञासा का समाधान मिला। अत: उन्होंने भारत को ज्ञान का असीम स्रोत घोषित कर दिया। दार्शनिक शोपेनहॉवर का कहना था कि विश्व में यदि कभी कोई सर्वाधक प्रभावशाली व सर्वव्यापी सांस्कृतिक क्रांति आई है, तो वह केवल उपनिषदों की भूमि भारत से। जर्मनी का विद्वान् मैक्समूलर भी जब इस पुण्य भूमि के दिव्यत्व से परिचित हुआ तो उसने अपनी पुस्तक 'India—What can it teach us' में लिखा था, ''यदि मुझसे पूछा जाए कि आकाशमंडल के नीचे कौन सी वह भूमि है, जहाँ मानव ने अपने हृदय में अवस्थित ईश्वरीय गुणों का पूर्ण विकास किया, तो मेरी उँगली भारत की ओर उठेगी और यदि मैं स्वयं से पूछूँ कि वह कौन सा साहित्य है, जिससे हम यूरोपवासी, जो अब तक केवल ग्रीक, रोमन तथा यहूदी विचारों में पलते आए हैं, प्रेरणा ले सकते हैं, जिससे हमारा आंतरिक जीवन पूर्णत्व की ओर बढ़े, व्यापक बने, सच्चे अर्थों में मानवीय बने तो मेरी उँगली फिर भारत की ओर उठेगी।''

ग्रीस के राजदूत मेगस्थनीज भी जब चंद्रगुप्त के राज्यकाल में भारत आए तो वे यहाँ की अस्तेयपूर्ण संस्कृति से अत्यंत प्रभावित हुए। यहाँ से लौटने पर उन्होंने कहा था, ''रात्रि के समय भी भारत में कोई अपने मकान में ताला नहीं लगाता। मकान के भीतर केवल चाँद की सत्यनिष्ठ किरणें ही प्रवेश करती हैं, अन्य कोई संदिग्ध व्यक्ति नहीं। उपनिषद् में भारतीय सम्राट् अश्वपति कैकेय भी कहते हैं—''न मे स्तेनो जनपदे,'' अर्थात् मेरे राज्य में कोई चोर नहीं है। ऐसा था भारत का निष्कलंक स्वरूप और उसकी अनुकरणीय प्रसिद्धि। इतना ही नहीं, सोने की चिड़िया कहलानेवाले भारत के व्यापारियों तक में सत्यनिष्ठा की सौगंध खाई जाती थी।

मानव सभ्यता के अन्य क्षेत्र भी भारत की अलौकिक कांति से अछूते नहीं थे। सांस्कृतिक व आध्यात्मिक पराकाष्ठा को प्राप्त हुआ भारत उस समय सभी क्षेत्रों के अद्‌भुत रत्नों को अपने भीतर समेटे हुए था। कालिदास, भवभूति आदि कवियों की काव्य प्रतिभा, दंडी और बाणभट्ट की विलक्षण लेखन-शक्ति, ऋषि कणाद व कुंभक के वैज्ञानिक आविष्कार, आयुर्विज्ञान, ज्योतिर्विज्ञान जैसी विद्याएँ, सभी प्रमाणित करते हैं कि पुरातन काल में भारत सामाजिक, वैज्ञानिक, दार्शनिक आदि विभिन्न क्षेत्रों में पूर्ण विकसित था। फ्रेडरिक लुई इसी बात का समर्थन करते हुए लिखते हैं, ''जब यूरोप सभ्यता से बहुत दूर था, उस समय के अवशेष जो एशियाई प्रदेशों में पाए जाते हैं, वे इस बात का प्रमाण हैं कि भारत के निवासियों ने सभ्यता के निर्माण का ठोस आधार पा लिया था।''

१. उपमा कालिदासस्य भारवेरर्थ गौरवं।
दण्डिनः पद लालित्य, माघे सन्ति त्रयो गुणाः॥

अर्थात् कवि माघ उपमा, अर्थवर और पदलालित्य, तीनों ही गुणों के धनी थे।

२. बाणोच्छिष्टं जगत् सर्वं

ऐसी थी हमारी श्रेष्ठ भारतीय संस्कृति, जिसके समक्ष संपूर्ण विश्व श्रद्धानत नमन करने के लिए बाध्य हो गया था। इसलिए श्री आशुतोषजी महाराज प्राय: कहा करते हैं, ''यदि भारत को पुनर्जीवित करना है, तो अध्यात्म के विराट् प्रकाश पुंज की ओर लौटना होगा, ब्रह्मज्ञान द्वारा ब्रह्म की प्रत्यक्ष अनुभूति करनी होगी, जीवन के मूल स्रोतों एवं शक्तियों को अपने ही भीतर जानना होगा।'' प्रत्येक व्यक्ति के भीतर ब्रह्मतत्त्व की जागृति ही संपूर्ण भारत का रूपांतरण एवं दिव्यीकरण कर सकेगी।

हमारी गौरवशाली परंपराएँ

एतद्देशप्रसूतस्य सकाशादग्रजन्मनः
स्वं स्वं चरित्रं शिक्षेरन् पृथिव्यां सर्वमानवाः ॥

(मनुस्मृति, २.२०)

भारत ने जीवन के प्रत्येक क्षेत्र में गहन अध्ययन व अनुसंधान किया है। भारत ने ही विश्व को जीवन की दिशा, दृष्टि व शिक्षा दी है। उसी ज्ञान-विज्ञान के बल पर हमारे महापुरुषों ने वैभवशाली भारत का निर्माण किया। अपना इतिहास अनादि है। इसको कई विदेशी विद्वानों ने भी माना है।

सांस्कृतिक, वैचारिक, व्यावहारिक व साहित्यिक वैभव

(क) सांस्कृतिक वैभव

१. चार पुरुषार्थ—धर्म, अर्थ, काम, मोक्ष।
२. संस्कार व्यवस्था—गर्भाधान, पुंसवन, सीमंतोन्नयन, जातकर्म, नामकरण, निष्क्रमण, अन्नप्राशन, चूड़ाकर्म, विद्यारंभ, कर्णवेध, यज्ञोपवीत, वेदारंभ, केशांत, समावर्तन, विवाह, अंत्येष्टि।
३. परिवार व्यवस्था—संयुक्त परिवार, उसमें प्रत्येक घटक (सदस्य) के संपूर्ण विकास की व्यवस्था, इसके लिए समर्पण आदि।
४. आश्रम व्यवस्था—ब्रह्मचर्य, गृहस्थ, वानप्रस्थ, संन्यास।
५. गुरु-शिष्य संबंध परिकल्पना—गुरुकुल व्यवस्था।
६. भारतीय जीवन शैली—आत्मा की अमरता, पुनर्जन्म व कर्मफल का सिद्धांत।
७. आत्मा, परमात्मा तथा जीवात्मा परस्पर संबंधित हैं (व्यष्टि, समष्टि, सृष्टि व परमेष्टि)

१. यज्ञ

यज्ञ योग की विधि है, जो परमात्मा द्वारा ही हृदय में संपन्न होती है। जीव के अपने सत्य परिचय, जो परमात्मा का अभिन्न ज्ञान और अनुभव है, यज्ञ की पूर्णता है। यह शुद्ध होने की क्रिया है। इसका संबंध अग्नि से प्रतीक रूप में किया जाता है। यज्ञ का अर्थ जबकि योग है, किंतु इसकी शिक्षा व्यवस्था में अग्नि और घी के प्रतीकात्मक प्रयोग में पारंपरिक रुचि का कारण अग्नि के भोजन बनाने में या आयुर्वेद और औषधीय विज्ञान द्वारा वायु शोधन इस अग्नि से होने वाले धुओं के गुण को यज्ञ समझ इस 'यज्ञ' शब्द के प्रचार-प्रसार में बहुत सहायक रहे।

अधियज्ञोअहमेवात्र देहे देहभृताम वर ॥

(४/८ भगवद्गीता)

शरीर या देह के दासत्व को छोड़ देने का वरण या निश्चय करने वालों में, यज्ञ अर्थात् जीव और आत्मा के योग की क्रिया या जीव का आत्मा में विलय मुझ परमात्मा का कार्य है।

अनाश्रितः कर्म फलम कार्यम कर्म करोति यः ।
स संन्यासी च योगी च न निरग्निर्न चाक्रियः ॥ *(१/६ भगवद्गीता)*

यज्ञ शब्द के तीन अर्थ हैं—१. देवपूजा, २. दान, ३. संगतिकरण।

संगतिकरण का अर्थ है—संगठन। यज्ञ का एक प्रमुख उद्देश्य धार्मिक प्रवृत्ति के लोगों को सत्प्रयोजन के लिए संगठित करना भी है। इस युग में संघ शक्ति ही सबसे प्रमुख है। परास्त देवताओं को पुन: विजयी बनाने के लिए प्रजापति ने उसकी पृथक्-पृथक् शक्तियों का एकीकरण करके संघ-शक्ति के रूप में दुर्गा शक्ति का प्रादुर्भाव किया था। उस माध्यम से उसके दिन फिरे

और संकट दूर हुए। मानवजाति की समस्या का हल सामूहिक शक्ति एवं संघबद्धता पर निर्भर है, एकाकी-व्यक्तिवादी-असंगठित लोग दुर्बल और स्वार्थी माने जाते हैं। गायत्री यज्ञों का वास्तविक लाभ सार्वजनिक रूप से, जन सहयोग से संपन्न कराने पर ही उपलब्ध होता है।

यज्ञ का तात्पर्य है—त्याग, बलिदान, शुभ कर्म। अपने प्रिय खाद्य पदार्थों एवं मूल्यवान् सुगंधित पौष्टिक द्रव्यों को अग्नि एवं वायु के माध्यम से समस्त संसार के कल्याण के लिए यज्ञ द्वारा वितरित किया जाता है। वायु शोधन से सबको आरोग्यवर्धक साँस लेने का अवसर मिलता है। हवन हुए पदार्थ वायुभूत होकर प्राणिमात्र को प्राप्त होते हैं और उनके स्वास्थ्यवर्धन, रोग निवारण में सहायक होते हैं। यज्ञ काल में उच्चरित वेद मंत्रों की पुनीत शब्द ध्वनि आकाश में व्याप्त होकर लोगों के अंत:करण को सात्त्विक एवं शुद्ध बनाती है। इस प्रकार थोड़े ही खर्च एवं प्रयत्न से यज्ञकर्ताओं द्वारा संसार की बड़ी सेवा बन पड़ती है। वैयक्तिक उन्नति और सामाजिक प्रगति का सारा आधार सहकारिता, त्याग, परोपकार आदि प्रवृत्तियों पर निर्भर है। यदि माता अपने रक्त-मांस में से एक भाग नए शिशु का निर्माण करने के लिए न त्यागे, प्रसव की वेदना न सहे, अपना शरीर निचोड़कर उसे दूध न पिलाए, पालन-पोषण में कष्ट न उठाए और यह सबकुछ नितांत निस्स्वार्थ भाव से न करे, तो फिर मनुष्य का जीवन-धारण कर सकना भी संभव न हो। इसलिए कहा जाता है कि मनुष्य का जन्म यज्ञ भावना के द्वारा या उसके कारण ही संभव होता है। गीताकार ने इसी तथ्य को इस प्रकार कहा है कि प्रजापति ने यज्ञ को मनुष्य के साथ जुड़वाँ भाई की तरह पैदा किया और यह व्यवस्था की कि एक-दूसरे का अभिवर्धन करते हुए दोनों फलें-फूलें।

२. गुरुकुल

ऐसे विद्यालय, जहाँ विद्यार्थी अपने परिवार से दूर गुरु के परिवार का हिस्सा बनकर शिक्षा प्राप्त करता है। भारत के प्राचीन इतिहास में ऐसे विद्यालयों का बहुत महत्त्व था। प्रसिद्ध आचार्यों के गुरुकुल में पढ़े हुए छात्रों का सब जगह बहुत सम्मान होता था। राम ने ऋषि वसिष्ठ के यहाँ रहकर शिक्षा प्राप्त की थी। इसी प्रकार पांडवों ने ऋषि द्रोण के यहाँ रहकर शिक्षा प्राप्त की थी।

प्राचीन भारत में तीन प्रकार की शिक्षा संस्थाएँ थीं—

(१) **गुरुकुल**—जहाँ विद्यार्थी आश्रम में गुरु के साथ रहकर विद्याध्ययन करते थे।

(२) **परिषद**—जहाँ विशेषज्ञों द्वारा शिक्षा दी जाती थी।

(३) **तपस्थली**—जहाँ बड़े-बड़े सम्मेलन होते थे और सभाओं तथा प्रवचनों से ज्ञान अर्जन होता था। नैमिषारण्य ऐसा ही एक स्थान था।

गुरुकुल आश्रमों में कालांतर में हजारों विद्यार्थी रहने लगे। ऐसे आश्रमों के प्रधान 'कुलपति' कहलाते थे। रामायण काल में वसिष्ठ का बृहत् आश्रम था, जहाँ राजा दिलीप तपश्चर्या करने गए थे, जहाँ विश्वामित्र को ब्रह्मत्व प्राप्त हुआ था। इस प्रकार का एक और प्रसिद्ध आश्रम प्रयाग में भरद्वाज मुनि का था।

'गुरुकुल' का शाब्दिक अर्थ है 'गुरु का परिवार' अथवा 'गुरु का वंश'। परंतु यह सदियों से भारतवर्ष में शिक्षा संस्था के अर्थ में व्यवहृत होता रहा है। गुरुकुलों के इतिहास में भारत की शिक्षा-व्यवस्था और ज्ञान-विज्ञान की रक्षा का इतिहास समाहित है। भारतीय संस्कृति के विकास

में चार पुरुषार्थों, चार वर्णों और चार आश्रमों की मान्यताएँ तो अपने उद्देश्यों की सिद्धि के लिए अन्योन्याश्रित थीं ही, गुरुकुल भी उनकी सफलता में बहुत बड़े साधक थे। यज्ञ और संस्कारों द्वारा ब्राह्मण, क्षत्रिय और वैश्य बालक ६, ८ अथवा ११ वर्ष की अवस्थाओं में गुरुकुलों में ले जाए जाते थे (यज्ञोपवीत, उपनयन अथवा उपवीत) और गुरु के पास बैठकर ब्रह्मचारी के रूप में शिक्षा प्राप्त करते थे। गुरु उनके मानस और बौद्धिक संस्कारों को पूर्ण करता हुआ उन्हें सभी शास्त्रों एवं उपयोगी विद्याओं की शिक्षा देता तथा अंत में दीक्षा देकर उन्हें विवाह कर गृहस्थाश्रम के विविध कर्तव्यों का पालन करने के लिए वापस भेजता। यह दीक्षित और समावर्तित स्नातक ही पूर्ण नागरिक होता और समाज के विभिन्न उत्तरदायित्वों का वहन करता हुआ त्रिवर्ग की प्राप्ति का उपाय करता। स्पष्ट है, भारतीय सभ्यता और संस्कृति के विकास में गुरुकुलों का महत्त्वपूर्ण योग था।

प्राचीन भारतीय काल में अध्ययन-अध्यापन के प्रधान केंद्र गुरुकुल हुआ करते थे, जहाँ दूर-दूर से ब्रह्मचारी विद्यार्थी अथवा सत्यान्वेषी परिव्राजक अपनी-अपनी शिक्षाओं को पूर्ण करने जाते थे। वे गुरुकुल छोटे अथवा बड़े सभी प्रकार के होते थे। परंतु उन सभी गुरुकुलों को न तो आधुनिक शब्दावली में विश्वविद्यालय कहा जा सकता है और न ही उन सबके प्रधान गुरुओं को कुलपति ही कहा जाता था। स्मृति वचनों के अनुसार—

मुनीनां दशसाहस्त्रं योऽन्नदानादि पोषाणात।
अध्यायपति विप्रर्षिरसौ कुलपतिः स्मृतः॥

स्पष्ट है, जो ब्राह्मण ऋषि दस हजार मुनि विद्यार्थियों को अन्नादि द्वारा पोषण करता हुआ उन्हें विद्या पढ़ाता था, उसे ही कुलपति कहते थे। ऊपर उद्धृत 'स्मृतः' शब्द के प्रयोग से यह साफ दिखाई देता है कि कुलपति के इस विशिष्टार्थग्रहण की परंपरा बड़ी पुरानी थी। कुलपति का साधारण अर्थ किसी कुल का स्वामी होता था। वह कुल या तो एक छोटा और अविभक्त परिवार हो सकता था अथवा एक बड़ा और कई छोटे-छोटे परिवारों का समान उद्गम वंशकुल भी। अंतेवासी विद्यार्थी कुलपति के महान् विद्यापरिवार का सदस्य होता था और उसके मानसिक तथा बौद्धिक विकास का उत्तरदायित्व कुलपति पर होता था; वह छात्रों के शारीरिक स्वास्थ्य एवं सुख की भी चिंता करता था।

३. विवाह

हिंदू धर्म में विवाह को सोलह संस्कारों में से एक माना गया है। विवाह = वि + वाह, अत: इसका शाब्दिक अर्थ है—विशेष रूप से (उत्तरदायित्व का) वहन करना। पाणिग्रहण संस्कार को सामान्य रूप से हिंदू विवाह के नाम से जाना जाता है। अन्य धर्मों में विवाह पति और पत्नी के बीच एक प्रकार का करार होता है, जिसे कि विशेष परिस्थितियों में तोड़ा भी जा सकता है, परंतु हिंदू विवाह पति और पत्नी के बीच जन्म-जन्मांतरों का संबंध होता है, जिसे किसी भी परिस्थिति में नहीं तोड़ा जा सकता। अग्नि के सात फेरे लेकर और ध्रुवतारा को साक्षी मानकर दो तन, मन तथा आत्मा एक पवित्र बंधन में बँध जाते हैं। हिंदू विवाह में पति और पत्नी के बीच शारीरिक संबंध से अधिक आत्मिक संबंध होता है और इस संबंध को अत्यंत पवित्र माना गया है।

४. परिवार

मानव समाज में परिवार एक बुनियादी तथा सार्वभौमिक इकाई है। यह सामाजिक जीवन की निरंतरता, एकता एवं विकास के लिए आवश्यक प्रकार्य करता है। अधिकांश पारंपरिक समाजों में परिवार सामाजिक, सांस्कृतिक, धार्मिक, आर्थिक एवं राजनीतिक गतिविधियों एवं संगठनों की इकाई रही है। आधुनिक औद्योगिक समाज में परिवार प्राथमिक रूप से संतानोत्पत्ति, सामाजीकरण एवं भावनात्मक संतोष की व्यवस्था से संबंधित प्रकार्य करता है।

परिवार से अभिप्राय

विश्व के सभी समाजों में शिशु का जन्म और पालन-पोषण का उत्तरदायित्व परिवार का ही होता है। शिशुओं को संस्कार देने और समाज के आचार, व्यवहार और नियमों में दीक्षित करने का दायित्व मुख्यत: परिवार का ही होता है। इसी परंपरा और नियम के द्वारा समाज की सांस्कृतिक विरासत और संस्कृति एक पीढ़ी से दूसरी पीढ़ी को स्वाभाविक रूप से हस्तांतरित होती रहती है।

भारत में, खासकर गाँवों में परिवार बड़े हैं, लेकिन शहरों में परिवार छोटे हैं। शहरों में बच्चे को माँ-बाप के साथ छोटे से मकान में रहना पड़ता है। कुछ परिवारों में बच्चा अपने चाचा, चाची, माँ, पिता के साथ रहता है। परंतु इन सभी परिवारों में माँ बच्चे के बीच सबसे अधिक नजदीकी रिश्ता है। बच्चे के विकास में भी माँ की ही सबसे बड़ी भूमिका रहती है। बच्चा पैदा होने के बाद से माँ के आँचल में रहते हुए भी सीखना शुरू कर देता है। माँ की लोरियाँ उसे सिर्फ सुलाती ही नहीं, उसके अंदर प्रारंभ से ही सुनने, ध्यान देने और समझने की क्षमता भी विकसित करती हैं। दूसरी ओर माँ-पिता या दादा-दादी, नाना-नानी द्वारा सुनाई गई कहानियाँ उसका नैतिक, चारित्रिक विकास करने के साथ ही उसके अंदर मानवीय मूल्यों की नींव भी डालती हैं। इसीलिए माँ को पहली शिक्षक भी कहा जाता है।

परिवार का आधार

परिवार के सदस्यों की सामाजिक मर्यादा और सीमा परिवार से ही निर्धारित होती है। नर-नारी के यौन संबंधों का आधार मुख्यत: परिवार के अंतर्गत परिवार की सीमा में निहित होता है। वर्तमान में औद्योगिक सभ्यता से उत्पन्न जनसंकुल समाज और नगर को यदि इसके अंतर्गत न लेकर छोड़ दिया जाए तो व्यक्ति का परिचय मुख्यत: उसके परिवार और कुल पर आधारित ही होता है।

५. भरण-पोषण

विधि द्वारा कतिपय व्यक्ति बाध्य हैं कि वे कुछ व्यक्तियों का, जो उनसे विशेष संबंध रखते हैं, भरण-पोषण करें। यही भरण-पोषण या गुजारा पाने का अधिकार है। भरण-पोषण में अन्न, वस्त्र एवं निवास ही नहीं वरन् आधारित व्यक्ति के स्तर की सुख और सुविधा की वस्तुएँ भी सम्मिलित हैं।

भरण-पोषण पाने का अधिकार व्यक्तिगत विधि में भी प्रदत्त है और आपराधिक व्यवहार

संहिता धारा ४८८ में भी। हिंदू दत्तक एवं पोषण विधि, १९५६ में इस अधिकार को विस्तृत कर दिया गया है। दो प्रकार के व्यक्ति भरण-पोषण के अधिकारी हैं—

१. वे जिनका अधिकार संबंध पर आधारित है;

२. वे जिनका आधार देनदार के कब्जे में संपत्ति होने पर निर्भर है।

प्रत्येक हिंदू अपने वृद्ध माता, पिता, पत्नी, अवयस्क पुत्र एवं अविवाहित पुत्रियों का (चाहे वे वैध हों या अवैध) भरण-पोषण करने के लिए बाध्य है। उपपत्नी, पितामह तथा पितामही और पौत्रादि के पोषण का भार वहन करना उसके लिए आवश्यक नहीं है। इस व्यक्तिगत दायित्व के अतिरिक्त यदि किसी हिंदू को संपत्ति दाय के रूप में प्राप्त होती है तो उसका दायित्व हो जाता है कि वह उन सब व्यक्तियों का पोषण करे, जिनका पोषण मृतक का वैधानिक या नैतिक कर्तव्य था। उदाहरणार्थ, श्वसुर का यह नैतिक कर्तव्य है कि वह अपनी निर्धन और विधवा पुत्रवधू का भरण-पोषण करे, किंतु यदि उसकी मृत्यु के पश्चात् पुत्र उसकी संपत्ति पाते हैं, तब उनका विधि के अंतर्गत दायित्व है कि वे उस संपत्ति द्वारा उसका पोषण करें। संयुक्त परिवार के कर्ता का दायित्व है कि वह सभी सदस्यों का उनकी विधवा पत्नियों तथा संतानों का पोषण करे। यदि किसी सदस्य को किसी निर्योग्यता के कारण दाय से वंचित होना पड़ता है, तो उसकी संपत्ति (अर्थात् जो भाग उसे मिलता वह) पोषणार्थ उत्तरदायी है।

६. सेवा

१. भारतीय दर्शन में मानव सेवा को सच्ची सेवा माना गया है।

२. निस्स्वार्थ मानव सेवा ही सच्ची सेवा है।

३. मानव सेवा कई प्रकार की हो सकती है, जैसे शारारिक, भावनात्मक तथा आर्थिक।

४. शारीरिक सेवा के अंतर्गत बीमारों की देखभाल, वृद्धों की सेवा तथा अपंगों की देखभाल का समावेश किया जा सकता है।

५. भावनात्मक सेवा या सहारा भी मानव सेवा का महत्त्वपूर्ण हिस्सा है, दुखियारे व्यक्ति को प्यार, हिम्मत तथा विश्वास का सहारा देकर आप उसकी भावनात्मक सेवा कर सकते हैं।

६. आर्थिक रूप से कमजोर या समय की मार से सताए व्यक्तियों की यथासंभव आर्थिक सहायता भी मानव सेवा का पहलू है।

ज्ञानियों ने सही कहा है कि 'पर पीड़ा सम नहिं अधिमायी' अर्थात् दूसरे की पीड़ा से बड़ी कोई पीड़ा नहीं है।

७. संस्कार

संस्कार शब्द का मूल अर्थ है, 'शुद्धीकरण'। मूलत: संस्कार का अभिप्राय उन धार्मिक कृत्यों से था, जो किसी व्यक्ति को अपने समुदाय का पूर्ण रूप से योग्य सदस्य बनाने के उद्देश्य से उसके शरीर, मन और मस्तिष्क को पवित्र करने के लिए किए जाते थे, किंतु हिंदू संस्कारों का उद्देश्य व्यक्ति में अभीष्ट गुणों को जन्म देना भी था। प्राचीन भारत में संस्कारों का मनुष्य के जीवन में विशेष महत्त्व था। संस्कारों के द्वारा मनुष्य अपनी सहज प्रवृत्तियों का पूर्ण विकास करके

अपना और समाज का कल्याण करता था। ये संस्कार इस जीवन में ही मनुष्य को पवित्र नहीं करते थे, उसके पारलौकिक जीवन को भी पवित्र बनाते थे। प्रत्येक संस्कार से पूर्व होम किया जाता था, किंतु व्यक्ति जिस गृह्यसूत्र का अनुकरण करता हो, उसी के अनुसार आहुतियों की संख्या, हव्य पदार्थों और मंत्रों के प्रयोग में अलग-अलग परिवारों में भिन्नता होती थी।

८. दान

कर्तव्यों का विशद विवेचन धर्मसूत्रों तथा स्मृतिग्रंथों में मिलता है। वेद, पुराण, गीता और स्मृतियों में उल्लेखित चार पुरुषार्थ—धर्म, अर्थ, काम और मोक्ष को ध्यान में रखते हुए प्रत्येक सनातनी (हिंदू या आर्य) को कर्तव्यों के प्रति जाग्रत् रहना चाहिए, ऐसा ज्ञानीजनों का कहना है। कर्तव्यों के पालन करने से चित्त और घर में शांति मिलती है। चित्त और घर में शांति मिलने से मोक्ष व समृद्धि के द्वार खुलते हैं।

कर्तव्यों के कई मनोवैज्ञानिक, सामाजिक और आध्यात्मिक कारण और लाभ हैं। जो मनुष्य लाभ की दृष्टि से भी इन कर्तव्यों का पालन करता है, वह भी अच्छाई के रास्ते पर आ ही जाता है। दु:ख है तो दु:ख से मुक्ति का उपाय भी कर्तव्य ही है। प्रमुख कर्तव्य निम्न है—संध्योपासन, व्रत, तीर्थ, उत्सव, सेवा, दान, यज्ञ और संस्कार। यहाँ हम जानते हैं दान के महत्त्व को :

वेदों में तीन प्रकार के दाता कहे गए हैं—१. उत्तम, २.मध्यम और ३.निकृष्ट।

धर्म की उन्नति रूप सत्यविद्या के लिए जो देता है, वह उत्तम। कीर्ति या स्वार्थ के लिए जो देता है तो वह मध्यम और जो वेश्यागमनादि, भांड, भाट, पंडे को देता है, वह निकृष्ट माना गया है।

पुराणों में अनेक दानों का उल्लेख मिलता है, जिसमें अन्नदान, विद्यादान, अभयदान और धनदान को ही श्रेष्ठ माना गया है, यही पुण्य भी है।

दान का महत्त्व—दान से इंद्रिय भोगों के प्रति आसक्ति छूटती है। मन की ग्रथियाँ खुलती हैं, जिससे मृत्युकाल में लाभ मिलता है। मृत्यु आए, इससे पूर्व सारी गाँठें खोलना जरूरी है, जो जीवन की आपाधापी के चलते बँध गई हैं। दान सबसे सरल और उत्तम उपाय है। वेद और पुराणों में दान के महत्त्व का वर्णन किया गया है।

मनोवैज्ञानिक कारण : किसी भी वस्तु का दान करते रहने से विचार और मन में खुलापन आता है। आसक्ति (मोह) कमजोर पड़ती है, जो शरीर छुटने या मुक्त होने में जरूरी भूमिका निभाती है। हर तरह के लगाव और भाव को छोड़ने की शुरुआत दान और क्षमा से ही होती है। दानशील व्यक्ति से किसी भी प्रकार का रोग या शोक भी नहीं चिपकता है।

९. माता-पिता भक्ति

शास्त्र कहते हैं कि गुरु वह है, जो हमें अँधेरे से उजाले की ओर ले जाए। जो हमें रोशनी प्रदान करे। तो सबसे पहले ऐसा कौन करता है? सबसे पहले यह रोशनी हमें माँ दिखाती है, उसके बाद पिता। वही हमारे प्रथम गुरु हैं। इसीलिए शास्त्रों में यह भी लिखा है कि माता-पिता का यथायोग्य सम्मान करना चाहिए। जरा सोचो कि अगर हमें हमारे माता-पिता द्वारा कुछ भी सिखाया न जाता तो हमारी क्या स्थिति होती। क्या हम ढंग से चल पाते, बात कर पाते, लिख

पाते, व्यवसाय कर पाते! यहाँ तक कि हम अपने जीवन और इस शरीर की रक्षा कैसे करनी है, यह भी नहीं जान पाते। मान-अपमान, प्यार और अहंकार जैसी मूल वृत्तियों को पहचानना भी हमें वही सिखाते हैं, लेकिन जब हम यौवन और सामर्थ्य प्राप्त कर लेते हैं, तब अपने उन्हीं माता-पिता को तिरस्कार की निगाहों से देखते हैं। कई महानुभाव तो यह भी सोचते हैं कि अब इनकी क्या आवश्यकता है। बूढ़े माता-पिता यदि किसी कारणवश अस्वस्थ हो जाए तो वे बोझ लगने लगते हैं। तब हमें यह बातें याद भी नहीं रहतीं कि बचपन में हमारे बीमार होने पर कैसे वे रात-रात भर जागकर माथे पर पट्टी करते थे।

आजकल बहुत सारे गुरु और सद्गुरु हो गए हैं। उन्होंने माता-पिता की गुरुता की ओर से हमारा ध्यान हटा दिया है। हम माता-पिता के ही चरणों में बैठे रहेंगे तो उनकी कीर्ति कैसे फैलेगी। इसलिए वे परमात्मा से मिलाने और जीवन का सच्चा ज्ञान दिलाने वाले सद्गुरु का महत्त्व बताकर असल में अपने महत्त्व की ओर ध्यान खींचने की कोशिश करते हैं। यहाँ पर यह मत समझो कि हमें जीवित रखना हमारे माता-पिता का अपना स्वार्थ था, उनकी मजबूरी थी। नहीं, यह उनका प्रेम था हमारे प्रति। जैसे उनके माता-पिता ने उन्हें प्रेम किया था, वैसे ही वे हम पर प्रेम उड़ेलते हैं। तो यह दूसरे गुरुओं के लिए भी एक सीख है, उदाहरण है। जो सच्चा गुरु है, वह भी अपने शिष्य को संतान के ही समान प्यार करता है, उसे जीवन की रोशनी दिखाने के लिए उसी तरह रात-दिन सिरहाने बैठा रह सकता है, लेकिन इधर हमने भी पाश्चात्य संस्कृति की हवा खा ली है और गुरुओं ने भी। इसलिए आजकल जगह-जगह पर अनेक प्रकार के गुरुओं-सद्गुरुओं के आश्रम खुल गए हैं और दूसरी ओर वृद्धाश्रमों की भरमार हो गई है। एक कहानी है, जो हम सब ने सुन रखी होगी—श्रवण कुमार की। वह अपने बूढ़े माता-पिता (जो अंधे थे, चलने में सक्षम नहीं थे) को बेंगी पर उठाकर तीर्थ यात्रा पर ले गया था, उनकी इच्छानुसार। मार्ग में एक जगह जब माता-पिता ने जल पीने की इच्छा व्यक्त की तो वह जल भरने के लिए गया, जहाँ पर राजा दशरथ के तीर से उसकी मृत्यु हो गई। श्रवण कुमार के पिता के श्राप की वजह से दशरथ को भी पुत्र का वियोग सहना पड़ा और उसी के विरह में तड़पते हुए वे भगवत् धाम को गए। भगवान प्रसन्न होते हैं आपसे, अगर आप अपने माता-पिता की बात माने, उनकी सेवा करें।

भगवान् को सबका पिता कहा गया है, लेकिन अगर आप जागतिक माता-पिता को प्रसन्न नहीं कर पाएँगे तो आध्यात्मिक पिता अर्थात् भगवान् को कैसे प्रसन्न कर पाएँगे? यदि आप माता-पिता को प्रसन्न नहीं कर पाते तो कोई गुरु-सद्गुरु आपको सन्मार्ग पर नहीं ले जा सकता। अगर वे प्रसन्न नहीं हैं तो भगवान् भी प्रसन्न नहीं होंगे। धर्मराज युधिष्ठिर ने महाभारत के युद्ध से पहले विपक्ष में खड़े अपने सभी सम्माननीय जनों को प्रणाम कर उनसे आशीर्वाद लिया था। भगवान् राम ने भी वनवास पर जाने से पहले माता कैकयी, माता सुमित्रा, माता कौशल्या से आशीर्वाद लिया था, लेकिन माता-पिता का आशीर्वाद तभी फलता है, जब उसे पूर्ण श्रद्धा से लिया जाए। ढोंग से कुछ नहीं होगा, बात बिगड़ेगी ही। स्मरण रखिए, पुत्र कुपुत्र हो सकता है, किंतु माता-पिता कुमाता-कुपिता नहीं हो सकते।

१०. पुरुषार्थ

हिंदू विचारशास्त्रियों ने चार पुरुषार्थ माने हैं—

* धर्म, अर्थ, काम एवं मोक्ष।
* धर्म का अर्थ है—जीवन के नियामक तत्त्व।
* अर्थ का तात्पर्य है—जीवन के भौतिक साधन।
* काम का अर्थ—जीवन की वैध कामनाएँ।

मोक्ष का अभिप्राय है, जीवन के सभी प्रकार के बंधनों से मुक्ति। प्रथम तीन को पवर्ग और अंतिम को अपवर्ग कहते हैं।

पुरुषार्थ का संबंध चार आश्रमों से है। प्रथम आश्रम ब्रह्मचर्य आश्रम, दूसरा गार्हस्थ्य आश्रम तीसरा वानप्रस्थ एवं चौथा संन्यास मोक्ष का अधिष्ठान है।

धर्म पुरुषार्थ का प्रसार पूरे जीवनकाल पर है, किंतु यहाँ धर्म का विशेष अर्थ है अनुशासन तथा सारे जीवन को एक दार्शनिक रूप से चलाने की शिक्षा, जो प्रथम या ब्रह्मचर्याश्रय में ही सीखना पड़ता है। इन चारों पुरुषार्थों में भी विकास परिलक्षित है, यथा एक से दूसरे की प्राप्ति-धर्म से अर्थ, अर्थ से काम तथा धर्म से पुनः मोक्ष की प्राप्ति होती है।

चार्वाक दर्शन केवल अर्थ एवं काम को पुरुषार्थ मानता है; किंतु चार्वाक का सिद्धांत भारत में बहुमान्य नहीं हुआ।

(ख) ऐहिक जीवन में प्रगति

ऋग्वेद में कृषि संबंधी वर्णन। कृषि क्षेत्र के सभी यंत्रों व तकनीकी प्रक्रियाओं की विस्तृत जानकारी व वर्णन, जैसे—हल, सिंचाई, पशुपालन, जैविक खाद आदि।

संसार में हजारों वर्ष पूर्व सर्वप्रथम कृषि अध्ययन भारत में ही प्रारंभ हुआ। हजारों वर्ष पुराने कृषि-पाराशर, वृक्ष-आयुर्वेद आदि कृषि ग्रंथ आज भी विश्वस्तरीय शिक्षा में मान्य। कपास की उत्पत्ति भारत में ही, भारत में ही धान की ६६०० प्रजातियाँ, घाघ कवि की कहावतें आदि।

शिक्षा के क्षेत्र में—ऋग्वेद विश्व का प्राचीनतम ग्रंथ। भारत संपूर्ण विश्व की शिक्षा का सर्वोत्कृष्ट केंद्र। संपूर्ण विश्व से विद्यार्थी भारत के विश्वविद्यालयों में शिक्षा ग्रहण करने आते थे। भारत में तक्षशिला, नालंदा, विक्रमशिला आदि ६५ विश्वविद्यालयों का वर्णन। तकनीकी शिक्षा पर लगभग ३०० पुस्तकें।

लंदन में 'मद्रास सिस्टम ऑफ एजुकेशन'—संस्कृत भाषा व व्याकरण विश्व की समृद्धतम भाषा व व्याकरण, जो आज संगणक (कंप्यूटर) के लिए भी श्रेष्ठतम मानी जा रही है। संस्कृत भाषा पूर्ण ध्वन्यात्मक। जापानी व चीनी चित्रात्मक है। अंग्रेजी भाषा न तो ध्वन्यात्मक है, न ही चित्रात्मक।

आर्थिक क्षेत्र—यहाँ के धन-धान्य पूर्ण, समृद्ध तथा सदाचारी समाज का अनेक विदेशी यात्रियों द्वारा उल्लेख (फाह्यान, ह्वेनसांग, अलबरूनी)(मेगस्थनीज की पुस्तक—इंडिका)।

व्यापार के क्षेत्र में—समुद्री मार्ग से विश्व भर में भारत का व्यापार संचालित होता था, जो विश्व के व्यापार का २४ प्रतिशत था। गुणवत्ता के कारण भारतीय वस्तुएँ विश्व भर में आकर्षण तथा माँग का केंद्र थीं।

सांस्कृतिक दिग्विजय—तात्कालिक विश्व के प्रत्येक देश में हमारे ऋषि-मुनि, संत, विद्वान्, वैज्ञानिक आदि गए। उन्होंने वहाँ के जीवन को श्रेष्ठ (आर्य) बनाया, जैसे—अमेरिका, मेक्सिको, इटली, ब्रिटेन, जापान, चीन, रूस आदि। आज भी पूर्व द्वीप समूह के लोग हमारी श्रेष्ठता के कारण ही स्वयं हमारे (हिंदुत्व) विचारों को अपना रहे हैं। (विशेष अध्ययन—डॉ. शरद हैबालकर की पुस्तक—कृण्वन्तो विश्वमार्यम्)

साहित्य—गीता का अनुवाद विश्व की सभी भाषाओं में। रामायण, महाभारत, अभिज्ञान शाकुंतलम्, चार वेद आदि। विश्व के जन-जीवन से संबंधित दिशा देनेवाला साहित्य नालंदा विश्वविद्यालय के विशाल पुस्तकालय के नौ-नौ मंजिल के ३ विशाल प्रखंडों 'रत्नसागर', 'धर्मसागर' व 'गुणसागर' में उपलब्ध था।

भारतीय परिवार व्यवस्था

भारत मुख्यतः कृषिप्रधान देश है और यहाँ की पारिवारिक रचना प्रायः कृषि की आवश्यकताओं से प्रभावित है। इसके अतिरिक्त भारतीय परिवार की मर्यादाएँ और आदर्श परंपरागत हैं। किसी अन्य समाज में गृहस्थ जीवन की इतनी पवित्रता तथा पिता-पुत्र, भाई-भाई और पति-पत्नी के इतने स्थायी संबंधों का उदाहरण नहीं मिलता। संयुक्त परिवार में संबंधियों का दायरा पति-पत्नी तथा उनकी अविवाहित संतानों से भी अधिक व्यापक होता है। बहुधा उसमें तीन पीढ़ियों और कभी-कभी इससे भी अधिक पीढ़ियों के व्यक्ति एक घर में एक ही अनुशासन में और एक रसोईघर का भोजन करते हुए सम्मिलित संपत्ति का उपभोग करते हैं और परिवार के धार्मिक कृत्यों तथा संस्कारों में भाग लेते हैं। तथापि संयुक्त परिवार के आदर्श, परंपराएँ और प्रतिष्ठा के कारण इन सांपत्तिक अधिकारों का व्यावहारिक पक्ष परिवार के संयुक्त रूप के अनुकूल ही रहता है। संयुक्त परिवार का मूल भारत की कृषि प्रधान अर्थव्यवस्था के अतिरिक्त अधिकारों का व्यावहारिक पक्ष परिवार के संयुक्त रूप के अनुकूल ही रहता है। संयुक्त परिवार का मूल भारत की कृषिप्रधान अर्थव्यवस्था के अतिरिक्त प्राचीन परंपराओं तथा आदर्श में है। रामायण और महाभारत की गाथाओं द्वारा ये आदर्श जन-जन तक पहुँचते हैं। कृषि ने सर्वत्र ही

पारिवारिक जीवन को स्थिरता प्रदान की है। अत: भारतीय समाज में परंपरा से उत्पादन कार्य, उपभोग और सुरक्षा की बुनियादी इकाई परिवार है।

संयुक्त परिवार के लाभ

मनुष्य को अपने विकास के लिए समाज की आवश्यकता हुई, इसी आवश्यकता की पूर्ति के लिए समाज की प्रथम इकाई के रूप में परिवार का उदय हुआ। क्योंकि बिना परिवार के समाज की रचना के बारे में सोच पाना असंभव था। समुचित विकास के लिए प्रत्येक व्यक्ति को आर्थिक, शारीरिक एवं मानसिक सुरक्षा का वातावरण का होना नितांत आवश्यक है। परिवार में रहते हुए परिजनों के कार्यों का वितरण आसान हो जाता है। साथ ही भावी पीढ़ी को सुरक्षित वातावरण एवं स्वस्थ पालन-पोषण द्वारा मानव का भविष्य भी सुरक्षित होता है, उसके विकास का मार्ग प्रशस्त होता है। परिवार में रहते हुए ही भावी पीढ़ी को उचित मार्ग निर्देशन देकर जीवन संग्राम के लिए तैयार किया जा सकता है।

आज भी संयुक्त परिवार को ही संपूर्ण परिवार माना जाता है। वर्तमान समय में भी एकल परिवार को मजबूरी के रूप में ही देखा जाता है। हमारे देश में आज भी एकल परिवार को मान्यता प्राप्त नहीं है। हालाँकि औद्योगिक विकास के चलते संयुक्त परिवारों का बिखरना जारी है, परंतु आज भी संयुक्त परिवार का महत्त्व कम नहीं हुआ है। संयुक्त परिवार के महत्त्व पर चर्चा करने से पूर्व एक नजर संयुक्त परिवार के बिखरने के कारणों एवं उसके अस्तित्व पर मंडराते खतरे पर प्रकाश डालने का प्रयास करते हैं। संयुक्त परिवारों के बिखरने का मुख्य कारण है रोजगार पाने की आकांक्षा। बढ़ती जनसंख्या तथा घटते रोजगार के कारण परिवार के सदस्यों को अपनी जीविका चलाने के लिए गाँव से शहर की ओर या छोटे शहर से बड़े शहरों को जाना पड़ता है और इसी कड़ी में विदेश जाने की आवश्यकता पड़ती है। परंपरागत कारोबार या खेती-बाड़ी की अपनी सीमाएँ होती हैं, जो परिवार के बढ़ते सदस्यों के लिए सभी आवश्यकताएँ जुटा पाने में समर्थ नहीं होता। अत: परिवार को नए आर्थिक स्त्रोतों की तलाश में अन्यत्र जाना पड़ता है। अब उन्हें जहाँ रोजगार उपलब्ध होता है, वहीं अपना परिवार बसाना होता है, क्योंकि प्रत्येक व्यक्ति के लिए यह संभव नहीं होता कि वह नित्य रूप से अपने परिवार के मूल स्थान पर जा पाए। कभी-कभी तो सैकड़ों किलोमीटर दूर जाकर रोजगार करना पड़ता है। संयुक्त परिवार के टूटने का दूसरा महत्त्वपूर्ण कारण नित्य बढ़ता उपभोक्तावाद है, जिसने व्यक्ति को अधिक महत्त्वाकांक्षी बना दिया है। अधिक सुविधाएँ पाने की लालसा के कारण पारिवारिक सहनशक्ति समाप्त होती जा रही है और स्वार्थपरता बढ़ती जा रही है। अब वह अपनी खुशियाँ परिवार या परिजनों में नहीं, बल्कि अधिक सुख-साधन जुटाकर ढूँढ़ता है और संयुक्त परिवार के बिखरने का कारण बन रहा है। एकल परिवार में रहते हुए मानव भावनात्मक रूप से विकलांग होता जा रहा है। जिम्मेदारियों का बोझ और तनाव सहन करना पड़ता है, परंतु दूसरी तरफ उसके सुविधा-संपन्न और आत्मविश्वास बढ़ जाने के कारण भावी विकास का रास्ता खुलता है। अनेक मजबूरियों के चलते हो रहे संयुक्त परिवारों के बिखराव के वर्तमान दौर में भी संयुक्त परिवारों का महत्त्व कम नहीं हुआ है, बल्कि उसका महत्त्व आज भी बना हुआ है। उसके महत्त्व को एकल परिवार

में रह रहे लोग अधिक अच्छे से समझ पाते हैं। उन्हें संयुक्त परिवार के फायदे नजर आते हैं; क्योंकि किसी भी वस्तु का महत्त्व उसके अभाव को झेलने वाले अधिक समझ सकते हैं। अब संयुक्त परिवारों के लाभ पर सिलसिलेवार चर्चा करते हैं।

सुरक्षा और स्वास्थ्य

परिवार के प्रत्येक सदस्य की सुरक्षा की जिम्मेदारी सभी परिजन मिल-जुलकर निभाते हैं। अत: किसी भी सदस्य की स्वास्थ्य समस्या, सुरक्षा समस्या, आर्थिक समस्या पूरे परिवार की होती है। कोई भी अनपेक्षित रूप से आई परेशानी सहजता से सुलझा ली जाती है। जैसे यदि कोई गंभीर बीमारी से जूझता है तो भी परिवार के सब सदस्य अपने सहयोग से उसको बीमारी से निजात दिलाने में मदद करते हैं, उसे कोई आर्थिक समस्या या रोजगार की बाधा आड़े नहीं आती। ऐसे ही गाँव या मोहल्ले में किसी को उनसे अनावश्यक उलझने की हिम्मत नहीं होती, संगठित होने के कारण पूर्णतया सुरक्षा मिलती है। व्यक्ति हर प्रकार के तनाव से मुक्त रहता है।

विभिन्न कार्यों का विभाजन

परिवार में सदस्यों की संख्या अधिक होने के कारण कार्यों का विभाजन आसान हो जाता है। प्रत्येक सदस्य के हिस्से में आने वाले कार्य को वह अधिक क्षमता से कर पाता है और अन्य जिम्मेदारियों से भी मुक्त रहता है। अत: तनाव मुक्त होकर कार्य करने में अधिक खुशी मिलती है। उसकी कार्यक्षमता अधिक होने से कारोबार अधिक उन्नत होता है। परिवार के सभी सदस्यों की आवश्यकताओं की पूर्ति अपेक्षाकृत अधिक हो सकती है और जीवन उल्लासपूर्ण व्यतीत होता है।

भावी पीढ़ी का समुचित विकास

संयुक्त परिवार में बच्चों के लिए सर्वाधिक सुरक्षित और उचित शारीरिक एवं चारित्रिक विकास का अवसर प्राप्त होता है। बच्चे की इच्छाओं और आवश्यकताओं का अधिक ध्यान रखा जा सकता है। उसे अन्य बच्चों के साथ खेलने का मौका मिलता है। माता-पिता के साथ-साथ अन्य परिजनों, विशेष तौर पर दादा-दादी का प्यार भी मिलता है। जबकि एकाकी परिवार में कभी-कभी तो माता-पिता का प्यार भी कम ही मिल पाता है, यदि दोनों ही कामकाजी हैं। दादा-दादी से प्यार के साथ ज्ञान, अनुभव भरपूर मिलता है। उनके साथ खेलने, समय बिताने से मनोरंजन भी होता है, उन्हें संस्कारवान् बनाना, चरित्रवान् बनाना एवं हृष्ट-पुष्ट बनाने में ज्यादातर परिजनों का सहयोग प्राप्त होता है, जो कि एकाकी परिवार में संभव नहीं हो पाता।

संयुक्त परिवार में व्यय कम

बाजार का नियम है कि यदि कोई वस्तु अधिक परिमाण में खरीदी जाती है तो उसके लिए कम कीमत चुकानी पड़ती है, अर्थात् संयुक्त रहने के कारण कोई भी वस्तु अपेक्षाकृत अधिक मात्रा में खरीदनी होती है, जबकि संयुक्त रहने पर कम वस्तु लेकर काम चल जाता है। उदाहरण के लिए एक परिवार तीन एकल परिवारों के रूप में रहता है, उन्हें तीन मकान, तीन कार या तीन स्कूटर, तीन टेलीविजन और तीन फ्रिज इत्यादि प्रत्येक वस्तु अलग-अलग खरीदनी होगी, परंतु वे

यदि एक साथ रहते हैं, तो उन्हें कम मात्रा में वस्तुएँ खरीदकर धन की बचत की जा सकती है। जैसे तीन स्कूटर के स्थान पर एक कार, एक स्कूटर से काम चल सकता है। तीन फ्रिज के स्थान पर एक बड़ा फ्रिज और एक ए.सी. लिया जा सकता है; इसी प्रकार तीन मकानों की बजाय पूर्णतया सुसज्जित बड़ा बँगला लिया जा सकता है। टेलीफोन, बिजली के बिल के अलग-अलग खर्च के स्थान पर बचे धन से कार व ए.सी. मेंटेनेंस का खर्च निकल सकता है। इस प्रकार से उतने ही बजट में अधिक उच्च जीवन शैली के साथ जीवनयापन किया जा सकता है।

भावनात्मक सहयोग

किसी विपत्ति के समय परिवार के किसी सदस्य के गंभीर रूप से बीमार होने पर पूरे परिवार के सहयोग से आसानी से पार पाया जा सकता है। जीवन के सभी कष्ट सब के सहयोग से बिना किसी को विचलित किए दूर हो जाते हैं। कभी भी आर्थिक समस्या या रोजगार चले जाने की समस्या उत्पन्न नहीं होती; क्योंकि एक सदस्य की अनुपस्थिति में अन्य परिजन कारोबार को देख लेते हैं।

चरित्र-निर्माण में सहयोग

संयुक्त परिवार में सभी सदस्य एक-दूसरे के आचार-व्यवहार पर निरंतर निगरानी बनाए रखते हैं, किसी की अवांछनीय गतिविधि पर अंकुश लगा रहता है, अर्थात् प्रत्येक सदस्य चरित्रवान् बना रहता है, किसी समस्या के समय सभी परिजन उसका साथ देते हैं और सामूहिक दबाव भी पड़ता है। कोई भी सदस्य असामाजिक कार्य नहीं कर पता, बुजुर्गों के भय के कारण शराब, जुआ या नशा जैसी बुराइयों से बचा रहता है।

परिवार जीवन को प्रश्रय देने के साथ बच्चे के जन्म के साथ ही अनुभव और ज्ञान प्रदान करने की प्रथम पाठशाला बन जाता है। स्पर्श, रस, गंध, रूप और ऊष्मा का संज्ञान तो शिशु को माता की गोद से ही मिलता है। इस प्रकार जन्म लेने वाले प्रत्येक शिशु का पंच-इंद्रियों और पंच-तत्त्वों या पदार्थों से प्रथम परिचय परिवार से ही प्राप्त होता है। काल-क्रमानुसार परिवार ही उसे आचार-व्यवहार के विभिन्न रूपों का प्रथम प्रशिक्षण भी प्रदान करता है। परिवार में संस्कार और व्यवहार के बीजों का आरोपण भी शिशु को उसके जन्म के साथ ही मिलने लगता है। परिवार के सदस्यों के आचरण और व्यवहार उसके आचरण की दिशा के निर्धारक बनते हैं। घर से बाहर की पाठशाला की अक्षर ज्ञान वाली शिक्षा की भूमिका परिवार ही तैयार करता है। व्यक्तित्व निर्माण का जो क्रम परिवार से प्रारंभ होता है, वही व्यक्ति के भविष्य के स्वरूप का आधार बनता है।

किसी भी परिवार का आधार उसकी मातृशक्ति पर निर्भर करता है और हमारे पूर्वजों ने मातृशक्ति का वर्णन करते हुए कहा है—

राष्ट्रस्य सुदृढा शक्ति, सामञ्जस्य च धारिणी।
भारते संस्कृते नारी, माता नारायणी सदा॥

अर्थात् भारत की नारीशक्ति का स्रोत है, जो राष्ट्र को सुदृढ़ करती है तथा समाज को धारण करती है और देवी माँ की भाँति सदा-सर्वदा उनका पालन-पोषण (संस्कार) करती है।

पारिवारिक संबंधों के नाम

नाना—माँ का पिता	नानी—माँ की माँ
मामा—माँ का भाई	मामी—मामा की पत्नी
मौसी—माँ की बहन	मौसा—मौसी का पति
दादा—पिता का पिता	दादी—पिता की माँ
पिता—पिताजी	माँ—माताजी
ताऊ—पिता का बड़ा भाई	ताई—ताऊ की पत्नी
चाचा—पिता का छोटा भाई	चाची—चाचा की पत्नी
बुआ—पिता की बहन	फूफा—बुआ का पति
जेठ—पति का बड़ा भाई	जेठानी—जेठ की पत्नी
देवर—पति का छोटा भाई	देवरानी—देवर की पत्नी
ननद—पति की बहन	ननदोई—ननद का पति
साला—पत्नी का भाई	सलज—साले की पत्नी
साली—पत्नी की बहन	साडू—साली का पति
भाभी—भाई की पत्नी	जीजा—बहन का पति
पोता—बेटे का बेटा	पोती—बेटे की बेटी
नाती—बेटी का बेटा	नातिन—बेटी की बेटी
भतीजा—भाई का बेटा	भतीजी—भाई की बेटी
भानजी—बहन की बेटी	भानजा—बहन का बेटा

पारिवारिक जीवनक्रम तप और त्याग से भरा हुआ है। गृहस्थी के निर्वाह हेतु किया जाने वाला प्रयत्न किसी तितीक्षा से कम नहीं। परिवार का भार वहन करना, सदस्यों की सहकारितापूर्वक सुविधा के साधन जुटाना तपस्या ही है। उससे भी अधिक दुस्तर, जो तपोवनों में बैठकर की जाती है। इस व्यवस्था में व्यक्ति अपनी अनेक प्रवृत्तियों पर अंकुश लगाना सीखता है। माँ-बाप स्वयं अपना पेट काटकर बच्चों को पढ़ाते हैं, छोटों को आगे बढ़ाते हैं। इसी खदान से सुसंस्कारी नागरिक निकलते हैं एवं इस व्यवस्था से ही जन्म लेती हैं—भारतीय संस्कृति की अमूल्य धरोहर-अतिशय धर्म। यह एक विडंबना है कि बढ़ती आधुनिकता व शहरीकरण की आसुरी लीला ने इस व्यवस्था को हानि पहुँचाने का कुछ सीमा तक प्रयास किया है। यही कारण है कि अब यह संस्था विश्रृंखलित होने लगी है। यह आलोक जन-जन तक पहुँचाना जरूरी है कि सहयोग-सहकारिता भरी परिवार व्यवस्था ही सुख-शांति से युक्त समाज का मूल आधार है।

सनातन धर्म के पवित्र सोलह संस्कार

हिंदू धर्म में सोलह संस्कारों (षोड्श संस्कार) का उल्लेख किया जाता है, हिंदू धर्म भारत का सर्वप्रमुख धर्म है। इसमें पवित्र सोलह संस्कार संपन्न किए जाते हैं। हिंदू धर्म की प्राचीनता एवं विशालता के कारण ही उसे 'सनातन धर्म' भी कहा जाता है।

संस्कार का सामान्य अर्थ है—किसी को संस्कृत करना या शुद्ध करके उपयुक्त बनाना। किसी साधारण या विकृत वस्तु को विशेष क्रियाओं द्वारा उत्तम बना देना ही उसका संस्कार है। इसी तरह किसी साधारण मनुष्य को विशेष प्रकार की धार्मिक क्रिया-प्रक्रियाओं द्वारा श्रेष्ठ बनाना ही सुसंस्कृत करना कहा जाता है।

हिंदू संस्कार का इतिहास

प्राचीन काल में प्रत्येक कार्य संस्कार से आरंभ होता था। उस समय संस्कारों की संख्या भी लगभग चालीस थी। जैसे-जैसे समय बदलता गया और व्यस्तता बढ़ती गई तो कुछ संस्कार स्वत: विलुप्त हो गए। इस प्रकार समयानुसार संशोधित होकर संस्कारों की संख्या निर्धारित होती गई। 'गौतम स्मृति' में चालीस प्रकार के संस्कारों का उल्लेख है। महर्षि अंगिरा ने इनका अंतर्भाव पच्चीस संस्कारों में किया। 'व्यास स्मृति' में सोलह संस्कारों का वर्णन हुआ है। हमारे धर्मशास्त्रों में भी मुख्य रूप से सोलह संस्कारों की व्याख्या की गई है। विभिन्न धर्मग्रंथों में संस्कारों के क्रम में थोड़ा-बहुत अंतर है, लेकिन प्रचलित संस्कारों के क्रम में गर्भाधान, पुंसवन, सीमंतोन्नयन, जातकर्म, नामकरण, निष्क्रमण, अन्नप्राशन, चूड़ाकर्म, विद्यारंभ, कर्णवेध, यज्ञोपवीत, वेदारंभ, केशांत, समावर्तन, विवाह तथा अंत्येष्टि ही मान्य हैं।

१. गर्भाधान

हमारे शास्त्रों में मान्य सोलह संस्कारों में गर्भाधान पहला है। गृहस्थ जीवन में प्रवेश के उपरांत प्रथम कर्तव्य के रूप में इस संस्कार को मान्यता दी गई है। गार्हस्थ्य जीवन का प्रमुख उद्देश्य श्रेष्ठ संतानोत्पत्ति है। उत्तम संतति की इच्छा रखनेवाले माता-पिता को गर्भाधान से पूर्व अपने तन और मन की पवित्रता के लिए यह संस्कार करना चाहिए। वैदिक काल में यह संस्कार अति महत्त्वपूर्ण समझा जाता था।

२. पुंसवन

गर्भस्थ शिशु के मानसिक विकास की दृष्टि से यह संस्कार उपयोगी समझा जाता है। गर्भाधान के दूसरे या तीसरे महीने में इस संस्कार को करने का विधान है। हमारे मनीषियों ने संतानोत्कर्ष के उद्देश्य से किए जाने वाले इस संस्कार को अनिवार्य माना है। गर्भस्थ शिशु से संबंधित इस संस्कार को शुभ नक्षत्र में संपन्न किया जाता है। पुंसवन संस्कार का प्रयोजन स्वस्थ एवं उत्तम संतति को जन्म देना है। विशेष तिथि एवं ग्रहों की गणना के आधार पर ही गर्भधान करना उचित माना गया है।

३. सीमंतोन्नयन

सीमंतोन्नयन को सीमंतकरण अथवा सीमंत संस्कार भी कहते हैं। सीमंतोन्नयन का अभिप्राय है—सौभाग्य-संपन्न होना। गर्भपात रोकने के साथ-साथ गर्भस्थ शिशु एवं उसकी माता की रक्षा करना भी इस संस्कार का मुख्य उद्देश्य है। इस संस्कार के माध्यम से गर्भिणी स्त्री का मन प्रसन्न रखने के लिए सौभाग्यवती स्त्रियाँ गर्भवती की माँग भरती हैं। यह संस्कार गर्भधारण के छठे अथवा आठवें महीने में होता है।

४. जातकर्म

नवजात शिशु के नाल-उच्छेदन से पूर्व इस संस्कार को करने का विधान है। इस दैवी जगत् से प्रत्यक्ष संपर्क में आनेवाले बालक को मेधा, बल एवं दीर्घायु के लिए स्वर्ण खंड से मधु एवं घृत वैदिक मंत्रों के उच्चारण के साथ चटाया जाता है। यह संस्कार विशेष मंत्रों एवं विधि से किया जाता है। दो बूँद देसी घी तथा छह बूँद शहद का सम्मिश्रण अभिमंत्रित कर चटाने के बाद पिता यज्ञ करता है तथा नौ मंत्रों का विशेष रूप से उच्चारण के बाद बालक के बुद्धिमान, बलवान, स्वस्थ एवं दीर्घजीवी होने की प्रार्थना करता है। इसके बाद माता बालक को स्तनपान कराती है।

५. नामकरण

जन्म के ग्यारहवें दिन यह संस्कार होता है। हमारे धर्माचार्यों ने जन्म के दस दिन तक अशौच (सूतक) माना है। इसलिए यह संस्कार ग्यारहवें दिन करने का विधान है। महर्षि याज्ञवल्क्य का भी यही मत है, लेकिन अनेक कर्मकांडी विद्वान् इस संस्कार को शुभ नक्षत्र अथवा शुभ दिन में करना उचित मानते हैं।

नामकरण संस्कार का सनातन धर्म से अधिक महत्त्व है। हमारे मनीषियों ने नाम का प्रभाव इसलिए भी अधिक बताया है, क्योंकि यह व्यक्तित्व के विकास में सहायक होता है। तभी कहा गया है—राम से बड़ा राम का नाम। हमारे धर्म विज्ञानियों ने बहुत शोध कर नामकरण संस्कार बनाया। ज्योतिष विज्ञान तो नाम के आधार पर ही भविष्य की रूपरेखा तैयार करता है।

६. निष्क्रमण

दैवी जगत् से शिशु की प्रगाढ़ता बढ़े तथा ब्रह्माजी की सृष्टि से अच्छी तरह परिचित होकर दीर्घकाल तक धर्म और मर्यादा की रक्षा करते हुए इस लोक का भोग करे, यही इस संस्कार का मुख्य उद्देश्य है। निष्क्रमण का अभिप्राय है—बाहर निकलना। इस संस्कार में शिशु को सूर्य तथा चंद्रमा की ज्योति दिखाने का विधान है। भगवान् भास्कर के तेज तथा चंद्रमा की शीतलता से शिशु को अवगत कराना ही इसका उद्देश्य है। इसके पीछे मनीषियों की शिशु को तेजस्वी तथा विनम्र बनाने की परिकल्पना होगी। उस दिन देवी-देवताओं के दर्शन तथा उनसे शिशु के दीर्घ एवं यशस्वी जीवन के लिए आशीर्वाद ग्रहण किया जाता है। जन्म के चौथे महीने में इस संस्कार को करने का विधान है। तीन माह तक शिशु का शरीर बाहरी वातावरण तथा तेज धूप, तेज हवा आदि के अनुकूल नहीं होता है, इसलिए प्रायः तीन मास तक उसे बहुत सावधानी से घर में रखना चाहिए। इसके बाद धीरे-धीरे उसे बाहरी वातावरण के संपर्क में आने देना चाहिए। इस संस्कार का तात्पर्य यही है कि शिशु समाज के संपर्क में आकर सामाजिक परिस्थितियों से अवगत हो।

७. अन्नप्राशन

इस संस्कार का उद्देश्य शिशु के शारीरिक व मानसिक विकास पर ध्यान केंद्रित करना है। अन्नप्राशन का स्पष्ट अर्थ है कि शिशु, जो अब तक पेय पदार्थों, विशेषकर दूध पर आधारित था, अब अन्न जिसे शास्त्रों में प्राण कहा गया है, उसको ग्रहण कर शारीरिक व मानसिक रूप से अपने को बलवान व प्रबुद्ध बनाए। तन और मन को सुदृढ़ बनाने में अन्न का सर्वाधिक योगदान है। शुद्ध, सात्त्विक एवं पौष्टिक आहार से ही तन स्वस्थ रहता है और स्वस्थ तन में ही स्वस्थ मन का निवास होता है। आहार शुद्ध होने पर ही अंतःकरण शुद्ध होता है तथा मन, बुद्धि, आत्मा सबका पोषण होता है। इसलिए इस संस्कार का हमारे जीवन में विशेष महत्त्व है।

हमारे धर्माचार्यों ने अन्नप्राशन के लिए जन्म से छठे महीने को उपयुक्त माना है। छठे मास में शुभ नक्षत्र एवं शुभ दिन देखकर यह संस्कार करना चाहिए। खीर और मिठाई से शिशु के अन्नग्रहण को शुभ माना गया है। अमृतः क्षीरभोजनम्, हमारे शास्त्रों में खीर को अमृत के समान उत्तम माना गया है।

८. चूड़ाकर्म

चूड़ाकर्म को मुंडन संस्कार भी कहा जाता है। हमारे आचार्यों ने बालक के पहले, तीसरे या पाँचवें वर्ष में इस संस्कार को करने का विधान बताया है। इस संस्कार के पीछे शुचिता और बौद्धिक विकास की परिकल्पना हमारे मनीषियों के मन में होगी। मुंडन संस्कार का अभिप्राय है कि जन्म के समय उत्पन्न अपवित्र बालों को हटाकर बालक को प्रखर बनाना है। नौ माह तक

गर्भ में रहने के कारण कई दूषित कीटाणु उसके बालों में रहते हैं। मुंडन संस्कार से इन दोषों का सफाया होता है। ज्योतिष शास्त्र के अनुसार इस संस्कार को शुभ मुहूर्त में करने का विधान है। वैदिक मंत्रोच्चारण के साथ यह संस्कार संपन्न होता है।

९. विद्यारंभ

विद्यारंभ संस्कार के क्रम के बारे में हमारे आचार्यों में मतभिन्नता है। कुछ आचार्यों का मत है कि अन्नप्राशन के बाद विद्यारंभ संस्कार होना चाहिए तो कुछ चूड़ाकर्म के बाद इस संस्कार को उपयुक्त मानते हैं। अन्नप्राशन के बाद ही शिशु बोलना शुरू करता है। इसलिए अन्नप्राशन के बाद ही विद्यारंभ संस्कार उपयुक्त लगता है। विद्यारंभ का अभिप्राय बालक को शिक्षा के प्रारंभिक स्तर से परिचित कराना है। प्राचीन काल में जब गुरुकुल की परंपरा थी तो बालक को वेदाध्ययन के लिए भेजने से पहले घर में अक्षर बोध कराया जाता था। माँ-बाप तथा गुरुजन पहले उसे मौखिक रूप से श्लोक, पौराणिक कथाएँ आदि का अभ्यास करा दिया करते थे, ताकि गुरुकुल में कठिनाई न हो। हमारा शास्त्र विद्यानुरागी है। शास्त्र की उक्ति है—सा विद्या या विमुक्तये, अर्थात् विद्या ही है, जो मुक्ति दिला सके। विद्या अथवा ज्ञान ही मनुष्य की आत्मिक उन्नति का साधन है। शुभ मुहूर्त में ही विद्यारंभ संस्कार करना चाहिए।

१०. कर्णवेध

हमारे मनीषियों ने सभी संस्कारों को वैज्ञानिक कसौटी पर कसने के बाद ही प्रारंभ किया था। कर्णवेध संस्कार का आधार बिल्कुल वैज्ञानिक है। बालक की शारीरिक व्याधि से रक्षा ही इस संस्कार का मूल उद्‍देश्य है। प्रकृति प्रदत्त इस शरीर के सारे अंग महत्त्वपूर्ण हैं। कान हमारे श्रवण द्वार हैं। कर्ण वेधन से व्याधियाँ दूर होती हैं तथा श्रवणशक्ति भी बढ़ती है। इसके साथ ही कानों में आभूषण हमारे सौंदर्य-बोध का परिचायक भी है।

यज्ञोपवीत के पूर्व इस संस्कार को करने का विधान है। ज्योतिष शास्त्र के अनुसार शुक्ल पक्ष के शुभ मुहूर्त में इस संस्कार का संपादन श्रेयस्कर है।

११. यज्ञोपवीत अथवा उपनयन

बौद्धिक विकास के लिए सर्वाधिक महत्त्वपूर्ण संस्कार है। धार्मिक और आध्यात्मिक उन्नति का इस संस्कार में पूर्णरूपेण समावेश है। हमारे मनीषियों ने इस संस्कार के माध्यम से वेदमाता गायत्री को आत्मसात् करने का प्रावधान दिया है। आधुनिक युग में भी गायत्री मंत्र पर विशेष शोध हो चुका है। गायत्री सर्वाधिक शक्तिशाली मंत्र है।

'यज्ञोपवीतं परमं पवित्रं' अर्थात् यज्ञोपवीत, जिसे जनेऊ भी कहा जाता है, अत्यंत पवित्र है। प्रजापति ने स्वाभाविक रूप से इसका निर्माण किया है। यह आयु को बढ़ानेवाला, बल और तेज प्रदान करनेवाला है। इस संस्कार के बारे में हमारे धर्मशास्त्रों में विशेष उल्लेख है। यज्ञोपवीत धारण का वैज्ञानिक महत्त्व भी है। प्राचीन काल में जब गुरुकुल की परंपरा थी, उस समय प्राय: आठ वर्ष की उम्र में यज्ञोपवीत संस्कार संपन्न हो जाता था। इसके बाद बालक विशेष अध्ययन के लिए गुरुकुल जाता था। यज्ञोपवीत से ही बालक को ब्रह्मचर्य की दीक्षा दी जाती थी, जिसका

पालन गृहस्थाश्रम में आने से पूर्व तक किया जाता था। इस संस्कार का उद्देश्य संयमित जीवन के साथ आत्मिक विकास में रत रहने के लिए बालक को प्रेरित करना है।

१२. वेदारंभ

ज्ञानार्जन से संबंधित है यह संस्कार। वेद का अर्थ होता है ज्ञान और वेदारंभ के माध्यम से बालक अब ज्ञान को अपने अंदर समाविष्ट करना शुरू करे, यही अभिप्राय है इस संस्कार का। शास्त्रों में ज्ञान से बढ़कर दूसरा कोई प्रकाश नहीं समझा गया है। स्पष्ट है कि प्राचीन काल में यह संस्कार मनुष्य के जीवन में विशेष महत्त्व रखता था। यज्ञोपवीत के बाद बालकों को वेदों का अध्ययन एवं विशिष्ट ज्ञान से परिचित होने के लिए योग्य आचार्यों के पास गुरुकुलों में भेजा जाता था। वेदारंभ से पहले आचार्य अपने शिष्यों को ब्रह्मचर्य व्रत का पालन करने एवं संयमित जीवन जीने की प्रतिज्ञा कराते थे तथा उसकी परीक्षा लेने के बाद ही वेदाध्ययन कराते थे। असंयमित जीवन जीने वाले वेदाध्ययन के अधिकारी नहीं माने जाते थे। हमारे चारों वेद ज्ञान के अक्षुण्ण भंडार हैं।

१३. केशांत

गुरुकुल में वेदाध्ययन पूर्ण कर लेने पर आचार्य के समक्ष यह संस्कार संपन्न किया जाता था। वस्तुतः यह संस्कार गुरुकुल से विदाई लेने तथा गृहस्थाश्रम में प्रवेश करने का उपक्रम है। वेद-पुराणों एवं विभिन्न विषयों में पारंगत होने के बाद ब्रह्मचारी के समावर्तन संस्कार के पूर्व बालों की सफाई की जाती थी तथा उसे स्नान कराकर स्नातक की उपाधि दी जाती थी। केशांत संस्कार शुभ मुहूर्त में किया जाता था।

१४. समावर्तन

गुरुकुल से विदाई लेने से पूर्व शिष्य का समावर्तन संस्कार होता था। इस संस्कार से पूर्व ब्रह्मचारी का केशांत संस्कार होता था और फिर उसे स्नान कराया जाता था। यह स्नान समावर्तन संस्कार के तहत होता था। इसमें सुगंधित पदार्थों एवं औषधादि युक्त जल से भरे हुए वेदी के उत्तर भाग में आठ घड़ों के जल से स्नान करने का विधान है। यह स्नान विशेष मंत्रोच्चारण के साथ होता था। इसके बाद ब्रह्मचारी मेखला व दंड को छोड़ देता था, जिसे यज्ञोपवीत के समय धारण कराया जाता था। इस संस्कार के बाद आचार्य उसे विद्या स्नातक की उपाधि देते थे। इस उपाधि से वह सगर्व गृहस्थाश्रम में प्रवेश करने का अधिकारी समझा जाता था। सुंदर वस्त्र व आभूषण धारण करता था तथा आचार्यों एवं गुरुजनों से आशीर्वाद ग्रहण कर अपने घर के लिए विदा होता था।

१५. विवाह

प्राचीन काल से ही स्त्री और पुरुष दोनों के लिए यह सर्वाधिक महत्त्वपूर्ण संस्कार है। यज्ञोपवीत से समावर्तन संस्कार तक ब्रह्मचर्य व्रत के पालन का हमारे शास्त्रों में विधान है। वेदाध्ययन के बाद जब युवक में सामाजिक परंपरा निर्वाह करने की क्षमता व परिपक्वता आ जाती थी तो उसे गार्हस्थ्य धर्म में प्रवेश कराया जाता था। लगभग पच्चीस वर्ष तक ब्रह्मचर्य व्रत का पालन करने के बाद युवक परिणय-सूत्र में बँधता था।

हमारे शास्त्रों में आठ प्रकार के विवाहों का उल्लेख है—ब्रह्म, दैव, आर्ष, प्राजापत्य, आसुर, गंधर्व, राक्षस एवं पैशाच। वैदिक काल में ये सभी प्रथाएँ प्रचलित थीं। समय के अनुसार इनका स्वरूप बदलता गया। वैदिक काल से पूर्व जब हमारा समाज संगठित नहीं था तो उस समय उच्छृंखल यौनाचार था। हमारे मनीषियों ने इस उच्छृंखलता को समाप्त करने के लिए विवाह संस्कार की स्थापना करके समाज को संगठित एवं नियमबद्ध करने का प्रयास किया। आज उन्हीं के प्रयासों का परिणाम है कि हमारा समाज सभ्य और सुसंस्कृत है।

१६. अंत्येष्टि

अंत्येष्टि को अंतिम अथवा अग्नि परिग्रह संस्कार भी कहा जाता है। आत्मा में अग्नि का आधान करना ही अग्नि परिग्रह है। धर्म-शास्त्रों की मान्यता है कि मृत्र शरीर की विधिवत् क्रिया करने से जीव की अतृप्त वासनाएँ शांत हो जाती हैं। हमारे शास्त्रों में बहुत ही सहज ढंग से इहलोक और परलोक की परिकल्पना की गई है। जब तक जीव शरीर धारण कर इहलोक में निवास करता है तो वह विभिन्न कर्मों से बँधा रहता है। प्राण छूटने पर वह इस लोक को छोड़ देता है। उसके बाद की परिकल्पना में विभिन्न लोकों के अलावा मोक्ष या निर्वाण है। मनुष्य अपने कर्मों के अनुसार फल भोगता है। इसी परिकल्पना के तहत मृत देह की विधिवत् क्रिया होती है।

संस्कार का अभिप्राय उन धार्मिक कृत्यों से है, जो किसी व्यक्ति को अपने समुदाय का योग्य सदस्य बनाकर उसके शरीर, मन और मस्तिष्क को पवित्र करें। संस्कार ही मनुष्य को सभ्यता का हिस्सा बनाए रखते हैं। लेकिन वर्तमान में हिंदुजन उन सोलह संस्कार मनमाने तरीके से करके मत भिन्नता का परिचय देते हैं, जो वेद विरुद्ध है।

वेदों के अलावा गृहसूत्रों में संस्कारों का उल्लेख मिलता है। स्मृति और पुराणों में इसके बारे में विस्तृत जानकारी मिलती है। वेदज्ञों के अनुसार गर्भस्थ शिशु से लेकर मृत्युपर्यंत जीव के मलों का शोधन, सफाई आदि कार्य को विशिष्ट विधि व मंत्रों से करने को संस्कार कहा जाता है। यह इसलिए आवश्यक है कि व्यक्ति जब शरीर त्याग करे तो सद्गति को प्राप्त हो।

कर्म के संस्कार—हिंदू दर्शन के अनुसार, मृत्यु के बाद मात्र यह भौतिक शरीर या देह ही नष्ट होती है, जबकि सूक्ष्म शरीर जन्म-जन्मांतरों तक आत्मा के साथ संयुक्त रहता है। यह सूक्ष्म शरीर ही जन्म-जन्मांतरों के शुभ-अशुभ संस्कारों का वाहक होता है। ये संस्कार मनुष्य के पूर्वजन्मों से ही नहीं आते, अपितु माता-पिता के संस्कार भी रज और वीर्य के माध्यम से उसमें (सूक्ष्म शरीर में) प्रविष्ट होते हैं, मनुष्य का व्यक्तित्व इन दोनों से ही प्रभावित होता है। बालक के गर्भधारण की परिस्थितियाँ भी इन पर प्रभाव डालती हैं।

ये संस्कार ही प्रत्येक जन्म में संगृहीत (एकत्र) होते चले जाते हैं, जिससे कर्मों (अच्छे-बुरे दोनों) का एक विशाल भंडार बनता जाता है। इसे 'संचित कर्म' कहते हैं। इन संचित कर्मों का कुछ भाग एक जीवन में भोगने के लिए उपस्थित रहता है और यही जीवन प्रेरणा का कार्य करता है। अच्छे-बुरे संस्कार होने के कारण मनुष्य अपने जीवन में प्रेरणा का कार्य करता है। फिर इन कर्मों से अच्छे-बुरे नए संस्कार बनते रहते हैं तथा इन संस्कारों की एक अंतहीन शृंखला बनती चली जाती है, जिससे मनुष्य के व्यक्तित्व का निर्माण होता है।

उक्त संस्कारों के अलावा भी अनेक संस्कार हैं, जो हमारी दिनचर्या और जीवन के महत्त्वपूर्ण घटनाक्रमों से जुड़े हुए हैं, जिन्हें जानना प्रत्येक हिंदू का कर्तव्य माना गया है और जिससे जीवन के रोग और शोक मिट जाते हैं तथा शांति एवं समृद्धि का रास्ता खुलता है। ये संस्कार ऐसे हैं, जिनको निभाने से हम परंपरागत व्यक्ति नहीं कहलाते बल्कि ये हमारे जीवन को सुंदर बनाते हैं।

भारतीय विवाह-संस्कार

हिंदू धर्म में विवाह को सोलह संस्कारों में से एक माना गया है। विवाह = वि + वाह, अत: इसका शाब्दिक अर्थ है—विशेष रूप से (उत्तरदायित्व का) वहन करना। पाणिग्रहण संस्कार को सामान्य रूप से 'हिंदू विवाह' के नाम से जाना जाता है। अन्य धर्मों में विवाह पति और पत्नी के बीच एक प्रकार का करार होता है, जिसे विशेष परिस्थितियों में तोड़ा भी जा सकता है, परंतु हिंदू विवाह पति और पत्नी के बीच जन्म-जन्मांतरों का संबंध होता है, जिसे किसी भी परिस्थिति में नहीं तोड़ा जा सकता। अग्नि के सात फेरे लेकर और ध्रुवतारा को साक्षी मानकर दो तन, मन तथा आत्मा एक पवित्र बंधन में बँध जाते हैं। हिंदू विवाह में पति और पत्नी के बीच शारीरिक संबंध से अधिक आत्मिक संबंध होता है और इस संबंध को अत्यंत पवित्र माना गया है।

हिंदू मान्यताओं के अनुसार मानव जीवन को चार आश्रमों (ब्रह्मचर्य आश्रम, गृहस्थ आश्रम,

संन्यास आश्रम तथा वानप्रस्थ आश्रम) में विभक्त किया गया है और आश्रम के लिए पाणिग्रहण संस्कार अर्थात् विवाह नितांत आवश्यक है।

हिंदू धर्म में विवाह के आठ प्रकार बताए गए हैं। इनमें से असुर, राक्षस व पैशाच विवाह को अच्छा नहीं माना गया है। शेष पाँच को ही धर्म के अनुकूल माना गया है। विद्वानों ने आठ प्रकार के विवाहों का उल्लेख किया है, जो निम्नलिखित प्रकार के होते थे।

ब्राह्मो दैवस्तथैवार्षः प्राजापत्यस्तथाऽसुरः।
गान्धर्वो राक्षसश्चैव पैशाचश्चाष्टमोऽधमः॥

अर्थात् विवाह आठ प्रकार के होते हैं, जो क्रमशः हैं—ब्राह्म, दैव, आर्ष, प्राजापत्य, आसुर, गांधर्व, राक्षस और आठवाँ निकृष्टतम श्रेणी का पैशाच विवाह।

हिंदू धर्मग्रंथ में उस समय प्रचलित विवाह विधियों के प्रकार धर्मवेत्ता ऋषि मनु के अनुसार आठ प्रकार का विवरण दिया गया है। नारद पुराण के अनुसार, सबसे श्रेष्ठ प्रकार का विवाह ब्राह्म ही माना जाता है। इसके बाद दैव विवाह और आर्ष विवाह को भी बहुत उत्तम माना जाता है।

प्राचीन समय में विवाह निम्न आठ प्रकार से होता था—

ब्राह्म विवाह

आच्छादय चार्चयित्वा च श्रुतिशीलवते स्वयम्।
आहूय दानं कन्याया ब्राह्मो धर्मः प्रकीर्तितः॥

अर्थात् दोनों पक्ष की सहमति से समान वर्ग के सुयोग्य वर को स्वयमेव आमंत्रित करके, उसे वस्त्र-आभूषण आदि अर्पित करके और समुचित रूप से पूजते हुए कन्या को सौंपा जाना धर्म युक्त 'ब्राह्म विवाह' कहलाता है।

यह विवाह प्राचीन काल से वर्तमान समय तक चला आ रहा है, इस विवाह में कन्या का पिता अपनी पुत्री के लिए एक सुयोग्य वर का चुनाव करता है। अपनी सामर्थ्यानुसार अपनी पुत्री को धन, आभूषण तथा वस्त्रादि देता है और अपनी कन्या का दान करता है। सभी आठों प्रकार के विवाह में यह सबसे सम्माननीय विवाह माना गया है। आज का 'अरेंज मैरिज' 'ब्राह्म विवाह' का ही रूप माना जा सकता है।

ग्रंथिबंधन

वर-वधू द्वारा पाणिग्रहण एकीकरण के बाद समाज द्वारा दोनों को एक गाँठ में बाँध दिया जाता है। दुपट्टे के छोर बाँधने का अर्थ है—दोनों के शरीर और मन से एक संयुक्त इकाई के रूप में एक नई सत्ता का आविर्भाव होना। अब दोनों एक-दूसरे के साथ पूरी तरह बँधे हुए हैं। ग्रंथिबंधन में धन, पुष्प, दूर्वा, हरिद्रा और अक्षत, ये पाँच चीजें भी बाँधते हैं। पैसा इसलिए रखा जाता है कि धन पर किसी एक का अधिकार नहीं रहेगा। जो कमाई या संपत्ति होगी, उस पर दोनों की सहमति से योजना एवं व्यवस्था बनेगी। दूर्वा का अर्थ है—कभी निर्जीव न होने वाली प्रेम भावना। दूर्वा का जीवन तत्त्व नष्ट नहीं होता, सूख जाने पर भी वह पानी डालने पर हरी हो जाती है। इसी प्रकार दोनों के मन में एक-दूसरे के लिए अजस्र प्रेम और आत्मीयता बनी रहे। चंद्र-चकोर की तरह

एक-दूसरे पर अपने को न्योछावर करते रहें। अपना कष्ट कम और साथी का कष्ट बढ़कर मानें, अपने सुख की अपेक्षा साथी के सुख का अधिक ध्यान रखें। अपना आंतरिक प्रेम एक-दूसरे पर उड़ेलते रहें। हरिद्रा का अर्थ है—आरोग्य, एक मानसिक उद्वेग पैदा होता हो। अक्षत, सामूहिक-सामाजिक विविध-विधि उत्तरदायित्वों का स्मरण कराता है।

कुटुंब में कितने ही व्यक्ति होते हैं। उन सबका समुचित ध्यान रखना, सभी को सँभालना संयुक्त पति-पत्नी का परम पावन कर्तव्य है। ऐसा न हो कि एक-दूसरे को तो प्रेम करें, पर परिवार के लोगों की उपेक्षा करने लगें। इसी प्रकार परिवार से बाहर भी जनमानस के सेवा की जिम्मेदारी हर भावनाशील मनुष्य पर रहती है। ऐसा न हो कि दो में से कोई किसी को अपने व्यक्तिगत स्वार्थ सहयोग तक ही सीमित कर ले, उस समाज सेवा की सुविधा न दे। इस दिशा में लगने वाले समय व धन का विरोध करे। अक्षत इसी का संकेत करता है कि आप दोनों एक-दूसरे के लिए ही नहीं बने हैं, वरन् समाजसेवा का व्रत एवं उत्तरदायित्व भी आप लोगों के ग्रंथिबंधन में एक महत्त्वपूर्ण लक्ष्य के रूप में विद्यमान है। पुष्प का अर्थ है, हँसते-खिलते रहना। एक-दूसरे को सुगंधित बनाने के लिए यश फैलाने और प्रशंसा करने के लिए तत्पर रहें। कोई किसी का दूसरे के आगे न अपमान करे और न तिरस्कार। इस प्रकार दूर्वा, पुष्प, हरिद्रा, अक्षत और पैसा इन पाँचों को रखकर दोनों का ग्रंथिबंधन किया जाता है और यह आशा की जाती है कि वे जिन लक्ष्यों के साथ आपस में बँधे हैं, उन्हें आजीवन निरंतर स्मरण रखेंगे।

ग्रंथिबंधन आचार्य या प्रतिनिधि या कोई मान्य व्यक्ति करे। दुपट्टे के छोर एक साथ करके उसमें मंगल-द्रव्य रखकर गाँठ बाँध दी जाए। भावना की जाए कि मंगल द्रव्यों के मंगल संस्कार सहित देवशक्तियों के समर्थन तथा स्नेहियों की सद्भावना के संयुक्त प्रभाव से दोनों इस प्रकार जुड़ रहे हैं, जो सदा जुड़े रहकर एक-दूसरे की जीवन लक्ष्य यात्रा में पूरक बनकर चलेंगे—

ॐ समञ्जन्तु विश्वेदेवाः समापो हृदयानि नौ।
सं मातरिश्वा सं धाता समुदेष्ट्री दधातु नौ॥

(ऋग्वेद, १०.८५.४७, पार.गृ.सू. १.४.१४)

वर-वधू की प्रतिज्ञाएँ

किसी भी महत्त्वपूर्ण पद ग्रहण के साथ शपथ ग्रहण समारोह भी अनिवार्य रूप से जुड़ा रहता है। कन्यादान, पाणिग्रहण एवं ग्रंथि-बंधन हो जाने के साथ वर-वधू द्वारा और समाज द्वारा दांपत्य सूत्र में बँधने की स्वीकारोक्ति हो जाती है। इसके बाद अग्नि एवं देव-शक्तियों की साक्षी में दोनों को एक संयुक्त इकाई के रूप में ढालने का क्रम चलता है। इस बीच उन्हें अपने कर्तव्य धर्म का महत्त्व भली प्रकार समझना और उसके पालन का संकल्प लेना चाहिए। इस दिशा में पहली जिम्मेदारी वर की होती है। अस्तु, पहले वर तथा बाद में वधू को प्रतिज्ञाएँ कराई जाती हैं।

धर्मपत्नीं मिलित्वैव ह्येकं जीवनमावयोः।
अद्यारम्भ यतो मे त्वम् अर्द्धांगिनीति घोषिता॥ १॥

आज से धर्मपत्नी को अर्धांगिनी घोषित करते हुए उसके साथ अपने व्यक्तित्व को मिलाकर एक नए जीवन की सृष्टि करता हूँ। अपने शरीर के अंगों की तरह धर्मपत्नी का ध्यान रखूँगा।

स्वीकरोमि सुखेन त्वां गृहलक्ष्मीमहन्ततः।
मन्त्रयित्वा विधास्यामि सुकार्याणि त्वया सह॥ २॥

प्रसन्नतापूर्वक गृहलक्ष्मी का महान् अधिकार सौंपता हूँ और जीवन के निधार्रण में उनके परामर्श को महत्त्व दूँगा।

रूप-स्वास्थ्य-स्वभावान्तु गुणदोषादीन सवर्तः।
रोगाज्ञान-विकारांश्च तव विस्मृत्य चेतसः॥ ३॥

रूप, स्वास्थ्य, स्वभावगत गुण-दोष एवं अज्ञानजनित विकारों को चित्त में नहीं रखूँगा, उनके कारण असंतोष व्यक्त नहीं करूँगा। स्नेहपूर्वक सुधारने या सहन करते हुए आत्मीयता बनाए रखूँगा।

सहचरो भविष्यामि पूणर्स्नेहः प्रदास्यते।
सत्यता मम निष्ठा च यस्याधारं भविष्यति॥ ४॥

पत्नी का मित्र बनकर रहूँगा और पूरा-पूरा स्नेह देता रहूँगा। इस वचन का पालन पूरी निष्ठा और सत्य के आधार पर करूँगा।

यथा पवित्रचित्तेन पातिव्रत्य त्वया धृतम्।
तथैव पालयिष्यामि पत्नीव्रतमहं ध्रुवम्॥ ५॥

पत्नी के लिए जिस प्रकार पतिव्रत की मर्यादा कही गई है, उसी दृढ़ता से स्वयं पत्नीव्रत धर्म का पालन करूँगा। चिंतन और आचरण दोनों से ही परनारी से वासनात्मक संबंध नहीं जोड़ूँगा।

गृहस्याथर्व्यवस्थायां मन्त्रयित्वा त्वया सह।
संचालनं करिष्यामि गृहस्थोचित-जीवनम्॥ ६॥

गृह व्यवस्था में पत्नी को प्रधानता दूँगा। आमदनी और खर्च का क्रम उसकी सहमति से करने की गृहस्थोचित जीवनचर्या अपनाऊँगा।

समृद्धि-सुख शान्तीना, रक्षणाय तथा तव।
व्यवस्थां वै करिष्यामि स्वशक्तिवैभवादिभिः॥ ७॥

पत्नी की सुख-शांति तथा प्रगति-सुरक्षा की व्यवस्था करने में अपनी शक्ति और साधना आदि को पूरी ईमानदारी से लगाता रहूँगा।

यत्नशीलो भविष्यामि सन्मागरंसेवितुं सदा।
आवयोः मतभेदांश्च, दोषान्संशोध्य शान्तितः॥ ८॥

अपनी ओर से मधुर भाषण और श्रेष्ठ व्यवहार बनाए रखने का पूरा-पूरा प्रयत्न करूँगा। मतभेदों और भूलों का सुधार शांति के साथ करूँगा। किसी के सामने पत्नी को लांछित-तिरस्कृत नहीं करूँगा।

भवत्यामसमथार्यां विमुखायांच कर्मणि।
विश्वासं सहयोगंच मम प्राप्स्यसि त्वं सदा॥ ९॥

पत्नी के असमर्थ या अपने कर्तव्य से विमुख हो जाने पर भी अपने सहयोग और कर्तव्य पालन में रत्ती भर भी कमी न रखूँगा।

कन्या की प्रतिज्ञाएँ

स्वजीवनं मेलयित्वा भवतः खलु जीवने।
भूत्वा चार्धांगिनी नित्यं निवत्स्यामि गृहे सदा॥ १॥

अपने जीवन को पति के साथ संयुक्त करके नए जीवन की सृष्टि करूँगी। इस प्रकार घर में हमेशा सच्चे अर्थों में अर्धांगिनी बनकर रहूँगी।

शिष्टतापूर्वकं सर्वैं परिवारजनैः सह।
औदार्येण विधास्यामि व्यवहारं च कोमलम्॥ २॥

पति के परिवार के परिजनों को एक ही शरीर के अंग मानकर सभी के साथ शिष्टता बरतूँगी, उदारतापूर्वक सेवा करूँगी, मधुर व्यवहार करूँगी।

त्यक्त्वालस्यं करिष्यामि गृहकार्ये परिश्रमम्।
भर्तुर्हर्षं हि ज्ञास्यामि स्वीयामेव प्रसन्नताम्॥ ३॥

आलस्य को छोड़कर परिश्रमपूर्वक गृह कार्य करूँगी। इस प्रकार पति की प्रगति और जीवन विकास में समुचित योगदान करूँगी।

श्रद्धया पालयिष्यामि धर्मं पातिव्रतं परम्।
सवर्दैवानुकूल्येन पत्युरादेशपालिका॥ ४॥

पतिव्रत धर्म का पालन करूँगी, पति के प्रति श्रद्धा-भाव बनाए रखकर सदैव उनके अनुकूल रहूँगी। कपट-दुराव न करूँगी, निदेर्शों के अविलंब पालन का अभ्यास करूँगी।

सुश्रूषणपरा स्वच्छा मधुर-प्रियभाषिणी।
प्रतिजाने भविष्यामि सततं सुखदायिनी॥ ५॥

सेवा, स्वच्छता तथा प्रियभाषण का अभ्यास बनाए रखूँगी। ईर्ष्या, कुढ़न आदि दोषों से बचूँगी और सदा प्रसन्नता देने वाली बनकर रहूँगी।

मितव्ययेन गाहस्थ्र्य-संचालने हि नित्यदा।
प्रयतिष्ये च सोत्साहं तवाहमनुगामिनी॥ ६॥

मितव्ययी बनकर फिजूलखर्ची से बचूँगी। पति के असमर्थ हो जाने पर भी गृहस्थ के अनुशासन का पालन करूँगी।

देवस्वरूपो नारीणां भर्ता भवति मानवः।
मत्वेति त्वां भजिष्यामि नियता जीवनावधिम्॥ ७॥

नारी के लिए पति देव स्वरूप होता है—यह मानकर, मतभेद भुलाकर, सेवा करते हुए जीवन भर सक्रिय रहूँगी, कभी पति का अपमान न करूँगी।

पूज्यास्तव पितरो ये श्रद्धया परमा हि मे।
सेवया तोषयिष्यामि तान्सदा विनयेन च॥ ८॥

जो पति के पूज्य और श्रद्धा पात्र हैं, उन्हें सेवा द्वारा और विनय से सदैव संतुष्ट रखूँगी।

विकासाय सुसंस्कारैः सूत्रैः सद्भाववर्द्धिर्भिः।
परिवारसदस्यानां कौशलं विकसाम्यहम्॥ ९॥

परिवार के सदस्यों में सुसंस्कारों के विकास तथा उन्हें सद्भावना के सूत्र में बाँधे रहने का कौशल अपने अंदर विकसित करूँगी।

१. सप्तपदी

भाँवरें फिर लेने के उपरांत सप्तपदी की जाती है। सात बार वर-वधू साथ-साथ कदम से कदम मिलाकर फौजी सैनिकों की तरह आगे बढ़ते हैं। सात चावल की ढेरी या कलावा बँधे हुए सकोरे रख दिए जाते हैं, इन लक्ष्य-चिह्नों को पैर से लगाते हुए दोनों एक-एक कदम आगे बढ़ते हैं, रुक जाते हैं और फिर अगला कदम बढ़ाते हैं। इस प्रकार सात कदम बढ़ाए जाते हैं। प्रत्येक कदम के साथ एक-एक मंत्र बोला जाता है।

पहला कदम अन्न के लिए, दूसरा बल के लिए, तीसरा धन के लिए, चौथा सुख के लिए, पाँचवाँ परिवार के लिए, छठवाँ ऋतुचर्या के लिए और सातवाँ मित्रता के लिए उठाया जाता है। विवाह के उपरांत पति-पत्नी को मिलकर सात कार्यक्रम अपनाने पड़ते हैं। उनमें दान का उचित और न्यायसंगत योगदान रहे, इसकी रूपरेखा सप्तपदी में निर्धारित की गई है।

प्रथम कदम अन्न वृद्धि के लिए है। आहार स्वास्थ्यवर्धक हो, घर में चटोरेपन को कोई स्थान न मिले। रसोई में जो बने, वह ऐसा हो कि स्वास्थ्य रक्षा का प्रयोजन पूरा करे, भले ही वह स्वादिष्ट न हो। अन्न का उत्पादन, अन्न का सदुपयोग जो कर सकता है, वही सफल गृहस्थ है। अधिक पका लेना, जूठन छोड़ना, बरतन खुले रखकर अन्न की चूहों से बरबादी कराना, मिर्च-मसालों की भरमार, उसे तमोगुणी बना देना, स्वच्छता का ध्यान न रखना आदि से आहार पर बहुत खर्च करते हुए भी स्वास्थ्य नष्ट होता है, इसलिए दांपत्य जीवन का उत्तरदायित्व यह है कि आहार की सात्त्विकता का समुचित ध्यान रखा जाए।

दूसरा कदम शारीरिक और मानसिक बल की वृद्धि के लिए है। व्यायाम, परिश्रम, उचित एवं नियमित आहार-विहार से शरीर का बल स्थिर रहता है। अध्ययन एवं विचार-विमर्श से मनोबल बढ़ता है। जिन प्रयत्नों से दोनों प्रकार के बल बढ़ें, दोनों अधिक समर्थ, स्वस्थ एवं सशक्त बनें, उसका उपाय सोचते रहना चाहिए।

तीसरा कदम धन की वृद्धि के लिए है। अर्थव्यवस्था बजट बनाकर चलाई जाए। अपव्यय में कानी कौड़ी भी नष्ट न होने पाए। उचित कार्यों में कंजूसी न की जाए। फैशन, व्यसन, शेखीखोरी आदि पर पैसा खर्च न करके उसे पारिवारिक उन्नति के लिए सँभालकर, बचाकर रखा जाए। उपार्जन के लिए पति-पत्नी दोनों ही प्रयत्न करें। पुरुष बाहर जाकर कृषि, व्यवसाय, नौकरी आदि करते हैं, तो स्त्रियाँ सिलाई, धुलाई, सफाई आदि करके इस तरह की कमाई करती हैं। उपार्जन पर जितना ध्यान रखा जाता है, खर्च की मर्यादाओं का भी वैसा ही ध्यान रखते हुए घर की अर्थव्यवस्था सँभाले रहना दांपत्य जीवन का अनिवार्य कर्तव्य है।

चौथा कदम सुख की वृद्धि के लिए है। विश्राम, मनोरंजन, विनोद, हास-परिहास का ऐसा वातावरण रखा जाए कि गरीबी में भी अमीरी का आनंद मिले। दोनों प्रसन्नचित्त रहें। मुसकराने की आदत डालें, हँसते-हँसते जिंदगी काटें। चित्त को हल्का रखें, 'संतोषी सदा सुखी' की नीति अपनाएँ।

पाँचवाँ कदम परिवार पालन का है। छोटे-बड़े सभी के साथ समुचित व्यवहार रखा जाए। आश्रित पशुओं एवं नौकरों को भी परिवार माना जाए, इस प्रकार सभी आश्रितों की समुचित देखभाल,

सुरक्षा, उन्नति एवं सुख-शांति के लिए सदा सोचने और करने में लापरवाही न बरती जाए।

छठा कदम ऋतुचर्या का है। संतानोत्पादन एक स्वाभाविक वृत्ति है, इसलिए दांपत्य जीवन में उसका भी एक स्थान है, पर उस संबंध में मयार्दाओं का पूरी कठोरता एवं सतर्कता से पालन किया जाए, क्योंकि असंयम के कारण दोनों के स्वास्थ्य का सर्वनाश होने की आशंका रहती है, गृहस्थ में रहकर भी ब्रह्मचर्य का समुचित पालन किया जाए। दोनों एक-दूसरे को सहयोगी मित्र की दृष्टि से देखें, कामुकता के सर्वनाशी प्रसंगों को जितना संभव हो, दूर रखा जाए। संतान उत्पन्न करने से पूर्व हजार बार विचार करें कि अपनी स्थिति संतान के सुसंस्कृत बनाने योग्य है या नहीं। उस मर्यादा में संतान उत्पन्न करने की जिम्मेदारी वहन करें।

सातवाँ कदम मित्रता को स्थिर रखने एवं बढ़ाने के लिए है। दोनों इस बात पर बारीकी से विचार करते रहें कि उनकी ओर से कोई त्रुटि तो नहीं बरती जा रही है, जिसके कारण साथी को रुष्ट या असंतुष्ट होने का अवसर आए। दूसरा पक्ष कुछ भूल भी कर रहा हो तो उसका उत्तर कठोरता, कर्कशता से नहीं, वरन् सज्जनता, सहृदयता के साथ दिया जाना चाहिए, ताकि उस महानता से दबकर साथी को स्वतः ही सुधरने की अंतःप्रेरणा मिले। बाहर के लोगों के साथ, दुष्टों के साथ दुष्टता की नीति किसी हद तक अपनाई जा सकती है, पर आत्मीय जनों का हृदय जीतने के लिए उदारता, सेवा, सौजन्य, क्षमा जैसे शस्त्र ही काम में लाए जाने चाहिए।

सप्तपदी में सात कदम बढ़ाते हुए इन सात सूत्रों को हृदयंगम करना पड़ता है। इन आदर्शों और सिद्धांतों को यदि पति-पत्नी द्वारा अपना लिया जाए और उसी मार्ग पर चलने के लिए कदम से कदम बढ़ाते हुए अग्रसर होने की ठान ली जाए, तो दांपत्य जीवन की सफलता में कोई संदेह ही नहीं रह जाता।

क्रिया और भावना से वर-वधू खड़े हों। प्रत्येक कदम बढ़ाने से पहले देव शक्तियों की साक्षी का मंत्र बोला जाता है, उस समय वर-वधू हाथ जोड़कर ध्यान करें। उसके बाद चरण बढ़ाने का मंत्र बोलने पर पहले दायाँ कदम बढ़ाएँ। इसी प्रकार एक-एक करके सात कदम बढ़ाए जाएँ। भावना की जाए कि योजनाबद्ध-प्रगतिशील जीवन के लिए देव साक्षी में संकल्पित हो रहे हैं, संकल्प और देव अनुग्रह का संयुक्त लाभ जीवन भर मिलता रहेगा।

१. **अन्न वृद्धि के लिए पहली साक्षी**—ॐ एको विष्णुजर्गत्सवरं, व्याप्तं येन चराचरम्। हृदये यस्ततो यस्य, तस्य साक्षी प्रदीयताम्॥ पहला चरण—ॐ इष एकपदी भव सा मामनुव्रता भव। विष्णुस्त्वानयतु पुत्रान् विन्दावहै, बहूंस्ते सन्तु जरदष्टयः॥ १॥

२. **बल वृद्धि के लिए दूसरी साक्षी**—ॐ जीवात्मा परमात्मा च, पृथ्वी आकाशमेव च। सूर्यचन्द्रद्वयोर्मध्ये, तस्य साक्षी प्रदीयताम्॥ २॥ दूसरा चरण—ॐ ऊजेर द्विपदी भव सा मामनुव्रता भव। विष्णुस्त्वानयतु पुत्रान् विन्दावहै, बहूंस्ते सन्तु जरदष्टयः॥ २॥

३. **धन वृद्धि के लिए तीसरी साक्षी**—ॐ त्रिगुणाश्च त्रिदेवाश्च, त्रिशक्तिः सत्परायणाः। लोकत्रये त्रिसंध्यायाः, तस्य साक्षी प्रदीयताम्। तीसरा चरण—ॐ रायस्पोषाय त्रिपदी भव सा मामनुव्रता भव। विष्णुस्त्वानयतु पुत्रान् विन्दावहै, बहूंस्ते सन्तु जरदष्टयः॥ ३॥

४. **सुख वृद्धि के लिए चौथी साक्षी**—ॐ चतुर्मुदखस्ततो ब्रह्मा, चत्वारा वेदसंभवाः। चतुर्युगाः प्रवतर्न्ते, तेषां साक्षी प्रदीयताम्। चौथा चरण—ॐ मायो भवाय चतुष्पदी भव

सा मामनुव्रता भव। विष्णुस्त्वानयतु पुत्रान् विन्दावहै, बहूंस्ते सन्तु जरदष्टय: ॥ ४॥

५. **प्रजा पालन के लिए पाँचवीं साक्षी**—ॐ पञ्चमे पञ्चभूतानां, पञ्चप्राणैः परायणाः। तत्र दर्शनपुण्यानां, साक्षिणः प्राणपञ्चधाः ॥ पाँचवाँ चरण—ॐ प्रजाभ्यां पञ्चपदी भव सा मामनुव्रता भव। विष्णुस्त्वानयतु पुत्रान् विन्दावहै, बहूंस्ते सन्तु जरदष्टय: ॥ ५॥

६. **ऋतु व्यवहार के लिए छठवीं साक्षी**—ॐ षष्ठे तु षड्ऋतूणां च, षण्मुखः स्वामिकार्तिकः। षड्सा यत्र जायन्ते, कातिर्केयाश्च साक्षिणः॥ छठवाँ चरण-ॐ ऋतुभ्यः षट्ष्पदी भव सा मामनुव्रता भव। विष्णुस्त्वानयतु पुत्रान् विन्दावहै, बहूंस्ते सन्तु जरदष्टय: ॥ ६॥

७. **मित्रता वृद्धि के लिए सातवीं साक्षी**—ॐ सप्तमे सागराश्चैव, सप्तद्वीपाः सपवर्ताः। येषां सप्तर्षित्लीनां, तेषामादर्शसाक्षिणः॥ सातवाँ चरण—ॐ सखे सप्तपदी भव सा मामनुव्रता भव। विष्णुस्त्वानयतु पुत्रान् विन्दावहै, बहूंस्ते सन्तु जरदष्टय: ॥ ७॥

(पार.गृ.सू. १.८.१-२, आ.ग.सू. १.७.१९)

२. देव-विवाह

यज्ञे तु वितते सम्यगृत्विजे कर्म कुर्वते।
अलङ्कृत्य सुतादानं दैवं धर्मं प्रचक्षते॥

अर्थात् यज्ञ-कर्म में वेद मंत्रों के उच्चारण का कार्य कर रहे ऋत्विज को वर रूप में चुनते हुए और उस आभूषण आदि से सुसज्जित करते हुए कन्या समर्पित करना 'दैव विवाह' कहलाता है।

प्राचीन काल में यज्ञकर्म आम प्रचलन में था, जिसमें वेदज पंडित वृंद भाग लेते थे। प्राचीन काल में यज्ञ करना-करवाना ब्राह्मणों का कार्य होता था। वैदिक मंत्रों के साथ उस संपादित करने वाले को 'ऋत्विज' कहते हैं। वर की खोज कर रहे माता-पिता ऐसे वरों को कन्यादान करके अपनी पुत्रियों का विवाह संपन्न करते हैं। दैव विवाह ब्राह्म विवाह से मिलता-जुलता माना जा सकता है, क्योंकि इसमें भी वेदों-शास्त्रों के अध्येता वर को चुना जाता है। इस विवाह के अनुसार कन्या का पिता अपनी पुत्री को एक वस्तु की तरह किसी पुरोहित अथवा पंडित को दान कर देता था, लेकिन समय के साथ पुरोहितों का महत्त्व खत्म होने के साथ विवाह की यह प्रथा भी समाप्त होती गई।

३. आर्ष विवाह

एकं गोमिथुनं द्वे वा वरादादाय धर्मतः।
कन्याप्रदानं विधिवदार्षो धर्मः सः उच्यते॥

अर्थात् गाय-बैल के एक जोड़े को अथवा दो गायों या बैलों को धार्मिक कृत्य के लिए वर से स्वीकारते हुए समुचित विधि से किए गए कन्यादान को धर्म युक्त 'आर्ष विवाह' कहा जाता है।

ब्राह्म तथा दैव विवाह में वर को पूजते हुए आभूषण भेंट किए जाते हैं, लेकिन इसके विपरीत आर्ष में कन्या पक्ष वर से भेंट-स्वरूप गाय-बैल ग्रहण करता है। उसका पर्याप्त सम्मान करते हुए कन्यादान किया जाता है। समुचित विधि का अर्थ यह है कि परंपराओं के अनुसार पूजा-पाठ संपन्न करते हुए वर को सम्मानित किया जाए।

प्राचीन काल में भारतीय समाज कृषि पर आधारित था, जिसमें गाय-बैलों की निर्विवाद

उपयोगिता होती थी। वर्तमान काल में गाय-बैलों की वैसी उपयोगिता नहीं रही। अतः ठीक-ठीक इस रूप में आर्ष विवाह देखने को नहीं मिल सकता है। वर पक्ष से धन या अन्य वस्तुओं को स्वीकारते हुए कन्या अर्पित करने की प्रथा अभी भी प्रचलित है। उसको आधुनिक आर्ष विवाह कहा जा सकता है।

४. प्राजापत्य विवाह

सहोभौ चरतां धर्ममिति वाचाऽनुभाष्य च।
कन्याप्रदानमभ्यर्च्य प्राजापत्यो विधि स्मृतः॥

अर्थात् विवाहोत्सुक स्त्री-पुरुष को वर-कन्या के रूप में स्वीकार कर तुम दोनों मिलकर साथ-साथ धर्माचरण करो। यह कहते हुए और उनका समुचित रूप से स्वागत-सत्कार करते हुए वर को कन्या प्रदान करना 'प्राजापत्य विवाह' कहलाता है।

कन्या की सहमति के बिना उसका विवाह आभिजात्य वर्ग के वर से कर देना 'प्रजापत्य विवाह' कहलाता है। इसे ब्रह्म विवाह का कम विस्तृत रूप भी माना गया है। ब्रह्म विवाह का आदर्श पिता की तरफ से सात पीढ़ियों और माता की तरफ से पाँच पीढ़ियों तक विवाह संबंध नहीं बनाने का रहा है, लेकिन प्राजापत्य विवाह में पिता की तरफ से पाँच और माता की तरफ से तीन पीढ़ियों तक विवाह संबंध नहीं रखा जाता है।

५. आसुर विवाह

ज्ञातिभ्यो द्रविणं दत्त्वा कन्यायै चैव शक्तितः।
कन्याप्रदानं स्वाच्छन्द्यादासुरो धर्म उच्यते॥

अर्थात् कन्या पक्ष के बंधु-बांधवों और स्वयं कन्या का वरपक्ष द्वारा स्वेच्छया एवं अपनी सामर्थ्य के अनुसार धन दिए जाने के बाद किए जाने वाले कन्यादान को धर्म सम्मत 'आसुर विवाह' कहा जाता है।

दैव विवाह में वरपक्ष को धन-आभूषण दिए जाते हैं, उसके विपरीत इस विवाह में वर के द्वारा कन्या पक्ष व उसके संबंधियों को यथाशक्ति धन देना होता है। समाज के कुछ तबकों में कदाचित् आज भी ऐसे अल्प प्रचलित विवाह देखने को मिलते हैं। इसे भी धर्मसम्मत विवाह ही समझा जाता है। वर्तमान समय में अभी भी कुछ भागों में ऐसा विवाह देखा जा सकता है, जहाँ लालच में पड़कर पिता अपनी कन्या का विवाह जबरदस्ती किसी लड़के से करा देता है। गरीबी की हालत में तो यह विवाह आम हो गया है और भारत के कुछ राज्य हैं, जहाँ लड़कियों का अभाव हो गया है और अन्य राज्यों से धन देकर विवाह किया जाता है तो यह भी असुर विवाह की श्रेणी में शामिल किया जा सकता है।

६. गांधर्व विवाह

इच्छयाऽन्योन्यसंयोगः कन्यायाश्च वरस्य च।
गांधर्वः स तु विज्ञेयो मैथुन्यः कामसम्भवः॥

अर्थात् कन्या एवं वर की इच्छा और परस्पर सहमति से स्थापित संबंध, जो शारीरिक संसर्ग तक पहुँच सकते हैं, की परिणति के रूप में हुआ विवाह 'गांधर्व विवाह' कहलाता है।

महर्षि मनु के कथनानुसार इस विवाह में लड़का तथा लड़की जब एक-दूसरे को पसंद कर लेते हैं और प्रेम में पड़कर परस्पर संबंध स्थापित कर लेते हैं, तब इसे 'गांधर्व विवाह' कहा जाता है। प्राचीन समय में राजा-महाराजा कई बार गांधर्व विवाह करते थे। भारत के कुछ भागों में अभी भी ऐसे समारोहों का आयोजन किया जाता है, जहाँ लड़की अपने लिए लड़के का चुनाव करती है और शादी होने से पहले कुछ दिन उसके साथ बिताती है।

गांधर्व विवाह का उल्लेख शकुंतला-दुष्यंत की पौराणिक कथा में भी मिलता है। उस कथा में आखेट के लिए गए राजा दुष्यंत की दृष्टि वन में मेनका-विश्वामित्र की पुत्री और कण्व ऋषि के आश्रम में पल रही युवा शकुंतला पर पड़ती है। वे उसके प्रति आकर्षित होते हैं, दोनों के बीच वार्त्तालाप होता है, निकटता बढ़ती है, जिसकी परिणति शारीरिक संबंध स्थापना में होती है। वे दोनों परस्पर विवाह-संबंध में बँध जाते हैं, जिसे कण्व ऋषि की स्वीकृति मिलती है। उसी संबंध से बालक भरत का जन्म होता है। गांधर्व विवाह वस्तुतः प्रेम विवाह है, जो वर्तमान काल में युवक-युवतियों के बीच लोकप्रिय होता जा रहा है।

७. राक्षस विवाह

हत्वा छित्वा च भित्वा च क्रोशन्तीं रुदन्तीं गृहात्।
प्रसह्य कन्याहरणं राक्षसो विधिरुच्यते॥

अर्थात् कन्या पक्ष के निकट संबंधियों, मित्रों, सुहृदों आदि को डरा-धमका करके, आहत करके अथवा उनकी हत्या करके रोती-चीखती-चिल्लाती कन्या को घर से जबरन उठाकर ले जाना और विवाह करना राक्षस विधि का विवाह कहलाता है।

कन्या की सहमति के बिना उसका अपहरण करके जबदस्ती विवाह कर लेना 'राक्षस विवाह' कहलाता है। युद्ध में जब कोई हार जाता है, तब जीता हुआ पक्ष शत्रुता के कारण राजा की कन्या अथवा उसकी विवाहित पत्नी से जबरन विवाह कर लेता है। इसमें कई बार राजा शत्रुता के कारण भी दूसरे राजा को हराकर उसकी पत्नी से विवाह कर लेता है। कुछ समय पहले जब राजाओं का राज था, तब इस प्रथा का चलन बहुतायत में था। भारत पर आक्रमण करने वाले विदेशी भी हारे हुए राजाओं की कन्याओं अथवा उनकी पत्नियों से जबरदस्ती विवाह करते थे।

१०. पैशाच विवाह

सुप्तां मत्तां प्रमत्तां वा रहो यत्रोपगच्छति।
सः पापिष्ठो विवाहानां पैशाचश्चाष्टमोऽधमः॥

अर्थात् जब कोई कन्या सोई हो, भटकी हो, नशे की हालत में हो, तब यदि कोई उसके साथ शारीरिक संबंध बनाकर अथवा अन्यथा विवाह कर ले तो उसे निकृष्टतम श्रेणी का 'पैशाच विवाह' कहा जाता है।

पैशाच विवाह को निकृष्ट कोटि का कहा गया है। राक्षस विवाह में कन्यापक्ष के लोगों

को डरा-धमकाकर या मार-पीटकर कन्या को विवाह के लिए विवश किया जाता है, किंतु उसके साथ दुष्कर्म से बचा जाता है। लेकिन इस आठवें प्रकार के विवाह को पैशाच विवाह कहा गया हैं, क्योंकि इस प्रकार के विवाह में कन्या की मदहोशी (गहन निद्रा, मानसिक दुर्बलता आदि) का लाभ उठाकर उससे शारीरिक संबंध बना विवाह किया जाता है, जो 'पैशाच विवाह' कहलाता है। इसमें कन्या के परिजनों की हत्या तक कर दी जाती है। यह सभी आठों प्रकार के विवाहों में सबसे निकृष्ट माना गया है।

विवाह दो आत्माओं का पवित्र बंधन है। दो प्राणी अपने अलग-अलग अस्तित्वों को समाप्त कर एक सम्मिलित इकाई का निर्माण करते हैं। स्त्री और पुरुष दोनों में परमात्मा ने कुछ विशेषताएँ और कुछ अपूर्णताएँ दे रखी हैं। विवाह सम्मिलन से एक-दूसरे की अपूर्णताओं को अपनी विशेषताओं से पूर्ण करते हैं, इससे समग्र व्यक्तित्व का निर्माण होता है। इसलिए विवाह को सामान्यतया मानव जीवन की एक आवश्यकता माना गया है। एक-दूसरे को अपनी योग्यताओं और भावनाओं का लाभ पहुँचाते हुए गाड़ी में लगे हुए दो पहियों की तरह प्रगति-पथ पर अग्रसर होते जाना विवाह का उद्देश्य है। वासना का दांपत्य-जीवन में अत्यंत तुच्छ और गौण स्थान है, प्रधानतः दो आत्माओं के मिलने से उत्पन्न होने वाली उस महती शक्ति का निर्माण करना है, जो दोनों के लौकिक एवं आध्यात्मिक जीवन के विकास में सहायक सिद्ध हो सके।

आश्रम व्यवस्था

प्राचीन काल में सामाजिक व्यवस्था के दो स्तंभ थे—वर्ण और आश्रम। मनुष्य की प्रकृति-गुण, कर्म और स्वभाव के आधार पर मानवमात्र का वर्गीकरण चार वर्णों में हुआ था। व्यक्तिगत संस्कार के लिए उसके जीवन का विभाजन चार आश्रमों में किया गया था। ये चार आश्रम थे—

१. ब्रह्मचर्य, २. गार्हस्थ्य, ३. वानप्रस्थ, ४. संन्यास।

ब्रह्मचर्य, गृहस्थ, वानप्रस्थ और संन्यास, ये चार आश्रम कहलाते हैं। श्रम से जीवन को सफल बनाने के कारण आश्रम कहा जाता है।

१. ब्रह्मचर्य आश्रम (सुशिक्षा और सत्यविद्यादि गुणों को ग्रहण करने के लिए)

२. गृहस्थ आश्रम (उत्तम गुणों के आचरण और श्रेष्ठ पदार्थों की उन्नति से संतानों की उत्पत्ति और सुशिक्षा)

३. वानप्रस्थ आश्रम (ब्रह्म उपासना, एकांत सेवन, विद्याफल विचार आदि कार्यों के लिए)

४. संन्यास आश्रम (परब्रह्म, मोक्ष, परमानंद को प्राप्त करने के लिए)

धर्म, अर्थ, काम तथा मोक्ष, इन चार पदार्थों की प्राप्ति के लिए इन चार आश्रमों का सेवन करना सब मनुष्यों को उचित है। इनमें से प्रथम ब्रह्मचर्याश्रम, जो कि सब आश्रमों का मूल है, उसके ठीक-ठीक सुधरने से सब आश्रम सुगम होते और बिगड़ने से सब आश्रम नष्ट हो जाते हैं।

ब्रह्मचर्य आश्रम

आचार्य सुश्रुत के अनुसार, २५ वर्ष आयु के पुरुष के समतुल्य १६ वर्षीया कन्या होती है। इस आयु में दोनों का शारीरिक और मानसिक विकास समतुल्य होता है। (सुश्रुतसंहिता, सूत्रस्थान १.३५.१३)

ब्रह्मचर्य ३ प्रकार का होता है—

१. कनिष्ठ—जिस प्रकार २४ अक्षरों का गायत्री छंद होता है, उसी प्रकार २४ वर्षपर्यंत ब्रह्मचर्य धारण करने वाले पुरुष को 'वसु ब्रह्मचारी' कहते हैं। कन्याओं का १६ वर्षपर्यंत, जो इतने समय तक ब्रह्मचर्य का पालन करते हुए वेदादि विद्या और सुशिक्षा का ग्रहण करे तो उसके शरीर में प्राण बलवान् होकर सब शुभ गुणों के वास कराने वाले होते हैं।

२. मध्यम—जिस प्रकार ४४ अक्षरों का त्रिष्टुप छंद होता है, उसी प्रकार ४४ वर्षपर्यंत ब्रह्मचर्य धारण करने वाले पुरुष को 'रुद्र ब्रह्मचारी' कहते हैं। कन्याओं का २२ वर्षपर्यंत, जो इतने समय तक ब्रह्मचर्य का पालन करते हुए वेदाभ्यास करता है, इंद्रियाँ, अंत:करण और आत्मा बलयुक्त होकर सब दुष्टों को रुलाने वाले और श्रेष्ठों का पालन करने वाले होते हैं।

३. उत्तम—जिस प्रकार ४८ अक्षरों का जगती छंद होता है, उसी प्रकार ४८ वर्षपर्यंत ब्रह्मचर्य धारण करने वाले पुरुष को 'आदित्य ब्रह्मचारी' कहते हैं। कन्याओं का २४ वर्षपर्यंत, जो इतने समय तक ब्रह्मचर्य का पालन करते हुए वेदाभ्यास करता है, उसके प्राण, इंद्रियाँ, अंत:करण अनुकूल होकर आत्मा सकल विद्याओं से युक्त हो जाता है।

२४ वर्ष आयु की समाप्ति से पूर्व पुरुष को और १६ वर्ष आयु से पूर्व कन्या को विवाह नहीं करना चाहिए। ४८ वर्ष आयु के पश्चात् पुरुष को और २४ वर्ष की आयु के पश्चात् कन्या को ब्रह्मचर्य नहीं रखना चाहिए। किंतु यह नियम विवाह करने वाले पुरुष और कन्याओं का है और जो विवाह करना ही न चाहें, वे जीवनपर्यंत ब्रह्मचारी रह सकते हैं, परंतु यह सामर्थ्य पूर्ण विद्या वाले जितेंद्रिय और निर्दोष योगी स्त्री-पुरुषों का है।

ब्रह्मचर्य आश्रम के वेदों में अनेक प्रमाण हैं, उनमें से कुछ निम्नलिखित हैं—

आचार्य उपनयमानो ब्रह्मचारिणं कृणुते गर्भमन्त:।
तं रात्रीस्त्रिस्त्र उदरे बिभर्त्ति तं जातं द्रष्टुमभिसंयन्ति देवा:॥ ३॥
इयं समित्पृथिवी द्यौरद्वितियोतान्तरिक्षम् समिधा पृणाति।
ब्रह्मचारी समिधा मेखलया श्रमेण लोकांस्तपसा पिपर्त्ति॥ ४॥

पूर्वो जातो ब्रह्मणो ब्रह्मचारी धर्मं वसानस्तपसोदतिष्ठत्।
तस्माज्जातं ब्राह्मणं ब्रह्म ज्येष्ठं देवाश्च सर्वे अमृतेन साकम्॥ ५॥

(अथर्ववेद, कांड-११, अनुवाक्-३, वर्ग-५, मंत्र-३, ४, ५)

अर्थात् जो गर्भ में बस कर माता और पिता के संबंध से मनुष्य का जन्म होता है, वह प्रथम जन्म कहलाता है और दूसरा वह कि जिसमें आचार्य पिता और विद्या माता होती है, इस दूसरे जन्म के न होने से मनुष्य को मनुष्यपन प्राप्त नहीं होता। इसीलिए मनुष्यों को उसको प्राप्त करना अवश्य चाहिए। जब आठवें वर्ष गुरुकुल में जाकर आचार्य के समीप रहते हैं, तभी से उनका नाम ब्रह्मचारी व ब्रह्मचारिणी हो जाता है। क्योंकि वे ब्रह्म (वेद और परमात्मा) के विचार में तत्पर रहते हैं। उनको आचार्य तीन रात्रिपर्यंत गर्भ में रखता है, अर्थात् ईश्वर की उपासना, धर्म, परस्पर विद्या के पढ़ने और विचारने की युक्ति आदि, जो मुख्य-मुख्य बातें हैं, वे सब तीन दिन में उनको सिखाई जाती हैं। तीन दिन के उपरांत उनको देखने के लिए अध्यापक अर्थात् विद्वान् लोग आते हैं॥ ३॥

फिर उस दिन होम करके उनको प्रतिज्ञा कराते हैं कि जो ब्रह्मचारी पृथ्वी, सूर्य और अंतरिक्ष, इन तीनों प्रकार की विद्याओं का पालन और पूर्ण करने की इच्छा करता है, सो इन समिधाओं से पुरुषार्थ करके सब लोकों का धर्मानुष्ठान से पूर्ण आनंदित कर देता है॥ ४॥

जो ब्रह्मचारी पूर्व वेदानुकूल आचरण करके ब्राह्मण होता है, वह धर्मानुष्ठान से अत्यंत पुरुषार्थी होकर सब मनुष्यों का कल्याण करता है, फिर उस पूर्ण विद्वान् ब्राह्मण को, जो कि अमृत अर्थात् परमेश्वर की पूर्ण भक्ति और धर्मानुष्ठान से युक्त होता है, उसे देखने के लिए सब विद्वान् आते हैं॥ ५॥

ब्रह्मचार्येति समिधा समिद्धः कार्ष्णम् वसानो दीक्षितो दीर्घश्मश्रुः।
स सद्य एति पूर्वस्मादुत्तरम् समुद्रं लोकान्त्संगृभ्य मुंहुराचरिक्रत्॥ ६॥
ब्रह्मचारी जनयन् ब्रह्मापोलोकं प्रजापतिम् परमेष्ठिनं विराजम्।
गर्भो भूत्वामृतस्य योनाविन्द्रोह भू[illegible]ाऽसुरांस्ततर्ह॥ ७॥
ब्रह्मचर्येण तपसा राजा राष्ट्रं विरक्षति।
आचार्यो ब्रह्मचर्येण ब्रह्मचारिणमिच्छते॥ १७॥
ब्रह्मचर्येण कन्याऽयुवान विन्दते पतिम्।
अनड्वान् ब्रह्मचर्येणाश्वो घासं जिगीषति॥ १८॥
ब्रह्मचर्येण तपसा देवा मृत्युमपाघ्नत।
इन्द्रो ह ब्रह्मचर्येण देवेभ्यः स्वाराऽभरत॥ १९॥

(अथर्ववेद, कांड-११, अनुवाक्-३, मंत्र-६, ७, १७, १८, १९)

जो ब्रह्मचारी होता है, वही ज्ञान से प्रकाशित तप और बड़े-बड़े केश-श्मश्रुओं से युक्त दीक्षा को प्राप्त होकर विद्या को प्राप्त होता है तथा जो शीघ्र ही विद्या को ग्रहण करके पूर्व समुद्र, जो ब्रह्मचर्याश्रम का अनुष्ठान है, उसके पार उतरकर उत्तर-समुद्रस्वरूप गृहाश्रम को प्राप्त होता है और अच्छी प्रकार विद्या का संग्रह करके विचारपूर्वक अपने उपदेश का सौभाग्य बढ़ाता है॥ ६॥

वह ब्रह्मचारी वेद-विद्या को यथार्थ जानकर प्राण-विद्या, लोक-विद्या तथा प्रजापति

परमेश्वर, जो सबसे बड़ा और सबका प्रकाशक है, उसका जानना, इन विद्याओं में गर्भरूप और इंद्र अर्थात् ऐश्वर्यरूप होकर असुर अर्थात् मूर्खों की अविद्या का छेदन कर देता है ॥ ७ ॥

पूर्ण ब्रह्मचर्य से विद्या पढ़कर और सत्यधर्म के अनुष्ठान से राजा राज्य करने तथा आचार्य विद्या पढ़ाने को समर्थ होता है। आचार्य उसको कहते हैं, जो असत्याचार छुड़ाकर सत्याचार का और अनर्थों को छुड़ाकर, अर्थों का ग्रहण कराके, ज्ञान को बढ़ा देता है ॥ १७ ॥

जब वह कन्या ब्रह्मचर्याश्रम से पूर्ण विद्या पढ़ चुके, तब अपनी युवावस्था में पूर्ण जवान पुरुष को अपना पति स्वीकार करे। इसी प्रकार पुरुष भी सुशील धर्मात्मा स्त्री के साथ प्रसन्नता से विवाह करके, दोनों परस्पर सुख-दुःख में सहायकारी हों। क्योंकि अनड्वान् अर्थात् पशु भी जो पूरी जवानीपर्यंत ब्रह्मचर्य अर्थात् सुनियम में रखा जाए तो अत्यंत बलवान होकर निर्बल जीवों को जीत लेता है ॥ १८ ॥

ब्रह्मचर्य और धर्मानुष्ठान से ही विद्वान् लोग जन्म-मरण को जीतकर मोक्षसुख को प्राप्त हो जाते हैं। जैसे इंद्र अर्थात् सूर्य, परमेश्वर के नियम में स्थित होकर, सब लोकों का प्रकाश करने वाला होता है, वैसे ही मनुष्य की आत्मा ब्रह्मचर्य से प्रकाशित होकर सबको प्रकाशित कर देती है ॥ १९ ॥

बिना ब्रह्मचर्य के किसी को भी यथायोग्य विद्या की प्राप्ति नहीं होती। ब्रह्मचर्याश्रम ही सभी आश्रमों का मूल है। ब्रह्मचर्य के अनुष्ठान से ही गृहाश्रम आदि तीनों आश्रमों में सुख होता है, अन्यथा मूल के अभाव में शाखा कैसे होगी?

किंतु यदि मूल रूपी ब्रह्मचर्य दृढ है, तभी वृक्षरूपी मनुष्य-जीवन शाखा, फल, छाया आदि सुखों से युक्त होता है।

गृहस्थ आश्रम—आश्रम-व्यवस्था में गृहस्थाश्रम का क्रमानुसार दूसरा स्थान है। गृहस्थाश्रम में पति-पत्नी एक-दूसरे के लिए और अपनी संतान के लिए त्याग करते हैं। गृहस्थाश्रम तपश्चर्या का आश्रम है। इसमें संबंधों की स्थापना होती है।

वेदानधीत्य वेदौ वा वेदं वापि यथाक्रमम्।
अविलुप्त ब्रह्मचर्यो गृहस्थाश्रमाविशेत्॥

(मनुस्मृति, अध्याय-३, श्लोक-२)

जब यथावत् ब्रह्मचर्य आचार्यानुकूल वर्त्तकर, धर्म से चारों, तीन वा दो अथवा एक वेद को सांगोपांग पढ़कर जिसका ब्रह्मचर्य खंडित न हुआ हो, वह पुरुष व स्त्री गृहाश्रम में प्रवेश करे।

वेदों में गृहस्थाश्रम का प्रमाण

युवा सुवासाः परिवीत आगात्स उ श्रेयान्भवति जायमानः।
तं धीरासः कवय उन्नयन्ति स्वाध्योऽमनसा देवयन्तः॥

(ऋग्वेद, ३.८.४)

जो पुरुष (परिवीतः) सब ओर से यज्ञोपवीत, ब्रह्मचर्य सेवन से उत्तम शिक्षा और विद्या से युक्त (सुवासाः) सुंदर वस्त्र धारण किया हुआ ब्रह्मचर्ययुक्त (युवा) पूर्ण जवान होकर विद्याग्रहण कर गृहाश्रम में (आगात्) आता है (स उ) वही दूसरे विद्याजन्म में (जायमानः) प्रसिद्ध होकर

(श्रेयान्) अतिशय शोभायुक्त मंगलकारी (भवति) होता है (स्वाध्य:) अच्छे प्रकार ध्यानयुक्त (मनसा) विज्ञान से (देवयन्त:) विद्यावृद्धि की कामनायुक्त (धीरास:) धैर्ययुक्त (कवय:) विद्वान् लोग (तम्) उसी पुरुष को (उन्नयन्ति) उन्नतिशील करके प्रतिष्ठित करते हैं और जो ब्रह्मचर्य धारण, विद्या, उत्तम शिक्षा का ग्रहण किए बिना अथवा बाल्यावस्था में विवाह करते हैं, वे स्त्री-पुरुष नष्ट-भ्रष्ट होकर विद्वानों में प्रतिष्ठा को प्राप्त नहीं होते।

आ धेनवो धुनयन्तामशिश्वी:
सबर्दुघा: शशया अप्रदुग्धा:।
नव्यानव्या युवतयो भवन्तीर्महद्देवानामसुरत्वमेकम्॥

(ऋग्वेद, मं. ३/सू. ५५/मं. १६)

जो (अप्रदुग्धा:) किसी से दुही न हो, उन (धेनव:) गौओं के समान (अशिश्वी:) बाल्यावस्था से रहित (सबर्दुघा:) सब प्रकार के उत्तम व्यवहारों का पूर्ण करने (शशया:) कुमारावस्था को उल्लंघन करने हारी (नव्यानव्या:) नवीन-नवीन शिक्षा और अवस्था से पूर्ण (भवन्ती:) वर्तमान (युवतय:) पूर्ण युवावस्थास्थ स्त्रियां (देवानाम्) ब्रह्मचर्य, सुनियमों से पूर्ण विद्वानों के (एकम्) अद्वितीय (महत्) बड़े (असुरत्वम्) प्रज्ञा शास्त्रशिक्षा युक्त प्रज्ञा में रमण के भावार्थ को प्राप्त होती हुई तरुण पतियों को प्राप्त होकर (आधुनयन्ताम) गर्भ धारण करे, कभी भूल के भी बाल्यावस्था में पुरुष का मन से भी ध्यान न करें, क्योंकि यही कर्म इस लोक और परलोक के सुख का साधन है। बाल्यावस्था में विवाह से जितना पुरुष का नाश उस से अधिक स्त्री का नाश होता है।

सुमङ्गली प्रतरणी गृहाणाम् सुशेवा पत्ये श्वशुराय शम्भू:।
स्योना श्वश्रवै प्र गृहान् विशेमान्॥

(अथर्ववेद, १४.२.१६)

अर्थात् अच्छे मंगलाचरण करने तथा दोष और शोकादि से पृथक् रहने वाली, गृहकार्यों में चतुर और तत्पर रहकर, उत्तम सुखयुक्त होकर पति, श्वसुर और सासु के लिए, सुखकर्त्री और स्वयं प्रसन्न हुई इस घर में सुखपूर्वक प्रवेश करे।

गृहस्थाश्रम में प्रवेश

(सुश्रुत संहिता, १०.४६.४८) में लिखा है—"सोलह वर्ष से कम आयु वाली स्त्री में पच्चीस वर्ष से न्यून आयु वाला पुरुष जो गर्भ का स्थापन करे तो वह कुक्षिस्थ हुआ गर्भ विपत्ति को प्राप्त होता है, अर्थात् पूर्णकाल तक गर्भाशय में रहकर उत्पन्न नहीं होता अथवा उत्पन्न हो तो फिर चिरकाल तक नहीं जीता। यदि जिए तो दुर्बलेंद्रिय होता है।"

अत: विवाह बाल्यावस्था में नहीं होना चाहिए, युवावस्था में विवाह ठीक रहता है।

स संधार्य: प्रयत्नेन स्वर्गमक्षयमिच्छता।
सुखं चेहेच्छता नित्यं योऽधार्यो दुर्बलेन्द्रियै:॥

(मनुस्मृति, ३/७९)

अर्थात् जो मोक्ष और संसार के सुख की इच्छा करता है, वह गृहस्थाश्रम को धारण करे।

वह गृहस्थ निर्बल इंद्रियवालों के द्वारा धारण करने के योग्य नहीं है।

काममामरणात्तिष्ठेद् गृहे कन्यर्तुमत्यपि।
न चैवेनां प्रयच्छेत्तु गुणहीनाय कर्हिचित्॥

(मनुस्मृति, ९/८९)

अर्थात् कन्या रजस्वाला होने पर भी चाहे मृत्युपर्यंत घर में अविवाहित बैठी रहे, परंतु पिता कभी उसे गुणहीन युवक के साथ विवाहित न करे।

उपर्युक्त दोनों श्लोकों के अनुसार, विवाह से पहले युवक और युवती का स्वस्थ और सबलेंद्रिय होना आवश्यक है। इसके साथ-साथ आजीविका के साधन से संपन्न होने के साथ ही दोनों का सदाचारी होना भी अत्यंत आवश्यक है।

यथानदीनदाः सर्वे सागरे यान्ति संस्थितिम्।
तथैवाश्रमिणः सर्वे गृहस्थे यान्ति संस्थितिम्॥

(मनुस्मृति, ३/६६)

यथावायुं समाश्रित्य वर्त्तन्ते सर्वजन्तवः।
तथा गृहस्थमाश्रित्य वर्त्तन्ते सर्व आश्रमाः॥

(मनुस्मृति, ३/७७)

यस्मात्त्रयोऽप्याश्रमिणो दानेनान्नेन चान्वहम।
गृहस्थेनैव धार्यन्ते तस्माज्ज्येष्ठाश्रमो गृही॥

(मनुस्मृति, ३/७८)

अर्थात् जैसे नदी और बड़े-बड़े नद तब तक भ्रमते ही रहते हैं, जब तक समुद्र को प्राप्त होते नहीं, वैसे गृहस्थ ही के आश्रय से सब आश्रम स्थिर रहते हैं। जैसे वायु के आश्रय से जब जीवों का जीवन सिद्ध होता है, वैसे ही गृहस्थ के आश्रय से ब्रह्मचर्य, वानप्रस्थ और संन्यास आश्रमों का निर्वाह होता है अर्थात् जिस प्रकार वायु के बिना प्राणियों का जीवन चल ही नहीं सकता, वैसे ही गृहस्थाश्रम के बिना उक्त तीनों आश्रम टिक ही नहीं सकते। जिससे ब्रह्मचारी, वानप्रस्थ और संन्यासी तीन आश्रमों को दान और अन्नादि देकर प्रतिदिन गृहस्थ ही धारण करता है, इससे गृहस्थ ज्येष्ठाश्रम है अर्थात् सब व्यवहारों में धुरंधर कहलाता है। इसलिए जितना कुछ व्यवहार संसार में है, उसका आधार गृहस्थाश्रम है। जो यदि गृहस्थाश्रम न होता तो संतानोत्पत्ति के न होने से ब्रह्मचर्य, वानप्रस्थ और संन्यास आश्रम कहाँ से हो सकते? जो कोई गृहस्थाश्रम की निंदा करता है, वह निंदनीय है और जो प्रशंसा करता है, वही प्रशंसनीय है। गृहस्थाश्रम में तभी सुख होता है, जब स्त्री-पुरुष दोनों परस्पर प्रसन्न, विद्वान्, पुरुषार्थी और सब प्रकार के व्यवहारों के ज्ञाता हों। इसलिए गृहस्थाश्रम के सुख का मुख्य कारण ब्रह्मचर्य और पूर्वोक्त स्वयंवर विवाह है।

वानप्रस्थ आश्रम

वानप्रस्थ का समय ५० वर्ष की आयु के उपरांत है। यह ज्ञान बढ़ाने और तपश्चर्या करने के लिए है। जब केश श्वेत होने लगें और पुत्र को भी संतान हो जाए, तब अपनी स्त्री, पुत्र,

भाई-बंधु, पुत्रवधू आदि की सबको गृहस्थाश्रम की शिक्षा करके वन की ओर यात्रा की तैयारी करें। यदि स्त्री चले तो साथ ले जाएँ, नहीं तो ज्येष्ठ पुत्र को सौंप जाएँ कि इसकी सेवा यथावत् किया करना और अपनी पत्नी को शिक्षा कि तू सदा पुत्र आदि को धर्ममार्ग में चलने के लिए और अधर्म से हटाने के लिए शिक्षा 'करती' रहना। सब इष्ट-मित्रों से मिल, पुत्रादिकों पर सब घर का दायित्व देकर वानप्रस्थ आश्रम में जीवन का तृतीय भाग व्यतीत करना चाहिए।

आ नयैतमा रभस्व सुकृतां लोकमपि गच्छतु प्रजानन्।
तीर्त्वा तमांसि बहुधा महान्त्यजो नाकमा क्रमतां तृतीयम्॥

(अथर्ववेद कांड-९, सूक्त-५, मंत्र-१)

अर्थात् हे गृहस्थ! प्रकर्षता से जानता हुआ तू इस वानप्रस्थ आश्रम का आरंभ कर। अपने मन का गृहस्थाश्रम से इधर की ओर ला। पुण्यात्माओं के देखने योग्य वानप्रस्थाश्रम को भी प्राप्त हो। बहुत प्रकार के बड़े-बड़े अज्ञान दुःख आदि संसार के मोहों को तरके अर्थात् पृथक् होकर, अपने आत्मा को अजर-अमर जान। तीसरे दुःखरहित वानप्रस्थ-आश्रम को रीतिपूर्वक आरूढ़ होओ।

मनुस्मृति अध्याय-६ के अनुसार—

जंगल में वेदादि शास्त्रों को पढ़ने-पढ़ाने में नित्य-युक्त मन और इंद्रियों को जीतकर यदि स्वस्त्री भी समीप हो, तथापि उससे सेवा के सिवाय विषय सेवन अर्थात् भोग-विलास कभी न करें। सबसे मित्रभाव, सावधान, नित्य देनेवाला और किसी से कुछ भी न लें। सब प्राणी पर अनुकंपा रखने वाले होओ। जो जंगल में पढ़ाने और योगाभ्यास करनेवाले तपस्वी धर्मात्मा विद्वान् लोग रहते हों, जो गृहस्थ व वानप्रस्थ वनवासी हों, उनके घरों में से भिक्षा ग्रहण करें और इस प्रकार वन में वसते हुए इन और अन्य दीक्षाओं का सेवन करें और आत्मा तथा परमात्मा के ज्ञान के लिए नाना प्रकार के उपनिषद् अर्थात् ज्ञान और उपासना विधायक श्रुतियों के अर्थों का विचार किया करें। इसी प्रकार, जब तक संन्यास करने की इच्छा न हो, तब तक वानप्रस्थ ही रहें। वानप्रस्थ आश्रम की न्यूनतम अवधि १२ वर्ष और अधिकतम २५ वर्ष है। (संस्कार विधि)

इस प्रकार, वानप्रस्थ आश्रम में अग्निहोत्र की सामग्री सहित जंगल में जाकर एकांत में निवास कर योगाभ्यास, शास्त्रों का विचार, महात्माओं का संग करके, स्वात्मा और परमात्मा को साक्षात् करने में प्रयत्नशील होना चाहिए।

संन्यास आश्रम—मोहादि आवरण पक्षपात छोड़कर, विरक्त होकर संसार में परोपकार्थ विचरण करना। आयु का चौथा भाग अर्थात् ७० वर्ष के पश्चात् सब मोहादि संगों को छोड़कर संन्यासी हो जाना। *(मनुस्मृति, संस्कार-विधि)*

संन्यास आश्रम में प्रवेश के तीन प्रकार—

१. ब्रह्मचर्य पूर्ण करके गृहस्थ, गृहस्थ होकर वनस्थ, वनस्थ होकर संन्यासी हों अर्थात् अनुक्रम से आश्रमों का अनुष्ठान करते-करते वृद्धावस्था में जो संन्यास लेना है, उसी को क्रम-संन्यास कहते हैं।

२. यदहरेव विरजेत् तदहरेव प्रव्रजेद् वनाद् वा गृहाद् वा।

(ब्राह्मण-ग्रंथ)

अर्थात् जिस दिन दृढ़ वैराग्य प्राप्त हो, उसी दिन, चाहे वानप्रस्थ का समय पूरा भी न हुआ हो, अथवा वानप्रस्थ आश्रम का अनुष्ठान न करके गृहाश्रम से ही संन्यास-आश्रम ग्रहण करें, क्योंकि संन्यास लेने में दृढ़ वैराग्य और यथार्थ ज्ञान का होना मुख्य कारण है।

३. ब्रह्मचर्या देव प्रव्रजेत्—(ब्राह्मण-ग्रंथ) यदि पूर्ण अखंडित ब्रह्मचर्य, सच्चा वैराग्य और पूर्ण ज्ञान-विज्ञान को प्राप्त होकर विषयासक्ति की इच्छा आत्मा से यथावत् उठ जाए, पक्षपातरहित होकर सबके उपकार करने की इच्छा हो और जिसको दृढ़ निश्चय हो जाए कि मैं मरणपर्यंत यथावत् संन्यास धर्म का निर्वाह कर सकूँगा, तो वह न गृहस्थाश्रम करे, न वानप्रस्थ आश्रम, किंतु ब्रह्मचर्याश्रम को पूर्ण करके ही संन्यासाश्रम को ग्रहण कर ले।

वेदों में संन्यास आश्रम के प्रमाण—

यद्देवा यतयो यथा भुवनान्यपिन्वत।
अत्रा समुद्र आ गूळहमा सूर्यमजभर्तन॥

(ऋग्वेद, मंडल-१०, सूक्त-७२, मंत्र-७)

हे पूर्ण विद्वान् संन्यासी लोग! तुम जैसे इस आकाश में, गुप्त स्वयं प्रकाशस्वरूप सूर्यादि का प्रकाशक परमात्मा है, उसको चारों ओर से अपनी आत्माओं में धारण करो और आनंदित होओ, वैसे जो सब भुवनस्थ गृहस्थादि मनुष्य हैं, उनको सदा विद्या और उपदेश से संयुक्त किया करो, यही तुम्हारा परम धर्म है।

शर्यणावति सोममिन्द्रः पिबतु वृत्रहा।
बलं दधान आत्मनि करिष्यन्वीर्यं महदिन्द्रायन्दो परि स्त्रव॥
आ पवस्व दिशां पत आर्जीकात्सौम मीढ्वः।
ऋतवाकेन सत्येन श्रद्धया तपसा सुत इन्द्रायेन्दो परि स्त्रव॥

(ऋग्वेद मंडल-९, सूक्त-११३, मंत्र-१, २)

(शर्यणावति···) अर्थात् जैसे मेघ का नाश करने वाला सूर्य हिंसनीय पदार्थों से युक्त भूमितल में स्थित रस को पीता है, वैसे संन्यास लेने वाला पुरुष उत्तम मूल-फलों के रस को पीए और अपने मन में 'बड़े सामर्थ्य को करूँगा', ऐसी इच्छा करता हुआ, दिव्य बल को धारण करता हुआ, परमैश्वर्य के लिए, हे चंद्रमा के तुल्य सबको आनंदित करने वाले पूर्ण विद्वान्! तू संन्यास लेकर सब पर सत्योपदेश की वृष्टि कर॥ १॥

(आ पवस्व···) अर्थात् हे सौम्यगुणसंपन्न! सत्य से सबके अंतःकरण को सींचने वाले, सब दिशाओं में स्थित मनुष्यों को सच्चा ज्ञान देकर पालन करने वाले, शम-दम आदि गुणयुक्त संन्यासिन्! तू यथार्थ बोलने, सत्यभाषण करने से, सत्य के धारण में सच्ची प्रीति और प्राणायाम योगाभ्यास से, सरलता से, निष्पन्न होता हुआ, तू अपने शरीर, इंद्रिय, मन, बुद्धि को पवित्र कर। परम ऐश्वर्ययुक्त परमात्मा के लिए सब ओर से गमन करो।

मनुस्मृति के अनुसार—

संन्यासी को चाहिए कि सिर के बाल, दाढ़ी-मूँछ और नखों की समय-समय पर सफाई कराता रहे। कुसुम के रँगे हुए वस्त्रों, पात्र एवं दंड को धारण करे। संन्यासी को यज्ञोपवीत,

शिखा का बंधन नहीं रहता। जो संन्यासी यथार्थ ज्ञान व षट्दर्शनों से युक्त है, वह दुष्ट कर्मों में बद्ध नहीं होता और जो ज्ञान, विद्या, योगाभ्यास, सत्संग, धर्मानुष्ठान एवं षड्दर्शनों रहित विज्ञानहीन होकर संन्यास लेता है, वह संन्यास पदवी और मोक्ष को प्राप्त न होकर जन्म-मरण रूप संसार को प्राप्त होता है और ऐसे मूर्ख अधर्मी को संन्यास लेना व्यर्थ है। यह धिक्कार देने योग्य है।

ऐसे ब्राह्मण जो पूर्ण विद्वान् व धार्मिक परोपकारप्रिय मनुष्य है, उसे ही संन्यास लेने का अधिकार है, क्योंकि बिना पूर्ण विद्या के धर्म, परमेश्वर की निष्ठा और वैराग्य के संन्यास ग्रहण करने में संसार का विशेष उपकार नहीं हो पाता। वैसे जो विद्वान्, वैराग्यवान और परोपकारप्रिय द्विज (ब्राह्मण, क्षत्रिय, वैश्य) है, वह संन्यास ले सकता है।

जैसे शरीर में सिर की आवश्यकता है, वैसे ही आश्रमों में संन्यासाश्रम की आवश्यकता है। क्योंकि इसके बिना विद्या, धर्म कभी नहीं बढ़ सकता और दूसरे आश्रमों को विद्याग्रहण, गृहकृत्य और तपश्चर्यादि का संबंध होने से अवकाश बहुत कम मिलता है। पक्षपात छोड़कर वरतना दूसरे आश्रमों को दुष्कर है। जैसे संन्यासी सर्वतोमुक्त होकर जगत् का उपकार करता है, वैसा अन्य आश्रम नहीं कर सकता। क्योंकि संन्यासी को सत्यविद्या से पदार्थों के विज्ञान की उन्नति का जितना अवकाश मिलता है, उतना अन्य आश्रम को नहीं मिल सकता। परंतु जो ब्रह्मचर्य आश्रम से संन्यासी होकर जगत् को सत्यशिक्षा करके उन्नति कर सकता है, उतनी गृहस्थ व वानप्रस्थ आश्रम जाकर संन्यासाश्रमी नहीं कर सकता।

ये चारों आश्रम वेदों और युक्तियों से सिद्ध हैं, क्योंकि सब मनुष्यों को अपनी आयु का प्रथम भाग विद्या पढ़ने में व्यतीत करना चाहिए और पूर्ण विद्या को पढ़कर उससे संसार की उन्नति करने के लिए गृहस्थाश्रम भी अवश्य करें तथा विद्या और संसार के उपकार के लिए एकांत में बैठकर सब जगत् का अधिष्ठाता जो ईश्वर है, उसका ज्ञान अच्छी प्रकार से करें और मनुष्यों को सब व्य ह़ारों का उपदेश करें। फिर उनके सब संदेहों का निराकरण और सत्य बातों का निश्चय कराने के लिए संन्यास आश्रम भी अवश्य ग्रहण करें, क्योंकि इसके बिना संपूर्ण पक्षपात छूटना बहुत कठिन है।

भारतीय मेले और कुंभ

भारतीय सभ्यता और संस्कृति में मेलों का विशेष महत्त्व है। कश्मीर से लेकर कन्याकुमारी तक तथा असम से लेकर कच्छ की खाड़ी तक न जाने कितने प्रकार के मेले भरत में लगते हैं। इन सभी मेलों का अपना-अपना महत्त्व है।

मेले न केवल मनोरंजन के साधन हैं अपितु ज्ञानवर्धन, समाज-जागरण, संगठन, संस्कार, उद्देश्य, अतीत के प्रति सम्मान, नवनिर्माण आदि के साधन भी कहे जाते हैं। प्रत्येक मेले का इस देश की धार्मिक, सांस्कृतिक एवं सामाजिक परंपराओं से जुड़ा होना इस बात का प्रमाण है कि ये मेले किस प्रकार जनमानस में एक अपूर्व उल्लास, उमंग तथा मनोरंजन करते हैं।

भारत में लगने वाले मेलों का संबंध अनेक प्रकार के विषयों से जुड़ा हुआ है। कुछ मेले

पशु, व्यापार तथा कृषि के लिए होते हैं तो कुछ मेलों का किसी धार्मिक घटना अथवा पर्व के साथ संबंध जुड़ा रहता है तो कुछ मेले किसी स्थान विशेष से जुड़े रहते हैं। परिणामतः मेले समाज को जीवंत बनाते हैं।

वैसे तो भारत में मेले गाँव-गाँव या हर चार कोस पर लगते ही हैं। फिर भी कुछ प्रमुख मेले हैं, जो प्रसिद्धि की सर्वोच्च शिखर पर स्थापित हैं। उनका ही चयन कर यहाँ उल्लेख करने का प्रयास किया है। जो निम्न हैं—

सोनपुर मेला

बिहार में पूर्णिमा के दिन (नवंबर) में गंगा नदी और गंडक नदी के संगम पर पशुओं का विराट् मेला आयोजित होता है। सोनपुर के मेले को 'हरिहर क्षेत्र मेला' के रूप में भी जाना जाता है। पूरी दुनिया में इस तरह का मेला सिर्फ भारत में ही लगता है। इस मेले ने पशु मेलों को अलग पहचान दी है। हाथी, घोड़े, भैंस, गधे और पक्षियों की सभी प्रकार की नस्लें बिक्री के लिए आती हैं। यह एशिया का सबसे बड़ा मेला है। मेले में मनोरंजन के कई कार्यक्रम भी आयोजित होते हैं। यहाँ लोग खूब खरीददारी भी करते हैं।

पुष्कर मेला

भारत का सबसे बड़ा और पुराने मेलों में से एक पुष्कर मेला भी है। यह राजस्थान के पुष्कर शहर में अक्तूबर-नंवबर में आयोजित होता है। इस मेले में दूर-दूर से ऊँट आते हैं। खासकर इजराइल से आए ऊँटों का बड़ा आकर्षण होता है। यह मेला पुष्कर झील के तट पर आयोजित होता है। यह पर्यटकों के आकर्षक का बड़ा

केंद्र है। मेले के समय पुष्कर में कई संस्कृतियों का मिलन दिखाई देता है। इस मेले में 'मटका फोड़' और गरम हवा के गुब्बारे फुलाने की प्रतियोगिता जैसे खेलों का लोग आनंद लेते हैं।

हेमिस गोंपा मेला

हेमिस गोंपा उत्सव एक तरह से धार्मिक मेला है, जो बौद्ध समुदाय द्वारा आयोजित होता है। यह मेला लद्दाख में स्थित सबसे बड़े बौद्ध मठ में जनवरी से लेकर फरवरी के महीने तक होता है। प्रसिद्ध हेमिस गोंपा चारों तरफ से पहाड़ की चट्टानों से घिर हुआ है, यह त्योहार यहाँ के भगवान् पद्मसंभवा (गुरु रिन्पोचे) को समर्पित है। कहा जाता है कि उनके जीवन का बस एक ही लक्ष्य था—लोगों का अध्यात्म से जोड़ने का, यहाँ के निवासी यह मानते हैं कि यह त्योहार उनके अच्छे स्वास्थ्य और धार्मिक शक्ति को बढ़ाता है।

कोलायत मेला

भारत में राजस्थान एक ऐसा राज्य है, जिसका कोना-कोना से विरासत और संस्कृति से परिपूर्ण है, जो कि त्योहारों के माध्यम से इसको और अच्छे से व्यक्त करता है। राजस्थान के बीकानेर जिले में कोलायत मेला आयोजित होता है। इस मेले को 'कपिल मुनि मेले' के नाम से भी जाना जाता है। इससे धार्मिक भावनाएँ जुड़ी हैं, यह मेला कार्तिक पूर्णिमा पर आयोजित होता है। यह मेला पशुओं का भी सबसे बड़ा मेला

है। इस मेले में सबसे महत्त्वपूर्ण पवित्र स्नान है। रात के समय यहाँ झील में हजारों दीपक तैरते नजर आते हैं। यह मेला बीकानेर में सितंबर से अक्तूबर के बीच आयोजित होता है।

चंद्रभागा मेला

चंद्रभागा मेला प्रतिवर्ष अक्तूबर और नवंबर के बीच राजस्थान में झालरापाटन में आयोजित होता है। यह मेला चंद्रभागा नदी को समर्पित है और इसे राजस्थान के लोगों के द्वारा पवित्र माना गया है। कार्तिक महीने या कार्तिक पूर्णिमा के दिन हजारों भक्त इस पवित्र नदी में डुबकी लगाते हैं। चंद्रभागा मेला राजस्थान की परंपरा को दरशाता है। यहाँ का लोक संगीत हर किसी को मंत्रमुग्ध कर देता है; इस मेले में खरीददारी करने के लिए शिल्पकारी का सामान अच्छा है और आखिरी दिन विशाल पशु मेला होता है, जो पूरे भारत के हजारों तीर्थयात्रियों को अपनी ओर आकर्षित करता है।

गंगासागर

भारत में कुंभ मेले के बाद गंगासागर मेला सबसे पवित्र और धार्मिक आस्था के लिए जाना जाता है। हर साल यह मेला पश्चिम बंगाल की खाड़ी, जहाँ पर गंगा नदी समुद्र में मिलती है, उसके संगम पर लगता है। इस मेले में देश भर से लाखों लोग स्नान के लिए

आते हैं। इसके अलावा नेपाल से भारी संख्या में श्रद्धालु आते हैं। इस मेले का महत्त्व बहुत ज्यादा है। कहा गया है—'सारे तीरथ बार-बार, गंगासागर एक बार'।

अंबुबासी मेला

यह भारत के धार्मिक मेलों और त्योहारों में से एक है। इस मेले का आयोजन तीन दिनों तक होता है। असम में मानसून के दौरान गुवाहाटी के कामाख्या मंदिर में हर साल पारंपरिक

तरीके से आयोजित होता है। इस मंदिर में देश के विभिन्न हिस्सों से दर्शन करने के लिए लाखों की संख्या में श्रद्धालु आते हैं।

अंबुबासी मेला को 'अंबुबाची' नाम से भी जाना जाता है, इसको तांत्रिक जन्म क्षमता का पर्व समझकर मनाया जामा है। अंबुबासी शब्द अंबु और बासी दो शब्दों के मेल से बना है, जिसमें अंबु का अर्थ है पानी, जबकि बासी का अर्थ है उत्फुलन। शायद यह स्त्रियों की शक्ति और जन्मक्षमता को दरशाता है। यह मेला हर साल यहाँ अयोजित होता है, जिसको महाकुंभ भी कहा जाता है।

बेणेश्वर मेला

बेणेश्वर मेला राजस्थान के डूँगरपुर जिले में आयोजित होता है। यह एक आदिवासी मेला है, जो हर साल फरवरी में लगता है। यह मेला माघ शुक्ल पूर्णिमा के अवसर पर सोम, माहि और जाखम नदियों के पवित्र संगम पर बेणेश्वर नामक स्थान पर लगता है। संगम पर डुबकी लगाने के पश्चात् भगवान् शिव के दर्शन के लिए बेणेश्वर मंदिर जाने को

हर कोई उत्सुक रहता है। बेणेश्वर मंदिर के परिसर में लगने वाला यह मेला भगवान् शिव को समर्पित है। इस मेले में वनवासियों के नृत्य और जीवनशैली की झलक देखी जा सकती है।

गणगौर मेला

गणगौर राजस्थान के सबसे बड़े त्योहारों में से एक है। गणगौर का मेला जयपुर, जोधपुर, बीकानेर, नाथद्वारा जैसे कई स्थानों पर आयोजित होता है। यह त्योहार चैत्र महीने की शुक्ल पक्ष की तीज को मनाया जाता है। यह होली के दूसरे दिन से ही शुरू हो जाता है, जो कि १६ दिनों तक मनाया जाता है। गणगौर 'महिलाओं का उत्सव' नाम से भी प्रसिद्ध है। कुँवारी लड़कियाँ मनपसंद वर की कामना करती हैं तो विवाहित महिलाएँ अपने पति की दीर्घायु की कामना करती हैं। गणगौर हमारी भारतीय संस्कृति से जुड़ी परंपरा का पर्व है। गौरी पार्वती ने शिव को पति रूप में पाने के लिए यह व्रत किया था, इस मेले का सूत्र इसी पौराणिक लोककथा से जुड़ता है।

कुंभ मेला

हिंदू धर्म में कुंभ मेला सबसे पवित्र तीर्थयात्रा है। कुंभ शब्द संस्कृत भाषा से उत्पन्न है, जिसका अर्थ है घड़ा या कलश और मेला का अर्थ है त्योहार, इसलिए इसे कुंभ मेला कहते हैं। यह मेला ऐसा है, जो मन और आत्मा को ऊर्जा प्रदान करता है। **—(श्रीश्री रविशंकर जी)**

कुंभ पर्व हिंदू धर्म का एक महत्त्वपूर्ण पर्व है, जिसमें करोड़ों श्रद्धालु कुंभ पर्व स्थल

हरिद्वार (गंगा), प्रयाग (गंगा-यमुना), उज्जैन (क्षिप्रा) और नासिक (गोदावरी) में स्नान करते हैं। धार्मिक आस्था के अनुसार इन नदियों में स्नान करने से जीवन के सारे पाप धुल जाते हैं, जिससे अंत में पुण्य लोकों की प्राप्ति होती है। गंगा ज्ञान की प्रतीक है और यमुना प्रेम की प्रतीक है। प्रयाग (जहाँ पर गंगा, यमुना और सरस्वती का संगम होता है) प्रेम और ज्ञान का संगम है, जब प्रेम और ज्ञान का संगम या मिलन होता है तो वह उत्सव बन जाता है। इनमें से प्रत्येक स्थान पर प्रति बारहवें वर्ष और प्रयाग में दो कुंभ पर्वों के बीच छह वर्ष के अंतराल में अर्धकुंभ भी होता है।

खगोल गणनाओं के अनुसार यह मेला मकर संक्रांति के दिन प्रारंभ होता है, जब सूर्य और चंद्रमा वृश्चिक राशि में और बृहस्पति मेष राशि में प्रवेश करते हैं। मकर संक्रांति के होने वाले इस योग को 'कुंभ स्नान-योग' कहते हैं और इस दिन को विशेष मंगलकारी माना जाता है; क्योंकि ऐसा माना जाता है कि इस दिन पृथ्वी से उच्च लोकों के द्वार खुलते हैं। इस प्रकार इस दिन स्नान करने से आत्मा को उच्च लोकों की प्राप्ति सहजता से हो जाती है। यहाँ स्नान करना साक्षात् स्वर्ग दर्शन माना जाता है। यह मेला भारत का सबसे बड़ा और हिंदू धर्म की मान्यता के अनुसार बहुत ही पवित्र माना जाता है।

कुंभ पर्व की उत्पत्ति बहुत पुरानी है और उस काल के समय की है, जब समुद्र मंथन के दौरान अमरता को प्रदान वाला अमृत कलश निकला था। इस अमृत कलश के लिए राक्षसों और देवताओं के बीच भयंकर युद्ध हुआ था। अमृत कलश को असुरों से बचाने के लिए, जो देवताओं से अधिक शक्तिशाली थे, उन देवताओं की सुरक्षा बृहस्पति, सूर्य, चंद्र और शनि को सौपी गई थी। चार देवता असुरों से अमृत कलश को बचाकर भागे और इसी दौरान असुरों ने देवताओं का पीछा १२ दिन-रात किया। पीछा करने के दौरान देवताओं ने कलश को हरिद्वार, प्रयाग, उज्जैन और नासिक में रखा। इस पवित्र समारोह की स्मृति में ही हर बारह साल में इन चार जगहों पर कुंभ पर्व मनाया जाता है।

हरिद्वार कुंभ

प्रयागराज कुंभ

उज्जैन कुंभ

नाशिक कुंभ

मेलों के आयोजनों से हमारी सांस्कृतिक परंपरा जीवित रहती है। हमें अपनी संस्कृति तथा लोकपरंपराओं की जानकारी होती है, उनके प्रति हमारे मन में आस्था जाग्रत् होती है, अतः मेलों का आयोजन सामाजिक, व्यापारिक एवं ऐतिहासिक दृष्टि से महत्त्वपूर्ण है।

□

वैदिक कालीन विश्वम्
पुष्कर
शाल्मली
जम्बू
प्लक्ष
सुरा
कुश
क्षीर
घृत
शाक
लवण
क्षीर
क्रौंच
सुस्वाद
दधि

- पृथ्वी का हिंदू वर्णन
- मत्स्य पुराण (एक सौ इक्कीसवाँ अध्याय)
- मत्स्य पुराण (एक सौ बाईसवाँ अध्याय)
- मत्स्य पुराण (एक सौ तेईसवाँ अध्याय)
- भारतीय संस्कृति का विश्व संचार
- वैदिककालीन एवं आधुनिक नामावली
- भारतवर्ष प्राचीन सभ्यता के केंद्र
- भारत की मूल जातियाँ

वैदिक-पर्व

पृथ्वी का हिंदू वर्णन

हिंदू धर्म में विष्णु पुराण के अनुसार पृथ्वी का वर्णन इस प्रकार है। यह वर्णन ऋषि पराशर ने मैत्रेय ऋषि को कहा था। उनके अनुसार इसका वर्णन सौ वर्षों में भी नहीं हो सकता है। इसका अति संक्षेप वर्णन है।

पृथ्वी के द्वीप

यह पृथ्वी सात द्वीपों में बँटी हुई है। वे द्वीप इस प्रकार से हैं—

- जंबू द्वीप
- प्लक्षद्वीप
- शाल्मलीद्वीप
- कुशद्वीप
- क्रौंचद्वीप
- शाकद्वीप
- पुष्करद्वीप

ये सातों द्वीप चारों ओर से क्रमशः खारे पानी, इक्षुरस, मदिरा, घृत, दधि, दुग्ध और मीठे जल के सात समुद्रों से घिरे हैं। ये सभी द्वीप एक के बाद एक-दूसरे को घेरे हुए हैं और इन्हें घेरे हुए सातों समुद्र हैं। जंबू द्वीप इन सबके मध्य में स्थित है।

जंबू द्वीप का वर्णन

सभी द्वीपों के मध्य में जंबू द्वीप स्थित है।

सुमेरु पर्वत—इस द्वीप के मध्य में सुवर्णमय सुमेरु पर्वत स्थित है। इसकी ऊँचाई चौरासी हजार योजन है और नीचे की ओर यह सोलह हजार योजन पृथ्वी के अंदर है। इसका विस्तार ऊपरी भाग में बत्तीस हजार योजन है तथा नीचे तलहटी में केवल सोलह हजार योजन है। इस प्रकार यह पर्वत कमलरूपी पृथ्वी की कर्णिका के समान है।

सुमेरु के दक्षिण में—हिमवान, हेमकूट तथा निषध नामक वर्षपर्वत हैं, जो भिन्न-भिन्न वर्षों का भाग करते हैं।

सुमेरु के उत्तर में—नील, श्वेत और श्रृंगी वर्षपर्वत हैं।

इनमें निषध और नील एक-एक लाख योजन तक फैले हुए हैं। हेमकूट और श्वेत पर्वत नब्बे-नब्बे हजार योजन में फैले हुए हैं। हिमवान और श्रृंगी अस्सी-अस्सी हजार योजन फैले हुए हैं।

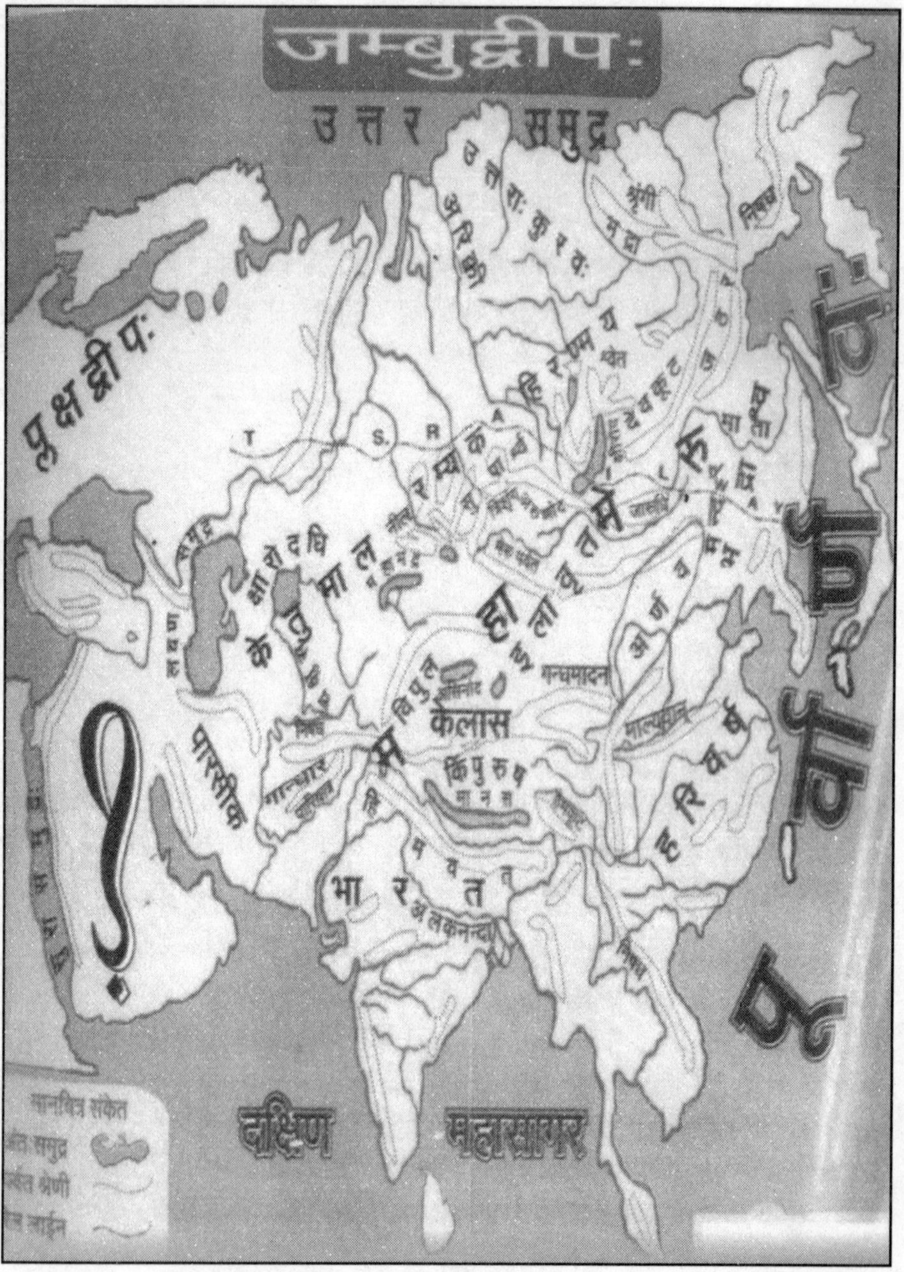

वर्षों की स्थिति एवं वर्णन

मेरु पर्वत के दक्षिण में—पहला भारतवर्ष, दूसरा किंपुरुषवर्ष तथा तीसरा हरिवर्ष है। इसके दक्षिण में रम्यकवर्ष, हिरण्यमयवर्ष और तीसरा उत्तरकुरुवर्ष है। उत्तरकुरुवर्ष द्वीपमंडल की सीमा पार होने के कारण भारतवर्ष के समान धनुषाकार है। इन सबों का विस्तार नौ हजार योजन प्रतिवर्ष है। इन सबके मध्य में इलावृतवर्ष है, जो कि सुमेरु पर्वत के चारों ओर नौ हजार योजन फैला हुआ है एवं इसके चारों ओर चार पर्वत हैं, जो कि ईश्वरीकृत कीलियाँ हैं और जो सुमेरु को धारण करती हैं, वरना ऊपर से विस्तृत और नीचे से अपेक्षाकृत संकुचित होने के कारण यह गिर पड़ेगा। ये पर्वत इस प्रकार से हैं—

- पूर्व में मंदराचल
- दक्षिण में गंधमादन
- पश्चिम में विपुल
- उत्तर में सुपार्श्व

ये सभी दस-दस हजार योजन ऊँचे हैं। इन पर्वतों पर ध्वजाओं के समान ग्यारह हजार योजन ऊँचे क्रमशः कदंब, जंबू, पीपल और वट वृक्ष हैं। इनमें जंबू वृक्ष सबसे बड़ा होने के कारण इस द्वीप का नाम जंबू द्वीप पड़ा है। इसके जंबू फल हाथियों के समान बड़े होते हैं, जो नीचे गिरने पर जब फटते हैं, तब उनके रस की धारा से 'जंबू नद' नामक नदी वहाँ बहती है। उसका पान करने से पसीना, दुर्गंध, बुढ़ापा अथवा इंद्रियक्षय नहीं होता। उसके किनारे की मृत्तिका (मिट्टी) रस से मिल जाने के कारण सूखने पर जंबूनद नामक सुवर्ण सिद्धपुरुषों का आभूषण बनती है।

वर्षों की स्थिति—मेरु पर्वत के पूर्व में भद्राश्ववर्ष है और पश्चिम में केतुमालवर्ष है। इन दोनों के बीच में इलावृत्तवर्ष है। इस प्रकार उसके पूर्व की ओर चैत्ररथ, दक्षिण की ओर गंधमादन, पश्चिम की ओर वैभ्राज और उत्तर की ओर नंदन नामक वन हैं तथा देवताओं से सेवनीय अरुणोद, महाभद्र, असितोद और मानस, ये चार सरोवर हैं।

मेरु के पूर्व में—शीतांभ, कुमुद, कुररी, माल्यवान, वैवंक आदि पर्वत हैं।

मेरु के दक्षिण में—त्रिकूट, शिशिर, पतंग, रुचक और निषाद आदि पर्वत हैं।

मेरु के उत्तर में—शंखकूट, ऋषभ, हंस, नाग और कालंज आदि पर्वत हैं।

मेरु पर्वत का वर्णन—मेरु पर्वत के ऊपर अंतरिक्ष में चौदह सहस्र योजन के विस्तार वाली ब्रह्माजी की महापुरी या ब्रह्मपुरी है। इसके सब ओर दिशाओं तथा विदिशाओं में इंद्रादि लोकपालों के आठ रमणीक तथा विख्यात नगर हैं। विष्णु पादोद्भवा गंगाजी चंद्रमंडल को चारों ओर से आप्लावित करके स्वर्गलोक से ब्रह्मलोक में गिरती हैं और सीता, अलकनंदा, चक्षु और भद्रा नाम से चार भागों में विभाजित हो जाती हैं। सीता पूर्व की ओर आकाशमार्ग से एक पर्वत से दूसरे पर्वत होती हुई, अंत में पूर्वस्थित भद्राश्ववर्ष को पार करके समुद्र में मिल जाती है। अलकनंदा दक्षिण दिशा से भारतवर्ष में आती है और सात भागों में विभक्त होकर समुद्र में मिल जाती है। चक्षु पश्चिम दिशा के समस्त पर्वतों को पार करती हुई केतुमाल नामक वर्ष में बहते हुए सागर में मिल जाती है। भद्रा उत्तर के पर्वतों को पार करते हुए उत्तरकुरुवर्ष होते हुए उत्तरी सागर में जा मिलती है।

माल्यवान तथा गंधमादन पर्वत उत्तर तथा दक्षिण की ओर नीलांचल तथा निषध पर्वत तक

फैले हुए हैं। उन दोनों के बीच कर्णिकाकार मेरु पर्वत स्थित है। मर्यादा पर्वतों के बहिर्भाग में भारत, केतुमाल, भद्राश्व और कुरुवर्ष इस लोकपद्म के पत्तों के समान हैं। जठर और देवकूट दोनों मर्यादा पर्वत हैं, जो उत्तर और दक्षिण की ओर नील तथा निषध पर्वत तक फैले हैं। पूर्व तथा पश्चिम की ओर गंधमादन तथा कैलाश पर्वत अस्सी-अस्सी योजन विस्तृत हैं। इसी के समान मेरु के पश्चिम में भी निषध और पारियात्र दो मर्यादा पर्वत हैं। उत्तर की ओर निशृंग और जारुधि नामक वर्ष पर्वत हैं। ये दोनों पश्चिम तथा पूर्व की ओर समुद्र के गर्भ में हैं। मेरु के चारों ओर स्थित इन शीतांत आदि केसर पर्वतों के बीच में सिद्ध-चरणों से सेवित अति सुंदर कंदराएँ हैं, देवताओं के मंदिर हैं, सुरम्य नगर तथा उपवन हैं। यहाँ किन्नर, गंधर्व, यक्ष, राक्षस, दैत्य और दानव आदि क्रीड़ा करते हैं। ये स्थान संपूर्ण पृथ्वी के स्वर्ग कहलाते हैं। ये धार्मिक पुरुषों के निवासस्थान हैं, पापकर्मा लोग सौ वर्षों में भी यहाँ नहीं जा सकते हैं। विष्णु भगवान् भद्राश्ववर्ष में हयग्रीव रूप में, केतुमालवर्ष में वराहरूप में, भारतवर्ष में कूर्मरूप में रहते हैं तथा कुरुवर्ष में मत्स्य रूप में रहते हैं।

भारतवर्ष का वर्णन—समुद्र के उत्तर तथा हिमालय के दक्षिण में भारतवर्ष स्थित है। इसका विस्तार नौ हजार योजन है। यह स्वर्ग-अपवर्ग प्राप्त करानेवाली कर्मभूमि है। इसमें सात कुलपर्वत हैं—महेंद्र, मलय, सह्य, शुक्तिमान, ऋक्ष, विंध्य और पारियात्र।

यहाँ के भाग—भारतवर्ष के नौ भाग हैं—इंद्रद्वीप, कसेरू, ताम्रपर्ण, गभस्तिमान, नागद्वीप सौम्य, गंधर्व और वारुण तथा यह समुद्र से घिरा हुआ द्वीप उनमें नौवाँ है।

विस्तार—यह द्वीप उत्तर से दक्षिण तक सहस्र योजन है। इसके पूर्वी भाग में किरात और पश्चिमी भाग में यवन बसे हुए हैं।

मुख्य नदियाँ—चारों वर्णों के लोग मध्य में रहते हैं। शतद्रु और चंद्रभागा आदि नदियाँ हिमालय से, वेद और स्मृति आदि पारियात्र से, नर्मदा और सुरसा आदि विंध्याचल से, तापी, पयोष्णी और निर्विंध्या आदि ऋक्ष्यगिरि से निकली हैं। गोदावरी, भीमरथी, कृष्णवेणी, सह्य पर्वत से, कृतमाला और ताम्रपर्णी आदि मलयाचल से, त्रिसामा और आर्यकुल्या आदि महेंद्रगिरि से तथा ऋषिकुल्या एवं कुमारी आदि नदियाँ शुक्तिमान पर्वत से निकली हैं। इनकी और भी सहस्रों शाखाएँ और उपनदियाँ हैं।

यहाँ के वासी—इन नदियों के तटों पर कुरु, पांचाल, मध्यादि देशों के पूर्व देश और कामरूप के पुंड्र, कलिंग, मगध और दक्षिणात्य लोग, अपरांतदेशवासी, सौराष्ट्रगण, तहा शूर, आभीर एवं अर्बुदगण, कारूष, मालव और पारियात्र निवासी, सौवीर, संधव, शाल्व, कोसल देश के निवासी तथा मद्र, आराम, अंबष्ठ रहते हैं। भारतवर्ष में ही चारों युग हैं, अन्यत्र कहीं नहीं। इस जंबू द्वीप को बाहर से लाख योजनवाले खारे पानी के वलयाकार समुद्र ने चारों ओर से घेर रखा है। जंबू द्वीप का विस्तार एक लाख योजन है।

प्लक्ष द्वीप (गोमेदक द्वीप)

पौराणिक भूगोल की कल्पना के अनुसार पृथ्वी के सप्त महाद्वीपों में प्लक्षद्वीप की भी गणना की गई है।

जम्बूप्लक्षाह्वयौ द्वीपौ शाल्मलश्चापरो द्विज,
कुशः क्रौञ्चस्तथा शाकः पुष्करश्चैव सप्तमः।

विष्णु पुराण के अनुसार—विष्णु पुराण में प्लक्षद्वीप का सविस्तार वर्णन है, जिससे सूचित होता है कि विशाल प्लक्ष या पाकड़ के वृक्ष की यहाँ स्थिति होने से यह द्वीप 'प्लक्ष' कहलाता था। इसका विस्तार दो लक्ष योजन था।

इसके सात मर्यादा पर्वत थे—गोमेद, चंद्र, नारद, दुंदुभि, सोमक, सुमना और वैभ्राज।

यहाँ की सात मुख्य नदियों के नाम थे—अनुतप्ता, शिखी, विपाशा, त्रिदिवा, अक्लमा, अमृता और सुक्रता।

यह द्वीप लवण या क्षार सागर से घिरा हुआ था। इस द्वीप के निवासी सदा निरोग रहते थे और पाँच सहस्र वर्ष की आयु वाले थे। यहाँ की जो आर्यक, कुरर, विदिश्य और भावी नामक जातियाँ थीं, वे ही क्रम से ब्राह्मण, क्षत्रिय, वैश्य और शूद्र थीं।

प्लक्ष में आर्यकादि वर्णों द्वारा जगत्स्रष्टा हरि का पूजन सोम रूप में किया जाता था। इस द्वीप के सप्त पर्वतों में देवता और गंधर्वों के सहित सदा निष्पाप प्रजा निवास करती थी।

कूर्मपुराण के अनुसार—कूर्मपुराण के अनुसार जंबू द्वीप से दुगुना और चारों ओर क्षीर सागर से घिरा हुआ 'प्लक्ष द्वीप' है। गोमेद, चंद्र, नारद, दुंदुभि, मणिमान, मेघ-निस्वन तथा वैभ्राज नाम के सात वर्ष और सात पर्वत इस द्वीप में हैं। ब्रह्मा का प्रिय पर्वत वैभ्राज है। देवर्षि और गंधर्वों के साथ उनका यहाँ नित्य ही निवास रहता है। इसी पर्वत पर ब्रह्मदेव की पूजा-उपासना की जाती है। इन पर्वतों के प्रांतरों में रहनेवाले सभी प्रकार के रोग, व्याधि, पाप आदि से दूर रहते हैं। इन सात पर्वतों से सात नदियाँ निकलती हैं।

शाल्मली द्वीप

शाल्मली द्वारा पौराणिक भूगोल की संकल्पना के अनुसार पृथ्वी के सप्तद्वीपों में से एक है।

विष्णु पुराण के अनुसार—

जम्बूप्लक्षाह्वयौ द्वीपौ शाल्मलश्चापरो द्विज,
कुशः क्रौञ्चस्तथा शाकः पुष्करश्चैव सप्तमः।

शाल्मल द्वीप के सात वर्ष—श्वेत, हरित, जीमूत, रोहित, वैद्युत, मानस और सुप्रभ माने गए हैं। इक्षुरस का समुद्र इसको परिवृत्त करता है।

शाल्मलेन समुद्रौऽसौ द्वीपनेक्षुरसोदकः।

इसके सात पर्वत हैं—कुमुद, उन्नत, बलाहक, द्रोणाचल, कंक, महिष, कुकुद्मान।

इसकी सात ही नदियाँ हैं—योनि, तोया, वितृष्णा, चंद्रा, मुक्ता, विमोचनी और निवृत्ति।

इसमें कपिल, अरुण, पीत और कृष्ण वर्ण के लोग रहते हैं।

कपिलाश्चारुणाः पीताः कृष्णाश्चैव पृथक् पृथक्।

शाल्मलि के एक महान् वृक्ष के यहाँ स्थित होने के कारण इस महाद्वीप को शाल्मलि कहा जाता है।

शाल्मलिः सुमहान वृक्षो नाम्ना निवृतिकारकः।

शाल्मल को महाभारत में शाल्मलि कहा गया है—

शाल्मलिं चैव तत्वेन क्रौञ्चद्वीपं तथैव च।

श्री नंदलाल डे के अनुसार यह असीरिया या चाल्डिया है।

कुश द्वीप

कुश द्वीप पुराणों की भौगोलिक कल्पना के अनुसार पृथ्वी के सप्त महाद्वीपों में से एक है। विष्णु पुराण के अनुसार—

कुशः क्रौञ्चस्तथा शाकः पुष्करश्चैव सप्तमः।

कुश द्वीप घृत सागर से परिवृत्त है। इस द्वीप का उपास्य देव अग्नि को माना गया है। द्वीप के विद्रुम, हेमशैल, द्युतिमान, पुष्पवान, कुशेशय, हरि और मंदराचल नामक सात पर्वत हैं।

क्रौंच द्वीप

क्रौंच द्वीप पौराणिक भूगोल की उपकल्पना के अनुसार पृथ्वी के सप्त महाद्वीपों में से एक महाद्वीप है। इस द्वीप में क्रौंच नामक पर्वत स्थित है। क्रौंच द्वीप के निवासियों को जल देवता या वरुण का पूजक बताया गया है। इस द्वीप के चारों ओर क्षीर समुद्र की उपस्थिति है।

विष्णु पुराण के अनुसार—

जम्बूप्लक्षाह्वयौ द्वीपौ शाल्मलश्चापरो द्विज,
कुशः क्रौञ्चस्तथा शाकः पुष्करश्चैव सप्तमः।

क्रौंच पर्वत की स्थिति के अनुसार क्रौंच द्वीप को तिब्बत का एक भाग मानना चाहिए।

शाक द्वीप

पुराणों के अनुसार सात द्वीपों में से एक, जो चारों ओर क्षीर समुद्र से घिरा हुआ है और इसमें शाक (शाल) का बहुत बड़ा पेड़ है। इसमें ऋतु व्रत, सत्य व्रत अथवा अनुतप्ता नाम की सात नदियाँ हैं।

प्रियव्रत के पुत्र मेधादिति ने इस द्वीप को सात वर्षों, देशों में विभाजित करके अपने सात पुत्रों में बाँट दिया था। इन वर्षों के सीमा रूप ईशान, उरु, शृंग, बलभद्र, शतकेसर, देवपालन, महानश आदि पर्वत हैं।

यह जंबू द्वीप से दुगुना और क्षीर सागर से घिरा है।

यहाँ मेरु, मलय, जलधार, रैवतक, श्याम, दुर्गशैल तथा केशरी नामक मणिविभूषित विस्तृत पर्वत हैं।

पुण्यतोया गंगा, कावेरका, महानदी, मणिजला, इक्षुवर्धनिका नदियाँ हैं। लोकसम्मत—मग, मशक, मानक, मंदक चार जनपद हैं। यहाँ मृत्यु भय नहीं है। दुर्भिक्ष नहीं पड़ता। यहाँ तेजस्वी, क्षमाशील लोग हैं। यहाँ सिद्ध, चारण और देवगणों का वास है। एन.एल. डे ने इसे शकदेश बताया है, जिसमें तुर्किस्तान सम्मिलित है। ग्रीक भूवेत्ताओं ने इसे समरकंद और बुखारा के मध्य बताया है।

कूर्म पुराण के अनुसार—कूर्म पुराण के अनुसार सात वर्ष, सात कुल पर्वत और सात नदियोंवाला शाक द्वीप क्रौंच से दुगुने आकार का तथा दधि सागर से घिरा हुआ है। सात पर्वत

इस प्रकार हैं—उदय, रैवत, श्याम, काष्ठगिरि, अंबिकेय, रम्य तथा केसरी। सुकुमारी, कुमारी, नलिनी, वेणुका, इक्षुका, धेनुका तथा गमस्ति नाम की ये सात नदियाँ हैं। इन नदियों का जल पीने के कारण यहाँ के लोग रोग-शोक, राग-द्वेष, दु:ख-ताप तथा भय-आतंक से सदैव मुक्त रहते हैं। यहाँ ब्राह्मण, क्षत्रिय, वैश्य और शूद्र को क्रमशः भृग, मगध, मानस और मंदग नामों से जाना जाता है। ये लोग व्रत, उपवास, होम आदि के द्वारा भुवन भास्कर भगवान् सूर्यदेव का पूजन-आराधना करके उनके आशीर्वाद से अपने दोनों लोक को सुखी बनाते हैं।

पुष्कर द्वीप

पुष्कर एक बहुविकल्पी शब्द है। अन्य अर्थों के लिए देखें—पुष्कर (बहुविकल्पी)

पौराणिक भूगोल की कल्पना में यह पृथ्वी के सप्त महाद्वीपों में से एक है।

विष्णु पुराण के अनुसार—

जम्बूप्लक्षाह्वयौ द्वीपौ शाल्मलश्चापरो द्विज,
कुशः क्रौञ्चस्तथा शाकः पुष्करश्चैव सप्तमः।

इसके चतुर्दिक् शुद्धोदक सागर की स्थिति बताई गई है।

मत्स्य पुराण (एक सौ इक्कीसवाँ अध्याय)

कैलास पर्वत का वर्णन, गंगा की सात धाराओं का वृत्तांत तथा जंबू द्वीप का विवरण

सूत उवाच

तस्याश्रमस्योत्तरतस्त्रिपुरारिनिषेवितः।
नानारत्नमयैः शृङ्गैः कल्पद्रुमसमन्वितैः॥१॥
मध्ये हिमवतः पृष्ठे कैलासो नाम पर्वतः।
तस्मिन् निवसति श्रीमान् कुबेरः सह गुह्यकैः॥२॥
अप्सरोऽनुगतो राजा मोदते ह्यलकाधिपः।
कैलासपादसम्भूतं पुण्यं शीतजलं शुभम्॥३॥
मन्दोदकं नाम सरः पयस्तु दधिसन्निभम्।
तस्मात् प्रवहते दिव्या नदी मन्दाकिनी शुभा॥४॥
दिव्यं च नन्दनं तत्र तस्यास्तीरे महद्वनम्।
प्रागुत्तरेण कैलासाद् दिव्यं सौगन्धिकं गिरिम्॥५॥
सर्वधातुमयं दिव्यं सुवेलं पर्वतं प्रति।
चन्द्रप्रभो नाम गिरिः यः शुभ्रो रत्नसन्निभः॥६॥
तत्समीपे सरो दिव्यमच्छोदं नाम विश्रुतम्।
तस्मात् प्रभवते दिव्या नदी ह्यच्छोदिका शुभा॥७॥
तस्यास्तीरे वनं दिव्यं महच्चैत्ररथं शुभम्।
तस्मिन् गिरौ निवसति मणिभद्रः सहानुगः॥८॥

यक्षसेनापतिः शूरो गुह्यकैः परिवारितः।
पुण्या मन्दाकिनी नाम नदी ह्यच्छोदिका शुभा॥९॥

सूतजी कहते हैं—ऋषियो! उस आश्रम की उत्तर दिशा में हिमालय पर्वत के पृष्ठ भाग के मध्य में कैलास नामक पर्वत स्थित है। उस पर त्रिपुरासुर के संहारक शंकरजी निवास करते हैं। उसके शिखर नाना प्रकार के रत्नों से सुशोभित हैं तथा उन पर कल्पवृक्ष शोभा पा रहे हैं। उस पर्वत पर श्रीमान् कुबेर गुह्यकों के साथ निवास करते हैं। इस प्रकार अलकापुरी के अधीश्वर राजा कुबेर अप्सराओं द्वारा अनुगमन किए जाते हुए आनंद का अनुभव करते हैं। कैलास के पाद (उपत्यका) से एक मंदोदक नामक सरोवर प्रकट हुआ है, जिसका जल बड़ा पवित्र, निर्मल एवं शीतल है। उसका जल दही के समान उज्ज्वल है। उसी सरोवर से मंगलमयी दिव्य मंदाकिनी नदी प्रवाहित होती है। वहाँ उस नदी के तट पर नंदन नामक दिव्य एवं महान् वन है। कैलास की पूर्वोत्तर दिशा में चंद्रप्रभ नामक पर्वत है, जो रत्न-सदृश चमकदार है। वह सभी प्रकार की धातुओं से विभूषित है। अनेक प्रकार की सुगंध से सुवासित दिव्य सुबेल पर्वत तक फैला हुआ है। उसके निकट अच्छोद (अच्छावत) नाम से विख्यात एक दिव्य सरोवर है, उससे अच्छोदिका (अच्छोदा) नाम की कल्याणमयी दिव्य नदी उद्भूत हुई है। उस नदी के तट पर चैत्ररथ नामक दिव्य एवं सुंदर महान् वन है। उस पर्वत पर शूरवीर यक्ष-सेनापति मणिभद्र गुह्यकों से घिरे हुए अपने अनुयायियों के साथ निवास करते हैं। पुण्यमयी मंदाकिनी तथा कल्याणकारिणी अच्छोदा; ये दोनों नदियाँ पृथ्वी-मंडल के मध्य भाग से प्रवाहित होती हुई महासागर में मिली हैं॥१-९॥

महीमण्डलमध्ये तु प्रविष्टा सा महोदधिम्।
कैलासदक्षिणे प्राच्यां शिवं सर्वौषधिं गिरिम्॥१०॥
मनः शिलामयं दिव्यं सुवेलं पर्वतं प्रति।
लोहितो हेमशृङ्गस्तु गिरिः सूर्यप्रभो महान्॥११॥
तस्य पादे महद् दिव्यं लोहितं सुमहत्सरः।
तस्मात् प्रभवते पुण्यो लौहित्यश्च नदो महान्॥१२॥
दिव्यारण्यं विशोकं च तस्य तीरे महद् वनम्।
तस्मिन् गिरौ निवसति यक्षो मणिधरो वशी॥१३॥
सौम्यैः सुधार्मिकैश्चैव गुह्यकैः परिवारितः।
कैलासात् पश्चिमोदीच्यां ककुद्मानौषधीगिरिः॥१४॥
ककुद्मति च रुद्रस्य उत्पत्तिश्च ककुद्मिनः।
तदञ्जनं त्रैककुदं शैलं त्रिककुदं प्रति॥१५॥
सर्वधातुमयस्तत्र सुमहान् वैद्युतो गिरिः।
तस्य पादे महद् दिव्यं मानसं सिद्धसेवितम्॥१६॥
तस्मात् प्रभवते पुण्या सरयूर्लोकपावनी।
यस्यास्तीरे वनं दिव्यं वैभ्राजं नाम विश्रुतम्॥१७॥

कुवेरानुचरस्तस्मिन् प्रहेतितनयो वशी।
ब्रह्मधाता निवसति राक्षसोऽनन्तविक्रमः॥१८॥

कैलास की दक्षिण-पूर्व दिशा में लाल वर्ण वाला हेमशृंग नामक एक विशाल पर्वत है। वह दिव्य सुबेल पर्वत तक फैला हुआ है। उसकी कांति सूर्य के समान है। वह मंगलप्रद पर्वत सभी प्रकार की औषधियों से संपन्न तथा मैगशिल नामक धातु से परिपूर्ण है। उसके पाद-प्रांत में एक विशाल दिव्य सरोवर है, जिसका नाम लोहित है। वह पुण्यमय लौहित्य (ब्रह्मपुत्र) नामक महान् नद का उद्गम स्थान है। उस नद के तट पर विशोक नामक एक दिव्य एवं विस्तृत वन है। उस पर्वत पर मणिधर नामक यक्ष इंद्रियों को वश में करके परम धार्मिक एवं सौम्य स्वभाव वाले गुह्यकों के साथ निवास करता है। कैलास की पश्चिमोत्तर दिशा में ककुद्मान नामक पर्वत है, जिस पर सभी प्रकार की औषधियाँ सुलभ हैं। वह अंजन जैसा काला तथा तीन शिखरों से सुशोभित है। उस ककुद्मान पर्वत पर भगवान् रुद्र के गण ककुद्मी (नंदिकेश्वर) की उत्पत्ति हुई है। वहीं समस्त धातुओं से संपन्न वैद्युत नामक अत्यंत महान् पर्वत है, जो त्रिककुद् पर्वत तक विस्तृत है। उसके पाद-प्रांत में सिद्धों द्वारा सेवित एक महान् दिव्य मानस सरोवर है। उस सरोवर से लोकपावनी पुण्य-सलिला सरयू* निकली हुई हैं, जिनके तट पर (वरुण का) वैभ्राज नामक सुप्रसिद्ध दिव्य वन है। उस वन में प्रहेतिका पुत्र ब्रह्मधाता नामक राक्षस निवास करता है। वह जितेंद्रिय, अनंत पराक्रमी और कुबेर का अनुचर है॥ १०-१८॥

कैलासात् पश्चिमामाशां दिव्यः सर्वौषधिर्गिरिः।
वरुणः पर्वतश्रेष्ठो रुक्मधातुविभूषितः॥१९॥
भवस्य दयितः श्रीमान् पर्वतो हैमसन्निभः।
शातकौम्भमयैर्दिव्यैः शिलाजालैः समाचितः॥२०॥
शतसंख्यैस्तापनीयैः शृङ्गैर्दिवमिवोल्लिखन्।
शृङ्गवान् सुमहादिव्यो दुर्गः शैलो महाचितः॥२१॥
तस्मिन् गिरौ निवसति गिरिशो धूम्रलोचनः।
तस्य पादात् प्रभवति शैलोदं नाम तत्सरः॥२२॥
तस्मात् प्रभवते पुण्या नदी शैलोद का शुभा।
सा चक्षुषी तयोर्मध्ये प्रविष्टा पश्चिमोदधिम्॥२३॥
अस्त्युत्तरेण कैलासाच्छिवः सर्वौषधो गिरिः।
गौरं तु पर्वतश्रेष्ठं हरितालमयं प्रति॥२४॥
हिरण्यशृङ्गः सुमहान् दिव्यौषधिमयो गिरिः।
तस्य पादे महद् दिव्यं सरः काञ्चनबालुकम्॥२५॥
रम्यं बिन्दुसरो नाम यत्र राजा भगीरथः।
गङ्गार्थे स तु राजर्षिरुवास बहुलाः समाः॥२६॥

---

* इस अध्याय का हिमालय से संबद्ध भौगोलिक विवरण बड़े महत्त्व का है और यह वर्णन बहुत कुछ कालिकापुराण से मिलता है।

दिवं यास्यन्तु मे पूर्वे गङ्गातोयाप्लुतास्थिकाः।
तत्र त्रिपथगा देवी प्रथमं तु प्रतिष्ठिता॥ २७॥
सोमपादात् प्रसूता सा सप्तधा प्रविभज्यते।
यूपा मणिमयास्तत्र विमानाश्च हिरण्मयाः॥ २८॥
तत्रेष्ट्वा क्रतुभिः सिद्धः शक्रः सुरगणैः सह।
दिव्यश्छायापथस्तत्र नक्षत्राणां तु मण्डलम्॥ २९॥

कैलास की पश्चिम दिशा में संपूर्ण औषधियों से संपन्न वरुण नामक दिव्य पर्वत है। वह पर्वत श्रेष्ठ सुवर्ण आदि धातुओं से विभूषित, भगवान् शंकर का प्रियपात्र, शोभाशाली, स्वर्ण सदृश चमकीला और स्वर्णमयी दिव्य शिलाओं से संपन्न है। वह अपने स्वर्ण सरीखे चमकदार सैकड़ों शिखरों से आकाश को छूता हुआ सा दीख पड़ता है। वहीं शृंगवान् नाम का एक महान् दिव्य पर्वत है, जो समृद्धिशाली एवं दुर्गम है। उस पर्वत पर धूम्रलोचन भगवान् शिव निवास करते हैं। उस पर्वत के पाद-प्रांत में शैलोद नामक सरोवर है। उसी से मंगलमयी पुण्यतोया शैलोदका नाम की नदी प्रवाहित होती है। उसे चक्षुषी भी कहते हैं। वह उन दोनों पर्वतों के बीच से बहती हुई पश्चिम सागर में जा मिली है। कैलाश की उत्तर दिशा में हिरण्यशृंग नाम का अत्यंत विशाल पर्वत है, जो हरिताल से परिपूर्ण पर्वतश्रेष्ठ गौर तक फैला हुआ है। इस कल्याणकारी पर्वत पर दिव्य औषधियाँ प्राप्त होती हैं। इसके पादप्रांत में बिंदुसर नामक अत्यंत रमणीय दिव्य सरोवर है, जो सुवर्ण के समान बालुका से युक्त है। यहीं पर राजर्षि भगीरथ ने 'मेरे पूर्वज गंगाजल से हड्डियों के अभिषिक्त हो जाने पर स्वर्गलोक को चले जाएँ', इस भावना से भावित होकर गंगा को भूतल पर लाने के लिए बहुत वर्षों तक (तप करते हुए) निवास किया था। इसलिए त्रिपथगा* गंगा देवी सर्वप्रथम वहीं प्रतिष्ठित हुई थीं और सोम पर्वत के पाद से निकलकर सात भागों में विभक्त हो गईं। उस सरोवर के तट पर अनेक मणिमय यज्ञस्तंभ तथा स्वर्णमय विमान शोभा पा रहे थे। वहाँ देवताओं के साथ इंद्र ने यज्ञों का अनुष्ठान कर सिद्धि लाभ किया था। वहाँ दिव्य छायापथ तथा नक्षत्रों का मंडल विद्यमान है। वहाँ त्रिपथगा गंगादेवी रात में चमकती हुई दीख पड़ती हैं॥ १९-२९॥

दृश्यते भासुरा रात्रौ देवी त्रिपथगा तु सा।
अन्तरिक्षं दिवं चैव भावयित्वा भुवं गता॥ ३०॥
भवोत्तमाङ्गे पतिता संरुद्धा योगमायया।
तस्या ये बिन्दवः केचित् क्रुद्धायाः पतिता भुवि॥ ३१॥
कृतं तु तैर्बहुसरस्ततो बिन्दुसरः स्मृतम्।
ततस्तस्या निरुद्धाया भवेन सहसा रुषा॥ ३२॥
ज्ञात्वा तस्या ह्यभिप्रायं क्रूरं देव्याश्चिकीर्षितम्।
भित्त्वा विशामि पातालं स्त्रोतसा गृह्य शङ्करम्॥ ३३॥

* वाल्मीकि रामायण (१। ४४। ६) के अनुसार गंगा भू, पाताल, स्वर्ग—इन तीनों पथों-मार्गों को भावित-पवित्र करने के कारण 'त्रिपथगा' कही जाती हैं—'त्रीन् पथो भावयतीति तस्मात्त्रिपथगा स्मृता।'

अथावलेपं तं ज्ञात्वा तस्याः क्रुद्धस्तु शङ्करः।
तिरोभावयितुं बुद्धिरासीदङ्गेषु तां नदीम्॥ ३४॥
एतस्मिन्नेव काले तु दृष्ट्वा राजानमग्रतः।
धमनीसंततं क्षीणं क्षुधाव्याकुलितेन्द्रियम्॥ ३५॥
अनेन तोषितश्चाहं नद्यर्थे पूर्वमेव तु।
बुद्ध्वास्य वरदानं तु ततः कोपं न्ययच्छत॥ ३६॥
ब्रह्मणो वचनं श्रुत्वा यदुक्तं धारयन् नदीम्।
ततो विसर्जयामास संरुद्धां स्वेन तेजसा॥ ३७॥
नदीं भगीरथस्यार्थे तपसोग्रेण तोषितः।
ततो विसर्जयामास सप्त स्रोतांसि गङ्गया॥ ३८॥

गंगा देवी स्वर्गलोक और अंतरिक्षलोक को पवित्र कर भूतल पर आईं और शिवजी के मस्तक पर गिरीं। तब शिवजी ने अपनी योगमाया के बल से उन्हें वहीं रोक दिया। (इससे गंगादेवी क्रुद्ध हो गईं) उस समय उन कुपित हुई गंगादेवी की जो कुछ बूँदें पृथ्वी पर गिरीं, उनसे 'बहुसर' नामक एक सरोवर बन गया, वही आगे चलकर 'बिंदुसर' नाम से प्रसिद्ध हुआ। उस समय शिवजी के सहसा रोक लिये जाने पर गंगादेवी क्रुद्ध होकर ऐसा विचार करने लगीं कि मैं अपनी धारा के साथ शंकर को बहाती हुई पृथ्वी को फोड़कर पाताल में प्रवेश कर जाऊँगी। जब शंकरजी को गंगा की यह कुचेष्टा और क्रूर अभिप्राय ज्ञात हुआ, तब वे उसे गंगा का अभिमान समझकर क्रुद्ध हो गए और उस नदी रूपिणी गंगा को अपने अंगों में ही लीन कर लेने का विचार करने लगे, परंतु ठीक इसी समय राजा भगीरथ, जिनकी इंद्रियाँ भूख से व्याकुल हो गई थीं तथा जिनके शरीर में नसें मात्र दीख रही थीं, शिवजी के सम्मुख आ गए। उन क्षीणकाय नरेश को देखकर शंकरजी विचार में पड़ गए कि इसने तो पहले ही इस नदी को भूतल पर लाने के लिए तपस्या द्वारा मुझे संतुष्ट कर लिया है। फिर अपने द्वारा राजा को दिए गए वरदान को याद कर उन्होंने अपने क्रोध को रोक लिया। तत्पश्चात् गंगा नदी को धारण करते समय ब्रह्मा द्वारा कहे गए वचनों को सुनकर तथा भगीरथ की उग्र तपस्या से प्रसन्न हो भगवान् शंकर ने अपने तेज से रोकी हुई गंगा नदी को छोड़ दिया। इसके बाद गंगा सात धाराओं में विभक्त होकर प्रवाहित हुईं॥ ३१-३८॥

त्रीणि प्राचीमभिमुखं प्रतीचीं त्रीण्यथैव तु।
स्रोतांसि त्रिपथायास्तु प्रत्यपद्यन्त सप्तधा॥ ३९॥
नलिनी ह्लादिनी चैव पावनी चैव प्राच्यगाः।
सीता चक्षुश्च सिन्धुश्च तिस्रस्ता वै प्रतीच्यगाः॥ ४०॥
सप्तमी त्वनुगा तासां दक्षिणेन भगीरथम्।
तस्माद् भागीरथी सा वै प्रविष्टा दक्षिणोदधिम्॥ ४१॥
सप्त चैताः प्लावयन्ति वर्षं तु हिमसाह्वयम्।
प्रसूताः सप्त नद्यस्तु शुभा बिन्दुसरोद्भवाः॥ ४२॥

तान् देशान् प्लावयन्ति स्म म्लेच्छप्रायांश्च सर्वशः।
सशैलान् कुकुरान रौध्रान् बर्बरान् यवनान् खसान्॥ ४३॥
पुलिन्दांश्च कुलत्थांश्च अङ्गलोक्यान् वरांश्च यान्।
कृत्वा द्विधा हिमवन्तं प्रविष्टा दक्षिणोदधिम्॥ ४४॥
अथ वीरमरूंश्चव कालिकांश्चैव शूलिकान्।
तुषारान् बर्बरान् कारान् पह्लवान् पारदाञ्छकान्॥ ४५॥
एताञ्जनपदांश्चक्षुः प्लावयित्वोदधिं गता।
दरदोर्जगुडांश्चैव गान्धारानौरसान् कुहून॥ ४६॥
शिवपौरानिन्द्रमरून् वसतीन् समतेजसम्।
सैन्धवानुर्वशान् बर्बान् कुपथान् भीमरोमकान्॥ ४७॥
शुनामुखांश्चोर्दमरून् सिन्धुरेतान् निषेवते।
गन्धर्वान् किंनरान् यक्षान् रक्षोविद्याधरोरगान्॥ ४८॥
कलापग्रामकांश्चैव तथा किम्पुरुषान् नरान्।
किरातांश्च पुलिन्दांश्च कुरून् वै भारतानपि॥ ४९॥
पाञ्चालान् कौशिकान् मत्स्यान् मागधाङ्गांस्तथैव च।
सुह्मोत्तरांश्च वङ्गांश्च ताम्रलिप्तांस्तथैव च॥ ५०॥
एताञ्जनपदानार्यान् गङ्गा भावयते शुभा।
ततः प्रतिहता विन्ध्ये प्रविष्टा दक्षिणोदधिम्॥ ५१॥

त्रिपथगा गंगा की तीन धाराएँ पूर्वाभिमुखी तथा तीन पश्चिमाभिमुखी प्रवाहित हुईं (और सातवीं धारा स्वयं भागीरथी गंगा थीं।) इस प्रकार वे सात धाराओं में विभक्त हो गईं। उनमें पूर्व दिशा में बहनेवाली धाराओं का नाम—नलिनी, ह्लादिनी और पावनी है तथा पश्चिम दिशा में प्रवाहित होनेवाली तीनों धाराएँ सीता, चक्षु और सिंधु नाम से कही गई हैं। उनमें सातवीं धारा भगीरथ के पीछे-पीछे दक्षिण दिशा की ओर चली और दक्षिण सागर में प्रविष्ट हो गई, इसी कारण वह 'भागीरथी' नाम से प्रसिद्ध हुई। ये ही सातों धाराएँ हिमवर्ष को आप्लावित करती हैं। इस प्रकार ये सातों नदियाँ बिंदुसर से निकली हुई हैं। ये सब ओर से उन म्लेच्छप्राय देशों को सींचती हैं, जो पर्वतीय कुकुर, रौध्र, बर्बर, यवन, खस, पुलिंद, कुलत्थ, अंगलोक्य और वर नाम से कहे जाते हैं। इस प्रकार गंगा हिमवान् को दो भागों में विभक्त कर दक्षिण समुद्र में प्रवेश कर गई हैं। इसके बाद चक्षु (वंक्षु) नदी वीरमरु, कालिक, शूलिक, तुषार, बर्बर, कार, पह्लाद, पारद और शक—इन देशों को आप्लावित कर समुद्र में मिल गई है। सिंधु नदी दरद, उर्जगुड, गांधार, औरस, कुहू, शिवपौर, इंद्रमरु, वसति, सैंधव, उर्बश, वर्ब, कुपथ, भीमरोभक, शुनामुख और उर्दमरु, इन देशों की सेवा करती अर्थात् इन देशों में बहती है। मंगलमयी गंगा गंधर्व, किन्नर, यक्ष, राक्षस, विद्याधर, नाग, कलापग्रामवासी जन, किंपुरुष, पुलिंद, कुरु भारत, पांचाल, कौशिक मत्स्य (विराट), मगध, अंक, उत्तरसुह्म, वंग और ताम्रलिप्त—इन आर्य देशों को पवित्र करती हैं। इस प्रकार वे (हिमालय से निकलकर) विंध्यपर्वत से अवरुद्ध होकर पूर्व की ओर आगे बढ़ती हुई दक्षिण समुद्र में मिल गई हैं॥ ३९-५१॥

ततस्तु ह्लादिनी पुण्या प्राचीनाभिमुखी ययौ।
प्लावयन्त्युपकांश्चैव निषादानपि सर्वशः॥५२॥
धीवरानृषिकांश्चैव तथा नीलमुखानपि।
केकरानेककर्णांश्च किरातानपि चैव हि॥५३॥
कालञ्जरान् विकर्णांश्च कुशिकान् स्वर्गभौमकान्।
सा मण्डले समुद्रस्य तीरे भूत्वा तु सर्वशः॥५४॥
ततस्तु नलिनी चापि प्राचीमेव दिशं ययौ।
कुपथान् प्लावयन्ती सा इन्द्रद्युम्नसरांस्यपि॥५५॥
तथा खरपथान् देशान् वेत्रशङ्कुपथानपि।
मध्येनोज्जानकमरून् कुथप्रावरणान् ययौ॥५६॥
इन्द्रद्वीपसमीपे तु प्रविष्टा लवणोदधिम्।
ततस्तु पावनी प्रायात् प्राचीमाशां जवेन तु॥५७॥
तोमरान् प्लावयन्ती च हंसमार्गान् समूहकान्।
पूर्वान् देशांश्च सेवन्ती भित्त्वा सा बहुधा गिरिम्।
कर्णप्रावरणान् प्राप्य गता साश्वमुखानपि॥५८॥
सिक्त्वा पर्वतमेरुं सा गत्वा विद्याधरानपि।
शैमिमण्डलकोष्ठं तु सा प्रविष्टा महत्सरः॥५९॥
तासां नद्युपनद्योऽन्याः शतशोऽथ सहस्रशः।
उपगच्छन्ति ता नद्यो यतो वर्षति वासवः॥६०॥

इसी प्रकार पुण्यतोया ह्लादिनी, जो पूर्वाभिमुखी प्रवाहित होती है, उपका, निषाद, धीवर, ऋषिक, नीलमुख, केकर, अनेककर्ण, किरात, कालंजर, विकर्ण, कुशिक और स्वर्गभौमक—इन सभी देशों को सींचती हुई समुद्रमंडल के तट पर पहुँचकर उसमें लीन हो गई है। नलिनी नदी भी बिंदुसर से निकलकर पूर्व दिशा की ओर प्रवाहित हुई है। वह कुपथ, इंद्रद्युम्नसर, खरपथ, वेत्र (ट) द्वीप, शंकुपथ आदि प्रदेशों को सींचती हुई उज्जानक (जूनागढ़) मरु के मध्यभाग से बहती हुई कुथप्रावरण की ओर चली गई है तथा इंद्र द्वीप के निकट लवण सागर में मिल गई है। उसी (मूल) सरोवर से पावनी नदी बड़े वेग से पूर्व दिशा की ओर बहती है। वह तोमर, हंसमार्ग और समूहक देशों को सींचती हुई पूर्वी देशों में जा पहुँचती है। वहाँ अनेक प्रकार से पर्वत को विदीर्ण करके कर्णप्रावरण में पहुँचकर अश्वमुख देश में चली जाती है। इसके बाद मेरु पर्वत को सींचती हुई विद्याधरों के लोकों में जाकर शैमिमंडलकोष्ठ नामक महान् सरोवर में प्रवेश कर जाती है। इनकी छोटी-बड़ी सैकड़ों-हजारों सहायक नदियाँ भी हैं, जो पृथक्-पृथक् इन्हीं में आकर मिली हैं। इन्हीं के जल को ग्रहण कर इंद्र वर्षा करते हैं॥ ५२-६०॥

तीरे वस्त्रौकसारायाः सुरभिर्नाम तद् वनम्।
हिरण्यशृङ्गो वसति विद्वान् कौबेरको वशी॥६१॥
यज्ञादपेतः सुमहानमितौजाः सुविक्रमः।
तत्रागस्त्यैः परिवृता विद्वद्भिर्ब्रह्मराक्षसैः॥६२॥

कुबेरानुचरा ह्येते चत्वारस्तत्समाश्रिताः।
एवमेव तु विज्ञेया सिद्धिः पर्वतवासिनाम्॥६३॥
परस्परेण द्विगुणा धर्मतः कामतोऽर्थतः।
हेमकूटस्य पृष्ठे तु सर्पाणां तत् सरः स्मृतम्॥६४॥
सरस्वती प्रभवति तस्माज्ज्योतिष्मती तु या।
अवगाढे ह्युभयतः समुद्रौ पूर्वपश्चिमौ॥६५॥
सरो विष्णुपदं नाम निषधे पर्वतोत्तमे।
यस्मादग्रे प्रभवति गन्धर्वानुकुले च ते॥६६॥
मेरोः पार्श्वात् प्रभवति ह्रदश्चन्द्रप्रभो महान्।
जम्बूश्चैव नदी पुण्या यस्यां जाम्बूनदं स्मृतम्॥६७॥
पयोदस्तु ह्रदो नीलः स शुभः पुण्डरीकवान्।
पुण्डरीकात् पयोदाच्च तस्माद् द्वे सम्प्रसूयताम्॥६८॥
सरसस्तु सरस्वेतत् स्मृतमुत्तरमानसम्।
मृग्या च मृगकान्ता च तस्माद् द्वे सम्प्रसूयताम्॥६९॥
ह्रदाः कुरुषु विख्याताः पद्ममीनकुलाकुलाः।
नाम्ना ते वैजया नाम द्वादशोदधिसन्निभाः॥७०॥
तेभ्यः शान्ती च मध्वी च द्वे नद्यौ सम्प्रसूयताम्।
किम्पुरुषाद्यानि यान्यष्टौ तेषु देवो न वर्षति॥७१॥

वंशौकसारा के तट पर सुरभि नामक वह वन है, जिसमें जितेंद्रिय एवं विद्वान् हिरण्यशृंग निवास करता है। वह कुबेर का अनुचर, यज्ञ से विमुख, अमित तेजस्वी एवं परम पराक्रमी है। वहीं अगस्त्यगोत्रीय विद्वान् ब्रह्मराक्षसों का भी निवास स्थान है। (उनकी संख्या चार है) वे चारों कुबेर के अनुचर हैं, जो उसी हिरण्यशृंग के आश्रम में रहते हैं। इसी प्रकार पर्वतनिवासियों की सिद्धि समझनी चाहिए। वह धर्म, काम और अर्थ के अनुसार परस्पर दुगुना फल देने वाली होती है। हेमकूट पर्वत के पृष्ठ भाग पर जो सर्पोंद्य सरोवर बतलाया जाता है, उसी से सरस्वती और ज्योतिमती नाम की दो नदियाँ निकली हैं। वे क्रमशः पूर्व और पश्चिम समुद्र में जाकर मिली हैं। पर्वतश्रेष्ठ निषध पर विष्णुपद नामक सरोवर है, जो उसी पर्वत के अग्रभाग में निकला हुआ है। वे दोनों (नाग और विष्णुपद) सरोवर गंधर्वों के अनुकूल हैं। मेरु के पार्श्वभाग से चंद्रप्रभ नामक महान् सरोवर तथा पुण्यसलिला जंबू नदी निकलती है। जंबू नदी में जांबूनद नामक सुवर्ण पाया जाता है। वहीं पयोद और पुंडरीकवान् नामक दो सरोवर और हैं, जिनका तल क्रमशः नील और श्वेत है। इन पुंडरीक और पयोद सरोवरों से दो सरोवर और प्रकट हुए हैं। उनमें एक सरोवर से निकला हुआ सर उत्तरमानस नाम से प्रसिद्ध है। उससे मृगया और मृगकांता नाम की दो नदियाँ निकली हैं। कुरुदेश में सागर के समान अगाध एवं विस्तृत बारह ह्रद हैं, जो कमलों और मछलियों से भरे रहते हैं, वे 'वैजय' नाम से विख्यात हैं। उनसे शानी और मध्वी नाम की दो नदियाँ निकली हैं। किम्पुरुष आदि जो आठ वर्ष हैं, उनमें इंद्रदेव वर्षा नहीं करते अपितु वहाँ की बड़ी-बड़ी नदियाँ ही अन्नोत्पादक जल को प्रवाहित करती हैं॥ ६१-७१॥

उद्भिदान्युदकान्यत्र प्रवहन्ति सरिद्वराः।
बलाहकश्च ऋषभो चक्रो मैनाक एव च॥७२॥
विनिविष्टाः प्रतिदिशं निमग्ना लवणाम्बुधिम्।
चन्द्रकान्तस्तथा द्रोणः सुमहांश्च शिलोच्चयः॥७३॥
उद्गायता उदीच्यां तु अवगाढा महोदधिम्।
चक्रो बधिरकश्चैव तथा नारदपर्वतः॥७४॥
प्रतीचीमायतास्ते वै प्रतिष्ठास्ते महोदधिम्।
जीमूतो द्रावणश्चैव मैनाकश्चन्द्रपर्वतः॥७५॥
आयतास्ते महाशैलाः समुद्रं दक्षिणं प्रति।
चक्रमैनाकयोर्मध्ये दिवि संदक्षिणापथे॥७६॥
तत्र संवर्तको नाम सोऽग्निः पिबति तज्जलम्।
अग्निः समुद्रवासस्तु और्वोऽसौ वडवामुखः[1]॥७७॥
इत्येते पर्वताविष्टाश्चत्वारो लवणोदधिम्।
छिद्यमानेषु पक्षेषु पुरा इन्द्रस्य वै भयात्॥७८॥
तेषां तु दृश्यते चन्द्रे शुक्ले कृष्णे समाप्लुतिः।
ते भारतस्य वर्षस्य भेदा येन प्रकीर्तिताः॥७९॥
इहोदितस्य दृश्यन्ते अन्ये त्वन्यत्र चोदिताः।
उत्तरोत्तरमेतेषां वर्षमुद्रिच्यते गुणैः॥८०॥
आरोग्यायुः प्रमाणाभ्यां धर्मतः कामतोऽर्थतः।
समन्वितानि भूतानि तेषु वर्षेषु भागशः॥८१॥
वसन्ति नानाजातीनि तेषु सर्वेषु तानि वै।
इत्येतद् धारयद् विश्वं पृथ्वी जगदिदं स्थिता॥८२॥

बलाहक, ऋषभ, चक्र और मैनाक—ये चारों पर्वत क्रमशः चारों दिशाओं में लवण सागर तक फैले हुए हैं। चंद्रकांत, द्रोण तथा सुमहान्, इन पर्वतों का विस्तार उत्तर दिशा में महासागर तक है। चक्र, बधिरक और नारद, ये पर्वत पश्चिम दिशा में फैले हुए हैं। इनका विस्तार महासागर तक है। जीमूत, द्रावण, मैनाक और चंद्र—ये महापर्वत दक्षिण दिशा में दक्षिण समुद्र तक विस्तृत हैं। दक्षिणापथ के समुद्र में चक्र और मैनाक पर्वत के मध्य में संवर्तक नामक अग्नि का निवास है। वह उस सागर के जल को पीती है। समुद्र में निवास करनेवाली और्व नामक अग्नि है। इसे वडवाग्नि कहते हैं, जिसका मुख घोड़ी के समान है। (वह भी समुद्र के जल को सोखती रहती है।) पूर्वकाल में जब इंद्र पर्वतों का पक्षच्छेदन कर रहे थे, उस समय ये चारों पर्वत इंद्र से भयभीत होकर लवणसागर में भागकर छिप गए थे। ये पर्वत चंद्रमा के शुक्लपक्ष में आने पर दीखते हैं एवं कृष्णपक्ष आने पर समुद्र में डूब जाते हैं। भारतवर्ष के जो भेद दीख पड़ते हैं, उनका वर्णन यहाँ किया गया। अन्य वर्षों का वर्णन अन्यत्र किया जा चुका है। इन वर्षों में प्रत्येक वर्ष एक-दूसरे की अपेक्षा उत्तरोत्तर गुणों में अधिक है। इन वर्षों में सभी प्राणी विभागपूर्वक आरोग्य और आयु के प्रमाण से तथा धर्म, काम और अर्थ से युक्त होकर निवास करते हैं। उन सभी वर्षों

में उन प्राणियों की अनेक जातियाँ भी हैं। इस प्रकार इस विश्व एवं इस जगत् को धारण करती हुई पृथ्वी स्थित है॥ ७५-८२॥

मत्स्य पुराण (एक सौ बाईसवाँ अध्याय)

शाकद्वीप, कुशद्वीप, क्रौंचद्वीप और शाल्मली का वर्णन*

सूत उवाच

शाकद्वीपस्य वक्ष्यामि यथावदिह निश्चयम्।
कथ्यमानं निबोधध्वं शाकं द्वीपं द्विजोत्तमाः॥ १॥
जम्बूद्वीपस्य विस्ताराद् द्विगुणस्तस्य विस्तरः।
विस्तारात् त्रिगुणश्चापि परिणाहः समन्ततः॥ २॥
तेनावृतः समुद्रोऽयं द्वीपेन लवणोदधिः।
तत्र पुण्या जनपदाश्चिराच्च म्रियते जनः॥ ३॥
कुत एव च दुर्भिक्षं क्षमातेजोयुतेष्विह।
तत्रापि पर्वताः शुभ्राः सप्तैव मणिभूषिताः॥ ४॥
शाकद्वीपादिषु त्वेषु सप्त सप्त नगास्त्रिषु।
ऋज्वायताः प्रतिदिशं निविष्टा वर्षपर्वताः॥ ५॥
रत्नाकराद्रिनामानः सानुमन्तो महाचिताः।
समोदिताः प्रतिदिशं द्वीपविस्तारमानतः॥ ६॥
उभयत्रावगाढौ च लवणक्षीरसागरौ।
शाकद्वीपे तु वक्ष्यामि सप्त दिव्यान् महाचलान्॥ ७॥
देवर्षिगन्धर्वयुतः प्रथमो मेरुरुच्यते।
प्रागायतः स सौवर्ण उदयो नाम पर्वतः॥ ८॥
तत्र मेघास्तु वृष्ट्यर्थं प्रभवन्त्यपयान्ति च।
तस्यापरेण सुमहाञ्जलधारो महागिरिः॥ ९॥
स वै चन्द्रः समाख्यातः सर्वौषधिसमन्वितः।
तस्मान्नित्यमुपादत्ते वासवः परमं जलम्॥ १०॥

सूतजी कहते हैं—द्विजवरो! अब मैं शाकद्वीप का निश्चित रूप से यथार्थ वर्णन कर रहा हूँ। आप लोग मेरे कथनानुसार शाकद्वीप के विषय में जानकारी प्राप्त करें। शाकद्वीप का विस्तार

---

* आर्यभटीय आदि के अनुसार वडवामुख दक्षिणी ध्रुव के पास एक स्थान है, जिस मार्ग से लोग पाताल में प्रवेश करते थे। वडवाग्निको वडवाचक्र, वडवाभुग् हुत् आदि भी कहा गया है। महावीरचरित में इसके रूप आदि का भी वर्णन है।

प्रायः सभी पुराणों के भुवनकोश प्रकरण में इन सभी द्वीपों का वर्णन है, पर मत्स्यपुराण से उनके नामक्रमादि में कुछ भेद है। W...के भुवनकोश—(Das Purana Von. Weltge-banden P, III.F. Bharat1arsha 1931) ग्रंथ में इन सबका एकत्र सूक्ष्म तुलनात्मक अध्ययन विशेष महत्त्व का है।

जंबू द्वीप के विस्तार से दुगुना है और चारों ओर से उसका फैलाव विस्तार से भी तिगुना है। उस द्वीप से लवणसागर घिरा हुआ है। शाकद्वीप में अनेक पुण्यमय जनपद हैं। वहाँ के निवासी लंबी आयु भोगते हैं। भला उन क्षमाशील एवं तेजस्वी जनों के प्रति दुर्भिक्ष की संभावना कहाँ से हो सकती है।

इस द्वीप में भी मणियों से विभूषित श्वेत रंग के सात पर्वत हैं। शाकद्वीप आदि तीन द्वीपों में सात-सात पर्वत हैं, जो चारों दिशाओं में सीधे फैले हुए हैं। ये ही वहाँ वर्षपर्वत कहलाते हैं। ये रत्नाकरादि नामवाले वर्षपर्वत ऊँचे शिखरों से युक्त तथा वृक्षों से संपन्न हैं। ये द्वीप¨परिमाण की समानता में चारों दिशाओं में फैले हुए हैं और एक ओर क्षीरसागर तक तथा दूसरी ओर लवण सागर तक पहुँच गए हैं। अब मैं शाकद्वीप के सातों दिव्य महापर्वतों का वर्णन कर रहा हूँ। उनमें पहला पर्वत मेरु कहा जाता है, जो देवों, ऋषियों और गंधर्वों से सुसेवित है। यह स्वर्णमय पर्वत पूर्व दिशा में फैला हुआ है। उसका दूसरा नाम 'उदयगिरि' है। वहाँ मेघगण वृष्टि करने के लिए आते हैं और जल बरसाकर चले जाते हैं। उसके पार्श्वभाग में संपूर्ण औषधियों से संपन्न 'जलधार' नामक अत्यंत विशाल पर्वत है। वह चंद्र नाम से भी विख्यात है। उसी पर्वत से इंद्र नित्य अधिक-से-अधिक बल ग्रहण करते हैं॥ १-१०॥

नारदो नाम चैवोक्तो दुर्गशैलो महाचितः।
तत्राचलौ समुत्पन्नौ पूर्वं नारदपर्वतौ॥११॥
तस्यापरेण सुमहाञ्श्यामो नाम महागिरिः।
यत्र श्यामत्वमापन्नाः प्रजाः पूर्वमिमाः किल॥१२॥
स एव दुन्दुभिर्नाम श्यामपर्वतसन्निभः।
शब्दमृत्युः पुरा तस्मिन् दुन्दुभिस्ताडितः सुरैः॥१३॥
रत्नमालान्तरमयः शाल्मलश्चान्तरालकृत।
तस्यापरेण रजतो महानस्तो गिरिः स्मृतः॥१४॥
स वै सोमक इत्युक्तो देवैर्यत्रामृतं पुरा।
सम्भृतं च हृतं चैव मातुरर्थे गरुत्मता॥१५॥
तस्यापरे चाम्बिकेयः सुमनाश्चैव स स्मृतः।
हिरण्याक्षो वराहेण तस्मिञ्शैले निषूदितः॥१६॥
आम्बिकेयात् परो रम्यः सर्वौषधिनिषेवितः।
विभ्राजस्तु समाख्यातः स्फाटिकस्तु महान् गिरिः॥१७॥
यस्माद् विभ्राजते वह्निर्विभ्राजस्तेन स स्मृतः।
सैवेह केशवेत्युक्तो यतो वायुः प्रवाति च॥१८॥

वहीं महान् समृद्धिशाली नारद नामक पर्वत है, जिसे दुर्गशैल भी कहते हैं। पूर्वकाल में ये दोनों नारद और दुर्गशैल पर्वत यहीं उत्पन्न हुए थे, उसके बाद श्याम नामक अत्यंत विशाल पर्वत है, जहाँ पूर्वकाल में ये सारी प्रजाएँ श्यामलता को प्राप्त हो गई थीं। श्यामपर्वत के सदृश काले रंगवाला वहीं पर दुंदुभि पर्वत भी है, जिस पर प्राचीनकाल में देवताओं द्वारा दुंदुभि बजाए जाने पर उसके शब्द से ही (शत्रुओं की) मृत्यु हो जाती थी। इसके अंत:प्रदेश में रत्नों के समूह भरे

पड़े हैं और यह सेमल के वृक्षों से सुशोभित है। उसके बाद महान् अस्ताचल है, जो रजतमय है। उसे सोमक भी कहते हैं। इसी पर्वत पर पूर्वकाल में गरुड़ ने अपनी माता के हितार्थ देवताओं द्वारा संचित किए गए अमृत का अपहरण किया था। उसके बाद आंबिकेय नामक महापर्वत है, जिसे सुमना भी कहते हैं। इसी पर्वत पर वराह भगवान् ने हिरण्याक्ष का वध किया था। आंबिकेय पर्वत के बाद संपूर्ण औषधियों से परिपूर्ण एवं स्फटिक की शिलाओं से व्याप्त परम रमणीय महान् पर्वत है, जो विभ्राज नाम से विख्यात है। इससे अग्नि विशेष उद्दीप्त होती है, इसी को 'केशव' भी कहते हैं। यहीं से वायु की गति प्रारंभ होती है॥ ११-१८॥

तेषां वर्षाणि वक्ष्यामि पर्वतानां द्विजोत्तमाः।
शृणुध्वं नामतस्तानि यथावदनुपूर्वशः॥१९॥
द्विनामान्येव वर्षाणि यथैव गिरयस्तथा।
उदयस्योदयं वर्षं जलधारेति विश्रुतम्॥२०॥
नाम्ना गतभयं नाम वर्षं तत् प्रथमं स्मृतम्।
द्वितीयं जलधारस्य सुकुमारमिति स्मृतम्॥२१॥
तदेव शैशिरं नाम वर्षं तत् परिकीर्तितम्।
नारदस्य च कौमारं तदेव च सुखोदयम्॥२२॥
श्यामपर्वतवर्षं तदनीचक्रमिति स्मृतम्।
आनन्दकमिति प्रोक्तं तदेव मुनिभिः शुभम्॥२३॥
सोमकस्य शुभं वर्षं विज्ञेयं कुसुमोत्करम्।
तदेवासितमित्युक्तं वर्षं सोमकसंज्ञितम्॥२४॥
आम्बिकेयस्य मैनाकं क्षेमकं चैव तत्स्मृतम्।
तदेव ध्रुवमित्युक्तं वर्षं विभ्राजसंज्ञितम्॥२५॥

द्विजवरो! अब मैं उन पर्वतों के वर्षों का यथार्थ रूप से नाम निर्देशानुसार आनुपूर्वी वर्णन कर रहा हूँ, सुनिए। जिस प्रकार वहाँ के पर्वत दो नामवाले हैं, उसी तरह वर्षों के भी दो-दो नाम हैं। उदय पर्वत के वर्ष उदय और जलधार नाम से प्रसिद्ध हैं। उनमें जो पहला उदय वर्ष है, वह गतभय नाम से अभिहित है। दूसरे जलधार पर्वत के वर्ष को सुकुमार कहते हैं। वही शैशिर वर्ष के नाम से भी विख्यात है। नारद पर्वत के वर्ष का नाम कौमार है। उसी को सुखोदय भी कहते हैं। श्याम पर्वत का वर्ष अनीचक्र नाम से कहा जाता है। उसी मंगलमय वर्ष को मुनिगण आनंदक नाम से पुकारते हैं। सोमक पर्वत के कल्याणमय वर्ष को 'कुसुमोत्कर' नाम से जानना चाहिए। उसी सोमक नामवाले वर्ष को असित भी कहा जाता है। आंबिकेय पर्वत के वर्ष मैनाक और क्षेमक नाम से प्रसिद्ध हैं। (सातवें केसर पर्वत वर्ष का नाम) विभ्राज है। वही ध्रुव नाम से भी जाना जाता है॥ १९-२५॥

द्वीपस्य परिणाहं च ह्रस्वदीर्घत्वमेव च।
जम्बूद्वीपेन संख्यातं तस्य मध्ये वनस्पतिम्॥२६॥
शाको नाम महावृक्षः प्रजास्तस्य महानुगाः।
एतेषु देवगन्धर्वाः सिद्धाश्च सह चारणैः॥२७॥

विहरन्ति रमन्ते च दृश्यमानाश्च तैः सह।
तत्र पुण्या जनपदाश्चातुर्वर्ण्यसमन्विताः॥ २८॥
तेषु नद्यश्च सप्तैव प्रतिवर्षं समुद्रगाः।
द्विनाम्ना चैव ताः सर्वा गङ्गा सप्तविधाः स्मृता॥ २९॥
प्रथमा सुकुमारीति गङ्गा शिवजला शुभा।
अनुतप्ता च नाम्नैषा नदी सम्परिकीर्तिता॥ ३०॥
सुकुमारी तपःसिद्धा द्वितीया नामतः सती।
नन्दा च पावनी चैव तृतीया परिकीर्तिता॥ ३१॥
शिबिका च चतुर्थी स्याद् द्विविधा च पुनः स्मृता।
इक्षुश्च पञ्चमी ज्ञेया तथैव च पुनः कुहूः॥ ३२॥
वेणुका चामृता चैव षष्ठी सम्परिकीर्तिता।
सुकृता च गभस्ती च सप्तमी परिकीर्तिता॥ ३३॥
एताः सप्त महाभागाः प्रतिवर्षं शिवोदकाः।
भावयन्ति जनं सर्वं शाकद्वीपनिवासिनम्॥ ३४॥
अभिगच्छन्ति ताश्चान्या नदनद्यः सरांसि च।
बहूदकपरिस्रावा यतो वर्षति वासवः॥ ३५॥

शाकद्वीप का विस्तार तथा लंबाई-चौड़ाई जंबू द्वीप के परिमाण से अधिक है। (यह ऊपर बतला चुके हैं।) इस द्वीप के मध्यभाग में शाक नाम की एक महान् वनस्पति है। इस द्वीप की प्रजाएँ महापुरुषों का अनुगमन करने वाली हैं। इन वर्षों में देवता, गंधर्व, सिद्ध और चारण विहार करते हैं और उनकी रमणीयता देखते हुए प्रजाओं के साथ क्रीड़ा करते हैं। इस द्वीप में चारों वर्णों की प्रजाओं से संपन्न सुंदर जनपद हैं। इनमें प्रत्येक वर्ष में समुद्रगामिनी सात नदियाँ भी हैं और वे सभी दो नामोंवाली हैं। केवल गंगा सात प्रकार की बतलाई जाती हैं। मंगलमयी एवं पुण्यसलिला प्रथमा गंगा सुकुमारी नाम से जानी जाती हैं। यही नदी अनुतप्ता नाम से भी प्रसिद्ध है। दूसरी गंगा तपःसिद्धा सुकुमारी हैं। ये ही 'सती' नाम से भी प्रसिद्ध हैं। तीसरी गंगा 'नंदा' और 'पावनी' नाम से विख्यात हैं। चौथी गंगा 'शिबिका' हैं, इन्हीं को 'द्विविधा' भी कहा जाता है। 'इक्षु' को पाँचवीं गंगा समझना चाहिए। उसी प्रकार पुनः इन्हें 'कुहू' भी कहते हैं। छठी गंगा 'वेणुका' और 'अमृता' नाम से प्रसिद्ध हैं। सातवीं गंगा को 'सुकृता' और 'गभस्ती' कहा जाता है। कल्याणमय जल से परिपूर्ण एवं महान् भाग्यशालिनी ये सातों गंगाएँ शाकद्वीप के प्रत्येक वर्ष के सभी प्राणियों को पवित्र करती हैं। दूसरे बड़े-बड़े नद, नदियाँ और सरोवर भी इन्हीं गंगा की धाराओं में आकर मिलते हैं, जिसके कारण ये सभी अथाह जल बहानेवाली हैं। इन्हीं से जल ग्रहण कर इंद्र वर्षा करते हैं॥ २६-३५॥

तासां तु नामधेयानि परिमाणं तथैव च।
न शक्यं परिसंख्यातुं पुण्यास्ताः सरिदुत्तमाः॥ ३६॥
ताः पिबन्ति सदा हृष्टा नदीर्जनपदास्तु ते।
एते शान्तमयाः प्रोक्ताः प्रमोदा ये च वै शिवाः॥ ३७॥

आनन्दाश्च सुखाश्चैव क्षेमकाश्च नवैः सह।
वर्णाश्रमाचारयुता देशास्ते सप्त विश्रुताः ॥ ३८ ॥
आरोग्या बलिनश्चैव सर्वे मरणवर्जिताः।
अवसर्पिणी न तेष्वस्ति तथैवोत्सर्पिणी पुनः ॥ ३९ ॥
न तत्रास्ति युगावस्था चतुर्युगकृता क्वचित्।
त्रेतायुगसमः कालः सदा तत्र प्रवर्तते ॥ ४० ॥
शाकद्वीपादिषु ज्ञेयं पञ्चस्वेतेषु सर्वशः।
देशस्य तु विचारेण कालः स्वाभाविकः स्मृतः ॥ ४१ ॥
न तेषु सङ्करः कश्चिद् वर्णाश्रमकृतः क्वचित्।
धर्मस्य चाव्यभीचारादेकान्तसुखिनः प्रजाः ॥ ४२ ॥
न तेषु माया लोभो वा ईर्ष्यासूया भयं कुतः।
विपर्ययो न तेष्वस्ति तद्वै स्वाभाविकं स्मृतम् ॥ ४३ ॥
कालो नैव च तेष्वस्ति न दण्डो न च दाण्डिकः।
स्वधर्मेण च धर्मज्ञास्ते रक्षन्ति परस्परम् ॥ ४४ ॥

उन सहायक नदियों के नाम और परिमाण की गणना नहीं की जा सकती। ये सभी श्रेष्ठ नदियाँ पुण्यतोया हैं। इनके तट पर निवास करने वाले जनपदवासी सदा हर्षपूर्वक इनका जल पीते हैं। उनके तट पर स्थित शांतमय, प्रमोद, शिव, आनंद, सुख, क्षेमक और नव—ये सात विश्वविख्यात देश हैं। यहाँ वर्ण और आश्रम के धर्मों का सुचारु रूप से पालन होता है। यहाँ के सभी निवासी नीरोग, बलवान् और मृत्यु से रहित होते हैं। उनमें अवसर्पिणी (अधोगामिनी) तथा उत्सर्पिणी (ऊर्ध्वगामिनी) क्रिया नहीं होती है। वहाँ कहीं भी चारों युगों द्वारा की गई युगव्यवस्था नहीं है। वहाँ सदा त्रेतायुग के समान ही समय वर्तमान रहता है। शाकद्वीप आदि इन पाँचों द्वीपों में ऐसी ही दशा जाननी चाहिए, क्योंकि देश के विचार से ही काल की स्वाभाविक गति जानी जाती है। उन द्वीपों में कहीं भी वर्ण एवं आश्रमजन्य संकर नहीं पाया जाता। इस प्रकार धर्म का परित्याग न करने के कारण वहाँ की प्रजा एकांत सुख का अनुभव करती है। उनमें न तो माया (छल-कपट) है, न लोभ, तब भला ईर्ष्या, असूया और भय कैसे हो सकते हैं? उनमें धर्म का विपर्यय भी नहीं देखा जाता। धर्म तो उनके लिए स्वाभाविक कर्म माना गया है। उन पर काल का कोई प्रभाव नहीं पड़ता, वहाँ न तो दंड का विधान है, न कोई दंड देने वाला ही है। वहाँ के निवासी धर्म के ज्ञाता हैं, अतः वे स्वधर्मानुसार परस्पर एक-दूसरे की रक्षा करते रहते हैं॥ ३६-४४॥

परिमण्डलस्तु सुमहान् द्वीपो वै कुशसंज्ञकः।
नदीजलैः परिवृतः पर्वतैश्चाभ्रसन्निभैः ॥ ४५ ॥
सर्वधातुविचित्रैश्च मणिविद्रुमभूषितैः।
अन्यैश्च विविधाकारै रम्यैर्जनपदैस्तथा ॥ ४६ ॥
वृक्षैः पुष्पफलोपेतैः सर्वतो धनधान्यवान्।
नित्यं पुष्पफलोपेतः सर्वरत्नसमावृतः ॥ ४७ ॥

आवृतः पशुभिः सर्वैर्ग्राम्यारण्यैश्च सर्वशः।
आनुपूर्व्यात् समासेन कुशद्वीपं निबोधत॥४८॥
अथ तृतीयं वक्ष्यामि कुशद्वीपं च कृत्स्नशः।
कुशद्वीपेन क्षीरोदः सर्वतः परिवारितः॥४९॥
शाकद्वीपस्य विस्ताराद् द्विगुणेन समन्वितः।
तत्रापि पर्वताः सप्त विज्ञेया रत्नयोनयः॥५०॥
रत्नाकरास्तथा नद्यस्तेषां नामानि मे शृणु।
द्विनामानश्च ते सर्वे शाकद्वीपे यथा तथा॥५१॥
प्रथमः सूर्यसंकाशः कुमुदो नाम पर्वतः।
विद्रुमोच्चय इत्युक्तः स एव च महीधरः॥५२॥
सर्वधातुमयैः शृङ्गैः शिलाजालसमन्वितैः।
द्वितीयः पर्वतस्तत्र उन्नतो नाम विश्रुतः॥५३॥

कुश नामक द्वीप अत्यंत विशाल मंडलवाला है। उसके चारों ओर नदियों का जल प्रवाहित होता रहता है। वह बादल सदृश रंगवाले, संपूर्ण धातुओं से युक्त होने के कारण रंग-बिरंगे तथा मणियों और मूँगों से विभूषित पर्वतों द्वारा घिरा हुआ है। उसमें चारों ओर विभिन्न आकार वाले रमणीय जनपद तथा फूल-फलों से लदे हुए वृक्षों के समूह शोभायमान हो रहे हैं। वह धन-धान्य से परिपूर्ण है। वह सदा पुष्पों और फलों से युक्त रहता है। उसमें सभी प्रकार के रत्न पाए जाते हैं। वह सर्वत्र ग्रामीण एवं जंगली पशुओं से भरा हुआ है। उस कुशद्वीप का संक्षेप में आनुपूर्वी वर्णन सुनिए। अब मैं तीसरे कुशद्वीप का समग्र रूप से वर्णन कर रहा हूँ। कुशद्वीप क्षीरसागर से चारों ओर से घिरा हुआ है। यह शाक द्वीप के दुगुने विस्तार से युक्त है। यहाँ भी रत्नों की खानों से युक्त सात पर्वत जानने चाहिए। यहाँ की नदियाँ भी रत्नों की भंडार हैं। अब मुझसे उनका नाम सुनिए, जैसे शाकद्वीप में सभी पर्वतों और नदियों के दो नाम थे, वैसे ही यहाँ के भी पर्वत एवं नदी दो नामवाली हैं। पहला सूर्य के समान चमकीला कुमुद नामक पर्वत है। वह पर्वत 'विद्रुमोच्चय' नाम से भी जाना जाता है। वहाँ दूसरा पर्वत उन्नत नाम से विख्यात है। वह संपूर्ण धातुओं से परिपूर्ण एवं शिला-समूहों से समन्वित शिखरों से युक्त है। वही पर्वत हेमपर्वत नाम से अभिहित होता है॥ ४५-५३॥

हेमपर्वत इत्युक्तः स एव च महीधरः।
हरितालमयैः शृङ्गैर्द्वीपमावृत्य सर्वशः॥५४॥
बलाहकस्तृतीयस्तु भात्यञ्जनमयो गिरिः।
द्युतिमान् नामतः प्रोक्तः स एव च महीधरः॥५५॥
चतुर्थः पर्वतो द्रोणो यत्रौषध्यो महाबलाः।
विशल्यकरणी चैव मृतसञ्जीवनी तथा॥५६॥
पुष्पवान् नाम सैवाक्तः पर्वतः सुमहाचितः।
कङ्कस्तु पञ्चमस्तेषां पर्वतो नाम सारवान्॥५७॥
कुशेशय इति प्रोक्तः पुनः स पृथिवीधरः।
दिव्यपुष्पफलोपेतो दिव्यवीरुत्समन्वितः॥५८॥

षष्ठस्तु पर्वतस्तत्र महिषो मेघसन्निभः।
स एव तु पुनः प्रोक्तो हरिरित्यभिविश्रुतः॥५९॥
तस्मिन् सोऽग्निर्निवसति महिषो नाम योऽप्सुजः।
सप्तमः पर्वतस्तत्र ककुद्मान् स हि भाषते॥६०॥
मन्दरः सैव विज्ञेयः सर्वधातुमयः शुभः।
मन्द इत्येष यो धातुरपामर्थे प्रकाशकः॥६१॥
अपां विदारणाच्चैव मन्दरः स निगद्यते।
तत्र रत्नान्यनेकानि स्वयं रक्षति वासवः॥६२॥
प्रजापतिमुपादाय प्रजाभ्यो विदधत् स्वयम्।
तेषामन्तरविष्कम्भो द्विगुणः समुदाहृतः॥६३॥
इत्येते पर्वताः सप्त कुशद्वीपे प्रभाषिताः।
तेषां वर्षाणि वक्ष्यामि सप्तैव तु विभागशः॥६४॥
कुमुदस्य स्मृतः श्वेत उन्नतश्चैव स स्मृतः।
उन्नतस्य तु विज्ञेयं वर्षं लोहितसंज्ञकम्॥६५॥
वेणुमण्डलकं चैव तथैव परिकीर्तितम्।
बलाहकस्य जीमूतः स्वैरथाकारमित्यपि॥६६॥

तीसरा बलाहक पर्वत है, जो अंजन के समान काला है। यह अपने हरितालमय शिखरों से सर्वत्र द्वीप को आवृत किए हुए है। यही पर्वत द्युतिमान् नाम से भी पुकारा जाता है। चौथा पर्वत द्रोण है। इस महान् गिरि पर विशल्यकरणी और मृतसंजीवनी आदि महाबलवती औषधियाँ पाई जाती हैं। वही महान् समृद्धिशाली पर्वत पुष्पवान् नाम से विख्यात है। उनमें पाँचवाँ कंक पर्वत है, जो सारयुक्त पदार्थों से संपन्न है। इस पर्वत को कुशेशय भी कहते हैं। वहाँ छठा महिष पर्वत है, जो मेघ-सदृश काला है। वह दिव्य पुष्पों एवं फलों से युक्त तथा दिव्य वृक्षों से संपन्न है। वही पुनः हरि नाम से विख्यात है। उस पर्वत पर महिष नामक अग्नि, जो जल से उत्पन्न हुई है, निवास करती है। वहाँ सातवें पर्वत को कुकुद्मान् कहा जाता है। उसी को मंदर जानना चाहिए। वह संपूर्ण धातुओं से युक्त और अत्यंत सुंदर है। जो यह धातु है, वह जल रूप अर्थ को प्रकट करनेवाली है, अतः जल का विदारण करके निकलने के कारण इस पर्वत को मंदर कहा जाता है। उस पर्वत पर अनेक प्रकार के रत्न पाए जाते हैं, जिनकी रक्षा प्रजापति को साथ लेकर स्वयं इंद्र करते हैं, साथ ही स्वयं इंद्र वहाँ की प्रजाओं की देखभाल करते हैं। इनके अंतर-विष्कंभ पर्वत परिमाण में दुगुने का वर्णन करता हूँ। कुमुद पर्वत के वर्ष का नाम श्वेत है। इसे उन्नत नाम से भी पुकारते हैं। उन्नत पर्वत का लोहित नामक वर्ष जानना चाहिए। इसे वेणुमंडलक भी कहते हैं। बलाहक पर्वत का वर्ष जीमूत है, इसी का नाम स्वैरथाकार भी है॥५३-६६॥

द्रोणस्य हरिकं नाम लवणं च पुनः स्मृतम्।
कङ्कस्यापि ककुन्नाम धृतिमच्चैव तत् स्मृतम्॥६७॥
महिषं महिषस्यापि पुनश्चापि प्रभाकरम्।
ककुद्मिनस्तु तद्वर्षं कपिलं नाम विश्रुतम्॥६८॥

एतान्यपि विशिष्टानि सप्त सप्त पृथक् पृथक्।
वर्षाणि पर्वताश्चैव नदीस्तेषु निबोधत॥६९॥
तत्रापि नद्यः सप्तैव प्रतिवर्षं हि ताः स्मृताः।
द्विनामवत्यस्ताः सर्वाः सर्वाः पुण्यजलाः स्मृताः॥७०॥
धूतपापा नदी नाम योनिश्चैव पुनः स्मृता।
सीता द्वितीया विज्ञेया सा चैव हि निशा स्मृता॥७१॥
पवित्रा तृतीया विज्ञेया वितृष्णापि च या पुनः।
चतुर्थी ह्लादिनीत्युक्ता चन्द्रभा इति च स्मृता॥७२॥
विद्युच्च पञ्चमी प्रोक्ता शुक्ला चैव विभाव्यते।
पुण्ड्रा षष्ठी तु विज्ञेया पुनश्चैव विभावरी॥७३॥
महती सप्तमी प्रोक्ता पुनश्चैषा धृतिः स्मृता।
अन्यास्ताभ्योऽपि सञ्जाताः शतशोऽथ सहस्त्रशः॥७४॥
अभिगच्छन्ति ता नद्यो यतो वर्षति वासवः।
इत्येष सन्निवेशो वः कुशद्वीपस्य वर्णितः॥७५॥
शाकद्वीपेन विस्तारः प्रोक्तस्तस्य सनातनः।
कुशद्वीपः समुद्रेण घृतमण्डोदकेन च॥७६॥
सर्वतः सुमहान् द्वीपश्चन्द्रवत् परिवेष्टितः।
विस्तारान्मण्डलाच्चैव क्षीरोदाद् द्विगुणो मतः॥७७॥

द्रोणपर्वत के वर्ष का नाम हरिक है, इसे लवण भी कहते हैं। कंक पर्वत का वर्ष ककुद् है, इसे धृतिमान भी कहा जाता है। महिष पर्वत के वर्ष का नाम महिष है, इसे प्रभाकर नाम से अभिहित किया जाता है। ककुद्मी पर्वत का जो वर्ष है, वह कपिल नाम से विख्यात है। कुशद्वीप में ये सातों विशिष्ट वर्ष तथा सात पर्वत पृथक्-पृथक् हैं। अब उन वर्षों की नदियों को सुनिए। वहाँ प्रत्येक वर्ष में नदियाँ भी सात ही बतलाई जाती हैं। वे सभी दो नामोंवाली तथा पुण्यसलिला हैं। उनमें पहली नदी का नाम धूतपापा है, उसे योनि भी कहते हैं। दूसरी नदी को सीता नाम से जानना चाहिए। वही निशा भी कही जाती है। पवित्रा को तीसरी नदी समझना चाहिए। उसी का नाम वितृष्णा भी है। चौथी ह्लादिनी नाम से पुकारी जाती है, यही चंद्रमा नाम से भी प्रसिद्ध है। पाँचवीं नदी को विद्युत् कहते हैं, यही शुक्ला नाम से भी अभिहित होती है। पुण्ड्रा को छठी नदी जानना चाहिए, इसको विभावरी भी कहते हैं। सातवीं नदी का नाम महती है, यही धृति नाम से भी जानी जाती है। इनके अतिरिक्त अन्य भी छोटी-बड़ी सैकड़ों-हजारों नदियाँ हैं, जो इन्हीं प्रमुख नदियों में जाकर मिली हैं। इन्हीं से जल ग्रहण करके इंद्र यहाँ वर्षा करते हैं। इस प्रकार मैंने आप लोगों से कुशद्वीप की संस्थिति का वर्णन कर दिया तथा उसके शाकद्वीप से दुगुने सनातन विस्तार को भी बतला दिया। यह महान् कुशद्वीप चारों ओर से चंद्रमा की भाँति घृत और मट्ठे से भरे हुए सागर से घिरा हुआ है। यह विस्तार एवं मंडल (घेराव) में क्षीरसागर से दुगुना माना गया है॥ ६७-७७॥

ततः परं प्रवक्ष्यामि क्रौञ्चद्वीपं यथा तथा।
कुशद्वीपस्य विस्ताराद् द्विगुणस्तस्य विस्तरः॥७८॥
घृतोदकः समुद्रो वै क्रौञ्चद्वीपेन सम्वृतः।
चक्रनेमिप्रमाणेन वृतो वृत्तेन सर्वशः॥७९॥
तस्मिन् द्वीपे नराः श्रेष्ठा देवनो गिरिरुच्यते।
देवनात् परतश्चापि गोविन्दो नाम पर्वतः॥८०॥
गोविन्दात् परतश्चापि क्रौञ्चस्तु प्रथमो गिरिः।
क्रौञ्चात् परः पावनकः पावनादन्धकारकः॥८१॥
अन्धकारात् परे चापि देवावृन्नाम पर्वतः।
देवावृतः परेणापि पुण्डरीको महान् गिरिः॥८२॥
एते रत्नमयाः सप्त क्रौञ्चद्वीपस्य पर्वताः।
परस्परस्य द्विगुणो विष्कम्भो वर्षपर्वतः॥८३॥
वर्षाणि तस्य वक्ष्यामि नामतस्तु निबोधत।
क्रौञ्चस्य कुशलो देशो वामनस्य मनोऽनुगः॥८४॥
मनोऽनुगात् परे चोष्णस्तृतीयोऽपि स उच्यते।
उष्णात् परे पावनकः पावनादन्धकारकः॥८५॥
अन्धकारकदेशात् तु मुनिदेशस्तथापरः।
मुनिदेशात् परे चापि प्रोच्यते दुन्दुभिस्वनः॥८६॥
सिद्धचारणसंकीर्णो गौरप्रायः शुचिर्जनः।
श्रुतास्तत्रैव नद्यस्तु प्रतिवर्षं गताः शुभाः॥८७॥
गौरी कुमुद्वती चैव संध्या रात्रिर्मनोजवा।
ख्यातिश्च पुण्डरीका च गङ्गा सप्तविधा स्मृता॥८८॥
तासां सहस्रशश्चान्या नद्यः पार्श्वसमीपगाः।
अभिगच्छन्ति ता नद्यो बहुलाश्च बहूदकाः॥८९॥
तेषां निसर्गो देशानामानुपूर्व्येण सर्वशः।
न शक्यो विस्तराद् वक्तुमपि वर्षशतैरपि॥९०॥

इसके बाद अब मैं क्रौंचद्वीप का यथार्थ रूप से वर्णन कर रहा हूँ। इसका विस्तार कुशद्वीप के विस्तार से दुगुना है। चक्के की भाँति गोलाकार उस क्रौंचद्वीप से घृतसागर चारों ओर से घिरा हुआ है। श्रेष्ठ ऋषियो! इस क्रौंचद्वीप में देवन नामक पर्वत बतलाया जाता है। देवन के बाद गोविंद नामक पर्वत है। गोविंद के बाद क्रौंच नामक पहला पर्वत है। क्रौंच के बाद पावनक, पावनक के बाद अंधकारक और अंधकारक के बाद पुंडरीक नामक विशाल पर्वत है। क्रौंचद्वीप के ये सातों पर्वत रत्नमय हैं। इस द्वीप के वर्षपर्वत के रूप में स्थित विष्कंभ पर्वत परस्पर एक-दूसरे से दुगुने से दुगुने हैं। सुनिए, अब इस द्वीप के वर्षों का नाम बतला रहा हूँ, क्रौंच पर्वत के प्रदेश का नाम कुशल है। वामन पर्वत का प्रदेश मनोऽनुग कहलाता है। मनोऽनुग के बाद तीसरा उष्ण प्रदेश कहा जाता है। उष्ण के बाद पावनक, पावनक के बाद अंधकारक और अंधकारक के बाद दूसरा

मुनिदेश है। मुनिदेश के बाद दुंदुभिस्वर नामक देश कहा जाता है। यह द्वीप सिद्धों एवं चारणों से व्याप्त है। यहाँ के निवासी प्रायः गौर वर्ण के एवं परम पवित्र होते हैं। इस द्वीप के प्रत्येक वर्ष में मंगलमयी नदियाँ भी प्रवाहित होती हैं, ऐसा सुना गया है। वहाँ गौरी, कुमुद्वती, संध्या, रात्रि, मनोजवा, ख्याति और पुंडरीका, ये सात प्रकार की गंगा बतलाई जाती हैं। इनके अगल-बगल में बहनेवाली अगाध जल से भरी हुई हजारों अन्य नदियाँ भी हैं, जो इन्हीं प्रमुख नदियों में आकर मिली हैं। उन पर्वतीय प्रदेशों की सर्वथा आनुपूर्वी स्वाभाविक स्थिति का तथा वहाँ की प्रजाओं की सृष्टि एवं संहार का विस्तारपूर्वक वर्णन सैकड़ों वर्षों में भी नहीं किया जा सकता है॥ ७८-९०॥

सर्गो यश्च प्रजानां तु संहारो यश्च तेषु वै।
अत ऊर्ध्वं प्रवक्ष्यामि शाल्मलस्य निबोधत॥ ९१॥
शाल्मलो द्विगुणो द्वीपः क्रौञ्चद्वीपस्य विस्तरात्।
परिवार्य समुद्रं तु घृतमण्डोदकं स्थितः॥ ९२॥
तत्र पुण्या जनपदाश्चिराच्च म्रियते जनः।
कुत एव तु दुर्भिक्षं क्षमातेजोयुता हि ते॥ ९३॥
प्रथमः सूर्यसङ्काशः सुमना नाम पर्वतः।
पीतस्तु मध्यमश्चासीत् ततः कुम्भमयो गिरिः॥ ९४॥
नाम्ना सर्वसुखो नाम दिव्यौषधिसमन्वितः।
तृतीयश्चैव सौवर्णो भृङ्गपत्रनिभो गिरिः॥ ९५॥
सुमहान् रोहितो नाम दिव्यो गिरिवरो हि सः।
सुमनाः कुशलो देशः सुखोदर्कः सुखोदयः॥ ९६॥
रोहितो यस्तृतीयस्तु रोहिणो नाम विश्रुतः।
तत्र रत्नान्यनेकानि स्वयं रक्षति वासवः॥ ९७॥
प्रजापतिमुपादाय प्रसन्नो विदधत् स्वयम्।
न ग्रहो न च चन्द्रोऽस्ति ईर्ष्यासूया भयं तथा॥ ९९॥
उद्भिदान्युदकान्यत्र गिरिप्रस्रवणानि च।
भोजनं षड्रसं तत्र तेषां स्वयमुपस्थितम्॥ १००॥
अधमोत्तमं न तेष्वस्ति न लोभो न परिग्रहः।
आरोग्यबलवन्तश्च एकान्तसुखिनो नराः॥ १०१॥
त्रिंशद्वर्षसहस्राणि मानसीं सिद्धिमास्थिताः।
सुखमायुश्च रूपं च धर्मैश्वर्यं तथैव च॥ १०२॥
शाल्मलान्तेषु विज्ञेयं द्वीपेषु त्रिषु सर्वतः।
व्याख्यातः शाल्मलान्तानां द्वीपानां तु विधिः शुभः॥ १०३॥
परिमण्डलस्तु द्वीपस्य चक्रवत् परिवेष्टितः।
सुरोदेन समुद्रेण द्विगुणेन समन्वितः॥ १०४॥

इसके बाद मैं शाल्मलद्वीप का वर्णन कर रहा हूँ—शाल्मलद्वीप क्रौंचद्वीप के विस्तार से दुगुना

है। यह घृतमंडोदसागर को घेरकर स्थित है। इसमें पुण्यमय जनपद हैं। वहाँ के निवासी क्षमाशील एवं तेजस्वी होते हैं तथा दीर्घायु का उपभोग कर मृत्यु को प्राप्त होते हैं। वहाँ अकाल की कोई संभावना ही नहीं है। वहाँ पहले पर्वत का नाम सुमना है, जो सूर्य के समान चमकीला होने के कारण पीले रंग का है। उसके बाद दूसरा कुंभमय नामक पर्वत है। उसका दूसरा नाम सर्वसुख है। वह दिव्य औषधियों से संपन्न है। तीसरा स्वर्ण संपन्न एवं भ्रमर के पंख के समान रंगवाला रोहित नामक विशाल पर्वत है। यह पर्वतश्रेष्ठ दिव्य है। सुमना पर्वत का देश कुशल एवं दूसरे सर्वसुख पर्वत का देश सुखोदय है, जो सभी सुखों को उत्पन्न करनेवाला है। तीसरे रोहित पर्वत का प्रदेश रोहिण नाम से विख्यात है। वहाँ अनेक प्रकार के रत्नों की खानें हैं, जिनकी रक्षा प्रजापति को साथ लेकर स्वयं इंद्र करते हैं और वे ही प्रसन्नतापूर्वक वहाँ की प्रजाओं के लिए कार्य का विधान करते हैं। वहाँ न तो मेघ वर्षा करते हैं, न शीत एवं उष्ण की ही अधिकता रहती है। इन तीनों द्वीपों में वर्णाश्रम की चर्चा चलती रहती है, अर्थात् यहाँ वर्णाश्रम का पूर्ण रूप से प्रचार है। यहाँ न ग्रहगण हैं, न चंद्रमा है और न यहाँ के निवासियों में ईर्ष्या, असूया और भय ही देखा जाता है। यहाँ पर्वतों से झरते हुए जल ही अन्न के उत्पादक हैं। वहाँ के निवासियों के लिए षट्रसयुक्त भोजन स्वयं ही प्राप्त हो जाता है। उनमें न तो ऊँच-नीच का भाव है, न लोभ है और न परिग्रह (दान लेने की प्रवृत्ति) ही है। वे नीरोग एवं बलवान् होते हैं तथा एकांत सुख का उपभोग करते हैं। वे लोग तीस हजार वर्ष तक की मानसी सिद्धि को प्राप्त होकर सुख, दीर्घायु, सुंदर रूप, धर्म और ऐश्वर्य का उपभोग करते हुए जीवन-यापन करते हैं। कुश, क्रौंच और शाल्मली—इन तीनों द्वीपों में यही स्थिति समझनी चाहिए। इस प्रकार मैं इन तीनों द्वीपों की शुभमयी विधि का विवरण बतला चुका। इस शाल्मली मंडल (घेरा) दुगुने परिमाणवाले सुरोदसागर से चारों ओर चक्र की भाँति गोलाकार घिरा हुआ है ॥ ९१-१०४॥

मत्स्य पुराण (एक सौ तेईसवाँ अध्याय)

गोमेदक द्वीप* और पुष्कर द्वीप का वर्णन

सूत उवाच

गोमेदकं प्रवक्ष्यामि षष्ठं द्वीपं तपोधनाः।
सुरोदकसमुद्रस्तु गोमेदन समावृतः॥ १॥
शाल्मलस्य तु विस्ताराद् द्विगुणस्तस्य विस्तरः।
तस्मिन् द्वीपे तु विज्ञेयौ पर्वतौ द्वौ समाहितौ॥ २॥
प्रथमः सुमना नाम भात्यञ्जनमयो गिरिः।
द्वितीयः कुमुदो नाम सर्वौषधिसमन्वितः॥ ३॥
शातकौम्भमयः श्रीमान् विज्ञेयः सुमहाचितः।
समुद्रेक्षुरसोदेन वृतो गोमेदकश्च सः॥ ४॥

* इस द्वीप का वर्णन प्रायः अन्य पुराणों में नहीं है, पर सिद्धांतशिरोमणि गोलाध्याय ३। २५ आदि में इसका वर्णन है। अन्य पुराण में गोमेद प्लक्षद्वीप में एक मर्यादा पर्वतमात्र है।

षष्ठेन तु समुद्रेण सुरोदाद् द्विगुणेन च।
धातकी कुमुदश्चैव हव्यपुत्रौ सुविस्तृतौ॥५॥
सौमनं प्रथमं वर्षं धातकीखण्डमुच्यते।
धातकिनः स्मृतं तद् वै प्रथमं प्रथमस्य तु॥६॥
गोमेदं यत्स्मृतं वर्षं नाम्ना सर्वसुखं तु तत्।
कुमुदस्य द्वितीयस्य द्वितीयं कुमुदं ततः॥७॥
एतौ द्वौ पर्वतौ वृत्तौ शेषौ सर्वसमुच्छ्रितौ।
पूर्वेण तस्य द्वीपस्य सुमनाः पर्वतः स्थितः॥८॥
प्राक्पश्चिमायतैः पादैरासमुद्रादिति स्थितः।
पश्चार्धं कुमुदस्तस्य एवमेव स्थितस्तु वै॥९॥
एतैः पर्वतपादैस्तु स देशो वै द्विधा कृतः।
दक्षिणार्धे तु द्वीपस्य धातकीखण्डमुच्यते॥१०॥
कुमुदं तूत्तरे तस्य द्वितीयं वर्षमुत्तमम्।
एतौ जनपदौ द्वौ तु गोमेदस्य तु विस्तृतौ॥११॥

सूतजी कहते हैं—तपोधन ऋषियो! अब मैं छठे गोमेदक द्वीप का वर्णन कर रहा हूँ। गोमेदक द्वीप से सुरोदक सागर घिरा हुआ है। इसका विस्तार शाल्मली द्वीप के विस्तार से दुगुना है। उस द्वीप में उच्च शिखरोंवाले दो पर्वत हैं—उनमें पहले का नाम सुमना है। यह पर्वत अंजन के समान काले रंग से सुशोभित है। दूसरा पर्वत कुमुद नामवाला है, जो सभी प्रकार की औषधियों से संपन्न, सुवर्णमय, शोभावली और वृक्षादि की समृद्धियों से युक्त है। यह गोमेदक द्वीप छठे सुरोदसागर की अपेक्षा दुगुने परिमाणवाले इक्षुरसोदसागर से घिरा हुआ है। इसमें धातकी और कुमुद नामक दो अत्यंत विस्तृत प्रदेश हैं, जो 'हव्यपुत्र' नाम से विख्यात हैं। सुमना पर्वत का जो प्रथम वर्ष है, उसी को धातकी खंड कहते हैं। यही धातकी नामक प्रथम पर्वत का प्रथम वर्ष कहलाता है। गोमेद नाम से जो वर्ष कहा गया है, उसी को सर्वसुख भी कहते हैं। इसके बाद दूसरे कुमुद पर्वत का प्रदेश भी 'कुमुद' नाम से विख्यात है। ये दोनों पर्वत अन्य सभी पर्वतों से ऊँचे हैं। इस गोमेदक द्वीप के पूर्व भाग में सुमना नामक पर्वत स्थित है, जो पूर्व से पश्चिम समुद्र तक फैला हुआ है। इसी प्रकार इस द्वीप के पश्चिमार्ध भाग में कुमुद नामक पर्वत स्थित है। इन पर्वतों के चरण-प्रांतों से वह देश दो भागों में विभक्त हो गया है। इस द्वीप का दक्षिणार्ध भाग घातकी खंड कहलाता है तथा इसके उत्तरार्ध भाग में कुमुद नामक दूसरा श्रेष्ठ पर्वत है। गोमेदक द्वीप दोनों ही प्रदेश अत्यंत विस्तृत माने जाते हैं॥ १-११॥

इतः परं प्रवक्ष्यामि सप्तमं द्वीपमुत्तमम्।
समुद्रेक्षुरसं चैव गोमेदाद् द्विगुणं हि सः॥१२॥
आवृत्य तिष्ठति द्वीपः पुष्करः पुष्करैर्वृतः।
पुष्करेण वृतः श्रीमांश्चित्रसानुर्महागिरिः॥१३॥
कूटैश्चित्रैर्मणिमयैः शिलाजालसमुद्भवैः।
द्वीपस्यैव तु पूर्वार्धे चित्रसानुः स्थितो महान्॥१४॥

परिमण्डलसहस्त्राणि विस्तीर्णः सप्तविंशतिः।
ऊर्ध्वं स वै चतुर्विंशद् योजनानां महाचलः॥१५॥
द्वीपार्धस्य परिक्षिप्तः पश्चिमे मानसो गिरिः।
स्थितो वेलासमीपे तु पूर्वचन्द्र इवोदितः॥१६॥
योजनानां सहस्त्राणि सार्धं पञ्चाशदुच्छ्रितः।
तस्य पुत्रो महावीतः पश्चिमार्धस्य रक्षिता॥१७॥
पूर्वार्धे पर्वतस्यापि द्विधा देशस्तु स स्मृतः।
स्वादूदकेनोदधिना पुष्करः परिवारितः॥१८॥
विस्तारान्मण्डलाच्चैव गोमेदाद् द्विगुणेन तु।
त्रिंशद्वर्षसहस्त्राणि तेषु जीवन्ति मानवाः॥१९॥
विपर्ययो न तेष्वस्ति एतत् स्वाभाविकं स्मृतम्।
आरोग्यं सुखबाहुल्यं मानसीं सिद्धिमास्थिताः॥२०॥

इसके बाद अब मैं सातवें सर्वोत्तम द्वीप का वर्णन कर रहा हूँ, जो पुष्करों (कमलों) से व्याप्त होने के कारण पुष्कर नाम से प्रसिद्ध है। यह परिमाण में गोमेदक द्वीप से दुगुना है और इक्षुरसोदक सागर को घेरकर स्थित है। पुष्कर द्वीप में चित्रसानु (विचित्र शिखरोंवाला) नामक शोभाशाली महान् पर्वत है। यह अनेक चित्र-विचित्र मणिमय शिखरों तथा शिलासमूहों से सुशोभित है। यह महान् गिरि सत्ताईस योजन विस्तृत और चौबीस योजन ऊँचा है। इस द्वीप के पश्चिमार्ध भाग में समुद्रतट पर मापन नामक पर्वत स्थित है, जो पूर्व दिशा में निकले हुए चंद्रमा के समान शोभायमान है। यह साढ़े पचास हजार योजन ऊँचा है। मानस पर्वत के पूर्वार्ध में स्थित रहते हुए भी इसका पुत्र महावीत नामक पर्वत द्वीप के पश्चिमार्थ भाग की रक्षा करता है। इस प्रकार वह प्रदेश दो भागों में विभक्त कहा जाता है। पुष्कर द्वीप स्वादिष्ट जल वाले महासागर से घिरा हुआ है। यह विस्तार एवं मंडल (घेराव) में गोमेदक द्वीप से दुगुना है। इस द्वीप के अंत:स्थित प्रदेशों के मानव तीस हजार वर्ष तक जीवित रहते हैं। उनमें वृद्धावस्था का प्रवेश नहीं होता। वे स्वाभाविक रूप से युवावस्था, निरोगता, अत्यधिक सुख और मानसी सिद्धि से युक्त होते हैं॥ १२-२०॥

सुखमायुश्च रूपं च त्रिषु द्वीपेषु सर्वशः।
अधमोत्तमौ नतेष्वास्तां तुल्यास्ते वीर्यरूपतः॥२१॥
न तत्र वध्यवधका नेर्ष्यासूया भयं तथा।
न लोभो न च दम्भो वा न च द्वेषः परिग्रहः॥२२॥
सत्यानृते न तेष्वास्तां धर्माधर्मौ तथैव च।
वर्णाश्रमाणां वार्त्ता च पाशुपाल्यं वणिक् कृषिः॥२३॥
त्रयीविद्या दण्डनीतिः शुश्रुषा दण्ड एव च।
न तत्र वर्षं नद्यो वा शीतोष्णं न च विद्यते॥२४॥
उद्भिदान्युदकानि स्युर्गिरिप्रस्त्रवणानि च।
तुल्योत्तरकुरुणां तु कालस्तत्र तु सर्वदा॥२५॥

सर्वतः सुखकालोऽसौ जराक्लेशविवर्जितः।
सर्गस्तु धातकीखण्डे महावीते तथैव च॥२६॥
एवं द्वीपाः समुद्रैस्तु सप्त सप्तभिरावृताः।
द्वीपस्यानन्तरो यस्तु समुद्रस्तत्समस्तु वै॥२७॥
एवं द्वीपसमुद्राणां वृद्धिर्ज्ञेया परस्परम्।
अपां चैव समुद्रेकात् समुद्र इति संज्ञितः॥२८॥
ऋषद्वसन्त्यो वर्षेषु प्रज्ञा यत्र चतुर्विधाः।
ऋषिरित्येष गमने वर्षं त्वेतेन तेषु वै॥२९॥
उदयतीन्दौ पूर्वे तु समुद्रः पूर्यते सदा।
प्रक्षीयमाणे बहुले क्षीयतेऽस्तमिते च वै॥३०॥
आपूर्यमाणो ह्युदधिरात्मनैवाभिपूर्यते।
ततो वै क्षीयमाणे तु स्वात्मन्येव ह्यपां क्षयः॥३१॥

तीनों द्वीपों में सर्वत्र सुख, दीर्घायु और सुंदर रूप की सुलभता रहती है। उनमें ऊँच-नीच का भाव नहीं होता। पराक्रम और रूप की दृष्टि से वे एकतुल्य होते हैं। उनमें न कोई वध करने योग्य होता है और न मारनेवाला ही पाया जाता है। उनमें ईर्ष्या, असूया, भय, लोभ, दंभ, द्वेष और संग्रह का नाम तक नहीं है। उनमें सत्य-असत्य एवं धर्म-अधर्म का विवाद, वर्णाश्रम की चर्चा, पशुपालन, व्यवसाय, खेती, त्रयीविद्या, दंडनीति (शत्रुओं व अपराधियों को दंड देकर वश में करने की नीति), नौकरी और परस्पर दंड-विधान भी नहीं पाया जाता। वहाँ न तो वर्षा होती है, न नदियाँ ही हैं तथा सर्दी-गरमी भी नहीं पड़ती। पर्वतों से टपकते हुए जल ही अन्न और जल का काम पूरा करते हैं। वहाँ सर्वदा उत्तर-कुरु देश के सदृश समय बना रहता है। वहाँ सब लोग सर्वत्र वृद्धावस्था के कष्ट से रहित सुखमय समय व्यतीत करते हैं। यही स्थिति धातकी खंड तथा महावीत, दोनों प्रदेशों में पाई जाती है। इस प्रकार सातों द्वीप पृथक्-पृथक् सात समुद्रों से घिरे हुए हैं। जो समुद्र जिस द्वीप के बाद पड़ता है, वह परिमाण में उसी द्वीप के बराबर माना गया है। इस प्रकार द्वीपों और समुद्रों की परस्पर वृद्धि समझनी चाहिए। जल की सम्यक् प्रकार से वृद्धि होने के कारण इस जलराशि को समुद्र कहते हैं। 'ऋषि' धातु का अर्थ गमन है, इसी से 'वर्ष' शब्द बनता है। उन वर्षों में चार प्रकार की प्रजाएँ सुखपूर्वक निवास करती हैं। पूर्व दिशा में चंद्रमा के उदय होने पर समुद्र सर्वदा जल से पूर्ण हो जाता है अर्थात् उसमें ज्वार आ जाता है और वही चंद्रमा जब अस्त हो जाता है, तब समुद्र का बढ़ा हुआ जल अत्यंत क्षीण हो जाता है अर्थात् भाटा हो जाता है। जल की वृद्धि के समय समुद्र अपनी मर्यादा के भीतर ही बढ़ता है और क्षीण होते समय मर्यादा के अंदर ही उसके जल का क्षय होता है॥ २१-३१॥

उदयात् पयसां योगात् पुष्णन्त्यापो यथा स्वयम्।
तथा स तु समुद्रोऽपि वर्धते शशिनोदये॥३२॥
अन्यूनानतिरिक्तात्मा वर्धन्त्यापो ह्रसन्ति च।
उदयेऽस्तमये चेन्दोः पक्षयोः शुक्लकृष्णयोः॥३३॥

क्षयवृद्धी समुद्रस्य शशिवृद्धिक्षये तथा।
दशोत्तराणि पञ्चाहुरङ्गुलानां शतानि च॥ ३४॥
अपां वृद्धिः क्षयो दृष्टः समुद्राणां तु पर्वसु।
द्विरापत्वात् स्मृतो द्वीपो दधनाच्चोदधिः स्मृतः॥ ३५॥
निगीर्णत्वाच्च गिरयो पर्वबन्धाच्च पर्वताः।
शाकद्वीपे तु वै शाकः पर्वतस्तेन चोच्यते॥ ३६॥
कुशद्वीपे कुशस्तम्बो मध्ये जनपदस्य तु।
क्रौञ्चद्वीपे गिरिः क्रौञ्चस्तस्य नाम्ना निगद्यते॥ ३७॥
शाल्मलिः शाल्मलद्वीपे पूज्यते स महाद्रुमः।
गोमेदके तु गोमेदः पर्वतस्तेन चोच्यते॥ ३८॥
न्यग्रोधः पुष्करद्वीपे पद्मवत् तेन स स्मृतः।
पूज्यते स महादेवैर्ब्रह्मांशोऽव्यक्तसम्भवः॥ ३९॥
तस्मिन् स वसति ब्रह्मा साध्यैः सार्धं प्रजापतिः।
तत्र देवा उपासन्ते त्रयस्त्रिंशन्महर्षिभिः॥ ४०॥
स तत्र पूज्यते देवो देवैर्महर्षिसत्तमैः।
जम्बूद्वीपात् प्रवर्तन्ते रत्नानि विविधानि च॥ ४१॥

जिस प्रकार चंद्रमा के उदय होने पर चंद्र किरणों का जल के साथ संयोग होने से जल अपने आप उछलने लगता है, उसी प्रकार समुद्र भी बढ़ने लगता है। यद्यपि शुक्लपक्ष और कृष्णपक्ष में चंद्रमा के उदय और अस्त-काल में जल बढ़ता और घटता है तथापि समुद्र की मर्यादा में न्यूनता या अधिकता नहीं दीख पड़ती। चंद्रमा की वृद्धि और क्षय के अवसर पर समुद्र का भी उत्कर्ष और अपकर्ष होता है। पानी का यह चढ़ाव-उतार एक सौ पंद्रह अंगुल तक बतलाया जाता है। पर्व के अवसरों पर समुद्रों के जलों का यह ज्वार-भाटा स्पष्ट दीखने में आता है। दो ओर जल से घिरा होने के कारण समुद्रस्थ प्रदेश को द्वीप कहते हैं और जल को धारण करने के कारण समुद्र को उदधि कहा जाता है। (सभी वस्तुओं को) आत्मसात् कर लेने के कारण 'गिरि' और (पृथ्वी के) संधिस्थान को बाँधने के कारण 'पर्वत' नाम पड़ा है। शाकद्वीप में शाक नामक पर्वत है, इसी कारण उसे शाकद्वीप कहते हैं। कुशद्वीप में जनपद के मध्य भाग में विशाल कुशस्तंब (कुशका गुल्म) है (इसीलिए वह कुशद्वीप कहा जाता है)। क्रौंचद्वीप में क्रौंच नामक पर्वत है, अतः उसी के नाम पर वह क्रौंचद्वीप कहलाता है। शाल्मली द्वीप में सेमल का महान् वृक्ष है, उसकी वहाँ के लोग पूजा करते हैं (इसी से उसे शाल्मली द्वीप कहा जाता है)। गोमेदक द्वीप में गोमेद नाम का पर्वत है, अतः उसी के नाम पर द्वीप को गोमेद नाम से पुकारते हैं। पुष्कर द्वीप में कमल के समान बरगद का वृक्ष है, इसी कारण उसे पुष्करद्वीप कहते हैं। वह वटवृक्ष अव्यक्त ब्रह्म के अंश से समुद्भूत हुआ है, इसीलिए प्रधान-प्रधान देवगण उसकी पूजा करते हैं। उस द्वीप में साध्यगति के साथ प्रजापति ब्रह्मा निवास करते हैं। वहाँ महर्षियों के साथ तैंतीस देवता उपासना करते हैं। वहाँ श्रेष्ठ महर्षियों एवं देवताओं द्वारा देवाधिदेव ब्रह्मा की पूजा की जाती है, जंबू द्वीप से अनेक प्रकार के रत्न (अन्यान्य द्वीपों में) प्रवर्तित होते हैं॥ ३२-४१॥

द्वीपेषु तेषु सर्वेषु प्रजानां क्रमशैस्तु वै।
आर्जवाद् ब्रह्मचर्येण सत्येन च दमेन च॥ ४२॥
आरोग्यायुष्प्रमाणाभ्यां द्विगुणं द्विगुणं ततः।
द्वीपेषु तेषु सर्वेषु यथोक्तं वर्षकेषु च॥ ४३॥
गोपायन्ते प्रजास्तत्र सर्वैः सहजपण्डितैः।
भोजनं चाप्रयत्नेन सदा स्वयमुपस्थितम्॥ ४४॥
षड्रसं तन्महावीर्यं तत्र ते भुञ्जते जनाः।
परेण पुष्करस्याथ आवृत्यावस्थितो महान्॥ ४५॥
स्वादूदकसमुद्रस्तु स समन्तादवेष्टयत्।
स्वादूदकस्य परितः शैलस्तु परिमण्डलः॥ ४६॥
प्रकाशश्चाप्रकाशश्च लोकालोकः स उच्यते।
आलोकस्तत्र चार्वाक् च निरालोकस्ततः परम्॥ ४७॥
लोकविस्तारमात्रं तु पृथिव्यर्धं तु बाह्यतः।
प्रतिच्छन्नं समन्तात् तु उदकेनावृतं महत्॥ ४८॥
भूमेर्दशगुणाश्चापः समन्तात् पालयन्ति गाम्।
अद्भ्यो दशगुणश्चग्निः सर्वतो धारयत्यपः॥ ४९॥
अग्नेर्दशगुणो वायुर्धारयञ्ज्योतिरास्थितः।
तिर्यक् च मण्डलो वायुर्भूतान्यावेष्ट्य धारयन्॥ ५०॥
दशाधिकं तथाऽऽकाशं वायोर्भूतान्यधारयत्।
भूतानि धारयन् व्योम तस्माद् दशगुणस्तु वै॥ ५१॥
भूतादितो दशगुणं महद्भूतान्यधारयत्।
महत्तत्त्वं ह्यनन्तेन अव्यक्तेन तु धार्यते॥ ५२॥
आधाराधेयभावेन विकारास्ते विकारिणाम्।
पृथ्व्यादयो विकारास्ते परिच्छिन्नाः परस्परम्॥ ५३॥
परस्पराधिकाश्चैव प्रविष्टाश्च परस्परम्।
एवं परस्परोत्पन्ना धार्यन्ते च परस्परम्॥ ५४॥

उपर्युक्त उन सभी द्वीपों और वर्षों में क्रमशः प्रजाओं की सरलता, ब्रह्मचर्य, सत्यवादिता, इंद्रियनिग्रह, नीरोगता और आयु का प्रमाण एक-दूसरे से दुगुना बढ़ता जाता है। वे सभी स्वाभाविक ही पंडित होते हैं। अतः उनके द्वारा स्वयं प्रजाओं की रक्षा होती रहती है। वहाँ भोजन अनायास ही स्वयं उपस्थित हो जाता है, जो छहों रसों से युक्त और महान् बलदायक होता है। उसे ही वहाँ के निवासी खाते हैं। पुष्करद्वीप के बाद स्वादिष्ट जल से परिपूर्ण महासागर उस द्वीप को चारों ओर से घेरे हुए है। उस स्वादिष्ट जलवाले सागर के चारों ओर एक मंडलाकार पर्वत है, जो प्रकाश और अंधकार से युक्त है। उसी को 'लोकालोक' नाम से पुकारा जाता है। उसका अगला भाग प्रकाशयुक्त तथा पिछला भाग अंधकार से आच्छादित रहता है। उसका विस्तार लोकों के विस्तार के बराबर है, किंतु वह बाहर से पृथ्वी के अर्धभाग जितना दीख पड़ता है। वह महान् पर्वत चारों

ओर जल-राशि से आच्छन्न एवं घिरा हुआ है। पृथ्वी से दस गुना जल चारों ओर से पृथ्वी की रक्षा करता है। जल से दसगुनी अग्नि'''ओर से जल को धारण करती है। अग्नि से दस गुनी वायु तेज को धारण करके स्थित है। वह वायुमंडल तिरछा होकर समस्त प्राणियों में प्रविष्ट होकर सबको धारण किए हुए है। वायु से दसगुना आकाश भूतों को धारण किए हुए है। उस आकाश से दसगुना भूतादि अर्थात् तामस अहंकार है। उस भूतादि से दसगुना महद्भूत (महत्तत्त्व) है और वह महतत्त्व अनंत अव्यक्त द्वारा धारण किया जाता है। इन विकृतिशील तत्त्वों के विकार आधाराधेय भाव से कल्पित हैं। ये पृथ्वी आदि विकार परस्पर विभक्त हैं। परस्पर एक-दूसरे से अधिक तथा एक-दूसरे में घुसे हुए भी हैं। इसी प्रकार ये परस्पर उत्पन्न होते हैं और परस्पर एक-दूसरे को धारण भी करते हैं॥* ४२-५४॥

यस्मात् प्रविष्टास्तेऽन्योन्यं तस्मात् ते स्थिरतां गताः।
आसंस्ते ह्यविशेषाश्च विशेषा अन्यवेशनात्॥५५॥
पृथ्व्यादयस्तु वाय्वन्ताः परिच्छिन्नास्तु तत्र ते।
भूतेभ्यः परतस्तेभ्यो ह्यलोकः सर्वतः स्मृतः॥५६॥
तथा ह्यालोक आकाशे परिच्छिन्नानि सर्वशः।
पात्रे महति पात्राणि यथा ह्यन्तर्गतानि च॥५७॥
भवन्त्यन्योन्यहीनानि परस्परसमाश्रयात्।
तथा ह्यालोक आकाशे भेदास्त्वन्तर्गतागताः॥५८॥
कृतान्येतानि तत्त्वानि अन्योन्यस्याधिकानि च।
यावदेतानि तत्त्वानि तावदुत्पत्तिरुच्यते॥५९॥
जन्तूनामिह संस्कारो भूतेष्वन्तर्गतेषु वै।
प्रत्याख्यायेह भूतानि कार्योत्पत्तिर्न विद्यते॥६०॥
तस्मात् परिमिता भेदाः स्मृताः कार्यात्मकास्तु वै।
ते कारणात्मकाश्चैव स्युर्भेदा महदादयः॥६१॥
इत्येवं सन्निवेशोऽयं पृथ्व्याक्रान्तस्तु भागशः।
सप्तद्वीपसमुद्राणां याथातथ्येन वै मया॥६२॥
विस्तारान्मण्डलाच्चैव प्रसंख्यानेन चैव हि।
विश्वरूपं प्रधानस्य परिमाणैकदेशिनः॥६३॥
एतावत् सन्निवेशस्तु मया सम्यक् प्रकाशितः।
एतावदेव श्रोतव्यं सन्निवेशस्य पार्थिव॥६४॥

* यह वर्णन अन्य पुराण में भी है। पर इन सभी का आचार्य यामुन ने 'स्तोत्ररत्नम्' में परमात्मा संबंध सहित—
"यदण्डमण्डान्तरगोचरं च मद्यशोत्तराण्या वरणानि यानि च।
गुणा प्रधानां पुरुषाः परं पदं परात्परं ब्रह्मचते विभूतयः॥
इस एक ही श्लोक में बड़े संक्षेप में, पर सुंदर शब्दों तथा भावों में चित्रण कर दिया है।

चूँकि ये सभी परस्पर एक-दूसरे में प्रविष्ट से हैं, इसीलिए स्थिरता को प्राप्त हुए हैं। पहले इनमें कोई विशेषता नहीं थी, परंतु एक-दूसरे में प्रविष्ट हो जाने से ये विशिष्ट हो गए हैं। पृथ्वी से लेकर वायु तक के सभी तत्त्व परस्पर विभक्त हैं। इन तत्त्वों से परे सारा जगत् निर्जन है। (अन्य सभी तत्त्व) प्रकाशमान आकाश में सर्वत्र व्याप्त हैं। जिस प्रकार छोटे-छोटे पात्र बड़े पात्र के अंतर्गत समा जाते हैं और परस्पर समाश्रयण होने के कारण एक-दूसरे से छोटे होते जाते हैं, उसी प्रकार ये सारे भेद प्रकाशमान आकाश के अंतर्गत विलीन हो जाते हैं। ये तत्त्व परस्पर एक-दूसरे से अधिक परिमाणवाले बनाए गए हैं। जब तक ये तत्त्व वर्तमान रहते हैं, तभी तक प्राणियों की उत्पत्ति होती है। इस जगत् में इन्हीं तत्त्वों के अंतर्गत प्राणियों की व्यवस्थिति होती है। इन तत्त्वों का प्रत्याख्यान कर देने पर किसी प्रकार कार्य की उत्पत्ति नहीं हो सकती। इसीलिए वे परिमित (पृथ्वी से वायु तक) तत्त्व कार्यात्मक कहे जाते हैं तथा महत्तत्त्व आदि भेद कारणात्मक हैं। इस प्रकार विभागपूर्वक पृथ्वी से आच्छादित मंडल, सातों द्वीपों और सातों समुद्रों का यथार्थ रूप से गणना सहित विस्तार एवं मंडल तथा परिमाण में एकदेशी प्रधान तत्त्व का इसे विश्वरूप जानना चाहिए। राजन्! मैंने इस मंडल का यहाँ तक सम्यक् प्रकार से वर्णन कर दिया, क्योंकि मंडल के वृत्तांत को यहाँ तक ही सुनना चाहिए॥ ५५-६४॥

इति श्रीमात्स्ये महापुराणे भुवनकोशे सप्त द्वीपनिवेशनं नाम त्रयोविंशत्यधिकशततमोऽध्यायः॥ १२३॥

भारतीय संस्कृति का विश्व संचार

संपूर्ण भूमंडल पर भारतीय संस्कृति के प्रसार के प्रमाण आज भी सर्वत्र उपलब्ध हैं। विश्व की प्राचीन सभ्यताएँ स्वतंत्र, अलग व अकेली नहीं थीं, सभी सभ्यताओं में उपस्थित एक समान सूत्र था—भारतीय संस्कृति। भौतिक उन्नति के साथ आध्यात्मिक उन्नति का विचार सभी सभ्यताओं को भारत से प्राप्त हुआ। सांस्कृतिक रूप से संपूर्ण विश्व एक वैदिक राष्ट्र था। (विस्तृत विवरण हेतु देखें 'वैदिक विश्व राष्ट्र का इतिहास' चार भागों में, लेखक—पुरुषोत्तम नागेश ओक)।

ईसाई एवं मुस्लिम अनुयायियों की असहिष्णु प्रवृत्ति के कारण विश्व की प्राचीन सभ्यताएँ अपना परिचय, अपनी सांस्कृतिक अस्मिता और उसके चिह्न खो बैठी हैं। प्राचीन एशिया, यूरोप, अमेरिका तथा अन्य देशों में मंदिरों तथा देवमूर्तियों को तोड़ने के ईसाई एवं इस्लामी अभियानों के वृत्तांत इतिहास में उपलब्ध हैं। इसके बाद भी आज संपूर्ण संसार में भारतीय सांस्कृतिक चिह्न बिखरे पड़े हैं।

दक्षिण-पूर्वी एशिया

वायु पुराण, विष्णु पुराण आदि में 'नवद्वीपात्मक भारतवर्ष' का उल्लेख। ये नौ द्वीप—(१) सिंहल द्वीप, यानी आज का श्रीलंका, (२) यवद्वीप यानी आज का जावा, (३) सुमात्रा द्वीप, (४) वरणद्वीप यानी आज का बोर्नियो (बाली द्वीप), (५) मलयद्वीप यानी आज का मलेशिया, (६) शूलद्वीप यानी आज का सुलावेसी, (७) मनुद्वीप यानी आज का फिलीपाइंस तथा (८) आर्यजय यानी आज का पश्चिमी न्यूगिनी तथा (९) प्राचीन भरतखंड अर्थात् वर्तमान भारत, अफगानिस्तान,

पाकिस्तान, नेपाल, बांग्लादेश, भूटान व बर्मा (म्याँमार) मिलाकर दक्षिण-पूर्व एशिया लगभग पूरा हो जाता है। ये सभी आज अलग-अलग हुए देश कभी-न-कभी केवल सांस्कृतिक दृष्टि से, अपितु राजनीतिक दृष्टि से भी भारत के अंग थे। मीकांग (माँ गंगा) सबसे प्रमुख है।

भारतीय संस्कृति का विश्व संचार

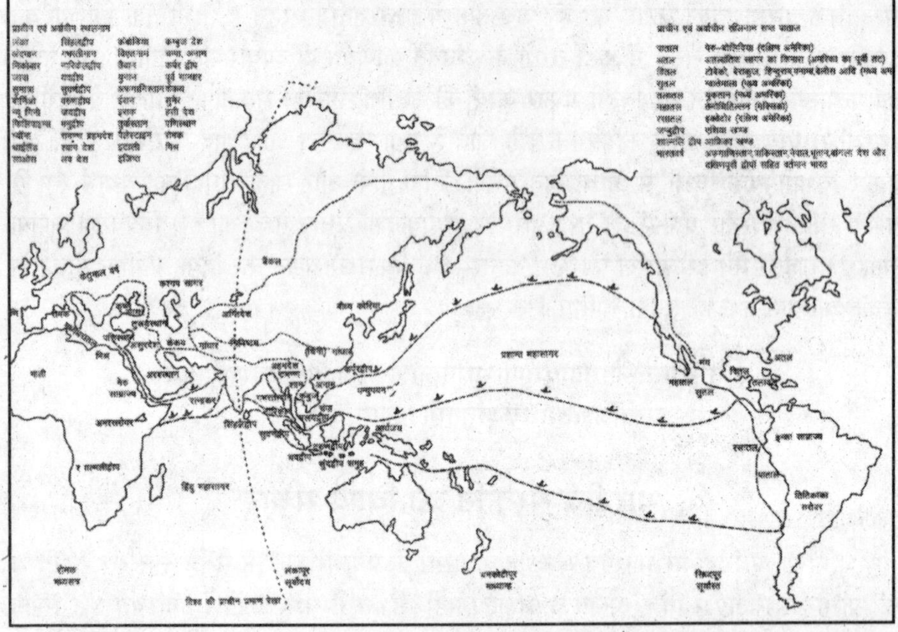

इंडोनेशिया—(जावा, सुमात्रा, बोर्नियो (बाली), सुलावेसी, आर्यजय तथा अन्य छोटे-बड़े १३,००० द्वीपों का समूह) आज भी सांस्कृतिक रूप से भारतीय। छह सौ वर्ष पूर्व इस्लाम स्वीकार कर लेने के बाद आज भी रामायण 'राष्ट्रीय महाकाव्य', महर्षि वाल्मीकि को 'आदिकवि' की मान्यता, स्थानीय भाषा में भी रामायण का अनुवाद 'ककविन' (कवि योगेश्वर)। इंडोनेशिया में भी एक अयोध्या 'योग्या' है। स्वाधीनता दिवस परेड में राजधानी जकार्ता (जयकर्ता) में सैकड़ों नवयुवक हनुमान की वेशभूषा में सम्मिलित होते हैं। अपनी भाषा में 'बहासा' कहते हैं, जिसमें संस्कृत शब्दों की भरमार है। पश्चिम दिशा के लिए 'बारत' शब्द, क्योंकि इंडोनेशिया के पश्चिम में भारत है। राष्ट्रध्वज 'द्विवर्ण' (दुरंगा), संविधान 'पंचशील', नागरिक 'भूमिपुत्र', अध्यक्ष 'सूत्रधार', छात्रावास 'आश्रम', नौसेनाध्यक्ष 'लक्ष्मण', रक्षामंत्रालय भवन 'युद्धगृह', खेल मंत्रालय 'क्रीड़ा भक्ति', महिलाओं के नाम—रति, अप्सरा देवी, पद्मा, मेघवती आदि। सीता 'देवी सिंता', हनुमान 'प्रभु हनुमान', विभीषण 'गुणवान'। राष्ट्रीय वायुसेना 'गरुड़ एयरवेज', यातायात सेवाओं के लिए जटायु और संपाति शब्द। देश में यत्र-तत्र गणेश, विष्णु, कृष्ण, अर्जुन आदि की प्रतिमाएँ। मुद्रा (रुपया) पर गणेशजी की प्रतिमूर्ति।

फिलीपाइंस—प्राचीन नाम मनुद्वीप। ईसाई मिशनरियों ने १५वीं शताब्दी में स्पेन के राजा

फिलिप द्वितीय के नाम पर नया नाम फिलीपाइंस रखा। महाराज मनु के नाम पर राजधानी 'मनीला'। आज भी सुप्रीम कोर्ट के प्रांगण में मनु महाराज की प्रतिमा है।

मलेशिया—प्राचीन मलय देश। मुस्लिम बाहुल्य होते हुए भी हिंदू-संस्कृति के प्रति अनुरागी। कुछ वर्ष पूर्व तक मुस्लिम सुल्तान के सिंहासन के पीछे एक बड़े सिंहासन पर खड़ाऊँ रखी जाती थीं। इन्हीं खड़ाऊँ को राम की पादुकाएँ मानकर सुल्तान का शासन चलता था। वाल्मीकि रामायण यहाँ भी अत्यधिक प्रचलित। मलय भाषा में भी रामकथा, जिसे 'सेरीराम' कहते हैं। महाभारत कथा 'हिकायत सेरी पिंडवा हियाकत' अपनी भाषा को भी यहाँ 'पासा' कहते हैं, जो संस्कृतनिष्ठ है।

वियतनाम—प्राचीन नाम चंपा। यहाँ के राजकुल चंदन के रूप में प्रथम हिंदू नरेश श्रीमार प्रथम द्वारा सन् १९२ ई. में चीनी आक्रमणकारियों को परास्त कर स्वतंत्र चंपा देश की घोषणा। अनेक प्राचीन मंदिर व देवी मूर्तियाँ अन्वेषकों व पर्यटकों के लिए आकर्षण की केंद्र।

लाओस (लव देश)—मंदिरों एवं विहारों की बड़ी संख्या। बौद्धमत प्रधान। भाषा संस्कृत व पालि का मिश्रण। रामकथा 'फलक लाभ'।

कंबोडिया—प्राचीन नाम कंबुज, जो कि भारत के राजर्षि 'कंबु' के नाम पर पड़ा। दो हजार वर्ष पूर्व यह केवल वनाच्छादित भूखंड था। कौंडिन्य ने भारत से आकर इसे सभ्य बनाया। विश्व का सबसे बड़ा मंदिर संकुल 'अंकोरवाट' (ओंकार वट) यहाँ है। इसके ही प्रमुख विष्णु मंदिर की अनुकृति आज भी कंबोडिया के राजकीय ध्वज पर विद्यमान। राष्ट्रीय पुष्प 'कमल'। नववर्ष 'सांक्रेम' (संक्रांति) १३ अप्रैल से प्रारंभ होता है। भरतनाट्यम, मोहिनीअट्टम आदि भारतीय नृत्य। पाठ्य पुस्तकों में राम-कृष्ण, राम कथा 'रामकीर्ति'।

थाईलैंड (श्याम देश)—जनश्रुति है कि इस देश को इंद्र ने बनाया। वृत्रासुर के वधोपरांत इंद्र के हाथ से नीचे गिरे परशु आकार के वज्र से उसी आकार का श्याम देश बन गया (मानचित्र द्वारा पुष्टि)। हिंदू मान्यताओं में रचा-बसा देश। वर्तमान राष्ट्राध्यक्ष 'भूमिबल अतुल्यतेज रामनवम'। अपनी रामकथा 'रामकियन'। 'अयुथिया' नाम से यहाँ भी 'अयोध्या'। यहाँ मिलने वाले सफेद हाथी को 'ऐरावत' कहते हैं। बौद्ध मत और हिंदू धर्म का सुंदर समन्वय। दस हजार शिवलिंग वाला बौद्ध मंदिर। बौद्ध मंदिरों में राम कथा की मूर्तियाँ व भित्ति-उत्कीर्णन। बौद्ध मंदिर में कई सौ फीट ऊँचे शिवलिंग।

म्याँमार (ब्रह्मदेश/बर्मा)—दो हजार मंदिरोंवाला नगर 'पगान'। बौद्ध मंदिर, विष्णु मंदिर। मायवाड़ी में स्वर्ण बौद्ध मंदिर। राम कथा 'रामयागन'। वैसे अधिकांश बर्मी, पर सर्वत्र हिंदू-बौद्ध समन्वय भाव।

श्रीलंका (सिंहल द्वीप) रामकथा से जुड़े हुए ५९ स्थलों का श्रीलंका सरकार द्वारा विकास व संसद् में रामभक्त विभीषण का चित्र। श्रीराम द्वारा स्थापित 'मुनेश्वरम् महादेव मंदिर' की बड़ी मान्यता। 'सीता अलिया' (प्राचीन अशोक वाटिका) में कन्याओं द्वारा श्रीराम जैसा पति पाने के लिए फूल डालने की प्रथा। सीता के अग्नि-परीक्षा स्थल में आज भी अंगारों पर चलना पतिव्रता पत्नी होने का प्रमाण।

दक्षिण-पूर्वी एशिया के बाहर

चीन—भारतीय धर्म-प्रचारकों—बोधिधर्म सम्मत भद्र धर्मरक्ष, कश्यपमातंग, गोभरण, कुमारजी आदि द्वारा दो हजार वर्षों से चीन में बौद्धमत का प्रचार। विश्व की सबसे ऊँची (२३० फुीट) बुद्ध प्रतिमा सिचुआन प्रांत की लेशन पहाड़ी पर। श्रीराम कथा भी अनेक नामों से प्रसिद्ध—दशरथ जातक, अनामक जातक, नदान जातक आदि। प्राचीन काल से ही चीन में भारत के प्रति शिष्यभाव।

तिब्बत (प्राचीन त्रिविष्टप)—पद्म संभव, शांति रक्षित आदि द्वारा बौद्धमत का प्रचार। श्रीराम कथा का भी अनेक ग्रंथों में वर्णन। तिब्बती रामायण। एक अन्य ग्रंथ—'लिकचाओ लामा' इसमें बुद्ध अपने प्रिय शिष्या को रामकथा सुनाते हैं। 'लामा' शब्द 'राम' से।

कोरिया—जिंबू नामक नगर में ५४५ ईसा पूर्व का बौद्ध मंदिर। बौद्ध मत में रँगा देश। ई. सन् ००४७ में अयोध्या की राजकुमारी का कोरिया के युवराज से विवाह।

जापान—प्राचीन संस्कृत नाम 'निपुण देश'। जापानी में 'निप्पन'। बोधिसेन द्वारा बौद्ध मत का प्रचार। यहाँ का 'शिन्तों धर्म' पूर्णत: हिंदूधर्म का अनुसरण करने वाला। देवी-देवताओं की पूजा हिंदू धर्म के अनुसार। शिव, ब्रह्मा, वीणावादिनी (सरस्वती), मैत्रेय (बुद्ध) आदि की प्रतिमाएँ।

रूस (रशिया)—प्राचीन नाम 'ऋषीय' देश। कश्यप ऋषि द्वारा स्थापित। उनके ही नाम पर कश्यप सागर (कैस्पियन सी)। साइबेरिया 'शिविरीय' देश। वहाँ आज भी 'साइबेरियन इंडियंस' रहते हैं, जो सूर्य के उपासक हैं। इसी मार्ग से ही होकर प्राचीन काल में हिंदू समूह अलास्का होते हुए अमेरिका गए थे। रूसी भाषा में संस्कृत शब्दों की बहुलता।

मंगोलिया—'गिसन खान' (किशन कान्हा) के मंदिर। भारत के प्रति भक्ति का भाव। आचार्य रघुवीर के प्रवास के समय उनकी चरण वंदना, 'किशन कान्हा के देश से आए हैं।'

अफगानिस्तान प्राचीन उपगण स्थान—वैदिक 'पक्थ' आज की 'पठान' जाति। सर्वमान्य नेता खान अब्दुल गफ्फार खान का अपनी आत्मकथा में स्वीकृत कथन—''हम विशुद्ध आर्य रक्त के हैं। मुल्ला (मौलवियों), मुल्लारों ने हमारी बुद्धि खराब की।'' प्राचीन गांधार, जहाँ की गांधारी। उत्तर पश्चिम में हरित वर्ष (हैरात) नदी व हरिरुद्र नदी। पूर्व में बल्ख (प्राचीन बाह्लीक) नगर। कुभा (काबुल) नदी। कनिष्क द्वारा गांधार में विशाल बौद्ध परिषद् का आयोजन। बामियान में अनेक विशाल बुद्ध प्रतिमाएँ थीं, जो वहाँ के शासक तालिबानों ने नष्ट कीं। सर्वत्र बौद्ध, शैव, वैष्णव प्रभाव। आनंदपाल अंतिम हिंदू राजा।

ईरान (प्राचीन आर्यन)—अग्निपूजकों का देश। कसती (यज्ञोपवीत) पहनते हैं। धर्मग्रंथ 'अवेस्ता' वेदों जैसा। परशु जाति 'पारसी' कहलाई। आठवीं शताब्दी में अरब आक्रमण के बाद इन्हीं पारसियों ने अपना धर्म बचाने हेतु गुजरात के 'संजान' में शरण ली। बाद में इन्होंने यहाँ नवसारी नगर बसाया।

तुर्किस्तान (तुरंग) स्थान—तुरंग अर्थात् घोड़ा। भारत में यहाँ से अश्व भेजे जाते थे, अत: तुरंग स्थान आज का तुर्किस्तान। प्राचीन 'हित्ती' धर्म हिंदू धर्म जैसा। सूर्य, प्रकृति, वृषभ, ऋतुदेव (शिव) के उपासक। यहाँ खुदाई में गणेश-शिव-शक्ति-विष्णु-सूर्य प्रतिमाएँ मिली हैं।

इराक—प्राचीन सुमेरी, आसुरी (असीरियाई) सभ्यताएँ। अनेक प्राचीन मंदिर।

अरब (प्राचीन 'अर्वस्थान') अर्व अर्थात् घोड़ा—यहाँ से भी भारत को अश्वों की प्राप्ति

होती थी। सर्वपूज्य स्थान काबा (कवि अर्थात् असुरों के गुरु शुक्राचार्य के नाम पर)। देवियों की ३६० प्रतिमाएँ थीं, साथ में अश्वेत शिवलिंग (संगे असबद) भी थे। हजरत मोहम्मद साहब ने ये सभी देवी प्रतिमाएँ व शिवलिंग तोड़ दिए। दिल्ली बिड़ला मंदिर में अरबी कविताओं का शिलालेख, जिसमें विक्रमादित्य का सम्मान व प्रशंसा, क्योंकि विक्रमादित्य ने वहाँ 'मक्केश्वर महादेव' की स्थापना कराई थी। 'सैर उल ओकुल' इटली की एक गुफा 'यूरोप' में इसका उल्लेख।

इटली (रोम)—राम संस्कृति का देश—राम कथा की प्राचीन परंपरा। राम-लक्ष्मण-सीता के भित्ति चित्र व मूर्तियाँ। प्राचीन भाषा लैटिन पर संस्कृत का प्रभाव। पूरे यूरोप में २० से अधिक भाषाओं में रामकथा के विभिन्न ग्रंथ उपलब्ध। फिनलैंड में अपनी भारतीय जड़ों के प्रति विशेष आग्रह उभरा है।

अफ्रीका (प्राचीन शंख द्वीप)—मानचित्र में शंख के आकार का। भारतीय चिंतन के अनुरूप 'धरती को माता', 'असासे या' (धरती माँ) मानने की परंपरा। जमीन जोतने से पूर्व धरती माँ से प्रार्थना कर जोतने की अनुमति लेते हैं। गुरुवार को कभी हल नहीं चलाते। प्रमुख देश इजिप्त (मिस्र) के प्रथम शासक मिनीस (मनु), रामसेस भी एक प्रमुख सम्राट्। सूर्योपासना का प्रचलन, अतः कोरनाक में अनेक सूर्यमंदिर। गाय पवित्र व पूज्य। 'नील नदी' पवित्र विशुद्ध संस्कृत नाम। कमंडल में नील का जल भरकर देवी का अभिषेक करने की परंपरा। नील नदी के उद्गम की खोज, पुराण-आधारित नक्शों द्वारा।

अमेरिका (पाताल लोक)—मेक्सिको (प्राचीन मय देश), माया सभ्यता। पेरू, बोलीविया, चिली, इक्वादार, कोलंबिया आदि में एजटेक (आस्तिक) व इंका (यज्ञकार) सभ्यताएँ। हजारों सूर्य मंदिर व यज्ञवेदियाँ। स्पेनिश व पुर्तगाली ईसाई आक्रमणों ने यहाँ की मूल सभ्यताएँ नष्ट कीं। आज भी प्राचीन समाज में यज्ञ का प्रचलन, स्वाहा के स्थान पर 'हुवा' कहते हैं।

संयुक्त राज्य अमेरिका (यू.एस.ए.)—अनेक स्थानों पर मंदिरों के अवशेष। ग्रैंड कैन्यन, एरिजोना राज्य में शिव, दुर्गा, गणेश, सूर्य तथा विष्णु के अनेक मंदिर। समीपवर्ती पहाड़ियों के नाम भी इन्हीं देवी-देवताओं के नाम पर, विष्णु स्किस्ट यानी विष्णु चट्टान/पहाड़ी आदि।

ऑस्ट्रेलिया—न्यूजीलैंड के मूल निवासी प्राचीन 'माओरी' लोगों द्वारा 'भारतीय घाना', 'प्राचीन घन गणराज्य', माली सोमालिया—दोनों देशों का नामकरण रावण के पूर्वजों माली तथा सुमाली के नाम पर। संस्कृति का संरक्षण।

वैदिककालीन एवं आधुनिक नामावली

प्राचीन	वर्तमान	प्राचीन	वर्तमान
हैरव/शिवरीय	साइबेरिया	अवंतिका/सनकानिक	उज्जैन
रूख/ऋषिय	रूस	गुर्जराष्ट्र	गुजरात
चीन/पारट/महाचीन	चीन	कांची/वाकाटक	कर्नाटक
तालतोषक	तिब्बत	शिवपुरी/काशी/शंकरपुरी	बनारस कौशहंबी/वाराणसी

पार्वत/टार्टरी/हरवर्ष	अरब	केकय	हेरात
आवर्त/पारस्य	ईरान	महिषक/महिषुर	मैसूर
बुखारा	बुखारा	पांड्य/मालावार	तमिलनाडु
शूद्रभव/महकावा	मक्का	उत्कल	उड़ीसा
नार्दिनाश/कारस्कर/महादी	मदीना	मिथिला/विदेह तिरहुत	जनकपुरी
पहनव	काबुल	सिंधुसौवीर	सिंधुनद के मध्यवर्ती
गांधार/बलख	कंधार	सुराष्ट्र/सौराष्ट्र	महाराष्ट्र
अपवाह/अपक्रांत	मस्कट	महादेव/कन्याकृष्ण	कन्नौज
ब्रह्मोत्तर/प्रथमदेश/शहसा	बर्मा	ममट/कीकट	गया
उपमहषक/मलेका	मलक्का	अंग	वैद्यनाथ
सिंहलदीप/सीलोन	श्रीलंका	कालगाँव/आरा	राजमहल
कुमारीकेशकारिन	कन्याकुमारी	पाटलिपुत्र	पटना
दरद	भूटान	दुंड	मेदिनीपुर
पंचनद/मोधेय	पंजाब	चंपा	भागलपुर
दरदलिंग	दार्जिलिंग	मत्स्य/रंगपुर/दीजानपुर/राजशाई	राजस्थान
गैरिक/काश्मीर	कश्मीर	बंगगौड	ढाका/बाकरगंज
उत्तरकौशल	अयोध्या के देश	शूरसेन	मथुरा
कुरुजांगल/कुरु	कुरुक्षेत्र	नदिया/शांतिपुरी/कृष्णनगर	द्वारका
इंद्रप्रस्थ/हस्तिनापुर	दिल्ली	उपवंग	माईमसिंह
किलकिला	कोलकाता	वर्वर	वाखेरी
प्राग्ज्योतिष (कामरूप)	असम	दैत्यस्थान	डचलैंड
किष्किंधा	मध्य प्रदेश	फजिस्थान	फिनलैंड
अवंति	मालव	माद्री/माद्रिद	मैड्रिड
मद्र	सिंध पंजाब का सीमावर्ती भाग	स्तनकुंज	स्टोनहेंज
साकेत	अयोध्या	स्वर्णप्रस्थ	पालिनेशिया
आर्जुनायन (कुरु)	हरियाणा	सुवर्णपुर	गोल्डवर्ग
आभीर	राजस्थान	दुर्गद्वीप	छोटे-बड़े द्वीप
पांचाल	उत्तर प्रदेश	शुंडा	स्टेटस ऑफ
कौसल	उड़ीसा	तलह	ब्राजील
पालक	केरल	हिरण्यपुर	पेरू
देवराष्ट्र	नासिक	अर्जुनस्थान	अर्जेंटीना
आंडपाल	अजंता	गौतमालय	ग्वाटेमाला
अंधक	आंध्र प्रदेश	कणाद	कनाडा

आवर्तन/बृहद्स्थान	ब्रिटेन	यावन/यवन	यूनान/ग्रीस
राम/रामा/रोमा/रूम	रोम	रमणक/पुलस्तिन/अस्त्रालय	ऑस्ट्रेलिया
पटच्चर	इटली	इषुजात/अश्वकांत	यूरोप
इंदुद्वीप/इंद्रद्वीप	इंग्लैंड	विष्णुक्रांत/आसेचेनक	एशिया
पशुशील	पुर्तगाल	स्वर्णभूमि/कुमारीद्वीप/कुमारी अंतरीप/अंबरीश/ कुशद्वीप/रथक्रांत/सर्मारिका/शंखद्वीप	उ./द. अमेरिका अफ्रीका
सैनिक	हॉलैंड	राक्षसावास/वरुण/वारिधान	अफ्रीका के प्रदेश
कुक्कुट	बेल्जियम	अजयमेरु	अजमेर
अश्वक/आश्वीय	आस्ट्रिया	पानीप्रस्थ	पानीपत
प्रलिया	गोलया	सुवर्णप्रस्थ	सोनीपत
कुहुक	फ्रांस	काल्मीक	वाल्हीक
तमान	स्पेन	निपुण/निप्पन	जापान
मारक/दनुमर्क	डेनमार्क		
स्वर्ग	नॉर्वे		
नर्क	स्वीडन		
माठक	आइसलैंड		
आरण्यक	यूरोपियन		
तुरुष्क	टर्की		
कानिवल	कैनिवल		

भारतवर्ष के प्राचीन सभ्यता केंद्र

भारत की प्राचीन सभ्यता

सभ्यता के अन्य केंद्र—प्राचीन ग्राम्य-जीवन प्रधान भारत में ऐसी सभ्यता संपूर्ण देश में विद्यमान थी और कितने ही उसके मुख्य-मुख्य केंद्र थे। अनुसंधान और अन्वेषण के आधार पर यह स्पष्ट हो गया है कि हड़प्पा, मोहनजोदड़ो, लोथल स्थानों के अतिरिक्त अंबाला जिले में रूपड़, मेरठ जिले में आलमगीरपुर, कान्यकुब्ज, कांपिल्य, इंद्रप्रस्थ, हस्तिनापुर, कौशांबी आदि सभ्यता के केंद्र थे। इन स्थानों के अलावा कुम्हगार, पटना, पहाड़पुर, राजस्थान व बंगाल में और नागार्जुनी-कोंडा मद्रास में खुदाई हुई है। इन खुदाइयों में ऐसी वस्तुएँ मिली हैं, जिनसे भारत के प्राचीन इतिहास का पता चलता है। वैदिककालीन संस्कृति नर्मदा नदी की घाटी और गोदावरी नदी की घाटियों में भी फैली थी। अत: भारत की प्राचीन सभ्यता विश्व की प्राचीन सभ्यताओं में प्रमुख थी। यही कारण है कि भारत हमेशा सभ्यता और संस्कृति में विश्व-शिरोमणि रहा है।

वैदिक सभ्यता—भारत की प्राचीन सभ्यता एक ऐसी सभ्यता थी, जिसमें सामाजिक जीवन और राजनैतिक संगठन का सुंदर समन्वय था। समाज अपने पूर्ण विकसित रूप में वास्तुकला,

संगीत, भवन-निर्माण कला, रहन-सहन, खान-पान, नगर-निर्माण, वेश-भूषा में पूर्ण दक्ष और सुखी था। इस प्रकार उनका भौतिक जीवन सुखमय था, किंतु वैदिक काल में भारत का सामाजिक और आध्यात्मिक विकास चरम सीमा तक पहुँच गया था, जिसका वर्णन हम वेदों और अन्य धार्मिक ग्रंथों में पढ़ते हैं। अत: वैदिक सभ्यता का अर्थ है, वेदों में वर्णित भारतीय सभ्यता। वेद चार हैं—ऋग्वेद, यजुर्वेद, सामवेद, अथर्ववेद, जिनमें ऋग्वेद विश्व की सबसे प्राचीन पुस्तक है।

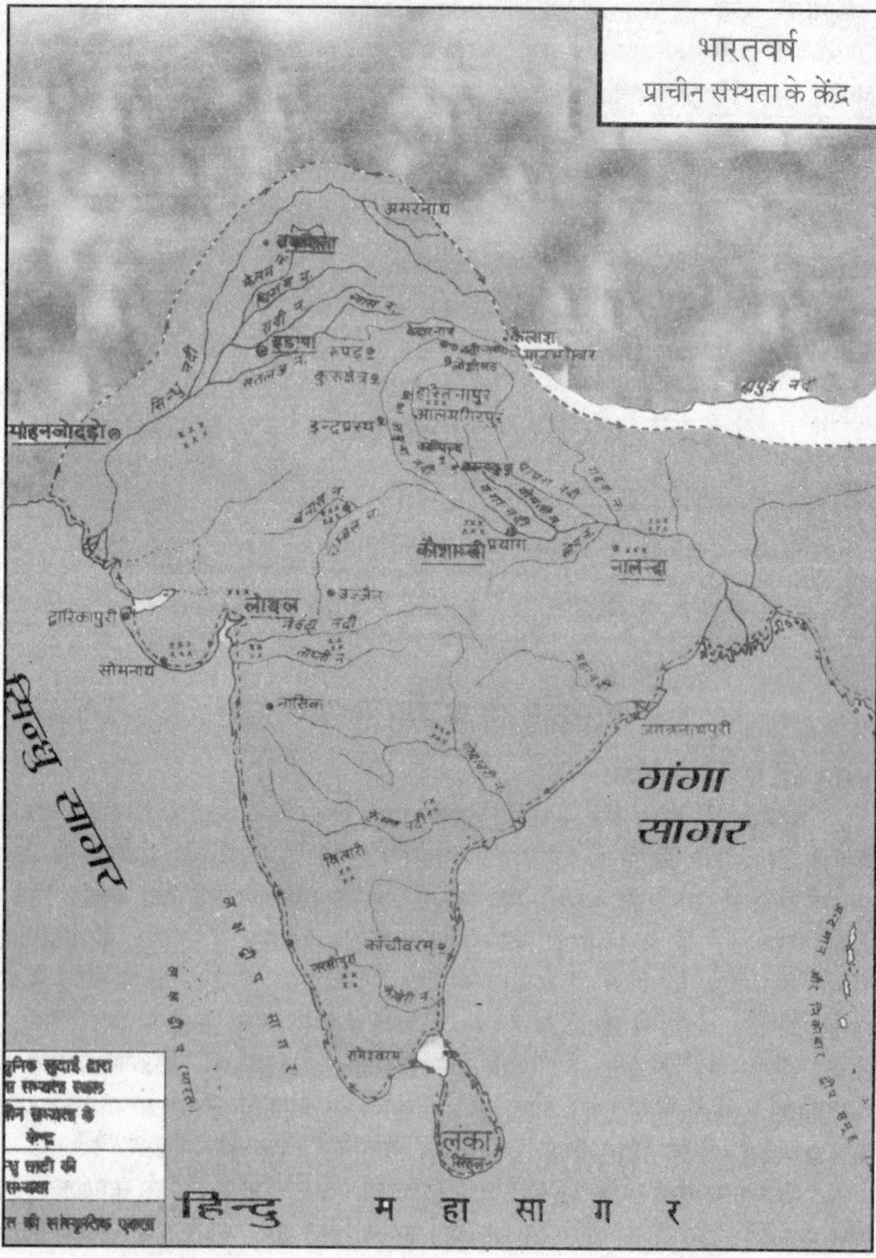

बौद्ध धर्म—ऐसा माना जाता है कि महाभारत युद्ध के बाद भारत की श्री और बौद्धिक विकास का पतन हो गया। जनसाधारण वैदिक सभ्यता के मूल तत्त्वों से हट गया और उनका प्रतिपालन ज्ञान से नहीं, किंतु प्रचलन के रूप में होने लगा। इससे समाज के अंदर दूषित वातावरण पैदा हो गया, जिसने वर्ण-व्यवस्था, ब्राह्मण, क्षत्रिय, वैश्य और शूद्र को प्रोत्साहन दिया। अंधविश्वास, भेदभाव, अज्ञान और धार्मिक जटिलता विकृत रूप में फैल गई। ऐसे वातावरण में बुद्ध ने जन्म लिया।

गौतम बुद्ध—इनका जन्म कपिलवस्तु के राजा शुद्धोधन के यहाँ लुंबिनी नामक ग्राम के समीप ५६३ ई.पू. में हुआ। इन्होंने ८० वर्ष की आयु के बाद यानी ज्ञान का प्रचार करने के उपरांत ४८३ ई.पू. में कुशीनारा नामक स्थान पर परिनिर्वाण प्राप्त किया। गौतम बुद्ध ने भारत के दूषित समाज का जीर्णोद्धार करके पुनीत भारत का निर्माण किया था।

शिक्षा—वे पुनर्जन्म, आवागमन व कर्म को मानते थे। मोक्ष, जिसको बुद्ध ने निर्वाण कहा है, की प्राप्ति के लिए अष्टमार्ग बताया है। गौतम बुद्ध की शिक्षाएँ जनता की भाषा में जनहित के लिए सरल व शुद्ध थीं।

अष्टमार्ग—(१) शुद्ध विचार, (२) शुद्ध जीवन, (३) शुद्ध वचन, (४) शुद्ध आचरण, (५) शुद्ध संकल्प, (६) शुद्ध ज्ञान, (७) शुद्ध समाधि, (८) शुद्ध कर्म। अहिंसा बौद्ध धर्म का मूल मंत्र था। बुद्ध की शिक्षाएँ मध्यम मार्ग पर अवलंबित थीं। कालांतर में बौद्ध धर्म दो शाखाओं में विभक्त हो गया—(१) महायान, (२) हीनयान। बौद्ध धर्म के इस विभाजन से बौद्ध धर्म को बड़ा आघात लगा।

जैन धर्म—वर्धमान महावीर स्वामी—पटना के निकट वैशाली राज्य के राजा सिद्धार्थ के यहाँ इनका ५४० ई.पू. में जन्म हुआ था। महावीर स्वामी ज्ञान प्राप्त करने के बाद अपनी शिक्षाओं का प्रचार करते हुए ७२ वर्ष की अवस्था में राजगृह के निकट पावा नामक स्थान पर ४६८ ई.पू. में सिधारे। कुछ विद्वान् इनका जन्म ५९९ ई.पू. और मृत्यु ५२७ ई.पू. मानते हैं।

जैन धर्म की शिक्षाएँ—जैनी आवागमन को मानते हैं। ये मोक्ष प्राप्ति के अनेक साधनों और शिक्षाओं को मानते हैं : (१) अहिंसा, (२) सत्य, (३) अस्तेय, (४) अपरिग्रह, (५) ब्रह्मचर्य इसके आधार हैं। तीन गुण व्रत का वर्णन है—(१) दिग्विरति, (२) अनर्थ-दंड-विरति, (३) उपभोग परिभोग-परिमाण। इनके अतिरिक्त गृहस्थ जीवन के लिए चार शिक्षा व्रत हैं : (१) देश-विरति, (२) सामयिक व्रत, (३) अष्टमी व चतुर्दशी व्रत और (४) अतिथि संविभाग व्रत। इन नियमों द्वारा गृहस्थ जीवन सुचारु रूप से चलता है। इसी प्रकार पाँच अणु व्रत, तीन गुणव्रत और चार शिक्षाव्रत द्वारा ही मनुष्य 'मुनि' बनता है। जैन धर्म में पाँच महाव्रत का भी वर्णन है। ये पाँचों महाव्रत पाँच अणुव्रत कहलाते हैं। ज्यो-ज्यों समय बीतता गया, जैन धर्म में दो संप्रदाय हो गए—(१) श्वेतांबर, (२) दिगंबर।

भारत की मूल जातियाँ

प्रागैतिहासिक काल के इतिहास को मुख्यत: तीन भागों में बाँटा जाता है—(१) पूर्व-प्रस्तर युग, (२) उत्तर-प्रस्तर युग और (३) धातु युग।

पूर्व-प्रस्तर युग—उस काल को कहते हैं, जब मनुष्य पत्थर के टुकड़ों को औजार के रूप में काम में लाता था। चूँकि मनुष्य को पत्थर के ही प्रयोग का पता था, अत: उस काल को

पूर्व प्रस्तर युग कहा जाता है। दक्षिण भारत में मद्रास, चिंगलपेट और कड़प्पा के आस-पास खुदाई करने पर पूर्व प्रस्तर काल के निवासियों के पत्थर के बने भौंड़े औजार मिले हैं। इस काल में मनुष्य बिल्कुल जंगली था। वह वृक्ष के नीचे या कंदराओं में रहता था। आग, धातुओं या अन्य किसी चीज के संबंध में उसे कुछ भी ज्ञान नहीं था। उस काल का मनुष्य नंगा रहता था।

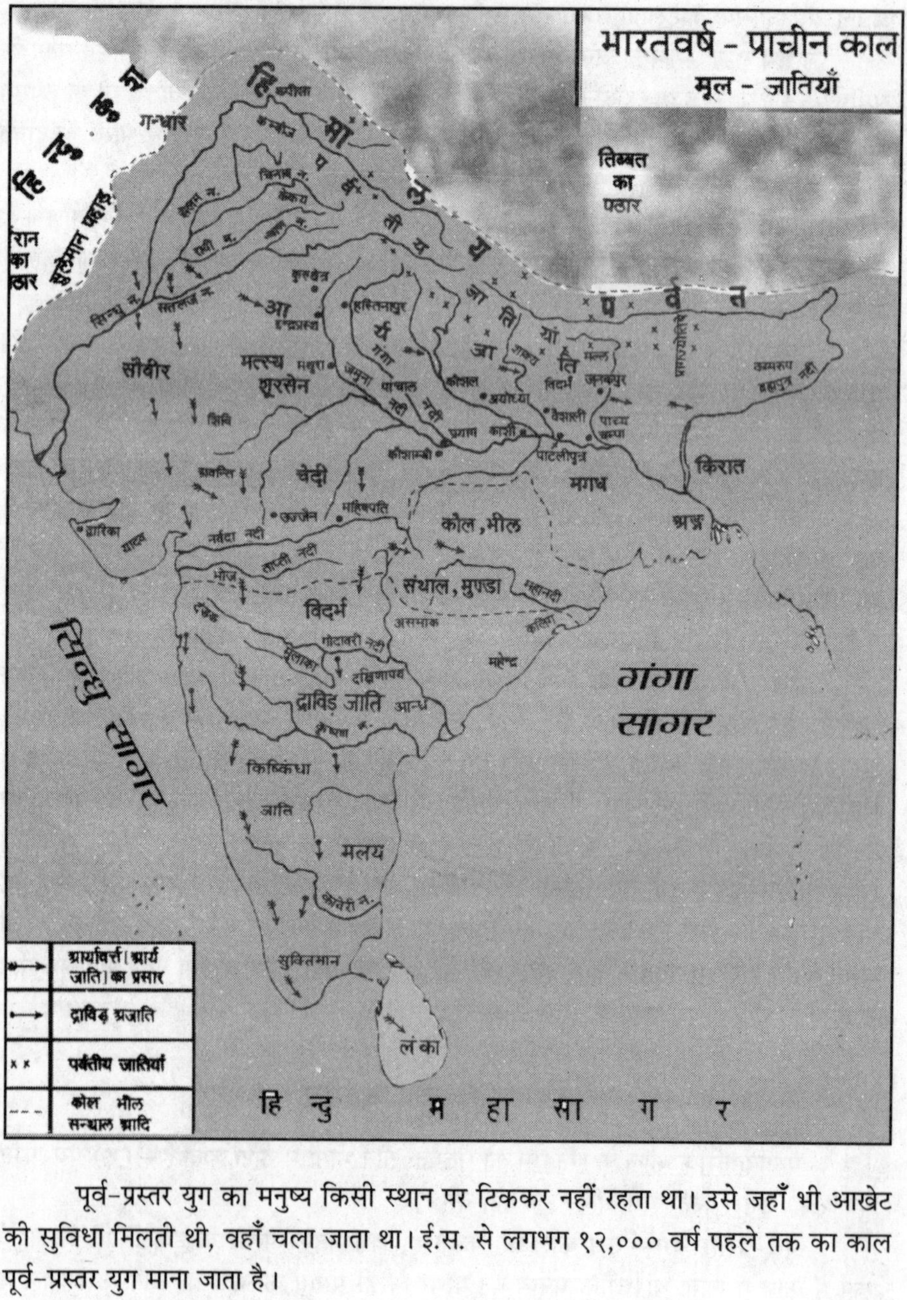

पूर्व-प्रस्तर युग का मनुष्य किसी स्थान पर टिककर नहीं रहता था। उसे जहाँ भी आखेट की सुविधा मिलती थी, वहाँ चला जाता था। ई.स. से लगभग १२,००० वर्ष पहले तक का काल पूर्व-प्रस्तर युग माना जाता है।

उत्तर-प्रस्तर युग—मनुष्य हजारों वर्षों तक पूर्व-प्रस्तर युग की सभ्यता में ही जीवन व्यतीत करता गया। उसके बाद उसने अपने पत्थर के भौंड़े औजारों को सुधारा। अब पत्थर के बने उसके औजार अधिक सुडौल, चिकने और पैने होने लगे। इन औजारों से वह जंगली जानवरों से अपनी रक्षा करने में अधिक सफल था। इन औजारों से वह जंगली जानवरों को मारकर उनका मांस भी खाने लगा। उत्तर-प्रस्तर युग के बहुत से अवशेष भारत में मिलते हैं।

इस काल में मनुष्य ने अपने रहने के लिए घास-फूस की झोंपड़ियाँ बनानी शुरू कर दीं और उसने आग जलाना भी सीख लिया। घास-फूस की बनी झोंपड़ी में वह सर्दी, गरमी और वर्षा से अपनी रक्षा करता था। आग उसके बड़े काम की चीज थी। आग से वह जंगली जानवरों को डराकर भगा देता था। आग से उसकी झोंपड़ी में उजाला रहने लगा और आग से वह अपने को सर्दी से भी बचाता था। आगे चलकर वह मांस को आग में भूनकर खाने लगा।

धीरे-धीरे मनुष्य की सभ्यता में और भी उन्नति होती गई। पेड़ की छाल को वह कपड़े की तरह पहनने लगा। उसने पानी में आने-जाने या नदी पार करने के लिए नाव का भी आविष्कार किया। वह मिट्टी के बरतन बनाना भी सीख गया। इसके बावजूद मनुष्य को अभी तक धातु का पता नहीं था। वह धातु का प्रयोग भी नहीं करता था। डॉ. ईश्वरी प्रसाद का कहना है कि मध्य प्रदेश में रहनेवाली अनेक जातियाँ, जैसे—संथाल, कोल, मुंडा और आसाम की खासी जातियों के लोग उत्तर-प्रस्तर काल के निवासियों के ही वंशज हैं।

धातु युग—अब मनुष्य उन्नति करके धातु का प्रयोग करने लगा, उस काल को 'धातु युग' कहा जाता है। इस काल में ताँबे और लोहे का प्रयोग किया जाने लगा। मनुष्य अपने हथियार और औजार धातुओं से बनाने लगा। धातु के बने औजार अधिक उपयोगी सिद्ध हुए। धातु युग का काल काफी लंबा था। इतिहासकारों का कहना है कि ई.स. से १००० वर्ष पूर्व तक धातु युग चलता रहा। इस काल में मनुष्य का रहने का ढंग अपेक्षाकृत अधिक विकसित था।

द्रविड़—आर्यों की तरह द्रविड़ भी भारत के मूल निवासी थे। भौगोलिक परिस्थितियों के आधार पर उन्हें दक्षिण में रहना पड़ा। इसी तरह आर्यों और द्रविड़ों में शारीरिक अंतर आ गया। योरोप के निवासी शीत कटिबंध में होने की वजह से गोरे हैं, दक्षिणी अफ्रीका के निवासी उष्ण कटिबंध में रहने से काले हैं। अत: शरीर की दशा और वर्ण तो भौगोलिक कारकों पर आधारित हैं।

इसी तरह कोल, भील, संथाल, मुंडा, यक्ष, गंधर्व और किरात सब प्राचीनकाल से ही भारत की मूल जातियाँ रही हैं। वास्तव में भारत में एक ही जाति का विकास हुआ है। यद्यपि भौगोलिक परिस्थितियों के कारण उत्तर में आर्य, दक्षिण में द्रविड़ और विंध्य प्रदेश के आस-पास शबर-पुलिंद, जिसमें कोल, भील, संथाल और मुंडा जातियाँ हैं, अलग-अलग विकसित हुईं। प्राचीन समय से ही भारत एक राष्ट्र था, आज भी भारत एक राष्ट्र है। अत: यहाँ एक ही मूल जाति 'आर्य' थी। कालांतर में आर्य जाति का प्रसार बाह्य देशों में हुआ।

आर्य जाति—पाश्चात्य विद्वानों ने अपने भ्रामक लेखों ने और भारतीयों को मानसिक हीन बनाने के लिए आर्यों को भारत का मूल निवासी न बताकर बाहर से आए हुए लिखा है। योरोपीय विद्वानों में हमेशा भारतीय इतिहास को लिखते समय यह दृष्टिकोण रहा कि भारतीयों को पहले मानसिक गुलाम बनाएँ, क्योंकि राजनीतिक गुलाम बनाना बड़ा सरल है। इसी उद्देश्य से उन्होंने

भारत के मूल निवासी आर्यों को बाहर से आया लिखकर यह सिद्ध करना चाहा कि भारत हमेशा बाह्य जातियों द्वारा आक्रांत हुआ है और आक्रांता फिर यहीं के निवासी बन गए, किंतु आज यह असत्य सिद्ध हो गया है।

आर्यों के विषय में भ्रामक मत

१. सर विलियम जोन्स, फिलिप्पो सालिटी आदि विद्वानों ने आर्यों का मूल निवास-स्थान योरोप कहा है।
२. कुछ डेन्यूब के किनारे, आस्ट्रिया, हंगरी के मैदान या जर्मनी को मूल स्थान मानते हैं।
३. कैस्पियन सागर के पास रूस के दक्षिणी भाग कॉकेशस प्रांत को प्रोफेसर चाइल्स ने मूल स्थान बताया है।
४. बाल गंगाधर तिलक का मत है कि उत्तरी ध्रुव प्रदेश आर्यों का मूल स्थान था।
५. प्रोफेसर मैक्समूलर का मत है कि मध्य एशिया आर्यों का मूल स्थान था।
६. डॉ. राजबली पांडेय के मत से मध्य प्रदेश है।
७. महामहोपाध्याय पं. गंगानाथ झा के मत से ब्रह्मर्षि देश है।
८. डी.एस. त्रिवेदी के मत से मुल्तान प्रदेश में देविका नदी घाटी आर्यों का आदिस्थान है।
९. डॉ. अविनाश चंद्र दास और डॉ. संपूर्णानंदजी के अनुसार आर्यों का मूल स्थान सप्त सिंधु प्रदेश है।
१०. किंतु सत्य यह है कि भारतभूमि आर्यों का आदिस्थान है।

□

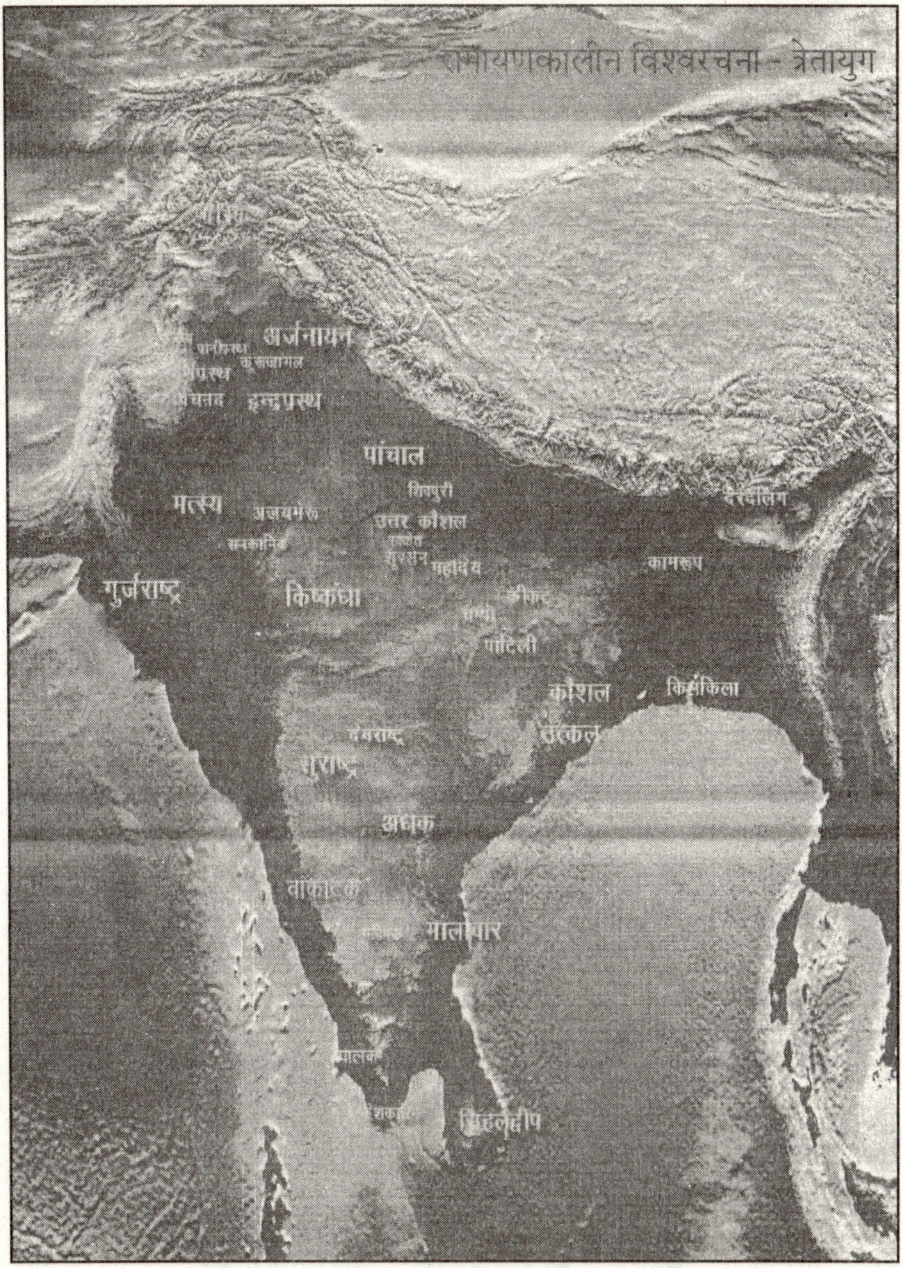

रामायणकालीन विश्वरचना - त्रेतायुग
अर्जनायन
इन्द्रप्रस्थ
पांचाल
मत्स्य
उत्तर कौशल
कामरूप
गुर्जराष्ट्र
किष्कंधा
कौशल
उत्कल
अश्मक
वाकाटक
मालबार
सिंहलद्वीप

- महर्षि वाल्मीकि कृत रामायण (चत्वारिंशः सर्गः)
- महर्षि वाल्मीकि कृत रामायण (एकचत्वारिंशः सर्गः)
- महर्षि वाल्मीकि कृत रामायण (द्विचत्वारिंशः सर्गः)
- महर्षि वाल्मीकि कृत रामायण (त्रिचत्वारिंशः सर्गः)
- तुलसी कृत श्रीरामचरितमानस (किष्किंधाकाण्ड)
- भगवान् श्रीराम

रामायण-पर्व

जब भी मर्यादाएँ टूटतीं, खंडित, अपमानित, लांक्षित, विदीर्ण, क्षीण और तार-तार होती हैं, तब उन्हीं मर्यादाओं की पुन: प्रतिष्ठा हेतु स्वयं ईश्वरीय सत्ता किसी-न-किसी रूप में अवतरित होकर या रूप धरकर अवंति लोक में अवतरित होती है और पग-पग पर क्षत-विक्षत पथ को अपने जीवन के आचरण के प्रकाश से आलोकित करके प्रशस्त करती है तथा आनेवाली पीढ़ियों के लिए पुन: मार्ग प्रदर्शित करती है, जिससे उन्हीं मर्यादाओं की डोर में बँधकर चराचर जगत् नियमपूर्वक, अनुशासनपूर्वक, निष्ठा-भक्ति-कर्तव्यपरायणता से परिपालन कर सके और धर्म की पुन: प्राणप्रतिष्ठा कर व सुधार की आँखों के आँसू पोंछकर निष्कंटक अखंड जीवन-दीप जला सके।

वास्तव में यही मार्ग मानवता के कल्याण और दानवता के महाविनाश के लिए अभिप्रेत है। इसी मार्ग पर मानवरूप में प्रभु श्रीराम ने पग-पग पर मर्यादाओं की कठोर-से-कठोर परीक्षा उत्तीर्ण कर 'सत्यं-शिवं-सुंदरम्' तथा कल्याणकारी पथ की प्राण प्रतिष्ठा की। जिसने पशुवत् जीवन जीने को विवश पशुतुल्य संज्ञा प्राप्त महामानवों को पुन: देवत्व के मार्ग पर लाकर खड़ा कर दिया और जगत्-वंदनीय, पूजनीय, प्रात: स्मरणीय बना दिया, जिसके बल पर वह दुर्गम कार्य भी सामान्य से लोगों को असामान्य बनाकर कर दिखाया।

उसी की फलश्रुति आज तक कानों में गूँज-गूँजकर संपूर्ण वसुधा की मानवता को अपनी ओर आकर्षित करती रहती है। धन्य है ऐसा महामानव, जिसने ऐसे युग के आरंभ की नींव रखकर माँ भारती को वसुधा भर की भारती बनने का गौरव प्रदान किया।

वंदनीय है—चिरस्मणीय है, अनुगमनीय है, अनुकरणीय है, जीवन में सपनों की तरह सँजोकर सदैव हृदय में रखने की थाली है।

मर्यादा की लक्ष्मणरेखा।
वीरव्रत, कर्तव्यपरायण॥
मानवत्व की सजलप्रतिभा।
जग 'राम संकल्प' रामायण॥

महर्षि वाल्मीकि कृत रामायण

चत्वारिंशः सर्गः

श्रीराम की आज्ञा से सुग्रीव का सीता की खोज के लिए पूर्व दिशा में वानरों को भेजना और वहाँ के स्थानों का वर्णन करना

अथ राजा समृद्धार्थः सुग्रीवः प्लवगेश्वरः।
उवाच नरशार्दूलं रामं परबलार्दनम्॥१॥

तदनंतर बल-वैभव से संपन्न वानरराज राजा सुग्रीव शत्रुसेना का संहार करनेवाले पुरुषसिंह श्रीराम से बोले— ॥ १ ॥

आगता विनिविष्टाश्च बलिनः कामरूपिणः।
वानरेन्द्रा महेन्द्राभा ये मद्विषयवासिनः॥२॥

भगवन्! जो मेरे राज्य में निवास करते हैं, वे महेंद्र के समान तेजस्वी, इच्छानुसार रूप धारण करनेवाले और बलवान् वानर-यूथपति यहाँ आकर पड़ाव डाले हुए हैं ॥ २ ॥

त इमे बहुविक्रान्तैर्बलिभिर्भीमविक्रमैः।
आगता वानरा घोरा दैत्यदानवसन्निभाः॥३॥

ये अपने साथ ऐसे बलवान वानर योद्धाओं को ले आए हैं, जो बहुत से युद्ध-स्थलों में अपना पराक्रम प्रकट कर चुके हैं और भयंकर पुरुषार्थ कर दिखानेवाले हैं। यहाँ ऐसे-ऐसे वानर उपस्थित हुए हैं, जो दैत्यों और दानवों के समान भयानक हैं ॥ ३ ॥

ख्यातकर्मापदानाश्च बलवन्तो जितक्लमाः।
पराक्रमेषु विख्याता व्यवसायेषु चोत्तमाः॥४॥

अनेक युद्धों में इन वानर वीरों की शूरवीरता का परिचय मिल चुका है। ये बल के भंडार हैं, युद्ध से थकते नहीं हैं। इन्होंने थकावट को जीत लिया है। ये अपने पराक्रम के लिए प्रसिद्ध और उद्योग करने में श्रेष्ठ हैं ॥ ४ ॥

पृथिव्यम्बुचरा राम नानानगनिवासिनः।
कोट्योघाश्च इमे प्राप्ता वानरास्तव किंकराः॥५॥

श्रीराम! यहाँ आए हुए ये वानरों के करोड़ों यूथ विभिन्न पर्वतों पर निवास करनेवाले हैं। जल और थल दोनों में समान रूप से चलने की शक्ति रखते हैं। ये सबके सब आपके किंकर (आज्ञापालक) हैं ॥ ५ ॥

निदेशवर्तिनः सर्वे सर्वे गुरुहिते स्थिताः।
अभिप्रेतमनुष्ठातुं तव शक्ष्यन्त्यरिंदम॥६॥

शत्रुदमन! ये सभी आपकी आज्ञा के अनुसार चलनेवाले हैं। आप इनके गुरु स्वामी हैं। ये आपके हित-साधन में तत्पर रहकर आपके अभीष्ट मनोरथ को सिद्ध कर सकेंगे ॥ ६ ॥

त इमे बहुसाहस्रैरनीकैर्भीमविक्रमैः।
आगता वानरा घोरा दैत्यदानवसन्निभाः॥७॥

दैत्यों और दानवों के समान घोर रूपधारी ये सभी वानर-यूथपति अपने साथ भयंकर पराक्रम करनेवाली कई सहस्र सेनाएँ लेकर आए हैं ॥ ७ ॥

यन्मन्यसे नरव्याघ्र प्राप्तकालं तदुच्यताम्।
त्वत्सैन्यं त्वद्वशे युक्तमाज्ञापयितुमर्हसि ॥ ८ ॥

पुरुषसिंह! अब इस समय आप जो कर्तव्य उचित समझते हैं, उसे बताइए। आपकी यह सेना आपके वश में है। आप इसे यथोचित कार्य के लिए आज्ञा प्रदान करें ॥ ८ ॥

काममेषामिदं कार्यं विदितं मम तत्त्वतः।
तथापि तु यथायुक्तमाज्ञापयितुमर्हसि ॥ ९ ॥

यद्यपि सीताजी के अन्वेषण का यह कार्य इन सबको तथा मुझे भी अच्छी तरह ज्ञात है, तथापि आप जैसा उचित हो, वैसे कार्य के लिए हमें आज्ञा दें ॥ ९ ॥

तथा ब्रुवाणं सुग्रीवं रामो दशरथात्मजः।
बाहुभ्यां सम्परिष्वज्य इदं वचनमब्रवीत् ॥ १० ॥

जब सुग्रीव ने ऐसी बात कही, तब दशरथनंदन श्रीराम ने दोनों भुजाओं से पकड़कर उन्हें हृदय से लगा लिया और इस प्रकार कहा— ॥ १० ॥

ज्ञायतां सौम्य वैदेही यदि जीवति वा न वा।
स च देशो महाप्राज्ञ यस्मिन् वसति रावणः ॥ ११ ॥

सौम्य! महाप्राज्ञ! पहले यह तो पता लगाओ कि विदेहकुमारी सीता जीवित है या नहीं तथा वह देश, जिसमें रावण निवास करता है, कहाँ है? ॥ ११ ॥

अधिगम्य तु वैदेहीं निलयं रावणस्य च।
प्राप्तकालं विधास्यामि तस्मिन् काले सह त्वया ॥ १२ ॥

जब सीता के जीवित होने का और रावण के निवासस्थान का निश्चित पता मिल जाएगा, तब जो समयोचित कर्तव्य होगा, उसका मैं तुम्हारे साथ मिलकर निश्चय करूँगा ॥ १२ ॥

नाहमस्मिन् प्रभुः कार्ये वानरेन्द्र न लक्ष्मणः।
त्वमस्य हेतुः कार्यस्य प्रभुश्च प्लवगेश्वर ॥ १३ ॥

वानरराज! इस कार्य को सिद्ध करने में न तो मैं समर्थ हूँ और न लक्ष्मण ही। कपीश्वर! इस कार्य की सिद्धि तुम्हारे ही हाथ है। तुम्हीं इसे पूर्ण करने में समर्थ हो ॥ १३ ॥

त्वमेवाज्ञापय विभो मम कार्यविनिश्चयम्।
त्वं हि जानासि मे कार्यं मम वीर न संशयः ॥ १४ ॥

प्रभो! मेरे कार्य का भलीभाँति निश्चय करके तुम्हीं वानरों को उचित आज्ञा दो। वीर! मेरा कार्य क्या है? इसे तुम्हीं ठीक-ठीक जानते हो, इसमें संशय नहीं है ॥ १४ ॥

सुहृद्द्वितीयो विक्रान्तः प्राज्ञः कालविशेषवित्।
भवानस्मद्धिते युक्तः सुहृदाप्तोऽर्थवित्तमः ॥ १५ ॥

लक्ष्मण के बाद तुम्हीं मेरे दूसरे सुहृदय हो। तुम पराक्रमी, बुद्धिमान, समयोचित कर्तव्य

के ज्ञाता, हित में संलग्न रहनेवाले, हितैषी, बंधु, विश्वासपात्र तथा मेरे प्रयोजन को अच्छी तरह समझनेवाले हो॥ १५॥

एवमुक्तस्तु सुग्रीवो विनतं नाम यूथपम्।
अब्रवीद् रामसान्निध्ये लक्ष्मणस्य च धीमतः॥१६॥
शैलाभं मेघनिर्घोषमूर्जितं प्लवगेश्वरम्।
सोमसूर्यनिभैः सार्धं वानरैर्वानरोत्तम॥१७॥
देशकालनयैर्युक्तो विज्ञः कार्यविनिश्चये।
वृतः शतसहस्रेण वानराणां तरस्विनाम्॥१८॥
अधिगच्छ दिशं पूर्वां सशैलवनकाननाम्।
तत्र सीतां च वैदेहीं निलयं रावणस्य च॥१९॥
मार्गध्वं गिरिदुर्गेषु वनेषु च नदीषु च।

श्रीरामचंद्रजी के ऐसा कहने पर सुग्रीव ने उनके और बुद्धिमान् लक्ष्मण के समीप ही विनत नामक यूथपति से, जो पर्वत के समान विशालकाय, मेघ के समान गंभीर गर्जना करनेवाले, बलवान तथा वानरों के शासक थे और चंद्रमा एवं सूर्य के समान कांतिवाले वानरों के साथ उपस्थित हुए थे, कहा, "वानरशिरोमणे! तुम देश और काल के अनुसार नीति का प्रयोग करनेवाले तथा कार्य का निश्चय करने में चतुर हो। तुम एक लाख वेगवान् वानरों के साथ पर्वत, वन और काननों सहित पूर्व दिशा की ओर जाओ और वहाँ पहाड़ों के दुर्गम प्रदेशों, वनों तथा सरिताओं में विदेहकुमारी सीता एवं रावण के निवासस्थान की खोज करो॥ १६-१९॥

नदीं भागीरथीं रम्यां सरयूं कौशिकीं तथा॥२०॥
कालिन्दीं यमुनां रम्यां यामुनं च महागिरिम्।
सरस्वतीं च सिन्धुं च शोणं मणिनिभोदकम्॥२१॥
महीं कालमहीं चापि शैलकाननशोभिताम्।

भागीरथी गंगा, रमणीय सरयू, कौशिकी, सुरम्य कलिंद-नंदिनी यमुना, महापर्वत यामुन, सरस्वती नदी, सिंधु, मणि के समान निर्मल जलवाले शोणभद्र, मही तथा पर्वतों और वनों से सुशोभित काल मही आदि नदियों के किनारे ढूँढ़ो॥ २०-२१ १/२॥

ब्रह्ममालान् विदेहांश्च मालवान् काशिकोसलान्॥२२॥
मागधांश्च महाग्रामान् पुण्ड्रांस्त्वङ्गांस्तथैव च।

ब्रह्ममाल, विदेह, मालव, काशी, कोसल, मगध देश के बड़े-बड़े ग्राम, पुंड्रदेश तथा अंग आदि जनपदों में छानबीन करो॥ २२॥

भूमिं च कोशकाराणां भूमिं च रजताकराम्॥२३॥
सर्वं च तद् विचेतव्यं मार्गयद्भिस्ततस्ततः।
रामस्य दयितां भार्यां सीतां दशरथस्नुषाम्॥२४॥

रेशम के कीड़ों की उत्पत्ति के स्थानों और चाँदी की खानों में भी खोज करनी चाहिए। इधर-

उधर ढूँढ़ते हुए तुम सब लोगों को इन सभी स्थानों में राजा दशरथ की पुत्रवधू तथा श्रीरामचंद्रजी की प्यारी पत्नी सीता का अन्वेषण करना चाहिए॥ २३-२४॥

समुद्रमवगाढांश्च पर्वतान् पत्तनानि च।
मन्दरस्य च ये कोटिं संश्रिताः केचिदालयाः॥ २५॥

समुद्र के भीतर प्रविष्ट हुए पर्वतों पर, उसके अंतर्वर्ती द्वीपों के विभिन्न नगरों में तथा मंदराचल की चोटी पर जो कोई गाँव बसे हैं, उन सबमें सीता का अनुसंधान करो॥ २५॥

कर्णप्रावरणाश्चैव तथा चाप्योष्ठकर्णकाः।
घोरलोहमुखाश्चैव जवनाश्चैकपादकाः॥ २६॥
अक्षया बलवन्तश्च तथैव पुरुषादकाः।
किरातास्तीक्ष्णचूडाश्च हेमाभाः प्रियदर्शनाः॥ २७॥
आममीनाशनाश्चापि किराता द्वीपवासिनः।
अन्तर्जलचरा घोरा नरव्याघ्रा इति स्मृताः॥ २८॥
एतेषामाश्रयाः सर्वे विचेयाः काननौकसः।

जो कर्ण प्रावरण (वस्त्र की भाँति पैर तक लटके हुए कानवाले), ओष्ठकर्णक (ओठ तक फैले हुए कानवाले) तथा घोरलौहमुख (लोहे के समान काले एवं भयंकर मुखवाले) हैं, जो एक ही पैर के होते हुए भी वेगपूर्वक चलनेवाले हैं, जिनकी संतान परंपरा कभी क्षीण नहीं होती, वे पुरुष तथा जो बलवान् नरभक्षी राक्षस हैं, जो सूची के अग्रभाग की भाँति तीखी चोटीवाले, सुवर्ण के समान कांतिमान, प्रिय्रदर्शन (सुंदर), कच्ची मछली खानेवाले, द्वीपवासी तथा जल के भीतर विचरनेवाले किरात हैं, जिनके नीचे का आकार मनुष्य जैसा और ऊपरी आकृति व्याघ्र के समान है, ऐसे जो भयंकर प्राणी बताए गए हैं, वानरो! इन सबके निवासस्थानों में जाकर तुम्हें सीता तथा रावण की खोज करनी चाहिए॥ २६-२८॥

गिरिभिर्ये च गम्यन्ते प्लवनेन प्लवेन च ॥ २९॥

जिन द्वीपों में पर्वतों पर होकर जाना पड़ता है, जहाँ समुद्र को तैरकर या नाव आदि के द्वारा पहुँचा जाता है, उन सब स्थानों में सीता को ढूँढ़ना चाहिए॥ २९॥

यत्नवन्तो यवद्वीपं सप्तराज्योपशोभितम्।
सुवर्णरूप्यकद्वीपं सुवर्णाकरमण्डितम्॥ ३०॥

इसके सिवा तुम लोग यत्नशील होकर सात राज्यों से सुशोभित यवद्वीप (जावा), सुवर्णद्वीप (सुमात्रा) तथा रूप्यकद्वीप में भी, जो सुवर्ण की खानों से सुशोभित हैं, ढूँढ़ने का प्रयत्न करो॥ ३०॥

यवद्वीपमतिक्रम्य शिशिरो नाम पर्वतः।
दिवं स्पृशति शृङ्गेण देवदानवसेवितः॥ ३१॥

यवद्वीप को लाँघकर आगे जाने पर एक शिशिरनामक पर्वत मिलता है, जिसके ऊपर देवता और दानव निवास करते हैं। वह पर्वत अपने उच्च शिखर से स्वर्ग लोक का स्पर्श करता सा जान पड़ता है॥ ३१॥

एतेषां गिरिदुर्गेषु प्रतातेषु वनेषु च।
मार्गध्वं सहिताः सर्वे रामपत्नीं यशस्विनीम्॥ ३२॥

इन सब द्वीपों के पर्वतों तथा शिशिर पर्वत के दुर्गम प्रदेशों में, झरनों के आसपास और जंगलों में तुम सब लोग एक साथ होकर श्रीरामचंद्रजी की यशस्विनी पत्नी सीता का अन्वेषण करो॥ ३२॥

ततो रक्तजलं प्राप्य शोणाख्यं शीघ्रवाहिनम्।
गत्वा पारं समुद्रस्य सिद्धचारणसेवितम्॥ ३३॥
तस्य तीर्थेषु रम्येषु विचित्रेषु वनेषु च।
रावणः सह वैदेह्या मार्गितव्यस्ततस्ततः॥ ३४॥

तदनंतर समुद्र के उस पार, जहाँ सिद्ध और चारण निवास करते हैं, जाकर लाल जल से भरे हुए शीघ्र प्रवाहित होनेवाले शोण नामक नद के तट पर पहुँच जाओगे। उसके तटवर्ती रमणीय तीर्थों और विचित्र वनों में, जहाँ-तहाँ विदेहकुमारी सीता के साथ रावण की खोज करना॥ ३३-३४॥

पर्वतप्रभवा नद्यः सुभीमबहुनिष्कुटाः।
मार्गितव्या दरीमन्तः पर्वताश्च वनानि च॥ ३५॥

पर्वतों से निकली हुई बहुत सी ऐसी नदियाँ मिलेंगी, जिनके तटों पर बड़े भयंकर अनेकानेक उपवन प्राप्त होंगे, साथ ही वहाँ बहुत सी गुफाओंवाले पर्वत उपलब्ध होंगे और अनेक वन भी दृष्टिगोचर होंगे। उन सबमें सीता का पता लगाना चाहिए॥ ३५॥

ततः समुद्रद्वीपांश्च सुभीमान् द्रष्टुमर्हथ।
ऊर्मिमन्तं महारौद्रं क्रोशन्तमनिलोद्धतम्॥ ३६॥

तत्पश्चात् पूर्वोक्त देशों से परे जाकर तुम इक्षुरस से परिपूर्ण समुद्र तथा उसके द्वीपों को देखोगे, जो बड़े ही भयंकर प्रतीत होते हैं। इक्षुरस का वह समुद्र महाभयंकर है। उसमें हवा के वेग से उत्ताल तरंगें उठती रहती हैं तथा वह गर्जना करता हुआ सा जान पड़ता है॥ ३६॥

तत्रासुरा महाकायाश्छायां गृह्णन्ति नित्यशः।
ब्रह्मणा समनुज्ञाता दीर्घकालं बुभुक्षिताः॥ ३७॥

उस समुद्र में बहुत से विशालकाय असुर निवास करते हैं। वे बहुत दिनों के भूखे होते हैं और छाया पकड़कर ही प्राणियों को अपने पास खींच लेते हैं। यही उनका नित्य का आहार है। इसके लिए उन्हें ब्रह्माजी से अनुमति मिल चुकी है॥ ३७॥

तं कालमेघप्रतिमं महोरगनिषेवितम्।
अभिगम्य महानादं तीर्थेनैव महोदधिम्॥ ३८॥
ततो रक्तजलं भीमं लोहितं नाम सागरम्।
गत्वा प्रेक्ष्यथ तां चैव बृहतीं कूटशाल्मलीम्॥ ३९॥

इक्षुरस का वह समुद्र काले मेघ के समान श्याम दिखाई देता है। बड़े-बड़े नाग उसके भीतर निवास करते हैं। उससे बड़ी भारी गर्जना होती रहती है। विशेष उपायों से उस महासागर के पार जाकर तुम लाल रंग के जल से भरे हुए लोहित नामक भयंकर समुद्र के तट पर पहुँच जाओगे और वहाँ शाल्मलीद्वीप के चिह्नभूत कूटशाल्मली नामक विशाल वृक्ष का दर्शन करोगे॥ ३८-३९॥

गृहं च वैनतेयस्य नानारत्नविभूषितम्।
तत्र कैलाससंकाशं विहितं विश्वकर्मणा॥४०॥

उसके पास ही विश्वकर्मा का बनाया हुआ विनतानंदन गरुड़ का एक सुंदर भवन है, जो नाना प्रकार के रत्नों से विभूषित तथा कैलास पर्वत के समान उज्ज्वल एवं विशाल है॥ ४०॥

तत्र शैलनिभा भीमा मन्देहा नाम राक्षसाः।
शैलशृङ्गेषु लम्बन्ते नानारूपा भयावहाः॥४१॥

उस द्वीप में पर्वत के समान शरीरवाले भयंकर मंदेह नामक राक्षस निवास करते हैं, जो सुरा समुद्र के मध्यवर्ती शैल-शिखरों पर लटकते रहते हैं। वे अनेक प्रकार के रूप धारण करनेवाले तथा भयदायक हैं॥ ४१॥

ते पतन्ति जले नित्यं सूर्यस्योदयनं प्रति।
अभितप्ताः स्म सूर्येण लम्बन्ते स्म पुनः पुनः॥४२॥
निहता ब्रह्मतेजोभिरहन्यहनि राक्षसाः।

प्रतिदिन सूर्योदय के समय वे राक्षस ऊर्ध्वमुख होकर सूर्य से जूझने लगते हैं, परंतु सूर्यमंडल के ताप से संतप्त तथा ब्रह्म तेज से निहत हो सुरा-समुद्र के जल में गिर पड़ते हैं। वहाँ से फिर जीवित हो उन्हीं शैल-शिखरों पर लटक जाते हैं। उनका बारंबार ऐसा ही क्रम चला करता है॥ ४२॥

ततः पाण्डुरमेघाभं क्षीरोदं नाम सागरम्॥४३॥

शाल्मलीद्वीप एवं सुरा समुद्र से आगे बढ़ने पर (क्रमशः घृत और दधि के समुद्र प्राप्त होंगे। वहाँ सीता की खोज करने के पश्चात् जब आगे बढ़ोगे, तब) सफेद बादलों की सी आभा वाले क्षीरसमुद्र का दर्शन करोगे॥ ४३॥

गत्वा द्रक्ष्यथ दुर्धर्षा मुक्ताहारमिवोर्मिभिः।
तस्य मध्ये महाञ्श्वेतो ऋषभो नाम पर्वतः॥४४॥

दुर्धर्ष वानरो! वहाँ पहुँचकर उठती हुई लहरों से युक्त क्षीरसागर को इस प्रकार देखोगे, मानो उसने मोतियों के हार पहन रखे हों। उस सागर के बीच में ऋषभ नाम से प्रसिद्ध एक बहुत ऊँचा पर्वत है, जो श्वेत वर्ण का है॥ ४४॥

दिव्यगन्धैः कुसुमितैराचितैश्च नगैर्वृतः।
सरश्च राजतैः पद्मैर्ज्वलितैर्हैमकेसरैः॥४५॥
नाम्ना सुदर्शनं नाम राजहंसैः समाकुलम्।

उस पर्वत पर सब ओर बहुत से वृक्ष भरे हुए हैं, जो फूलों से सुशोभित तथा दिव्य गंध से सुवासित हैं। उसके ऊपर सुदर्शन नाम का एक सरोवर है, जिसमें चाँदी के समान श्वेत रंगवाले कमल खिले हुए हैं। उन कमलों के शिखर सुवर्णमय होते हैं और सदा दिव्य दीप्ति से दमकते रहते हैं। वह सरोवर राजहंसों से भरा रहता है॥ ४५॥

विबुधाश्चारणा यक्षाः किन्नराश्चाप्सरोगणाः॥४६॥
हृष्टाः समधिगच्छन्ति नलिनीं तां रिरंसवः।

देवता, चारण, यक्ष, किन्नर और अप्सराएँ बड़ी प्रसन्नता के साथ जल-विहार करने के लिए वहाँ आया करते हैं॥ ४६॥

क्षीरोदं समतिक्रम्य तदा द्रक्ष्यथ वानराः॥४७॥
जलोदं सागरं शीघ्रं सर्वभूतभयावहम्।
तत्र तत्कोपजं तेजः कृतं हयमुखं महत्॥४८॥

वानरो! क्षीरसागर लाँघकर जब तुम लोग आगे बढ़ोगे, तब शीघ्र ही सुस्वादु जल से भरे हुए समुद्र को देखोगे। वह महासागर समस्त प्राणियों को भय देनेवाला है। उसमें ब्रह्मर्षि और्व के कोप से प्रकट हुआ वडवामुख नामक महान् तेज विद्यमान है॥ ४७-४८॥

अस्याहुस्तन्महावेगमोदनं सचराचरम्।
तत्र विक्रोशतां नादो भूतानां सागरौकसाम्।
श्रूयते चासमर्थानां दृष्ट्वाभूद् वडवामुखम्॥४९॥

उस समुद्र में जो चराचर प्राणियों सहित महान् वेगशाली जल है, वही उस वडवामुख नामक अग्नि का आहार बताया जाता है। वहाँ जो वडवानल प्रकट हुआ है, उसे देखकर उसमें पतन के भय से चीखते-चिल्लाते हुए समुद्र निवासी असमर्थ प्राणियों का आर्तनाद निरंतर सुनाई देता है॥ ४९॥

स्वादूदस्योत्तरे तीरे योजनानि त्रयोदश।
जातरूपशिलो नाम सुमहान् कनकप्रभः॥५०॥

स्वादिष्ट जल से भरे हुए उस समुद्र के उत्तर में तेरह योजन की दूरी पर सुवर्णमयी शिलाओं से सुशोभित, कनक की कमनीय कांति धारण करनेवाला एक बहुत ऊँचा पर्वत है॥ ५०॥

तत्र चन्द्रप्रतीकाशं पन्नगं धरणीधरम्।
पद्मपत्रविशालाक्षं ततो द्रक्ष्यथ वानराः॥५१॥
आसीनं पर्वतस्याग्रे सर्वदेवनमस्कृतम्।
सहस्रशिरसं देवमनन्तं नीलवाससम्॥५२॥

वानरो! उसके शिखर पर इस पृथ्वी को धारण करनेवाले भगवान् अनंत बैठे दिखाई देंगे। उनका श्रीविग्रह चंद्रमा के समान गौरवर्ण का है। वे सर्प जाति के हैं, परंतु उनका स्वरूप देवताओं के तुल्य है। उनके नेत्र प्रफुल्ल कमलदल के समान हैं और शरीर नील वस्त्र से आच्छादित है। उन अनंतदेव के सहस्र मस्तक हैं॥ ५१-५२॥

त्रिशिराः काञ्चनः केतुस्तालस्तस्य महात्मनः।
स्थापितः पर्वतस्याग्रे विराजति सवेदिकः॥५३॥

पर्वत के ऊपर उन महात्मा की ताड़ के चिह्न से युक्त सुवर्णमयी ध्वजा फहराती रहती है। उस ध्वजा की तीन शिखाएँ हैं और उसके नीचे आधारभूमि पर वेदी बनी हुई है। इस तरह उस ध्वज की बड़ी शोभा होती है॥ ५३॥

पूर्वस्यां दिशि निर्माणं कृतं तत् त्रिदशेश्वरैः।
ततः परं हेममयः श्रीमानुदयपर्वतः॥५४॥

यही तालध्वज पूर्व दिशा की सीमा के सूचक चिह्न के रूप में देवताओं द्वारा स्थापित किया गया है। उसके बाद सुवर्णमय उदयपर्वत है, जो दिव्य शोभा से संपन्न है॥ ५४॥

तस्य कोटिर्दिवं स्पृष्ट्वा शतयोजनमायता।
जातरूपमयी दिव्या विराजति सवेदिका॥५५॥

उसका गगनचुंबी शिखर सौ योजन लंबा है। उसका आधारभूत पर्वत भी वैसा ही है। उसके साथ वह दिव्य सुवर्णशिखर अद्भुत शोभा पाता है॥ ५५॥

सालैस्तालैस्तमालैश्च कर्णिकारैश्च पुष्पितैः।
जातरूपमयैर्दिव्यैः शोभते सूर्यसन्निभैः॥५६॥

वहाँ के साल, ताल, तमाल और फूलों से लदे कनेर आदि वृक्ष भी सुवर्णमय ही हैं। उन सूर्यतुल्य तेजस्वी दिव्य वृक्षों से उदयगिरि की बड़ी शोभा होती है॥ ५६॥

तत्र योजनविस्तारमुच्छ्रितं दशयोजनम्।
शृङ्गं सौमनसं नाम जातरूपमयं ध्रुवम्॥५७॥

उस सौ योजन लंबे उदयगिरि के शिखर पर एक सौमनस नामक सुवर्णमय शिखर है, जिसकी चौड़ाई एक योजन और ऊँचाई दस योजन है॥ ५७॥

तत्र पूर्वं पदं कृत्वा पुरा विष्णुस्त्रिविक्रमे।
द्वितीयं शिखरे मेरोश्चकार पुरुषोत्तमः॥५८॥

पूर्वकाल में वामन अवतार के समय पुरुषोत्तम भगवान् विष्णु ने अपना पहला पैर उस सौमनस नामक शिखर पर रखकर दूसरा पैर मेरु पर्वत के शिखर पर रखा था॥ ५८॥

उत्तरेण परिक्रम्य जम्बूद्वीपं दिवाकरः।
दृश्यो भवति भूयिष्ठं शिखरं तन्महोच्छ्रयम्॥५९॥

सूर्यदेव उत्तर से घूमकर जंबू द्वीप की परिक्रमा करते हुए जब अत्यंत ऊँचे सौमनस नामक शिखर पर आकर स्थित होते हैं, तब जंबू द्वीप निवासियों को उनका अधिक स्पष्टता के साथ दर्शन होता है॥ ५९॥

तत्र वैखानसा नाम वालखिल्या महर्षयः।
प्रकाशमांना दृश्यन्ते सूर्यवर्णास्तपस्विनः॥६०॥

उस सौमनस नामक शिखर पर वैखानस महात्मा महर्षि वालखिल्यगण प्रकाशित होते देखे जाते हैं, जो सूर्य के समान कांतिमान और तपस्वी हैं॥ ६०॥

अयं सुदर्शनो द्वीपः पुरो यस्य प्रकाशते।
तस्मिन्स्तेजश्च चक्षुश्च सर्वप्राणभृतामपि॥६१॥

यह उदयगिरि के सौमनस शिखर के सामने का द्वीप सुदर्शन नाम से प्रसिद्ध है, क्योंकि उक्त शिखर पर जब भगवान् सूर्य उदित होते हैं, तभी इस द्वीप के समस्त प्राणियों का तेज से संबंध होता है और सबके नेत्रों को प्रकाश प्राप्त होता है (यही इस द्वीप के 'सुदर्शन' नाम होने का कारण है)॥ ६१॥

शैलस्य तस्य पृष्ठेषु कन्दरेषु वनेषु च।
रावणः सह वैदेह्या मार्गितव्यस्ततस्ततः॥६२॥

उदयाचल के पृष्ठ भागों में, कंदराओं में तथा वनों में भी तुम्हें जहाँ-तहाँ विदेहकुमारी सीतासहित रावण का पता लगाना चाहिए॥ ६२॥

काञ्चनस्य च शैलस्य सूर्यस्य च महात्मनः।
आविष्टा तेजसा संध्या पूर्वा रक्ता प्रकाशते॥ ६३॥

उस सुवर्णमय उदयाचल तथा महात्मा सूर्यदेव के तेज से व्याप्त हुई उदयकालिक पूर्व संध्या रक्तवर्ण की प्रभा से प्रकाशित होती है॥ ६३॥

पूर्वमेतत् कृतं द्वारं पृथिव्या भुवनस्य च।
सूर्यस्योदयनं चैव पूर्वा ह्येषा दिगुच्यते॥ ६४॥

सूर्य के उदय का यह स्थान सबसे पहले ब्रह्माजी ने बनाया है, अतः यही पृथ्वी एवं ब्रह्मलोक का द्वार है (ऊपर के लोकों में रहनेवाले प्राणी इसी द्वार से भूलोक में प्रवेश करते हैं तथा भूलोक के प्राणी इसी द्वार से ब्रह्मलोक में जाते हैं)। पहले इसी दिशा में इस द्वार का निर्माण हुआ, इसलिए इसे पूर्व दिशा कहते हैं॥ ६४॥

तस्य शैलस्य पृष्ठेषु निर्झरेषु गुहासु च।
रावणः सह वैदेह्या मार्गितव्यस्ततस्ततः॥ ६५॥

उदयाचल की घाटियों, झरनों और गुफाओं में यत्र-तत्र घूमकर तुम्हें विदेहकुमारी सीता सहित रावण का अन्वेषण करना चाहिए॥ ६५॥

ततः परमगम्या स्याद् दिक्पूर्वा त्रिदशावृता।
रहिता चन्द्रसूर्याभ्यामदृश्या तमसावृता॥ ६६॥

इससे आगे पूर्व दिशा अगम्य है। उधर देवता रहते हैं। उस ओर चंद्रमा और सूर्य का प्रकाश न होने से वहाँ की भूमि अंधकार से आच्छन्न एवं अदृश्य है॥ ६६॥

शैलेषु तेषु सर्वेषु कन्दरेषु नदीषु च।
ये च नोक्ता मयोद्देशा विचेया तेषु जानकी॥ ६७॥

उदयाचल के आस-पास जो समस्त पर्वत, कंदराएँ तथा नदियाँ हैं, उनमें तथा जिन स्थानों का मैंने निर्देश नहीं किया है, उनमें भी तुम्हें जानकी की खोज करनी चाहिए॥ ६७॥

एतावद् वानरैः शक्यं गन्तुं वानरपुङ्गवाः।
अभास्करममर्यादं न जानीमस्ततः परम्॥ ६८॥

वानरशिरोमणियो! केवल उदयगिरि तक ही वानरों की पहुँच हो सकती है। इससे आगे न तो सूर्य का प्रकाश है और न देश आदि की कोई सीमा ही है। अतः आगे की भूमि के बारे में मुझे कुछ भी मालूम नहीं है॥ ६८॥

अधिगम्य तु वैदहीं निलयं रावणस्य च।
मासे पूर्णे निवर्तध्वमुदयं प्राप्य पर्वतम्॥ ६९॥

तुम लोग उदयाचल तक जाकर सीता और रावण के स्थान का पता लगाना और एक मास पूरा होते-होते तक लौट आना॥ ६९॥

ऊर्ध्वं मासान्न वस्तव्यं वसन् वध्यो भवेन्मम।
सिद्धार्थाः सन्निवर्तध्वमधिगम्य च मैथिलीम्॥७०॥

एक महीने से अधिक न ठहरना। जो अधिक काल तक वहाँ रह जाएगा, वह मेरे द्वारा मारा जाएगा। मिथिलेश कुमारी का पता लगाकर अन्वेषण का प्रयोजन सिद्ध हो जाने पर अवश्य लौट आना॥ ७०॥

महेन्द्रकान्तां वनषण्डमण्डितां दिशं चरित्वा निपुणेन वानराः।
अवाप्य सीतां रघुवंशजप्रियां ततो निवृत्ताः सुखिनो भविष्यथ॥७१॥

वानरो! वनसमूह से अलंकृत पूर्व दिशा में अच्छी तरह भ्रमण करके श्रीरामचंद्रजी की प्यारी पत्नी सीता का समाचार जानकर तुम वहाँ से लौट आओ। इससे तुम सुखी होओगे॥ ७१॥

महर्षि वाल्मीकि कृत रामायण

एकचत्वारिंशः सर्गः

सुग्रीव का दक्षिण दिशा के स्थानों का परिचय देते हुए वहाँ प्रमुख वानर वीरों को भेजना

ततः प्रस्थाप्य सुग्रीवस्तन्महद्वानरं बलम्।
दक्षिणां प्रेषयामास वानरानभिलक्षितान्॥१॥

इस प्रकार वानरों की बहुत बड़ी सेना को पूर्व दिशा में प्रस्थापित करके सुग्रीव ने दक्षिण दिशा की ओर चुने हुए वानरों को, जो भलीभाँति परख लिये गए थे, भेजा॥ १॥

नीलमग्निसुतं चैव हनूमन्तं च वानरम्।
पितामहसुतं चैव जाम्बवन्तं महौजसम्॥२॥
सुहोत्रं च शरारिं च शरगुल्मं तथैव च।
गजं गवाक्षं गवयं सुषेणं वृषभं तथा॥३॥
मैन्दं च द्विविदं चैव सुषेणं गन्धमादनम्।
उल्कामुखमनङ्गं च हुताशनसुतावुभौ॥४॥
अङ्गदप्रमुखान् वीरान् वीरः कपिगणेश्वरः।
वेगविक्रमसम्पन्नान् संदिदेश विशेषवित्॥५॥

अग्निपुत्र नील, कपिवर हनुमानजी, ब्रह्माजी के महाबली पुत्र जांबवान्, सुहोत्र, शरारि, शरगुल्म, गज, गवाक्ष, गवय, सुषेण* (प्रथम), वृषभ, मैंद, द्विविद, सुषेण (द्वितीय), गंधमादन, हुताशन के दो पुत्र उल्कामुख और अनंग (असंग) तथा अंगद आदि प्रधान-प्रधान वीरों को, जो महान् वेग और पराक्रम से संपन्न थे, विशेषज्ञ वानरराज सुग्रीव ने दक्षिण की ओर जाने की आज्ञा दी॥ २-५॥

---

* सुषेण दो थे—एक तारा के पिता और दूसरा उनसे भिन्न वानरयूथपति था।

तेषामग्रेसरं चैव बृहद्बलमथाङ्गदम्।
विधाय हरिवीराणामादिशद् दक्षिणां दिशम्॥ ६॥

महान् बलशाली अंगद को उन समस्त वानर वीरों का अगुआ बनाकर उन्हें दक्षिण दिशा में सीता की खोज का भार सौंपा॥ ६॥

ये केचन समुद्देशास्तस्यां दिशि सुदुर्गमाः।
कपीशः कपिमुख्यानां स तेषां समुदाहरत्॥ ७॥

उस दिशा में जो कोई भी स्थान अत्यंत दुर्गम थे, उनका भी कपिराज सुग्रीव ने उन श्रेष्ठ वानरों को परिचय दिया[1] ॥ ७॥

सहस्रशिरसं विन्ध्यं नानाद्रुमलतायुतम्।
नर्मदां च नदीं रम्यां महोरगनिषेविताम्॥ ८॥
ततो गोदावरीं रम्यां कृष्णवेणीं महानदीम्।
वरदां च महाभागां महोरगनिषेविताम।
मेखलानुत्कलांश्चैव दशार्णनगराण्यपि॥ ९॥
आब्रवन्तीमवन्तीं च सर्वमेवानुपश्यत।

वानरो! तुम लोग भाँति-भाँति वृक्षों और लताओं से सुशोभित सहस्रों शिखरोंवाले विंध्यपर्वत, बड़े-बड़े नागों से सेवित रमणीय नर्मदा नदी, सुरम्य गोदावरी, महानदी, कृष्णवेणी तथा बड़े-बड़े नागों से सेवित महाभागा वरदा आदि नदियों के तटों पर और मेखल (मेकल), उत्कल एवं दशार्ण देश के नगरों में तथा आब्रवंती और अवंतीपुरी में भी सब जगह सीता की खोज करो॥ ८-९॥

विदर्भानृष्टिकांश्चैव रम्यान् माहिषकानपि॥ १०॥
तथा वङ्गान् कलिङ्गांश्च कौशिकांश्च समन्ततः।
अन्वीक्ष्य दण्डकारण्यं सपर्वतनदीगुहाम्॥ ११॥
नदीं गोदावरीं चैव सर्वमेवानुपश्यत।
तथैवान्ध्रांश्च पुण्ड्रांश्च चोलान् पाण्ड्यांश्च केरलान्॥ १२॥

इसी प्रकार विदर्भ, ऋष्टिक, रम्य माहिषक देश, वंग[2], कलिंग तथा कौशिक आदि देशों में सब ओर देखभाल करके पर्वत, नदी और गुफाओं सहित समूचे दंडकारण्य में छानबीन करना। वहाँ जो गोदावरी नदी है, उसमें सब ओर बारंबार देखना। इसी प्रकार आंध्र, पुण्ड्र, चोल, पांड्य तथा केरल आदि देशों में भी ढूँढ़ना॥ १०-१२॥

अयोमुखश्च गन्तव्यः पर्वतो धातुमण्डितः।
विचित्रशिखरः श्रीमांश्चित्रपुष्पितकाननः॥ १३॥
सुचन्दनवनोद्देशो मार्गितव्यो महागिरिः।

---

१. यहाँ दक्षिण दिशा का विभाग किष्किंधा से न करके आर्यावर्त से किया गया है। पूर्व समुद्र से पश्चिम समुद्र और हिमाचल से विंध्य के भाग को आर्यावर्त कहते हैं। सुग्रीव ने दक्षिण दिशा के जिन स्थानों का परिचय दिया है, उनकी संगति आर्यावर्त से ही दिशा का विभाजन करने पर लगती है।

२. यद्यपि पहले पंचवटी से उत्तर भाग में अगस्त्य के आश्रम का वर्णन आया है तथापि यहाँ मलयपर्वत पर भी उनका आश्रम था, ऐसा मानना चाहिए। जैसे वाल्मीकि मुनि का आश्रम अनेक स्थानों में था, उसी तरह इनका भी था अथवा ये उसी नाम के कोई दूसरे ऋषि थे।

तदनंतर अनेक धातुओं से अलंकृत अयोमुख[१] (मलय) पर्वत पर भी जाना, उसके शिखर बड़े विचित्र हैं। वह शोभाशाली पर्वत फूले हुए विचित्र काननों से युक्त है। उसके सभी स्थानों में चंदन के सुंदर वन हैं। उस महापर्वत मलय पर सीता की अच्छी तरह खोज करना॥ १३॥

ततस्तामापगां दिव्यां प्रसन्नसलिलाशयाम्॥ १४॥
तत्र द्रक्ष्यथ कावेरीं विहृतामप्सरोगणैः।

तत्पश्चात् स्वच्छ जलवाली दिव्य नदी कावेरी को देखना, जहाँ अप्सराएँ विहार करती हैं॥ १४॥

तस्यासीनं नगस्याग्रे मलयस्य महौजसम्॥ १५॥
द्रक्ष्यथादित्यसंकाशमगस्त्यमृषिसत्तमम्।

उस प्रसिद्ध मलयपर्वत के शिखर पर बैठे हुए सूर्य के समान महान् तेज से संपन्न मुनिश्रेष्ठ अगस्त्य[२] का दर्शन करना॥ १५॥

ततस्तेनाभ्यनुज्ञाताः प्रसन्नेन महात्मना॥ १६॥
ताम्रपर्णीं ग्राहजुष्टां तरिष्यथ महानदीम्।

इसके बाद उन प्रसन्नचित्त महात्मा से आज्ञा लेकर ग्राहों से सेवित महानदी ताम्रपर्णी को पार करना॥ १६॥

सा चन्दनवनैश्चित्रैः प्रच्छन्नद्वीपवारिणी॥ १७॥
कान्तेव युवती कान्तं समुद्रमवगाहते।

उनके द्वीप और जल विचित्र चंदनवनों से आच्छादित हैं, अतः वह सुंदर साड़ी से विभूषित युवती प्रेयसी की भाँति अपने प्रियतम समुद्र से मिलती है॥ १७॥

ततो हेममयं दिव्यं मुक्तामणिविभूषितम्॥ १८॥
युक्तं कवाटं पाण्ड्यानां गता द्रक्ष्यथ वानराः।

वानरो! वहाँ से आगे बढ़ने पर तुम लोग पांड्यवंशी राजाओं के नगरद्वार[३] पर लगे हुए सुवर्णमय कपाट का दर्शन करोगे, जो मुक्तामणियों से विभूषित एवं दिव्य है॥ १८॥

ततः समुद्रमासाद्य सम्प्रधार्यार्थनिश्चयम्॥ १९॥
अगस्त्येनान्तरे तत्र सागरे विनिवेशितः।
चित्रसानुनगः श्रीमान् महेन्द्रः पर्वतोत्तमः॥ २०॥
जातरूपमयः श्रीमालबगाढो महार्णवम्।

तत्पश्चात् समुद्र के तट पर जाकर उसे पार करने के संबंध में अपने कर्तव्य का भलीभाँति निश्चय करके उसका पालन करना। महर्षि अगस्त्य ने समुद्र के भीतर एक सुंदर सुवर्णमय पर्वत

---

१. अन्य पाठ के अनुसार यहाँ मत्स्य देश समझना चाहिए।

२. रामायण तिलक के लेखक अयोमुख को मलय-पर्वत का नामांतर मानते हैं। गोविंदराज इसे सह्यपर्वत का पर्याय समझते हैं तथा रामायणशिरोमणिकार अयोमुख को इन दोनों से भिन्न स्वतंत्र पर्वत मानते हैं। यहाँ तिलककार के मत का अनुसरण किया गया है।

३. आधुनिक तंजौर ही प्राचीन पांड्यवंशी नरेशों का नगर है। इस नगर में भी छानबीन करने के लिए सुग्रीव वानरों को आदेश दे रहे हैं।

को स्थापित किया है, जो महेंद्रगिरि के नाम से विख्यात है। उसके शिखर तथा वहाँ के वृक्ष विचित्र शोभा से संपन्न हैं। वह शोभाशाली पर्वत श्रेष्ठ समुद्र के भीतर गहराई तक घुसा हुआ है॥ १९-२०॥

नानाविधैर्नगैः फुल्लैर्लताभिश्चोपशोभितम्॥ २१॥
देवर्षियक्षप्रवरैरप्सरोभिश्च शोभितम्।
सिद्धचारणसङ्घैश्च प्रकीर्णं सुमनोरमम्॥ २२॥
तमुपैति सहस्राक्षः सदा पर्वसु पर्वसु।

नाना प्रकार के खिले हुए वृक्ष और लताएँ उस पर्वत की शोभा बढ़ाती हैं। देवता, ऋषि, श्रेष्ठ यक्ष और अप्सराओं की उपस्थिति से उसकी शोभा और भी बढ़ जाती है। सिद्धों और चारणों के समुदाय वहाँ सब ओर फैले रहते हैं। इन सबके कारण महेंद्रपर्वत अत्यंत मनोरम जान पड़ता है। सहस्र नेत्रधारी इंद्र प्रत्येक पर्व के दिन उस पर्वत पर पदार्पण करते हैं॥ २१-२२॥

द्वीपस्तस्यापरे पारे शतयोजनविस्तृतः॥ २३॥
अगम्यो मानुषैर्दीप्तस्तं मार्गध्वं समन्ततः।
तत्र सर्वात्मना सीता मार्गितव्या विशेषतः॥ २४॥

उस समुद्र के उस पार एक द्वीप है, जिसका विस्तार सौ योजन है। वहाँ मनुष्यों की पहुँच नहीं है, वह जो दीप्तिशाली द्वीप है, उसमें चारों ओर पूरा प्रयत्न करके तुम्हें सीताजी की विशेष रूप से खोज करनी चाहिए॥ २३-२४॥

स हि देशस्तु वध्यस्य रावणस्य दुरात्मनः।
राक्षसाधिपतेर्वासः सहस्राक्षसमद्युतेः॥ २५॥

वही देश इंद्र के समान तेजस्वी दुरात्मा राक्षसराज रावण का, जो हमारा वध्य है, निवास स्थान है॥ २५॥

दक्षिणस्य सुमद्रस्य मध्ये तस्य तु राक्षसी।
अङ्गारकेति विख्याता छायामाक्षिप्य भोजिनी॥ २६॥

उस दक्षिण समुद्र के बीच में अंगार का नाम से प्रसिद्ध एक राक्षसी रहती है, जो छाया पकड़कर ही प्राणियों को खींच लेती और उन्हें खा जाती है॥ २६॥

एवं निःसंशयान् कृत्वा संशयान्नष्टसंशयाः।
मृगयध्वं नरेन्द्रस्य पत्नीममिततेजसः॥ २७॥

उस लंकाद्वीप में जो संदिग्ध स्थान हैं, उन सबमें इस तरह खोज करके जब तुम उन्हें संदेहरहित समझ लो और तुम्हारे मन का संशय निकल जाए, तब तुम लंकाद्वीप को भी लाँघकर आगे बढ़ जाना और अमित तेजस्वी महाराज श्रीराम की पत्नी का अन्वेषण करना॥ १७॥

तमतिक्रम्य लक्ष्मीवान् समुद्रे शतयोजने।
गिरिः पुष्पितको नाम सिद्धचारणसेवितः॥ २८॥

लंका को लाँघकर आगे बढ़ने पर सौ योजन विस्तृत समुद्र में एक 'पुष्पितक' नाम का पर्वत है, जो परम शोभा से संपन्न तथा सिद्धों और चारणों से सेवित है॥ २८॥

चन्द्रसूर्यांशुसङ्काशः सागराम्बुसमाश्रयः।
भ्राजते विपुलैः शृङ्गैरम्बरं विलिखन्निव॥ २९॥

वह चंद्रमा और सूर्य के समान प्रकाशमान है तथा समुद्र के जल में गहराई तक घुसा हुआ है। वह अपने विस्तृत शिखरों से आकाश में रेखा खींचता हुआ सा सुशोभित होता है॥ २९॥

तस्यैकं काञ्चनं शृङ्गं सेवते यं दिवाकरः।
श्वेतं राजतमेकं च सेवते यन्निशाकरः।
न तं कृतघ्नाः पश्यन्ति न नृशंसा न नास्तिकाः॥ ३०॥

उस पर्वत का एक सुवर्णमय शिखर है, जिसका प्रतिदिन सूर्यदेव सेवन करते हैं। उसी प्रकार इसका एक रजतमय श्वेत शिखर है, जिसका चंद्रमा सेवन करते हैं। कृतघ्न, नृशंस और नास्तिक पुरुष उस पर्वत-शिखर को नहीं देख पाते हैं॥ ३०॥

प्रणम्य शिरसा शैलं तं विमार्गथ वानराः।
तमतिक्रम्य दुर्धर्षं सूर्यवान्नाम पर्वतः॥ ३१॥

वानरो! तुम लोग मस्तक झुकाकर उस पर्वत को प्रणाम करना और वहाँ सब ओर सीता को ढूँढ़ना। उस दुर्धर्ष पर्वत को लाँघकर आगे बढ़ने पर सूर्यवान नामक पर्वत मिलेगा॥ ३१॥

अध्वना दुर्विगाहेन योजनानि चतुर्दश।
ततस्तमप्यतिक्रम्य वैद्युतो नाम पर्वतः॥ ३२॥

वहाँ जाने का मार्ग बड़ा दुर्गम है और वह पुष्पितक से चौदह योजन दूर है। सूर्यवान् को लाँघकर जब तुम लोग आगे जाओगे, तब तुम्हें 'वैद्युत' नामक पर्वत मिलेगा॥ ३२॥

सर्वकामफलैर्वृक्षैः सर्वकालमनोहरैः।
तत्र भुक्त्वा वरार्हाणि मूलानि च फलानि च॥ ३३॥
मधूनि पीत्वा जुष्टानि परं गच्छत वानराः।

वहाँ के वृक्ष संपूर्ण मनोवांछित फलों से युक्त और सभी ऋतुओं में मनोहर शोभा से संपन्न हैं। वानरो! उनसे सुशोभित वैद्युत पर्वत पर उत्तम फल-मूल खाकर और सेवन करने योग्य मधु पीकर तुम लोग आगे जाना॥ ३३॥

तत्र नेत्रमनःकान्तः कुञ्जरो नाम पर्वतः॥ ३४॥
अगस्त्यभवनं यत्र निर्मितं विश्वकर्मणा।

फिर कुंजर नामक पर्वत दिखाई देगा, जो नेत्रों और मन को भी अत्यंत प्रिय लगनेवाला है। उसके ऊपर विश्वकर्मा का बनाया हुआ महर्षि अगस्त्य* का एक सुंदर भवन है॥ ३४॥

तत्र योजनविस्तारमुच्छ्रितं दशयोजनम्॥ ३५॥
शरणं काञ्चनं दिव्यं नानारत्नविभूषितम्।

कुंजर पर्वत पर बना हुआ अगस्त्य का वह दिव्य भवन सुवर्णमय तथा नाना प्रकार के रत्नों से विभूषित है। उसका विस्तार एक योजन का और ऊँचाई दस योजन की है॥ ३५॥

---

* यह महर्षि अगस्त्य का तीसरा स्थान है।

तत्र भोगवती नाम सर्पाणामालयः पुरी॥ ३६॥
विशालरथ्या दुर्धर्षा सर्वतः परिरक्षिता।
रक्षिता पन्नगैर्घोरैस्तीक्ष्णदंष्ट्रैर्महाविषैः॥ ३७॥

उसी पर्वत पर सर्पों की निवासभूता एक नगरी है, जिसका नाम भोगवती है (यह पाताल की भोगवतीपुरी से भिन्न है)। यह पुरी दुर्जय है। उसकी सड़कें बहुत बड़ी और विस्तृत हैं। वह सब ओर से सुरक्षित है। तीखी दाढ़वाले महाविषैले भयंकर सर्प उसकी रक्षा करते हैं॥ ३६-३७॥

सर्पराजो महाघोरो यस्यां वसति वासुकिः।
निर्याय मार्गितव्या च सा च भोगवती पुरी॥ ३८॥

उस भोगवतीपुरी में महाभयंकर सर्पराज वासुकि निवास करते हैं (ये योगशक्ति से अनेक रूप धारण करके दोनों भोगवती पुरियों में एक साथ रह सकते हैं) तुम्हें विशेष रूप से उस भोगवतीपुरी में प्रवेश करके वहाँ सीता की खोज करनी चाहिए॥ ३८॥

तत्र चानन्तरोद्देशा ये केचन समावृताः।
तं च देशमतिक्रम्य महानृषभसंस्थितिः॥ ३९॥

उस पुरी में जो गुप्त एवं व्यवधानरहित स्थान हों, उन सबमें सीता का अन्वेषण करना चाहिए। उस प्रदेश को लाँघकर आगे बढ़ने पर तुम्हें ऋषभ नामक महान् पर्वत मिलेगा॥ ३९॥

सर्वरत्नमयः श्रीमानृषभो नाम पर्वतः।
गोशीर्षकं पद्मकं चं हरिश्यामं च चन्दनम्॥ ४०॥
दिव्यमुत्पद्यते यत्र तच्चैवाग्निसमप्रभम्।
न तु तच्चन्दनं दृष्ट्वा स्प्रष्टव्यं तु कदाचन॥ ४१॥

वह शोभाशाली ऋषभ पर्वत संपूर्ण रत्नों से भरा हुआ है। वहाँ गोशीर्षक, पद्मक, हरिश्याम आदि नामोंवाला दिव्य चंदन उत्पन्न होता है। यह चंदनवृक्ष अग्नि के समान प्रज्वलित होता रहता है। उस चंदन को देखकर कदापि तुम्हें उसका स्पर्श नहीं करना चाहिए॥ ४०-४१॥

रोहिता नाम गन्धर्वा घोरं रक्षन्ति तद्वनम्।
तत्र गन्धर्वपतयः पञ्च सूर्यसमप्रभाः॥ ४२॥

क्योंकि 'रोहित' नामवाले गंधर्व उस घोर वन की रक्षा करते हैं। वहाँ सूर्य के समान कांतिमान् पाँच गंधर्वराज रहते हैं॥ ४२॥

शैलूषो ग्रामणीः शिक्षः शुक्रो वभ्रुस्तथैव च।
रविसोमाग्निवपुषां निवासः पुण्यकर्मणाम्॥ ४३॥
अन्ते पृथिव्या दुर्धर्षास्ततः स्वर्गजितः स्थिताः।

उनके नाम ये हैं—शैलूष, ग्रामणी, शिक्ष (शिग्रु), खुक और वभ्रु। उस ऋषभ से आगे पृथ्वी की अंतिम सीमा पर सूर्य, चंद्रमा तथा अग्नि के तुल्य तेजस्वी पुण्यकर्मा पुरुषों का निवासस्थान है। अतः वहाँ दुर्धर्ष स्वर्ग-विजयी (स्वर्ग के अधिकारी) पुरुष ही वास करते हैं॥ ४३॥

ततः परं न वः सेव्यः पितृलोकः सुदारुणः॥ ४४॥
राजधानी यमस्यैषा कष्टेन तमसाऽऽवृता।

उससे आगे अत्यंत भयानक पितृलोक है, वहाँ तुम लोगों को नहीं जाना चाहिए। यह भूमि यमराज की राजधानी है, जो कष्टप्रद अंधकार से आच्छादित है ॥ ४४ ॥

एतावदेव युष्माभिर्वीरा वानरपुङ्गवाः।
शक्यं विचेतुं गन्तुं वा नातो गतिमतां गतिः ॥ ४५ ॥

वीर वानरपुंगवो! बस, दक्षिण दिशा में इतनी ही दूर तक तुम्हें जाना और खोजना है। उससे आगे पहुँचना असंभव है, क्योंकि उधर जंगम प्राणियों की गति नहीं है ॥ ४५ ॥

सर्वमेतत् समालोक्य यच्चान्यदपि दृश्यते।
गतिं विदित्वा वैदह्याः संनिवर्तितुमर्हथ ॥ ४६ ॥

इन सब स्थानों में अच्छी तरह देखभाल करके और भी जो स्थान अन्वेषण के योग्य दिखाई दे, वहाँ भी विदेहकुमारी का पता लगाना, तदनंतर तुम सबको लौट आना चाहिए ॥ ४६ ॥

यश्च मासान्निवृत्तोऽग्रे दृष्टा सीतेति वक्ष्यति।
मत्तुल्यविभवो भोगैः सुखं स विहरिष्यति ॥ ४७ ॥

जो एक मास पूर्ण होने पर सबसे पहले यहाँ आकर यह कहेगा कि मैंने सीताजी का दर्शन किया है, वह मेरे समान वैभव से संपन्न हो योग्य पदार्थों का अनुभव करता हुआ सुखपूर्वक विहार करेगा ॥ ४७ ॥

ततः प्रियतरो नास्ति मम प्राणाद् विशेषतः।
कृतापराधो बहुशो मम बन्धुर्भविष्यति ॥ ४८ ॥

उससे बढ़कर प्रिय मेरे लिए दूसरा कोई नहीं होगा। वह मेरे लिए प्राणों से भी बढ़कर प्यारा होगा तथा अनेक बार अपराध किया हो तो भी वह मेरा बंधु होकर रहेगा ॥ ४८ ॥

अमितबलपराक्रमा भवन्तो विपुलगुणेषु कुलेषु च प्रसूताः।
मनुजपतिसुतां यथा लभध्वं तदधिगुणं पुरुषार्थभारभध्वम् ॥ ४९ ॥

तुम सबके बल और पराक्रम असीम हैं। तुम विशेष गुणशाली उत्तम कुलों में उत्पन्न हुए हो। राजकुमारी सीता का जिस प्रकार भी पता मिल सके, उसके अनुरूप उच्च कोटि का पुरुषार्थ आरंभ करो ॥ ४९ ॥

महर्षि वाल्मीकि कृत रामायण

द्विचत्वारिंशः सर्गः

सुग्रीव का पश्चिम दिशा के स्थानों का परिचय देते सुषेण आदि वानरों को वहाँ भेजना

अथ प्रस्थाप्य स हरीन् सुग्रीवो दक्षिणां दिशम्।
अब्रवीन्मेघसंकाशं सुषेणं नाम वानरम् ॥ १ ॥
तारायाः पितरं राजा श्वशुरं भीमविक्रमम्।
अब्रवीत् प्राञ्जलिर्वाक्यमभिगम्य प्रणम्य च ॥ २ ॥

महर्षिपुत्रं मारीचमर्चिष्मन्तं महाकपिम्।
वृतं कपिवरैः शुरैर्महेन्द्रसदृशद्युतिम्॥ ३॥
बुद्धिविक्रमसम्पन्नं वैनतेयसमद्युतिम्।
मरीचिपुत्रान् मारीचानर्चिर्माल्यान् महाब लान्॥ ४॥
ऋषिपुत्रांश्च तान् सर्वान् प्रतीचीमादिशद् दिशम्।
द्वाभ्यां शतसहस्राभ्यां कपीनां कपिसत्तमाः॥ ५॥
सुषेणप्रमुखा यूयं वैदेहीं परिमार्गथ।

दक्षिण दिशा की ओर वानरों को भेजने के पश्चात् राजा सुग्रीव ने तारा के पिता और अपने श्वसुर 'सुषेण' नामक वानर के पास जाकर उन्हें हाथ जोड़कर प्रणाम किया और कुछ कहना आरंभ किया। सुषेण मेघ के समान काले और भयंकर पराक्रमी थे। उनके सिवा, महर्षि मरीचि के पुत्र महाकवि अर्चिष्मान् भी वहाँ उपस्थित थे, जो देवराज इंद्र के समान तेजस्वी तथा शूरवीर श्रेष्ठ वानरों से घिरे हुए थे। उनकी कांति विनितानंदन गरुड़ के समान थी। वे बुद्धि और पराक्रम से संपन्न थे। उनके अतिरिक्त मरीचि के पुत्र मारीच नामवाले वानर भी थे, जो महाबली और 'अर्चिर्माल्य' नाम से प्रसिद्ध थे। इनके सिवा और भी बहुत से ऋषिकुमार थे, जो वानररूप में वहाँ विराजमान थे। सुषेण के साथ उन सबको सुग्रीव ने पश्चिम दिशा की ओर जाने की आज्ञा दी और कहा—कपिवरो! आप सब लोग दो लाख वानरों को साथ ले सुषेणजी की प्रधानता में पश्चिम को जाइए और विदेहनंदिनी सीता की खोज कीजिए॥ १-५॥

सौराष्ट्रान् सहबाह्लीकांश्चन्द्रचित्रांस्तथैव च॥ ६॥
स्फीताञ्जनपदान् रम्यान् विपुलानि पुराणि च।
पुन्नागगहनं कुक्षिं वकुलोद्दालकाकुलम्॥ ७॥
तथा केतकखण्डांश्च मार्गध्वं हरिपुङ्गवाः।

श्रेष्ठ वानरो! सौराष्ट्र, बाह्लीक और चंद्रचित्र आदि देशों, अन्यान्य समृद्धिशाली एवं रमणीय जनपदों, बड़े-बड़े नगरों तथा पुन्नाग, बकुल और उद्दालक आदि वृक्षों से भरे हुए कुक्षिदेश में एवं केवड़े के वनों में सीता की खोज करो॥ ६-७॥

प्रत्यक्स्रोतोवहाश्चैव नद्यः शीतजलाः शिवाः॥ ८॥
तापसानामरण्यानि कान्तारगिरयश्च ये।

पश्चिम की ओर बहनेवाली शीतल जल से सुशोभित कल्याणमयी नदियों, तपस्वी जनों के वनों तथा दुर्गम पर्वतों में भी विदेहकुमारी का पता लगाओ॥ ८॥

तत्र स्थलीर्मरुप्राया अत्युच्चशिशिराः शिलाः॥ ९॥
गिरिजालावृतां दुर्गो मार्गित्वा पश्चिमां दिशम्।
ततः पश्चिममागम्य समुद्रं द्रष्टुमर्हथ॥ १०॥
तिमिनक्राकुलजलं गत्वा द्रक्ष्यथ वानराः।

पश्चिम दिशा में प्रायः मरुभूमि है। अत्यंत ऊँची और ठंडी शिलाएँ हैं तथा पर्वतमालाओं से घिरे हुए बहुत से दुर्गम प्रदेश हैं। उन सभी स्थानों में सीता की खोज करते हुए क्रमशः आगे बढ़कर

पश्चिम समुद्र तक जाना और वहाँ के प्रत्येक स्थान का निरीक्षण करना। वानरो! समुद्र का जल तिमि नामक मत्स्यों तथा बड़े-बड़े ग्राहों से भरा हुआ है। वहाँ सब ओर देख-भाल करना॥ ९-१०॥

ततः कतकखण्डेपु तमालगहनेषु च॥११॥
कपयो विहरिष्यन्ति नारिकेलवनेषु च।
तत्र सीतां च मार्गध्वं निलयं रावणस्य च॥१२॥

समुद्र के तट पर केवड़ों के कुंजों में, तमाल के काननों में तथा नारियल के वनों में तुम्हारे सैनिक वानर भलीभाँति विचरण करेंगे। वहाँ तुम लोग सीता को खोजना और रावण के निवास स्थान का पता लगाना॥ ११-१२॥

वेलातलनिविष्टेषु पर्वतेषु वनेषु च।
मुरवीपत्तनं चैव रम्यं चैव जटापुरम्॥१३॥
अवन्तीमङ्गलेपां च तथा चालक्षितं वनम्।
राष्ट्राणि च विशालानि पत्तनानि ततस्ततः॥१४॥

समुद्रतटवर्ती पर्वतों और वनों में भी उन्हें ढूँढ़ना चाहिए। मुरवीपत्तन (मोरवी) तथा रमणीय जटापुर में, अवंती* तथा अंगलेपापुरी में, अलक्षित वन में और बड़े-बड़े राष्ट्रों एवं नगरों में जहाँ-तहाँ घूमकर पता लगाना॥ १३-१४॥

सिन्धुसागरयोश्चैव सङ्गमे तत्र पर्वतः।
महान् सोमगिरिर्नाम शतशृङ्गो महाद्रुमः॥१५॥
तत्र प्रस्थेषु रम्येषु सिंहाः पक्षगमाः स्थिताः।
तिमिमत्स्यगजांश्चैव नीडान्यारोपयन्ति ते॥१६॥

सिंधुनद और समुद्र के संगम पर सोमगिरि नामक एक महान् पर्वत है, जिसके सौ शिखर हैं। वह पर्वत ऊँचे-ऊँचे वृक्षों से भरा है। उसकी रमणीय चोटियों पर सिंह नामक पक्षी रहते हैं, जो तिमि नामवाले विशालकाय मत्स्यों और हाथियों को भी अपने घोंसलों में उठा लाते हैं॥ १५-१६॥

तानि नीडानि सिंहानां गिरिशृङ्गगताश्च ये।
दृप्तास्तृप्ताश्च मातङ्गस्तोयदस्वननिःस्वनाः॥१७॥
विचरन्ति विशालेऽस्मिंस्तोयपूर्णे समन्ततः।

सिंह नामक पक्षियों के उन घोंसलों में पहुँचकर उस पर्वत शिखर पर उपस्थित हुए जो हाथी हैं, वे उस पंखधारी सिंह से सम्मानित होने के कारण गर्व का अनुभव करते और मन-ही-मन संतुष्ट होते हैं। इसीलिए मेघों की गर्जना के समान शब्द करते हुए उस पर्वत के जलपूर्ण विशाल शिखर पर चारों ओर विचरते रहते हैं॥ १७॥

तस्य शृङ्गं दिवस्पर्शं काञ्चनं चित्रपादपम्॥१८॥
सर्वमाशु विचेतव्यं कपिभिः कामरूपिभिः।

सोमगिरि का गगनचुंबी शिखर सुवर्णमय है। उसके ऊपर विचित्र वृक्ष शोभा पाते हैं।

---

* यह अवंती पूर्व दिशा के मार्ग में बताई गई अवंती से भिन्न है।

इच्छानुसार रूप धारण करनेवाले वानरों को चाहिए कि वहाँ के सब स्थानों को शीघ्रतापूर्वक अच्छी तरह देख लें॥ १८॥

कोटिं तत्र समुद्रस्य काञ्चनीं शतयोजनाम्॥ १९॥
दुर्दशां पारियात्रस्य गत्वा द्रक्ष्यथ वानराः।

वहाँ से आगे समुद्र के बीच में पारियात्र पर्वत का सुवर्णमय शिखर दिखाई देगा, जो सौ योजन विस्तृत है। वानरो! उसका दर्शन दूसरों के लिए अत्यंत कठिन है। वहाँ जाकर तुम्हें सीता की खोज करनी चहिए॥ १९॥

कोटयस्तत्र चतुर्विंशद्गन्धर्वाणां तरस्विनाम्॥ २०॥
वसन्त्यग्निनिकाशानां घोराणां कामरूपिणाम्।
पावकार्चिःप्रतीकाशाः समवेताः समन्ततः॥ २१॥

पारियात्र पर्वत के शिखर पर इच्छानुसार रूप धारण करनेवाले, भयंकर, अग्नितुल्य तेजस्वी तथा वेगशाली चौबीस करोड़ गंधर्व निवास करते हैं। वे सबके सब अग्नि की ज्वाला के समान प्रकाशमान हैं और उस ओर से आकर उस पर्वत पर एकत्र हुए हैं॥ २०-२१॥

नात्यासादयितव्यास्ते वानरैर्भीमविक्रमैः।
नादेयं च फलं तस्माद् देशात् किञ्चित् प्लवङ्गमैः॥ २२॥

भयंकर पराक्रमी वानरों को चाहिए कि वे उन गंधर्वों के अधिक निकट न जाएँ, उनका कोई अपराध न करें और उस पर्वतशिखर से कोई फल न लें॥ २२॥

दुरासदा हि ते वीराः सत्त्ववन्तो महाबलाः।
फलमूलानि ते तत्र रक्षन्ते भीमविक्रमाः॥ २३॥

क्योंकि वे भयंकर बल-विक्रम से संपन्न धैर्यवान् महाबली वीर गंधर्व वहाँ के फल-मूलों की रक्षा करते हैं। उन पर विजय पाना बहुत ही कठिन है॥ २३॥

तत्र यत्नश्च कर्तव्यो मार्गितव्या च जानकी।
नहि तेभ्यो भयं किञ्चित् कपित्वमनुवर्तताम्॥ २४॥

वहाँ भी जानकी की खोज करनी चाहिए और उनका पता लगाने के लिए पूरा प्रयत्न करना चाहिए। प्राकृत वानर के स्वभाव का अनुसरण करनेवाले तुम्हारी सेना के वीरों को उन गंधर्वों से कोई भय नहीं है॥ २४॥

तत्र वैदूर्यवर्णाभो वज्रसंस्थानसंस्थितः।
नानाद्रुमलताकीर्णो वज्रो नाम महागिरिः॥ २५॥

पारियात्र पर्वत के पास ही समुद्र में वज्रनाम से प्रसिद्ध एक बहुत ऊँचा पर्वत है, जो नाना प्रकार के वृक्षों और लताओं से व्याप्त दिखाई देता है। वह वज्रगिरि वैदूर्यमणि के समान नील वर्ण का है। वह कठोरता में वज्रमणि (हीरे) के समान है॥ २५॥

श्रीमान् समुदितस्तत्र योजनानां शतं समम्।
गुहास्तत्र विचेतव्याः प्रयत्नेन प्लवङ्गमाः॥ २६॥

वह सुंदर पर्वत वहाँ सौ योजन के घेरे में प्रतिष्ठित है। उसकी लंबाई और चौड़ाई दोनों बराबर हैं। वानरो! उस पर्वत पर बहुत सी गुफाएँ हैं। उन सबमें प्रयत्नपूर्वक सीता का अनुसंधान करना चाहिए॥ २६॥

चतुर्भागे समुद्रस्य चक्रवान् नाम पर्वतः।
तत्र चक्रं सहस्रारं* निर्मितं विश्वकर्मणा॥ २७॥

समुद्र के चतुर्थ भाग में चक्रवान् नामक पर्वत है। वहीं विश्वकर्मा ने सहस्रार* चक्र का निर्माण किया था॥ २७॥

तत्र पञ्चजनं हत्वा हयग्रीवं च दानवम्।
आजहार ततश्चक्रं शङ्खं च पुरुषोत्तमः॥ २८॥

वहीं से पुरुषोत्तम भगवान् विष्णु पंचजन और हयग्रीव नामक दानवों का वध करके पांचजन्य शंख तथा वह सहस्रार सुदर्शन चक्र लाए थे॥ २८॥

तस्य सानुषु रम्येषु विशालासु गुहासु च।
रावणः सह वैदेह्या मार्गितव्यस्ततस्ततः॥ २९॥

चक्रवान् पर्वत के रमणीय शिखरों और विशाल गुफाओं में भी इधर-उधर वैदेही सहित रावण का पता लगाना चाहिए॥ २९॥

योजनानि चतुःषष्टिर्वराहो नाम पर्वतः।
सुवर्णशृङ्गः सुमहानगाधे वरुणालये॥ ३०॥

उससे आगे समुद्र की अगाध जलराशि में सुवर्णमय शिखरोंवाला वराह नामक पर्वत है, जिसका विस्तार चौंसठ योजन की दूरी में है॥ ३०॥

तत्र प्राग्ज्योतिषं नाम जातरूपमयं पुरम्।
यस्मिन् वसति दुष्टात्मा नरको नाम दानवः॥ ३१॥

वहीं प्राग्ज्योतिष नामक सुवर्णमय नगर है, जिसमें दुष्टात्मा नरक नामक दानव निवास करता है॥ ३१॥

तत्र सानुषु रम्येषु विशालासु गुहासु च।
रावणः सह वैदेह्या मार्गितव्यस्ततस्ततः॥ ३२॥

उस पर्वत के रमणीय शिखरों पर तथा वहाँ की विशाल गुफाओं में सीतासहित रावण की तलाश करनी चाहिए॥ ३२॥

तमतिक्रम्य शैलेन्द्रं काञ्चनान्तरदर्शनम्।
पर्वतः सर्वसौवर्णो धाराप्रस्रवणायुतः॥ ३३॥

जिसका भीतरी भाग सुवर्णमय दिखाई देता है, उस पर्वतराज वराह को लाँघकर आगे बढ़ने पर एक ऐसा पर्वत मिलेगा, जिसका सबकुछ सुवर्णमय है तथा जिसमें लगभग दस सहस्र झरने हैं॥ ३३॥

---

* जिसमें एक हजार अरें हों, उसे सहस्रार चक्र कहते हैं।

तं गजाश्च वराहाश्च सिंहा व्याघ्राश्च सर्वतः।
अभिगर्जन्ति सततं तेन शब्देन दर्पिताः॥ ३४॥

उसके चारों ओर हाथी, सूअर, सिंह और व्याघ्र सदा गर्जना करते हैं और अपनी ही गर्जना की प्रतिध्वनि के शब्द से दर्प में भरकर पुनः दहाड़ने लगते हैं॥ ३४॥

यस्मिन् हरिहयः श्रीमान् महेन्द्रः पाकशासनः।
अभिषिक्तः सुरै राजा मेघो नाम स पर्वतः॥ ३५॥

उस पर्वत का नाम है मेघगिरि, जिस पर देवताओं ने हरित रंग के अश्ववाले श्रीमान् पाकशासन इंद्र को राजा के पद पर अभिषिक्त किया था॥ ३५॥

तमतिक्रम्य शैलेन्द्रं महेन्द्रपरिपालितम्।
षष्टिं गिरिसहस्राणि काञ्चनानि गमिष्यथ॥ ३६॥
तरुणादित्यवर्णानि भ्राजमानानि सर्वतः।
जातरूपमयैर्वृक्षैः शोभितानि सुपुष्पितैः॥ ३७॥

देवराज इंद्र द्वारा सुरक्षित गिरिराज मेघ को लाँघकर जब तुम आगे बढ़ोगे, तब तुम्हें सोने के साठ हजार पर्वत मिलेंगे, जो सब ओर से सूर्य के समान कांति से देदीप्यमान हैं और सुंदर फूलों से भरे हुए सुवर्णमय वृक्षों से सुशोभित हैं॥ ३६-३७॥

तेषां मध्ये स्थितो राजा मेरुरुत्तमपर्वतः।
आदित्येन प्रसन्नेन शैला दत्तवरः पुरा॥ ३८॥
तेनैवमुक्तः शैलेन्द्रः सर्व एव त्वदाश्रयाः।
मत्प्रसादाद् भविष्यन्ति दिवा रात्रौ च काञ्चनाः॥ ३९॥
त्वयि य चापि वत्स्यन्ति दवगन्धर्वदानवाः।
ते भविष्यन्ति भक्ताश्च प्रभया काञ्चनप्रभाः॥ ४०॥

उनके मध्यभाग में पर्वतों का राजा गिरिश्रेष्ठ मेरु विराजमान है, जिसे पूर्वकाल में सूर्यदेव ने प्रसन्न होकर वर दिया था। उन्होंने उस शैलराज से कहा था, "जो दिन-रात तुम्हारे आश्रय में रहेंगे, वे मेरी कृपा से सुवर्णमय हो जाएँगे तथा देवता, दानव, गंधर्व, जो भी तुम्हारे ऊपर निवास करेंगे, वे सुवर्ण समान कांतिमान् और मेरे भक्त हो जाएँगे।" ॥ ३८-४०॥

विश्वेदेवाश्च वसवो मरुतश्च दिवौकसः।
आगत्य पश्चिमां संध्यां मेरुमुत्तमपर्वतम्॥ ४१॥
आदित्यमुपतिष्ठन्ति तैश्च सूर्योऽभिपूजितः।
अदृश्यः सर्वभूतानामस्तं गच्छति पर्वतम्॥ ४२॥

विश्वेदेव, वसु, मरुद्गण तथा अन्य देवता सायंकाल में उत्तम पर्वत मेरु पर आकर सूर्यदेव का उपस्थान करते हैं। उनके द्वारा भलीभाँति पूजित होकर भगवान् सूर्य सब प्राणियों की आँखों से ओझल होकर अस्ताचल को चले जाते हैं॥ ४१-४२॥

योजनानां सहस्राणि दश तानि दिवाकरः।
मुहूर्तार्धेन तं शीघ्रमभियाति शिलोच्चयम्॥ ४३॥

मेरु से अस्ताचल दस हजार योजन की दूरी पर है, किंतु सूर्यदेव आधे मुहूर्त में ही वहाँ पहुँच जाते हैं॥ ४३॥

शृङ्गे तस्य महद्दिव्यं भवनं सूर्यसन्निभम्।
प्रासादगणसम्बाधं विहितं विश्वकर्मणा॥४४॥

उसके शिखर पर विश्वकर्मा का बनाया हुआ एक बहुत बड़ा दिव्य भवन है, जो सूर्य के समान दीप्तिमान् दिखाई देता है। वह अनेक प्रासादों से भरा हुआ है॥ ४४॥

शोभितं तरुभिश्चित्रैर्नानापक्षिसमाकुलैः।
निकेतं पाशहस्तस्य वरुणस्य महात्मनः॥४५॥

नाना प्रकार के पक्षियों से व्याप्त विचित्र-विचित्र वृक्ष उसकी शोभा बढ़ाते हैं। वह पाशधारी महात्मा वरुण का निवास-स्थान है॥ ४५॥

अन्तरा मेरुमस्तं च तालो दशशिरा महान्।
जातरूपमयः श्रीमान् भ्राजते चित्रवेदिकः॥४६॥

मेरु और अस्ताचल के बीच एक स्वर्णमय ताड़ का वृक्ष है, जो बड़ा ही सुंदर और बहुत ही ऊँचा है। उसके दस स्कंध (बड़ी शाखाएँ) हैं। उसके नीचे की वेदी बड़ी विचित्र है। इस तरह वह वृक्ष बड़ी शोभा पाता है॥ ४६॥

तेषु सर्वेषु दुर्गेषु सरस्सु च सरित्सु च।
रावणः सह वैदेह्या मार्गितव्यस्ततस्ततः॥४७॥

वहाँ के उन सभी दुर्गम स्थानों, सरोवरों और सरिताओं में इधर-उधर सीतासहित रावण का अनुसंधान करना चाहिए॥ ४७॥

यत्र तिष्ठति धर्मज्ञस्तपसा स्वेन भावितः।
मेरुसावर्णिरित्येष ख्यातो वै ब्रह्मणा समः॥४८॥

मेरुगिरि पर धर्म के ज्ञाता महर्षि मेरुसावर्णि रहते हैं, जो अपनी तपस्या से ऊँची स्थिति को प्राप्त हुए हैं। वे प्रजापति के समान शक्तिशाली एवं विख्यात ऋषि हैं॥ ४८॥

प्रष्टव्यो मेरुसावर्णिर्महर्षिः सूर्यसन्निभः।
प्रणम्य शिरसा भूमौ प्रवृत्तिं मैथिलीं प्रति॥४९॥

सूर्यतुल्य तेजस्वी महर्षि मेरुसावर्णिक चरणों में पृथ्वी पर मस्तक टेककर प्रणाम करने के अनंतर तुम लोग उनसे मिथलेशकुमारी का समाचार पूछना॥ ४९॥

एतावज्जीवलोकस्य भास्करो रजनीक्षये।
कृत्वा वितिमिरं सर्वमस्तं गच्छति पर्वतम्॥५०॥

रात्रि के अंत में (प्रातःकाल) उदित हुए भगवान् सूर्य जीव-जगत् के इन सभी स्थानों को अंधकार रहित (एवं प्रकाशपूर्ण) करके अंत में अस्ताचल को चले जाते हैं॥ ५०॥

एतावद् वानरैः शक्यं गन्तुं वानरपुङ्गवाः।
अभास्करममर्यादं न जानीमस्ततः परम्॥५१॥

वानर शिरोमणियो! पश्चिम दिशा में इतनी ही दूर तक वानर जा सकते हैं। उसके आगे न

तो सूर्य का प्रकाश और न किसी देश आदि की सीमा ही। अतः वहाँ आगे की भूमि के विषय में मुझे कोई जानकारी नहीं है॥ ५१॥

अवगम्य तु वैदेहीं निलयं रावणस्य च।
अस्तं पर्वतमासाद्य पूर्णे मासे निवर्तत॥५२॥

अस्ताचल तक जाकर रावण के स्थान और सीता का पता लगाओ तथा एक मास पूर्ण होते ही यहाँ लौट जाओ॥ ५२॥

ऊर्ध्वं मासान्न वस्तव्यं वसन् वध्यो भवेन्मम।
सहैव शूरो युष्माभिः श्वशुरो मे गमिष्यति॥५३॥

एक महीने से अधिक न ठहरना। जो ठहरेगा, उसे मेरे हाथ से प्राणदंड मिलेगा। तुम लोगों के साथ मेरे पूजनीय श्वसुरजी भी जाएँगे॥ ५३॥

श्रोतव्यं सर्वमेतस्य भवद्भिर्दिष्टकारिभिः।
गुरुरेष महाबाहुः श्वशुरो मे महाबलः॥५४॥

तुम सब लोग इनकी आज्ञा के अधीन रहकर इनकी सभी बातें ध्यान से सुनना, क्योंकि ये महाबाहु महाबली सुषेणजी मेरे श्वसुर एवं गुरुजन हैं (अतः तुम्हारे लिए भी गुरु की भाँति ही आदरणीय हैं)॥ ५४॥

भवन्तश्चापि विक्रान्ताः प्रमाणं सर्व एव हि।
प्रमाणमेनं संस्थाप्य पश्यध्वं पश्चिमां दिशम्॥५५॥

तुम सब लोग भी बड़े पराक्रमी तथा कर्तव्याकर्तव्य के निर्णय में प्रमाणभूत (विश्वसनीय) हो, तथापि इन्हें अपना प्रधान बनाकर तुम पश्चिम दिशा की देखभाल आरंभ करो॥ ५५॥

दृष्टायां तु नरेन्द्रस्य पत्न्याममिततेजसः।
कृतकृत्या भविष्यामः कृतस्य प्रतिकर्मणा॥५६॥

अमित तेजस्वी महाराज श्रीराम की पत्नी का पता लग जाने पर कृतकृत्य हो जाएँगे, क्योंकि उन्होंने जो उपकार किया है, उसका बदला इसी तरह चुकाया जा सकेगा॥ ५६॥

अतोऽन्यदपि यत्कार्यं कार्यस्यास्य प्रियं भवेत्।
सम्प्रधार्य भवद्भिश्च देशकालार्थसंहितम्॥५७॥

अतः इस कार्य के अनुकूल और भी जो कर्तव्य देश, काल और प्रयोजन से संबंध रखता हो, उसका विचार करके आप लोग उसे भी करें॥ ५७॥

ततः सुषेणप्रमुखाः प्लवङ्गाः सुग्रीववाक्यं निपुणं निशम्य।
आमन्त्र्य सर्वे प्लवगाधिपं ते जग्मुर्दिशं तां वरुणाभिगुप्ताम्॥५८॥

सुग्रीव की बातें अच्छी तरह सुनकर सुषेण आदि सब वानर उन वानरराज की अनुमति ले वरुण द्वारा सुरक्षित पश्चिम दिशा की ओर चल दिए॥ ५८॥

महर्षि वाल्मीकि कृत रामायण

त्रिचत्वारिंशः सर्गः

सुग्रीव का उत्तर दिशा के स्थानों का परिचय देते शतबलि आदि वानरों को वहाँ भेजना

ततः संदिश्य सुग्रीवः श्वशुरं पश्चिमां दिशम्।
वीरं शतबलिं नाम वानरं वानरेश्वरः॥१॥
उवाच राजा सर्वज्ञः सर्ववानरसत्तमः।
वाक्यमात्महितं चैव रामस्य च हितं तदा॥२॥

इस प्रकार अपने श्वसुर को पश्चिम दिशा की ओर जाने का संदेश दे, सर्वज्ञ, सर्व-वानर-शिरोमणि वानरेश्वर राजा सुग्रीव अपने हितैषी शतबलि नामक वीर वानर से श्रीरामचंद्रजी के हित की बात बोले— ॥ १-२ ॥

वृतः शतसहस्रेण त्वद्विधानां वनौकसाम्।
वैवस्वतसुतैः सार्धं प्रविष्टः सर्वमन्त्रिभिः॥३॥
दिशं ह्युदीचीं विक्रान्त हिमशैलावतंसिकाम्।
सर्वतः परिमार्गध्वं रामपत्नीं यशस्विनीम्॥४॥

पराक्रमी वीर! तुम अपने ही समान एक लाख वनवासी वानरों को, जो यमराज के बेटे हैं, साथ लेकर अपने समस्त मंत्रियों सहित उस उत्तर दिशा में प्रवेश करो, जो हिमालयरूपी आभूषण से विभूषित है और वहाँ सब ओर यशस्विनी श्रीरामपत्नी सीता का अन्वेषण करो॥ ३-४॥

अस्मिन् कार्ये विनिर्वृत्ते कृते दाशरथेः प्रिये।
ऋणान्मुक्ता भविष्यामः कृतार्थार्थविदां वराः॥५॥

अपने मुख्य प्रयोजन को समझनेवाले वीरों में श्रेष्ठ वानरो! यदि हम लोगों के द्वारा दशरथनंदन भगवान् श्रीराम का यह प्रिय कार्य संपन्न हो जाए तो हम उनके उपकार के ऋण से मुक्त और कृतार्थ हो जाएँगे॥ ५॥

कृतं हि प्रियमस्माकं राघवेण महात्मना।
तस्य चेत्प्रतिकारोऽस्ति सफलं जीवितं भेवत्॥६॥

महात्मा श्रीरघुनाथजी ने हम लोगों का प्रिय कार्य किया है। उसका यदि कुछ बदला दिया जा सके तो हमारा जीवन सफल हो जाए॥ ६॥

अर्थिनः कार्यनिर्वृत्तिमकर्तुरपि यश्चरेत्।
तस्य स्यात् सफलं जन्म किं पुनः पूर्वकारिणः॥७॥

जिसने कोई उपकार न किया हो, वह भी यदि किसी कार्य के लिए प्रार्थी होकर आया हो तो जो पुरुष उसके कार्य को सिद्ध कर देता है, उसका जन्म भी सफल हो जाता है। फिर जिसने पहले के उपकारी के कार्य को सिद्ध किया हो, उसके जीवन की सफलता के विषय में तो कहना ही क्या है॥७॥

एतां बुद्धिं समास्थाय दृश्यते जानकी यथा।
तथा भवद्भिः कर्तव्यमस्मत्प्रियहितैषिभिः॥८॥

इसी विचार का आश्रय लेकर मेरा प्रिय और हित चाहनेवाले तुम सब वानरों को ऐसा प्रयत्न करना चाहिए, जिससे जनकनंदिनी सीता का पता लग जाए॥ ८॥

अयं हि सर्वभूतानां मान्यस्तु नरसत्तमः।
अस्मासु च गतः प्रीतिं रामः परपुरञ्जयः॥९॥

शत्रुओं की नगरी पर विजय पानेवाले ये नरश्रेष्ठ श्रीराम समस्त प्राणियों के लिए माननीय हैं। हम लोगों पर भी इनका बहुत प्रेम है॥ ९॥

इमानि बहुदुर्गाणि नद्यः शैलान्तराणि च।
भवन्तः परिमार्गन्तु बुद्धिविक्रमसम्पदा॥१०॥

तुम सब लोग बुद्धि और पराक्रम के द्वारा इन अत्यंत दुर्गम प्रदेशों, पर्वतों और नदियों-तटों पर जा-जाकर सीता की खोज करो॥ १०॥

तत्र म्लेच्छान् पुलिन्दांश्च शूरसेनांस्तथैव च।
प्रस्थलान् भरतांश्चैव कुरुंश्व सह मद्रकैः॥११॥
काम्बोजयवनांश्चैव शकानां पत्तनानि च।
अन्वीक्ष्य दरदांश्चैव हिमवन्तं विचिन्वथ॥१२॥

उत्तर में म्लेच्छ, पुलिंद, शूरसेन, प्रस्थल, भरत (इंद्रप्रस्थ और हस्तिनापुर के आसपास के प्रांत), कुरु (दक्षिण कुरु—कुरुक्षेत्र के आस-पास की भूमि), मद्र, कांबोज, यवन, शकों के देशों एवं नगरों में भलीभाँति अनुसंधान करके दरद देश में और हिमालय पर्वत पर ढूँढ़ो॥ ११-१२॥

लोध्रपद्मकखण्डेषु देवदारुवनेषु च।
रावणः सह वैदेह्या मार्गितव्यस्ततस्ततः॥१३॥

वहाँ लोध्र और पद्मक की झाड़ियों में तथा देवदारु के जंगलों में वैदेही सहित रावण की खोज करनी चाहिए॥ १३॥

ततः सोमाश्रमं गत्वा देवगन्धर्वसेवितम्।
कालं नाम महासानुं पर्वतं तं गमिष्यथ॥१४॥

फिर देवताओं और गंधर्वों से सेवित सोमाश्रम में होते हुए ऊँचे शिखरवाले 'काल' नामक पर्वत पर जाओ॥ १४॥

महत्सु तस्य शैलेषु पर्वतेषु गुहासु च।
विचिन्वत महाभागां रामपत्नीमनिन्दिताम्॥१५॥

उस पर्वत की शाखाभूत अन्य छोटे-बड़े पर्वतों और उन सबकी गुफाओं में सती-साध्वी श्रीरामपत्नी महाभागा सीता का अन्वेषण करो॥ १५॥

तमतिक्रम्य शैलेन्द्रं हेमगर्भं महागिरिम्।
ततः सुदर्शनं नाम पर्वतं गन्तुमर्हथ॥१६॥

जिसके भीतर सुवर्ण की खान हैं, उस गिरिराज काल को लाँघकर तुम्हें सुदर्शन नामक महान् पर्वत पर जाना चाहिए॥ १६॥

ततो देवसखो नाम पर्वतः पतगालयः।
नानापक्षिसमाकीर्णो विविधद्रुमभूषितः॥१७॥

उससे आगे बढ़ने पर देवसुख नामवाला पहाड़ मिलेगा, जो पक्षियों का निवासस्थान है। वह भाँति-भाँति के विहंगों से युक्त तथा नाना प्रकार के वृक्षों से विभूषित है॥ १७॥

तस्य काननखण्डेषु निर्झरेषु गुहासु च।
रावणः सह वैदेह्या मार्गितव्यस्ततस्ततः॥१८॥

उसके वनसमूहों, निर्झरों और गुफाओं में तुम्हें विदेहकुमारी सीता सहित रावण की खोज करनी चाहिए॥ १८॥

तमतिक्रम्य चाकाशं सर्वतः शतयोजनम्।
अपर्वतनदीवृक्षं सर्वसत्त्वविवर्जितम्॥१९॥

वहाँ से आगे बढ़ने पर एक सुनसान मैदान मिलेगा, जो सब ओर से सौ योजन विस्तृत है। वहाँ नदी, पर्वत, वृक्ष और सब प्रकार के जीव-जंतुओं का अभाव है॥ १९॥

तत्तु शीघ्रमतिक्रम्य कान्तारं रोमहर्षणम्।
कैलाशं पाण्डुरं प्राप्य हृष्टा यूयं भविष्यथ॥२०॥

रोंगटे खड़े कर देनेवाले उस दुर्गम प्रांत को शीघ्रतापूर्वक लाँघ जाने पर तुम्हें श्वेतवर्ण का कैलास पर्वत मिलेगा। वहाँ पहुँचने पर तुम सब लोग हर्ष से खिल उठोगे॥ २०॥

तत्र पाण्डुरमेघाभं जाम्बूनदपरिष्कृतम्।
कुबेरभवनं रम्यं निर्मितं विश्वकर्मणा॥२१॥

वहीं विश्वकर्मा का बनाया हुआ कुबेर का रमणीय भवन है, जो श्वेत बादलों के समान प्रतीत होता है। उस भवन को जांबूनद नामक सुवर्ण से विभूषित किया गया है॥ २१॥

विशाला नलिनी यत्र प्रभूतकमलोत्पला।
हंसकारण्डवाकीर्णा अप्सरोगणसेविता॥२२॥

उसके पास ही एक बहुत बड़ा सरोवर है, जिसमें कमल या उत्पल प्रचुर मात्रा में पाए जाते हैं। उसमें हंस और कारंडव आदि जलपक्षी भरे रहते हैं तथा अप्सराएँ उसमें जल-क्रीड़ा करती हैं॥ २२॥

तत्र वैश्रवणो राजा सर्वलोकनमस्कृतः।
धनदो रमते श्रीमान् गुह्यकैः सह यक्षराट्॥२३॥

वहाँ यक्षों के स्वामी विश्वाकुमार श्रीमान् राजा कुबेर, जो समस्त विश्व के लिए वंदनीय और धन देनेवाले हैं, गुह्यकों के साथ विहार करते हैं॥ २३॥

तस्य चन्द्रनिकाशेषु पर्वतेषु गुहासु च।
रावणः सह वैदेह्या मार्गितव्यस्ततस्ततः॥२४॥

उस कैलास के चंद्रमा की भाँति उज्ज्वल शाखा-पर्वतों पर तथा उनकी गुफाओं में सब ओर घूम-फिरकर तुम्हें सीतासहित रावण का अनुसंधान करना चाहिए॥ २४॥

क्रौञ्चं तु गिरिमासाद्य बिलं तस्य सुदुर्गमम्।
अप्रमत्तैः प्रवेष्टव्यं दुष्प्रवेशं हि तत् स्मृतम्॥२५॥

इसके बाद क्रौंचगिरि पर जाकर वहाँ की अत्यंत दुर्गम विवर रूप गुफा में (जो स्कंद की शक्ति से पर्वत के विदीर्ण होने के कारण बन गई है) तुम्हें सावधानी के साथ प्रवेश करना चाहिए, क्योंकि उसके भीतर प्रवेश करना अत्यंत कठिन माना गया है ॥ २५ ॥

वसन्ति हि महात्मानस्तत्र सूर्यसमप्रभाः।
देवैरभ्यर्थिताः सम्यग् देवरूपा महर्षयः॥ २६ ॥

उस गुफा में सूर्य के समान तेजस्वी महात्मा निवास करते हैं। उन देवस्वरूप महर्षियों की देवता लोग भी अभ्यर्थना करते हैं ॥ २६ ॥

क्रौञ्चस्य तु गुहाश्चान्याः सानूनि शिखराणि च।
निर्दराश्च नितम्बाश्च विचेतव्यास्ततस्ततः॥ २७ ॥

क्रौंच पर्वत की और भी बहुत सी गुफाएँ, अनेकानेक चोटियाँ, शिखर, कंदराएँ तथा नितंब (ढालू प्रदेश) हैं, उन सबमें सब ओर घूम-फिरकर तुम्हें सीता और रावण का पता लगाना चाहिए ॥ २७ ॥

अवृक्षं कामशैलं च मानसं विहगालयम्।
न गतिस्तत्र भूतानां देवानां न च रक्षसाम्॥ २८ ॥

वहाँ से आगे वृक्षों से रहित मानस नामक शिखर है, जहाँ शून्य होने के कारण कभी पक्षी तक नहीं जाते हैं। कामदेव की तपस्या का स्थान होने के कारण वह क्रौंचशिखर कामशैल के नाम से विख्यात है। वहाँ भूतों, देवताओं तथा राक्षसों का भी कभी जाना नहीं होता है ॥ २८ ॥

स च सर्वैर्विचेतव्यः ससानुप्रस्थभूधरः।
क्रौञ्चं गिरिमतिक्रम्य मैनाको नाम पर्वतः॥ २९ ॥

शिखरों, घाटियों और शाखापर्वतों सहित समूचे क्रौंच पर्वत की तुम लोग छानबीन करना। क्रौंचगिरि को लाँघकर आगे बढ़ने पर मैनाक पर्वत मिलेगा ॥ २९ ॥

मयस्य भवनं तत्र दानवस्य स्वयंकृतम्।
मैनाकस्तु विचेतव्यः ससानुप्रस्थकन्दरः॥ ३० ॥

वहाँ मयदानव का घर है, जिसे उसने स्वयं ही अपने लिए बनाया है। तुम लोगों को शिखरों, चौरस मैदानों और कंदराओं सहित मैनाक पर्वत पर भलीभाँति सीताजी की खोज करनी चाहिए ॥ ३० ॥

स्त्रीणामश्वमुखीनां तु निकेतस्तत्र तत्र तु।
तं देशं समतिक्रम्य आश्रमं सिद्धसेवितम्॥ ३१ ॥

वहाँ यत्र-तत्र घोड़े से मुँहवाली किन्नरियों के निवासस्थान हैं। उस प्रदेश को लाँघ जाने पर सिद्ध सेवित आश्रम मिलेगा ॥ ३१ ॥

सिद्धा वैखानसा यत्र वालखिल्याश्च तापसाः।
वन्दितव्यास्ततः सिद्धास्तपसा वीतकल्मषाः॥ ३२ ॥
प्रष्टव्या चापि सीतायाः प्रवृत्तिर्विनयान्वितैः।

उसमें सिद्ध, वैखानस तथा वालखिल्य नामक तपस्वी निवास करते हैं। तपस्या से उनके पाप धुल गए हैं। उन सिद्धों को तुम लोग प्रणाम करना और विनीत भाव से सीता का समाचार पूछना॥ ३२॥

हेमपुष्करसंछन्नं तत्र वैखानसं सरः॥३३॥
तरुणादित्यसंकाशैर्हंसैर्विचरितं शुभैः।

उस आश्रम के पास 'वैखानस सर' के नाम से प्रसिद्ध एक सरोवर है, जिसका जल सुवर्णमय कमलों से आच्छादित रहता है। उसमें प्रातःकालीन सूर्य के समान सुनहरे एवं अरुण-वर्णवाले सुंदर हंस विचरते रहते हैं॥ ३३॥

औपवाह्यः कुबेरस्य सार्वभौम इति स्मृतः॥३४॥
गजः पर्येति तं देशं सदा सह करेणुभिः।

कुबेर की सवारी में काम आनेवाला सार्वभौम नामक गजराज अपनी हथिनियों के साथ उस देश में सदा घूमता रहता है॥ ३४॥

तत् सरः समतिक्रम्य नष्टचन्द्रदिवाकरम्।
अनक्षत्रगणं व्योम निष्पयोदमनादितम्॥३५॥

उस सरोवर को लाँघकर आगे जाने पर सूना आकाश दिखाई देगा। उसमें सूर्य, चंद्रमा तथा तारों के दर्शन नहीं होंगे। वहाँ न तो मेघों की घटा दिखाई देगी और न उनकी गर्जना ही सुनाई पड़ेगी॥ ३५

गभस्तिभिरिवार्कस्य स तु देशः प्रकाश्यते।
विश्राम्यद्भिस्तपः सिद्धैर्देवकल्पैः स्वयंप्रभैः॥३६॥

तथापि उस देश में ऐसा प्रकाश छाया होगा, मानो सूर्य किरणों से ही वह प्रकाशित हो रहा हो। वहाँ अपनी ही प्रभा से प्रकाशित तपःसिद्ध देवोपम महर्षि विश्राम करते हैं। उन्हीं की अंग प्रभा से उस देश में उजाला छाया रहता है॥ ३६॥

तं तु देशमतिक्रम्य शैलोदा नाम निम्नगा।
उभयोस्तीरयोस्तस्याः कीचका नाम वेणवः॥३७॥

उस प्रदेश को लाँघकर आगे बढ़ने पर 'शैलोदा' नामवाली नदी का दर्शन होगा। उसके दोनों तटों पर कीचक (वंशी की सी ध्वनि करनेवाले) बाँस हैं, यह बात प्रसिद्ध है॥ ३७॥

ते नयन्ति परं तीरं सिद्धान् प्रत्यानयन्ति च।
उत्तराः कुरवस्तत्र कृतपुण्यप्रतिश्रयाः॥३८॥

वे बाँस ही (साधन बनकर) सिद्ध पुरुषों को शैलोदा के उस पार ले जाते हैं और वहाँ से इस पार ले आते हैं। जहाँ केवल पुण्यात्मा पुरुषों का वास है, वह उत्तर कुरुदेश शैलोदा के तट पर ही है॥ ३८॥

ततः काञ्चनपद्माभिः पद्मिनीभिः कृतोदकाः।
नीलवैदूर्यपत्राढ्या नद्यस्तत्र सहस्रशः॥३९॥

उत्तर कुरुदेश में नील वैदूर्य मणि के समान हरे-हरे कमलों के पत्तों से सुशोभित सहस्रों नदियाँ

बहती हैं, जिनके जल सुवर्णमय पद्मों से अलंकृत अनेकानेक पुष्करिणियों से मिले हुए हैं ॥ ३९ ॥

रक्तोत्पलवनैश्चात्र मण्डिताश्च हिरण्मयैः।
तरुणादित्यसंकाशा भान्ति तत्र जलाशयाः ॥४०॥

वहाँ के जलाशय लाल और सुनहरे कमल समूहों से मंडित होकर प्रातःकाल उदित हुए सूर्य के समान शोभा पाते हैं ॥ ४० ॥

महार्हमणिपत्रैश्च काञ्चनप्रभकेसरैः।
नीलोत्पलवनैश्चित्रैः स देशः सर्वतो वृतः ॥४१॥

बहुमूल्य मणियों के समान पत्तों और सुवर्ण के समान कांतिमान केसरोंवाले विचित्र-विचित्र नील कमलों के द्वारा वहाँ का प्रदेश सब ओर से सुशोभित होता है ॥ ४१ ॥

निस्तुलाभिश्व मुक्ताभिर्मणिभिश्च महाधनैः।
उद्धूतपुलिनास्तत्र जातरूपैश्च निम्नगाः ॥४२॥
सर्वरत्नमयैश्चित्रैरवगाढा नगोत्तमैः।
जातरूपमयैश्चापि हुताशनसमप्रभैः ॥४३॥

वहाँ की नदियों के तट गोल-गोल मोतियों, बहुमूल्य मणियों और सुवर्णों से संपन्न हैं। इतना ही नहीं, उन नदियों के किनारे संपूर्ण रत्नों से युक्त विचित्र-विचित्र पर्वत भी विद्यमान हैं, जो उनके जल के भीतर तक घुसे हुए हैं। उन पर्वतों में से कितने ही सुवर्णमय हैं, जिनसे अग्नि के समान प्रकाश फैलता रहता है ॥ ४२-४३ ॥

नित्यपुष्पफलास्तत्र नगाः पत्ररथाकुलाः।
दिव्यगन्धरसस्पर्शाः सर्वकामान् स्त्रवन्ति च ॥४४॥

वहाँ के वृक्षों में सदा ही फल-फूल लगे रहते हैं और उन पर पक्षी चहकते रहते हैं। वे वृक्ष दिव्य गंध, दिव्य रस और दिव्य स्पर्श प्रदान करते हैं तथा प्राणियों की सारी मनचाही वस्तुओं की वर्षा करते रहते हैं ॥ ४४ ॥

नानाकाराणि वासांसि फलन्त्यन्ये नगोत्तमाः।
मुक्तावैदूर्यचित्राणि भूषणानि तथैव च।
स्त्रीणां यान्यनुरूपाणि पुरुषाणां तथैव च ॥४५॥

इनके सिवा दूसरे-दूसरे श्रेष्ठ वृक्ष फलों के रूप में नाना प्रकार के वस्त्र, मोती और वैदूर्य मणि से जटित आभूषण देते हैं, जो स्त्रियों तथा पुरुषों के भी उपयोग में आने योग्य होते हैं ॥ ४५ ॥

सर्वर्तुसुखसेव्यानि फलन्त्यन्ये नगोत्तमाः।
महार्हमणिचित्राणि फलन्त्यन्ये नगोत्तमाः ॥४६॥

दूसरे उत्तम वृक्ष सभी ऋतुओं में सुखपूर्वक सेवन करने योग्य अच्छे-अच्छे फल देते हैं। अन्यान्य सुंदर वृक्ष बहुमूल्य मणियों के समान विचित्र फल उत्पन्न करते हैं ॥ ४६ ॥

शयनानि प्रसूयन्ते चित्रास्तरणवन्ति च।
मनःकान्तानि माल्यानि फलन्त्यत्रापरे द्रुमाः ॥४७॥

पानानि च महार्हाणि भक्ष्याणि विविधानि च।
स्त्रियश्च गुणसम्पन्ना रूपयौवनलक्षिताः॥४८॥

कितने ही अन्य वृक्ष विचित्र बिछौनों से युक्त शय्याओं को ही फलों के रूप में प्रकट करते हैं, मन को प्रिय लगनेवाली सुंदर मालाएँ भी प्रस्तुत करते हैं, बहुमूल्य पेय पदार्थ और भाँति-भाँति के भोजन भी देते हैं तथा रूप और यौवन से प्रकाशित होनेवाली सद्गुणवती युवतियों को भी जन्म देते हैं॥ ४७-४८॥

गन्धर्वाः किन्नराः सिद्धा नागा विद्याधरास्तथा।
रमन्ते सततं तत्र नारीभिर्भास्वरप्रभाः॥४९॥

वहाँ सूर्य के समान कांतिमान् गंधर्व, किन्नर, सिद्ध, नाग और विद्याधर सदा नारियों के साथ क्रीड़ा-विहार करते हैं॥ ४९॥

सर्वे सुकृतकर्माणः सर्वे रतिपरायणाः।
सर्वे कामार्थसहिता वसन्ति सह योषितः॥५०॥

वहाँ के सब लोग पुण्यकर्मा हैं, सभी अर्थ और काम से संपन्न हैं तथा सब लोग काम-क्रीड़ा-परायण होकर युवती स्त्रियों के साथ निवास करते हैं॥ ५०॥

गीतवादित्रनिर्घोषः सोत्कृष्टहसितस्वनः।
श्रूयते सततं तत्र सर्वभूतमनोरमः॥५१॥

वहाँ निरंतर उत्कृष्ट हास-परिहास की ध्वनि से युक्त गीतवाद्य का मधुर घोष सुनाई देता है, जो समस्त प्राणियों के मन को आनंद प्रदान करनेवाला है॥ ५१॥

तत्र नामुदितः कश्चिन्नात्र कश्चिदसत्प्रियः।
अहन्यहनि वर्धन्ते गुणास्तत्र मनोरमाः॥५२॥

वहाँ कोई भी अप्रसन्न नहीं रहता। किसी की भी बुरे कामों में प्रीति नहीं होती। वहाँ रहने से प्रतिदिन मनोरम गुणों की वृद्धि होती है॥ ५२॥

समतिक्रम्य तं देशमुत्तरः पयसां निधिः।
तत्र सोमगिरिर्नाम मध्ये हेममयो महान्॥५३॥

उस देश को लाँघकर आगे जाने पर उत्तरदिग्वर्ती समुद्र उपलब्ध होगा। उस समुद्र के मध्यम भाग में सोमगिरि नामक एक बहुत ऊँचा सुवर्णमय पर्वत है॥ ५३॥

इन्द्रलोकगता ये च ब्रह्मलोकगताश्च ये।
देवास्तं समवेक्षन्ते गिरिराजं दिवं गताः॥५४॥

जो लोग स्वर्गलोक में गए हैं, वे तथा इंद्रलोक और ब्रह्मलोक में रहनेवाले देवता उस गिरिराज सोमगिरि के दर्शन करते हैं॥ ५४॥

स तु देशो विसूर्योऽपि तस्य भासा प्रकाशते।
सूर्यलक्ष्म्याभिविज्ञेयस्तपतेव विवस्वता॥५५॥

वह देश सूर्य से रहित है तो भी सोमगिरि की प्रभा से सदा प्रकाशित होता रहता है। तपते

हुए सूर्य की प्रभा से देश प्रकाशित होते हैं, उन्हीं की भाँति उसे सूर्यदेव की शोभा संपन्न सा जानना चाहिए ॥ ५५ ॥

भगवांस्तत्र विश्वात्मा शम्भुरेकादशात्मकः।
ब्रह्मा वसति देवेशो ब्रह्मर्षिपरिवारितः ॥५६॥

वहाँ विश्वात्मा भगवान् विष्णु, एकादश रुद्रों के रूप में प्रकट होनेवाले भगवान् शंकर तथा ब्रह्मर्षियों से घिरे हुए देवेश्वर ब्रह्माजी निवास करते हैं ॥ ५६ ॥

न कथंचन गन्तव्यं कुरुणामुत्तरेण वः।
अन्येषामपि भूतानां नानुक्रामति वै गतिः ॥५७॥

तुम लोग उत्तर कुरु के मार्ग से सोमगिरि तक जाकर उसकी सीमा से आगे किसी तरह न बढ़ना। तुम्हारी तरह दूसरे प्राणियों की भी वहाँ गति नहीं है ॥ ५७ ॥

स हि सोमगिरिर्नाम देवानामपि दुर्गमः।
तमालोक्य ततः क्षिप्रमुपावर्तितुमर्हथ ॥५८॥

वह सोमगिरि देवताओं के लिए भी दुर्गम है। अतः उसका दर्शनमात्र करके तुम लोग शीघ्र लौट आना ॥ ५८ ॥

एतावद् वानरैः शक्यं गन्तुं वानरपुङ्गवाः।
अभास्करममर्यादं न जानीमस्ततः परम् ॥५९॥

श्रेष्ठ वानरो! बस उत्तर दिशा में इतनी ही दूर तक तुम सब वानर जा सकते हो। उसके आगे न तो सूर्य का प्रकाश है और न किसी देश आदि की सीमा ही। अतः आगे की भूमि के संबंध में मैं कुछ नहीं जानता ॥ ५९ ॥

सर्वमेतद् विचेतव्यं यन्मया परिकीर्तितम्।
यदन्यदपि नोक्तं च तत्रापि क्रियतां मतिः ॥६०॥

मैंने जो-जो स्थान बताए हैं, उन सब में सीता की खोज करना और जिन स्थानों का नाम नहीं लिया है, वहाँ भी ढूँढ़ने का निश्चित विचार करना ॥ ६० ॥

ततः कृतं दाशरथेर्महत्प्रियं
महत्प्रियं चापि ततो मम प्रियम्।
कृतं भविष्यत्यनिलानलोपमा
विदेहजादर्शनजेन कर्मणा ॥६१॥

अग्नि और वायु के समान तेजस्वी तथा बलशाली वानरो! विदेहनंदिनी सीता के दर्शन के लिए तुम जो-जो कार्य या प्रयास करोगे, उन सबके द्वारा दशरथनंदन भगवान् श्रीराम का महान् प्रिय कार्य संपन्न होगा तथा उसी से मेरा भी प्रिय कार्य पूर्ण हो जाएगा ॥ ६१ ॥

ततः कृतार्थाः सहिताः सबान्धवा
मयार्चिताः सर्वगुणैर्मनोरमैः।
चरिष्यथोर्वीं प्रति शान्तशत्रवः
सहप्रिया भूतधराः प्लवङ्गमाः ॥६२॥

वानरो! श्रीरामचंद्रजी का प्रिय कार्य करके जब तुम लौटोगे, तब मैं सर्वगुणसंपन्न एवं मनोनुकूल पदार्थों के द्वारा तुम सब लोगों का सत्कार करूँगा। तत्पश्चात् तुम लोग शत्रुहीन होकर अपने हितैषियों और बंधु-बांधवों सहित कृतार्थ एवं समस्त प्राणियों के आश्रयदाता होकर अपनी प्रियतमाओं के साथ सारी पृथ्वी पर सानंद विचरण करोगे॥ ६२॥

तुलसी कृत श्रीरामचरितमानस

किष्किंधाकाण्ड

अथ क्षेपक

आवर्तन इषु जात देश पुनि रोम पटच्चर।
इंदु द्वीप पशु क्रौंच सैनिक कुक्कुट वर॥
अश्वक प्रलिया कुहक देश तामस अरु मारक।
आरण्यकी तुरुष्क कानिबल बर्बर चारक॥ १॥

ये प्राचीन नाम हैं और जो इनके इस समय नाम हैं, सो भी लिखते हैं—आवर्तन (ब्रिटेन), इषुजात व अश्वकांत (यूरप), रोम-रूमपटच्चर (इटली)। इंदुद्वीप वा इंद्रद्वीप (इंग्लैंड), पशुशील (पोर्टुगाल), क्रौंच क्रमथ कामल (जर्मनी), सैनिक कुक्कुटहालैंड (बेल्जियम) अश्वक वा आश्वीय (आस्ट्रिया), प्रलिया कुहक (गोलया फ्रांस), तमाग (स्पेन), मारक वा माठक (डेनमार्क स्वीडन स्कंडेनेविया) आरण्यक—तुरुष्क यूरोपियन, टर्की, कानिबाल (केनिबल), बर्बर (बारबेरी) में जाना॥ १॥

रथक्रांत उपद्वीप राक्षसावास विचारो।
वारुण विष्णुक्रांत हैरव रुख में पगु धारो॥
शक तुरुष्क अरु चीन ताल तोषक में जाई।
पार्वत अरु आवर्त देख पारस्य सुहाई॥ २॥

रथक्रांत वा सूर्यारिका (अफ्रीका), उपद्वीप, राक्षसावास, वारुण, वारिधान (अफ्रीका के उपद्वीप), विष्णुक्रांत या आसेचेनक (एशिया), हैरव (साइबेरिया), रुख (रशिया या रूस), शक तुरुष्क (एशियाटिक टर्की), चीन पारट महा चीन (चीन), ताल तोषक (तिब्बत), पार्वत (टार्टरी), आवर्त (अरब), पारस्य (ईरान)॥ २॥

देश तुखारा शूद्रयवन पहलव मनलाई।
नर्दिनाश गांधार देश अपवाह सुहाई॥
ब्रह्मोत्तर उपमल्क सिंहलद्वीप कुमारी।
स्वर्णभूमि (उत्तर कुमारि) दक्षिण पगु धारी॥ ३॥

तुखारा (बुखारा), शूद्रयवन (महका वा मक्का), पहलव (काबुल), नर्दिनाश, कारस्कर (महादी या मदीना), गांधार (कंधार), अपवाह या अपक्रांत (मस्कट), ब्रह्मोत्तर ब्रह्मदेश (ब्रह्मा), उपमल्क (मलेका), सिंहलद्वीप (सीलोन), कुमारी (कन्याकुमारी या केशकारिन), स्वर्णभूमि या

कुमारद्वीप (अमेरिका, उत्तरकुमार), दक्षिणकुमार (नॉर्थ अमेरिका, साउथ अमेरिका) ॥ ३ ॥

रमणक तलह हिरण्यपूर रमणक लख भाई।
स्वर्णप्रस्थ अरु दुर्गद्वीप खोजौ मन लाई॥
दरद पंचनद दरदलिंग काश्मीर सुहावन।
उत्तर कौसल इंद्रप्रस्थ कुरुजांगल पावन॥ ४॥

रमणक (ऑस्ट्रेलेशिया), तलह (ब्राजील), हिरण्यपूर (पेरू), स्वर्णप्रस्थ (पलिनेशिया), दुर्गद्वीप (छोटे-बड़े), दरद (भोटान), पंचनद (पंजाब), दरदलिंग (दार्जिलिंग), काश्मीर या गैरिक (काश्मीर), उत्तर कौसल (अयोध्या के देश), कुरुजांगल (कुरुक्षेत्र), इंद्रप्रस्थ (दिल्ली) ॥ ४ ॥

पुरी अवंती गुर्जराट कांची पुनि काशी।
केकय महिषक पाण्ड्य देश उत्कल सुखराशी॥
मिथिला सिंधु सुराष्ट्र महोदय मगध विचारी।
अंग पाटलीपुत्र पुंड चंपा लख भारी॥ ५॥

पुरी अवंती (उज्जैन), गुर्जराट (गुजरात), कांची (कर्णाटक), काशी (शिवपुरी, वाराणसी बनारस), केकय (हिरात), महिषक (महिसूर), पांड्य (मालाबार और श्रेष्ठ), उत्कल (उड़ीसा देश), मिथिला (विदेह तिरहुत), सिंधुसौवीर (सिंधु नदी मध्यवर्ती देश), सुराष्ट्र (महाराष्ट्र), महोदय (कन्याकुब्ज कन्नौजादि), मगध (कीकट गया), अंग वैद्यनाथ-कालगाँव, राजमहल, आरा आदि), पाटलीपुत्र (पटना) पुंड (मेदिनीपुर), चंपा (भागलपुर) देखना ॥ ५ ॥

मत्स्यदेश अरु वंगगौड उपवंग सिधारो।
प्राग्ज्योतिष अरु शूरसेन किलकिला पधारो॥
किष्किंधा निज देश सकल ढूँढ़ो वसुधातल।
और बीच के देश ढूंढियो सबही जल थल॥ ६॥

मत्स्यदेश (रंगपुर, दीजानपुर, राज शाई), वंगगौड (बाकरगंज ढाका, नदिया, शांतिपुरी, कृष्णनगर), उपवंग (माईमसिंह), किलकिला (कलकत्ता), प्राग्ज्योतिष (कामरूप), शूरसेन (मथुरा) और अपना सब देश किष्किंधा सब पृथ्वी, जल, थल तथा बीच के सब देश ढूढ़ो। यह प्राचीन नवीन नामों की सूची 'भारतवर्ष विचार ग्रंथ' में लिखी है ॥ ६ ॥

दोहा—उदय अस्तलौ खोजिकै सिय सुधि देहु बताय।
वचन सुनत सब कपि चले, तब बोले रघुराय॥ ४२॥

उदयाचल से अस्ताचल तक जानकीजी को ढूँढ़कर शीघ्र आकर बतला दो, यह वचन सुनकर सब वानर चले। उस समय रामचंद्रजी बोले ॥ ४२ ॥

दोहा—सर्व भूमि के देश तुम, केहि विधि जानहु मित्र।
सो कहिये सुनि प्रभु वचन, बोले वचन पवित्र॥ ४३॥

हे मित्र! सब देशों के समाचार तुम कैसे जानते हो, सो कहो? रामचंद्रजी के ये वचन सुन (सुग्रीव) पवित्र वचन बोले ॥ ४३ ॥

दोहा—बाली भय भाजत फिरौं, सकल देश रघुराज।
तब यह देखे देश सब, अब आये सब काज॥ ४४॥

हे रामचंद्रजी! बाली के भय से इन सब देशों में भागता फिरता था, तब ये सब देश देखे थे, आज वह देखना काम आ गया॥ ४४।

निज प्रभु केरि मानि हित बानी। शीश धरे प्रभु चरणन आनी॥ १॥
निदरि पवन दोउ उठि चले। पद्म एकादश वनचर भले॥ २॥

उन्होंने अपने प्रभु की हितकारिणी वाणी मानकर प्रभु के चरणों में आकर शिर धरा॥ १॥ गति में पवन की निंदा करके अर्थात् उससे भी अधिक वेगवाले दोनों उठ चले, ग्यारह पद्म वानर साथ लिये हैं॥ २॥

भगवान् श्रीराम

कोसल राज्य अयोध्या के आस-पास काफी दूर तक फैला हुआ था और वहाँ पर सूर्यवंश का एक राजा राज्य करता था। उसका नाम त्रय्यारुण था। इस त्रय्यारुण ने अपना राज्य अपने दुराचारी पुत्र सत्यव्रत को न देकर अपने पुरोहित वसिष्ठ ऋषि के हवाले कर दिया था।

वसिष्ठ ऋषि एक त्यागी-अनासक्त एवं स्वतंत्र प्रज्ञा के पुरुष थे। राज्य पद्धति के विषय में उन्होंने पर्याप्त विचार किया था। इसलिए इस भार को सहर्ष स्वीकार करते हुए उन्होंने अपनी विशिष्ट शासन प्रणाली को प्रारंभ किया। उनके राज्य की संपूर्ण राज्य व्यवस्था धर्मानुसार ही चला करती थी। जो गुरुकुल की अवस्था थी, वही संपूर्ण राज्य की भी थी। उन्हें राज्य यंत्र के अस्तित्व की कोई आवश्यकता ही प्रतीत न होती। उनके विचार में समाज एक बड़े परिमाण में चलनेवाला गुरुकुल ही था, परंतु विश्वमित्र के साथ हुई दोनों लड़ाइयों में उनकी प्रजा को कष्ट उठाने पड़े तथा उनमें उसके जीवन तथा वित्त की जो हानि हुई थी, उसका वसिष्ठ के हृदय पर बड़ा ही गहरा प्रभाव पड़ा था। युद्धदृष्टि से आवश्यक सभी गुणों से युक्त राज्य की रक्षा का भार वहन करने की सिद्धता रखने वाले क्षत्रिय वर्ग के अभाव में परचक्र का प्रतिकार करते समय प्रजा को जो कठिनाइयाँ झेलनी पड़ती हैं, उनकी स्पष्ट कल्पना इस समय महर्षि वसिष्ठ को थी। इसीलिए ऐसे क्षत्रिय कर्म का सुयोग्य रीति से संचालन करनेवाले एक कुशल नेता की अर्थात् क्षात्रगुणों से युक्त राजा के अस्तित्व की आवश्यकता को वे पूर्णतया मानने लगे थे और अब उनके हृदय में निरंतर यही विचार उठा करता कि अपने जैसा एक शांतवृत्ति का युद्धकला से सर्वथा अनभिज्ञ व्यक्ति राष्ट्र के एक नेता तथा एक विश्वस्त के नाते कार्य करने की दृष्टि से सर्वथा अपात्र है। तब उन्हें यह बात भलीभाँति जँच गई। राष्ट्र की सुरक्षा की दृष्टि से एक सुसंगठित तथा सर्वांग संपूर्ण राज्य यंत्र की आवश्यकता अनिवार्य होती है। अतः उन सभी बातों के सुयोग्य संचालन का कार्य उनके हाथों कदापि संपन्न नहीं हो सकता। अतः स्वयं राजपद त्याग करते हुए उन्होंने फिर से त्रय्यारुण पुत्र सत्यव्रत (त्रिशंकु) को राजपद प्रदान कर कुल पुरोहित होना स्वीकार किया।

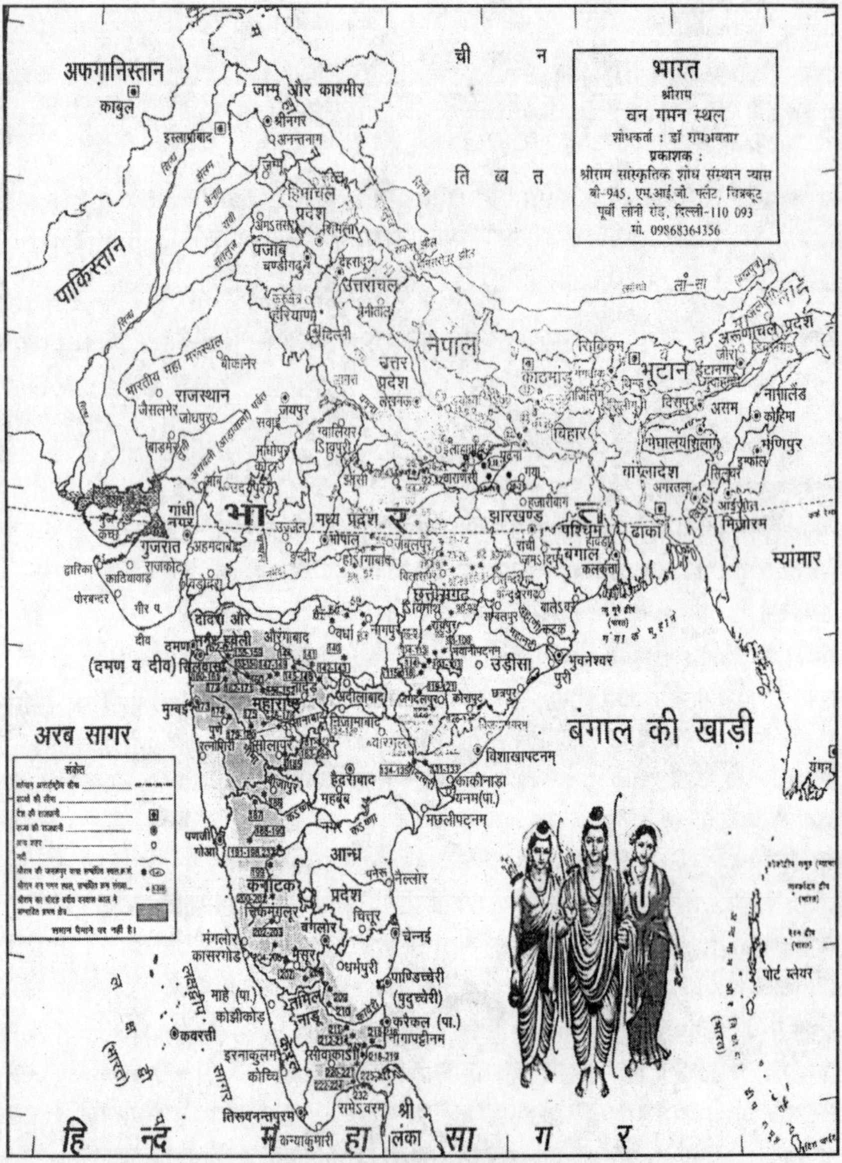

जीवन एक संघर्ष है। संसार में सदैव सबल ही निर्बलों को दबाया करता है। यह प्रत्यक्ष व्यवहार ज्ञान उस समय हमारे समाज से लुप्त हो गया था। ऐसी परिस्थिति में महर्षि वसिष्ठ चाहते थे कि समुचित संस्कारों द्वारा यह सर्वसाधारण ज्ञान सिंहासनाधिष्ठित व्यक्ति के अंत:करण पर पुनरपि अंकित हो। समाज संरक्षण की क्षमता रखनेवाले व्यक्तियों की अखंड परंपरा गद्दी पर आती रहे। इस बात के महत्त्व को वे भलीभाँति समझ चुके थे। अतएव अब उन्होंने इसी कार्य को अपने हाथ में लिया, किंतु उसमें सफलता प्राप्त होने के लिए काफी समय की आवश्यकता है। शासन करने की दृष्टि से सुयोग्य जानकर सूर्यवंशी सगर, भगीरथ, रघु, दिलीप, दशरथ जैसे राजागण आदर्श प्रजापालक

के रूप में प्रसिद्ध हुए। इस प्रकार अपनी प्रजा के जीवन को सुखी और समृद्ध बनाने की दृष्टि से इन राजाओं ने कई काम किए थे, किंतु उनके हृदयों पर क्षात्रवृत्ति के संस्कार दृढमूल न होने के कारण उनमें से कोई भी एक सबल साम्राज्य संस्थापक, महापराक्रमी सम्राट् के रूप में आगे न आ सका।

दशरथ के शासनकाल में तो दक्षिण की ओर से पुनरपि परचक्र का उपद्रव प्रारंभ हुआ। लंका के महापराक्रमी राजा रावण द्वारा दी जानेवाली यंत्रणाओं से अपने राष्ट्र की मुक्ति हेतु किस उपाय का अवलंबन किया जाए, वसिष्ठ के सम्मुख यही विकट समस्या अपने उग्रतम रूप में उपस्थित थी, किंतु दशरथ की ओर से उसका प्रतिरोध का तनिक भी प्रयास होता दिखाई नहीं देता था। इस कारण वसिष्ठ की दृष्टि दशरथ के राजकुमारों पर ही केंद्रित हुई कि यदि इन राजकुमारों को क्षत्रियोचित संस्कार दिए जाएँगे तो हो सकता है कि लक्ष्य प्राप्ति में सुगमता हो सके। इसी बात को ध्यान में रखकर युद्धकला और राजनीति में पारंगत ऐसा एक ही पुरुष उस समय उनकी आँखों के सम्मुख था और वह थे गाधिपुरी में तपस्या करने वाले विश्वामित्र। इसी हेतु को केंद्रित कर वसिष्ठ ने विश्वामित्र को इस कार्य हेतु राजी कर लिया। अपने भरण-रक्षण के निमित्त राम और लक्ष्मण की माँग करने हेतु वे दशरथ के दरबार में आए थे, परंतु दशरथ ने मोहवश लाख मना करने की कोशिश की। तब वसिष्ठ ने बड़े ही अर्थपूर्ण एवं समयोचित शब्दों में उनकी (दशरथ) शंकाओं का समाधान किया था। फिर विश्वामित्र के साथ राम-लक्ष्मण को भेजा जाता है।

जिन-जिन महापुरुषों ने भारत की चक्र संरक्षा की, उन सभी को एक विशेष प्रकार की असामान्य शिक्षा प्राप्त हुई थी। इस प्रकार की यह शिक्षा ही उन महापुरुषों द्वारा किए गए लौकिक कार्यों की नींव थी और ऐसी इस महत्त्वपूर्ण स्वराष्ट्र कार्य साधक शिक्षा प्रणाली के प्रवर्तक महर्षि वसिष्ठ और विश्वामित्र को अपने उद्देश्य की पूर्ति हेतु भारी कीमत भी चुकानी पड़ी थी। इस महान् राष्ट्रकार्य की साधना के लिए उन्होंने अपने व्यक्तिगत मानापमान की भावना और अपनी भूतकालीन शत्रुता की आहुति दी थी। इसीलिए परचक्र के घोर संकट से स्वराष्ट्र को मुक्त करने वाले चक्रवर्ती सम्राट् का वे निर्माण कर सके। उनका यह उद्योग अभूतपूर्व एवं अलौकिक था और उसका फल भी उन्हें तथा समूचे राष्ट्र को वैसा ही अलौकिक मिला।

बड़ी विचित्र परिस्थिति थी उस समय देश की। ऋषियों के प्राय: सभी आश्रम बंद हो चुके थे। राक्षसों के आतंक और उत्पातों के कारण यज्ञादि करना असंभव हो गया था। कहीं पर भी वेदघोष नहीं सुनाई देता था। राक्षसों (परचक्रों) के अत्याचारों से संपूर्ण जनता त्रस्त हो उठी थी। स्थान-स्थान पर राक्षसों (परचक्रियों) की पाशवी लीलाओं के शिकार बने लागों की अस्थियों के पर्वताकार ढेर विश्वामित्र के साथ वन जाते राजकुमारों (राम-लक्ष्मण) को दिखाई देते हैं। संभवत: इन्हीं सब दृश्यों के अवलोकन के परिणामस्परूप उस कालबोध में श्रीरामचंद्र को अपने जीवन के कर्तव्यों का समुचित ज्ञान हुआ होगा।

साथ ही शिवधनुष को तोड़कर श्रीराम ने मानो अपने जीवन कार्य का एक प्रकार से श्रीगणेश ही कर दिया और परचक्र से स्वदेश की रक्षा करने हेतु वे स्वयं तो सिद्ध हो चुके थे, किंतु किसी एक व्यक्ति के बलबूते का तो वह कार्य था ही नहीं। यह अवश्य है कि श्रीरामजी में व्यक्तिनिष्ठा एवं आत्मविश्वास का भाव अपने प्रखरतम रूप में था। फिर भी अभी तक उनके व्यक्तित्व का असर तत्कालीन समाज पर नहीं पड़ सका था। उनके अलौकिक सामर्थ्य का ज्ञान समाज को न हो सका

था। समाज में पराभूत मनोवृत्ति का प्राबल्य था। उनका जीवन चेतनाहीन बन चुका था। दूरद्रष्टा विश्वामित्र चाहते थे, इन सारी परिस्थितियों को बदलते हुए समाज की उक्त मनोवृत्ति को ठीक विपरीत दिशा की ओर मोड़ना और एक प्रकार से श्रीराम के सामर्थ्य की धाक जमाते हुए समाज के हृदय में इस भावना का निर्माण करना कि यह पुरुष उनकी रक्षा के हेतु केवल समर्थ और सिद्ध ही नहीं अपितु उस कार्य हेतु पूर्णतया कटिबद्ध है। महापराक्रमी परशुराम के गुरु श्रीशिव के धनुष को श्रीराम के हाथों भंग करवाने की योजना कर विश्वामित्र ने अपने इसी उक्त उद्देश्य को पूर्ण कर लिया।

किंतु जानकी विवाहोत्सव को बड़े ही आनंद के साथ संपन्न कर ज्यों ही वरयात्रा अयोध्या के मार्ग पर अग्रसर हुई, उसी समय किसी भीषण उत्पात के सदृश्य चिह्न दिखाई दिए और दूसरे ही क्षण लोगों ने देखा कि पृथ्वी को नि:क्षत्रिय करनेवाले परशुराम उनका मार्ग रोककर सामने डटे हुए हैं। तत्पश्चात् कुशल प्रश्नों के बीच उन्होंने परशुराम से पूछा—'ब्रह्मन्! जिस समय आप यह देश छोड़कर गए थे, उस समय यहाँ के लोगों की अवस्था कैसी थी और आज आपके फिर इस ओर आने पर आपको वह कैसी दिखाई दी?' इस पर परशुराम ने सीधा उत्तर दिया। 'उस समय देश धन-धान्य से युक्त था। लोग सुखी थे, किंतु इस समय इधर आते हुए संपूर्ण देश उजाड़ और श्मशानवत् दिखाई दिया।' तब राम ने कहा कि परचक्र का प्रतिकार करने की दृष्टि से अत्यावश्यक रहनेवाले क्षत्रिय वर्ण को उनके द्वारा नष्टप्राय किए जाने के कारण ही परकीय राक्षस लोग यहाँ पर अपना आतंक जमाकर इस देश को बड़ी ही सरलता के साथ लूट सके। इस प्रकार जनता के मृतप्राय बनने का सारा ही पाप परशुराम के माथे मढ़ा जा रहा था, जबकि उनके पास इसका कोई उत्तर न था। अंत में उन्हें अपनी भूल स्वीकार करनी पड़ी और पाप के प्रायश्चित्त के रूप में उनका तेजोहरण किया गया अर्थात् उनकी कोई भी प्रतिष्ठा शेष न रह गई और उनके प्रभाव का युग समाप्त हो गया।

परशुराम जैसे महावीर की इस प्रकार अपने सम्मुख झुकने के लिए विवश कर देनेवाले श्रीराम का प्रभाव इस घटना से कई गुना अधिक बढ़ गया। उससे समाज के विचारवान लोगों को यह बात भलीभाँति जँच गई कि उन्हें समाज में क्षात्रवृत्ति का परिपोष करने की आवश्यकता है। इस प्रकार इस समय यहाँ पर दो भिन्न विचार प्रणालियों के बीच सुवर्ण तथ्य प्राप्त हुआ।

तत्कालीन समाज के नेतागण इस समन्वय पालक निष्कर्ष पर पहुँचे कि समाज संरक्षण के लिए हमें एक सामर्थ्यशाली एवं सशस्त्र क्षत्रिय वर्ग की आवश्यकता तो है, किंतु इसके साथ ही उस वर्ग की स्वाभाविक उद्दंड वृत्ति को मर्यादित रखने के हेतु कुछ समुचित बंधनों की भी जरूरत है, क्षत्रिय वर्ण समाज का एक महत्त्वपूर्ण अंग है। अत: समाज के कल्याणार्थ उसे बनाए रखना भी नितांत आवश्यक है। जिस प्रकार कभी प्रसंगवशात् दाँतों के द्वारा जीभ के काटे जाने पर भी उन्हें कोई उखाड़कर नहीं फेंकता, वैसे ही किसी समय क्षत्रियों के उच्छृंखल एवं अत्याचारी बन जाने पर उनका समूल नाश किया जाना परिणाम में समाजहित घातक ही होता है। ऐसी परिस्थिति में एक कुशल समाज के नेता का वास्तविक कर्तव्य यह है कि वह केवल इतनी ही सावधानी रखे कि क्षत्रियों तथा समाज के अन्य लोगों के बीच उक्त प्रकार का कोई संघर्ष निर्माण न हो। संकट के समय में जिस प्रकार अपने प्राणों की भी चिंता न करते हुए लड़ने की वृत्ति क्षत्रियों में होती है, उसी प्रकार शांति के काल में भी विविध प्रकार के उपभोग करने की मनोवृत्ति भी उनमें स्वभावत: ही रहा करती है। इस बात को ध्यान में रखते हुए समाज नेताओं को चाहिए कि वे क्षत्रियों से निभा

लिया करें। इस प्रकार का विचार उस समय सर्वसम्मत बना। इसलिए श्रीराम की उक्त विचारधारा का प्रसार बड़ी ही तीव्र गति से होने लगा। अत: समाज रक्षा के उच्च हेतु से प्रेरित होकर मृत्यु से भय और जीवन से मोह न रखते हुए परचक्र का संगठित प्रतिकार करने में समर्थ ऐसे क्षत्रिय वर्ग का अस्तित्व समाज में होना ही चाहिए। ऐसी चर्चा सभी ओर सुनाई देने लगी। इस प्रकार समाज धारणा की दृष्टि से पोषक उक्त सिद्धांत की सर्वत्र विजय हुई। श्री परशुराम के तेजो भंग के पश्चात् श्रीराम के स्वतंत्र कर्तव्य का श्रीगणेश हुआ। श्रीराम के हाथों रावण का पराभव और स्वराष्ट्र की रक्षा कराना ही तो वसिष्ठ और विश्वामित्रादि ऋषियों का उद्देश्य था, क्योंकि रावण का पराभव कर प्रजा को पुन: सुख के दिन प्राप्त करा देने वाले राजा को ही जनता किसी भी अवस्था में सहयोग प्रदान करेगी, क्योंकि एक पराक्रमी राजा को ही प्रजा का प्रेम और आदर प्राप्त हुआ करता है।

तदुपरांत दंडकारण्य में प्रवेश करते हुए उन्होंने वानर जाति के लोगों से संबंध स्थापित किया। अपने असामान्य नेतृत्व के द्वारा जनता में प्रतिकार सामर्थ्य और आत्मविश्वास उत्पन्न किया। अपने व्यक्तित्व के बल पर नए-नए मित्र एवं अनुयायी प्राप्त किए। वनस्थ सभी ऋषियों ने उनका स्वागत किया। कार्यसिद्धि की दृष्टि से उन्हें आवश्यक सूचनाएँ दीं तथा उनके हाथों दुष्टों का वध करवाकर लोगों के हृदयों में उनके प्रति श्रद्धा उत्पन्न की। इस प्रकार अपने प्रभाव को बढ़ाते हुए अधिकाधिक सहयोगियों को प्राप्त करते हुए और पूरे चौदह वर्ष की सिद्धता के पश्चात् सभी लोगों का परामर्श और सहयोग लेकर ही उन्होंने लंका पर चढ़ाई की। पर्याप्त साधन सामग्री के उपलब्ध न होने पर भी उन्होंने एक अत्यंत सामर्थ्यवान एवं शस्त्रास्त्रों से सुसज्जित शत्रु से युद्ध किया और उसकी राजधानी में ही प्रत्यक्ष प्रवेश करते हुए उसका वध किया। श्रीराम के इस कार्य में उन्हें उनके द्वारा प्रयत्नपूर्वक प्राप्त किए गए मित्र तथा अनुयायियों ने अपेक्षा से भी अधिक सहयोग प्रदान किया था।

राम के जीवन का पूरा चरित्र अपने युग में व्याप्त घोर कुशासन, दुर्नीति, आतंक, उत्पीड़न और अत्याचार के नाश का इतिहास है, जिसमें हनुमान का चरित्र उनके सहायक के रूप में संबद्ध रहा। राम और हनुमान का चरित्र कुछ इस प्रकार अन्योन्याश्रित होकर घटनाओं का ऐसा समुच्चय बना कि श्रेयससिद्धि के नाम से एक-दूसरे से अलग किया ही नहीं जा सकता। राष्ट्र संचालन के गंभीर दायित्व निर्वाह में जिस प्रकार नितांत निष्ठापूर्ण समर्पित सहायक की आवश्यकता होती है, उसकी पूर्ति राम के लिए हनुमान के ही चरित्र में संभव थी।

सांस्कृतिक मूल्यों की रक्षा का जो कार्य राम करना चाहते थे, उसका पूरा होना हनुमान पर आश्रित था। रामत्व की स्थापना के लिए हनुमान का सम्मिलन अनिवार्य घटना थी। राम का संपूर्ण जीवन घटनाओं से भरा पड़ा है। राज्य के अधिकार से वंचित होने मात्र से राज्यधर्म की रक्षा के दायित्व से अपने को मुक्त नहीं माना था। राम राजपुरुष थे और कठिन स्थितियों में भी वे यह कभी नहीं भूले कि ''जासु राजप्रिय प्रजा दुखारी, सो नृप अवस नरक अधिकारी।'' यह वह कर्तव्यबोध था, जिसकी शिक्षा राजपुत्र के रूप में बालक राम ने ऋषिकुल में महान् गुरुओं से पाई थी और जिसके कारण वे पुरुषोत्तम कहलाए। वनवास उनके लिए उदासीन जीवन के पर्याय का नाम नहीं था, वरन् संपूर्ण बिखरे राष्ट्र और जातियों को संगठित कर अन्याय और आतंक को निर्मूल करने का अर्थार्थी था। राम को अपने इस कार्य में दक्षिण के वन प्रदेशों में रहनेवाली वानर

जाति विशेष उपयुक्त प्रतीत हुई, जो कि अत्यंत बलशाली कर्तव्यपरायण और समर्पित जाति थी। इसी जाति समूह में हनुमान श्रेष्ठतम वीर, ज्ञानी और नीतिनिपुण थे, जिन्हें राम ने अपनी कार्यसिद्धि के लिए सर्वाधिक उपयुक्त समझा और अपने उद्‌देश्य की प्राप्ति का अपरिहार्य अंग बना लिया।

राम के संपर्क में आए वानर कोई आज की भ्रांत धारणा जैसे बंदर या चतुष्पदी जीव नहीं थे। वे मानव समुदाय के वैसे ही श्रेष्ठ सामाजिक, राजनीतिक और सांस्कृतिक व्यवस्था के धनी होने के साथ अतुलित बलशाली, बुद्धिमान और समयानुकूल विधाओं के भी ज्ञाता थे, जैसे कि नर या राक्षस समुदाय के लोग थे अर्थात् वे नर अथवा राक्षस जाति से भिन्न कोई अन्य समूह के लोग थे।

हनुमान को युद्ध में मेघनाद ने परास्त कर और निस्तेज पड़ा देखकर सन, वल्कल और वृक्षों की छाल से बनी हुई रस्सियों से कसकर बाँधा। यही बंधन और लांगुल लंका दहन में हनुमान के लिए सहायक हो गया। आज भी वनों और पहाड़ियों में रहनेवाली जातियों के लोग कमर में मजबूत रस्सी जैसी मूँज आदि की घास लपेटे रहते हैं, जो बोझ ढोने या आपत्तिकाल में शत्रु से मोर्चा लेने के लिए प्रयोग में लाई जाती है। वस्तुतः यह युगीन जातीय श्रेष्ठता की लड़ाई का परिणाम था, जिसमें तत्कालीन नर और राक्षस समूह के जातीय अथवा सांस्कृतिक वर्चस्व में दोनों के बीच में पड़नेवाले दक्षिण पहाड़ी क्षेत्र की वनचर (घुमंतू) जाति को अपने से हीन समझकर उनको कहीं गणना लायक भी नहीं समझते थे और उन्हें वानर (वन में रहनेवाला) पुकारते थे। स्वयं वानर भी दक्षिण में विकसित अपार भौतिक संपदा के धनी राज्य लंका और उत्तर के सांस्कृतिक विकास के धनी कोसल साम्राज्य के बीच उन्नति की दौड़ में अपने को अत्यंत पिछड़ा मानकर कुंठित थे।

श्रेष्ठ भाषाविद् हनुमान ज्ञानिनामाग्रगण्य थे। आध्यात्मिक ज्ञान और सिद्धियों की प्राप्ति की दृष्टि से वानर अत्यंत श्रेष्ठ थे। "वने भवं वानस इति वानरः" अर्थात् वन नामक ब्रह्म में जो आनंद रस है, उसी का नाम वान है और जो वान को प्रदान करते हैं, वे ही वानर हैं। इतनी बात मात्र है कि अपनी कठिन भौगोलिक स्थितियों के कारण दो विभिन्न संस्कृतियों के बीच वानर अपने अस्तित्व को बनाए रखने की दौड़ में बहुत पीछे रह गए। बाद में बंदर को उपहास की मार झेलनी पड़ी। जबकि वानर शब्द बंदर का सूचक न होकर वनवासी का द्योतक था।

वानरों के जीवन में भी उन्नत सामाजिक-सांस्कृतिक सभ्यता थी, जो वानर नरेश बाली की राज्य व्यवस्था से स्पष्ट है और हनुमान उस राम के राष्ट्रीय चरित्र के प्रति नितांत समर्पण का एक भाव, एक चेतना, एक जागृति है, जिसका जीवन एक विशाल राष्ट्र को रावण जैसे भय, उत्पीड़न, अव्यवस्था, दुर्नीति फैलानेवाले अत्याचारी से मुक्ति दिलाने के लिए संकल्पित था। राष्ट्र संचालन के लिए ऋषिकुल परंपरा को पुनर्स्थापित करना था। सामाजिक व्यवस्था हर ओर से पराजित हो चुकी थी, वेदनीति और ऋषिधर्म से चलनेवाला समाज पूर्णतः खंडित हो गया था। ऐसी स्थिति में राजा के दायित्व-बोध के अनुरूप सुव्यवस्था को पुनर्जीवित करने का राम ने एक संकल्प उठाया, जिसकी सफलता हनुमान के राम के प्रति समर्पण से संभव हुई। श्रीराम का यह महान् संकल्प ही रामराज्य की स्थापना का कारण बना। ऐसे ही गुण-संपन्न महापुरुष की राम को आवश्यकता थी और हनुमान का व्यक्तित्व एक ऐसे श्रेष्ठ धर्मी व्यक्तित्व में समाहित होने की प्रतीक्षा में था, जिसके अनुकूल उसके वैयक्तिक गुण विकसित हुए थे तथा जो महासागर की विशालता में समाहित होकर

स्वयं महासागर बनने योग्य था। राम ही हनुमान के लिए राष्ट्र थे, सबकुछ थे। राम ने जो राष्ट्रधर्म के आदर्श बनाए थे, हनुमान ने उनका ऐसा पालन किया, जिससे यह सिद्ध हुआ कि संपूर्ण समर्पण के द्वारा ही राष्ट्रसेवा का एकनिष्ठ संकल्प पूर्ण किया जा सकता है। राष्ट्रसेवा के लिए ही हनुमान ने अपना समर्पण किया। राम ही उनके राष्ट्र थे।

इसके उपरांत संपूर्ण वानर दल के साथ श्रीराम ने लंका पर चढ़ाई कर दी। लंका पर चढ़ाई किसी लोभ के वश नहीं की गई थी। रावण के आक्रमण से स्वदेश की रक्षा हेतु की गई थी। यह एक प्रत्याक्रमण मात्र था। रावण स्वयं न कोई परधर्मीय था और न परकीय ही। वंश से वह भारतीय था, किंतु स्वभाव से वह विलासी एवं पहले दर्जे का महत्त्वाकांक्षी था, अर्थात् जन्म से उसकी वृत्ति राक्षसी बन चुकी थी। वर्षों पूर्व वह लंका में गया था। वहाँ के लोगों की संस्कृति, स्वभाव एवं वैभव से प्रेम हो जाने के कारण वह वहीं पर बस गया। उसे भरतखंड का अच्छा ज्ञान था। इस रावण द्वारा भारत पर किए गए आक्रमण का अर्थ था, राक्षसी संस्कृति का भारतीय समाज और संस्कृति पर आक्रमण। रावण स्वयं ही इस आक्रमण का नेतृत्व कर रहा था। राक्षसों की संस्कृति और समाज में रावण इतना घुल-मिल गया था कि वे लोग उसे स्वकीय के ही रूप में देखने लगे थे। जब सीताजी की खोज के निमित्त हनुमानजी लंका में गए तो उन्होंने वहाँ के मूल निवासियों को इस बात का स्मरण कराया कि उनकी दृष्टि से तो रावण परकीय ही है। इसके साथ ही यह बतलाया कि अपनी वैभव लालसा से प्रेरित हुआ रावण तुम लोगों पर भावी संकट (राम का आक्रमण) का मूल कारण है। इसके परिणामस्वरूप रावण के प्रति लंका निवासियों के मन में संदेह उत्पन्न हुआ। घर-घर में उसी बात की चर्चा सुनाई देने लगी। रावण की सेना में भी असंतोष और फूट ने जड़ पकड़ी। हनुमान ने लंका को आग लगाई, उसका यही भाव है।

लंका की विजय के बाद उतावले लक्ष्मण ने श्रीराम के सम्मुख यह सुझाव रखा कि अब वे अयोध्या वापस जाने के झमेले में न पड़कर स्वर्णमयी लंका में ही आनंद के साथ राज्य करें। इस पर राम ने कहा कि लक्ष्मण! लंका चाहे स्वर्णमयी ही क्यों न हो, किंतु मुझे वहाँ रहना रुचता नहीं। मेरी दृष्टि में जननी और जन्मभूमि स्वर्ग से भी अधिक श्रेष्ठ है अर्थात् लंका में मुझे भोगमय जीवन का लाभ हो सकता है, किंतु उसमें मुझे कोई आनंद न होगा। इसलिए जिनका मुझ पर ऋण हो, जिनकी आशा-आकांक्षा मुझ पर केंद्रित है, जो बड़ी आतुरता के साथ मेरी बाट जोह रहे होंगे और जिनके प्रति आत्मीयता की भावना मेरे अंत:करण में ओत-प्रोत है, उन्हें छोड़कर यहाँ पर मैं कदापि नहीं रह सकता। जिस कर्तव्य की पूर्ति हेतु मैं यहाँ पर आया था, वह कार्य अब पूर्ण हो चुका है। यहाँ के वैभव की लालसा मुझे नहीं है। मैं अपनी प्रजा से दूर नहीं रह सकता। अपना शेष जीवन अब उन्हीं के साथ व्यतीत करूँगा।

अंत में जीते हुए राज्य की व्यवस्था उन्होंने विभीषण को सौंपी। श्रीराम की इस व्यवस्था से हमें भारतीय राजनीति का परमोच्च आदर्श प्रकट हुआ दिखाई देता है और सभी प्रकार के उपभोग करते हुए भी हृदय से पूर्णत: अनासक्त रहनेवाले और स्वयं को केवल प्रजा का विश्वस्त मानकर केवल समाज-सेवा के लिए ही अपने संपूर्ण जीवन का बलिदान करने की धारणा रखनेवाले अटल कर्मयोगी के समान ही श्रीराम की भूमिका थी। राज्य का भोगशून्य स्वामी रहने तथा प्रजा के कल्याण के हेतु प्रत्येक सुख का परित्याग करने की सिद्धता रखने की प्रतिज्ञा के साथ ही श्रीराम

ने अयोध्या जाने पर सिंहासन ग्रहण किया था और अपने इस व्रत की पूर्ति के हेतु देवी सीता का भी त्याग करने में वे हिचके नहीं।

अपि स्वर्णमयी लङ्का न मे लक्ष्मण रोचते।
जननी जन्मभूमिश्च स्वर्णादपि गरीयसी॥

(वाल्मीकि रामायण—युद्धकांड)

अंततः राजा के गुणों का उपयोग समाज-हित के लिए ही होना है। समाज एक विशाल राष्ट्रपुरुष है और समाजांतर्गत विभिन्न वर्ग अथवा वर्ण हैं उसके अवयव। अतएव उनमें से किसी भी एक अवयव का उन्मत्त होकर अपने आपको अदंड्य समझना केवल समाज के लिए ही नहीं, प्रत्युत उस वर्ग विशेष के हित की दृष्टि से भी हानिकारक ही है। समाज धारणा का वास्तविक अर्थ अथवा धर्म तो यही है कि सभी अंग समान भाव से एक होकर समाज की उन्नति का प्रयास करें, क्योंकि इसमें सभी का कल्याण निहित है। अतः अपने सामर्थ्य के द्वारा समाज की रक्षा और सेवा करने के व्रत को भुलाकर यदि राजा निज को अदंड्य मानने लगे तो समाज धर्म के शाश्वत नियम से मैं उसका नियंत्रण करूँगा, यही बात समाज मानो इस प्रसंग पर राजपुरोहित के मुख से राजा को चेतावनी देकर कहता है। संपूर्ण देश में घूम-घूमकर तथा दिग्विजय प्राप्त करके जिस समय यज्ञ का अश्व लौटकर आता है, उस समय क्षत्रिय शक्ति को उन्माद होना भी एक दृष्टि से स्वाभाविक ही होता है। ऐसे समय क्षत्रिय शक्ति पर रहनेवाले धर्म के नियंत्रण का सुस्पष्ट ज्ञान करा देना ही इस विधि का उद्देश्य है।

इस विधि के रूप में समाज हित की दृष्टि से परमावश्यक एक नूतन तत्त्व सिखाया गया। राजा का सारा पराक्रम और पुरुषार्थ वास्तव में प्रजा के बल पर सफल हुआ करता है और वह शक्ति समाज की ही हुआ करती है। इसी को ध्यान रखकर "सन्तो तपसा भूमि धारयति", अर्थात् संत लोग अपनी तपस्या के बल पर समाजहित पोषक विचार एवं आचार का निर्माण कर क्षात्रबल के सहकार्य से राष्ट्र की धारणा करेंगे। ऐसी परंपरा या नियम इसी समय से रूढ़ि हुआ। हमारे राष्ट्रीयत्व का यह वैशिष्ट्य बहुत ही ध्यान देने योग्य है।

एक दृष्टि से देखा जाए तो परशुराम और श्रीराम परस्पर पूरक और परस्पर पोषक ही थे। परशुराम ने जहाँ सूत्र को लाकर छोड़ा था, वहीं से उठाकर श्रीराम ने उसे एक के द्वारा डाली गई दृढ़ नींव पर दूसरे ने एक प्रमाणबद्ध भव्य मंदिर का निर्माण किया। परशुराम समाज के हित के लिए ही तत्त्वों की निस्स्वार्थ पूजा चाहते थे। ठीक उसी प्रकार जिस बात का केवल अनुभव मात्र ही परशुराम को अपने जीवन के अंतिम काल में हो सका था, किंतु जिसको प्रत्यक्ष व्यवहार में घटित नहीं कर सके थे। उसी मर्यादा पालन की महानता श्रीराम के जीवन में ठीक बाल्यकाल से ही होने लगी थी। समाज की धारणा एवं संस्कृति के विकास के ध्येय को उन्होंने कभी अपनी आँखों से ओझल न होने दिया। उसी नीति के अनुसार हिंसा-अहिंसा, व्यक्ति, धर्म, समाज, धर्म, एक क्षत्रियत्व और ब्रह्मणत्व आदि की मर्यादाएँ उन्होंने अपने प्रत्यक्ष आचरण से सिद्ध कर दिखाईं। इसीलिए उन्हें मर्यादा पुरुषोत्तम का विरूप प्राप्त हो सका।

राक्षसी संस्कृति के भीषण आक्रमण आदि रूपों में जो समस्या हमें सदियों से भयभीत किए हुए थी, उसी का हल श्रीराम ने समन्वय की पद्धति से खोज निकाला। उन्होंने भारतीय राष्ट्रीयत्व को एक मूर्त स्वरूप प्रदान किया और सुस्थिर और शांतिमय एवं प्रगतिमान समाज-जीवन का

संचालन करनेवाली आदर्श राज्य पद्धति अर्थात् स्वराज्य पद्धति का निर्माण किया! वही 'राम-राज्य' की कल्पना है।

किंतु यह राम-राज्य किसी एक ही व्यक्ति की शक्ति और बुद्धि पर आधारित द्वारका के समान नहीं था। रामराज्य की संस्थापना के श्रेय में श्रीराम के समान ही अयोध्या का समाज भी सहभागी है। इस समाज ने महर्षि वसिष्ठ की शासन प्रणाली का अभिमान रखते हुए विश्वामित्र के परचक्र का दो बार सफल प्रतिकार किया था और तीसरी बार हरिश्चंद्र की अनुचित उदारता से लाभ उठाकर सत्ताधारी बने हुए विश्वामित्र का शासन भी चलना असंभव कर दिया था। तीनों ही बार उसे कष्ट झेलने पड़े थे, किंतु फिर भी उसने अपनी राजनिष्ठा को पूर्णत: निष्कलंक ही बनाए रखा। श्रीराम के शासनकाल में इस समाज की तेजस्विता भी मानो अपने परमोच्च शिखर पर पहुँची हुई दिखाई पड़ती है। कहना न होगा कि किसी के भी सामने न झुकनेवाले श्रीराम को केवल अपनी निष्ठा के बल पर ही इस समाज ने झुका लिया था।

इस रामराज्य का आधार रूप अथवा उसे धारण करनेवाला एक विशाल संगठन भी श्रीराम ने निर्माण किया था। दैवी संपत्ति पर आधारित भारतीय संस्कृति को पाया मानकर उस संस्कृति के रक्षार्थ एवं विकासार्थ राष्ट्रीय भावनाधिष्ठित संगठन का उन्होंने निर्माण किया और उसके बल पर किया त्रिभुवन विजयी मदोन्मत्त रावण का संहार। मानव की रचना पशुत्व और देवत्व के सम्मिश्रण से की गई है। पशुत्व के अंश को क्रमश: कम करते हुए देवत्व की ओर प्रगति करना ही मानव संस्कृति का ध्येय है, परंतु परशुराम को यह धीमी चालवाला ध्येय पसंद न था। इसीलिए कई बार प्रयत्न करते हुए तथा क्षत्रिय संहार के रूप में समाज को दुर्बल बनाने के पाप को सिर पर लेने के बाद भी उन्हें सफलता का दर्शन न हो सका और अंत में निराश-विवश होकर उन्हें वह मार्ग ही छोड़ देना पड़ा। परशुराम के इस कार्य की कमी को श्रीराम ने बड़े ही सुंदर ढंग से पूर्ण किया, मानो परशुराम के अपूर्ण कार्य को ही उन्होंने पूर्णता प्रदान की। श्रेष्ठ तत्त्वों की साक्षात् मूर्तिस्वरूपिणी अपनी मातृभूमि की गरिमा और भक्तिमय, यह था उनके संगठन का सबल आधार। व्यक्तिनिष्ठा एवं तत्त्वनिष्ठा का वह एक सुंदर समन्वय था। संपूर्ण समाज एक पुरुष है और मैं उसका अवयव हूँ। यह था उस संगठन के घटकों का जीवन-सूत्र। उसमें छोटे-बड़े अथवा ऊँच-नीच का कोई भेदभाव न था। समाज के जीवन में स्वयं विलीन होना ही प्रत्येक की आकांक्षा थी और उसी में था प्रत्येक घर के जीवन का साफल्य। इस भूमिका को स्वयं श्रीराम ने आचरण में अवतरित कर दिखाया। समाज की इच्छा के सम्मुख अपनी उन्नत ग्रीवा नत करते हुए उन्होंने उज्ज्वल राष्ट्रनिष्ठा का अभूतपूर्व आदर्श प्रस्तुत किया। संगठन के लिए न्याय और चिरस्थायी आधार की योजना उन्होंने की। इसीलिए संगठनशास्त्र के एक-एक सर्वश्रेष्ठ आचार्य के नाते उनकी कीर्ति अजर-अमर हुई।

इस प्रकार अपने समाज के जीवन में व्यापक सिद्ध होनेवाली तथा सहस्रों वर्षों तक बड़े-बड़े पुरुषों तक को उलझन में डाले रखनेवाली अनेक समस्याओं का अचूक हल श्रीराम ने अपनी कार्यकुशलता के बल पर खोज निकाला तथा भारत के राष्ट्र-जीवन को पूर्णत्व प्रदान करके उसके लिए जगतगुरुत्व का मार्ग भी खोज दिया। इसीलिए भारतीयों के हृदय सम्राट् की पदवी उन्हें प्राप्त हुई और एक अनुपम आदर्श के रूप में वह आज तक अक्षुण्ण भी है।

□

महाभारतकालीन विश्व रचना — (द्वापर युग)

- श्री कृष्णावतार
- धर्मराज युधिष्ठिर
- सम्राट् परीक्षित
- भविष्यवाणी : श्रीमद्भागवतमहापुराणम्

महाभारत-पर्व

जब धर्म की ग्लानि-हानि-क्षति होती है, तब स्वयं नारायण किसी-न-किसी रूप में अवतरित होकर मानवता की रक्षा तथा दानवता का संहार कर धर्म की प्राणप्रतिष्ठा करते हैं। कर्तव्य-पथ से भटके जनमानस को सन्मार्ग पर लाकर खड़ा करते हैं। सज्जन शक्ति को जाग्रत् कर नवसृजन का शंखनाद करते हैं। अज्ञानरूपी अंधकार को अपने तेजस्वी ज्ञानरूपी प्रकाश से समूल नष्ट कर नवभोर के महासूर्य का प्रादुर्भाव करते हैं।

अहंकार, झूठी मान-मर्यादा को महाभारत के समरांगण कुरुक्षेत्र में लाकर सर्वनाश की होली में हवन करते और पुनः नया सवेरा लाकर नए जीवन का शुभारंभ करते हैं, अर्थात् नवजीवन के यज्ञ का अनुष्ठान प्रारंभ करते और वंशी की तान से पुनः उजड़े कानन को वृंदावन बनाकर घर-घर राधा-कृष्ण की मोहक छवि का आनंद बिखेरकर इंद्र जैसों का मानमर्दन करते हैं और शांतियुद्ध की वंशी बजाकर जग को मोहित करते हैं।

ऐसे महामानव तो युगों-युगों में विरले ही जन्म लेते हैं, जो वंशी की तान से यात्रा प्रारंभ कर सुदर्शन की ललकार तक एक ऐसे अभियान का संदेश घर-घर देते, जो समस्त मानव जाति के लिए गौरव से जीने का महामंत्र बन जाता है। धन्य है वंशी की तान से सुदर्शन के संधान तक की यात्रा, जिसने मानवता की पुनः प्राणप्रतिष्ठा कर माँ-भारती का जीवन वासंती बना दिया।

वंशी की तान गूँजती कानन।
वृंदावन का आह्लादित आँगन॥
भारत में गीता के शब्द पावन।
जग'राम किया पतझड़' को सावन॥

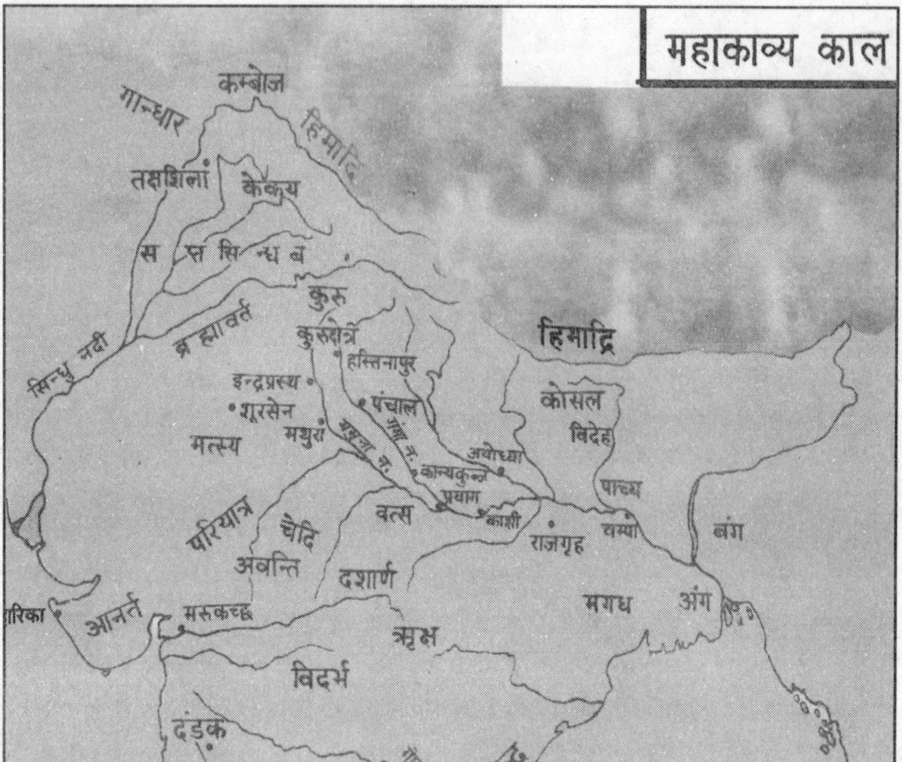
महाकाव्य काल
कम्बोज
गान्धार
हिमाद्रि
तक्षशिला
कैकय
स प्त सि न्धु व
कुरु
ब्रह्मावर्त
सिन्धु नदी
कुरुक्षेत्र
हस्तिनापुर
इन्द्रप्रस्थ
शूरसेन
पंचाल
मथुरा
मत्स्य
हिमाद्रि
कोसल
विदेह
अयोध्या
कान्यकुब्ज
प्रयाग
काशी
वत्स
चेदि
पारियात्र
अवन्ति
दशार्ण
राजगृह
चम्पा
बंग
मगध
अंग
आनर्त
मरुकच्छ
ऋक्ष
विदर्भ
दंडक
गोदावरी न.
महेन्द्र
पश्चिम
पयोधि
पूर्व
सागर
किष्किंधा
सुक्तिमान
दक्षिण
लंका
महार्णव
17

दोनों पक्षों की सेनाएँ

	कौरव पक्ष की सेना	पांडव पक्ष की सेना
सहयोगी जनपद	गांधार, मद्र, सिंध, कांबोज, कलिंग, सिंहल, दरद, अभीषह, मागध, पिशाच, कोसल।	पांचाल, चेदि, काशी, करुष, मत्स्य, केकय, सृंजय, दक्षार्ण, सोमक, कुंति, आनर्त, दाशेरक, प्रभद्रक, अनूपक, किरात, पटच्चर।
	प्रतीच्य, बाह्लिक, उदीच्य, अंश, पल्लव, सौराष्ट्र, अवंति, निषाद, शूरसेन, शिबि, वसति, पौरव।	
	तुषार, चूचुप्रदेश, अश्वक, पांड्य, पुलिंद, पारद, क्षुद्रक, प्राग्ज्योतिषपुर, मेकल	तित्तिर, चोल, पांड्य, अग्निवेश्य, हुंड, दानभारि, शबर, उद्भस, वत्स, पौंड्र, पुंड्र, कुंडीविष, मारुत, धेनुक, तगंण, परतगंण।
	कुरुविंद, त्रिपुरा, शल, अंबष्ठ, कैतव, यवन, त्रिगर्त, सौविर, प्राच्य।	
महारथी	भीष्म, द्रोणाचार्य, कृपाचार्य, कर्ण, अश्वत्थामा, मद्रनरेश, शल्य, भूरिश्रवा, अलंबुष, कृतवर्मा	भीम, नकुल, सहदेव, अर्जुन, युधिष्ठिर, द्रौपदी के पाँचों पुत्र, सात्यकि, उत्तमौजा, विराट, द्रुपद।
	कलिंगराज श्रुतायुध, शकुनि, भगदत्त जयद्रथ, विंद, अनुविंद, कांबोजराज सुदक्षिण, बृहद्बल, दुर्योधन व उसके ९९ भाई	धृष्टधुम्न, अभिमन्यु, पांड्यराज, घटोत्कच, शिखंडी, युयुत्सु, कुंतिभोज, शैब्य, अनूपराज नील।
तटस्थ दल	विदर्भ, शाल्व, चीन, लौहित्य, शोणित, नेपा, कोंकण, कर्नाटक, केरल, आंध्र, द्रविड़ आदि ने इस युद्ध में भाग नहीं लिया।	

महर्षि व्यास कृत महाभारत

दिग्विजयपर्व

पञ्चविंशोऽयायः

अर्जुन और चारों भाइयों की दिग्विजय के लिए यात्रा

वैशम्पायन उवाज

पार्थः प्राप्य धनुः श्रेष्ठमक्षय्यौ च महेषुधी।
रथं ध्वजं सभां चैव युधिष्ठिरमभाषत॥१॥

वैशंपायनजी कहते हैं—जनमेजय! अर्जुन श्रेष्ठ धनुष, दो विशाल एवं अक्षय तूणीर, दिव्य रथ, ध्वज और अद्भुत सभा भवन पहले ही प्राप्त कर चुके थे, अब वे युधिष्ठिर से बोले॥१॥

अर्जुन उवाच

धनुरस्त्रं शरा वीर्यं पक्षो भूमिर्यशो बलम्।
प्राप्तमेतन्मया राजन् दुष्प्रापं यदभीप्सितम्॥२॥

अर्जुन ने कहा—राजन्! मुझे धनुष, अस्त्र, बाण, पराक्रम, श्रीकृष्ण जैसे सहायक, भूमि (राज्य

एवं इंद्रप्रस्थ का दुर्ग) यश और बल—ये सभी दुर्लभ एवं मनोवांछित वस्तुएँ प्राप्त हो चुकी हैं॥ २॥

तत्र कृत्यमहं मन्ये कोशस्य परिवर्धनम्।
करमाहारयिष्यामि राज्ञः सर्वान् नृपोत्तम॥ ३॥

नृपश्रेष्ठ! अब मैं अपने कोष को बढ़ाना ही आवश्यक कार्य समझता हूँ। मेरी इच्छा है कि समस्त राजाओं को जीतकर उनसे कर वसूल करूँ॥ ३॥

विजयाय प्रयास्यामि दिशं धनदपालिताम्।
तिथावथ मुहूर्ते च नक्षत्रे चाभिपूजिते॥ ४॥

आपकी आज्ञा हो तो उत्तम तिथि, मुहूर्त और नक्षत्र में कुबेर द्वारा पालित उत्तर दिशा को जीतने के लिए प्रस्थान करूँ॥ ४॥

एतच्छ्रुत्वा कुरुश्रेष्ठो धर्मराजः सहानुजः।
प्रहृष्टो मन्त्रिभिश्चैव व्यासधौम्यादिभिः सह॥
ततो व्यासो महाबुद्धिरुवाचेदं वचोऽर्जुनम्।

यह सुनकर भाइयों सहित कुरुश्रेष्ठ धर्मराज युधिष्ठिर को बड़ी प्रसन्नता हुई, साथ ही मंत्रियों तथा व्यास, धौम्य आदि महर्षियों को बड़ा हर्ष हुआ। तत्पश्चात् परम बुद्धिमान व्यासजी ने अर्जुन से कहा—

व्यास उवाच

साधु साध्विति कौन्तेय दिष्ट्या ते बुद्धिरीदृशी।
पृथिवीमखिलां जेतुमेकोऽध्यवसितो भवान्॥

व्यासजी बोले—कुंतीनंदन! मैं तुम्हें बारंबार साधुवाद देता हूँ। सौभाग्य से तुम्हारी बुद्धि में ऐसा संकल्प हुआ है। तुम सारी पृथ्वी को अकेले ही जीतने के लिए उत्साहित हो रहे हो।

धन्यः पाण्डुर्महीपालो यस्य पुत्रस्त्वमीदृशः।
सर्वं प्राप्स्यति राजेन्द्रो धर्मपुत्रो युधिष्ठिरः॥
त्वद्वीर्येण स धर्मात्मा सार्वभौमत्वमेष्यति।

राजा पांडु धन्य थे, जिनके पुत्र तुम जैसे पराक्रमी निकले। तुम्हारे पराक्रम से धर्मपुत्र धर्मात्मा महाराज युधिष्ठिर सबकुछ पा लेंगे। सार्वभौम सम्राट् के पद पर प्रतिष्ठित होंगे।

त्वद्बाहुबलमाश्रित्य राजसूयमवाप्स्यति॥
सुनयाद् वासुदेवस्य भीमार्जुनबलेन च।
यमयोश्चैव वीर्येण सर्वं प्राप्स्यति धर्मराट्॥

तुम्हारे बाहुबल का सहारा पाकर ये राजसूययज्ञ पूर्ण कर लेंगे। भगवान् श्रीकृष्ण की उत्तम नीति, भीम और अर्जुन के बल तथा नकुल और सहदेव के पराक्रम से धर्मराज युधिष्ठिर को सबकुछ प्राप्त हो जाएगा।

तस्माद् दिशं दवगुप्तामुदीचीं गच्छ फाल्गुन।
शक्तो भवान् सुराञ्जित्वा रत्नान्याहर्तुमोजसा॥

प्राचीं भीमो बलश्लाघी प्रयातु भरतर्षभः।

इसलिए अर्जुन! तुम तो देवताओं द्वारा सुरक्षित उत्तर दिशा की यात्रा करो, क्योंकि देवताओं को जीतकर वहाँ से बलपूर्वक रत्न ले आने में तुम्हीं समर्थ हो।

याम्यां तत्र दिशं यातु सहदेवो महारथः॥
प्रतीचीं नकुलो गन्ता वरुणेनाभिपालिताम्।
एषा मे नैष्ठिकी बुद्धिः क्रियतां भरतर्षभाः॥

अपने बल द्वारा दूसरों से होड़ लेनेवाले भरत कुलभूषण भीमसेन पूर्व दिशा की यात्रा करें। महारथी सहदेव दक्षिण दिशा की ओर प्रस्थान करें और नकुल वरुणपालित पश्चिम दिशा पर आक्रमण करें। भरतश्रेष्ठ पांडवो! मेरी बुद्धि का ऐसा ही निश्चय है। तुम लोग इसका पालन करो।

वैशम्पायन उवाच

श्रुत्वा व्यासवचो हृष्टास्तमूचुः पाण्डुनन्दनाः।

वैशंपायनजी कहते हैं—जनमेजय! व्यासजी की यह बात सुनकर पांडवों ने बड़े हर्ष के साथ कहा।

पाण्डवा उवाच

एवमस्तु मुनिश्रेष्ठ यथाऽऽज्ञापयसि प्रभो।

पांडव बोले—मुनिश्रेष्ठ! आप जैसी आज्ञा देते हैं, वैसा ही हो।

वैशम्पायन उवाच

धनञ्जयवचः श्रुत्वा धर्मराजो युधिष्ठिरः।
स्निग्धगम्भीरनादिन्या तं गिरा प्रत्यभाषत॥५॥

वैशंपायनजी कहते हैं—जनमेजय! अर्जुन की पूर्वोक्त बात सुनकर धर्मराज युधिष्ठिर स्नेहयुक्त गंभीर वाणी में उनसे इस प्रकार बोले—

स्वस्तिवाच्यार्हतो विप्रान् प्रयाहि भरतर्षभ।
दुर्हृदामप्रहर्षाय सुहृदां नन्दनाय च॥६॥

भरतकुलभूषण! पूजनीय ब्राह्मणों से स्वस्तिवाचन कराकर यात्रा करो। तुम्हारी यह यात्रा शत्रुओं का शोक और सुहृदों का आनंद बढ़ानेवाली हो।

विजयस्ते ध्रुवं पार्थ प्रियं काममवाप्स्यसि।

पार्थ! तुम्हारी विजय सुनिश्चित है, तुम अभीष्ट कामनाओं को प्राप्त करोगे॥ ६ १/२॥

इत्युक्तः प्रययौ पार्थः सैन्येन महताऽऽवृतः॥७॥
अग्निदत्तेन दिव्येन रथेनाद्भुतकर्मणा।
तथैव भीमसेनोऽपि यमौ च पुरुषर्षभौ॥८॥
ससैन्याः प्रययुः सर्वे धर्मराजेन पूजिताः।

उनके इस प्रकार आदेश देने पर कुंतीपुत्र अर्जुन विशाल सेना के साथ अग्नि के दिए हुए अद्भुतकर्मा दिव्य रथ द्वारा वहाँ से प्रस्थित हुए। इसी प्रकार भीमसेन तथा नरश्रेष्ठ नकुल-सहदेव

इन सभी भाइयों ने धर्मराज से सम्मानित हो सेनाओं के साथ दिग्विजय के लिए प्रस्थान किया।

दिशं धनपतेरिष्टामजयत् पाकशासनिः ॥९॥
भीमसेनस्तथा प्राचीं सहदेवस्तु दक्षिणाम्।
प्रतीचीं नकुलो राजन् दिशं व्यजयतास्त्रवित् ॥१०॥

राजन! इंद्रकुमार अर्जुन ने कुबेर की प्रिय उत्तर दिशा पर विजय पाई। भीमसेन ने पूर्व दिशा, सहदेव ने दक्षिण दिशा तथा अस्त्रवेत्ता नकुल ने पश्चिम दिशा को जीता।

खाण्डवप्रस्थमध्यस्थो धर्मराजो युधिष्ठिरः।
आसीत् परमया लक्ष्म्या सुहृद्गणवृतः प्रभुः ॥११॥

केवल धर्मराज युधिष्ठिर सुहृदों से घिरे हुए अपनी उत्तम राजलक्ष्मी के साथ खांडवप्रस्थ में रह गए थे।

महर्षि व्यास कृत महाभारत

षड्विंशोऽध्यायः

अर्जुन के द्वारा अनेक देशों, राजाओं तथा भगदत्त की पराजय

जनमेजय उवाच

दिशामभिजयं ब्रह्मन् विस्तरेणानुकीर्तय।
न हि तृप्यामि पूर्वेषां शृण्वानश्चरितं महत् ॥१॥

जनमेजय बोले—ब्रह्मन्! दिग्विजय का विस्तारपूर्वक वर्णन कीजिए। अपने पूर्वजों के इस महान् चरित्र को सुनते-सुनते मेरी तृप्ति नहीं हो रही है।

धनञ्जयस्य वक्ष्यामि विजयं पूर्वमेव ते।
यौगपद्येन पार्थैर्हि निर्जितेयं वसुन्धरा ॥२॥

वैशंपायनजी कहते हैं—राजन्! यद्यपि कुंती के चारों पुत्रों ने एक ही समय इन चारों दिशाओं की पृथ्वी पर विजय प्राप्त की थी, तो भी पहले तुम्हें अर्जुन का दिग्विजय वृत्तांत सुनाऊँगा।

पूर्वं कुलिन्दविषये वशे चक्रे महीपतीन्।
धनञ्जयो महाबाहुर्नातितीव्रेण कर्मणा ॥३॥

महाबाहु धनंजय ने अत्यंत दुःसह पराक्रम प्रकट किए बिना ही पहले पुलिंद देश के भूमिपालों को अपने वश में किया।

आनर्तान् कालकूटांश्च कुलिन्दांश्च विजित्य सः।
सुमण्डलं च विजितं कृतवान् सहसैनिकम् ॥४॥

पुलिंदों के साथ-साथ कालकूट और आनर्त देश के राजाओं को जीतकर सेना सहित राजा सुमंडल को भी जीत लिया।

स तेन सहितो राजन् सव्यसाची परंतपः।
विजिग्ये शाकलं द्वीपं प्रतिविन्ध्यं च पार्थिवम् ॥५॥

राजन्! तदनंतर शत्रुओं को संताप देनेवाले सव्यसाची अर्जुन ने सुमंडल को साथी बना लिया और उनके साथ जाकर शाकलद्वीप तथा राजा प्रतिबिंध्य पर विजय प्राप्त की।

शाकलद्वीपवासाश्च सप्तद्वीपेषु ये नृपाः।
अर्जुनस्य च सैन्यैस्तैर्विग्रहस्तुमुलोऽभवत्॥६॥

शाकलद्वीप तथा अन्य सातों द्वीपों में जो राजा रहते थे, उनके साथ अर्जुन के सैनिकों का घमासान युद्ध हुआ।

स तानपि महेष्वासान् विजिग्ये भरतर्षभ।
तैरेव सहितः सर्वैः प्राग्ज्योतिषमुपाद्रवत्॥७॥

भरत कुलभूषण जनमेजय! अर्जुन ने उन महान् धनुर्धरों को भी जीत लिया और उन सबको साथ लेकर प्राग्ज्योतिषपुर पर धावा किया।

तत्र राजा महानासीद् भगदत्तो विशाम्पते।
तेनासीत् सुमहद् युद्धं पाण्डवस्य महात्मनः॥८॥

महाराज! प्राग्ज्योतिषपुर के प्रधान राजा भगदत्त थे। उनके साथ महात्मा अर्जुन का बड़ा भारी युद्ध हुआ।

स किरातैश्चचीनैश्च वृतः प्राग्ज्योतिषोऽभवत्।
अन्यैश्च बहुभिर्योधैः सागरानूपवासिभिः॥९॥

प्राग्ज्योतिषपुर के नरेश किरात, चीन तथा समुद्र के द्वीपों में रहनेवाले अन्य बहुतेरे योद्धाओं से घिरे हुए थे।

ततः स दिवसानष्टौ योधयित्वा धनञ्जयम्।
प्रहसन्नब्रवीद् राजा संग्रामविगतक्लमम्॥१०॥

राजा भगदत्त ने अर्जुन के साथ आठ दिनों तक युद्ध किया, तो भी उन्हें युद्ध से थकते न देख वे हँसते हुए बोले—

उपपन्नं महाबाहो त्वयि कौरवनन्दन।
पाकशासनदायादे वीर्यमाहवशोभिनि॥११॥

महाबाहु कौरवनंदन! तुम इंद्र के पुत्र और संग्राम में शोभा पानेवाले शूरवीर हो। तुममें ऐसा बल और पराक्रम उचित ही है।

अहं सखा महेन्द्रस्य शक्रादनवरो रणे।
न शक्ष्यामि च ते तात स्थातुं प्रमुखतो युधि॥१२॥

मैं देवराज इंद्र का मित्र हूँ और युद्ध में उनसे तनिक भी कम नहीं हूँ, बेटा! तो भी मैं संग्राम में तुम्हारे सामने खड़ा नहीं हो सकूँगा।

त्वमीप्सितं पाण्डवेय ब्रूहि किं करवाणि ते।
यद् वक्ष्यसि महाबाहो तत् करिष्यामि पुत्रक॥१३॥

पांडुनंदन! तुम्हारी इच्छा क्या है, बताओ, मैं तुम्हारा कौन सा प्रिय कार्य करूँ? वत्स! महाबाहो! तुम जो कहोगे, वही करूँगा।

अर्जुन उवाच

कुरूणामृषभो राजा धर्मपुत्रो युधिष्ठिरः।
धर्मज्ञः सत्यसंधश्च यज्वा विपुलदक्षिणः॥१४॥
तस्य पार्थिवतामीप्से करस्तस्मै प्रदीयताम्।
भवान् पितृसखा चैव प्रीयमाणो मयापि च।
ततो नाज्ञापयामि त्वां प्रीतिपूर्वं प्रदीयताम्॥१५॥

अर्जुन बोले—महाराज! धर्मज्ञ सत्यप्रतिज्ञ कुरुकुल रत्न धर्मपुत्र राजा युधिष्ठिर बहुत दक्षिणा देकर राजसूय यज्ञ करनेवाले हैं। मैं चाहता हूँ वे चक्रवर्ती सम्राट् हों। आप उन्हें कर दीजिए। आप मेरे पिता के मित्र हैं और मुझसे भी प्रेम रखते हैं, अतः मैं आपको आज्ञा नहीं दे सकता। आप प्रेमभाव से ही उन्हें भेंट दीजिए।

भगदत्त उवाच

कुन्तीमातर्यथा मे त्वं तथा राजा युधिष्ठिरः।
सर्वमेतत् करिष्यामि किं चान्यत् करवाणि ते॥१६॥

भगदत्त ने कहा—कुंतीकुमार! मेरे लिए जैसे तुम हो, वैसे राजा युधिष्ठिर हैं, मैं यह सबकुछ करूँगा। बोलो, तुम्हारे लिए और क्या करूँ?

सप्तविंशोऽध्यायः

अर्जुन का अनेक पर्वतीय देशों पर विजय पाना

वैशम्पायन उवाच

एवमुक्तः प्रत्युवाच भगदत्तं धनञ्जयः।
अनेनैव कृतं सर्वमनुजानीहि याम्यहम्॥१॥

वैशंपायनजी कहते हैं—जनमेजय! उनके ऐसा कहने पर धनंजय ने भगदत्त से कहा—राजन्! आपने जो कर देना स्वीकार कर लिया, इतने से ही मेरा सब सत्कार हो जाएगा, अब आज्ञा दीजिए, मैं जाता हूँ।

तं विजित्य महाबाहुः कुन्तीपुत्रो धनञ्जयः।
प्रययावुत्तरां तस्माद् दिशं धनदपालिताम्॥२॥

भगदत्त को जीतकर महाबाहु कुंतीपुत्र अर्जुन वहाँ से कुबेर द्वारा सुरक्षित उत्तर दिशा में गए।

अन्तर्गिरिं च कौन्तेयस्तथैव च बहिर्गिरिम्।
तथैवोपगिरिं चैव विजिग्ये पुरुषर्षभः॥३॥

कुरुश्रेष्ठ धनंजय ने क्रमशः अंतगिरि, बहिर्गिरि और उपगिरि नामक प्रदेशों पर विजय प्राप्त की।

विजित्य पर्वतान् सर्वान् ये च तत्र नराधिपाः।
तान् वशे स्थापयित्वा स धनान्यादाय सर्वशः॥४॥

फिर समस्त पर्वतों और वहाँ निवास करनेवाले राजाओं को अपने अधीन करके उन्होंने सबसे धन वसूल किए।

तैरेव सहितः सर्वैरनुरज्य च तान् नृपान्।
उलूकवासिनं राजन् बृहन्तमुपजग्मिवान्॥५॥

तत्पश्चात् उन नरेशों को प्रसन्न करके उन सबके साथ उलूकवासी राजा बृहंत पर आक्रमण किया।

मृदङ्गवरनादेन रथनेमिस्वनेन च।
हस्तिनां च निनादेन कम्पयन् वसुधामिमाम्॥६॥

जुझाऊ बाजे, श्रेष्ठ मृदंग आदि की ध्वनि, रथ के पहियों की घरघराहट और हाथियों की गर्जना से वे इस पृथ्वी को कँपाते हुए आगे बढ़ रहे थे।

ततो बृहन्तस्त्वरितो बलेन चतुरङ्गिणा।
निष्क्रम्य नगरात् तस्माद् योधयामास फाल्गुनम्॥७॥

तब राजा बृहंत तुरंत ही चतुरंगिणी सेना के साथ नगर से बाहर निकले और अर्जुन से युद्ध करने लगे।

सुमहान् सन्निपातोऽभूद् धनञ्जयबृहन्तयोः।
न शशाक बृहन्तस्तु सोढुं पाण्डवविक्रमम्॥८॥

उस समय अर्जुन और बृहंत में बड़े जोर की मार-काट शुरू हुई, परंतु बृहंत पांडुपुत्र अर्जुन के पराक्रम को न सह सके।

सोऽविषह्यतमं मत्वा कौन्तेयं पर्वतेश्वरः।
उपावर्तत दुर्धर्षो रत्नान्यादाय सर्वशः॥९॥

कुंतीकुमार को असह्य मानकर दुर्धर्ष वीर पर्वतराज बृहंत युद्ध से हट गए और सब प्रकार के रत्नों की भेंट लेकर उनकी सेवा में उपस्थित हुए।

स तद्राज्यमवस्थाप्य उलूकसहितो ययौ।
सेनाबिन्दुमथो राजन् राज्यादाशु समाक्षिपत्॥१०॥

जनमेजय! अर्जुन ने बृहंत का राज्य पुनः उन्हीं के हाथ में सौंपकर उलूकराज के साथ सेना बिंदु पर आक्रमण किया और उन्हें शीघ्र ही राज्यच्युत कर दिया।

मोदापुरं वामदेवं सुदामानं सुसङ्कुलम्।
उलूकानुत्तरांश्चैव तांश्च राज्ञः समानयत्॥११॥

तदनंतर मोदापुर, वामदेव, सुदामा, सुसंकुल तथा उत्तर उलूक देशों और वहाँ के राजाओं को अपने अधीन किया।

तत्रस्थः पुरुषैरेव धर्मराजस्य शासनात्।
किरीटीजितवान् राजन् देशान् पञ्चगणांस्ततः॥१२॥

राजन्! धर्मराज की आज्ञा से किरीटधारी अर्जुन ने वहीं रहकर अपने सेवकों द्वारा पंचगण नामक देशों को जीत लिया।

स देवप्रस्थमासाद्य सेनाबिन्दोः पुरं प्रति।
बलेन चतुरङ्गेण निवेशमकरोत् प्रभुः॥१३॥

वहाँ से सेनाबिंदु की राजधानी देवप्रस्थ में आकर चतुरंगिणी सेना के साथ शक्तिशाली अर्जुन ने वहीं पड़ाव डाला।

स तैः परिवृतः सर्वैर्विष्वगश्वं नराधिपम्।
अभ्यगच्छन्महातेजाः पौरवं पुरुषर्षभ॥१४॥

नरश्रेष्ठ! उन सभी पराजित राजाओं से घिरे हुए महातेजस्वी अर्जुन ने पौरव राजा विश्वगश्व पर आक्रमण किया।

विजित्य चाहवे शूरान् पर्वतीयान् महारथान्।
जिगाय सेनया राजन् पुरं पौरवरक्षितम्॥१५॥

वहाँ संग्राम में शूरवीर पर्वतीय महारथियों को परास्त करके पौरव द्वारा सुरक्षित उनकी राजधानी को भी सेना द्वारा जीत लिया।

पौरवं युधि निर्जित्य दस्यून् पर्वतवासिनः।
गणानुत्सवसङ्केतानजयत् सप्त पाण्डवः॥१६॥

पौरव को युद्ध में जीतकर पर्वतनिवासी लुटेरों के सात दलों पर, जो उत्सवसंकेत कहलाते थे, पांडुकुमार अर्जुन ने विजय प्राप्त की।

ततः काश्मीरकान् वीरान् क्षत्रियान् क्षत्रियर्षभः।
व्यजयल्लोहितं चैव मण्डलैर्दशभिः सह॥१७॥

इसके बाद क्षत्रियशिरोमणि धनंजय ने कश्मीर के क्षत्रियवीरों को तथा दस मंडलों के साथ राजा लोहित को भी जीत लिया।

ततस्त्रिगर्ताः कौन्तेयं दार्वाः कोकनदास्तथा।
क्षत्रिया बहवो राजन्नुपावर्तन्त सर्वशः॥१८॥

तदनंतर त्रिगर्त, दार्व और कोकनद आदि बहुत से क्षत्रिय नरेशगण सब ओर से कुंतीनंदन अर्जुन की शरण में आए।

अभिसारीं ततो रम्यां विजिग्ये कुरुनन्दनः।
उरगावासिनं चैव रोचमानं रणेऽजयत्॥१९॥

इसके बाद कुरुनंदन धनंजय ने रमणीय अभिसारी नगरी पर विजय पाई और उरगावासी राजा रोचमान को भी युद्ध में परास्त किया।

ततः सिंहपुरं रम्यं चित्रायुधसुरक्षितम्।
प्राधमद् बलमास्थाय पाकशासनिराहवे॥२०॥

तदनंतर इंद्रकुमार अर्जुन ने राजा चित्रायुध के द्वारा सुरक्षित सुरम्य नगर सिंहपुर पर सेना लेकर आक्रमण किया और उसे युद्ध में जीत लिया।

ततः सुह्मांश्च चोलांश्च किरीटी पाण्डवर्षभः।
सहितः सर्वसैन्येन प्रामथत् कुरुनन्दनः॥२१॥

इसके बाद पांडव प्रवर कुरुकुलनंदन किरीटी ने अपनी सारी सेना के साथ धावा करके सुह्म तथा चोल देश की सेनाओं को मथ डाला।

ततः परमविक्रान्तो बाह्लीकान् पाकशासनिः।
महता परिमर्देन वशे चक्रे दुरासदान्॥२२॥

तत्पश्चात् परम पराक्रमी इंद्रकुमार ने बड़ी भारी मार-काट मचाकर दुर्धर्ष वीर बाह्लीकों को वश में किया।

गृहीत्वा तु बलं सारं फाल्गुनः पाण्डुनन्दनः।
दरदान् सह काम्बोजैरजयत् पाकशासनिः॥२३॥

पांडुनंदन अर्जुन ने अपने साथ शक्तिशालिनी सेना लेकर कांबोजों के साथ दरदों को भी जीत लिया।

प्रागुत्तरां दिशं ये च वसन्त्याश्रित्य दस्यवः।
निवसन्ति वने ये च तान् सर्वानजयत् प्रभुः॥२४॥

ईशान कोण का आश्रय ले जो लुटेरे या डाकू वन में निवास करते थे, उन सबको शक्तिशाली धनंजय ने जीतकर वश में कर लिया।

लोहान् परमकाम्बोजानृषिकानुत्तरानपि।
सहितांस्तान् महाराज व्यजयत् पाकशासनिः॥२५॥

महाराज! लोह, परमकांबोज, ऋषिक तथा उत्तर देशों को भी अर्जुन ने एक साथ जीत लिया।

ऋषिकेष्वपि संग्रामो बभूवातिभयङ्करः।
तारकामयसङ्काशः परस्त्वृषिकपार्थयोः॥२६॥

ऋषिक देश में भी ऋषिकराज और अर्जुन में तारकामय संग्राम के समान बड़ा भयंकर युद्ध हुआ।

स विजित्य ततो राजन्नृषिकान् रणमूर्धनि।
शुकोदरसमांस्तत्र हयानष्टौ समानयत्॥२७॥

राजन्! युद्ध के मुहाने पर ऋषिकों को हराकर अर्जुन ने तोते के उदर के समान हरे रंगवाले आठ घोड़े उनसे भेंट लिये।

मयूरसदृशानन्यानुत्तरानपरानपि।
जवनानाशुगांश्चैव करार्थं समुपानयत्॥२८॥

इसके अलावा मोर के समान रंगवाले उत्तम, गतिशील और शीघ्रगामी दूसरे भी बहुत से घोड़े वे कर के रूप में वसूल कर लाए।

स विनिर्जित्य संग्रामे हिमवन्तं सनिष्कुटम्।
श्वेतपर्वतमासाद्य न्यविशत् पुरुषर्षभः॥२९॥

इसके बाद पुरुषोत्तम अर्जुन संग्राम में हिमवान् और निष्कुट प्रदेश के अधिपतियों को जीतकर धवलगिरि पर आए और वहीं सेना का पड़ाव डाला।

महर्षि व्यास कृत महाभारत

अष्टाविंशोऽध्यायः

किंपुरुष, हाटक तथा उत्तरकुरु पर विजय प्राप्त करके अर्जुन का इंद्रप्रस्थ लौटना

वैशम्पायन उवाच

स श्वेतपर्वतं वीरः समतिक्रम्य वीर्यवान्।
देशं किम्पुरुषावासं द्रुमपुत्रेण रक्षितम्॥१॥
महता सन्निपातेन क्षत्रियान्तकरेण ह।
अजयत् पाण्डवश्रेष्ठः करे चैनं न्यवेशयत्॥२॥

वैशंपायनजी कहते हैं—जनमेजय! तदनंतर पराक्रमी वीर पांडवश्रेष्ठ अर्जुन धवलगिरि को लाँघकर द्रुमपुत्र के द्वारा सुरक्षित किंपुरुषदेश में गए, जहाँ किन्नरों का निवास था। वहाँ क्षत्रियों का विनाश करनेवाले भारी संग्राम के द्वारा उन्होंने उस देश को जीत लिया और कर देते रहने की शर्त पर उस राजा को पुनः उसी राज्य पर प्रतिष्ठित कर दिया।

तं जित्वा हाटकं नाम देशं गुह्यकरक्षितम्।
पाकशासनिरव्यग्रः सहसैन्यः समासदत्॥३॥

किन्नर देश को जीतकर शांतचित्त इंद्रकुमार ने सेना के साथ गुह्यकों द्वारा सुरक्षित हाटक देश पर हमला किया।

तांस्तु सान्त्वेन निर्जित्य मानसं सर उत्तमम्।
ऋषिकुल्यास्तथा सर्वा ददर्श कुरुनन्दनः॥४॥

और उन गुह्यकों को साम नीति से समझा-बुझाकर ही वश में कर लेने के पश्चात् वे परम उत्तर मानसरोवर पर गए। वहाँ कुरुनंदन अर्जुन ने समस्त ऋषि-कुल्याओं (ऋषियों के नाम से प्रसिद्ध जल-स्रोतों) का दर्शन किया।

सरो मानसमासाद्य हाटकानभितः प्रभुः।
गन्धर्वरक्षितं देशमजयत् पाण्डवस्ततः॥५॥

मानसरोवर पहुँचकर शक्तिशाली पांडुकुमार ने हाटक देश के निकटवर्ती गंधर्वों द्वारा सुरक्षित प्रदेश पर भी अधिकार प्राप्त कर लिया।

तत्र तित्तिरिकल्माषान् मण्डूकाख्यान् हयोत्तमान्।
लेभे स करमत्यन्तं गन्धर्वनगरात् तदा॥६॥

वहाँ गंधर्वनगर से उन्होंने उस समय कर के रूप में तित्तिरि, कल्माष और मंडूक नामवाले बहुत से उत्तम घोड़े प्राप्त किए।

(हेमकूटमथासाद्य न्यविशत् फाल्गुनस्तथा।
तं हेमकूटं राजेन्द्र समतिक्रम्य पाण्डवः॥
हरिवर्षं विवेशाथ सैन्येन महताऽऽवृतः।

तत्र पार्थो ददर्शाथ बहूनिह मनोरमान्॥
नगरांश्च वनांश्चैव नदीश्च विमलोदकाः।

तत्पश्चात् अर्जुन ने हेमकूट पर्वत पर जाकर पड़ाव डाला। राजेंद्र! फिर हेमकूट को भी लाँघकर वे पांडुनंदन पार्थ अपनी विशाल सेना के साथ हरिवर्ष में जा पहुँचे। वहाँ उन्होंने बहुत से मनोरम नगर, सुंदर वन तथा निर्मल जल से भरी हुई नदियाँ देखीं॥

पुरुषान् देवकल्पांश्च नारीश्च प्रियदर्शनाः॥
तान् सर्वांस्तत्रदृष्ट्वाथ मुदा युक्तो धनञ्जयः।

वहाँ के पुरुष देवताओं के समान तेजस्वी थे। स्त्रियाँ भी परम सुंदरी थीं। उन सबका अवलोकन करके अर्जुन को वहाँ बड़ी प्रसन्नता हुई॥

वशे चक्रेऽथ रत्नानि लेभे च सुबहूनि च॥
ततो निषधमासाद्य गिरिस्थानजयत् प्रभुः।
अथ राजन्नतिक्रम्य निषधं शैलमायतम्॥
विवेश मध्यमं वर्षं पार्थो दिव्यतमिलावृतम्।

उन्होंने हरिवर्ष को अपने अधीन कर लिया और वहाँ से बहुतेरे रत्न प्राप्त किए। इसके बाद निषध पर्वत पर जाकर शक्तिशाली अर्जुन ने वहाँ के निवासियों को पराजित किया। तदनंतर विशाल निषधपर्वत को लाँघकर वे दिव्य इलावृत्त वर्ष में पहुँचे, जो जंबू द्वीप का मध्यवर्ती भू-भाग है॥

तत्र देवोपमान् दिव्यान् पुरुषान् देवदर्शनान्॥
अदृष्टपूर्वान् सुभगान् स ददर्श धनञ्जयः।

वहाँ अर्जुन ने देवताओं जैसे दिखाई देनेवाले देवोपम शक्तिशाली दिव्य पुरुष देखे। वे सबके सब अत्यंत सौभाग्यशाली और अद्‌भुत थे। उससे पहले अर्जुन ने कभी वैसे दिव्य पुरुष नहीं देखे थे॥

सदनानि च शुभ्राणि नारीश्चाप्सरसन्निभाः॥
दृष्ट्वा तानजयद् रम्यान् स तैश्च ददृशे तदा।

वहाँ के भवन अत्यंत उज्ज्वल और भव्य थे तथा नारियाँ अप्सराओं के समान प्रतीत होती थीं। अर्जुन ने वहाँ के रमणीय स्त्री-पुरुषों को देखा। इन पर भी वहाँ के लोगों की दृष्टि पड़ी॥

जित्वा च तान् महाभागान् करे च विनिवेश्य सः॥
रत्नान्यादाय दिव्यानि भूषणैर्वसनैः सह।
उदीचीमथ राजेन्द्र ययौ पार्थो मुदान्वितः॥

तत्पश्चात् उस देश के निवासियों को अर्जुन ने युद्ध में जीत लिया, जीतकर उन पर कर लगाया और फिर उन्हीं बड़भागियों को वहाँ के राज्य पर प्रतिष्ठित कर दिया। फिर वस्त्रों और आभूषणों के साथ दिव्य रत्नों की भेंट लेकर अर्जुन बड़ी प्रसन्नता के साथ वहाँ से उत्तर दिशा की ओर बढ़ गए॥

स ददर्श महामेरुं शिखराणां प्रभुं महत्।
तं काञ्चनमयं दिव्यं चतुवर्णं दुरासदम्॥
आयतं शतसाहस्त्रं योजनानां तु सुस्थितम्।
ज्वलन्तमचलं मेरुं तेजोराशिमनुत्तमम्॥

आक्षिपन्तं प्रभांभानोः स्वशृङ्गैः काञ्चनोज्ज्वलैः।
काञ्चनाभरणं दिव्यं देवगन्धर्वसेवितम्॥
नित्यपुष्पफलोपेतं सिद्धचारणसेवितम्।
अप्रमेयमनाधृष्यमधर्मबहुलैर्जनैः ॥

आगे जाकर उन्हें पर्वतों के स्वामी गिरिप्रवर महामेरु का दर्शन हुआ, जो दिव्य तथा सुवर्णमय है। उसमें चार प्रकार के रंग दिखाई पड़ते हैं। वहाँ तक पहुँचना किसी के लिए भी अत्यंत कठिन है। उसकी लंबाई एक लाख योजन है। वह परम उत्तम मेरुपर्वत महान् तेज के पुंज सा जगमगाता रहता है और अपने सुवर्णमय कांतिमान् शिखरों द्वारा सूर्य की प्रभा को तिरस्कृत करता है। वह सुवर्णभूषित दिव्य पर्वत देवताओं तथा गंधर्वों से सेवित है। सिद्ध और चारण भी वहाँ नित्य निवास करते हैं। उस पर्वत पर सदा फल और फूलों की बहुतायत रहती है। उसकी ऊँचाई का कोई माप नहीं है। अधर्मपरायण मनुष्य उस पर्वत का स्पर्श नहीं कर सकते॥

व्यालैराचरितं घोरैर्दिव्यौषधिविदीपितम्।
स्वर्गमावृत्य तिष्ठन्तमुच्छ्रायेण महागिरिम्॥
अगम्यं मनसाप्यन्यैर्नदीवृक्षसमन्वितम्।
नानाविहगसङ्घैश्च नादितं सुमनोहरैः॥
तं दृष्ट्वा फाल्गुनो मेरुं प्रीतिमानभवत् तदा।

बड़े भयंकर सर्प वहाँ विचरण करते हैं। दिव्य औषधियाँ उस पर्वत को प्रकाशित करती रहती हैं। महागिरि मेरु ऊँचाई द्वारा स्वर्ग लोक को भी घेरकर खड़ा है। दूसरे मनुष्य मन से भी वहाँ नहीं पहुँच सकते। कितनी ही नदियाँ और वृक्ष उस शैल-शिखर की शोभा बढ़ाते हैं। भाँति-भाँति के मनोहर पक्षी वहाँ कलरव करते रहते हैं। ऐसे मनोहर मेरु गिरि को देखकर उस समय अर्जुन को बड़ी प्रसन्नता हुई॥

मेरोरिलावृतं वर्षं सर्वतः परिमण्डलम्॥
मेरोस्तु दक्षिणे पार्श्वे जम्बूर्नाम वनस्पतिः।
नित्यपुष्पफलोपेतः सिद्धचारणसेवितः॥

मेरु के चारों ओर मंडलाकार इलावृत्त वर्ष बसा हुआ है। मेरु के दक्षिण पार्श्व में जंबू नामक एक वृक्ष है, जो सदा फल और फूलों से भरा रहता है। सिद्ध और चारण उस वृक्ष का सेवन करते हैं॥

आस्वर्गमुच्छ्रिता राजन् तस्य शाखा वनस्पतेः।
यस्य नाम्ना त्विदं द्वीपं जम्बूद्वीपमिति श्रुतम्॥

राजन्! उक्त जंबू वृक्ष की शाखा ऊँचाई में स्वर्गलोक तक फैली हुई है। उसी के नाम पर इस द्वीप को जंबू द्वीप कहते हैं॥

तां च जम्बूं ददर्शाथ सव्यसाची परंतपः।
ता दृष्ट्वाप्रतिमौ लोके जम्बूं मेरुं च संस्थितौ॥
प्रीतिमानभवद् राजन् सर्वतः स विलोकयन्।
तत्र लेभे ततो जिष्णुः सिद्धैर्दिव्यैश्च चारणैः॥

रत्नानि बहुसाहस्रं वस्त्राण्याभरणानि च।
अन्यानि च महार्हाणि तत्र लब्ध्वार्जुनस्तदा॥
आमन्त्रयित्वा तान् सर्वान् यज्ञमुद्दिश्य वै गुरोः।
अथादाय बहून् रत्नान् गमनायोपचक्रमे॥

शत्रुओं को संताप देनेवाले सव्यसाची अर्जुन ने उस जंबू वृक्ष को देखा। जंबू और मेरु गिरि दोनों ही इस जगत् में अनुपम हैं। उन्हें देखकर अर्जुन को बड़ी प्रसन्नता हुई। राजन्! वहाँ सब ओर दृष्टिपात करते हुए अर्जुन ने सिद्धों और दिव्य चारणों से कई सहस्र रत्न, वस्त्र, आभूषण तथा अन्य बहुत सी बहुमूल्य वस्तुएँ प्राप्त कीं। तदनंतर उन सबसे विदा ले बड़े भाई के यज्ञ के उद्देश्य से बहुत से रत्नों का संग्रह करके वे वहाँ से जाने को उद्यत हुए॥

मेरुं प्रदक्षिणं कृत्वा पर्वतप्रवरं प्रभुः।
ययौ जम्बूनदीतीरे नदीं श्रेष्ठां विलोकयन्॥
स तां मनोरमां दिव्यां जम्बूस्वादुरसावहाम्।

पर्वतश्रेष्ठ मेरु को अपने दाहिने करके अर्जुन जंबू नदी के तट पर गए। वे उस श्रेष्ठ सरिता की शोभा देखना चाहते थे। वह मनोरम दिव्य नदी जल के रूप में जंबूवृक्ष के फलों का स्वादिष्ट रस बहाती थी॥

हैमपक्षिगणैर्जुष्टां सौवर्णजलजाकुलाम्॥
हैमपङ्कां हैमजलां शुभां सौवर्णवालुकाम्।

सुनहरे पंखोंवाले पक्षी उसका सेवन करते थे। वह नदी सुवर्णमय कमलों से भरी हुई थी। उसका कीचड़ भी स्वर्णमय था। उसके जल से भी सुवर्णमयी आभा छिटक रही थी। उस मंगलमयी नदी की बालुका भी सुवर्ण के चूर्ण सी शोभा पाती थी।

क्वचित् सौवर्णपद्मैश्च सङ्कुलां हेमपुष्पकैः॥
क्वचित् सुपुष्पितैः कीर्णां सुवर्णकुमुदोत्पलैः।
क्वचित् तीररुहैः कीर्णां हैमवृक्षैः सुपुष्पितैः॥

कहीं-कहीं सुवर्णमय कमलों तथा स्वर्णमय पुष्पों से वह व्याप्त थी। कहीं सुंदर खिले हुए सुवर्णमय कुमुद और उत्पल छाए हुए थे। कहीं उस नदी के तट पर सुंदर फूलों से भरे हुए स्वर्णमय वृक्ष सब ओर फैले हुए थे॥

तीर्थैश्च रूक्मसोपानैः सर्वतः सङ्कुलां शुभाम्।
विमलैर्मणिजालैश्च नृत्यगीतरवैर्युताम्॥

उस सुंदर सरिता के घाटों पर सब ओर सोने की सीढ़ियाँ बनी हुई थीं। निर्मल मणियों के समूह उसकी शोभा बढ़ाते थे। नृत्य और गीत के मधुर शब्द उस प्रदेश को मुखरित कर रहे थे।

दीप्तैर्हेमवितानैश्च समन्ताच्छोभितां शुभाम्।
तथाविधां नदीं दृष्ट्वा पार्थस्तां प्रशशंस ह॥
अदृष्टपूर्वां राजेन्द्र दृष्ट्वा हर्षमवाप च।

उसके दोनों तटों पर सुनहरे और चमकीले वितान तने थे, जिनके कारण जंबू नदी की बड़ी

शोभा हो रही थी। राजेंद्र! ऐसी अदृष्टपूर्व नदी का दर्शन करके अर्जुन ने उसकी भूरि-भूरि प्रशंसा की और वे मन-ही-मन बड़े प्रसन्न हुए॥

दर्शनीयान् नदीतीरे पुरुषान् सुमनोहरान्॥
तान् नदीसलिलाहारान् सदारानमरोपमान्।
नित्यं सुखमुदा युक्तान् सर्वलङ्कारशोभितान्॥

उस नदी के तट पर बहुत से देवोपम पुरुष अपनी स्त्रियों के साथ विचर रहे थे। उनका सौंदर्य देखने ही योग्य था। वे सबके मन को मोह लेते थे। जंबू नदी का जल ही उनका आहार था। वे सदा सुख और आनंद में निमग्न रहनेवाले तथा सब प्रकार के आभूषणों से विभूषित थे।

तेभ्यो बहूनि रत्नानि तदा लेभे धनञ्जयः।
दिव्यजाम्बूनदं हेमभूषणानि च पेशलम्॥
लब्ध्वा तान् दुर्लभान् पार्थः प्रतीचीं प्रययौ दिशम्।

उस समय अर्जुन ने उनसे भी नाना प्रकार के रत्न प्राप्त किए। दिव्य जंबूनद नामक सुवर्ण और भाँति-भाँति के आभूषण आदि दुर्लभ वस्तुएँ पाकर अर्जुन वहाँ से पश्चिम दिशा की ओर चल दिए।

नागानां रक्षितं देशमजयच्चार्जुनस्ततः॥
ततो गत्वा महाराज वारुणीं पाकशासनिः।
गन्धमादनमासाद्य तत्रस्थानजयत् प्रभुः॥
तं गन्धमादनं राजन्नतिक्रम्य ततोऽर्जुनः।
केतुमालं विवेशाथ वर्षं रत्नसमन्वितम्।
सेवितं देवकल्पैश्च नारीभिः प्रियदर्शनैः॥

उधर जाकर अर्जुन ने नागों द्वारा सुरक्षित प्रदेश पर विजय पाई। महाराज! वहाँ से और पश्चिम जाकर शक्तिशाली अर्जुन गंधमादन पर्वत पर पहुँच गए और वहाँ रहनेवालों को जीतकर अपने अधीन बना लिया। राजन्! इस प्रकार गंधमादन पर्वत को लाँघकर अर्जुन रत्नों से संपन्न केतुमाल वर्ष में गए, जो देवोपम पुरुषों और सुंदर स्त्रियों की निवास भूमि है।

तं जित्वा चार्जुनो राजन् करे च विनिवेश्य च।
आहृत्य तत्र रत्नानि दुर्लभानि तथार्जुनः॥
पुनश्च परिवृत्याथ मध्यं देशमिलावृतम्।

राजन्! उस वर्ष को जीतकर अर्जुन ने उसे कर देनेवाला बना दिया और वहाँ से दुर्लभ रत्न लेकर वे पुनः मध्यवर्ती इलावृत्त वर्ष में लौट आए।

गत्वा प्राचीं दिशं राजन् सव्यसाची परंतपः॥
मेरुमन्दरयोर्मध्ये शैलोदामभितो नदीम्।
ये ते कीचकवेणूनां छायां रम्यामुपासते॥
खशाञ्झषांश्च नद्योतान् प्रघसान् दीर्घवेणिकान्।
पशुपांश्च कुलिन्दांश्च ताङ्गणान् परतङ्गणान्॥
रत्नान्यादाय सर्वेभ्यो माल्यवन्तं ततो ययौ।

तं माल्यवन्तं शैलेन्द्रं समतिक्रम्य पाण्डवः॥
भद्राश्वं प्रविवेशाथ वर्षं स्वर्गोपमं शुभम्।

तदनंतर शत्रुदमन सव्यसाची अर्जुन ने पूर्व दिशा में प्रस्थान किया। मेरु और मंदराचल के बीच शैलोदा नदी के दोनों तटों पर जो लोग कीचक और वेणु नामक बाँसों की रमणीय छाया का आश्रय लेकर रहते हैं, उन खश, झष, नद्योत, प्रघस, दीर्घवैणिक, पशुप, कुलिंद, तंगण तथा परतंगण आदि जातियों को हराकर उन सबसे रत्नों की भेंट ले अर्जुन माल्यवान् पर्वत पर गए। तत्पश्चात् गिरिराज माल्यवान् को भी लाँघकर उन पांडुकुमार ने भद्राश्व वर्ष में प्रवेश किया, जो स्वर्ग के समान सुंदर है।

तत्रामरोपमान् रम्यान् पुरुषान् सुखसंयुतान्॥
जित्वा तान् स्ववशे कृत्वा करे च विनिवेश्य च।
आहृत्य सर्वरत्नानि असंख्यानि ततस्ततः॥
नीलं नाम गिरिं गत्वा तत्रस्थानजयत् प्रभुः।

उस देश में देवताओं के समान सुंदर और सुखी पुरुष निवास करते थे। अर्जुन ने उन सबको जीतकर अपने अधीन कर लिया और उन पर कर लगा दिया। इस प्रकार इधर-उधर से असंख्य रत्नों का संग्रह करके शक्तिशाली अर्जुन ने नीलगिरि की यात्रा की और वहाँ के निवासियों को पराजित किया।

ततो जिष्णुरतिक्रम्य पर्वतं नीलमायतम्॥
विवेश रम्यकं वर्षं संकीर्णं मिथुनैः शुभैः।
तं देशमथ जित्वा च करे च विनिवेश्य च॥
अजयच्चापि बीभत्सुर्देशं गुह्यकरक्षितम्।
तत्र लेभे च राजेन्द्र सौवर्णान् मृगपक्षिणः॥
अगृह्णाद् यज्ञभूत्यर्थं रमणीयान् मनोरमान्।

तदनंतर विशाल नीलगिरि को भी लाँघकर सुंदर नर-नारियों से भरे हुए रम्यक वर्ष में उन्होंने प्रवेश किया। उस देश को भी जीतकर अर्जुन ने वहाँ के निवासियों पर कर लगा दिया। तत्पश्चात् गुह्यकों द्वारा सुरक्षित प्रदेश को जीतकर अपने अधिकार में कर लिया। राजेंद्र! वहाँ उन्हें सोने के मृग और पक्षी उपलब्ध हुए, जो देखने में बड़े ही रमणीय और मनोरम थे। उन्होंने यज्ञ-वैभव की समृद्धि के लिए उन मृगों और पक्षियों को ग्रहण कर लिया।

अन्यानि लब्ध्वा रत्नानि पाण्डवोऽथ महाबलः॥
गन्धर्वरक्षितं देशमजयत् सगणं तदा।
तत्र रत्नानि दिव्यानि लब्ध्वा राजन्नथार्जुनः॥
श्वेतपर्वतमासाद्य जित्वा पर्वतवासिनः।
स श्वेतं पर्वतं राजन् समतिक्रम्य पाण्डवः॥
वर्षं हिरण्यकं नाम विवेशाथ महीपते।

तदनंतर महाबली पांडुनंदन अन्य बहुत से रत्न लेकर गंधर्वों द्वारा सुरक्षित प्रदेश में गए और

गंधर्वगणों सहित उस देश पर अधिकार जमा लिया। राजन्! वहाँ भी अर्जुन को बहुत से दिव्य रत्न प्राप्त हुए। तदनंतर उन्होंने श्वेत पर्वत पर जाकर वहाँ के निवासियों को जीता। फिर उस पर्वत को लाँघकर पांडुकुमार अर्जुन ने हिरण्यक वर्ष में प्रवेश किया।

स तु देशेषु रम्येषु गन्तुं तत्रोपचक्रमे॥
मध्ये प्रासादवृन्देषु नक्षत्राणां शशी यथा।

महाराज! वहाँ पहुँचकर वे उन देश के रमणीय प्रदेशों में विचरने लगे। बड़े-बड़े महलों की पंक्तियों में भ्रमण करते हुए श्वेताश्व अर्जुन नक्षत्रों के बीच चंद्रमा के समान सुशोभित होते थे।

महापथेषु राजेन्द्र सर्वतो यान्तमर्जुनम्॥
प्रासादवरशृङ्गस्थाः परया वीर्यशोभया।
ददृशुस्ताः स्त्रियः सर्वाः पार्थमात्मयशस्करम्॥
तं कलापधरं शूरं सरथं सानुगं प्रभुम्।
सवर्मसुकिरीटं वै सन्नद्धं सपरिच्छदम्॥
सुकुमारं महासत्त्वं तेजोराशिमनुत्तमम्।
शक्रोपमममित्रघ्नं परवारणवारणम्॥
पश्यन्तः स्त्रीगणास्तत्र शक्तिपाणिं स्म मेनिरे।

राजेंद्र! जब अर्जुन उत्तम बल और शोभा से संपन्न हो हिरण्यकवर्ष के विशाल मार्गों पर चलते थे, उस समय प्रासाद शिखरों पर खड़ी हुई वहाँ की सुंदरी स्त्रियाँ उनका दर्शन करती थीं। कुंतीनंदन अर्जुन अपने यश को बढ़ानेवाले थे। उन्होंने आभूषण धारण कर रखा था। वे शूर-वीर, रथयुक्त, सेवकों से संपन्न और शक्तिशाली थे। उनके अंगों में कवच और मस्तक पर सुंदर किरीट शोभा दे रहा था। वे कमर कसकर युद्ध के लिए तैयार थे और सब प्रकार की आवश्यक सामग्री उनके साथ थी। वे सुकुमार, अत्यंत धैर्यवान्, तेज के पुंज, परम उत्तम, इंद्र-तुल्य पराक्रमी, शत्रुहंता तथा शत्रुओं के गजराजों की गति को रोक देनेवाले थे। उन्हें देखकर वहाँ की स्त्रियों ने यही अनुमान लगाया कि इस वीर पुरुष के रूप में साक्षात् शक्तिधारी कार्तिकेय पधारे हैं।

अयं स पुरुषव्याघ्रो रणेऽद्भुतपराक्रमः॥
अस्य बाहुबलं प्राप्य न भवन्त्यसुहृद्गणाः।

वे आपस में इस प्रकार बातें करने लगीं—सखियो! ये जो पुरुषसिंह दिखाई दे रहे हैं, संग्राम में इनका पराक्रम अद्भुत है। इनके बाहुबल का आक्रमण होने पर शत्रुओं के समुदाय अपना अस्तित्व खो बैठते हैं।

इति वाचो ब्रुवन्त्यस्ताः स्त्रियः प्रेम्णा धनञ्जयम्॥
तुष्टुवुः पुष्पवृष्टिं च ससृजुस्तस्य मूर्धनि।

इस प्रकार की बातें करती हुई स्त्रियाँ बड़े प्रेम से अर्जुन की ओर देखकर उनके गुण गातीं और उनके मस्तक पर फूलों की वर्षा करती थीं।

दृष्ट्वा ते तु मुदा युक्ताः कौतूहलसमन्विताः॥
रत्नैर्विभूषणैश्चैव अभ्यवर्षन्त पाण्डवम्।

वहाँ के सभी निवासी बड़ी प्रसन्नता के साथ कौतूहलवश उन्हें देखते और उनके निकट रत्नों तथा आभूषणों की वर्षा करते थे।

अथ जित्वा समस्तांस्तान् करे च विनिवेश्य च॥
मणिहेमप्रवालानि रत्नान्याभरणानि च।
एतानि लब्ध्वा पार्थोऽपिशृङ्गवन्तं गिरिं ययौ॥
शृङ्गवन्तं च कौन्तेयः समतिक्रम्य फाल्गुनः)
उत्तरं कुरुवर्षं तु स समासाद्य पाण्डवः।
इयेष जेतुं तं देशं पाकशासननन्दनः॥७॥

उन सबको जीतकर तथा उनके ऊपर कर लगाकर वहाँ से मणि, सुवर्ण, मूँगे, रत्न तथा आभूषण ले अर्जुन शृंगवान् पर्वत पर चले गए। वहाँ से आगे बढ़कर पाकशासन पुत्र पांडव अर्जुन ने उत्तर कुरु वर्ष में पहुँचकर उस देश को जीतने का विचार किया।

तत एनं महावीर्यं महाकाया महाबलाः।
द्वारपालाः समासाद्य हृष्टा वचनमब्रुवन्॥८॥

इतने ही में महापराक्रमी अर्जुन के पास बहुत से विशालकाय महाबली द्वारपाल आ पहुँचे और प्रसन्नतापूर्वक बोले—

पार्थ नेदं त्वया शक्यं पुरं जेतुं कथंचन।
उपावर्तस्व कल्याण पर्याप्तमिदमच्युत॥९॥
इदं पुरं यः प्रविशेद् ध्रुवं न स भवेन्नरः।
प्रीयामहे त्वया वीर पर्याप्तो विजयस्तव॥१०॥

पार्थ! इस नगर को तुम किसी तरह जीत नहीं सकते। कल्याणस्वरूप अर्जुन! यहाँ से लौट जाओ। अच्युत! तुम यहाँ तक आ गए, यही बहुत हुआ। जो मनुष्य इस नगर में प्रवेश करता है, निश्चय ही उसकी मृत्यु हो जाती है। वीर! हम तुमसे बहुत प्रसन्न हैं। यहाँ तक आ पहुँचना ही तुम्हारी बहुत बड़ी विजय है।

न चात्र किञ्चिज्जेतव्यमर्जुनात्र प्रदृश्यते।
उत्तराः कुरवो ह्येते नात्र युद्धं प्रवर्तते॥११॥
प्रविष्टोऽपि हि कौन्तेय नेह द्रक्ष्यसि किञ्चन।
न हि मानुषदेहेन शक्यमत्राभिवीक्षितुम्॥१२॥

अर्जुन! यहाँ कोई जीतने योग्य वस्तु नहीं दिखाई देती। यह उत्तर कुरुदेश है। यहाँ युद्ध नहीं होता है। कुंतीकुमार! इसके भीतर प्रवेश करके भी तुम यहाँ कुछ देख नहीं सकोगे, क्योंकि मानव-शरीर से यहाँ की कोई वस्तु देखी नहीं जा सकती।

अथेह पुरुषव्याघ्र किञ्चिदन्यच्चिकीर्षसि।
तत् प्रब्रूहि करिष्यामो वचनात् तव भारत॥१३॥

भरतकुल भूषण पुरुषसिंह! यदि यहाँ तुम युद्ध के सिवा और कोई काम करना चाहते हो तो बताओ, तुम्हारे कहने से हम स्वयं ही उस कार्य को पूर्ण कर देंगे।

ततस्तानब्रवीद् राजन्नर्जुनः प्रहसन्निव।
पार्थिवत्वं चिकीर्षामि धर्मराजस्य धीमतः॥ १४॥

राजन्! तब अर्जुन ने उनसे हँसते हुए कहा—मैं अपने भाई बुद्धिमान् धर्मराज युधिष्ठिर को समस्त भूमंडल का एक मात्र चक्रवर्ती सम्राट् बनाना चाहता हूँ।

न प्रवेक्ष्यामि वो देशं विरुद्धं यदि मानुषैः।
युधिष्ठिराय यत् किञ्चित् करपण्यं प्रदीयताम्॥ १५॥

आप लोगों का देश यदि मनुष्यों के विपरीत पड़ता है तो मैं इसमें प्रवेश नहीं करूँगा। महाराज युधिष्ठिर के लिए कर के रूप में कुछ धन दीजिए।

ततो दिव्यानि वस्त्राणि दिव्यान्याभरणानि च।
क्षौमाजिनानि दिव्यानि तस्य ते प्रददुः करम्॥ १६॥

तब उन द्वारपालों ने अर्जुन को कर के रूप में बहुत से दिव्य वस्त्र, दिव्य आभूषण तथा दिव्य रेशमी वस्त्र एवं मृगचर्म दिए।

एवं स पुरुषव्याघ्रो विजित्य दिशमुत्तराम्।
संग्रामान् सुबहून् कृत्वा क्षत्रियैर्दस्युभिस्तथा॥ १७॥
स विनिर्जित्य राज्ञस्तान् करे च विनिवेश्य तु।
धनान्यादाय सर्वेभ्यो रत्नानि विविधानि च॥ १८॥
हयांस्तित्तिरिकल्माषाञ्छुकपत्रनिभानपि।
मयूरसदृशानन्यान् सर्वाननिलरंहसः॥ १९॥
वृतः सुमहता राजन् बलेन चतुरङ्गिणाः।
आजगाम पुनर्वीरः शक्रप्रस्थं पुरोत्तमम्॥ २०॥

इस प्रकार पुरुषसिंह अर्जुन ने क्षत्रिय राजाओं तथा लुटेरों के साथ बहुत सी लड़ाइयाँ लड़ीं और उत्तर दिशा पर विजय प्राप्त की। राजाओं को जीतकर उनसे कर लेते और उन्हें फिर अपने राज्य पर ही स्थापित कर देते थे। राजन्! वे वीर अर्जुन सबसे धन और भाँति-भाँति के रत्न लेकर तथा भेंट में मिले हुए वायु के समान वेगवाले तित्तिरि*, कल्माष, सुग्गापंख एवं मोर-सदृश सभी घोड़ों को साथ लिये और विशाल चतुरगिंणी सेना से घिरे हुए फिर अपने उत्तम नगर इंद्रप्रस्थ में लौट आए।

धर्मराजाय तत् पार्थो धनं सर्वं सवाहनम्।
न्यवेदयदनुज्ञातस्तेन राज्ञा गृहान् ययौ॥ २१॥

पार्थ ने घोड़ों सहित वह सारा धन धर्मराज को सौंप दिया और उनकी आज्ञा लेकर वे महल में चले गए।

* तीतर के समान चितकबरे रंगवाले।

महर्षि व्यास कृत महाभारत

एकोनत्रिंशोऽध्यायः

भीमसेन का पूर्व दिशा को जीतने के लिए प्रस्थान और विभिन्न देशों पर विजय पाना

वैशम्पायन उवाच

एतस्मिन्नेव काले तु भीमसेनोऽपि वीर्यवान्।
धर्मराजमनुप्राप्य ययौ प्राचीं दिशं प्रति॥१॥
महता बलचक्रेण परराष्ट्रावमर्दिना।
हस्त्यश्वरथपूर्णेन दंशितेन प्रतापवान्॥२॥
वृतो भरतशार्दूलो द्विषच्छोकविवर्द्धनः।

वैशंपायनजी कहते हैं—जनमेजय! इसी समय शत्रुओं का शोक बढ़ानेवाले भरतवंशशिरोमणि महाप्रतापी एवं पराक्रमी भीमसेन भी धर्मराज की आज्ञा ले, शत्रु के राज्य को कुचल देनेवाली और हाथी, घोड़े एवं रथ से भरी हुई, कवच आदि से सुसज्जित विशाल सेना के साथ पूरब दिशा को जीतने के लिए चले।

स गत्वा नरशार्दूलः पञ्चालानां पुरं महत्॥३॥
पञ्चालान् विविधोपायैः सान्त्वयामास पाण्डवः।

नरश्रेष्ठ भीमसेन ने पहले पांचालों की महानगरी अहिच्छत्रा में जाकर भाँति-भाँति के उपयों से पांचाल वीरों को समझा-बुझाकर वश में किया।

ततः स गण्डकाञ्छूरो विदेहान् भरतर्षभः॥४॥
विजित्याल्पेन कालेन दशार्णानजयत् प्रभुः।
तत्र दाशार्णको राजा सुधर्मा लोमहर्षणम्।
कृतवान् भीमसेनेन महद् युद्धं निरायुधम्॥५॥

वहाँ से आगे जाकर उन भरतवंश शिरोमणि शूरवीर भीम ने गंडक (गंडकी नदी के तटवर्ती) और विदेह (मिथिला) देशों को थोड़े ही समय में जीतकर दशार्ण देश को भी अपने अधिकार में कर लिया। वहाँ दशार्ण नरेश सुधर्मा ने भीमसेन के साथ बिना अस्त्र-शस्त्र के ही महान् युद्ध किया। उन दोनों का वह मल्ल युद्ध रोंगटे खड़े कर देनेवाला था।

भीमसेनस्तु तद् दृष्ट्वा तस्य कर्म महात्मनः।
अधिसेनापतिं चक्रे सुधर्माणं महाबलम्॥६॥

भीमसेन ने उस महामना राजा का यह अद्भुत पराक्रम देखकर महाबली सुधर्मा को अपना प्रधान सेनापति बना दिया।

ततः प्राचीं दिशं भीमो ययौ भीमपराक्रमः।
सैन्येन महता राजन् कम्पयन्निव मेदिनीम्॥७॥

राजन्! इसके बाद भयानक पराक्रमी भीमसेन पुनः विशाल सेना के साथ पृथ्वी को कँपाते हुए पूर्व दिशा की ओर बढ़े।

सोऽश्वमेधेश्वरं राजन् रोचमानं सहानुगम्।
जिगाय समरे वीरो बलेन बलिनां वरः॥८॥

जनमेजय! बलवानों में श्रेष्ठ वीरवर भीम ने अश्वमेध देश के राजा रोचमान को उनके सेवकों सहित बलपूर्वक जीत लिया।

स तं निर्जित्य कौन्तेयो नातितीव्रेण कर्मणा।
पूर्वदेशं महावीर्यो विजिग्ये कुरुनन्दनः॥९॥

उन्हें हराकर महापराक्रमी कुरुनंदन कुंतीकुमार भीम ने कोमल बरताव के द्वारा ही पूर्व देश पर विजय प्राप्त कर ली।

ततो दक्षिणमागम्य पुलिन्दनगरं महत्।
सुकुमारं वशे चक्रे सुमित्रं च नराधिपम्॥१०॥

तदनंतर दक्षिण आकर पुलिंदों के महान् नगर सुकुमार और वहाँ के राजा सुमित्र को अपने अधीन कर लिया।

ततस्तु धर्मराजस्य शासनाद् भरतर्षभः।
शिशुपालं महावीर्यमभ्यगाज्जनमेजय॥११॥

जनमेजय! तत्पश्चात् भरतश्रेष्ठ भीम धर्मराज की आज्ञा से महापराक्रमी शिशुपाल के यहाँ गए।

चेदिराजोऽपितच्छ्रुत्वा पाण्डवस्य चिकीर्षितम्।
उपनिष्क्रम्य नगरात् प्रत्यगृह्णात् परंतप॥१२॥

परंतप! चेदिराज शिशुपाल ने भी पांडुकुमार भीम का अभिप्राय जानकर नगर से बाहर आ स्वागत-सत्कार के साथ उन्हें अपनाया।

तौ समेत्य महाराज कुरुचेदिवृषौ तदा।
उभयोरात्मकुलयोः कौशल्यं पर्यपृच्छताम्॥१३॥

महाराज! कुरुकुल और चेदिकुल के वे श्रेष्ठ पुरुष परस्पर मिलकर दोनों ने एक-दूसरे के कुशल-क्षेम पूछे।

ततो निवेद्य तद् राष्ट्रं चेदिराजो विशाम्पते।
उवाच भीमं प्रहसन् किमिदं कुरुषेऽनघ॥१४॥

राजन्! तदनंतर चेदिराज ने अपना राष्ट्र भीमसेन को सौंपकर हँसते हुए पूछा—अनघ! यह क्या करते हो?

तस्य भीमस्तदाऽऽचख्यौ धर्मराजचिकीर्षितम्।
स च तं प्रतिगृह्यैव तथा चक्रे नराधिपः॥१५॥

तब भीम ने उससे, धर्मराज जो कुछ करना चाहते थे, वह सब कह सुनाया। तदनंतर राजा शिशुपाल ने उनकी बात मानकर कर देना स्वीकार कर लिया।

ततो भीमस्तत्र राजन्नुषित्वा त्रिदश क्षपाः।
सत्कृतः शिशुपालेन ययौ सबलवाहनः॥१६॥

राजन्! उसके बाद शिशुपाल से सम्मानित हो भीमसेन अपनी सेना और सवारियों के साथ तेरह दिन वहाँ रह गए। तत्पश्चात् वहाँ से विदा हुए।

महर्षि व्यास कृत महाभारत

त्रिंशोऽध्यायः

भीम का पूर्व दिशा के अनेक देशों तथा राजाओं को जीतकर भारी धन-संपत्ति के साथ इंद्रप्रस्थ में लौटना

वैशम्पायन उवाच

ततः कुमारविषये श्रेणिमन्तमथाजयत्।
कोसलाधिपतिं चैव बृहद्बलमरिन्दमः॥१॥

वैशंपायनजी कहते हैं—जनमेजय! तदनंतर शत्रुओं का दमन करनेवाले भीमसेन ने कुमार देश के राजा श्रेणिमान् तथा कोसल राज बृहद्बल को परास्त किया।

अयोध्यायां तु धर्मज्ञं दीर्घयज्ञं महाबलम्।
अजयत् पाण्डवश्रेष्ठो नातितीव्रेण कर्मणा॥२॥

इसके बाद अयोध्या के धर्मज्ञ नरेश महाबली दीर्घयज्ञ को पांडवश्रेष्ठ भीम ने कोमलतापूर्ण बरताव से वश में कर लिया।

ततो गोपालकक्षं च सोत्तरानपि कोसलान्।
मल्लानामधिपं चैव पार्थिवं चाजयत् प्रभुः॥३॥

तत्पश्चात् शक्तिशाली पांडुकुमार ने गोपाल कक्ष और उत्तर कोसल देश को जीतकर मल्ल राष्ट्र के अधिपित पार्थिव को अपने अधीन कर लिया।

ततो हिमवतः पार्श्वं समभ्येत्य जलोद्भवम्।
सर्वमल्पेन कालेन देशं चक्रे वशं बली॥४॥

इसके बाद हिमालय के पास जाकर बलवान् भीम नें सारे जलोद्भव देश पर थोड़े ही समय में अधिकार प्राप्त कर लिया।

एवं बहुविधान् देशान् विजिग्ये भरतर्षभः।
भल्लाटमभितो जिग्ये शुक्तिमन्तं च पर्वतम्॥५॥

इस प्रकार भरतवंश भूषण भीमसेन ने अनेक देश जीते और भल्लाट के समीपवर्ती देशों तथा शुक्तिमान पर्वत पर भी विजय प्राप्त की।

पाण्डवः सुमहावीर्यो बलेन बलिनां वरः।
स काशिराजं समरे सुबाहुमनिवर्तिनम्॥६॥
वशे चक्रे महाबाहुर्भीमो भीमपराक्रमः।

बलवानों में श्रेष्ठ महापराक्रमी तथा भयंकर पुरुषार्थ प्रकट करनेवाले पांडुकुमार महाबाहु भीमसेन ने समर में पीठ न दिखानेवाले काशिराज सुबाहु को बलपूर्वक हराया।

ततः सुपार्श्वमभितस्तथा राजपति क्रथम्॥७॥
युध्यमानं बलात् संख्ये विजिग्ये पाण्डवर्षभः।

इसके बाद पांडुपुत्र भीम ने सुपार्श्व के निकट राजराजेश्वर क्रथ को, जो युद्ध में बलपूर्वक उनका सामना कर रहे थे, हरा दिया।

ततो मत्स्यान् महातेजा मलदांश्च महाबलान्॥८॥
अनघानभयांश्चैव पशुभूमिं च सर्वशः।
निवृत्य च महाबाहुर्मदधारं महीधरम्॥९॥
सोमधेयांश्च निर्जित्य प्रययावुत्तरामुखः।
वत्सभूमिं च कौन्तेयो विजिग्ये बलवान् बलात्॥१०॥

तत्पश्चात् महातेजस्वी कुंतीकुमार ने मत्स्य, महाबली मलद, अनघ और अभय नामक देशों को जीतकर पशुभूमि (पशुपतिनाथ के निकटवर्ती स्थान—नेपाल) को भी सब ओर से जीत लिया। वहाँ से लौटकर महाबाहु भीम ने मदधार पर्वत और सोमधेय निवासियों को परास्त किया। इसके बाद बलवान् भीम ने उत्तराभिमुख यात्रा की और वत्सभूमि पर बलपूर्वक अधिकार जमा लिया।

भर्गाणामधिपं चैव निषादाधिपतिं तथा।
विजिग्ये भूमिपालांश्च मणिमत्प्रमुखान् बहून्॥११॥
ततो दक्षिणमल्लांश्च भोगवन्तं च पर्वतम्।
तरसैवाजयद् भीमो नातितीव्रेण कर्मणा॥१२॥

फिर क्रमशः भर्गों के स्वामी, निषादों के अधिपति तथा मणिमान् आदि बहुत से भूपालों को अपने अधिकार में कर लिया। तदनंतर दक्षिण मल्लदेश तथा भोगवान् पर्वत को भीमसेन ने अधिक प्रयास किए बिना ही वेगपूर्वक जीत लिया।

शर्मकान् वर्मकांश्चैव व्यजयत् सान्त्वपूर्वकम्।
वैदेहकं च राजानं जनकं जगतीपतिम्॥१३॥
विजिग्ये पुरुषव्याघ्रो नातितीव्रेण कर्मणा।
शकांश्च बर्बरांश्चैव अजयच्छद्मपूर्वकम्॥१४॥

शर्मक और वर्मकों को उन्होंने समझा-बुझाकर ही जीत लिया। विदेह देश के राजा जनक को भी पुरुषसिंह भीम ने अधिक उग्र प्रयास किए बिना ही परास्त किया। फिर शकों और बर्बरों पर छल से विजय प्राप्त कर ली।

वैदेहस्थस्तु कौन्तेय इन्द्रपर्वतमन्तिकात्।
किरातानामधिपतीनजयत् सप्त पाण्डवः॥१५॥
ततः सुह्मान् प्रसुह्मांश्च संपक्षानतिवीर्यवान्।
विजित्य युधि कौन्तेयो मागधानभ्यधाद् बली॥१६॥

विदेह देश में ही ठहरकर कुंतीकुमार भीम ने इंद्रपर्वत के निकटवर्ती सात किरातराजाओं को जीत लिया। इसके बाद सुह्म और प्रसुह्म देश के राजाओं को, जिनके पक्ष में बहुत लोग थे, अत्यंत पराक्रमी और बलवान् कुंतीकुमार भीम युद्ध में परास्त करके मगध देश को चल दिए।

दण्डं च दण्डधारं च विजित्य पृथिवीपतीन्।
तैरेव सहितैः सर्वैर्गिरिव्रजमुपाद्रवत्॥१७॥

मार्ग में दंड-दंडधार तथा राजाओं को जीतकर उन सबके साथ वे गिरिव्रज नगर में आए।

जरासंधि सान्त्वयित्वा करे च विनिवेश्य ह।
तैरेव सहितैः सर्वैः कर्णमभ्यद्रवद् बली॥१८॥
स कम्पयन्निव महीं बलेन चतुरङ्गिणा।
युयुधे पाण्डवश्रेष्ठः कर्णेनामित्रघातिना॥१९॥
स कर्णं युधि निर्जित्य वशे कृत्वा च भारत।
ततो विजिग्ये बलवान् राज्ञः पर्वतवासिनः॥२०॥
अथ मोदागिरौ चैव राजानं बलवत्तरम्।
पाण्डवो बाहुवीर्येण निजघान महामृधे॥२१॥

वहाँ जरासंध कुमार को सहदेव ने सांत्वना देकर उसे कर देने की शर्त पर उसी राज्य पर प्रतिष्ठित कर दिया और उन सबके साथ बलवान् भीम ने कर्ण पर चढ़ाई की। पांडवश्रेष्ठ भीम ने पृथ्वी को कंपित सी करते हुए चतुरंगिणी सेना साथ ले शत्रुघाती कर्ण के साथ युद्ध छेड़ दिया। भारत! उस युद्ध में कर्ण को परास्त करके अपने वश में कर लेने के पश्चात् बलवान् भीम ने पर्वतीय राजाओं पर विजय प्राप्त की। तदनंतर पांडुनंदन भीमसेन ने मोदगिरि के अत्यंत बलिष्ठ राजा को अपनी भुजाओं के बल से महासमर में मार गिराया।

ततः पुण्ड्राधिपं वीरं वासुदेवं महाबलम्।
कौशिकीकच्छनिलयं राजानं च महौजसम्॥२२॥
उभौ बलभृतौ वीरावुभौ तीव्रपराक्रमौ।
निर्जित्याजौ महाराज वङ्गराजमुपाद्रवत्॥२३॥

महाराज! तत्पश्चात् भीमसेन पुंड्रक देश के अधिपति महाबली वीर राजा वासुदेव के साथ, जो कोसी नदी के कछार में रहनेवाले तथा महान् तेजस्वी थे, जा भिड़े। वे दोनों ही बलवान् एवं दुःसह पराक्रमवाले वीर थे। भीम ने विपक्षी वासुदेव (पौंड्रक) को युद्ध में हराकर बंगदेश के राजा पर आक्रमण किया।

समुद्रसेनं निर्जित्य चन्द्रसेनं च पार्थिवम्।
ताम्रलिप्तं च राजानं कर्वटाधिपतिं तथा॥२४॥
सुह्मानामधिपं चैव ये च सागरवासिनः।
सर्वान् म्लेच्छगणांश्चैव विजिग्ये भरतर्षभः॥२५॥

तदनंतर भरतश्रेष्ठ भीमसेन ने समुद्र सेन, भूपाल चंद्रसेन, राजा ताम्रलिप्त, कर्वटाधिपति तथा सुह्म-नरेश को जीतकर समुद्र के तट पर निवास करनेवाले समस्त म्लेच्छों को भी अपने अधीन कर लिया।

एवं बहुविधान् देशान् विजित्य पवनात्मजः।
वसु तेभ्य उपादाय लौहित्यमगमद् बली॥२६॥

इस प्रकार पवनपुत्र बलवान् भीम ने बुहत से देशों पर अधिकार प्राप्त करके उन सबसे धन लेकर लौहित्य देश की यात्रा की।

स सर्वान् म्लेच्छनृपतीन् सागरानूपवासिनः।
करमाहारयामास रत्नानि विविधानि च॥ २७॥

वहाँ उन्होंने समुद्र के टापुओं में रहनेवाले बहुत से म्लेच्छ राजाओं को जीतकर उनसे कर के रूप में भाँति-भाँति के रत्न वसूल किए।

चन्दनागुरुवस्त्राणि मणिमौक्तिककम्बलम्।
काञ्चनं रजतं चैव विद्रुमं च महाधनम्॥ २८॥
ते कोटिशतसंख्येन कौन्तेयं महता तदा।
अभ्यवर्षन् महात्मानं धनवर्षेण पाण्डवम्॥ २९॥

इतना ही नहीं, उन राजाओं ने भीमसेन को चंदन, अगर, वस्त्र, मणि, मोती, कंबल, सोना, चाँदी और बहुमूल्य मूँगे भेंट किए। कुंती और पांडु के पुत्र महात्मा भीमसेन के पास उन्होंने करोड़ों की संख्या में धन-रत्नों की वर्षा की (कर के रूप में धन-रत्न प्रदान किए)।

इन्द्रप्रस्थमुपागम्य भीमो भीमपराक्रमः।
निवेदयामास तदा धर्मराजाय तद् धनम्॥ ३०॥

तदनंतर भयानक पराक्रमी भीम ने इंद्रप्रस्थ में आकर वह सारा धन धर्मराज को सौंप दिया।

महर्षि व्यास कृत महाभारत

एकत्रिंशोऽध्यायः
सहदेव के द्वारा दक्षिण दिशा की विजय

वैशम्पायन उवाच

तथैव सहदेवोऽपि धर्मराजेन पूजितः।
महत्या सेनया राजन् प्रययौ दक्षिणां दिशम्॥ १॥

वैशंपायनजी कहते हैं—जनमेजय! सहदेव भी धर्मराज युधिष्ठिर से सम्मानित हो दक्षिण दिशा पर विजय पाने के लिए विशाल सेना के साथ प्रस्थित हुए।

स शूरसेनान् कार्त्स्न्येन पूर्वमेवाजयत् प्रभुः।
मत्स्यराजं च कौरव्यो वशे चक्रे बलाद् बली॥ २॥

शक्तिशाली सहदेव ने सबसे पहले समस्त शूरसेन निवासियों को पूर्ण रूप से जीत लिया, फिर मत्स्यराज विराट को अपने अधीन बनाया।

अधिराजाधिपं चैव दन्तवक्रं महाबलम्।
जिगाय करदं चैव कृत्वा राज्ये न्यवेशयत्॥ ३॥

राजाओं के अधिपति महाबली दंतवक्र को भी परास्त किया और उसे कर देनेवाला बनाकर फिर उसी राज्य पर प्रतिष्ठित कर दिया।

सुकुमारं वशे चक्रे सुमित्रं च नराधिपम्।
तथैवापरमत्स्यांश्च व्यजयत् स पटच्चरान्॥४॥
निषादभूमिं गोशृङ्गं पर्वतप्रवरं तथा।
तरसैवाजयद् धीमान् श्रेणिमन्तं च पार्थिवम्॥५॥

इसके बाद राजा सुकुमार तथा सुमित्र को वश में किया। इसी प्रकार अपर मत्स्यों और लुटेरों पर भी विजय प्राप्त की। तदनंतर निषाददेश तथा पर्वतप्रवर गोशृंग को जीतकर बुद्धिमान सहदेव ने राजा श्रेणिमान् को वेगपूर्वक परास्त किया।

नरराष्ट्रं च निर्जित्य कुन्तिभोजमुपाद्रवत्।
प्रीतिपूर्वं च तस्यासौ प्रतिजग्राह शासनम्॥६॥

फिर नरराष्ट्र को जीतकर राजा कुंतिभोज पर धावा किया, परंतु कुंतिभोज ने प्रसन्नता के साथ ही उसका शासन स्वीकार कर लिया।

ततश्चर्मण्वतीकूले जम्भकस्यात्मजं नृपम्।
ददर्श वासुदेवेन शेषितं पूर्ववैरिणा॥७॥

इसके बाद चर्मण्वती के तट पर सहदेव ने जंभक के पुत्र को देखा, जिसे पूर्व वैरी वासुदेव ने जीवित छोड़ दिया था।

चक्रे तेन स संग्रामं सहदेवेन भारत।
स तमाजौ विनिर्जित्य दक्षिणाभिमुखो ययौ॥८॥

भारत! उस संभपुत्र ने सहदेव के साथ घोर संग्राम किया, परंतु सहदेव उसे युद्ध में जीतकर दक्षिण दिशा की ओर बढ़ गए।

सेकानपरसेकांश्च व्यजयत् सुमहाबलः।
करं तेभ्य उपादाय रत्नानि विविधानि च॥९॥
ततस्तेनैव सहितो नर्मदामभितो ययौ।

वहाँ महाबली माद्रीकुमार ने सेक और अपरसेक देशों पर विजय पाई और उन सबसे नाना प्रकार के रत्न भेंट में लिये। तत्पश्चात् सेकाधिपति को साथ ले उन्होंने नर्मदा की ओर प्रस्थान किया।

विन्दानुविन्दावावन्त्यौ सैन्येन महताऽऽवृतौ।
जिगाय समरे वीरावाश्विनेयः प्रतापवान्॥१०॥

अश्विनीकुमारों के पुत्र प्रतापी सहदेव ने वहाँ युद्ध में विशाल सेना से घिरे हुए अवंती के राजकुमार विंद और अनुविंद को परास्त किया।

ततो रत्नान्युपादाय पुरं भोजकटं ययौ।
तत्र युद्धमभूद् राजन् दिवसद्वयमच्युत॥११॥

वहाँ से रत्नों की भेंट लेकर वे भोजकट नगर में गए। अपनी मर्यादा से कभी च्युत न होनेवाले राजन! वहाँ दो दिनों तक युद्ध होता रहा।

स विजित्य दुराधर्षं भीष्मकं माद्रिनन्दनः।
कोसलाधिपतिं चैव तथा वेणातटाधिपम्॥१२॥
कान्तारकांश्च समरे तथा प्राक्कोसलान् नृपान्।
नाटकेयांश्च समरे तथा हेरम्बकान् युधि॥१३॥

माद्रीनंदन ने उस संग्राम में दुर्धर्ष वीर भीष्मक को परास्त करके कोसलाधिपति, वेणानदी के तटपर्वी प्रदेशों के स्वामी, कांतारक तथा पूर्वकोसल के राजाओं को भी समर में पराजित किया। तत्पश्चात् नाटकेयों और हेरंबकों को भी युद्ध में हराया।

मारुधं च विनिर्जित्य रम्यग्राममथो बलात्।
नाचीनानर्बुकांश्चैव राज्ञश्चैव महाबलः॥१४॥
तांस्तानाटविकान् सर्वानजयत् पाण्डुनन्दनः।
वाताधिपं च नृपतिं वशे चक्रे महाबलः॥१५॥

महाबली पांडुनंदन सहदेव ने मारुध तथा रम्यग्राम को बलपूर्वक परास्त करके नाचीन, अर्बुक तथा समस्त बनेचर राजाओं को जीत लिया। तदनंतर महाबली माद्रीकुमार ने राजा वाताधिप को वश में किया।

पुलिन्दांश्च रणे जित्वा ययौ दक्षिणतः पुरः।
युयुधे पाण्ड्यराजेन दिवसं नकुलानुजः॥१६॥

फिर पुलिंदों को संग्राम में हराकर नकुल के छोटे भाई सहदेव दक्षिण दिशा में और आगे बढ़ गए। तत्पश्चात् उन्होंने पांड्य-नरेश के साथ एक दिन युद्ध किया।

तं जित्वा स महाबाहुः प्रययौ दक्षिणापथम्।
गुहामासादयामास किष्किन्धां लोकविश्रुताम्॥१७॥

उन्हें जीतकर महाबाहु सहदेव दक्षिणापथ की ओर गए और लोकविख्यात किष्किंधा नामक गुफा में जा पहुँचे।

तत्र वानरराजाभ्यां मैन्देन द्विविदेन च।
युयुधे दिवसान सप्त न च तौ विकृतिं गतौ॥१८॥

वहाँ वानरराज मैंद और द्विविद के साथ उन्होंने सात दिनों तक युद्ध किया, किंतु उन दोनों का कुछ बिगड़ न हो सका।

ततस्तुष्टौ महात्मानौ सहदेवाय वानरौ।
ऊचतुश्चैव संहृष्टौ प्रीतिपूर्वमिदं वचः॥१९॥

तब वे दोनों महात्मा वानर अत्यंत प्रसन्न हो सहदेव से प्रेमपूर्वक बोले—

गच्छ पाण्डवशार्दूल रत्नान्यादाय सर्वशः।
अविघ्नमस्तु कार्याय धर्मराजाय धीमते॥२०॥

पांडवप्रवर! तुम सब प्रकार के रत्नों की भेंट लेकर जाओ। परम बुद्धिमान धर्मराज के कार्य में कोई विघ्न नहीं पड़नी चाहिए।

ततो रत्नान्युपादाय पुरीं माहिष्मतीं ययौ।
तत्र नीलेन राज्ञा स चक्रे युद्धं नरर्षभः॥२१॥

तदनंतर वे नरश्रेष्ठ वहाँ से रत्नों की भेंट लेकर माहिष्मती पुरी को गए और वहाँ राजा नील के* साथ घोर युद्ध किया।

पाण्डवः परवीरघ्नः सहदेवः प्रतापवान्।
ततोऽस्य सुमहद् युद्धमासीद् भीरुभयङ्करम्॥२२॥
सैन्यक्षयकरं चैव प्राणानां संशयावहम्।
चक्रे तस्य हि साहाय्यं भगवान् हव्यवाहनः॥२३॥

शत्रुवीरों का नाश करनेवाले पांडुपुत्र सहदेव बड़े प्रतापी थे। उनसे राजा नील का जो महान् युद्ध हुआ, वह कायरों को भयभीत करनेवाला, सेनाओं का विनाशक और प्राणों को संशय में डालनेवाला था। भगवान् अग्निदेव राजा नील की सहायता कर रहे थे।

ततो रथा हया नागाः पुरुषाः कवचानि च।
प्रदीप्तानि व्यदृश्यन्त सहदेवबले तदा॥२४॥

उस समय सहदेव की सेना में रथ, घोड़े, हाथी, मनुष्य और कवच, सभी आग से जलते दिखाई देने लगे।

ततः सुसम्भ्रान्तमना बभूव कुरुनन्दनः।
नोत्तरं प्रतिवक्तुं च शक्तोऽभूज्जनमेजय॥२५॥

जनमेजय! इससे कुरुनंदन सहदेव के मन में बड़ी घबराहट हुई। वे इसका प्रतिकार करने में असमर्थ हो गए।

जनमेजय उवाच

किमर्थंभगवान् वह्निः प्रत्यमित्रोऽभवद् युधि।
सहदेवस्य यज्ञार्थं घटमानस्य वै द्विज॥२६॥

जनमेजय ने पूछा—ब्रह्मन्! सहदेव तो यज्ञ के लिए ही चेष्टा कर रहे थे, फिर भगवान् अग्निदेव उस युद्ध में उनके विरोधी कैसे हो गए?

वैशम्पायन उवाच

तत्र माहिष्मतीवासी भगवान् हव्यवाहनः।
श्रूयते हि गृहीतो वै पुरस्तात् पारदारिकः॥२७॥

वैशंपायनजी ने कहा—जनमेजय! सुनने में आया है कि माहिष्मती नगरी में निवास करनेवाले भगवान् अग्निदेव किसी समय उस नील राजा की कन्या सुदर्शना के प्रति आसक्त हो गए।

नीलस्य राज्ञो दुहिता बभूवातीवशोभना।
साग्निहोत्रमुपातिष्ठद् बोधनाय पितुः सदा॥२८॥

---

* यह इक्ष्वाकुवंशीय दुर्जय का पुत्र था। इसका दूसरा नाम दुर्योधन था। वह राजा बड़ा धर्मात्मा था। इसकी कथा अनुशासनपर्व के अध्याय में आती है।

राजा नील की एक कन्या थी, जो अनुपम सुंदरी थी। वह सदा अपने पिता के अग्निहोत्रगृह में अग्नि को प्रज्वलित करने के लिए उपस्थित हुआ करती थी।

व्यजनैर्धूयमानोऽपि तावत् प्रज्वलते न सः।
यावच्चारुपुटौष्ठेन वायुना न विधूयते॥२९॥

पंखे से हवा करने पर भी अग्निदेव तब तक प्रज्वलित नहीं होते थे, जब तक कि वह सुंदरी अपने मनोहर ओष्ठसंपुट से फूँक मारकर हवा न देती थी।

ततः स भगवानग्निश्चकमे तां सुदर्शनाम्।
नीलस्य राज्ञः सर्वेषामुपनीतश्च सोऽभवत्॥३०॥

तत्पश्चात् भगवान् अग्निदेव उस सुदर्शना नाम की राजकन्या को चाहने लगे। इस बात को राजा नील और सभी नागरिक जान गए।

ततो ब्राह्मणरूपेण रममाणो यदृच्छया।
चकमे तां वरारोहां कन्यामुत्पललोचनाम्।
तं तु राजा यथाशास्त्रमशासद् धार्मिकस्तदा॥३१॥

तदनंतर एक दिन ब्राह्मण का रूप धारण करके इच्छानुसार घूमते हुए अग्निदेव उस सर्वांगसुंदरी कमलनयनी कन्या के पास आए और उसके प्रति कामभाव प्रकट करने लगे। धर्मात्मा राजा नील ने शास्त्र के अनुसार उस ब्राह्मण पर शासन किया।

प्रजज्वाल ततः कोपाद् भगवान् हव्यवाहनः।
तं दृष्ट्वा विस्मितो राजा जगाम शिरसावनिम्॥३२॥

तब क्रोध से भगवान् अग्निदेव अपने रूप में प्रज्वलित हो उठे। उन्हें इस रूप में देखकर राजा को बड़ा आश्चर्य हुआ और उन्होंने पृथ्वी पर मस्तक रखकर अग्निदेव को प्रणाम किया।

ततः कालेन तां कन्यां तथैव हि तदा नृपः।
प्रददौ विप्ररूपाय वह्नये शिरसा नतः॥३३॥

प्रतिगृह्य च तां सुभ्रूं नीलराज्ञः सुतां तदा।
चक्रे प्रसादं भगवांस्तस्य राज्ञो विभावसुः॥३४॥

तत्पश्चात् विवाह के योग्य समय आने पर राजा ने उस कन्या को ब्राह्मण रूपधारी अग्निदेव की सेवा में अर्पित कर दिया और उनके चरणों में सिर रखकर नमस्कार किया। राजा नील की सुंदरी कन्या को पत्नी रूप में ग्रहण करके भगवान् अग्नि ने राजा पर अपना कृपाप्रसाद प्रकट किया।

वरेणच्छन्दयामास तं नृपं स्विष्टकृत्तमः।
अभयं च स जग्राह स्वसैन्ये वै महीपतिः॥३५॥

वे उनकी अभीष्ट सिद्धि में सर्वोत्तम सहायक हो, राजा से वर माँगने का अनुरोध करने लगे। राजा ने अपनी सेना के प्रति अभयदान माँगा।

ततः प्रभृति ये केचिदज्ञानात् तां पुरीं नृपाः।
जिगीषन्ति बलाद् राजंस्ते दह्यन्ते स्म वह्निना॥३६॥

राजन्! तभी से जो कोई नरेश अज्ञानवश उस पुरी को बलपूर्वक जीतना चाहते, उन्हें अग्निदेव जला देते थे।

तस्यां पुर्यां तदा चैव माहिष्मत्यां कुरूद्वह।
वभूवुरनतिग्राह्या योषितश्छन्दतः किल॥३७॥

कुरुश्रेष्ठ जनमेजय! उस समय महिष्मतीपुरी में युवती स्त्रियाँ इच्छानुसार ग्रहण करने के योग्य नहीं रह गई थीं (क्योंकि वे स्वतंत्रता से ही वर का वरण किया करती थीं)।

एवमग्निर्वरं प्रादात् स्त्रीणामप्रतिवारणे।
वरिण्यस्तत्र नार्यो हि यथेष्टं विचरन्त्युत॥३८॥

अग्निदेव ने स्त्रियों के लिए यह वर दे दिया था कि अपने प्रतिकूल होने के कारण ही कोई स्त्रियों को वर का स्वयं ही वरण करने से रोक नहीं सकता। इससे वहाँ की स्त्रियाँ स्वेच्छापूर्वक वर का वरण करने के लिए विचरण किया करती थीं।

वर्जयन्ति च राजानस्तत् पुरं भरतर्षभ।
भयादग्नेर्महाराज तदाप्रभृति सर्वदा ॥३९॥

भरतश्रेष्ठ जनमेजय! तभी से सब राजा (जो इस रहस्य से परिचित थे) अग्नि के भय के कारण महिष्मती पुरी पर चढ़ाई नहीं करते थे।

सहदेवस्तु धर्मात्मा सैन्यं दृष्ट्वा भयार्दितम्।
परीतमग्निना राजन् नाकम्पत यथाचलः।
उपस्पृश्य शुचिर्भूत्वा सोऽब्रवीत् पावकं ततः॥४०॥

राजन्! धर्मात्मा सहदेव अग्नि से व्याप्त हुई अपनी सेना को भय से पीड़ित देख पर्वत की भाँति अविचल भाव से खड़े रहे, भय से कंपित नहीं हुए। उन्होंने आचमन करके पवित्र हो अग्निदेव से इस प्रकार कहा।

सहदेव उवाच

त्वदर्थोऽयं समारम्भः कृष्णवर्त्मन् नमोऽस्तुते।
मुखं त्वमसि देवानां यज्ञस्त्वमसि पावक॥४१॥

सहदेव बोले—कृष्णवर्त्मन्! हमारा यह आयोजन तो आप ही के लिए है, आपको नमस्कार है। पावक! आप देवताओं के मुख हैं, यज्ञ स्वरूप।

पावनात् पावकश्चासि वहनाद्धव्यवाहनः।
वदास्त्वदर्थं जाता वै जातवेदास्ततो ह्यसि॥४२॥

आप सबको पवित्र करने के कारण पावक हैं और हव्य (हवनीय पदार्थ) को वहन करने के कारण हव्यवाहन कहलाते हैं। वेद आपके लिए ही जात अर्थात् प्रकट हुए हैं, इसीलिए आप जातवेद हैं।

चित्रभानुः सुरेशश्च अनलस्त्वं विभावसो।
स्वर्गद्वारस्पृशश्चासि हुताशा ज्वलनः शिखी॥४३॥

विभावसो! आप ही चित्रभानु, सुरेश और अनल कहलाते हैं। आप सदा स्वर्गद्वार का स्पर्श करते हैं। आप आहुति दिए हुए पदार्थों को खाते हैं, इसलिए हुताशन हैं। प्रज्वलित होने से ज्वलन और शिखा (लपट) धारण करने से शिखी हैं।

वैश्वानरस्त्वं पिङ्गेशः प्लवङ्गो भूरितेजसः।
कुमारसूस्त्वं भगवान् रुद्रगर्भो हिरण्यकृत्॥४४॥

आप ही वैश्वानर, पिंगेश, प्लवंग और भूरितेजस् नाम धारण करते हैं। आपने ही कुमार कार्तिकेय को जन्म दिया है, आप ही ऐश्वर्य संपन्न होने के कारण भगवान् हैं। श्रीरुद्र का वीर्य धारण करने से आप रुद्रगर्भ कहलाते हैं। सुवर्ण उत्पादक होने से आपका नाम हिरण्यकृत है।

अग्निर्ददातु मे तेजो वायुः प्राणं ददातु मे।
पृथिवी बलमादध्याच्छिवं चापो दिशन्तु मे॥४५॥

आप अग्नि मुझे तेज दें, वायुदेव प्राणशक्ति प्रदान करें, पृथ्वी मुझ में बल का आधान करें और जल मुझे कल्याण प्रदान करें।

अपांगर्भ महासत्त्व जातवेदः सुरेश्वर।
देवानां मुखमग्ने त्वं सत्येन विपुनीहि माम्॥४६॥

जल को प्रकट करनेवाले महान् शक्तिसंपन्न जातवेद सुरेश्वर अग्निदेव! आप देवताओं के मुख हैं, अपने सत्य के प्रभाव से आप मुझे पवित्र कीजिए।

ऋषिभिर्ब्राह्मणैश्चैव दैवतैरसुरैरपि।
नित्यं सुहुत यज्ञेषु सत्येन विपुनीहि माम्॥४७॥

ऋर्षि, ब्राह्मण, देवता तथा असुर भी सदा यज्ञ करते समय आप में आहुति डालते हैं, अपने सत्य के प्रभाव से आप मुझे पवित्र करें।

धूमकेतुः शिखी च त्वं पापहानिलसम्भवः।
सर्वप्राणिषु नित्यस्थः सत्येन विपुनीहि माम्॥४८॥

देव! धूम आपका ध्वज है, आप शिखा धारण करनेवाले हैं, वायु से आपका प्राकट्य हुआ है। आप समस्त पापों के नाशक हैं। संपूर्ण प्राणियों के भीतर आप सदा विराजमान होते हैं। अपने सत्य के प्रभाव के आप मुझे पवित्र कीजिए।

एवं स्तुतोऽसि भगवन् प्रीतेन शुचिना मया।
तुष्टिं पुष्टिं श्रुतिं चैव प्रीतिं चाग्ने प्रयच्छ मे॥४९॥

भगवन्! मैंने पवित्र होकर प्रेमभाव से आपका इस प्रकार स्तवन किया है। अग्निदेव! आप मुझे तुष्टि, पुष्टि, श्रवण-शक्ति एवं शास्त्रज्ञान और प्रीति प्रदान करें।

वैशम्पायन उवाच

इत्येवं मन्त्रमाग्नेयं पठन् यो जुहुयाद् विभुम्।
ऋद्धिमान् सततं दान्तः सर्वपापैः प्रमुच्यते॥५०॥

वैशंपायनजी कहते हैं—जनमेजय! जो द्विज इस प्रकार इन श्लोक रूप आग्नेय मंत्रों का

पाठ करते हुए (अंत में स्वाहा बोलकर) भगवान् अग्निदेव को आहुति समर्पित करता है, वह सदा समृद्धिशाली और जितेंद्रिय होकर सब पापों से मुक्त हो जाता है।

सहदेव उवाच

यज्ञविघ्नमिमं कर्तुं नार्हस्त्वं हव्यवाहन।

सहदेव बोले—हव्यवाहन! आपको यज्ञ में यह विघ्न नहीं डालना चाहिए।

एवमुक्त्वा तु माद्रेयः कुशैरास्तीर्य मेदिनीम्॥५१॥
विधिवत् पुरुषव्याघ्रः पावकं प्रत्युपाविशत्।
प्रमुखे तस्य सैन्यस्य भीतोद्विग्नस्य भारत॥५२॥

भारत! ऐसा कहकर नरश्रेष्ठ माद्रीकुमार सहदेव धरती पर कुश बिछाकर अपनी भयभीत और उद्विग्न सेना के अग्रभाग में विधिपूर्वक अग्नि के सम्मुख धरना देकर बैठ गए।

न चैनमत्यगाद् वह्निर्वेलामिव महोदधिः।
तमुपेत्य शनैर्वह्निरुवाच कुरुनन्दनम्॥५३॥
सहदेवं नृणां देवं सान्त्वपूर्वमिदं वचः।
उत्तिष्ठोत्तिष्ठ कौरव्य जिज्ञासेयं कृता मया।
वेद्मि सर्वमभिप्रायं तव धर्मसुतस्य च॥५४॥

जैसे महासागर अपनी तटभूमि का उल्लंघन नहीं करता, उसी प्रकार अग्निदेव सहदेव को लाँघकर उनकी सेना में नहीं गए। वे कुरुकुल को आनंदित करनेवाले नरदेव सहदेव के पास धीरे-धीरे आकर उन्हें सांत्वना देते हुए यह वचन बोले, ''कौरव्य! उठो, उठो, मैंने यह तुम्हारी परीक्षा की है। तुम्हारे और धर्मपुत्र युधिष्ठिर के संपूर्ण अभिप्राय को मैं जानता हूँ।

मया तु रक्षितव्येयं पुरी भरतसत्तम।
यावद् राज्ञा हि नीलस्य कुले वंशधरा इति॥५५॥
ईप्सितं तु करिष्यामि मनसस्तव पाण्डव॥५६॥

परंतु भरतसत्तम! राजा नील के कुल में जब तक उनकी वंश-परंपरा चलती रहेगी, तब तक मुझे इस महिष्मतीपुरी की रक्षा करनी होगी। पांडुकुमार! साथ ही मैं तुम्हारा मनोरथ भी पूर्ण करूँगा।

तत उत्थाय हृष्टात्मा प्राञ्जलिः शिरसा नतः।
पूजयामास माद्रेयः पावकं भरतर्षभ॥५७॥

भरतश्रेष्ठ जनमेजय! यह सुनकर माद्रीकुमार सहदेव प्रसन्नचित्त हो वहाँ से उठे और हाथ जोड़कर एवं सिर झुकाकर उन्होंने अग्निदेव का पूजन किया।

पावके विनिवृत्ते तु नीलो राजाभ्यगात् तदा।
पावकस्याज्ञया चैनमर्चयामास पार्थिवः॥५८॥
सत्कारेण नरव्याघ्रं सहदेवं युधाम्पतिम्।

अग्नि के लौट जाने पर उन्हीं की आज्ञा से राजा नील उस समय वहाँ आए और उन्होंने योद्धाओं के अधिपति पुरुषसिंह सहदेव का सत्कारपूर्वक पूजन किया।

प्रतिगृह्य च तां पूजां करे च विनिवेश्य च॥५९॥
माद्रीसुतस्ततः प्रायाद् विजयी दक्षिणां दिशम्।

राजा नील की वह पूजा ग्रहण कर और उन पर कर लगाकर विजयी माद्री कुमार सहदेव दक्षिण दिशा की ओर बढ़ गए।

त्रैपुरं स वशे कृत्वा राजानममितौजसम्॥६०॥
निजग्राह महाबाहुस्तरसा पौरवेश्वरम्।
आकृतिं कौशिकाचार्यं यत्नेन महता ततः॥६१॥
वशे चक्रे महाबाहुः सुराष्ट्राधिपतिं तदा।

फिर त्रिपुरी के राजा अमितोज को वश में करके महाबाहु सहदेव ने पौरवेश्वर को वेगपूर्वक बंदी बना लिया। तदनंतर बड़े भारी प्रयत्न के द्वारा विशाल भुजाओंवाले माद्रीकुमार ने सुराष्ट्र देश के अधिपति कौशिकाचार्य आकृति को वश में किया।

सुराष्ट्रविषयस्थश्च प्रेषयामास रुक्मिणे॥६२॥
राज्ञे भोजकटस्थाय महामात्राय धीमते।
भीष्मकाय स धर्मात्मा साक्षादिन्द्रसखाय वै॥६३॥
स चास्य प्रतिजग्राह ससुतः शासनं तदा।
प्रीतिपूर्वं महाराज वासुदेवमवेक्ष्य च॥६४॥
ततः स रत्नान्यादाय पुनः प्रायाद् युधाम्पतिः।

महाराज! सुराष्ट्र में ही ठहरकर धर्मात्मा सहदेव ने भोजकट निवासी रुक्मि तथा विशाल राज्य के अधिपति परम बुद्धिमान् साक्षात् इंद्रसखा भीष्म के पास दूत भेजा। पुत्रसहित भीष्म ने वसुदेवनंदन श्रीकृष्ण की ओर दृष्टि रखकर प्रेमपूर्वक ही सहदेव का शासन स्वीकार कर लिया। तदनंतर योद्धाओं के अधिपति सहदेव वहाँ से रत्नों की भेंट लेकर पुनः आगे बढ़ गए।

ततः शूर्पारकं चैव तालाकटमथापि च॥६५॥
वशे चक्रे महातेजा दण्डकांश्च महाबलः।
सागरद्वीपवासांश्च नृपतीन् म्लेच्छयोनिजान्॥६६॥
निषादान् पुरुषादांश्च कर्णप्रावरणानपि।

महाबलशाली महातेजस्वी माद्री कुमार ने शूर्पारक और तालाकट नामक देशों को जीतते हुए दंडकारण्य को अपने अधीन कर लिया। तत्पश्चात् समुद्र के द्वीपों में निवास करनेवाले म्लेच्छ जातीय राजाओं, निषादों तथा राक्षसों, कर्णप्रावरणों* को भी परास्त किया।

ये च कालमुखा नाम नरराक्षसयोनयः॥६७॥

कालमुख नाम से प्रसिद्ध, जो मनुष्य और राक्षस दोनों के संयोग से उत्पन्न हुए योद्धा थे, उन पर भी विजय प्राप्त की।

कृत्स्नं कोलगिरिं चैव सुरभीपत्तनं तथा।
द्वीपं ताम्राह्वयं चैव पर्वतं रामकं तथा॥६८॥

* जो अपने कानों से ही शरीर को ढक लें, उन्हें 'कर्णप्रावरण' कहते हैं। प्राचीनकाल में ऐसी जाति के लोग थे, जिनके कान पैरों तक लटकते थे।

तिमिङ्गिलं च स नृपं वशे कृत्वा महामतिः।
एकपादांश्च पुरुषान् केरलान् वनवासिनः॥६९॥
नगरीं सञ्जयन्तीं च पाखण्डं करहाटकम्।
दूतैरेव वशे चक्रे करं चैनानदापयत्॥७०॥

समूचे कोलगिरि, सुरभीपत्तन, ताम्रद्वीप, रामकपर्वत तथा तिमिंगिल नरेश को भी अपने वश में करके परम बुद्धिमान् सहदेव ने एक पैर के पुरुषों, केरलों, वनवासियों, संजयंती नगरी तथा पाखंड और करहाटक देशों को दूतों द्वारा संदेश देकर ही अपने अधीन कर लिया और उन सबसे कर वसूल किया।

पाण्ड्यांश्च द्रविडांश्चैव सहितांश्चोण्ड्रकेरलैः।
आन्ध्रांस्तालवनांश्चैव कलिङ्गानुष्ट्रकर्णिकान्॥७१॥
आटवीं च पुरीं रम्यां यवनानां पुरं तथा।
दूतैरेव वशे चक्रे करं चैनानदापयत्॥७२॥

पांड्य, द्रविड़, उण्ड्र, केरल, आंध्र, तालवन, कलिंग, उष्ट्रकर्णिक, रमणीय आटवीपुरी तथा यवनों के नगर, इन सबको उन्होंने दूतों द्वारा ही वश में कर लिया और सबको कर देने के लिए विवश किया।

(समुद्रतीरमासाद्य न्यविशत् पाण्डुनन्दनः।
सहदेवस्ततो राजन् मन्त्रिभिः सह भारत।
सम्प्रधार्य महाबाहुः सचिवैर्बुद्धिमत्तरैः॥

वहाँ से समुद्र के तट पर पहुँचकर पांडुनंदन सहदेव ने सेना का पड़ाव डाला। भारत, तदनंतर महाबाहु सहदेव ने अत्यंत बुद्धिमान मंत्रणा देने में कुशल सचिवों के साथ बैठकर बहुत देर तक विचार-विमर्श किया।

अनुमान्य स तां राजन् सहदेवस्त्वरान्वितः।
चिन्तयामास राजेन्द्र भ्रातुः पुत्रं घटोत्कचम्॥

राजेंद्र जनमेजय! उन सबकी सम्मति को आदर देते हुए माद्री कुमार ने अपने भतीजे राक्षसराज घटोत्कच का तुरंत चिंतन किया।

ततश्चिन्तितमात्रे तु राक्षसः प्रत्यदृश्यत।
अतिदीर्घो महाकायः सर्वाभरणभूषितः॥

उनके चिंतन करते ही वह बड़े डील-डौलवाला विशालकाय राक्षस दिखाई दिया। उसने सब प्रकार के आभूषण धारण कर रखे थे।

नीलजीमूतसंकाशस्तप्तकाञ्चनकुण्डलः।
विचित्रहारकेयूरः किङ्किणीमणिभूषितः॥

उसके शरीर का रंग मेघों की काली घटा के समान था। उसके कानों में तपाए हुए सुवर्ण के कुंडल झिलमिला रहे थे। उसके गले में हार और भुजाओं में केयूर की विचित्र शोभा हो रही थी। कटिभाग में वह किंकिणी की मणियों से विभूषित था।

हेममाली महादंष्ट्रः किरीटी कुक्षिबन्धनः।
ताम्रकेशो हरिश्मश्रुर्भीमाक्षः कनकाङ्गदः॥

उसके कंठ में सुवर्ण की माला, मस्तक पर किरीट और कमर में करधनी की शोभा प्रकटित हो रही थी। उसकी दाढ़ें बहुत बड़ी थीं, सिर के बाल ताँबे के समान लाल थे, मूँछ-दाढ़ी के बाल हरे दिखाई देते थे एवं आँखें बड़ी भयंकर थीं। उसकी भुजाओं में सोने के बाजूबंद चमक रहे थे॥

रक्तचन्दनदिग्धाङ्गः सूक्ष्माम्बरधरो बली।
जवेन स ययौ तत्र चालयन्निव मेदिनीम्॥

उसने अपने सब अंगों में लाल चंदन लगा रखा था। उसके कपड़े बहुत महीन थे। वह बलवान् राक्षस अपने वेग से समूची पृथ्वी को हिलाता हुआ सा वहाँ पहुँचा।

ततो दृष्ट्वा जना राजन्नायान्तं पर्वतोपमम्।
भयाद्धि दुद्रुवुः सर्वे सिंहात् क्षुद्रमृगा यथा॥

राजन्! उस पर्वताकार घटोत्कच को आता देख वहाँ के सब लोग भय के मारे भाग खड़े हुए, मानो किसी सिंह के भय से जंगल के मृग आदि क्षुद्र पशु भाग रहे हों।

आससाद च माद्रेयं पुलस्त्यं रावणो यथा।
अभिवाद्य ततो राजन् सहदेवं घटोत्कचः॥
प्रह्वः कृताञ्जलिस्तस्थौ किं कार्यमिति चाब्रवीत्।

घटोत्कच माद्रीनंदन सहदेव के पास आया, मानो रावण ने महर्षि पुलस्त्य के पास पदार्पण किया हो। महाराज! तदनंतर घटोत्कच सहदेव को प्रणाम करके उनके सामने विनीत भाव से हाथ जोड़कर खड़ा हो गया और बोला, 'मेरे लिए क्या आज्ञा है?'

तं मेरुशिखराकारमागतं पाण्डुनन्दनः॥
सम्परिष्वज्य बाहुभ्यां मूर्ध्न्युपाघ्राय चासकृत्।
पूजयत्वा सहामात्यः प्रीतो वाक्यमुवाच ह॥

घटोत्कच मेरुपर्वत के शिखर जैसा जान पड़ता था। उसको आया देख पांडुनंदन सहदेव ने दोनों भुजाओं में भरकर उसे हृदय से लगा लिया और बार-बार उसका मस्तक सूँघा। तत्पश्चात् उसका स्वागत-सत्कार करके मंत्रियों सहित सहदेव बड़े प्रसन्न हुए और इस प्रकार बोले।

सहदेव उवाच

गच्छ लङ्कां पुरीं वत्स करार्थं मम शासनात्।
तत्र दृष्ट्वा महात्मानं राक्षसेन्द्रं विभीषणम्॥
रत्नानि राजसूयार्थं विविधानि बहूनि च।
उपादाय च सर्वाणि प्रत्यागच्छ महाबल॥

सहदेव ने कहा—वत्स! तुम मेरी आज्ञा से कर लेने के लिए लंकापुरी में जाओ और वहाँ राक्षसराज महात्मा विभीषण से मिलकर राजसूय यज्ञ के लिए भाँति-भाँति के बहुत से रत्न प्राप्त करो। महाबली वीर! उनकी ओर से भेंट में मिली हुई सब वस्तुएँ लेकर शीघ्र यहाँ लौट आओ।

नो चेदेवं वदेः पुत्र समर्थमिदमुत्तरम्।
विष्णोर्भुजबलं वीक्ष्य राजसूयमथारभत्॥
कौन्तेयोः भ्रातृभि सार्धं सर्वं जानीहि साम्प्रतम्।
स्वस्ति तेऽस्तु गमिष्यामि सर्वं वैश्रवणानुज॥
इत्युक्त्वा शीघ्रमागच्छ मा भूतकालस्य पर्ययः।

बेटा! यदि विभीषण तुम्हें भेंट न दें तो उन्हें अपनी शक्ति का परिचय देते हुए इस प्रकार कहना—'कुबेर के छोटे भाई लंकेश्वर! कुंतीकुमार युधिष्ठिर ने भगवान् श्रीकृष्ण के बाहुबल को देखकर भाइयों सहित राजसूय यज्ञ आरंभ किया है। आप इस समय इन बातों को अच्छी तरह जान लें। आपका कल्याण हो, अब मैं यहाँ से चला जाऊँगा।' इतना कहकर तुम शीघ्र लौट आना, अधिक विलंब मत करना।

वैशम्पायन उवाच

पाण्डवेनैवमुक्तस्तु मुदा युक्तो घटोत्कचः।
तथेत्युक्त्वा महाराज प्रतस्थे दक्षिणां दिशम्॥
ययौ प्रदक्षिणं कृत्वा सहदेवं घटोत्कचः।

वैशंपायनजी कहते हैं—महाराज जनमेज़य! पांडु कुमार सहदेव के ऐसा कहने पर घटोत्कच बहुत प्रसन्न हुआ और 'तथास्तु' कहकर सहदेव की परिक्रमा करके दक्षिण दिशा की ओर चल दिया।

ततः कच्छगतो धीमान् दूतं माद्रवतीसुतः।
प्रेषयामास हैडिम्बं पौलस्त्याय महात्मने।
विभीषणाय धर्मात्मा प्रीतिपूर्वमरिंदमः॥७३॥

इस प्रकार समुद्र के तट पर पहुँचकर बुद्धिमान् शत्रुदमन धर्मात्मा माद्रवती कुमार ने महात्मा पुलस्त्यनंदन विभीषण के पास प्रेमपूर्वक घटोत्कच को अपना दूत बनाकर भेजा॥७३॥

लङ्कामभिमुखो राजन् समुद्रमवलोकयत्॥
कूर्मग्राहझषाकीर्णं नक्रैमीनैस्तथाऽऽकुलम्।
शुक्तिव्रातैः समाकीर्णं शङ्खानां निचयाकुलम्॥

राजन्! लंका की ओर जाते हुए घटोत्कच ने समुद्र को देखा। वह कछुओं, मगरों, नाकों तथा मत्स्य आदि जल-जंतुओं से भरा हुआ था। उसमें ढेर-के-ढेर शंख और सीपियाँ छा रही थीं।

स दृष्ट्वा रामसेतुं च चिन्तयन् रामविक्रमम्।
प्रणम्य तमतिक्रम्य याम्यां वेलामलोकयत्॥

भगवान् श्रीराम के द्वारा बनवाए हुए पुल को देखकर घटोत्कच को भगवान् के पराक्रम का चिंतन हो आया और उसी सेतुतीर्थ को प्रणाम करके उसने समुद्र के दक्षिण तट की ओर दृष्टिपात किया।

गत्वा पारं समुद्रस्य दक्षिणं स घटोत्कचः।
ददर्श लङ्कां राजेन्द्र नाकपृष्ठोपमां शुभाम्॥

राजेंद्र! तत्पश्चात् दक्षिण तट पर पहुँचकर घटोत्कच ने लंकापुरी देखी, जो स्वर्ग के समान सुंदर थी।

प्राकारेणावृतां रम्यां शुभद्वारैश्च शोभिताम्।
प्रासादैर्बहुसाहस्त्रैः श्वेतरक्तैश्च सङ्कुलाम्॥

उसके चारों ओर चहारदीवारी बनी थी। सुंदर फाटक उस रमणीय पुरी की शोभा बढ़ाते थे। सफेद और लाल रंग के हजारों महलों से वह लंकापुरी भरी हुई थी।

तापनीयगवाक्षेण मुक्ताजालान्तरेण च।
हैमराजतजालेन दान्तजालैश्च शोभिताम्॥

वहाँ के गवाक्ष (जंगले) सोने के बने हुए थे और उनके भीतर मोतियों की जाली लगी हुई थी। कितने ही गवाक्ष सोने, चाँदी तथा हाथी दाँत की जालियों से सुशोभित थे।

हर्म्यगोपुरसम्बाधां रुक्मतोरणसङ्कुलाम्।
दिव्यदुन्दुभिनिर्ह्रादामुद्यानवनशोभिताम्॥

कितनी ही अट्टालिकाएँ तथा गोपुर उस नगरी की शोभा बढ़ाते थे। स्थान-स्थान पर सोने के फाटक लगे हुए थे। वहाँ दिव्य दुंदुभियों की गंभीर ध्वनि गूँजती रहती थी। बहुत से उद्यान और वन उस नगरी की श्रीवृद्धि कर रहे थे।

पुष्पगन्धैश्च संकीर्णां रमणीयमहापथाम्।
नानारत्नैश्च सम्पूर्णामिन्द्रस्येवामरावतीम्॥

उसमें चारों ओर फूलों की सुगंध छा रही थी। वहाँ के लंबे-चौड़े मार्ग बहुत सुंदर थे। भाँति-भाँति के रत्नों से भरी पुरी लंका इंद्र की अमरावती को भी लज्जित कर रही थी।

विवेश स पुरीं लङ्कां राक्षसैश्च निषेविताम्।
ददर्श राक्षसव्राताञ्छूलप्राशधरान् बहून्॥

घटोत्कच ने राक्षसों से सेवित उस लंकापुरी में प्रवेश किया और देखा, झुंड-झुंड राक्षस त्रिशूल और भाले लिये विचर रहे हैं।

नानावेषधरान् दक्षान् नारीश्च प्रियदर्शनाः।
दिव्यमाल्याम्बरधरा दिव्याभरणभूषिताः॥

वे सभी युद्ध में कुशल हैं और नाना प्रकार के वेश धारण करते हैं। घटोत्कच ने वहाँ की नारियों को भी देखा। वे सबकी सब बड़ी सुंदर थीं। उनके अंगों में दिव्य वस्त्र, दिव्य आभूषण तथा दिव्य हार शोभा दे रहे थे।

मदरक्तान्तनयनाः पीनश्रोणिपयोधराः।
भैमसेनिं ततो दृष्ट्वा हृष्टास्ते विस्मयं गताः॥

उनके नेत्रों के किनारे मदिरा के नशे से कुछ लाल हो रहे थे। उनके नितंब और उरोज उभरे हुए तथा मांसल थे। भीमसेन पुत्र घटोत्कच को वहाँ आया देख लंका निवासी राक्षसों को बड़ा हर्ष और विस्मय हुआ।

आससाद गृहं राज्ञ इन्द्रस्य सदनोपमम्।
स द्वारपालमासाद्य वाक्यमेतदुवाच ह॥

इधर घटोत्कच इंद्रभवन के समान मनोहर राजमहल के द्वार पर जा पहुँचा और द्वारपाल से इस प्रकार बोला।

घटोत्कच उवाच

कुरूणामृषभो राजा पाण्डुर्नाम महाबलः।
कनीयांस्तस्य दायादः सहदेव इति श्रुतः॥

घटोत्कच ने कहा—कुरुकुल में एक श्रेष्ठ राजा हो गए हैं। वे महाबली नरेश 'पांडु' के नाम से विख्यात थे। उनके सबसे छोटे पुत्र का नाम 'सहदेव' है।

कृष्णमित्रस्य तु गुरो राजसूयार्थमुद्यतः।
तेनाहं प्रेषियो दूतः करार्थं कौरवस्य च॥

वे अपने बड़े भाई युधिष्ठिर का राजसूय यज्ञ संपन्न कराने के लिए कटिबद्ध हैं। धर्मराज युधिष्ठिर के सहायक भगवान् श्रीकृष्ण हैं। सहदेव ने कुरुराज युधिष्ठिर के लिए कर लेने के निमित्त मुझे दूत बनाकर यहाँ भेजा है।

द्रष्टुमिच्छामि पौलस्त्यं त्वं क्षिप्रं मां निवेदय।

मैं पुलस्त्यनंदन महाराज विभीषण से मिलना चाहता हूँ। तुम शीघ्र जाकर उन्हें मेरे आगमन की सूचना दो।

वैशम्पायन उवाच

तस्य तद् वचनं श्रुत्वा द्वारपालो महीपते।
तथेत्युक्त्वा विवेशाथ भवनं स निवेदकः॥

वैशंपायनजी कहते हैं—जनमेजय! घटोत्कच का वह वचन सुनकर वह द्वारपाल 'बहुत अच्छा' कहकर सूचना देने के लिए राजभवन के भीतर गया।

साञ्जलिः स समाचष्ट सर्वां दूतगिरं तदा।
द्वारपालवचः श्रुत्वा राक्षसेन्द्रो विभीषणः॥
उवाच वाक्यं धर्मात्मा समीपे मे प्रवेश्यताम्।

वहाँ उसने हाथ जोड़कर दूत की कही हुई सारी बातें कह सुनाईं। द्वारपाल की बात सुनकर धर्मात्मा राक्षसराज विभीषण ने उससे कहा, 'दूत को मेरे समीप ले आओ।'।

एवमुक्तस्तु राजेन्द्र धर्मज्ञेन महात्मना।
अथ निष्क्रम्य सम्भ्रान्तो द्वाःस्थो हैडिम्बमब्रवीत्॥

राजेंद्र! धर्मज्ञ महात्मा विभीषण की ऐसी आज्ञा होने पर द्वारपाल बड़ी उतावली के साथ बाहर निकला और घटोत्कच से बोला—

एहि दूत नृपं द्रष्टुं क्षिप्रं प्रविश च स्वयम्।
द्वारपालवचः श्रुत्वा प्रविवेश घटोत्कचः॥

दूत! आओ। महाराज से मिलने के लिए राजभवन में शीघ्र प्रवेश करो। द्वारपाल का कथन सुनकर घटोत्कच ने राजभवन में प्रवेश किया।

स प्रविश्य ददर्शाथ राक्षसेन्द्रस्य मन्दिरम्।
ततः कैलाससंकाशं तप्तकाञ्चनतोरणम्॥

तदनंतर उसमें प्रवेश करके उसने राक्षसराज विभीषण का महल देखा, जो अपनी उज्ज्वल आभा से कैलास के समान जान पड़ता था। उसका फाटक तपाकर शुद्ध किए हुए सोने से तैयार किया गया था।

प्राकारेण परिक्षिप्तं गोपुरैश्चापि शोभितम्।
हर्म्यप्रासादसम्बाधं नानारत्नसमन्वितम्॥

चहारदीवारी से घिरा हुआ वह राजमंदिर अनेक गोपुरों से सुशोभित हो रहा था। उसमें बहुत सी अट्टालिकाएँ तथा महल बने हुए थे। भाँति-भाँति के रत्न उस राजभवन की शोभा बढ़ाते थे।

काञ्चनैस्तापनीयैश्च स्फाटिकै राजतैरपि।
वज्रवैडूर्यगर्भैश्च स्तम्भैर्दृष्टिमनोहरैः॥
नानाध्वजपताकाभिः सुवर्णाभिश्च चित्रितम्।

तपाए हुए सुवर्ण, रजत (चाँदी) तथा स्फटिक मणि के बने हुए खंभे नेत्र और मन को बरबस अपनी ओर खींच लेते थे। उन खंभों में हीरे और वैदूर्य जड़े हुए थे। सुनहरे रंग की विविध ध्वजा-पताकाओं से उस भव्य भवन की विचित्र शोभा हो रही थी।

चित्रमाल्यावृतं रम्यं तप्तकाञ्चनवेदिकम्॥
तान् दृष्ट्वा तत्र सर्वान् स भैमसेनिर्मनोरमान्।
प्रविशन्नेव हैडिम्बः शुश्राव मुरजस्वनम्॥

विचित्र मालाओं से अलंकृत तथा विशुद्ध स्वर्णमय वेदिकाओं से विभूषित वह राजभवन बड़ा रमणीय दिखाई दे रहा था। उस महल की इन सारी मनोरम विशेषताओं को देखकर घटोत्कच ने ज्यों ही भीतर प्रवेश किया, त्यों ही उसके कानों में मृदंग की मधुर ध्वनि सुनाई पड़ी।

तन्त्रीगीतसमाकीर्णं समतालमिताक्षरम्।
दिव्यदुन्दुभिनिर्ह्रादं वादित्रशतसङ्कुलम्॥

वहाँ वीणा के तार झंकृत हो रहे थे और उसकी लय पर गीत गाया जा रहा था, जिसका एक-एक अक्षर समताल के अनुसार उच्चारित हो रहा था। सैकड़ों वाद्यों के साथ दिव्य दुंदुभियों का मधुर घोष गूँज रहा था।

स श्रुत्वा मधुरं शब्दं प्रीतिमानभवत् तदा।
ततो विगाह्य हैडिम्बो बहुकक्षां मनोरमाम्॥
स ददर्श महात्मानं द्वाःस्थेन भरतर्षभ।
तं विभीषणमासीनं काञ्चने परमासने॥

भरतश्रेष्ठ! वह मधुर शब्द सुनकर घटोत्कच के मन में बड़ी प्रसन्नता हुई। उसने अनेक मनोरम कक्षाओं को पार करके द्वारपाल के साथ जा सुंदर स्वर्ण सिंहासन पर बैठे हुए महात्मा विभीषण का दर्शन किया।

दिव्ये भास्करसंकाशे मुक्तामणिविभूषिते।
दिव्याभरणचित्राङ्गं दिव्यरूपधरं विभुम्॥

उनका सिंहासन सूर्य के समान प्रकाशित हो रहा था और उसमें मोती तथा मणि आदि रत्न जड़े हुए थे। दिव्य आभूषणों से राक्षसराज विभीषण के अंगों की विचित्र शोभा हो रही थी। उनका रूप दिव्य था।

दिव्यामाल्याम्बरधरं दिव्यगन्धोक्षितं शुभम्॥
विभ्राजमानं वपुषा सूर्यवैश्वानरप्रभम्।

वे दिव्य माला और दिव्य वस्त्र धारण करके दिव्य गंध से अभिषिक्त हो बड़े सुंदर दिखाई दे रहे थे। उनकी अंगकांति सूर्य तथा अग्नि के समान उद्‌भासित हो रही थी।

उपोपविष्टं सचिवैर्देवैरिव शतक्रतुम्॥
यक्षैर्महारथैर्दिव्यैर्नारीभिः प्रियदर्शनैः।
गीर्भिर्मङ्गलयुक्ताभिः पूज्यमानं यथाविधि॥

जैसे इंद्र के पास बहुत से देवता बैठते हैं, उसी प्रकार विभीषण के समीप उनके अनेक सचिव बैठे थे। बहुत से दिव्य सुंदर महारथी यक्ष अपनी स्त्रियों के साथ मंगलयुक्त वाणी द्वारा विभीषण का विधिपूर्वक पूजन कर रहे थे।

चामरे व्यजने चाग्र्ये हेमदण्डे महाधने।
गृहीते वरनारीभ्यां धूयमाने च मूर्धनि॥

दो सुंदर नारियाँ सुवर्णमय दंड से विभूषित बहुमूल्य चँवर तथा व्यजन लेकर उनके मस्तक पर डुला रही थीं।

अर्चिष्मन्तं श्रिया जुष्टं कुबेरवरुणोपमम्।
धर्मे चैव स्थितं नित्यमद्भुतं राक्षसेश्वरम्॥

राक्षसराज विभीषण कुबेर और वरुण के समान राजलक्ष्मी से संपन्न एवं अद्‌भुत दिखाई देते थे। उनके अंगों से दिव्य प्रभा छिटक रही थी। वे सदा धर्म में स्थित रहते थे।

राममिक्ष्वाकुनाथं वै स्मरन्तं मनसा सदा।
दृष्ट्वा घटोत्कचो राजन् ववन्दे तं कृताञ्जलिः॥

वे मन-ही-मन इक्ष्वाकुवंशशिरोमणि श्रीरामचंद्रजी का स्मरण करते थे। राजन्! उन राक्षसराज विभीषण को देख घटोत्कच ने हाथ जोड़कर उन्हें प्रणाम किया।

प्रह्वस्तस्थौ महावीर्यः शक्रं चित्ररथो यथा।
तं दूतमागतं दृष्ट्वा राक्षसेन्द्रो विभीषणः॥
पूजयित्वा यथान्याय सान्त्वपूर्वं वचोऽब्रवीत्।

और जैसे महापराक्रमी चित्ररथ इंद्र के सामने नम्र रहते हैं, उसी प्रकार महाबली घटोत्कच भी विनीत भाव से उनके सम्मुख खड़ा हो गया। राक्षसराज विभीषण ने उस दूत को आया हुआ देख उसका यथायोग्य सम्मान करके सांत्वनापूर्ण वचनों में कहा।

विभीषण उवाच

कस्य वंशे तु सञ्जातः करमिच्छन् महीपतिः॥
तस्यानुजान् समस्तांश्च पुरं देशं च तस्य वै।
त्वां च कार्यं च तत् सर्वं श्रोतुमिच्छामि तत्त्वतः॥
विस्तरेण मम ब्रूहि सर्वानेतान् पृथक्-पृथक्।

विभीषण ने पूछा—दूत! जो महाराज मुझसे कर लेना चाहते हैं, वे किसके कुल में उत्पन्न हुए हैं। उनके समस्त भाइयों तथा ग्राम और देश का परिचय दो। मैं तुम्हारे विषय में भी जानना चाहता हूँ तथा तुम जिस कार्य के लिए कर लेने आए हो, उस समस्त कार्य के विषय में भी मैं यथार्थ रूप से सुनना चाहता हूँ। तुम मेरी पूछी हुई इन सब बातों को विस्तारपूर्वक पृथक्-पृथक् बताओ।

वैशम्पायन उवाच

एवमुक्तस्तु हैडिम्बः पौलस्त्येन महात्मना॥
कृताञ्जलिरुवाचाथ सान्त्वयन् राक्षसाधिपम्।

वैशंपायनजी कहते हैं—जनमेजय! महात्मा विभीषण के इस प्रकार पूछने पर हिडिंबाकुमार घटोत्कच ने हाथ जोड़ राक्षसराज को आश्वासन देते हुए कहा।

घटोत्कच उवाच

सोमस्य वंशे राजाऽऽसीत् पाण्डुर्नाम महाबलः।
पाण्डोः पुत्राश्च पञ्चासञ्छक्रतुल्यपराक्रमाः॥
तेषां ज्येष्ठस्तु नाम्नाभूद् धर्मपुत्र इति श्रुतः।

घटोत्कच बोला—महाराज! चंद्रवंश में पांडु नाम से प्रसिद्ध एक महाबली राजा हुए हैं। उनके पाँच पुत्र हैं, जो इंद्र के समान पराक्रमी हैं। उन पाँचों में जो बड़े हैं, वे धर्मपुत्र नाम से विख्यात हैं।

अजातशत्रुर्धर्मात्मा धर्मो विग्रहवानिव॥
ततो युधिष्ठिरो राजा प्राप्य राज्यमकारयत्।
गङ्गाया दक्षिणे तीरे नगरे नागसाह्वये॥

उनके मन में किसी के प्रति शत्रुता नहीं है, इसलिए लोग उन्हें अजातशत्रु कहते हैं। उनका मन सदा धर्म में ही लगा रहता है। वे धर्म के मूर्तिमान् स्वरूप जान पड़ते हैं। गंगा के दक्षिण तट पर हस्तिनापुर नामक एक नगर है। राजा युधिष्ठिर वहीं अपना पैतृक राज्य प्राप्त करके उसकी रक्षा करते थे।

तद् दत्त्वा धृतराष्ट्राय शक्रप्रस्थं ययौ ततः।
भ्रातृभिः सह राजेन्द्र शक्रप्रस्थे प्रमोदते॥

राक्षसराज! कुछ काल के पश्चात् उन्होंने हस्तिनापुर का राज्य धृतराष्ट्र को सौंप दिया और स्वयं भाइयों सहित इंद्रपस्थ चले गए। इन दिनों वे वहीं आनंदपूर्वक रहते हैं।

गङ्गायमुनयोर्मध्ये तावुभौ नगरोत्तमौ।
नित्यं धर्मे स्थितो राजा शक्रप्रस्थे प्रशासति॥

वे दोनों श्रेष्ठ नगर गंगा-यमुना के बीच में बसे हुए हैं। नित्य धर्मपरायण राजा युधिष्ठिर इंद्रप्रस्थ में ही रहकर शासन करते हैं।

तस्यानुजो महाबाहुः भीमसेनो महाबलः।
महातेजा महावीर्यः सिंहतुल्यः स पाण्डवः॥

उनके छोटे भाई पांडुकुमार महाबाहु भीमसेन भी बड़े बलवान् हैं। वे सिंह के समान महापराक्रमी और अत्यंत तेजस्वी हैं।

दशनागसहस्राणां बले तुल्यः स पाण्डवः।
तस्यानुजोऽर्जुनो नाम महावीर्यपराक्रमः॥
सुकुमारो महासत्त्वो लोके वीर्येण विश्रुतः।

उनमें दस हजार हाथियों का बल है। उनमें छाटे भाई का नाम अर्जुन है, जो महान् बल-पराक्रम से संपन्न, सुकुमार तथा अत्यंत धैर्यवान् हैं। उनका पराक्रम विश्व में विख्यात है।

कार्तवीर्यसमो वीर्ये सागरप्रतिमो बले॥
जामदग्न्यसमो ह्यस्त्रे संख्ये रामसमोऽर्जुनः।
रूपे शक्रसमः पार्थस्तेजसा भास्करोपमः॥

वे कुंतीनंदन अर्जुन कार्तवीर्य अर्जुन के समान पराक्रमी, सगरपुत्रों के समान बलवान, परशुरामजी के समान अस्त्रविद्या के ज्ञाता, श्रीरामचंद्रजी के समान समरविजयी, इंद्र के समान रूपवान् तथा भगवान् सूर्य के समान तेजस्वी हैं।

देवदानवगन्धर्वैः पिशाचोरगराक्षसैः।
मानुषैश्च समस्तैश्च अजेयः फाल्गुनो रणे॥

देवता, दानव, गंधर्व, पिशाच, नाग, राक्षस और मनुष्य, ये सब मिलकर भी युद्ध में अर्जुन को परास्त नहीं कर सकते।

तेन तत् खाण्डवं दावं तर्पितं जातवेदसे।
तरसा धर्षयित्वा तं शक्रं देवगणैः सह॥
लब्धान्यस्त्राणि दिव्यानि तर्पयित्वा हुताशनम्।

उन्होंने खांडव वन को जलाकर अग्निदेव को तृप्त किया है। देवताओं सहित इंद्र को वेगपूर्वक पराजित करके उन्होंने अग्निदेव को संतुष्ट किया और उनसे दिव्यास्त्र प्राप्त किए हैं।

तेन लब्धा महाराज दुर्लभा देवतैरपि॥
वासुदवेस्य भगिनी सुभद्रा नाम विश्रुता।

महाराज! उन्होंने भगवान् श्रीकृष्ण की बहिन सुभद्रा को पत्नी रूप में प्राप्त किया है, जो देवताओं के लिए भी दुर्लभ थी।

अर्जुनस्यानुजो राजन् नकुलश्चेति विश्रुतः॥
दर्शनीयतमो लोके मूर्तिमानिव मन्मथः।

राजन्! अर्जुन के छोटे भाई नकुल नाम से विख्यात हैं, जो इस जगत् में मूर्तिमान कामदेव के समान दर्शनीय हैं।

तस्यानुजो महातेजाः सहदेव इति श्रुतः।
तेनाहं प्रेषितो राजन् सहदेवेन मारिष॥

नकुल के छोटे भाई महातेजस्वी सहदेव के नाम से विख्यात हैं। माननीय महाराज! उन्हीं सहदेव ने मुझे यहाँ भेजा है।

अहं घटोत्कचो नाम भीमसेनसुतो बली।
मम माता महाभागा हिडिम्बा नाम राक्षसी॥

मेरा नाम घटोत्कच है। मैं भीमसेन का बलवान् पुत्र हूँ। मेरी सौभाग्यशालिनी माता का नाम हिडिंबा है। वे राक्षस कुल की कन्या हैं।

पार्थानामुपकारार्थं चरामि पृथिवीमिमाम्।
आसीत् पृथिव्याः सर्वस्या महीपालो युधिष्ठिरः॥

मैं कुंतीपुत्रों का उपकार करने के लिए इस पृथ्वी पर विचरता हूँ। महाराज युधिष्ठिर संपूर्ण भूमंडल के शासक हो गए हैं।

राजसूयं क्रतुश्रेष्ठमाहर्तुमुपचक्रमे।
संदिदेश च स भ्रातृन् करार्थं सर्वतोदिशम्॥

उन्होंने क्रतुश्रेष्ठ राजसूय का अनुष्ठान करने की तैयारी की है। उन्हीं महाराज ने अपने सब भाइयों को कर वसूल करने के लिए सब दिशाओं में भेजा है।

वृष्णिवीरेण सहितः संदिदेशानुजान् नृपः।
उदीचीमर्जुननस्तूर्णं करार्थं समुपाययौ॥

वृष्णिवीर भगवान् श्रीकृष्ण के साथ धर्मराज ने जब अपने भाइयों को दिग्विजय के लिए आदेश दिया, तब महाबली अर्जुन कर वसूल करने के लिए तुरंत उत्तर दिशा की ओर चल दिए।

गत्वा शतसहस्राणि योजनानि महाबलः।
जित्वा सर्वान् नृपान् युद्धे हत्वा च तरसा वशी॥
स्वर्गद्वारमुपागम्य रत्नान्यादाय वै भृशम्।

उन्होंने लाख योजन की यात्रा करके संपूर्ण राजाओं को युद्ध में हराया है और सामना करने के लिए आए हुए विपक्षियों को वेगपूर्वक मारा है। जितेंद्रिय अर्जुन ने स्वर्ग के द्वार तक जाकर प्रचुर रत्न-राशि प्राप्त की है।

अश्वांश्च विविधान् दिव्यान् सर्वानादाय फाल्गुनः॥
धनं बहुविधं राजन् धर्मपुत्राय वै ददौ।

नाना प्रकार के दिव्य अश्व उन्हें भेंट में मिले हैं। इस प्रकार भाँति-भाँति के धन लाकर उन्होंने धर्मपुत्र युधिष्ठिर की सेवा में समर्पित किए हैं।

भीमसेनो हि राजेन्द्र जित्वा प्राचीं दिशं बलात्॥
वशे कृत्वा महीपालान् पाण्डवाय धनं ददौ।

राजेंद्र! युधिष्ठिर के दूसरे भाई भीमसेन ने पूर्व दिशा में जाकर उसे बलपूर्वक जीता है और वहाँ के राजाओं को अपने वश में करके पांडुपुत्र युधिष्ठिर को बहुत धन अर्पित किया है।

दिशं प्रतीचीं नकुलः करार्थं प्रययौ तथा॥
सहदेवो दिशं याम्यां जित्वा सर्वान् महीक्षितः।

नकुल कर लेने के लिए पश्चिम दिशा की ओर गए हैं और सहदेव संपूर्ण राजाओं को जीतते हुए दक्षिण दिशा में बढ़ते चले आए हैं।

मां संदिदेश राजेन्द्र करार्थमिह सत्कृतः॥
पार्थानां चरितं तुभ्यं संक्षेपात् समुदाहृतम्।

राजेंद्र! उन्होंने बड़े सत्कारपूर्वक मुझे आपके यहाँ राजकीय कर देने के लिए संदेश भेजा है। महाराज! पांडवों का यह चरित्र मैंने अत्यंत संक्षेप में आपके समक्ष रखा है।

तमवेक्ष्य महाराज धर्मराजं युधिष्ठिरम्॥
पावकं राजसूयं च भगवन्तं हरिं प्रभुम्।
एतानवेक्ष्य धर्मज्ञ करं त्वं दातुमर्हसि॥

आप धर्मराज युधिष्ठिर की ओर देखिए, पवित्र करनेवाले राजसूययज्ञ तथा जगदीश्वर भगवान् श्रीहरि की ओर भी ध्यान दीजिए। धर्मज्ञ नरेश! इन सबकी ओर दृष्टि रखते हुए आपको मुझे कर देना चाहिए।

वैशम्पायन उवाच

तेन तद् भाषितं श्रुत्वा राक्षसेन्द्रो विभीषणः।
प्रीतिमानभवद् राजन् धर्मात्मा सचिवैः सह॥

वैशंपायनजी कहते हैं—जनमेजय! घटोत्कच की वह बात सुनकर धर्मात्मा विभीषण अपने मंत्रियों के साथ बड़े प्रसन्न हुए।

स चास्य प्रतिजग्राह शासनं प्रीतिपूर्वकम्।
तच्च कालकृतं धीमानभ्यमन्यत स प्रभुः॥७४॥

विभीषण ने प्रेमपूर्वक ही उनका शासन स्वीकार कर लिया। शक्तिशाली एवं बुद्धिमान विभीषण ने उसे काल का ही विधान समझा।

ततो ददौ विचित्राणि कम्बलानि कुथानि च।
दन्तकाञ्चनपर्यङ्कान् मणिहेमविचित्रितान्॥

उन्होंने सहदेव के लिए हाथी की पीठ पर बिछाने योग्य विचित्र कंबल (कालीन) तथा हाथीदाँत और सुवर्ण के बने हुए पलंग दिए, जिनमें सोने तथा रत्न जड़े हुए थे।

भूषणानि विचित्राणि महार्हाणि बहूनि च।
प्रवालानि च शुभ्राणि मणींश्च विविधान् बहून्॥
काञ्चनानि च भाण्डानि कलशानि घटानि च।
कटाहान्यपि चित्राणि द्रोण्यश्चैव सहस्रशः॥

इसके सिवा बहुत से विचित्र और बहुमूल्य आभूषण भी भेंट किए। सुंदर मूँगे, भाँति-भाँति के मणिरत्न, सोने के बरतन, कलश, घड़े, विचित्र कड़ाह और हजारों जलपात्र समर्पित किए।

राजतानि च भाण्डानि चित्राणि च बहूनि च।
शस्त्राणि रुक्मचित्राणि मणिमुक्तैर्विचित्रितान्॥

इनके सिवा चाँदी के भी बहुत से ऐसे बरतन दिए, जिनमें चित्रकारी की गई थी। कुछ ऐसे शस्त्र भेट किए, जिनमें सुवर्ण, मणि और मोती जड़े हुए थे।

यज्ञस्य तोरणे युक्तान् ददौ तालांश्चतुर्दश।
रुक्मपङ्कजपुष्पाणि शिबिका मणिभूषिताः॥

यज्ञ के फाटक पर लगाने योग्य चौदह ताड़ प्रदान किए। सुवर्णमय कमलपुष्प और मणिजटिल शिबिकाएँ भी दीं।

मुकुटानि महार्हाणि हेमवर्णांश्च कुण्डलान्।
हेमपुष्पाण्यनेकानि रुक्ममाल्यानि चापरान्॥
शङ्खांश्च चन्द्रसङ्काशाञ्छतावर्तान् विचित्रिणः।

बहुमूल्य मुकुट, सुनहले कुंडल, सोने के बने हुए अनेकानेक पुष्प, सोने के ही हार तथा चंद्रमा के समान उज्ज्वल एवं विचित्र शतावर्त शंख दिए।

चन्दनानि च मुख्यानि रुक्मरत्नान्यनेकशः॥
वासांसि च महार्हाणि कम्बलानि बहून्यपि।
अन्यांश्च विविधान् राजन् रत्नानि च बहूनि च॥
स ददौ सहदेवाय तदा राजा विभीषणः।

श्रेष्ठ चंदन, अनेक प्रकार के सुवर्ण तथा रत्न, महँगे वस्त्र, बहुत से कंबल, अनेक जाति के रत्न तथा और भी भाँति-भाँति के बहुमूल्य पदार्थ राजा विभीषण ने सहदेव को भेंट किए।

ततः सम्प्रेषयामास रत्नानि विविधानि च।
चन्दनागुरुकाष्ठानि दिव्यान्याभरणानि च॥ ७५॥
वासांसि च महार्हाणि मणींश्चैव महाधनान्।

तथा उन्होंने नाना प्रकार के रत्न, चंदन, अगुरु के काष्ठ, दिव्य आभूषण, बहुमूल्य वस्त्र और विशेष मूल्यवान् मणि-रत्न भी उसके साथ भिजवाए।

विभीषणं च राजानमभिवाद्य कृताञ्जलिः॥
प्रदक्षिणं परीत्यैव निर्जगाम घटोत्कचः।

तदनंतर घटोत्कच ने हाथ जोड़कर राजा विभीषण को प्रणाम किया और उनकी परिक्रमा करके वहाँ से प्रस्थान किया।

तानि सर्वाणि रत्नानि अष्टाशीतिर्निशाचराः॥
आजह्रुः समुदा राजन् हैडिम्बेन तदा सह।

राजन्! घटोत्कच के साथ अठासी निशाचर उन सब रत्नों को पहुँचाने के लिए प्रसन्नतापूर्वक आए।

रत्नान्यादाय सर्वाणि प्रतस्थे स घटोत्कचः॥
ततो रत्नान्युपादाय हैडिम्बो राक्षसैः सह।

जगाम तूर्णं लङ्कायाः सहदेवपदं प्रति।
आसेदुः पाण्डवं सर्वे लङ्घयित्वा महोदधिम्॥

इस प्रकार उन सब रत्नों को साथ ले घटोत्कच ने राक्षसों के साथ लंका से सहदेव के पड़ाव की ओर प्रस्थान किया और समुद्र लाँघकर वे सब-के-सब पांडुनंदन सहदेव के निकट आ पहुँचे।

सहदेवो ददर्शाथ रत्नाहारान् निशाचरान्।
आगतान् भीमसंकाशान् हैडिम्बं च तथा नृप॥

राजन्! सहदेव ने रत्न लेकर आए हुए भयंकर निशाचरों तथा घटोत्कच को भी देखा।

द्रमिला नैर्ऋतान् दृष्ट्वा दुद्रुवुस्ते भयार्दिताः।
भैमसेनिस्ततो गत्वा मार्द्रेयं प्राञ्जलिः स्थितः॥

उस समय उन राक्षसों को देखकर द्राविड़ सैनिक भयभीत हो सब ओर भागने लगे। इतने में ही भीमसेन कुमार घटोत्कच माद्रीनंदन सहदेव के पास आ हाथ जोड़कर खड़ा हो गया।

प्रीतिमानभवद् दृष्ट्वा रत्नौघं तं च पाण्डवः।
तं परिष्वज्य पाणिभ्यां दृष्ट्वा तान् प्रीतिमानभूत्॥
विसृज्य द्रमिलान् सर्वान् गमनायोपचक्रमे।

पांडुकुमार सहदेव वह रत्न-राशि देखकर बड़े प्रसन्न हुए। उन्होंने घटोत्कच को दोनों हाथों से पकड़कर गले लगाया और दूसरे राक्षसों की ओर देखकर भी बड़ी प्रसन्नता प्रकट की। इसके बाद समस्त द्राविड़ सैनिकों को विदा करके सहदेव वहाँ से लौटने की तैयारी करने लगे।

न्यवर्तत ततो धीमान् सहदेवः प्रतापवान्॥ ७६॥

तैयारी पूरी हो जाने पर प्रतापी और बुद्धिमान् सहदेव इंद्रप्रस्थ की ओर चल दिए।

एवं निर्जित्य तरसा सान्त्वेन विजयेन च।
करदान् पार्थिवान् कृत्वा प्रत्यागच्छदरिंदमः॥ ७७॥

इस प्रकार बलपूर्वक जीतकर तथा सामनीति से समझा-बुझाकर सब राजाओं को अपने अधीन करके उन्हें करद बनाकर शत्रुदमन माद्रीनंदन इंद्रप्रस्थ में वापस आ गए।

रत्नभारमुपादाय ययौ सह निशाचरैः।
इन्द्रप्रस्थं विवेशाथ कम्पयन्निव मेदिनीम्॥

रत्नों का वह भारी भार साथ लिये निशाचारों के साथ सहदेव ने इंद्रप्रस्थ नगर में प्रवेश किया। उस समय वे पैरों की धमक से सारी पृथ्वी को कंपित करते हुए से चल रहे थे।

दृष्ट्वा युधिष्ठिरं राजन् सहदेवः कृताञ्जलिः।
प्रह्वोभिवाद्य तस्थौ स पूजितश्चैव तेन वै॥

राजन्! युधिष्ठिर को देखते ही सहदेव हाथ जोड़ नम्रतापूर्वक उनके चरणों में पड़ गए। फिर विनीत भाव से उनके समीप खड़े हो गए। उस समय युधिष्ठिर ने भी उनका सम्मान किया।

लङ्काप्राप्तान् धनौघांश्च दृष्ट्वा तान् दुर्लभान् बहून्।
प्रीतिमानभवद् राजा विस्मयं च ययौ तदा॥

लंका से प्राप्त हुई अत्यंत दुर्लभ एवं प्रचुर धनराशियों को देखकर राजा युधिष्ठिर बड़े प्रसन्न और विस्मित हुए।

कोटीसहस्त्रमधिकं हिरण्यस्य महात्मने।
विचित्रांस्तु मणींश्चैव गोघ्जाविमहिषांस्तथा॥
धर्मराजाय तत् सर्वं निवेद्य भरतर्षभ।
कृतकर्मा सुखं राजन्नुवास जनमेजय॥७८॥

भरतश्रेष्ठ जनमेजय! उस धनराशि में सहस्र कोटि थे। गाय, भैंस, भेड़ और बकरियों की संख्या भी अधिक थी। राजन्! इन सबको महात्मा धर्मराज की सेवा में समर्पित करके कृतकृत्य हो सहदेव सुखपूर्वक राजधानी में रहने लगे।

महर्षि व्यास कृत महाभारत

द्वात्रिंशोऽध्यायः

नकुल के द्वारा पश्चिम दिशा की विजय

वैशम्पायन उवाच

नकुलस्य तु वक्ष्यामि कर्माणि विजयं तथा।
वासुदेवजितामाशां यथासावजयत् प्रभुः॥१॥

वैशंपायनजी कहते हैं—जनमेजय! अब मैं नकुल के पराक्रम और विजय का वर्णन करूँगा। शक्तिशाली नकुल ने जिस प्रकार भगवान् वासुदेव द्वारा अधिकृत पश्चिम दिशा पर विजय पाई थी, वह सुनो।

निर्याय खाण्डवप्रस्थात् प्रतीचीमभितोदिशम्।
उद्दिश्य मतिमान् प्रायान्महत्या सेनया सह॥२॥

बुद्धिमान माद्रीकुमार ने विशाल सेना के साथ खांडप्रस्थ से निकलकर पश्चिम दिशा में जाने के लिए प्रस्थान किया।

सिंहनादेन महता योधानां गर्जितेन च।
रथनेमिनिनादैश्च कम्पयन् वसुधामिमाम्॥३॥

वे अपने सैनिकों के महान् सिंहनाद, गर्जना तथा रथ के पहियों की घर्घराहट की तुमुल ध्वनि से इस पृथ्वी को कंपित करते हुए जा रहे थे।

ततो बहुधनं रम्यं गवाढयं धनधान्यवत्।
कार्तिकेयस्य दयितं रोहीतकमुपाद्रवत्॥४॥

जाते-जाते वे बहुत धन-धान्य से संपन्न, गौओं की बहुलता से युक्त तथा स्वामिकार्तिकेय के अत्यंत प्रिय रमणीय रोहीतक* पर्वत एवं उसे समीपवर्ती देश में जा पहुँचे।

* इसी को आजकल रोहतक (पंजाब/हरियाणा) कहते हैं।

तत्र युद्धं महच्चासीच्छूरैर्मत्तमयूरकैः।
मरुभूमिं स कात्स्न्येंन तथैव बहुधान्यकम्॥५॥

शैरीषकं महोत्थं च वशे चक्रे महाद्युतिः।
आक्रोशं चैव राजर्षिं तेन युद्धमभून्महत्॥६॥

वहाँ उनका मत्तमयूर नामवाले शूरवीर क्षत्रियों के साथ घोर संग्राम हुआ। उस पर अधिकार करने के पश्चात् महान् तेजस्वी नकुल ने समूची मरुभूमि (मारवाड़), प्रचुर धन-धान्यपूर्ण शैरीषक और महोत्थ देश के अधिपति राजर्षि आक्रोश को भी जीत लिया। आक्रोश के साथ उनका बड़ा भारी युद्ध हुआ था।

तान् दशार्णान् स जित्वा च प्रतस्थे पाण्डुनन्दनः।
शिबींस्त्रिगर्तानम्बष्ठान् मालवान् पञ्चकर्पटान्॥७॥
तथा माध्यमिकांश्चैव वाटधानान् द्विजानथ।

तत्पश्चात् दशार्ण देश पर विजय प्राप्त करके पांडुनंदन नकुल ने शिबि, त्रिगर्त, अंबष्ठ, मालव, पंचकर्पट एवं माध्यमिक देशों को प्रस्थान किया और उन सबको जीतकर वाटधानदेशीय क्षत्रियों को भी हराया।

पुनश्च परिवृत्याथ पुष्करारण्यवासिनः॥८॥
गणानुत्सवसङ्केतान् व्यजयत् पुरुषर्षभः।

पुनः उधर से लौटकर नरश्रेष्ठ नकुल ने पुष्करारण्य निवासी उत्सवसंकेत नामक गणों को परास्त किया।

सिन्धुकूलाश्रिता ये च ग्रामणीया महाबलाः॥९॥
शूद्राभीरगणाश्चैव ये चाश्रित्य सरस्वतीम्।
वर्तयन्ति च ये मत्स्यैर्ये च पर्वतवासिनः॥१०॥

समुद्र के तट पर रहने वाले जो महाबली ग्रामणीय (ग्राम शासक के वंशज) क्षत्रिय थे, सरस्वती नदी के किनारे निवास करने वाले जो शूद्र आभीरगण थे, मछलियों से जीविका चलाने वाले जो धीवर जाति के लोग थे तथा जो पर्वतों पर वास करने वाले दूसरे-दूसरे मनुष्य थे, उन सबको नकुल ने जीतकर अपने वश में कर लिया।

कृत्स्नं पञ्चनदं चैव तथौवामरपर्वतम्।
उत्तरज्योतिषं चैव तथा दिव्यकटं पुरम्॥११॥
द्वारपालं च तरसा वशे चक्रे महाद्युतिः।

फिर संपूर्ण पंचनद देश (पंजाब), अमर पर्वत, उत्तर ज्योतिष, दिव्यकट नगर और द्वारपालपुर को अत्यंत क्रांतिमान नकुल ने शीघ्र ही अपने अधिकार में कर लिया।

रामठान् हारहूणांश्च प्रतीच्याश्चैव ये नृपाः॥१२॥
तान् सर्वान् स वशे चक्रे शासनादेव पाण्डवः।
तत्रस्थः प्रेषयामास वासुदेवाय भारत॥१३॥

रामठ, हार, हूण तथा अन्य जो पश्चिमी नरेश थे, उन सबको पांडुकुमार नकुल ने आज्ञा

मात्र से ही अपने अधीन कर लिया। भारत! वहीं रहकर उन्होंने वसुदेव नंदन भगवान् श्रीकृष्ण के पास दूत भेजा।

स चास्य गतभी राजन् प्रतिजग्राह शासनम्।
ततः शाकलमभ्येत्य मद्राणां पुटभेदनम्॥१४॥
मातुलं प्रीतिपूर्वेण शल्यं चक्रे वशे बली।

राजन्! उन्होंने केवल प्रेम के कारण नकुल का शासन स्वीकार कर लिया। इसके बाद शाकलदेश को जीतकर बलवान् नकुल ने मद्रदेश की राजधानी में प्रवेश किया और वहाँ के शासक अपने मामा शल्य को प्रेम से ही वश में कर लिया।

स तेन सत्कृतो राज्ञा सत्कारार्हो विशाम्पते॥१५॥
रत्नानि भूरीण्यादाय सम्प्रतस्थे युघाम्पतिः।

राजन्! राजा शल्य ने सत्कार के योग्य नकुल का यथावत् सत्कार किया। शल्य से भेंट में बहुत से रत्न लेकर योद्धाओं के अधिपति माद्रीकुमार आगे बढ़ गए।

ततः सागरकुक्षिस्थान् म्लेच्छान् परमदारुणान्॥१६॥
पह्लवान् बर्बरांश्चैव किरातान् यवनाञ्छकान्।

नतो रत्नान्युपादाय वशे कृत्वा च पार्थिवान्।
न्यवर्तत कुरुश्रेष्ठो नकुलश्चित्रमार्गवित्॥१७॥

तदनंतर समुद्री टापुओं में रहनेवाले अत्यंत भंयकर म्लेच्छ, पह्लव, बर्बर, किरात, यवन और शकों को जीतकर उनसे रत्नों की भेंट ले विजय के विचित्र उपायों के जाननेवाले कुरुश्रेष्ठ नकुल इंद्रप्रस्थ की ओर लौटे।

करभाणां सहस्राणि कोशं तस्य महात्मनः।
ऊहुर्दश महाराज कृच्छ्रादिव महाधनम्॥१८॥

महाराज! उन महामना नकुल के बहुमूल्य खजाने का बोझ दस हजार हाथी बड़ी कठिनाई से ढो रहे थे।

इन्द्रप्रस्थगतं वीरमभ्येत्य स युधिष्ठिरम्।
ततो माद्रीसुतः श्रीमान् धनं तस्मै न्यवेदयत्॥१९॥

तदनंतर श्रीमान् माद्रीकुमार ने इंद्रपस्थ में विराजमान वीरवर राजा युधिष्ठिर से मिलकर वह सारा धन उन्हें समर्पित कर दिया।

एवं विजित्य नकुलो दिशं वरुणपालिताम्।
प्रतीचीं वासुदेवेन निर्जितां भरतर्षभ॥२०॥

भरतश्रेष्ठ! इस प्रकार भगवान् वासुदेव के द्वारा अपने अधिकार में की हुई, वरुणपालित पश्चिम दिशा पर विजय पाकर नकुल इंद्रप्रस्थ लौट आए।

श्रीकृष्णावतार

श्रीकृष्ण जन्म के समय देश में कुछ सीमा तक वही स्थिति पुनर्निर्माण हो चुकी थी, जैसी पहले श्रीपरशुराम के समय में थी। कंस, शिशुपाल-जरासंध आदि राजागण उच्छृंखल होकर आस-पास के छोटे-छोटे राजाओं को दबाते हुए दिखाई देते थे। प्रजा पालन की ओर उनका तनिक भी ध्यान नहीं था।

ऐसी परिस्थिति में श्रीकृष्ण का जन्म हुआ। अन्याय एवं अत्याचार के प्रतिकार का कंकण बाँधकर ही मानो उन्होंने अपने भूलोक के वास्तव्य का श्रीगणेश किया था। अपने सखाओं का संरक्षण करने के सैकड़ों प्रसंग, सुप्रसिद्ध अघ नामक राक्षस का वध, पूतना का संहार, गोवर्धन पर्वत को उठाते हुए गोकुल की रक्षा, कालिया मर्दन से यमुना तट को निष्कंटक करना आदि कार्य उन्होंने बचपन में ही संपन्न किए थे। कंस के घोर अत्याचारों का ज्ञान भी उन्हें रहा ही होगा, किंतु कंस का वध होने तक उनका मार्ग स्पष्ट नहीं था। अपनी शक्ति के अनुसार उस समय तक वे अन्याय एवं अधर्म का प्रतिकार भर करते रहे, बाद में सांदीपनि ऋषि के आश्रम में अध्ययन करते समय तथा संपूर्ण राष्ट्र की सर्वसाधारण परिस्थति का गंभीर विवेचन कर चुकने पर उनके विचार स्थिर हुए होंगे। परशुराम इतिहास से पाठ ग्रहण करते हुए उन्होंने स्वयं ही अपना मार्ग विचारपूर्वक निर्धारित किया होगा और यथाशक्ति सभी प्रकार के प्रयत्नों के द्वारा क्षत्रिय वर्ग में स्वकर्तव्य की भावना जाग्रत् करने का उन्होंने निश्चय किया होगा।

यदि राजागण अत्याचारी बनकर अपनी परंपरा का विध्वंस करना प्रारंभ कर देते हैं तो समाज सुरक्षित नहीं रह पाता। इस प्रकार का यह सर्वनाश श्रीकृष्ण खुली आँखों से नहीं देख सकते थे। फिर भी अत्याचारी राजाओं से निपटने का कार्य स्वीकार करने से पहले उन्हें यह आशा थी कि वे उन राजाओं की मनोवृत्ति में समुचित परिवर्तन कर सकेंगे। इसीलिए श्रीकृष्ण ने उनके कई अपराध सहन किए थे। किंतु जब उनकी यह आशा पूर्णतया व्यर्थ सिद्ध हो चुकी, तो फिर उन्होंने उन राजाओं का पतन करने में भी कोई आगा-पीछा नहीं सोचा।

भारतीय परंपरा का आग्रह है कि अत्याचारी चाहे स्वजन ही क्यों न हों, यदि वे एक विशिष्ट मर्यादा का अतिक्रमण करते हैं, तो उन्हें कतई क्षमा न किया जाए। इस परंपरा का अनुसरण करते हुए ही श्रीकृष्ण ने कंस, शिशुपाल, जरासंध का वध किया। मदोन्मत्त राजाओं को भी सुविचार के अनुसार आचरण करने का अवसर प्रदान करने के उदात्त हेतु से प्रेरित होकर तथा राजाओं के पारस्परिक संघर्ष से निर्दोष प्रजा को होनेवाले कष्टों को टालने की भावना से उन्होंने अपनी मथुरा नगरी का त्याग करते हुए सुदूर द्वारका में एक नए उपनिवेश की स्थापना की।

समूचा क्षत्रिय वर्ग बुरा नहीं होता, इसलिए एक विशिष्ट सीमा तक क्षत्रियों को सुधारने का प्रयत्न किया जाना चाहिए। यही थी श्रीकृष्ण की नई नीति। युग धर्म के अनुसार निर्धारित इसी नीति का पालन करते हुए उन्होंने शिशुपाल के सौ अपराध क्षमा किए थे, किंतु इतने पर भी जब उसके सन्मार्ग पर आने का कोई भी लक्षण न दिखाई दिए, तब विवश होकर उन्होंने शिशुपाल का वध किया। कंस के पापों का घड़ा भी पूर्ण रूप से भर जाने के बाद ही वध किया गया था।

उस समय श्रीकृष्ण का नेतृत्व स्वीकार करने वाले कई महान् व्यक्तियों ने क्षत्रिय संहार तथा आत्मनाश की भारी राष्ट्रीय आपत्ति को टालने के उद्देश्य से अपमान और अन्याय सहन किए।

उनकी सहनशीलता की मानो कोई सीमा न थी। समाज के नेताओं में गिने जानेवाले तत्कालीन लोगों में सहनशीलता की यही भावना समान रूप से परिलक्षित होती है। अन्याय का प्रतिकार करने की शक्ति उनमें नहीं थी। अतः समाज की क्षात्रवृत्ति का संरक्षण करने के निमित्त समाज के हित की दृष्टि से कुछ लोगों को कष्ट झेलने ही चाहिए, ऐसी उदात्त एवं त्यागपूर्ण भावना भी उनके आचरण में थी।

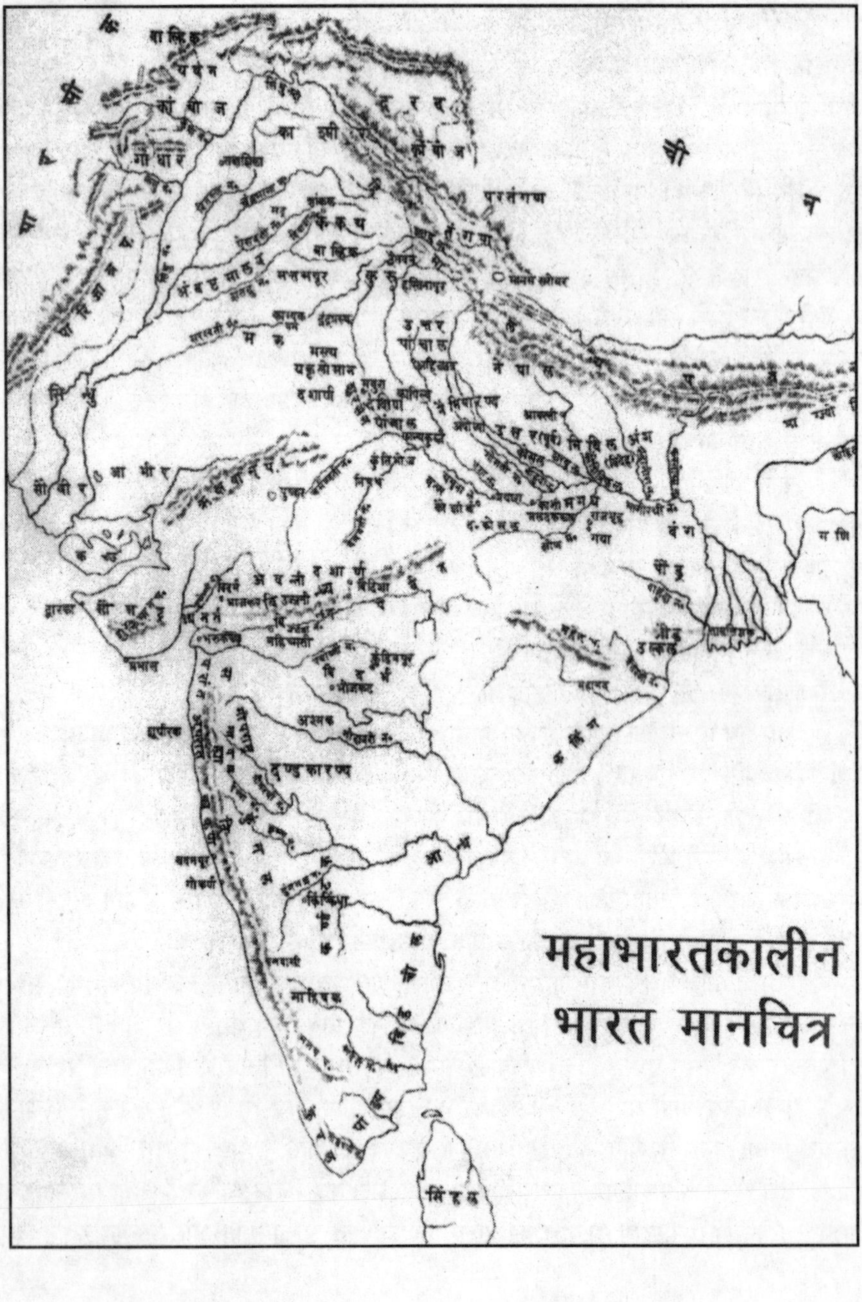

महाभारतकालीन भारत मानचित्र

स्वराष्ट्र के प्रेम व भक्ति अथवा हृदय की विशालता एवं सौजन्य के गुण काल-प्रवाह में होनेवाले संस्कारों से ही बनते हैं। कोई भी व्यक्ति केवल अपनी इच्छानुसार कुछ भी विशेष नहीं कर सकता। व्यक्ति तो प्रवाह की एक बूँद के समान है। पिछली जलराशि उसे आगे की ओर ढकेलती है और उसका आगे का मार्ग उसके पूर्ववर्ती प्रवाह द्वारा निर्धारित रहता है। समूचे समाज में जो संस्कार रूढ़ हैं, उनके सम्मुख व्यक्ति लाचार होता है। उसके अनुसार ही वह व्यवहार करता है। व्यक्ति का समाज में शरण है। इसी बात को कालगति, नियति अथवा दैव आदि शब्दों के कारण व्यक्त किया जाता है।

श्रीकृष्ण ने दुष्टों को सुधार का अवसर दिए जाने पर उन्हें समझाने-बुझाने का प्रयत्न करने तथा आत्मीयता की भावना से अपमान सहन करने पर भी इच्छित फल कुछ न निकला, क्योंकि मनुष्य तो संस्कारजन्य श्रद्धा के अनुसार ही आचरण करता है। एक बार अन्याय के मार्ग से भोग प्राप्ति का चस्का लग जाने पर फिर उसकी बुद्धि सन्मार्ग की ओर नहीं मुड़ पाती। ऐसी अवस्था में उस प्रकार के व्यक्तियों का संहार ही अनिवार्य हो जाता है। दुष्ट प्रवृत्तियों के नाश का एक ही उपाय है। वह यह कि उनकी जड़ें ही न जमने देना। अतः समाज के प्रत्येक व्यक्ति पर जन्म से ही राष्ट्रनिष्ठा के संस्कार डालने वाली योजना का निर्माण आवश्यक है। जीर्ण-शीर्ण भवन को गिराए बिना जिस प्रकार उस स्थान पर नवीन भवन का निर्माण नहीं किया जा सकता, उसी प्रकार विद्यमान दुष्टों का नाश किए बिना नवीन पीढ़ी के लोगों पर इष्ट संस्कारों का डाला जाना भी संभव नहीं हो सकता। इसीलिए आगे चलकर उक्त समाज के नेताओं की यह धारणा दृढ हुई कि तत्कालीन दुष्टों का नाश शीघ्रातिशीघ्र होना चाहिए। इस दृष्टि में वे लोग स्पष्टतया प्रयत्नशील भी दिखाई देते हैं।

मानव के शरीर से संबंधित यह सिद्धांत समाज-पुरुष के संबंध में भी उसी प्रकार लागू होता है। हम देखते हैं, उस समय समाज-पुरुष के शरीर पर शल्य क्रिया की जाने की बात काल प्रवाह के द्वारा ही सुनिश्चित हो चुकी थी। फिर उसे आखिर टाल ही कौन सकता था? लेकिन दुष्ट बुद्धिवाले लोगों को समाज से उठाया जाना ही अभीष्ट है। इसके बिना समाज का सुधार होना असंभव है। उत्थान के युग को आमंत्रित करने के निमित्त इतना बलिदान तो अत्यावश्यक ही है। भावी संहार दुःखजनक तो है, किंतु अपने कर्तव्य को पहचानते हुए तथा समाज के भावी कल्याण का ध्यान रखते हुए हम रणक्षेत्र में मृत्यु का सहर्ष आलिंगन करेंगे।

स्वकर्तव्य की पूर्ति ही परम धर्म है, किंतु इस व्रत का अहंकार व्यर्थ है कि मैं कुछ कर रहा हूँ। वास्तव में मैं केवल निमित्त मात्र हूँ। ऐसी अनासक्त वृत्ति के आचरण की शिक्षा श्रीकृष्ण ने उस समय गीता के द्वारा संसार को दी, जिस समय मोह के वशीभूत हो अर्जुन कर्तव्यच्युत होने जा रहा था। उस समय श्रीकृष्ण ने उसे बतलाया—अरे! संभ्रम को दूर हटा। तेरे सामने खड़े हुए इन योद्धाओं की मृत्यु सुनिश्चित है। उनकी मृत्यु के द्वारा ही समाज का कल्याण होनेवाला है। अतः कर्मफल की चिंता न करते हुए तू अपना काम यथाशीघ्र कर ले।

कुरुक्षेत्र में सुष्ट और दुष्ट, सभी भस्म हुए थे। सूखे के साथ गीले भी स्वाहा हुए। भीषण रक्तपात और शक्तिपात के कारण समाज का दुर्बल होना स्वाभाविक ही था और जो शौर्य-संपन्न लोग किसी-न-किसी कारणवश युद्ध से अलिप्त रहे थे, उन्हें युद्ध की समाप्ति के बाद सभी ओर

छाई हुई उदासीनता और निर्जनता अखर रही थी। इसीलिए उन्होंने भारत के बाह्य देशों में जाकर बसने का उपक्रम प्रारंभ किया। इन क्षत्रियों के बाहर जाने, विशेषकर भारतीय युद्ध में हुए क्षत्रिय संहार के कारण यहाँ का समाज सर्वथा निष्प्राण और निस्तेज बन गया। यह स्थिति सुदीर्घ काल तक सुनिश्चित रही।

उस काल में संपूर्ण देश बिखरी हुई अवस्था में था। यत्र-तत्र छोटे-मोटे राजागण राज्य कर रहे थे। कहीं-कहीं जनतंत्रीय राज्य भी निर्माण हुए थे। सामाजिक वातावरण में व्यापक राष्ट्रीय भावना का चैतन्य लुप्तप्राय ही था। व्यक्तिवाद तथा संकुचित स्थानीय व सांप्रदायिक अभियान का जोर था। मृत्यु के उपरांत सद्गति प्राप्त होने की भावना से की जानेवाली यज्ञादि विधियों का आडंबर सभी ओर जोर-शोर से फैल रहा था। जिसे देखिए, वही यज्ञ करता दिखाई देता था। मूल उद्देश्यों के विस्मरण एवं विपर्यास के कारण कालांतर से यज्ञ संस्था की किस प्रकार अवनति हुई होगी।

ऐसी विषम परिस्थिति में श्रीकृष्ण ने समाज के लिए, मानव जाति के लिए कीर्ति का बलिदान तक देकर संरक्षण किया और युधिष्ठिर का अभिषेक कर पुन: राष्ट्रीय एकात्मता के अभियान में प्राणपण से जुट गए। संपूर्ण भारत में एकच्छत्र सांस्कृतिक भारत का स्वरूप स्थापित किया, लेकिन जो आर्य राष्ट्र का नेतृत्व कर रहे थे, वे सब भ्रष्ट होकर राजसत्ता के दास बन गए और धर्ममूल्यों की रक्षा के बदले, हाथों में शस्त्र लेने के बदले, राजसत्ता के प्रसाद के लिए शस्त्र की शोभा बढ़ाते हुए दिखाई देने लगे।

श्रीकृष्ण ने पुन: राष्ट्रीय एकात्मता एवं धर्म-मूल्यों की खातिर पुन: सबका वध करना ही श्रेयस्कर समझा। अत: श्रीकृष्ण ने साध्य की पवित्रता का और अंतिम विजय पर लक्ष्य केंद्रित करने का मार्ग भावी भारत संतान को दिखाकर श्रीकृष्ण ने सत्ताधारी दुर्जनों, यहाँ तक कि अपने ही उच्छृंखल यदुवंशियों का दमन कर नवीन परंपरा का प्रादुर्भाव किया। सिंहासनों और राजसिंहासनों को धूल में मिला दिया एवं आसुरी राजमुकुटों को ठुकराकर धर्म नियंत्रित साम्राज्य की स्थापना की। उनके द्वारा निर्मित धर्म साम्राज्य की महत्ता इतनी थी कि वह अजर-अमर हुई। मानव जाति को शाश्वत कल्याण का मार्ग दिखानेवाले दृश्य के रूप में भगवान् श्रीकृष्ण का जो महत्त्व है, वह शाश्वत है। धर्म साम्राज्य के संस्थापक श्रीकृष्ण का ऐतिहासिक महत्त्व है। दुर्भाग्यवश इस सूर्य के अवसान के पश्चात् जिन आडंबरों ने महाभारत युद्ध के बाद उग्र रूप लिया, उन्हीं आडंबरों की सुलगती आग ने पुन: लपटों के रूप में अपना अस्तित्व बता दिया। संपूर्ण देश में फिर से यज्ञ बाह्य आडंबर आदि मनोरंजन के ही कार्यक्रमों के रूप में प्रबलता दिखाई देने लगी और कभी-कभी तो ये उत्सव संगठन-विघटन के कारणीभूत होने लगे। चारों तरफ भाग्य-भरोसे, अकर्मण्यता, पाखंड, मिथ्याचार का बोलबाला हो गया और एक बार फिर भारत को अवनति के रसातल में जाने के लिए बाध्य होना पड़ा। सभी जन अपने मूल कर्तव्यों को भुलाकर स्वार्थ साधना में लिप्त हो गए और मानव-जगत् का भाग्य राष्ट्र की अवनति के साथ सदा के लिए सो गया।

धर्मराज युधिष्ठिर

१. प्रस्तावना

धर्मराज युधिष्ठिर धर्म के अंश से उत्पन्न कुंती के धीर, वीर, गंभीर, यशस्वी पुत्र थे। पांडवों में सबसे बड़े युधिष्ठिर थे। वे अजातशत्रु, नीतिनिपुण एवं विनयशील थे। उनमें मानवीय करुणा थी। वे हस्तिनापुर के राजा बने, जहाँ ३६ वर्षों तक धर्मपूर्वक शासन किया। वे आदर्श सम्राट् थे। महाराज परीक्षित् को राज्य सौंपकर स्वर्ग चले गए। स्वर्ग के अधिपति इंद्र स्वयं उन्हें लेने पधारे थे।

२. युधिष्ठिर का आदर्श व्यक्तित्व एवं उनकी क्षमाशीलता

वनवासकाल में जब दुर्योधन पांडवों की दुर्दशा देखने के दृष्टिकोण से द्वैत वन में गया हुआ था, तब मार्ग में उसकी भेंट गंधर्वों से हो गई। किसी बात को लेकर दोनों की मुठभेड़ हो गई। दुर्योधन को बंदी बना लिया गया। युधिष्ठिर को जब यह ज्ञात हुआ, तो वे दुर्योधन को छुड़ाने के लिए अर्जुन और भीम से आग्रह करने लगे।

उन्होंने कहा कि भाइयों के बीच छोटे-मोटे मतभेद तो होते ही रहते हैं, इससे कुल के धर्म को नष्ट होने का खतरा उत्पन्न हो जाता है। कौरवों सहित हम १०५ भाई हैं। शत्रु के आक्रमण के समय हमें एक होना चाहिए। युधिष्ठिर कोमल प्रवृत्ति एवं क्षमाशीलता के साक्षात् उदाहरण थे। एक बार की बात है।

जब जयद्रथ ने द्रौपदी के अप्रतिम सौंदर्य से मोहित होकर उनके समक्ष विवाह का निर्लज्ज प्रस्ताव रखा, तो द्रौपदी ने इसे ठुकरा दिया था। तब जयद्रथ ने प्रलोभन तथा बल का प्रयोग कर द्रौपदी को वश में करना चाहा। उसने द्रौपदी को अपने रथ में बिठा लिया।

मार्ग में आश्रम की सेविका के माध्यम से यह समाचार जानकर भीम ने जयद्रथ के सिर के केश काट डाले। आहत, लज्जित, अपमानित जयद्रथ की दशा देखकर युधिष्ठिर को दया आ गई और उन्होंने उससे आगे ऐसी गलती न करने का वचन लेकर उसे बंधन-मुक्त कर दिया।

३. धर्मपालक युधिष्ठिर

युधिष्ठिर धर्म के सात्त्विक तेज के प्रभाव से युक्त ऐसे व्यक्ति थे, जिन्होंने धर्म को अपने जीवन में विशेष स्थान दे रखा था। उन्होंने अजगर योनि में पड़े राजा नहुष को अपने धर्मतत्त्व के दर्शन कराकर मुक्ति दिलाई।

जब उन्होंने शासन की बागडोर सँभाली तो भीष्म से धर्म संबंधी दीक्षा ली। युधिष्ठिर ने धर्म में हमेशा निष्ठा दिखलाई। नीति, धर्म व वचन पालन के लिए भाइयों, पत्नी सहित १२ वर्ष का वनवास और एक वर्ष का अज्ञातवास का दंड चुपचाप सहा।

४. यक्ष और युधिष्ठिर

एक बार पांडव हिरण का पीछा करते-करते एक वन में पहुँच गए। हिरण तो भाग गया, किंतु प्यास और थकान के मारे पांडव एक बरगद की छाया में बैठ गए। प्यास से व्याकुल युधिष्ठिर ने नकुल से कहा, 'नकुल! उस पेड़ पर चढ़कर देखो तो, कोई नदी या सरोवर है क्या?' भीम, अर्जुन, सहदेव सभी प्यासे थे।

नकुल ने एक सुंदर जलाशय देखा। युधिष्ठिर की आज्ञानुसार वह जलाशय की ओर चल दिया। उसने सोचा—मैं तो अंजुली से पानी पी लूँगा और तरकश में पानी भरकर ले जाऊँगा। नकुल ने पानी पीना ही चाहा था कि उसे एक आदेशात्मक आवाज सुनाई पड़ी, 'ठहरो! पहले मेरे प्रश्नों का उत्तर दो, फिर जल पीयो।'

नकुल ने उसकी परवाह न करते हुए पानी पी लिया। बस, थोड़ी ही देर बाद वह मूर्च्छित होकर गिर पड़ा। युधिष्ठिर ने एक-एक कर भीम, अर्जुन, सहदेव को भेजा। सभी का यही हाल हुआ। युधिष्ठिर किसी आशंका से भयभीत होकर वहाँ पहुँचे। देखा कि चारों भाई मृतप्राय पड़े हुए हैं। प्यास के मारे उनका दम निकला जा रहा था।

उन्होंने जैसे ही सरोवर का पानी पीना चाहा कि उन्हें भी वही आवाज सुनाई पड़ी, 'सावधान! तुम्हारे भाइयों ने मेरी अनुमति के बगैर पानी पी लिया। उनकी तरह तुम्हारा भी यही हाल होगा। तुम पहले मेरे प्रश्नों का उत्तर दो, तत्पश्चात् पानी पीना।' युधिष्ठिर यक्ष के प्रश्नों का उत्तर देने को तैयार थे। उन्हें यक्ष जानकर युधिष्ठिर ने उनके प्रश्नों का उत्तर देना प्रारंभ किया—

यक्ष : बताओ, सूर्य किसकी प्रेरणा से प्रतिदिन उदित होता है?

युधिष्ठिर : परमात्मा की।

यक्ष : महानता की प्राप्ति कैसे होती है?

युधिष्ठिर : तपस्या से।

यक्ष : मनुष्य का साथ अंत तक कौन देता है?

युधिष्ठिर : धर्म।

यक्ष : भूमि से अधिक भारी क्या है?

युधिष्ठिर : संतान गर्भ में धारण करने वाली माता।

यक्ष : आकाश से ऊँचा कौन है?

युधिष्ठिर : पिता।

यक्ष : वायु से तेज कौन है?

युधिष्ठिर : मन।

यक्ष : धर्म का सारतत्त्व क्या है?

युधिष्ठिर : कर्म-कौशल ही धर्म का सारतत्त्व है।

यक्ष : यश किससे प्राप्त होता है?

युधिष्ठिर : दान से।

यक्ष : स्वर्ग किससे प्राप्त होता है?

युधिष्ठिर : सत्य से।

यक्ष : सबसे उत्तम धन क्या है?
युधिष्ठिर : विद्या।
यक्ष : पृथ्वी पर सबसे बड़ा लाभ क्या है?
युधिष्ठिर : आरोग्य।
यक्ष : सबसे बड़ा धर्म क्या है?
युधिष्ठिर : दया।
यक्ष : मनुष्य मरे हुए के समान कब होता है?
युधिष्ठिर : दरिद्र होने पर।
यक्ष : राष्ट्र कब मरता है?
युधिष्ठिर : जब अराजकता छा जाती है।
यक्ष : किसे त्यागने पर मनुष्य सबका प्रिय हो जाता है?
युधिष्ठिर : अभिमान।
यक्ष : किसे त्यागने पर मनुष्य सुखी होता है?
युधिष्ठिर : लाभ।
यक्ष : सब धनों का स्वामी कौन है?
युधिष्ठिर : जो सुख-दु:ख, प्रिय-अप्रिय, भूत-भविष्य में एक-सा रहता है।
यक्ष : प्राण, मन, बुद्धि और यश के होते हुए भी कौन मरे हुए के समान है?
युधिष्ठिर : जो देवता, अतिथि, माता-पिता, सेवक और आत्मा का पालन नहीं करता।
यक्ष : विदेश जाने वाले का, घर पर रहने वाले का, रोगी का तथा मरने वाले का मित्र कौन है?
युधिष्ठिर : विदेश जाने वाले का सहयात्री, घर पर रहने वाले की स्त्री, रोगी का वैद्य, मरने वाले का मित्र दान होता है।
यक्ष : मनुष्यों का दुर्जय शत्रु कौन है?
युधिष्ठिर : क्रोध।
यक्ष : अनंत व्याधि क्या है?
युधिष्ठिर : लोभ।
यक्ष : असाधु किसे कहते हैं?
युधिष्ठिर : निर्दय पुरुष।
यक्ष : वास्तविक धैर्य क्या है?
युधिष्ठिर : इंद्रिय निग्रह।
यक्ष : वास्तविक स्नान क्या है?
युधिष्ठिर : मानसिक विकारों का त्याग।
यक्ष : वास्तविक दान क्या है?
युधिष्ठिर : प्राणियों की रक्षा।
यक्ष : किसे पंडित और किसे मूर्ख कहा जाए?

युधिष्ठिर : धर्मज्ञ को पंडित, नास्तिक को मूर्ख।

यक्ष : काम और मत्सर क्या है?

युधिष्ठिर : वासना ही काम है, हृदय का ताप मत्सर 'ईर्ष्या' है ।

यक्ष : संसार का सबसे बड़ा आश्चर्य क्या है?

युधिष्ठिर : प्रतिदिन कितने ही प्राणियों को मरते देखकर भी लोग अमर रहने की इच्छा रखते हैं।

यक्ष : तुम्हारे सभी उत्तरों से मैं संतुष्ट हूँ। अब तुम अपने किस भाई को जीवित करना चाहोगे?

युधिष्ठिर : नकुल को।

यक्ष : यह तुम क्या कह रहे हो? भीम और अर्जुन को क्यों नहीं?

युधिष्ठिर : महात्मन्! मेरे पिता की एक पत्नी कुंती का पुत्र मैं तो जीवित हूँ। अब माता माद्री का भी एक पुत्र जीवित रहे।

यक्ष : तुम्हारे इस पक्षपातरहित आचरण से मैं प्रसन्न हूँ। अतः मैं तुम्हारे चारों भाइयों को ही जीवित कर देता हूँ।

इस तरह युधिष्ठिर ने यक्ष-प्रश्नों का उत्तर देकर अपने सदाचरण का उदाहरण दिया था।

५. उपसंहार

इस तरह युधिष्ठिर ने राजपाट, पत्नी आदि के छीने जाने पर भी अपने भाइयों 'करवों' को क्षमा कर दिया था। श्रीकृष्ण के स्वलोक प्रयाण के बाद हिमालय पर्वत पर मार्ग के थके हुए द्रौपदी, सहदेव, नकुल, भीम, अर्जुन ने दम तोड़ दिया, तो उनके साथ चलने वाला कुत्ता ही बच गया था।

इंद्रदेव स्वयं रथ लेकर उन्हें स्वर्ग तक लेने पहुँचे, तो युधिष्ठिर ने कहा, 'यदि आप इस असहाय स्वामिभक्त कुत्ते को ठिठुरकर मरने के लिए यहीं छोड़ रहे हैं, तो मैं स्वर्ग नहीं जाऊँगा।' वह कुत्ता धर्मराज का एक रूप था, जो प्रकाश-पुंज के साथ स्वर्गलोक चला गया।

स्वर्ग के रास्ते चलते हुए युधिष्ठिर ने नारकीय यातना भोग रहे द्रौपदी, सहदेव, भीम, अर्जुन, नकुल को देखा और दुर्योधन आदि को स्वर्ग में देखा, तो चीत्कार कर उठे, बोले, 'मेरे निर्दोष भाई और पत्नी ने धर्म का साथ न छोड़कर भी नरक पाया है और कौरवों ने स्वर्ग, तो मैं स्वर्ग नहीं जाना चाहता।' युधिष्ठिर की यह अंतिम परीक्षा थी।

थोड़ी ही देर में उन्हें द्रौपदी, नकुल, भीम, अर्जुन, सहदेव स्वर्ग में नजर आए। महाभारत के सभी पात्रों में निःसन्देह युधिष्ठिर का चरित्र एवं व्यक्तित्व अत्यंत आदर्श एवं प्रेरक है, जो धीर, गंभीर, वीर, बुद्धिमान और सात्त्विकता के आदर्शों से युक्त है।

युधिष्ठिर पांडु का ज्येष्ठ पुत्र था। धर्मराज द्वारा कुंती के आह्वान पर बुलाए जाने पर उनके अंश से ही यह पैदा हुआ था, इसलिए धर्म और न्याय इसके चरित्र में कूट-कूटकर भरा था। इसी के कारण इसको धर्मराज युधिष्ठिर पुकारा जाता था। वह कभी असत्य नहीं बोलता था, तभी शत्रु पक्ष के लोग भी उनकी बात पर पूरा विश्वास करते थे। स्वार्थ के कारण किसी प्रकार अनुचित कार्य करना इनको नहीं सुहाता था।

वह धीरबुद्धि था। कभी उतावला होकर कोई कार्य नहीं करता था। भीम, अर्जुन तथा अन्य भाइयों को कभी-कभी गुस्सा आता था तो वे मर्यादा की सीमाओं को भी लाँघने को तैयार हो जाते थे, लेकिन युधिष्ठिर ने कभी सत्य के मार्ग को नहीं छोड़ा। अगर उसके चरित्र को अच्छी तरह देखा जाए तो वह व्यक्ति क्षत्रिय अवश्य था, लेकिन एक योद्धा क्षत्रिय न होकर दार्शनिक क्षत्रिय था। उसकी चेतना केवल क्षत्रिय की सीमाओं के अंदर ही सीमित नहीं थी, बल्कि वह प्राय: जीवन के विराट् सत्यों पर चिंतन किया करता था। छल-कपट उसे छू तक नहीं गया था। राजा होने पर भी कूटनीति से उसने कभी काम नहीं लिया। क्षमा सदा उसके व्यवहार में रही। बड़े-से-बड़े अपराधी को भी वह क्षमा कर देता था। गुरुदेव द्रोणाचार्य के पुत्र अश्वत्थामा ने प्रतिहिंसा की आग में जलकर द्रौपदी के पाँचों पुत्रों को सोती अवस्था में मार दिया था। इससे बड़ा अपराध और क्या हो सकता था। एक तो पुत्रों की हत्या, वंश नाश करने की कुचेष्टा और इस तरह अन्याय से, लेकिन युधिष्ठिर ने उस आततायी अश्वत्थामा को भी क्षमा कर दिया। उस समय अश्वत्थामा का वध करने के लिए तुले हुए पांडव उसके सामने कुछ नहीं बोल पाए थे। उसकी आत्मिक शक्ति इतनी अधिक थी कि एक बार तो कितने भी क्रोधी स्वभाव का व्यक्ति उसके सामने सिर झुका देता था।

स्वभाव से वह सहनशील था। दूसरों की क्षुद्रता पर रोष करना उसे नहीं आता था। कौरवों ने क्या-क्या कुचक्र नहीं रचे। उन्होंने अपने ही भाई पांडवों को वारणावत भेज दिया और वहाँ लाक्षागृह में ठहराया। वहाँ से उनको सुरंग बनाकर भागना पड़ा और इस तरह दुर्योधन का वह षड्यंत्र निष्फल चला गया, लेकिन युधिष्ठिर को इस पर भी क्रोध नहीं आया। उसने कभी भी अपने मुँह से यह बात नहीं कही कि दुर्योधन को नष्ट कर देना चाहिए। देखा जाए तो वह पूरी तरह निष्काम कर्मयोगी था। इस भौतिक संसार के सुख और दुख उसको अधिक विचलित नहीं करते थे। बच्चों के समान सरल उसकी प्रकृति थी। दूसरों के बनाए षड्यंत्रों को वह नहीं जान पाता था। इसका कारण यही था कि उसकी दृष्टि निरंतर जीवन की सुंदरता पर रहती थी। जीवन का पक्ष वह अच्छी तरह नहीं जानता था। भाई और मित्र पर पूरी तरह विश्वास करता था। एक सफल कूटनीतिज्ञ की तरह संदेह करना उसे नहीं आता था, तभी उसने दुर्योधन का जुआ खेलने का प्रस्ताव सहर्ष स्वीकार कर लिया। राजसूय यज्ञ के पश्चात् उसके वैभव को देखकर वृद्ध धृतराष्ट्र के मन में ईर्ष्या जाग उठी थी। उधर दुर्योधन भी अंदर-ही-अंदर इस सारे वैभव से जल रहा था। उन्होंने ही जुए के रूप में युधिष्ठिर का सबकुछ छीनने का षड्यंत्र रचा था। उसी के लिए शकुनि तैयार किया गया था, जिसने प्रारंभ से अंत तक छल किया और अंत में युधिष्ठिर को हरा दिया। उस समय युधिष्ठिर धृतराष्ट्र और दुर्योधन के मन के भाव नहीं जान पाया था। उसकी तो उनके प्रति पहले जैसी ही श्रद्धा थी। जुए में वह सबकुछ हार गया। यहाँ तक कि अपनी प्रिय पत्नी द्रौपदी और अपने प्यारे भाइयों को भी उसने दाँव पर लगा दिया। उनको भी वह हार गया। उसकी सरलता के कारण ही उसकी यह पराजय हुई थी। उसके बाद जब द्रौपदी का भरी सभा में अपमान किया गया तो वह कुछ भी नहीं बोला। इसका कारण उसकी न्याय-प्रवृत्ति थी। द्रौपदी दाँव पर लगाने के कारण कौरवों की दासी हो गई थी, इसलिए दासी के साथ वे किसी प्रकार का व्यवहार कर सकते थे। यही उस समय समाज की मर्यादा थी। इसके विरुद्ध युधिष्ठिर भला

कैसे जाता? इससे यह स्पष्ट होता है कि सत्य और मर्यादा के पीछे वह धर्मात्मा अपने परिजनों को कितने भी कष्ट में देख सकता था।

बारह वर्ष तक वनवास और एक वर्ष के अज्ञातवास का दुःख उसकी इस भूल के कारण सभी को सहना पड़ा था, लेकिन फिर भी उनके मन में इसके प्रति खेद नहीं था, बल्कि एक प्रकार का संतोष और सुख था कि वह अपने धर्म का पालन कर रहा है और उसने वनवास एवं अज्ञातवास की वह अवधि पूरी की। उस बीच कभी यह विचार उसके मन में नहीं आया कि कौरवों ने यह कुचक्र रचकर ही हमें वनवास दिया है। फिर इसको स्वीकार करके क्यों कष्ट भोगा जाए? वह सत्यवादी था। एक बार वचन देकर लौटना तो जानता ही नहीं था। वनवास के समय अन्य भाई कभी-कभी विक्षुब्ध हो उठते थे और कहते थे कि कौरवों के इस अन्याय को स्वीकार करना भी कौन सा धर्म है? उधर द्रौपदी भी निरंतर कौरवों के इस कुचक्र का बदला लेने के लिए युधिष्ठिर को उकसाया करती, लेकिन वह धीर बुद्धि कभी भावावेश में आकर अनुचित पथ का अनुसरण नहीं करता था, वह द्रौपदी को समझाया करता था कि मनुष्य का सबसे बड़ा सुख तो उसके जीवन का सत्य है। यदि वह उसने छोड़ दिया तो धन-धान्य तथा अन्य राजसी ऐश्वर्य उसकी आत्मा को कभी संतोष नहीं पहुँचा सकते। असंतोष और तृष्णा ही तो जीवन में दुःख के हेतु हैं, इन्हीं को जीतना जीवन की सबसे बड़ी विजय है। इस दृष्टि से युधिष्ठिर विजयी थे। उसका चेहरा सदा प्रशांत भाव से देदीप्यमान रहता था। उसके इसी गुण के कारण ही सभी उसकी आज्ञा मानते थे। उसने अपने चरित्र से पूरी तरह सिद्ध कर दिया था कि महात्मा ही इस संसार में पूज्य हैं, बाकी अन्य बड़े-से-बड़े सम्राट् भी अपने कार्यों के द्वारा घृणा के पात्र हो जाते हैं। महात्मा ही अमर होता है, अन्य सभी को काल निगल जाता है और शीघ्र ही उनकी स्मृति मिट जाती है। देखा जाए तो महाभारत का प्रमुख पात्र युधिष्ठिर ही है। जो अपने युग की सीमाओं के भीतर रहकर भी जीवन के विराट् सत्यों की ओर पूरी तरह सजग रहता है। अन्य कोई पात्र इस गौरव को नहीं पहुँचता। एक वही था, जिसने कुत्ते को भी स्वर्ग का अधिकारी बनवाया था। समाजगत भेदभावों को वह छोटी परिधि के सत्य मानता था, तभी तो उसने उस स्वर्ग में जाने से इनकार कर दिया था, जहाँ उसकी-सी ही आत्मा रखने वाले कुत्ते को प्रविष्ट करने का अधिकार न हो। क्या युधिष्ठिर के अलावा और व्यक्ति उस समय के समाज में यह बात कह सकता था?

वह जीवन के स्वार्थों के प्रति प्रायः उदासीन रहा करता था। महाभारत युद्ध के समय कभी उसने अपनी विजय के लिए उत्सुकता नहीं दिखाई। यहाँ तक कि जब कृष्ण ने द्रोणाचार्य के वध के लिए उससे यह कहलवाना चाहा कि अश्वत्थामा मर गया तो उसने यह झूठ बोलने से साफ इनकार कर दिया और फिर कृष्ण के बहुत कहने पर भी स्पष्ट रूप से यह नहीं कहा कि 'द्रोणाचार्य का पुत्र अश्वत्थामा मर गया, बल्कि यह पता नहीं कि अश्वत्थामा नाम का मनुष्य मरा या उस नाम का हाथी,' इस तरह कहकर उसने अपने राज्यधर्म का पालन किया, लेकिन फिर भी वह झूठ तो था ही, क्योंकि पूरी तरह जानते हुए भी कि अश्वत्थामा हाथी ही मरा है, उसने यह संशयात्मक वाक्य कहा था, इसलिए कुछ क्षणों तक उसको नरक की यात्रा करनी पड़ी। बस इसी स्थल पर हम उसकी थोड़ी सी शिथिलता पाते हैं, नहीं तो वह अपने जीवन के आदर्शों पर एक चट्टान की तरह दृढ़ था।

क्षमा उसके जीवन का आदर्श था। बिना शत्रु-मित्र का विचार करके वह सभी को क्षमा कर दिया करता था। जिस समय गंधर्वराज चित्रसेन दुर्योधन आदि को बाँध लाया था, तब युधिष्ठिर ने प्रार्थना करके उनको छुड़वा दिया था। गंधर्वराज ने बार-बार कहा था कि उसने दुष्ट दुर्योधन को पांडवों के हित के लिए ही बंदी बनाया है, लेकिन क्षमाशील और उदार प्रवृत्ति वाला युधिष्ठिर वनवास का यह कष्ट पाते हुए भी दुर्योधन के प्रति भ्रातृत्व का भाव रखता था और उसने चित्रसेन से प्रार्थना करके दुर्योधन को मुक्त करवा दिया।

इसी प्रकार जब एकचक्रा नगरी से पांडव आ रहे थे तो रास्ते में अंगारपूर्ण गंधर्वराज से अर्जुन की मुठभेड़ हो गई। युद्ध की तैयारी हो गई, लेकिन युधिष्ठिर ने ही अंगारपूर्ण को क्षमा कर दिया और अर्जुन को आज्ञा दी कि गंधर्वराज को किसी प्रकार की हानि नहीं पहुँचाए। इस प्रकार युधिष्ठिर के कहने से ही वह झगड़ा थम गया। युधिष्ठिर को क्रोध प्रायः बहुत कम आता था। जिस समय पांडव राजा विराट के यहाँ रहकर अपने अज्ञातवास का समय काट रहे थे, उसी समय विराट के ऊपर दो आक्रमण हुए। पहले तो उनके गोधन को लेने के लिए सुशर्मा ने उनके ऊपर आक्रमण किया, दूसरी ओर दुष्ट कौरवों ने आकर आक्रमण कर दिया। राजा विराट तो सुशर्मा से लड़ने चले गए। कौरवों से युद्ध करने के लिए राजकुमार उत्तर बृहन्नला नामधारी अर्जुन को अपना सारथी बनाकर ले गया, लेकिन दुर्योधन की विशाल सेना देखकर उत्तर युद्ध से भागने लगा तो अर्जुन ने उसे रोककर स्वयं धनुष लेकर कौरवों से युद्ध किया और उनको पराजित कर दिया, लेकिन नगर में लौटने पर यही घोषित किया कि राजकुमार उत्तर ने यह विजय प्राप्त की है। राजा विराट सभा में बैठे हुए अपने पुत्र की प्रशंसा कर रहे थे, उस समय कंक नामधारी युधिष्ठिर ने कहा, 'महाराज! दुर्योधन आदि योद्धाओं को जीतना उत्तर के लिए कभी संभव नहीं है। उत्तर व्यर्थ अपनी प्रशंसा करते हैं। बृहन्नला ही उनको पराजित कर सकता है।'

यह सुनकर विराट् ने अपने हाथ के पाँसों को खींचकर युधिष्ठिर के मुँह पर मारा, जिससे उसके मुँह से खून बहने लगा, लेकिन उस समय भी वह धीरबुद्धि क्रुद्ध नहीं हुआ। उसके स्थान पर यदि और कोई होता तो राजा विराट के इस व्यवहार को नहीं सह पाता, लेकिन युधिष्ठिर कुछ नहीं बोला। उसकी इस महानता के कारण ही बाद में यह पता लगने पर ही कि अन्य नामधारी सभी पांडव भी यहाँ ठहरे हुए हैं, राजा विराट् को अपने व्यवहार पर बड़ा दुःख हुआ और उसने युधिष्ठिर से अपने धृष्टतापूर्ण व्यवहार के लिए क्षमा माँगी। वह बड़ा ही विनयशील था। बड़ों का सदा उचित सम्मान करता था। महाभारत युद्ध छिड़ने के पहले वह रथ से उतरकर पैदल ही भीष्म आदि गुरुजनों की वंदना करने गया था। उस समय भीष्म पितामह, गुरु द्रोणाचार्य, कृपाचार्य और मद्रराज शल्य ने सच्चे हृदय से उसको आशीर्वाद दिया था। उसके इस शील-स्वभाव के कारण शत्रु-पक्ष के महारथी सदा उसकी प्रशंसा करते रहे।

युधिष्ठिर धर्म और समाज नीति को अच्छी तरह जानता था और सदा इस विषय पर चिंतन किया करता था। वनवास के समय एक बार भीमसेन एक विशाल अजगर के चंगुल में फँस गया। जब काफी देर तक वह नहीं लौटा तो युधिष्ठिर उसको खोजने निकला। वहाँ अजगर के चंगुल में अपने भाई को पाकर उसने अजगर से भीम को छोड़ देने की प्रार्थना की। अजगर ने कहा कि यदि तुम मेरे प्रश्नों का ठीक-ठीक उत्तर दोगे तो मैं तुम्हारे भाई को छोड़ दूँगा। युधिष्ठिर

ने यह शर्त स्वीकार कर ली, इसके पश्चात् अजगर ने धर्म और समाजनीति पर प्रश्न पूछना शुरू किया। युधिष्ठिर ने प्रत्येक प्रश्न का समुचित उत्तर दिया। इससे प्रसन्न होकर अजगर से भीमसेन को छोड़ दिया।

वनवास के समय एक बार मार्कंडेय मुनि से भी युधिष्ठिर की भेंट हुई थी और उन्होंने अनेक बहुमूल्य उपदेश उसको दिए थे। महाभारत युद्ध में अपने पक्ष की विजय हो जाने के पश्चात् भी युधिष्ठिर को कोई हर्ष नहीं हुआ था। स्वजनों के इस महाविनाश के कारण उसका हृदय अत्यंत दुःखी हुआ था और तभी उसने समाज की मर्यादा के विरुद्ध यह व्यवहार किया था कि क्षत्रिय का ऐसा क्रूर कर्म क्यों है? क्या धर्म की यह मर्यादा शाश्वत है? और तभी उसकी आत्मा बोल उठी—धर्म की गति विचित्र है।

सभी ने पांडवों की विजय पर खुशी मनाई थी, लेकिन वह बार-बार पूछता रहा था कि आखिर इस विजय का तात्पर्य क्या है? यह विजय किसकी है? क्या यह मानव के सत्य की विजय है? तो फिर इसमें हृदय को इतनी पीड़ा और दुःख क्यों है? इस प्रकार के विचार निरंतर उसके मस्तिष्क में उठते रहे और दिन-प्रतिदिन अपने स्वजनों की याद करके वह अधीर रहने लगा। कुरुक्षेत्र में भाइयों और पूज्यवरों का बहा हुआ रक्त उसकी दृष्टि के सामने आने लगा। जो व्याकुलता अर्जुन को युद्ध के आरंभ में हुई थी, वह उसको अंत तक रही और अंत में तो काफी बढ़ गई थी। तभी श्रीकृष्ण उसे भीष्म पितामह के पास ले गए थे। वे कृष्ण, जिन्होंने गीता का उपदेश देकर अर्जुन को शांत किया था, युधिष्ठिर को नहीं समझा पाए, अपने धर्म युग का उपदेश वे उसको नहीं दे पाए।

उन्होंने जाकर शर-शय्या पर पड़े भीष्म पितामह से कहा, 'जाति की हत्या करने के पाप से दुःखी युधिष्ठिर बहुत ही व्याकुल हो रहे हैं। धर्मयुक्त उपदेश देकर उनके शोक को दूर करिए। इसीलिए मैं इनको आपके पास लाया हूँ।'

पितामह ने राजधर्म, आप धर्म और मोक्ष के उपदेश युधिष्ठिर को दिए और अनेक तरह से उसको समझाया, लेकिन फिर भी उसके हृदय का संताप पूरी तरह नहीं मिटा। तभी तो जिस समय अंत में स्वर्गीय स्वजनों को पानी देने के लिए खड़े युधिष्ठिर के सामने कुंती ने यह भेद खोला था कि कर्ण उसी का अग्रज है तो उसने क्रुद्ध होकर अपनी माता को ही शाप दे दिया था कि स्त्री के पेट में आज से कभी कोई बात अधिक देर तक नहीं टिकेगी। यदि उसको पहले ही यह पता होता तो वह कर्ण को अग्रज मानकर उसकी आज्ञा में चलता और इस महाविनाश के पाप का बोध उसके सिर पर नहीं चढ़ता। अंत तक उसके हृदय को यही बात कष्ट देती रही कि सबसे बड़ा भाई होने नाते वही उस महाभारत के भीषण संग्राम के लिए उत्तरदायी है।

युद्ध समाप्त होते ही द्रौपदी के पाँचों पुत्र मारे गए। उधर अभिमन्यु पहले ही मारा जा चुका था। फिर कृष्ण के कुल में भी फूट पड़ गई थी और वहाँ भी सर्वनाश हो गया था। स्वयं श्रीकृष्ण को उपेक्षित की भाँति अपने प्राण त्यागने पड़े थे। उस समय उनका दाह-संस्कार करने तक के लिए उनका कोई स्वजन उपस्थित नहीं था। इन सभी कारणों से युधिष्ठिर जीवन के प्रति उदासीन हो उठा। यद्यपि महाभारत के बाद कुछ वर्ष तक वह राज्य करता रहा, लेकिन कभी भी उसका चित्त प्रसन्न नहीं रहा। अनेक प्रकार के भयानक प्रश्न उसके मस्तिष्क में उठते थे और

उसकी चेतना को झकझोरकर रख देते थे। अंत में वह जीवन से इतना ऊब गया था कि इसमें किसी प्रकार का सौंदर्य और सुख उसे दिखता ही नहीं था। जीवित रहने का लगाव उसके हृदय से मिट गया था, तभी अपने पोते परीक्षित् को राज्य देकर वह अपनी पत्नी द्रौपदी और चारों भाइयों के साथ हिमालय की ओर चल दिया और वहीं उसके भाई और द्रौपदी बर्फ में गलकर मर गए थे और वह सदेह स्वर्ग गया। इंद्र और स्वयं धर्मराज उसको लेने आए थे। यह उसके पुण्य का प्रभाव ही था। पहले-पहले उसे नरक में होकर गुजरना पड़ा था। वहाँ सहसा उसे अपने भाइयों तथा द्रौपदी की चीत्कार सुनाई दी। इससे वह व्यथित हो उठा और इंद्र से वह पूछने लगा, 'क्या कारण है कि मेरे भाइयों को और द्रौपदी को नरक की दारुण यातना भोगनी पड़ रही है?'

इंद्र ने कहा, 'हे धर्मराज! मनुष्य को अपने कर्मों का फल भोगना पड़ता है। तुम्हारे भाइयों और द्रौपदी के थोड़े पापकर्म हैं, उन्हीं के कारण इनको ये यातनाएँ सहनी पड़ रही हैं, लेकिन शीघ्र ही इनकी मुक्ति होगी और फिर सदा ये पुण्यों के फलस्वरूप स्वर्ग का आनंद भोगेंगे।'

इसके पश्चात् युधिष्ठिर स्वर्ग में पहुँचा तो वहाँ उसको दुर्योधन, कर्ण आदि सभी मिले। उन्हें देखकर उसको भी विस्मय होने लगा और फिर धर्मराज के न्याय पर क्रोध भी आने लगा, लेकिन इंद्र ने कहा, 'युधिष्ठिर! इन्होंने युद्ध करके वीरगति प्राप्त की है। इसी का पुण्य फल ये स्वर्ग में भोग रहे हैं, लेकिन इसके समाप्त हो जाने के पश्चात् अपने अनेक पापों का परिणाम ये नरक में भोगेंगे। शीघ्र ही इनका पतन होगा।'

कुछ ही देर के पश्चात् युधिष्ठिर ने देखा कि कौरवों का पतन होने लगा। वे चीत्कार करते हुए स्वर्ग से नरक की आग में गिरने लगे और नरक में से अर्जुन, भीम, नकुल, सहदेव, द्रौपदी के साथ स्वर्ग में आ गए। उनसे मिलकर युधिष्ठिर को अत्यधिक प्रसन्नता हुई। इसके पश्चात् वे सभी अपने पुण्यों का फल भोगने लगे।

युधिष्ठिर के चरित्र को पूरी तरह देखने से यह मालूम होता है कि वह सद्गुणों की खान था। वह एक विचारक था, जो निरपेक्ष दृष्टि से मानवतागत मूल्यों पर विचार किया करता था और फिर अपने हृदय की बात को कहने का साहस रखता था। कभी स्वार्थ के लिए सत्य पर परदा डालने की उसने चेष्टा नहीं की। अपना दयालु स्वभाव होते हुए भी वह रणभीरू कभी नहीं था। जब कभी युद्धस्थल में उतरता था तो पूर्ण साहस के साथ युद्ध करता। मद्रराज शल्य उसी के हाथ से मारा गया था। कर्ण से भी उसने युद्ध किया था, लेकिन घायल होने के कारण आगे उससे युद्ध नहीं कर पाया था। अर्जुन ने कर्ण से टक्कर ली थी और जब अर्जुन पूरे दिन लड़कर भी कर्ण को परास्त नहीं कर पाया था तो युधिष्ठिर ने उसको बुरी तरह फटकारा था। उसने उसके गांडीव धनुष तक को ललकारा था। इस पर अर्जुन ने क्रुद्ध होकर अपने अग्रज का वध करने की ठान ली थी, लेकिन कृष्ण ने बीच-बचाव कर दिया। फिर अर्जुन ने युधिष्ठिर से अपनी धृष्टता के लिए क्षमा माँगी थी।

युधिष्ठिर के जीवन में यही एक घटना है, जहाँ उसने अपना धैर्य तोड़ दिया था, नहीं तो सदा धैर्य रखा। आशा ही उसके जीवन को सुखमय बनाती रहती थी। वह आशावादी था। बड़ी से बड़ी आपत्ति आने पर भी वह घबराता नहीं था और उनके बीच भी भविष्य में सुखी जीवन की आशा करता था।

मार-काट और युद्ध से वह सदा घृणा करता था, तभी उसने क्षत्रिय के इस क्रूर कर्म की कुछ आलोचना की थी। महाभारत के युद्ध को टालने की उसने हर बार कोशिश की, लेकिन दुर्योधन की दुष्टता के आगे उसकी कोशिश बेकार हो गई। उसने वनवास तक स्वीकार कर लिया और फिर कौरवों से अपना हिस्सा प्राप्त करने तक की आशा की, लेकिन वह भी उसे नहीं मिला। तब अंत में विवश होकर उसे युद्ध करना पड़ा। स्वाभिमानी वह पूरा था, वह कभी दबना नहीं जानता था। दबता तो वह सत्य से था। व्यक्ति की सत्ता का उसके सामने अधिक मूल्य नहीं था। द्रौपदी के अपमानित होने के समय वह सिर्फ मर्यादा और अपने दिए हुए वचन के कारण ही चुप बैठा रहा था, किसी प्रकार के भय के कारण नहीं। माता का भी वह अनन्य सेवक था। पुत्रहीन गांधारी की उसने ऐसी सेवा की थी कि स्वयं दुर्योधन भी अपने जीवन-काल में ऐसी सेवा नहीं कर पाया। धृतराष्ट्र भी उसकी सेवा से प्रसन्न हो गए थे। उसने अपने जीवन के आदर्शों पर चलकर ही तो गंधारी और धृतराष्ट्र का असीम प्रेम प्राप्त किया था। शत्रु वर्ग से भी ऐसा प्रेम प्राप्त कर लेना महापुरुषों के लिए ही संभव है। इस दृष्टि से देखा जाए तो वह राग और द्वेष से परे था। गीता के अनुसार देखा जाए तो वह निष्फल कर्मयोगी था। उसकी समान दृष्टि थी। भेदभाव करना वह नहीं जानता था। राजनीति के मामलों में इतना नादान था कि कभी-कभी तो बिना सोचे-समझे ही बात मुँह से निकाल जाता था। इसी प्रकार जब कौरव पक्ष का अंतिम योद्धा दुर्योधन बच रहा और वह जाकर द्वैपायन सरोवर में जा छिपा तो सभी पांडव उसे खोजते हुए वहीं जा पहुँचे। उस समय सभी ने दुर्योधन को ललकारा, जिससे आवेश में आकर वह बाहर निकल आया। उस समय दुर्योधन ने उससे कहा, 'युधिष्ठिर! अब सबकुछ विनष्ट हो चुका है। मेरी ओर से सभी पराक्रमी योद्धा मारे जा चुके हैं, अब मुझे इस राज्य की आकांक्षा नहीं है। इसे तुम्हीं ले लो।'

इस पर युधिष्ठिर बोला, 'दुर्योधन! यदि तुम इसी डर से इस सरोवर में छिप गए हो तो सुनो—अकेले पर हम सभी आक्रमण करेंगे, हम पाँचों भाइयों में से जिस एक से तुम युद्ध करना चाहो, उसी से युद्ध कर लो। जो जीत जाएगा, वही राज्य का अधिकारी होगा।'

उसकी यह बात सुनकर सभी एक साथ सकते में आ गए। कृष्ण तो सोचने लगे कि युधिष्ठिर ने सारा बना-बनाया खेल ही बिगाड़ दिया, क्योंकि उस समय यदि दुर्योधन नकुल, सहदेव या उस युधिष्ठिर से ही गदा युद्ध करने की इच्छा प्रकट करता तो उनमें से कोई भी उसे पराजित नहीं कर सकता था। यहाँ तक कि यदि भीमसेन भी कृष्ण का इशारा न समझकर वैसे ही लड़ता रहता तो दुर्योधन उसे धराशायी कर देता। कृष्ण ही वह सफल राजनीतिज्ञ थे, जिन्होंने सदा पांडवों की भूलों को सुधारा और उनको ठीक सलाह देकर परिस्थित को अपने वश में किया। महाभारत में पांडवों की विजय का सारा श्रेय श्रीकृष्ण को ही है। यदि वे नहीं होते तो पांडव कभी भी विजयी नहीं होते।

युधिष्ठिर तो पल-पल में संशय में पड़ जाता था। एक तरफ तो महाभारत का युद्ध हो रहा था और दूसरी ओर उसकी आत्मा में एक प्रकार का भीषण संघर्ष चल रहा था। इसी निरंतर चलते संघर्ष के कारण वह कभी एक क्षत्रिय की तरह क्रूर नहीं हुआ। उसने कभी अपने आपको अन्य क्षत्रिय धर्म की सीमाओं में नहीं मिटाया, बल्कि वह तो सत्य को खोजने वाला दार्शनिक था। दुर्योधन के प्रति एक बार भीम इतना क्रूर हो गया था कि उसकी जाँघ तोड़ने के बाद वह

उसके सिर को लात मारने के लिए भी उद्यत हो गया, लेकिन युधिष्ठिर ने भीम को रोक लिया। उसके हृदय में दुर्योधन के प्रति किसी प्रकार की घृणा नहीं थी। घृणा उसे मनुष्य से नहीं थी, बल्कि मनुष्य के विकारों से थी। क्षत्रिय होकर भी जीवन की समस्याओं के ऊपर निरंतर चिंतन करने वाला इतिहास में यह पहला ही दार्शनिक मिलता है, जिसकी चेतना ने मर्यादा की संकीर्णता को स्वीकार नहीं किया था। अंत में महाभारत के इस महान् द्रष्टा का जीवन संसार को यह पाठ देकर समाप्त हो गया कि धर्म की गति विचित्र है। मनुष्य जिन मर्यादाओं को सत्य और शाश्वत मानता है, वे शाश्वत नहीं हैं। चेतना का प्रवाह पहले रहता है और उन मूल्यों में निरंतर परिवर्तन आता रहता है।

महाभारत का अंत एक तीव्र विषमता और दुःख में हुआ, उसी प्रकार इसका जीवन भी दुःख को इस संसार में सत्य घोषित करके समाप्त हुआ। वह प्रमाणित कर गया कि मनुष्य के सुख और वैभव से भी ऊँचा मनुष्य के जीवन का सत्य है और उसी के साक्षात्कार से जीवन में सच्चा संतोष मिलता है, उसी से परलोक में स्वर्ग का सुख मिलता है।

अंत में यही कहना उचित होगा कि युधिष्ठिर महाभारत का सबसे महान् और उदात्त पात्र है, जिसके चरित्र के द्वारा ही महाभारत का दार्शनिक पक्ष स्पष्ट होता है।

सम्राट् परीक्षित

उत्तरा के गर्भ में जब वह बालक ब्रह्मास्त्र के तेज से दग्ध होने लगा, तब भगवान् श्रीकृष्णचंद्र ने सूक्ष्म रूप से उत्तरा के गर्भ में प्रवेश किया। उनका वह ज्योतिर्मय सूक्ष्म शरीर अँगूठे के आकार का था। अत्यंत सुंदर श्याम शरीर तेजोमय, पीतांबर धारण किए हुए, सवर्णमुकुट से प्रकाशमान हो रहा था। वे चारों भुजाओं में शंख, चक्र, गदा, पद्म धारण किए हुए थे। कानों में कुंडल तथा आँखें रक्तवर्ण थीं। हाथ में जलती हुई गदा लेकर उसे गर्भ स्थित बालक के चारों ओर घुमाते थे। जिस प्रकार सूर्यदेव अंधकार को हटा देते हैं, उसी प्रकार वह गदा अश्वत्थामा के छोड़े हुए ब्रह्मास्त्र की अग्नि को शांत करती थी। गर्भ स्थित वह बालक उस ज्योतिर्मय शक्ति को अपने चारों ओर घूमते हुए देखता था। वह सोचने लगता कि यह कौन है और कहाँ से आया है?

जन्म

उस समय पांडव लोग एक महान् यज्ञ की दीक्षा के निमित्त राजा मरुत का धन लेने के लिए उत्तर दिशा में गए हुए थे। उसी बीच उनकी अनुपस्थिति तथा भगवान् श्रीकृष्णचंद्र की उपस्थिति में दस मास पश्चात् उस बालक का जन्म हुआ। परंतु बालक गर्भ से बाहर निकलते ही मृतवत्

हो गया। बालक को मरा हुआ देखकर रनिवास में रुदन आरंभ हो गया। शोक का समुद्र उमड़ पड़ा। कुरुवंश को पिंडदान करने वाला केवल एक मात्र यही बालक उत्पन्न हुआ था, सो वह भी न रहा। कुंती, द्रौपदी, सुभद्रा आदि सभी महान् शोकसागर में डूबकर आँसू बहाने लगीं। उत्तरा के गर्भ से मृत बालक के जन्म का समाचार सुनकर भगवान् श्रीकृष्णचंद्र तुरंत सात्यकि को साथ लेकर अंत:पुर में पहुँचे। वहाँ रनिवास में करुण क्रंदन को सुनकर उनका हृदय भर आया। इतना करुण क्रंदन युद्ध में मरे हुए पुत्रों के लिए कभी सुभद्रा और द्रौपदी ने नहीं किया था, जितना उस नवजात शिशु की मृत्यु पर कर रही थीं। भगवान् श्रीकृष्णचंद्र को देखते ही वे उनके चरणों पर गिर पड़ीं और विलाप करते हुए बोलीं, 'हे जनार्दन! तुमने यह प्रतिज्ञा की थी कि यह बालक इस ब्रह्मास्त्र से मृत्यु को प्राप्त न होगा तथा साठ वर्ष तक जीवित रहकर धर्म का राज्य करेगा। किंतु यह बालक तो मृतावस्था में पड़ा हुआ है। यह तुम्हारे पौत्र अभिमन्यु का बालक है। हे अरिसूदन! इस बालक को अपनी अमृत भरी दृष्टि से जीवन दान दो।'

श्रीकृष्ण द्वारा जीवनदान

भगवान् श्रीकृष्णचंद्र सबको सांत्वना देकर तत्काल प्रसूतिगृह में गए और वहाँ के प्रबंध का अवलोकन किया। चारों ओर जल के घट रखे थे, अग्नि भी जल रही थी, घी की आहुति दी जा रही थी, श्वेत पुष्प एवं सरसों बिखरे थे और चमकते हुए अस्त्र भी रखे हुए थे। इस विधि से यज्ञ, राक्षस एवं अन्य व्याधियों से प्रसूतिगृह को सुरक्षित रखा गया था। उत्तरा पुत्रशोक के कारण मूर्च्छित हो गई थी। उसी समय द्रौपदी आदि रानियाँ वहाँ आकर कहने लगीं, 'हे कल्याणी! तुम्हारे सामने जगत् के जीवनदाता साक्षात् भगवान् श्रीकृष्णचंद्र तुम्हारे श्वसुर खड़े हैं। चेतन हो जाओ।' भगवान् श्रीकृष्णचंद्र ने कहा, 'बेटी! शोक न करो। तुम्हारा यह पुत्र अभी जीवित होता है। मैंने जीवन में कभी झूठ नहीं बोला है। सबके सामने मैंने प्रतिज्ञा की है, वह अवश्य पूर्ण होगी। मैंने तुम्हारे इस बालक की रक्षा गर्भ में की है तो भला अब कैसे मरने दूँगा।' इतना कहकर भगवान् श्रीकृष्णचंद्र ने उस बालक पर अपनी अमृतमयी दृष्टि डाली और बोले, 'यदि मैंने कभी झूठ नहीं बोला है, सदा ब्रह्मचर्य व्रत का नियम से पालन किया है, युद्ध में कभी पीठ नहीं दिखाई है, मैंने कभी भूल से भी अधर्म नहीं किया है तो अभिमन्यु का यह मृत बालक जीवित हो जाए।' उनके इतना कहते ही वह बालक हाथ-पैर हिलाते हुए रुदन करने लगा। भगवान् श्रीकृष्णचंद्र ने अपने सत्य और धर्म के बल से ब्रह्मास्त्र को पीछे लौटाकर ब्रह्मलोक में भेज दिया। उनके इस अद्‌भुत कर्म से बालक को जीवित देखकर अंत:पुर की सारी स्त्रियाँ आश्चर्यचकित रह गईं और उनकी वंदना करने लगीं। भगवान् श्रीकृष्णचंद्र ने उस बालक का नाम 'परीक्षित' रखा, क्योंकि वह कुरुकुल के परिक्षीण (नाश) होने पर उत्पन्न हुआ था।

युधिष्ठिर द्वारा दानपुण्य

जब धर्मराज युधिष्ठिर लौटकर आए और पुत्र जन्म का समाचार सुना तो वे अति प्रसन्न हुए और उन्होंने असंख्य गौ, गाँव, हाथी, घोड़े, अन्न आदि ब्राह्मणों को दान दिए। उत्तम ज्योतिषियों को बुलाकर बालक के भविष्य के विषय में प्रश्न पूछे। ज्योतिषियों ने बताया कि वह बालक अति

प्रतापी, यशस्वी तथा इक्ष्वाकु समान प्रजापालक, दानी, धर्मी, पराक्रमी और भगवान् श्रीकृष्णचंद्र का भक्त होगा। एक ऋषि के शाप से तक्षक द्वारा मृत्यु से पहले संसार के माया मोह को त्यागकर गंगा के तट पर श्रीशुकदेवजी से आत्मज्ञान प्राप्त करेगा।

शासन प्रबंध

पांडवों के महाप्रयाण के बाद भगवान् के परमभक्त महाराज परीक्षित् श्रेष्ठ ब्राह्मणों की शिक्षा के अनुसार पृथ्वी का शासन करने लगे। उन्होंने उत्तर की पुत्री इरावती से विवाह किया। उससे उन्हें जनमेजय आदि चार पुत्र उत्पन्न हुए। उन्होंने कृपाचार्य को आचार्य बनाकर गंगातट पर तीन अश्वमेध यज्ञ किए। उनके राज्य में प्रजा को किसी प्रकार का कष्ट नहीं था।

परीक्षित् और कलि युग कथा

एक दिन महाराज परीक्षित् ने एक साँड़ देखा, जिसके तीन पैर टूट गए थे। केवल एक पैर शेष था। उसके पास ही एक गाय आँसू बहाती हुई उदास खड़ी थी। एक काले रंग का शूद्र राजाओं की भाँति मुकुट धारण किए हाथ में डंडा लेकर उस गाय और बैल को पीट रहा था। जब महाराज परीक्षित् को यह ज्ञात हुआ कि गाय पृथ्वीदेवी है और बैल साक्षात् धर्म है तथा उन्हें पीटने वाला शूद्र रूप में कलियुग है, तब उन्होंने उसे मारने के लिए अपने म्यान से तत्काल तलवार खींच ली। शूद्ररूपी कलि काल अपना मुकुट उतारकर महाराज परीक्षित् के चरणों में गिर पड़ा। महाराज ने उसे क्षमा करते हुए अपने राज्य की सीमा से बाहर चले जाने के लिए कहा। कलि ने प्रार्थना की—'महाराज! आप चक्रवर्ती सम्राट् हैं। मैं भी आपकी ही प्रजा हूँ। अतः मुझे भी रहने का कोई स्थान देने की कृपा करें।' महाराज ने कलि के निवास के लिए जुआ, शराब, स्त्री, हिंसा और स्वर्ण—ये पाँच स्थान निर्धारित कर दिए।

परीक्षित् और ऋषि का श्राप

एक दिन महाराज परीक्षित् आखेट करते हुए वन में भटक गए। भूख और प्यास से व्याकुल होकर वे एक ऋषि के आश्रम में पहुँचे। समाधिस्थ ऋषि से उन्होंने जल माँगा। ऋषि को राजा की उपस्थिति का ज्ञान नहीं हुआ। राजा ने समझा, ऋषि जान-बूझकर मेरा अपमान कर रहे हैं। उन्होंने कलियुग से प्रभावित होने के कारण ऋषि के गले में एक मरा हुआ सर्प डाल दिया और अपनी राजधानी लौट आए। ऋषि पुत्र को जब राजा के इस दुष्कर्म का ज्ञान हुआ, तब उसने सातवें दिन तक्षक के काटने से राजा की मृत्यु होने का शाप दे दिया। घर पहुँचने पर महाराज परीक्षित् को ऋषि कुमार के शाप की बात ज्ञात हुई। वे अपने पुत्र जनमेजय को राज्य देकर गंगातट पर पहुँचे और आगामी सात दिनों तक निर्जल व्रत का निश्चय किया। वहाँ पर वामदेव आदि बहुत से ऋषि आए। उसी समय घूमते हुए श्रीशुकदेवजी भी वहाँ आ गए। परीक्षित् ने उनका विधिवत् पूजन किया और उनसे अपनी मुक्ति का उपाय पूछा। शुकदेवजी ने उन्हें सात दिनों तक श्रीमद्भागवत की पावन कथा का श्रवण कराया। श्रीमद्भागवत श्रवण से परीक्षित् का मन पूर्णरूप से भगवान् में लग गया और सातवें दिन तक्षक के काटने के बाद भी उनकी मुक्ति हो गई।

भविष्यवाणी

ॐ नमो भगवते वासुदेवाय

श्रीमद्भागवतमहापुराणम्
द्वादशः स्कन्धः
अथ प्रथमोऽध्यायः
कलियुग के राजवंशों का वर्णन

राजोवाच

स्वधामानुगते कृष्णे यदुवंशविभूषणे।
कस्य वंशोऽभवत् पृथ्व्यामेतदाचक्ष्व मे मुने॥ १॥

राजा परीक्षित् ने पूछा—भगवन्! यदुवंश-शिरोमणि भगवान् श्रीकृष्ण जब अपने परमधाम पधार गए, तब पृथ्वी पर किस वंश का राज्य हुआ तथा अब किसका राज्य होगा? आप कृपा करके मुझे यह बतलाइए।

श्रीशुक उवाच

योऽन्त्यः पुरञ्जयो नाम भाव्यो बार्हद्रथो नृप।
तस्यामात्यस्तु शुनको हत्वा स्वामिनमात्मजम्॥ २॥

प्रद्योतसंज्ञं राजानं कर्ता यत् पालकः सुतः।
विशाखयूपस्तत्पुत्रो भविता राजकस्ततः॥ ३॥

नन्दिवर्धनस्तत्पुत्रः पञ्च प्रद्योतना इमे।
अष्टत्रिंशोत्तरशतं भोक्ष्यन्ति पृथिवीं नृपाः॥ ४॥

श्रीशुकदेवजी ने कहा—प्रिय परीक्षित! मैंने तुम्हें नौवें स्कंध में यह बात बतलाई थी कि जरासंध के पिता बृहद्रथ के वंश में अंतिम राजा होगा पुरंजय अथवा रिपुंजय। उसके मंत्री का नाम होगा शुनक। वह अपने स्वामी को मार डालेगा और अपने पुत्र प्रद्योत को राजसिंहासन पर अभिषिक्त करेगा। प्रद्योत का पुत्र होगा पालक, पालका का विशाखयूप, विशाखयूप का राजक और राजक का पुत्र होगा नंदिवर्धन। प्रद्योत वंश में यही पाँच नरपति होंगे। इनकी संज्ञा होगी 'प्रद्योतन'। ये एक सौ अड़तीस वर्ष तक पृथ्वी का उपभोग करेंगे।

शिशुनागस्ततो भाव्यः काकावर्णस्तु तत्सुतः।
क्षेमधर्मा तस्य सुतः क्षेत्रज्ञः क्षेमधर्मजः॥ ५॥

इसके पश्चात् शिशुनाग नाम का राजा होगा। शिशुनाग काकवर्ण, उसका क्षेमधर्मा और क्षेमधर्मा का पुत्र होगा क्षेत्रज्ञ।

विधिसारः सुतस्तस्याजातशत्रुर्भविष्यति।
दर्भकस्तत्सुतो भावी[1] दर्भकस्याजयः[2] स्मृतः॥ ६॥

---

१. भाग्यो। २. ज्योऽभवत्।

क्षेत्रज्ञ का विधिसार, उसका आजतशत्रु, फिर दर्भक और दर्भक का पुत्र अजय होगा।

नन्दिवर्ध आजेयो महानन्दिः[१] सुतस्ततः।
शिशुनागा[२] दशैवैते षष्ठ्युत्तरशतत्रयम्॥ ७॥

समा भोक्ष्यन्ति पृथिवीं कुरुक्षेष्ठ कलौ नृपाः।
महानन्दिसुतो राजन् शूद्रीगर्भोद्भवो[३] बली॥ ८॥

महापद्मपतिः कश्चिन्नन्दः क्षत्रविनाशकृत्।
ततो नृपा भविष्यन्ति शूद्रप्रायास्त्वधार्मिकाः॥ ९॥

अजय से नंदिवर्धन और उससे महानंदि का जन्म होगा। शिशुनाग-वंश में ये दस राजा होंगे। ये सब मिलकर कलियुग में तीन सौ साठ वर्ष तक पृथ्वी पर राज्य करेंगे। प्रिय परीक्षित्! महानंदि शूद्रा पत्नी के गर्भ से नंद नाम का पुत्र होगा। वह बड़ा बलवान् होगा। महानंदि 'महापाद्म' नामक निधिका अधिपति होगा। इसलिए लोग उसे 'महापद्म' भी कहेंगे। वह क्षत्रिय राजाओं के विनाश का कारण बनेगा। तभी से राजा लोग प्रायः शूद्र और अधार्मिक हो जाएँगे।

स एकच्छत्रां पृथिवीमनुल्लङ्घितशासनः।
शासिष्यति महापद्मो द्वितीय इव भार्गवः॥ १०॥

महापद्म पृथ्वी का एकक्षत्र शासक होगा। उसके शासन का उल्लंघन कोई भी नहीं कर सकेगा। क्षत्रियों के विनाश हेतु होनी की दृष्टि से उसे दूसरा परशुराम ही समझना चाहिए।

तस्य चाष्टौ भविष्यन्ति सुमाल्यप्रमुखाः सुताः।
य इमां भोक्ष्यन्ति महीं राजानः स्म शतं समाः॥ ११॥

उसके सुमाल्य आदि आठ पुत्र होंगे। वे सभी राजा होंगे और सौ वर्ष तक इस पृथ्वी का उभोग करेंगे।

नव नन्दान् द्विजः कश्चित् प्रपन्ननुद्धरिष्यति।
तेषामभावे जगतीं मौर्या भोक्ष्यन्ति वै कलौ॥ १२॥

कौटिल्य, वात्स्यायन तथा चाणक्य के नाम से प्रसिद्ध एक ब्राह्मण विश्वविख्यात नंद और उनके सुमाल्य आदि आठ पुत्रों का नाश कर डालेगा। उनका नाश हो जाने पर कलियुग में मौर्यवंशी नरपति पृथ्वी का राज्य करेंगे।

स एव चन्द्रगुप्तं वै द्विजो राज्येऽभिषेक्ष्यति।
तत्सुतो वारिसारस्तु ततश्चाशोकवर्धनः॥ १३॥

वही ब्राह्मण पहले-पहल चंद्रगुप्त मौर्य को राजा के पद पर अभिषिक्त करेगा। चंद्रगुप्त का पुत्र होगा वारिसार और वारिसार का अशोकवर्धन।

सुयशा भविता तस्य सङ्गतः[४] सुयशःसुतः।
शालिशूकस्ततस्तस्य सोमशर्मा भविष्यति॥ १४॥
शतधन्वा ततस्तस्य[५] भविता तद् बृहद्रथः।

---

१. न्दिस्तु तत्सुतः। २. भौम.। ३. ञ्छूद्रागर्भो, ४. तश्चाति तत्सुतः। ५. सुत.।

मौर्या ह्येते दश* नृपाः सप्तत्रिंशच्छतोत्तरम्।
समा भोक्ष्यन्ति पृथिवीं कलौ कुरुकुलोद्वह॥ १५॥

हत्वा बृहद्रथं मौर्यं तस्य सेनापतिः कलौ।
पुष्यमित्रस्तु शुङ्गाह्वः स्वयं राज्यं करिष्यति।
अग्निमित्रस्ततस्तस्मात् सुज्येष्ठोऽथ[१] भविष्यति॥ १६॥

अशोकवर्धन पुत्र होगा सुयश। सुयश का संगत, संगत का शालिशूक और शालिशूक का पुत्र सोमशर्मा। सोमशर्मा का शतधन्वा और शतधन्वा का पुत्र बृहद्रथ होगा। कुरुवंशविभूषण परीक्षित्! मौर्यवंश के ये दस नरपति कलियुग में एक सौ सैंतीस वर्ष तक पृथ्वी का उपभोग करेंगे। बृहद्रथ का सेनापति होगा पुष्यमित्र शुंग। वह अपने स्वामी को मारकर स्वयं राजा बन बैठेगा। पुष्यमित्र का अग्निमित्र और अग्निमित्र का सुज्येष्ठ होगा।

वसुमित्रो भद्रकश्च पुलिन्दो भविता ततः।
ततो घोषः सुतस्तस्माद् वज्रमित्रो भविष्यति॥ १७॥

सुज्येष्ठ का वसुमित्र, वसुमित्र का भद्रक और भद्रक का पुलिंद, पुलिंद का घोष और घोष का पुत्र होगा वज्रमित्र।

ततो भागवतस्तस्माद् देवभूतिरिति[२] श्रुतः।
शुङ्गा दशैते भोक्ष्यन्ति भूमिं वर्षशताधिकत्॥ १८॥।

वज्रमित्र का भागवत और भागवत का पुत्र होगा देवभूति। शुंगवंश के ये दस नरपति एक सौ बारह वर्ष तक पृथ्वी का पालन करेंगे।

ततः कणवानियं भूमिर्यास्यत्यल्पगुणान् नृप।
शुङ्गं हत्वा देवभूतिं कण्वोऽमात्यस्तु कामिनम्॥ १९॥

स्वयं करिष्यते राज्यं वसुदेवो महामतिः[३]।
तस्य पुत्रस्तु भूमित्रस्तस्य[४] नारायणः सुतः।
नारायणस्य भविता सुशर्मा नाम मिश्रुतः॥ २०॥

परीक्षित्! शुंगवंशी नरपतियों का राज्यकाल समाप्त होने पर यह पृथ्वी कण्ववंशी नरपतियों के हाथ में चली जाएगी। कण्ववंशी नरपित अपने पूर्ववर्ती राजाओं की अपेक्षा कम गुणवाले होंगे। शुंगवंश का अंतिम नरपित देवभूति बड़ा ही लंपट होगा। उसे उसका मंत्री कण्ववंशी वसुदेव मार डालेगा और अपने बुद्धिबल से स्वयं राज करेगा। वसुदेव का पुत्र होगा भूमित्र, भूमित्र का नाराध और नारायण का सुशर्मा। सुशर्मा बड़ा यशस्वी होगा।

काण्वायना इमे भूमिं चत्वारिंशच्च पञ्च च।
शतानि त्रीणि भोक्ष्यन्ति वर्षाणां च कलौ युग॥ २१॥

---

* मौर्यों की संख्या चंद्रगुप्त को मिलाकर नौ ही होती है। विष्णु पुराणादि में चंद्रगुप्त से पाँचवें दशरथ नाम के एक और मौर्यवंशी राजा का उल्लेख मिलता है। उसी को लेकर यहाँ दस संख्या समझनी चाहिए।

१. ऽथ भविता ततः। २. तिः कुरूद्वह। ३. महीपतिः। ४. स्ततो ना.।

कण्ववंश के ये चार नरपति काण्वायन कहलाएँगे और कलियुग में तीन सौ पैंतालीस वर्ष तक पृथ्वी का उपभोग करेंगे।

हत्वा काण्वं सुशर्माणं तदभृत्यो वृषलो बली।
गां भोक्ष्यत्यन्ध्रजातीयः कञ्चित् कालमसत्तमः॥ २२॥

प्रिय परीक्षित्! कण्ववंशी सुशर्मा का एक शूद्र सेवक होगा—बली। वह अंध्रजाति का एवं बड़ा दुष्ट होगा। वह सुशर्मा को मारकर कुछ समय तक स्वयं पृथ्वी का राज्य करेगा।

कृष्णनामाथ तद्भ्राता भविता[१] पृथिवीपतिः।
श्रीशान्तकर्णस्तत्पुः पौर्णमासस्तु तत्सुतः॥२३॥

इसके बाद उसका भाई कृष्ण राजा होगा। कृष्ण का पुत्र श्रीशांतकर्ण और उसका पौर्णमास होगा।

लम्बोदरस्तु तस्पुद्धस्तस्माच्चिबिलको नृपः।
मेघस्वातिश्चिबिलकादटमानस्यु तस्य च॥ २४॥
अनिष्टकर्मा कालेयस्तलकस्तस्य चात्मजः।
पुरीषभीरुस्तत्पुत्रस्ततो राजा सुनन्दनः॥ २५॥

पौर्णमास का लंबोदर और लंबोदर का पुत्र चिबिलक होगा। चिबिलक का मेघस्वाति, मेघस्वाति का अटमान, अटमान का अनिष्ट कर्मा, अनिष्ट कर्मा का हालेय, होलय का तलक, तलक का पुरीषभीरु और पुरीषभीरु का पुत्र होगा राजा सुनंदन।

चकोरो बहवो यत्र विश्वस्वातिररिन्दमः[२]।
तस्यापि गोमतीपुत्रः पुरीमान् भविता ततः॥
चकोरो बहवो यत्र शिवस्वातिररिन्दमः।
तस्यापि गोमतीपुत्रः पुरीमान् भविता ततः॥ २६॥

परीक्षित्! सुनंदन का पुत्र होगा चकोर; चकोर के आठ पुत्र होंगे, जो सभी 'बहु' कहलाएँगे। इनमें सबसे छोटे का नाम होगा शिवस्वाति। वह बड़ा वीर होगा और शत्रुओं का दमन करेगा। शिवस्वाति गोमतीपुत्र और और उसका पुत्र होगा पुरीमान्।

मेदःशिराः शिवस्कन्दो यज्ञश्रीस्तत्सुतस्ततः।
विजयस्तुत्सुतो भाव्यश्चन्द्रविज्ञः[३] सलोमधिः॥ २७॥

पुरीमान् का मेदःशिरा, मेदःशिरा का शिवस्कंद, शिवस्कंद का यज्ञश्री, यज्ञश्री का विजय और विजय के दो पुत्र होंगे—चंद्रविज्ञ और लोमधि।

एते त्रिंशन्नृपतयश्चत्वार्यब्दशतानि च।
षट्पञ्चाशच्च पृथिवीं भोक्ष्यन्ति कुरुनन्दन॥ २८॥

परीक्षित्! ये तीस राजा चार सौ छप्पन वर्ष तक पृथ्वी का राज भोगेंगे॥२८॥

सत्पाभीरा आवभृत्या दश गर्दभिनो नृपाः।
कङ्काः षोडश भूपाला भविष्यन्त्यतिलोलुपाः॥ २९।

---

१. भविष्यत्यवनीपतिः। २. सिद्धस्वा.। ३. वीर्यः।

परीक्षित्! इसके पश्चात् अवभृति-नगरी के सात आभीर, दस गर्दभी और सोलह कंक पृथ्वी पर राज करेंगे। ये सब-के-सब बड़े लोभी होंगे।

ततोऽष्टौ यवना भाव्याश्चतुर्दश तुरुष्ककाः।
भूयो दश गुरुण्डाश्च मौना एकादशैव तु॥३०॥

इनके बाद आठ यवन और चौदह तुर्क राज्य करेंगे। इसके बाद दस गुण्डक और ग्यारह मौन नरपित होंगे।

एते भोक्ष्यन्ति पृथिवीं दशवर्षशतानि च।
नवाधिकां च नवतिं मौना एकादश क्षितिम्॥ ३१॥
भोक्ष्यन्त्यब्दशतान्यङ्ग त्रीणि तैः संस्थिते ततः।
किलिकिलायां नृपतयो भूतनन्दोऽथ वङ्गिरिः॥ ३२॥
शिशुनन्दिश्च[1] तद्भ्राता यशोनन्दिः प्रवीरकः[2]।
इत्येते वै वर्षशतं भविष्यन्त्यधिकानि षट्॥ ३३॥

मौनों के अतिरिक्त ये सब एक हजार निन्यानबे वर्ष तक पृथ्वी का उपभोग करेंगे तथा ग्यारह मौन नरपित तीन सौ वर्ष तक पृथ्वी का शासन करेंगे। जब उनका राज्यकाल समाप्त हो जाएगा, तब किलकिला नाम की नगरी में भूतनंद नाम का राजा होगा। भूतनंद का वंगिरि, वंगिरि का भाई शिशुनंदि तथा यशोनंदि और प्रवीरक—ये एक सौ छह वर्ष तक राज करेंगे।

तेषां त्रयोदश सुता भवितारश्च बाह्लिकाः।
पुष्पमित्रोऽथ[3] राजन्यो दुर्मित्रोऽस्य तथैव च॥ ३४॥

इनके तेरह पुत्र होंगे और वे सब-के-सब बाह्लिक कहलाएँगे। उनके पश्चात् पुष्यमित्र नामक क्षत्रिय और उसके पुत्र दुर्मित्र का राज होगा।

एककाला इमे भूपाः सप्तान्ध्राः सप्त कोसलाः।
विदरपतयो भाव्या निषधास्तत[4] एव हि॥ ३५॥

परीक्षित्! बाह्लिकवंशी नरपति एक साथ ही विभिन्न प्रदेशों में राज्य करेंगे। उनमें सात अंध्रदेश के तथा सात ही कोसल देश के अधिपति होंगे, कुछ विदुर-भूमि के शासक और कुछ निषधदेश के स्वामी होंगे।

मागधानां तु भविता विश्वस्फूर्जिः[5] पुरञ्जयः।
करिष्यत्यपरो वर्णान् पुलिन्दयदुमद्रकान्॥ ३६॥

इनके बाद मगध देश का राजा होगा विश्वस्फूर्जि। यह पूर्वोक्त पुरंजय के अतिरिक्त द्वितीय पुरंजय कहलाएगा। यह ब्राह्मणादि उच्च वर्णों को पुलिंद, यदु और मद्र आदि म्लेच्छप्राय जातियों के रूप में परिणत कर देगा।

प्रजाश्चाब्रह्मभूयिष्ठाः स्थापयिष्यति दुर्मतिः।
वीर्यवान् क्षत्रमुत्साद्य पद्मवत्यां स वै पुरि।
अनुगङ्गामाप्रयागं गुप्तां भोक्ष्यति मेदिनीम्॥ ३७॥

१. नन्दश्च। २. प्रवर्तकः। ३. पुष्पनिद्रा। ४. नैष.। ५. विस्फूर्जितपु।

इसकी बुद्धि इतनी दुष्ट होगी कि यह ब्राह्मण, क्षत्रिय और वैश्यों का नाश करके शूद्रप्राय जनता की रक्षा करेगा। यह अपने बल-वीर्य ये क्षत्रियों को उजाड़ देगा और पद्मवती पुरी को राजधानी बनाकर हरिद्वार से लेकर प्रयागपर्यंत सुरक्षित पृथ्वी पर राज करेगा।

सौराष्ट्रावन्त्याभीराश्च शूरा अर्बुदमालवाः।
व्रात्या द्विजा भविष्यन्ति शूद्रप्राज्ञा जनाधिपाः॥ ३८॥

परिक्षित्! ज्यों-ज्यों घोर कलियुग आता जाएगा, त्यों-त्यों सौराष्ट्र, अवंती, आभीर, शूर, अर्बुद और मालव देश के ब्राह्मणगण संस्कारशून्य हो जाएँगे तथा राजा लोग भी शूद्रतुल्य हो जाएँगे।

सिन्धोस्तटं चन्द्रभागां कौन्तीं काश्मीरमण्डलम्।
भोक्ष्यन्ति शूद्रा व्रात्याद्या म्लेच्छाश्चाब्रह्मवर्चसः॥ ३९॥

सिंधुतट, चंद्रभागा का तटवर्ती प्रदेश, कौंतीपुरी और काश्मीर-मंडल पर प्रायः शूद्रों का, संस्कार एवं ब्रह्मतेज से हीन नाममात्र के द्विजों का और म्लेच्छों का राज होगा।

तुल्यकाला इमे राजन् म्लेच्दप्रायाश्च भूतृतः।
एतेऽधर्मानृतपराः फल्गुदास्तीव्रमन्यवः॥ ४०॥

परीक्षित्! ये सब-के-सब राजा आचार-विचार में म्लेच्छप्राय होंगे। ये सब-के-सब परले सिरे के झूठे, अधार्मिक और स्वल्प दान करनेवाले होंगे। छोटी-छोटी बातों को लेकर ही ये क्रोध के मारे आगबबूला हो जाया करेंगे।

स्त्रीबालगोद्विजघ्नाश्च परदारधनादृताः।
उदितास्तमितप्राया अल्यसत्त्वाल्पकायुषः॥ ४१॥

ये दुष्ट लोग स्त्री, बच्चों, गौओं, ब्राह्मणों को मारने में भी नहीं हिचकेंगे। दूसरे की स्त्री और धन हथिया लेने के लिए ये सर्वदा उत्सुक रहेंगे। न तो इन्हें बढ़ते देर लगेगी और न तो घटते। क्षण में रुष्ट तो क्षण में तुष्ट। इनकी शक्ति और आयु थोड़ी होगी।

असंस्कृताः क्रियाहीना रजसा तमसाऽऽवृताः।
प्रजास्ते भक्षयिष्यन्ति म्लेच्छा राजन्यरूपिणः॥ ४२॥

इनमें परंपरागत संस्कार नहीं होंगे। ये अपने कर्तव्य-कर्म का पालन नहीं करेंगे। रजोगुण और तमोगुण से अंधे बने रहेंगे। राजा के वेष में वे म्लेच्छ ही होंगे। वे लूट-खसोटकर अपनी प्रजा का खून चूसेंगे।

तन्नाथास्ते जनपदास्तच्छीलाचारवादिनः।
अन्योन्यतो राजभिश्च क्षयं यास्यन्ति पीडिताः॥ ४३॥

जब ऐसे लोगों का शासन होगा, तो देश की प्रजा में भी वैसे ही स्वभाव, आचरण और भाषण की वृद्धि हो जाएगी। राजा लोग तो उनका शोषण करेंगे ही, वे आपस में भी एक-दूसरे को उत्पीड़ित करेंगे और अंततः सब-के-सब नष्ट हो जाएँगे।

□

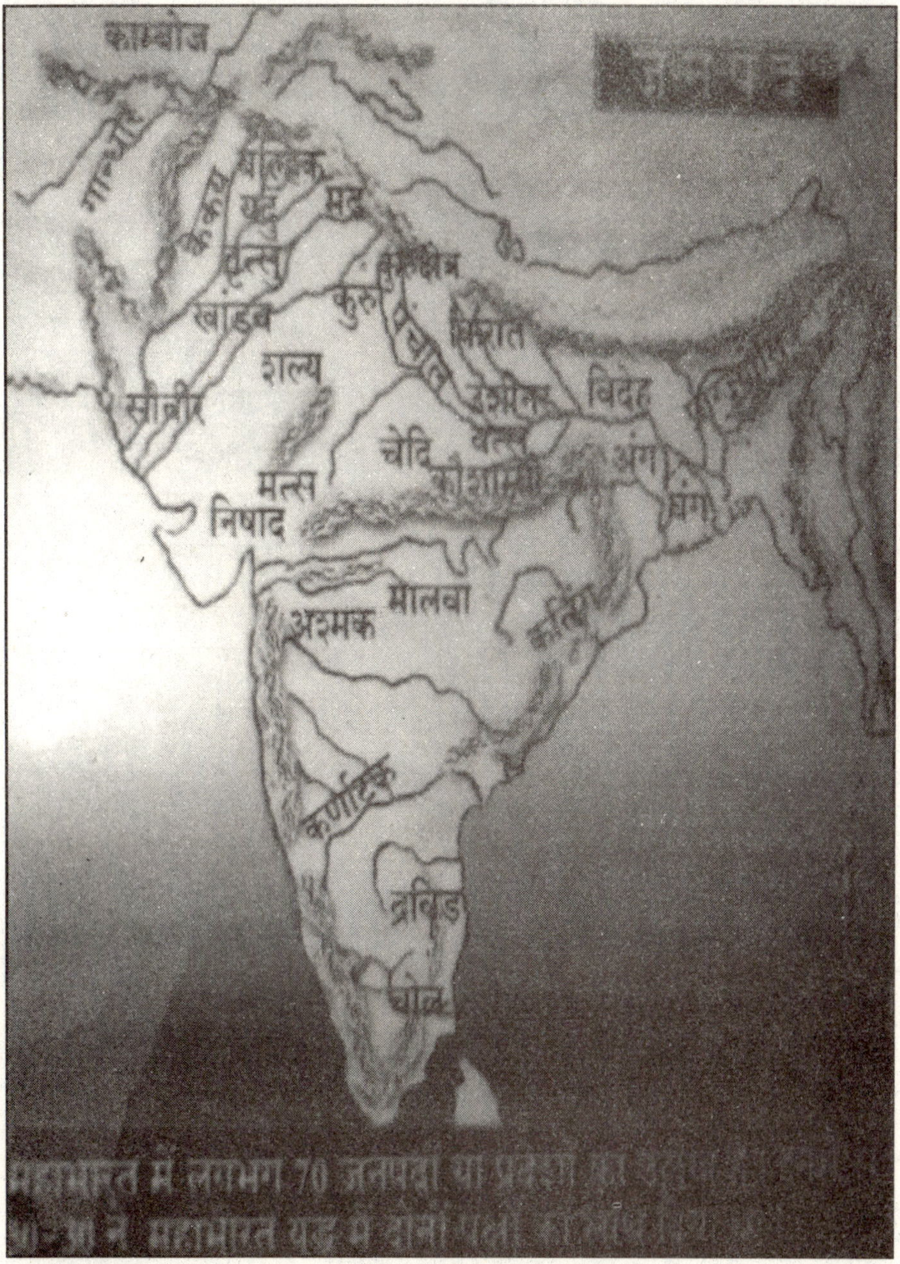
काम्बोज
कैकय
खाण्डव
कुरु
शल्य
सौवीर
विदेह
चेदि
कौशाम्बी
अंग
मत्स्य
निषाद
मालवा
अश्मक
कर्णाटक
द्रविड़
चोल

- महाजनपद
- महाजनपद—अवंती
- महाजनपद—अश्मक
- महाजनपद—अंग
- महाजनपद—कंबोज
- महाजनपद—काशी
- महाजनपद—कुरु
- महाजनपद—कौसल
- महाजनपद—गंधार
- चेदि महाजनपद
- वृज्जि महाजनपद
- वत्स महाजनपद
- पंचाल महाजनपद
- मगध महाजनपद
- मत्स्य महाजनपद
- मल्ल महाजनपद
- शूरसेन महाजनपद
- महात्मा बुद्ध
- निष्कर्ष

विस्मरण-पर्व

अधर्म का बोलबाला बढ़ा, अधर्मियों का आतंक सिर चढ़कर बोलने लगा, अराजकता, अनाचार, दुराचार, व्यभिचार, पाखंड, अन्याय का घोर तमस सूर्य को निगलने के लिए मुँह फाड़ने लगा। सर्वत्र अँधेरा ही अँधेरा छाने लगा। भरी दोपहर में भी निशा की तरुणाई का सा आभास होने लगा, साथ ही मानवता मानो चुपचाप निस्तेज होने लगी, नृशंस हत्याओं का सिलसिला चल पड़ा। रुदन-क्रंदन की तो मानो आँधी कहर बरसाने लगी हो, घोर काली घटाएँ घिर-घिरकर डरावने सपनों की अनुभूति कराने में लगी हों। ऐसी ही घोर निराशा रूपी काली रात्रि की भरी तरुणाई के वक्ष को फाड़कर सर्वेश्वर कृष्ण का धरा पर अवतरण होता है।

वंशी की तान से यमुना की कूल-कछारें, समूचा ब्रजमंडल तानमय होता गया। अवसर पाकर तेजस्वी सूर्य समान पूरब की कोख से मानो जाज्वल्य तेज ने प्रकट होकर पाप के घड़े को फोड़कर आशा का एक दीप जलाया और इसी विश्वास की गूँज सर्वत्र स्फुरित हो गई। दौर चल पड़ा अधर्म के अंत का, तिमिर के विनाश का, पापियों के संहार का और चलता रहा तब तक, जब तक कि चुन-चुनकर भूमंडल भर के पापियों का कुरुक्षेत्र के महासमर में ले जाकर संहार नहीं कर दिया। अन्यत्र कहीं कोई कोर-कसर नहीं रही अंधकार की संपूर्णता के अंत की। पांचजन्य का नाद एवं सुदर्शन की ललकार ने किसी भी पापी को धरा पर शेष नहीं रहने दिया। अंततः हुआ अधर्म का विनाश, अंत, सर्वनाश-संहार; अब कुछ शेष रहा तो निर्माण, जो नियति का चक्र होता है कि हर विनाश के बाद प्रत्येक नए सवेरे का प्रादुर्भाव, नव निर्माण के महायज्ञ का शुभारंभ, वह बहु-प्रतीक्षित घड़ी भी आखिर आ ही गई।

धर्म की स्थापना की घड़ी, धर्मराज धर्माधिष्ठित हुए, चारों दिशाएँ पुलकित हो उठीं, वातावरण में आनंद की किलकारियाँ गूँजने लगीं। गोपियों की तरह कृष्ण की पाती पढ़ने के लिए पंजों पर उचक-उचककर मानो लालायित होने लगीं। वैसे ही सभी दिशाएँ, पर्वत, गिरिकंदराएँ, नदी, फूल, वन, उपवन, प्रकृति का कण-कण, देवी-देवता, ऋषि-मुनि, तपस्वी-धर्मात्मा, ज्ञानी-विज्ञानी, नर-नारी, चर-अचर जगत् आदि सबके सब खुशियों में बावले होने लगे।

यज्ञ पुनः आरंभ हो गए, जप-तप, वेदध्वनि, ऋचाएँ फिर से सुनाई देने लगीं। वर्षों बाद पतझड़ के घर बसंत की छटा छाई। सुख-शांति का चहुँओर शंखनाद हुआ, अब शेष बची तो निर्माण की महासृष्टि, जिसे पांडवों ने बड़ी ही निष्ठा, भक्ति, कर्तव्यपरायणता से ईश्वरीय कार्य मानकर प्रारंभ किया, जिसके परिणामस्वरूप तीन हजार वर्षों तक भारत की धरती पर कोई भी पापी, अधर्मी, विधर्मी पैर रखना तो दूर, मन से आने का भी साहस नहीं जुटा सका। कैसी थी

यह तीन हजार वर्षों की अवधि। धन्य हैं वे रक्षक, प्रहरी, शासक, प्रशासक तथा धन्य योगेश्वर परमात्मा स्वरूप श्रीकृष्ण, जिन्होंने ऐसे शांतियुग की भेंट माँ भारती के श्रीचरणों में जीवन-सुमन चढ़ाकर की। चिरकाल तक भारतीय उन सबके ऋणी रहेंगे, निश्चय ही उन सभी की यशोगाथा अमरत्व प्राप्त करेगी और सदा ही पथिकों का पथ आलोकित करती रहेगी।

कुरुक्षेत्र के महासमर में,
घड़ा पाप का फूटा।
जग 'राम शांति' के आनंद,
को फिर जी भर लूटा॥

महाजनपद

महाजनपद क्या है?—महाजनपद वास्तव में बड़ा शक्तिशाली राज्य कहलाता था, जो कई छोटे जनपदों से मिलकर बना होता था, इसीलिए कई राज्यों ने साम्राज्यवाद अपनाया, ताकि खुद के राज्यों को जनपद से उठाकर महाजनपद बना सकें और यह उपलब्धि उस समय के १६ राज्यों को मिली। महाजनपद का उल्लेख पहली बार भारतीय मनीषी पाणिनि द्वारा किया गया था, उस समय २२ महाजनपद थे तथा बाकी के छोटे राज्यों को जनपद कहा गया है, परंतु ७०० ईसा पूर्व के समय ये केवल १६ शेष रह गए। प्राचीन भारत में राज्य या प्रशासनिक इकाइयों को महाजनपद कहते थे। उत्तर-वैदिक काल में कुछ जनपदों का उल्लेख मिलता है। बौद्ध ग्रंथों में इनका कई बार वर्णन भी हुआ है।

महाजनपद का निर्माण काल—भारत के १६ महाजनपदों का उल्लेख ईसा पूर्व छठी शताब्दी से भी पहले का है। बौद्ध और जैन धर्म के प्रारंभिक ग्रंथों में महाजनपद नाम के सोलह राज्यों का विवरण मिलता है। बुद्ध के जन्म के पूर्व छठी शताब्दी ईसा पूर्व में भारत १६ जनपदों में बँटा था।

महाजनपद का प्रादुर्भाव क्यों हुआ?—प्रारंभिक भारतीय इतिहास में छठी शताब्दी ईसा पूर्व को परिवर्तनकारी काल के रूप में महत्त्वपूर्ण माना जाता है। यह काल प्रायः प्रारंभिक राज्यों, नगरीकरण, लोहे के बढ़ते प्रयोग और सिक्कों (पंचमार्क) के विकास के लिए जाना जाता है। इसी समय में बौद्ध और जैन सहित अनेक दार्शनिक विचारधाराओं का विकास हुआ।

महाजनपद का स्वरूप क्या था?—बौद्ध और जैन धर्म के प्रारंभिक ग्रंथों में महाजनपद नाम के सोलह राज्यों का विवरण मिलता है। महाजनपदों के नामों की सूची इन ग्रंथों में समान नहीं है, परंतु वज्जि, मगध, कौसल, कुरु, पांचाल, गांधार और अवंति जैसे नाम अकसर मिलते हैं। इससे यह ज्ञात होता है कि ये महाजनपद महत्त्वपूर्ण महाजनपदों के रूप में जाने जाते थे। अधिकांशतः महाजनपदों पर राजा का ही शासन रहता था, परंतु गण और संघ नाम से प्रसिद्ध राज्यों में लोगों का समूह शासन करता था, इस समूह का हर व्यक्ति राजा कहलाता था। भगवान् महावीर और भगवान् बुद्ध इन्हीं गणों से संबंधित थे। वृज्जि संघ की तरह कुछ राज्यों में जमीन सहित आर्थिक स्रोतों पर राजा और गण सामूहिक नियंत्रण रखते थे। स्रोतों की कमी के कारण

इन राज्यों के इतिहास लिखे नहीं जा सके, परंतु ऐसे राज्य संभवत: एक हजार साल तक बने रहे।

भारत का इतिहास और संस्कृति अपने प्रारंभिक काल से ही गौरवशाली रहा है। भारत विश्वगुरु तथा सोने की चिड़िया कहलाता था। संपूर्ण विश्व को परिवार मानना अर्थात् वसुधैव कुटुम्बकम् एवं सभी के कल्याण और स्वास्थ्य की कामना करना हमारा आदर्श है। पुरातात्त्विक विशेषज्ञों के अनुसार भारतीय संस्कृति का विश्वव्यापी स्वरूप दिखाई देता है। समुद्रपार भारतीय प्रदेशों को दीपांतर कहा जाता था। शक्तिशाली जलयानों में यात्रा करके भारतीय स्याम, इंडोनेशिया, मलेशिया, ऑस्ट्रेलिया, बोर्नियो, फिलीपींस, जापान और कोरिया तक पहुँचे तथा वहाँ अपना राजनीतिक व सांस्कृतिक साम्राज्य स्थापित किया।

महाजनपद का उद्देश्य—उत्तर-वैदिक काल में हमें विभिन्न जनपदों का अस्तित्व दिखाई देता है। इस काल तक पूर्वी उत्तर-प्रदेश तथा पश्चिमी बिहार में लौह अयस्क का व्यापक रूप से प्रयोग किया जाने लगा था। लौह तकनीकी के कारण लोगों के भौतिक जीवन में बड़ा परिवर्तन आ गया और समाज में जीवनयापन करने की उनकी प्रवृत्ति सुदृढ हो गई। कृषि, उद्योग, व्यापार, वाणिज्य आदि के विकास ने प्राचीन जनजातीय व्यवस्था को जर्जर बना दिया तथा छोटे-छोटे जनपदों का स्थान बड़े जनपदों ने ग्रहण कर लिया। ईसा पूर्व छठी शताब्दी तक आते-आते जनपद महाजनपदों के रूप में विकसित होते गए।

महाजनपद राजधानी—प्रत्येक महाजनपद की एक राजधानी थी, जिसे किले से घेर दिया जाता था। किलेबंद राजधानी की देखभाल, सेना और नौकरशाही के लिए भारी धन की जरूरत होती थी। छठी शताब्दी ईसा पूर्व से ब्राह्मणों ने संस्कृत भाषा में धर्मशास्त्र ग्रंथों की रचना प्रारंभ की। इन ग्रंथों में राजा व प्रजा के लिए नियमों का निर्धारण किया गया और यह उम्मीद की जाती कि राजा क्षत्रिय वर्ग के ही होगा। शासक किसानों, व्यापारियों और शिल्पकारों से कर तथा भेंट वसूल करते थे। संपत्ति जुटाने का एक उपाय पड़ोसी राज्यों पर आक्रमण कर धन एकत्र करना था। कुछ राज्य अपनी स्थायी सेनाएँ और नौकरशाही तंत्र भी रखते थे और कुछ राज्य सहायक सेना पर निर्भर रहते थे, जिन्हें कृषक वर्ग से नियुक्त किया जाता था।

सत्ता संघर्ष—ईसा पूर्व छठी सदी में जिन चार महत्त्वपूर्ण राज्यों ने प्रसिद्धि प्राप्त की, उनके नाम हैं—मगध के हर्यक, कोसल के इक्ष्वाकु, वत्स के पौरव और अवंति के प्रद्योत। हर्यक एक ऐसा वंश था, जिसकी स्थापना बृहदस्थों को परास्त करने के लिए बिंबिसार ने मगध में की थी। प्रद्योतों का नाम उस वंश के संस्थापक के कारण ही था। संयोग से महाभारत में वर्णित प्रसिद्ध राज्य कुरुपांचाल, काशी और मत्स्य इस काल में थे, पर उनकी गिनती छोटी शक्तियों में होती थी।

ईसा पूर्व छठी शताब्दी में अवंति के राजा प्रद्योत ने कौशांबी के राजा तथा प्रद्योत के दामाद उदयिन के साथ लड़ाई कर राजधानी राजगृह पर हमला किया। कोसल के राजा प्रसेनजित् ने काशी को जीतकर अपने अधीन कर लिया और बाद में उसके पुराने कपिलवस्तु के शाक्य राज्य को जीत लिया। मगध के राजा बिंबिसार ने अंग राज्य को अपने राज्य में मिला लिया और उसके पुत्र अजातशत्रु ने वैशाली व लिच्छवियों को जीत लिया।

ईसा पूर्व पाँचवीं सदी में पौरव एवं प्रद्योत सत्तालोलुप नहीं रहे और हर्यकों तथा इक्ष्वाकुओं ने राजनीतिक मंच पर मोर्चा सँभाल लिया। प्रसेनजित् तथा अजातशत्रु के बीच लंबा संघर्ष चलता

रहा। हालाँकि इसका कोई परिणाम नहीं निकला और अंततोगत्वा मगध के हर्यकों को जीत मिली। इसके बाद मगध उत्तर भारत का सबसे शक्तिशाली राज्य बना। ४७५ ईसा पूर्व में अजातशत्रु की मृत्यु के बाद उसके पुत्र उदयिन ने सत्ता सँभाली और उसी ने मगध की राजधानी राजगृह से पाटलिपुत्र (पटना) स्थानानांतरित की। हालाँकि लिच्छवियों से लड़ते समय अजातशत्रु ने ही पाटलिपुत्र में एक दुर्ग बनवाया था, पर उसका उपयोग राजधानी के रूप में उदयिन ने ही किया।

उदयिन तथा उसके उत्तराधिकारी प्रशासन तथा राजकाज में निकम्मे रहे। इसके बाद शिशुनाग वंश का उदय हुआ। शिशुनाग के पुत्र कालाशोक के बाद महापद्मनंद नाम का व्यक्ति सत्ता पर आसीन हुआ। उसने मगध की श्रेष्ठता को और ऊँचा बना दिया। महाजनपद काल का सबसे बड़ा साम्राज्य मगध का था।

भारत के सोलह महाजनपदों का उल्लेख ईसा पूर्व छठी शताब्दी से भी पहले का है। ये सोलह जनपद इस प्रकार हैं—

१. अवंति/अवंती महाजनपद
२. अश्मक महाजनपद
३. अंग महाजनपद
४. कंबोज महाजनपद
५. काशी महाजनपद
६. कुरु महाजनपद
७. कोसल महाजनपद
८. गांधार महाजनपद
९. चेदि महाजनपद
१०. वृज्जि महाजनपद
११. वत्स महाजनपद
१२. पांचाल महाजनपद
१३. मगध महाजनपद
१४. मत्स्य महाजनपद
१५. मल्ल महाजनपद
१६. शूरसेन महाजनपद

महाजनपद—अवंती

परिचय—अवंती पौराणिक १६ महाजनपदों में से एक था। (आधुनिक मालवा प्रदेश) जिसकी राजधानी उज्जयिनी और महिष्मती थी। वर्तमान में उज्जयिनी (उज्जैन) मध्य प्रदेश राज्य का प्रमुख शहर है। प्राचीन संस्कृत व पाली साहित्य में अवंती या उज्जयिनी का सैकड़ों बार उल्लेख हुआ है। महाभारत में सहदेव द्वारा अवंती को विजित करने का वर्णन है। बौद्धकाल में अवंती उत्तरभारत के षोडश महाजनपदों में से एक थी, जिसकी सूची अंगुत्तर निकाय में है। जैन ग्रंथ 'भगवतीसूत्र' में इसी जनपद को मालवा कहा गया है। इस जनपद में मुख्य रूप से वर्तमान मालवा, निमाड़ व मध्य प्रदेश

का क्षेत्र सम्मिलित है। पुराणों के अनुसार अवंती राज्य की स्थापना यदुवंशी क्षत्रियों द्वारा की गई थी। बुद्ध के समय अवंती मौर्य साम्राज्य में सम्मिलित था। प्राचीनकाल में यहाँ हैहयवंश का शासन था।

विस्तार व कार्य-क्षेत्र—ऐतिहासिक परंपरा में हमें यह विदित होता है कि प्रथम शताब्दी ई.पू. (५७ ई.पू. के लगभग) में विक्रम संवत् के संस्थापक शकारि विक्रमादित्य ने शकों को हराकर उज्जयिनी को अपनी राजधानी बनाया था। चतुर्थ शती ई.पू. में भी अवंती मौर्य साम्राज्य में सम्मिलित था और उज्जयिनी मगध साम्राज्य के पश्चिम प्रांत की राजधानी थी। इससे पूर्व मगध और अवंती का संघर्ष पर्याप्त समय तक चलता रहा, जिसकी जानकारी हमें 'परिशिष्ट पर्व' से मिलती है। 'कथा सरित्सागर' से यह ज्ञात होता है कि अवंती राजा चंद्र प्रद्योत के पुत्र पालक ने कौशांबी को अपने राज्य में मिला लिया था। विष्णु पुराण में विदित है कि संभवतः गुप्तकाल से पूर्व अवंती पर आभीर इत्यादि शूद्रों या विजातियों का आधिपत्य था।

कालावधि—चीनी यात्री 'युवानच्वांग' के वर्णन से ज्ञात होता है कि अवंती या उज्जयिनी राज्य उस समय (६३० ई.पू.-६१५ ई.पू.) मालवा राज्य से अलग था। उस समय वहाँ एक स्वतंत्र राजा का शासन था। कहा जाता है कि शंकराचार्य के समकालीन अवंती नरेश सुधन्वा ने जैन धर्म का उत्कर्ष सूचित करने के लिए प्राचीन अवंतिका का नाम उज्जयिनी (विजयकारिणी) कर दिया था।

वक्रः पन्था यद्यपि भवतः प्रस्थित स्थोन्तराशाम्।
सौधोत्सङ्ग प्रणय विमुखो मा स्म भुरुज्ज यिन्याः॥

(मेघदूतम्—पूर्वभाग-२६)

इसके साथ ही कवि ने अवंती का भी उल्लेख किया है—

प्राप्यावन्तीमुदयन कथां कोविदग्राम वृहान।

(मेघदूतम्—पूर्वभाग-३०)

इससे यह लगता है कि कालिदास के समय में अवंती उस जनपद का नाम था, जिसकी मुख्य नगरी उज्जयिनी थी। ९वीं व १०वीं सदी में उज्जयिनी में 'परमार' राजाओं का शासन था, तत्पश्चात् उन्होंने 'धारा नगरी' को अपनी राजधानी बनाया। मध्यकाल में इस नगरी को मुख्यतः उज्जैन ही कहा जाता था और इसका मालवा के सूबे के एक मुख्य स्थान के रूप में वर्णन मिलता है। १७५० ई. में सिंधिया नरेशों का शासन यहाँ स्थापित हुआ और १८१० ई. तक उज्जैन में ही उनकी राजधानी रही। इसी वर्ष सिंधिया ने उज्जैन से हटाकर राजधानी ग्वालियर में बनाई। मराठों के राज्यकाल में उज्जैन के कुछ प्राचीन मंदिरों का जीर्णोद्धार किया गया था। इनमें 'महाकाल मंदिर' भी सम्मिलित है।

उपलब्धियाँ एवं योगदान—विक्रम संवत् के संस्थापक एवं प्रथम शती ई.पू. (५७ ई. पू. के लगभग) में शकों को हराकर उज्जयिनी को अपनी राजधानी बनाया था तथा 'गुप्तकाल' में चंद्रगुप्त विक्रमादित्य ने भी अवंती पर फिर विजय प्राप्त की और वहाँ से विदेशी सत्ता को उखाड़ फेंका।

उज्जयिनी के वर्तमान स्मारकों में मुख्य महाकाल का मंदिर क्षिप्रा नदी के तट पर भूमि के नीचे बना है। इसका निर्माण प्राचीन मंदिर के स्थान पर रणोजी सिंधिया के मंत्री रामचंद्र बाबा ने १९वीं सदी के उत्तरार्ध में करवाया था। महाकाल की शिव के द्वादश ज्योतिर्लिंगों में गणना होती है। इसी कारण इस नगरी को शिवपुरी भी कहा जाता है। इसे हरि सिद्धिका मंदिर भी कहा जाता है। यह उसी प्राचीन मंदिर का प्रतिरूप है, जहाँ शासक विक्रमादित्य इस देवी की पूजा करते थे।

राजा भर्तृहरि की गुफा संभवत: १५वीं सदी का अवशेष है। चौबीस खंबा दरवाजा शायद प्राचीन महाकाल मंदिर के प्रांगण का मुख्य द्वार था। कालीदह महल १५०० ई. में बना था। यहाँ की प्रसिद्ध वेधशाला जयपुर नरेश जयसिंह द्वितीय ने सन् १७३३ में बनवाई थी। वेधशाला का जीर्णोद्धार सन् १९२५ में किया गया था।

उत्तराधिकारी का वर्णन—बुद्ध के समय अवंती का राजा चंद्र प्रद्योत था। इसकी पुत्री वासवदत्ता से वत्सनरेश उदयिन ने विवाह किया था, जिसका उल्लेख भास रचित 'स्वप्न वासवदत्ता' नाटक में भी है। वासवदत्ता को अवंति से संबंधित मानते हुए एक नाटक में कहा गया है, ''अति सदृशी खल्वियमार्याया अवन्तिकाया:।'' (स्वप्नवासवदत्तम्, षष्ठ अंक।

महाजनपद—अश्मक

परिचय—अश्मक अथवा अस्सक पौराणिक १६ महाजनपदों में से एक था। नर्मदा और गोदावरी नदियों के बीच अवस्थित इस प्रदेश की राजधानी प्रतिष्ठान (पाटन) थी। आधुनिक काल में इस प्रदेश को 'महाराष्ट्र' कहते हैं। बौद्ध साहित्य में इस प्रदेश का उल्लेख मिलता है, जो गोदावरी के तट पर स्थित था। यह एकमात्र दक्षिण भारतीय महाजनपद स्थल था। दक्षिणापथ इस मार्ग से दक्षिण में स्थित प्रतिष्ठान का जुड़ाव उत्तर भारत से था।

राज्य विस्तार का कार्यक्षेत्र—'दशकुमार चरित' में दंडी ने, 'हर्षचरित' में बाणभट्ट ने तथा 'अर्थशास्त्र' की टीका में भट्टस्वामी ने इसे महाराष्ट्र प्रांत के अतंर्गत माना है। 'कूर्म पुराण' तथा वृहत्संहिता में अश्मक उत्तर भारत का अंग माना गया है। इन ग्रंथों के अनुसार पंजाब के समीप अश्मक प्रदेश की स्थिति थी, परंतु राजशेखर ने 'काव्य-मीमांसा' में इसकी स्थिति दक्षिण भारत के प्रदेशों में मानी है। राजशेखर के अनुसार 'माहिष्मती' से आगे दक्षिण की ओर 'दक्षिणापथ' आरंभ होता है, जिसमें महाराष्ट्र, विदर्भ, कुंतल, क्रंथैशिक, सूर्पारक, काँची, केरल, चोल, पांड्य, कोंकण आदि जनपदों का समावेश बतलाया गया है। राजशेखर अश्मक जनपद को इसी दक्षिणापथ का अंग मानते हैं। ब्रह्मांड पुराण में यही स्थिति लिखित है।

उत्तराधिकारी का वर्णन—'अश्मक' राजा का उल्लेख 'वायु पुराण' और 'महाभारत' में है।

द्वादशेऽय ततो वर्षे स जज्ञे मनु जर्षभ:।
अश्मको नाम राजर्षि: पोतनं यो न्यवेशयत्॥

१.११.१६८.५२५ (आदिपर्व, चैतरथपर्व, अष्टषडाधिक शततमोऽध्याय:, वासिष्ठोपाख्यान, श्लोक-२५)

संभवत: इसी राजा के नाम से यह जनपद अश्मक कहलाया। 'महागोविंदसूत्र:' के अनुसार यह प्रदेश रेणु और धृतराष्ट्र के समय में विद्यमान था। इस ग्रंथ में अश्मक के राजा ब्रह्मदत्त का उल्लेख है। 'सुत्तनिपात' में अश्मक को गोदावरी तट पर स्थित बताया गया है। इसकी राजधानी पोतन, पौदन्य या पैठान में थी।

पाणिनि ने 'अष्टाध्यायी' में भी अश्मकों का उल्लेख किया है। सोननंद जातक में अश्मक को अवंती से संबंधित कहा गया है।

विद्वानों का मत—'दशकुमार चरित' में दंडी ने अपने ग्रंथ के अष्टम उच्छ्वास में लिखा है कि अश्मक के राजा ने कुंतल, कोंकण वनवासी, मुरल, ऋचिक तथा नासिक के राजाओं को विदर्भ नरेश से युद्ध करने के लिए भड़काया, जिससे उन लोगों ने विदर्भ पर एक साथ आक्रमण कर दिया। इससे स्पष्ट है कि अश्मक महाराष्ट्र का ही कोई अंग या समग्र महाराष्ट्र का सूचक था, विदर्भ प्रांत का किसी प्रकार का अंग नहीं हो सकता, जैसा कि 'काव्य-मीमांसा में भी निर्दिष्ट किया गया है।

महाजनपद—अंग

परिचय—अंग देश पौराणिक १६ महाजनपदों में से एक था। वर्तमान में बिहार के मुंगेर और भागलपुर जिले इसमें आते थे, उसकी राजधानी चंपा थी। चंपा नगरी चंपा और गंगा नदी के संगम पर स्थित थी।

राज्य विस्तार का कार्यक्षेत्र—अंग देश का प्रथम नामोल्लेख अथर्ववेद ५,२२,१४ में है। भौगोलिक दृष्टि से अंग महाजऩपद मगध साम्राज्य के पूर्वी ओर तथा राजमहल पहाड़ी के पश्चिम भाग में अवस्थित था।

गन्धारिम्मं मूजवधयोङ्गेभ्यो मगधेभ्य:
प्रैष्यन् जनमिव शेषधिं तवमानं परिददामि।
प्रीत्या ददौ स कर्णाय मालिनीं नगरीमनु
अङ्गेषु नरशार्दूल स राजाऽऽसीत्पत्लजित्॥
पालयामासं वर्णास्तु कर्ण: परबलार्दन:
दुर्योधनंस्यानुमते तवापि विदितं तथा॥

(महाभारत, शांतिपर्व, अध्याय-५, श्लोक संख्या—६-७)

इस अप्रशंसात्मक कथन से पता चलता है कि अथर्ववेद के रचनाकाल अथवा उत्तरवैदिक काल तक अंग मगध की भाँति ही आर्य सभ्यता के प्रसार से बाहर था, जिसकी सीमा तब तक पंजाब से लेकर उत्तर प्रदेश तक थी। महाभारत काल में अंग और मगध एक ही राज्य के दो भाग थे। शांतिपर्व २९, ३५ (अंग बृहद्रथं चैव मतं सञ्जय शतुम्) में मगध के जरासंध के पिता बृहद्रथ को ही अंग का शासक बताया गया है। शांतिपर्व ५, ६, ७ से स्पष्ट है कि जरासंध ने कर्ण को अंग स्थित मालिनी या चंपापुरी देकर वहाँ का राजा मान लिया था, तत्पश्चात् दुर्योधन ने कर्ण को अंगराज घोषित कर दिया था।

वैदिककाल में—इस काल की स्थिति के प्रतिकूल महाभारत के समय अंग पूर्णरूप से आर्य सभ्यता के प्रभाव में आ गया था और पंजाब का ही एक भाग मद्र इस समय आर्य संस्कृति से बहिष्कृत समझा जाता था। महाभारत के अनुसार अंग देश की नींव राजा अंग ने डाली थी। संभवत: ऐतरेय ब्राह्मण ८, २२ में उल्लिखित अंग-वैरोजन ही अंग राज्य का संस्थापक था। जातक कथाओं तथा बौद्ध साहित्य के अन्य ग्रंथों से ज्ञात होता है कि गौतमबुद्ध से पूर्व अंग की गणना उत्तर भारत के षोड्श जनपदों में थी। इस काल में अंग की राजधानी चंपा नगरी थी। अंग नगर या चंपा का उल्लेख बुद्धचरित २७, ११ में भी है। पूर्व बुद्धकाल में अंग तथा मगध में सत्ता के लिए सदा संघर्ष रहा।

जैन सूत्र या उपासक दशा में अंग तथा उसके पड़ोसी देशों की मगध के साथ होनेवाली शत्रुता का आभास मिलता है। प्रज्ञापणा सूत्र में अन्य जनपदों के साथ अंग का भी उल्लेख है तथा अंग और बंग को आर्यजनों का महत्त्वपूर्ण स्थान बताया गया है। अपने ऐश्वर्यकाल में अंग के राज्यों का मगध पर भी अधिकार था, जैसा कि विधुर पंडितजातक (कांवेल ६, १३३) के उस उल्लेख से प्रकट होता है, जिसमें मगध की राजधानी राजगृह को अंगदेश का ही एक नगर बताया गया है, किंतु इस स्थिति का विपर्यय होने में अधिक समय न लगा और मगध के राजकुमार बिंबिसार ने अंगराज ब्रह्मदत्त को मारकर उसका राज्य मगध में मिला लिया। बिंदुसार अपने पिता की मृत्यु तक अंग का शासक भी था।

मौर्यकाल में स्थिति—जैन ग्रंथों में बिंबिसार के पुत्र कुणिक या अजातशत्रु को अंग व चंपा का राजा बताया है। मौर्यकाल में अंग अवश्य ही मगध के महान् साम्राज्य के अंतर्गत था। कालिदास ने रघु ६, २७ में अंगराज का उल्लेख इंदुमती-स्वयंवर के प्रसंग में मगध नरेश के ठीक पश्चात् किया है, जिससे प्रतीत होता है कि अंग की प्रतिष्ठा पूर्वगुप्तकाल में मगध से कुछ कम रही होगी। रघु ६, २७ में ही अंगराज्य के प्रशिक्षित हाथियों का मनोहर वर्णन है—जगाद चैनामयभङ्गनाथः सुराङ्गना प्रार्थित यौवन श्रीः विनित्त नागः किलसूत्र कारैरेन्द्रं पदं भूमि गतोऽपि शुंक्ते। (विष्णुपुराण अंश-४, अध्याय-१०) में अंग वंशीय राजाओं का उल्लेख है। कथासरित्सागर ४४, ९ से सूचित होता है कि ११वीं शती ई. में अंगदेश का विस्तार समुद्रतट (बंगाल की खाड़ी) तक था, क्योंकि अंग का एक नगर विटंकपुर समुद्र के किनारे ही बसा था।

पौराणिक वर्णन एवं उत्तराधिकारी—महाभारत ग्रंथ में प्रसंग है कि हस्तिनापुर में कौरव राजकुमारों के युद्ध-कौशल के प्रदर्शन हेतु आचार्य द्रोण ने प्रतियोगिता का आयोजन किया था। अर्जुन इस प्रतियोगिता में सर्वोच्च प्रतिभाशाली धनुर्धर के रूप में उभरा। कर्ण ने इस प्रतियोगिता में अर्जुन को द्वंद्व युद्ध के लिए चुनौती दी, किंतु कृपाचार्य ने यह कहकर ठुकरा दिया कि कर्ण कोई राजकुमार नहीं है, इसीलिए इस प्रतियोगिता में भाग नहीं ले सकता, तब दुर्योधन ने कर्ण को अंग देश का राजा घोषित कर दिया था।

महाजनपद—कंबोज

परिचय—कंबोज उत्तरापथ के गांधार के निकट स्थित प्राचीन भारतीय जनपद था, जो दक्षिण पश्चिम पुंछ में स्थित था। प्राचीन संस्कृत एवं पाली साहित्य में कंबोज और गांधार का नाम प्रायः साथ-साथ आता है। जिस प्रकार गांधार की उत्कृष्ट ऊन का वर्णन ऋग्वेद में मिलता है, उसी प्रकार कंबोज के कंबलों का उल्लेख यास्क के निरुक्त में हुआ है। वास्तव में यास्क ने कंबोज शब्द की व्युत्पत्ति ही सुंदर कंबलों का उपयोग करनेवाले या विकल्प में सुंदर भोजन करनेवाले लोगों के आधार पर किया होगा। गांधार और कंबोज इन दोनों जनपदों के अभिन्न संबंध ही रहे हैं। गांधार अफगानिस्तान (कंदहार) का संवर्ती प्रदेश था और इसी के पड़ोस में पूर्व की ओर कंबोज की स्थिति थी।

वाल्मीकि रामायण में कंबोज का वातहीक और वनायु जनपदों के साथ वर्णन है और इन देशों में उत्पन्न श्रेष्ठ काले घोड़ों से अयोध्या नगरी को संपन्न बताया गया है। महाभारत में अर्जुन की दिग्विजय यात्रा के प्रसंग में परम कंबोज का लोह और ऋषिक जनपदों के साथ उल्लेख है।

द्रोणपर्व में सात्यिकी द्वारा कंबोजों, यवनों, शकों, किरातों और बर्बरों आदि की दुर्मद सेना को हराने और उनके मुंडित मस्तकों तथा लंबी दाढ़ियों का चित्रमय उल्लेख है। महाभारत के युद्ध के समय कंबोजों ने कौरवों का साथ दिया। महाभारत में कंबोजों के राजपुर नामक नगर का भी उल्लेख है, जिसे कर्ण ने जीता था।

प्रसिद्ध वैयाकरण पाणिनि ने, जो खुद कंबोज के सहवर्ती प्रदेश के निवासी थे, कबोजाल्लुक सूत्र से इस जनपद के बारे में अपनी जानकारी प्रकट की है। पतंजलि ने भी महाभाष्य में कंबोज का उल्लेख किया है। सिकंदर के आक्रमण के समय (३२७ ई.पू.) कंबोज प्रदेश की सीमा के अंतर्गत उरशा और अभिसार नामक छोटे-छोटे राज्य बसे हुए थे।

विस्तार—प्राचीन वैदिक साहित्य में कंबोज देश था। यहाँ के निवासी कंबोजों के विषय में कई उल्लेख हैं, जिनसे यह ज्ञात होता है कि कंबोज देश का विस्तार उत्तर में कश्मीर से हिंदूकुश तक था। 'वंश ब्राह्मण' में कंबोज के ओपमन्यव नामक आचार्य का उल्लेख है। महाभारत के अनुसार अर्जुन ने अपनी उत्तर दिशा की दिग्विजय यात्रा के प्रसंग में दर्दरों या दर्दिस्तान के निवासियों के साथ ही कंबोजों को भी परास्त किया था।

गृहीत्वा तु बलं सारं फल्गु चोत्सृज्य पाण्डवः
दरदान्सह काम्बो जैरजयत्पाक शासनिः।

(२.२३.२४.०.२२ सभापर्व, दिग्विजयपर्व, चतुर्विंशोऽध्याय: (२४), श्लोक-२२)

महाभारत में कहा गया है कि कर्ण ने राजपुर पहुँचकर कंबोजों को जीता, जिससे राजपुर कंबोज का नगर सिद्ध होता है।

कर्ण राजपुरं गत्वा काम्बोजानिर्जितास्त्वया:।

कंबोज क्षेत्र का आधुनिक स्थान पश्चिमी पाकिस्तान और अफगानिस्तान में मिलता है। राजपुर, द्वारका, कपीशी इसके प्रमुख नगर थे। इसका उल्लेख प्राचीन ईरानी लेखों में मिलता है।

उपलब्धि—कंबोज महाजनपद के बारे में उसकी उपलब्धियों और उसके योगदान के बारे में इतिहास के पन्नों पर अगर नजर डालें तो पता चलता है कि कालिदास ने रघुवंश महाकाव्य में कंबोज देश में अखरोट के वृक्षों का वर्णन किया है, जो बताता है कि यह क्षेत्र कश्मीर के आस-पास का है, साथ ही कंबोज के लोगों ने वहाँ की जलवायु के परिप्रेक्ष्य में अपनी गुजर-बसर को देखते हुए ठंड से बचने के लिए अपने लिए कंबलों का उपयोग किया। यहाँ के लोग मौसमीय वातावरण को देखते हुए सुंदर-सुंदर भोजन ग्रहण करते थे।

उत्तराधिकारी वर्णन व अधिकार—इतिहासकार कल्हण के अनुसार कश्मीर नरेश ललितादित्य ने उत्तरापथ के अन्य कई देशों के साथ कंबोज को भी जीता था। महाभारत में कंबोज के कई राजाओं का वर्णन है, जिनमें सुदर्शन और चंद्रवर्मन मुख्य हैं। कौटिल्य के अर्थशास्त्र में कंबोज के 'वार्ताशस्त्रोपजीवी' (खेती और शस्त्रों से जीविका चलानेवाले) संघ का उल्लेख है, जिससे मालूम होता है कि मौर्यकाल से पूर्व महा गणराज्य स्थापित था। मौर्यकाल में चंद्रगुप्त के साम्राज्य में यह गणराज्य विलीन हो गया।

महाभारत में कंबोज देश के कर्मठ और सुदक्षिण नामक राजाओं के नाम मिलते हैं, किंतु

कौटिल्य के अर्थशास्त्र से यह ज्ञात होता है कि चतुर्थ शताब्दी ई.पू. में कंबोज में संघ या गणराज्य की स्थापना भी की गई थी। अर्थशास्त्र में कंबोजों को वार्ताशस्त्रोपजीवी बताया गया है। मनु ने भी कंबोजों को 'दस्यु' नाम से अभिहित किया है। उन्हें म्लेच्छ भाषा बोलनेवाला बताया है।

प्रसिद्ध बौद्ध सम्राट् कनिष्क का रक्तसंबंध इसी जाति के कुशान नामक कबीले से था। द्रोण पर्व में सात्यिकी द्वारा कंबोजों, यवनों, शकों, किरातों और बर्बर आदि की दुर्मद सेना को हटाने और उनके मुंडित मस्तकों तथा लंबी दाढ़ियों का चित्रमय उल्लेख मिलता है। सात्यिकी ने धृतराष्ट्र की सेना का संहार करते हुए हजारों कंबोजों, शकों, शबरों, किरातों व बर्बरों के शवों से रणभूमि को पाटकर वहाँ मांस और रुधिर की नदी बहा दी थी। उन दस्युओं के सिरसाणों से युक्त मुंडित और लंबी दाढ़ियोंवाले सिरों से रणभूमि पंखविहीन पक्षियों से भरी हुई सी दिखाई दे रही थी। महाभारत के युद्ध में कंबोजों ने कौरवों का साथ दिया था। यह स्पष्ट है कि कंबोजों के राजपुर नामक नगर को अंगराज कर्ण ने जीता था।

महाजनपद—काशी

अवधि—चौथी शती ई.पू.।

परिचय—गंगातट पर बसी काशी बड़ी पुरानी नगरी है। इतने प्राचीन नगर संसार में बहुत कम हैं। हजारों वर्ष पूर्व इस नगर की नींव आर्यों ने डाली थी। उन्होंने यहाँ कपड़े और चाँदी का व्यापार शुरू किया था। वे अपने को आर्य यानी श्रेष्ठ (महान्) कहते थे। आर्यों की अपनी जातियाँ थीं, अपने कुल-घराने थे। उनका एक राजघराना तब काशी में आ गया था। काशी के पास ही अयोध्या में भी तभी उनका राजकुल बसा तथा उसे राजा इक्ष्वाकु का कुल कहते थे, यानी सूर्यवंश। काशी में चंद्रवंश की स्थापना भी हुई सैकड़ों वर्ष काशी नगर पर भरत राजकुल के चंद्रवंशी राजा राज करते रहे। काशी तब आर्यों के पूर्वी नगरों में थी और पूर्व में उनके राज की सीमा से परे पूर्व का देश अपवित्र माना जाता था।

'हरिवंश पुराण' के अनुसार काशी को बसानेवाले भरतवंशी राजा 'काश' थे। कुछ विद्वानों के मत में काशी वैदिक काल से भी पूर्व की नगरी थी। भगवान् शिव की उपासना का प्राचीनतम केंद्र होने के कारण ही इस धारणा का जन्म हुआ, क्योंकि सामान्य रूप से 'शिवोपासना' को पूर्व वैदिककालीन माना जाता है।

गौतमबुद्ध के समय काशी राज्य 'कोसल जनपद' के अंतर्गत था। कोसल की राजकुमारी का मगधराज बिंबिसार के साथ विवाह होने के समय काशी को दहेज में दिया गया था। बुद्ध ने अपना सर्वप्रथम उपदेश वाराणसी के निकट 'सारनाथ' में दिया था, जिससे उसके तत्कालीन धार्मिक तथा सांस्कृतिक महत्त्व का पता चलता है। बिंबिसार के पुत्र अजातशत्रु ने काशी को मगध राज्य का अभिन्न अंग बना लिया और तत्पश्चात् मगध के उत्कर्षकाल में इसकी यही स्थिति बनी रही। बौद्ध धर्म की अवनति तथा हिंदू धर्म के पुनर्जागरण काल में काशी का महत्त्व संस्कृत भाषा तथा हिंदू संस्कृति के केंद्र के रूप में निरंतर बढ़ता ही गया, जिसका प्रमाण उस काल में लिखे या पुनः संपादित पुराणों द्वारा प्राप्त होता है। 'स्कंदपुराण' में तो स्वतंत्र रूप से काशी के माहात्म्य पर 'काशीखंड' अध्याय ही लिखा गया। पुराणों में काशी को मोक्ष की नगरी कहा गया है। चीनीयात्री

'फाह्यान' (चौथी शती ई.) और युवानच्वांग अपनी यात्रा के दौरान काशी आए थे। युवानच्वांग ने ७वीं शती के पूर्वार्ध में यहाँ लगभग ३० बौद्ध विहार और १०० हिंदू मंदिर देखे थे। ९वीं शती में जगद्गुरु शंकराचार्यजी ने अपने विद्या प्रचार से काशी को भारतीय संस्कृति तथा नवोदित आर्य धर्म का सर्वाधिक महत्त्वपूर्ण केंद्र बना दिया। काशी की यह सांस्कृतिक परंपरा आज भी अविच्छिन्न रूप से चली आ रही है।

एक अन्य कथा के अनुसार महाराज सुखदेव के पुत्र राजा दिवोदास ने गंगा तट पर वाराणसी नगर बसाया था। वह काशी का प्रतापी शासक था।

महावीर्यो महीपालः काशीनामीश्वरः प्रभुः।
दिवोदास इति ख्यातो भैमसेनिर्नशधिपः॥

५.५४.११५.११.१ (उद्योगपर्व भगवद्यान पर्व, पञ्चवद्यान पर्व, पञ्चदशाधिकशततमोध्यायः (११५), गालवचरितम्, श्लोक-१)

एक बार भगवान् शंकर ने देखा कि पार्वतीजी को मायके (हिमालय क्षेत्र) में रहने में संकोच होता है तो किसी दूसरे सिद्धक्षेत्र में रहने का उन्होंने विचार बनाया। उन्हें काशी अतिप्रिय लगी। वे यहाँ आ गए। भगवान् शिव के सान्निध्य में रहने की इच्छा से देवता भी काशी में आकर रहने लगे। राजा दिवोदास अपनी राजधानी काशी का आधिपत्य खो जाने से बड़े दुःखी हुए। उन्होंने कठोर तपस्या करके ब्रह्माजी से वरदान माँगा। देवता देवलोक में रहें, भूलोक मनुष्यों के लिए रहे। सृष्टिकर्ता ने 'एवमस्तु' कह दिया। इसके फलस्वरूप भगवान् शंकर और उनके देवगणों को काशी छोड़ने के लिए विवश होना पड़ा। शिवजी मंदराचल पर्वत पर चले गए, परंतु काशी से उनका मोह कम नहीं हुआ। महादेव को उनकी प्रिय काशी में पुनः बसाने के उद्देश्य से चौंसठ योगिनियों, सूर्यदेव, ब्रह्माजी और नारायण ने बड़ा प्रयास किया।

गणेशजी के सहयोग से अंततोगत्वा यह अभियान सफल हुआ। ज्ञानोपदेश पाकर राजा दिवोदास विरक्त हो गए। उन्होंने स्वयं शिवलिंग की स्थापना करके उसकी अर्चना की और बाद में वे दिव्य विमान में बैठकर शिवलोक चले गए। महादेव वापस काशी आ गए। तब से लेकर आज तक काशी विश्वनाथ की पूजा होती है।

विस्तार—महाभारतपूर्व मगध में राजा जरासंध ने राज किया और काशी को अपने साम्राज्य में मिला लिया। आर्यों के यहाँ कन्या के विवाह स्वयंवर से ही होते थे। एक स्वयंवर में पांडव और कौरव के पितामह भीष्म ने काशी नरेश की तीन पुत्रियों अंबा, अंबिका, अंबालिका का अपहरण किया था। इस अपहरण के परिणामस्वरूप काशी और हस्तिनापुर की शत्रुता हो गई। महाभारत युद्ध में जरासंध और उसका पुत्र सहदेव दोनों काम आए। कालांतर में गंगा की बाढ़ ने पांडवों की राजधानी हस्तिनापुर को डुबो दिया, तब पांडव वर्तमान प्रयागराज जिले में यमुना किनारे कौशांबी में नई राजधानी बनाकर बस गए। उनका राज्य 'वत्स' कहलाया और काशी पर मगध की जगह अब वत्स का अधिकार हुआ।

युग बदलने के साथ ही वैशाली और मिथिला के लिच्छवी में संत वर्धमान महावीर हुए, कपिलवस्तु के शाक्य में गौतमबुद्ध हुए। उन्हीं दिनों अश्वसेन काशी का राजा हुए। इनके यहाँ पार्श्वनाथ हुए, जो जैनधर्म के २३वें तीर्थंकर हुए। उन दिनों भारत के चार राज्य प्रबल थे, जो

मगध, कोसल, वत्स और उज्जयिनी थे। कभी काशी वत्सों के हाथ में आती तो कभी मगध के और कभी कोसल के। 'दशरथ जातक' में दशरथ, राम आदि को भी काशी का राजा बताया गया है।

उपलब्धि—इतिहास के पन्नों में काशी महाजनपद उपलब्धियों से परिपूर्ण रहा है और इसका जीता-जागता उदाहरण आज भी हमारे समक्ष प्रस्तुत है। काशी नगरों, मंदिरों व घाटों की नगरी है। इस समय काशी में लगभग १५०० मंदिर और ८४ घाट हैं। आज की आधुनिक नगरी काशी में काशी विद्यापीठ (संस्थापित १९२९) नामक विश्वविद्यालय भी है, जिसमें व्यावहारिक समाजशास्त्र की शिक्षा की भी व्यवस्था है। भारत की सांस्कृतिक राजधानी होने का गौरव इस प्राचीन नगरी को आज भी प्राप्त है। दूसरे शब्दों में यह भी कहा जा सकता है कि काशी ने भारत की सांस्कृतिक एकता के निर्माण तथा संरक्षण में महती योगदान दिया है। भारतेंदु आदि साहित्यकारों तथा नागरी प्रचारिणी सभा जैसी संस्थाओं को जन्म देकर काशी ने आधुनिक हिंदी साहित्य को समृद्ध बनाया है। काशी हिंदू विश्वविद्यालय जैसे ख्यातिलब्ध संस्थान भी काशी में स्थित हैं।

उत्तराधिकारी वर्णन व अधिकार—आधुनिक काशी राज्य वाराणसी का भूमिहार ब्राह्मण है। भारतीय स्वतंत्रता उपरांत अन्य सभी रजवाड़ों के समान काशी नरेश ने प्रशासनिक शक्तियाँ छोड़कर मात्र एक प्रसिद्ध हस्ती की भाँति रहना आरंभ किया। वर्तमान स्थिति में राजा होना मात्र एक सम्मान की उपाधि रह गई है। काशी नरेश का रामनगर किला वाराणसी शहर के पूर्व में गंगा नदी के तट पर बना है। एक अन्य किला चेत सिंह महल, शिवाला घाट वाराणसी में स्थित है। रामनगर किला और संग्रहालय में अब बनारस के राजाओं का एक स्मारक बना है। इसके अलावा १८वीं शती से यह काशी नरेश का आधिकारिक आवास बना है। आज भी काशी नरेश को सम्मान की दृष्टि से देखा जाता है। ये शहर के धार्मिक अग्रणी रहे हैं और भगवान् शिव के अवतार माने जाते हैं। ये शहर के धार्मिक संरक्षक भी माने जाते हैं और सभी धार्मिक कार्यकलापों में अभिन्न भागी होते हैं।

काशी नरेश	राज्य आरंभ	राज्य समाप्त
श्री मनसा राम	सन् १७३७	सन् १७४०
श्री बलवंत सिंह	सन् १७४०	सन् १७७०
श्री चैत सिंह	सन् १७७०	सन् १७८०
श्री महीप नारायण सिंह	सन् १७८१	सन् १७९४
श्री महाराजा उदित नारायण सिंह	सन् १७९४	सन् १८३५
महाराजा श्री ईश्वरी नारायण सिंह बहादुर	सन् १८३५	सन् १८८९
ले. कर्नल महराजश्री सर प्रभु नारायण सिंह बहादुर	सन् १८८९	सन् १९३१
कैप्टन महाराज श्री सर आदित्य नारायण सिंह	सन् १९३१	सन् १९३९
डॉ. विभूति नारायण सिंह	सन् १९३९	सन् १९४७

डॉ. विभूति नारायण सिंह स्वतंत्रतापूर्व अंतिम नरेश थे। इसके बाद १५ अक्तूबर, १९४७ को राज्य भारतीय संघ में शामिल हो गया। सन् २००० में इनकी मृत्यु के बाद इनके पुत्र अनंत नारायण सिंह ही काशी नरेश हैं और इस परंपरा के वाहक भी।

महाजनपद—कुरु

परिचय—कुरु महाजनपद वर्तमान के दिल्ली-मेरठ क्षेत्र में अवस्थित था। अर्थशास्त्र में कुरुवंशियों के लिए 'राज शब्दोपजीविनः' शब्द का प्रयोग किया गया है। इससे पता चलता है कि इस महाजनपद में पूर्ण रूप से राजतंत्रात्मक शासन प्रणाली नहीं थी अपितु मजबूत केंद्र के साथ सत्ता के अनेक केंद्र थे, जैसा कि पता चलता है कि हस्तिनापुर कर्णप्रस्थ, इंद्रप्रस्थ, पर्णप्रस्थ इत्यादि के स्वतंत्र रूप से प्रमुख होते थे।

महाभारत ग्रंथ के अनुसार हस्तिनापुर में एक प्रतापी राजा, जिसका नाम संवरण था। संवरण वेदों को माननेवाला और सूर्यदेव का उपासक था। वह जब तक सूर्य की उपासना नहीं कर लेता था, जल का एक घूँट भी उसके कंठ से नीचे नहीं उतरता था। एक दिन संवरण हिम पर्वत पर हाथ में धनुष-बाण लेकर आखेट के लिए भ्रमण कर रहा था, तभी उसे एक अत्यंत सुंदर युवती दिखाई दी। वह युवती इतनी सुंदर थी कि सँवरण उस पर मोहित हो गया। उसने उस युवती के पास जाकर उससे विवाह करने की इच्छा जाहिर की, तब उस युवती ने उसे बताया कि वह सूर्य देव की छोटी पुत्री 'ताप्ती' है और उसके पिता विवाह के लिए आज्ञा नहीं देंगे। इसके लिए आपको मुझे पाने के लिए मेरे पिताजी को प्रसन्न करना होगा, तो राजा संवरण ने सूर्यदेवजी की कठिन तपस्या की, जिससे सूर्यदेव प्रसन्न हुए और वरदानस्वरूप राजा संवरण ने सूर्यदेव से उनकी पुत्री ताप्ती को माँग लिया। राजा संवरण और ताप्ती की संतान के रूप में 'कुरु' का जन्म हुआ।

कुरु वंश की शुरुआत राजा कुरु से हुई थी। राजा कुरु बड़े ही प्रतापी, शूरवीर और तेजस्वी थे। उन्हीं के नाम पर कुरु वंश की शाखाएँ निकलीं और विकसित हुईं। एक से एक शूरवीर और प्रतापी राजा कुरु वंश में पैदा हुए। महाभारत के पांडवों और कौरवों ने भी 'कुरु वंश' में ही जन्म लिया था। महाभारत का युद्ध भी कुरुवंशियों में ही लड़ा गया। सामान्यतः धृतराष्ट्र की संतान को ही 'कौरव' की संज्ञा दी जाती है, पर कुरु के वंशज कौरव-पांडव दोनों ही थे।

विस्तार—राजा कुरु के नाम से ही 'कुरु महाजनपद' का नाम प्रसिद्ध हुआ, जो प्राचीन भारत के १६ महाजनपदों में से एक था। इसका क्षेत्र आधुनिक हरियाणा (कुरुक्षेत्र) के इर्द-गिर्द था। इसकी राजधानी संभवतः हस्तिनापुर या इंद्रप्रस्थ थी। कुरु के राज्य का विस्तार कहाँ तक रहा होगा, यह भारतीयों के लिए खोज का विषय है, किंतु संपूर्ण विश्व के इतिहास में 'कुरु' प्राचीन विश्व के सर्वाधिक विशाल साम्राज्य को नए आयाम देनेवाले चक्रवर्ती राजा थे। उन्होंने ईरान में मेड़ साम्राज्य को अपने ही ससुर अस्त्यागस से हस्तांतरित करते हुए साम्राज्य का नया नाम 'अजमीढ़' साम्राज्य रखा था। इस साम्राज्य की सीमाएँ भारत से मिस्र, लीबिया, ग्रीक तक विस्तृत थीं।

उपलब्धि—इतिहास के पन्नों में कुरु महाजनपद की उपलब्धियों के अनुसार कुरु महाजनपद की राजधानी इंद्रप्रस्थ या हस्तिनापुर थी। अथर्ववेद संहिता २०, १२७, ८ में कौरव या कुरुदेश के राजा का उल्लेख है। महाभारत के अनेक वर्णनों से विदित होता है कि कुरुजंगल, कुरु और कुरुक्षेत्र इस विशाल जनपद के तीन मुख्य भाग थे। कुरु जंगल इस प्रदेश के वन्य भाग का नाम था। आधुनिक हरियाणा तथा दिल्ली की यमुना नदी के पश्चिमवाला अंश शामिल था। इसकी राजधानी आधुनिक दिल्ली इंद्रप्रस्थ थी। एक प्राचीन देश, जिसका हिमालय के उत्तर का भाग उत्तर कुरु और हिमालय के दक्षिण का भाग 'दक्षिण कुरु' के नाम से विख्यात है। भागवत के अनुसार

'युधिष्ठिर का राजसूय यज्ञ और श्रीकृष्ण का रुक्मिणी संग विवाह यहीं हुआ था।'

उत्तराधिकारी वर्णन व अधिकार—कौरव चंद्रवंशी थे। वे अपने आदिपुरुष के रूप में चंद्रमा को मानते थे। इनके आराध्य शिव और गुरु शुक्राचार्य थे। पुराणों के अनुसार ब्रह्मा से अत्रि, अत्रि से चंद्रमा, चंद्रमा से बुद्ध का और बुद्ध से इलानंदन पुरुरवा का जन्म हुआ। पुरुरवा और कौशल्या से जनमेजय, जनमेजय और अनंता से प्रचिवान, प्रचिवान और अश्मकी से संयाति, संयाति और वारंगी से अध्याति, अध्याति और भानुमति से सार्वभौम, सार्वभौम और सुनंदा से जयत्सेन, जयत्सेन और सुश्रवा से अर्वाचीन, अर्वाचीन और मर्यादा से अरिह, अरिह और खल्वंगी से महाभौम, महाभौम और सुयशा से अनुतमायी, अनुतमायी और कामा से अक्रोधन, अक्रोधन और कारांभा से देवातिथि, देवातिथि और मर्यादा से अरिह, अरिह और सुदेवा से ऋक्ष, ऋक्ष और ज्वाला से मतिनार, मतिनार और सरस्वती से तंसु, तंसु और कांलिदी से इलिन, इलिन और राधांतरी से दुष्यंत, दुष्यंत और शकुंतला से भरत, भरत और सुनंदा से भमन्यू, भमन्यू और विजय से सुहोत्र, सुहोत्र और सुवर्णा से हस्ती, हस्ती और यशोधरा से विकुंठन, विकुंठन और सुदेवा से अजमीद, अजमीद से संवरण, संवरण और ताप्ती से कुरु का जन्म हुआ, जो कुरु वंश कहलाया।

कुरु और सुभांगी से विदुरथ हुए, विदुरथ और संप्रिया से अनाश्रवा, अनाश्रवा और अमृता से परीक्षित, परीक्षित और सुयशा से भीमसेन, भीमसेन और कुमारी से प्रतिश्रवा, प्रतिश्रवा से प्रतीय, प्रतीय और सुनंदा से तीन पुत्र देवापि, ब्राह्मीक एवं शांतनु का जन्म हुआ। देवापि किशोरावस्था में ही संन्यासी हो गए एवं ब्राह्मीक युवावस्था में अपने राज्य की सीमाओं को बढ़ाने में लग गए। इसलिए सबसे छोटे पुत्र शांतनु को गद्दी मिली। शांतनु और गंगा से देवव्रत हुए, जो आगे चलकर 'भीष्म' के नाम से प्रसिद्ध हुए। भीष्म का वंश आगे चलकर नहीं बढ़ा, क्योंकि उन्होंने आजीवन ब्रह्मचारी रहने की प्रतिज्ञा की थी। शांतनु की दूसरी पत्नी सत्यवती से चित्रांगदा और विचित्रवीर्य हुए, लेकिन इनका वंश भी आगे नहीं बढ़ सका, इस तरह कुरु की शाखाएँ डूब गईं, लेकिन दूसरी शाखाओं ने मगध पर और तीसरी शाखा ने ईरान पर राज किया।

महाजनपद—कौसल

काल—५वीं-६वीं शती ई.पू.।

परिचय—उत्तरी भारत का प्रसिद्ध जनपद, जिसकी राजधानी विश्वविश्रुत नगरी अयोध्या थी, में उत्तर भारत के फैजाबाद, गोंडा, बहराइच के क्षेत्र शामिल थे। वाल्मीकि रामायण में इसका उल्लेख है।

कोसलो नाम मुदितः स्फीतो जनपदो महान्।
निविष्टः सरयू तीरे प्रभूत धनधान्यवान्॥

हमें कौसल महाजनपद का वर्णन ऋग्वेद में मिलता है कि यह जनपद सरयू (गंगा की सहायक नदी) के तटवर्ती प्रदेश में बसा हुआ था। सरयू नदी के किनारे बसी हुई बस्ती के सर्वप्रथम उल्लेख ऋग्वेद में चित्ररूथ को इस बस्ती का प्रमुख बताया गया है। इसी व्यक्ति का उल्लेख वाल्मीकि रामायण में भी है।

हमारे भारत राष्ट्र में रामायण काल को इतिहास की दृष्टि से बहुत ही महत्त्वपूर्ण माना

जाता है। जहाँ कौसल महाजनपद मर्यादा पुरुषोत्तम भगवान् श्रीराम व उनकी पत्नी सीताजी के द्वारा त्याग, सत्यनिष्ठा, कर्तव्यपरायणता, क्षमा और आज्ञापालक, प्रज्ञा के प्रति अपने उत्तरदायित्व व समाज में ऐसे आदर्शों के मापदंडों का पालन किया, जिसके आधार पर इन शिक्षाओं के माध्यम से आम-जन इन आदर्शों को अंगीकार करके अपने जीवन के लक्ष्यों को पा सकता है। इस काल में जिसे स्मरण करके आज भी समूची मानव जाति अपने जीवन के उद्देश्यों व कर्तव्यों की पूर्ति करते हुए अपने जीवन को सफल बनाने के लिए अग्रसर है।

मर्यादा पुरुषोत्तम भगवान् श्रीराम और सीताजी का चरित्र-चित्रण बहुत ही अतुलनीय है, जिसकी व्याख्या करना बहुत ही कठिन है, क्योंकि दोनों ही त्याग, बलिदान व आदर्शों के पूरक हैं। संपूर्ण रामायण काल की अगर बात करें तो राजा दशरथ, उनकी पटरानियाँ कौसल्या, कैकेयी और सुमित्रा थीं। राजा दशरथ को उनकी पत्नियों से क्रमशः राम, भरत, लक्ष्मण, शत्रुघ्न पुत्रों की प्राप्ति हुई थी। इसी प्रकार राजा जनक और उनकी पटरानी सुनयना थीं। राजा जनक व सुनयना की चार पुत्रियाँ थीं, क्रमशः सीता, मांडवी, उर्मिला और श्रुतिकीर्ति। श्रीरामचंद्रजी भगवान् विष्णु के अवतार थे और सीताजी माँ भगवती की स्वरूप थीं। बाल्यकाल में श्रीरामचंद्रजी की बाल-क्रीड़ाओं का उल्लेख हृदय को प्रफुल्लित कर देनेवाला था और अपने भाइयों के साथ उन्हें हनुमानजी का साथ मिला, जिससे श्रीरामचंद्रजी ने अपने जीवन काल में बड़े-से-बड़े कार्य करते हुए 'बुराई पर अच्छाई' की जीत प्राप्त की और संपूर्ण संसार को यह संदेश दिया कि हमें सदा सदाचार, सत्य, निष्ठा व अपने कर्तव्यों के प्रति सजग रहना चाहिए। श्रीरामचंद्रजी के चरित्र का वर्णन करना आसान कार्य नहीं है, क्योंकि उनकी एक-एक लीला का वर्णन करने में समय कम पड़ जाएगा, अपितु उनकी लीलाओं का संकलन नहीं हो पाएगा। श्रीरामचंद्रजी को 'कौसल नरेश' के नाम से भी जाना जाता है। श्रीरामचंद्रजी अयोध्या के राजा कहलाए। श्रीरामचंद्रजी के समस्त भाई सदा श्रीरामचंद्रजी की आज्ञा का पालन करते थे। श्रीरामचंद्रजी जब चौदह वर्ष के वनवास में अपनी पत्नी सीताजी व अपने अनुज लक्ष्मण के साथ गए, तब लंका के राजा रावण ने चालाकी से सीताजी का अपहरण कर लिया। इससे रामचंद्रजी व लक्ष्मणजी ने लंका पर चढ़ाई कर दी और रावण को युद्ध में मारकर सीताजी को उसकी कैद से मुक्त कराकर वापस आयोध्या लौटे। उनके इस कार्य में उनके साथ वानरों का सहयोग रहा। श्रीरामचंद्रजी ने इस सहयोग के लिए सभी वानरों, सुग्रीव, जामवंतजी और हनुमानजी के साथ समस्त वानर जाति को धन्यवाद दिया और अपनी संपूर्ण प्रजा और समूचे विश्व को यह संदेश दिया कि हमें सदा सत्य, कर्तव्यपराणता आदर्शों व चरित्र को सदा श्रेयस्कर बनाना चाहिए।

विस्तार—रामायण काल में ही कौसल जनपद दो भागों में बँटा हुआ था—१. उत्तर कौसल, २. दक्षिण कौसल।

राजा दशरथ की रानी कौशल्या संभवतः दक्षिण कोसल (रायपुर, बिलासपुर जिला, मध्य प्रदेश) की राजकन्या थी। कालिदास ने रघुवंश में अयोध्या को उत्तर कौसल की राजधानी कहा है। रघुवंश महाकाव्य के तृतीय सर्ग में महाकवि ने राजा दिलीप को उत्तर कोसलेश्वर विशेषण से संबोधित किया है—

न मे हिया शंसति किञ्चिदीप्सितं,
स्पृहावती वस्तुषु केषु मागधी।

इति स्म पृच्छ त्यनु वे लभादूतः,
प्रिया सरवी रुत्तर कोशलेश्वरः ॥

(रघुवंश, तृतीया सर्ग, श्लोक संख्या-५)

रामायणकाल में अयोध्या बहुत ही समृद्धिशाली नगरी थी। अगुंत्तर निकाय के अनुसार बुद्धकाल से पहले कौसल की गणना उत्तर भारत के सोलह महाजनपदों में थी। इस समय विदेह और कौसल की सीमा पर सदानीरा (गंडक) नदी बहती थी। बुद्ध के समय कौसल का राजा प्रसेनजित् था, जिसने अपनी पुत्री कोमला का विवाह मगध नरेश बिंबिसार के साथ किया था। काशी का राज्य, जो इस समय कौसल के अंतर्गत था, राजकुमारी को दहेज में उसकी प्रसाधन सामग्री की आय के लिए दिया गया था। इस समय कौसल की राजधानी श्रावस्ती में थी। अयोध्या का निकटवर्ती उपनगर साकेत बौद्धकाल का प्रसिद्ध नगर था।

पाँचवीं और छठवीं शती ई.पू. में कौसल मगध के समान ही शक्तिशाली राज्य था, किंतु धीरे-धीरे मगध का महत्त्व बढ़ता गया और मौर्य-साम्राज्य की स्थापना के साथ कौसल मगध साम्राज्य का ही भाग बन गया। इसके पश्चात् इतिहास में कौसल को जनपद के रूप में अधिक महत्ता नहीं दिखाई देती, यद्यपि इसका नाम गुप्तकाल तक साहित्य में प्रचलित था।

उपलब्धि—इतिहास के पन्नों में कौसल महाजनपद अयोध्या के नाम से भी जाना जाता है। यह अयोध्या नगरी मर्यादा पुरुषोत्तम भगवान् श्रीरामचंद्रजी व सीताजी के द्वारा जानी जाती है, इस काल में कौसल जनपद का विस्तार व इसकी लोकप्रियता समूचे विश्व में थी। इस काल में कौसल जनपद को वेदों, पुराणों में स्थान मिला। महत्त्वपूर्ण ग्रंथों, जैसे वाल्मीकि द्वारा रचित 'रामायण' और गोस्वामी तुलसीदासजी द्वारा रचित 'श्रीरामचरितमानस' ऐसे दुर्लभ ग्रंथ हैं, जो आज भी संपूर्ण विश्व और मानवजाति को मार्ग दिखाते हुए उनका उद्धार कर रहे हैं। कौसल जनपद की अयोध्या नगरी में श्रीरामचंद्रजी के जन्म लेने से यह नगरी इतिहास के पन्नों में 'स्वर्ण अक्षरों' में अंकित है।

उत्तराधिकारी वर्णन व अधिकार—महाभारत में भीमसेन की दिग्विजय यात्रा में कौसल नरेश बृहद्वल की पराजय का उल्लेख है। बुद्ध के समय प्रसेनजित् था, जिसने अपनी पुत्री का विवाह मगध-नरेश बिंबिसार से किया।

विष्णु पुराण के अनुसार गुप्तकाल के पूर्ववर्ती काल में कौसल का अन्य जनपदों के साथ ही देवरक्षित नामक राजा द्वारा शासित होने का वर्णन है। गुप्त सम्राट् समुद्रगुप्त की प्रयास प्रशस्ति में 'कौशल महेंद्र' या कोसल (दक्षिण कोसल) में महेंद्र का उल्लेख है, जिस पर समुद्रगुप्त ने विजय प्राप्त की थी।

महाजनपद—गंधार

परिचय—पौराणिक १६ महाजनपदों में से एक (अब) पाकिस्तान का पश्चिमी तथा अफगानिस्तान का पूर्वी क्षेत्र। इसे आधुनिक कंधार से जोड़ने की गलती कई बार लोग कर देते हैं, जो वास्तव में इस क्षेत्र से कुछ दक्षिण में स्थित था। इस प्रदेश का मुख्य केंद्र आधुनिक पेशावर और आस-पास के इलाके थे। इस महाजनपद के प्रमुख नगर थे—पुरुषपुर (आधुनिक पेशावर) और तक्षशिला इसकी राजधानी थी, इसका अस्तित्व ६०० ईसा पूर्व से ११वीं सदी तक रहा। कुषाण शासकों के दौरान

यहाँ बौद्ध धर्म बहुत फला-फूला, परंतु बाद में मुस्लिम आक्रमण के कारण इसका पतन हो गया।

कार्यक्षेत्र एवं उत्तराधिकारी—(प्राचीन नाम : गांधार महाजनपद) गांधार, थाईलैंड या स्याम के उत्तरी भाग में स्थित यूनान का प्राचीन भारतीय नाम है। चीनी इतिहास ग्रंथों से सूचित होता है कि द्वितीय शती ई.पू. में ही इस प्रदेश में भारतीयों ने उपनिवेश बसा लिये थे और ये लोग बंगाल-असम तथा ब्रह्मदेश के व्यापारिक स्थल मार्गों से यहाँ पहुँचे थे। १३वीं सदी तक यूनान का भारतीय नाम गांधार ही प्रचलित था, जैसा कि तत्कालीन मुस्लिम लेखक रशीदुद्दीन के वर्णन से सूचित होता है। इस प्रदेश का चीनी नाम नानचाओ था। सन् १२५३ ई. में चीन के सम्राट् कुबला खाँ ने गांधार को जीतकर यहाँ के हिंदू राजाओं की समाप्ति कर दी।

इस प्रदेश का उल्लेख महाभारत और अशोक के शिलालेखों में मिलता है। महाभारत के अनुसार धृतराष्ट्र की रानी और दुर्योधन की माता गांधारी गंधार की राजकुमारी थीं। आजकल यह पाकिस्तान के रावलपिंडी और पेशावर जिलों का क्षेत्र है। तक्षशिला और पुष्कलावती यहीं के प्रसिद्ध नगर थे। अशोक के साम्राज्य का अंग रहने के बाद कुछ समय यह फारस के और कुषाण राज्यों के अंतर्गत रहा। यह पूर्व और पश्चिम के सांस्कृतिक संगम का स्थल था और यहाँ कला की गांधार शैली का जन्म हुआ।

सिंधु नदी के पूर्व और उत्तर-पश्चिम की ओर स्थित प्रदेश। वर्तमान अफगानिस्तान का पूर्वी भाग भी इसमें सम्मिलित था। ऋग्वेद में गंधार के निवासियों को गांधारी कहा गया है तथा उनकी भेड़ों की ऊन को सराहा गया है और अथर्ववेद में गांधारियों का मजबूती के साथ उल्लेख है—

उपोप मे परामृश मा मे दभ्राणिमन्यथा
सर्वाहमस्मि रोमशा। गन्धारीणामिवाविका
गान्धारिभ्यो मूजबोदभ्यो गोभ्यो मगधेभ्यः
प्रैष्यन् जनमिव शेवधिं तवमानं परिदधासिं।

अथर्ववेद में गंधारियों की गणना अवमानित जातियों में की गई है, किंतु परवर्ती काल में गांधारवासियों के प्रति मध्य देशियों का दृष्टिकोण बदल गया और गांधार में बड़े विद्वान् और पंडितों ने अपना निवासस्थान बनाया। तक्षशिला गंधार की लोकविश्रुत राजधानी थी। बुद्ध की पूजा करते हुए इंद्र और ब्रह्मा, कला संस्थान शिरागो छांदोग्य उपनिषद् में उद्दालक-आरुणि ने गंधार के सद्गुरु वाले शिष्य के अपने अंतिम लक्ष्य पर पहुँचने के उदाहरण के रूप में उल्लेख किया है। ज्ञात होता है कि छांदोग्य के रचयिता का गांधार से विशेष रूप से परिचय था।

शतपथ ब्राह्मण तथा अनुगामी वाक्यों में उद्दालक-आरुणि का औदीच्यो या उत्तरी देश (गंधार) के निवासियों से संबंध बताया गया है। पाणिनि ने जो स्वयं गांधार के निवासी थे, तक्षशिला का उल्लेख किया है। ऐतिहासिक अनुश्रुति में कौटिल्य को तक्षशिला महाविद्यालय का ही रत्न बताया गया है। वाल्मीकि ने रामायण में गंधर्वदेश की स्थिति गांधार विषय के अंतर्गत बताई गई है। कैकेय देश इसके पूर्व में स्थित था। कैकेय नरेश युधासित के कहने से अयोध्यापति रामचंद्रजी के भाई भरत ने गंधर्वदेश को जीतकर यहाँ तक्षशिला और पुष्कलावती नगरियों को बसाया था।

महाभारतकाल में गंधार देश का मध्य प्रदेश से निकट संबंध था। धृतराष्ट्र की पत्नी गंधारी गांधार की ही राजकन्या थी। शकुनि इनका भाई था। जातकों में कश्मीर और तक्षशिला दोनों की

स्थिति गांधार में मानी गई है। जातकों में तक्षशिला का अनेक बार उल्लेख है। जातककाल में यह नगरी महाविद्यालय के रूप में भारत भर में प्रसिद्ध थी। पुराणों में गंधार नरेशों को दघ्नु का वंशज माना। वायु पुराण में गंधार के श्रेष्ठ घोड़ों का उल्लेख है।

अंगुत्तर निकाय—इसके अनुसार बुद्ध तथा पूर्व बुद्धकाल में गांधार उत्तरी भारत के सोलह जनपदों में परिगणित था। सिकंदर के भारत पर आक्रमण के समय गंधार में कई छोटी-छोटी रियासतें थीं, जैसे अभिसार तक्षशिला आदि। मौर्य साम्राज्य में संपूर्ण गंधार देश सम्मिलित था। कुषाण साम्राज्य का भी वह एक अंग था। कुषाणकाल में ही यहाँ की नई राजधानी पुरुषपुर या पेशावर में बनाई गई। इस काल में गंधार शायद गुप्तों के साम्राज्य के बाहर था, क्योंकि उस समय वहाँ यवन, शकों आदि बाह्य देशियों का आधिपत्य था।

सातवीं शताब्दी ई. में गंधार के अनेक भागों में बौद्ध धर्म काफी उन्नत था। ८वीं-९वीं शतियों में मुसलमानों के उत्कर्ष के समय धीरे-धीरे यह देश उन्हीं के राजनीतिक तथा सांस्कृतिक प्रभाव में आ गया। ८७० ई. में अरब सेनापति याकूब एलेस ने अफगानिस्तान को अपने अधिकार में कर लिया, लेकिन इसके बाद काफी समय तक यहाँ हिंदू तथा बौद्ध अनेक क्षेत्र में रहते रहे। अलप्तगीन और सुबुक्तगीन के हमलों का भी उन्होंने सामना किया। ९९० ई. में लमगान (प्राचीन लंपाक) का किला उनके हाथों से निकल गया और इसके बाद काफिरिस्तान को छोड़कर सारा अफगानिस्तान इसलाम धर्म में दीक्षित हो गया।

चेदि महाजनपद

परिचय—पौराणिक १६ महाजनपदों में चेदि भी है। वर्तमान में बुंदेलखंड का इलाका इसके अंतर्गत आता है। गंगा और नर्मदा के बीच के क्षेत्र का प्राचीन नाम 'चेदि' था। बौद्ध ग्रंथों में जिन सोलह महाजन पदों का उल्लेख है, उनमें यह भी था। चेदि वंश ने भी यहाँ राज किया। किसी समय शिशुपाल यहाँ का प्रसिद्ध राजा था। उसका विवाह रुक्मिणी से होनेवाला था कि श्रीकृष्ण ने रुक्मिणी का हरण कर लिया। इसके बाद ही जब युधिष्ठिर के राजसूय यज्ञ में श्रीकृष्ण को पहला स्थान दिया तो कृष्ण ने शिशुपाल वध किया। मध्य प्रदेश का ग्वालियर क्षेत्र में वर्तमान चंदेरी कस्बा ही प्राचीन काल के चेदि राज्य की राजधानी बताया जाता है।

उत्तराधिकारी एवं कार्यक्षेत्र—ऋग्वेद में चेदि नरेश कशुचैद्य का उल्लेख है। रेपसन के अनुसार कशु या कसु महाभारत में वर्णित चेदिराज वसु है और इंद्र के कहने से उपरिचर राजा वसु ने रमणीय चेदि देश का राज्य स्वीकार्य किया था। महाभारत में चेदि देश की अन्य कई देशों के साथ कुरु के परिवर्ती देशों में गणना की गई है। महाभारत के समय कृष्ण का प्रतिद्वंद्वी शिशुपाल चेदि का शासक था। इसकी राजधानी शुक्तिमती बताई गई है। चेदि नरेश उपचर के पाँच पुत्रों द्वारा हत्थिपुर, अस्सपुर, सीहपुर, उत्तर पांचाल और ददुरपुरे नामक नगरों के बसाए जाने का उल्लेख है। महाभारत में शुक्तिमती और मुक्ति साहवय भी कहा गया है। अंगुत्तर निकाय में यह सहजाति नामक नगर की स्थिति चेदि प्रदेश में मानी गई है। मिलिंदपन्हो में चेदि का चेत नरेशों से संबंध सूचित होता है। संभवतः कलिंगराज खारवेल इसी के वंश का राजा था। मध्ययुग में चेदि प्रदेश की दक्षिणी सीमा अधिक विस्तृत होकर मेकलसुता या नर्मदा तक जा पहुँची थी, जैसा कि 'कर्पूर मंजरी' से सूचित

होता है कि नदियों में नर्मदा, राजाओं में रजविग्रह और कवियों में सुरानंद चेदिमंडल के भूषण हैं।

निष्कर्षपूर्ण तथ्य—ऋग्वेद में चेदि नरेश कशुवैद्य का उल्लेख मिलता है। रेपसन के अनुसार कशु या कसु महाभारत में वर्णित चेदिराज वसु है और इंद्र के कहने से उपरिचार राजा वसु ने रमणीय चेदि देश का राज्य स्वीकार किया था। महाभारत में चेदि देश की अन्य कई देशों के साथ कुरु के परवर्ती देशों में गणना की गई है। कर्ण पर्व में चेदि देश के निवासियों की प्रशंसा की गई है। महाभारत के समय कृष्ण का प्रतिद्वंद्वी शिशुपाल चेदि का शासक था। इसकी राजधानी शुक्तिमती थी। चेतिय जातक में चेदि की राजधानी सोत्थीवती नगर कही गई है, जो श्री नं.ला.ड. के मत में शुक्तिमती ही है। इस जातक में चेदि नरेश उपचर के पाँच पुत्रों द्वारा हत्थिपुर, सीहपुर, उत्तर पांचाल और ददुरपुर नामक नगरों के बसाए जाने का उल्लेख है। महाभारत में शुक्तिमती को शुक्ति साहवय भी कहा गया है। अंगुत्तर निकाय में सहजाति नामक नगर की स्थिति चेदि प्रदेश में मानी गई है। सहजाति इलाहाबाद से दस मील पर स्थित भीटा है। जातक में चेदि नरेशों की नामावली है, जिनमें से अंतिम उपचर या अपचर महाभारत आदि पर्व ६३ में वर्णित वसु जान पड़ता है।

वेदन्य जातक में चेति या चेदि से काशी जानेवाली सड़क पर दस्युओं का उल्लेख है। विष्णुपुराण में चेदिराज शिशुपाल का उल्लेख है। मिलिंदपन्हो में चेति या चेदि का चेत नरेशों से संबंध सूचित होता है। संभवत: कलिंगराज खारवेल इसी वंश का राजा था। मध्ययुग में चेदि प्रदेश की दक्षिणी सीमा अधिक विस्तृत होकर मेकलसुता या नर्मदा तक जा पहुँची थी, जैसा कि कर्पूरमंजरी से सूचित होता है कि नदियों में नर्मदा राजाओं में रणविग्रह और कवियों में सुरानंद चेदिमंडल के भूषण हैं।

वृज्जि महाजनपद

परिचय—उत्तर बिहार का बौद्धकालीन गणराज्य, जिसे बौद्ध साहित्य में वृज्जि कहा गया है। वास्तव में यह गणराज्य एक राज्य संघ का अंग था, जिसके आठ अन्य सदस्य (अट्ठकुल) थे, जिनमें विदेह लिच्छवी तथा जातकगण प्रसिद्ध थे, वृज्जियों का उल्लेख पाणिनि के अष्टाध्यायी में है। कौटिल्य के अर्थशास्त्र में वृजिकों को लिच्छवियों से भिन्न बताया गया है और वृज्जियों के संघ का भी उल्लेख किया गया है। युवानच्वांग ने भी वृज्जि देश को वैशाली से अलग बताया है, किंतु फिर भी वृज्जियों का वैशाली से निकट संबंध था।

उत्तराधिकारी—बुद्ध के जीवनकाल में मगध सम्राट् अजातशत्रु और वृज्जि गणराज्य में बहुत दिनों तक संघर्ष चलता रहा। महाबग्ग के अनुसार अजातशत्रु के दो मंत्रियों सुनिध और वर्षकार (वस्सकार) ने पाटलिग्राम (पाटलिपुत्र) में एक किला वृज्जियों के आक्रमण को रोकने के लिए बनवाया था।

महापरिनिर्वाण सुत्त में भी अजातशत्रु और वृज्जियों के विरोध का वर्णन है। वृज्जि शायद वृजि का ही रूपांतर है। बुल्हर के मत में वृज्जि का नामोल्लेख अशोक के शिलालेख सं. १३ में है। जैन तीर्थंकर वृज्जि गणराज्य के राजकुमार थे।

निष्कर्षपूर्ण तथ्य—उत्तर बिहार का बौद्धकालीन गणराज्य है, जिसे बौद्ध साहित्य में वृज्जि कहा गया है।

वास्तव में यह गणराज्य एक राज्य संघ का ही अंग था, जिसके आठ अन्य सदस्य अट्ठकुल थे (इनमें विदेह लिच्छवी और जातकगण) प्रसिद्ध थे।

वृज्जियों का उल्लेख पाणिनि की 'अष्टाध्यायी' में है। कौटिल्य के 'अर्थशास्त्र' में वृज्जिकों को लिच्छवियों से भिन्न बताया गया है और वृज्जियों के संघ का भी उल्लेख किया है। युवानच्वांग ने भी वृज्जि देश को वैशाली से अलग बताया है, किंतु वृज्जियों का वैशाली से निकट संबंध था। बुद्ध के जीवनकाल में मगध सम्राट् अजातशत्रु और वृज्जि गणराज्य में बहुत दिनों तक संघर्ष चलता रहा।

महापरिनिर्वाण सुतंत में भी अजातशत्रु और वृज्जियों के विरोध का भी वर्णन है। वृज्जि शायद वृज्जि का ही रूपांतर है। बुल्हर के मत में वज्रि का नामोल्लेख अशोक के शिलालेख सं. १३ में है। जैन तीर्थंकर महावीर वृज्जि गणराज्य के ही राजकुमार थे।

वत्स महाजनपद

परिचय—आधुनिक उत्तर प्रदेश के इलाहाबाद तथा मिर्जापुर जिले इसके अंतर्गत आते थे। इस जनपद की राजधानी कौशांबी (जिला-प्रयागराज, उ.प्र.) थी।

यो गङ्गायपहते हस्तिनापुरे कौशाम्बयां निवत्स्यतीति।

(महाभारत १४-२१-३)

ओल्डनबर्ग के अनुसार ऐतरेय ब्राह्मण में जिन वंश के लोगों के नाम का उल्लेख है, वे इसी देश के निवासी थे। कौशांबी में जनपद की राजधानी प्रथम बार पांडवों के वंशज निचक्षु ने बनाई थी। वत्स देश का नामोल्लेख वाल्मीकि रामायण में भी है कि लोकपालों के समान प्रभाववाले रामचंद्र वन जाते समय महानदी गंगा को पार करके शीघ्र ही धनधान्य से समृद्ध और प्रसन्न वत्स देश में पहुँचे। इस उद्धरण से सिद्ध होता है कि रामायणकाल में गंगा नदी वत्स और कोसल जनपदों की सीमा पर बहती थी।

उत्तराधिकारी एवं कार्यक्षेत्र—गौतम बुद्ध के समय वत्स के राजा उदयन थे।

पर्युत्सुको निजमहोत्सवदर्शनाय।
वत्सेश्वरः कुसुमचाप इवाभ्युपैति॥

(रत्नावली, प्रथम अंक, श्लोक संख्या-८)

अवंति नरेश चंद्र प्रद्योत की पुत्री वासवदत्ता से विवाह किया था। उस समय कौशांबी की गणना उत्तरी भारत के महान् नगरों में की जाती थी। अंगुत्तर निकाय के सोलह जनपदों में वत्स देश की भी गिनती की गई है। महाभारत के अनुसार भीमसेन ने पूर्व दिशा की दिग्विजय के प्रसंग में वत्स भूमि पर विजय प्राप्त की थी।

निष्कर्ष—वत्स देश के लावणक नामक ग्राम का उल्लेख भास विरचित 'स्वप्न वासव दत्ता' नाटक के प्रथम अंक में है।

ब्रह्मचारी—भो श्रूयताम्। राजगृहीतोऽस्मि
श्रुतिविशेषणार्थ वत्सभूमौ लावाणकं नाम ग्रामः॥

(स्वप्न वासव दत्तम्, प्रथम अंक)

षष्ठ अंक में राजा उदयन के निम्न कथन से सूचित होता है कि वत्स राज्य पर अपना अधिकार स्थापित करने में उदयन को महासेन अथवा चंद्रप्रद्योत से सहायता मिली थी।

महाभारत के अनुसार भीमसेन ने पूरब दिशा की दिग्विजय के प्रसंग में वत्सभूमि पर विजय प्राप्त की थी।

पंचाल महाजनपद

परिचय—पंचाल पौराणिक १६ महाजनपदों में से एक महत्त्वपूर्ण जनपद है। पश्चिमी उत्तर प्रदेश के बरेली, बदायूँ और फर्रुखाबाद जिलों से परिवृंत प्रदेश का प्राचीन नाम है। यह कानपुर से वाराणसी के बीच के गंगा के मैदान में फैला हुआ था। इसकी भी दो शाखाएँ थीं—पहली उत्तर पंचाल की राजधानी अहिच्छत्र तथा दूसरी शाखा दक्षिण पंचाल की राजधानी कांपिल्य थी।

पांडवों की पत्नी द्रौपदी को पंचाल की राजकुमारी होने के कारण पंचाली भी कहा गया। कनिंघम के अनुसार वर्तमान रुहेलखंड उत्तर तथा दक्षिण दोआब था। संहितोपनिषद् ब्राह्मण में पंचाल के पूर्वी भाग का भी उल्लेख होता है।

पांडवों की पत्नी द्रौपदी को पंचाल की राजकुमारी होने के कारण पांचाली कहा गया। कनिंघम के अनुसार वर्तमान रुहेलखंड उत्तर पंचाल तथा दोआब दक्षिण पंचाल था। संहितोपनिषद् ब्राह्मण में पंचाल के प्राच्य पंचाल भाग (पूर्वी भाग) का भी उल्लेख है। शतपथ ब्राह्मण में पंचाल की परिवका या परिचका नामक नगरी का भी उल्लेख है, जो बेबर के अनुसार महाभारत की एकचक्रा है।

रायचौधरी का मत है कि पंचाल पाँच प्राचीन कुलों का सामूहिक नाम था, जो थे—किवि, केशी, सृंजय, तुर्वसस्क, सोमक।

उत्तराधिकारी एवं कार्यक्षेत्र—ब्रह्मपुराण तथा मत्स्यपुराण में इन्हें मुद्‍गल, सृंजय, बृहदिषु, यवीनर और कुमीलाश्व कहा गया है। पंचालों और कुरु जनपदों में परस्पर लड़ाई-झगड़े चलते रहते थे। महाभारत के आदिपर्व से ज्ञात होता है कि पांडवों के गुरु द्रोणाचार्य ने अर्जुन की सहायता से पंचाल राज द्रुपद को हराकर उसके पास केवल दक्षिण पंचाल (राजधानी-कांपिल्य) रहने दिया और उत्तर पंचाल को हस्तगत कर लिया था कि द्रोणाचार्य ने परास्त होने पर कैद में डाले हुए पंचाल राज द्रुपद से कहा, ''मैंने राज्य प्राप्ति के लिए तुम्हारे साथ युद्ध किया है। अब गंगा के उत्तरवर्ती प्रदेश का मैं और दक्षिण तट के तुम राजा होगे।'' इस प्रकार महाभारत काल में पंचाल गंगा के उत्तरी और दक्षिण दोनों तटों पर बसा हुआ था। द्रुपद पहले अहिबधन्न या छत्रवती नगरी में रहते थे। इन्हें जीतने के लिए द्रोण ने कौरवों और पांडवों को पंचाल भेजा था।

निष्कर्ष—द्रौपदी का स्वयंवर—महाभारत आदि पर्व में वर्णित द्रौपदी का स्वयंवर कांपिल्य में हुआ था। दक्षिण पंचाल की सीमा गंगा नदी के दक्षिणी तट से लेकर चंबल नदी या चर्मणवती नदी तक थी। विष्णुपुराण में कुरु पंचालों को मध्यदेशीय कहा गया है। पंचाल निवासियों को भीमसेन ने अपनी पूरब दिशा की दिग्विजय यात्रा में अनेक प्रकार से समझा-बुझाकर वश में कर लिया था।

मगध महाजनपद

परिचय—ईसा पूर्व छठी सदी से पूर्व उत्तर प्रदेश और पश्चिमी बिहार में लोहे का व्यापक प्रयोग होने से बड़े-बड़े प्रादेशिक या जनपद राज्यों के निर्णय के लिए उपर्युक्त परिस्थिति बन गई। लोहे के हथियारों के कारण योद्धा-वर्ग महत्त्वपूर्ण भूमिका अदा करने लगे। खेती के नए औजारों और उपकरणों की मदद से किसान आवश्यकता से अधिक अन्न पैदा करने लगे। सैनिक और प्रशासनिक प्रयोजनों के लिए यह अनाज उन शहरों को भी मिल सकता था, जो ईसा पूर्व छठी-पाँचवीं सदियों में उदित हुए थे। इन भौतिक लाभों के कारण किसानों का अपनी जमीन से चिपक जाना स्वाभाविक था, साथ ही वे अपने पड़ोस के क्षेत्रों में जमीन हड़पकर फैलने लगे। शहरों को अपने कार्यकलाप का आधार बनाकर राज्यों को खड़े होते देख लोगों में प्रादेशिक भावना प्रबल हुई। लोगों की जो प्रबल निष्ठा अपने जन या कबीले के प्रति थी, वह अब अपने जनपद या स्वयंसंबद्ध के प्रति हो गई।

बुद्ध के समय में हम १६ बड़े-बड़े राज्य पाते हैं, जो महाजनपद कहलाते थे। इनमें अधिकतर राज्य विंध्य के उत्तर में थे और पश्चिमोत्तर सीमाप्रांत से बिहार तक फैले हुए थे। इनमें मगध कोसल, वत्स और अवंति, ये चार शायद अधिक शक्तिशाली थे। मगध में आधुनिक पटना और गया जिला तथा शाहबाद का कुछ हिस्सा पड़ता था। यह अपने समय का सबसे प्रमुख राज्य बन गया। गंगा के उत्तर में आज के तिरहुत प्रमंडल में वृज्जियों का राज्य था। यह आठ जनों का संघ था। इनमें सबसे प्रबल लिच्छवि थे। इनकी राजधानी वैशाली में थी, जिसकी पहचान आधुनिक वैशाली जिले के बसाद नामक गाँव से की जाती है। पुराण वैशाली को अधिक प्राचीन नगरी बताते हैं, परंतु पुरातत्त्व के अनुसार बसाद की स्थापना ईसापूर्व छठी सदी से पहले नहीं हुई थी।

साम्राज्य विस्तार एवं कार्यक्षेत्र—मगध महाजनपद का उत्कर्ष एक साम्राज्य के रूप में हुआ। इसे भारत का प्रथम साम्राज्य होने का गौरव प्राप्त है। हर्यकवंश के शासक बिंबिसार ने गिरिब्रज (राजगृह) को अपनी राजधानी बनाकर मगध साम्राज्य की स्थापना की। बिंबिसार हर्यक वंश का प्रथम शक्तिशाली शासक था। बिंबिसार के शासनकाल में मगध ने विशिष्ट स्थान प्राप्त किया। वह हर्यक कुल का तथा बुद्ध का समकालीन था। उसके द्वारा विजय और विस्तार की शुरू की गई नीति अशोक की कलिंग विजय के साथ समाप्त हुई। बिंबिसार ने अंग देश पर अधिकार कर लिया और इसका शासन अपने पुत्र अजातशत्रु को सौंप दिया। बिंबिसार ने अपने वैवाहिक संबंधों से भी अपनी स्थिति को मजबूत किया, इसने तीन विवाह किए। उसकी प्रथम पत्नी कोसलराज की पुत्री और प्रसेनजित् की बहन थी, उसके साथ दहेज में प्राप्त काशी ग्राम से उसे एक लाख की आय होती थी। यह आय (राजस्व) सिक्कों के चलन से वसूल किया जाता था, इस विवाह से उसकी कोसल के साथ शत्रुता समाप्त हो गई तथा इससे यह संभव हो गया कि वह दूसरे राज्यों से निपट सके। उसकी दूसरी पत्नी वैशाली की लिच्छवि राजकुमारी चेल्लणा थी, जिसने अजातशत्रु को जन्म दिया और तीसरी रानी पंजाब के मद्रकुल के प्रधान की पुत्री थी। विभिन्न राजकुलों से वैवाहिक संबंधों के कारण बिंबिसार को बड़ी राजनीतिक प्रतिष्ठा मिली। इस प्रकार मगध राज्य को पश्चिम और उत्तर की ओर फैलाने का मार्ग प्रशस्त हो गया।

मगध की असली शत्रुता अवंति से थी, जिसकी राजधानी उज्जैन में थी, उसके राजा

चंद्रप्रद्योत महासेन का बिंबिसार से युद्ध हुआ था, किंतु दोनों का अंत में दोस्ती के साथ समझौता हुआ। बाद में जब चंद्रप्रद्योत को पीलिया रोग हुआ तो बिंबिसार ने अवंतिराज के अनुरोध पर अपने राजवैद्य जीवक को उज्जैन भेजा था। गंधार के साथ हुए युद्ध में चंद्रप्रद्योत को विजय नहीं मिली थी, किंतु गंधार के इसी राजा ने बिंबिसार के पास एक पत्र और दूतमंडल भेजा था। इस प्रकार विजय और कूटनीति से बिंबिसार ने मगध को ईसा पूर्व छठी सदी में सबसे अधिक शक्तिशाली राज्य बना दिया था। बताया जाता है कि उसके राज्य में अस्सी हजार गाँव थे, परंतु यह संख्या अतिरंजित मा़लूम पड़ती है।

मगध की पहली राजधानी राजगीर में थी। उस समय इसे 'गिरिब्रज' कहते थे। यह स्थान पाँच पहाड़ियों से घिरा हुआ था और उसके खुले भागों को पत्थरों की दीवारों से चारों ओर से घेर दिया गया था। इस तरह राजगीर अभेद्य किला हो गया था। पंद्रह वर्ष की आयु में मगध साम्राज्य की बागडोर सँभालनेवाले बिंबिसार ने ४८ वर्षों तक शासन किया।

उत्तराधिकारी एवं साम्राज्य अवधि विवरण—बौद्ध ग्रंथों के अनुसार बिंबिसार ने लगभग ५९२ ई.पू. से ५४४ ई.पू. तक ४८ वर्ष शासन किया। उसके बाद उसका पुत्र अजातशत्रु सिंहासनारूढ़ हुआ। इसका कार्यकाल ४९२-४६० ई.पू. था। अजातशत्रु ने साम्राज्य विस्तार की नीति अपनाई। उसने काशी तथा वृज्जि संघ को एक लंबे संघर्ष के बाद मगध साम्राज्य में मिला लिया। लिच्छवियों के आक्रमण के भय से अजातशत्रु ने युद्ध में 'इथभूसस' तथा 'महाशिला कंटक' शासक नए हथियारों का प्रयोग किया। प्रथम बौद्ध संगीति का आयोजन राजगीर की सप्तपर्णी गुफा में अजातशत्रु के शासनकाल में हुआ। अजातशत्रु ने पुराणों के अनुसार २० वर्ष तथा बौद्ध साहित्य के अनुसार ३२ वर्ष तक शासन किया।

इसके पश्चात् अजातशत्रु की हत्या करके उसका पुत्र उदयिन मगध साम्राज्य की गद्दी पर बैठा। दूसरा कार्यकाल ४६० ई.पू. से ४४४ ई.पू. रहा था। उदयिन ने गंगा नदी में संगम पर कुसुमपुरा की स्थापना की, जो बाद में 'पाटलिपुत्र' के रूप में विख्यात हुआ। उदयिन या उदयभद्र जैन धर्मावलंबी था। उदयिन के बाद मगध सिंहासन पर बैठनेवाले हर्यक वंश के शासक अनिरुद्ध, मंडक और नागदशक थे। हर्यक वंश का अंतिम शासक 'नागदशक' था, जिसे दर्शक भी कहा जाता है।

हर्यक वंश के शासकों के बाद मगध पर शिशुनाग वंश का शासन स्थापित हुआ। शिशुनाग नामक एक अमात्य 'हर्यक वंश' के अंतिम शासक 'नागदशक' को पदच्युत करके मगध की गद्दी पर बैठा और 'शिशुनाग' नामक वंश की नींव डाली।

शिशुनाग ने अवंति राज्य पर अधिकार करके उसे मगध साम्राज्य में मिला लिया। शिशुनाग ने वृज्जियों को नियंत्रित करने के लिए वैशाली को अपनी दूसरी राजधानी बनाया। शिशुनाग ने ४१२ ईसापूर्व से ३०० ई.पू. तक शासन किया।

इसके पश्चात् 'कालाशोक' के शासनकाल की राजनीतिक उलपब्धियों के बारे में कोई स्पष्ट जानकारी नहीं मिलती है। 'कालाशोक' का शासनकाल ईसा पूर्व ३९५-३६६ ई.पू. रहा। कालाशोक को पुराणों और बौद्धों के ग्रंथ 'दिव्यावदान' में काकवर्ण कहा गया है। गौतम बुद्ध के 'महापरिनिर्वाण' के लगभग १०० वर्ष बाद कालाशोक के शासनकाल के १०वें वर्ष में वैशाली में द्वितीय बौद्ध संगीति का आयोजन हुआ। नंदवंश के शासक कालाशोक की मृत्यु के बाद

मगध पर नंदवंश नामक एक शक्तिशाली राजवंश की स्थापना हुई। पुराणों के अनुसार इस वंश का संस्थापक महापद्मनंद एक शूद्र शासक था। उसने 'सर्वअमावक' की उपाधि धारण की। महापद्मनंद ने कलिंग के कुछ क्षेत्रों पर अधिकार कर लिया। वहाँ उसने एक नहर का निर्माण कराया। महापद्मनंद ने कलिंग के गिनसेन की प्रतिमा उठा ली थी। तब उसने एकराट की भी उपाधि धारण की। नंदवंश का अंतिम शासक घनानंद था। घनानंद के शासनकाल में ३२५ ई.पू. में सिकंदर ने आक्रमण किया था।

साम्राज्य की उपलब्धि एवं योगदान—ई.पू. छठी शताब्दी में आर्थिक दशा में महत्त्वपूर्ण परिवर्तन हुआ। व्यापार में प्रगति, सिक्कों का प्रचलन और नगरों का उत्थान तीन महत्त्वपूर्ण परिवर्तन दृष्टिगोचर होते हैं।

इस काल में 'इत्लीन' प्रशासनिक अधिकारी थे, जो राजा के प्रति उत्तरदायी थे। मगध, वत्स, कोसल तथा अवंति, ये चार इस काल के शक्तिशाली राज्य थे। कंबोज, कौशांबी, कोसल तथा वाराणसी व्यापार के महत्त्वपूर्ण केंद्र थे। कोसल की राजधानी श्रावस्ती की श्रवर्क कंबोज की राजधानी घटक थी। इस काल में राजतंत्रात्मक राज्यों के अतिरिक्त कुछ और गणराज्य थे, जो प्राय: हिमालय की तलहटी में स्थित थे। ऐसा प्रतीत होता है कि इस काल में उच्च अधिकारी और मंत्री अधिकतर पुरोहित अर्थात् ब्राह्मणों में से नियुक्त किए जाते थे। इस काल में करारोपण प्रणाली नियमित हो गई। बलि, शुल्क तथा भाग नामक कर पूरी तरह स्थापित हो गए। योद्धा और पुरोहित वर्ग के लोग करों के भुगतान से पूरी तरह मुक्त थे। करों का अधिकांश बोझ किसानों पर पड़ता था, जो मुख्यत: वैश्य थे। इस काल में पहली बार निवास की भूमि और कृषि की भूमि अलग-अलग कर दी गई थी। इस काल में सर्वप्रथम स्थायी, नियमित और सुदृढ़ सेना का गठन हुआ।

मत्स्य महाजनपद

परिचय—मत्स्य १६ महाजनपदों में से एक है, इसमें राजस्थान के अलवर, भरतपुर तथा जयपुर जिले के क्षेत्र शामिल रहे। महाभारत काल का यह प्रसिद्ध जनपद, जिसकी स्थिति अलवर-जयपुर के परिवर्ती प्रदेश में मानी गई है, इस देश में विराट का राज तथा राजधानी उपप्लवा नगर में थी। विराट नगर मत्स्य देश का दूसरा प्रमुख नगर था।

उत्तराधिकारी एवं शासन का कार्यक्षेत्र

दिग्विजय यात्रा—सहदेव ने अपनी दिग्विजय यात्रा में मत्स्य देश पर विजय प्राप्त की थी।

भीम ने भी मत्स्यों को पराजित (विजित) किया था।

अलवर के एक भाग में शाल्व देश था, जो मत्स्य का पार्श्ववती जनपद था।

पांडवों ने मत्स्य देश में विराट के यहाँ रहकर अपने अज्ञातवास का एक वर्ष बिताया।

तथ्यपूर्ण निष्कर्ष (ऋग्वेद में उल्लेख)—महाभारत में इनका तिगतों और चेदियों के साथ भी उल्लेख है। मनुसंहिता में मत्स्यवासियों को पांचाल और सूरसेन के निवासियों के साथ ही ब्रह्मर्षि देश में स्थित माना है।

कुरुक्षेत्रं च मत्स्याश्च पञ्चाला शूरसेनकाः।
एष ब्रह्मर्षिदेशो वै ब्रह्मवर्तादनन्तरः॥

उड़ीसा की भूतपूर्व मयूरभंज रियासत में प्रचलित जनश्रुति के अनुसार मत्स्य देश सति या पादा (जिला-मयूरभंज) का प्राचीन नाम था। उपर्युक्त विवेचन से मत्स्य की स्थिति पूर्वोत्तर राजस्थान में सिद्ध होती है, किंतु इस किंवदंती का आधार शायद यह तथ्य है कि मत्स्यों की एक शाखा मध्यकाल के पूर्व विजिगापरम (आंध्र) के निकट जाकर बस गई थी। उड़ीसा के राजा जयसेन ने अपनी कन्या प्रभावती का विवाह सत्यमार्तंड से किया था, जिनका वंशज १२६९ ई. में अर्जुन नामक व्यक्ति था। संभव है, प्राचीन मत्स्य देश की पांडवों से संबंधित किंवदंतियाँ उड़ीसा में मत्स्यों की इसी शाखा द्वारा पहुँची हों।

मल्ल महाजनपद

परिचय—पौराणिक १६ महाजनपदों में से एक था। यह भी एक गणसंघ था और पूर्वी उत्तर प्रदेश के इलाके इसके क्षेत्र थे। मल्ल देश का सर्वप्रथम निश्चित उल्लेख शायद वाल्मीकि रामायण में इस प्रकार हैं कि रामचंद्रजी ने लक्ष्मण पुत्र चंद्रकेतु के लिए मल्ल देश की भूमि में चंद्रकांता नामक पुरी बसाई, जो स्वर्ग के समान दिव्य थी।

कार्यक्षेत्र एवं उत्तराधिकारी—महाभारत में मल्ल देश में कई विवरण मिलते हैं—

मल्लाः सुदेष्णाः प्रह्लादा माहिका शशि कास्तथ।
अधिराज्य कुशाद्याश्वच मल्लराष्ट्रं च केवलम॥
ततो गोपालकक्षं च सोत्तरानपि केवलम्।
मल्लानामधिपं चैव पार्थिवं चाजयत् प्रभुः॥

बौद्ध ग्रंथ में उल्लेख—बौद्ध ग्रंथ अंगुत्तर निकाय में मल्ल जनपद का उत्तरी भारत के सोलह महाजनपदों में उल्लेख है। बौद्ध साहित्य में मल्ल देश की दो राजधानियों का वर्णन है—'कुशावती', 'पावा'।

महापरीनिब्बानसुत्त के वर्णन के अनुसार बुद्ध के समय में कुशीनगर के निकट मल्लों का शालवन हिरण्यवती नदी (गंडक) के तट पर स्थित था। मनुस्मृति में मल्लों को प्रात्यक्षत्रियों में परिगणित किया गया है, क्योंकि ये बौद्ध धर्म के दृढ अनुयायी थे।

कुसाजातक में ओक्काक (इक्ष्वाकु) नामक मल्ल नरेश का उल्लेख है। इक्ष्वाकुवंशीय नरेशों का परंपरागत राज्य अयोध्या कोसल प्रदेश में था। राय चौधरी का मत है कि मल्ल राष्ट्र में बिंबिसार के पूर्व गणराज्य स्थापित हो गया था। इससे पहले यहाँ के अनेक राजाओं के नाम मिलते हैं। बौद्ध साहित्य में मल्ल जनपद के भोगनगर, अनुप्रिय तथा उरूवे लकलप्प नामक नगरों के नाम मिलते हैं।

बौद्ध तथा जैन साहित्य में मल्लों और लिच्छवियों की प्रतिद्वंद्विता के अनेक उल्लेख हैं—बुद्ध के कुशीनगर में निर्वाण प्राप्त करने के उपरांत, उनके अस्थि-अवशेषों का एक भाग मल्लों को मिला था, जिसके स्मरणार्थ उन्होंने कुशीनगर में एक स्तूप या चैत्य का निर्माण किया था। इसके खँडहर कसिया में मिले हैं। इस स्थान से प्राप्त एक ताम्रपट्ट लेख से यह तथ्य प्रमाणित भी होता है। 'परिनिर्वाण चैत्यताम्रपट्ट इति।' मगध के राजनीतिक उत्कर्ष के समय मल्ल जनपद

इसी साम्राज्य की विस्तरणशील सत्ता के सामने न टिक सका।

चौथी सती ई.पू. में यह चंद्रगुप्त मौर्य के महान् साम्राज्य में विलीन हो गया। जैन ग्रंथ 'भगवतीसूत्र' में 'मोलि' या 'मालि' नाम से मल्ल जनपद का उल्लेख है। बौद्ध काल में मल्ल राष्ट्र की स्थिति उत्तर प्रदेश के पूर्वी और बिहार के पश्चिमी भाग के अंदर समझ में आती है।

शूरसेन महाजनपद

अवधि—लगभग एक सहस्र ई.पू. से पाँच सौ ई.पू. तक।

परिचय—शूरसेन महाजनपद उत्तरी भारत का प्रसिद्ध जनपद था, जिसकी राजधानी मथुरा में थी। इस प्रदेश का नाम संभवतः मधुरापुरी (मथुरा) के शासक लवणासुर के वधोपरांत शत्रुघ्न ने अपने पुत्र शूरसेन के नाम पर रखा था। शूरसेन ने पुरानी मथुरा के स्थान पर नई नगरी बसाई थी, जिसका वर्णन वाल्मीकि रामायण के उत्तरकांड में है। महाभारत में सूरसेन जनपद पर सहदेव की विजय का वर्णन है। विष्णु पुराण में शूरसेन के निवासियों को ही संभवतः शूर कहा गया है।

विस्तार—शूरसेन महाजनपद की राजधानी मथुरा थी, जिसका विस्तार महाभारत व पुराणों में वर्णित श्रीकृष्ण द्वारा किया गया और बुद्ध के समकालीन अवंतिपुत्र का भी उल्लेख आता है। महाजनपद शूरसेन की राजधानी मथुरा यमुना नदी के पश्चिम तट पर स्थित है। समुद्र तल से ऊँचाई १८७ मी. है। मथुरा जनपद उत्तर प्रदेश की पश्चिमी सीमा पर स्थित है। इसके पूर्व में एटा, उत्तर में अलीगढ़, दक्षिण-पूर्व में आगरा, दक्षिण-पश्चिम में राजस्थान एवं पश्चिम-उत्तर में हरियाणा है।

मथुरा २७.४१ उत्तरी अक्षांश तथा देशांतर ७१.४१ पूर्वी देशांतर के बीच भौगोलिक रूप से स्थित है। इस जनपद में चार तहसील मांट, छाता, महावन, मथुरा तथा १० विकास खंड हैं।

उपलब्धि—शूरसेन महाजनपद की राजधानी मथुरा उत्तर प्रदेश राज्य का एक ऐतिहासिक एवं धार्मिक नगर है। मथुरा भगवान् कृष्ण की जन्मस्थली और भारत की प्राचीन एवं विख्यात नगरी है। पौराणिक साहित्य में मथुरा को अनेक नामों से संबोधित किया गया है—शूरसेन, मधुपुरी, मधुनगरी, मधुरा आदि।

उत्तराधिकारी का वर्णन—शत्रुघ्न ने लवणासुर के वध के पश्चात् मधुवन में स्थित मधुपुरी अथवा मधुरा नगरी की राजधानी का नाम मथुरा रखा, जिसके पश्चात् मधुबन राज्य का नाम बदलकर उसे 'शूरसेन' नाम प्रदान किया गया, जो बाद में 'शूरसेन महाजनपद' नाम से विख्यात हुआ। इतिहास में कथा व पुराणों द्वारा वर्णित मथुरा नगरी के राजा उग्रसेन का उल्लेख किया है; अन्य पुराणों में भी इसका उल्लेख है।

१. शूरसेन ने प्राचीन मथुरा के स्थान पर नई नगरी बसाई, जिसका वर्णन वाल्मीकि रामायण के उत्तरकांड में है।
२. दूसरी राजधानी मथुरा का उल्लेख कालिदास ने रघुवंश में किया है।
३. श्रीमद्भागवत में यदुराज शूरसेन का उल्लेख है, जिसका राज्य शूरसेन प्रदेश में कहा गया है।
४. विष्णु पुराण में शूरसेन के निवासियों को ही संभवतः शूर कहा गया है और स्थानीय संस्कारों से मेल बढ़ाने के लिए इन्होंने कृष्णपूजा शुरू कर दी।

महात्मा बुद्ध

अवतारों की कड़ी में बुद्ध अंतिम हैं। उनके बाद प्रलयकाल तक कोई अवतार नहीं होने वाला है। हिंदू और बौद्ध दोनों ही धर्मों के लिए बुद्ध का होना अर्थात् धर्म का होना है। बुद्ध इस भारत की आत्मा हैं। बुद्ध को जानने से भारत भी जाना हुआ माना जाएगा। बुद्ध को जानना अर्थात् धर्म को जानना है ।

बुद्धं शरणं गच्छामि : मैं बुद्ध की शरण लेता हूँ।

धम्मं शरणं गच्छामि : मैं धर्म की शरण लेता हूँ।

संघं शरणं गच्छामि : मैं संघ की शरण लेता हूँ।

बुद्धं शरणं गच्छामि

बुद्ध का जन्म : गौतम बुद्ध का जन्म ईसा से ५६३ साल पहले नेपाल के लुंबिनी वन में हुआ। उनकी माता कपिलवस्तु की महारानी महामाया देवी जब अपने नैहर देवदह जा रही थीं, तो उन्होंने रास्ते में लुंबिनी वन में बुद्ध को जन्म दिया। कपिलवस्तु और देवदह के बीच नौतनवा स्टेशन से ८ मील दूर पश्चिम में रुक्मिनदेई नामक स्थान के पास उस काल में लुंबिनी वन हुआ करता था। उनका नाम सिद्धार्थ रखा गया। सिद्धार्थ के पिता शुद्धोदन कपिलवस्तु के राजा थे और उनका सम्मान नेपाल ही नहीं, समूचे भारत में था। सिद्धार्थ की मौसी गौतमी ने उनका लालन-पालन किया क्योंकि सिद्धार्थ के जन्म के सात दिन बाद ही उनकी माँ का देहांत हो गया था।

बुद्ध की शिक्षा-दीक्षा : वैसे तो सिद्धार्थ ने कई विद्वानों को अपना गुरु बनाया किंतु गुरु के पास उन्होंने वेद और उपनिषद् पढ़े, साथ ही राजकाज और युद्ध-विद्या की भी शिक्षा ली। कुश्ती, घुड़दौड़, तीर-कमान, रथ हाँकने में कोई उनकी बराबरी नहीं कर सकता था।

बुद्ध का विवाह : शाक्य वंश में जनमे सिद्धार्थ का सोलह वर्ष की उम्र में दंडपाणि शाक्य की कन्या यशोधरा के साथ विवाह हुआ। यशोधरा से उनको एक पुत्र हुआ, जिसका नाम राहुल रखा गया। बाद में यशोधरा और राहुल दोनों बुद्ध के भिक्षु हो गए थे।

वैराग्य भाव : बुद्ध के जन्म के बाद एक भविष्यवक्ता ने राजा शुद्धोदन से कहा था कि यह बालक चक्रवर्ती सम्राट् बनेगा, लेकिन यदि वैराग्य भाव उत्पन्न हो गया तो इसे बुद्ध होने से कोई नहीं रोक सकता और इसकी ख्याति समूचे संसार में अनंतकाल तक बनी रहेगी।

राजा शुद्धोदन सिद्धार्थ को चक्रवर्ती सम्राट् बनते देखना चाहते थे, इसीलिए उन्होंने सिद्धार्थ के आस-पास भोग-विलास का भरपूर प्रबंध कर दिया, ताकि किसी भी प्रकार से वैराग्य उत्पन्न न हो।

तीन ऋतुओं के लायक तीन सुंदर महल बनवा दिए। वहाँ पर नाच-गाना और मनोरंजन की सारी सामग्री जुटा दी गई। दास-दासी उनकी सेवा में रख दिए गए, लेकिन एक दिन वसंत ऋतु में सिद्धार्थ बगीचे की सैर करने निकले। रास्ते में सांसारि दुःख देखकर विचलन हुआ और सबकुछ बदल गया।

गृहत्याग : मन में वैराग्य भाव तो था ही, इसके अलावा क्षत्रिय शाक्य संघ से वैचारिक मतभेद के चलते संघ ने उनके समक्ष दो प्रस्ताव रखे थे—फाँसी चाहते हो या कि देश छोड़कर जाना। सिद्धार्थ ने कहा कि जो आप दंड देना चाहें। शाक्यों के सेनापति ने सोचा कि दोनों ही स्थिति

में कौशल नरेश को सिद्धार्थ से हुए विवाद का पता चल जाएगा और हमें दंड भुगतना होगा; तब सिद्धार्थ ने कहा कि आप निश्चिंत रहें, मैं संन्यास लेकिन चुपचाप ही देश से दूर चला जाऊँगा। आपकी इच्छा भी पूरी होगी और मेरी भी।

तब आधी रात को सिद्धार्थ ने अपनी पत्नी यशोधरा और बेटे राहुल को देखा, जो सो रहे थे। दोनों के मस्तक पर हाथ रखा और फिर धीरे से किवाड़ खोलकर महल से बाहर निकले और घोड़े पर सवार हो गए। रातोरात वे ३० योजन दूर गोरखपुर के पास अमोना नदी के तट पर जा पहुँचे। वहाँ उन्होंने अपने राजसी वस्त्र उतारे और केश काटकर खुद को संन्यस्त कर दिया। उस वक्त उनकी आयु थी २९ वर्ष।

बुद्ध की तपस्या : जंगल-जंगल और नगर-नगर सिद्धार्थ भिक्षाटन करते और जब जो साधु या सिद्ध मिल जाता, उससे योग साधना या ध्यान विधियाँ सीखकर कठोर तप करते। तप के दौरान वे एक वक्त सिर्फ तिल और चावल ही ग्रहण करते। फिर उन्होंने कठिन उपवास भी किए, लेकिन फिर भी उससे उन्हें शांति नहीं मिली।

लेकिन एक दिन वे ध्यान में बैठे थे, तभी कुछ स्त्रियाँ वहाँ से गाती हुई नगर की ओर लौट रही थीं। सिद्धार्थ ने उनका गीत सुना—'वीणा के तार को ढीला मत छोड़ो। ढीला छोड़ देने से उनका सुरीला स्वर नहीं निकलेगा। पर तारों को इतना कसो भी मत कि वे टूट जाएँ।' सिद्धार्थ को यह बात जँच गई और यह समझ में आ गया कि किसी भी प्राप्ति के लिए मध्यम मार्ग ही श्रेष्ठ होता है।

निर्वाण : सुजाता नाम की एक महिला ने वटवृक्ष से मन्नत माँगी थी कि मुझको यदि पुत्र हुआ तो खीर का भोग लगाऊँगी। उसकी मन्नत पूरी हो गई, तब वह सोने के थाल में गाय के दूध की खीर लेकर वटवृक्ष के पास पहुँची और देखा कि सिद्धार्थ उस वट के नीचे बैठे तपस्या कर रहे हैं।

सुजाता ने इसे अपना भाग्य समझा और सोचा कि वटदेवता साक्षात् हैं तो सुजाता ने बड़े ही आदर-सत्कार के साथ सिद्धार्थ को खीर भेंट की और कहा, 'जैसे मेरी मनोकामना पूरी हुई है, यदि तुम भी किसी मनोकामना से यहाँ बैठे हो तो तुम्हारी मनोकामना भी पूर्ण होगी।'

बोधिवृक्ष : उसी रात को ध्यान लगाते समय सिद्धार्थ को सच्चा बोध हुआ। वहीं उन्हें बुद्धत्व प्राप्त हुआ। भारत के बिहार में बोधगया में आज भी वह वटवृक्ष विद्यमान है, जिसे अब बोधिवृक्ष कहा जाता है। इस वृक्ष को बचाने के लिए विदेशों से कई जाने-माने वैज्ञानिक हर वर्ष इसका परीक्षण करने के लिए आते हैं और जो भी जरूरी होता है, इस वृक्ष की उम्र बढ़ाने के उपाय करते हैं। इस वृक्ष को विश्व विरासत की सूची में भी शामिल किया गया है। सम्राट् अशोक इस वृक्ष की एक शाखा श्रीलंका ले गए थे, वहाँ भी यह वृक्ष है।

बोधि प्राप्ति की घटना ईसा से ५२८ वर्ष पूर्व की है, जब सिद्धार्थ ३५ वर्ष के थे। इस बोधिवृक्ष के नीचे वे बोधि प्राप्ति के बाद चार सप्ताह तक बैठे रहे। इसके बाद वे सच्चे और सनातन धर्म का उपदेश करने निकल पड़े।

धम्मं शरणं गच्छामि

धर्मचक्र प्रवर्तन : बोधि प्राप्ति के बाद सिद्धार्थ गौतम बुद्ध कहलाने लगे। ज्ञान उपलब्ध होने के बाद वे सारनाथ पहुँचे। वहीं पर उन्होंने लोगों को मध्यम मार्ग अपनाने के लिए कहा। दुःख

के कारण बताए और दु:ख से छुटकारा पाने के लिए आष्टांगिक मार्ग बताया। तरह-तरह के देवता, यज्ञ, पशुबलि और व्यर्थ के पूजा-पाठ की निंदा की। अहिंसा पर जोर दिया।

८० वर्ष की उम्र तक गौतम बुद्ध ने जीवन और धर्म के प्रत्येक पहलू पर प्रवचन दिए और लोगों को दीक्षा देकर बुद्ध शिक्षा के लिए प्रचार पर भेजा। शुद्धोधन और राहुल ने भी उनसे दीक्षा ली।

बुद्धदर्शन के मुख्य तत्त्व : चार आर्य सत्य, आष्टांगिक मार्ग, प्रतीत्यसमुत्पाद, अव्याकृत प्रश्नों पर बुद्ध का मौन, बुद्ध कथाएँ, अनात्मवाद और निर्वाण। बुद्ध ने अपने उपदेश पालि भाषा में दिए, जो त्रिपिटकों में संकलित हैं।

बुद्ध के गुरु : गुरु विश्वामित्र, अलारा, कलम, उद्दाका, रामापुत्त आदि।

बुद्ध के प्रमुख दस शिष्य : आनंद, अनिरुद्ध (अनुरुद्धा), महाकश्यप, रानी खेमा (महिला), महाप्रजापति (महिला), भद्रिका, भृगु, किंबाल, देवदत्त, और उपाली (नाई) आदि।

धर्म के प्रमुख प्रचारक : अंगुलिमाल, मिलिंद (यूनानी सम्राट्), सम्राट् अशोक, ह्वेनसांग, फा श्येन, ई जिंग, हे चो आदि।

प्रसिद्ध बौद्ध भिक्षु

भारतीय : विमल मित्र, बोधिसत्त्व, वैंदा (स्त्री), उपगुप्त (अशोक के गुरु), वज्रबोधि, अश्वघोष, नागार्जुन, चंद्रकीर्ति, मैत्रेयनाथ, आर्य असंग, वसुबंधु, स्थिरमति, दिग्नाग, धर्मकीर्ति, शांतरक्षित, कमलशील, सौत्रांत्रिक, आम्रपाली, संघमित्रा आदि।

विदेशी : चीनी भिक्षु ह्वेनसांग (ह्वेन त्सांग), फा श्येन, ई जिंग, कोरियायी भिक्षु हे चो आदि।

महापरिनिर्वाण : वैशाखी पूर्णिमा के दिन बुद्ध का जन्म नेपाल के लुंबिनी में ईसा पूर्व ५६३ को हुआ। इसी दिन ५२८ ईसा पूर्व उन्होंने बोधगया में एक वृक्ष के नीचे जाना कि सत्य क्या है (जन्म और बोधि प्राप्ति वाले दिन ही) ईसा से ४८३ वर्ष पहले भगवान् बुद्ध ने महापरिनिर्वाण प्राप्त किया। अर्थात् देह छोड़ दी। देह छोड़ने के पूर्व उनके अंतिम वचन थे 'अप्प दीपो भव''' सम्मासती। अपना दीया खुद बनो'''स्मरण करो कि तुम भी एक बुद्ध हो।'

धर्मग्रंथ : शोध बताते हैं कि दुनिया में सर्वाधिक प्रवचन बुद्ध के ही रहे हैं। ३५ की उम्र के बाद बुद्ध ने जीवन के प्रत्येक विषय और धर्म के प्रत्येक रहस्य पर जो कुछ भी कहा, वह त्रिपिटक में संकलित है। त्रिपिटक अर्थात् तीन पिटक—विनय पिटक, सुत्त पिटक और अभिधम्म पिटक। सुत्तपिटक के खुद्दक निकाय के एक अंश धम्मपद को पढ़ने का ज्यादा प्रचलन है। इसके अलावा बौद्ध जातक कथाएँ विश्वप्रसिद्ध हैं।

संघं शरणं गच्छामि

बुद्ध के धर्म प्रचार से उनके भिक्षुओं की संख्या बढ़ने लगी तो भिक्षुओं के आग्रह पर बौद्ध संघ की स्थापना की गई। बौद्ध संघ में बुद्ध ने स्त्रियों को भी लेने की अनुमति दे दी। बुद्ध के महापरिनिर्वाण के बाद वैशाली में संपन्न द्वितीय बौद्ध संगीति में संघ के दो हिस्से हो गए—हीनयान और महायान।

सम्राट् अशोक ने २४९ ई.पू. में पाटलिपुत्र में तृतीय बौद्ध संगीति का आयोजन कराया था।

उसके बाद भी भरपूर प्रयास किए गए सभी भिक्षुओं को एक ही तरह के बौद्ध संघ के अंतर्गत रखे जाने के, किंतु देश और काल के अनुसार इनमें बदलाव आता रहा।

निष्कर्ष

महाभारत के महासंग्राम के बाद संपूर्ण विश्व में भारत की उभरी शक्ति सभी के लिए एक भय एवं कल्पना मात्र थी, परिणामस्वरूप हजारों वर्षों तक किसी भी बाह्य शक्ति को भारत की ओर आँख उठाकर देखने तक का साहस न हो सका, विकेंद्रित होकर भी भारत का कोई बाल बाँका तक न कर सका, अपितु कतिपय कारणों से आखिर भारत को वे दिन भी देखने पड़े, जो दुनिया के लिए कल्पनातीत थे। हो सकता है, ये कारण ही उसके दुर्मागम, दुर्दिन के क्षण हों, जिन पर दृष्टिपात करना ही भविष्य की निश्चितता को सुनिश्चित कर सकेगा।

जीवनलक्ष्य की विस्मृति—प्रत्येक मनुष्य अर्थात् नागरिक जब महान् लक्ष्य को अपने मानस-पटल से ओझल कर देता अर्थात् विस्मरण के गर्त में चला जाता है, तब वह किंकर्तव्यविमूढ़ अवस्था में आकर ठगा सा खड़ा रह जाता। उसी अवस्था में वह जीवन का जो सनातन शाश्वत या अभीष्ट लक्ष्य होता, उससे सदा के लिए भटक जाता, विस्मृत हो जाता और उस दुर्धर्ष अवस्था-परंपरा से चले आ रहे विस्मरण से परंपरा भी खंडित हो जाती और जीवन नरकीय गर्त में जाने को विवश हो जाता। यही अव्रस्था मूलतः उसके पतन का कारण बन जाती और वह जीवन निरुद्‌देश्य होकर निस्तेज हो जाता है।

राष्ट्रहित से बड़ा व्यक्तिगत स्वार्थ—परमार्थ से किया जानेवाला कार्य धर्म रूप होता है और स्वार्थ से किया जानेवाला कार्य अधर्म रूप होता है—

परहित सरस धर्म नहीं भाई। परपीड़ा सम नहिं अधमाई॥

जब परमार्थ का पलड़ा भारी होता है, तब धर्म स्थापन में सहायता मिलती है, वहीं जब स्वार्थ का पलड़ा भारी होता है, तब अधर्म सिर चढ़कर बोलने लगता है। यही स्वार्थपरता व्यक्ति को धर्म-आचरण के परिपालन में समाज, राष्ट्र-धारणा में बाधक बन जाती है। व्यक्ति नितांत स्वार्थी होकर सभी मर्यादाओं, परंपराओं, व्यवस्थाओं से कट जाता, अकेला मानो शिखर पर चढ़कर झूठे दंभ की डींगे हाँकने लगता है और अहंकारवश सर्वनाश की भट्ठी में सबकुछ झोंकने के लिए विवश हो जाता है। स्वार्थी मनोवृत्ति की पराकाष्ठा की यही वह घड़ी समूल पतन का कारण बन जाती है, जिससे सभी रास्ते स्वकेंद्रित होकर उदय की जगह अस्ताचल की अनुभूति कराने लगते हैं।

राष्ट्रभक्ति का अभाव—जब हृदय से उपकार का भाव, कृतज्ञता का भाव लुप्तप्राय होता है, तब व्यवहार में परिवर्तन दिखाई देने लगता है। जिस धरती माँ ने हमें जीवन सँवारने के लिए सुख-आनंद से यापन के लिए सभी सुविधाएँ, संसाधन दिए, उसके प्रति कृतघ्नता के अपवादी भाव का दास हो जाना, सामाजिक जीवन को दिग्भ्रमित करनेवाला बन जाना। यह भाव जब हृदय से चला जाता तो जिस-जिस ने हमारे जीवन पर उपकार किया, उन सबके प्रति सेवा, श्रद्धा, भक्ति, विश्वास की जगह घृणा, ईर्ष्या आदि विकारों के कटु सत्य व्यवहारित होने लगते

हैं और घोर कृतघ्नता के महासागर में डूब जाता है। जबकि बदले में उपकार के बदले यदि सेवा, प्रेम, विश्वास, भक्ति, समर्पण के अंकुर प्रस्फुटित होते हैं, तो मानवता के सुंदर ताने-बाने बुनने में सहायक हो जाते हैं। यह भाव दृढतर हो, उस निमित्त अनेक महापुरुष अपने जीवन के प्राणों की आहुति देकर पथ प्रशस्त करते रहे हैं। सच्चाई यह है कि यह पावन भाव ही राष्ट्र का परिचायक है, इसका अभाव ही घोर नरक का मार्ग खोलता और पतन का कारण बन जाता है, जिससे भविष्य का जीवन पतझड़ सदृश्य हो जाता है।

सत्ता-संघर्ष—जब दानवता मन-मस्तिष्क को अपने अधिकार में कर लेती, तब भला मनुष्य क्या, देवता भी घोर स्वार्थ की सरिता में अठखेलियाँ करने लगते, व्यसनों का दास बन जाते, दुर्गुणों का पुतला बन जाते, विकृतियों का संसार बन जाता और सोचता है तो केवल अपने लिए, अपने परिवार के लिए, अपने सगे-संबंधियों के लिए, जो भी है, वह सब मेरा है, बस मेरा ही अधिकार है, उसका उपयोग करने का अधिकार मेरा है और मेरा ही रहेगा, यह भाव उसे शोषण, दमन करने की अनुमति देता और वह निर्विघ्न यह करने के लिए बाध्य हो जाता है। परिणामस्वरूप अनपेक्षित की प्राप्ति के लिए विस्तार की मनोवृत्ति से संघर्ष का मार्ग तय करता और अपनों को छोड़कर सभी से, चाहे पड़ोसी हो या अन्य, संघर्षरत हो जाता है। फलस्वरूप चारों तरफ विस्तारवाद के कारण सत्ता का संघर्ष शुरू हो जाता, जिससे वह सदा के लिए सभी से कट जाता, सभी को शत्रु बना लेता और स्वयं ही सभी का शत्रु बन जाता है। ऐसी दुर्गति की अवस्था में समाज दिग्भ्रमित हो जाता है और यही सत्ता-संघर्ष जीवन के पतन का मूल कारण बन जाता है, जिससे सौहार्द की नदी सूखकर मरुभूमि बन जाती है।

राष्ट्रीय स्वाभिमान का अभाव—जब व्यक्ति धरती माँ को माँ ही नहीं मानता, उसके उपकार के प्रति कृतज्ञता का भाव ही हृदय में नहीं रखता तो उसके सामने राष्ट्र क्या कोई होता है? कुछ नहीं होता, जब राष्ट्र ही नहीं होता तो उसके आयाम उसके लिए कोई मायने नहीं रखते, फिर क्यों उसे पूजे, वंदना करे, आराधना करे, जब यह नमन भाव ही नहीं तो राष्ट्र की भूमि, राष्ट्र के जन, राष्ट्र-संस्कृति, परंपराएँ, रीत-नीत, जीवन-मूल्यों पर क्यों गर्व करे, उसकी क्यों अभ्यर्थना करे। भावशून्य व्यक्ति कभी स्वाभिमान का भाव नहीं ला सकता, उसे स्वाभिमान से क्या लेना-देना? भावप्रधान व्यक्ति के लिए ही स्वाभिमान कुछ अर्थ रखता है; वही भरोसा, श्रद्धा, समर्पण जैसे पारमार्थिक मूल्यों का अनुसरण, आचरण, साहस जुटाता है। यह भाव ही स्वाभिमान का दीपक बन जाता, यही भाव घोर निराशा की काली छाया बन जाता। ऐसी शून्यता की घड़ी भी पतन का कारण होती है और पथ भ्रम की पगडंडी बन जाती है।

सार्वदेशिक दृष्टि का अभाव—अपना तो अपना होता है, लेकिन पड़ोसी का भी अपना हो, यह हृदय की विशालता ही मनुष्य को व्यापक दृष्टि देती है। जब हृदय की विशालता से व्यापक दृष्टि का विकास होता, तब जाकर कहीं मनुष्य जन-जन को अपना, उसकी प्रत्येक वस्तु को अपनी वस्तु, उसकी हर परंपरा, व्यवस्था, मर्यादा को अपनी परंपरा, उसके कण-कण को अपना मानने लगता है। जब सबकुछ अपना मानने लगता तो उसके प्रति सेवा, कर्तव्य, प्रेम, श्रद्धा, भक्ति, समर्पण का बीजारोपण होकर, वटवृक्ष बनकर संरक्षण-संवर्धन कर कृतनिश्चय करता है। वास्तव में वह सार्वत्रिक, सार्वदेशिक दृष्टि उन्हीं सद्गुणों की फलश्रुति होती है, उपर्युक्त गुणों

के अभाव में दोहन की जगह शोषक की वृत्ति का जागरण करना, जो पाप की राह पर चलने की प्रेरणा देती और सामाजिक ढाँचे को तार-तार करने में जैसे पवन आग को प्रचंड करने में सहायक हो जाता है।

पास्परिक संबंध सूत्र की शिथिलता—घोर स्वार्थी, दमन नीति, शोषण की वृत्ति, व्यसनों की दासता परायों से क्या, अपनों से भी काट देती है और उसे निरा शून्य पर ले जाकर खड़ा कर देती है। जब व्यक्ति निराशून्य पर केंद्रित होकर सर्वत्र देखता हो, उसे अपने संगियों की जगह शत्रु ही दिखाई देते हैं। जो उसे सभी से अलग करता और जो संबंध बड़े जतन से, प्रयत्न से त्याग, बलिदान समर्पण से गढ़े गए थे, वे सभी चंद सुखोपभोग के कारण संज्ञाशून्य होकर शिथिल हो जाते हैं। यह संबंध शिथिलता भी पतन का एक कारण बन जाती, जिसके फलस्वरूप अपने भी अपनों के खून के प्यासे हो जाते और किनारे लगती नाव तीर पर ही डूब जाती है।

सुसंगठित अवस्था में कमी—जब समाज जाग्रत्, सजग, संवेदनशील एवं उद्यत होता है; समरस, समर्थ होता है, तो उसके पीछे उसका सुसंगठन ही होता है। वह सुसंगठन चरित्रवान नेतृत्व, सुख-दुःख की समान अनुभूति, आत्मविश्वासी, महत्त्वाकांक्षी, विजिगीषु वृत्ति, वीरवृत्ति आदि गुणों के कारण स्वमेव विकसित हो जाती है। इसके अभाव में सुसंगठित अवस्था का तेजोमय जीवन निस्तेज होने लगता है, परिणामस्वरूप सार्वत्रिक निराशा, निशा की निस्तब्धता का आभास होने लगता है, जिसका मूल कारण सुप्तावस्था, नेतृत्वविहीनता, क्षुद्र स्वार्थ, निराशा, हताशा, कायरता, भाग्यवादिता आदि दुर्गुणों का होना होता है। सुसंगठित जीवन ही भाग्योदय का सूर्य होता और असंगठित जीवन ही दुर्भाग्य की घोर निशा होती है। यही भाव मनुष्य उत्थान और पतन की झलक दरशाता है।

संपूर्ण भारत मेरा, यह भाव छिन्न-विच्छिन्न—जब यह धरती मेरी है, इसके कण-कण से मेरा नाता है तो इसकी सुरक्षा की जिम्मेदारी भी मेरी है, इसका सुख-दुःख मेरा सुख-दुःख, इसका हानि-लाभ मेरा हानि-लाभ, इसके शत्रु-मित्र मेरे शत्रु-मित्र हैं, अर्थात् इसका सबकुछ मेरा है। यह अधिकार भाव जागता है तो स्वाभाविक है उसके प्रति दृष्टि पावन हो जाती, पवित्र हो जाती है, परिणामस्वरूप हृदय में उसकी सेवा करने का भाव, कर्तव्यपरायणता, समर्पण भाव से, भक्तिभाव से, त्याग-बलिदान से हृदय में ज्वार सा उठता है, जो सर्वस्व न्योछावर करने के लिए प्रेरित करता है। जब यह भाव ही नहीं होता तो अपने घर को ही राष्ट्र अपने राज्य को ही सर्वस्व मान लेना और खुद को स्वयंभू मान लेना, जिसके कारण भारत माँ की अनुपम झाँकी नयनों के सामने से ओझल हो जाती है, इसी घड़ी में अखंड भाव छिन्न-विच्छिन्न हो जाता और संभ्रम का आभास कराता है।

राष्ट्रीय चरित्र का अभाव—वैयक्तिक सुख जब राष्ट्रीय सुख से बड़ा हो जाता है, तब स्वाभाविक ही राष्ट्रभाव लुप्तप्राय हो जाता है, परंतु वही राष्ट्रीय सुख जब व्यक्तिगत सुख से बड़ा हो जाता है तो राम जैसा चरित्र-संपन्न, मर्यादा पुरुषोत्तम बनकर खड़ा हो जाता, जो अपने सुख को ठुकराकर परमार्थ की अभीष्ट-प्राप्ति हेतु घोर संकटों से भरे कानन के जीवन को स्वीकार कर भविष्य की अनोखी पगडंडी गढ़ता, जो कोटिजनों का पथालोकित करता है; लेकिन जब वैयक्तिक सुख मन-बुद्धि पर हावी होता है तो मानसिंह जैसा कलुषित मानस वाला मृतप्राय

पुतला-सा खड़ा होता और अपनी माँ सी मातृभूमि को छोड़ चंद भौतिक सुखों की खातिर दुश्मन की सेवा स्वीकार करता है; ऐसा चरित्र चहारदीवारी से बाहर निकलकर याचक बनकर खड़ा होता है और दिग्भ्रम का कारण बनता है।

आत्म-विस्मृति—घोर स्वार्थवश, भौतिकता की चकाचौंध में जब व्यक्ति नैतिक मूल्यों, जीवन दशा, जीवनोद्देश्य अर्थात् उन सभी से अपना नाता तोड़ लेता है और संबंधों की डोर के अनुबंधों से मुक्ति पा लेता है तो विस्मरण के भँवर में उलझकर प्रयत्नशून्य हो जाता है, उस अवस्था में मार्ग ही नहीं सूझता—किधर जाए, क्या करे, क्या न करे। ऐसी आत्मविस्मृत अवस्था को भी पतन का कारण माना जा सकता है। इसे भूलभुलैया का भँवर भी कहा जा सकता है।

स्वत्व के स्वाभिमान का अभाव—अंतर्निहित ऊर्जा, चेतना, बोध को यदि समझना हो तो अंत:करण की शक्ति जगानी होगी। अंत:करण की शक्ति क्या है, जिसके कारण सुप्तप्राय संवेदना निर्धारित होती है, लुप्तप्राय चेतना उद्वेलित होती है, संज्ञाशून्य वेदना करुणित होती है, वास्तव में रक्त-संचार की गति, मन के वेग की सन्मति, बुद्धि की प्रखरता की द्युति, आत्मा की परास्थिति की अनुभूति स्वयं की अनुभूति के बिना संभव नहीं। स्वसंचार की गति है, चेतना की चिति और आनंद की स्थिति है। इसकी उपस्थिति ही देवत्व का जागरण और अनुपस्थिति ही दैत्यत्व का तांडव नर्तन अर्थात् पतन का निराभास है।

रूढ़ियाँ—जीवन को जाग्रत् रखने के लिए परंपराओं की आवश्यकता होती है। ये जीवन का पथालोकित करती हैं। उँगली पकड़कर मार्ग दिखाती हैं, पग-पग पर दिग्दर्शन करती हैं, हर मोड़ पर सड़क पार करने का माध्यम होती हैं। उलझनों, भ्रमों, संभ्रमों में भ्रमित मन चक्षुओं को दृष्टि देकर मर्यादा का पाठ-पढ़ाता है, पूर्वजों के सुझाए गए मार्ग पर चलने के लिए प्रेरित करनेवाली संवाहिका बनकर सार्थक्य निभाता है। जब तक यह पूर्वजों की व्यवस्था के अनुरूप चलती है, तब तक योग्य पथ-प्रदर्शक का काम करती, अपितु जब यही अज्ञानता, धर्मांधता, अबोधता का दूत बन जाती है, तब यह मानवता की पोषक की जगह शोषक बन जाती है, मंगलकारी की जगह अमंगलकारी बन जाती है, बना-बनाया खेल ताश के पत्तों की तरह ढेर हो जाता है, परिणामस्वरूप साधक की जगह बाधक की भूमिका निभाने लगती, फिर जब खेत की बाड़ ही फसल खाएगी तो रखवाली असंभव होगी, ऐसी दुर्धर्ष स्थिति में गले का हार फाँसी का फंदा बन जाता है, मृत्यु का द्योतक बन जाता है, पाप का घड़ा बन जाता है, जो धर्म की जगह अधर्म के पतन के गर्त के खड्डे में ही जाकर चैन की साँस लेता है।

समग्र जागृति केंद्र दुर्बल—यदि समाज सबल तो सबकुछ सुखद, यदि समाज दुर्बल तो सबकुछ दुखद। समाज को सबल करनेवाले चेतना स्वरूप, फिर चाहे मंदिर हो, ग्राम समिति (पंचायत), बड़े, बूढ़ों की चौपाल हो, नारी मंडल हो, संत मंडल हो, युवा मंडल हो, संस्कार केंद्र, शिक्षा केंद्र, चिकित्सा केंद्र, मननशाला केंद्र, कथा केंद्र, उत्सवों-पर्वों, महोत्सवों, विवाहोत्सवों, चेतना-केंद्र, उद्यानों, धार्मिक संस्थानों आदि की उपस्थिति में ही समाज चेतनावान रहता है। ये सभी चेतना-केंद्र व्यक्ति को सन्मार्ग पर चलने की प्रेरणा के साथ-साथ धर्म-भय का पाठ भी पढ़ाते हैं, जिनके प्रदीप्त होने से समाज प्रदीप्त होता है और जिनके निस्तेज होने से समाज निस्तेज हो जाता है। ये हमारे दयनीय, दुर्भाग्यपूर्ण पतन के कारण माने जा सकते हैं।

प्रादेशिक राष्ट्रवाद का प्रचार—व्यक्ति का मानस स्वकेंद्रित हो जाता है। अपना ही अपना दिखता है। पराया पराया दिखता है, पड़ोसी शत्रु ज्यादा दिखता मित्र की तुलना में, मानसिकता संकुचित हो जाती है, जिस प्रकार मकड़ी अपने ही बनाए ताने-बाने में उलझकर मर जाती है, उसी प्रकार व्यक्ति भी संकुचितता के भँवर में फँसकर, अपने ही ताने-बाने में उलझकर छटपटाकर मर जाता है। वह सभी से कट जाता, सभी उसे पराए दिखते, जब सभी पराए लगने लगते, तब मित्रता की जगह शत्रुता का बीजारोपण हो जाता। मन की, हृदय की विशालता से वह कट जाता, मन-हृदय दोनों ही खंड-खंड हो जाते, व्यापकता की अनुभूति छोड़ अपने सीमित भूखंड की चहारदीवारी में कैद हो जाते, जो झूठे प्रादेशिक राष्ट्रवाद का दंभ भरता, जबकि सच्चाई से वह कोसों दूर हो जाता है। कागज की झूठी नाव पर चढ़कर राष्ट्रवाद की झूठी दुहाई देना, झूठ-मूठ के फूलों से सुगंध बहाना, परिणामस्वरूप झाँसे ही उसे परकीय हाथों की कठपुतली बनने पर विवश कर देते और वह परकीय कारा का दास बनकर जीने को ही जीवन मान बैठता, तब बहुत देर हो गई होती है और सन्मार्ग पर आने के लिए पश्चात्ताप की याचना करता।

पूर्वजों द्वारा सौंपी पावन थाती, पावन झाँकी, अकूत संपत्ति गौरवासीन छवि को दुर्भाग्यपूर्ण चित्रित करने की योजना कतिपय अपने ही अज्ञानी, अबोध, क्षुद्र-स्वार्थी संतानों की करतूतों की वजह से सफल हुई, जिसने माँ भारती की कोख को लजा दिया, पुरखों का शीश झुका दिया, परंपराओं को कलंकित कर दिया। 'अपनों के ही हाथों अपनों का गला घोंटा जाता है।' यह उक्ति चरितार्थ कर दी। अत: अपने स्वार्थ के लिए किया गया कोई भी कार्य मानवता के उत्थान के लिए नहीं हो सकता है और परमार्थ के लिए किया गया कोई भी कार्य मानवता के उत्थान के लिए पर्याप्त है। मानवता के उत्थान के लिए स्वकेंद्रित मानसिकता से बाहर निकल विकेंद्रित मानसिकता से देवत्व जागरण के अभियान में अंतर्निहित शक्ति के समर्पण से ही धर्म की स्थापना का दीप जलता है, जो अंधकार को हरकर सर्वत्र प्रकाश फैलाता है।

जीवन-मूल्य और परंपराएँ,
जब अंतर से विस्मृति होतीं।
शोणित से सिंचित पूर्वजों की,
पगडंडी भी खंडित होती॥ १॥
गंतव्यहीन पूरब की लाली,
स्वयं शून्य में लज्जित होती।
जग 'राम संभ्रम में अवलंबन'',
पुनः ऊषा आनंदित होती॥ २॥

- आचार्य चाणक्य (कौटिल्य)
- मौर्य साम्राज्य
- सम्राट् चंद्रगुप्त मौर्य
- सम्राट् अशोक का साम्राज्य
- महाराजा खारवेल·
- सम्राट् पुष्यमित्र शुंग
- सम्राट् विक्रमादित्य
- महाराजा गौतमी पुत्र शातकर्णी (सातवाहन)
- सम्राट् समुद्रगुप्त का साम्राज्य
- सम्राट् चंद्रगुप्त विक्रमादित्य द्वितीय का साम्राज्य
- सम्राट् स्कंदगुप्त का साम्राज्य
- महाराजा पुलकेशिन प्रथम का साम्राज्य
- सम्राट् यशोधर्मन का साम्राज्य
- वर्द्धन वंश का साम्राज्य
- सम्राट् हर्ष का साम्राज्य
- महाराजा नरसिंहवर्मन प्रथम का साम्राज्य
- सम्राट् ललितादित्य का साम्राज्य
- महाराणा बप्पा रावल का साम्राज्य
- महाराजा कृष्ण प्रथम का साम्राज्य
- महाराजा देवपाल का साम्राज्य
- सम्राट मिहिरभोज प्रतिहार (गुर्जरेश्वर)
- चोल राजवंश का साम्राज्य
- सम्राट् राजेंद्र चोल प्रथम
- महाराजा वीर सुहेलदेव राजभर
- महाराजा भोज परमार का साम्राज्य
- महाराजा पृथ्वीराज चौहान का साम्राज्य

विस्तार-पर्व

भारत ने संसार को धर्म की शिक्षा के साथ-साथ ज्ञान-विज्ञान, कर्म, भक्ति, प्रेम, त्याग, समर्पण आदि के जीवन-मूल्य, जो भारत की अनमोल थाती हैं, सबको हँसते-हँसते लुटा दिए, वार दिए, पर मन में किंचित् भी संकोच नहीं किया। एक हाथ में शास्त्र और दूसरे में शस्त्र जीवन की महती आवश्यकता मानकर शिक्षा दी।

शास्त्र से ही समझाना, यह नीति रही है। अपितु शास्त्र समझ नहीं आया तो उसके लिए शस्त्र भी संधान करना सिखाया। इससे भी हम नहीं चूके। इसलिए धर्म के दोनों पहलू बड़े ही काम के अस्त्र होते हैं। दोनों एक-दूसरे के पूर्णतया पूरक हैं। अलग-अलग दोनों ही अधूरे होते हैं, क्योंकि बिना निर्माण के विनाश असंभव, बिना विनाश के निर्माण असंभव, अर्थात् निर्माण में विनाश और विनाश में निर्माण परस्पर समाहित है। एक के बिना दूसरे की कल्पना भी असंभव है। इसी सूत्र को दृष्टिगत करके सनातनकाल से भारत ने संसार को सबकुछ देने के लिए आजन्म प्रयास किया है, आज भी उसी वचन पर अडिग है और आगे भी रहेगा।

भारत ने आज तक किसी की संप्रभुता, सीमा, जमीन और वैभव का अतिक्रमण नहीं किया। यह राम, कृष्ण, बुद्ध, महावीर, नानक, विवेकानंद की परंपरा पर चलनेवाला सनातन प्रवाह है। इसने तो स्वयं भूखा रहकर शरणागत का मान रखा। उन्हें अपनी गोदी में समेट, आँचल की छाँव में लपेट ममता का आशीष दिया और 'युग-युग जियो' का अक्षय वरदान भी दिया।

लेकिन यदि किसी ने बार-बार पत्थर मारकर उकसाने का प्रयास किया, सीमाओं को हथियाने का दुस्साहस किया या बार-बार ध्यान भंग करने का स्वप्न भी देखा, संप्रभुता-वैभव पर बलात् अधिकार जमाने की किंचित् लालसा की तो शास्त्र से समझाने के प्रयास विफल होने पर शस्त्र से कठोर दंड भी दिया। उसको अपने घर में नहीं अपितु उसके घर में जाकर या यों कहें, उसके घर में घुसकर उसके अपनों के सामने कठोर दंड देकर 'पुरस्कृत' किया। लेकिन उसकी संस्कृति, परंपरा, व्यवस्था एवं संप्रभुता का अपहरण कभी नहीं किया। अधर्मी को दंड देना और धर्मात्मा को पुरस्कृत करना, इसी नीति का पालन करते हुए अभिमान पूर्ण व्यवहार करते रहे। यह नीति भारत की सनातन काल से चलती आई है और आगे भी शाश्वत रहेगी।

भारत कभी पराजित नहीं हुआ। इसने अपने बड़प्पन, सज्जनता, धर्मपरायणता के कारण सहज ही संकटों को मोल लिया है, परंतु धर्म का अवलंबन कभी नहीं छोड़ा। अधर्म के मार्ग का अवलंब कभी नहीं लिया। अपने बलबूते पर 'वयं साम्राज्य वादिना:' वेदमंत्र का धर्माचरण करते हुए पालन किया। जगती को दासी बनाकर शासन नहीं किया, वरन् हृदय जीतकर हृदयासन पर

वर्षानुवर्ष शासन किया, जिसकी चर्चा किंवदंतियों के रूप में उस पराजित भूभाग में आज तक नर-नारियाँ अपनी संतानों को कथा-कहानियों के रूप में सुनाया करती हैं कि भारत ही नहीं अपितु उसकी संतानें भी उतनी ही श्रेष्ठ, उदार, धर्मप्रेमी हैं, जितना कि भारत।

ऐसी गौरवशाली, पराक्रमी, तेजस्वी, वीरव्रती, हिमालय की तरह अडिग, धर्माचारी संतानों की यशोगाथा भारत के कण-कण में, बच्चे-बच्चे में, सूक्ष्म-स्थूल मन में स्वर्णाक्षरित है। जिन्होंने अपने शोणित की अंतिम बूँद तक भेंट कर मातृभूमि के स्वाभिमान की रक्षा की, ऐसे पूर्वजों के शौर्य, त्याग, बलिदान के स्मरण मात्र से हृदय में वीरत्व स्फुरित होने लगता है। तन-मन हृदय में नई ऊर्जा-स्फूर्ति संचरित होने लगती है। ऐसी एक-दो नहीं वरन् लंबी शृंखला विद्यमान है, जो पूर्व से पश्चिम और उत्तर से दक्षिण चतुर्दिक् यशोपताका के रूप में लहरा-लहराकर महत्त्वाकांक्षा की पराकाष्ठा का इतिहास लिखती है। ऐसी तपोमय जाह्नवी, जो गंगोतरी से गंगासागर तक अविरल प्रवाहित रही है और उच्च स्वर में शंखनाद कर विजयोल्लास मनाती रही है, उसी उल्लास के जलबिंदु बनकर साथ-साथ प्रवाहित होने का सौभाग्य शीश पर धारण कर जीवन सार्थक हो, ऐसा उद्यम कर आनेवाली पीढ़ियों के लिए मील के मूक पत्थर से अडिग पथ-प्रदर्शक बन कर्तव्याकांक्षा की पूर्ति में साधन बनना अभीष्ट एवं अपेक्षित है।

वयं साम्राज्यवादिना के अनुयायी।
जग'राम मील के पत्थर',
पथ सुखदायी॥

आचार्य चाणक्य (कौटिल्य)

जीवन-परिचय—चाणक्य का जन्म ३७५ ई.पू. में तक्षशिला में हुआ था। उनके पिता का नाम चणक था, जिनके नाम पर ही इन्हें चाणक्य कहा जाता है। इनके बचपन का नाम 'विष्णुगुप्त' था तथा इन्हें 'कौटिल्य' के नाम से भी जाना जाता है। चाणक्य ने तक्षशिला में शिक्षा प्राप्त की थी। चाणक्य की प्रसिद्ध पुस्तक 'अर्थशास्त्र' से उनकी प्रतिभा, बहुआयामी व्यक्तित्व, दूरदर्शिता एवं कुशल राजनीतिज्ञ होने का आभास होता है कि आचार्य चाणक्य प्रखर बुद्धिवाले विद्वान् थे।

उपलब्धियाँ—भारत पर सिकंदर के आक्रमण के कारण छोटे-छोटे राज्यों की पराजय के कारण आचार्य कौटिल्य ने व्यावहारिक राजनीति में प्रवेश करने का संकल्प किया। उनकी सर्वोपरि इच्छा थी—अखंड भारतभूमि को गौरवशाली एवं विशाल रूप में देखना, जिसके फलस्वरूप आचार्य चाणक्य ने चंद्रगुप्त की सहायता की तथा उस समय के मगध के शासक नंदवंशी महापद्मनंद का उन्मूलन कर वहाँ की जनता को उसके आतंक से मुक्त कराया।

आचार्य चाणक्य ने संस्कृत भाषा में 'अर्थशास्त्र' और राजनीति विषय पर लिखा। इसके अलावा 'विष्णुगुप्त सिद्धांत' नामक ज्योतिष ग्रंथ की रचना भी उन्होंने की। जहाँ एक ओर आचार्य चाणक्य

को दूरदर्शी राजनीतिज्ञ के रूप में मौर्य वंश (साम्राज्य) का संस्थापक और संरक्षक माना जाता है, वहीं उन्हें संस्कृत साहित्य में लिखी अपनी महत्त्वपूर्ण कृति के लिए अपने समय का विद्वान् माना जाता है। कौटिल्य द्वारा नंदवंश का विनाश एवं मौर्य वंश की स्थापना से संबंधित कथा विष्णु पुराण में है।

आचार्य कौटिल्य राजनीति के प्रकांड विद्वान् थे एवं चंद्रगुप्त (मौर्य साम्राज्य) के महामंत्री होने के बावजूद वे सादगी से जीवन जीते थे। सादा जीवन, उच्च विचार यही उनके जीवन का सार था। वह राजवैभव से दूर एक छोटे से मकान में रहते थे। कहा जाता है कि उनके मकान की दीवारों पर गाय के गोबर के उपले थोपे रहते थे।

आचार्य चाणक्य का मानना था कि राजा या मंत्री अपने आदर्श चरित्र और जीवन के उच्च आदर्शों द्वारा लोगों के समक्ष प्रतिमान स्थापित कर सकते हैं। उन्होंने सदैव मर्यादाओं का पालन करते हुए कर्मठता के साथ जीवन बिताया। उन्हें धन, यश और पद का कोई लोभ नहीं था। कहते हैं, वे मंत्री पद को त्यागकर वानप्रस्थ जीवन व्यतीत करने वन में चले गए थे। वे एक कर्मठ, तपस्वी, मर्यादाओं के साथ जीवन जीनेवाले व्यक्ति थे। उनका जीवन आज भी अनुकरणीय है।

आचार्य चाणक्य की राज्य संबंधी अवधारणा—राज्य की उत्पत्ति के संदर्भ में कौटिल्य ने स्पष्ट रूप से कुछ नहीं कहा किंतु संयोगवश उनकी टिप्पणियों से स्पष्ट होता है कि वे राज्य के दैवी सिद्धांत के स्थान पर सामाजिक समझौते के पक्षधर हैं। वे प्राकृतिक दशा को अराजकता की संज्ञा देते हैं। कौटिल्य राजतंत्र की पक्षधरता की बात करते हैं। कौटिल्य ने अपने 'अर्थशास्त्र' में राज्य-संचालन के लिए सप्तांग सिद्धांत की बात की है।

आचार्य चाणक्य ने राजतंत्र की संकल्पना को अपने चिंतन का केंद्र बनाया है। वे लौकिक मामलों में राजा को सर्वोपरि मानते हैं, परंतु कर्तव्यों के मामलों में वे खुद धर्म से बँधे हैं। वे स्वयं को धर्म का व्याख्याता नहीं, रक्षक मानते हैं। वे राज्य के हित को सर्वोपरि मानते हैं। आवश्यकता पड़ने पर यदि राज्य-हित और नैतिकता में टकराहट की स्थिति उत्पन्न हो जाए तो नैतिकता पर राज्य-हित को वरीयता देने की बात करते हैं। राजा का कर्तव्य है कि वह अपनी प्रजा को बाहरी आक्रमणकारियों से सुरक्षित रखे। आंतरिक व्यवस्था, न्याय की रक्षा तथा दैवी आपदाओं बाढ़, आग, महामारी आदि से बचाए।

राजा का कर्तव्य अपनी समस्त प्रजा के लिए सामाजिक न्याय की स्थापना करना है। सामाजिक न्याय तभी स्थापित हो सकता है, जब प्रत्येक व्यक्ति अपने कर्तव्यों का सही से निर्वहन कर सके, जैसे—पिता-पुत्र, पति-पत्नी, गुरु-शिष्य। विवाह-विच्छेद की स्थिति में वे स्त्री-पुरुष के समान अधिकारों पर जोर देते हैं। स्त्री-हत्या और ब्राह्मण-हत्या को उन्होंने गंभीर अपराध माना है।

आचार्य चाणक्य ने विदेशी संबंधों के संचालन के लिए छह प्रकार की नीतियों का वर्णन किया है। उसके अनुसार प्रत्येक राजा को इन नीतियों का प्रयोग राज्य के कल्याण के दृष्टिकोण से करना चाहिए। कौटिल्य ने विदेश नीति के संबंध में कूटनीति के चार सिद्धांतों का प्रयोग किया है—साम, दाम, दंड, भेद। उनके अनुसार दंड (युद्ध) का प्रयोग सबसे अंत किया जाना चाहिए, क्योंकि इसमें विपक्षी के साथ-साथ अपनी भी क्षति होती है।

गुप्तचर व्यवस्था—आचार्य चाणक्य ने राज्य की रक्षा के लिए गुप्तचरों के अनेक रूपों एवं उनके कार्यों का विस्तार से वर्णन किया है। गुप्तचर विद्यार्थी, तपस्वी, विष-कन्याओं एवं

व्यापारी तथा राजदूत आदि इसका दायित्व निभाते थे। इनका कार्य जनता के बीच में रहकर उनके कार्यों पर नजर बनाए रखना तथा विद्रोहियों के षड्यंत्र को राजा तक पहुँचाना था। देश-विदेश की घटनाओं से राजा को अवगत कराना भी इनका कार्य होता था। आचार्य ने गुप्तचरों को राजा द्वारा मान व धन देकर उनको प्रसन्न रखने का सुझाव भी दिया है।

मूल्यांकन—आचार्य चाणक्य ने अपने ग्रंथ 'अर्थशास्त्र' से भारतीय राजनीति ही नहीं अपितु विश्वपटल पर राजनीति, चिंतन का एक नया आयाम स्थापित किया है। उन्होंने राजनीतिशास्त्र और धर्मशास्त्र दोनों को अलग किया। वे धर्म और नैतिकता के विरोधी नहीं थे, अपितु राजनीति को साधारण नैतिकता के बंधनों से मुक्त रखने का सुझाव दिया। वह राज्य की समस्त शक्तियों को राजा के हाथ में देने के पक्षधर हैं किंतु वह प्रजा के प्रति उदासीन नहीं दिखते। वह प्रजा के हित को प्रमुखता के साथ देखते हैं, उनके लिए प्रजाहित सर्वोपरि है।

अर्थशास्त्र—अर्थशास्त्र आचार्य चाणक्य द्वारा (चौथी शती ई.पू.) रचित संस्कृत भाषा का एक ग्रंथ है। यह राजनीति एवं लोक प्रशासन पर लिखी गई पहली प्रामाणिक पुस्तक है। इसमें राजव्यवस्था, कृषि, न्याय एवं राजनीति के विभिन्न पहलुओं पर विचार किया गया है। इसमें १५ अधिकरण (भाग), १५० अध्याय, १८० उपभाग तथा ६००० श्लोक हैं। आचार्य चाणक्य मौर्य सम्राट् चंद्रगुप्त मौर्य के महामंत्री थे। उन्होंने चंद्रगुप्त के सही राजकाज एवं प्रशासकीय संचालन के लिए अर्थशास्त्र की रचना की थी।

अर्थशास्त्र को मौर्यकालीन भारतीय समाज का दर्पण माना जाता है। इसमें समसामयिक राजनीति, अर्थनीति, कूटनीति, विधि समाजनीति तथा धर्म आदि पर पर्याप्त जानकारी मिलती है। प्राचीन भारतीय राजनीति का यह प्रसिद्ध ग्रंथ है।

अर्थशास्त्र के १५ अधिकरणों का संक्षिप्त विवरण निम्नलिखित है—

१. **विनयाधिकरण**—इसमें राजा के विनय, अनुशासन एवं सामान्य व्यवहार का वर्णन मिलता है। इसे २० अध्यायों में बाँटा गया है।

२. **अध्यक्ष प्रचार**—इसमें जनपदों की स्थापना तथा नागरिकों के कर्तव्यों एवं अन्य विषयों को ३६ अध्यायों में बाँटा गया है।

३. **धर्मस्थीय**—इसमें विवाह, विवाह-संबंध, संपत्ति, ऋण, श्रम, क्रय-विक्रय आदि प्रमुख प्रकरणों का जिक्र किया गया है।

४. **कंटकशोधन**—इसमें फौजदारी, न्यायालयों, संगठनों, चोरी, ठगी आदि अपराधों, उनकी छानबीन एवं दंड निर्धारण का निरूपण किया गया है।

५. **योगवृत्त**—इसमें राजा के प्रति प्रशासनिक अधिकारियों के कर्तव्यों का उल्लेख एवं राजद्रोह, कोषसंचय का विशेष उल्लेख किया गया है।

६. **मंडल योनि**—इसमें राज्य के सप्तांगों का वर्णन किया गया है, साथ ही साथ प्रकृति के गुणों का वर्णन एवं शांति और उद्योग के महत्त्व का वर्णन किया गया है।

७. **षाड्गुण्य**—इसमें छह गुणों का विस्तार किया गया है। इसमें संधि, विग्रह, यान, आसन, संशय और द्वैधी भाव से युक्त विदेश नीति का वर्णन है।

८. **व्यसनाधिकारिक**—इसमें युवराज, अमात्य आदि के व्यसन एवं उनके प्रतिकार आदि

का उल्लेख किया गया है। इसमें कुल पाँच अध्याय हैं।

९. **अभियास्यकर्म**—इसमें दूसरे राज्यों पर आक्रमण के विचारणीय पहलुओं पर चर्चा की गई। राजनीतिक दृष्टि से यह महत्त्वपूर्ण है।

१०. **सांग्रामिक**—इसमें युद्ध संबंधी विजयी नियमों की रणनीति की चर्चा की गई है।

११. **संघवृत्त**—इसमें संघ राज्यों में आपसी फूट डालने के वर्णित तरीके हैं।

१२. **आवलीस्य**—इसमें कमजोर राजा द्वारा शक्तिशाली राजा के बचाव के उपाय बताए गए हैं।

१३. **दुर्ग लाभोपाय**—इसमें शत्रु देश के दुर्गों पर कब्जा करने के उपाय बताए गए हैं।

१४. **औपनिषदक**—इसमें शत्रुवध के उपाय और शत्रु द्वारा प्रयुक्त घातक प्रयोगों के निवारण के प्रतिपाद्य पर चर्चा की गई है।

१५. **तंत्रयुक्ति**—इसमें राजनीतिशास्त्र संबंधी युक्तियाँ बताई गई हैं।

आचार्य चाणक्य ने अपने छठे अधिकरण में सप्तांग सिद्धांत का वर्णन किया है, जिसमें चाणक्य ने राज्य की तुलना मानव-शरीर से की है। जिस प्रकार शरीर के सभी अंग परस्पर मिल-जुलकर कार्य करते हैं, ठीक उसी प्रकार राज्य के सभी अंग परस्पर कार्य करते हैं। चाणक्य ने राज्य को सात तत्त्वों से निर्मित माना है—

१. **स्वामी (राजा)**—यह राज्य के सिर के तुल्य है। वह कुलीन बुद्धिमान, साहसी, धैर्यवान, संयमी, दूरदर्शी तथा युद्धकला में निपुण होना चाहिए।

२. **अमात्य (मंत्री)**—ये राज्य की आँखें हैं। इस शब्द का प्रयोग कौटिल्य ने मंत्रिगण, सचिव, प्रशासनिक व न्यायिक पदाधिकारियों के लिए भी किया है।

३. **जनपद (राज्यक्षेत्र)**—ये राज्य की जंघाएँ हैं, जिन पर राज्य का अस्तित्व टिका है।

४. **दुर्ग (किला)**—ये राज्य की बाँहें हैं, जिनका कार्य राज्य की रक्षा करना है। राजा को ऐसे किलों का निर्माण करवाना चाहिए, जो बाह्य आक्रमणों से रक्षा कर सकें।

५. **कोष (राजकोष)**—राज्य के मुख के समान है। कोष को राज्य का सबसे महत्त्वपूर्ण तत्त्व माना गया है, क्योंकि राज्य को संचालित करने तथा किसी भी विपत्ति के समय में सहायक होता है।

६. **दंड (सेना)**—यह राज्य का मस्तिष्क है। प्रजा तथा शत्रु पर नियंत्रण करने के लिए सेना अत्यधिक महत्त्वपूर्ण अंग है। आचार्य चाणक्य ने छह प्रकार की सेना का जिक्र किया है।

७. **सुहृद (मित्र)**—ये राज्य के कान हैं। राजा के मित्र युद्धकाल और शांति, दोनों में उसकी सहायता करते हैं। चाणक्य ने दो प्रकार के मित्रों का जिक्र किया है—सहज मित्र और कृत्रिम मित्र। सहज मित्र को वे श्रेष्ठ मानते हैं।

इस प्रकार चाणक्य का अर्थशास्त्र राजनीतिक, सामाजिक एवं न्यायिक दृष्टि से भारतीय इतिहास के लिए अमूल्य निधि है। आचार्य चाणक्य ने जिस अर्थशास्त्र की रचना चंद्रगुप्त के राज्य-संचालन के लिए की, उसे मौर्यकालीन समाज का दर्पण माना जा सकता है।

मौर्य साम्राज्य

मौर्य वंश—३२२ ई.पू. से १८५ ई.पू.।

मौर्य वंश के इतिहास को जानने के साधन—१. मेगस्थनीज की पुस्तक इंडिका, २. कौटिल्य का अर्थशास्त्र, ३. अशोक की राजाज्ञाएँ, शिलालेख और लाट, ४. नेपाली और तिब्बती धार्मिक ग्रंथ, ५. लंका की यज्ञवंश और द्वीपवंश पुस्तकें, ६. मुद्राराक्षस नाटक, ७. बौद्ध और जैन साहित्य।

चंद्रगुप्त मौर्य का जन्म ई.स. से लगभग ३४५ वर्ष पूर्व हुआ था। इनका पालन-पोषण इनकी माता ने किया।

मगध पर आक्रमण—चंद्रगुप्त तत्कालीन नंद वंश के राजा महापद्मनंद के राज-दरबार में था। कुछ कारणों से उसकी राजा से खटपट हो गई। अतः उसे दरबार छोड़ना पड़ा। चाणक्य नाम का एक ब्राह्मण भी नंद राजा का दुश्मन था, क्योंकि नंद राजा ने उसका अपमान कर दिया था। इस प्रकार चंद्रगुप्त और चाणक्य दोनों नंद वंश को उखाड़ फेंकना चाहते थे। संयोग से चंद्रगुप्त की भेंट चाणक्य से हो गई। दोनों ने मिलकर नंद वंश के नाश की योजना बनानी शुरू की। दोनों ने थोड़ी सेना इकट्ठी की और मगध पर आक्रमण कर दिया। युद्ध में उनकी पराजय हो गई; फलस्वरूप चाणक्य तथा चंद्रगुप्त दोनों को मगध छोड़कर भागना पड़ा।

सिकंदर से भेंट—मगध से भागकर चंद्रगुप्त चाणक्य के साथ पंजाब की ओर चला गया। उन दिनों सिकंदर पंजाब के राज्यों को जीत रहा था। चंद्रगुप्त ने सोचा कि यदि सिकंदर नंद राज्य को जीत ले और भारत से वापस चला जाए, तो नंद राज्य पर मैं अधिकार जमा लूँ। चंद्रगुप्त इस विचार से सिकंदर से मिला, पर उसकी बातों से सिकंदर चिढ़ गया और उसने अप्रसन्न होकर चंद्रगुप्त को मार डालने की आज्ञा दे दी, पर चंद्रगुप्त किसी प्रकार उसके चंगुल से निकल गया। सिकंदर के साथ इस प्रवासकाल में ही चंद्रगुप्त ने यूनानी युद्धकला भी सीखी।

पंजाब विजय—चंद्रगुप्त ने चाणक्य के साथ मिलकर फिर एक सेना तैयार की। सिकंदर के जाने के बाद दोनों ने पंजाब की जनता को यूनानियों के विरुद्ध भड़काया। अपनी सेना के बल पर चंद्रगुप्त ने उत्तर-पश्चिमी भारत से यूनानियों को मार भगाया। इस प्रकार पंजाब पर उसका अधिकार हो गया। पंजाब में चाणक्य और चंद्रगुप्त ने मिलकर युद्ध की तैयारियाँ कीं।

मगध विजय—विशाल सेना लेकर चंद्रगुप्त मगध के नंद शासक पर आक्रमण करने चला। नंद राज्य का सेनापति भद्रशाल था। वह अपनी सेना के साथ युद्धक्षेत्र में आ गया, पर चंद्रगुप्त के सामने ठहर नहीं सका। चंद्रगुप्त इस युद्ध में विजयी रहा। इस प्रकार मगध पर अधिकार हो जाने के बाद संपूर्ण उत्तरी भारत पर चंद्रगुप्त का अधिकार हो गया। इन युद्धों में चाणक्य ने चंद्रगुप्त की बड़ी सहायता की थी। इन विजयों में, जहाँ चंद्रगुप्त की वीरता का महत्त्व है, वहाँ चाणक्य की कूटनीति तथा बुद्धि का भी। इस प्रकार चंद्रगुप्त मौर्य मगध का सम्राट् बना। चाणक्य को उसने अपना प्रधानमंत्री बनाया।

सेल्यूकस पर विजय—यूनानी सम्राट् सेल्यूकस ने ३०५ ई.पू. में भारत पर आक्रमण किया, किंतु चंद्रगुप्त मौर्य ने सेल्यूकस को परास्त कर दिया।

परिणाम—

१. सेल्यूकस ने चंद्रगुप्त को अपने राज्य का पूर्वी भाग दिया, जिसमें काबुल, कंधार,

हिरात, अफगानिस्तान और मकरान थे।

२. अपनी पुत्री हेलेन का विवाह चंद्रगुप्त से किया।

३. उसने यूनानी राजदूत मेगस्थनीज को चंद्रगुप्त के दरबार में भेजा।

४. चंद्रगुप्त ने सेल्यूकस को पाँच सौ हाथी भेंट में दिए।

साम्राज्य विस्तार—उत्तर में हिमालय, दक्षिण में नर्मदा-ताप्ती तक, पूर्व में बंगाल, बिहार तथा उत्तर-पश्चिम में काबुल, कंधार और हेरात तक चंद्रगुप्त मौर्य के साम्राज्य की सीमाएँ थीं।

बाह्य देशों में बौद्ध-धर्म का प्रचार-प्रसार—यद्यपि रामायण और महाभारत काल से ही हम भारत का बाह्य देशों के साथ संपर्क देखते हैं, किंतु इस समय तक के संपूर्ण संबंध राजनीतिक व व्यापारिक थे। धर्म के प्रचार के साथ ही साथ भारत के अन्य देशों के साथ धार्मिक व सांस्कृतिक संबंध भी स्थापित हो गए। अशोक के समय में बौद्ध धर्म को राजधर्म घोषित किए जाने पर राज्य की ओर से अनेक बौद्ध धर्म-प्रचारक विदेशों में गए। उन्होंने वहाँ बौद्ध धर्म का प्रचार किया। सिंहल द्वीप (लंका), सीरिया, मिस्र, इराक, फारस, ईरान, यूनान, मकदूनिया, पश्चिमी एशिया के भागों में, बर्मा, जावा, सुमात्रा, बोर्नियो, पूर्वी द्वीप समूह, स्याम, चंपा, मलाया आदि राज्यों में बौद्ध धर्म का प्रचार हुआ। कालांतर में तिब्बत, भूटान, सिक्किम, चीन, जापान, कोरिया व मंगोलिया में भी बौद्ध धर्म के प्रचारक गए, वहाँ बौद्ध धर्म को फैलाया। इस प्रकार अधिकांश एशिया महाद्वीप बौद्ध धर्म के रंग में रँग चुका था। आज भी इन देशों में बौद्ध धर्म विद्यमान है।

बिंदुसार (२९८ ई.पू. से २७३ ई.पू. तक)—चंद्रगुप्त की मृत्यु के बाद बिंदुसार गद्दी पर बैठा। उसने अपने पिता के साम्राज्य को स्थायी रखा। उसने विद्रोहों को दबाया और साम्राज्य की व्यवस्था कायम रखी। बिंदुसार ने साम्राज्य का विस्तार भी किया, उसने ताप्ती के दक्षिण का भाग मैसूर तक जीतकर साम्राज्य में मिलाया। उसने तक्षशिला के विद्रोह को दबाया। बिंदुसार के समय में उसके संबंध सीरिया, मध्य एशिया, मिस्र, यूनान आदि राज्यों के साथ थे।

अशोक (२७२ ई.पू. से २३२ ई.पू.)—बिंदुसार की मृत्यु के बाद अशोक २७३ ई.पू. में मगध की गद्दी पर बैठा, लेकिन उसका राज्याभिषेक २६९ ई.पू. में हुआ। सिंहल जनश्रुति के आधार पर अशोक अपने भाइयों को मारकर गद्दी पर बैठा। यही कारण है कि उसका राज्याभिषेक चार वर्ष बाद हुआ। इस कथन की सत्यता तो संदिग्ध है, किंतु इतिहासकारों का मत है कि अशोक को अपने भाई सुसीम से राज्य-सिंहासन के लिए अवश्य संघर्ष करना पड़ा था।

कलिंग विजय—महानदी और कृष्णा नदी के बीच का भाग कलिंग कहलाता था। जब कलिंग राज्य ने अशोक की अधीनता स्वीकार नहीं की, तो उसने २६१ ई.पू. में कलिंग पर आक्रमण किया और घोर युद्ध के बाद विजय प्राप्त की। कहते हैं कि इस युद्ध में एक लाख व्यक्ति मारे गए, डेढ़ लाख व्यक्ति घायल हुए और इससे कई गुना व्यक्ति व्यथित हुए।

कश्मीर—राजतरंगिणी के आधार पर अशोक ने कश्मीर पर आक्रमण करके विजय प्राप्त की। अशोक ने बौद्ध धर्म ग्रहण किया और उसके प्रचारार्थ अनेक कार्य किए।

अशोक के शिलालेख, लाट और आज्ञाएँ—अशोक के आठ शिलालेख और नौ लघु शिलालेख मिलते हैं।

शिलालेख—१. सहवाज गढ़ी (पेशावर जिले में), मनसेरा (हजारा जिले में), ३. कालसी (देहरादून में), ४. गिरनार (जूनागढ़ में), ५. धौली (उड़ीसा के पुरी जिले में), ६. जौगढ़ (उड़ीसा के

गंजाम जिले में), ७. इरागुड़ी (कुर्नूल जिला मद्रास में), ८. सौपारा (मुंबई के उत्तर थाना जिले में)।

लघु शिलालेख—१. रूपनाथ (मध्य प्रदेश के जबलपुर जिले में), २. सहसराम (बिहार के शाहाबाद जिले में), ३. वैराट (राजपूताना के जयपुर जिले में), ४. मस्की (दक्षिण में रायचूर जिले में), ५. सिद्धपुर, ६. ब्रह्मगिरि, ७. जातिंग-रामेश्वर (५, ६, ७ ये मैसूर राज्य के चित्तलदुर्ग जिले में हैं), ८. भब्रू शिलालेख (जयपुर में स्थित), ९. कलिंग शिलालेख (उड़ीसा के धौली और जौगढ़ में स्थित)।

स्तंभ लेख—ये सात हैं—१. दिल्ली-टोपरा स्तंभ, २. दिल्ली-मेरठ स्तंभ (जो महरौली-दिल्ली में है), ३. इलाहाबाद स्तंभ, ४. बुद्ध के जन्मस्थान लुंबिनी में स्तंभ, ५. तराई में निग्लीव स्तंभ, ६. रामपुरवा स्तंभ और ७. लौरिया नंदनगढ़ व लौरिया आराराज स्तंभ।

लघु स्तंभ लेख—ये अभिलेख प्रयाग, साँची और सारनाथ में हैं। यहाँ अशोक द्वारा निर्मित स्तूप भी हैं।

गुहा लेख—गया से २० मील उत्तर की ओर 'बराबर' पहाड़ियों में चार गुहाएँ हैं, जिनमें अशोक के गुहा लेख हैं। इन गुहा लेखों, स्तंभ-लेखों और शिलालेखों की भाषा प्राकृत है और ब्राह्मी लिपि में लिखी है, किंतु मानसेहरा और शहवाजगढ़ी की शिलाओं में खरोष्ठी लिपि का प्रयोग है। अशोक का देहांत २३२ ई.पू. में हुआ।

साम्राज्य-विस्तार—उत्तर में हिमालय पहाड़ से दक्षिण में कलिंग, आंध्र, मैसूर, हैदराबाद और महाराष्ट्र तक व पूर्व में बंगाल, बिहार और पश्चिम में हिरात, काबुल और कंधार तक राज्य की सीमाएँ थीं।

अन्य राज्यों से अशोक के संबंध—सिकंदर के आक्रमण और सेल्यूकस की पराजय के परिणामस्वरूप भारत और यूनानियों के बीच अच्छे संबंध स्थापित हो गए थे। अशोक ने यूनानी संबंधों को अच्छी तरह बनाए रखा। बौद्ध धर्म के प्रचार के लिए उसने धर्म प्रचारक यूनान भेजे। सम्राट् अशोक ने भारत में नहरों आदि के निर्माण और विकास के लिए भारतीय इंजीनियरों के साथ-साथ यूनानी इंजीनियर भी बुलवाए थे। इससे लगता है कि भारत और यूनान के बीच बहुत अच्छे संबंध थे।

भारत और मिस्र के बहुत अच्छे राजनीतिक संबंध थे। इस बात के भी प्रमाण मिले हैं कि २८५ ई.पू. और २८६ ई.पू. के बीच मिस्र में कुछ भारतीय स्त्रियाँ भी थीं तथा गाएँ और भारतीय कुत्ते पाए जाते थे। यह समय तालेमी फिलाडेलफस के शासनकाल का था। पशुओं और मनुष्यों की चिकित्सा के लिए अशोक ने विदेशों में जो अस्पताल खुलवाए थे, उनके संबंध में एक शिलालेख में यह उल्लेख मिलता है कि फिलाडेलफस के राज्य में भी अशोक ने अस्पताल खुलवाया था। मिस्र में भारतीय मसालों का उपयोग होता था। इस प्रकार स्पष्ट है कि भारत और मिस्र के बीच भी अच्छे राजनीतिक एवं व्यापारिक संबंध थे।

दक्षिण भारत में रोम के कुछ सिक्के मिले हैं, जो सिद्ध करते हैं कि भारत और रोम के बीच अशोक के शासनकाल में अच्छा संबंध था। डॉ. सेवेल का कहना है कि भारत से मिर्च-मसाले, मलमल, तेल-इत्र और हीरे-जवाहरात का व्यापार रोम के व्यापारी करते थे। रोम के एक लेखक प्लिनी का मत है कि रोम के व्यापार से भारत को लगभग पाँच लाख पौंड प्रतिवर्ष की आय होती थी। रोम और भारत से प्रतिदिन एक-एक व्यापारिक जहाज दोनों देशों के लिए रवाना होता था। स्पष्ट है कि भारत के व्यापारिक संबंध रोम के साथ बहुत अच्छे थे।

इसके अतिरिक्त सीरिया, मकदूनिया और एपीरस नामक स्थानों में बौद्ध धर्म के प्रचारक भेजे गए थे। ऐसा लगता है कि इन राज्यों के साथ भी अशोक के अच्छे संबंध थे।

मौर्य वंश का पतन—अशोक की मृत्यु के बाद कुणाल, दशरथ, संप्रति आदि अनेक राजा हुए, किंतु इस समय तक भारत पर बाह्य आक्रमण प्रारंभ हो गए थे। अतः कोई भी मौर्य सम्राट् भारत की रक्षा न कर सका। धीरे-धीरे साम्राज्य छिन्न-छिन्न होने लगा। अंतिम राजा वृहद्रथ को १८५ ई.पू. में उसके सेनापति पुष्यमित्र शुंग ने मारकर मौर्य वंश का अंत किया और शुंग वंश की स्थापना की। मौर्य वंश के बाद भारत में क्रमशः शुंग वंश, कण्व वंश और आंध्र या सातवाहन वंश के लोग राज करते रहे।

सम्राट् चंद्रगुप्त मौर्य

राज्य अवधि—३२२ ई.पू. से २९८ ई.पू.।

जीवन-परिचय—चंद्रगुप्त मौर्य ३२२ ई.पू. से २९८ ई.पू. तक भारत के सम्राट् थे। उन्होंने मौर्य साम्राज्य की स्थापना की। चंद्रगुप्त पूरे भारत को एक साम्राज्य के रूप में रख पाने में सफल रहे। सम्राट् चंद्रगुप्त के राज्यारोहण की तिथि ३२२ ई.पू. निर्धारित की जाती है। उन्होंने २४ वर्ष तक शासन किया। चंद्रगुप्त मौर्य प्राचीन भारत के इतिहास में महत्त्वपूर्ण व्यक्ति हैं। चंद्रगुप्त ने अपने गुरु चाणक्य (जिन्हें कौटिल्य के नाम से भी जाना जाता है) के साथ मिलकर नया साम्राज्य बनाया एवं राज्य चक्र के सिद्धांतों को लागू किया।

इनकी पत्नी का नाम दुर्धरा और हेलेना (सेल्यूकस की पुत्री) था। इनका जन्म ३४० ई.पू. पाटलिपुत्र (अब बिहार में) हुआ था और मृत्यु २९७ ई.पू. ४२ वर्ष की उम्र में श्रवण बेलगोला, कर्नाटक में हुई।

चंद्रगुप्त बचपन में तीक्ष्ण बुद्धि के थे एवं समवयस्क बालकों के सम्राट् बनकर उन पर शासन करते थे। ऐसे ही किसी अवसर पर चाणक्य की दृष्टि उन पर पड़ी, फलतः चंद्रगुप्त तक्षशिला गए, जहाँ उन्हें राजोचित शिक्षा दी गई। श्रवण बेलगोला से मिले शिलालेखों के अनुसार चंद्रगुप्त अपने अंतिम दिनों में जैन मुनि हो गए। चंद्रगुप्त अंतिम मुकुटधारी मुनि हुए, उनके बाद कोई और मुकुटधारी (शासक) दिगंबर मुनि नहीं हुआ। अतः चंद्रगुप्त का जैन धर्म में भी महत्त्वपूर्ण स्थान है। स्वामी भद्रबाहु के साथ वे श्रवण बेलगोला चले गए। उन्होंने उपवास द्वारा वहाँ शरीर त्याग दिया। श्रवण बेलगोला में जिस पहाड़ी पर वे रहते थे, उसका नाम 'चंद्रगिरि' है और वहीं उनका बनवाया हुआ 'चंद्रगुप्त बस्ति' नामक मंदिर भी है। इनके पुत्र का नाम बिंदुसार था, जो बाद में इनका उत्तराधिकारी बना।

राज्य विस्तार—चंद्रगुप्त का साम्राज्य अत्यंत विस्तृत था। इसमें लगभग संपूर्ण उत्तरी और पूर्वी भारत के साथ-साथ उत्तर में बलूचिस्तान, दक्षिण में मैसूर तथा दक्षिण-पश्चिम में सौराष्ट्र तक विस्तृत भू-प्रदेश सम्मिलित था। इनका साम्राज्य विस्तार उत्तर में हिंदूकुश तक दक्षिण में कर्नाटक तक, पूर्व में बंगाल तथा पश्चिम में सौराष्ट्र तक था। साम्राज्य का सबसे बड़ा अधिकारी सम्राट् स्वयं

था। शासन की सुविधा की दृष्टि से संपूर्ण साम्राज्य को विभिन्न प्रांतों में विभाजित कर दिया गया था। प्रांतों के शासक सम्राट् के प्रति उत्तरदायी होते थे।

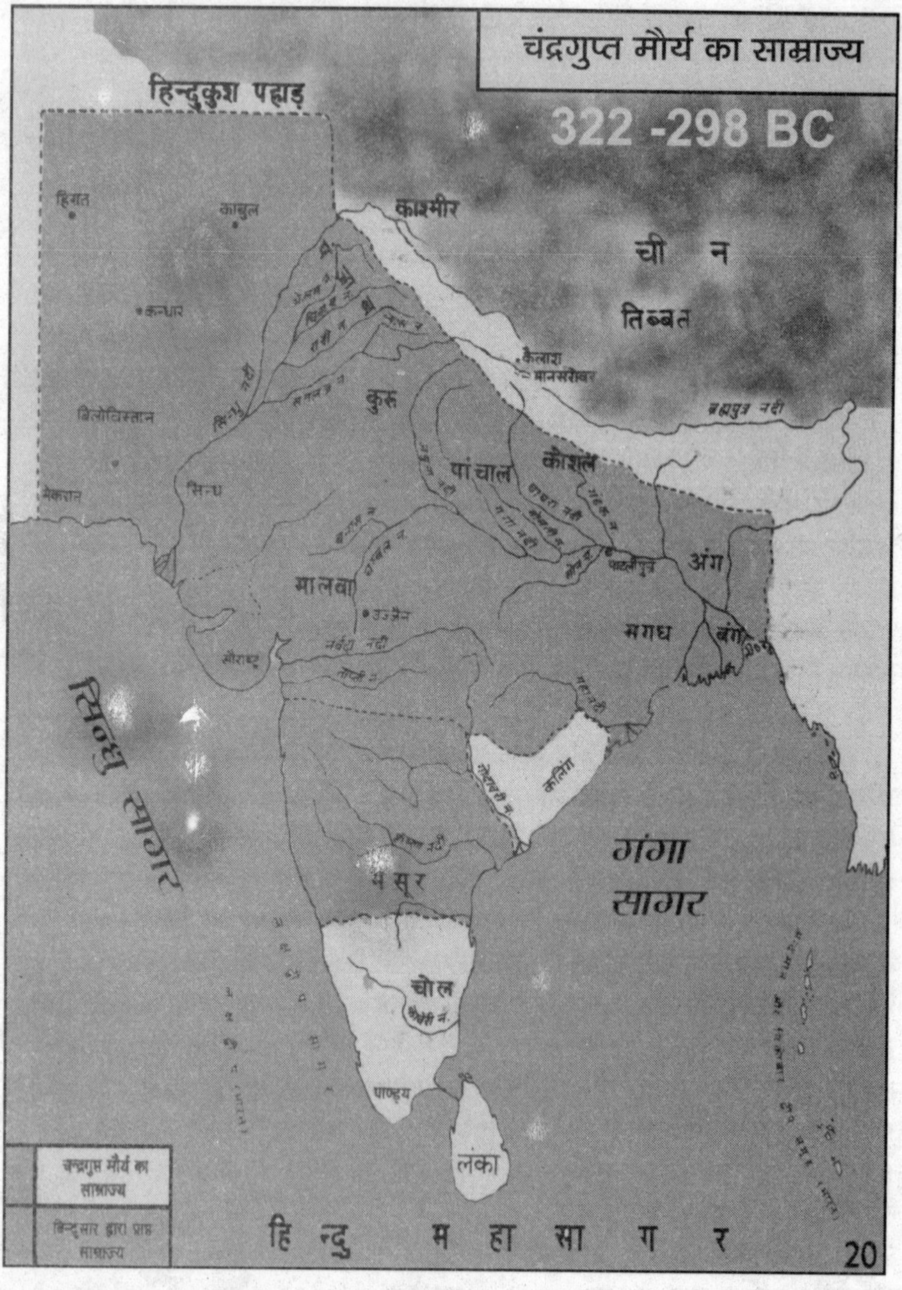

राज्यपालों की सहायता के लिए मंत्रिपरिषद् होती थी। केंद्रीय तथा प्रांतीय शासन के विभिन्न विभाग थे और सबके सब एक अध्यक्ष के निरीक्षण में कार्य करते थे। साम्राज्य के दूरस्थ

प्रदेश सड़कों एवं राजमार्गों द्वारा एक-दूसरे से जुड़े हुए थे।

उस समय मगध भारत का सबसे शक्तिशाली राज्य था। नंद वंश के राजा घनानंद को परास्त कर मगध पर अधिकार होने के बाद चंद्रगुप्त सत्ता पर आसीन हो चुके थे। चंद्रगुप्त ने सिकंदर (अलेक्जेंडर) के सेनापति सेल्यूकस को ३०५ ई.पू. के आसपास हराया था, उसके बाद चंद्रगुप्त और सेल्यूकस के बीच एक संधि हुई, जिसके अनुसार सेल्यूकस ने कंधार, काबुल, हेरात और बलूचिस्तान के प्रदेश चंद्रगुप्त को दे दिए थे। सेल्यूकस ने मेगस्थनीज को चंद्रगुप्त के दरबार में राजदूत के रूप में भेजा था।

अशोक के शिलालेख कर्नाटक में चित्रलदुर्ग, येरामुड़ी तथा मस्की में पाए गए, उसके शिलालिखित धर्मोपदेश प्रथम तथा त्रयोदश में उनके पड़ोसी चोल, पांड्य तथा अन्य राज्यों के वर्णन मिलते हैं। चूँकि ऐसी कोई जानकारी नहीं मिलती कि अशोक तथा उसके पिता बिंदुसार ने दक्षिण में कोई युद्ध लड़ा हो, अत: ऐसा माना जाता है, उन पर चंद्रगुप्त ने ही विजय प्राप्त की थी।

योगदान एवं उपलब्धियाँ—ज्यादातर भारत को एक करने के बाद चंद्रगुप्त और उसके मुख्य सलाहकार चाणक्य ने आर्थिक और सामाजिक बदलाव किए। उन्होंने आर्थिक और राजनीतिक स्थिति में भी सुधार किए और चाणक्य के अर्थशास्त्र को ध्यान में रखते हुए राजनीतिक सुधार करने हेतु केंद्रीय प्रशासन की स्थापना की। चंद्रगुप्तकालीन भारत को प्रभावशाली एवं नौकरशाही की प्रणाली अपनानेवाले भारत के रूप में जाना जाता है, जिसमें सिविल सेवाओं पर ज्यादा-से-ज्यादा जोर दिया गया था। चंद्रगुप्त के साम्राज्य में एकता होने के वजह से उनकी आर्थिक स्थिति सबसे मजबूत मानी जाने लगी थी और विदेशों में व्यापार के साथ देश का आंतरिक एवं बाहरी विकास भी होने लगा था।

कला और शिल्पकला दोनों के ही विकास में मौर्य साम्राज्य का बहुत बड़ा योगदान रहा। चंद्रगुप्त के शासनकाल में धार्मिक गुरुओं को भी काफी महत्त्व दिया गया था। उनके साम्राज्य में बुद्ध और जैन समाज का तेजी से विकास हो रहा था। चंद्रगुप्त मौर्य के साम्राज्य की शासन व्यवस्था का ज्ञान प्रधान रूप से मेगस्थनीज के वर्णन के अवशिष्ट अंशों और कौटिल्य अर्थशास्त्र से होता है।

इसके अनुसार राजा शासन के विभिन्न अंगों का प्रधान था। शासन के कार्यों में वह अथक रूप से व्यस्त रहता था। राजा की सहायता के लिए मंत्रिपरिषद् की व्यवस्था थी। मंत्रिपरिषद् की मंत्रणा को गुप्त रखने पर विशेष ध्यान रखा जाता था। राजा के द्वारा अनेक प्रकार के जनहित कार्यों का निर्देश किया गया, जैसे बेरोजगारों के लिए काम की व्यवस्था करना, विधवाओं और अनाथों के पालन का प्रबंध करना, मजदूरी और मूल्य पर नियंत्रण रखना। सिंचाई व्यवस्था के लिए चंद्रगुप्त द्वारा विशेष प्रयत्न किए गए, जिसके अंतर्गत नहरों के द्वारा सिंचाई व्यवस्था की गई। चंद्रगुप्त की विशाल सेना में छह लाख से अधिक सैनिक थे।

उत्तराधिकारी—चंद्रगुप्त मौर्य ने भारत पर ३२२ ई.पू. से २९८ ई.पू. तक २४ वर्ष तक शासन किया। उसके पश्चात् उनके पुत्र बिंदुसार ने २९८ ई.पू. से २७३ ई.पू. तक भारत पर शासन किया।

सम्राट् अशोक का साम्राज्य

नाम—चक्रवर्ती सम्राट् अशोक।

राज्य अवधि—२७३ ई.पू. से २३२ ई.पू.।

जीवन-परिचय—सम्राट् अशोक मौर्य राजवंश के महान् सम्राट् थे। सम्राट् अशोक का पूरा नाम देवानांप्रिय अशोक मौर्य (राजा प्रियदर्शी देवताओं का प्रिय) था। उनका जन्म ३०४ ई.पू. पाटलिपुत्र (पटना) में हुआ था। उनके पिता का नाम बिंदुसार था एवं माता का नाम सुभद्रांगी (रानी धर्मा) था। उनकी पत्नियाँ—देवी, कारुवाकी, पद्मावती एवं तिष्यरक्षिता थीं।

सम्राट् अशोक की माँ रानी धर्मा क्षत्रिय कुल से नहीं थीं। अतः उनको कोई विशेष स्थान राजकुल में प्राप्त नहीं था। अशोक के कई (सौतेले) भाई-बहन थे। बचपन में उनमें कड़ी प्रतिस्पर्धा रहती थी। अशोक के बारे में कहा जाता है कि वे बचपन से ही सैन्य गतिविधियों में प्रवीण थे।

अशोक के सौतेले भाइयों ने जब बिंदुसार वृद्ध व रुग्ण थे और अशोक बौद्ध संन्यासियों के साथ उनके आश्रम में रह रहे थे, तब उनकी माता की हत्या कर दी, जब अशोक को यह खबर लगी तो उन्होंने महल में जाकर अपने सब सौतेले भाइयों को मार डाला और सम्राट् बन गए। चक्रवर्ती सम्राट् अशोक विश्व के सभी महान् एवं शक्तिशाली राजाओं में हमेशा शीर्ष स्थान पर रहे। सम्राट् अशोक को चक्रवर्ती सम्राट् अशोक कहा जाता है, जिसका अर्थ है—'सम्राटों का सम्राट्' और यह स्थान भारत में केवल सम्राट् अशोक को ही मिला है। सम्राट् अशोक प्रेम, सहिष्णुता, सत्य, अहिंसा एवं शाकाहारी जीवन प्रणाली के सच्चे समर्थक थे, इसलिए उनका नाम इतिहास में महान् परोपकारी सम्राट् के रूप में भी दर्ज हो चुका था।

जीवन के उत्तरार्ध में सम्राट् अशोक भगवान् बुद्ध की मानवतावादी शिक्षाओं से प्रभावित होकर बौद्ध हो गए और उन्हीं की स्मृति में उन्होंने कई स्तंभ बनवाए, जो आज भी नेपाल में भगवान् बुद्ध के जन्मस्थल लुंबिनी में माया मंदिर के पास, सारनाथ, बोध गया, कुशीनगर एवं श्रीलंका, थाईलैंड, चीन, इन देशों में अशोक स्तंभ के रूप में देखे जा सकते हैं। सम्राट् अशोक ने बौद्ध धर्म का प्रचार भारत के अलावा श्रीलंका, अफगानिस्तान, पश्चिम एशिया, मिस्र तथा यूनान में भी करवाया। सम्राट् अशोक अपने पूरे जीवनकाल में एक भी युद्ध नहीं हारे।

सम्राट् अशोक ने ४० वर्षों तक शासन किया, जिसके पश्चात् उनकी मृत्यु हो गई। उनके पुत्र महेंद्र एवं पुत्री संघमित्रा ने भी बौद्ध धर्म के प्रचार में योगदान किया।

राज्य विस्तार—सम्राट् अशोक के समय मौर्य साम्राज्य उत्तर में हिंदूकुश की श्रेणियों से लेकर दक्षिण में गोदावरी नदी के दक्षिण तथा मैसूर तथा पूर्व बांग्लादेश से पश्चिम में अफगानिस्तान, ईरान तक पहुँच गया था। सम्राट् अशोक का साम्राज्य आज के संपूर्ण भारत, पाकिस्तान, अफगानिस्तान, नेपाल, बांग्लादेश, भूटान, म्याँमार के अधिकांश भू-भाग तक था, यह विशाल साम्राज्य उस समय से आज तक का सबसे बड़ा भारतीय साम्राज्य रहा है।

अशोक का ज्येष्ठ भाई सुशीम उस समय तक्षशिला का प्रांतपाल था, जहाँ भारतीय-यूनानी मूल के बहुत लोग रहते थे। इससे वह क्षेत्र विद्रोह के लिए उपयुक्त था। सुशीम के अकुशल प्रशासन

के कारण भी उस क्षेत्र में विद्रोह पनप उठा। राजा बिंदुसार ने सुशीम के कहने पर राजकुमार अशोक को विद्रोह के दमन के लिए वहाँ भेजा। अशोक के आने की खबर सुनकर ही विद्रोहियों ने उपद्रव खत्म कर दिया और विद्रोह बिना किसी युद्ध के खत्म हो गया। हालाँकि यहाँ पर विद्रोह एक बार फिर अशोक के शासनकाल में हुआ था, पर इस बार भी उसे बलपूर्वक कुचल दिया गया। अशोक की इस प्रसिद्धि से उसके भाई सुशीम को सिंहासन न मिलने का खतरा बढ़ गया और उसने सम्राट् बिंदुसार को कहकर अशोक को निर्वासन में डाल दिया। अशोक कलिंग चला गया। इस बीच उज्जैन में विद्रोह हो गया। अशोक को सम्राट् बिंदुसार ने निर्वासन से बुलाकर विद्रोह को दबाने के लिए भेज दिया, जहाँ अशोक ने विद्रोह को दबा दिया।

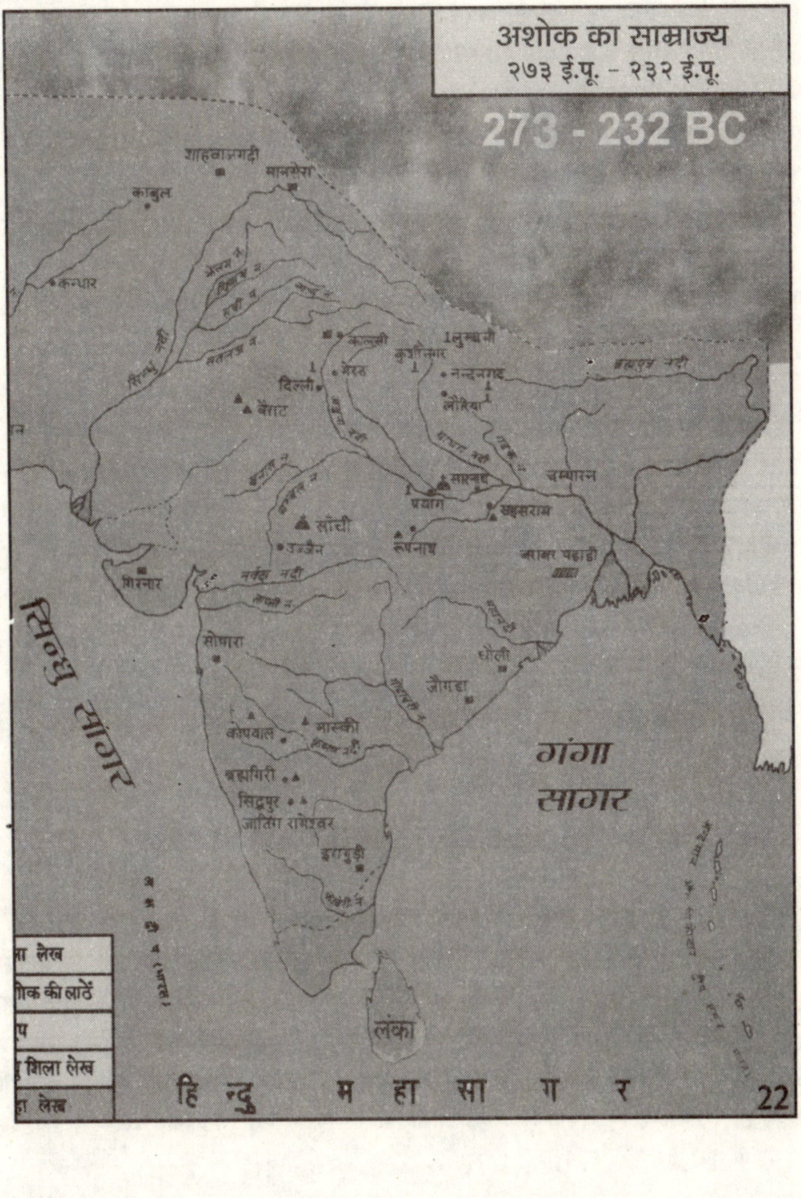

सत्ता सँभालते ही अशोक ने पूर्व तथा पश्चिम, दोनों दिशा में अपना साम्राज्य फैलाना शुरू कर दिया, उसने आधुनिक असम से ईरान की सीमा तक साम्राज्य केवल आठ वर्षों में विस्तृत कर लिया।

चक्रवर्ती सम्राट् अशोक ने अपने राज्याभिषेक के आठवें वर्ष (२६१ ई.पू.) में कलिंग पर आक्रमण किया था। कलिंग युद्ध में १ लाख ५० हजार व्यक्ति बंदी बनाकर निर्वासित कर दिए गए; एक लाख लोगों की हत्या कर दी गई। सम्राट् अशोक ने भारी नरसंहार को अपनी आँखों से देखा। कलिंग युद्ध ने सम्राट् अशोक का हृदय परिवर्तित कर दिया और उन्होंने युद्ध क्रियाओं को सदा के लिए बंद कर देने की प्रतिज्ञा ली एवं बौद्ध धर्म स्वीकार कर लिया।

योगदान एवं उपलब्धियाँ—सम्राट् अशोक की गिनती भारत के सबसे शक्तिशाली एवं महान् सम्राटों में थी। सम्राट् अशोक को अपने विस्तृत साम्राज्य से बेहतर कुशल प्रशासक तथा बौद्ध धर्म के प्रचार के लिए भी जाना जाता है। सम्राट् अशोक ने संपूर्ण एशिया तथा अन्य आज के सभी महाद्वीपों में भी बौद्ध धर्म का प्रचार किया। सम्राट् अशोक के संदर्भ के स्तंभ एवं शिलालेख आज भी भारत के कई स्थानों पर दिखाई देते हैं। इसलिए सम्राट् अशोक की ऐतिहासिक जानकारी अन्य किसी भी सम्राट् या राजा से बहुत व्यापक रूप में मिल जाती है।

सम्राट् अशोक अपने पूरे जीवन में एक भी युद्ध नहीं हारे। सम्राट् अशोक के समय २० से अधिक विश्वविद्यालयों को संरक्षण प्राप्त था, जिसमें तक्षशिला, नालंदा, विक्रमशिला, कंधार आदि विश्वविद्यालय प्रमुख थे। इन्हीं विश्वविद्यालयों में कई छात्र शिक्षा पाने विदेश से भारत आया करते थे।

सम्राट् अशोक द्वारा प्रवर्तित कुल ३३ अभिलेख प्राप्त हुए हैं, जिन्हें अशोक ने स्तंभों, चट्टानों और गुफाओं की दीवारों में अपने शासनकाल २७२ ई.पू. से २३२ ई.पू. तक खुदवाए। ये आधुनिक बांग्लादेश, भारत, अफगानिस्तान, पाकिस्तान और नेपाल में जगह-जगह पर मिलते हैं और बौद्ध धर्म के अस्तित्व के सबसे प्राचीन प्रमाणों में से हैं। इनमें बौद्धधर्म की बारीकियों पर कम और मनुष्यों को आदर्श जीवन जीने की सीखें अधिक मिलती हैं।

उत्तराधिकारी—सम्राट् अशोक की मृत्यु के पश्चात् उनके उत्तराधिकारी सम्राट् दशरथ मौर्य थे, जिन्होंने २३२ ई.पू. से २२४ ई.पू. तक ८ वर्षों तक शासन किया। जो कि पूर्वी भाग के राजा था, क्योंकि अशोक की मृत्यु के बाद मौर्य साम्राज्य दो भागों में बँट गया था—पूर्वी एवं पश्चिमी भाग के सम्राट् कुणाल थे। २३२ ई.पू. से २२४ ई.पू. तक उन्होंने शासन किया।

अशोक की मृत्यु के पश्चात् अगले पाँच दशक तक उनके निर्बल उत्तराधिकारी शासन संचालित करते रहे।

महाराजा खारवेल

राज्य अवधि—प्रथम शताब्दी ई.पू.।

परिचय—सम्राट् अशोक ने भीषण युद्ध के बाद कलिंग राज्य को जीतकर अपने राज्य में मिला लिया, लेकिन लगता है, बाद में अशोक की मृत्यु के बाद पुनः कलिंग एक स्वतंत्र राज्य के रूप में उभरा और एक सशक्त हिंदू राज्य के रूप में अपनी आभा चारों तरफ फैलाई। संभवतः इसके पीछे कलिंग के चेदि राजवंश का संस्थापक महामेघवाहन नामक व्यक्ति था। इसी वजह से इस वंश

का नाम महामेघवाहन वंश भी पड़ गया। इस वंश का सर्वाधिक शक्तिशाली राजा खारवेल हुआ। खारवेल प्राचीन भारतीय इतिहास का सबसे प्रभावशाली व्यक्तित्ववाला सम्राट् है। इसके विषय में जानकारी का प्रमुख और एकमात्र स्रोत हाथीगुंफा अभिलेख है। इसमें खारवेल के बचपन, शिक्षा, राज्याभिषेक तथा राजा होने के बाद से तेरह वर्षों तक शासनकाल की घटनाओं का क्रमबद्ध विवरण दिया हुआ है।

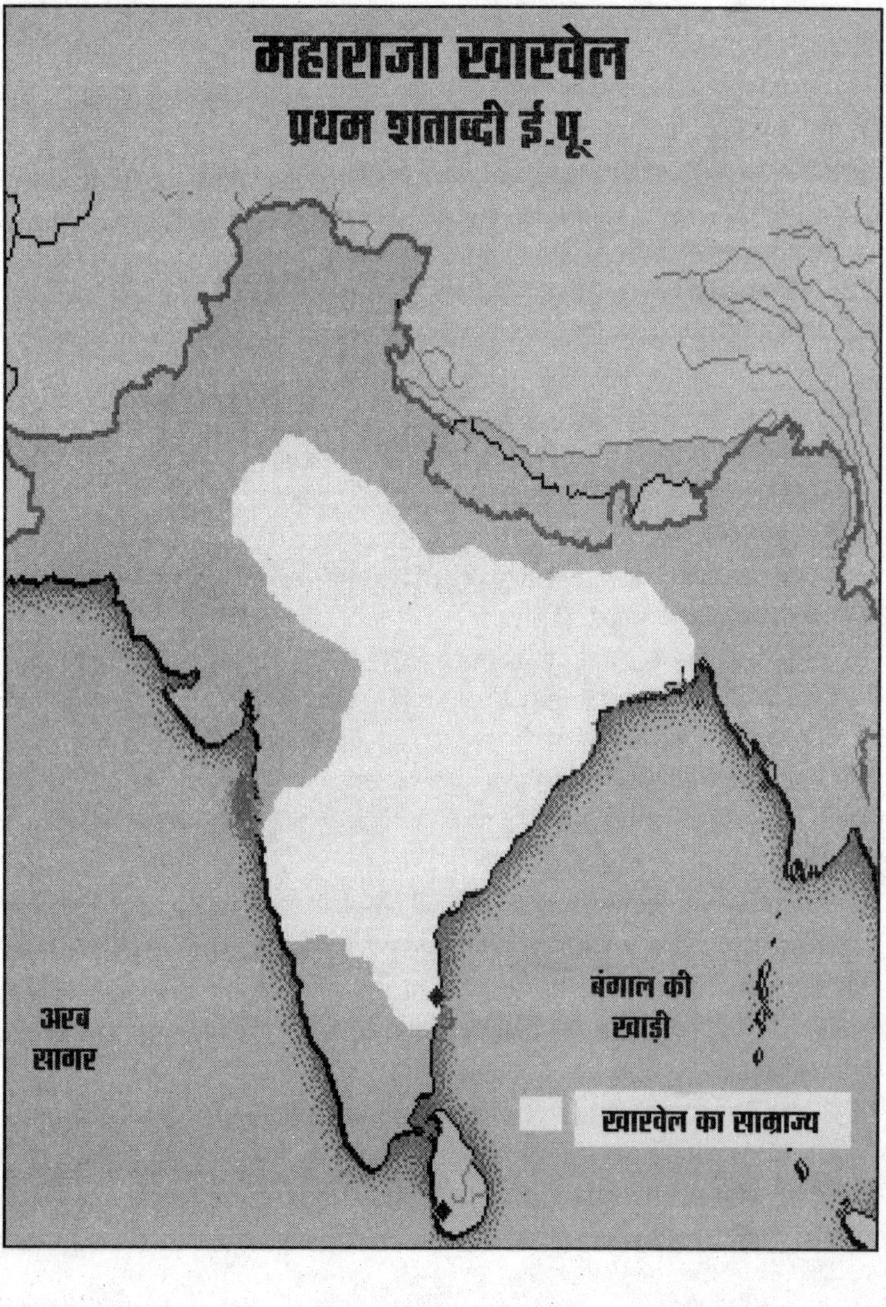

हाथीगुंफा अभिलेख खारवेल की उत्पत्ति तथा वंश-परंपरा पर कोई प्रकाश नहीं डालता है, लेकिन इसी लेख से पता चलता है कि वह कलिंग का तीसरा शासक था। महामेघवाहन, जो इस वंश का संस्थापक है, खारवेल का पितामह था, लेकिन कुछ इतिहासकार इससे सहमत नहीं हैं और महामेघवाहन को खारवेल का पिता मानते हैं, साथ में खारवेल को इस राज्य का दूसरा शासक। हाथीगुंफा अभिलेख से पता चलता है कि जन्म से लेकर १५ वर्ष की अवस्था तक उसे युवा राजकुमारों के अनुसार विविध प्रकार की क्रीड़ाओं तथा विद्याओं की शिक्षा-दीक्षा मिली।

उसे विधि, व्यवहार, गणना, मुद्रा, लेख और विभिन्न अन्य कलाओं की शिक्षा मिली थी तथा वह सभी विद्याओं में पारंगत हो गया। १५ वर्ष की अवस्था में वह युवराज बनाया गया तथा युवराज के रूप में नौ वर्षों तक प्रशासनिक कार्यों में भाग लिया। लगभग २४ वर्ष की आयु में उसका राज्याभिषेक किया गया तथा वह राजा बना। ललक हत्थिसिंह नामक राजा ने अपनी पुत्री का विवाह खारवेल से किया, जो उसकी प्रमुख महिषी बन गई।

राज्य विस्तार—राजा होने के तत्पश्चात् उसने दिग्विजय के निमित्त एक व्यापक योजना तैयार की। अपने शासनकाल के दूसरे वर्ष खारवेल ने शातकर्णी की शक्ति की उपेक्षा करते हुए एक विशाल सेना, जिसमें अश्व, गज, रथ एवं पैदल सैनिक सभी सम्मिलित थे, परिचम की तरफ रवाना की। यह सेना कण्वेणा नदी तक आगे बढ़ी तथा इसने मुसिकनगर में आतंक फैला दिया। काशी जायसवाल कण्वेणा को आधुनिक कृष्णा नदी तथा मुसिकनगर को कृष्णा एवं मुसी के संगम पर स्थित मानते हैं। सिंहासन पर आरूढ़ होने के चौथे वर्ष खारवेल ने बरार के भोज को तथा पूर्वी खानदेश और अहमदनगर के रसिकों के विरुद्ध सैनिक अभियान छेड़ा। इस अभियान में खारवेल सफल हुआ। इन राज्यों को सेवा के लिए बाध्य किया गया। खारवेल द्वारा उन्हें पराजित किया जाना निश्चित रूप से महत्त्वपूर्ण उपलब्धि है।

अपने अभिषेक के आठवें वर्ष में खारवेल ने उत्तर भारत में सैनिक अभियान किया। उसकी सेना ने गोरयगिरि (बरार की पहाड़ियों) को पार करते हुए तथा मार्ग में दुर्गों को ध्वस्त करते हुए घेरा डाला। खारवेल की सेना के डर से यवनराज 'दिमिति' की सेना आतंकित हो गई और वह मथुरा भागा। नौवें वर्ष में उसने अपनी उत्तर भारत की विजय के उपलक्ष्य में प्राची नगर के दोनों किनारों पर 'महाविजय प्रासाद' बनवाए। उसने ब्राह्मणों को दानादि दिए तथा आगे की विजय के लिए सैनिक तैयारियाँ कीं।

ग्यारहवें वर्ष में खारवेल ने दक्षिण भारत की ओर ध्यान दिया। उसकी सेना ने पियुंड नगर (मद्रास के निकट) को ध्वस्त किया तथा आगे दक्षिण की ओर जाकर तमिल संघ का भेदन किया। ऐसा प्रतीत होता है कि उसका सामना करने के लिए सुदूर दक्षिण के तमिल राजाओं ने कोई संघ बना लिया, जिसे खारवेल ने नष्ट कर दिया। सुदूर दक्षिण में विजय प्राप्त करते हुए खारवेल पांड्य राज्य तक पहुँचा।

बारहवें वर्ष खारवेल ने दो सैन्य अभियान किए। एक उत्तर भारत तथा दूसरा दक्षिण भारत में। सर्वप्रथम उसने अपनी सेना को उत्तर भारत में मैदानों में भेजा तथा अश्वों एवं हाथियों को गंगा नदी में स्नान करवाया। मगध नरेश, जिसका नाम इतिहासकार 'बहसतिमित्र' पढ़ा है, पराजित हुआ तथा उसने खारवेल की अधीनता स्वीकार कर ली। इस अभियान से खारवेल को बहुत फायदा

हुआ, राज्य विस्तार के साथ अपार धन-संपत्ति भी मिली, इस धन की सहायता से उसने भव्य मंदिर का निर्माण कराया।

खारवेल के राज्य की सीमा दक्षिण में पांड्य राज्य तक जा पहुँची। इतिहासकार लिखते हैं कि उसने जल तथा थल दोनों ही मार्गों से पांड्यों की राजधानी पर धावा बोला। यह अभियान पूर्णरूपेण सफल रहा। पांड्य नरेश ने उसकी अधीनता स्वीकार की तथा उसके लिए मुक्तामणियों का उपहार दिया। यह खारवेल का अंतिम सैन्य अभियान था। उत्तर में मगध राज्य और दक्षिण पांड्य राज्य को अपने साम्राज्य में मिलाकर खारवेल ने बृहत् साम्राज्य पर शासन किया।

राज्य-संचालन—सम्राट् खारवेल ने उत्तर भारत में ग्रीक (यवन) आक्रमण को निष्फल किया व मथुरा को ग्रीक से मुक्त कराया था। कलिंगराज खारवेल को उसके हाथीगुंफा लेख में 'व्यवहार बिसारद' कहा गया है। व्यवहार शब्द धर्म सूत्रों एवं स्मृतियों में अनेक अर्थों में प्रयुक्त हुआ है, परंतु अधिकांशत: इस शब्द का प्रयोग मुकदमा अथवा न्यायालय में गए हुए विवादों एवं न्यायिक प्रक्रिया के संदर्भ में ही हुआ। इससे यह बात स्पष्ट होती है कि खारवेल का राज्य संचालन न्याय पर आधारित था

राष्ट्र-निर्माण में योगदान—खारवेल के जीवन के बारे में जो जानकारी मिलती है, उससे यह स्पष्ट है कि वह एक महान् राष्ट्र-निर्माता, विजेता, धर्म-सहिष्णु, लोकोपकारी शासक और महान् विजेता था। वह विद्वानों का आश्रयदाता होने के साथ-साथ स्वयं भी एक विद्वान् था। इस बात से इनकार नहीं किया जा सकता कि वह एक असाधारण सेनानायक था और उसके समय में कलिंग का राज्य अपने गौरव की पराकष्ठा पर पहुँच गया। रानी के लेख में कलिंग का राज्य अपने गौरव की पराकाष्ठा पर पहुँच गया। उनकी रानी के लेख में उसे चक्रवर्ती शासक कहा गया है। हाथीगुंफा अभिलेख की छठी पंक्ति में कहा गया है कि खारवेल ने तनसुलि से एक नहर का विस्तार अपनी राजधानी तक किया था। इस नहर का निर्माण उसके ३०० वर्षों पूर्व मगध के नंद राजा ने करवाया था। हाथीगुंफा के लेख से पता चलता है कि उसने सभी देवताओं के मंदिर का जीर्णोद्धार करवाया था तथा वह अशोक के समान सभी संप्रदायों का समान रूप से आदर करता था। हाथीगुंफा के लेख से पता चलता है कि उसने सभी देवताओं के मंदिरों का जीर्णोद्धार करवाया था। उसने सभी धर्मों का समान रूप से आदर किया, खासकर जैन और सनातन धर्म पर बहुत ध्यान दिया। खारवेल भारतीय संस्कृति का प्रतीक है। उसने उत्तर और दक्षिण संस्कृति को एक धागे में पिरोने की कोशिश की। उसने सनातन पद्धति का सम्मान किया और भारत की पुरातन संस्कृति को पुनर्जीवित किया।

अधिकार परंपरा—खारवेल ने कुल १३ वर्षों तक शासन किया। उसकी तिथि के विषय में विवाद है। उसका अंत किन परिस्थितियों में हुआ, यह हमें ज्ञात नहीं है। वस्तुत: जितनी तेजी से उसका उत्थान हुआ, उतनी ही तेजी से पतन भी हो गया। उसकी मृत्यु के पश्चात् उसका शक्तिशाली साम्राज्य छिन्न-भिन्न हो गया।

सम्राट् पुष्यमित्र शुंग

राज्य अवधि—१८७-१५१ ई.पू.।

परिचय—पुष्यमित्र शुंग के विषय में जानकारी इसके 'अयोध्या अभिलेख' से प्राप्त होती है। इस अभिलेख से पता चलता है कि पुष्यमित्र शुंग ने दो अश्वमेध यज्ञ करवाए, जिन्हें कराने का श्रेय पतंजलि को है। पुष्यमित्र शुंग अंतिम मौर्य शासक वृहद्रथ के प्रधान सेनापति थे, मगध सम्राट् वृहद्रथ मौर्य की हत्या कर पुष्यमित्र मगध सम्राट् बने और शुंग राजवंश की स्थापना की। शुंग राजवंश के संस्थापक का जन्म ब्राह्मण शिक्षक परिवार में हुआ था। इनके गोत्र के संबंध में थोड़ा मतभेद है, पतंजलि के मुताबिक भारद्वाज गोत्र और कालिदास द्वारा रचित 'मालविकाग्निमित्रम्' के अनुसार कश्यप गोत्र कहा जाता है। बौद्ध ग्रंथों में पुष्यमित्र शुंग को बौद्धों का उत्पीड़क बताया गया है, परंतु यह पूर्णतः सत्य नहीं है, क्योंकि उसने साँची में दो स्तूपों का निर्माण करवाया तथा अशोककालीन साँची के महास्तूप की काष्ठ-वेदिका के स्थान पर पाषाण वेदिका निर्मित करवाई।

पुष्यमित्र जन्मना ब्राह्मण थे और वैदिक धर्म तथा भारतीय राष्ट्र का उनमें भारी अभिमान था। वे एक निष्ठावान शिवभक्त थे। वृहद्रथ मौर्य की सेना का प्रधान सेनापति का भार ग्रहण करते ही उसने मगध की सेना की संख्या बढ़ाने और शस्त्र सामर्थ्य बढ़ाने के लिए त्वरित उपाय प्रारंभ कर दिए। इस दैव संयोग के कारण स्वाभाविक रूप से ही वैदिक धर्मावलंबी राष्ट्रभक्त जनता की आँखें सेनापति पुष्यमित्र की ओर गईं। पुष्यमित्र ने जनता की आशाओं के अनुरूप नाममात्र के सम्राट् वृहद्रथ मौर्य का अंत कर राष्ट्रगौरव को पुनः स्थापित करना आरंभ किया। यह घटना ई.पू. १८४ के आस-पास के काल में घटी। वैदिक विधि के अनुसार सम्राट् पद पर अभिषिक्त होकर पाटिलिपुत्र में अशोक के सिंहासन पर पुष्यमित्र आरूढ़ हुआ। मौर्य राजवंश का नाश हो गया और सम्राट् पुष्यमित्र शुंग के वंश का राज्य प्रारंभ हुआ।

राज्य विस्तार—सर्वप्रथम राजधानी और आस-पास के प्रदेश का राज्य प्रबंध व्यवस्थित और प्रभावी बनाकर तथा एक अजेय चतुरंग रणोत्सुक भारतीय सेना का संगठन सम्राट् पुष्यमित्र ने अयोध्या की ओर कूच कर मिनांडर पर आक्रमण कर दिया। भारतीय शस्त्रशक्ति के सामने समरांगण में टिकना असंभव जानकर यवन सेनापति मिनांडर प्रतिरोध करते हुए ससैन्य पीछे हटने लगा। सम्राट् पुष्यमित्र ने यवन सेना का अंत तक पीछा किया। लगातार एक के बाद दूसरे युद्ध में परास्त हो जाने तथा संपूर्ण यवन सेना का व्यूह टूट जाने के कारण हताश हुए मिनांडर को सम्राट् पुष्यमित्र ने सिंधु नदी के उस पार खदेड़ दिया। सिंधु नदी तक का समस्त भारत यवनों की राजनीतिक दासता से मुक्त किया।

पुष्यमित्र प्राचीन मौर्य साम्राज्य के मध्यवर्ती भाग को सुरक्षित रख सकने में सफल रहा। पुष्यमित्र का साम्राज्य उत्तर में हिमालय से लेकर दक्षिण बरार तक तथा पश्चिम पंजाब से लेकर पूर्व में मगध तक फैला हुआ था। इस प्रकार पुष्यमित्र का साम्राज्य हिमालय से नर्मदा नदी तक और

सिंधु से प्राच्य समुद्र तक विस्तृत था। अपनी सफलताओं के उपलक्ष्य में पुष्यमित्र शुंग ने अश्वमेध यज्ञ करने का निश्चय किया। यह उसके राज्य विस्तार और अपार सफलता के साथ सनातन धर्म की स्थापना का उद्घोष था।

राज्य संचालन—प्राचीन भारतीय शासकों में पुष्यमित्र शुंग एक महत्त्वपूर्ण स्थान रखता है। उसने मौर्य साम्राज्य के बिखराव को रोकने का प्रयास किया। पाटलिपुत्र उसके राज्य की राजधानी थी और उसने अवंति राज्य में स्थित विदिशा नगर (पूर्वी मालवा, मध्य प्रदेश) में साम्राज्य की दूसरी राजधानी स्थापित की। विदिशा में अग्निमित्र को 'उपराजा' के रूप में नियुक्त किया गया। इस प्रकार साम्राज्य के विभिन्न भागों पर अपने प्रतिनिधियों को नियुक्त कर पुष्यमित्र ने केंद्रीय नियंत्रण स्थापित किया, वह स्वयं पाटलिपुत्र से शासन करता था। पुष्यमित्र की शासन व्यवस्था के विषय में हमें ज्ञान नहीं है, लगता है कि उसने मौर्य प्रशासन के स्वरूप को ही बनाए रखा। मनुस्मृति के

आधार पर यह कहा जा सकता है कि साम्राज्य अपनी दैवी उत्पत्ति में विश्वास करता था। साम्राज्य के विभिन्न भागों में राजकुमार अथवा राजकुल के संबंधित व्यक्तियों को राज्यपाल नियुक्त करने की परंपरा चलती रही। वायुपुराण से पता चलता है कि पुष्यमित्र ने अपने पुत्रों को साम्राज्य के विभिन्न क्षेत्रों में सहशासक नियुक्त कर रखा था। मालविकाग्निमित्रम् से पता चलता है कि उसका पुत्र अग्निमित्र विदिशा का उपराजा था। मालविकाग्निमित्रम् में अमात्यपरिषद् तथा महाभाष्य में सभा का उल्लेख हुआ है। उस समय भी ग्राम शासन की सबसे छोटी इकाई होते थे। ऐसा प्रतीत होता है कि इस समय तक आते-आते मौर्यकालीन केंद्रीय नियंत्रण में शिथिलता आ गई थी।

पुष्यमित्र की धार्मिक नीति के बारे में विवाद है। बौद्ध ग्रंथ में पुष्यमित्र का चित्रण बौद्ध धर्म के संहारक के रूप में किया गया है।

शुंगों के समय की साँची तथा भरहुत से प्राप्त कलाकृतियों के आधार पर पुष्यमित्र के बौद्धद्रोही होने का मत स्पष्टतः खंडित हो जाता है। पुष्यमित्र सनातनी हिंदू था और वह हिंदुत्व के विचारों को बढ़ाकर भारतीय परंपरा और संस्कृति की रक्षा कर रहा था।

राज्य के लिए योगदान—यवनों के समान पुराने विदेशी आक्रमणकारी शत्रु का मूलोच्छेदन कर भारतीय साम्राज्य को पुनरुज्जीवित करनेवाले सम्राट् पुष्यमित्र को स्वाभाविक रूप से ही उसके पराक्रम के कारण वैदिक परंपरानुसार अश्वमेध करने का अधिकार प्राप्त हो गया था। अति अल्पसंख्यक बौद्ध जनता को छोड़ दिया जाए तो संपूर्ण भारतवर्ष में सम्राट् पुष्यमित्र के इस अश्वमेध यज्ञ के संकल्प का समाचार सुनते ही भारतीय राष्ट्राभियान की ओर विजयोत्साह की लहर सी दौड़ गई। जिस अशोक ने राजदंड के बल पर वैदिक धर्मावलंबियों के धार्मिक आचार स्वातंत्र्य का अपहरण किया था। उसी बौद्ध अशोक की राजधानी पाटिलिपुत्र में वैदिक धर्म निभाना पड़ा। अश्वमेध यज्ञ तो मानो वैदिक धर्मावलंबियों के धर्माचार स्वातंत्र्य पर अशोक द्वारा लगाए गए समस्त प्रतिबंधों को हटाने की सम्राट् पुष्यमित्र की राजकीय घोषणा के रूप में ही था।

सम्राट् पुष्यमित्र ने पश्चिमोत्तर भारत एवं मध्य भारत के विभिन्न नगरों में सहस्रों यवन समुदाय बसाए थे, उनका भारतीयकरण भी सम्राट् पुष्यमित्र ने किया।

गुरुकुल का संरक्षण करके भागवत धर्म में इन्हें उदारतापूर्वक दीक्षित किया गया। यही वह काल था, जब यूनानी और भारतीय शिल्प की मिली-जुली गांधार शैली का विकास हुआ, जो इस काल की पुरातात्त्विक संपदा के रूप में देश के संग्रहालयों की शोभा बढ़ा रही है। सम्राट् पुष्यमित्र शुंग की इस महान् राष्ट्रसेवा की झलक हमें एक ठोस प्रमाण के रूप में उपलब्ध है। मध्य भारत में देश-नगर में स्थित इस कालखंड का गरुड़ स्तंभ एक शासक के राजदूत हेलियोडोरस द्वारा निर्मित है। यह हेलियोडोरस विदिशा के महाराज भागभद्र के दरबार में रहा था और वैष्णव धर्म में दीक्षित होकर उसने अपना नाम वासुदेव धारण कर लिया था। यवनों के भारतीयकरण का प्रतीक बनकर यह घटना हमारे इतिहास में सदैव विद्यमान रहेगी। इस प्रकार भारत पर हुए प्रथम विदेशी आक्रमण (सिकंदर से लेकर डेमेट्रियस और मिनांडर तक) तथा यवनों के आक्रमण का समूल उच्चाटन करके इन विदेशियों को भारत के सांस्कृतिक और सामाजिक ताने-बाने में लपेटकर भारत की राष्ट्रीय जीवनधारा में विलीन कर लिया गया। भारत के इस गौरव पृष्ठ का नायक है—सम्राट् पुष्यमित्र शुंग।

उत्तराधिकार परंपरा—सम्राट् पुष्यमित्र ने अपने कर्तव्य और पराक्रम के बल पर अर्जित भारत की स्वतंत्रता (स्वाधीनता) और साम्राज्य का ३६ वर्षों तक संरक्षण, संयोजन और संवर्धन करने के बाद ई.पू. १४९वें वर्ष के आस-पास अपने पुत्र युवराज अग्निमित्र का राज्याभिषेक कर अपने शरीर का त्याग किया।

अग्निमित्र अपने पिता के शासनकाल में विदिशा का उपराजा था। इस वंश का चौथा राजा वसुमित्र था। इसी के नेतृत्व में शुंग सेना ने यवनों को पराजित किया था। इस वंश का नौवाँ शासक भागवत और भागभद्र था। वह कुछ शक्तिशाली राजा था। पुराणों के अनुसार शुंगवंश का दसवाँ एवं अंतिम नरेश देवभूति था। उसने १० वर्षों तक राज्य किया, उसके अमात्य वसुदेव ने उसकी हत्या कर दी, देवभूति की मृत्यु के साथ शुंग राजवंश की समाप्ति हुई।

सम्राट् विक्रमादित्य

राज्य अवधि—५७ ई.पू. से ३ ईस्वी तक।

परिचय—सम्राट् विक्रमादित्य भारत के महान् शासकों में से एक हैं, जिन्होंने सनातन धर्म की रक्षा हेतु अपने जीवन को समर्पित कर दिया। विक्रमादित्य का जन्म कलिकाल के ३००० वर्ष बीत जाने पर ई.पू. १०१ में हुआ। चक्रवर्ती सम्राट् राजा गंधर्वसेन इनके पिता व सौम्यदर्शना इनकी माता थीं। राजा गंधर्वसेन की एक रानी सरस्वती से भी एक पुत्र था, जिसका नाम भर्तृहरि था। भर्तृहरि विक्रमादित्य से बड़े थे। भर्तृहरि बचपन से ही स्वभाव से शांत और चिंतनशील थे। वहीं विक्रमादित्य अत्यंत ही चंचल व साहसी थे। दोनों भाइयों में एक-दूसरे के लिए अगाध प्रेम था।

पिता की मृत्यु के बाद दोनों पुत्रों का लालन-पालन माता सौम्यदर्शना के सान्निध्य में भगवान् कृष्ण की लीलाभूमि वृंदावन के अज्ञातवास में हुआ। यहाँ इनके संरक्षण एवं रहन-सहन का दायित्व इनके मामा (माता सौम्यदर्शना के भाई) व्याघ्रसेन ने उठाया, जो कि साबरमती नदी के तट पर सौराष्ट्र के शाही शासन के अधीन एक छोटे से क्षेत्र के सामंत थे। इस अज्ञातवास के दौरान महारानी सौम्यदर्शना ने स्वयं का नाम बदलकर सोमवती और दोनों पुत्रों का नाम क्रमश: शील और विषमशील रखा।

सम्राट् विक्रमादित्य अपने ज्ञान, वीरता, पराक्रम और सनातन धर्म एवं संस्कृति की रक्षा हेतु प्रसिद्ध हैं। वे मालवा पर्वतीय प्रदेश में स्थित भारत की प्राचीन नगरी उज्जयिनी के सिंहासन पर बैठे तथा ८२ ई.पू. से १९ ई.पू. तक लगभग ६० वर्षों तक शासन किया।

अज्ञातवास समाप्त होने पर उपनयन संस्कार के बाद इनके मामा (व्याघ्रसेन) ने दोनों भाइयों को शिक्षा हेतु गोणार्द के गुरुकुल में भेज दिया। गोणार्द नगरी वर्तमान बुंदेलखंड क्षेत्र में स्थित थी। यहीं वेत्रवती के सघनवन में कुलपति माहेश्वर का गुरुकुल था। यहाँ धनुर्वेद के प्रकांड आचार्य पुलिंदक के मार्गदर्शन में दोनों भाइयों की शिक्षा आरंभ हुई।

शिक्षाकाल के दौरान ही विक्रमादित्य को अनेक विश्वासपात्र साथी मिले, जिन्होंने आगे

चलकर राज्य विस्तार में विक्रमादित्य की मदद की। इनमें भृगुकच्छ के जौहरी ईशानगुप्त के पुत्र अमरगुप्त, सौवीरगण के राजपुत्र प्रद्युम्न, वीरवर और कुनिंद गणराज्य के राजपुत्र भद्रबाहु प्रमुख हैं।

सम्राट् विक्रमादित्य का साम्राज्य
(५७ ई.पू. से ३ ई. तक)

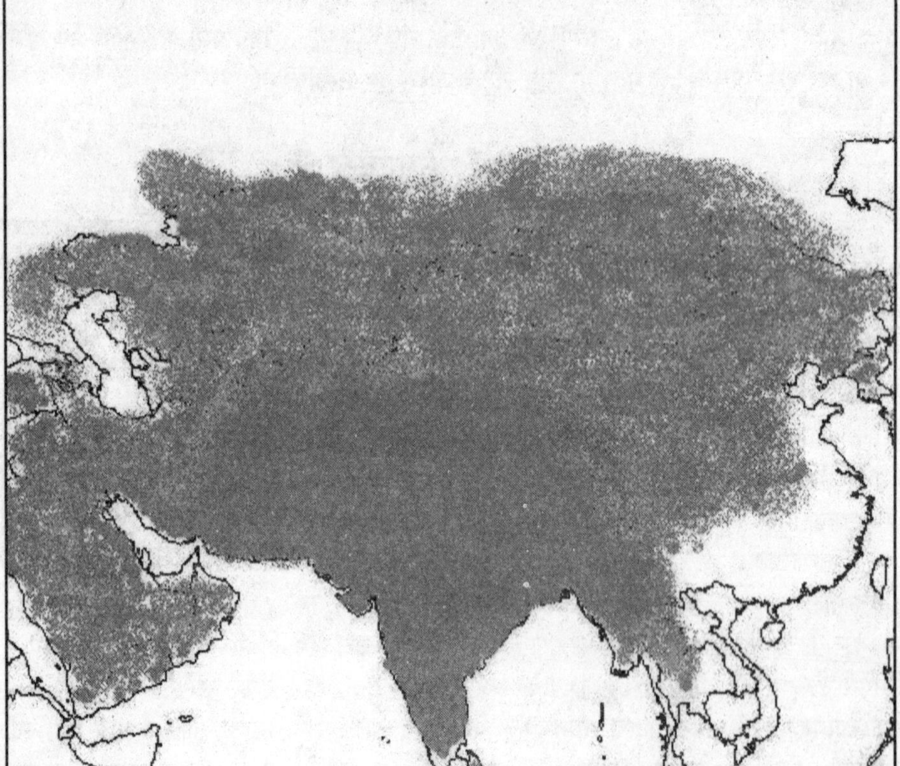

राज्य विस्तार—महाराज गंधर्वसेन के समय ही विदेशी शकों के आक्रमणों में अत्यधिक वृद्धि हो गई थी। इस समय शकों का विस्तार मथुरा से लेकर द्वारका तक और उत्तर में कश्मीर से लेकर सिंधु नदी के मुहाने तक समस्त भारत चार शक शाहियों और महाछत्रपों के अधीन था।

धूर्त शक शासक धर्म की चादर ओढ़कर मांसाहार, मदिरा और मैथुन जैसी बुराइयों के अंधभक्त थे। उनके राक्षसी आचरण और दुराचारों से संपूर्ण जनसमुदाय में उनके खिलाफ घृणा थी।

इस वातावरण में विक्रमादित्य ने अपने सहयोगियों के साथ मिलकर व्यापक प्रयास करके युवाओं को संगठित एवं सैन्यबद्ध करने का बीड़ा उठाया। इस कार्य में इन्हें व्यापक जनसमर्थन एवं सहयोग मिला। संपर्क में आनेवाले प्रत्येक युवा को ताँबे का एक छोटा त्रिशूल भेंट किया जाना था, जिस पर विषमशील अंकित होता था।

अपने सहयोगियों की सहायता से अथक परिश्रम करने के बाद विक्रमादित्य ने एक विशाल सैन्य संगठन का निर्माण किया एवं इसे कुशल सेनानायकों के मध्य पाँच श्रेणियों में विभाजित किया तथा प्रत्येक को एक नाम प्रदान किया।

कुनिंद राजकुमार भद्रबाहु के नेतृत्व में 'कुबेर', भृगुकच्छ के जौहरी ईशानगुप्त के पुत्र अमरगुप्त के नेतृत्व में 'भैरव', सौवीर राजपुत्र प्रद्युम्न के नेतृत्व में 'वीरभद्र' एवं अपने परममित्र वीरवर के नेतृत्व में 'माहेश्वरी' एवं 'विंध्याद्रि' नामक सैनिक टुकड़ियों का निर्माण किया। वीरवर ने आगे चलकर आंध्र के महाराजाधिराज शिवमुख (शिमुक) सातकर्णी के छोटे भाई अपीलक को भी अपने संगठन में शामिल कर लिया।

ई.पू. प्रथम शताब्दी के पाँचवें दशक के आरंभ में विक्रमादित्य ने उज्जयिनी के संग्राम में विदिशा, उज्जयिनी और माहिष्मती के शकों को अलग-अलग घेरकर नष्ट कर दिया एवं राजबुल के पुत्र खरऔंस को मार डाला, जो १४ वर्षों से मालवा पर शासन कर रहा था।

इस पराजय से मथुरा के महाक्षत्रपों ने उज्जयिनी पर आक्रमण कर दिया, किंतु अमरगुप्त के नेतृत्व में भूमक की विराट् सेना को भी पराजित किया।

उज्जयिनी पर नियंत्रण प्राप्त करने के बाद उज्जयिनी में शीघ्रतापूर्वक विक्रम ने अपने अग्रज भर्तृहरि का राज्याभिषेक संपन्न कराकर स्वयं माहेश्वर सेना के साथ पश्चिमी पार्श्व से राजबुल पर आक्रमण कर दिया एवं राजबुल को बंदी बना लिया। इन तीन पराजयों का समाचार सुनकर तक्षशिला के शक शासक कुशूलक ने विक्रम से मैत्री करने का संदेश भेजा।

इस बीच आध्यात्मिक चिंतन की ओर अधिक झुकाव होने के कारण महाराजा भर्तृहरि ने संन्यास ग्रहण कर लिया। वे उज्जयिनी की ही गुफाओं में योग साधना में लीन हो गए तथा 'शृंगारशतक' एवं 'वैराग्यशतक' जैसे ग्रंथों की रचना की।

बंदी शक महाक्षत्रप वृद्ध राजबुल की पुत्री 'हन' से विवाह करने के साथ विक्रमसेन ने जनता की सेवा हेतु राजगद्दी ग्रहण की। आगे चलकर 'करूर' नामक स्थान पर सिंधु नदी के किनारे एक भयंकर युद्ध में शकों का समूल विनाश करने के बाद कश्मीर सहित समस्त उत्तरापथ विक्रम के अधीन हो गया। तदुपरांत खंडित भारत का पुनर्गठन करके एक नए राज्य का निर्माण किया गया। इसमें अपरांत दक्षिणापथ, सौराष्ट्र, मध्यदेश, अंग, वंग एवं पूर्वी प्रदेश सम्मिलित थे। शकों को खदेड़ते हुए पश्चिम एशिया स्थित उनके गढ़ अरब को भी विजित करने के बाद मक्का (मह्का) में महाकाल शिव का मंदिर बनवाया, जो वर्तमान समय में भी उनके राज्य के विस्तार का प्रतीक है। इस प्रदेश का नामकरण 'हरवर्ष' भी किया, जो आगे परिवर्तित होकर 'हरब' या 'अरब' हो गया।

सम्राट् विक्रमादित्य की अरब विजय का वर्णन एक अरबी कवि 'जरहाम किनतोई' की पुस्तक 'सायर-उल-ओकुल' में मिलता है। यह ग्रंथ वर्तमान में भी तुर्की के इस्तांबुल शहर की प्रसिद्ध लाइब्रेरी 'मकतब-ए-सुल्तानिया' में रखा है। इसमें राजा विक्रमादित्य के बारे में लिखा गया है, "वे लोग भाग्यशाली हैं, जो उस समय जनमे और राजा विक्रम के राज्य में जीवन व्यतीत किया। वह बहुत ही दयालु, उदार और कर्तव्यनिष्ठ शासक था। उसने अपने पवित्र धर्म को हमारे बीच फैलाया। उसके विद्वानों और ज्ञाताओं ने राजा विक्रमादित्य के निर्देश पर अपने धर्म की शिक्षा दी और हमें सत्य के सही मार्ग के बारे में बताकर एक परोपकार किया है।"

कल्हण की रचना 'राजतरंगिणी' से हमें उनके कश्मीर में राज्य स्थापना का पता चलता है। वहाँ राज्य सँभालने के लिए विक्रमादित्य ने मातृगुप्त (कालीदास) को भेजा था।

नेपाली राजवंशावली के अनुसार नेपाल के राजा अंशुवर्मन के समय राजा विक्रमादित्य के नेपाल आने का उल्लेख मिलता है।

इस प्रकार हमारे युग प्रवर्तक, महान् धर्मरक्षक और पराक्रमी सम्राट् विक्रमादित्य ने भारत की सीमाओं को ईरान, इराक और अरब तक विस्तारित किया। उनके महान् कार्यों की ख्याति पूरे विश्व में थी।

राज्य संचालन—सनातन धर्म की रक्षा और अपनी प्रजा का कल्याण राजा विक्रमादित्य की दो प्रमुख प्राथमिकताएँ थीं। राज्य विस्तार के लिए उन्होंने अश्वमेध यज्ञ एवं विदेशी आक्रमणकारियों से युद्ध किया।

सिंहासन ग्रहण करने के तुरंत बाद उन्होंने सेना को फिर से गठित किया। राजा विक्रमादित्य की सेना में तीन करोड़ पैदल सैनिक, १० करोड़ अश्व, २४,६०० हाथी और चार लाख नौकाएँ थीं। इस प्रकार तब उनकी सेना विश्व की सर्वाधिक शक्तिशाली सेना बन गई। विक्रमशक्ति एवं चंद्र उनके प्रमुख सेनापति थे।

महान् सेनानायक होने के साथ वे एक श्रेष्ठ और न्यायपूर्वक शासन के व्यवस्थापक थे। उन्होंने अपने राज्य की गतिविधियों की जानकारी प्राप्त करने के लिए विश्वस्त गुप्तचर व्यवस्था का निर्माण किया। जनता के कष्टों को जानने और राजकाज की पड़ताल हेतु राजा विक्रमादित्य भेष बदलकर स्वयं भी राज्य में भ्रमण करते थे।

धर्म का सम्मान और राजकाज का श्रेष्ठता के साथ संचालन करना, दोनों बातें उनके लिए समान महत्त्व रखती थीं। राजा विक्रमादित्य धर्म संबंधी नीतियों पर विचार करने के लिए पुरोहितों से वार्त्तालाप करते थे। त्रिविक्रम और वसुमित्र उनके प्रमुख राजपुरोहित थे।

राज्य-व्यवस्था के कुशल संचालन हेतु राजदरबार में 'नौ रत्नों' की परंपरा का आरंभ करने का श्रेय राजा विक्रमादित्य को ही जाता है। ये न केवल राजनीति संबंधी कार्यों में राजा की मदद करते थे, बल्कि सनातन विद्या और संस्कृति के महान् संरक्षक भी थे। इनमें से प्रत्येक को अपने क्षेत्र में उपलब्धियाँ हासिल थीं। इनका परिचय निम्न प्रकार से है—

धन्वन्तरिः क्षपणकोऽमरसिंहः शङ्कुवेतालभट्टघटकर्प कालिदासाः।
ख्यातो वराहमिहिरो नृपतेस्सभायो रत्नानि वै वररुचिर्नवविक्रमस्य॥

१. धन्वंतरि : वैद्य और औषधिविज्ञान (मेडिसिन व फार्मेसी) का आविष्कार किया।

२. क्षपणक : व्याकरणकार और कोषाकार थे। उस काल में उन्होंने गणित विषय पर कार्य किया।

३. अमरसिंह : इन्हें शब्दकोष (डिक्शनरी) का जनक माना जाता है। इन्होंने शब्दकोष का निर्माण किया तथा शब्द एवं ध्वनि आदि पर कार्य किया।

४. शंकु : नीतिशास्त्र व रसाचार्य थे।

५. वेतालभट्ट : ये युद्ध कौशल में महारथी थे। हमेशा विक्रमादित्य के साथ ही रहे। इन्हें समवर्ती सुरक्षा के कारण द्वारपाल भी कहा जाता था।

६. घटखर्पर : ये साहित्य के महान् विद्वान् थे। उन्होंने साहित्य में अनेक शैलियों का विकास किया।

७. कालिदास : ये महान् कवि थे। परंपरागत काव्य की अवधारणा को तोड़कर इन्होंने नवीन काव्य का सृजन किया, जिसे आज भी श्रेष्ठ माना जाता है।

८. वराहमिहिर : ये महान् ज्योतिर्विद् थे। इन्होंने ही काल, गणना, हवाओं की दिशा, पशुधन की प्रवृत्ति, वृक्षों से भूजल का आकलन आदि विषयों की खोज की।

९. वररुचि : व्याकरण के विद्वान् व शास्त्रीय संगीत के जानकार थे।

राजा विक्रमादित्य ने साधुओं का एक दल बनाया, जो पुराण और ग्रंथों का पाठ किया करते थे। इन साधुओं में गोरखनाथ, भर्तृहरि, लोमहर्सन एवं सौनाका प्रमुख थे। इस प्रकार न्यायप्रिय राजा विक्रमादित्य ने अपने पराक्रम से लोगों की रक्षा की। सदा धर्म स्थापना के कार्य में लगे रहे।

उपलब्धियाँ एवं राष्ट्रपुनर्निर्माण में योगदान—भारतीय शासन और सभ्यता के साथ राजतंत्रीय व्यवस्था में जो कुछ भी सर्वश्रेष्ठ है, विक्रमादित्य को उसका प्रतीक माना जाता है। यह उनकी वीरता एवं पराक्रम का ही प्रतिफल है कि उनका नाम 'विक्रमादित्य' एक उपाधि बन गया। आनेवाले अनेक राजाओं ने इस उपाधि को धारण करके इसके अर्थ 'सूर्य की भाँति पराक्रमी' को सही साबित किया है। श्री हर्ष, शूद्रक, हल, चंद्रगुप्त द्वितीय, शिलादित्य, यशोवर्धन, हेमू जैसे अनेक राजाओं ने यह उपाधि धारण की।

इन्हें विदेशी आततायी शकों पर विजय प्राप्त करने के उपलक्ष्य में 'शकारि' की उपाधि से सम्मानित किया गया। अपने राज्यारोहण के समय एक नवीन भारतीय संवत् 'मालवसंवत्' का श्रीगणेश किया, जो 'विक्रम संवत्' के नाम से देश के कोने-कोने में प्रचलित हुआ।

सम्राट् ने शक पुत्री 'हन' (हंसा) से विवाह करके शकों से भारतीय समाज में वैवाहिक संबंध स्थापित करने का मार्ग खोला। यह एक सांस्कृतिक विजय थी। प्राचीन समय में जब विदेशी की विनाशक गतिविधियों के फलस्वरूप सनातन धर्म समाप्ति पर था, रामायण और महाभारत जैसे धर्मग्रंथ खो गए थे, तब महाराजा विक्रमादित्य ने अपने संगठन कौशल एवं पराक्रम के बल पर सनातन धर्म का गौरव वापस दिलाया। विक्रमादित्य के शासन को भारतीय इतिहास में स्वर्णिम युग के रूप में याद किया जाएगा।

उत्तराधिकारी परंपरा—विक्रमादित्य के पिता राजा गंधर्वसेन महान् चक्रवर्ती सम्राट् थे। गंधर्वसेन कुशलता के आधार पर अपने बड़े पुत्र भर्तृहरि के स्थान पर विक्रमादित्य को राजा बनाना चाहते थे, किंतु पिता द्वारा युवराज बनाने का प्रस्ताव विक्रम ने इसलिए अस्वीकार कर दिया, क्योंकि इस पद के लिए वे अपने ज्येष्ठ भ्राता भर्तृहरि का अधिकार मानते थे। इस घटना से पता चलता है कि वे अपने कर्तव्य और न्याय के लिए सर्वस्व त्याग करने की क्षमता रखते थे।

अंत में भर्तृहरि के संन्यास ग्रहण करने पर विक्रमादित्य ने राज्य और जनता के प्रति अपने दायित्व को निभाने के लिए राजगद्दी स्वीकार की। १९ ई.पू. विक्रमादित्य ने अपने पुत्र देवभक्त को राजसत्ता सौंप दी, जिन्होंने २९ ई. तक उत्तराधिकारी के रूप में शासन किया।

इस प्रकार हम पाते हैं कि मालव राज्य में आनुवंशिक आधार पर राजसत्ता के उत्तराधिकार की परंपरा थी।

सम्राट् विक्रमादित्य के साम्राज्य में कभी सूर्य अस्त नहीं होता था। सम्राट् ने अरबों पर शासन किया था। इसका प्रमाण स्वयं अरबी काव्य में है। 'सैरुअल ओकुल' नामक एक अरबी काव्य, जिसके लेखक 'जिरहम विंतोई' नामक एक अरबी कवि हैं, उन्होंने लिखा है—

"वे अत्यंत भाग्यशाली लोग हैं, जो सम्राट् विक्रमादित्य के शासनकाल में जनमे। अपनी प्रजा के कल्याण में रत वे एक कर्तव्यनिष्ठ दयालु एवं सच्चरित राजा थे।

सम्राट् ने अपना पवित्र धर्म हम लोगों में फैलाया। उन्होंने अपने देश से विद्वान् भेजे, जिनकी प्रतिभा सूर्य के प्रकाश के समान हमारे देश में चमकी। वे विद्वान् और दूरद्रष्टा लोग, जिनकी दयालुता एवं कृपा से हम एक बार फिर ईश्वर के अस्तित्व को अनुभव करने लगे। उनके पवित्र अस्तित्व से परिचित किए गए और सत्य के मार्ग पर चलाए गए। यहाँ उनका पदार्पण महाराजा विक्रमादित्य के आदेश पर हुआ।

गौतमी पुत्र महाराजा शातकर्णी (सातवाहन)

राज्य अवधि—१०६ ई. से १३० ई. तक।

परिचय—इतिहास उत्थान, पतन और नव सृजन का साक्षी होता है। ऐसा ही एक इतिहास भारत के दक्षिणी क्षेत्र में भी रचा गया। ई.पू. की तीसरी सदी के अंतिम चरण से प्रारंभ होकर चौथी सदी ई. तक सातवाहन वंश का उत्थान उसी शृंखला का एक भाग था। यद्यपि इसके शासनकाल की अवधि को लेकर इतिहासकारों में मतभेद है, लेकिन ७० ई. से ९५ ई. तक की तिथि सर्वाधिक मान्य है।

सातवाहन वंश के प्रथम शासक सिमुक या श्रीमुख ने कण्व वंश के अंतिम और अयोग्य शासक सुशर्मा को पदच्युत कर अपने सातवाहन वंश की स्थापना की। इस वंश में कुल २७ शासक हुए। ये सभी राजा हिंदू धर्म के अनुयायी थे, यद्यपि इन्होंने बौद्ध और जैन धर्म को भी प्रोत्साहित किया।

प्राचीन भारतीय इतिहास में यह वंश 'आंध्र वंश' के नाम से प्रसिद्ध हुआ। प्रारंभ में इनका

राज्य गोदावरी नदी के क्षेत्र तक विस्तृत था, चूँकि उस पूरे क्षेत्र को आंध्र कहा जाता था, इसी कारण इनके वंश को भी आंध्र वंश कहा जाने लगा।

गौतमी पुत्र महाराजा शतकर्णी (सातवाहन)

(१०६ ई. से १३० ई.)

समय के साथ सातवाहन वंश के शासक अपनी स्वतंत्रता और राज्य दोनों पर नियंत्रण नहीं रख पाए, जिस कारण से राजवंश निरंतर दुर्बल होने लगा, परंतु यह स्थिति अधिक समय तक नहीं

रही। राजा शिव स्वाति और रानी गौतमी के पुत्र शातकर्णी के नेतृत्व में सातवाहनों ने पुनः अपनी खोई हुई प्रतिष्ठा प्राप्त की। गौतमी पुत्र सातवाहन वंश का २३वाँ और सबसे प्रतापी शासक था। इसका राज्यकाल ७० ई. से ९५ई. तक था। इसने स्वयं को कृष्ण, बलराम और संकर्षण का रूप स्वीकार किया। गौतमी पुत्र ने स्वयं 'वेदों का आश्रय' की उपाधि भी स्वीकार की।

सिमुक या श्रीमुख ने मौर्य वंश के पराभव के बाद दक्षिण भारत के क्षेत्र में गोदावरी नदी के किनारे स्थित प्रतिष्ठान को अपनी राजधानी के रूप में स्थापित कर सातवाहन वंश की स्थापना की। भारतीय इतिहास में सर्वाधिक समय तक चलनेवाली सातवाहन शासकों की राज्य प्रणाली में न केवल दक्षिणापथ के अधिकांश क्षेत्र आते थे, अपितु उन्होंने उत्तरापथ पर भी आक्रमण कर कुछ समय के लिए मगध को भी अपने अधीन कर लिया।

गौतमी पुत्र शातकर्णी का राज्य पश्चिमोत्तर में राजस्थान और गुजरात से लेकर दक्षिण-पूर्व में आंध्र प्रदेश और उड़ीसा तक विस्तृत था। गौतमी पुत्र ने निरंतर युद्ध करके अपनी राज्य-सीमा में विस्तार किया। विजित प्रदेश निम्नांकित हैं—

१. ऋषिक (कृष्णा नदी का तटीय क्षेत्र)
२. अस्मक (गोदावरी नदी का तटीय क्षेत्र)
३. मूलक
४. सुराष्ट्र (दक्षिण काठियावाड़)
५. अपरांत (उत्तरी कोंकण)
६. अनूप (नर्मदा का क्षेत्र)
७. अवंति (पश्चिम मालवा)

गौतमी पुत्र जितना उच्चकोटि का विजेता था, उससे कहीं बढ़कर महान् शासक था। अपने शासनकाल में उसने शीशे के सिक्के के साथ ही चाँदी और सोने के सिक्के चलाए।

भारतीय साहित्य में पुराणों में गौतमीपुत्र के विषय में पर्याप्त जानकारी प्राप्त होती है। विदेशी इतिहासकार प्लिनी, टालेमी और पेरिप्लस ऑफ एरिथ्रिपन सी के लेखकों ने भी उसके शासनकाल के व्यापार, मुद्रा प्रणाली, सैन्य व्यवस्था, बंदरगाह, दंड विधान आदि का वर्णन किया है। परंतु उसके शासन की प्रामाणिक सूचना हमें उसके लिखवाए गए शिलालेखों से प्राप्त होती है। इनमें नागनिका का नानाधात, गौतमी पुत्र का नासिक से प्राप्त गुहा लेख और गौतमी बलश्री के नासिक अभिलेख से मिलती है।

योगदान—भारत को एकता के सूत्र में पिरोने का जो कार्य मौर्य वंश ने किया था, कालांतर में एकता के सूत्र में पिरोने का वही काम सातवाहन वंश ने किया। गौतमीपुत्र शातकर्णी के शासन को वेदों के पुनरुत्थान का काल माना जाता है। इन्होंने वेणकतक की उपाधि धारण की तथा एक नए नगर वेणकतक की स्थापना की।

इन्होंने शक शासक नहपान को पराजित कर उसके चाँदी के सिक्कों पर अपना नाम अंकित करवाया। इसके साथ ही इन्होंने यवनों, पहलवों तथा क्षहरात वंश के आक्रमणकारियों का विनाश कर अपने साम्राज्य, संस्कृति तथा प्रजा की रक्षा की। इनके शासनकाल में भूमिदान की परंपरा का विकास हुआ। इसके अतिरिक्त शीशे के सिक्कों का चलन भी इनके राज्य की अर्थव्यवस्था के संचालन का एक महत्त्वपूर्ण आधार था।

उत्तराधिकारी—गौतमीपुत्र शातकर्णी की मृत्यु के बाद उसका पुत्र वसिष्ठीपुत्र पुलुवामी, जिसे पुराणों में पुलोमा अथवा पुलोवामी कहा गया, राजा बना। वह एक प्रतापी राजा था, लेकिन इसके बाद सातवाहनों की शक्ति पुन: निर्बल पड़ गई। सातवाहन वंश के अंतिम योग्य राजा प्रज्ञश्री की मृत्यु के साथ ही राज्य का विघटन होने लगा और आभीर, इक्ष्वाकु आदि राज्यों ने स्वतंत्रता की घोषणा कर दी।

सम्राट् समुद्रगुप्त का साम्राज्य

नाम—समुद्रगुप्त।

राज्य अवधि—३३५ ई. से ३७५ ई. तक।

जीवन-परिचय—'भारत का नेपोलियन' कहा जानेवाला राजा समुद्रगुप्त असाधारण योद्धा, समर-विजेता एवं अजातशत्रु था। वह युद्धक्षेत्र में स्वयं वीरता और साहस के साथ अपने शत्रुओं से मुकाबला करता था। उसने भारत को एकता के सूत्र में बाँधने का महान् कार्य किया था। छोटे राज्यों के पारस्परिक वैमनस्य को रोकते हुए अखिल भारतीय हिंदू साम्राज्य की स्थापना का श्रेय समुद्रगुप्त को जाता है।

समुद्रगुप्त चंद्रगुप्त प्रथम का पुत्र और उत्तराधिकारी था। उसकी माता लिच्छवी राजकुमारी कुमार देवी थी। उसके अन्य भाई-बहन भी थे। वे बाल्यकाल से बड़े ही विलक्षण प्रतिभाशाली थे, जिसके कारण अपने सभी भाइयों में योग्य, वीर एवं साहसी थे। इसके कारण उसके पिता ने उसे अपना उत्तराधिकारी बनाया। चूँकि चंद्रगुप्त प्रथम ने अपने जीवनकाल में ही समुद्रगुप्त को अपना उत्तराधिकारी घोषित कर दिया था, जिससे प्रजाजनों को विशेष हर्ष हुआ, किंतु इससे उसके अन्य भाई रुष्ट हो गए थे और उन्होंने आरंभ में ही युद्ध छेड़ दिया। गृह क्लेश को शांत करने में समुद्रगुप्त को एक वर्ष का समय लगा। इसके पश्चात् उसने दिग्विजय यात्रा की। इसका वर्णन प्रयाग में अशोक मौर्य के स्तंभ पर विशद रूप में खुदा हुआ है।

राज्य विस्तार—समुद्रगुप्त का साम्राज्य पूर्व में ब्रह्मपुत्र, दक्षिण में नर्मदा तथा उत्तर में कश्मीर तक फैला हुआ था। इनका शासनकाल ३३५ ई. से ३८० ई. तक माना जाता है। उन्होंने नेपाल, असम, बंगाल के सीमावर्ती प्रदेश, पंजाब को अपने आधिपत्य में ले लिया था। आटविक अर्थात् जंगली राज्यों में उसने उत्तर में गाजीपुर से लेकर जबलपुर और विंध्याचल क्षेत्र को अपने वश में कर लिया। दक्षिण भारत के १२ शासकों को हराकर छोड़ दिया। हरिवेन ने अपनी 'प्रयाग प्रशस्ति' में पल्लवों पर भी उसके विजय अभियान का उल्लेख किया है। 'प्रयाग प्रशस्ति' अभिलेख में दरबारी कवि हरिषेण ने उसे 'अजातशत्रु' कहकर संबोधित किया। इनकी बहादुरी एवं युद्ध-कौशल के कारण इन्हें 'भारत का नेपोलियन' कहा जाता है।

प्रयाग प्रशस्ति के आधार पर समुद्रगुप्त ने अपने साम्राज्य का व्यापक विस्तार किया। वह क्रांति और विजय में आनंद पाता था। उसने अपनी दिग्विजय यात्रा का प्रारंभ उत्तर भारत के राजाओं पर विजय प्राप्त करके किया। विदेशी राज्यों अफगानिस्तान में राज करनेवाले शकों, कुषाणों को भी अपनी प्रभुसत्ता स्वीकार करवाई।

समुद्रगुप्त ने छोटे-छोटे राज्यों को मिलाकर गणतांत्रिक विशाल साम्राज्य का रूप प्रदान किया था, जिससे भारत की राजनैतिक एकता सुदृढ़ हुई। अश्वमेध यज्ञ के द्वारा उसने भूमि-बंधन कराकर अपने दिग्विजयी तथा चक्रवर्ती सम्राट् होने का प्रमाण प्रस्तुत किया था।

सम्राट् समुद्रगुप्त का साम्राज्य

(३३५ ई. से ३७५ ई. तक)

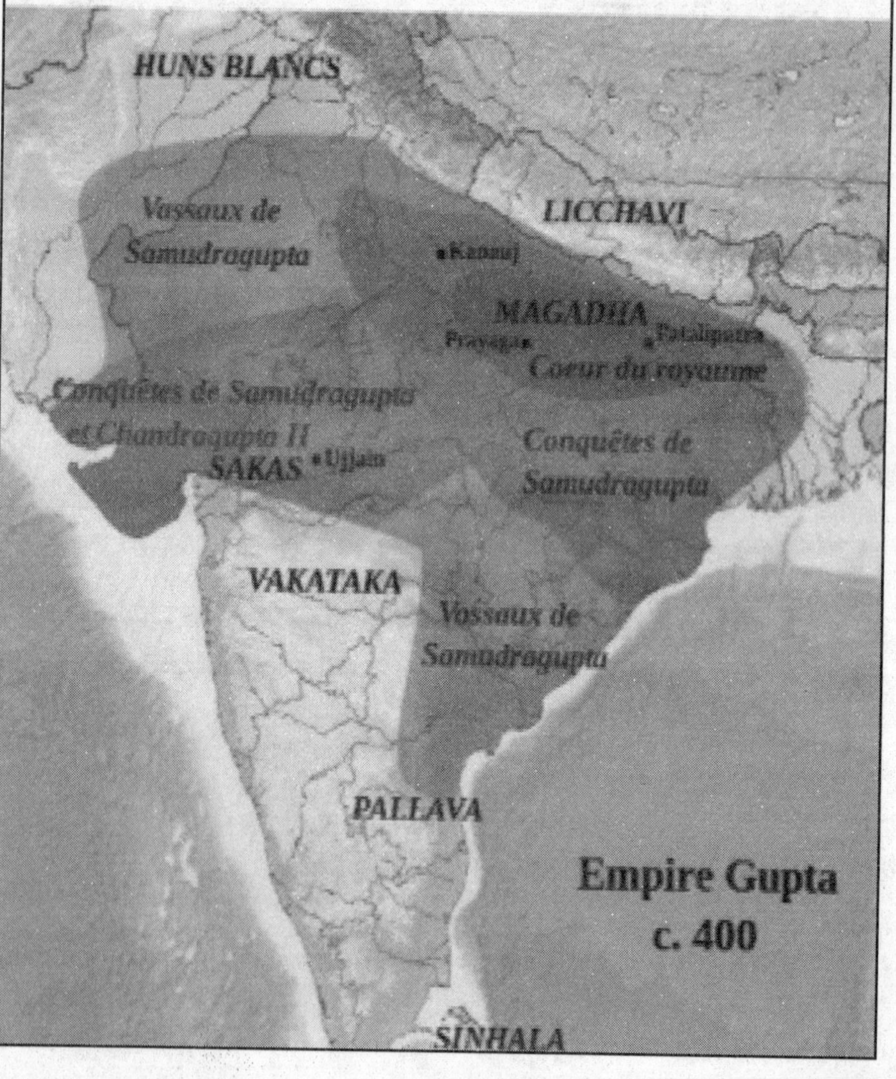

समुद्रगुप्त महान् शासक था, जिसने अपने जीवनकाल में पराजय का स्वाद नहीं चखा।

योगदान एवं उपलब्धियाँ—समुद्रगुप्त ने छोटे-छोटे राज्यों को मिलाकर अखिल भारतीय गणतंत्र की स्थापना की। उसका शासनकाल राजनीतिक, सांस्कृतिक, सामाजिक, आर्थिक, सामरिक दृष्टि से अत्यंत सुदृढ़ था। उसका अद्वितीय व्यक्तित्व उदारता, प्रतिभा तथा असाधारण गुणों का पर्याय था।

समुद्रगुप्त ने अनेक नष्टप्राय जनपदों का पुनरुद्धार किया था, जिससे उसकी कीर्ति सर्वत्र फैली। भारतवर्ष में अबाध शासन स्थापित कर लेने के पश्चात् इन्होंने अनेक अश्वमेध यज्ञ किए और ब्राह्मणों, दीनों, अनाथों को अपार धन दान दिया। शिलालेखों में उन्हें 'चिरोत्सन्न अश्वमेधकर्ता' और 'अनेक अश्वमेधयाजी' कहा गया है।

वैदिक धर्म के वे अनुगामी थे। उनके काव्य से कवियों के बुद्धिवैभव का विकास होता था। ऐसा कोई भी सद्गुण नहीं है, जो उनमें न रहा हो। सैकड़ों देशों पर विजय प्राप्त करने की उनकी क्षमता अपूर्व थी। उनकी नीति थी साधुता का उदय हो तथा असाधुता का नाश हो। इन्होंने लाखों गायों का दान किया था। उन्होंने ऐसे उत्कृष्ट काव्य-सृजन किए थे कि लोग उन्हें 'कविराज' कहकर उनका सम्मान करते थे। उसने सिंहल के राजा मेघवर्ण को बोधगया में बौद्ध विहार बनाने की अनुमति देकर महती उदारता का परिचय दिया था।

समुद्रगुप्त ने मुद्रा संबंधी अनेक सुधार कार्य किए। उन्होंने शुद्ध स्वर्ण की मुद्राओं एवं उच्च कोटि की ताम्र मुद्राओं का प्रचलन करवाया। दान में भी वे शुद्ध सोने की मुद्रा प्रदान करते थे। यह उनके शासन के वैभव का प्रतीक है।

उत्तराधिकारी—समुद्रगुप्त की कई रानियाँ थीं, जिनमें से पट्टमहिषी दत्तदेवी थी, जिनसे उन्हें पुत्र प्राप्त हुआ, जो उनका उत्तराधिकारी बना। उसका नाम सम्राट् चंद्रगुप्त द्वितीय विक्रमादित्य था, उनका शासनकाल ३७५ ई. से ४१५ ई. तक रहा।

सम्राट् चंद्रगुप्त विक्रमादित्य द्वितीय का साम्राज्य

राज्य अवधि—३७५ ई.पू. से ४१२ तक।

समुद्रगुप्त के पश्चात् उसकी प्रधान महिषी दत्तदेवी से उत्पन्न पुत्र चंद्रगुप्त द्वितीय गुप्त राजवंश का सर्वाधिक महत्त्वपूर्ण एवं शक्तिशाली शासक रहा। गुप्तवंशी लेखों में उसे 'तत्परिगृहीत' अर्थात् 'समुद्रगुप्त द्वारा चुना गया' कहा गया है। अभिलेखीय स्रोतों के आधार पर चंद्रगुप्त द्वितीय का शासनकाल ३७५ ई. से ४१५ ई. के लगभग अर्थात् ४० वर्षों का था। इस दीर्घकालीन शासन में गुप्तवंश ने राजनीतिक एवं सांस्कृतिक, दोनों ही दृष्टियों से अभूतपूर्व प्रगति की। वस्तुत: चंद्रगुप्त द्वितीय का शासनकाल गुप्त इतिहास के सर्वाधिक गौरवशाली युग का प्रतिनिधित्व करता है।

गुप्त साम्राज्य के स्थापित होने के पूर्व मौर्य साम्राज्य का विघटन हुआ, तत्पश्चात् दो बड़ी राजनीतिक शक्तियों का उद्भव हुआ—सातवाहन और कुषाण। इसी समय गुप्त साम्राज्य का उत्कर्ष

बहुत तेजी से हुआ और इसने कुषाण एवं सातवाहन साम्राज्य के दो बड़े राज्य-क्षेत्रों पर आधिपत्य स्थापित कर लिया। वाकाटक अभिलेखों व चंद्रगुप्त द्वितीय के कुछ सिक्कों पर इनके अन्य नाम 'देवराज, देवगुप्त, देवश्री' भी मिलते हैं। इतिहासकारों के मतानुसार गुप्तों को वैश्य वर्ग का माना गया है और ये कुषाणों के सांमत रहे होंगे। स्मृतियों के अनुसार नाम के उत्तरांश में गुप्त शब्द का जोड़ा जाना वैश्यों की विशेषता थी।

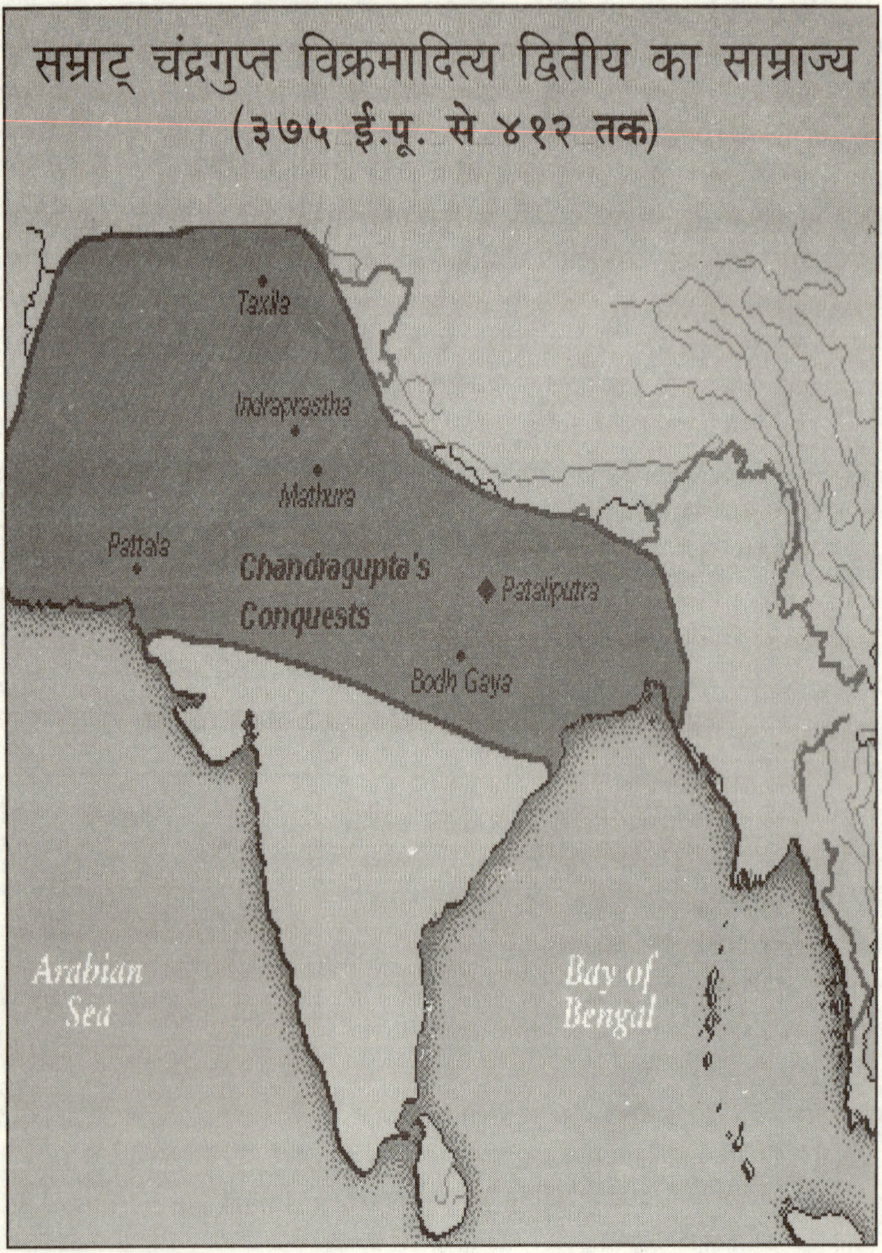

गुप्त साम्राज्य का विस्तार उत्तर भारत तक विस्तृत था और गुप्त साम्राज्य ने संपूर्ण उत्तर भारत को ३३५ ई. से ४५५ ई. तक राजनीतिक एकता के सूत्र में बाँधे रखा। ईसा की तीसरी सदी के अंत तक गुप्त साम्राज्य का आरंभिक राज्य उत्तर प्रदेश और बिहार में था। विभिन्न पुरातत्त्व अभिलेखों के आधार पर यह कहा जा सकता है कि गुप्त साम्राज्य का केंद्र मध्य प्रदेश के क्षेत्रों में था। गुप्तकालीन पुरावशेषों की दृष्टि से उत्तर प्रदेश सबसे समृद्ध स्थान सिद्ध होता है। संभवतः गुप्त शासक उत्तर प्रदेश के प्रयाग को अपनी सत्ता का केंद्र बनाकर पड़ोसी इलाकों में फैलते चले गए।

गुप्त राज्यवंश का पहला प्रसिद्ध राजा चंद्रगुप्त प्रथम हुआ। उसने अपने राज्यारोहण के समय गुप्त संवत् चलाया। चंद्रगुप्त प्रथम के उत्तराधिकारी समुद्रगुप्त (३३५-३८० ई.) में गुप्त राज्य का बहुत विस्तार किया। इसलिए उसे भारत का नेपोलियन भी कहा गया। समुद्रगुप्त के पश्चात् उसका पुत्र चंद्रगुप्त द्वितीय गद्दी पर आसीन हुआ।

राज्य विस्तार एवं प्रशासन—चंद्रगुप्त द्वितीय के योगदान एवं उपलब्धियों के मूल्यांकन के लिए विभिन्न साहित्यिक एवं अभिलेखीय साक्ष्य प्राप्त होते हैं। चंद्रगुप्त द्वितीय समस्त गुप्त राजाओं में सर्वाधिक शौर्य एवं वीरोचित गुणों से संपन्न था। वाकाटक अभिलेखों में उसका दूसरा नाम देवराज या देवगुप्त मिलता है।

गुप्त सवंत् ६१ का एक लेख प्राप्त हुआ है, जो चंद्रगुप्त के शासनकाल के पंचम वर्ष में लिखवाया गया था। इससे उनके राज्यारोहण की तिथि गुप्त संवत् ५६ (३७५-७६ ई.) निश्चित होती है।

चंद्रगुप्त द्वितीय ने शकों से गुप्त साम्राज्य की रक्षा की, शकों पर विजय प्राप्त कर 'विक्रमादित्य' की उपाधि धारण की। विष्णु पुराण और वायु पुराण में चंद्रगुप्त के राज्य का विस्तार कोसल, ओड्र, पुंड्र, ताम्रलिप्ति और पुरी तक बताया गया है। चंद्रगुप्त द्वितीय द्वारा दक्षिण-पश्चिम में साम्राज्य प्रसार के प्रमाणस्वरूप उसके चाँदी के सिक्के और अधीनस्थ सामंतों के अभिलेख मिलते हैं।

चंद्रगुप्त द्वितीय ने वाकाटक नरेशों के साथ मित्रतापूर्ण संबंध स्थापित किया। उसने अपनी पुत्री प्रभावती का विवाह वाकाटक नरेश रुद्रसेन द्वितीय के साथ किया और यह वैवाहिक संबंध राजनीतिक दृष्टि से दोनों के लिए हितकारी सिद्ध हुआ। गुजरात-काठियावाड़ के शक-महाक्षत्रपों के अतिरिक्त गांधार कंबोज के शक-मुरुंडों का भी (कुषाणों) चंद्रगुप्त ने संहार किया था। इस प्रकार मध्य भारत स्थित वाकाटक राज्य पर अप्रत्यक्ष रूप से अपना प्रभाव जमाकर चंद्रगुप्त द्वितीय ने पश्चिमी मालवा और गुजरात पर प्रभुत्व कायम कर लिया और चार सौ साल से राजकर रहे शकों के शासन का भी अंत कर दिया। इस विजय से चंद्रगुप्त को पश्चिमी समुद्रतट मिल गया, जो वाणिज्य-व्यापार के लिए मशहूर था। इससे मालवा और उसका मुख्य नगर उज्जैन समृद्ध हो गया। दक्षिणी भारत के जिन राजाओं को समुद्रगुप्त ने अपने अधीन किया था, वे अब भी अविकल रूप से चंद्रगुप्त की अधीनता स्वीकार करते थे। शक-महाक्षत्रपों और गांधार-कंबोज के शक-मरुंडों के परास्त हो जाने से गुप्त साम्राज्य का विस्तार पश्चिम में अरब सागर तक और हिंदूकुश के पार वंक्षु नदी तक हो गया था।

उपलब्धियाँ—चंद्रगुप्त द्वितीय की महान् उपलब्धियों को उसके राजनीतिक एवं सामाजिक कार्यों के रूप में देख सकते हैं। चंद्रगुप्त द्वितीय ने न सिर्फ राज्य का विस्तार किया, बल्कि राजनीतिक

स्थिरता भी बनाए रखी थी। राजनीतिक कुशलता का परिचय हम चंद्रगुप्त मौर्य के वाकाटकों के साथ मैत्री संबंधों में देख सकते हैं। चंद्रगुप्त द्वितीय के राज्य का विवरण हमें चीनीयात्री फाह्यन के द्वारा भी प्राप्त होता है।

वास्तव में चंद्रगुप्त द्वितीय की अभूतपूर्व सफलता थी शकों पर विजय प्राप्त करना। इसके साथ उत्तर भारत में सशक्त राजवंश की पताका भी फहराई। चंद्रगुप्त की उपाधि न केवल 'विक्रमादित्य' थी, अन्य शिलालेखों में उसे 'सिंह-विक्रम, सिंहचंद्र, साहसांक विक्रमांक, देवराज' अनेक उपाधियों से विभूषित किया गया है। चंद्रगुप्त की वीरता उसके सिक्कों से भी प्रकट होती है। सिक्कों पर उसे सिंह के साथ लड़ता हुआ प्रदर्शित किया गया है और साथ में यह वाक्य है—'क्षितिमवजित्य सुचरितैः दिवं जयति विक्रमादित्यः।'

विभिन्न अभिलेखीय स्रोतों के आधार पर हमें जो भी जानकारी प्राप्त होती है, वह चंद्रगुप्त द्वितीय को एक महान् राजा के रूप में सिद्ध करती है। वाराणसी के दक्षिण-पूर्व में स्थित नगवाँ नामक ग्राम से प्राप्त एक पाषाण निर्मित अश्व पर चंद्रगुप्त अंकित है। जे. रत्नाकर ने इसकी पहचान चंद्रगुप्त द्वितीय के साथ की है और बताया है कि उसने अश्वमेध यज्ञ किया था, जिसके प्रतीकस्वरूप यह अश्व निर्मित किया गया। चंद्रगुप्त द्वितीय युद्धक्षेत्र में जितने महान् थे, शांति काल में उससे कहीं अधिक कर्मठ थे। वह स्वयं विद्वान् एवं विद्वानों के आश्रयदाता थे। उनके समय में पाटलिपुत्र एवं उज्जयिनी विद्या के प्रमुख केंद्र थे। इस प्रकार चंद्रगुप्त द्वितीय एक महान् विजेता, कुशल शासक, कूटनीतिज्ञ, विद्वान् एवं विद्या के उदार संरक्षक थे।

सम्राट् स्कंदगुप्त का साम्राज्य

राज्य अवधि—४५५ ई. से ४६७ ई. तक।

जीवन-परिचय—प्राचीन भारतवर्ष में स्कंदगुप्त लगभग तीसरी शताब्दी के अंत से पाँचवीं सदी के उत्तरार्ध तक शासन करनेवाले गुप्त राजवंश के राजा के रूप में प्रसिद्ध हैं। इनकी राजधानी पाटलिपुत्र थी, जो वर्तमान समय में पटना के रूप में बिहार की राजधानी है। स्कंदगुप्त के पिता का नाम कुमारगुप्त था, जिन्होंने ४१५ से ४५५ ई. तक शासन किया। अपने पिता के शासनकाल में युवराज स्कंदगुप्त ने हूणों के आक्रमण को ध्वस्त करते हुए उन्हें करारी शिकस्त दी। ख्यातिलब्ध, लक्ष्मीसंपन्न, प्रथित यश से युक्त, पृथ्वी के स्वामी, जगत् पराक्रम शक्ति से संपन्न गुप्त वंश में अद्वितीय वीर, महान् धर्मात्मा आदि ऐसे गुणों से संपन्न स्कंदगुप्त नाम के राजा हुए। चरित्रवान सदाचारी लोगों के आचरण में कोई बाधा उपस्थित नहीं होती थी। वे आत्मविश्वास से विनीत थे।

राज्य का विस्तार—स्कंदगुप्त के शासन में ऐसी कई घटनाएँ उल्लेखनीय हैं। उसने पुष्यमित्रों, म्लेच्छों तथा हूणों को अपने अथक परिश्रम से पराजित किया। भितरी व जूनागढ़ के अभिलेखों के आधार पर कहा जाता है कि उसके पिताजी की मृत्यु के बाद स्कंदगुप्त ने पराक्रम के आधार पर शत्रुओं को परास्त किया। राजोचित गुणों से संपन्न, विपुल राजश्री से युक्त एवं अपनी शक्ति से चारों दिशाओं में समुद्र तक फैली पृथ्वी पर अपना प्रभुत्व स्थापित कर लिया था।

सम्राट् स्कंदगुप्त की सफलता का आधार उसकी प्रशासनिक कुशलता थी, जिसने पश्चिमोत्तर सीमा का पूरा महत्त्व समझा और उसकी रक्षा का समुचित प्रबंध किया। स्कंदगुप्त का साम्राज्य पश्चिम में सौराष्ट्र से लेकर पूर्व में बंगाल और उत्तर भारत के मध्य प्रदेश तक फैला था। वह एक विशाल साम्राज्य का राजा था, जिसका साम्राज्य विभिन्न प्रांतों में विभाजित था।

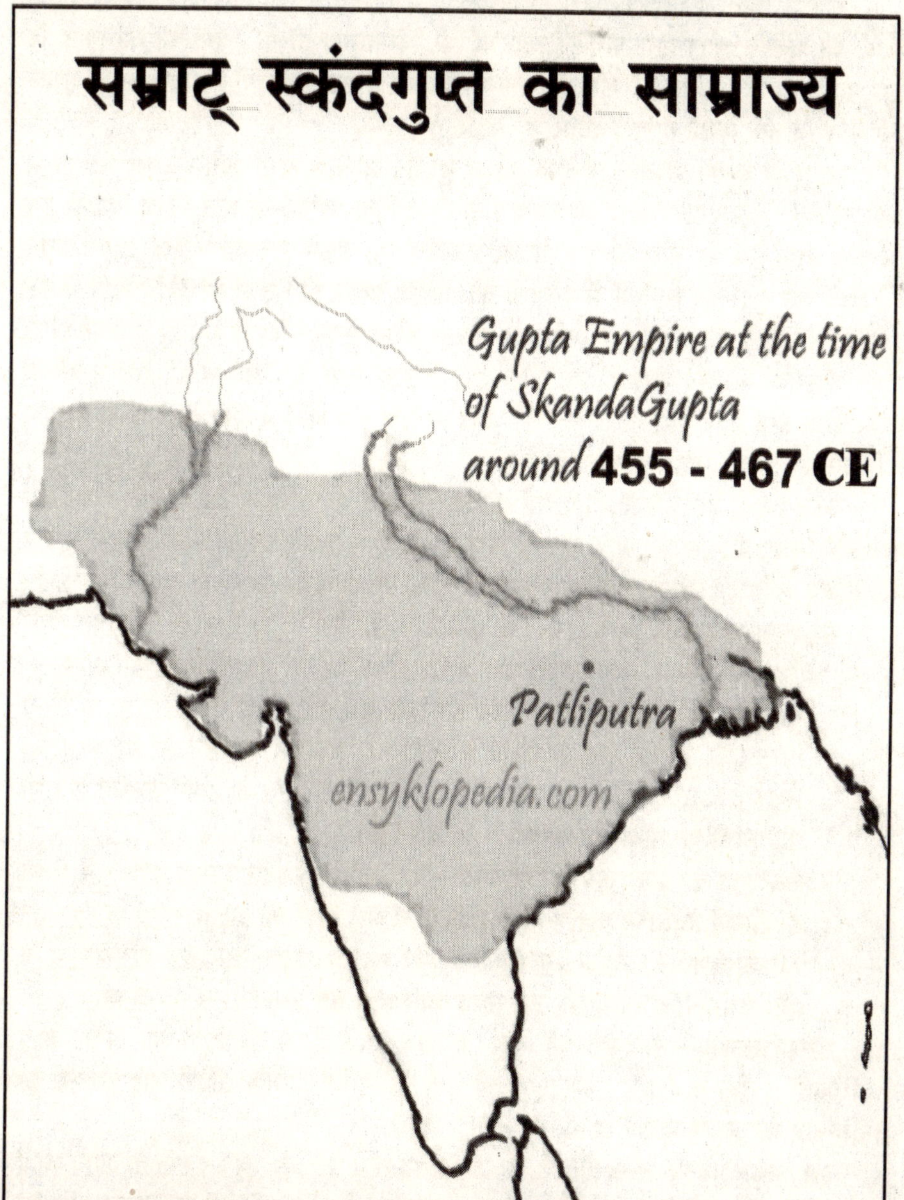

योगदान एवं उपलब्धियाँ—स्कंदगुप्त की धार्मिक विचारधारा का आधार उनके पूर्वजों के समान था। उनके वैष्णव संप्रदाय के होने का परिचय प्राप्त होता है। उसने भितरी (गाजीपुर) उत्तर प्रदेश में भगवान् विष्णु की प्रतिमा को स्थापित किया। सम्राट् स्कंदगुप्त ने सुदर्शन झील पर बाँध बनवाया, जो उनके शासनकाल की सबसे महत्त्वपूर्ण घटना थी।

रैवतक पर्वत से निकलनेवाली मायास्वरूपा, पलाशिनी, सिकता तथा विलासिनी नामक नदियाँ, जो सुदर्शन झील द्वारा बाँधकर रखी गई थीं, बंधनमुक्त हो गईं। वर्षा की अधिकता के कारण समुद्र की प्रिया पलाशिनी की आकुलता को देखकर उर्जयत पर्वत भी तटवर्ती वृक्षों के पृथक् पुष्पों से पूरित नदी-हाथों के द्वारा सागर को सहारा देने लगा।

सागर के समान परिवर्तन होने के कारण सुदर्शन झील से सभी लोग इस जलप्लावन से दुःखी हो गए। स्कंदगुप्त ने नगर के कल्याण के लिए पिता पर्णदत्त के प्रति निष्ठा दिखाते हुए शुभ फलदायक धर्म का ध्यान किया। नीतिशास्त्र मर्मज्ञ तथा प्रतापी पुत्र चक्रपालित ने गुप्त संवत् के १३७वें वर्ष घृत और स्तुतियों से देवगणों को आहुति प्रदान की। राजा के द्वारा दानादि करके असीमित धन खर्च कर दो माह के अधिक प्रयास से ज्येष्ठ कृष्ण प्रतिपदा के दिन चक्रपालित से सुदर्शन झील की मरम्मत करवाई। वह झील एक सौ हाथ लंबी, ६८ हाथ चौड़ी, सात पुरुषों के बराबर ऊँची तथा २०० हाथ गहरी बन गई। झील पर एक नया बाँध बनवाने के साथ-साथ झील के किनारे एक विष्णु मंदिर भी बनवाया गया।

स्कंदगुप्त ने तीन प्रकार की मुद्राएँ बनवाईं—धनुर्धर प्रकार, राजा और लक्ष्मी प्रकार एवं अश्वारोही प्रकार, पश्चिमी एवं मध्य भारत में चाँदी की मुद्राएँ भी प्रचलित थीं। सिक्कों पर उसका नाम विक्रमादित्य अंकित है। वेदी के आकार की रजत मुद्राओं पर भी विक्रमादित्य की उपाधि मिलती है।

स्कंदगुप्त एक महान् विजेता, राष्ट्र के मुक्तिदाता के रूप में गुप्त साम्राज्य के विगत गौरव की पुनः स्थापना करनेवाला उदार शासक था। अभिलेखों के आधार पर स्कंदगुप्त की प्रशंसा—

१. स्कंदगुप्त के काल का गिरनार अभिलेख जूनागढ़ (सौराष्ट्र) से एक मील पूर्व में स्थित गिरनार के पूर्वोत्तर खंड पर स्थित है। यहीं पर महाक्षत्रप रुद्रदमन का भी अभिलेख स्थित है। इसमें धार्मिक, सुदर्शन झील के निर्माण, स्कंदगुप्त का अपने राजधर्म के गुणों का पूर्वजों के आधार पर अनुसरण का वर्णन है।
२. स्कंदगुप्त का इंदौर ताम्रपत्र अभिलेख—यह अभिलेख इंदौर (मध्य प्रदेश) में स्थित है, जिसमें देवविष्णु ब्राह्मण के द्वारा इंद्रपुर में सूर्य मंदिर को अक्षय नवमी के दिन दान देने का वर्णन है। इसका प्रमुख कारण परम भट्टारक महाराजाधिराज श्रीस्कंदगुप्त के अभिवर्धमान विजयोन्मुखी गुप्त संवत् का शासन वर्ष प्रसन्नता का परिचायक है।

उत्तराधिकारी—स्कंदगुप्त की मृत्यु के बाद ४६७ ई. में स्कंदगुप्त का अपना कोई उत्तराधिकारी न होने के कारण (स्कंदगुप्त की मृत्यु के उपरांत) उनके सौतेले भाई पुरुगुप्त को उत्तराधिकारी के रूप में घोषित किया गया।

इस आधार पर यह स्पष्ट होता है कि प्राचीन भारतीय इतिहास एवं संस्कृति के आदि स्रोतों में एक शासक के गुणों के आधार पर उसकी राजनीतिक स्थिति, भूमिदान की योजना, निर्माण योजना आदि उसकी कार्य प्रणाली को अमर करती हैं।

महाराजा पुलकेशिन प्रथम का साम्राज्य

राज्य अवधि—५४३ ई. से ५६६ ई.।

परिचय—चालुक्य वंश का प्रथम पराक्रमी राजा पुलकेशी प्रथम था। पुलकेशिन के बाद के राजाओं के अभिलेख के अनुसार पुलकेशी प्रथम को ही इन राजाओं ने चालुक्य वंश का संस्थापक माना है। पुलकेशी प्रथम के प्रारंभिक जीवन के विषय में जानकारी उपलब्ध नहीं है, परंतु निश्चय ही उनके एक महान् विजेता होने के सारे स्रोत उपलब्ध हैं। जॉर्ज मिशेल के अनुसार, ''बदामी के अभिलेखों से ज्ञात होता है कि वे चालुक्य वंश के संस्थापक थे और उन्होंने साम्राज्य को सुदृढ किया।'' ५४३ ई. में पुलकेशिन ने वातापी में एक किला बनवाया और वहाँ से साम्राज्य संचालन शुरू किया। साम्राज्य विस्तार के लिए पुलकेशिन ने सर्वप्रथम पश्चिमी घाट पर अधिकार किया। कृष्णा नदी के उत्तर तक और तुगंभद्रा के दक्षिण तक नियंत्रण भी स्थापित किया। चालुक्य वंश का शासन पश्चिमी दक्कन क्षेत्र पर था। पुलकेशिन प्रथम के पिता का नाम रणराग था, जो कदंबों के अधीन शासन करते थे, परंतु आगे चलकर पुलकेशिन प्रथम ने स्वतंत्र राजवंश 'चालुक्य वंश' की नींव रखी। पुलकेशिन का विवाह बटपुर परिवार की कन्या दुर्लभदेवी के साथ हुआ था।

राज्य-विस्तार—चालुक्य वंश को स्थापित करने के साथ-साथ साम्राज्य विस्तार पर भी पुलकेशिन प्रथम ने योगदान दिया। साम्राज्य विस्तार के लिए पुलकेशिन प्रथम ने सर्वप्रथम पश्चिमी घाट पर अधिकार कर लिया। इसके साथ-साथ कृष्णा नदी के उत्तर तक और तुंगभद्रा के दक्षिण तक नियंत्रण भी स्थापित कर लिया। पुलकेशिन प्रथम ने साम्राज्य विस्तार के साथ-साथ साम्राज्य संचालन व्यवस्था को भी सुदृढ किया। ५४३ ई. में पुलकेशिन प्रथम ने वातापी में एक किला बनवाया, जिससे राज्य की केंद्रीय व्यवस्था को सुचारु रूप से चलाया जा सके। प्रारंभिक अभिलेखों से ज्ञात होता है कि पहले कदंब शासकों की अधीनता में बदामी शासन करते थे, परंतु बाद में स्वतंत्र राज्यवंश की स्थापना की। पुलकेशिन प्रथम ने ५६७ ई. तक राज्य किया, उसके बाद उसका पुत्र कीर्तिवर्मन गद्दी पर बैठा। पुलकेशिन प्रथम के उत्तराधिकारियों ने साम्राज्य का और भी विस्तार किया।

राष्ट्र के लिए योगदान—पुलकेशिन प्रथम ने दक्षिण में एक विशालतम हिंदू राज्य स्थापित किया। वातापी के चालुक्यों को सामंत-स्थिति से स्वतंत्र स्थिति में लानेवाला पहला शासक पुलकेशिन प्रथम था। पुलकेशिन प्रथम रणराग का पुत्र था, जिन्होंने कदंब शासकों के अधीन रहकर कार्य किया था। बाद में पुलकेशिन प्रथम ने स्वतंत्र हिंदू साम्राज्य की स्थापना की। विभिन्न अभिलेखों में पुलकेशिन का उल्लेख 'पुलकेशिन, पोलेकेशन' आदि नाम से हुआ है। वातापी को

पुलकेशिन ने राजधानी बनाया और वातापी के आस-पास के क्षेत्रों को जीतकर अपने अधिकार में कर लिया। ऐहोल लेख में वातापी के ऊपर उसके अधिकार तथा अश्वमेध यज्ञ करने का विशेष रूप से उल्लेख किया गया है। यह निश्चय ही प्रतीत होता है कि पुलकेशिन ने राजधानी की सुरक्षा के लिए आस-पास के क्षेत्रों पर अधिकार किया और कदंबों से इतर स्वतंत्र राज्य की पहचान हासिल की। इस प्रकार अश्वमेध यज्ञ के अनुष्ठान द्वारा अपनी प्रभुसत्ता घोषित की।

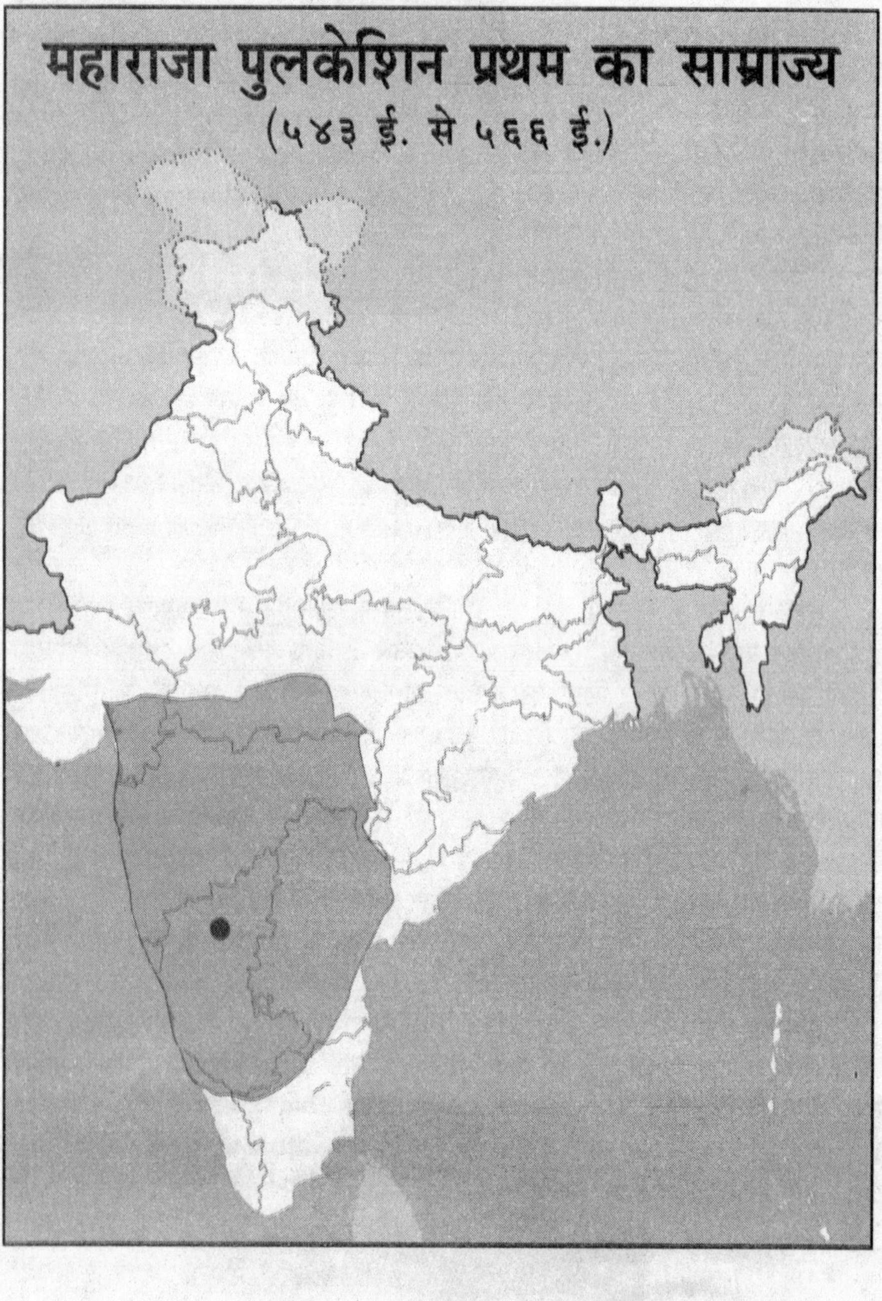

अपनी महानता के अनुरूप पुलकेशिन प्रथम ने सत्याश्रय तथा रणविक्रम जैसी उपाधियाँ भी धारण कीं। उन्हें 'श्रीपृथ्वीबल्लभ' अथवा 'श्रीबल्लभ' भी कहा गया है। पुलकेशिन प्रथम मनुस्मृति, इतिहास, पुराण, रामायण, महाभारत का ज्ञाता भी था। उनकी तुलना ययाति, दिलीप आदि पौराणिक शासकों से भी की गई है। इस प्रकार विभिन्न साक्ष्यों से निःसंदेह पुलकेशिन प्रथम को हिंदुओं का महान् राजा माना जा सकता है।

साम्राज्य स्थापना एवं विस्तार के अतिरिक्त पुलकेशिन प्रथम ने स्थापत्य कला एवं धार्मिक कार्यों को भी प्रोत्साहन दिया। राज्य की किलेबंदी एवं वातापी का दुर्ग स्थापत्य कला का अद्भुत उदाहरण है। मंदिरों का निर्माण भी कराया गया। पुलकेशिन प्रथम के उत्तराधिकारियों ने भी स्थापत्य कला को प्रोत्साहन दिया। सबसे बड़ा हिंदू मंदिर ऐहोल, बदामी और पटकल क्षेत्रों में बनाया गया, यहाँ तक कि पटकल स्मारक यूनेस्को विश्व-विरासत सूची में रखा गया। यह महान् योगदान चालुक्य वंश के राजाओं ने भारत के निर्माण में दिया।

सम्राट् यशोधर्मन का साम्राज्य

राज्य अवधि—५३० ई. से ५४० ई. तक।

जीवन-परिचय—यशोधर्मन छठी शताब्दी के आरंभिक काल में मालवा के महाराजा थे। छठी शताब्दी ई. के द्वितीय चरण में मालवा प्रांत से आगे बढ़कर यशोधर्मन पूरे उत्तरी भारत पर छा गए। यशोधर्मन की उत्पत्ति और प्रारंभिक इतिहास के विषय में कुछ ज्ञात नहीं है। उसके एक अभिलेख में उसे औलिकर वंश का कहा गया है। इस वंश के लोग पाँचवीं शताब्दी के मध्य में गुप्त साम्राज्य के सामंत के रूप में मालवा पर शासन कर रहे थे, किंतु इसके लगभग सौ वर्षों के लिए इस वंश की कोई सूचना वर्तमान इतिहास में नहीं मिलती। गुप्तों की शक्ति क्षीण हो चली थी। वाकाटकों एवं हूणों के आक्रमण के कारण मालवा की राजनीतिक दशा अस्थिर थी। ऐसे में यशोधर्मन जैसे महत्त्वाकांक्षी एवं योग्य व्यक्ति के लिए अपना प्रभाव बढ़ाना सरल था। मंदसौर (म.प्र.) से प्राप्त उसके दो अभिलेखों से उसके बारे में पता चलता है। वह दिग्विजयी राजा था, जिसका साम्राज्य मालवा से लेकर भारतवर्ष में चारों ओर फैला हुआ था।

राज्य-विस्तार—मंदसौर से प्राप्त एक अभिलेख में यशोधर्मन के विषय में कहा गया है कि उसका प्रभुत्व लौहित्य (ब्रह्मपुत्र) से महेंद्र पर्वत (गंजाम जिला) तक और हिमालय से पश्चिमी सागर तक फैला हुआ था। अभिलेख में यह भी कहा गया है कि यशोधर्मन का अधिकार उन प्रदेशों पर भी था, जो गुप्त राजाओं और हूणों के भी अधिकार में नहीं आए थे। उसके प्रांतपाल अभदत्त के अधिकार में विंध्य एवं पारियात्र के बीच का प्रदेश था, जो अरब सागर तक फैला था। इस विस्तृत साम्राज्य की विजय के संबंध में उसने किन-किन राजवंशों को पराजित किया, इसका

कोई उल्लेख नहीं मिलता। अभिलेख में उसके द्वारा पराजित शत्रुओं में केवल मिहिरकुल का ही नाम दिया गया है, जो गंधार के हूण शासक थे।

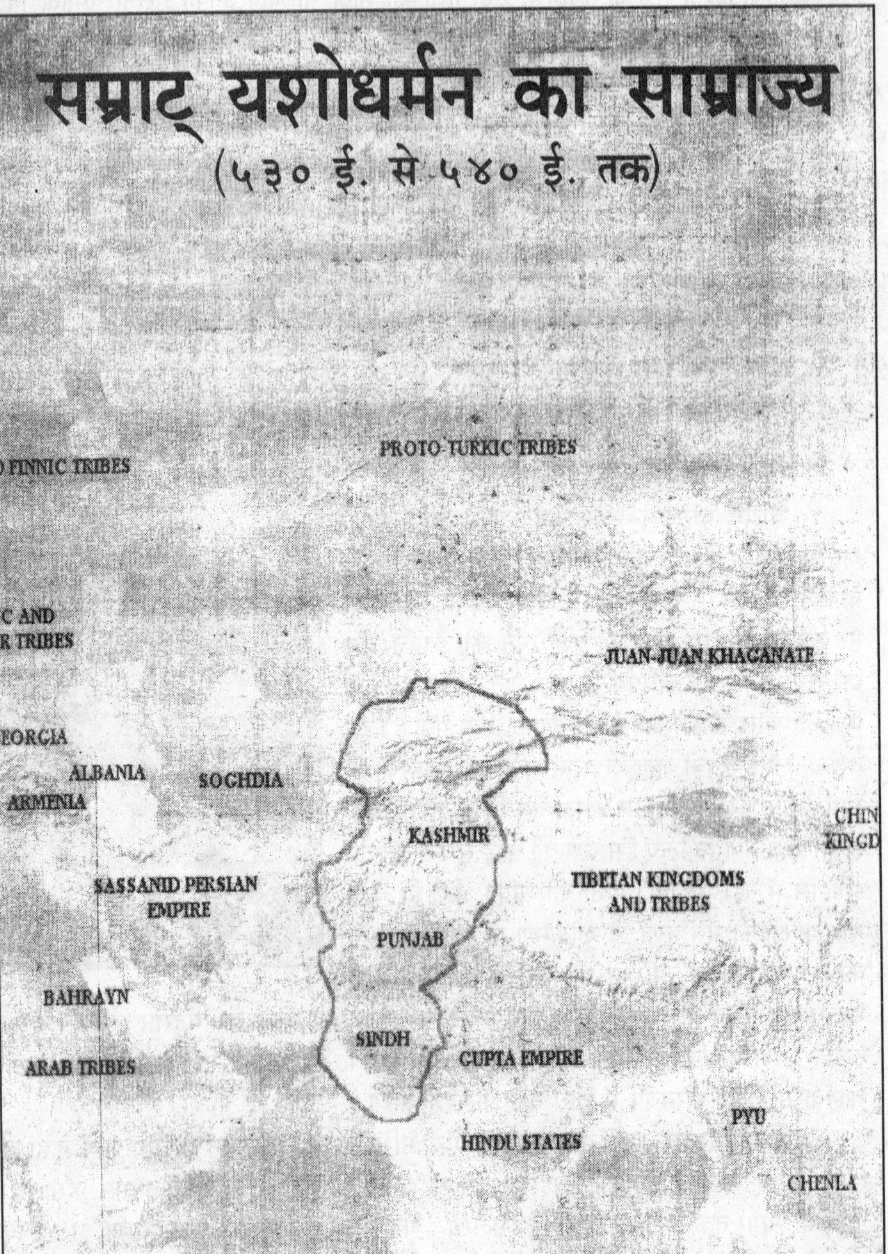

योगदान एवं उपलब्धियाँ—यशोधर्मन का दूसरा नाम विष्णुधर्मन था। उसने राजाधिराज परमेश्वर और सम्राट् की उपाधि धारण की थी। वह शिवभक्त था। अभिलेख में उसके अच्छे

शासन और सद्गुणों के कई उल्लेख हैं। उसकी तुलना मनु, भरत, अलर्क और मांधाता राजाओं से की गई है। अपने समय में उसे विशेष गौरव प्राप्त हुआ था।

वर्धन वंश का साम्राज्य

वर्धन वंश—वर्धन वंश का वास्तविक संस्थापक पुष्यभूति नामक व्यक्ति था। उसने थानेश्वर में अपनी सत्ता स्थापित की। उस समय तक गुप्त वंश अपनी पतनोन्मुख अवस्था में था। अब उत्तरी भारत में अनेक छोटे-छोटे सामंत भी अपनी स्वतंत्र सत्ता स्थापित करने का प्रयत्न करने लगे थे। ऐसी ही अराजकता में पुष्यभूति ने वर्धन वंश की स्थापना की। वह पहने सामंत के रूप में था। पुष्यभूति के बाद अनेक सामंत हुए, किंतु नरवर्धन के समय में इनका स्थान एक राज्य के रूप में आ गया। नरवर्धन के बाद राज्यवर्धन, आदित्यवर्धन और प्रभाकरवर्धन हुए। प्रभाकरवर्धन सातवीं शताब्दी के प्रारंभ के वर्षों में थानेश्वर की गद्दी पर था। उसकी मृत्यु के बाद राज्यवर्धन गद्दी पर ६०६ ई. में बैठा, किंतु राज्यवर्धन की शशांक द्वारा हत्या हो गई और तब हर्षवर्धन ६०६ ई. में गद्दी पर बैठा।

राजनीतिक दशा—जिस समय हर्ष ६०६ ई. में थानेश्वर की गद्दी पर बैठा, उस समय भारत की राजनैतिक दशा बड़ी अस्त-व्यस्त थी :

१. मगध में गुप्त वंश का अवशेष था।
२. कान्यकुब्ज अर्थात् कन्नौज में मोखरी वंश था।
३. पश्चिमी भारत में हूण जाति का राज था।
४. मालवा में स्वतंत्र राज्य था। उस समय देवगुप्त मालवा की गद्दी पर था।
५. ध्रुवसेन द्वितीय उस समय वल्लभी राज्य का स्वामी था।
६. सिंध एक स्वतंत्र राज्य था।
७. पूर्व में सबसे शक्तिशाली गौड़ (बंगाल) का राज्य था। शशांक बंगाल का शासक था। हर्ष से उसकी शत्रुता थी।
८. नर्मदा के दक्षिण में चालुक्य वंश बड़ा शक्तिशाली था। इस वंश का शासक पुलकेशिन द्वितीय सबसे प्रसिद्ध हुआ।
९. गोदावरी और कृष्णा के बीच में आंध्र राज्य था।
१०. कृष्णा के दक्षिण में धनकटक राज्य था।
११. फिर चोल राज्य व सुदूर दक्षिण में पल्लव राज्य था।

विजय

कन्नौज विजय—बंगाल के शासक शशांक ने कन्नौज के राजा गृहवर्धन को मारकर कनौज पर अधिकार कर लिया था। अत: हर्ष ने सर्वप्रथम कन्नौज पर अधिकार किया। उसको अपनी राजधानी बनाया। फिर शशांक बंगाल लौट गया।

आसाम—आसाम के शासक भास्कर वर्मा ने हर्ष की अधीनता स्वीकार कर ली।

मालवा—मालवा नरेश देवगुप्त पर आक्रमण कर अपनी अधीनता स्वीकार करने के लिए विवश किया।

वल्लभी राज्य विजय—हर्ष ने वल्लभी नरेश ध्रुवसेन को परास्त किया, किंतु बाद में हर्ष ने उससे मैत्री की और अपनी पुत्री का ब्याह उसके साथ कर दिया।

बंगाल विजय—हर्ष ने आसाम के राजा भास्कर वर्मा की सहायता से शशांक को परास्त किया और बंगाल विजय की।

सिंध और गुजरात विजय—हर्ष ने सिंध और गुजरात को भी परास्त कर अपने राज्य में मिला लिया। इसके अतिरिक्त हर्ष ने नेपाल के शासक से मैत्री की। हर्ष ने दक्षिण पर भी आक्रमण किया, किंतु वह चालुक्य नरेश पुलकेशिन द्वितीय से हार गया।

हर्ष के साम्राज्य का विस्तार—हर्ष का साम्राज्य बहुत व्यापक था, वह नेपाल सहित गंगा के पूरे मैदान में फैला हुआ था। दक्षिण में उसका विस्तार नर्मदा नदी तक था। कुछ लोगों की राय है कि मालवा, गुजरात तथा सौराष्ट्र राज्य भी हर्ष के साम्राज्य में शामिल थे। हर्ष के साम्राज्य के विस्तार के विषय में मतभेद है। उसके साम्राज्य में पूर्वी पंजाब, करीब-करीब पूरा उत्तर प्रदेश, बिहार, बंगाल और उड़ीसा, जिसमें गंजाम भी शामिल है, आ जाते हैं। हर्ष ने अपने शासन के अंतिम वर्षों में गंजाम के शासक पर आक्रमण किया था और पराजित करके उसे अपने राज्य में मिला लिया था।

हर्ष की सेनाओं ने लगभग समूचे उत्तर भारत को विजय किया, जिसमें उत्तर के बर्फीले क्षेत्र (संभवत: नेपाल) से लेकर दक्षिण में नर्मदा तक और पूर्व में गंजाम से लेकर पश्चिम में वल्लभी तक का क्षेत्र सम्मिलित था।

ह्वेनसांग—चीनी यात्री ह्वेनसांग हर्ष के शासनकाल में बौद्ध धर्म की खोज में भारत आया। इसका जन्म ६०५ ई. में हुआ था। वह ६३० ई. में भारत के लिए चल पड़ा। गोबी के मरुस्थल को पार करके उसने काशगर, समरकंद, ओक्सन, बल्ख होते हुए हिंदूकुश पार किया और फिर पेशावर, तक्षशिला, कश्मीर होता हुआ थानेश्वर पहुँचा। वहाँ हर्ष ने उसका खूब स्वागत किया। इसके बाद वह अयोध्या, प्रयाग, कौशांबी, श्रावस्ती, कपिलवस्तु, कुशीनगर, पाटलिपुत्र, गया, राजगृह, नालंदा, आसाम, ताम्रलिप्ति, उड़ीसा, कलिंग और पूर्वी घाट को देखता हुआ कांचीपुरम् पहुँचा। वहाँ से ह्वेनसांग पश्चिमी किनारे की ओर होता हुआ अजंता, उज्जैन से चलकर काबुल पहुँचा और ६४५ ई. में अपने पुराने मार्ग से फिर स्वदेश लौट पड़ा। ह्वेनसांग ने हर्षकालीन समाज, धर्म, बौद्ध धर्म की दशा, प्रयाग और कन्नौज की धार्मिक सभाओं का भी वर्णन किया है। उसका ६६४ ई. में देहांत हो गया।

हर्ष की मृत्यु के बाद उत्तरी भाग में राजनीतिक अराजकता फैल गई और छोटे-छोटे राजपूत-राज्यों का प्रादुर्भाव हुआ। राजपूतों की उत्पत्ति के विषय में भिन्न मत है, किंतु कुछ पाश्चात्य इतिहासकार विशेषकर राजस्थान के इतिहासकार टाड का मत है कि राजपूत जाति भारत में आकर बसे हुए विदेशी जातियों के सम्मिश्रण से बनी है। यह सर्वथा असत्य और निर्मूल है। राजपूतों की उत्पत्ति के विषय में विद्वानों के भिन्न-भिन्न मत हैं।

सम्राट् हर्ष का साम्राज्य

राज्य अवधि—६०६-६४७ ई.।

परिचय—गुप्त साम्राज्य के विघटन के पश्चात् उत्तर भारत में राजनीतिक विकेंद्रीकरण के जो युग का प्रारंभ हुआ, हर्षवर्धन के राज्यारोहण के साथ उसकी समाप्ति हुई। हर्षवर्धन का जन्म ५९१ ई. के लगभग हुआ। वह परमभट्टारक महाराजाधिराज प्रभाकर वर्धन का कनिष्ठ पुत्र था तथा उसकी माता का नाम यशोमती था। उसे राजकुमारों के अनुरूप शिक्षा-दीक्षा दी गई। वह विविध शस्त्र चलाने में सक्षम हो गया। हर्षवर्धन बहुमुखी प्रतिभा से संपन्न व्यक्ति था। उसको शस्त्र और शास्त्र, दोनों की समान जानकारी थी, उसकी रुचि ललित कलाओं में थी। राज्यवर्धन की मृत्यु के बाद ६०६ ई. में थानेश्वर के राजदरबारियों ने पर्याप्त परामर्श के पश्चात् हर्ष को वहाँ का राजा बनाया। हर्षचरित से पता चलता है कि पहले वह सिंहासन ग्रहण करने में संकोच कर रहा था। कुछ ऐसी अनिच्छा की बात ह्वेनसांग भी करता है। गद्दी पर बैठने के बाद उसका पहला कार्य अपने भाई के हत्यारे शशांक से बदला लेना तथा बहन राज्यश्री को उसकी कैद से आजाद करवाना था। राज्यश्री की रक्षा करने के बाद राजा हर्षवर्धन कन्नौज लौटे और उन्होंने अपनी राजधानी थानेश्वर से कन्नौज स्थानांतरित कर दी। हर्ष हिंदू शासक था, उसने सभी धर्मों का सम्मान किया, उसने भारतीय परंपरा को आत्मसात् किया। उसके शासनकाल में सभी धर्मों के शांति के दिन थे। उसने सनातन धर्म का भी सम्मान किया और वैदिक परंपरा को आगे बढ़ाया। भारत की धरती पर उसका नाम स्वर्णिम अक्षरों में लिखा जाएगा।

राज्य विस्तार—हर्षवर्धन शक्तिशाली राजा था। उसने राज्य विस्तार की पूरी कोशिश की और बहुत सफल भी रहा। ह्वेनसांग के अनुसार उसने उत्तरी भारत के पाँच देशों को अपने अधीन कर लिया। ये पाँच देश-प्रदेश—पंजाब, कन्नौज, गौड़ या बंगाल, मिथिला और उड़ीसा थे। बाणभट्ट के 'हर्षचरित' में हर्ष की विजय-यात्रा का बड़ा ही रोचक वर्णन प्राप्त होता है। इसके अनुसार हर्ष की सेना प्रतिदिन आठ कोस की दूरी तय करती थी। इस दौरान हर्ष ने कामरूप के राजा भास्कर वर्मा का मैत्री प्रस्ताव और उपहार भी स्वीकार किया। बल्लभी का राज्य आधुनिक गुजरात प्रांत में स्थित था। वहाँ का शासक ध्रुवसेन द्वितीय था, हर्ष ने उस पर आक्रमण किया और ध्रुवसेन को पराजित किया। इसके बाद हर्ष ने सिंध पर आक्रमण किया। बाण के हर्षचरित से पता चलता है कि हर्ष ने 'सिंधराज' को युद्धक्षेत्र में मर्दित करके उसकी राजलक्ष्मी को छीन लिया। हर्ष की इस राज्य विस्तारी जीत को चुनौती मिली चालुक्य वंश के शक्शिाली राजा पुलकेशिन द्वितीय द्वारा। हर्ष की विजयों के फलस्वरूप उसके राज्य की पश्चिमी सीमा नर्मदा नदी तक पहुँच गई। उधर पुलकेशिन भी उत्तर की ओर राज्य का विस्तार करना चाहता था। ऐसी स्थिति में दोनों के बीच युद्ध अवश्यंभावी हो गया। फलस्वरूप हर्ष और पुलकेशिन के बीच नर्मदा नदी के तट पर युद्ध हुआ, जिसमें हर्ष की पराजय हुई।

पुलकेशिन के विरुद्ध हर्ष की असफलता ने नर्मदा नदी के दक्षिण में उसका प्रसार रोक दिया। इसके बाद हर्ष ने पूर्वी भारत की विजय के निमित्त एक दूसरी सैनिक योजना बनाई, जिसका उद्देश्य शशांक के राज्य को जीतना था, लेकिन चीनी साक्ष्यों के आधार पर हम इस निष्कर्ष पर

पहुँचते हैं कि ६३७ ई. में शशांक की मृत्यु के बाद ही हर्ष ने उसके द्वारा शासित राज्यों—मगध, बंगाल तथा उड़ीसा—पर अपना अधिकार कर लिया होगा। हर्षचरित से पता चलता है कि हर्ष ने नेपाल पर अधिकार किया था। विभिन्न स्रोतों से पता चलता है कि हर्ष ने नर्मदा नदी के दक्षिण में सैनिक अभियान किया तथा कुंतल, चोल और काँची की विजय प्राप्त की।

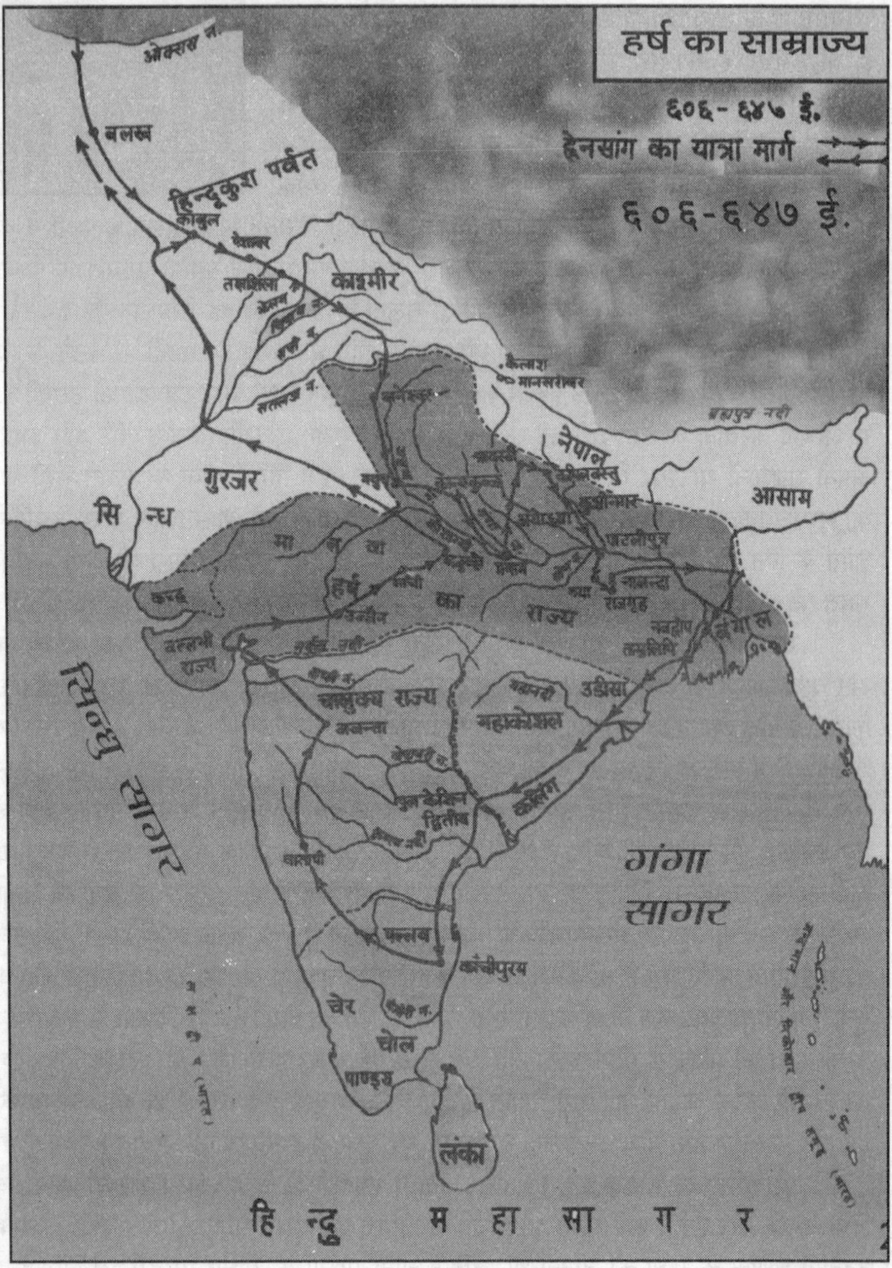

हर्ष के साम्राज्य में तीन प्रकार के ये राज्य थे—प्रत्यक्ष शासित राज्य, अर्धस्वतंत्र राज्य तथा मित्र राज्य। प्रथम श्रेणी में हम सामान्य तौर से उन राज्यों को रख सकते हैं, जिनकी राजनीतिक स्थिति का उल्लेख ह्वेनसांग नहीं करता। दूसरी श्रेणी में बल्लभी, पश्चिमी मालवा, सिंध आदि राज्य थे, जबकि तृतीय श्रेणी के अंतर्गत कश्मीर तथा कामरूप के राज्य सम्मिलित थे। हर्ष का प्रभाव क्षेत्र उसके प्रत्यक्ष शासन से अधिक विस्तृत था। ब्रह्म देशों के साथ भी उसने मैत्री संबंध स्थापित किए।

राज्य-संचालन—हर्ष के राज्यकाल में शासक को जनता के अधिक निकट संपर्क में आता देखते हैं। हर्ष ने अपनी विजयों के दौरान राजकीय दौरे को भी अपना कर्तव्य समझा। चीनी यात्री ह्वेनसांग ने उसके राजकीय दौरों का विशद विवरण देते हुए कहा है कि राजा अपने साम्राज्य के हर क्षेत्र का दौरा करता था। कहीं पर भी वह अधिक दिनों तक नहीं टिकता था। जहाँ जाता था, वहाँ उसके और उसके साथियों के लिए अल्पकालिक आवास-स्थान बना दिए जाते थे। वहाँ की स्थानीय जनता, राजा, सामंत उसकी सेवा में लगे रहते थे। विदेशी शासक, राजदूत, विद्वान् व अन्य व्यक्ति, जो राजा के दर्शनार्थ आना चाहते थे, इन अस्थायी आवासों में आकर राजा से मिलते थे। इस प्रकार हम देखते हैं कि हर्ष ने अपने साम्राज्य का दौरा करते हुए अपने शासन की जड़ को मजबूत करने की कोशिश की।

केंद्रीय शासन का जो नियंत्रण मौर्य युग में देखने को मिलता है, वह इस हर्ष युग में नहीं मिलता। हर्ष युग से ही विकेंद्रीकरण की प्रवृत्ति बढ़ने लगी थी। यह स्पष्ट था कि मौर्यकाल में जिस प्रकार केंद्रीय शासन का प्रभाव दूरवर्ती प्रांतों पर भी बना रहा था, वैसा इस युग में नहीं हुआ। राजकार्य में सम्राट् को सहायता करनेवाले मंत्री और अमात्य होते थे। मंत्रिपरिषद् का उल्लेख बाण के हर्षचरित में भी प्राप्त है। मंत्रिपरिषद् आवश्यकता पड़ने पर बड़ा प्रभावशाली उत्तरदायित्व निभाती थी। राज्यवर्धन की मृत्यु के बाद हर्ष को सिंहासन पर आरूढ़ करते समय मंत्रिपरिषद् ने बड़ी महत्त्वपूर्ण भूमिका अदा की थी।

प्रशासन की सुविधा के लिए हर्ष का विशाल साम्राज्य कई प्रांतों में विभाजित था, किंतु हर्षकालीन प्रांतों की संख्या अथवा उनके शासकों के विषय में हमें ज्ञान नहीं है। प्रशासन मृदु सिद्धांतों पर आधारित था, सरकार की माँगें कम थीं तथा प्रसारित की गई थीं। हर्ष के समय में प्रयाग के संगमक्षेत्र में प्रति पाँचवें वर्ष एक समारोह आयोजित किया जाता था, जिसे 'महामोक्षपरिषद्' कहा गया है।

राष्ट्र के लिए योगदान—हर्षवर्धन की उपलब्धियों के अध्ययन के पश्चात् यह स्पष्ट हो जाता है कि वह एक महान् विजेता, कुशल प्रशासक, विद्वान् एवं विद्या का उदार संरक्षक था। वह एक प्रजावत्सल सम्राट् था, जिसका हृदय दीनों एवं अनाथों के लिए द्रवित हो उठता था। हर्षवर्धन भारत के आखिरी महान् राजाओं में एक था, वह उत्तर भारत को एक सूत्र में पिरोनेवाला शासक था। हर्ष ने चीन के साथ बेहतर राजनीतिक संबंध बनाए। हर्ष ने भारतीय संस्कृति को पुन: उसी स्थान पर लाने की कोशिश की। अन्य सम्राटों द्वारा बौद्ध धर्म के तुष्टिकरण के कारण जो समस्याएँ उत्पन्न हुई थीं, हर्षवर्धन ने उनको कम करने का प्रयास किया। तत्कालीन स्रोतों से पता चलता है कि उस समय देश की आर्थिक दशा उन्नत थी। कृषि के लिए सिंचाई की उत्तम व्यवस्था थी। कृषि के अतिरिक्त वाणिज्य, व्यवसाय, उद्योग-धंधे तथा व्यापार भी उन्नति पर थे। देश में कई प्रमुख व्यापारिक नगर थे।

देश में शांति और व्यवस्था बनाए रखने के निमित्त पुलिस विभाग की स्थापना हुई थी। पुलिसकर्मियों को 'चाट' या 'भाट' कहा गया था। हर्ष के व्यक्तिगत धर्म तथा उसके समय की धार्मिक अवस्था के विषय में हम हर्षचरित तथा ह्वेनसांग के भ्रमण-वृत्तांत से जानकारी प्राप्त करते हैं। हर्ष के पूर्वज भगवान् शिव और सूर्य के अनन्य उपासक थे। प्रारंभ में हर्ष भी अपने कुल देवता शिव का परम भक्त था, लेकिन बाद में उसका झुकाव बौद्ध धर्म की तरफ हो गया, लेकिन इसके बावजूद एक बात, जो सबसे महत्त्वपूर्ण है कि हर्षवर्धन सनातन धर्म का भी सम्मान करता रहा। प्रयाग की छठी महामोक्षपरिषद् में हर्षवर्धन ने बुद्ध, सूर्य एवं शिव की पूजा की थी।

उत्तराधिकार—हर्ष की मृत्यु के बाद लगभग ७५ वर्षों तक का कन्नौज का इतिहास अंधकारमय है। इस अंधयुग के पश्चात् हम कन्नौज के राजसिंहासन पर यशोवर्मन नामक एक महत्त्वाकांक्षी एवं शक्तिशाली शासक को आसीन पाते हैं। यशोवर्मन ने संभवत: ७०० ई. से ७४० ई. तक शासन किया। वर्तमान स्थिति में हम यशोवर्मन के उत्तराधिकारियों के विषय में निश्चित रूप से कुछ भी नहीं कह सकते। हर्ष के पश्चात् कन्नौज विभिन्न शक्तियों के आकर्षण का केंद्र बन गया। इसे वही स्थान प्राप्त था, जो गुप्तयुग में मगध को था। इसीलिए कन्नौज के लिए बाद में त्रिकोणात्मक संघर्ष हुआ।

महाराजा नरसिंहवर्मन प्रथम का साम्राज्य

राज्य अवधि—६३०-६६८ ई.।

परिचय—पल्लव वंश का नरसिंहवर्मन उस प्रभावशाली पल्लव सम्राट् महेंद्रवर्मन का पुत्र था, जो अपने प्रारंभिक जीवन में कट्टर जैन था, लेकिन बाद में अप्पार की प्रेरणा से शिवभक्त बन गया।

महेंद्रवर्मन प्रथम की चालुक्य सम्राट् पुलकेशिन द्वितीय के हाथों पराजय हुई। वह वेणी प्रांत हार गया, जहाँ पूर्वी चालुक्य साम्राज्य की स्थापना के लिए पुलकेशिन ने अपने भाई को भेजा था। नरसिंहवर्मन प्रथम ने, जिसे महामल्ल भी कहते थे, अपने सैनिक अभियानों के दौरान कई युद्ध लड़कर अपने पिता की पराजय का बदला लिया, यहाँ तक कि उसने चालुक्य राजधानी वातापी को जीत लिया तथा वातापी विजेता अर्थात् वातापीकोंड की उपाधि ग्रहण की। पुलेकिशन द्वितीय के साथ लड़ाई में उसने संभवत: सिंहली राजकुमार मानावम्मा से सहायता प्राप्त की, जिसे बाद में उसने लंका का राज्य प्राप्त करने में मदद की।

पल्लवों के समुद्री व्यापार के विस्तार के बारे में महावंश से जानकारी मिलती है, जिससे मानावम्मा को लंका का राजा बनने के लिए नरसिंह वर्मन प्रथम द्वारा भेजे गए लगातार दो नौसैनिक बेड़ों का उल्लेख है। नरसिंह वर्मन प्रथम का शासनकाल पल्लव शक्ति का चरमोत्कर्ष था। वह विजेता सम्राट् अपने पिता की भाँति महान् कलाप्रेमी था। उसने भी त्रिचिनापल्ली और पुड्डकोट्टई जैसे स्थानों पर भव्य गुफा मंदिर बनवाए। वैसे उसका नाम मालवीवरम के रथों के लिए प्रसिद्ध है।

यह स्मारक पहले के समय की तुलना में मूर्तिकला व शिल्पकला की विविधता, सौंदर्य और उत्कर्ष का प्रतीक है। इस स्थान का मूल नाम महामल्लपुरम् था, जो इसके संस्थापक सम्राट् महामल्ल अर्थात् नरसिंह वर्मन के नाम पर था।

महाराजा नरसिंहवर्मन प्रथम का साम्राज्य
६३०-६६८ ई.

ह्वेनसांग ६४२ ई. के आसपास कांची गया था और नरसिंह वर्मन प्रथम के शासनकाल में वह कुछ वर्षों तक वहाँ रहा। कांचीपुरम नगरी बहुत बड़ी थी। उसकी परिधि पाँच या छह मील

तक फैली हुई थी। इस देश को द्रविड़ कहते थे और इसका क्षेत्रफल लगभग एक हजार वर्गमील था। शिक्षा का भी यह बहुत बड़ा केंद्र था। मंदिरों की विशाल संख्या के कारण ही यह वास्तव में हिंदुओं के लिए एक पवित्र नगरी थी।

नरसिंहवर्मन प्रथम अपने कुल का सर्वाधिक शक्तिशाली हिंदू शासक था। उसके समय में पुलकेशिन द्वितीय ने पुनः पल्लव राज्य पर आक्रमण किया। नरसिंहवर्मन ने उसे तीन युद्धों में बुरी तरह परास्त किया। कूरभ अभिलेख में नरसिंहवर्मन की इस सफलता का उल्लेख मिलता है, जिसके अनुसार उसने सहस्त्रबाहु कार्तवीर्य के समान अतुल पराक्रम दिखाते हुए परियाल, शूरमार तथा पणिमंगलम् के युद्धों में पुलकेशिन को पूर्णरूपेण पराजित किया तथा उसकी पीठ पर विजयाक्षर अंकित कर दिया। अपनी सफलताओं से उत्साहित होकर उसने पुलकेशिन के राज्य पर प्रतिक्रियात्मक अभियान की सुनियोजित योजना बनाई। उसने एक सेना अपने सेनापति शिरूतोंड के नेतृत्व में भेजी।

६४२ ई. में पल्लव सैनिकों ने चालुक्यों की राजधानी वातापी (बादामी) पर अधिकार कर लिया तथा पुलकेशिन युद्ध में मारा गया। कशाकुडी दानपत्र से सूचित होता है कि पल्लवों ने बादामी पर चढ़ाई कर उसी प्रकार ध्वस्त कर दिया, जैसा कि अगस्त्य मुनि ने वातापि राक्षस को मार डाला था।

वैलूरपाल्यम् लेख में कहा गया है कि नरसिंहवर्मन ने बादामी में शत्रुओं को जीतने के बाद अपना विजयस्तंभ स्थापित किया था। इस विजय का उल्लेख बादामी में मल्लिकार्जुन मंदिर के पीछे एक पाषाण पर उत्कीर्ण है। चालुक्य राज्य के दक्षिणी भाग पर पल्लवों का अधिकार हो गया।

नरसिंहवर्मन ने इस विजय के उपलक्ष्य में वातापीकोंड (वातापी का अपहर्ता) की उपाधि धारण की। इस विजय के फलस्वरूप वह संपूर्ण दक्षिणापथ का सार्वभौम शासक बन बैठा।

नरसिंहवर्मन दृढ निश्चय व वीरता का धनी था, जिसका उदाहरण हमें मानवर्मा को पुनः सिंहल की गद्दी दिलाने में मुख्य सहायता विशाल सेना भेजकर करने में मिलता है, परंतु पल्लव सेना के वापस लौटने के बाद उसे पुनः पदच्युत कर दिया गया था। महावंश से पता चलता है कि इस बार नरसिंहवर्मन स्वयं महाबलीपुरम् तक विशाल सेना लेकर साथ गया। परिणामतः अभियान भी पूर्णरूपेण सफल रहा तथा मानवर्मा ने अपना खोया हुआ राज्य एवं प्रतिष्ठा पुनः प्राप्त कर ली। उसका प्रतिद्वंद्वी हत्थदत्थ मारा गया तथा उसके सहयोगी पोत्थकुत्थ ने भागकर आत्महत्या कर ली। यह नरसिंहवर्मन की दूसरी महत्त्वपूर्ण उपलब्धि थी।

नरसिंहवर्मन की प्रशासनिक व्यवस्था सुदृढ थी। संपूर्ण पल्लव साम्राज्य कोट्टामस (Kottams) में विभाजित था। इसकी प्रशासनिक व्यवस्था राजा द्वारा नामित पदाधिकारियों द्वारा देखी जाती थी। राजा विभिन्न मंत्रियों का केंद्रबिंदु होता था, जो कि न्याय का झरना था। नरसिंहवर्मन के पास एक शक्तिशाली प्रशिक्षित सेना थी।

ह्वेनसांग नरसिंहवर्मन के समय पल्लवों की राजधानी कांचीपुरम् आए थे। उनके अनुसार कांची के लोग ज्ञान के पिपासु व सीखने की ललक वाले थे, जिनके लिए नरसिंहवर्मन ने कांची में घातिका (Ghatika) को ज्ञान का एक महान् केंद्र बनाया। इस तरह नरसिंह वर्मन महामल्लपुरम् का आधार था तथा मोनोयिथिक रथ की कलाकृतियाँ भी इसी अवधि में पनपी थीं।

इस दौरान पल्लव शासनकाल में समाज महत्त्वपूर्ण सामाजिक बदलाव का गवाह बना, जहाँ ब्राह्मण व मंदिरों का समाज में उत्तम महत्त्व था तथा भूमिदान महत्त्वपूर्ण धार्मिक क्रियाकलापों के लिए बिना किसी कर (Tax) के साम्राज्य के अधिकार-क्षेत्र से दिया जाता था। मंदिरों की देख-रेख की जिम्मेदारी भी दी जाती थी। शैव नायन्मार व वैष्णव अलवार ने शैव व वैष्णव संप्रदाय के उत्थान में महत्त्वपूर्ण योगदान दिया था।

सम्राट् ललितादित्य का साम्राज्य

समय अवधि—७२४ ई. से ७६१ ई. तक।

परिचय—कश्मीर के इतिहास के उज्ज्वल पृष्ठों पर 'कर्कोटा' वंश का २४५ वर्ष का राज्य स्वर्णिम अक्षरों में वर्णित है। इस वंश के राजाओं ने अरब हमलावरों को अपनी तलवार की नोक पर कई वर्षों तक रोके रखा था।

इसी वंश में ललितादित्य नाम के सम्राट् ने ७२४ ई. से ७६१ ई. तक शासन किया। कार्कोटा एक नाग का नाम है, ये नागवंशी कर्कोटक क्षत्रिय थे। साहस और पराक्रम की प्रतिमूर्ति सम्राट् ललितादित्य मुक्तापीड का नाम कश्मीर के इतिहास में सर्वोच्च स्थान पर है। इन्हें 'भारतवर्ष का एलेक्जेंडर' कहा जाता था। इन्होंने ३७ वर्ष शासन किया, उसके बाद उनके दो पुत्र कुवलयापीड तथा वज्रापीड गद्दी पर बैठे।

इनका शासन सफल सैनिक अभियानों और कला-कौशल प्रेम तथा विश्व विजेता बनने की उसकी चाह से पहचाना जाता है। लगातार बिना थके युद्धों में व्यस्त रहना और रणक्षेत्र में अपने अनूठे सैन्य कौशल से विजय प्राप्त करना उसके स्वभाव का साक्षात्कार है।

राज्य-विस्तार—आठवीं शताब्दी में शक्तिशाली भारतीय सम्राट् ललितादित्य के समय कश्मीर और कश्मीरियत का बोलबाला पूरे भारत सहित आज के मध्य एशिया तक था। उन्होंने पंजाब के शासक यशोधर्मन को पदच्युत करके पंजाब को कश्मीर राज्य की सीमाओं में मिलाया। ललितादित्य ने अपने सैन्य अभियान से बंगाल, उड़ीसा, बिहार तक अपने साम्राज्य का विस्तार किया और गुजरात, मालवा, मेवाड़ तक आगे ही बढ़ता गया। ललितादित्य के इन सफल सैन्य अभियानों के कारण ही भारत ही नहीं, समूचे विश्व में कश्मीर की धरती के इस पुत्र का नाम रोशन हुआ। इनका राज्य पूर्व में बंगाल तक, दक्षिण में कोंकण तक, पश्चिम में तुर्किस्तान और उत्तर-पूर्व में चीन और रूस तक फैला था। सुदूर दक्षिण में विजय के पश्चात् अपना ध्यान इन्होंने उत्तर की ओर लगाया, जिससे उनका साम्राज्य काराकोरम पर्वत शृंखला के सुदूरवर्ती कोने तक फैल गया।

ललितादित्य ने रूस, पीकिंग (बीजिंग) को भी जीता और १२ वर्ष के पश्चात् कश्मीर लौटे। कश्मीर उस समय सबसे शक्तिशाली राज्य था, जो ईरान, रूस, चीन तक फैला हुआ था, जिसकी राजधानी प्रवरसेन नगर थी।

योगदान एवं उपलब्धियाँ—ललितादित्य ने अपने सैनिक जीवन के अतिरिक्त भी अनेक क्षेत्रों में रुचि दिखाई। उनके शासनकाल में व्यापार एवं कला को महत्त्व दिया गया। धार्मिक उत्सवों

के आयोजन होते थे। चित्रकला एवं मूर्तिकला के क्षेत्रों में ललितादित्य ने विशेष प्रोत्साहन एवं सुविधाएँ प्रदान कीं। ललितादित्य एक सफल लेखक एवं वीणावादक भी था। निर्माण-कला व जनकल्याण के महान् कार्यों, शिक्षा के प्रति प्रेम, विद्वानों के संरक्षण और दयालु, विजेता रूपी गुणों के कारण उसकी गणना कश्मीर के बड़े-बड़े शासकों में होती है।

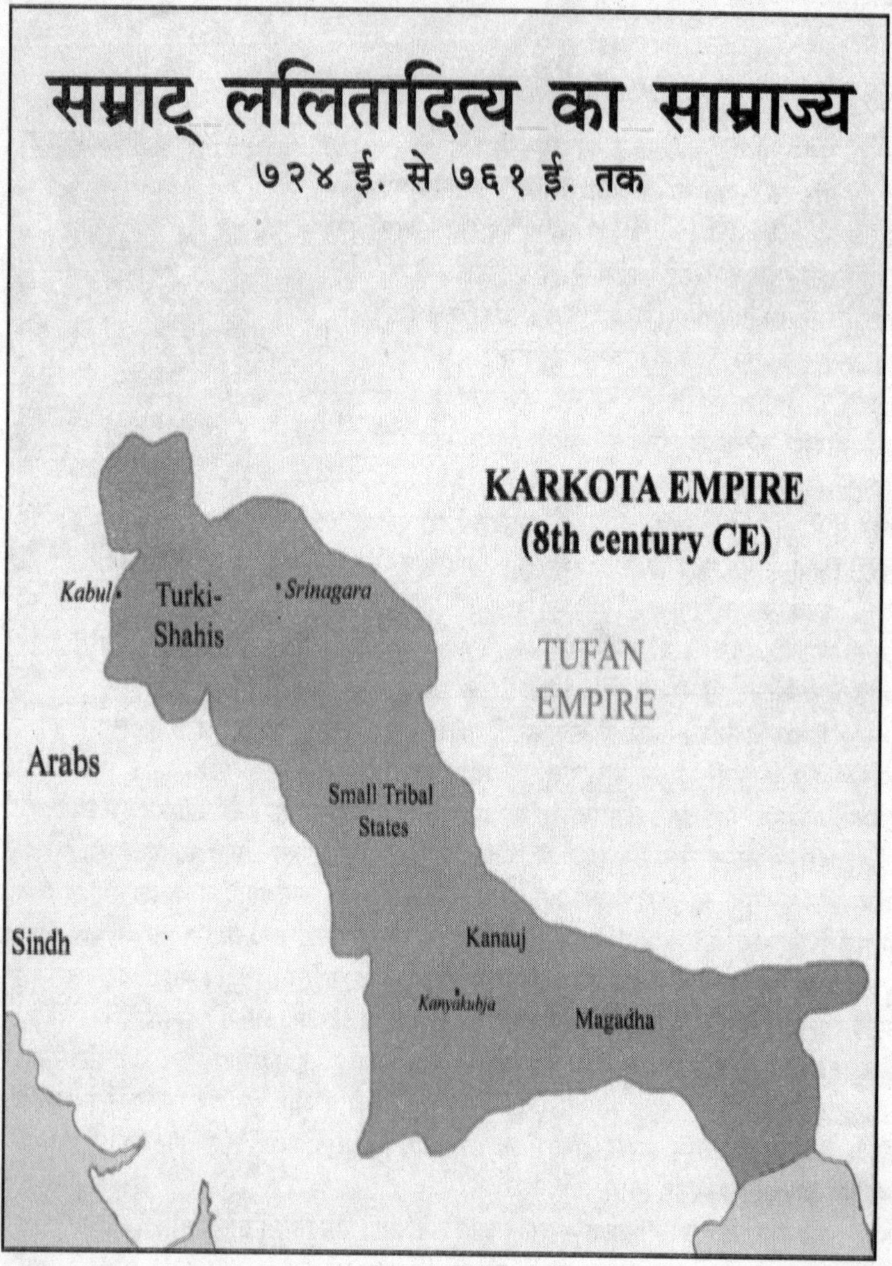

सम्राट् ललितादित्य का अत्यंत सुंदर एवं चिरस्मरणीय कार्य उनके द्वारा निर्मित विशाल मार्तंड मंदिर, जिसे सम्राट् ने भगवान् भास्कर सूर्यदेव (आदित्य) के सम्मान में बनवाया था। मंदिर के निर्माण की अतुलनीय शैली और इसे बनाने की अतुलनीय क्षमता विश्व के इतिहास में दुर्लभ है।

सम्राट् ललितादित्य के साथ कश्मीर में हिंदू स्वाभिमान का स्वर्णयुग प्रारंभ हुआ। हिंदू धर्म की विशालता, सहिष्णुता का प्रतीक बन गए थे सम्राट् 'ललितादित्य'।

उत्तराधिकारी— ३७ वर्ष तक शासन करने के पश्चात् ७६१ ई. में उनकी मृत्यु हुई। इसके बाद उनके दो पुत्र कुवलयापीड तथा वज्रापीड गद्दी पर बैठे। वज्रापीड ने लगभग ७६२ ई. में शासन आरंभ किया।

महाराणा बप्पा रावल का साम्राज्य

राज्य अवधि— ७२८ से ७५३ ई.।

परिचय— बप्पा रावल मेवाड़ राज्य (गहलौत/सिसोदिया राजवंश) के संस्थापक राजा थे। आगे चलकर इसी राजपूत सिसोदिया वंश में महान् राजपूत राजा राणा कुंभा, राणा सांगा एवं महाराणा प्रताप हुए। बप्पा रावल में बप्पा या बापा वास्तव में व्यक्तिसूचक शब्द नहीं है अपितु प्रजा संरक्षण एवं देश रक्षण आदि कामों से प्रभावित होकर ही संभवत: जनता ने इन्हें 'बापा' की पदवी से विभूषित किया था। बप्पा रावल का जन्म ७१३ ई. में हुआ था, इन्हें 'काल भोज' भी कहा जाता था। बप्पा रावल ने चित्तौड़गढ़ पर राज करनेवाले अंतिम मौर्य शासक मान मौर्य को पराजित करके गुहिवंशीय राज्य की स्थापना की थी।

बप्पा रावल की लगभग १०० पत्नियाँ थीं, जिनमें से ३५ मुस्लिम शासकों की बेटियाँ थीं, जिन्हें उन शासकों ने बप्पा रावल के भय से उन्हें ब्याह दी थीं।

बप्पा रावल भगवान् के अनन्य भक्त थे। बप्पा रावल को हारीत ऋषि के द्वारा महादेवजी के दर्शन होने की बात मशहूर है। बप्पा रावल ने उदयपुर के उत्तर में कैलाशपुरी में एकलिंगजी (शिव मंदिर) का प्रसिद्ध मंदिर ७३४ ई. में बनवाया। इसी मंदिर के निकट हारीत ऋषि का भी आश्रम है।

बप्पा रावल एक न्यायप्रिय शासक थे। वे राज्य को अपना नहीं मानते थे, बल्कि शिवजी के एक रूप 'एकलिंगजी' को ही असली शासक मानते थे और स्वयं उनके प्रतिनिधि के रूप में शासन चलाते थे। लगभग २० वर्ष तक शासन करने के पश्चात् उन्होंने वैराग्य ले लिया और अपने पुत्र को राज्यभार देकर शिव की उपासना में लग गए।

सिंध में अरबों का शासन स्थापित होने के बाद जिस वीर ने उनको न केवल पूर्व की ओर बढ़ने से सफलतापूर्वक रोका, बल्कि उनको कई बार करारी हार भी दी थी, उसका नाम था बप्पा रावल। उन्होंने चित्तौड़ को अपनी राजधानी बनाया था। बप्पा रावल की मृत्यु ८१० ई. में उदयपुर के निकट नागदा में हुई, जहाँ इनकी समाधि बनी हुई है।

राज्य विस्तार—बप्पा रावल के समय चित्तौड़ पर अंतिम मौर्य शासक मान मौर्य का राज था। उन्होंने ७३४ ई. में २० वर्ष की आयु में मान मौर्य को पराजित कर चित्तौड़ दुर्ग पर अधिकार कर लिया। ७३५ ई. में हज्जात ने मेवाड़ पर अपनी फौज भेजी। बप्पा रावल ने हज्जात की फौज को हज्जात के मुल्क तक खदेड़ दिया। ७३८ ई. में बप्पा रावल का अरब आक्रमणकारियों से युद्ध हुआ, जो राजस्थान की सीमा के भीतर हुआ था, जिसमें बप्पा रावल, प्रतिहार शासक नागभट्ट प्रथम व चालुक्य शासक विक्रमादित्य द्वितीय की सम्मिलित सेना ने अल हकम बिन अलावा, तामीम बिन जैद अल उत्तबी व जुनैद बिन अब्दुल रहमान अलमुरी की सम्मिलित सेना को पराजित किया।

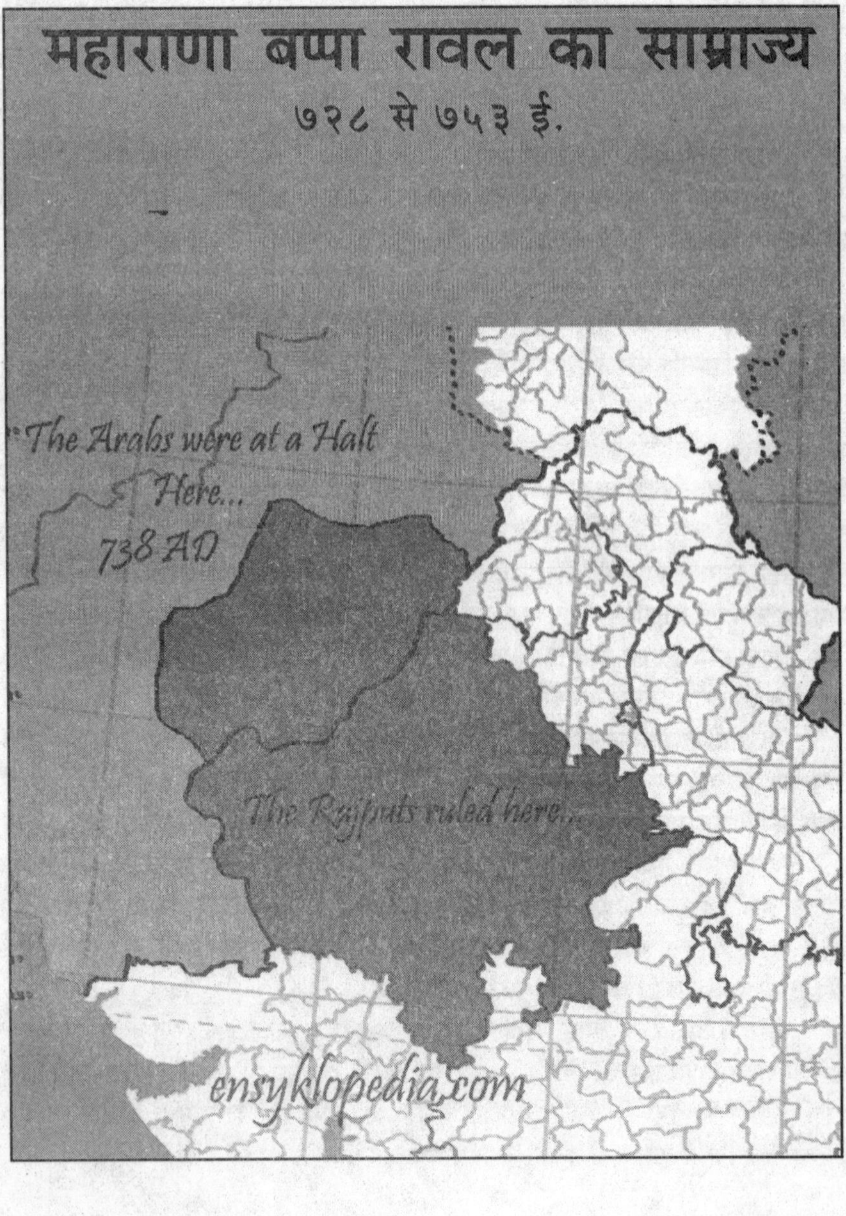

बप्पा रावल ने सिंधु के शासक मोहम्मद बिन कासिम को पराजित किया। उन्होंने गजनी के शासक सलीम को भी पराजित किया था। मोहम्मद बिन कासिम से सिंधु जीतने के बाद अरबों ने चारों ओर से उन पर धावे करने शुरू कर दिए। उन्होंने चावड़ों, मौर्यों, सैंधवों, कच्छेल्लों को हराया। मारवाड़, मालवा, मेवाड़, गुजरात आदि सब भू-भागों पर उनकी सेनाएँ छा गईं। उन्होंने अरब आक्रमणकारियों को अरब के रेगिस्तान तक कई बार खदेड़ा और रावलपिंडी, जो कि गजनी प्रदेश का हिस्सा था, वहाँ अपना सैन्य ठिकाना बनाया। इन्हीं बप्पा रावल के नाम पर बाद में उस सैन्य ठिकाने का नाम 'रावलपिंडी' पड़ा, जो वर्तमान में पाकिस्तान में स्थित है।

मुस्लिम शासकों में बप्पा रावल के भय का यह आलम था कि उनसे बचने व उनकी कृपा पाने के लिए ३५ से अधिक मुस्लिम शासकों ने अपनी बेटियों की शादी बप्पा रावल से कर दी थी। उन्होंने अरब की हमलावर सेनाओं को कई बार ऐसी करारी हार दी कि अगले ४०० वर्षों तक किसी भी मुस्लिम शासक की हिम्मत भारत की ओर आँख उठाकर देखने की नहीं हुई।

योगदान एवं उपलब्धियाँ—बप्पा रावल के ही कारण उस समय में बार-बार आक्रमण होने के बावजूद अरब हमलावर भारत में अपनी जड़ें नहीं जमा पाए। उन्होंने बार-बार उन्हें अरब देशों की सीमाओं तक जाकर खदेड़ा।

एकलिंगजी का प्रसिद्ध शिवमंदिर बप्पा रावल ने ही बनवाया था। आदि वराह मंदिर भी बप्पा रावल ने एकलिंगजी के मंदिर के पीछे बनवाया। वे एक न्यायप्रिय एवं लोकप्रिय शासक थे, जो प्रजा संरक्षण के अपने कार्य में लगे रहते थे। इसी कारण प्रजा ने इन्हें 'बप्पा मा बापा' की उपाधि दी।

गौरीशंकर हरीचंद ओझा ने अजमेर के सोने के सिक्कों को बप्पा रावल द्वारा प्रचलित माना है। इसका तौल ११५ ग्रेन (६५ रत्ती) है। इस सिक्के के सामने की ओर ऊपर के हिस्से में माला के नीचे श्री बोप्प लिखा है। बाईं ओर त्रिशूल है और उसकी दाहिनी तरफ वेदी पर शिवलिंग बना हुआ है। इसके दाहिनी ओर नंदी शिवलिंग की ओर मुख किए बैठे हैं। शिवलिंग और नंदी के बीच दंडवत् करते हुए एक पुरुष की आकृति है। पीछे की तरफ चमर, सूर्य और छत्र के चिह्न हैं। इन सबके नीचे दाहिनी ओर मुख किए एक गौ खड़ी है और उसी के पास दूध पीता हुआ बछड़ा है। ये सब चिह्न बप्पा रावल की शिवभक्ति और उनके जीवन की कुछ घटनाओं से संबंधित हैं। बप्पा रावल के जीवन ने तत्कालीन विश्व में इस मिथक को तोड़ने का कार्य किया कि अरब अजेय है।

उत्तराधिकारी—बप्पा रावल ने ७५३ ई. में २० वर्षों तक शासन करने के पश्चात् संन्यास ले लिया और एक यति के रूप में जीवन व्यतीत किया। शासन की बागडोर अपने पुत्र महारावल खूमान सिंह को सौंप दी।

महाराजा कृष्ण प्रथम का साम्राज्य

समय अवधि—७५६ ई. से ७७३ ई. तक।

परिचय—मान्यखेत के राष्ट्रकूट वंश का पहला शासक दंतिदुर्ग (लगभग ७५६ ई. से ७७४ ई.) हुआ। ७६० ई. चालुक्य शासन कीर्तिवर्मा द्वितीय को पराजित कर उसने कर्नाटक पर अधिकार कर लिया तथा मान्यखेत (मालखेड़, गुलबर्गा, कर्नाटक) को अपनी राजधानी बनाया। राष्ट्रकूटों की इसी शाखा ने इतिहास में सर्वाधिक ख्याति प्राप्त की। राष्ट्रकूट वंश की स्वतंत्रता

का जन्मदाता और प्रथम शासक दंतिदुर्ग था। दंतिदुर्ग ने ७५६ ई. के लगभग तक शासन किया। वह नि:संतान मरा, अत: उसके बाद उसका चाचा कृष्ण प्रथम शासक बना था। यह भी दंतिदुर्ग के समान एक साम्राज्यवादी शासक था। वेग्रमा तथा सूरत के दानपत्रों से पता चलता है कि उसने 'राद्धप्पा' नामक किसी शासक को पराजित कर उसकी पालिध्वज पताका को छीन लिया तथा 'राजाधिराज परमेश्वर' की उपाधि ग्रहण की। लगभग ७५६ ई. में अपने भतीजे दंतिदुर्ग की मृत्यु के बाद ४५ वर्ष की अवस्था में वह गद्दी पर बैठा था।

राज्य विस्तार—कृष्ण प्रथम एक योग्य शासक तथा कुशल योद्धा सिद्ध हुआ। उसने दक्षिण में अपनी स्थिति सर्वोच्च बना ली। दंतिदुर्ग ने चालुक्य नरेश को परास्त अवश्य किया था, परंतु वह उसका उन्मूलन नहीं कर सका था, कृष्ण प्रथम ने ७६० ई. के लगभग उसकी शक्ति का पूरी तरह से विनाश कर दिया। परवर्ती चालुक्य लेखों से स्पष्ट होता है कि 'चालुक्यों' की ख्याति का अंत कीर्तिवर्मा के साथ ही हो गया। कृष्ण प्रथम के साथ युद्ध में कीर्तिवर्मा तथा उसके सभी पुत्र मार डाले गए तथा समस्त कर्नाटक के ऊपर राष्ट्रकूटों का अधिकार हो गया। कृष्ण प्रथम ने गंगो की राजधानी मान्यपुर (बंगलौर स्थित मन्नपुर) पर अधिकार कर लिया। गंग नरेश श्रीपुरुष को एक छोटे भाग पर सामंत रूप में शासन की अनुमति प्रदान कर ७६९ ई. में कृष्ण अपनी राजधानी वापस लौट आया। कृष्ण ने अपने बड़े पुत्र गोविंद को युवराज बनाया तथा उसे वेंगी के पूर्वी चालुक्यों पर आक्रमण करने के लिए भेजा, इसमें गोविंद को सफलता भी मिली। इस विजय के फलस्वरूप वेंगी-राज्य का अधिकांश भाग राष्ट्रकूट साम्राज्य में मिला लिया गया। विंध्य पर्वत के दक्षिण की कोई भी शक्ति अब उसका सामना करने में समर्थ नहीं रही। उसने राष्ट्रकूट साम्राज्य को अत्यंत विस्तृत कर दिया। उसके साम्राज्य में संपूर्ण महाराष्ट्र एवं कर्नाटक तथा आंध्र प्रदेश का एक बड़ा भाग शामिल था। इस प्रकार उसने अपने उत्तराधिकार के लिए वह मार्ग प्रशस्त किया, जिससे वे उत्तर भारत की राजनीति में भाग ले सकें। विजेता होने के साथ-साथ कृष्ण प्रथम एक महान् निर्माता भी था।

राज्य-संचालन—राष्ट्रकूट शासन में राजा की स्थिति सर्वाधिक महत्त्वपूर्ण एवं सर्वोच्च होती थी। महाराजाधिराज परमभट्टारक जैसी उच्च सम्मानपरक उपाधियों के अतिरिक्त राष्ट्रकूट शासन धारावर्ष, अकालवर्ष, सुवर्णपर्व, विक्रमावलोक, जगत्तुंग जैसी व्यक्तिगत उपाधियाँ भी धारण करते थे। राजपद आनुवंशिक होता था। राजा का बड़ा पुत्र ही उसकी मृत्यु के बाद राज्य का उत्तराधिकारी बनता था, किंतु कभी-कभी दूसरे योग्य व्यक्ति को भी शासक बना दिया जाता था।

राष्ट्रकूट शासक अपनी राजधानी में रहता था, जहाँ उसकी राजसभा तथा केंद्रीय प्रशासन के कर्मचारी रहते थे। सम्राट् अपनी मंत्रिपरिषद् के परामर्श से शासन करता था। राष्ट्रकूट लेखों में मंत्रियों के विभागों के नाम नहीं मिलते हैं। राष्ट्रकूट शासन में सामंतवाद की पूर्ण प्रतिष्ठा हो चुकी थी। दक्षिणी गुजरात आदि प्रदेशों के सामंत तो पूरी स्वायत्तता का उपयोग करते थे तथा नाममात्र के लिए ही सम्राट् की अधीनता स्वीकार करते थे। सम्राट् के सीधे नियंत्रणवाले क्षेत्र को कई राष्ट्रों में बाँटा गया था। 'राष्ट्र' आधुनिक कमिश्नरियों के समान थे। इसका प्रधान अधिकारी 'राष्ट्रपति' कहलाता था। वह नागरिक तथा सैनिक, दोनों ही प्रकार के शासन का प्रधान होता था। उसके अधीन सेना भी होती थी। प्रत्येक राष्ट्र में कई 'विषय' होते थे, जो आधुनिक जिले के समान थे। इनमें एक हजार से लेकर चार हजार तक गाँव होते थे। विषय का विभाजन कई 'मुक्तियों' में हुआ था, जो आधुनिक तहसीलों के समान थीं।

राष्ट्र-पुनर्निर्माण में योगदान—विजेता होने के साथ-साथ कृष्ण प्रथम एक महान् निर्माता भी था। उसने एलोरा के प्रसिद्ध कैलाश मंदिर का निर्माण करवाया था। वह एक धर्मनिष्ठ व्यक्ति भी था, जिसने ब्राह्मणों को प्रभूत धन दान में दिया था। उसने ७७४ ई. तक शासन किया। उत्साही विजेता होने के साथ ही साथ राष्ट्रकूट शासक धर्म, साहित्य और कला में भी गहरी अभिरुचि रखते

थे तथा शांति के काल में किए गए उनके कार्य भी कम प्रशंसनीय नहीं हैं। मंदिरों में 'कैलाश मंदिर' अपनी आश्चर्यजनक शैली के लिए विश्व-प्रसिद्ध है। इसका निर्माण कृष्ण प्रथम ने अत्यधिक धन व्यय करके करवाया था। यह प्राचीन भारतीय वास्तु एवं तक्षण कला का सर्वोत्कृष्ट उदाहरण है। यह संपूर्ण मंदिर एक ही पाषाण को काटकर बनाया गया है।

महाराजा देवपाल का साम्राज्य

समय अवधि—८१० ई. से ८५० ई.।

विस्तृत परिचय—पालवंश का इतिहास हमें साहित्य तथा उसके अनेक अभिलेखों से ज्ञात होता है—धर्मपाल का खालीमपुर लेख, देवपाल का मुंगेर लेख, नारायणपाल का भागलपुर ताम्रपत्राभिलेख, महीपाल प्रथम के बानगढ़ उपर्युक्त लेखों के अतिरिक्त अन्य अनेक लेख भी प्राप्त हुए हैं। इनसे पालवंश की उत्पत्ति तथा उपलब्धियों पर प्रकाश पड़ता है। शशांक की मृत्यु के पश्चात् (६३७ ई.) लगभग एक शताब्दी तक बंगाल में अराजकता और अव्यवस्था का वातावरण व्याप्त रहा। इस अव्यवस्था से ऊबकर बंगाल के प्रमुख नागरिकों ने गोपाल नामक एक सुयोग्य सेनानायक को अपना राजा बनाया। यह एक क्षत्रिय राजवंश था, जिसने बंगाल में लगभग चार सौ वर्षों तक राज किया। पालवंश के संस्थापक गोपाल के बाद उसका सुयोग्य पुत्र धर्मपाल पालवंश का राजा हुआ। इसने पालवंश को स्थापित किया, जिसको आगे बढ़ाया इसके पुत्र देवपाल ने।

देवपाल धर्मपाल की राष्ट्रकूटवंशीया पत्नी रत्नादेवी से उत्पन्न हुआ था। देवपाल ने धर्मपाल की तरह परमेश्वर, परमभट्टारक, महाराजाधिराज जैसी उच्च सम्मानपरक उपाधियाँ धारण कीं। वह पालवंश का सबसे शक्तिशाली शासक था। उसने न केवल अपने पिता के साम्राज्य को सुरक्षित रखा, अपितु उसे विस्तृत भी किया। देवपाल का शासनकाल बंगाल के इतिहास में सर्वाधिक गौरवशाली युग का निर्माण करता है।

राज्य-विस्तार—मुंगेर लेख से पता चलता है कि उसने विंध्यपर्वत तथा कंबोज तक सैनिक अभियान किया। नारायणपाल के समय के बादल लेख से भी देवपाल की विजयों पर कुछ प्रकाश पड़ता है, ''उसकी कूटनीति ने रेवा (नर्मदा) के पिता विंध्याचल तथा गौरी के पिता हिमाचल के बीच बसे हुए पश्चिमी समुद्र (अरब सागर) से पूर्वी समुद्र (बंगाल की खाड़ी) तक के संपूर्ण क्षेत्र को देवपाल का कर दाता बना दिया।

बादल लेख से पता चलता है कि उसने उत्कलों को उखाड़ फेंका, हूणों के गर्व को चूर्ण किया तथा द्रविड़ और गुर्जर राजाओं के अभियान को विदीर्ण कर समुद्रों से घिरी हुई समस्त पृथ्वी पर शासन किया। इन विवरणों को हम कोरी कल्पना नहीं मान सकते हैं। तिब्बती लेखक तारानाथ भी देवपाल द्वारा उड़ीसा की विजय की बात की पुष्टि करता है। देवपाल ने राष्ट्रकूट नरेश अमोघवर्ष के ऊपर आक्रमण कर उसे परास्त किया था। देवपाल के मुंगेर लेख से पता चलता है कि उत्कल अभियान के बाद उसने सुदूर दक्षिण में अभियान में कांची के पल्लवों को भी नतमस्तक किया है। देवपाल ने कामरूप के शासक को भी परास्त किया।

इस प्रकार देवपाल अपने वंश का महानतम शासक था, जिसके नेतृत्व में पाल साम्राज्य अपने उत्कर्ष की पराकाष्ठा पर पहुँच गया। पाल इतिहास में यह पहला अवसर था, जबकि उसका प्रभाव असम, उड़ीसा तथा सुदूर दक्षिण में व्याप्त हो गया। अपने जीवनपर्यंत उसने इस विस्तृत साम्राज्य पर शासन किया।

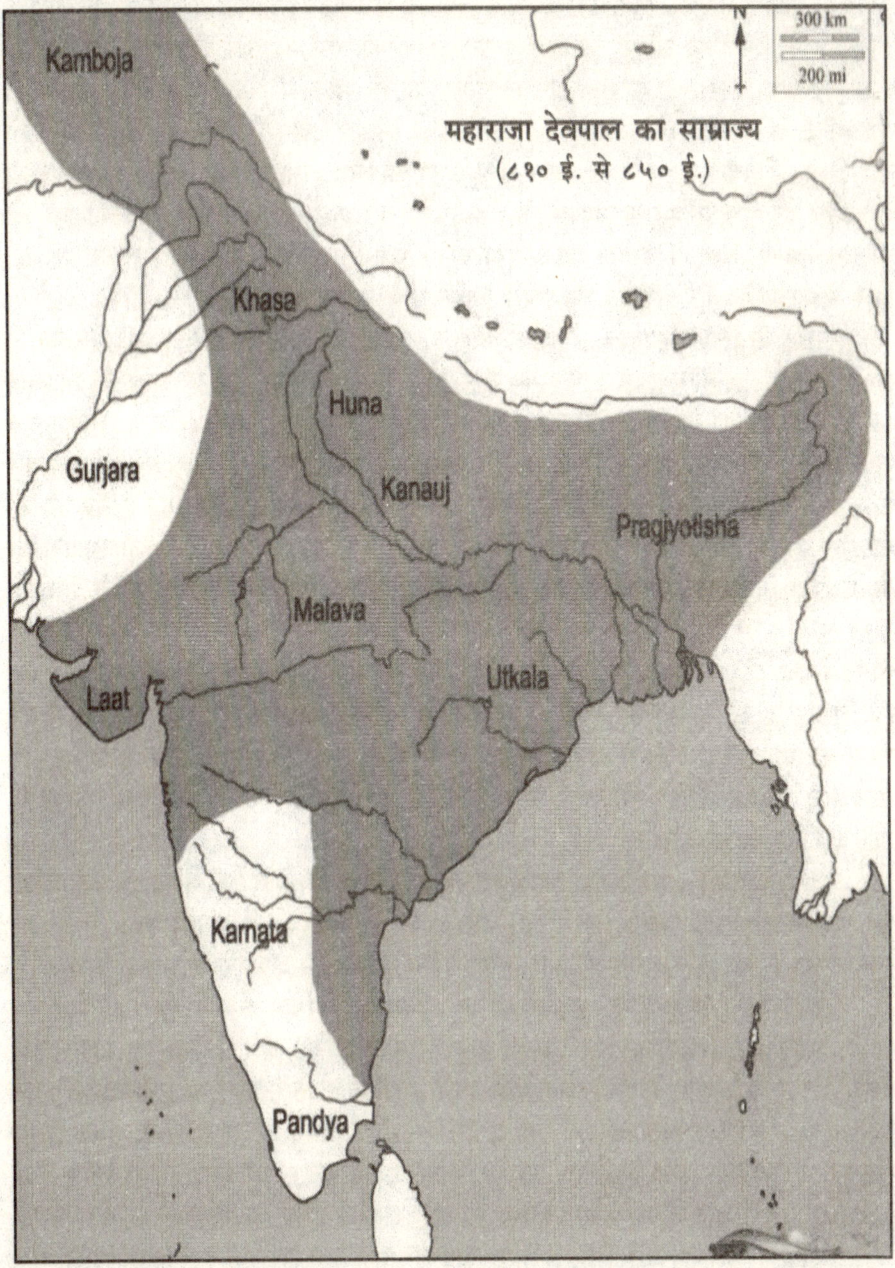

राज्य-संचालन—प्रशासन का कार्य राजा अपने अमात्यों के सहयोग से चलाते थे। देवपाल ने प्रशासन कार्यों में अपने योग्य तथा अनुभवी मंत्री दर्भपाणि और केदार मिश्र से पर्याप्त सहायता प्राप्त की थी, जबकि उसका चचेरा भाई जयपाल उसकी सैनिक विजयों में प्रमुख सहायक था। अपने पिता की भाँति देवपाल भी बौद्ध मतानुयायी था। लेखों में उसे भी 'परम सौगत' कहा गया है। उसने बौद्ध विहारों के निर्माण में योगदान दिया। वे धर्मसहिष्णु शासक थे और उन्होंने ब्राह्मणों को भी दान दिया तथा मंदिरों का निर्माण करवाया। पाल वंश भारतीय परंपरा का वाहक था। बौद्ध धर्म समता, समानता के साथ सनातन परंपरा का भी रक्षक था, साथ ही भारतीय भूभाग को एक शक्ति के अंतर्गत समेटे रखा। इतिहास गवाह है कि इस राजवंश ने विदेशियों के लिए जगह नहीं छोड़ी। पालवंश का राज्य-संचालन अन्य राज्यों की तरह अमात्यों और सामंतों के साथ राजा के अधीन और राजपरिवार के सदस्यों के सहयोग से चलाया जा रहा था। यह एक बौद्धिक वर्ग को बढ़ानेवाला, साथ में उसको राज्य-संचालन में प्रयोग करनेवाला राजवंश था। देवपाल का राज्य-संचालन भारतीय इतिहास का सबसे अच्छा राज्य-संचालन था।

राष्ट्र के लिए योगदान—पाल राजवंश का शासनकाल प्राचीन भारतीय इतिहास के उन राजवंशों में है, जिन्होंने सबसे लंबे समय तक राज किया। चार सौ वर्षों के उनके दीर्घकालीन शासन में बंगाल का राजनीतिक तथा सांस्कृतिक, साथ ही शैक्षणिक; सभी दृष्टियों से अभूतपूर्व विकास हुआ। पालवंशी शासकों ने शिक्षा और साहित्य के विकास को भी प्रोत्साहन प्रदान किया। सोमपुरी, उदंतपुरी तथा विक्रमशिला में शिक्षण संस्थाओं की स्थापना हुई। इनमें विक्रमशिला कालांतर में एक ख्यातिप्राप्त अंतरराष्ट्रीय विश्वविद्यालय बन गया। धर्मपाल ने इसकी स्थापना की थी, देवपाल ने इसको स्थायित्व प्रदान किया। यहाँ विभिन्न देशों, विशेषकर तिब्बत के विद्यार्थी शिक्षा ग्रहण करने के लिए आते थे। उनके आवास तथा भोजन की व्यवस्था और विश्वविद्यालय का खर्च राजाओं तथा कुलीन नागरिकों द्वारा दिए गए दान आदि से चलता था। बारहवीं शती तक इस शिक्षा केंद्र की उन्नति होती रही। १२०३ ई. में मुस्लिम आक्रांता बख्तियार खिलजी ने इसे ध्वस्त कर दिया। इस काल के प्रमुख विद्वानों में संध्याकर नंदी का नाम उल्लेखनीय है। उन्होंने 'रामचरित' नामक ऐतिहासिक काव्य-ग्रंथ की रचना की। देवपाल का चालीस वर्षों का शासन शांति एवं समृद्धि का काल रहा।

उत्तराधिकारी—देवपाल का शासनकाल कालशक्ति के चरमोत्कर्ष को व्यक्त करता है। इसके बाद पाल साम्राज्य की अवनति प्रारंभ हुई। देवपाल का उत्तराधिकारी विग्रहपाल हुआ, जिसने पुत्र नारायणपाल के पक्ष में सिंहासन त्यागकर संन्यास ग्रहण कर लिया। दोनों निर्बल शासक सिद्ध हुए।

पालवंश के इतिहास के अध्ययन से पता चलता है कि पिता के बाद ज्येष्ठ पुत्र सिंहासन पर बैठता है। गोपाल-धर्मपाल और देवपाल के बाद पुत्र विग्रहपाल, बाद में राज्यपाल, गोपाल तथा उसके बाद में विग्रहपाल द्वितीय शासक हुए। इन राजाओं के काल में पाल-शक्ति का ह्रास हुआ। पालवंश जब बिहार में सिमटकर रह गया, उस समय महिपाल बड़ा ही शक्तिशाली शासक हुआ। महिपाल ने लुप्तप्राय: प्रतिष्ठा को पुनः स्थापित किया। इसके बाद इसके उत्तराधिकारी निर्बल सिद्ध हुए और बारहवीं शताब्दी के अंत में बंगाल का पाल राज्य सेन वंश के अधिकार में चला गया।

बाद के कमजोर उत्तराधिकारियों के बाद भी पाल राजवंश एक शक्तिशाली और ४००

वर्ष तक शासन करनेवाला राजवंश था। भारत के उत्तर और दक्षिण, दोनों भागों में राज करनेवाला सबसे शक्तिशाली राजवंश था।

सम्राट् मिहिरभोज प्रतिहार (गुर्जरेश्वर)

समय अवधि—८३६ ई. से ८८५ ई. तक।

परिचय—सम्राट् मिहिरभोज का जन्म विक्रम संवत् ८७३ (८१६ ई). को हुआ था। उसको कई नामों से जाना जाता है, जैसे भोजराज, भोजदेव, मिहिर, आदिवराह एवं प्रभास। उसका राज्याभिषेक विक्रम संवत् ८९३ यानी १८ अक्तूबर दिन बुधवार ८३६ ई. में २० वर्ष की आयु में हुआ था और इसी दिन १८ अक्तूबर को ही हर वर्ष भारत में उनकी जयंती मनाई जाती है। इनके दादा का नाम नागभट्ट द्वितीय था, उनका स्वर्गवास विक्रम संवत् ८९० (८३३ ई. भादों मास की शुक्ल पक्ष की पंचमी) को हुआ। इनके पिता का नाम रामभद्र और माता का नाम अप्पादेवी था। माता-पिता ने सूर्य की उपासना की थी, जिसके फलस्वरूप उन्हें मिहिरभोज के रूप में पुत्र की प्राप्ति हुई थी। सम्राट् मिहिरभोज की पत्नी का नाम चंद्रभट्टारिका देवी था, जो भाटी राजपूत वंश की थीं। इनके पुत्र का नाम महेंद्रपाल प्रतिहार था, जो सम्राट् मिहिरभोज के स्वर्गवास के उपरांत कन्नौज की गद्दी पर बैठा। विक्रम संवत् ९४५ (८८८ ई.) में ७२ वर्ष की आयु में सम्राट् मिहिरभोज प्रतिहार का स्वर्गवास हुआ।

बचपन से ही बहादुर और निडर—मिहिरभोज प्रतिहार बचपन से ही वीर बहादुर माने जाते थे। एक बालक होने के बावजूद देश के प्रति अपनी जिम्मेदारी को महसूस करते हुए उन्होंने युद्धकला और शस्त्रविद्या में कठिन प्रशिक्षण लिया। राजकुमारों में सबसे प्रतापी, प्रतिभाशाली और मजबूत होने के कारण पूरा राजवंश और विदेशी आक्रमणों के समय देश के अन्य राजवंश भी उनसे बहुत उम्मीद रखते थे और देश के बाकी वंश उस भरोसे पर खरे उतरनेवाले थे।

सम्राट् मिहिरभोज गुणी, बलवान, न्यायप्रिय, सनातन धर्म के रक्षक, प्रजा हितैषी एवं राष्ट्र-रक्षक थे। सम्राट् मिहिरभोज प्रतिहार शिवशक्ति के उपासक थे और उन्होंने मलेच्छों अरब, मुगल, कुषाण और हूण से पृथ्वी की रक्षा की थी। उन्हें वराह यानी भगवान् विष्णु का अवतार भी बताया गया है। उनके द्वारा चलाए गए सिक्कों पर वराह की आकृति बनी हुई है। अरब यात्री सुलेमान ने अपनी पुस्तक सिलसिला तारिका-उत-८५१ ई. में लिखा है कि सम्राट् मिहिरभोज प्रतिहार के पास ऊँटों (परिहार), घोड़ों व हाथियों की बड़ी विशाल एवं सर्वश्रेष्ठ सेना है। उनके राज्य में व्यापार सोने व चाँदी के सिक्कों से होता है। उनके राज्य में सोने व चाँदी की खानें भी हैं। उनके राज्य में चोर-डाकुओं का भय नहीं है। भारतवर्ष में मिहिरभोज प्रतिहार से बड़ा इसलाम का अन्य कोई शत्रु नहीं है। मिहिरभोज के राज्य की सीमाएँ दक्षिण के राष्ट्रकूटों के राज्य, पूर्व में बंगाल के शासक पालवंश और पश्चिम में मुल्तान के मुस्लिम शासकों से मिली हुई हैं।

प्रतिहार वंश ने अरबों से ३०० वर्ष तक लगभग २०० से ज्यादा युद्ध किए, जिसका परिणाम

है कि हम आज यहाँ सुरक्षित हैं। प्रतिहारों ने अपनी वीरता, शौर्य, कला का प्रदर्शन कर सभी को आश्चर्यचकित किया। भारत देश हमेशा ही प्रतिहारों का ऋणी रहेगा, उनके अद्‌भुत शौर्य और पराक्रम का, जो उन्होंने अपनी मातृभूमि के लिए न्योछावर किया है, जिसे सभी विद्वानों ने भी माना है। प्रतिहार साम्राज्य ने दस्युओं, डकैतों, अरबों, हूणों से देश को बचाए रखा और देश की स्वतंत्रता पर आँच नहीं आने दी। इनका राजशाही प्रतीक 'वराह' है। ठीक उसी समय मुस्लिम धर्म का जन्म हुआ और इनके प्रतिरोध के कारण ही उन्हें हिंदुस्तान में अपना राज कायम करने में ३०० साल लग गए। इनके राजशाही निशान 'वराह' को विष्णु का अवतार माना है, प्रतिहार मुसलमानों के कट्टर शत्रु थे।

सम्राट् मिहिरभोज प्रतिहार (गुर्जरेश्वर)
(८३६ ई. से ८८५ ई. तक)

मिहिरभोज की सेना—सम्राट् मिहिरभोज के पूर्वज नागभट्ट प्रथम (७३०-७६० ई.) ने स्थायी सेना संगठित कर उसको नगद वेतन देने की प्रथा जो सर्व प्रथम चलाई, वह मिहिरभोज के समय और पक्की हो गई थी। विक्रम संवत् ९७२ (९१५ ई.) में भारत भ्रमण पर आए बगदाद के इतिहासकार अलमसूदी ने अपनी किताब 'मिराजुल-जहाब' में इस महाशक्तिशाली, महापराक्रमी सेना का विवरण दिया है। उसने इस सेना की संख्या लाखों में बताई है, जो चारों दिशाओं में लाखों की संख्या में रहती है। प्रसिद्ध इतिहासकार के.एम. मुंशी ने सम्राट् मिहिरभोज प्रतिहार की तुलना गुप्तवंशीय सम्राट् समुद्रगुप्त और मौर्यवंशीय सम्राट् चंद्रगुप्त से इस प्रकार की है कि सम्राट् मिहिरभोज प्रतिहार इन सभी में बहुत महान् थे, क्योंकि तत्कालीन भारतीय धर्म एवं संस्कृति के लिए जो चुनौती अरब के इस्लामिक विजेताओं की फौजों द्वारा प्रस्तुत की गई, वह समुद्रगुप्त, चंद्रगुप्त आदि के समय उपस्थित नहीं थी और न ही उनका मुकाबला अरबों जैसे अत्यंत प्रबल शत्रुओं से हुआ था। भारत के इतिहास में मिहिरभोज से बड़ा आज तक कोई भी सनातन धर्मरक्षक एवं राष्ट्ररक्षक नहीं हुआ। एक ऐसा हिंदू क्षत्रिय योद्धा अरबों का सबसे बड़ा दुश्मन, जिसने लगभग ४० युद्ध कर अरबों को भारत से पलायन करने पर मजबूर कर दिया एवं सनातन धर्म की रक्षा की, ऐसे थे महान् चक्रवर्ती सम्राट् मिहिरभोज प्रतिहार, जिन्होंने भारत पर ५० वर्ष शासन किया।

विश्व की सुगठित और विशालतम सेना—मिहिरभोज प्रतिहार की सेना में ८,००,००० से ज्यादा पैदल, करीब ९०,००० घुड़सवार, हजारों हाथी और हजारों रथ थे। मिहिरभोज के राज्य में सोना और चाँदी सड़कों पर बिखरा था, किंतु चोरी-डकैती का भय किसी को नहीं था। जरा हर्षवर्धन के राज्यकाल से तुलना करिए। हर्षवर्धन के राज्य में लोग घरों में ताले नहीं लगाते थे, पर मिहिरभोज के राज्य में खुली जगहों में भी चोरी की आशंका नहीं रहती थी।

वृहद् इतिहास—एक ऐसा राजा, जिसने अरब-तुर्क आक्रमणकारियों को भागने पर विवश कर दिया और जिसके युग में भारत सोने की चिड़िया कहलाया। मित्रो, नवमीं शताब्दी में परिहार क्षत्रिय वंश का सम्राट् मिहिरभोज भारत का सबसे महान् शासक था। उसका साम्राज्य आकार, व्यवस्था, प्रशासन और नागरिकों की धार्मिक स्वतंत्रता के लिए चक्रवर्ती गुप्त सम्राटों के समकक्ष एवं सर्वोत्कृष्ट था। भारतीय संस्कृति के शत्रु मलेछों, यानी मुस्लिम तुर्कों-अरबों को पराजित ही नहीं किया अपितु उन्हें इतना भयाक्रांत कर दिया था कि वे आगे आनेवाली एक शताब्दी तक भारत की ओर आँख उठाकर देखने का भी साहस नहीं कर सके। चुंबकीय व्यक्तित्व के सम्राट् मिहिरभोज की बड़ी-बड़ी भुजाएँ एवं विशाल नेत्र लोगों में सहज ही प्रभाव एवं आकर्षण पैदा करते थे। वे महान् धार्मिक, प्रबल पराक्रमी, प्रतापी, राजनीति निपुण, महान् कूटनीतिज्ञ, उच्च संगठक, सुयोग्य प्रशासक, लोककल्याणरंजक तथा भारतीय संस्कृति के निष्ठावान उपासक थे। ऐसा राजा, जिसका साम्राज्य संसार में सबसे शक्तिशाली था। इनके साम्राज्य में चोर-डाकुओं का कोई भय नहीं था। सुदृढ व्यवस्था व आर्थिक संपन्नता इतनी थी कि विदेशियों ने भारत को सोने की चिड़िया कहा। यह जानकर अफसोस होता है कि ऐसे अतुलित शक्ति, शौर्य एवं समानता के धनी मिहिरभोज को भारतीय इतिहास की किताबों में स्थान नहीं मिला। सम्राट् मिहिरभोज प्रतिहार के शासनकाल में सर्वाधिक अरबी मुस्लिम लेखक भारत भ्रमण के लिए आए और लौटकर उन्होंने

भारतीय संस्कृति-सभ्यता, आध्यात्मिक-दार्शनिक, ज्ञान-विज्ञान, आयुर्वेद, सहिष्णु, सार्वभौमिक समरस जीवन-दर्शन को अरब जगत् सहित यूनान और यूरोप तक प्रचारित किया।

क्या आप जानते हैं कि सम्राट् मिहिरभोज ऐसे शासक थे, जिसने आधे से अधिक विश्व को अपनी तलवार के जोर पर अधिकृत कर लेनेवाले ऐसे अरब तुर्क मुस्लिम आक्रमणकारियों को भारत की धरती पर पाँव नहीं रखने दिया, उनके सम्मुख सुदृढ दीवार बनकर खड़े हो गए। उसकी शक्ति और प्रतिरोध से इतने भयाक्रांत हो गए कि उन्हें छिपने के लिए जगह ढूँढ़ना कठिन हो गया था। ऐसा किसी भारतीय लेखक ने नहीं बल्कि मुस्लिम इतिहासकारों-बिलादुरी सलमान एवं अलम सूदी ने लिखा है। ऐसे महान् सम्राट् मिहिरभोज ने ८३६ ई. से ८८५ ई. तक लगभग ५० वर्षों के सुदीर्घ काल तक शासन किया।

मिहिरभोज के साम्राज्य का विस्तार आज के मुलतान से पश्चिम बंगाल तक और कश्मीर से कर्नाटक तक था। सम्राट् मिहिरभोज बलवान, न्यायप्रिय और धर्मरक्षक थे। मिहिरभोज शिव एवं भगवती के उपासक थे। स्कंद पुराण के प्रभास खंड में भगवान् शिव के प्रभास क्षेत्र में स्थित शिवालयों व पीठों का उल्लेख है। प्रतिहार साम्राज्य के काल में सोमनाथ को भारतवर्ष के प्रमुख तीर्थ स्थानों में माना जाता था। प्रभास क्षेत्र की प्रतिष्ठा काशी विश्वनाथ के समान थी। स्कंद पुराण के प्रभास खंड के सम्राट् मिहिरभोज के जीवन के बारे में विवरण मिलता है। मिहिरभोज के संबंध में कहा जाता है कि वे सोमनाथ के परमभक्त थे, उनका विवाह भी सौराष्ट्र में ही हुआ था, उन्होंने म्लेच्छों से पृथ्वी की रक्षा की। ५० वर्ष तक राज करने के पश्चात् वे अपने पुत्र महेंद्रपाल प्रतिहार को राज-सिंहासन सौंपकर संन्यासवृत्ति के लिए वन में चले गए थे। सम्राट् मिहिरभोज ने ८३६ ई. में कन्नौज को देश की राजधानी बनाने के स्मृतिस्वरूप अपनी मुद्रा प्रचलित की थी।

मिहिर भोज राज्य की सीमाएँ दक्षिण में राष्ट्रकूटों के राज्य, पूर्व में बंगाल के पाल शासक और पश्चिम में मुलतान के शासकों की सीमाओं को छूती थीं। शत्रु उनकी क्रोधाग्नि के सम्मुख टिक नहीं पाते थे। धर्मात्मा, साहित्यकार व विद्वान् उनकी सभा में सम्मान पाते थे। उनके दरबार में राजशेखर कवि ने कई प्रसिद्ध ग्रंथों की रचना की।

कश्मीर के राज कवि कल्हण ने अपनी पुस्तक 'राज तरंगिणी' में सम्राट् मिहिरभोज का उल्लेख किया है। उनका विशाल साम्राज्य बहुत से राज्य मंडलों आदि में विभक्त था। उन पर अंकुश रखने के लिए दंडनायक स्वयं सम्राट् द्वारा नियुक्त किए जाते थे। योग्य सामंतों के सुशासन के कारण समस्त साम्राज्य में पूर्ण शांति व्याप्त थी। सामंतों पर सम्राट् का दंडनायकों द्वारा पूर्ण नियंत्रण था। किसी को आज्ञा का उल्लंघन करने व सिर उठाने की हिम्मत नहीं होती थी।

शासन व्यवस्था—सम्राट् मिहिरभोज प्रतिहार वीरता, शौर्य और पराक्रम के प्रतीक हैं। उन्होंने विदेशी साम्राज्यों के खिलाफ लड़ाई लड़ी और अपनी पूरी जिंदगी मलेच्छों से अपनी पृथ्वी की रक्षा करने में बिता दी। सम्राट् मिहिरभोज बलवान, न्यायप्रिय और धर्मरक्षक सम्राट् थे। सिंहासन पर बैठते ही मिहिरभोज ने सर्वप्रथम कन्नौज राज्य की व्यवस्था को चुस्त-दुरुस्त किया, प्रजा पर अत्याचार करनेवाले सामंतों और रिश्वत खानेवाले कामचोर कर्मचारियों को कठोरतापूर्वक दंडित किया। व्यापार और कृषि कार्य को इतनी सुविधाएँ प्रदान कीं कि सारा साम्राज्य धनधान्य से लहलहा उठा। मिहिरभोज ने प्रतिहार राजपूत साम्राज्य को धन, वैभव के चरमोत्कर्ष पर पहुँचाया।

अपने उत्कर्ष काल में उसे 'सम्राट्' मिहिरभोज प्रतिहार की उपाधि मिली थी। अनेक काव्यों एवं इतिहास में उसे कई महान् विशेषणों से वर्णित किया गया है।

वराह उपाधि—सम्राट् मिहिरभोज महान् के सिक्के पर वराह भगवान्, जिन्हें भगवान् विष्णु के अवतार के रूप में जाना जाता है। वराह भगवान् ने हिरण्याक्ष राक्षस को मारकर पृथ्वी को पाताल से निकालकर उसकी रक्षा की थी। सम्राट् मिहिरभोज प्रतिहार का नाम 'आदिवराह' भी है। ऐसा होने के पीछे यह मुख्य कारण है। जिस प्रकार वराह (विष्णुजी) भगवान् ने पृथ्वी की रक्षा की थी और हिरण्याक्ष का वध किया था, ठीक उसी प्रकार मिहिरभोज ने म्लेच्छों को मारकर अपनी मातृभूमि की रक्षा की। इसीलिए इन्हें आदिवराह की उपाधि दी गई।

उपासक—सम्राट् मिहिरभोज प्रतिहार शिवशक्ति के उपासक थे। स्कंद पुराण के प्रभास खंड में भगवान् शिव के प्रभास क्षेत्र में स्थित शिवालयों व पीठों का उल्लेख है। प्रतिहार साम्राज्य के काल में सोमनाथ को भारतवर्ष के प्रमुख तीर्थ स्थानों में माना जाता था। प्रभास क्षेत्र की प्रतिष्ठा काशी विश्वनाथ के समान थी। स्कंद पुराण के प्रभास खंड में सम्राट् मिहिरभोज प्रतिहार के जीवन के बारे में विवरण मिलता है। मिहिरभोज के संबंध में कहा जाता है कि वे सोमनाथ के परम भक्त थे, उनका विवाह भी सौराष्ट्र में ही हुआ था। उन्होंने मलेच्छों से पृथ्वी की रक्षा की। ५० वर्ष तक राज करने के पश्चात् वे अपने बेटे महेंद्रपाल प्रतिहार को राज-सिंहासन सौंपकर संन्यासवृत्ति के लिए वन में चले गए थे। सम्राट् मिहिरभोज का सिक्का, जो कन्नौज की मुद्रा था, को सम्राट् मिहिरभोज ने ८३६ ई. में कन्नौज को देश की राजधानी बनाने पर चलाया था।

धन-व्यवस्था—सम्राट् मिहिरभोज प्रतिहार महान् के सिक्के पर वराह भगवान् हैं, जिन्हें भगवान् विष्णु का अवतार माना जाता है। इनके पूर्वज सम्राट् नागभट्ट प्रथम ने स्थायी सेना संगठित कर उसको नगद वेतन देने की जो प्रथा चलाई, वह इस समय में और भी पक्की हो गई और प्रतिहार साम्राज्य की महान् सेना खड़ी हो गई। यह भारतीय इतिहास का पहला उदाहरण है, जब किसी सेना को नगद वेतन दिया जाता हो।

मिहिर भोज के पास ऊँटों, हाथियों और घुड़सवारों की दुनिया की सर्वश्रेष्ठ सेना थी। इनके राज्य में व्यापार सोने-चाँदी के सिक्कों से होता था। इनके राज्य में सोने और चाँदी की खानें भी थीं। मिहिरभोज ने प्रतिहार साम्राज्य को धन-वैभव के चरमोत्कर्ष पर पहुँचाया।

वह वैध उत्तराधिकारी साबित हुए—मिहिरभोज प्रतिहार राजपूत साम्राज्य के सबसे प्रतापी सम्राट् हुए। उनके राजगद्दी पर बैठते ही जैसे देश की हवा ही बदल गई। मिहिरभोज की वीरता के किस्से पूरी दुनिया में मशहूर हुए। विदेशी आक्रमणों के समय भी लोग अपने काम में निडर लगे रहते थे। गद्दी पर बैठते ही उन्होंने देश के लुटेरों, शोषण करनेवालों, गरीबों को सतानेवालों का चुन-चुनकर सफाया कर दिया। उनके समय में खुले घरों में भी चोरी नहीं होती थी।

अरबी लेखों में मिहिरभोज का यशोगान

अरब यात्री सुलेमान—(पुस्तक सिलसिलीउत तवारीख ८५१ ई.) जब वह भारत भ्रमण पर आया था। सुलेमान सम्राट् मिहिरभोज के बारे में लिखता है कि इससे सम्राट् की बड़ी भारी सेना है। उसके समान किसी राजा के पास उतनी बड़ी सेना नहीं है। सुलेमान ने यह भी लिखा है

कि 'भारत में सम्राट् मिहिरभोज से बड़ा इस्लाम का कोई शत्रु नहीं है। मिहिरभोज के पास ऊँटों, हाथियों और घुड़सवारों की सर्वश्रेष्ठ सेना है। इसके राज्य में व्यापार, सोना-चाँदी के सिक्कों से होता है।' यह भी कहा जाता है कि उसके राज्य में सोने और चाँदी की खानें भी थीं।

बगदाद का निवासी अल मसूदी—(९१५ ई.-९१६ ई.) वह कहता है कि (जुज्र) प्रतिहार साम्राज्य में १,८०,००० गाँव, नगर तथा ग्रामीण क्षेत्र थे तथा यह दो किलोमीटर लंबा और दो हजार किलोमीटर चौड़ा था। राजा की सेना के चार अंग थे और प्रत्येक में सात लाख से नौ लाख सैनिक थे। उत्तर की सेना लेकर वह मुलतान के बादशाह और दूसरे मुसलमानों के विरुद्ध युद्ध लड़ता था। उसकी घुड़सवार सेना देश भर में प्रसिद्ध थी। जिस समय अल मसूदी भारत आया था, उस समय मिहिरभोज तो स्वर्ग सिधार चुके थे, परंतु प्रतिहार शक्ति के विषय में अल मसूदी का उपरोक्त विवरण मिहिरभोज के प्रताप से खड़े साम्राज्य की ओर संकेत करते हुए अंततः स्वतंत्रता संघर्ष के इसी स्मारक पर फूल चढ़ाता सा प्रतीत होता है। समकालीन अरब यात्री सुलेमान ने सम्राट् मिहिरभोज को भारत में इसलाम का सबसे बड़ा दुश्मन करार दिया था; क्योंकि प्रतिहार राजपूत राजाओं ने ११वीं सदी तक इसलाम को भारत में घुसने नहीं दिया था। मिहिरभोज के पौत्र महिपाल को आर्यावर्त का महान् सम्राट् कहा जाता था।

प्रतिहार शैली कला—भारत में कोई ऐसा स्थान नहीं बचा, जहाँ प्रतिहारों ने अपनी तलवार और निर्माण कला का जौहर न दिखाया हो। प्रतिहारों ने सैकड़ों मंदिर व किलों का निर्माण कराया था, जिसमें सहस्त्रबाहु मंदिर, बटेश्वर मंदिर, कुचामल किला, मिहिर किला, पडावली मंदिर, गुर्जर बावड़ी, चौंसठ योगिनी मंदिर आदि, इनके अलावा सैकड़ों क्षेत्र एवं स्थान हैं, जहाँ प्रतिहारों ने अपनी कलात्मक रुचियों को मूर्तरूप दिया।

काव्यों एवं इतिहास में इन विशेषणों से वर्णित किया—सम्राट्, भोज, भोजराज, वराहवतार, परम भट्टारक, महाराजाधिराज, महानतम भोज, मिहिर महान्।

चोल राजवंश का साम्राज्य

राज्य अवधि—९वीं से १३वीं शताब्दी (८४८ ई.-१२७९ ई.)।

परिचय—चोल (तमिल) प्राचीन भारत का एक राजवंश था। दक्षिण भारत में और पास के अन्य देशों में तमिल चोल शासकों ने ९वीं शताब्दी से १३वीं शताब्दी के बीच एक अत्यंत शक्तिशाली हिंदू साम्राज्य का निर्माण किया।

प्रारंभिक काल में चोल राजवंश की राजधानी पूमपुहर, उरयुर थी एवं मध्यकालीन चोल राजवंश की राजधानी थी—पज्हायाराय, थन्जावुर गंगईकोंडा चोलपुरम्। चोलवंश के प्रथम राजा विजयालय चोल थे, जिनका शासन ८४८ से ८७१ ई. तक था। इन्हें चोल राजवंश का संस्थापक माना जाता है।

चोल राजवंश के अंतिम राजा राजेंद्र चोल तृतीय थे, जिनका शासनकाल १२४६ से १२७९ तक था। चोल शासन की प्रमुख विशेषता सुसंगठित नौकरशाही के साथ उच्चकोटि की कुशलता वाली स्थानीय स्वायत्त संस्थाओं का सुंदर और सफल सामंजस्य है। स्थानीय जीवन के विभिन्न अंगों के लिए विविध सामूहिक संस्थाएँ थीं, जो परस्पर सहयोग से कार्य करती थीं। 'नगरम्' उन स्थानों की सभाएँ थीं, जहाँ व्यापारी वर्ग प्रमुख था। 'ऊर' गाँव के उन सभी व्यक्तियों की सभा थी,

जिनके पास भूमि थी। राज्य की ओर से साधारण नियंत्रण और समय पर आय-व्यय के निरीक्षण के अतिरिक्त इन सभाओं को पूर्ण स्वतंत्रता थी।

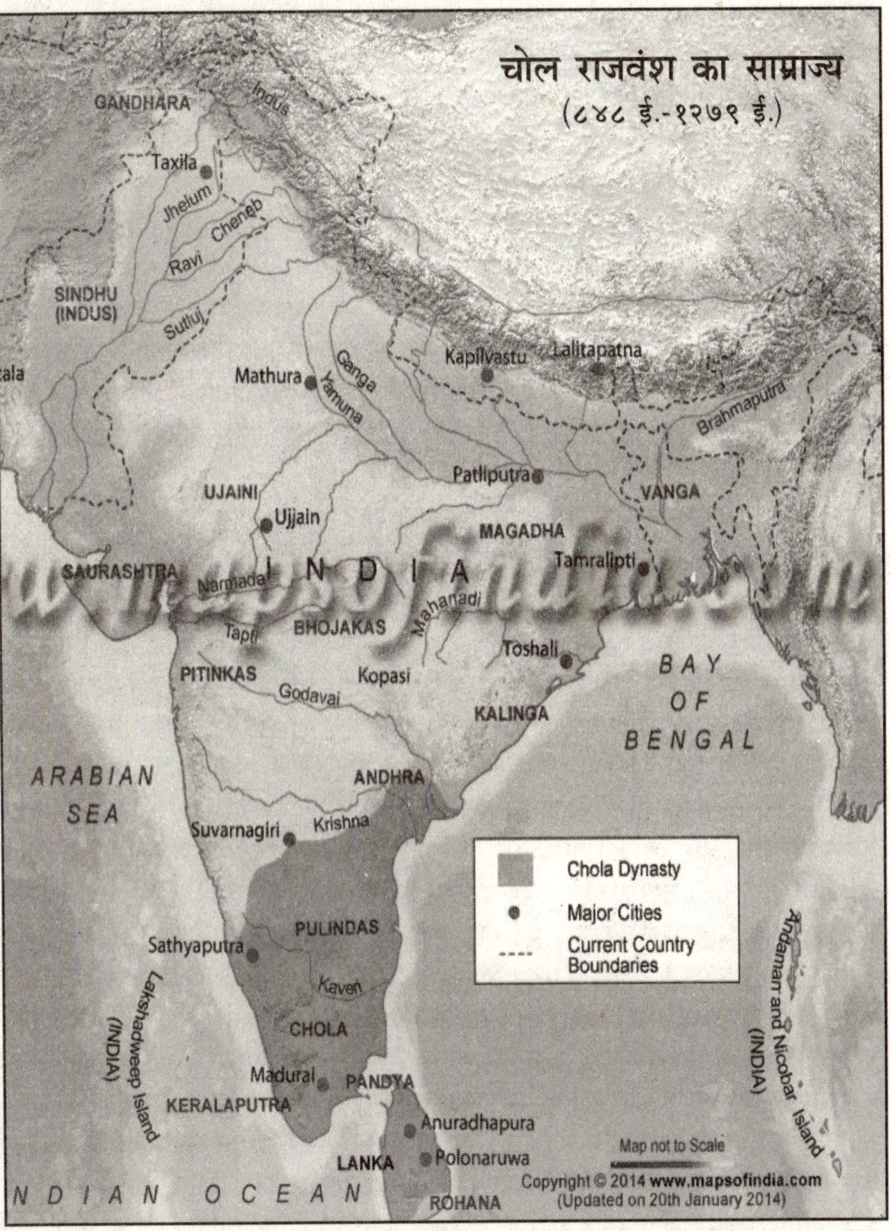

तमिल साहित्य के इतिहास में चोल शासनकाल को स्वर्णयुग की संज्ञा दी जाती है। चोल साम्राज्य भारत के साथ ही श्रीलंका, बांग्लादेश, म्याँमार, थाईलैंड, मलेशिया, कंबोडिया, इंडोनेशिया, वियतनाम, सिंगापुर, मालद्वीप तक फैला हुआ था।

राज्य-विस्तार—दीर्घकालिक प्रभुत्वहीनता के पश्चात् ९वीं सदी के मध्य से चोलों का पुनरुत्थान हुआ। इस चोलराज वंश का संस्थापक विजयालय (८५०-८७१ ई.) पल्लव अधीनता में अरैयुर प्रदेश का शासक था। विजयालय की वंश-परंपरा में लगभग २० राजा हुए, जिन्होंने कुल मिलाकर चार सौ से अधिक वर्षों तक शासन किया। विजयालय के पश्चात् आदित्य प्रथम (८७१-९०७ ई.), परांतक प्रथम (९०७-९५५) ने क्रमशः शासन किया। परांतक प्रथम ने पांड्य-सिंहल नरेशों की सम्मिलित शक्ति को, पल्लवों, बाणों, बैडुंबों के अतिरिक्त राष्ट्रकूट कृष्ण द्वितीय को भी पराजित किया। चोल शक्ति एवं साम्राज्य का वास्तविक संस्थापक परांतक ही था। परांतक प्रथम के बाद ३२ वर्षों में अनेक चोल राजाओं ने शासन किया, इनमें गंडरादित्य, अरिजय और सुंदर चोल या परांतक द्वितीय प्रमुख थे।

इसके पश्चात् राजराज प्रथम (९८५-१०१४) ने चोल वंश की प्रसार-नीति को आगे बढ़ाते हुए अपनी अनेक विजयों द्वारा अपने वंश की मर्यादा को पुनः प्रतिष्ठित किया। राजराज के पश्चात् उनके पुत्र राजेंद्र प्रथम (१०१२-१०४४) सिंहासनारूढ़ हुए। राजेंद्र प्रथम भी अत्यंत शक्तिशाली सम्राट् थे। राजेंद्र ने चेर, पांड्य एवं सिंहल जीता तथा उन्हें अपने राज्य में मिला लिया। उन्होंने पश्चिमी चालुक्यों को कई युद्धों में पराजित किया।

राजेंद्र का उत्तराधिकारी राजाधिराज प्रथम (१०१८-१०५४) था। उसका अधिकांश समय विद्रोहों के शमन में लगा। उसने अनेक छोटे राज्यों तथा चेर, पांड्य एवं सिंहल के विद्रोहों का दमन किया। अनंतर उसके चालुक्य सोमेश्वर से हुए कोप्पम् के युद्ध में उसकी मृत्यु हुई। युद्ध क्षेत्र में ही राजेंद्र द्वितीय (१०५२-१०६४) अभिषिक्त हुए। चालुक्यों के विरुद्ध हुए इस युद्ध में उनकी विजय हुई। राजेंद्र द्वितीय के उत्तराधिकारी वीर राजेंद्र (१०६३-१०६९) ने अनेक युद्धों में विजय प्राप्त की और प्रायः संपूर्ण चोल साम्राज्य पर पूर्ववत् शासन किया। चोल वंश का अंतिम राजा राजेंद्र तृतीय हुआ, जिसका शासन सन् १२४६ से सन् १२७९ तक था।

चोल साम्राज्य की उपलिब्धयाँ—चोलों के अभिलेखों आदि से ज्ञात होता है कि उनका शासन सुसंगठित था। राज्य का सबसे बड़ा अधिकारी राजा मंत्रियों एवं राज्याधिकारियों की सलाह से शासन करता था। शासन-सुविधा की दृष्टि से पूरा राज्य अनेक मंडलों में विभक्त था। मंडल कोट्टम् या बलनाडुओं में बँटे होते थे। इनके बाद की शासकीय परंपरा में नाडु (जिला), कुर्रम (ग्राम समूह) एवं ग्रामम् थे। चोल राज्यकाल में इनका शासन जनसभाओं द्वारा होता था। चोल ग्राम सभाएँ 'उर' या 'सभा' कही जाती थीं। इनके सदस्य सभी ग्राम निवासी होते थे। ये अपने शासन के लिए स्वतंत्र थीं एवं सम्राटादि भी उनकी काररवाई में हस्तक्षेप नहीं कर सकते थे। चोल शासक प्रसिद्ध भवन निर्माता थे। सिंचाई की व्यवस्था, राजमार्गों के निर्माण आदि के अतिरिक्त उन्होंने नगर एवं तंजौर में विशाल मंदिर बनवाया। यह प्राचीन भारतीय मंदिरों में सबसे अधिक ऊँचा एवं बड़ा है। चोलों के राज्यकाल में मूर्तिकला का भी प्रभूत विकास हुआ। इस काल की पाषाण एवं धातु मूर्तियाँ अत्यंत सजीव एवं कलात्मक हैं। चोल शासन के अंतर्गत साहित्य की भी बड़ी उन्नति हुई। इनके शक्तिशाली विजेताओं की विजयों आदि को लक्ष्य कर अनेकानेक प्रशस्तिपूर्ण ग्रंथ लिखे गए। चोल राजाओं ने संस्कृत साहित्य और भाषा के अध्ययन के लिए विद्यालय (ब्रह्मपुरी, घटिका) स्थापित किए और उनकी व्यवस्था के लिए समुचित दान दिए।

चोल साम्राज्य के उत्तराधिकारी या वंशावली

- विजयालय चोल—८४८ से ८७१ ई.
- आदित्य प्रथम—८७१ से ९०७ ई.
- परांतक चोल प्रथम—९०७ से ९५० ई.
- गंधरादित्य—९५० से ९५७ ई.
- अरिंजय चोल—९५६ से ९५७ ई.
- सुंदर चोल—९५७ से ९७० ई.
- उत्तम चोल—९७० से ९८५ ई.
- राजाराज चोल प्रथम—९८५ से १०१४ ई.
- राजेंद्र चोल प्रथम—१०१२-१०४४ ई.
- राजाधिराज चोल प्रथम—१०१८ से १०५४ ई.
- राजेंद्र चोल द्वितीय—१०५२ से १०६४ ई.
- वीर राजेंद्र चोल—१०६३ से १०६९ ई.
- अधिराजेंद्र चोल—१०६७ से १०७० ई.
- अंतिम राजा राजेंद्र तृतीय—१२४६ से १२७९ ई. तक

सम्राट् राजेंद्र चोल प्रथम

राज्य अवधि—१०१९ ई. से १०४४ ई. तक।

परिचय—विश्व इतिहास में एक अद्वितीय पहचान रखनेवाले महान् चोल साम्राज्य के शासक राजेंद्र चोल प्रथम पहले भारतीय शासक थे, जिन्होंने भारत के वैभव को विदेशों तक विशेष पहचान दिलाई। चोल साम्राज्य के काल में भारत एक बड़ी ताकत और संपन्नता के लिए पहचाना जाता था। यह सत्य है कि चोल साम्राज्य की महानता और वैभव को देश में अब तक अनदेखा किया जाता रहा, लेकिन यही वह काल था, जब भारत एक बड़ी ताकत और संपन्न राष्ट्र के रूप में चोल वंश के शासक राजेंद्र चोल प्रथम के नेतृत्व में संपूर्ण भारत के साथ ही पूर्व एशिया तक पहुँच गया था।

जन्म और राजनीतिक जीवन

आज से लगभग डेढ़ हजार वर्ष पूर्व सात वाहनों के निर्बल होने के बाद दक्षिण भारत में पल्लवों और पांड्यों का प्रभुत्व हो गया। चोल राजवंश उन दिनों पल्लवों के अधीन था तथा कुडप्पा जिले (तमिलनाडु) के क्षेत्र तक उनका शासन सीमित था, लेकिन नौवीं शताब्दी के अंत में चोलों की शक्ति कुछ बढ़ने लगी। यह वह काल था, जब पल्लवों और पांड्यों के बीच चल रहे संघर्ष में दोनों कमजोर हो रहे थे और इसका लाभ उठाकर चोल शक्तिशाली हो रहे थे। इस परिस्थिति का लाभ उठाकर विजयालय नाम के चोल राजा ने अपनी स्थिति मजबूत की और उसके पुत्र आदित्य ने अपना स्वतंत्र चोल राज्य स्थापित कर लिया।

दक्षिण भारत के चोल साम्राज्य के सबसे महान् शासक राजेंद्र चोल प्रथम राजराजा चोल के पुत्र थे और सिंहासन पर सन् १०१२ में आसीन हुए। राजेंद्र चोल प्रथम ने बिहार और बंगाल के पालवंश के राजा महिपाल को हराने के पश्चात् सुदूर दक्षिण से गंगा के मैदानों तक राज्य की सीमा हो जाने के कारण गंगईकोंड की उपाधि धारण कर गंगईकोंड चोलपुरम् एक नई राजधानी का निर्माण किया था। वहाँ उन्होंने एक शिव मंदिर भी बनवाया था।

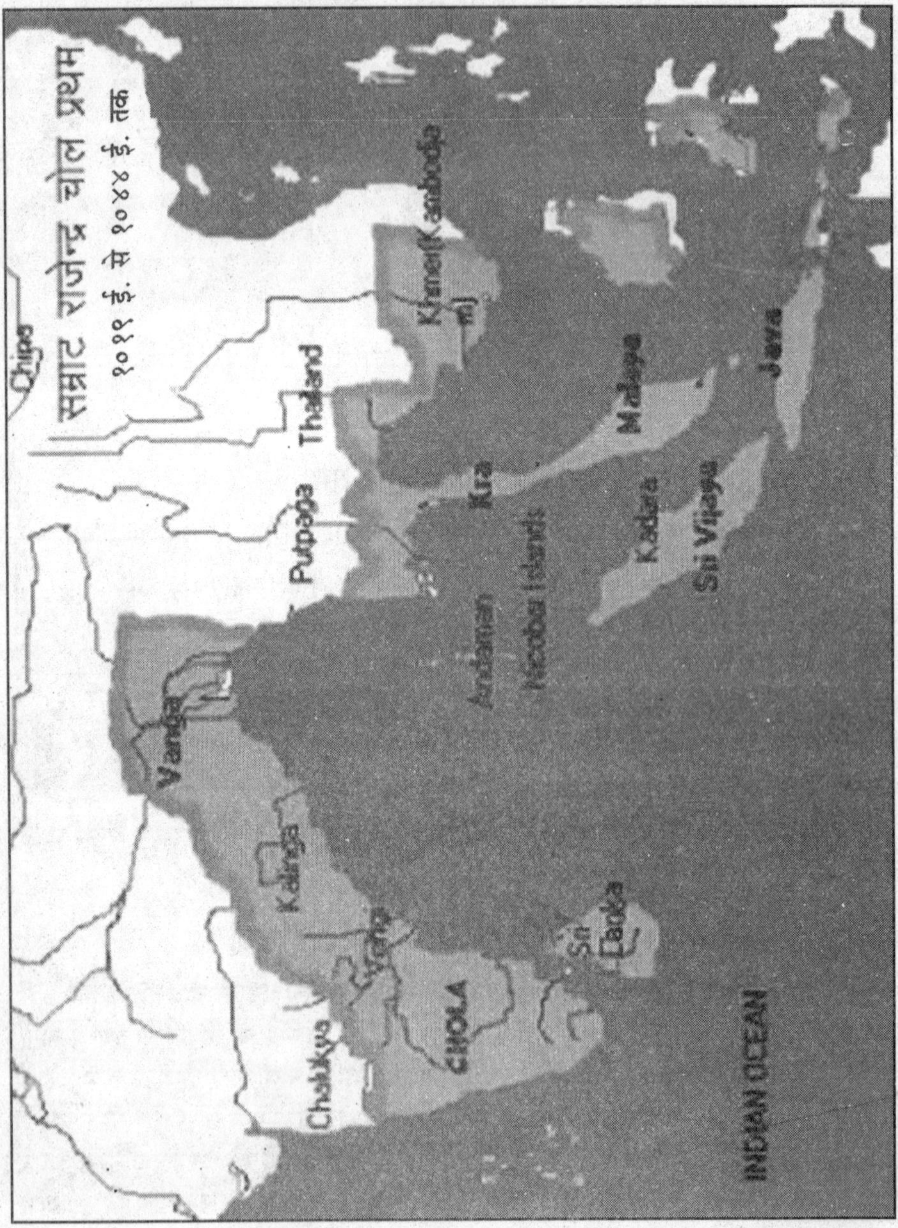

अपनी राजधानी में राजेंद्र चोल प्रथम ने एक विशाल कृत्रिम झील का निर्माण कराया, जो १६ मील लंबी तथा ८ मील चौड़ी थी। यह झील भारत के इतिहास में मानव निर्मित सबसे बड़ी झील में से एक मानी जाती है। उस झील से बंगाल से गंगा का जल लाकर डाला गया।

आदित्य का पौत्र राजराज सन् ९८५ में चोल वंश का पहला प्रतापी नरेश था, जिसने पहले तो पांड्य का राज्य और केरल के राजा को परास्त किया और फिर पश्चिमी गंगदेश (आंध्र) को हराकर पूरे दक्षिण भारत में अपनी सत्ता सुदृढ़ कर ली। तत्पश्चात् उसने अपनी शक्तिशाली नौ सेना से सिंहल द्वीप (श्रीलंका) का उत्तरी भाग भी जीत लिया। उसके पुत्र राजेंद्र देव ने अपने पिता राजराज के निधन के बाद १०१४ में चोल साम्राज्य की बागडोर हाथ में ली।

धार्मिक अभिरुचि

- चोल सम्राट् राजेंद्र देव स्वयं शैव थे, किंतु भगवान् विष्णु तथा गौतम बुद्ध के अनेक मंदिर उन्होंने बनवाए।
- उनके राज्य में प्रत्येक पंथ और संप्रदाय को राज्य द्वारा प्रश्रय मिलता था और उपासना पद्धति की संपूर्ण स्वतंत्रता थी।
- वर्तमान में तमिलनाडु के त्रिची जिले के गंगकोंडपुरम् में इस प्राचीन विशाल नगरी के भग्नावशेष हैं।
- अपने शासनकाल में उन्होंने दक्षिण भारत में विकसित विशाल चोल साम्राज्य का विस्तार उत्तर भारत में किया था।

साम्राज्य विस्तार

- राजेंद्र चोल प्रथम के नेतृत्व में चोल साम्राज्य में दक्षिण-पूर्व एशिया में अपने राज्यक्षेत्र का विस्तार किया, जिनमें अंडमान-निकोबार द्वीप समूह, श्रीलंका, मालदीव, मलेशिया, दक्षिणी थाईलैंड और इंडोनेशिया जैसे देश शामिल थे।
- मध्य युग के समय कई तमिल कवियों ने अपनी कविताओं में राजेंद्र चोल प्रथम के सफल आक्रमण का गुणगान किया था। उत्तर भारत में गंगा नदी तथा मलेशिया तक अपना शासन स्थापित करने के बाद उन्हें 'गंगैकोंडा' (गंगईकोडान) चोल और 'काडारामकोडान' के खिताब से नवाजा गया।

दूरदर्शिता

- राजेंद्र चोल प्रथम एक दूरदर्शी शासक था, जिसे एक शक्तिसंपन्न भारत की आवश्यकता दिखलाई पड़ रही थी। क्योंकि उत्तर भारत में महमूद गजनवी के आक्रमण प्रारंभ हो चुके थे। इसके लिए उसने चोल साम्राज्य का विस्तार कर दक्षिणापथ को सैनिक दृष्टि से सुदृढ़ करने का कार्य प्रारंभ किया।
- दूसरा कार्य उसने राज्य को आर्थिक दृष्टि से मजबूत करने का किया। आज के केरल, कर्नाटक, तमिलनाडु, आंध्र प्रदेश तक तो चोल साम्राज्य विस्तार पा ही चुका था, अब राजेंद्र चोल ने कलिंग (उड़ीसा) और बंगाल की विजययात्रा शुरू की। दोनों ही राज्यों

में राजेंद्र चोल की अधीनता स्वीकार कर ली।

- दक्षिण में उसने सिंहलद्वीप (श्रीलंका) को पूरी तरह जीतकर भारत की दक्षिणी सीमा को पूरी तरह निरापद कर लिया। उसकी नौसेना अब तीनों सागरों (हिंदू, सिंधु और गंगासागर) में स्वच्छंद रूप से विचरण करने लगी।

व्यापारिक नीति

- आर्थिक मजबूती के लिए चोल राजा ने अन्य देशों से व्यापार को बढ़ावा देने का निश्चय किया। उस समय चीन, जापान और दक्षिण-पूर्व एशियाई देशों से भारत का अधिकतर व्यापार होता था।
- बहुमूल्य सामग्री से लदे जहाज गंगासागर (बंगाल की खाड़ी) और हिंद महासागर को पार कर यव द्वीप (जावा) होते हुए लव द्वीप (लाओस), चंपा (वियतनाम), कंबोज (कंपुचिया) के बंदरगाहों पर माल उतारते थे। इसके बाद ये पोत चीन और जापान की ओर बढ़ जाते थे।
- इस समुद्री मार्ग की सुरक्षा के लिए राजेंद्र देव ने अपनी नौसेना को और मजबूत किया और लड़ाकू जहाजों पर सवार हो महासागरों को नापने के लिए निकल पड़ा।

नौसेना और युद्ध रणनीति

- इतिहासकारों के अनुसार राजेंद्र चोल ने इस नौसैनिक अभियान की योजना अभूतपूर्व व अद्वितीय थी। प्राचीन भारत के तब तक के सबसे बड़े इस नौसैनिक अभियान का उद्देश्य अन्य देशों से भारत के व्यापार के मार्ग को सुरक्षित करने के साथ ही वैदिक धर्म की विजयपताका पुनः एशिया में फहराना था।
- दक्षिण-पूर्व एशिया के तत्कालीन श्रीविजय साम्राज्य के साथ चोल राजवंश के मित्रता के संबंध थे, लेकिन वहाँ के सैनिकों ने भारत से माल लेकर आई कई नौकाओं को लूट लिया था। उसको दंड देने के लिए राजेंद्र देव ने यह नौसैनिक अभियान प्रारंभ किया था।
- सन् १०२५ में उसके सैनिक बेड़े ने फूर्ति से गंगासागर पार कर यवद्वीप (जावा) और सुवर्णद्वीप (सुमात्रा) पर अधिकार कर लिया।
- श्रीविजय साम्राज्य के तत्कालीन अधिपति संग्राम विजयतुंग बर्मन की नौसेना भी काफी शक्तिशाली थी। चोल सेना ने मलय प्रायद्वीप (मलेशिया) पर आक्रमण कर श्रीविजय के प्रमुख बंदरगाह कडारम (केडाह) को जीत लिया। दोनों सम्राटों के मध्य हुए निर्णायक युद्ध में चोल सेना के लड़ाकू युद्धपोतों ने श्रीविजय राज्य की नौसेना को पूरी तरह ध्वस्त कर दिया। पराजय के पश्चात् विजय-तुंग बर्मन ने चोल सम्राट् से मित्रता कर ली।
- भारत का व्यापार मार्ग अब पूर्ण रूप से सुरक्षित होने के साथ संपूर्ण दक्षिण भारत और सिंहलद्वीप के साथ-साथ दक्षिण-पूर्व एशिया पर भी चोल साम्राज्य की विजय-पताका फहराने लगी। अंडमान-निकोबार द्वीपों और मालदीव पर भी चोल सेना का आधिपत्य हो गया।

सामाजिक योगदान

- विश्व के महान् विजेताओं में से एक राजेंद्र चोल ने अनेक जनकल्याणकारी कार्य भी किए। उसके शासन काल में पूरे दक्षिणापथ की जनता सुखी और समृद्ध थी।
- साहित्य, कला, स्थापत्य कला, मूर्तिकला, मंदिरों के निर्माण और शिक्षा आदि के क्षेत्र में राजेंद्र देव के समय उल्लेखनीय विकास हुआ।
- वैदिक संस्कृति की शिक्षा के लिए प्रत्येक कुर्रम (गाँव) में श्रेष्ठ गुरुकुल उस कार्य में स्थापित किए गए। इनमें संस्कृत और तमिल में शिक्षा दी जाती थी।
- श्रीरंगम, मदुरा, कुंभकोणम, रामेश्वरम् आदि प्रसिद्ध स्थलों पर राजेंद्र देव ने भव्य मंदिर बनवाए, जो आज भी स्थापत्य कला के अद्वितीय उदाहरण माने जाते हैं।

महाराजा वीर सुहेलदेव राजभर

राज्य अवधि—१००९ से १०९३ ई.।

जीवन-परिचय—ऐतिहासिक सूत्रों के अनुसार श्रावस्ती भुक्ति (प्रांत) का शासन उन दिनों वैस क्षत्रिय सुधन्वाध्वज के हाथ में था। इसी वंशावली में मोरध्वज के वंशज प्रसेनजित् हुए। जिन्होंने बहराइच राज्य की स्थापना की। जिसका प्रारंभिक नाम भरराइच था। इसी कारण इन्हें 'बहराइच नरेश' के नाम से भी संबोधित किया जाता था। इन्हीं महाराजा प्रसेनजित् को माघ माह की वसंत पंचमी के दिन १८ फरवरी, १००९ ई. को एक पुत्ररत्न की प्राप्ति हुई, जिसका नाम सुहेलदेव रखा गया। इनके तीन भाई रुद्रमल, वागमल, सहारमल (भूराय्यदेव) और एक बहन अंबेदेवी भी थी। इनका पालन-पोषण विहारीमल राजभर और जयलक्ष्मी देवी ने किया था।

सुहेलदेव बचपन से ही मेधावी एवं देश की एकता के बारे में सोचते थे। इनके पिता ने इनकी अस्त्र-शस्त्र की शिक्षा राज्य के कुशल विद्वज्जनों की देखरेख में करवाई। इनकी बहुमुखी प्रतिभा एवं लोकप्रियता को देखकर मात्र १८ वर्ष की उम्र में इनका राजतिलक कर दिया गया तथा राजकाज में सहयोग के लिए योग्य अमात्य एवं राज्य की सुरक्षा के लिए योग्य सेनापति नियुक्त कर दिया गया।

सुहेलदेव ने राष्ट्र की सुरक्षा के लिए २१ राजाओं को एकत्र कर उनकी सेना का प्रतिनिधित्व किया। इनमें राष्ट्रभक्ति का जज्बा कूट-कूट कर भरा था। इसलिए सुहेलदेव भारतीय समाज, संस्कृति, धर्म की रक्षा करना अपना परम कर्तव्य समझते थे। राष्ट्र की एकता और अखंडता के साथ सुहेलदेव ने कभी समझौता नहीं किया। इस देशभक्त शासक पर इतिहासकारों की दृष्टि बहुत देर में पड़ी। जब राजा सुहेलदेव की देशभक्तिपरक बातें लोगों के सामने आईं, तब इनका महत्त्व समझ में आया।

साम्राज्य विस्तार—सुहेलदेव का साम्राज्य उत्तर में नेपाल से लेकर दक्षिण में कौशांबी तक तथा पूर्व में वैशाली से लेकर पश्चिम में गढ़वाल तक फैला हुआ था। बहराइच के सामंत सुहेलदेव का छोटा भाई भुराय्यदेव था, जिसने अपने नाम पर भुराय्चा दुर्ग का नाम रखा।

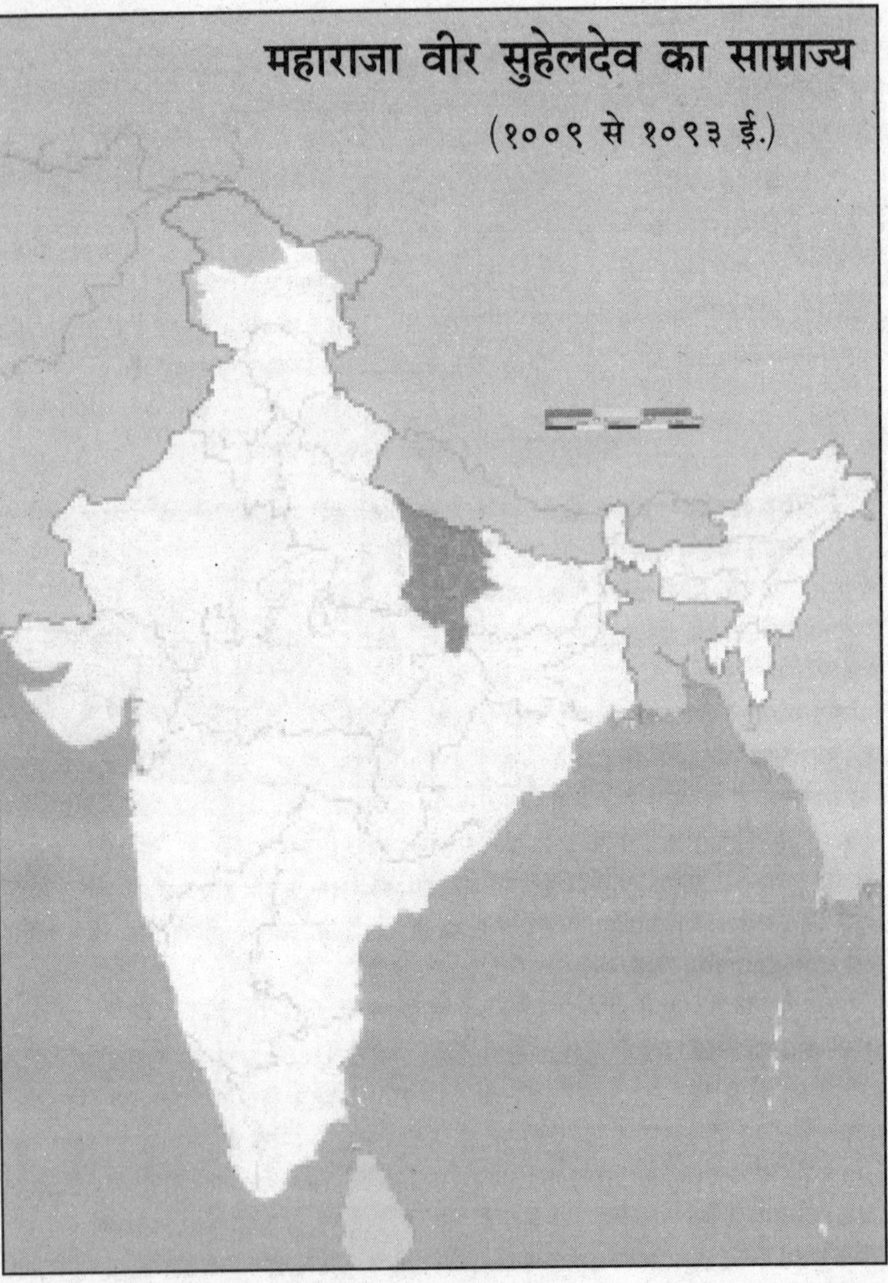

मातृभूमि की रक्षा के लिए राजा सुहेलदेव सदैव तत्पर रहते थे। महमूद गजनवी की मृत्यु के पश्चात् जब उसका भानजा सैयद सालार मसूद गाजी ने अपने पिता सालार साहू के साथ एक विशाल सेना लेकर भारत की ओर बढ़ रहा था तो ऐसे में सुहेलदेव ने भारत के २१ छोटे-छोटे राजाओं (१. राय साहब, २. राय रायब, ३. अर्जुन, ४. भगन, ५. गंग, ६. मकरन, ७. शंकर, ८. करन, ९. बीरबल, १०. जयपाल,

११. श्रीपाल, १२. हरपाल, १३. हरकरन, १४. हरखू, १५. नरहर, १६. भल्लर, १७. जुधारी, १८. नारायण, १९. भल्ला, २०. नरसिंह, २१. कल्याण) को इकट्ठा किया। ये सभी वीर राजा महाराज सुहेल देव के आदेश पर धर्म एवं राष्ट्र की रक्षा हेतु संगठित हुए, जिसका संचालन महाराज सुहेल देव ने किया। सैयद सलार गाजी ने जब दिल्ली पर आक्रमण किया तो वहाँ के राजाओं ने बड़ी वीरता के साथ उसका सामना किया। यह युद्ध एक महीने तक चलता रहा। गाजी हारने ही वाला था कि गजनी से बख्तियार साहू, सलार सैफुद्दीन मलिक, दौलत मिया आदि विशाल घुड़सवार सेना के साथ गाजी की सहायता के लिए आ गए। पुनः दोनों सेनाओं के बीच भयंकर युद्ध प्रारंभ हो गया। इस युद्ध में मसूद घायल हो गया, किंतु उनकी घुड़सवार सेना के समक्ष हमारे वीर सिपाही ज्यादा देर तक टिक न सके। अनेक राजाओं ने आत्मसमर्पण कर दिया। राय महीपाल व राय हरगोपाल अदम्य साहस और वीरता के साथ लड़े और लड़ते हुए शहीद हो गए। मेरठ का शासक हरिवत्त मुसलमान हो गया तथा उसने गाजी से संधि कर ली। यही स्थिति बुलंदशहर व बदायूँ के शासकों की भी हुई। कन्नौज का शासक भी मसूद का साथी बन गया।

अब हिंदुओं के तीर्थ स्थल सलार मसूद के निशाने पर थे। उसने तीर्थ स्थलों को नष्ट करने के लिए अपनी सेनाएँ भेजना प्रारंभ किया। इसी क्रम में मलिक फैसल को वाराणसी भेजा तथा स्वयं सप्तर्षि (बाराबंकी) की ओर बढ़ा। इतना ही नहीं, ये आततायी जिधर भी बढ़ते, उधर की निरीह जनता को सताते हुए आगे बढ़ते थे। कड़े और मानिकपुर के राजाओं ने बहराइच के राजा को संदेश भेजा कि हम अपनी ओर से इस्लामी सेना पर आक्रमण करें और तुम अपनी ओर से। इस प्रकार हम इस्लामी सेना का सफाया कर देंगे, किंतु सैयद सलार के गुप्तचरों ने संदेशवाहक को बंदी बना लिया और उसे फाँसी दे दी। कड़े और मानिकपुर के राजा बड़ी वीरता से लड़े तथा बाद में बंदी बनाकर उन्हें सतरिख भेज दिया गया।

जब बहराइच के राजा सुहेलदेव तक यह खबर पहुँची तो आस-पास के सभी राजा मुस्लिम आक्रमणकारियों के खिलाफ लामबंद हो गए। ये सभी राजा बहराइच शहर के उत्तर की ओर उपस्थित होकर तैयारी कर ही रहे थे कि सलार मसूद ने उन पर रात्रि में आक्रमण कर दिया। इस अचानक युद्ध में भारतीय सेना परास्त हुई। पुनः अगली लड़ाई हेतु हिंदू सेना संगठित हुई। उन्होंने मार्ग में हजारों विष बुझी कीलें बिछा दीं, किंतु रात्रि आक्रमण के प्रति सावधान न थे। पुनः मसूद ने रात्रि आक्रमण किया और वह विजयी हुआ, किंतु उसके एक तिहाई सैनिक इस युक्ति में मारे गए।

दो बार के धोखे के बाद भारतीय सेना सचेत हो गई। निर्णायक लड़ाई के लिए सुहेलदेव के नेतृत्व में प्रत्येक हिंदू परिवार से युवा युद्ध में शामिल हुए। सालार मसूद ने युद्ध के पहले हजारों गायों-बैलों को छोड़ दिया, ताकि सुहेलदेव की सेना आक्रमण न कर सके, किंतु सुहेलदेव की सेना पर इसका कोई प्रभाव न पड़ा। वे भूखे सिंहों की तरह इस्लामी सेना पर टूट पड़े। मीर नसरुल्लाह मारा गया। इसके बाद भारतीय सेना ने इस्लामी सेना के केंद्र पर आक्रमण कर दिया, जिसका नेतृत्व स्वयं सालार मसूद कर रहा था। मसूद को भारतीय सेना ने घेर लिया। सैफुद्दीन उसकी सहायता के लिए आगे बढ़ा, किंतु वह मारा गया। अगले दिन जब युद्ध प्रारंभ हुआ तो सुहेलदेव ने मसूद को अपने बाण का निशाना बनाया। वह बाण मसूद के गले में लगा, जिससे उसकी मृत्यु हो गई और अंत में इब्राहिम को बचे हुए सैनिकों के साथ मौत के घाट उतार दिया गया। सैयद सलार मसूद गाजी

और उसकी डेढ़ लाख सेना को परास्त करने के बाद एक विशाल विजय-स्तंभ बनवाना चाहते थे, किंतु राजा सुहेलदेव उसे पूरा न कर सके।

मसूद की इतनी विशाल सेना की पराजय के बाद भारतीय शूरवीरों का ऐसा आतंक विश्व में व्याप्त हो गया कि आनेवाले १५० वर्षों तक किसी आक्रमणकारी ने भारत पर आक्रमण करने का साहस नहीं किया। महाराजा सुहेलदेव ने कई सड़कें बनवाईं, पोखरें खुदवाईं, बगीचे लगवाए, पाठशालाएँ खुलवाईं, मंदिरों का निर्माण कराया और श्रावस्ती नगर को सुंदर रूप दिया। महाराजा सुहेलदेव जैसे महायोद्धा कभी-कभार ही पैदा होते हैं।

महाराजा भोज परमार का साम्राज्य

राज्य अवधि—१०१० से १०५३ ई.।

परिचय—उज्जैन के प्रतापी शासक और विक्रम संवत् के संस्थापक सम्राट् विक्रमादित्य के वंशज उपेंद्र अथवा कृष्णराज ने नौवीं शताब्दी के प्रारंभ में नर्मदा नदी के उत्तर (मालवा क्षेत्र) में परमार वंश की स्थापना की। यह मध्यकालीन भारत का एक अग्निवंशी राजपूत राजवंश था। इस वंश के प्रारंभिक शासक दक्षिण के राष्ट्रकूटों के सामंत थे। इनकी प्रारंभिक राजधानी उज्जैन में थी, परंतु कालांतर में धार (मध्य प्रदेश) में स्थानांतरित कर ली गई थी। इसी राजवंश में महाराजा भोज का जन्म हुआ, जो इस वंश का सर्वाधिक प्रतापी शासक सिद्ध हुआ। इनके पिता सिंधुराज थे। महाराजा भोज बचपन से ही बहुत वीर, प्रतापी और गुणग्राही थे। वे बहुत ही अच्छे कवि, दार्शनिक और ज्योतिषी थे। वे बहुत बड़े विद्वान् थे और उन्होंने धर्म, कला, खगोल विद्या, कोश-रचना, भवन निर्माण, काव्य, औषधशास्त्र आदि विषयों पर पुस्तकें भी लिखीं। उनका राज्याभिषेक सन् १०१० ई. में परमार वंश के नौवें शासक के रूप में हुआ।

राज्य विस्तार—धार नरेश भोजदेव ने बहुत से युद्ध किए और अपनी प्रतिष्ठा स्थापित की, जिससे सिद्ध होता है कि उनमें असाधारण योग्यता थी। महाराजा भोज मुंज के छोटे भाई सिंधुराज के पुत्र थे। मुंज की मृत्यु शोकजनक परिस्थिति में हो जाने से परमार बहुत ही उत्तेजित थे और इसलिए परमार भोज चालुक्यों से बदला लेने के विचार से दक्षिण की ओर सेना लेकर चढ़ाई करने को प्रेरित हुए, परंतु तत्कालीन चालुक्य राजा जयसिंह द्वितीय ने बहादुरी से सामना किया और अपना राज्य बचा लिया। सन् १०१८ ई. के कुछ ही पहले महाराजा भोज ने इंद्ररथ नामक एक व्यक्ति को, जो संभवतः कलिंग के गंग राजाओं का सामंत था, हराया था।

इसके पश्चात् महाराजा भोज ने भारत की पश्चिमी सीमा से लगे लाट नामक राज्य पर, जिसका विस्तार दक्षिण में बंबई राज्य के अंतर्गत सूरत तक था, आक्रमण कर दिया। वहाँ के राजा चालुक्य कीर्तिराज ने आत्मसमर्पण कर दिया। सन् १०२० में भोज ने कोंकण पर आक्रमण किया और शिलाहारों के अरिकेशरी नामक राजा को हराया। सन् १०४३ में भोज ने अपने वृत्तिभोगी सिपाहियों को पंजाब के मुसलमानों के विरुद्ध युद्ध के लिए दिल्ली के राजा के पास भेजा। उस समय पंजाब गजनी साम्राज्य का ही एक भाग था और महमूद के वंशज ही वहाँ राज कर रहे थे।

महाराजा भोज ने दाहल के कलचुरी गांगेयदेव के विरुद्ध आक्रमण किया, जिसमें गांगेयदेव पराजित हुआ। महाराजा भोज ने गुजरात के चालुक्यों से भी बहुत दिनों तक युद्ध किया। वल्लभराज के छोटे भाई दुर्लभराज को पराजित किया। दुर्लभराज के उत्तराधिकारी भीम के राज्यकाल में महाराजा भोज ने अपने सेनापति कुलचंद्र को गुजरात विजय के लिए भेजा। कुलचंद्र ने पूरे प्रदेश पर विजय प्राप्त की।

महाराजा भोज का साम्राज्य
(१०१० से १०५३ ई.)

इस प्रकार महाराजा भोजदेव ने अपने जीवन का अधिकांश समय युद्धक्षेत्र में ही बिताया। उसने अपने साम्राज्य का विस्तार किया और प्राकृतिक सीमाएँ प्राप्त करने की कोशिश की। अनेक युद्ध जीतकर उसने अपने कुशल सैन्य-संचालन का परिचय दिया। वास्तव में अपने समय का वह सर्वाधिक प्रतापी शासक सिद्ध हुआ।

राज्य-संचालन—धार नरेश भोजदेव का अधिकांश जीवन रणक्षेत्र में बीता, परंतु उन्होंने अपने राज्य की उन्नति में किसी प्रकार की बाधा न उत्पन्न होने दी। वे एक न्यायप्रिय व जनप्रिय शासक थे। अपनी योग्यता और कुशलता के बल पर उसने न सिर्फ साम्राज्य की सीमाएँ विस्तृत कीं अपितु नागरिकों के सर्वांगीण विकास को सदैव केंद्र में रखा। राज्य के बहुमुखी विकास के लिए उसने अनेक प्रयास किए। कृषि, व्यापार, लघु उद्योग आदि पर विशेष ध्यान केंद्रित किया। राज्य संचालन में सहयोग हेतु कुशल व सक्षम अधिकारियों तथा विद्वानों की एक बड़ी संख्या उनके दरबार में उपस्थित रहती थी। उनके शासनकाल में प्रजा में हर्ष का माहौल रहता था, न्याय व्यवस्था सुदृढ थी और आपराधिक कृत्य कम होते थे।

महाराज भोज बहुत बड़े दानवीर थे। वे विद्वानों और निर्धनों को खुलकर दान देते थे। उनके शासन में कलाकारों को संरक्षण प्रदान किया जाता था।

योगदान—महाराजा भोजदेव प्रतापी होने के साथ-साथ बहुत बड़े विद्वान् भी थे। वे बहुत अच्छे कवि, दार्शनिक और ज्योतिषी थे। उन्होंने धर्म, खगोल विद्या, कला, कोशरचना, भवन-निर्माण, काव्य, औषधशास्त्र आदि विषयों पर पुस्तकें लिखी हैं, जो आज भी विद्यमान हैं। सरस्वतीकंठाभरण, शृंगारमंजरी, चंपूरामायण, चारुचर्या, तत्त्वप्रकाश, व्यवहारसमुच्चय आदि इनकी महत्त्वपूर्ण कृतियाँ हैं। इनकी सभा बड़े-बड़े पंडितों और कवियों से सुशोभित रहती थी। इनकी पत्नी लीलावती भी बड़ी विदुषी थीं।

आईन-ए-अकबरी से प्राप्त उल्लेखों के अनुसार भोज की राज्यसभा में ५०० विद्वान् थे। महाराजा भोज ने अपने ग्रंथों में विमान बनाने की विधि का विस्तृत वर्णन किया है। उन्होंने नाव व बड़े जहाज बनाने की विधि का भी विस्तारपूर्वक उल्लेख किया है।

धारनरेश भोजराज ने निर्माण कार्यों में भी विशेष रुचि दिखाई। वर्तमान मध्य प्रदेश की राजधानी भोपाल को राजा भोज ने ही बसाया था। ग्वालियर से मिले स्तुति-पत्र के अनुसार केदारनाथ मंदिर का महाराजा भोज ने पुनर्निर्माण कराया था। मध्य प्रदेश के सांस्कृतिक गौरव के जो स्मारक हमारे पास हैं, उनमें से अधिकांश राजा भोज की देन हैं, चाहे विश्वप्रसिद्ध भोजपुर मंदिर हो या विश्वभर के शिवभक्तों की श्रद्धा का केंद्र उज्जैन स्थित महाकालेश्वर मंदिर, धार की भोजशाला हो या भोपाल का विशाल तालाब, ये सभी राजा भोज के सृजनशील व्यक्तित्व की देन हैं। उन्होंने केदारनाथ, रामेश्वरम्, सोमनाथ, मुंडीर आदि मंदिर भी बनवाए, जो हमारी समृद्ध सांस्कृतिक धरोहर हैं। अत: हम कह सकते हैं कि महाराजा भोज कुशल योद्धा के साथ-साथ महान् शासक, उम्दा निर्माणकर्ता और बहुत बड़े विद्वान् थे।

उत्तराधिकारी—अपने शासनकाल के अंतिम वर्षों में महाराजा भोज को पराजय का अपयश भोगना पड़ा। गुजरात के चालुक्य राजा तथा चेदिनरेश की संयुक्त सेना ने महाराजा भोज को पराजित कर दिया। इसके बाद उनकी मृत्यु हो गई।

महाराजा भोज की मृत्यु के पश्चात् चालुक्य कर्ण और कर्णाटों ने मालवा को जीत लिया, किंतु उनके वंशज उदयादित्य ने शत्रुओं को बुरी तरह पराजित कर अपना प्रभुत्व पुन: स्थापित किया। महाराजा भोज के वंशजों ने १३वीं शताब्दी तक शासन किया।

महाराजा पृथ्वीराज चौहान का साम्राज्य

राज्य अवधि—सन् ११७८ से सन् ११९२ तक।

जीवन-परिचय—पृथ्वीराज चौहान वंश के हिंदू क्षत्रिय राजा थे, जो उत्तर भारत में १२वीं सदी के उत्तरार्ध में अजमेर और दिल्ली पर राज करते थे। उनका जन्म अजमेर राज्य के राजा सोमेश्वर के यहाँ ११६३ ई. में हुआ था। वे भारतेश्वर, पृथ्वीराज, हिंदू सम्राट्, सपादलक्षेश्वर, राय पिथौरा इत्यादि नाम से प्रसिद्ध हैं। उनकी माता का नाम कर्पूरी देवी था।

पृथ्वीराज की १३ रानियाँ थीं। उनमें से संयोगिता प्रसिद्धतम मानी जाती है। पृथ्वीराज के अनुज का नाम हरिराज, छोटी बहन का नाम पृथा था। पृथ्वीराज का एक पुत्र था, जिसका नाम गोविंद था। बाल्यावस्था से ही वैभवपूर्ण वातावरण में बड़ा हुआ। वैभवसंपन्न प्रासाद में पृथ्वीराज के परितः परिचारिकाओं का बाहुल्य था।

पृथ्वीराज का अध्ययन अजयमेरु प्रासाद में और विग्रहराज द्वारा स्थापित सरस्वती कंठाभरण विद्यापीठ में हुआ। प्रासाद और विद्यापीठ के प्रांगण में युद्धकला और शस्त्रविद्या का ज्ञान पृथ्वीराज ने प्राप्त किया। आदिकाल से ही चौहान वंश साम्राज्य की राजभाषा संस्कृत थी तथापि अन्य भाषाओं में भी व्यवहार होता था, परंतु संस्कृत आदिकाल से शाकंभरी की राजभाषा थी। यह प्राप्त शिलालेखों से ज्ञात होता है। चौहान वंश के काल में मुख्यतया छह भाषाएँ प्रचलित थीं। वे इस प्रकार हैं—संस्कृत, प्राकृत, मागधी, पैशाची, शौरसेनी, अपभ्रंश भाषा।

छह भाषाओं के अतिरिक्त पृथ्वीराज ने मीमांसा, वेदांत, गणित, पुराण, इतिहास, सैन्य विज्ञान और चिकित्साशास्त्र का भी ज्ञान प्राप्त किया था। वे संगीत कला और चित्रकला में भी प्रवीण थे। पृथ्वीराज रासो काव्य में उल्लेख है कि धनुर्विद्या में पारंगत पृथ्वीराज शब्दभेदी बाण को चलाने में भी सक्षम हो गए थे। पृथ्वीराज अश्व नियंत्रण विद्या और गज नियंत्रण विद्या में विचक्षण थे। इस प्रकार विविध विद्याओं का अर्जन करते हुए पृथ्वीराज तरुणावस्था को प्राप्त हुए।

भारतसम्राट् के रूप में जब पृथ्वीराज सिंहासन पर आरूढ़ हुए, तब उन्हें अल्पवयस्क जानकर सपादलक्ष साम्राज्य के अनेक सामंतों और प्रतिवेशी राज्यों ने विद्रोह कर दिया।

पृथ्वी राज का प्रथम विवाह मंडोर प्रदेश की नाहड़राव परिहार की पुत्री जंभावती के साथ हुआ था। पृथ्वीराजरासो की लघु हस्तप्रति में केवल दो नाम हैं, जो इच्छनी और संयोगिता हैं और सबसे छोटी हस्तप्रति में केवल संयोगिता का ही नाम उपलब्ध है एवं संयोगिता का नाम सभी हस्तप्रतियों में उपलब्ध है।

राज्य विस्तार—चौहान वंश ने जिस भू-भाग में अपना राज्य स्थापित किया, उस भूभाग का नाम जांगल था। उस प्रदेश की राजधानी अहिच्छत्रपुर थी। सद्यः उसका नाम नागौर है। वह नागौर नगर आज 'देशनोक' नाम से प्रसिद्ध है।

सन् ११७६ में विक्रम संवत्सर में लिखित एक शिलालेख में उल्लेखित है कि 'जांगकूपदुर्ग' नामक ग्राम की स्थापना पृथ्वीराज द्वारा हुई थी।

पृथ्वीराज की सेना बहुत ही विशालकाय थी, जिसमें तीन लाख सैनिक और तीन सौ हाथी थे। कहा जाता है कि उनकी सेना बहुत ही अच्छी तरह से संगठित थी। इसी कारण इसी सेना के बलबूते उन्होंने कई युद्ध जीते और अपने राज्य का विस्तार किया। अपने राज्य-विस्तार को लेकर वे हमेशा सजग रहते थे।

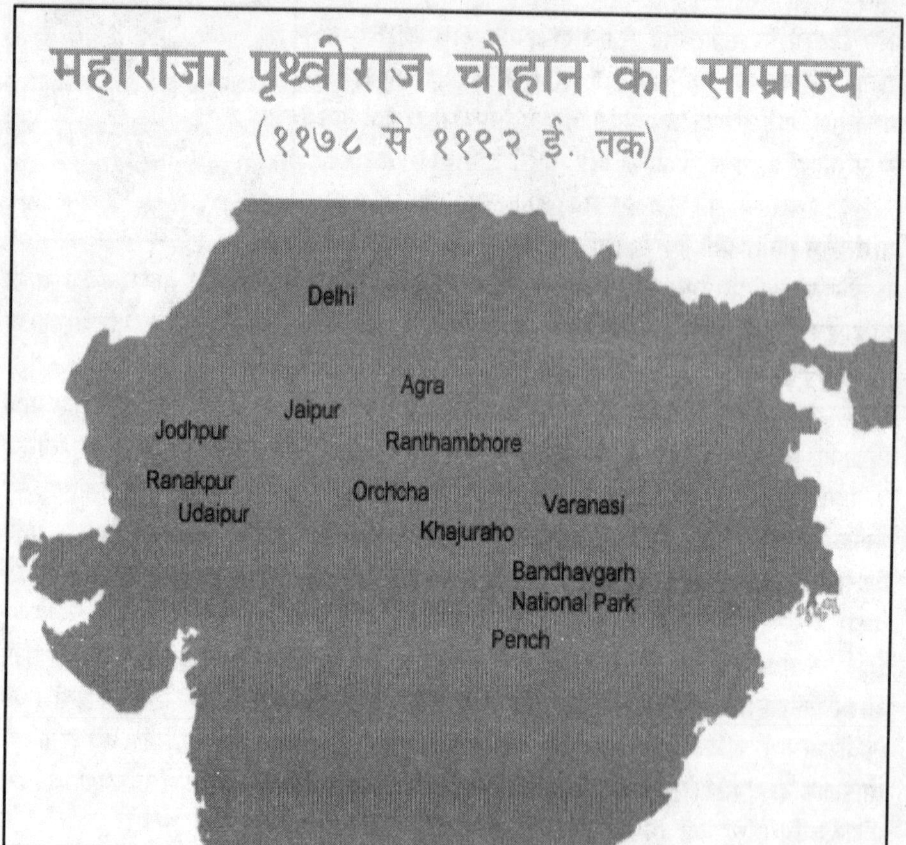

पृथ्वीराज ने सत्रह बार शहाबुद्दीन मोहम्मद गोरी नाम के राजा को पराजित किया। उनके धनुष की प्रत्यंचा की ध्वनि अति भयानक थी। इन्हीं वर्षों में भारत के उत्तरभाग में गोरी नामक 'गौमांस' भक्षण करनेवाला योद्धा अपने शासन और धर्म के विस्तार की कामना से अनेक जनपदों को छल से या बल से पराजित कर रहा था। उसकी शासन विस्तार और धर्म विस्तार की नीति के फलस्वरूप सन् ११७५ से पृथ्वीराज का गोरी के साथ संघर्ष आरंभ हुआ। उसके बाद सन् ११७८ में गोरी ने गुजरात राज्य के ऊपर आक्रमण करने के लिए पृथ्वीराज की सहायता भी माँगी, परंतु पृथ्वीराज के मन में गोरी के प्रति घृणाभाव था, पृथ्वीराज ने उसकी सहायता नहीं की और गोरी की लज्जास्पद पराजय हुई। गोरी तब से पृथ्वीराज का परम शत्रु बन गया। जब पृथ्वीराज सिंहासन पर आरूढ़ हुए, तब उनके विद्रोह में प्रथम नागार्जुन था, जो विग्रहराज का पुत्र था। सन् ११७७ में पृथ्वीराज ने उसके विद्रोह का दमन किया और उसे पराजित किया।

पृथ्वीराज चौहान के विरुद्ध भादानक प्रदेशीय राजा सोहणपाल चौहान वंश के विरुद्ध युद्ध करने के लिए सज्ज हुआ। अत: आनुवंशिक युद्ध की स्थिति में पृथ्वीराज के शासनकाल में भादानक प्रदेश के यादववंशीयों का समूल उच्छेदन कर दिया। सन् ११८२ में पृथ्वीराज ने जेजाक भुक्ति (प्रांत) पर आक्रमण किया और शत्रु को पराजित किया। यह प्रदेश बुंदेलखंड के रूप में जाना जाता है। यद्यपि बुंदेलखंड का विशाल भू-भाग मध्य प्रदेश और उत्तर प्रदेश राज्य के मध्य में विभक्त हो गया। उस बुंदेलखंड में जेजाकभुक्ति नामक स्वतंत्र राज्य था।

उन्होंने सिरसा दुर्ग जीतकर अपने राज्य का विस्तार किया। पृथ्वीराज की सेना आकोरी नामक स्थान की ओर अग्रसर थी, तभी मार्ग में ही चंद्रेरी सेना के साथ भयंकर युद्ध हुआ। इस प्रकार उन्होंने कालांजिर दुर्ग मालवा प्रदेश के ऐरन प्रदेश जेजाकभुक्ति प्रदेश सन् ११८३ में चालुक्यों को पराजित किया। सतलुज का युद्ध पृथ्वीराज का गोरी के साथ प्रथम युद्ध था। उस युद्ध में गोरी की घोर पराजय हुई थी। पृथ्वीराज की विशाल सेना के आक्रमण से गोरी की सेना युद्ध से पलायन कर गई, गोरी को बंदी बना लिया गया। पृथ्वीराज के सम्मुख नतमस्तक गोरी तब स्वतंत्र हुआ, उसने पृथ्वीराज को वार्षिक कर देने का संकल्प किया।

सन् ११७५ से ११९१ तक गोरी द्वारा भारत के समीपवर्ती प्रदेशों में और भारतीय प्रदेशों में बहुत से आक्रमण किए गए। सन् ११९० में तराइन का प्रथम युद्ध हुआ था, उस युद्ध में गोरी की पराजय हुई तथा पृथ्वीराज ने गोरी को बंदी भी बनाया था।

योगदान एवं उपलब्धियाँ—पृथ्वीराज चौहान अत्यंत पराक्रमी थे। उनकी भुजा में भीमसेन के समान बल था, उनके धनुष की प्रत्यंचा की ध्वनि अतीव भयानक होती थी। वे वचनपालन में बलि, दान में कर्ण, सत्यकार्यों में विक्रमादित्य और आचरण में हरिश्चंद्र के समान थे। चौदह कलाओं से संपन्न वह कामदेव के समान पृथ्वी पर अवतरित हुए। पृथ्वीराज भारत के अंतिम हिंदूराजा के रूप में प्रसिद्ध हुए। पृथ्वीराज ने नागार्जुन का दमन किया, भादानकदेशीय, चालुक्यवंश आदि पर विजय प्राप्त की। गोरी को हराकर गुजरात राज्य, तराइन युद्ध आदि बड़े युद्धों को जीतकर अपने पराक्रम का प्रभाव छोड़ा। चौहान वंश ने जिस भू-भाग में अपना राज्य स्थापित किया, उस भू-भाग का नाम 'जांगल' था। उस प्रदेश की राजधानी अहिच्छत्रपुर थी। सद्य: उसका आधुनिक नाम नागौर है।

जांगकूप दुर्ग नामक ग्राम की स्थापना पृथ्वीराज द्वारा हुई थी। इस ग्राम से पृथ्वीराज के नाम की मुद्राएँ भी प्राप्त हुईं।

उत्तराधिकारी—पृथ्वीराज की अनेक रानियाँ थीं, जब वे ग्यारह वर्षीय थे, तब उनका प्रथम विवाह जंभावती पडिहारी से हुआ था। उसके बाद प्रतिवर्ष उनका एक-एक विवाह होता गया, यथा—१२वें वर्ष पंवारी इच्छनी, १३वें वर्ष दाहिया, १४वें वर्ष जालंधरी, १५वें वर्ष गूजरी, १६वें वर्ष बडगुजरी, १७वें वर्ष यादवी पद्‌मावती, १८वें वर्ष यादवी शशीव्रता, १९वें वर्ष कच्छवाही, २०वें वर्ष पुंडीरनी, २१वें वर्ष शशीव्रता, २२वें वर्ष इंद्रावती और इसके बाद ३६वें वर्ष उनका अंतिम विवाह संयोगिता गहड़वाल से हुआ। पृथ्वीराज चौहान का एक पुत्र था, जिसका नाम गोविंद था।

११ मार्च, ११९२ में प्रतापी शब्दभेदी राजा पृथ्वीराज चौहान की मृत्यु हुई। मृत्यु के साथ ही उनकी बहादुरी, साहस, देशभक्ति और सिद्धांतों का भी अंत हो गया था, लेकिन चंद्रबरदाई के

पृथ्वीराजरासो और पृथ्वीराज विजय के जयानक में पृथ्वीराज चौहान के अमर कर्म संकलित हैं।

एक एव सुहृद्धर्मो निधनेऽप्यनुयाति यः।
शरीरं समं नाशं सर्वं अन्यद्धिगच्छति॥

(मनुस्मृति–८/१७)

अर्थात् धर्म ही ऐसा मित्र है, जो मरणोत्तर भी साथ चलता है। अन्य सभी वस्तुएँ शरीर के साथ ही नष्ट हो जाती हैं। इतिहासविद् डॉ. विंध्यनाथ चौहान के मतानुसार पृथ्वीराज ने उक्त श्लोक का अंतिम समयपर्यंत आचरण किया।

□

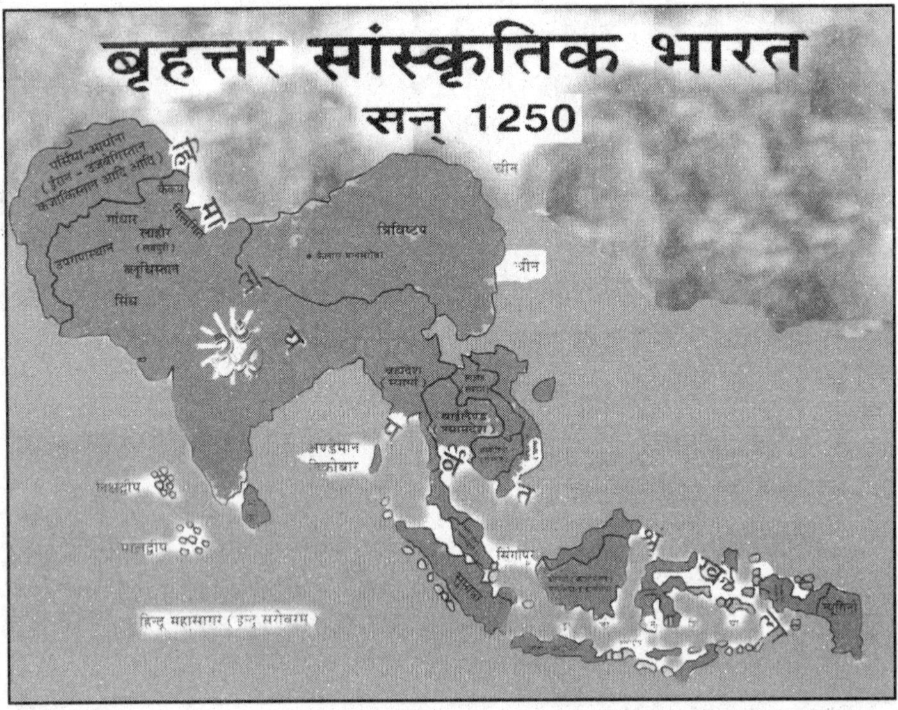
बृहत्तर सांस्कृतिक भारत
सन् 1250
चीन
त्रिविष्टप
गांधार
सिंध
अण्डमान
निकोबार
मालद्वीप
सिंगापुर
हिन्दू महासागर (इन्दु सरोवरम्

- अहोम साम्राज्य
- लाचित बरफुकन
- विजय नगर का साम्राज्य
- सम्राट् कृष्ण देवराय का साम्राज्य
- महाराजा हेमचंद्र विक्रमादित्य (हेमू) का साम्राज्य
- महाराणा प्रताप का साम्राज्य
- महाराणा राजसिंह का साम्राज्य
- छत्रपति शिवाजी का साम्राज्य
- मराठा साम्राज्य
- महाराजा छत्रसाल का साम्राज्य
- पेशवा बाजीराव प्रथम का साम्राज्य
- महाराजा रणजीत सिंह
- १८५७ की क्रांति के समय भारतवर्ष
- सुभाषचंद्र बोस (नेताजी)
- बाह्य आक्रमण, जिन्हों बदल दिया सांस्कृतिक भारत का स्वरूप
- भारतवर्ष १९४७
- सन् १९४७ का राष्ट्र विभाजन
- सरदार वल्लभभाई पटेल
- वर्तमान भारत का स्वरूप

संघर्ष-पर्व

अहोम साम्राज्य

नाम—अहोम शासन

राज्य अवधि—सन् १२२८ से सन् १८२६ तक।

परिचय—अहोम उत्तरी बर्मा में रहने वाली शान जाति के लोग थे। चुकाफा के नेतृत्व में उन लोगों ने असम के पूर्वोत्तर क्षेत्र में १२२८ ई. में आक्रमण किया और इस पर अधिकार कर लिया। यह वही समय था, जब असम पर इस्लामी आक्रमण पश्चिमोत्तर दिशा से हो रहे थे। चुकाफा और उसके उत्तराधिकारियों ने छह शताब्दी १२२८ से १८२६ ई. तक शासन चलाया और राज्य का विस्तार भी किया। इस प्रकार छह सौ वर्षों तक सारभौम रहनेवाला, मुगलिया सल्तनत से अकेले लोहा लेकर कभी उनसे न हारने वाला और उत्तर-पूर्व में अधिकार करने से रोकनेवाला ऐसा इतिहास रहा है। ऐसे अहोम साम्राज्य का निर्माण किया।

प्राचीन समय में लगभग ७०० वर्षों तक असम प्राग्ज्योतिष (कामरूप) के लगभग तीन राजवंशियों के नेतृत्व में रहा और मध्यकाल में लगभग ६०० वर्षों तक असम अहोम वंश के नेतृत्व में रहा। उस समय मुगलों को छोड़कर कोई भी विदेशी शक्ति असम साम्राज्य पर आक्रमण करने में सफल नहीं रही। मुगलों ने असम पर कुल १७ बार आक्रमण किए, जिनमें से एक बार उनके हाथ एक छोटी सी सफलता लगी, जिसमें असम के छोटे से भाग पर उन्हें केवल दो वर्ष तक शासन करने को मिला।

राज्य विस्तार—अहोम लोगों ने सन् १२२८ में चुकाफा नामक शासक के नेतृत्व में असम में अपने राज्य की स्थापना की। उन्होंने असम में सन् १८२६ ई. तक अपना राज्य कायम रखा। राजा चुकाफा बहुत ही विन्रम थे और स्थानीय जनजातियों—मोरानी और बोराही लोगों के साथ दोस्ती है। अहोम लोगों की आनेवाली पीढ़ियों ने इन जनजातियों की लड़कियों से शादियाँ कीं और असम में ही पूर्णरूप से बस गए। अहोम राजा सुहुंगमुंग ने हिंदू नाम 'स्वर्ग नारायण' अपनाया और बाद में सभी अहोम राजाओं को असमिया भाषा में स्वर्गदेव (स्वर्ग का स्वामी) बुलाया गया। अहोम राजाओं को ताई भाषा में 'चाओ-फा' कहा जाता था। अहोम राजाओं के राज्याभिषेक समारोह को 'सिंगारीधारुथ' के नाम से जाना जाता था।

अहोम शासकों और लोगों ने असम में मुगलिया सल्तनत के विस्तार को रोका। १९वीं सदी के शुरुआती वर्षों में अहोम लोगों के बीच गृहयुद्ध छिड़ गया, जिसकी वजह से उनकी ताकत और

संसाधन घटते चले गए। इसी स्थिति का फायदा उठाकर वर्मा की सेना ने असम पर आक्रमण कर दिया और अहोम राजा को राज्य छोड़ने पर मजबूर कर दिया।

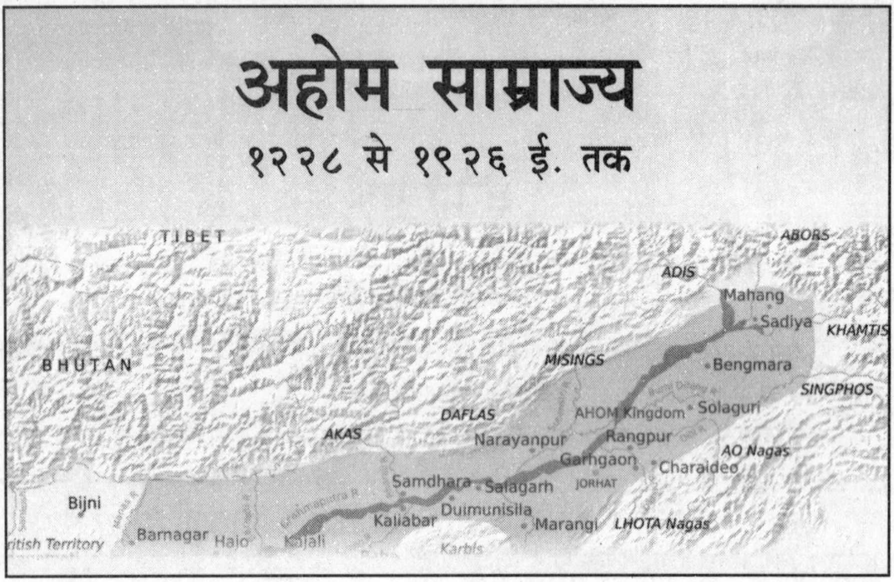

योगदान एवं उपलब्धियाँ—अहोम राजाओं के शासन की पहचान थी शांति और कला एवं निर्माण में उपलब्धियाँ। अनेक ताई भाषा संस्थान, जैसे—पी.के. बरगोहाई ताई संस्थान, दक्षिण-पूर्व एशियाई अध्ययन-गुवाहाटी, सेंट्रल ताई अकादमी-पाटसाकू (शिवसागर) हाल के दिनों में स्थापित हुए।

लाचित बरफुकन

परिचय—लाचित बरफुकन मोमाई तामुली बोड़बरुआ के पुत्र थे। इनके पिता प्रताप सिंह के शासनकाल में पहले राज्यपाल और सेनापति थे।

लाचित बरफुकन भी आगे चलकर अहोम राज्य के सेनापति बने। इनका जन्म २४ नवंबर, १६२२ को हुआ था। लाचित बरफुकन ने मानविकी एवं शस्त्र और सैन्य कौशल की शिक्षा प्राप्त की थी। अहोम साम्राज्य में वे अहोम राजा चक्रध्वज सिंह की शाही घुड़साल के अधीक्षक, रणनीतिक महत्त्व रखनेवाले सिमुलगढ़ किले के प्रमुख और शाही घुड़सवार रक्षक दल के अधीक्षक जैसे पदों पर आसीन रहे।

लाचित बरफुकन अपनी युद्ध योजना के लिए जाने जाते हैं। वे अपने संपूर्ण इलाके को अच्छी तरह से जानते थे और यह जानकारी उन्हें राज्य पर विदेशी आक्रांताओं के हमले के समय मदद करती थी। वे ब्रह्मपुत्र नदी को अपनी माँ की भाँति मानते थे। किसी भी आक्रांता को अहोम राज्य पर हमला करने के लिए ब्रह्मपुत्र नदी को पार करना पड़ता था। इस समय लाचित बरफुकन अपनी सेना के साथ ऊँचाईवाले स्थानों से छापामार युद्ध करके दुश्मन की सेना को पराजित कर देते थे।

उन्होंने मुगलों के अहोम राज्य पर नियंत्रण करने की योजना को न केवल विफल कर दिया, बल्कि गुवाहाटी को भी मुगलों से मुक्त करा लिया। सन् १६७१ में सराय घाट के भीषण युद्ध के एक वर्ष बाद बीमारी के कारण उनका देहांत हो गया।

सरायघाट का युद्ध—अपनी योजना को सफल बनाने हेतु औरंगजेब ने अहोम को जीतने के लिए राजा रामसिंह के नेतृत्व में एक विशाल सेना भेजी। उसकी सेना में ४००० कुशल लड़ाके, ३०,००० पैदल सेना, २१ राजपूत सेनापतियों का दल, १८,००० घुड़सवार सैनिक तथा २००० धनुषधारी सैनिक थे।

उपरोक्त के विपरीत लाचित बरफुकन के पास अत्यंत सीमित संसाधन थे, किंतु युद्ध के समय राष्ट्रप्रेम, अपनी योजना तथा प्रचंड मनोबल के कारण वे युद्ध में मुगलों को पराजित करने में सफल रहे।

सन् १६७१ में युद्ध (सराय घाट का युद्ध) के पहले चरण में मुगल सेनापति रामसिंह ने असमिया सेना के विरुद्ध असफल रहने पर एक कुटिल चाल चली। उसने एक पत्र के साथ अहोम शिविर की ओर एक तीर छोड़ा, जिसमें लिखा था कि लाचित को एक लाख रुपए दिए गए थे, इसलिए इसे गुवाहाटी छोड़कर चले जाना चाहिए। पत्र राजा चक्रध्वज के पास पहुँचा तो वे बरफुकन की निष्ठा एवं देशभक्ति पर संदेह करने लगे। तब उनके प्रधानमंत्री अतन बुड़गोहेन ने राजा को समझाया कि यह लाचित के विरुद्ध एक चाल है।

युद्ध के अंतिम चरण में, जब मुगलों ने नदी से आक्रमण किया तो अपना मनोबल बढ़ाकर अहोम सेना ने तीव्रता से मुगल सेना पर हमला किया। लाचित बरफुकन ने पूर्ण देशभक्ति एवं किसी भी स्थिति में विजय हासिल करने की दृढ इच्छाशक्ति के साथ एक जर्जर नाव में सवार होकर अपनी सेना का संचालन किया। अंत में लाचित बरफुकन विजयी हुए, तब मुगल सेनापति ने लिखा, "महाराज की जय हो! सलाहकारों की जय हो। सेनानायकों की जय हो। देश की जय हो।" केवल एक ही व्यक्ति सभी शक्तियों (लाचित बरफुकन) का नेतृत्व करता है, यहाँ तक कि मैं राम सिंह, व्यक्तिगत रूप से युद्धस्थल पर उपस्थित होते हुए भी कोई कमी या अवसर नहीं ढूँढ़ सका।

इस प्रकार अपनी महान् कुशलता का परिचय देते हुए लाचित बरफुकन अपने प्रदेश (कामरूप/अहोम) को मुगल आधिपत्य में जाने से बचा पाए। उनकी अचानक प्राकृतिक मृत्यु के बाद उदयादित्य सिंह द्वारा सन् १६७२ में जोरहाट से १६ किमी. दूर हूंगलूपारा में लाचित स्मारक का निर्माण करवाया। उनका मृत शरीर इसी स्मारक में विश्राम के लिए रखा गया।

वर्तमान में भी भारतीय सैनिकों को प्रेरणास्पद घटनाएँ सुनाते समय लाचित बरफुकन का नाम अत्यंत गर्व से लिया जाता है। हूंगलूपारा के अतिरिक्त जोरहाट एवं खड़कवासला की राष्ट्रीय रक्षा अकादमी (एनडीए) में बरफुकन की प्रतिमा स्थापित की गई है।

यह उनकी वीरता का ही परिणाम है कि उनकी याद में असम में प्रत्येक वर्ष उनके जन्म दिवस २४ नवंबर को 'लाचित दिवस' में मनाया जाता है। उनके नाम पर राष्ट्रीय रक्षा अकादमी के सर्वश्रेष्ठ कैडेट को 'लाचित मेडेल' से सम्मानित किया जाता है।

योगदान—लाचित बरफुकन को अहोम साम्राज्य पर मुगलों के अभियान को विफल करने के लिए याद किया जाता है। औरंगजेब अपने साम्राज्य को संपूर्ण भारत पर विस्तारित करना चाहता था, किंतु वह भारत के उत्तर-पूर्वी हिस्से तक नहीं पहुँच पा रहा था।

विजयनगर साम्राज्य

राज्य अवधि—सन् १३३६-१३५६।

परिचय—विजयनगर साम्राज्य मध्यकालीन दक्षिण भारत का एक साम्राज्य था। इसके राजाओं ने ३१० वर्षों तक राज किया। इसका वास्तविक नाम कर्णाटक साम्राज्य था। इसकी स्थापना हरिहर प्रथम और बुक्का राय प्रथम नामक दो भाइयों ने की थी। दक्षिण भारत के राजा मुगल सल्तनत के प्रवाह के सम्मुख झुक न सके। मुगल इस भू-भाग पर अधिक काल तक अपनी विजय-पताका फहराने में असमर्थ रहे। यही कारण है कि दक्षिण पथ के इतिहास में विजयनगर राज्य को विशेष स्थान दिया गया।

दक्षिण भारत की कृष्णा नदी की सहायक तुंगभद्रा को इस बात का गर्व है कि विजयनगर उसकी गोद में पला। उसी के किनारे प्रसिद्ध नगरी हंपी स्थित रही। विजयनगर के पूर्वगामी होयसल राजाओं का प्रधान स्थान भी यहीं था। दक्षिण का पठार दुर्गम है, इसलिए उत्तर के महान् सम्राट् भी दक्षिण में विजय करने का संकल्प अधिकतर पूरा नहीं कर सके।

द्वार समुद्र के शासक वीर वल्लाल तृतीय ने दिल्ली सुल्तान द्वारा नियुक्त कंपिलि के शासक मलिक मुहम्मद के विरुद्ध लड़ाई छेड़ दी। ऐसी परिस्थिति में दिल्ली के सुल्तान ने मलिक मुहम्मद की सहायता के लिए दो (हिंदू) कर्मचारियों को नियुक्त किया, जिनके नाम हरिहर तथा बुक्का थे। स्वामी विद्यारण्य से दीक्षित होकर इन्हीं दोनों भाइयों ने स्वतंत्र विजयनगर राज्य की स्थापना की। सन् १३३६ ई. में हरिहर ने वैदिक रीति से राज्याभिषेक संपन्न किया और तुंगभद्र नदी के किनारे विजयनगर का निर्माण किया। विजयनगर राज्य में चार विभिन्न वंशों ने राज्य किया। प्रत्येक वंश में प्रतापी एवं शक्तिशाली राजाओं की कमी नहीं थी। युद्धप्रिय होने के अतिरिक्त वे सभी हिंदू संस्कृति के रक्षक थे। स्वयं कवि एवं विद्वानों के आश्रयदाता थे। हरिहर तथा बुक्का संगम नामक व्यक्ति के पुत्र थे, अतएव उन्होंने संगम सम्राट् के नाम से शासन किया। विजयनगर राज्य के संस्थापक हरिहर प्रथम ने थोड़े समय पश्चात् अपने वरिष्ठ एवं योग्य बंधु को राज्य का उत्तराधिकारी घोषित किया।

साम्राज्य विस्तार—विजयनगर की स्थापना के साथ ही हरिहर तथा बुक्का के सामने कई कठिनाइयाँ थीं। वारंगल का शासक कपय नायक तथा उसका मित्र प्रोलय वेम और वीर वल्लाल तृतीय उसके विरोधी थे। देवगिरि का सूबेदार कुतलुग खाँ भी विजयनगर के स्वतंत्र अस्तित्व को नष्ट करना चाहता था। हरिहर ने सर्वप्रथम बादामी, उदयगिरि तथा गुटी के दुर्गों को सुदृढ किया। होयसल सम्राट् वीर वल्लाल मदुरै के विजय अभियान में लगा हुआ था। इस अवसर का लाभ

उठाकर हरिहर ने होयसल साम्राज्य के पूर्वी भाग पर अधिकार कर लिया। आगे चलकर हरिहर ने कदंब के शासक तथा मदुरा के सुल्तान को पराजित करके अपनी स्थिति सुदृढ कर ली।

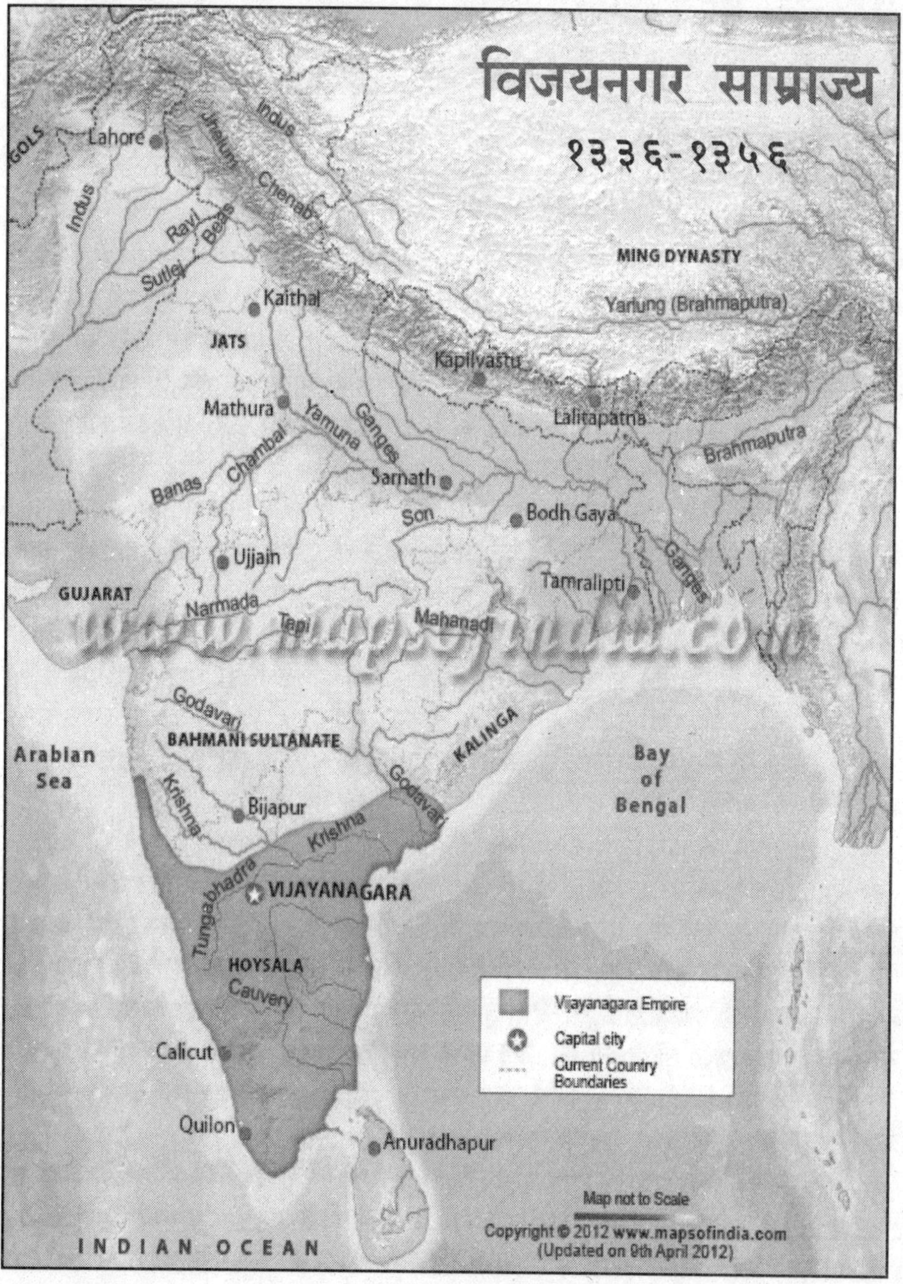

हरिहर के बाद बुक्का सम्राट् बना, हालाँकि उसने ऐसी कोई उपाधि धारण नहीं की। उसने तमिलनाडु का राज्य विजयनगर साम्राज्य में मिला लिया। बुक्का के बाद उसका पुत्र हरिहर

द्वितीय सत्तासीन हुआ। हरिहर द्वितीय एक महान् योद्धा था। उसने अपने भाई के सहयोग से कनारा, मैसूर, त्रिचनापल्ली, कांची, चिंगल पुट आदि प्रदेशों पर अधिकार कर लिया।

उपलब्धियाँ एवं योगदान—हरिहरवंश ने विजयनगर को शक्तिशाली एवं सुदृढ साम्राज्य बना दिया था। उनके वंशजों में देवराय द्वितीय का नाम उल्लेखनीय है, जिसने अपने राज्याभिषेक के पश्चात् संगम राज्य को उन्नति की चरमसीमा पर पहुँचा दिया। राज्य की सुरक्षा के निमित्त तुर्की घुड़सवार नियुक्त कर सेना की वृद्धि की। उनके समय में अनेक नवीन मंदिर व भवन बने।

दूसरा राजवंश सालुव नाम से प्रसिद्ध था। इस वंश के संस्थापक सालुब नरसिंह ने सन् १४८५ से सन् १४९० तक शासन किया। उसने शक्ति क्षीण हो जाने पर अपने मंत्री नरस नायक को विजयनगर का संरक्षक बनाया। वही तुलुब वंश का प्रथम शासक माना गया है। उसने सन् १४९० से सन् १५०३ तक शासन किया। तुलुब वंश का अंतिम राजा सदाशिव परंपरा को कायम न रख सका। सिंहासन रहते हुए भी उसका सारा कार्य रामराय द्वारा संपादित होता था। सदाशिव के बाद रामराय ही विजयनगर राज्य का स्वामी हुआ और इसे चौथे वंश अरवीदु का प्रथम सम्राट् माना जाता है।

हिंदू संस्कृति के इतिहास में विजयनगर राज्य का महत्त्वपूर्ण स्थान रहा। विजयनगर की सेना में मुसलमान सैनिक तथा सेनापति कार्य करते रहे, परंतु इससे विजयनगर के मूल उद्देश्य में परिवर्तन नहीं आया। विजयनगर राज्य में सायण द्वारा वैदिक साहित्य की टीका तथा विशाल मंदिरों का निर्माण, दो ऐसे ऐतिहासिक स्मारक हैं, जो आज भी उसका नाम अमर बनाए हुए हैं। प्राचीन भारतीय प्रणाली पर शासन की नीति निर्भर थी। सुदूर दक्षिण में सामंत वर्तमान थे, जो वार्षिक कर दिया करते थे और राजकुमार की निगरानी में सारा कार्य करते थे। प्रजा के संरक्षण के लिए पुलिस विभाग सतर्कता से कार्य करता था, जिसका सुंदर वर्णन विदेशी लेखकों ने किया है।

विजयनगर के शासकगण राज्य के सात अंगों में कोष को ही प्रधान समझते थे। उन्होंने भूमि की पैमाइश कराई और बंजर तथा सिंचाईवाली भूमि पर पृथक्-पृथक् कर निर्धारित किए। चुंगी, राजकीय भेंट, आर्थिक दंड तथा आयात पर निर्धारित कर उनके अन्य आय के साधन थे।

भारतीय साहित्य के इतिहास में विजयनगर राज्य का उल्लेख अमर है। तुंगभद्रा की घाटी में ब्राह्मण, जैन तथा शैव धर्म-प्रचारकों ने कन्नड़ भाषा को अपनाया, जिसमें रामायण, महाभारत तथा भागवत की रचना की गई। इसके अतिरिक्त तेलुगू भाषा के कवियों को बुक्का ने भूमिदान में दी। संस्कृत साहित्य की तो वर्णनातीत श्रीवृद्धि हुई। विजयनगर के राजाओं के समय में संस्कृत साहित्य में अमूल्य पुस्तकें लिखी गईं।

विजयनगर की कला धार्मिक प्रवृत्तियों के कारण जटिल हो गई। मंदिरों के विशाल गोपुरम् तथा सुंदर खचित स्तंभयुक्त मंडप इस युग की विशेषता हैं। विजयनगर शैली की वास्तुकला के नमूने उसके मंदिरों में आज भी शासकों की कीर्ति का गान कर रहे हैं।

विजयनगर साम्राज्य के उत्तराधिकारी या शासक

- हरिहर राय प्रथम—सन् १३३६-सन् १३५६
- बुक्का राय—सन् १३५६-सन् १३७७
- हरिहर राय द्वितीय—सन् १३७७-सन् १४०४
- विरुपक्ष राय—सन् १४०४-सन् १४०५
- बुक्का राय द्वितीय—सन् १४०५-सन् १४०६
- देवराय प्रथम—सन् १४०६-सन् १४२२
- रामचंद्र राय—सन् १४२२
- वीर विजय बुक्का राय—सन् १४२२-सन् १४२४
- देवराय द्वितीय—सन् १४२४-सन् १४४६
- मल्लिकार्जुन राय—सन् १४४६-सन् १४६५
- विरुपक्ष राय द्वितीय—सन् १४६५-सन् १४८५
- प्रौढ़ राय—सन् १४८५

सम्राट् कृष्ण देवराय का साम्राज्य

राज्य अवधि—सन् १५०९-सन् १५२९।

परिचय—कृष्ण देवराय विजयनगर साम्राज्य के सर्वाधिक लोकप्रिय शासक थे। कृष्ण देवराय के प्रशासन के समय विजयनगर का सर्वांगीण विकास हुआ। वे स्वयं एक श्रेष्ठ कवि थे और कवियों के महानतम संरक्षक थे। तेलुगू भाषा के आठ प्रसिद्ध कवि 'अष्टदिग्गज' इन्हीं के दरबार में विराजमान थे। स्वयं कृष्णदेव राय भी 'आंध्रभोज' के नाम से प्रसिद्ध थे। कृष्ण देवराय की प्रशंसा में बाबर ने अपनी आत्मकथा 'बाबरनामा' में लिखा है, ''कृष्ण देवराय तत्कालीन भारत का सबसे शक्तिशाली शासक है। उसका राज्यकाल विजयनगर राज्य के ऐश्वर्य व शक्ति का चर्मोत्कर्ष काल है।'' कृष्ण देवराय सफल राजनीतिज्ञ एवं महान् प्रशासक भी थे। प्रसिद्ध तेलुगू ग्रंथ 'आमुक्त भाल्याद' से उनकी सैनिक एवं नागरिक प्रशासन की क्षमता का आभास होता है। उक्त ग्रंथ में अधीनस्थ अधिकारियों पर नियंत्रण, मंत्रियों की नियुक्ति, न्याय-प्रशासन एवं विदेश नीति के संचालन आदि सारे विषयों का विवेचन किया गया है। तुलुव वंश विजयनगर का तीसरा राजवंश था। इसकी स्थापना तुलुव नरसा नायक ने की थी। तुलुव नरसा नायक कृष्ण देवराय के पिता थे।

राज्य विस्तार—कृष्ण देवराय के काल में सर्वाधिक राज्य विस्तार हुआ। प्रारंभिक काल में कृष्ण देवराय को राजनीतिक अस्थिरता का सामना करना पड़ा, परंतु कृष्णदेव राय ने कूटनीति के साथ साम्राज्य विस्तार प्रारंभ किया। अम्मूत्तूर का सामंत गंगाराम एक स्वतंत्र शासक की भाँति व्यवहार कर रहा था। उड़ीसा के गजपति नरेश प्रतापरुद्र का उदयगिरि के तटवर्ती क्षेत्रों पर अधिकार था। उस समय तक बहमनी राज्य पाँच राज्यों में विभाजित हो गया था, परंतु वे सभी विजयनगर के शत्रु थे। पश्चिमी समुद्र तट पर पुर्तगाली अपनी सत्ता के विस्तार का प्रयास कर रहे थे और अपनी

साम्राज्यवादी महत्त्वाकांक्षाओं की पूर्ति के लिए वियजनगर की सहायता चाहते थे।

उपर्युक्त सभी समस्याओं के निवारण के लिए कृष्ण देवराय ने सर्वप्रथम सन् १५१० में पुर्तगाली दूत को स्पष्टत: उत्तर देकर वापस लौटा दिया। यह नीति देवराय की कालीकट के राजा के विरुद्ध 'अहस्तक्षेप की नीति' थी। सन् १५१२ में रायचूर पर कृष्ण देवराय का अधिकार हो गया। इसके ठीक बाद कृष्ण देवराय ने अम्मूत्तूर के सामंत शासक गंगराजा को पराजित कर श्री रंगम् और शिव सुंदरम् पर अधिकार कर लिया तथा साम्राज्य में आंतरिक सुव्यवस्था स्थापित की। सन् १५१३-१८ के मध्य कृष्ण देवराय ने उड़ीसा के गजपति नरेश प्रताप रुद्र गजपति से चार बार युद्ध किया। इन चारों युद्धों में गजपति नरेश पराजित हुए, अंतत: गजपति नरेश ने संधि की याचना की और अपनी पुत्री का विवाह कृष्ण देवराय के साथ कर दिया। फलस्वरूप कृष्ण देवराय ने कृष्णा नदी के उत्तर में उड़ीसा के विजित प्रदेश गजपति नरेश को वापस कर दिए। इस अभियान के बाद कृष्ण देवराय का बीजापुर तथा गोलकुंडा पर अधिकार हो गया। इस प्रकार सन् १५२० तक कृष्ण देवराय ने विजयनगर के सारे शत्रुओं को पराजित कर दिया था और विजयनगर को अजेय शक्ति बना दिया।

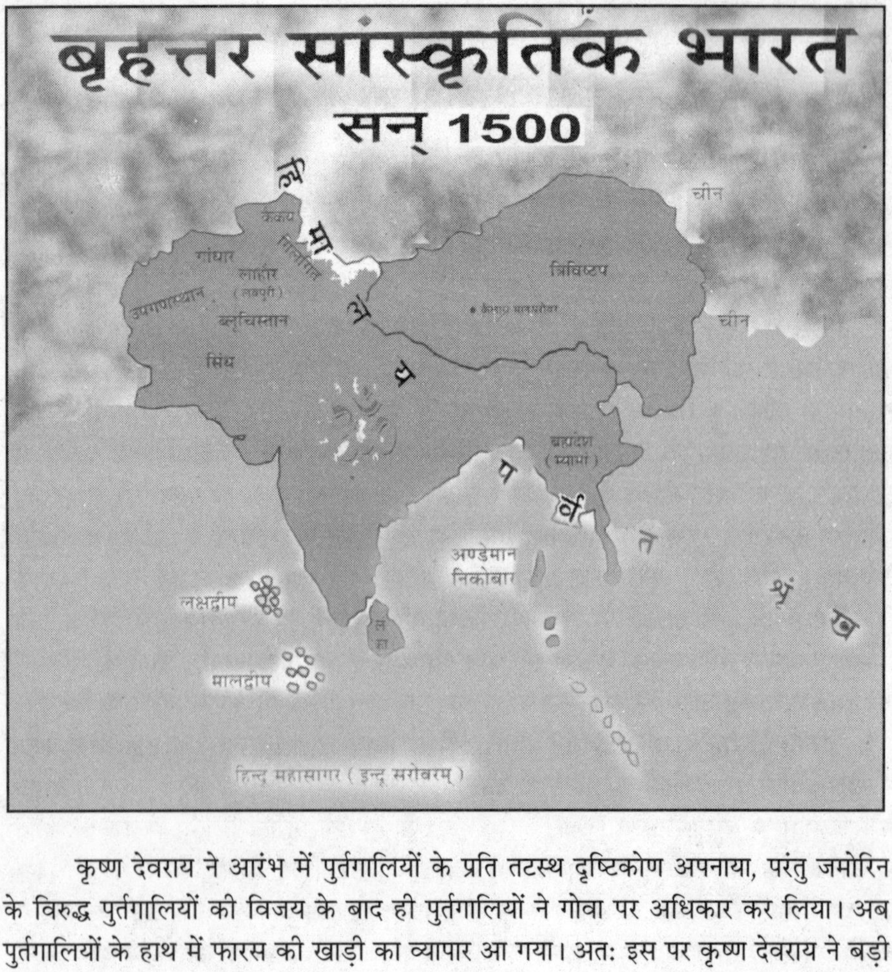

कृष्ण देवराय ने आरंभ में पुर्तगालियों के प्रति तटस्थ दृष्टिकोण अपनाया, परंतु जमोरिन के विरुद्ध पुर्तगालियों की विजय के बाद ही पुर्तगालियों ने गोवा पर अधिकार कर लिया। अब पुर्तगालियों के हाथ में फारस की खाड़ी का व्यापार आ गया। अत: इस पर कृष्ण देवराय ने बड़ी

ही कूटनीति के साथ उदारवादी रवैया अपनाया, दूसरी ओर पुर्तगाली विजयनगर के साथ मित्रतापूर्ण संबंध चाहते थे, अतः कृष्ण देवराय के शासनकाल में विजयनगर एवं पुर्तगालियों के मध्य मित्रता प्रारंभ हुई और अनेक पुर्तगाली व्यापारियों एवं यात्रियों आदि ने विजयनगर की यात्रा की।

कृष्ण देवराय की उपलब्धियाँ एवं योगदान—कृष्ण देवराय विजयनगर के इतिहास में महानतम सेनानायक थे। संपूर्ण विजयनगर की सेना को असीमित रूप से शक्तिशाली बनाया और साम्राज्य की समस्त राजनीतिक एवं सैनिक समस्याओं का सफल निदान किया। वे अपने सैनिकों को व्यक्तिगत रूप से स्नेह और संरक्षण प्रदान करते थे। रणक्षेत्र में सैनिकों का खास खयाल रखते थे। रणक्षेत्र में शौर्य प्रदर्शित करनेवाले सैनिकों का सम्मान किया जाता था। डोमिंग पायस ने कृष्ण देवराय के व्यक्तित्व और शासनकाल के विषय में वर्णन करते हुए लिखा है, ''वह अत्यधिक विद्वान् और सर्वगुण-संपन्न नरेश है, जैसा शायद कोई अन्य हो सके।''

कृष्ण देवराय के व्यक्तित्व के संबंध में कई विदेशी यात्रियों के वृत्तांत मिलते हैं। यात्रियों द्वारा दी गई जानकारी विजयनगर के इतिहास को समझने में महत्त्वपूर्ण है। जैसे डोमिंग पायस लिखता है—''राजा मझोले कद का है तथा गौरवर्णी है और अच्छी कद-काठी है, स्थूल शरीर का है।'' विजयनगर की राजधानी हंपी की अतिशय प्रशंसा करते हुए लिखा है—''इसके बाजारों में

संपूर्ण विश्व की ऐसी कोई वस्तु नहीं है, जो न बिकती हो, आकार में विजयनगर रोम के समान विशाल एवं विस्तृत है। इस नगर में असंख्य लोग निवास करते हैं।''

कृष्ण देवराय द्वारा किए गए कार्यों को हम कई श्रेणियों में देख सकते हैं। प्रमुख रूप से इस संदर्भ में तेलुगू ग्रंथ 'आमुक्त भाल्याद' बहूपयोगी है। इस ग्रंथ में कृष्ण देवराय की न्याय-प्रशासन एवं विदेश नीति का वर्णन है। उसने प्रांतीय प्रशासन का पुनर्गठन किया और नायकों को उचित नियंत्रण में रखा।

रैयत की शिकायतों के निवारण, स्थानीय प्रशासकों के कुप्रशासन और प्रजा के प्रति उनके अन्याय को समाप्त करने के लिए वह साम्राज्य का दौरा किया करता था। उसने कृषि व्यवस्था को सुदृढ किया, सिंचाई के लिए तालाबों, नहरों, कुओं इत्यादि का निर्माण कराने के साथ-साथ बंजर एवं जंगली जमीन को कृषि योग्य बनाने की कोशिश भी की। इस प्रकार राजस्व में भी वृद्धि हुई।

कृष्ण देवराय की राज्य विस्तार नीति जितनी सफल रही, उतनी ही उसकी राज्य प्रशासन नीति भी सफल हुई। आर्थिक नीति के अंतर्गत राज्य के राजस्व के विनियोजन और अर्थव्यवस्था के विकास के लिए कृष्ण देवराय ने कृषि नीति को सुदृढ करने के साथ-साथ व्यापार नीति को भी सुदृढ किया। इस दृष्टि से उसने विदेश-व्यापार के सुचारु संचालन के लिए सुविधाजनक बंदरगाहों की व्यवस्था की एवं बाजारों में सुरक्षा व्यवस्था बढ़ाई, ताकि व्यापारी निडरता से व्यापार कर सकें।

कृष्ण देवराय की सांस्कृतिक उपलब्धियों का जितना भी वर्णन किया जाए, कम है, उसके काल को तेलुगू साहित्य का 'क्लासिकल युग' माना जाता है, अष्टदिग्गज कवि इन्हीं के दरबार में विराजमान थे। तेलुगू कवियों में पेड्डाना सर्वप्रथम थे, जो संस्कृत-तेलुगू दोनों भाषाओं के ज्ञाता थे। कृष्ण देवराय स्वयं एक विद्वान् थे। उन्होंने तेलुगू भाषा में 'आमुक्त भाल्याद' (राजनीति पर ग्रंथ) तथा संस्कृत भाषा में 'जाम्बती कल्याणम् एवं उषापरिणय' की रचना की। उसने तेलुगू के अतिरिक्त संस्कृत एवं दक्षिण भारत की अन्य लोकभाषाओं को भी प्रोत्साहन दिया।

स्थापत्य एवं कला के क्षेत्र में कृष्ण देवराय का योगदान महत्त्वपूर्ण है। उसने 'नागलपुर' नामक शहर की स्थापना की। अनेक भव्य भवनों एवं मंदिरों का निर्माण कराया। उसके शासनकाल में संपूर्ण साम्राज्य में सहस्र स्तंभोंवाले मंडपों और गोपुरमों का निर्माण किया गया, जिसमें 'हजारा मंदिर' व 'विट्ठल स्वामी' मंदिर प्रमुख हैं।

कृष्ण देवराय एक न्यायप्रिय व धार्मिक रूप से सहिष्णु शासक था। वैष्णव धर्मानुयायी होते हुए भी वे सभी संप्रदायों का सम्मान करते थे। बारबोसा (विदेशी यात्री) ने उसकी धार्मिक सहिष्णुता की प्रशंसा की है।

विजयनगर के इतिहास में कृष्ण देवराय निश्चित तौर पर एक बहुमुखी प्रतिभा से संपन्न शासक थे। उपर्युक्त विवरण के आधार पर हम यह देख सकते हैं कि कृष्ण देवराय ने राष्ट्र-निर्माण के लिए कला, स्थापत्य, साहित्य, प्रशासन, राज्य विस्तार इत्यादि क्षेत्रों में अतुलनीय योगदान दिया है। कृष्ण देवराय की राष्ट्र-निर्माण में भूमिका का सबसे बड़ा योगदान उसका एक लोकप्रिय शासक के रूप में होना है। कृष्ण देवराय ने न सिर्फ सामंतों, प्रशासनिक अधिकारियों का ध्यान रखा, वरन् किसानों व आम जनता का भी खास खयाल रखा। अंतत: यह न्यायप्रिय शासक सन् १५२९ में मृत्यु को प्राप्त हुआ।

महाराजा हेमचंद्र विक्रमादित्य (हेमू) का साम्राज्य

नाम—सम्राट् हेमचंद्र विक्रमादित्य (हेमू)-सन् १५५६

जीवन-परिचय—अपने शौर्य से इतिहास की धारा मोड़नेवाले वीर हेमू का जन्म २ अक्तूबर, १५०१ (विजयादशमी) को ग्राम मढेरी (अलवर, राजस्थान) में हुआ था। उनके पिता राय पूरणमल पहले पुरोहित थे। पर फिर वे रेवाड़ी (हरियाणा) आकर नमक और बारूद में प्रयुक्त होनेवाले शोरे का व्यापार करने लगे। बालक हेमू ने यहाँ आकर शास्त्र के साथ संस्कृत, हिंदी, फारसी, अरबी तथा गणित की शिक्षा ली। इसके बाद वे आगरा आ गए और तत्कालीन अफगान सुल्तान सलीम शाह के राज्य में बाजार निरीक्षक की नौकरी करने लगे। हेमू की बहन की शादी भार्गव परिवार में हुई थी, जो उस समय के सम्राट् शेरशाह सूरी के दरबार में तैनात थे। हेमू के पिता जब रेवाड़ी आए, उस समय हेमू १७ साल के थे। हेमू ने शेरशाह सूरी की सेनाओं को खाना पहुँचाने का काम हाथ में लिया, हेमू की कद-काठी और योग्यता देखकर शेरशाह ने अपनी सेना में रख लिया। जल्दी ही हेमू शेरशाह का सेनापति बन गया। शेरशाह की असमय मृत्यु के बाद दिल्ली की सत्ता हेमू के हाथों में आ गई। ७ अक्तूबर, १५५६ में हेमू ने तरदीबेग खान (मुगल) को हराकर दिल्ली पर विजय हासिल की। यहीं हेमू का राज्याभिषेक हुआ और उसे 'विक्रमादित्य' की उपाधि से नवाजा गया।

राज्य-विस्तार—जब सलीम के बेटे फिरोजशाह को मारकर मुहम्मद आदिल सुल्तान बना, तो हेमू की उन्नति होती चली गई और वे कोतवाल, सामंत, सेनापति और फिर प्रधानमंत्री बन गए। जब भरे दरबार में सिकंदर खाँ लोहानी ने आदिलशाह को मारना चाहा, तो हेमू ने उसकी रक्षा की। इससे वह आदिलशाह का विश्वासपात्र बन गया। उन्होंने कई युद्धों में भाग लिया और सबमें विजयी हुए। इससे उनकी गणना भारत के श्रेष्ठ वीरों में होने लगी। उन्होंने इब्राहीम खाँ, मुहम्मद खाँ गोरियाँ, ताज कर्रानी, रुख खान नूरानी आदि अनेक विद्रोहियों को पराजित कर पंजाब से लेकर बिहार और बंगाल तक अपनी वीरता के झंडे गाड़ दिए। यद्यपि ये अभियान उन्होंने दूसरों के लिए किए थे, पर उनके मन में अपना स्वतंत्र हिंदू राज्य स्थापित करने की प्रबल इच्छा विद्यमान थी।

शेरशाह सूरी की सन् १५४५ में मृत्यु के बाद इस्लाम शाह सूरी ने उसकी गद्दी सँभाली और हेमू को दरोगा-ए-चौकी बना दिया गया। बाद में इस्लाम शाह की मृत्यु के पश्चात् उसके १२ वर्ष के पुत्र फिरोजशाह को उसी के चाचा के पुत्र आदिल शाह सूरी ने मार दिया और राजगद्दी पर कब्जा कर लिया। आदिलशाह ने हेमू को अपना वजीर नियुक्त किया। इस समय संपूर्ण अफगान शासन का प्रबंध हेमू के हाथों में आ गया, क्योंकि आदिलशाह शराबी और अय्याश था, जिसे शासन की बिल्कुल परवाह नहीं थी। जिस समय हुमायूँ की मृत्यु हुई, आदिलशाह मिर्जापुर के पास चुनार में रह रहा था। हुमायूँ की मृत्यु का समाचार सुनकर हेमू अपने स्वामी की ओर से युद्ध करने के लिए दिल्ली की ओर चल पड़ा। वह ग्वालियर होते हुए आगे बढ़ा और उसने आगरा तथा दिल्ली पर अपना अधिकार जमा लिया। हेमू ने तरदीबेग को हरा दिया, जो दिल्ली की सुरक्षा में तैनात था। इस विजय से हेमू के पास काफी धन लगभग १५०० हाथी एवं एक विशाल सेना

एकत्र हो गई। हेमू ने २२ युद्ध जीते और दिल्ली सल्तनत का सम्राट् बना। लगभग तीन शताब्दियों के मुस्लिम शासन के बाद पहली बार कोई हिंदू दिल्ली का राजा बना।

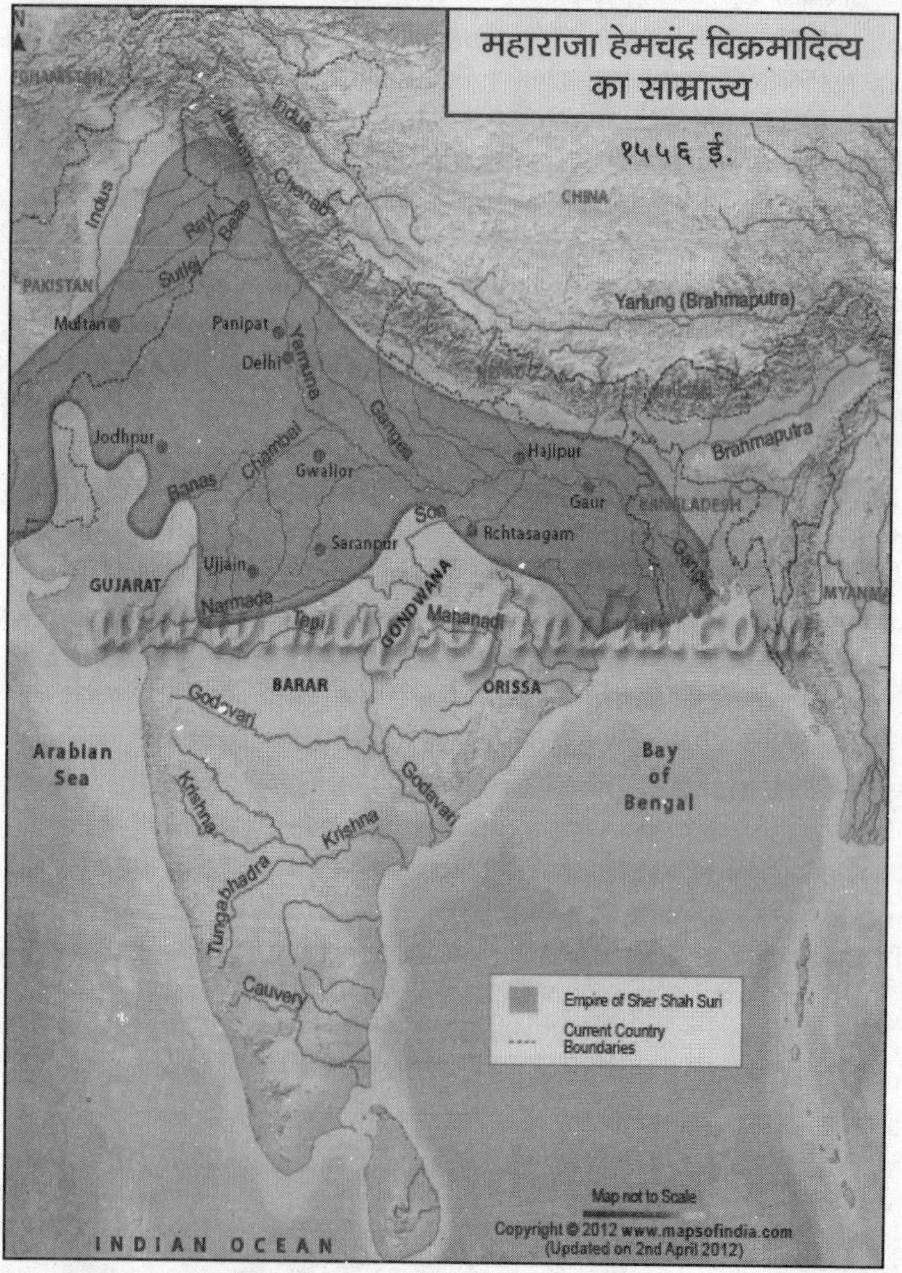

सन् १५५६ में पानीपत के दूसरे युद्ध में अकबर की सेना युद्ध लगभग हार चुकी थी और स्वयं अकबर बैरम खाँ के साथ भागने की तैयारी में था, परंतु दुर्भाग्यवश हवा में छोड़ा गया एक

तीर हेमू की आँख में लग गया। आँख में तीर लगा होने के बावजूद हेमू पूरी तरह बहादुरी से अकबर की सेना से लड़ता रहा और बेहोश होकर गिर गया, जिससे हेमू की सेना में भगडड़ मच गई और मौके का फायदा उठाकर बैरम खाँ ने बेहोशी की हालत में ही हेमू की हत्या कर दी।

योगदान—हेमू ने बंगाल, बिहार होते हुए ग्वालियर तथा आगरा के रास्ते से दिल्ली पहुँचते हुए २२ लड़ाइयाँ लड़ीं और मुगलों को खदेड़कर दिल्ली पर अधिकार कर लिया। जब हेमू अपनी सेना के साथ निकलता था तो मुगल सरदार अपने किले छोड़कर भाग जाया करते थे। अकाट्य विराट् स्वरूप हेमचंद विक्रमादित्य को अंतिम हिंदू सम्राट् इसलिए कहा जाता है, क्योंकि हेमचंद विक्रमादित्य की मृत्यु के पश्चात् दिल्ली तब तक मुगलों के कब्जे में रही, जब तक देश में मराठा शक्ति का उदय नहीं हो गया।

महाराणा प्रताप का साम्राज्य

राज्य अवधि—सन् १५७२ से सन् १५९७।

परिचय—महाराणा प्रताप महापराक्रमी, वीर शिरोमणि, मेवाड़ के हिंदू राजपूत शासक, उदयपुर मेवाड़ में सिसोदिया राजवंश के राजा थे। उनका नाम इतिहास में वीरता और कठोर प्रण के लिए अमर है। उनका पूरा नाम 'महाराणा प्रताप सिंह सिसोदिया' था। महाराणा प्रताप का जन्म कुंभलगढ़ दुर्ग में हुआ था, उनकी माता का नाम जैवंताबाई था, जो पाली के सोनगरा अखैराज की बेटी थीं। बचपन में महाराणा प्रताप को 'कीका' के नाम से पुकारा जाता था।

महाराणा प्रताप का राज्याभिषेक गोगुंदा में हुआ। उन्होंने अपने जीवन में कुल ग्यारह शादियाँ की थीं, उनके अनेक पुत्र और पुत्रियाँ थीं। वे सनातन धर्म के परिचारक थे। उनके पिता का नाम उदयसिंह द्वितीय था। महाराणा प्रताप का भाला ८१ किलो वजन का था और उनकी छाती का कवच ७२ किलो का था। उनके भाला, कवच, ढाल और साथ में दो तलवारों का वजन मिलाकर २०८ किलो था। उनके सबसे प्रिय घोड़े का नाम चेतक था, उनकी तरह ही उनका घोड़ा चेतक भी बहुत बहादुर था।

महाराणा प्रताप का जन्मदिवस ९ मई, १५४० को आज भी राजस्थान में धूमधाम से मनाया जाता है। महाराणा प्रताप की पहली रानी का नाम अजबदे पुनवार था, अमर सिंह और भगवान दास इनके दो पुत्र थे। प्रताप राजपूतों में सिसोदिया वंशज थे, वे एक बहादुर राजपूत थे, जिन्होंने हर परिस्थिति में अपनी आखिरी साँस तक अपनी प्रजा की रक्षा की। उन्होंने सदैव अपनी एवं अपने परिवार से ऊपर प्रजा को मान दिया, एक ऐसे राजपूत थे, जिसकी वीरता को अकबर भी सलाम करता था। महाराणा प्रताप युद्ध कौशल में तो निपुण थे ही, लेकिन वे एक भावुक एवं धर्मपरायण व्यक्ति भी थे, उनकी सबसे पहली गुरु उनकी माता जयवंताबाईजी थीं।

राज्य विस्तार—कई सालों तक मुगल सम्राट् अकबर के साथ संघर्ष किया, कई बार युद्ध में भी हराया। हल्दीघाटी युद्ध १८ जून, १५७६ ई. में मेवाड़ तथा मुगलों के मध्य में हुआ था। इस

युद्ध में मेवाड़ की सेना का नेतृत्व महाराणा प्रताप ने किया। इस युद्ध में महाराणा प्रताप की तरफ से लड़नेवाले एकमात्र मुस्लिम सरदार थे—हकीम खाँ सूरी।

इस युद्ध में मुगल सेना का नेतृत्व मानसिंह तथा आसफ खाँ ने किया। बींदा के झालामान ने अपने प्राणों का बलिदान करके प्रताप के जीवन की रक्षा की। वहीं ग्वालियर नरेश 'राजा रामशाह तोंमर' भी अपने तीन पुत्रों—कुँवर शालिवाहन, कुँवर भवानी सिंह, कुँवर प्रताप सिंह और पौत्र बलभद्र सिंह एवं सैकड़ों वीर तोमर राजपूत योद्धाओं समेत चिरनिद्रा में सो गया।

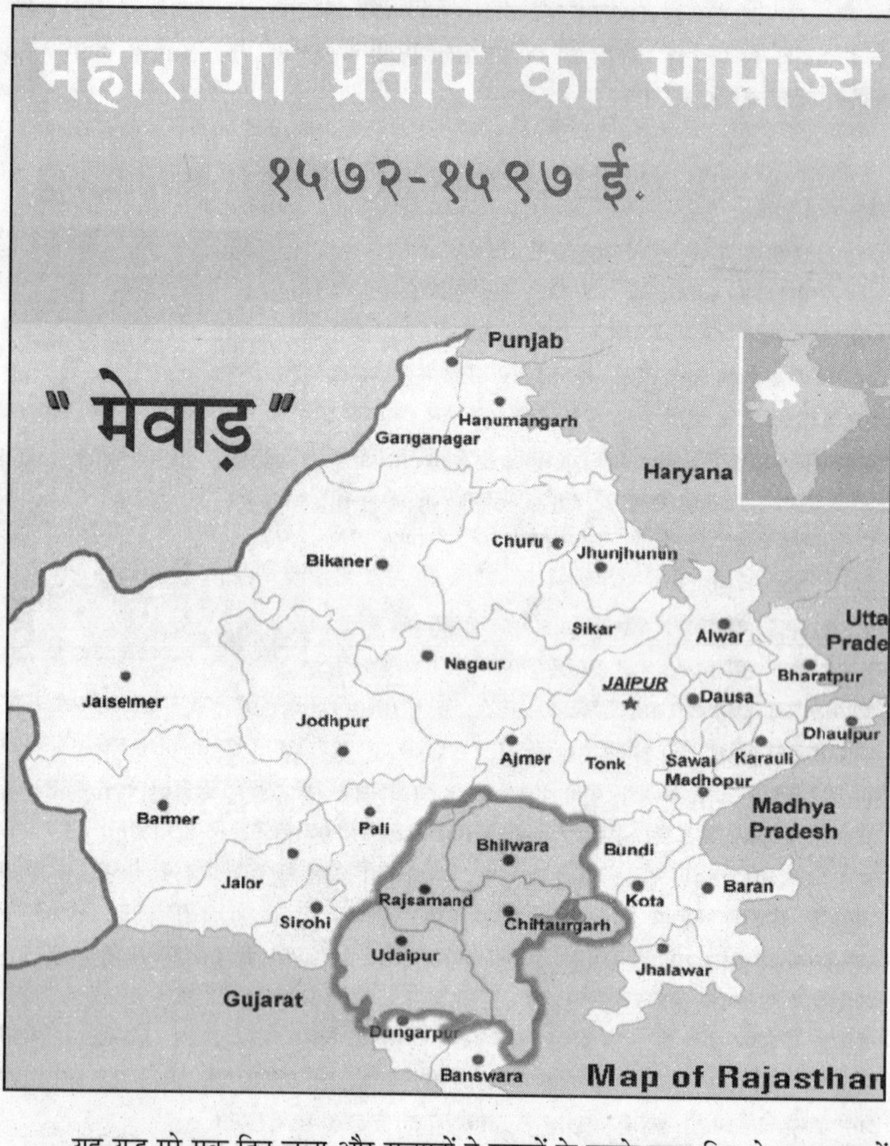

यह युद्ध पूरे एक दिन चला और राजपूतों ने मुगलों के छक्के छुड़ा दिए थे। इस युद्ध में २०,००० राजपूतों को साथ लेकर राणा प्रताप ने मुगल सरदार राजा मानसिंह के ८०,००० संख्यावाली

सेना का सामना किया। इसमें १७,००० लोग मारे गए। महाराणा की हालत दिन-प्रतिदिन चिंताजनक हुई। २५,००० राजपूती सेना का १२ वर्ष तक पालन करने हेतु आवश्यक धन अनुदान के रूप में देकर भामशाह अमर हुए। वे एक के बाद एक गढ़ जीतते जा रहे थे।

उदयपुर समेत २६ महत्त्वपूर्ण स्थानों पर महाराणा की सेना का अधिकार स्थापित हो गया। अकबर ने महाराणा प्रताप को समझाने के लिए ६ शांतिदूतों को भेजा था, जिससे युद्ध को शांतिपूर्ण तरीके से खत्म किया जा सके, लेकिन महाराणा प्रताप ने यह कहते हुए हर बार उनका प्रस्ताव ठुकरा दिया कि राजपूत योद्धा यह कभी बर्दाश्त नहीं कर सकता।

योगदान एवं उपलब्धियाँ—महाराणा प्रताप एक पराक्रमी राजा थे, वे मुगलों के खिलाफ हर बार विजयी हुए, परिणामस्वरूप मेवाड़ पर से मुगलों का दबाव कम हो गया। इस बात का लाभ उठाकर महाराणा ने ई.पू. १५८५ में मेवाड़ मुक्ति प्रयत्नों को और भी तेज कर लिया। महाराणा प्रताप ने जिस समय सिंहासन ग्रहण किया, उस समय मेवाड़ की जितनी भूमि पर उनका अधिकार था, पूर्ण रूप में उतनी ही भूमि पर अब फिर से उनकी सत्ता स्थापित हो गई थी। बारह वर्ष के संघर्ष के बाद भी अकबर उसमें कोई परिवर्तन न कर सका और इस तरह महाराणा प्रताप समय की लंबी अवधि के संघर्ष के बाद मेवाड़ को मुक्त करने में सफल रहे और यह समय मेवाड़ के लिए एक स्वर्ण युग साबित हुआ।

मेवाड़ पर लगा हुआ अकबररूपी ग्रहण का अंत सन् १५८५ में हुआ। इसके बाद महाराणा प्रताप उनके राज्य की सुख-सुविधा में जुट गए, परंतु दुर्भाग्य से उसके ११ वर्ष के बाद ही १९ जनवरी, १५९७ में अपनी नई राजधानी चावंड में उनकी मृत्यु हो गई। महाराणा प्रताप सिंह के डर से अकबर अपनी राजधानी लाहौर लेकर चला गया और महाराणा के स्वर्ग सिधारने के बाद ही आगरा आया।

एक सच्चे राजपूत, शूरवीर, देशभक्त, योद्धा, मातृभूमि के रखवाले के रूप में महाराणा प्रताप दुनिया में सदैव के लिए अमर हो गए। महाराणा प्रताप की मृत्यु पर अकबर को बहुत ही दुःख हुआ, क्योंकि हृदय से वह प्रताप के गुणों का प्रशंसक था और अकबर जानता था इस धरती पर महाराणा जैसा वीर कोई नहीं है। यह समाचार सुन अकबर रहस्यमय तरीके से मौन हो गया और उसकी आँखों में आँसू आ गए।

उत्तराधिकारी—महाराणा प्रताप की मृत्यु के बाद राणा अमर सिंह का राज्याभिषेक २३ जनवरी, १५९७ को हुआ। अपने पिता के समान ही वे वीर पराक्रमी थे। उन्होंने मुगलो सें १८ बार युद्ध किया। प्रारंभ में मुगल सेना के आक्रमण न होने से अमर सिंह ने राज्य में सुव्यवस्था बनाई। जहाँगीर के द्वारा करवाए गए कई आक्रमण विफल किए। अंत में खुर्रम ने मेवाड़ पर अधिकार कर लिया। हारकर बाद में उन्होंने अपमानजनक संधि की। वे मेवाड़ के अंतिम शासक थे। राणा अमरसिंह प्रजाभक्त थे।

महाराणा राजसिंह का साम्राज्य

राज्य अवधि—सन् १६५२ से सन् १६८० तक।

जन्म—२४ सितंबर, १६२९

मृत्यु—२२ अक्तूबर, १६८०

परिचय—राजनगर (कांकरोली/राजसमंद) के राजा महाराणा राजसिंहजी का जन्म २२ सितंबर, १६२९ को हुआ। उनके पिता महाराणा जगत सिंहजी और माँ महारानी मेडतणीजी थीं। मात्र २३ वर्ष की छोटी उम्र में उनका राज्याभिषेक हुआ था। १६५२ ई. में इसकी गद्दीनशीनी के समय शाहजहाँ ने राणा का खिताब, पाँच हजारी जात एवं पाँच हजारी सवारों का मनसब देकर हाथी एवं घोड़े भेजे। राजसिंह ने शासक बनते ही चित्तौड़ की मरम्मत के कार्य को पूरा करने का निश्चय किया, लेकिन मुगल सम्राट् ने इसे १६१५ ई. की मेवाड़ मुगल संधि की शर्तों के प्रतिकूल मानते हुए इसे ढहाने के लिए तीस हजार सेना के साथ सादुल्ला खाँ को भेजा।

राजसिंह ने मुगलों से संघर्ष करना उचित न समझकर अपनी सेना को वहाँ से हटा लिया। मुगल सेना कँगूरे एवं बुर्ज गिराकर लौट गई। १६५८ ई. में जब मुगल शहजादों में उत्तराधिकारी का युद्ध छिड़ा, तब औरंगजेब एवं दारा ने महाराणा को अपनी अपनी ओर से युद्ध में शामिल होने के लिए आमंत्रित किया।

मगर महाराणा किसी भी पक्ष का समर्थन नहीं करना चाहते थे। क्योंकि यदि विपक्ष विजयी हो जाए तो वह मेवाड़ के लिए समस्या खड़ी कर सकता था। अत: महाराणा टाल-मटोल करता रहा। यहाँ तक कि अव्यवस्था का फायदा उठाकर टीका दौड़ के बहाने राज्य के तथा बाहरी मुगल थानों को भी लूटा।

महाराणा ने टोडा, मालपुरा, टोंक, चाकसू, लालसोट को लूटा एवं मेवाड़ के खोए हुए भागों पर पुन: अधिकार कर लिया। किशनगढ़ की राजकुमारी चारुमति से विवाह कर इसने बादशाह औरंगजेब को भी अप्रसन्न किया। औरंगजेब द्वारा १६७९ ई. में जजिया कर लगाने का राजसिंह ने विरोध किया।

मुगल मारवाड़ संघर्ष छिड़ने पर महाराणा राजसिंह ने राठौड़ों का साथ दिया। सिसोदिया राठौड़ गुट बनने से सम्राट् औरंगजेब बड़ा चिंतित हुआ और उसने राजपूतों को नष्ट करने में अपनी शक्ति लगा दी। युद्ध से मेवाड़ के कई इलाके वीरान हो गए। राजसिंह ने शाहजादे अकबर को अपनी ओर मिलाकर मुगल शक्ति को कमजोर करने का प्रयास किया।

राजसिंह अपनी प्रजा में सैनिक एवं नैतिक प्रवृति को प्रोत्साहन देने के उद्देश्य से विजय करकातु की उपाधि धारण की। राजसिंह की पत्नी रामरसदे ने उदयपुर में जयाबावड़ी/त्रिमुखी बावड़ी का निर्माण करवाया था। अकाल प्रबंधन के उद्देश्य से राजसिंह ने गोमती नदी के पानी को रोककर राजसमंद झील का निर्माण करवाया था तथा इस झील के उत्तरी किनारे नौ चौकी नामक स्थान पर राज प्रशस्ति नामक शिलालेख लगवाया। संस्कृत भाषा में लिखित राजप्रशस्ति शिलालेख की रचना रणछोड़ भट्ट द्वारा की गई थी। यह प्रशस्ति २५ काले संगमरमर की

शिलाओं पर खुदी हुई हैं। इसी आधार पर इसे संसार का सबसे बड़ा शिलालेख माना गया हैं।

राजसिंह के प्रतिनिधि दाऊजी महाराज/दामोदरजी महाराज मथुरा से श्रीनाथजी और द्वारिकानाथ की मूर्ति लाए थे। राजसिंह ने श्रीनाथजी को सिहाड़ वर्तमान नाथद्वारा में तथा द्वारकाधीश को कांकरोली राजसमंद में प्रतिष्ठित करवाया था व उसने अंबिका माता मंदिर उदयपुर को भी प्रतिष्ठित करवाया था।

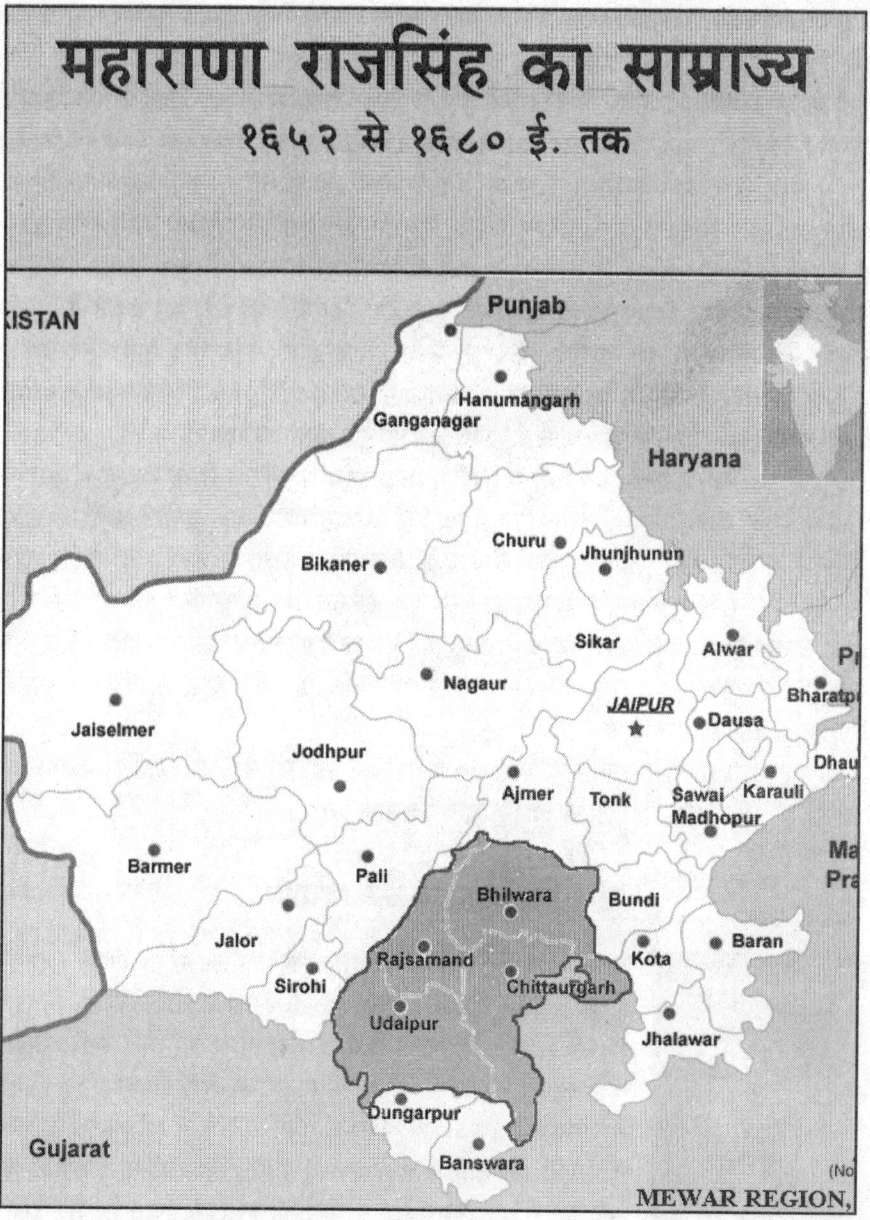

महाराणा राजसिंह का साम्राज्य

१६५२ से १६८० ई. तक

राजसिंह ने दान के कई कार्य किए अपने जीवनकाल में इन्होंने सोने-चाँदी, अनमोल धातुएँ, रत्नादि दान दिए तथा योग्य व्यक्तियों को अपने दरबार में स्थान देकर उन्हें सम्मानित भी किया। इन्होंने जनकल्याण के कई कार्य किए बाग-बगीचे, फव्वारे, मंदिर, बावडियाँ, राजप्रासाद, द्वार और सरोवर आदि का निर्माण करवाया।

जितने ये प्रजापालक थे उतने ही देवभक्त भी थे। महाराणा राजसिंह का हिंदू धर्म तथा इनके देवी-देवताओं के प्रति बड़ा सम्मान था। इन्होंने श्रीनाथजी के मेवाड़ आगमन पर उनको कंधा दिया स्वागत में स्वयं हाजिर हुए और भव्य प्रतिस्थान का आयोजन करवाया। न सिर्फ वे मंदिरों के निर्माण में अग्रणी रहे बल्कि इन्होंने आक्रांताओं से इसकी रक्षा भी की। इन्होंने राजपूत राजकुमारी चारुमति के सतीत्व को बचाकर नारी रक्षा का महत्त्वपूर्ण कार्य भी किया।

उनके राज्यकाल के समय लोगों को उनकी दानवीरता के बारे में जानने का मौका मिला। उन्होंने कई बार सोने-चाँदी, अनमोल धातुएँ, रत्नादि के तुलादान करवाए और योग्य लोगों को सम्मानित किया। राजसमंद झील के किनारे नौचोकी पर बड़े-बड़े पचास प्रस्तर पट्टों पर उत्कीर्ण राज प्रशस्ति शिलालेख बनवाए, जो आज भी नौचोकी पर देखे जा सकते हैं। इनके अलावा उन्होंने अनेक बाग-बगीचे, फव्वारे, मंदिर, बावडियाँ, राजप्रासाद, द्वार और सरोवर आदि भी बनवाए, जिनमें से कुछ कालांतर में नष्ट हो गए। उनका सबसे बड़ा कार्य राजसमंद झील पर पाल बाँधना और कलापूर्ण नौचोकी का निर्माण कहा जा सकता है।

वे एक महान् ईश्वर भक्त भी थे। द्वारिकाधीशजी और श्रीनाथजी के मेवाड़ में आगमन के समय स्वयं पालकी को उन्होंने कंधा दिया और स्वागत किया था। उन्होंने बहुत से लोगों को अपने शासनकाल में आश्रय दिया, उन्हें दूसरे आक्रमणकारियों से बचाया व सम्मानपूर्वक जीने का अवसर दिया। उन्होंने एक राजपूत राजकुमारी चारुमति के सतीत्व की भी रक्षा की।

राजसिंह स्थापत्य कला के बहुत प्रेमी थे। कुशल शिल्पकार, कवि, साहित्यकार और दस्तकार उनके शासन के दौरान हमेशा उचित सम्मान पाते रहे। वीर योद्धाओं व योग्य सामंतों को वे खुद सम्मानित करते थे।

महाराणा राजसिंह मेवाड़ के गुहिल वंश के अन्य शासकों की तरह जनप्रिय शासक थे। वे जनता के प्रिय, वीर, कलाप्रेमी और कुशल प्रशासक भी थे।

छत्रपति शिवाजी का साम्राज्य

छत्रपति शिवाजी महाराज या शिवाजी राजे भोंसले (१६३० ई. से-१६८० ई. तक) भारत के राजा एवं रणनीतिकार थे, जिन्होंने १६७४ में पश्चिम भारत में मराठा साम्राज्य की नींव रखी। उन्होंने कई वर्ष औरंगजेब के मुगल साम्राज्य से संघर्ष किया। सन् १६७४ में रायगढ़ में उनका राज्याभिषेक हुआ और वे छत्रपति बने। शिवाजी ने अपनी अनुशासित सेना एवं सुसंगठित प्रशासनिक इकाइयों की सहायता से एक योग्य एवं प्रगतिशील प्रशासन प्रदान किया। उन्होंने समर-विद्या में अनेक नवाचार किए तथा छापामार युद्ध (Gorilla

War) की नई शैली (शिवसूत्र) विकसित की। उन्होंने प्राचीन हिंदू राजनीतिक प्रथाओं तथा दरबारी शिष्टाचारों को पुनर्जीवित किया और फारसी के स्थान पर मराठी एवं संस्कृत को राजकाज की भाषा बनाया।

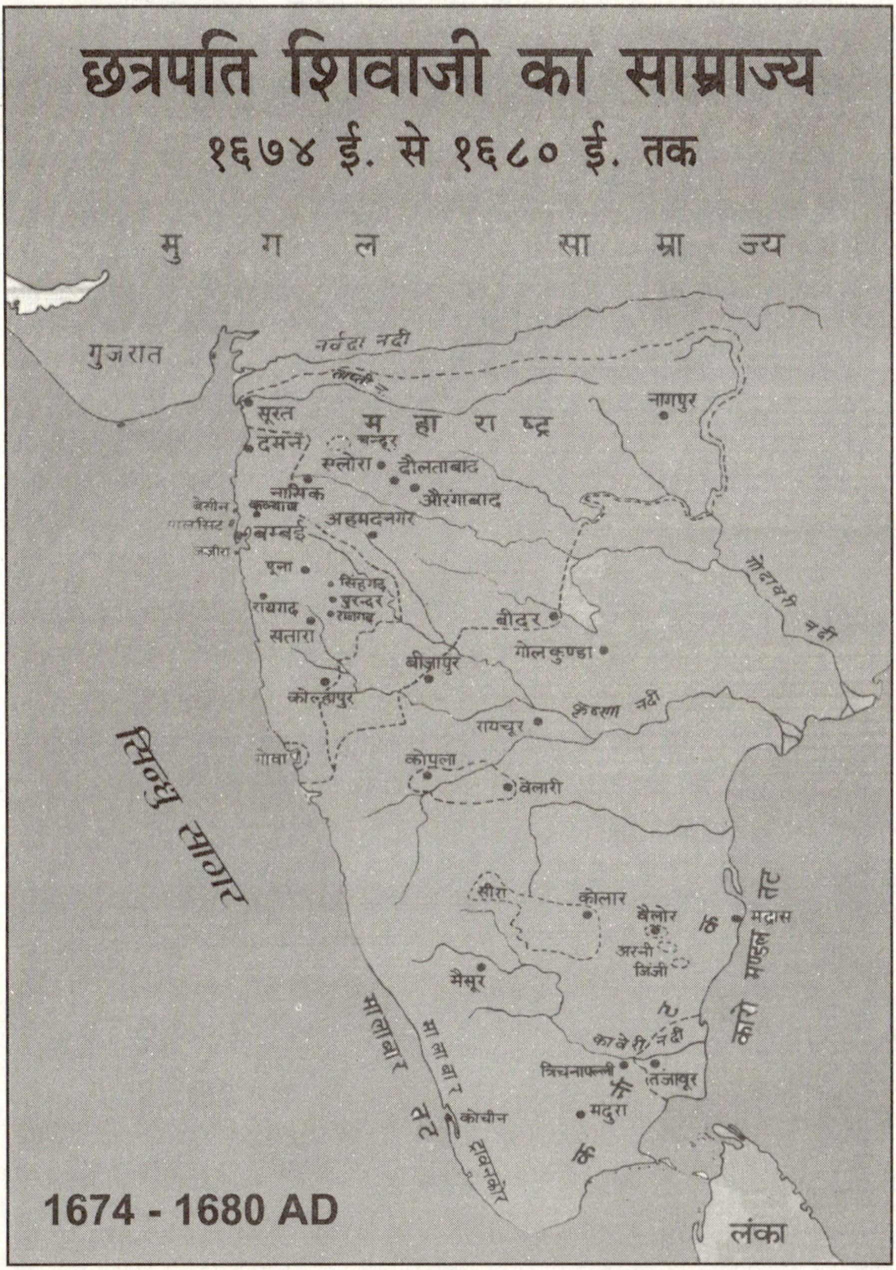

आरंभिक जीवन

शिवाजी महाराज का जन्म १९ फरवरी, १६३० में शिवनेरी दुर्ग में हुआ था।[1] शाहजी भोंसले की पत्नी जीजाबाई (राजमाता जिजाऊ) की कोख से शिवाजी महाराज का जन्म हुआ था। शिवनेरी का दुर्ग पूना (पुणे) से उत्तर की तरफ जुन्नार नगर के पास था। उनका बचपन माता जिजाऊ के मार्गदर्शन में बीता। वे सभी कलाओं में दक्ष थे, उन्होंने बचपन में राजनीति एवं युद्ध की शिक्षा ली थी। गागाभट्ट के अनुसार शिवाजी का वंश मेवाड़ के प्रसिद्ध गुहिल सिसोदिया वंश से मिलता है। शिवाजी के कारण ही समस्त मराठा समुदाय को क्षत्रिय होने का दर्जा मिला है। उनके पिता अप्रतिम शूरवीर थे और उनकी दूसरी पत्नी तुकाबाई मोहिते थीं। उनकी माताजी जीजाबाई जाधव कुल में उत्पन्न असाधारण प्रतिभाशाली थीं और उनके पिता एक शक्तिशाली सामंत थे। शिवाजी महाराज के चरित्र पर माता-पिता का बहुत प्रभाव पड़ा। बचपन से ही वे उस युग के वातावरण और घटनाओं को भली प्रकार समझने लगे थे। शासक वर्ग की करतूतों पर वे नाराजगी प्रकट करते और बेचैन हो जाते थे। उनके बाल-हृदय में स्वाधीनता की लौ प्रज्वलित हो गई थी। उन्होंने कुछ स्वामिभक्त साथियों का संगठन किया। अवस्था बढ़ने के साथ विदेशी शासन की बेड़ियाँ तोड़ फेंकने का उनका संकल्प प्रबलतर होता गया। छत्रपति शिवाजी महाराज का विवाह सन् १४ मई, १६४० में सइबाई निंबालकर के साथ लालमहल, पूना में हुआ था।

सैनिक वर्चस्व का आरंभ

उस समय बीजापुर का राज्य आपसी संघर्ष तथा विदेशी आक्रमणकाल के दौर से गुजर रहा था। ऐसे साम्राज्य के सुल्तान की सेवा करने के बदले वे मावलों को बीजापुर के खिलाफ संगठित करने लगे। मावल प्रदेश पश्चिमी घाट से जुड़ा है और कोई १५० किमी. लंबा तथा ३० किमी. चौड़ा है। वे संघर्षपूर्ण जीवन व्यतीत करने के कारण कुशल योद्धा माने जाते हैं। इस प्रदेश में मराठा और सभी जाति के लोग रहते हैं। शिवाजी महाराज इन सभी जाति के लोगों को लेकर मावलों (मावळा) नाम देकर सभी को संगठित किया और उनसे संपर्क कर उनके प्रदेश से परिचित हो गए थे। मावल युवकों को लाकर उन्होंने दुर्ग निर्माण का कार्य आरंभ कर दिया था। मावलों का सहयोग शिवाजी महाराज के लिए बाद में उतना ही महत्त्वपूर्ण साबित हुआ, जितना शेरशाह सूरी के लिए अफगानों का साथ। उस समय बीजापुर आपसी संघर्ष तथा मुगलों के आक्रमण से परेशान था। बीजापुर के सुल्तान आदिलशाह ने बहुत से दुर्गों से अपनी सेना हटाकर उन्हें स्थानीय शासकों या सामंतों के हाथ सौंप दिया था। जब आदिलशाह बीमार पड़ा तो बीजापुर में अराजकता फैल गई और शिवाजी महाराज ने अवसर का लाभ उठाकर बीजापुर में प्रवेश का निर्णय लिया। शिवाजी महाराज ने इसके बाद के दिनों में बीजापुर के दुर्गों पर अधिकार करने की नीति अपनाई। सबसे पहला दुर्ग था तोरण का दुर्ग।

दुर्गों पर नियंत्रण

तोरण का दुर्ग पूना के दक्षिण-पश्चिम में ३० किमी. की दूरी पर था। शिवाजी ने सुल्तान आदिलशाह के पास अपना दूत के द्वारा खबर भिजवाई कि वे पहले किलेदार की तुलना में बेहतर

रकम देने को तैयार हैं और यह क्षेत्र उन्हें सौंप दिया जाए। उन्होंने आदिलशाह के दरबारियों को पहले ही रिश्वत देकर अपने पक्ष में कर लिया था और अपने दरबारियों की सलाह के मुताबिक आदिलशाह ने शिवाजी महाराज को उस दुर्ग का अधिपति बना दिया। उस दुर्ग में मिली संपत्ति से शिवाजी महाराज ने दुर्ग की सुरक्षा संबंधी कमियों की मरम्मत का काम करवाया। इससे कोई १० किमी. दूर राजगढ़ का दुर्ग था। शिवाजी महाराज ने इस दुर्ग पर भी अधिकार कर लिया। शिवाजी महाराज की इस साम्राज्य विस्तार की नीति की भनक जब आदिलशाह को मिली तो वह क्षुब्ध हुआ। उसने शाहजी राजे को अपने पुत्र को नियंत्रण में रखने को कहा। शिवाजी महाराज ने अपने पिता की परवाह किए बिना अपने पिता के क्षेत्र का प्रबंध अपने हाथों में ले लिया और नियमित लगान बंद कर दिया। राजगढ़ के बाद उन्होंने चाकन के दुर्ग पर अधिकार कर लिया और उसके बाद कोंडना के दुर्ग पर। कोंडना (कोंढाणा) पर अधिकार करते समय उन्हें काफी कीमत चुकानी पड़ी। उसके बाद औरंगजेब ने मिर्जा राजा जयसिंह को भेजकर २३ किलों पर कब्जा किया, बाद में शिवाजी महाराज के मावला तानाजी मालुसरे ने कोंढाणा दुर्ग पर कब्जा किया, पर उस युद्ध में वह वीरगति को प्राप्त हुआ। उसकी याद में कोंडना पर अधिकार करने के बाद उसका नाम 'सिंहगढ़' रखा गया। शाहजी राजे को पूना और सूपा की जागीरदारी दी गई थी और सूपा का दुर्ग उनके संबंधी बाजी मोहिते के हाथ में था। शिवाजी महाराज ने रात के समय सूपा के दुर्ग पर आक्रमण करके दुर्ग पर अधिकार कर लिया और बाजी मोहिते को शाहजी राजे के पास कर्नाटक भेज दिया। उसकी सेना का कुछ भाग भी शिवाजी महाराज की सेवा में आ गया। इसी समय पुरंदर के किलेदार की मृत्यु हो गई और किले के उत्तराधिकार के लिए उसके तीनों बेटों में लड़ाई छिड़ गई। दो भाइयों के निमंत्रण पर शिवाजी महाराज पुरंदर पहुँचे और कूटनीति का सहारा लेते हुए उन्होंने सभी भाइयों को बंदी बना लिया। इस तरह पुरंदर के किले पर भी उनका अधिकार हो गया। अब तक की घटना में शिवाजी महाराज को कोई युद्ध या खून-खराबा नहीं करना पड़ा था। १६४७ ईस्वी तक वे चाकन से लेकर नीरा तक के भू-भाग के भी अधिपति बन चुके थे। अपनी बढ़ी सैनिक शक्ति के साथ शिवाजी महाराज ने मैदानी इलाकों में प्रवेश करने की योजना बनाई।

एक अश्वारोही सेना का गठन कर शिवाजी महाराज ने आबाजी सोंदेर के नेतृत्व में कोंकण के विरुद्ध एक सेना भेजी। आबाजी ने कोंकण सहित नौ अन्य दुर्गों पर अधिकार कर लिया। इसके अलावा ताला, मोस्माला और रायटी के दुर्ग भी शिवाजी महाराज के अधीन आ गए थे। लूट की सारी संपत्ति रायगढ़ में सुरक्षित रखी गई। कल्याण के गवर्नर को मुक्त कर शिवाजी महाराज ने कोलाबा की ओर रुख किया और यहाँ के प्रमुखों को विधर्मियों के खिलाफ युद्ध के लिए उकसाया।

शाहजी की बंदी और युद्धविराम

बीजापुर का सुल्तान शिवाजी महाराज की गतिविधियों से पहले ही आक्रोश में था। उसने शिवाजी महाराज के पिता को बंदी बनाने का आदेश दे दिया। शाहजी राजे उस समय कर्नाटक में थे और एक विश्वासघाती सहायक बाजी घोरपड़े द्वारा बंदी बनाकर बीजापुर लाए गए। उन पर यह भी आरोप लगाया गया कि उन्होंने कुतुबशाह की सेवा प्राप्त करने की कोशिश की थी, जो गोलकोंडा का शासक था और इस कारण आदिलशाह का शत्रु था। बीजापुर के दो सरदारों की

मध्यस्थता के बाद शाहजी महाराज को इस शर्त पर मुक्त किया गया कि वे शिवाजी महाराज पर अंकुश लगाएँगे। अगले चार वर्षों तक शिवाजी महाराज ने बीजापुर के खिलाफ कोई आक्रमण नहीं किया। इस दौरान उन्होंने अपनी सेना संगठित की।

प्रभुता का विस्तार

शाहजी की मुक्ति की शर्तों के मुताबिक शिवाजी राजा ने बीजापुर के क्षेत्रों पर आक्रमण तो नहीं किया पर उन्होंने दक्षिण-पश्चिम में अपनी शक्ति बढ़ाने की चेष्टा की। पर इस क्रम में जावली का राज्य बाधा का काम कर रहा था। यह राज्य सातारा के सुदूर उत्तर-पश्चिम में वामा और कृष्णा नदी के बीच में स्थित था। यहाँ का राजा चंद्रराव मोरे था, जिसने यह जागीर शिवाजी से प्राप्त की थी। शिवाजी ने मोरे शासक चंद्रराव को स्वराज में शामिल होने को कहा, पर चंद्रराव बीजापुर के सुल्तान के साथ मिल गया। सन् १६५६ में शिवाजी ने अपनी सेना लेकर जावली पर आक्रमण कर दिया। चंद्रराव मोरे और उसके दोनों पुत्रों ने शिवाजी के साथ लड़ाई की, पर अंत में वे बंदी बना लिये गए और चंद्रराव भाग गया। स्थानीय लोगों ने शिवाजी के इस कृत्य का विरोध किया, पर वे विद्रोह को कुचलने में सफल रहे। इससे शिवाजी को उस दुर्ग में संगृहीत आठ वंशों की संपत्ति मिल गई। इसके अलावा कई मावल सैनिक मुरारबाजी देशपांडे भी शिवाजी की सेना में सम्मिलित हो गए।

मुगलों से पहली मुठभेड़

शिवाजी के बीजापुर तथा मुगल दोनों शत्रु थे। उस समय शहजादा औरंगजेब दक्कन का सूबेदार था। इसी समय १ नवंबर, १६५६ को बीजापुर के सुल्तान आदिलशाह की मृत्यु हो गई, जिसके बाद बीजापुर में अराजकता का माहौल पैदा हो गया। इस स्थिति का लाभ उठाकर औरंगजेब ने बीजापुर पर आक्रमण कर दिया और शिवाजी ने औरंगजेब का साथ देने की बजाय उस पर धावा बोल दिया। उनकी सेना ने जुन्नार नगर पर आक्रमण कर ढेर सारी संपत्ति के साथ २०० घोड़े लूट लिये। अहमदनगर से ७०० घोड़े, चार हाथी के अलावा उन्होंने गुंडा तथा रेसिन के दुर्ग पर भी लूटपाट मचाई। इसके परिणामस्वरूप औरंगजेब शिवाजी से खफा हो गया और मैत्री वार्त्ता समाप्त हो गई। शाहजहाँ के आदेश पर औरंगजेब ने बीजापुर के साथ संधि कर ली और इसी समय शाहजहाँ बीमार पड़ गया। उसके व्याधिग्रस्त होते ही औरंगजेब उत्तर भारत चला गया और वहाँ अपने पिता शाहजहाँ को कैद कर मुगल साम्राज्य का शहंशाह बन गया।

कोंकण पर अधिकार

दक्षिण भारत में औरंगजेब की अनुपस्थिति और बीजापुर की डाँवाँडोल राजनीतिक स्थिति को जानकर शिवाजी ने समरजी को जंजीरा पर आक्रमण करने को कहा। पर जंजीरा के सिद्दियों के साथ उनकी लड़ाई कई दिनों तक चली। इसके बाद शिवाजी ने खुद जंजीरा पर आक्रमण किया, दक्षिण कोंकण पर अधिकार कर लिया और दमन के पुर्तगालियों से वार्षिक कर वसूल किया। कल्याण तथा भिवंडी पर अधिकार करने के बाद वहाँ नौसैनिक अड्डा बना लिया। इस समय तक शिवाजी ४० दुर्गों के स्वामी बन चुके थे।

बीजापुर से संघर्ष

इधर औरंगजेब के आगरा (उत्तर की ओर) लौट जाने के बाद बीजापुर के सुल्तान ने भी राहत की साँस ली। अब शिवाजी ही बीजापुर के सबसे प्रबल शत्रु रह गए थे। शाहजी को पहले ही अपने पुत्र को नियंत्रण में रखने को कहा गया था, पर शाहजी ने इसमें अपनी असमर्थता व्यक्त की। शिवाजी से निपटने के लिए बीजापुर के सुल्तान ने अब्दुल्लाह भटारी (अफजल खाँ) को भेजा। अफजल ने १,२०,००० सैनिकों के साथ १६५९ में कूच किया। तुलजापुर के मंदिरों को नष्ट करता हुआ वह सतारा के ३० किमी. उत्तर वाई, शिरवल के नजदीक तक आ गया, पर शिवाजी प्रतापगढ़ के दुर्ग पर ही रहे। अफजल खाँ ने अपने दूत कृष्णजी भास्कर को संधि-वार्त्ता के लिए भेजा। उसने उसके द्वारा यह संदेश भिजवाया कि अगर शिवाजी बीजापुर की अधीनता स्वीकार कर ले तो सुल्तान उसे उन सभी क्षेत्रों का अधिकार दे देंगे, जो शिवाजी के नियंत्रण में हैं। साथ ही शिवाजी को बीजापुर के दरबार में एक सम्मानित पद प्राप्त होगा। हालाँकि शिवाजी के मंत्री और सलाहकार उस संधि के पक्ष में थे, पर शिवाजी को यह वार्त्ता पसंद नहीं आई। उन्होंने कृष्णजी भास्कर को उचित सम्मान देकर अपने दरबार में रख लिया और अपने दूत गोपीनाथ को वस्तुस्थिति का जायजा लेने अफजल खाँ के पास भेजा। गोपीनाथ और कृष्णजी भास्कर से शिवाजी को ऐसा लगा कि संधि का षड्यंत्र रचकर अफजल खाँ शिवाजी को बंदी बनाना चाहता है। अत: उन्होंने युद्ध के बदले अफजल खाँ को एक बहुमूल्य उपहार भेजा और इस तरह अफजल खाँ को संधि-वार्त्ता के लिए राजी किया। संधि-स्थल पर दोनों ने अपने सैनिक छुपाकर रखे थे, वार्त्ता के स्थान पर जब दोनों मिले, तब अफजल खाँ ने अपनी कटाकर से शिवाजी पर वार किया, बचाव में शिवाजी ने अफजल खाँ को अपने वघनखा से मार डाला (१० नवंबर, १६५९)।

अफजल खाँ की मृत्यु के बाद शिवाजी ने पन्हाल के दुर्ग पर अधिकार कर लिया। इसके बाद पवनगढ़ और वसंतगढ़ के दुर्गों पर अधिकार करने के साथ ही साथ उन्होंने रुस्तम खाँ के आक्रमण को विफल किया। इससे राजापुर तथा दावुल पर भी उनका अधिकार हो गया। अब बीजापुर में आतंक का माहौल पैदा हो गया और वहाँ के सामंतों ने आपसी मतभेद भुलाकर शिवाजी पर आक्रमण करने का निश्चय किया। २ अक्तूबर, १६६५ को बीजापुरी सेना ने पन्हाला दुर्ग पर अधिकार कर लिया। शिवाजी संकट में फँस चुके थे, पर रात्रि के अंधकार का लाभ उठाकर वे भागने में सफल रहे। बीजापुर के सुल्तान ने स्वयं कमान सँभालकर पन्हाला, पवनगढ़ पर अपना अधिकार वापस ले लिया, राजापुर को लूट लिया और शृंगारगढ़ के प्रधान को मार डाला। इसी समय कर्नाटक में सिद्दीजौहर के विद्रोह के कारण बीजापुर के सुल्तान ने शिवाजी के साथ समझौता कर लिया। इस संधि में शिवाजी के पिता शाहजी ने मध्यस्थता का काम किया। सन् १६६२ में हुई इस संधि के अनुसार शिवाजी को बीजापुर के सुल्तान द्वारा स्वतंत्र शासक की मान्यता मिली। इसी संधि के अनुसार उत्तर में कल्याण से लेकर दक्षिण में पोंडा तक (२५० किमी.) का और पूर्व में इंदापुर से लेकर पश्चिम में दावुल तक (१५० किमी.) का भू-भाग शिवाजी के नियंत्रण में आ गया। शिवाजी की सेना में इस समय तक ३०,००० पैदल और १००० घुड़सवार हो गए थे।

मुगलों से संघर्ष

उत्तर भारत में बादशाह बनने की होड़ खत्म होने के बाद औरंगजेब का ध्यान दक्षिण की ओर गया। वह शिवाजी की बढ़ती प्रभुता से परिचित था और उसने शिवाजी पर नियंत्रण रखने के उद्देश्य से अपने मामा शाइस्ता खाँ को दक्षिण का सूबेदार नियुक्त किया। शाइस्का खाँ १,५०,००० की फौज लेकर सूपन और चाकन के दुर्ग पर अधिकार कर पूना पहुँच गया। उसने ३ साल तक मावल में लूटमार की। एक रात शिवाजी ने अपने ३५० मवलों के साथ उन पर हमला कर दिया। शाइस्ता तो खिड़की के रास्ते बच निकलने में कामयाब रहा, पर उसे इस हमले में अपनी चार अंगुलियों से हाथ धोना पड़ा। शाइस्ता खाँ के पुत्र तथा चालीस रक्षकों और बहुत से सैनिकों को मार दिया गया। इस घटना के बाद औरंगजेब ने शाइस्ता को दक्कन के बदले बंगाल का सूबेदार बना दिया और शहजादा मुअज्जम शाइस्ता की जगह लेने के लिए भेजा गया।

सूरत में लूट

इस जीत से शिवाजी की प्रतिष्ठा में वृद्धि हुई। छह साल शाइस्ता खान ने अपनी १,५०,००० फौज लेकर छत्रपति शिवाजी का पूरा मुल्क जलाकर तबाह कर दिया था। इसलिए उसका हर्जाना वसूल करने के लिए शिवाजी ने मुगल क्षेत्रों में लूटपाट मचाना आरंभ किया। सूरत उस समय पश्चिमी व्यापारियों का गढ़ था और हिंदुस्तानी मुसलमानों के लिए हज पर जाने का द्वार। यह एक समृद्ध नगर था और इसका बंदरगाह बहुत महत्त्वपूर्ण था। शिवाजी ने चार हजार की सेना के साथ सन् १६६४ में छह दिनों तक सूरत के मुसलिम परस्त धनाढ्य व्यापारियों को लूटा। आम आदमी को उन्होंने नहीं लूटा और फिर लौट गए। इस घटना का जिक्र डच तथा अंग्रेजों ने अपने लेखों में किया है। उस समय तक यूरोपीय व्यापारियों ने भारत तथा अन्य एशियाई देशों में बस गए थे। नादिरशाह के भारत पर आक्रमण करने तक (१७३९) किसी भी यूरोपीय शक्ति ने भारतीय मुगल साम्राज्य पर आक्रमण करने की नहीं सोची थी।

सूरत में शिवाजी की लूट से खिन्न होकर औरंगजेब ने इनायत खाँ के स्थान पर गयासुद्दीन खाँ को सूरत का फौजदार नियुक्त किया और शहजादा मुअज्जम तथा उपसेनापति राजा जसवंत सिंह की जगह दिलेर खाँ और राजा जयसिंह की नियुक्ति की गई। राजा जयसिंह ने बीजापुर के सुल्तान, यूरोपीय शक्तियाँ तथा छोटे सामंतों का सहयोग लेकर शिवाजी पर आक्रमण कर दिया। इस युद्ध में शिवाजी को हानि होने लगी और हार की आशंका को देखते हुए शिवाजी ने संधि का प्रस्ताव भेजा। जून १६६५ में हुई इस संधि के मुताबिक शिवाजी २३ दुर्ग मुगलों को दे देंगे और इस तरह उनके पास केवल १२ दुर्ग बच जाएँगे। इन २३ दुर्गों से होने वाली आमदनी चार लाख हूण सालाना थी। बालाघाट और कोंकण के क्षेत्र शिवाजी को मिलेंगे, पर उन्हें इसके बदले में १३ किस्तों में ४० लाख हूण अदा करने होंगे। इसके अलावा प्रतिवर्ष ५ लाख हूण का राजस्व भी वे देंगे। शिवाजी स्वयं औरंगजेब के दरबार में रहने से मुक्त रहेंगे, पर उनके पुत्र संभाजी को मुगल दरबार में सेवा करनी होगी और बीजापुर के खिलाफ शिवाजी मुगलों का साथ देंगे।

आगरा में आमंत्रण और पलायन

शिवाजी को आगरा बुलाया गया, जहाँ उन्हें लगा कि उन्हें उचित सम्मान नहीं मिल रहा है। इसके खिलाफ उन्होंने भरे दरबार में अपना रोष दिखाया और औरंगजेब पर विश्वासघात का आरोप लगाया। औरंगजेब इससे क्षुब्ध हुआ और उसने शिवाजी को नजरकैद कर दिया। उन पर ५००० सैनिकों का पहरा लगा दिया। कुछ ही दिनों बाद (१८ अगस्त, १६६६ को) औरंगजेब का राजा शिवाजी को मार डालने का इरादा था, लेकिन अपने अजोड़ साहस और युक्ति के साथ शिवाजी और संभाजी दोनों यहाँ से निकलने में सफल रहे (१७ अगस्त, १६६६)। संभाजी को मथुरा में एक विश्वासी ब्राह्मण के यहाँ छोड़ शिवाजी महाराज बनारस गए, पुरी होते हुए सकुशल राजगढ़ पहुँच गए (२ सितंबर, १६६६)। इससे मराठों को जैसे नवजीवन मिल गया। औरंगजेब ने जयसिंह पर अविश्वास करके विष देकर उसकी हत्या करवा डाली। जसवंत सिंह के द्वारा पहल करने के बाद सन् १६६८ में शिवाजी ने मुगलों के साथ दूसरी बार संधि की। औरंगजेब ने शिवाजी को राजा की मान्यता दी। शिवाजी के पुत्र संभाजी को ५००० की मनसबदारी मिली और शिवाजी को पूना, चाकन तथा सूपा का जिला लौटा दिया गया। पर सिंहगढ़ और पुरंदर पर मुगलों का आधिपत्य बना रहा। सन् १६७० में सूरत नगर पर दूसरी बार शिवाजी ने फिर चढ़ाई की। नगर से १३२ लाख की संपत्ति शिवाजी के हाथ लगी और लौटते वक्त उन्होंने मुगल सेना को सूरत के पास फिर से हराया।

राज्याभिषेक

सन् १६७४ तक शिवाजी ने उन सारे प्रदेशों पर अधिकार कर लिया था, जो पुरंदर की संधि के अंतर्गत उन्हें मुगलों को देने पड़े थे। पश्चिमी महाराष्ट्र में स्वतंत्र हिंदू राष्ट्र की स्थापना के बाद शिवाजी ने अपना राज्याभिषेक करना चाहा, परंतु मुस्लिम सैनिकों ने ब्राह्मणों को धमकी दी कि जो भी शिवाजी का राज्याभिषेक करेगा, उसकी हत्या कर दी जाएगी। जब यह बात शिवाजी तक पहुँची, तब शिवाजी ने इसे एक चुनौती के रूप में लिया और कहा कि अब वे उस राज्य के ब्राह्मण से ही अभिषेक करवाएँगे, जो मुगलों के अधिकार में है। शिवाजी के निजी सचिव बालाजी ने काशी में तीन दूत भेजे, क्योंकि काशी मुगल साम्राज्य के अधीन थी। जब दूतों ने संदेश दिया तो काशी के ब्राह्मण बड़े प्रसन्न हुए। किंतु मुगल सैनिकों को यह बात पता चल गई, तब उन ब्राह्मणों को पकड़ लिया गया। परंतु उन ब्राह्मणों ने युक्तिपूर्वक मुगल सैनिकों के समक्ष उन दूतों से कहा कि शिवाजी कौन है, हम नहीं जानते हैं। वे किस वंश से हैं? दूतों को पता नहीं था, इसलिए उन्होंने कहा कि हमें पता नहीं है। तब मुगल सरदार के समक्ष उन ब्राह्मणों ने कहा कि हमें कहीं अन्यत्र जाना है, शिवाजी किस वंश से हैं, आपने नहीं बताया, अत: ऐसे में हम उनका राज्याभिषेक कैसे कर सकते हैं। हम तो तीर्थयात्रा पर जा रहे हैं और काशी का कोई अन्य ब्राह्मण भी राज्याभिषेक नहीं करेगा, जब तक राजा का पूर्ण परिचय न हो। अत: आप वापस जा सकते हैं।

मुगल सरदार ने खुश होकर ब्राह्मणों को छोड़ दिया और दूतों को पकड़कर औरंगजेब के पास दिल्ली भेजने की सोची, पर वे भी चुपके से निकल भागे। वापस लौटकर उन्होंने यह बात बालाजी राव तथा शिवाजी को बताई। परंतु आश्चर्यजनक रूप से दो दिन बाद वही ब्राह्मण अपने शिष्यों के साथ रायगढ़ पहुँचे और शिवाजी का राज्याभिषेक किया। इसके बाद मुगलों ने फूट

डालने की कोशिश की और शिवाजी के राज्याभिषेक के बाद भी पूना के ब्राह्मणों को धमकी दी कि शिवाजी को राजा मानने से मना करो, ताकि प्रजा भी इसे न माने! लेकिन उनकी नहीं चली। शिवाजी ने अष्टप्रधान मंडल की स्थापना की। विभिन्न राज्यों के दूतों, प्रतिनिधियों के अलावा विदेशी व्यापारियों को भी इस समारोह में आमंत्रित किया गया। पर उनके राज्याभिषेक के १२ दिन बाद ही उनकी माता का देहांत हो गया था। इस कारण से ४ अक्तूबर, १६७४ को दूसरी बार शिवाजी ने भव्य समारोह में पूरी शान-शौकत से छत्रपति की उपाधि ग्रहण की। इस समारोह में हिंदू स्वराज की स्थापना का उद्घोष किया गया था। विजयनगर के पतन के बाद दक्षिण में यह पहला हिंदू साम्राज्य था। एक स्वतंत्र शासक की तरह उन्होंने अपने नाम का सिक्का चलवाया। इसके बाद बीजापुर के सुल्तान ने कोंकण विजय के लिए अपने दो सेनाधीशों को शिवाजी के विरुद्ध भेजा, पर वे असफल रहे।

दक्षिण में दिग्विजय

सन् १६७७-७८ में शिवाजी का ध्यान कर्नाटक की ओर गया। बंबई के दक्षिण में कोंकण, तुंगभद्रा नदी के पश्चिम में बेळगाँव तथा धारवाड़ का क्षेत्र, मैसूर, बेलारी, त्रिचूर तथा जिंजी पर अधिकार करने के बाद ३ अप्रैल, १६८० को शिवाजी का देहांत हो गया।

मृत्यु और उत्तराधिकार

उस समय शिवाजी के उत्तराधिकारी संभाजी बने। शिवाजी के ज्येष्ठ पुत्र संभाजी थे और दूसरी पत्नी से राजाराम नामक एक दूसरा पुत्र था। उस समय राजाराम की उम्र मात्र १० वर्ष थी अत: मराठों ने संभाजी को राजा मान लिया। उस समय औरंगजेब राजा शिवाजी का देहांत की खबर सुनकर पूरे भारत पर राज करने की अभिलाषा से अपनी ५,००,००० सेना लेकर दक्षिण भारत को जीतने निकला। औरंगजेब ने दक्षिण में आते ही आदिलशाही २ दिनों में और कुतुबशाही एक ही दिन में खत्म कर दी। पर राजा संभाजी के नेतृत्व में मराठों ने ९ साल युद्ध करते हुए अपनी स्वतंत्रता बरकरार रखी। औरंगजेब के पुत्र शहजादा अकबर (औरंगजेब का चौथा पुत्र) ने औरंगजेब के खिलाफ विद्रोह कर दिया। संभाजी ने उसको अपने यहाँ शरण दी। औरंगजेब ने अब फिर पूरी ताकत से संभाजी पर आक्रमण कर दिया। अंतत: १६८९ में संभाजी के सगे साले ने गणोजी शिर्के की मुखबरी से संभाजी को मुकरव खाँ द्वारा बंदी बना लिया गया। औरंगजेब ने राजा संभाजी से बदसलूकी कर उन्हें मार दिया। यह सब देखकर पूरा मराठा स्वराज्य क्रोधित हुआ। उन्होंने अपनी पूरी ताकत से राजाराम के नेतृत्व में मुगलों से संघर्ष जारी रखा। १७०० ईस्वी में राजाराम की मृत्यु हो गई। उसके बाद राजाराम की पत्नी ताराबाई ४ वर्षीय पुत्र शिवाजी द्वितीय की संरक्षिका बनकर राज करती रही। आखिरकार २५ साल तक मराठा स्वराज्य से युद्ध लड़कर थका हुआ औरंगजेब उसी छत्रपति शिवाजी के स्वराज्य में दफन हो गया।

शासन और व्यक्तित्व

शिवाजी को एक कुशल और प्रबुद्ध सम्राट् के रूप में जाना जाता है। यद्यपि उनको अपने बचपन में पारंपरिक शिक्षा कुछ खास नहीं मिली थी, पर वे भारतीय इतिहास और राजनीति से

सुपरिचित थे। उन्होंने शुक्राचार्य तथा कौटिल्य को आदर्श मानकर कूटनीति का सहारा लेना कई बार उचित समझा था। शासन की समूची बागडोर राजा के हाथ में ही थी। पर उनके प्रशासकीय कार्यों में मदद के लिए आठ मंत्रियों की एक परिषद् थी, जिन्हें 'अष्टप्रधान' कहा जाता था। इसमें मंत्रियों के प्रधान को 'पेशवा' कहते थे, जो राजा के बाद सबसे प्रमुख पद था। 'अमात्य' वित्त और राजस्व के कार्यों को देखता था तो मंत्री राजा की व्यक्तिगत दैनंदिनी का खयाल रखता था। सचिव दफ्तरी काम करते थे, जिसमें शाही मुहर लगाना और संधिपत्रों का आलेख तैयार करना आदि काम शामिल होते थे। सुमंत विदेश मंत्री होता था। सेना के प्रधान को 'सेनापति' कहते थे। दान और धार्मिक मामलों के प्रमुख को 'पंडितराव' कहते थे। न्यायाधीश न्यायिक मामलों का प्रधान होता था।

मराठा साम्राज्य तीन या चार विभागों में विभक्त था। प्रत्येक प्रांत में एक सूबेदार था, जिसे 'प्रांतपति' कहा जाता था। हर सूबेदार के पास भी एक अष्टप्रधान समिति होती थी। कुछ प्रांत केवल करदाता थे और प्रशासन के मामले में स्वतंत्र। न्याय व्यवस्था प्राचीन पद्धति पर आधारित थी। शुक्राचार्य, कौटिल्य और हिंदू धर्मशास्त्रों को आधार मानकर निर्णय लिये जाते थे। गाँव के पटेल फौजदारी मुकदमों की जाँच करते थे। राज्य की आय का साधन भूमि-कर था, पर चौथ और सरदेशमुखी से भी राजस्व वसूला जाता था। 'चौथ' पड़ोसी राज्यों की सुरक्षा की गारंटी के लिए वसूला जाने वाला कर था। शिवाजी अपने को मराठों का 'सरदेशमुख' कहते थे और इसी हैसियत से सरदेशमुखी कर वसूला जाता था।

राज्याभिषेक के बाद उन्होंने अपने एक मंत्री (रामचंद्र अमात्य) को शासकीय उपयोग में आने वाले फारसी शब्दों के लिए उपयुक्त संस्कृत शब्द निर्मित करने का कार्य सौंपा। रामचंद्र अमात्य ने धुंधिराज नामक विद्वान् की सहायता से 'राज्यव्यवहार कोश' ग्रंथ का प्रणयन किया। इस कोश में फारसी के १३८० प्रशासनिक शब्दों के तुल्य संस्कृत शब्द थे। इसमें रामचंद्र ने लिखा है—

कृते म्लेच्छोच्छेदे भुवि निरवशेषं
रविकुला वतंसेनात्यर्थं यवनवचनैर्लुप्तसरणीम्।
नृपव्याहारार्थं स तु विबुध भाषांवितनितुम्।
नियुक्तोऽभूद्विद्वान्नृपवर शिवच्छत्रपतिना॥

धार्मिक नीति

शिवाजी एक समर्पित हिंदू तथा धार्मिक सहिष्णु थे। उनके साम्राज्य में मुसलमानों को धार्मिक स्वतंत्रता थी। कई मस्जिदों के निर्माण के लिए शिवाजी ने अनुदान दिया। हिंदू पंडितों की तरह मुसलमान संतों और फकीरों को भी सम्मान प्राप्त था। उनकी सेना में मुसलमान सैनिक भी थे। शिवाजी हिंदू संस्कृति को बढ़ावा देते थे। पारंपरिक हिंदू मूल्यों तथा शिक्षा पर बल दिया जाता था। वे अपने अभियानों का आरंभ भी अकसर दशहरा के अवसर पर करते थे।

चरित्र

शिवाजी महाराज को अपने पिता से स्वराज की शिक्षा मिली। जब बीजापुर के सुल्तान ने शाहजी राजे को बंदी बना लिया तो एक आदर्श पुत्र की तरह उन्होंने बीजापुर के शाह से संधि

कर शाहजी राजे को छुड़वा लिया। इससे उनके चरित्र में एक उदार गुण नजर आता है। उसके बाद उन्होंने पिता की हत्या नहीं करवाई, जैसाकि अन्य सम्राट् किया करते थे। शाहजी राजे के मरने के बाद ही उन्होंने अपना राज्याभिषेक करवाया। हालाँकि वे उस समय तक अपने पिता से स्वतंत्र होकर एक बड़े साम्राज्य के अधिपति बन गए थे। उनके नेतृत्व को सब लोग स्वीकार करते थे, यही कारण है कि उनके शासनकाल में कोई आंतरिक विद्रोह जैसी घटना नहीं हुई थी।

वे एक अच्छे सेनानायक के साथ एक अच्छे कूटनीतिज्ञ भी थे। कई जगहों पर उन्होंने सीधे युद्ध लड़ने की बजाय गुरिल्ला युद्ध किया था, लेकिन यही उनकी युद्ध नीति होती थी, जो हर बार बड़े से बड़े शत्रु को मात देने में उनको सफलता देती रही।

शिवाजी महाराज की 'गनिमी कावा' नामक कूटनीति, जिसमें शत्रु पर अचानक आक्रमण करके उसे हराया जाता है, विलोभनीयता से और आदरसहित याद किया जाता है।

शिवाजी महाराज के गौरव में ये पंक्तियाँ प्रसिद्ध हैं—

शिवरायांचे आठवावे स्वरूप।
शिवरायांचा आठवावा साक्षेप।
शिवरायांचा आठवावा प्रताप। भूमंडळी॥

मराठा साम्राज्य

राज्य अवधि—सन् १६७४ से सन् १८१८ तक।

मराठा साम्राज्य के प्रथम शासक शिवाजी थे। इनके पिता का नाम शाहजी भोंसले और माता का नाम जीजाबाई था। शाहजी भोंसले पहले अहमदनगर के निजामशाही के यहाँ नौकर थे, किंतु इसके पतन के बाद शाहजी बीजापुर दरबार की सेवा में चले गए। शाहजी ने अपनी बहादुरी और चातुर्य से अपना गौरवपूर्ण स्थान बनाया। १६६४ ई. सन् में इनका देहांत हो गया।

संभाजी—शिवाजी की मृत्यु के बाद उनका पुत्र संभाजी १६८० में गद्दी पर बैठा, किंतु वह आमोद-प्रमोद में ही निमग्न रहता था। सन् १६८९ में मुगलों ने संभाजी को बंदी बनाकर उनकी हत्या कर दी। संभाजी के पुत्र शाहूजी भी बंदी बना लिये गए। औरंगजेब ने शाहूजी को बंदी के रूप में अपने पास बनाए रखा।

राजाराम—संभाजी की मृत्यु के बाद मराठों ने शिवाजी के दूसरे पुत्र राजाराम के नेतृत्व में मुगलों के विरुद्ध युद्ध जारी रखा। राजाराम गद्दी पर बैठे। उन्होंने अपना मुख्य केंद्र दक्षिण में जिंजी को बनाया, किंतु सन् १७०० में राजाराम की भी मृत्यु हो गई।

शिवाजी द्वितीय—राजाराम की मृत्यु के बाद उनका पुत्र शिवाजी द्वितीय गद्दी पर बैठा। वह कम आयु का था, अत: उसकी माता ताराबाई उसकी संरक्षक बनी। इस प्रकार सन् १७०० से १७०७ तक मुगलों से युद्ध जारी रहा, किंतु सन् १७०७ में औरंगजेब की मृत्यु के बाद उसके पुत्र बहादुरशाह ने शंभाजी के पुत्र शाहूजी को मुक्त कर दिया। शाहूजी के वापस आने पर मराठा सरदारों ने उसे अपना राजा स्वीकार कर लिया।

शाहू—शाहूजी जब दक्षिण में आए तो ताराबाई और उसके पुत्र शिवाजी द्वितीय ने उसका

विरोध किया और इस प्रकार गृहयुद्ध छिड़ गया। शाहूजी सतारा में और राजाराम के वंशज कोल्हापुर में राज करने लगे। शाहूजी के समय में पेशवा बालाजी विश्वनाथ, पेशवा बाजीराव प्रथम, पेशवा बालाजी बाजीराव ने शासन-प्रबंध चलाया और मराठा राज्य को सुदृढ बनाया। १५ दिसंबर, १७४९ को शाहूजी की मृत्यु हो गई।

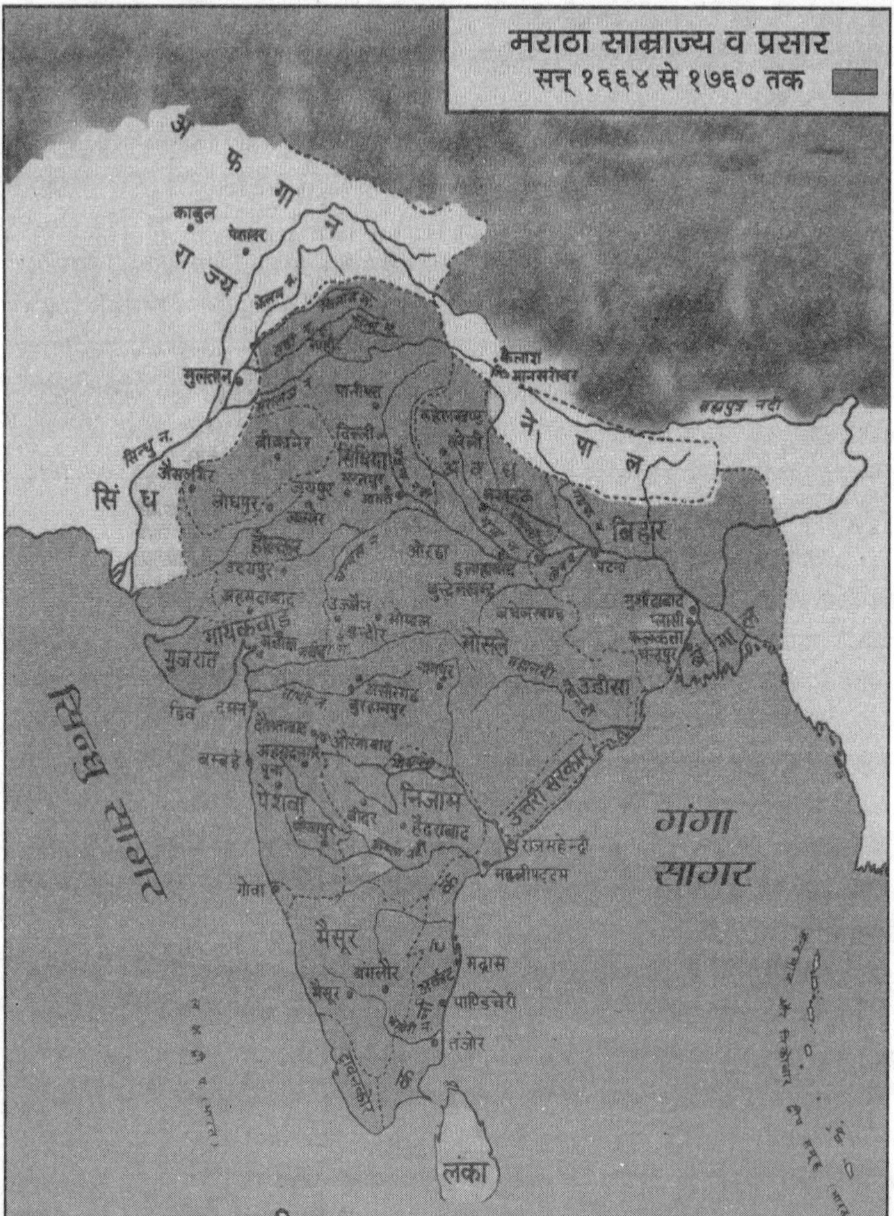

पेशवा बालाजी विश्वनाथ (सन् १७१३ से १७२० तक)—बालाजी विश्वनाथ ने शाहू को ताराबाई के विरुद्ध पूरा सहयोग किया। अत: शाहू ने इन्हें १७१३ में पेशवा बना दिया। पेशवा ने मराठा सरदारों का संगठन किया। उत्तर भारत में मुगल सम्राट् फर्रुखसियर सैयद भाइयों को हटाना चाहता था। इसलिए सैयद भाइयों ने पेशवा और शाहू से सहायता माँगी। इस पर पेशवा ने सन् १७१९ में एक संधि की, जिसके द्वारा शाहू को दक्षिण के ६ प्रांतों से चौथ और सरदेशमुखी वसूल करने का अधिकार मिल गया। इस प्रकार बालाजी विश्वनाथ ने मराठा राज्य की नींव और मजबूत कर दी।

बाजीराव (सन् १७२०-१७४० तक)—शाहू ने बालाजी विश्वनाथ की मृत्यु पर उनके पुत्र बाजीराव को पेशवा नियुक्त किया। यह बड़ा योग्य और नवयुवक पेशवा था। उसने सन् १७२४ में मालवा और फिर गुजरात पर विजय की। सन् १७२८ में बाजीराव ने निजाम को मुगेश गाँव की संधि स्वीकार करने को विवश किया, जिसके द्वारा निजाम ने शाहू को संपूर्ण महाराष्ट्र का स्वामी माना। सन् १७२८ में पुन: मालवा को विजय किया। फिर पेशवा ने बुंदेला सरदार छत्रसाल के कहने पर बुंदेलखंड पर आक्रमण कर विजय प्राप्त की। सन् १७३७ में पेशवा ने दिल्ली पर आक्रमण कर मुगलों को हराया। निजाम ने मुगल सम्राट् की मदद करनी चाही, इस पर पेशवा ने उसे भोपाल में घेरकर सन् १७३८ में संधि करने को बाध्य किया। सन् १७३९ में पेशवा ने पुर्तगालियों को हराकर सालसट और बेसीन के टापू उनसे छीन लिये और जजीरा के सिद्दियों की शक्ति का अंत किया। सन् १७४० में बाजीराव की मृत्यु हो गई।

बालाजी बाजीराव (सन् १७४० से १७६१ तक)—मराठा सम्राट् शाहू ने बाजीराव की मृत्यु पर उनके पुत्र बालाजी बाजीराव को पेशवा बनाया। उसने मालवा में मुगलों का नायक सूबेदार बनना स्वीकार किया। कर्नाटक पर सन् १७४१ में आक्रमण किया। रघुजी भोंसले ने बंगाल से चौथ वसूल की। सन् १७४८ में निजाम-उल-मुल्क की मृत्यु हो गई। पेशवा ने सन् १७५८ में निजाम को हराया। सन् १७५९ में अहमदनगर के दुर्ग को जीत लिया। सन् १७६० में निजाम को उदयगिरि में हराया, साथ ही साथ मराठों का उत्तर में प्रसार प्रारंभ हो गया। सन् १७५२ में मुगलों ने मराठों से संधि कर ली। सन् १७५४-५५ में रघुनाथराव ने उत्तर भारत पर आक्रमण किया। सन् १७५८ में दिल्ली पर आक्रमण कर रघुनाथराव और मल्हारराव होल्कर ने लाहौर तथा पंजाब अहमदशाह अब्दाली के सूबेदार से छीन लिये। इस पर अहमदशाह अब्दाली ने भारत पर आक्रमण किया।

पानीपत की तीसरी लड़ाई (१५ जनवरी, १७६१)—अहमदशाह अब्दाली ने सन् १७६० में भारत पर आक्रमण किया। पेशवा ने अपने पुत्र विश्वासराव और सदाशिव भाऊ के साथ मराठा सेना भेजी। पानीपत के मैदान में १४ जनवरी, १७६१ को यह युद्ध हुआ। मराठे यह युद्ध हार गए। विश्वासराव और सदाशिव भाऊ मारे गए। अहमदशाह अब्दाली विजयी हुआ।

माधवराव प्रथम (सन् १७६१ से १७७२ तक)—सन् १७६१ में बालाजी बाजीराव की मृत्यु के बाद उसका १६ वर्षीय पुत्र माधवराव प्रथम पेशवा बना। उसने मराठों की पानीपत के युद्ध में खोई शक्ति और प्रतिष्ठा को उठाना चाहा। सन् १७६२ में उसने निजाम को हराया और फिर सन् १७६४, १७६७, १७७१ और १७७२ में दरबार मैसूर के हैदर अली को हराया। उत्तर में

महादजी सिंधिया ने सन् १७७२ में मुगल सम्राट् को दिल्ली की गद्दी पर बैठाया और बदले में ४० लाख रुपया, कड़ा और इलाहाबाद के क्षेत्र प्राप्त किए।

नारायणराव (सन् १७७२ से १७२३ तक)—सन् १७७२ में माधवराव की मृत्यु के बाद उसका भाई नारायणराव पेशवा बना, किंतु वह केवल ९ महीने ही रह सका। रघुनाथराव (राघोवा) ने षड्यंत्र रचकर उसकी हत्या करवा दी और स्वयं पेशवा बन गया।

रघुनाथराव राघोवा (सन् १७७३)—किंतु मराठा सरदारों ने राघोवा का साथ नहीं दिया और सखाराम तथा नाना फड़नवीस ने मृत पेशवा नारायणराव के पुत्र को वास्तविक पेशवा घोषित किया। इस पर राघोवा ने बंबई सरकार से अंग्रेजी मदद लेने के लिए सन् १७७५ में सूरत की संधि की, पर नाना फड़नवीस ने ब्रिटिश गवर्नर जनरल वारेन हेस्टिंग्ज से सन् १७७६ में पुरंदर की संधि की और सूरत की संधि रद्द कर दी गई। नारायणराव की पत्नी गंगाबाई ने एक पुत्र को जन्म दिया। बारह मराठा सरदारों ने नवजात शिशु को पेशवा घोषित किया और एक संरक्षण समिति बनाई। राघोवा असहाय हो गया। बड़ा होकर यही शिशु माधवराव नारायण हुआ।

माधवराय नारायण (सन् १७७४ से ९६)—माधवराय नारायण के समय में नाना फड़नवीस का बड़ा प्रभाव था। उत्तर में महादजी सिंधिया का बड़ा प्रभाव था। इस काल में मराठों ने हैदर अली और निजाम को परास्त किया और उत्तरी भारत में फिर से अपना प्रभाव स्थापित किया। सन् १७९६ में पेशवा की मृत्यु हो गई। मृत्यु के समय उनके कोई संतान नहीं थी। अत: बाजीराव द्वितीय को अपना उत्तराधिकारी चुना।

चिमनाजी अप्पा (सन् १७९६)—सिंधिया के मंत्री बालोवा तात्या ने चिमनाजी अप्पा को पेशवा घोषित कर दिया और उसको स्वर्गीय पेशवा की पत्नी ने गोद ले लिया, किंतु नाना फड़नवीस और बाजीराव ने बालोवा तात्या तथा चिमनाजी की यह योजना निष्फल कर दी और बाजीराव द्वितीय ही पेशवा बना रहा।

बाजीराव द्वितीय (सन् १७९६ से १८१८)—इसके समय में मराठा संघ का पतन प्रारंभ हो गया। मार्च १८०० में नाना फड़नवीस की मृत्यु हो गई। दौलतराव सिंधिया, जसवंतराय होल्कर और पेशवा में अनबन रहने लगी। जसवंतराव होल्कर ने सन् १८०२ में जब पूना पर आक्रमण किया तो पेशवा बाजीराव ने अंग्रेजों से दिसंबर, १८०२ में बेसिन की संधि कर पूना में एक अंग्रेजी सेना रखना स्वीकार कर लिया। इससे सिंधिया, भोंसले और होल्कर ने बेसिन की संधि का विरोध किया, किंतु लॉर्ड वेलेजली ने मराठा सरदारों को हटाकर सहायक संधि स्वीकार करने पर विवश किया। रही-सही मराठा शक्ति लॉर्ड हेस्टिंग्ज ने खत्म कर दी। बाजीराव हार गया और कानपुर के पास बिठूर में रहने लगा। उसको अंग्रेजों ने ८ लाख की पेंशन दे दी। उनके कोई पुत्र नहीं था, अत: बाजीराव ने नाना साहब को अपना दत्तक पुत्र स्वीकार किया। सन् १८५३ में बाजीराव की भी मृत्यु हो गई।

नाना साहब—बाजीराव द्वितीय की मृत्यु पर नाना साहब ने भारत के ब्रिटिश गवर्नर जनरल लॉर्ड डलहौजी से अपनी पेंशन और पदवी की स्वीकृति की अरजी दी, जो लॉर्ड डलहौजी ने नामंजूर कर दी। इस पर नाना साहब नाराज हो गए। उन्होंने सन् १८५७ में अंग्रेजों के विरुद्ध क्रांति में भाग लिया।

महाराजा छत्रसाल का साम्राज्य

राज्य अवधि—सन् १६७८ से १७३१ तक

परिचय—बुंदेलखंड के शिवाजी के नाम से प्रसिद्ध महाराज छत्रसाल मध्ययुगीन भारत के एक प्रतापी हिंदू योद्धा थे। उन्होंने मुगल शासक औरंगजेब से युद्ध करके अपना राज्य स्थापित कर 'महाराजा' की पदवी प्राप्त की।

पिता चंपतराय और माता लालकुँवरि के तीसरे पुत्र के रूप में छत्रसाल का जन्म ४ मई, १६४९ (ज्येष्ठ शुक्ल ३ संवत् १७०६ विक्रमी) को वर्तमान टीकमगढ़ जिले के विंध्य वनों की मोर पहाड़ियों में हुआ। चंपतराय उन दिनों हिंदू धर्म के सम्मान की रक्षा हेतु मुगलों से छापामार युद्ध कर रहे थे।

पारिवारिक विषम परिस्थितियों के कारण इनका अधिकांश बचपन अपने मामा के यहाँ व्यतीत हुआ। यहीं पर प्रारंभिक शिक्षा के साथ इन्होंने युद्ध-कौशल और शस्त्र-संचालन में निपुणता प्राप्त की। मात्र दस वर्ष की बाल्यावस्था में वे एक कुशल सैनिक बन गए थे। इसका प्रमाण है कि माँ विंध्यवासिनी की पूजा के समय जब यवन घुड़सवार सैनिक उनकी मूर्ति तोड़ने आए तो छत्रसाल ने अपने साथियों के साथ मिलकर उन आक्रमणकारियों को पराजित किया।

राज्य विस्तार—अपने पिता चंपतराय को उनके अंतिम समय में हिंदू धर्म एवं हिंदू समाज की रक्षा हेतु दिए गए वचन को पूरा करने के लिए छत्रसाल ने स्वतंत्र एवं गरिमामय बुंदेलखंड की स्थापना की। राज्य स्थापना की महान् प्रेरणा उन्हें छत्रपति शिवाजी महाराज से प्राप्त हुई। शिवाजी ने कहा था—

करो देश के राज छतारे।
हम तुमसे कबहु नहीं न्यारे।
दौर देश मुगलन को मारो।
उपटि दिल्ली के दल संहारों।
तुम हो महावीर मरदाने,
करि हो भूमि भोग हम जाने।
जो इत ही तुम को हम राखे।
तो सब सुयश हमारे भाषें॥

राज्य विस्तार के क्रम में महाराज छत्रसाल ने मुगलों द्वारा की गई छलपूर्ण घेराबंदी के विरुद्ध छापामार युद्ध नीति को अपनाया। इस धर्मरक्षक शूरवीर ने मुगलों से इटावा, खिमलासा, गढ़ाकोटा, धामौनी, रामगढ़, रत्नागिरी, शाहगढ़, कंजिया, मडियादो, रहली सहित अनेक स्थानों पर लड़ाई लड़ी और दुश्मन को परास्त किया। इनके पराक्रम से विचलित होकर मुगलों ने वासिया के युद्ध के बाद इन्हें राजा के रूप में स्वीकार्य किया। महाराज ने कालिंजर के किले पर अपनी विजय-पताका फहराने के बाद सन् १६७८ में पन्ना में अपनी राजधानी स्थापित की। धीरे-धीरे राष्ट्रप्रेम,

वीरता और हिंदू धर्म की रक्षा के प्रति समर्पण के कारण इन्हें भारी जन-समर्थन प्राप्त होता गया। अब हिंदू जनता के मन में विदेशी मुगल आक्रमणकारियों का भय समाप्त हो रहा था। भारत के केंद्र में हिंदू धर्म और भारतमाता ने पुनः अपने गौरव को प्राप्त किया था।

महाराजा छत्रसाल का साम्राज्य

१६७८-१७३१ ई. तक

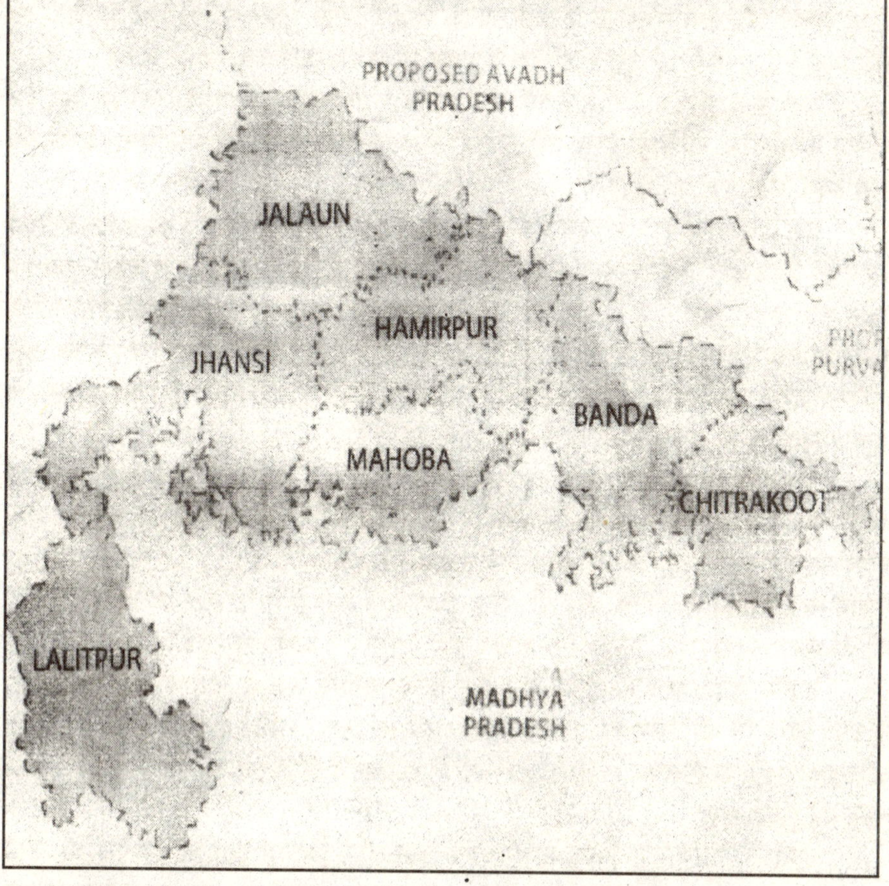

छत्रसाल ने अपने पराक्रम के बल पर मात्र ५ घुड़सवार और २५ पैदल सैनिकों की सहायता से राज्य विस्तार के कार्य को अत्यधिक प्रसारित किया। अब छत्रसाल का राज्य उत्तर में ग्वालियर के निकट से लेकर दक्षिण में मालवा तक और पूर्व में हमीरपुर से पश्चिम में नरवर तक विस्तृत हो चुका था। वृहद रूप से यह राज्य यमुना, चंबल, नर्मदा और टोंस नदियों की सीमा तक विस्तृत हो गया था।

इत जमुना उत नर्मदा इत चंबल उत टोंस।
छत्रसाल सों लरन की रही न काहू होंस॥

राज्य संचालन-व्यवस्था—हिंदू धर्म की रक्षा के क्रम में महाराज छत्रसाल के सान्निध्य में संगठित हुई जनता के कल्याण एवं सुरक्षा हेतु एक कुशल राज्य संचालन की आवश्यकता थी। प्रत्येक महान् नायक को एक सच्चे गुरु की आवश्यकता होती है। इसी क्रम में छत्रसाल की वीरता और हिंदू धर्मरक्षा के प्रति उनकी वचनबद्धता से प्रभावित होकर गुरु प्राणनाथ उनके सच्चे मार्गदर्शक बने।

राज्य विस्तार के क्रम में महाराज छत्रसाल ने छापामार युद्ध नीति और युद्ध संधि का सहारा लिया। इससे न केवल उनके राज्य को सुरक्षा मिली, बल्कि वे एक लंबे समय तक स्थायित्व पाने में भी सफल रहे। इसी नीति का परिणाम था कि उन्होंने अपने जीवन के ८३ वर्षों में छोटे-बड़े कुल मिलाकर लगभग ५२ युद्ध लड़े और वे शायद ही कभी पराजित हुए थे।

राज्य के प्रत्येक गाँव में गुप्तचरों की नियुक्ति की व्यवस्था तथा मंदिरों को सद्भाव केंद्र के रूप में विकसित करने की प्रेरणा उन्हें छत्रपति शिवाजी तथा गुरु प्राणनाथ से मिली। शांतिकाल में वे स्वयं नित्य पूजापाठ करते थे।

एक हिंदू राज्य के संस्थापक एवं कट्टर हिंदू राजा होने के बावजूद वे अत्यधिक सहिष्णु एवं उदार थे। उन्होंने अपने राज्य में मुसलमान नागरिकों को भी अन्य नागरिकों के समान सुविधाएँ प्रदान कीं। अनेक युद्धों में उन्होंने मारे गए मुसलमान सैनिकों का अंतिम संस्कार मुस्लिम धार्मिक पद्धति से संपन्न कराया। यह उनकी न्याय व्यवस्था की ही उपलब्धि थी कि उनके राज्य के कर्मचारी साधारण जनता को परेशान नहीं करते थे। दुराचारी कर्मचारियों के प्रति कठोर दंड की व्यवस्था के कारण उनका राज्य अधिकतर अपराध मुक्त रहता था।

राष्ट्र-निर्माण में योगदान—मध्यकालीन भारत में विदेशी मुस्लिम शासकों एवं आक्रमणकारियों से सतत संघर्ष करनेवालों में छत्रपति शिवाजी और महाराणा प्रताप के साथ बुंदेलकेसरी छत्रसाल महाराज का नाम विशेष रूप से उल्लेखनीय है। १४ दिसंबर, १७३१ को उन्होंने विजयी भाव से अंतिम साँस ली। राष्ट्र-निर्माण के क्रम में मध्य भारत पर अपनी विजय-पताका फहराकर मुगलों को उत्तर एवं दक्षिण भाग में सिमटने पर मजबूर कर दिया।

उन्होंने हिंदू समाज को पतित होने से न केवल बचाया, बल्कि आम जनता में अपने धर्म के प्रति गर्व करने की प्रेरणा दी। अत्यंत कम साधनों के रहते उन्होंने दृढ़ निश्चय और ईश्वर के आशावादी मार्ग पर चलकर, धर्मरक्षा के मार्ग में आनेवाली चुनौतियों का सामना करके अपने लक्ष्य की प्राप्ति की।

नगरों के महत्त्व को समझते हुए महाराज छत्रसाल ने छतरपुर नगर की स्थापना की। इसी प्रकार महोना तथा पन्ना उनके राजधानी नगर थे। वे न केवल एक कुशल प्रशासक एवं सेनानायक थे, बल्कि एक उत्कृष्ट लेखक होने के साथ अच्छे कवि भी थे। उनके राज्य में 'भूषण' जैसे महान् कवियों को आश्रय मिला। लालकवि, हरिकेश एवं निवाज इनके अन्य दरबारी कवि थे। हिंदू धर्म के इस महान् रक्षक को उनके दृढ़ निश्चय, कठोर अनुशासन और राष्ट्रप्रेम के लिए सदैव याद किया जाएगा।

उत्तराधिकारी परंपरा—महाराज छत्रसाल के राज्य में उनके शासनकाल में हिंदू धर्म-पताका गर्व से फहराई गई। अपने द्वारा शून्य से संपूर्ण प्राप्त करने के बाद महाराज ने जीवन के

अंतिम समय में राज्य को अपने पुत्रों में विभाजित कर दिया। अपने ज्येष्ठ पुत्र जगतराज और कनिष्ठ पुत्र हिरदेशाह के मध्य बराबर हिस्सा बाँटने के साथ महाराज ने बाजीराव को अपना तीसरा पुत्र मानते हुए झाँसी, सागर, गुरसराय, काल्पी, गरौठा, गुना, सिरोंज और हटा के क्षेत्र सौंप दिए।

इस प्रकार प्रजा की समृद्धि और शांति से, राज्य संचालन से उत्तराधिकार की सर्वाधिक उचित प्रक्रिया को लागू किया। उन्होंने स्वयं भी कहा है—

राजी सब रैयत रहे, ताजी रहे सिपाहि।
छत्रसाल ता राज को, बार न बाँको जाहि॥

पेशवा बाजीराव प्रथम का साम्राज्य

राज्य अवधि—सन् १७२० से १७४० तक।

जीवन-परिचय—पेशवा बाजीराव एक महान् योद्धा, राजनीतिज्ञ, राजमर्मज्ञ तथा राज्य-निर्माता थे। सन् १७२० में शाहूजी ने बालाजी विश्वनाथ के बड़े पुत्र बाजीराव प्रथम को पेशवा नियुक्त कर दिया। यद्यपि वह केवल १९ वर्ष का युवक था, परंतु उसकी सूझबूझ अद्भुत थी। उसे अपने पिता से कूटनीति तथा प्रशासन में बहुत प्रशिक्षण प्राप्त था। उन्होंने अपने कुशल नेतृत्व एवं रणकौशल के बल पर मराठा साम्राज्य का विस्तार किया। बाजीराव प्रथम को सभी नौ महान् पेशवाओं में सर्वश्रेष्ठ माना जाता है।

पेशवा बाजीराव का जन्म १८ अगस्त, १७०० में हुआ था, इनके पिता का नाम बालाजी विश्वनाथ था तथा माता का नाम राधाबाई एवं पत्नी का नाम काशीबाई था। अपनी छोटी उम्र में ही बाजीराव ने राजनीति का ज्ञान अपने पिता से हासिल कर लिया था। पिता की मृत्यु के बाद वे गद्दी पर बैठे और मराठा साम्राज्य का संचालन ही नहीं सँभाला अपितु राज्य विस्तार भी किया। दुर्भाग्यवश बाजीराव ज्यादा दिन तक जीवित न रह सके। इनकी मृत्यु पश्चिमी निमाड़, मध्य प्रदेश में नर्मदा नदी के तट पर हुई और आज भी उनकी समाधि नर्मदा घाट पर बनी हुई है।

राज्य-विस्तार—अल्प वयस्क होते हुए भी बाजीराव ने असाधारण योग्यता प्रदर्शित की और पेशवा बनने के बाद २० वर्ष तक साम्राज्य विस्तार करते रहे। इस समय भारत की जनता मुगलों के साथ-साथ अंग्रेजों व पुर्तगालियों के अत्याचारों से त्रस्त हो चुकी थी। बाजीराव ने उत्तर भारत से लेकर दक्षिण भारत तक ऐसी विजय-पताका फहराई कि उनके नाम का चारों ओर डंका बजने लगा।

पेशवा बाजीराव के सम्मुख सबसे बड़ी चुनौती दक्षिण के निजामों की ओर से थी। दक्षिण का निजाम चौथ तथा सरदेशमुखी प्राप्त करने के अधिकार को चुनौती दे रहा था। निजाम-मुल-मुल्क आसफजाह, जो सन् १७१३-१५ तक दक्कन का वायसराय था, लगातार पेशवा बाजीराव के लिए मुश्किलें खड़ी कर रहा था। वह मराठों से ईर्ष्या करता था। उसका अधिकार क्षेत्र दक्कन

राज्य था। बाजीराव ने बड़ी कूटनीति के साथ निजामों को संधि करने के लिए बाध्य किया, परंतु उससे पहले ७ मार्च, १७२८ को पालखेड़ के समीप निजाम को करारी हार दी। निजाम की इस हार से दक्कन में मराठों की सर्वोच्चता स्थापित हो गई।

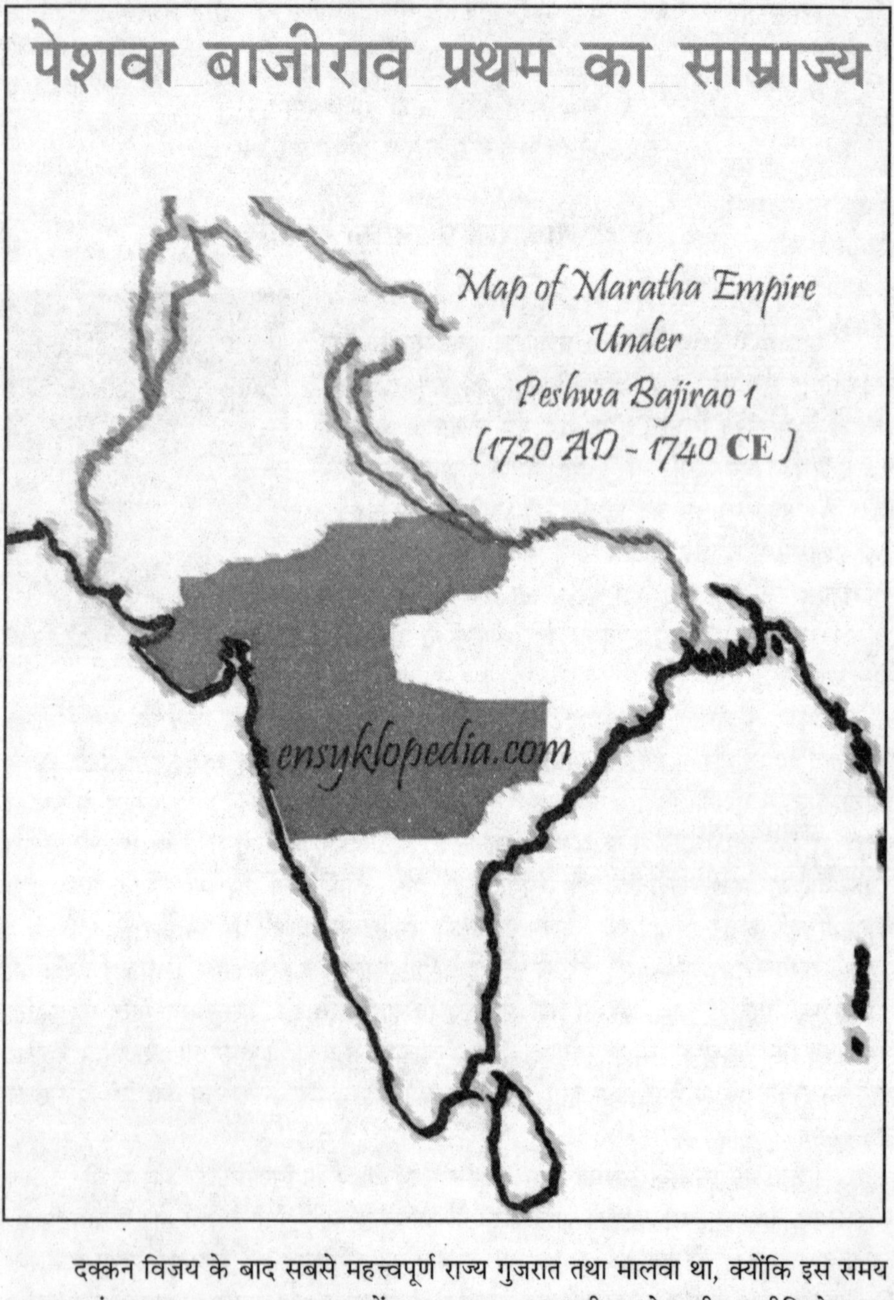

दक्कन विजय के बाद सबसे महत्त्वपूर्ण राज्य गुजरात तथा मालवा था, क्योंकि इस समय मालवा एवं गुजरात व्यापार का प्रमुख केंद्र बन गया था। बाजीराव ने बड़ी कूटनीति के साथ

मुगलों के आधिपत्य को गुजरात तथा मालवा से लुप्तप्राय कर दिया था। अन्य महत्त्वपूर्ण विजयों में बुंदेलखंड विजय महत्त्वपूर्ण है। मुगलों ने बुंदेलों के कुछ क्षेत्रों पर अधिकार करना शुरू कर दिया। इस पर बुंदेल नरेश छत्रसाल ने मराठा सेना की सहायता माँगी। सन् १७२८ में मराठों ने बुंदेलखंड के सभी विजित प्रदेश मुगलों से छीन लिये। कृतज्ञ छत्रसाल ने पेशवा की शान में एक दरबार का आयोजन किया तथा कालपी, सागर, झाँसी और हृदयनगर पेशवा को निजी जागीर के रूप में भेंट कर दिए। इसी के साथ उत्तर भारत में मराठा शक्ति का उदय हुआ। बाजीराव ने दिल्ली एवं भोपाल के युद्ध (१७३७) में भी रण-कुशलता का परिचय दिया।

योगदान एवं उपलब्धियाँ—मराठों ने साम्राज्य का विस्तार करने के साथ-साथ दिल्ली से मुगलों की सत्ता को भी हिला दिया। अपने पेशवा काल के बीस वर्षों तक वे गतिशील रहे। वे मुगलों की तोप शक्ति को जानते थे, इसलिए वे प्रायः शत्रु की रसद तथा आपूर्ति को काट देते और शत्रु को झुकाने में सफल हो जाते थे। पालखेड़ और भोपाल में उन्होंने इसी नीति का पालन किया। उसकी सेना की प्रमुख विशेषता थी—गतिशीलता तथा तीव्रगति। बाजीराव एक सफल सैनिक, महान् नेता तथा सामरिक नीतिज्ञ थे। वे अपने आक्रमणों की योजना बहुत ही सजगता से बनाते। जिस प्रकार उन्होंने निजाम को दो बार अपने चंगुल में फँसाकर हराया, यह उनकी अद्भुत बौद्धिक कुशलता को दर्शाता है।

बाजीराव ने वृहद् महाराष्ट्र की नींव डाली। मराठों का राज्य अब अरब सागर से बंगाल की खाड़ी तक फैल गया था। भारतीय शक्ति का केंद्रबिंदु अब दिल्ली नहीं, पूना बन गया था। यह महत्त्वपूर्ण परिवर्तन एक महान् शक्तिशाली योद्धा के नेतृत्व में संभव हुआ। बाजीराव की प्रशंसा के संदर्भ में विभिन्न इतिहासकारों ने खूब लिखा है। रिचर्ड टेंपल के शब्दों में, "घुड़सवारी में बाजीराव से बाजी मारना कठिन था।" किनकेड पार्सिनीज तथा एच.एन. सिन्हा ने भी लिखा है—"बाजीराव सेनापति के रूप में अद्वितीय थे, उनकी योजनाओं में मौलिकता थी और वे कूटनीति पर सदैव दृष्टि रखते थे।"

उत्तराधिकारी—सन् १७४० में उनके निधन के पश्चात् उनका ज्येष्ठ पुत्र बालाजी बाजीराव पेशवा के रूप में उत्तराधिकारी बना। बालाजी को साहेब पेशवा के रूप में भी जाना जाता था।

महाराजा रणजीत सिंह

राज्य अवधि—सन् १८०१ से सन् १८३९।

जीवन-परिचय—महाराजा रणजीत सिंह सिख साम्राज्य के संस्थापक थे। वे शेर-ए-पंजाब के नाम से प्रसिद्ध थे। महाराजा रणजीत सिंह एक ऐसे व्यक्ति थे, जिन्होंने न केवल पंजाब को एक सशक्त राज्य के रूप में एकजुट रखा, बल्कि अपने जीते-जी अंग्रेजों को अपने साम्राज्य के पास भी नहीं फटकने दिया। रणजीत सिंह का जन्म १७८० में गुजराँवाला (अब पाकिस्तान) में जाट सिख महाराजा महान् सिंह के घर हुआ था। उन दिनों पंजाब पर सिखों और अफगानों का राज था, जिन्होंने पूरे इलाके को कई मिसलों में बाँट रखा था। रणजीत सिंह के पिता महान सिंह सुकरचकिया मिसल के कमांडर थे।

पश्चिमी पंजाब में स्थित इस इलाके का मुख्यालय गुजराँवाला था। छोटी सी उम्र में चेचक की वजह से महाराजा रणजीत सिंह की एक आँख की रोशनी जाती रही। मात्र १२ वर्ष के थे, तब पिता चल बसे और राजपाट का सारा दायित्व इन्हीं के कंधों पर आ गया। १२ अप्रैल, १८०१ को रणजीत सिंह ने महाराजा की उपाधि ग्रहण की। गुरुनानकजी के एक वंशज ने उनकी ताजपोशी संपन्न कराई। उन्होंने लाहौर को अपनी राजधानी बनाया। इनकी मृत्यु ५८ वर्ष की आयु में २७ जून, १८३९ को लाहौर में हुई।

राज्य विस्तार—रणजीत सिंह पिता की मृत्यु के पश्चात् १२ वर्ष की आयु में सुकरचकिया मिसल के कमांडर बन गए। सन् १७९८ में जमानशाह के पंजाब से लौट जाने पर उन्होंने लाहौर पर अधिकार कर लिया। धीरे-धीरे सतलुज से सिंधु तक जितनी मिसलें राज कर रही थीं, सबको अपने अधीन कर लिया। अब उन्होंने पंजाब के दक्षिणी, पश्चिमी एवं उत्तरी भागों पर आक्रमण करना प्रारंभ कर दिया और दस वर्ष में मुल्तान, पेशावर तथा कश्मीर तक अपने राज्य का विस्तार किया।

अब पेशावर समेत समस्त पश्तून क्षेत्र पर उन्हीं का अधिकार हो गया। यह पहला मौका था, जब पश्तूनों पर किसी गैर-मुस्लिम ने राज किया। पहली आधुनिक भारतीय सेना 'सिख खालसा सेना' गठित करने का श्रेय भी उन्हीं को जाता है। उनकी सरपरस्ती में पंजाब बहुत शक्तिशाली राज्य बना।

इसी ताकतवर सेना ने लंबे समय तक अंग्रेजों को पंजाब हड़पने से रोके रखा। एक ऐसा भी मौका आया, जब पंजाब ही एकमात्र ऐसा राज्य था, जिस पर अंग्रेजों का अधिकार नहीं था।

योगदान एवं उपलब्धियाँ—महाराजा रणजीत सिंह खुद अनपढ़ थे, परंतु उन्होंने अपने राज्य में शिक्षा और कला को बहुत प्रोत्साहन दिया। उन्होंने पंजाब में कानून एवं व्यवस्था कायम की और कभी भी किसी को मृत्युदंड नहीं दिया। उनका राज्य धर्मनिरपेक्ष राज्य था। उन्होंने हिंदुओं और सिखों से वसूले जानेवाले जजिया पर भी रोक लगाई। कभी भी किसी को सिख धर्म अपनाने के लिए विवश नहीं किया। उन्होंने अमृतसर के हरिमंदिर साहिब गुरुद्वारे में संगमरमर लगवाया और सोने से मढ़वाया। तभी से उसे स्वर्ण मंदिर कहा जाने लगा। बेशकीमती हीरा कोहिनूर महाराजा रणजीत सिंह के खजाने की शान थी। हिंदू मंदिरों में भी सोना भेंट करने के लिए वे प्रसिद्ध थे। काशी के विश्वनाथ मंदिर में भी उन्होंने पर्याप्त सोना अर्पित किया था। सन् १८३९ में लाहौर में उनके निधन के बाद वहीं उनकी समाधि बनवाई गई, जो आज भी वहाँ पर है।

उत्तराधिकारी—महाराजा रणजीत सिंह की मृत्यु के पश्चात् सन् १८३९ में उनके ज्येष्ठ पुत्र महाराजा खड़क सिंह को उनका उत्तराधिकारी घोषित किया गया।

१८५७ से पहले का भारतीय इतिहास
(१६००-१८५८ ई. तक)

१८५७ ई. से पूर्व की क्रांतियाँ

१८५७ ई. में क्रांति का जो विस्फोट हुआ था, वह कोई आकस्मिक घटना नहीं थी। ब्रिटिश शासन के विरुद्ध भारतीय जनता में लंबे समय से असंतोष चला आ रहा था तथा १८५७ ई. से पूर्व भी ब्रिटिश शासन के विरुद्ध छुटपुट क्रांति हो चुकी थी। १७५७ ई. से लेकर १८५६ ई. तक ब्रिटिश सरकार व भारत के बीच हुए आंदोलन, क्रांति तथा सैनिक विप्लव का संक्षिप्त विवेचन इस प्रकार है—

पूर्वी भारत तथा बंगाल में क्रांति

(१) संन्यासियों का विद्रोह : बंगाल पर अधिकार करने के पश्चात् ब्रिटिश सरकार ने वहाँ नई अर्थव्यवस्था स्थापित की, जिसके कारण जमींदार, कृषक एवं शिल्पी आदि नष्ट हो गए। १७७० ई. में बंगाल में भयंकर अकाल पड़ा। इस अकाल को वहाँ के लोगों ने कंपनी के पदाधिकारियों की देन समझा। ब्रिटिशों ने तीर्थ स्थानों में आने-जाने पर कई प्रकार के प्रतिबंध लगा दिए, इससे संन्यासी लोग क्षुब्ध हो गए। संन्यासियों ने इस अन्याय के विरुद्ध क्रांति की। उन्होंने जनता के सहयोग से कंपनी कोठियों तथा कोषों पर आक्रमण किए। इन लोगों ने कंपनी के सैनिकों के विरुद्ध बड़ी वीरता का प्रदर्शन किया। अंत में वारेन हेस्टिंग्स को एक लंबे अभियान के पश्चात् इस क्रांति को दबाने में सफलता मिली। इस संन्यासी क्रांति का उल्लेख बंकिमचंद्र चटर्जी के उपन्यास 'आनंद मठ' में मिलता है।

(२) चुआर और हो की क्रांति : मिदनापुर जिले की आदिम जाति के चुआर लोगों में अकाल एवं भूमि कर में वृद्धि तथा अन्य आर्थिक कठिनाइयों के विरुद्ध असंतोष था। अतः इन

लोगों ने भी बगावत कर दी। कैलापाल, ढोल्का तथा बाराभूम के राजाओं ने १७६८ ई. में एक साथ क्रांति की। इस प्रदेश में १८वीं शताब्दी के अंतिम दिनों तक उपद्रव होते रहे।

इस प्रकार छोटा नागपुर तथा सिंहभूम जिले के हो तथा मुंडा लोगों ने भी १८२०–२२ तक एवं पुन: १८३१ ई. में क्रांति कर दी और कंपनी की सेना का मुकाबला किया। यह प्रदेश भी १८३७ ई. तक उपद्रवग्रस्त रहा।

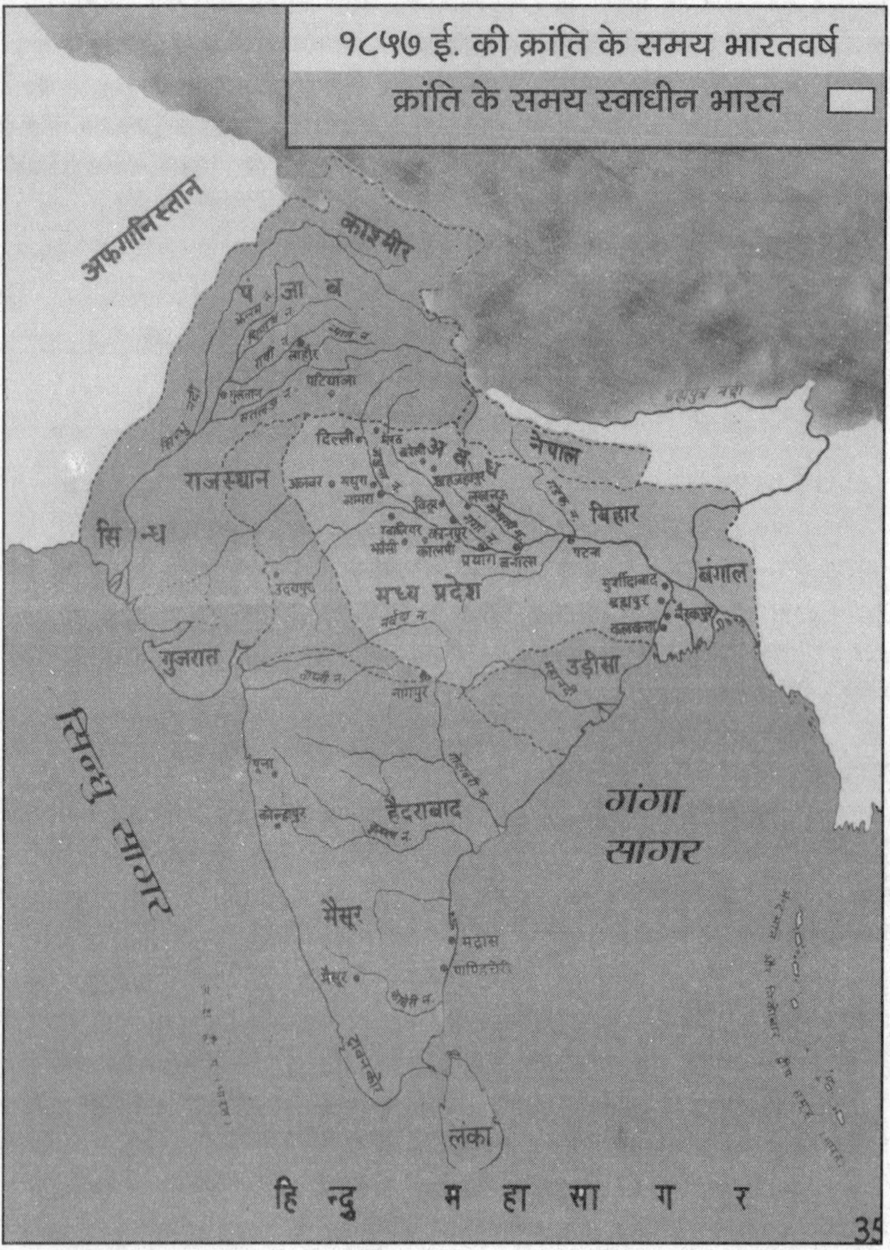

(३) कोलों की क्रांति : अंग्रेजों ने नागपुर के कोलों के मुखिया मुंडों से उनकी भूमि छीन ली और वह मुस्लिम कृषकों तथा सिक्खों को दे दी। अत: कोलों ने हथियार उठा लिये। उन्होंने १८३१ ई. में लगभग १००० विदेशियों को या तो जला दिया या मौत के घाट उतार दिया। यह क्रांति शीघ्र ही राँची, सिंहभूम, हजारीबाग, पलामऊ तथा मानभूम के पश्चिमी क्षेत्रों में फैल गई। एक दीर्घकालीन और विस्तृत सैन्य अभियान द्वारा इस क्रांति का दमन कर शांति स्थापित की गई।

(४) संथालों की क्रांति : राजमहल जिले के संथाल लोगों में राजस्व अधिकारियों के दुर्व्यवहार, पुलिस के अत्याचार तथा जमींदारों एवं साहूकारों की ज्यादतियों के विरुद्ध असंतोष था। अत: उन्होंने अपने नेता सिधु तथा कान्हू के नेतृत्व में क्रांति कर दी और कंपनी के शासन के अंत होने की घोषणा कर दी, साथ ही अपने आपको स्वतंत्र घोषित कर दिया। सरकारी सेना और पुलिस ने १८५६ ई. तक इस क्रांति पर काबू पा लिया। सरकार ने इन लोगों के लिए पृथक् संथाल परगना बना दिया, जिससे वहाँ शांति स्थापित हो गई।

(५) अहोम क्रांति : कंपनी ने आसाम के अहोम अभिजात वर्ग के लोगों को वचन दिया था कि बर्मा युद्ध के पश्चात् उसकी सेनाएँ लौट जाएँगी, जिसे कंपनी ने पूरा नहीं किया। इसके अतिरिक्त ब्रिटिशों ने अहोम प्रदेश को भी कंपनी राज्य में सम्मिलित करने का प्रयत्न किया। परिमाणस्वरूप अहोम के लोगों ने क्रांति कर दी। १८२८ में उन्होंने गोमधर कुँवर को अपना राजा घोषित कर दिया और रंगपुर पर आक्रमण करने की योजना बनाई। कंपनी ने अपनी शक्तिशाली सेना के द्वारा इस क्रांति का दमन कर दिया। अहोम लोगों ने १८३० ई. में दूसरी बार क्रांति करने की योजना बनाई, परंतु इस अवसर पर कंपनी ने शांति की नीति का पालन किया और उत्तरी आसाम के प्रदेश एवं कुछ अन्य क्षेत्र महाराज पुरंदर सिंह को दे दिए।

(६) खासी क्रांति : कंपनी ने पूर्व दिशा में जैंतिया तथा पश्चिम में गारो पहाड़ियों के क्षेत्र पर अधिकार कर लिया। ब्रिटिशों ने ब्रह्मपुत्र घाटी को सिल्हट से जोड़ने हेतु एक सैनिक मार्ग बनाने का निश्चय किया। इस उद्‌देश्य की पूर्ति हेतु बहुत से ब्रिटिश, बंगाली एवं अन्य लोग वहाँ भेजे गए। ननक्लों के राजा तीर्थ सिंह ने इस कार्य का विरोध किया और गारो, खाम्पटी एवं सिंहपो लोगों के सहयोग से ब्रिटिश सरकार के विरुद्ध क्रांति कर दी। शीघ्र ही इसने लोकप्रिय आंदोलन का रूप ले लिया। १८३३ ई. में सैन्य काररवाई के पश्चात् ही ब्रिटिश सरकार को इस क्रांति का दमन करने में सफलता प्राप्त हुई।

(७) पागलपंथियों और फरैजियों की क्रांति : उत्तरी बंगाल में करम शाह के कुछ हिंदू-मुसलमान अनुयायी थे, जो अपने को पागलपंथी कहते थे। करम शाह की मृत्यु के बाद उनके पुत्र टीपू नामक फकीर को किसानों ने अपना नेता बनाया। टीपू ने जमीदारों के मुजारों पर किए गए अत्याचारों के विरुद्ध क्रांति कर दी। उन्होंने १८२५ ई. में शेरपुर पर अधिकार कर लिया और अपने आपको राजा घोषित कर दिया। उसके नेतृत्व में गारो की पहाड़ियों तक उपद्रव हुए। इस क्षेत्र में १८४० तथा १८५० तक उपद्रव होते रहे।

फरैजी लोग बंगाल के फरीदपुर के वासी हाजी शरियतुल्ला द्वारा चलाए गए संप्रदाय के अनुयायी थे। ये लोग धार्मिक, सामाजिक तथा राजनीतिक क्षेत्र में आमूलचूल परिवर्तन चाहते

थे। शरियतुल्ला के पुत्र दादूमियाँ (१८१९-६०) ने ब्रिटिशों को बंगाल से बाहर निकालने की योजना बनाई। उन्होंने जमींदारों के मुजारों पर किए गए अत्याचारों के विरुद्ध किसानों को क्रांति करने के लिए उकसाया। फरैजी उपद्रव १८३८ से १८५७ तक चलते रहे तथा अंत में इस संप्रदाय के अनेक अनुयायी वहाबी दल में शामिल हो गए।

पश्चिमी भारत में क्रांति

(१) भीलों की क्रांति : भीलों की आदिम जाति पश्चिमी तट के खानदेश जिले में रहती थी। १८१२-१९ तक इन लोगों ने ब्रिटिश सरकार के विरुद्ध हथियार उठा लिये। कंपनी के अधिकारियों का मानना था कि पेशवा बाजीराव द्वितीय तथा उसके प्रतिनिधि त्र्यंबक जी दांगलिया के उकसाने के कारण ही यह क्रांति हुई थी। वास्तव में कृषि संबंधी कष्ट एवं नवीन सरकार से भय ही इस क्रांति का प्रमुख कारण था। ब्रिटिश सेना ने इस क्रांति के दमन का प्रयास किया, तो भीलों में उत्तेजना और भी बढ़ गई, विशेषतया उस समय, जब उन्हें बर्मा में ब्रिटिश सरकार की असफलता की सूचना मिली। उन्होंने १८२५ ई. में पुनः क्रांति कर दी। इस क्रांति का नेतृत्व सेवरम ने किया। १८३१ एवं १८४६ में पुनः उपद्रव उठ खड़े हुए। इससे पता चलता है कि इसने ब्रिटिश विरोधी लोकप्रिय आंदोलन का रूप धारण कर लिया था।

(२) कोल क्रांति : कोल भीलों के पड़ोसी थे। ब्रिटिश सरकार ने उनके दुर्ग नष्ट कर दिए थे, अतः वे उनसे अप्रसन्न थे। उसके अतिरिक्त ब्रिटिश शासन के दौरान उनमें बेरोजगारी बढ़ गई। कोलों ने ब्रिटिश सरकार के विरुद्ध १८२९, १८३९ तथा पुनः १८४४ से १८४८ ई. तक क्रांति की। कंपनी की सेना ने इन सब विद्रोहों का दमन कर दिया।

(३) कच्छ की क्रांति : कच्छ तथा काठियावाड़ में भी ब्रिटिश सरकार के विरुद्ध असंतोष विद्यमान था। संघर्ष का प्रमुख कारण कच्छ के राजा भारमल्ल और झरेजा के समर्थक सरदारों में व्याप्त रोष था। १८१९ ई. में ब्रिटिश सरकार ने भारमल्ल को पराजित कर दिया और उसके स्थान पर उसके अल्प-वयस्क पुत्र को शासक बना दिया। इस प्रदेश के शासन का संचालन करने हेतु एक प्रति शासक परिषद् (Council of Regency) की स्थापना की गई, जो एक ब्रिटिश रेजिडेंट के निर्देशन में कार्य करती थी। इस परिषद् द्वारा किए गए परिवर्तनों तथा भूमि कर में अत्यधिक वृद्धि के कारण लोगों में बहुत रोष था। बर्मा युद्ध में ब्रिटिशों की पराजय का समाचार मिलते ही इन लोगों ने क्रांति कर दी और भारमल्ल को पुनः शासन बनाने की माँग की। ब्रिटिश सरकार ने इस क्रांति का दमन करने के लिए लंबे समय तक सैनिक कारवाई की। १८३१ ई. में पुनः क्रांति हो गई तथा अंत में कंपनी ने अनुरंजन की नीति अपनाई।

(४) बघेरों की क्रांति : ओखा मंडल के बघेरों में आरंभ से ही ब्रिटिश सरकार के विरुद्ध रोष विद्यमान था। जब बड़ौदा के गयाकवाड़ ने कंपनी की सेना के सहयोग में इन लोगों से अधिक कर वसूल करने का प्रयत्न किया, तो बघेरों ने अपनी सरकार के नेतृत्व में ब्रिटिश सरकार के विरुद्ध हथियार उठा लिये। यही नहीं, उन्होंने १८१८-१९ ई. के बीच कंपनी अधिकृत प्रदेश पर हमला भी कर दिया। अंत में १८२० ई. में यहाँ शांति स्थापित हो गई।

(५) सूरत का नमक आंदोलन : ब्रिटिश सरकार ने १८४४ ई. में नमक पर कर १/२

रुपया प्रति मन से बढ़ाकर एक रुपया प्रति मन कर दिया, जिसके कारण सूरत के लोगों में ब्रिटिश सरकार के विरुद्ध रोष फैल गया। अत: यहाँ के लोगों ने हथियार उठा लिये। उन्होंने कुछ यूरोपीय लोगों पर प्रहार भी किए। ब्रिटिश सरकार ने सशक्त विरोध को देखकर अतिरिक्त कर हटा दिए। इसी प्रकार १८४८ में सरकार ने एक मानक (Standard) नाप और तौल लागू करने का प्रयत्न किया, तो यहाँ के लोगों ने इसका बहिष्कार किया और इसके विरुद्ध सत्याग्रह भी किया। अत: सरकार ने इसे भी वापस ले लिया।

(६) **रमोसियों की क्रांति :** रमोसी एक आदिम जाति थी, जो पश्चिमी घाट में निवास करती थी। इस जाति के लोगों में ब्रिटिश प्रशासन के विरुद्ध असंतोष विद्यमान था। १८२२ ई. में रमोसियों ने अपने सरदार चित्तरसिंह के नेतृत्व में क्रांति कर दी तथा सतारा के आस-पास के प्रदेश में लूटमार की। १८२५-२६ में पुन: उपद्रव हुए। यह क्षेत्र १८२९ ई. तक उपद्रवग्रस्त बना रहा।

इसी प्रकार सितंबर, १८३९ में सतारा के राजा राजप्रताप सिंह को सिंहासन के हटाकर देश से निष्कासित कर दिया गया, जिसके कारण समस्त प्रदेश में रोष फैल गया। परिणामस्वरूप १८४०-४१ ई. में विस्तृत दंगे हुए। विद्रोहियों का नेतृत्व नरसिंह दत्तात्रेय पेतकर ने किया। उन्होंने बहुत से सैनिक एकत्रीत कर लिये तथा बादामी के दुर्ग पर अधिकार करके सतारा के राजा का ध्वज लहरा दिया। ब्रिटिशों के विस्तृत सैन्य अभियान के पश्चात् ही यहाँ शांति स्थापित हो सकी।

(७) **कोल्हापुर एवं सावंतवाड़ी में क्रांति :** कंपनी की सरकार ने १८४४ के पश्चात् कोल्हापुर राज्य में प्रशासनिक पुनर्गठन किया, जिसके विरुद्ध वहाँ के लोगों में भयंकर असंतोष उत्पन्न हो गया। गाडकारी एक वंशानुगत सैनिक जाति थी, जो मराठों के दुर्गों में सैनिकों के रूप में काम करती थी। कंपनी की सरकार ने उनकी छँटनी कर दी, जिसके कारण गाडकारी जाति के लोग बेरोजगार हो गए। अत: विवश होकर उन्होंने ब्रिटिशों के विरुद्ध क्रांति कर दी। गाडकारियों ने समनगढ़ एवं भूदरगढ़ के दुर्गों पर अधिकार कर लिया। इसी प्रकार सावंतवाड़ी में भी क्रांति हुई। विस्तृत सैन्य काररवाई के पश्चात् ही ब्रिटिशों को विद्रोहों का दमन करने में सफलता प्राप्त हई।

दक्षिणी भारत में क्रांति

(१) विजयनगर के शासन की क्रांति : १७६५ ई. में कंपनी ने उत्तरी सरकार के जिलों को प्राप्त कर लिया। इसके पश्चात् कठोरतापूर्वक कार्य किया गया। १७९४ ई. में कंपनी ने राजा को अपनी सेना भंग कर देने की माँग की और उसे तीन लाख रुपए उपहार में देने हेतु बाध्य किया गया। जब राजा ने इन शर्तों को मानने से इनकार कर दिया, तो कंपनी ने उनकी जागीर छीन ली। अत: विवश होकर राजा ने ब्रिटिशों के विरुद्ध क्रांति कर दी। इस क्रांति में उन्हें अपनी प्रजा तथा सेना का पूर्ण समर्थन प्राप्त था। राजा ब्रिटिशों के विरुद्ध लड़ते हुए वीरगति को प्राप्त हुए। इसके बाद कंपनी को सुध आई तथा उन्होंने राजा के बड़े पुत्र को जागीर वापस लौटा दी तथा धन की माँग भी कम कर दी। इसी प्रकार, डिंडीगुल और मालाबार में पॉलीगार के लोगों में ब्रिटिशों की भूमिकर व्यवस्था के विरुद्ध भयंकर असंतोष विद्यमान था। अत: उन्होंने भी ब्रिटिशों के विरुद्ध क्रांति कर दी। १८०१-१८०५ तक अभ्यर्पति जिलों (ceded districts)

एवं उत्तरी अरकाट जिलों के पॉलीगारों की क्रांति चलती रही। इन पॉलीगारों की छिटपुट क्रांति मद्रास प्रेजिडेंसी में भी १८५६ ई. तक चलती रही।

(२) दीवान वेला टंपी की क्रांति : १८०५ ई. में वेलेजली ने ट्रानवकोर के महाराजा को सहायक संधि करने हेतु बाध्य किया। महाराज संधि की शर्तों से नाराज थे। अत: उन्होंने सहायक कर (Subsidy) नहीं चुकाया, जिससे उस पर यह धन बकाया होता चला गया। यहाँ के ब्रिटिश रेजीडेंट का व्यवहार भी बहुत धृष्टतापूर्ण था। अत: दीवान वेला टंपी क्रांति करने हेतु बाध्य हो गए, जिसमें उन्हें नायर बटालियन का सहयोग भी प्राप्त हुआ। अधिक शक्तिशाली ब्रिटिश सेना को ही इस क्रांति का दमन करने में सफलता प्राप्त हुई।

वहाबी आंदोलन

वहाबी आंदोलन उन्नीसवी शताब्दी के चौथे दशक के सातवें दशक तक चला। इसने सुनियोजित रूप से ब्रिटिश प्रभुसत्ता को सबसे गंभीर चुनौती दी। इस आंदोलन के प्रवर्तक सैयद अहमद (१७८६-१८३१) थे, जो रायबरेली के निवासी थे। वह दिल्ली के एक संत शाह वली उल्ला (१७०२-६२) से बहुत अधिक प्रभावित हुए। सैयद अहमद इसलाम में परिवर्तनों और सुधारों के विरुद्ध थे। वे रूढ़िवादी होने के कारण मुहम्मद के समय के इसलाम धर्म को पुन: स्थापित करना चाहते थे। वस्तुत: यह पुनरुत्थान आंदोलन था। सैयद अहमद ने वहाबी आंदोलन का नेतृत्व किया और अपनी सहायता के लिए चार खलीफा नियुक्त किए, ताकि देशव्यापी आंदोलन चलाया जा सके। उन्होंने इस आंदोलन का केंद्र उत्तर-पश्चिमी कबाइली प्रदेश में सिथाना बनाया। भारत में इसका मुख्य केंद्र पटना और इसकी शाखाएँ हैदराबाद, मद्रास, बंगाल, यू.पी. एवं बंबई में स्थापित की गईं।

सैयद अहमद काफिरों के देश (दार-उल हर्ब) को मुसलमानों के देश (दारूल इस्लाम) में बदलना चाहते थे। अत: उन्होंने पंजाब में सिक्खों के राज्य के विरुद्ध जिहाद की घोषणा की। उन्होंने १८३० ई. में पेशावर पर विजय प्राप्त की, परंतु शीघ्र ही वह उनके हाथ से निकल गया और सैयद अहमद युद्ध में लड़ते हुए मारे गए। १८४९ ई. में ईस्ट इंडिया कंपनी ने सिक्ख राज्य को समाप्त कर पंजाब को ब्रिटिश राज्य में सम्मिलित कर लिया, तो भारत के समस्त ब्रिटिश प्रदेशों के वहाबियों ने अपना दुश्मन मान लिया। १८५७ ई. के क्रांति के समय वहाबियों ने ब्रिटिश विरोधी भावनाओं का प्रसार किया, परंतु ब्रिटिश विरोधी सैनिक गतिविधि में उन्होंने कोई भाग नहीं लिया।

अंग्रेजों को भय था कि वहाबियों को अफगानिस्तान अथवा रूस से सहायता प्राप्त न हो जाए। १८६० ई. के बाद ब्रिटिश सरकार ने वहाबियों का दमन करने के लिए एक विशाल पैमाने पर सैनिक अभियान आरंभ किया तथा सिथाना पर चारों ओर से सैनिक दबाव डाला गया। इसके अतिरिक्त भारत में वहाबियों पर देशद्रोह का आरोप लगाया गया और उनके विरुद्ध न्यायालयों में अभियोग चलाए गए। वहाबी आंदोलन बहुत समय तक चलता रहा और उन्नीसवीं शताब्दी के अंतिम २० वर्षों तक उन्होंने पहाड़ी सीमावर्ती कबीलों की सहायता की, परंतु इसके बाद यह आंदोलन धीमा होता चला गया।

यह आंदोलन मुसलमानों का, मुसलमानों द्वारा मुसलमानों के लिए ही चलाया गया था। इसका प्रमुख उद्‌देश्य भारत को मुसलमानों के देश में परिवर्तित करना था। यह आंदोलन रूढ़िवादी विचारधारा के कारण कभी भी राष्ट्रीय आंदोलन का रूप धारण नहीं कर सका, अपितु इसने देश के मुसलमानों में पृथकतावाद की भावना जाग्रत् की।

सैनिक क्रांति

ईस्ट इंडिया कंपनी को साम्राज्य विस्तार के लिए एक विशाल सेना की आवश्यकता थी। जैसे-जैसे ब्रिटिशों के साम्राज्य का विस्तार होता चला गया, वैसे-वैसे उनकी सैनिक भर्ती की आवश्यकताओं में वृद्धि होती चली गई। भारतीय ब्रिटिश सेना में वेतनभोगी भारतीय सैनिक थे, जो बहुत स्वामिभक्त थे, परंतु उनका वेतन तथा भत्ता ब्रिटिश सैनिकों की तुलना में बहुत कम था। अत: भारतीय सैनिकों में कंपनी सरकार के विरुद्ध रोष व्याप्त था। अतएव समय-समय पर बहुत सी क्रांतियाँ हुईं, जो प्राय: स्थानीय ही थीं।

१७६४ : बक्सर के युद्ध में हैक्टर मुनरो की एक बटालियन बंगाल के शासक मीर कासिम से जा मिली थी।

१८०६ : कंपनी सरकार ने भारतीय सैनिकों के माथे पर जातिसूचक तिलक लगाने अथवा पगड़ी पहनने पर प्रतिबंध लगा दिए, जिसके विरोध में वेल्लौर के सैनिकों ने क्रांति कर दी तथा मैसूर के राजा का झंडा फहरा दिया।

१८२४ : जब बैरकपुर रेजिमेंट को समुद्र मार्ग से बर्मा जाने का आदेश दिया गया (समुद्र यात्रा जातीय परंपराओं के विरुद्ध थी); तब उस रेजिमेंट ने क्रांति कर दी।

१८२४ : वेतन के प्रश्न पर बंगाल की सेना ने क्रांति कर दी।

१८२५ : असम की रेजिमेंट ने क्रांति कर दी।

१८३८ : शोलापुर स्थित एक भारतीय टुकड़ी को जब पूरा भत्ता नहीं दिया गया, तो उसने क्रांति कर दी।

१८४४ : ३४वीं N.I. ६४वीं रेजिमेंट ने कुछ अन्य लोगों की सहायता से पुराना भत्ता न दिए जाने तक सिंध के अभियान में भाग लेने से इनकार कर दिया।

१८४९-५० : पंजाब पर अधिकार करने वाली कंपनी की सेना में क्रांति की भावना पनप रही थी। अत: १८५० में गोविंदगढ़ की रेजिमेंट ने क्रांति कर दी।

१८५७ की क्रांति का भारतीय इतिहास

सन् १८५७ का संग्राम ब्रिटिश शासन के खिलाफ एक बड़ी और अहम घटना थी। १० मई, १८५७ ई. को मेरठ में क्रांति की शुरुआत हुई, जो धीरे-धीरे कानपुर, बरेली, झाँसी, दिल्ली, अवध आदि स्थानों पर फैल गई। क्रांति की शुरुआत तो एक सैन्य क्रांति के रूप में हुई, लेकिन समय के साथ उसका स्वरूप बदलकर ब्रिटिश सत्ता के विरुद्ध एक जनव्यापी क्रांति के रूप में हो गया, जिसे भारत का प्रथम स्वतंत्रता संग्राम कहा गया।

उन्नीसवीं सदी की पहली आधी सदी के दौरान ईस्ट इंडिया कंपनी का भारत के बड़े

हिस्से पर कब्जा हो चुका था। जैसे-जैसे ब्रिटिश शासन का भारत पर प्रभाव बढ़ता गया, वैसे-वैसे भारतीय जनता के बीच ब्रिटिश शासन के खिलाफ असंतोष फैलता गया। प्लासी के युद्ध के एक सौ साल बाद ब्रिटिश राज के दमनकारी और अन्यायपूर्ण शासन के खिलाफ असंतोष क्रांति के रूप में भड़कने लगा, जिसने भारत में ब्रिटिश शासन की नींव हिला दी। १८५७ के स्वतंत्रता संग्राम की बात करें तो इससे पहले देश के अलग-अलग हिस्सों में कई घटनाएँ घट चुकी थीं। जैसे कि १८वीं सदी के अंत में उत्तरी बंगाल में संन्यासी आंदोलन और बिहार एवं बंगाल में चुनार आंदोलन हो चुका था। १९वीं सदी के मध्य में कई किसान आंदोलन हुए, जिनमें मालाबार के मोपलाह, किसानों और बंगाल के मुसलिम किसानों द्वारा फराइजी आंदोलन अहम हैं।

उन्नीसवीं सदी के पहले ५ दशकों में कई जनजाति क्रांतियाँ भी हुईं, जैसे मध्य प्रदेश में भीलों की, बिहार में संथालों और ओडिशा में गोंड्स एवं खोंड्स जनजातियों की क्रांति अहम थी, लेकिन इन सभी आंदोलन का प्रभाव क्षेत्र बहुत सीमित था, यानी ये स्थानीय प्रकृति के थे। अंग्रेजों के खिलाफ जो संगठित पहली क्रांति भड़की, वह १८५७ में थी। शुरू में तो यह सिपाहियों के क्रांति के रूप में भड़की, लेकिन बाद में यह जनव्यापी क्रांति बन गई।

क्रांति के कारण

१. राजनीतिक कारण : १८५७ के प्रथम स्वातंत्र्य समर का प्रमुख राजनीतिक कारण ब्रिटिश सरकार की 'गोद निषेध प्रथा' या 'हड़प नीति' थी। यह अंग्रेजों की विस्तारवादी नीति थी, जो ब्रिटिश भारत के गवर्नर जनरल लॉर्ड डलहौजी के दिमाग की उपज थी। कंपनी के गवर्नर जनरलों ने भारतीय राज्यों को अंग्रेजी साम्राज्य में मिलाने के उद्देश्य से कई नियम बनाए। उदाहरण के लिए, किसी राजा के नि:संतान होने पर उसका राज्य ब्रिटिश साम्राज्य का हिस्सा बन जाता था। राज्य हड़प नीति के कारण भारतीय राजाओं में बहुत असंतोष पैदा हुआ था। रानी लक्ष्मी बाई के दत्तक पुत्र को झाँसी की गद्दी पर नहीं बैठने दिया गया। हड़प नीति के तहत ब्रिटिश शासन ने सतारा, नागपुर और झाँसी को ब्रिटिश राज्य में मिला लिया। अब अन्य राजाओं को भय सताने लगा कि उनका भी विलय थोड़े दिनों की बात रह गई है। इसके अलावा बाजीराव द्वितीय के दत्तक पुत्र नाना साहेब की पेंशन रोक दी गई, जिससे भारत के शासक वर्ग में क्रांति की भावना मजबूत होने लगी।

आग में घी का काम उस घटना ने किया, जब बहादुर शाह द्वितीय के वंशजों को लालकिले में रहने पर पाबंदी लगा दी गई। कुशासन के नाम पर लॉर्ड डलहौजी ने अवध का विलय करा लिया, जिससे बड़ी संख्या में बुद्धिजीवी, अधिकारी एवं सैनिक बेरोजगार हो गए। इस घटना के बाद जो अवध पहले तक ब्रिटिश शासन का वफादार था, अब विद्रोही बन गया।

२. सामाजिक एवं धार्मिक कारण : भारत में तेजी से पैर पसारती पश्चिमी सभ्यता को लेकर समाज के बड़े वर्ग में आक्रोश था। १८५० में ब्रिटिश सरकार ने हिंदुओं के उत्तराधिकार कानून में बदलाव कर दिया और अब ईसाई धर्म अपनाने वाला हिंदू ही अपने पूर्वजों की संपत्ति में हकदार बन सकता था। इसके अलावा मिशनरियों को पूरे भारत में धर्म-परिवर्तन की छूट मिल गई थी। लोगों को लगा कि ब्रिटिश सरकार भारतीय लोगों को ईसाई बनाना चाहती है। भारतीय

समाज में सदियों से चली आ रही कुछ प्रथाओं, जैसे सती प्रथा आदि को समाप्त करने पर लोगों के मन में असंतोष पैदा हुआ।

३. आर्थिक कारण : भारी टैक्स और राजस्व संग्रहण के कड़े नियमों के कारण किसान और जमींदार वर्गों में असंतोष था। इन सबमें से बहुत से ब्रिटिश सरकार की टैक्स माँग को पूरा करने में असक्षम थे और वे साहूकारों का कर्ज चुका नहीं पा रहे थे, जिससे अंत में उनको अपनी पुश्तैनी जमीन से हाथ धोना पड़ता था। बड़ी संख्या में सिपाहियों का इन किसानों से संबंध था और इसलिए किसानों की पीड़ा से वे भी प्रभावित हुए।

इंग्लैंड में औद्योगिक क्रांति के बाद भारतीय बाजार ब्रिटेन में निर्मित उत्पादों से पट गए। इससे भारत का स्थानीय कपड़ा उद्योग खासतौर पर नष्ट हो गया। भारत के हस्तशिल्प उद्योग ब्रिटेन के मशीन से बने सस्ते सामानों का मुकाबला नहीं कर पाए। भारत कच्ची सामग्री की आपूर्ति और ब्रिटेन में बने सामानों का उपभोक्ता बन गया। जो लोग अपनी आजीविका के लिए शाही संरक्षण पर आश्रित थे, सभी बेरोजगार हो गए। इसलिए अंग्रेजों के खिलाफ उनमें काफी गुस्सा भरा हुआ था।

४. सैन्य कारण : भारत में ब्रिटिश सेना में ८७ फीसदी से ज्यादा भारतीय सैनिक थे। उनको ब्रिटिश सैनिकों की तुलना में कमतर माना जाता था। एक ही रैंक के भारतीय सिपाही को यूरोपीय सिपाही के मुकाबले कम वेतन दिया जाता था। इसके अलावा भारतीय सिपाही को सूबेदार रैंक के ऊपर प्रोन्नति नहीं मिल सकती थी। इसके अलावा भारत में ब्रिटिश शासन के विस्तार के बाद भारतीय सिपाहियों की स्थिति बुरी तरह प्रभावित हुई। उनको अपने घरों से काफी दूर-दूर सेवा देनी पड़ती थी। १८५६ में लॉर्ड कैनिंग ने एक नियम जारी किया, जिसके मुताबिक सैनिकों को भारत के बाहर भी सेवा देनी पड़ सकती थी।

बंगाल आर्मी में अवध के उच्च समुदाय के लोगों की भर्ती की गई थी। उनकी धार्मिक मान्यताओं के मुताबिक उनका समुद्र (कालापानी) पार करना वर्जित था। उन लोगों को लॉर्ड कैनिंग के नियम से शक हुआ कि ब्रिटिश सरकार उन लोगों को ईसाई बनाने पर तुली हुई है। अवध के विलय के बाद नवाब की सेना को भंग कर दिया गया। उनके सिपाही बेरोजगार हो गए और ब्रिटिश हुकूमत के कट्टर दुश्मन बन गए।

५. तात्कालिक कारण : १८५७ की क्रांति के तात्कालिक कारणों में यह अफवाह थी कि १८५३ की राइफल के कारतूस की खोल पर सूअर और गाय की चर्बी लगी हुई है। यह अफवाह हिंदू व मुस्लिम दोनों धर्म के लोगों की भावनाओं को ठेस पहुँचा रही थी। ये राइफलें १८५३ के राइफल के जखीरे का हिस्सा थीं। २९ मार्च, १८५७ ई. को मंगल पांडे नाम के एक सैनिक ने 'बैरकपुर छावनी' में अपने अफसरों के विरुद्ध क्रांति कर दी, लेकिन ब्रिटिश सैन्य अधिकारियों ने इस सैनिक क्रांति को सरलता से नियंत्रित कर लिया, साथ ही उसकी बटालियन '३४ एन.आई.' को भंग कर दिया। २४ अप्रैल को ३ एल.सी. परेड मेरठ में ९० घुड़सवारों में से ८५ सैनिकों ने नए कारतूस लेने से इनकार कर दिया। आज्ञा की अवहेलना के कारण इन ८५ घुड़सवारों को कोर्ट मार्शल द्वारा ५ वर्ष का कारावास दिया गया। 'खुली क्रांति' १० मई, दिन रविवार को सायंकाल ५ व ६ बजे के मध्य प्रारंभ हुई। सर्वप्रथम पैदल टुकड़ी '२० एन.आई.' में क्रांति की शुरुआत हुई, उसके बाद '३ एल.सी.' में भी क्रांति फैल गई। इन विद्रोहियों ने अपने अधिकारियों के ऊपर

गोलियाँ चलाईं। मंगल पांडे ने 'हियरसे' को गोली मारी थी, जबकि 'अफसर बाग' की हत्या कर दी गई थी। मंगल पांडे को ८ अप्रैल को फाँसी दे दी गई। ९ मई को मेरठ में ८५ सैनिकों ने नई राइफल इस्तेमाल करने से इनकार कर दिया, जिनको नौ साल जेल की सजा सुनाई गई।

क्रांति का प्रसार

इस घटना के बाद मेरठ छावनी में क्रांति की आग भड़क गई। ९ मई को मेरठ क्रांति १८५७ के संग्राम की शुरुआत का प्रतीक था। मेरठ में भारतीय सिपाहियों ने ब्रिटिश अधिकारियों की हत्या कर दी और जेल को तोड़ दिया। १० मई को वे दिल्ली के लिए आगे बढ़े। ११ मई को मेरठ के क्रांतिकारी सैनिकों ने दिल्ली पहुँचकर १२ मई को दिल्ली पर अधिकार कर लिया। इन सैनिकों ने मुगल सम्राट् बहादुरशाह द्वितीय को दिल्ली का सम्राट् घोषित कर दिया। शीघ्र ही क्रांति लखनऊ, इलाहाबाद, कानपुर, बरेली, बनारस, बिहार और झाँसी में भी फैल गई। अंग्रेजों ने पंजाब से सेना बुलाकर सबसे पहले दिल्ली पर आक्रमण किया। २१ सितंबर, १८५७ ई. को दिल्ली पर अंग्रेजों ने पुन: अधिकार कर लिया, परंतु संघर्ष में 'जॉन निकोलसन' मारा गया और लेफ्टिनेंट 'हडसन' ने धोखे से बहादुरशाह द्वितीय के दो पुत्रों 'मिर्ज मुगल' और 'मिर्ज ख्वाजा सुल्तान' एवं एक पोते 'मिर्जा अबूबक्र' को गोली मरवा दी। लखनऊ में क्रांति की शुरुआत ४ जून, १८५७ ई. को हुई। यहाँ के क्रांतिकारी सैनिकों द्वारा ब्रिटिश रेजिडेंसी के घेराव के बाद ब्रिटिश रेजिडेंट 'हेनरी लॉरेंस' की मृत्यु हो गई। हैवलॉक और आउट्रम ने लखनऊ को दबाने का भरकस प्रयत्न किया, लेकिन दोनों असफल रहे। आखिर में कॉलिन 'कैंपवेल' ने गोरखा रेजिमेंट के सहयोग से मार्च १८५८ ई. में शहर पर अधिकार कर लिया। वैसे यहाँ क्रांति का असर सितंबर तक रहा।

बगावत को कुचलना

१८५७ का संग्राम एक साल से ज्यादा समय तक चला। इसे १८५८ के मध्य में कुचल दिया गया। मेरठ में क्रांति भड़कने के चौदह महीने बाद ८ जुलाई, १८५८ को आखिरकार कैनिंग ने घोषणा की कि क्रांति को पूरी तरह दबा दिया गया है।

क्रांति की असफलता के कारण

१. सीमित आंदोलन : हालाँकि बहुत कम समय में आंदोलन देश के कई हिस्सों तक पहुँच गया, लेकिन देश के एक बड़े हिस्से पर इसका कोई असर नहीं पड़ा। खासतौर पर दोआब क्षेत्र में इसका असर रहा। दक्षिण के प्रांतों ने इसमें कोई हिस्सा नहीं लिया। अहम शासकों, जैसे सिंधिया, होल्कर, जोधपुर के राणा और अन्यों ने क्रांति का समर्थन नहीं किया।

२. प्रभावी नेतृत्व का अभाव : क्रांति के लिए असरदार नेतृत्व का अभाव था। नाना साहेब, तात्या टोपे और रानी लक्ष्मीबाई की बहादुरी में कोई शक नहीं है, लेकिन वे आंदोलन को असरदार नेतृत्व नहीं दे सके। इसके अलावा विद्रोहियों में अनुभव, संगठन क्षमता व मिलकर कार्य करने की शक्ति की कमी थी। विद्रोही क्रांतिकारियों के पास ठोस लक्ष्य एवं स्पष्ट योजना का अभाव था। उन्हें अगले क्षण क्या करना होगा और क्या नहीं, यह भी निश्चित नहीं था। वे मात्र भावावेश एवं परिस्थितिवश आगे बढ़े जा रहे थे। सैनिक दुर्बलता का क्रांति की असफलता में

महत्त्वपूर्ण योगदान रहा। बहादुरशाह जफर और नाना साहब एक कुशल संगठनकर्ता अवश्य थे, पर उनमें सैन्य नेतृत्व की क्षमता की कमी थी, जबकि अंग्रेजी सेना के पास लॉरेंस ब्रदर्स, निकोलसन, हैवलॉक, आउट्रम एवं एडवर्ड जैसे कुशल सेनानायक थे।

३. सीमित संसाधन : विद्रोहियों के पास न संख्याबल था और न पैसा। उसके उलट ब्रिटिश सेना के पास बड़ी संख्या में सैनिक, पैसा और हथियार थे, जिसके बल पर वे क्रांति को कुचलने में सफल रहे।

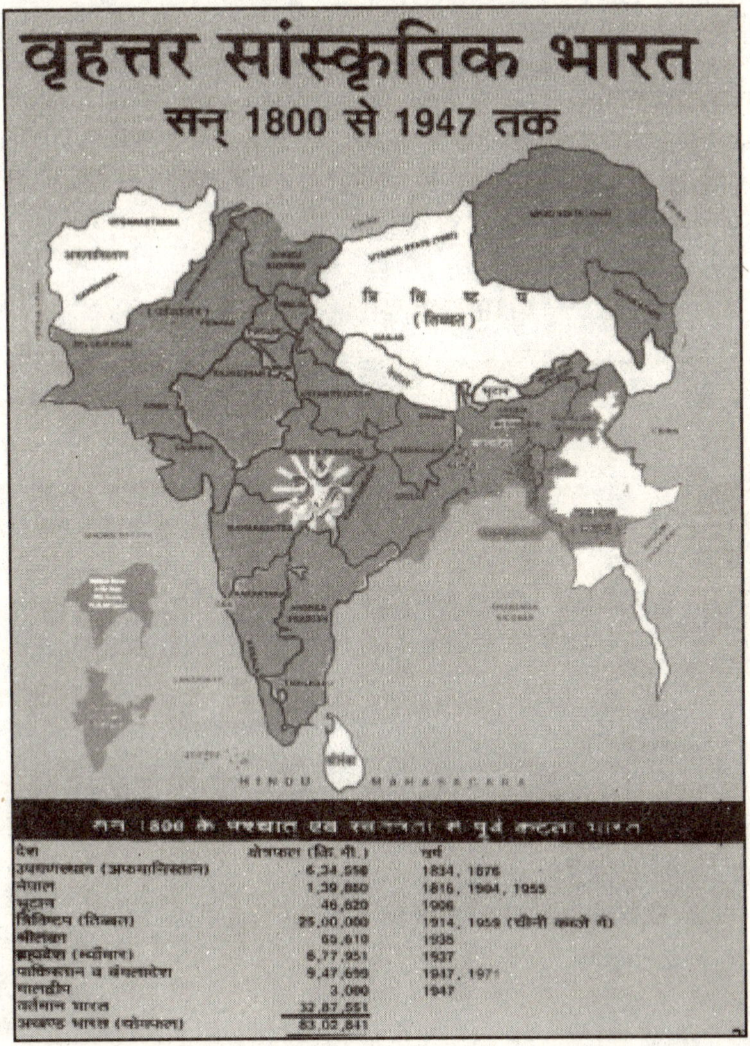

४. मध्य वर्ग का हिस्सा नहीं लेना : १८५७ ई. के इस क्रांति के प्रति 'शिक्षित वर्ग' पूर्ण रूप से उदासीन रहा। व्यापारियों एवं शिक्षित वर्ग ने कलकत्ता एवं बंबई में सभाएँ कर अंग्रेजों की सफलता के लिए प्रार्थना की थी। अगर इस वर्ग ने अपने लेखों एवं भाषणों द्वारा लोगों में उत्साह का संचार किया होता, तो निःसंदेह इस क्रांति का परिणाम कुछ और ही होता।

क्रांति के परिणाम

क्रांति के समाप्त होने के बाद १८५८ ई. में ब्रिटिश संसद् ने एक कानून पारित कर ईस्ट इंडिया कंपनी के अस्तित्व को समाप्त कर दिया और अब भारत पर शासन का पूरा अधिकार महारानी विक्टोरिया के हाथों में आ गया। इंग्लैंड में १८५८ ई. के अधिनियम के तहत एक 'भारतीय राज्य सचिव' की व्यवस्था की गई, जिसकी सहायता के लिए १५ सदस्यों की एक 'मंत्रणा परिषद्' बनाई गई। इन १५ सदस्यों में ८ की नियुक्ति सरकार द्वारा करने तथा ७ की 'कोर्ट ऑफ डाइरेक्टर्स' द्वारा चुनने की व्यवस्था की गई।

हड़प नीति की समाप्ति

ब्रिटिश सरकार की हड़प नीति को समाप्त कर दिया गया। कानूनी वारिस के तौर पर पुत्र गोद लेने के अधिकार को स्वीकार किया गया। १८५७ का क्रांति इसलिए भी अहम थी, क्योंकि भारत की आजादी की लड़ाई के लिए इसकी वजह से मार्ग प्रशस्त हुआ।

सुभाषचंद्र बोस (नेताजी)

जीवन परिचय—नेताजी के नाम से जगत्-विख्यात सुभाषचंद्र बोस का जन्म २३ जनवरी, १८९७ को उड़ीसा के कटक में हुआ था। उनके पिता का नाम जानकी नाथ बोस था, जो व्यवसाय से एक प्रख्यात अधिवक्ता थे एवं उनकी माता का नाम प्रभावती देवी था। माँ धार्मिक विचारोंवाली थी। नेताजी के जीवन पर अनेक महापुरुषों का प्रभाव देखा जा सकता है। इसके पीछे उनकी पारिवारिक पृष्ठभूमि एवं माता-पिता तथा बड़े भाई शरतचंद्र का नाम विशेष उल्लेखनीय है।

बचपन से ही उनमें संगठन एवं नेतृत्व का गुण था। वे पड़ोस के बच्चों को इकट्ठा करके माँ से सुनी भक्त प्रह्लाद, ध्रुव, भरत आदि की कहानियाँ सुनाते एवं अर्जुन, परशुराम, कौरव-पांडवों आदि का अभिनय करते थे।

नेताजी की प्रारंभिक शिक्षा कटक के प्रोटेस्टेंट स्कूल से हुई। सन् १९०९ में उन्होंने रेवेनशाँ कॉलेजियट से माध्यमिक, मैट्रिक एवं इंटरमीडिएट की परीक्षाएँ उत्तीर्ण कीं। इसी बीच उन्होंने विवेकानंद के साहित्य का अध्ययन किया। विवेकानंद के जीवन की अमिट छाप उनके संपूर्ण जीवन पर देखी जा सकती है। सन् १९१९ में बी.ए. (ऑनर्स) की परीक्षा प्रथम श्रेणी में उत्तीर्ण की। एम.ए. की पढ़ाई के समय पिता ने आई.सी.एस. की तैयारी के लिए लंदन जाने का प्रस्ताव रखा। न चाहते हुए भी उन्होंने जाने का फैसला लिया। उन्होंने न केवल परीक्षा पास की, बल्कि परीक्षा में चौथा स्थान प्राप्त किया।

देश की स्वतंत्रता के लिए योगदान—नेताजी को अंग्रेजों की अधीनता स्वीकार नहीं थी।

वे अपनी मातृभूमि से प्रेम करते थे, इसलिए आई.सी.एस. से त्यागपत्र देकर सन् १९२१ में वापस भारत आ गए। स्वदेश लौटने पर नेताजी चितरंजन दास एवं गांधी की प्रेरणा से भारतीय राष्ट्रीय कांग्रेस से जुड़ गए। महात्मा गांधी और नेताजी के विचार भिन्न-भिन्न थे, लेकिन वे अच्छी तरह जानते थे कि उनका उद्‌देश्य एक है, वह है 'मातृभूमि को अंग्रेजों से मुक्त कराना'।

चितरंजन दास उनके राजनीतिक गुरु थे। कलकत्ता पहुँचने पर वे देशबंधु चितरंजन दास द्वारा चलाए जा रहे स्वयंसेवक दल के प्रमुख कार्यकर्ता बने। उन्हें पहली बार सन् १९२१ में ६ माह की सजा हुई। उसके बाद तो उन्हें कई बार जेल जाना पड़ा। सन् १९२४ में जब चितरंजन दास कलकत्ता के महापौर बने, तब नेताजी महानगर पालिका के कार्यकारी अधिकारी बने। धीरे-धीरे उनका प्रभाव बढ़ता गया। इसी के कारण उन्हें २५ अक्तूबर, १९२४ को मांडले (बर्मा) जेल में भेज दिया गया। जेल में उनका स्वास्थ्य बार-बार बिगड़ता गया, फिर भी उन्होंने मातृभूमि की मुक्ति का जो संकल्प लिया था, उससे डिगे नहीं। वे जेल में रहते हुए सन् १९२६ के विधानपरिषद् चुनाव में विजयी हुए। १६ मई, १९२७ को अंग्रेज सरकार ने उन्हें रिहा कर दिया।

२६ जनवरी, १९३० को नेताजी कलकत्ता महानगर पालिका के महापौर चुने गए। लोगों ने उनके स्वागत में सार्वजनिक स्वागत का आयोजन किया। अंग्रेज सरकार को उनकी लोकप्रियता रास न आई, उन्हें पुनः बंदी बनाकर जेल में डाल दिया गया। १ दिसंबर, १९३० में उन्हें मुक्त किया गया।

नेताजी और महात्मा गांधी की नीतियों में विभेद के चलते अधिकांश प्रकरणों पर वे गांधीजी की नरमनीति से असहमत रहते थे। बंबई में कांग्रेस कार्यकारिणी की बैठक बुलाई गई, जहाँ असहमति के चलते उन्होंने बंगाल कांग्रेस कमेटी से त्यागपत्र दे दिया, साथ ही कलकत्ता महापौर के पद से भी। बंबई में उन्हें फिर गिरफ्तार कर लिया गया। जेल में वे बीमार पड़ गए, उन्हें क्षय रोग हो गया। जेल में ही उन्हें सूचना मिली कि उनके पिता बीमार हैं। जेल से बाहर आने पर वे पिता से मिले, पर उनका देहांत हो गया।

सन् १९३६ में कांग्रेस के लखनऊ अधिवेशन में नेताजी ने भाग लिया। उसके बाद उन्हें पुनः बंदी बनाकर जेल में डाल दिया। १७ मार्च, १९३७ को उन्हें मुक्त किया गया। १९ फरवरी, १९३८ में कांग्रेस का ५१वाँ अधिवेशन ताप्ती नदी के तट पर गुजरात के हरिपुरा में हुआ। गांधीजी के विरोध के बावजूद नेताजी इसके अध्यक्ष चुने गए। १० मार्च, १९३९ को ५२वाँ अधिवेशन मध्य प्रदेश में जबलपुर के त्रिपुरी में हुआ। इस अधिवेशन में नेताजी के सामने गांधीजी द्वारा समर्थित पट्टाभि सीतारमैया थे। नेताजी की लोकप्रियता के आगे गांधीजी के समर्पित सीतारमैया को हार का सामना करना पड़ा। गांधीजी को नेताजी का पुनः अध्यक्ष चुना जाना अच्छा न लगा।

गांधीजी ने पट्टाभिसीतारमैया की हार को अपनी हार बताकर अपने साथियों से कह दिया कि यदि वे नेताजी के तरीकों से सहमत नहीं हैं तो कांग्रेस से हट सकते हैं। इस अधिवेशन में नेताजी तेज बुखार से पीड़ित थे। गांधीजी स्वयं भी इस अधिवेशन में अनुपस्थित रहे। गांधी के कहने पर कांग्रेस के अन्य नेताओं और सदस्यों ने भी नेताजी का साथ नहीं दिया। ऐसे में तंग आकर २९ अप्रैल, १९३९ को सुभाषचंद्र ने कांग्रेस अध्यक्ष पद से इस्तीफा दे दिया। ३ मई, १९३९

को नेताजी ने कांग्रेस के अंदर ही 'फारवर्ड ब्लॉक' नाम से अपनी एक पार्टी की स्थापना की और कांग्रेस से इस्तीफा दे दिया।

द्वितीय विश्वयुद्ध की अनुगूँज का नेताजी ने लाभ उठाने की सोची। उन्हें लगा कि इससे सुनहरा अवसर मातृभूमि की मुक्ति का दूसरा नहीं हो सकता। कांग्रेस की कार्यसमिति के विशेष आमंत्रित सदस्य के रूप में उन्होंने अपनी बात को दोहराते हुए कहा कि यदि कांग्रेस यह काम नहीं कर सकती तो उनकी पार्टी फारवर्ड ब्लॉक ब्रिटिश राज्य के खिलाफ युद्ध शुरू कर देगी। अगले ही वर्ष जुलाई में कलकत्ता स्थित हालवेट स्तंभ, जो भारत की गुलामी का प्रतीक था, नेताजी की यूथ ब्रिगेड ने रातोरात मिट्टी में मिला दिया, उसको तोड़कर नेताजी ने यह संदेश दे दिया कि अब वे चुप बैठनेवाले नहीं हैं। अंग्रेज सरकार ने नेताजी सहित फारवर्ड के अन्य नेताओं को जेल में डाल दिया। नेताजी जेल में नहीं रहना चाहते थे, उन्होंने जेल में ही आमरण अनशन शुरू कर दिया। उनकी हालत खराब होने के कारण उन्हें रिहा तो कर दिया, किंतु उन्हें उनके अपने ही घर में नजरबंद कर दिया गया। '

१५ जनवरी, १९४१ को नजरबंदी को धत्ता बताकर नेताजी अपने घर से गायब हो गए। नेताजी ने मौलवी का ऐसा वेश धारण किया था कि अंग्रेजों के जासूस भी उन्हें नहीं पहचान सके। गोमोह (वर्तमान में झारखंड) से रेलगाड़ी में बैठकर वे पेशावर पहुँचे। यहाँ उनकी मुलाकात भगतराम तलवार से हुई। पेशावर से वे काबुल गए। भगतराम तलवार रहमत खान नाम के पठान और नेताजी उनके गूँगे-बहरे चाचा बने थे। पहले उन्होंने रूसी दूतावास और बाद में जर्मन तथा इटालियन दूतावास में प्रवेश की कोशिश की। इटालियन और जर्मन दूतावास ने उनकी मदद की। यहाँ से नेताजी मास्को पहुँचे। स्टालिन से भारत की मदद करने के लिए कहा, पर उसने मना कर दिया। उसके बाद वे जर्मनी की राजधानी बर्लिन में, हिटलर से मिलने गए। हिटलर ने गर्मजोशी से नेताजी का स्वागत किया। यहीं पर नेताजी ने 'आजाद हिंद सेना' का गठन कर सफल नेतृत्व किया। जर्मनी और भारत की भौगोलिक स्थिति में दुरूहता के कारण नेताजी पनडुब्बी में बैठकर टोकियो पहुँचे।

पूर्वी एशिया पहुँचने पर सर्वप्रथम वयोवृद्ध क्रांतिकारी रासबिहारी बोस ने भारतीय स्वतंत्रता परिषद् का नेतृत्व नेताजी को सौंपा। जापान के तत्कालीन प्रधानमंत्री ने नेताजी के व्यक्तित्व से प्रभावित होकर आश्वासन दिया कि उनका साथ देंगे। 'आजाद हिंद फौज' में जापानी सेना ने भारतीय बंदियों को भर्ती किया। इसमें महिलाओं के लिए 'झाँसी की रानी रेजिमेंट' भी बनाई गई। यहीं पर नेताजी ने वहाँ के स्थायी भारतीयों को फौज में भर्ती होने एवं आर्थिक सहयोग देने का आह्वान किया।

८ नवंबर, १९४३ को आजाद हिंद फौज ने जापानी सेना की सहायता से अंडमान एवं निकोबार द्वीप समूह को जीत लिया। उसके पश्चात् आजाद हिंद फौज ने बर्मा की राजधानी रंगून को स्वतंत्र कराने के लिए प्रस्थान किया। रंगून में शहीद यतींद्रदास स्मृति समारोह में यह आह्वान किया कि 'तुम मुझे खून दो, मैं तुम्हें आजादी दूँगा।' इस आह्वान पर हजारों भारत माँ के वीर सपूतों ने मृत्यु के शपथ-पत्र हस्ताक्षर कर नेताजी को सौंपे।

द्वितीय विश्वयुद्ध में भाग्य ने जापान का साथ नहीं दिया। जर्मनी ने भी हार मान ली। जापान के अधीन जो भी विजित प्रदेश थे, उन पर पुनः अंग्रेजों का आधिपत्य हो गया। ऐसी परिस्थिति

में नेताजी को सुरक्षित स्थान पर पहुँचाना जरूरी समझ उनके साथियों ने उन्हें सैगोन से टूरेम (इंडोनेशिया) पहुँचाया। १८ अगस्त, १९४५ को उन्हें टूरेन से फारमोसा द्वीप के (ताइपेई) स्थान पर पहुँचाया गया। यहाँ कुछ समय विश्राम के बाद जब विमान उड़ा तो यह अंतिम उड़ान अज्ञात दिशा की ओर हुई, जो आज भी विवाद का विषय बनी हुई है।

बाह्य आक्रमण, जिन्होंने बदल दिया सांस्कृतिक भारत का स्वरूप

आज से मात्र सन् १२५५-६० वर्ष पहले तक सांस्कृतिक भारत की सीमा में अफगानिस्तान, पाकिस्तान, नेपाल, तिब्बत, भूटान, बांग्लादेश, बर्मा, इंडोनेशिया, कंबोडिया, वियतनाम, मलेशिया, जावा, सुमात्रा, मालदीव और अन्य कई छोटे-बड़े क्षेत्र हुआ करते थे। हालाँकि सभी क्षेत्र के राजा अलग-अलग होते थे, लेकिन कहलाते थे ये सभी भारतीय जनपद। आज इस संपूर्ण क्षेत्र को 'अखंड भारत' इसलिए कहा जाता है, क्योंकि अब यह खंड-खंड हो गया है। हम आपको बताएँगे ऐसे ८ बड़े संघर्षों के बारे में, जिनके कारण सांस्कृतिक भारत को नष्ट कर खंड-खंड कर दिया गया।

प्राचीन जंबू द्वीप से लेकर आज का हिंदुस्तान संपूर्ण क्षेत्र पहले हिंदुओं का स्थान था। जहाँ तक प्राचीन भारतवर्ष का संबंध है तो इसकी सीमाएँ हिंदूकुश से लेकर अरुणाचल, कश्मीर से कन्याकुमारी तक और पूर्व में अरुणाचल से लेकर इंडोनेशिया तक तथा पश्चिम में हिंदूकुश से लेकर अरब की खाड़ी तक फैली थीं, लेकिन समय और संघर्ष के चलते अब भारत 'इंडिया' बन गया है।

पहला आक्रमण

फारसी तथा यूनानियों का आक्रमण : भारत की उत्तर-पश्चिमी सीमा पर स्थित भारतीय राज्यों को फारस और यूनान से हमेशा आक्रमण का खतरा बना रहता था। पहले यहाँ कंबोज, कैकेय, गांधार नामक छोटे-बड़े राज्य थे। भारत की उत्तर-पश्चिम सीमा की बात करें तो संपूर्ण अफगानिस्तान और ईरान के समुद्रवर्ती कुछ हिस्से थे। यहाँ हिंदूकुश नाम का एक पहाड़ी क्षेत्र है, जिसके उस पार कजाकिस्तान, रूस और चीन हैं। ईसा के ७०० साल पूर्व तक यह स्थान आर्यों का था। ईसा पूर्व ७०० साल पहले तक इसके उत्तरी क्षेत्र में गांधार महाजनपद था, जिसके बारे में महाभारत तथा अन्य ग्रंथों में वर्णन मिलता है। महाभारत में कंबोज और गांधार के कई राजाओं का उल्लेख मिलता है, जिनमें कंबोज के सुदर्शन और चंद्रवर्मन मुख्य हैं।

अफगानिस्तान पहले था हिंदू राष्ट्र

घुसपैठ—उक्त सीमावर्ती राज्यों में व्यापार के माध्यम से कई फारसी और यूनानियों ने अपने अड्डे बना लिये थे, दूसरी ओर अरबों ने भी समुद्री तटवर्ती क्षेत्र में अपने व्यापारिक ठिकाने बनाकर अपने लोगों की संख्या बढ़ा ली थी। अफगानिस्तान में पहले आए लोग आबाद थे और वे सभी वैदिक धर्म का पालन करते थे, फिर बौद्ध धर्म के प्रचार के बाद यह स्थान बौद्धों का गढ़ बन गया। बामियान बौद्धों की राजधानी थी।

सिकंदर का आक्रमण—सिकंदर का जब आक्रमण (३२८ ई.पू.) हुआ, तब यहाँ फारस के हखामनी शाहों ने कब्जा कर रखा था। ईरान के पार्थियन तथा भारतीय शकों के बीच बँटने के बाद अफगानिस्तान के आज के भू-भाग पर बाद में सासानी शासन आया। इस तरह हखामनी ईरानी वंश के लोगों ने सबसे पहले भारत पर आक्रमण किया; हालाँकि ये आर्यों के ही वंशज थे।

सिकंदर और पोरस युद्ध (३२६ ई.पू.)—भारत पर यों तो छोटे-बड़े आक्रमण होते रहे, लेकिन पहला बड़ा आक्रमण सिकंदर ने किया था। सिकंदर ने भारत के पश्चिमी छोर पर बसे पोरस के राज्य पर आक्रमण किया था। पोरस के राज्य के आसपास दो छोटे-छोटे राज्य थे—तक्षशिला और अभिसार। तक्षशिला, जहाँ का राजा अंभी था और अभिसार का राज्य कश्मीर के चारों ओर फैला हुआ था। अंभी का पुरु से पुराना बैर था, इसलिए उसने सिकंदर से हाथ मिला लिया। अभिसार ने तटस्थ रहकर सिकंदर की राह आसान कर दी। दूसरी ओर धनानंद का राज्य था, वह भी तटस्थ था। ऐसे में पोरस को अकेले ही लड़ना पड़ा। सिकंदर हार गया था राजा पोरस से।

इस युद्ध के बाद भारत का पश्चिमी छोर कमजोर होने लगा। यवन आक्रांताओं के आक्रमण बढ़ने लगे। संपूर्ण अफगानिस्तान उक्त काल में भारत का पश्चिमी छोर था, जहाँ उपगणस्थान, गांधार और केकय प्रदेश थे तथा ये सभी बौद्ध राष्ट्र बन चुके थे। यही हाल भारत के पूर्वी छोर पर हुआ, जहाँ तिब्बत (त्रिविष्टप), ब्रह्मदेश (बर्मा), श्यामदेश (थाईलैंड, इंडोनेशिया, मलेशिया), जावा और सुमात्रा का क्षेत्र था, लेकिन पश्चिमी छोर की अपेक्षा ये सभी क्षेत्र शांत थे। बौद्ध धर्म के उदय के बाद सांस्कृतिक भारत के बहुत से हिस्से बौद्ध वर्चस्ववाले बनने लगे। अहिंसा और लोकतंत्र यहाँ के शासन के प्रमुख अंग थे।

दूसरा आक्रमण

खलीफाओं का आक्रमण—सातवीं सदी के बाद यहाँ पर अरब और तुर्क के मुसलमानों ने आक्रमण करने शुरू किए और कुछ इतिहासकारों के अनुसार ८७० ई. में अरब सेनापति याकूब एलेस ने अफगानिस्तान को अपने अधिकार में कर लिया।

भारत में एक ओर राजाओं में वर्चस्व की लड़ाई चल रही थी, वहीं दूसरी ओर पश्चिमी छोर यूनानी और फारसियों के आक्रमण से परेशान था। पूर्वी छोर पर कई छोटे-छोटे स्वतंत्र राज्य स्थापित हो चुके थे। ऐसे में इस्लाम का उदय हुआ और उसने संपूर्ण दुनिया का नक्शा बदल दिया।

लगभग ८ जून, ६३२ ई. में हजरत मुहम्मद सल्लल्लाहु अलैहि वसल्लम की वफात (मृत्यु) के बाद ६ वर्षों के अंदर ही उनके उत्तराधिकारियों ने सीरिया, मिस्र, उत्तरी अफ्रीका, स्पेन एवं ईरान को जीत लिया। इस समय खलीफा साम्राज्य फ्रांस के लायर नामक स्थान से लेकर आक्सस एवं काबुल नदी तक फैल गया था।

वफात के बाद 'खिलाफत' संस्था का गठन हुआ, जो इस बात का निर्णय करती थी कि इस्लाम का उत्तराधिकारी कौन है? हज. मुहम्मद स.अ.व. के दोस्त अबू बकर को उनका उत्तराधिकारी घोषित किया गया। पहले ४ खलीफाओं ने हज. मुहम्मद साहब से अपने रिश्तों के कारण खिलाफत हासिल की। उनमें से उमय्यदों और अब्बासियों के काल में इस्लाम का विस्तार हुआ। अब्बासियों ने ईरान और अफगानिस्तान में अपनी सत्ता कायम की। ईरान के पारसियों को

या तो इस्लाम ग्रहण करना पड़ा या फिर वे भागकर सिंध में आ गए। जब सिंध में भी आक्रमण बढ़ने लगे तो वे गुजरात में बस गए।

मुहम्मद बिन कासिम—सातवीं सदी के बाद भारत के उत्तर-पश्चिमी सीमा प्रांतों पर बाह्य आक्रमण के कारण राजनीतिक अस्थिरता बनी रही। भारत में इस्लामिक शासन का विस्तार सातवीं शताब्दी के अंत में मोहम्मद बिन कासिम के सिंध पर आक्रमण और बाद के मुस्लिम शासकों द्वारा हुआ। लगभग ७१२ में इराकी शासक उल हज्जाज के भतीजे एवं दामाद मुहम्मद बिन कासिम ने १७ वर्ष की अवस्था में सिंध और बलूच पर अभियान का सफल नेतृत्व किया।

इस्लामिक खलीफाओं ने सिंध फतह के लिए कई अभियान चलाए। १० हजार सैनिकों का एक दल ऊँट-घोड़ों के साथ सिंध पर आक्रमण करने के लिए भेजा गया। सन् ६३८ से ७११ ई. तक के ९ इस्लामिक खलीफाओं के ७४ वर्षों के काल में १५ बार सिंध पर आक्रमण हुआ, जिनमें उन्हें १४ बार पराजय का मुँह देखना पड़ा। १५वें आक्रमण का नेतृत्व मोहम्मद बिन कासिम ने किया।

मुहम्मद बिन कासिम अत्यंत ही क्रूर हमलावर था। सिंध के दीवान गुंदुमल की बेटी ने सिर कटवाना स्वीकार किया, पर मीर कासिम की पत्नी बनना नहीं। आधुनिक शोधानुसार इसी तरह वहाँ के राजा दाहिर (६७९ ई. में राजा बने) और उनकी पत्नियों और पुत्रियों ने भी अपनी मातृभूमि व अस्मिता की रक्षा के लिए अपनी जान दे दी। सिंध देश के सभी राजाओं की कहानियाँ बहुत ही मार्मिक और दुखदायी हैं। आज सिंध देश पाकिस्तान का एक प्रांत बनकर रह गया है। राजा दाहिर अकेले ही अरब और ईरान के हिंसक अत्याचारियों से लड़ते रहे। उनका साथ किसी राजा ने नहीं दिया, बल्कि कुछ लोगों ने उनके साथ धोखा किया।

तीसरा आक्रमण

महमूद गजनवी (९९७ ई.-१०३० ई.)—अरबों के बाद तुर्कों ने भारत पर आक्रमण किया। अलप्तगीन नामक एक तुर्क सरदार ने गजनी में तुर्क साम्राज्य की स्थापना की। ९७७ ई. में अलप्तगीन के दामाद सुबुक्तगीन ने गजनी पर शासन किया। सुबुक्तगीन ने मरने से पहले कई लड़ाइयाँ लड़ते हुए अपने राज्य की सीमाएँ अफगानिस्तान, खुरासान, बल्ख एवं पश्चिमोत्तर भारत तक फैला ली थीं। सुबुक्तगीन की मृत्यु के बाद उसका पुत्र महमूद गजनवी गजनी की गद्दी पर बैठा। महमूद गजनवी ने बगदाद के खलीफा के आदेशानुसार भारत के अन्य हिस्सों पर आक्रमण शुरू किए। उसने भारत पर १००१ से १०२६ ई. के बीच १७ बार आक्रमण किए।

महमूद गजनवी यमनी वंश के तुर्क सरदार गजनी के शासक सुबुक्तगीन का पुत्र था। महमूद ने सिंहासन पर बैठते ही हिंदूशाहियों के विरुद्ध अभियान छेड़ दिया। महमूद ने पहला आक्रमण हिंदूशाही राजा 'जयपाल' के विरुद्ध २९ नवंबर, १००१ को किया। उन दोनों में भीषण युद्ध हुआ, परंतु महमूद की जोशीली और बड़ी सेना ने जयपाल को हरा दिया। फिर हिंदूशाही राजधानी 'वैहिंद' (पेशावर के निकट) में महमूद और आनंदपाल के बीच सन् १००८-१००९ में भीषण युद्ध हुआ। इन लड़ाइयों में पंजाब पर अब गजनवियों का पूर्ण अधिकार हो गया। इसके बाद मुल्तान की बारी आई। वहाँ पर भी सन् १०१० में हिंदूशाही राजाओं का राज समाप्त हो गया।

इसके बाद के आक्रमणों में उसने मुल्तान, लाहौर, नगरकोट और थानेश्वर तक के विशाल भू-भाग में खूब मारकाट मचाई तथा बौद्ध और हिंदुओं को जबर्दस्ती इस्लाम अपनाने पर मजबूर किया। फिर सन् १०१७ में कन्नौज के विरुद्ध युद्ध हुआ। उसी समय उसने मथुरा पर भी आक्रमण किया, उसे बुरी तरह लूटा और वहाँ के मंदिरों को तोड़ दिया। उस वक्त मथुरा के समीप महावन के शासक कुलचंद के साथ उसका युद्ध हुआ। कुलचंद ने उसके साथ भयंकर युद्ध किया।

गजनी के इस सुल्तान महमूद ने १७ बार भारत पर चढ़ाई की। मथुरा पर उसका ९वाँ आक्रमण था। उसका सबसे बड़ा आक्रमण सन् १०२६ में काठियावाड़ के सोमनाथ मंदिर पर हुआ। देश की पश्चिमी सीमा पर प्राचीन कुशस्थली और वर्तमान सौराष्ट्र (गुजरात) के काठियावाड़ में सागर तट पर सोमनाथ महादेव का प्राचीन मंदिर है।

महमूद ने सोमनाथ मंदिर का शिवलिंग तोड़ डाला। मंदिर को ध्वस्त किया। कहते हैं कि उसने हजारों पुजारी मौत के घाट उतार दिए और मंदिर का सोना तथा भारी खजाना लूटकर ले गया। अकेले सोमनाथ से उसे अब तक की सभी लूटों से अधिक धन मिला था। उसका अंतिम आक्रमण सन् १०२७ में हुआ। उसने पंजाब को अपने राज्य में मिला लिया था और लाहौर का नाम बदलकर महमूदपुर कर दिया था। महमूद के इन आक्रमणों से भारत के राजवंश दुर्बल हो गए और बाद के वर्षों में विदेशी मुस्लिम आक्रमणों के लिए यहाँ का द्वार खुल गया।

चौथा आक्रमण

मुहम्मद गोरी का आक्रमण—मुहम्मद बिन कासिम के बाद महमूद गजनवी और उसके बाद मुहम्मद गोरी ने भारत पर आक्रमण कर अंधाधुंध कत्लेआम और लूटपात मचाई। इसका पूरा नाम शहाबुद्दीन मुहम्मद गोरी था। भारत में तुर्क साम्राज्य की स्थापना करने का श्रेय मुहम्मद गोरी को ही जाता है। गोरी गजनी और हेरात के मध्य स्थित छोटे से पहाड़ी प्रदेश गोर का शासक था।

मुहम्मद गोरी अफगानी योद्धा था, जो गजनी साम्राज्य के अधीन गोर नामक राज्य का शासक था। मुहम्मद गोरी सन् ११७३ में गोर का शासक बना। जिस समय मथुरा मंडल के उत्तर-पश्चिम में पृथ्वीराज और दक्षिण-पूर्व में जयचंद जैसे महान् नरेशों के शक्तिशाली राज्य थे, उस समय भारत के पश्चिम-उत्तर के सीमांत पर शहाबुद्दीन मुहम्मद गोरी (सन् ११७३-१२०६) नामक एक मुसलमान सरदार ने महमूद गजनवी के वंशजों से राज्याधिकार छीनकर एक नए इस्लामी राज्य की स्थापना की थी।

गोरी ने भारत पर पहला आक्रमण सन् ११७५ में मुल्तान पर किया; दूसरा आक्रमण सन् ११७८ में गुजरात पर किया। इसके बाद सन् ११७९-८६ के बीच उसने पंजाब पर विजय हासिल की। इसके बाद सन् ११७९ में पेशावर तथा सन् ११८५ में स्यालकोट को अपने अधिकार में ले लिया। सन् ११९१ में उसका युद्ध पृथ्वीराज चौहान से हुआ। इस युद्ध में मुहम्मद गौरी को बुरी तरह पराजित होना पड़ा। इस युद्ध में गौरी को बंधक बना लिया गया, लेकिन पृथ्वीराज चौहान ने उसे छोड़ दिया। इसे तराइन का प्रथम युद्ध कहा जाता था।

इसके बाद मुहम्मद गौरी ने अधिक ताकत के साथ पृथ्वीराज चौहान पर आक्रमण कर दिया। तराइन का यह द्वितीय युद्ध सन् ११९२ में हुआ था। अबकी बार इस युद्ध में पृथ्वीराज चौहान

हार गए और उनको बंधक बना लिया गया। ऐसा माना जाता है कि बाद में उन्हें गजनी ले जाकर मार दिया गया। इसके बाद गौरी ने कन्नौज के राजा जयचंद को हराया, जिसे 'चंदावर का युद्ध' कहा जाता है। माना जाता है कि दूसरे युद्ध में कन्नौज नरेश जयचंद की मदद से उसने पृथ्वीराज को हरा दिया था। बाद में उसने जयचंद को ही धोखा दिया। गोरी भारत में गुलाम वंश का शासन स्थापित करके पुनः अपने देश लौट गया।

गोरी तो वापस चला गया, पर अपने दासों (गुलामों) को वहाँ का शासक नियुक्त कर गया। कुतुबुद्दीन ऐबक उसके सबसे काबिल गुलामों में से एक था, जिसने एक साम्राज्य की स्थापना की, जिसकी नींव पर दिल्ली सल्तनत तथा खिलजी, तुगलक, सैयद, लोदी, मुगल आदि राजवंशों की नींव रखी गई थी। हालाँकि गुलाम वंश के शासकों ने तो सन् १२०६ से १२९० तक ही शासन किया, लेकिन उनके शासन की नींव पर ही दिल्ली के तख्त पर अन्य विदेशी मुस्लिमों ने शासन किया, जो लगभग सन् १७०७ तक औरंगजेब की मृत्युपर्यंत चला।

पाँचवाँ आक्रमण

तैमूर लंग का आक्रमण—तैमूर लंग भी चंगेज खान जैसा शासक बनना चाहता था। सन् १३६९ में वह समरकंद का शासक बना। उसके बाद उसने अपनी विजय और क्रूरता की यात्रा शुरू की। मध्य एशिया के मंगोल लोग इस बीच में मुसलमान हो चुके थे और तैमूर खुद भी मुसलमान था। क्रूरता के मामले में वह चंगेज खान की तरह ही था। कहते हैं कि एक जगह उसने दो हजार जिंदा आदमियों की एक मीनार बनवाई और उन्हें ईंट और गारे में चुनवा दिया।

जब तैमूर ने भारत पर आक्रमण किया, तब उत्तर भारत में तुगलक वंश का राज था। सन् १३९९ में तैमूर लंग द्वारा दिल्ली पर आक्रमण के साथ ही तुगलक साम्राज्य का अंत माना जाना चाहिए। तैमूर मंगोलों की फौज लेकर आया तो उसका कोई कड़ा मुकाबला नहीं हुआ और वह कत्लेआम करता हुआ आराम से आगे बढ़ता गया।

तैमूर के आक्रमण के समय हिंदू वीरांगनाओं ने मिलकर जौहर किया और वीर योद्धा युद्ध में लड़ते-लड़ते मर जाने के लिए बाहर निकल पड़े थे। दिल्ली में वह १५ दिन रहा और उसने इस बड़े शहर को कसाईखाना बना दिया। बाद में कश्मीर को लूटता हुआ वह समरकंद वापस लौट गया। तैमूर के जाने के बाद दिल्ली मुरदों का शहर भर रह गया था।

छठा आक्रमण

बाबर का आक्रमण—बाबर के ही कारण हिंदुओं और मुसलमानों के बीच अयोध्या विवाद अभी तक बना हुआ है। बाबर के चलते ही मुगल शासन और वंश की स्थापना हुई और भारत मुगलों के अधीन चला गया। मुगल वंश का संस्थापक बाबर एक लुटेरा था। उसने उत्तर भारत में कई लूटों का नेतृत्व किया। मध्य एशिया के समरकंद राज्य की एक बहुत छोटी सी जागीर फरगना (वर्तमान खोकंद) में सन् १४८३ में बाबर का जन्म हुआ था। उसका पिता उमर शेख मिर्जा तैमूरशाह तथा माता कुतलुग निगार खानम मंगोलों की वंशज थी।

बाबर ने चगताईतुर्की भाषा में अपनी आत्मकथा 'तुजुक-ए-बाबरी' लिखी। इसे इतिहास

द्वारा 'बाबरनामा' भी कहा जाता है। आधुनिक शोधानुसार बाबर का टकराव दिल्ली के शासक इब्राहीम लोदी से हुआ। बाबर के जीवन का सबसे बड़ा टकराव मेवाड़ के राणा सांगा के साथ था। 'बाबरनामा' में इसका विस्तृत वर्णन है। संघर्ष करते हुए खानवा के युद्ध में अत: उसे सफलता मिली।

बाबर ने अपने विजय-पत्र में अपने को मूर्तिभंजक बताया। इस भयंकर संघर्ष से बाबर ने गाजी की उपाधि प्राप्त की। गाजी वह, जो काफिरों का कत्ल करे। बाबर ने अमानुषिक ढंग से तथा क्रूरतापूर्वक हिंदुओं का नरसंहार ही नहीं किया, बल्कि अनेक हिंदू मंदिरों को भी नष्ट किया। बाबर की आज्ञा से मीर बाकी ने अयोध्या में रामजन्मभूमि पर निर्मित प्रसिद्ध मंदिर को नष्ट कर मस्जिद बनवाई। इसी भाँति ग्वालियर के निकट उरवा में अनेक जैन मंदिरों को नष्ट किया। उसने चंदेरी के प्राचीन और ऐतिहासिक मंदिरों को भी नष्ट करवा दिया था, जो आज खँडहर मात्र हैं।

अकबर के काल में हुआ अफगानिस्तान अलग—बाबर का बेटा नासिरुद्दीन मुहम्मद हुमायूँ दिल्ली के तख्त पर बैठा। हुमायूँ के बाद जलालुद्दीन मुहम्मद अकबर, अकबर के बाद नूरुद्दीन सलीम जहाँगीर, जहाँगीर के बाद शहाबुद्दीन मुहम्मद शाहजहाँ, शाहजहाँ के बाद मुहीउद्दीन मुहम्मद औरंगजेब ने तख्त सँभाला। भारत में मुगल शासकों में औरंगजेब सबसे क्रूर था। औरंगजेब का जन्म सन् १६१८ में हुआ था।

२६ मई, १७३९ को दिल्ली के बादशाह मुहम्मद शाह अकबर ने ईरान के नादिर शाह से संधि कर उपगणस्थान (अफगानिस्तान) उसे सौंप दिया था। २६ मई, १८७६ को रूसी व ब्रिटिश शासकों के बीच संधि के रूप में अफगानिस्तान को एक बफर स्टेट बनाने का निर्णय हुआ और सन् १८७६ में अफगानिस्तान एक इस्लामिक राज्य बना।

सातवाँ आक्रमण

अंग्रेजों का आक्रमण—अंग्रेज सोची-समझी राजनीति के तहत पहले व्यापार करने भारत आए। अंग्रेजों को भारत में व्यापार करने का अधिकार जहाँगीर ने सन् १६१८ में दिया था। इसमें जहाँगीर की भी रणनीति थी। जहाँगीर और अंग्रेजों ने मिलकर सन् १६१८ से लेकर १७५० तक भारत के अधिकांश रजवाड़ों को छल से अपने कब्जे में ले लिया था। बंगाल उनसे उस समय तक अछूता था और उस समय बंगाल का नवाब था सिराजुद्दौला। हालाँकि अंग्रेजों ने सत्ता क्षत्रियों, राजपूतों, सिखों आदि से छीनी थी, लेकिन प्लासी के युद्ध की ज्यादा चर्चा की जाती है। यह अधूरा सच है। हम कौन थे, क्या हो गए?

प्लासी का युद्ध २३ जून, १७५७ को मुर्शिदाबाद के दक्षिण में २२ मील दूर नदिया जिले में गंगा नदी के किनारे 'प्लासी' नामक स्थान में हुआ था। इस युद्ध में एक ओर ब्रिटिश ईस्ट इंडिया कंपनी की सेना थी तो दूसरी ओर बंगाल के नवाब की सेना। कंपनी की सेना ने रॉबर्ट क्लाइव के नेतृत्व में नवाब सिराजुद्दौला को हरा दिया था। इस युद्ध को भारत के लिए बहुत दुर्भाग्यपूर्ण माना जाता है। इस युद्ध से ही भारत की दासता की कहानी शुरू होती है।

इस युद्ध की जानकारी लंदन के इंडिया हाउस लाइब्रेरी में उपलब्ध है। वहाँ भारत की गुलामी के समय के २० हजार दस्तावेज उपलब्ध हैं। वहाँ उपलब्ध दस्तावेजों के अनुसार अंग्रेजों के पास

प्लासी के युद्ध के समय मात्र ३०० सिपाही थे और सिराजुद्दौला के पास १८,००० सिपाही। उस समय ब्रिटिश सेना (१७५७ में) नेपोलियन बोनापार्ट के खिलाफ युद्ध लड़ रही थी। आश्चर्यजनक रूप से कंपनी ने सिराजुद्दौला की सेना को हरा दिया था। इसके बाद कंपनी ने ब्रिटिश सेना की मदद से धीरे-धीरे अपने पैर फैलाना शुरू कर दिए और लगभग संपूर्ण भारत पर कंपनी का झंडा लहरा दिया। उत्तर और दक्षिण भारत के सभी मुस्लिम शासकों सहित सिख, मराठा, राजपूत और अन्य शासकों के शासन का अंत हुआ।

भारत में ब्रिटेन का दो तरह से राज था—पहला कंपनी का राज और दूसरा 'ताज' का राज। सन् १८५७ से शुरू हुआ ताज का राज सन् १९४७ में खत्म हो गया। इससे पहले १०० वर्षों तक कंपनी का ही राज था।

इतिहासकार मानते हैं कि २०० वर्षों के ब्रिटिश काल के दौरान संभवत: सन् १९०४ में नेपाल को अलग देश की मान्यता दे दी गई। फिर सन् १९०६ में भूटान को स्वतंत्र देश घोषित किया गया। तिब्बत को सन् १९१४ में भारत से अलग कर दिया गया। इसके बाद सन् १९३५ में श्रीलंका और सन् १९३७ में बर्मा (म्याँमार) को अलग देश की मान्यता मिली। इसी तरह इंडोनेशिया, मलेशिया भी स्वतंत्र देश बन गए। बाद में सन् १९४७ में पाकिस्तान के रूप में भारत का एक और विभाजन किया गया।

आठवाँ आक्रमण

भारत-पाक युद्ध (१९४७)—सन् १९४७ में भारत का एक बार फिर विभाजन हुआ। माउंटबेटन, चर्चिल, मोहम्मद अली जिन्ना और लियाकत अली खान ने मिलकर भारत को तोड़ दिया। विभाजन भी जिन्ना की शर्त पर हुआ। भारत से अलग हुए क्षेत्र को पश्चिमी पाकिस्तान और पूर्वी पाकिस्तान (बांग्लादेश) कहा जाता था। विभाजन के बाद पाकिस्तान की नजर थी कश्मीर पर। उसने कश्मीरियों को भड़काना शुरू किया और अंतत: कश्मीर पर हमला कर दिया।

२६ अक्तूबर, १९४७ को जम्मू और कश्मीर के तत्कालीन शासक महाराजा हरिसिंह ने अपनी रियासत के भारत में विलय के लिए विलय-पत्र पर दस्तखत किए। गवर्नर माउंटबेटन ने २७ अक्तूबर को इसे मंजूरी दी। विलय-पत्र का खाका हू-ब-हू पूर्णतया वही था, जिसका भारत में शामिल हुए अन्य सैकड़ों रजवाड़ों ने अपने-अपने लघु राज्यों को भारत में शामिल करने के लिए उपयोग किया था। न इसमें कोई शर्त-शुमार थी और न ही रियासत के लिए विशेष दर्जे जैसी कोई माँग। इस वैधानिक दस्तावेज पर दस्तखत होते ही समूचा जम्मू और कश्मीर, जिसमें पाकिस्तान के अवैध नियंत्रणवाला क्षेत्र भी शामिल है, भारत का अभिन्न अंग बन गया था; लेकिन इसके बावजूद पाकिस्तान ने कश्मीर में आतंकरूपी आग लगा दी।

सन् १९४७ में विभाजित भारत आजाद हुआ। उस दौर में भारतीय लघु राज्यों के विलय का कार्य चल रहा था, जबकि पाकिस्तान में कबाइलियों को एकजुट किया जा रहा था। इधर जूनागढ़, कश्मीर, हैदराबाद और त्रावणकोर जैसे राज्य विलय में देर लगा रहे थे तो कुछ राज्य स्वतंत्र रहना चाहते थे। इसके चलते इन राज्यों में अस्थिरता फैली हुई थी।

जूनागढ़ और हैदराबाद की समस्या से कहीं अधिक जटिल समस्या कश्मीर का विलय

करने की थी। कश्मीर में मुसलमान बहुसंख्यक थे, लेकिन पंडितों की तादाद भी कम नहीं थी। कश्मीर की सीमा पाकिस्तान से लगने के कारण समस्या जटिल थी, अतः जिन्ना ने कश्मीर पर कब्जा करने की एक योजना पर तुरंत काम करना शुरू कर दिया।

हालाँकि भारत और पाकिस्तान का बँटवारा हो चुका था, जिसमें क्षेत्रों का निर्धारण भी हो चुका था, फिर भी जिन्ना ने परिस्थिति का लाभ उठाते हुए २२ अक्तूबर, १९४७ को कबाइली लुटेरों के भेष में पाकिस्तानी सेना को कश्मीर में भेज दिया। वर्तमान के पाक अधिकृत कश्मीर में खून की नदियाँ बहा दी गईं। इस खूनी खेल को देखकर कश्मीर के शासक राजा हरिसिंह भयभीत होकर जम्मू लौट आए। वहाँ उन्होंने भारत से सैनिक सहायता की माँग की, लेकिन सहायता पहुँचने में बहुत देर हो चुकी थी। नेहरू की जिन्ना से दोस्ती थी। वे यह नहीं सोच सकते थे कि जिन्ना ऐसा कुछ कर बैठेंगे, लेकिन जिन्ना ने ऐसा कर दिया।

भारतीय सेना पाकिस्तानी सेना के छक्के छुड़ाते हुए उनके द्वारा कब्जा किए गए कश्मीर क्षेत्र को पुनः प्राप्त करते हुए तेजी से आगे बढ़ रही थी कि बीच में ही ३१ दिसंबर, १९४७ को नेहरूजी ने यूएनओ से अपील की कि वह पाकिस्तान के उत्तर-पश्चिमी लुटेरों को भारत पर आक्रमण करने से रोके। फलस्वरूप १ जनवरी, १९४९ को भारत-पाकिस्तान के मध्य युद्धविराम की घोषणा कराई गई। इससे पहले सन् १९४८ में पाकिस्तान ने कबाइलियों के वेश में अपनी सेना को भारतीय कश्मीर में घुसाकर समूची घाटी को कब्जाने का प्रयास किया, जो असफल रहा।

नेहरूजी के यूएनओ में चले जाने के कारण युद्धविराम हो गया और भारतीय सेना के हाथ बँध गए, जिससे पाकिस्तान द्वारा कब्जा किए गए शेष क्षेत्र को भारतीय सेना प्राप्त करने में फिर कभी सफल न हो सकी। आज कश्मीर में आधे क्षेत्र में नियंत्रण रेखा है तो कुछ में अंतरराष्ट्रीय सीमा। अंतरराष्ट्रीय सीमा से लगातार फायरिंग और घुसपैठ होती रहती है।

भारतवर्ष १९४७

जब समाज स्वाभिमानी, अपने मूल्यों के प्रति आत्मविश्वासी, अपनी संस्कृति पर गौरव करनेवाला और उसके वैश्विक प्रचार-प्रसार की महत्त्वाकांक्षा रखने वाला, सुसंगठित, सुख-दुःख में समान अनुभूतिवाला होता है, तब कहीं जाकर धर्मात्मा, त्यागी, तपस्वी, तेजस्वी, ओजस्वी, ज्ञानी, विज्ञानी, पराक्रमी, वीरव्रती, कर्मवीर, शूरवीर सपूतों का जन्म होता है, जो बाहर से आनेवाले कुचक्रों की आँधी, चाहे फिर वह हिरण्यकशिपु, हिरण्याक्ष के रूप में हो या रावण और कंस के रूप में हो या कालयवन, जरासंध के रूप में हो, यवनों, शकों, हूणों, कुषाणों, बर्बरों के रूप में आई हो, सभी को निस्तेज कर देते हैं। इतना ही नहीं, उसे अपने महोदर में सदा-सदा के लिए आत्मसात् कर लेते हैं और उन सभी का अस्तित्व ही मिटा देते हैं।

लेकिन जब वही समाज उपर्युक्त तेजस्वी गुणों से हीन होता है और दुर्गुणों से युक्त हो जाता है, स्व की विस्मृति के गर्त में चला जाता, उद्देश्य से भटक जाता, भगवान् के भरोसे बैठकर अकर्मण्यता का राग आलापने लगता, व्यक्तिगत स्वार्थों में आकंठ डूब जाता, राष्ट्रीय स्वाभिमान की बलि चढ़ा देता; जाति, पंथ, भाषा, प्रांत आदि के मिथ्याभिमान के मकड़जाल में उलझकर रह जाता है और अंततः राष्ट्रभाव का दीपक भी सदा-सदा के लिए हृदय से बुझा देता है, तब वही

राष्ट्र पराभव के कगार पर आकर खड़ा हो जाता है और ठगा सा चारों तरफ देख-देखकर अपने अस्तित्व की भीख माँगता है।

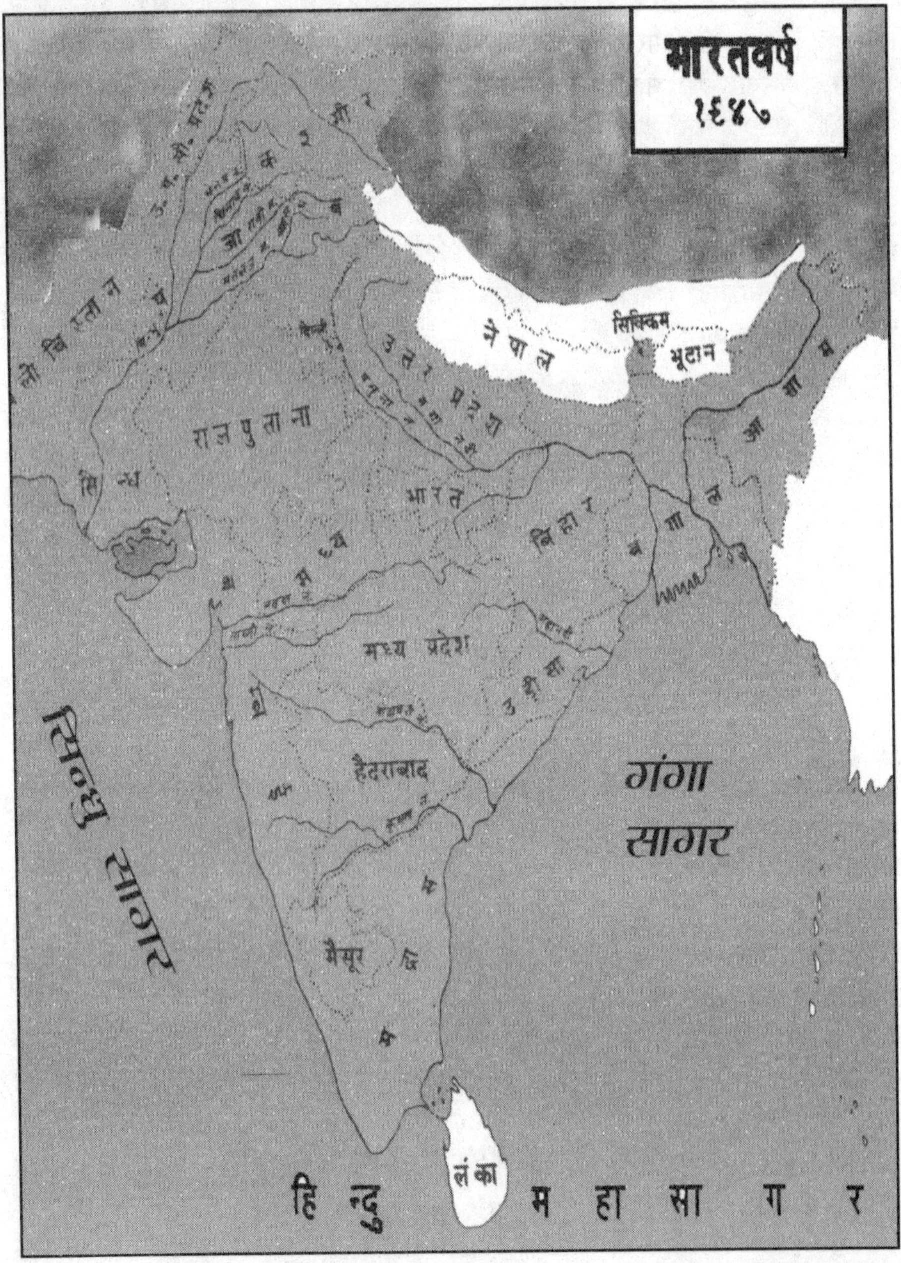

परिणामस्वरूप उसी समाज में, जिसने कभी राम, कृष्ण, महावीर, बुद्ध, चाणक्य, नानक, विक्रमादित्य, राणा, शिवा, विवेकानंद, सुभाष, सावरकर जैसे शूरवीर धर्मात्माओं को जन्म दिया,

वही जयचंद, मानसिंह जैसे कायर, गद्दार, देशद्रोहियों-कपूतों को जन्म देने का कारण बन जाता है और अपनों के ही हाथों गला घोंटने, छल, प्रपंच, षड्यंत्रों के कुचकों के मायावी दाँवपेंच चलने देने की खुली छूट दे देता है, तो फिर क्या? जिसे माँ का सम्मान, गौरव, वैभव जिसने अपना शोणित दे-देकर पाला-पोसा, उसके कण-कण के लिए अपना जीवन बलिहारी, उसी को एक रोटी का टुकड़ा मानकर चतुर्दिक् श्वानों की गिद्ध टोली को टूट पड़ने, एक-दूसरे का रक्त बहाने, कुल परंपरा को तार-तार करने, संस्कृति-सभ्यता का सार्वजनिक उपहास करने, नाते-रिश्ते-मर्यादाओं को हठात् कुचलने का अवसर मिल जाता है, परिणामस्वरूप माँ का स्वरूप खंड-खंड हो जाता, टूट जाता है बँधा-बँधाया बाँध, बह जाती संचित शोणित की थाती, सूखने लगता अतीत का हृदयस्थल, शून्य में निरख-अपलक प्रतीक्षा को विवश चीत्कार उठता, अतीत स्मृति में खो वर्तमान की दुर्दशा पर लज्जित, भावी सपनों की खोज में हिमशिखर की भाँति चुपचाप गल-गलकर बीते दिनों की अनुभूति करने लगता है।

वज्राघातों में भी पल भर रुका नहीं।
अपमानों में किंचित् शीश झुका नहीं।
जीते-जी विगत की थाती लुटी नहीं।
जग 'राम-ज्योति' अंधड़ में भी बुझी नहीं॥

सन् १९४७ में राष्ट्र-विभाजन

रंग में भंग

सन् १९४७ में अगस्त महीने की १५ तारीख के दिन हमारे देश में एक घटना हुई। उसी के उपलक्ष्य में प्रतिवर्ष उत्सव मनाया जाता है। उस दिन क्या हुआ था? उस दिन तक हमारे देश पर १५०-१८० वर्षों से ब्रिटिशों ने हुकूमत की थी, उसे वापस करके अपने देश लौट रहे हैं, ऐसी घोषणा कर दी थी। गुलामी की जंजीरें उस दिन टूट गईं और राज करनेवाले वे विदेशी नहीं रहे तथा हमारे ही प्रतिनिधि सत्ता संचालन के लिए कुरसी पर आकर बैठे। लाल किले पर से ब्रिटिश झंडे यूनियन जैक को उतारकर हमारे ही देश के लोगों द्वारा बनाया गया तिरंगा झंडा उसके स्थान पर लहराया गया और देश आजाद हो गया। भारत स्वतंत्र हो गया। आजादी की लड़ाई कामयाब हो गई। स्वतंत्रता संग्राम सफलतापूर्वक समाप्त हो गया। यदि बात इतनी ही होती तो कोई आदमी ऐसा नहीं होता, जो आनंद से उस बात का स्मरण न करता या उसमें भाग लेने में संकोच करता या स्वतंत्रता का नाम सुनकर अंत:करण में भावनाओं का ज्वार नहीं उठता। किसी भी देशभक्त के अत:करण को छूनेवाला ऐसा प्रसंग हो जाता, लेकिन बात इतनी नहीं, उसका स्मरण होते ही अंत:करण में एक प्रकार की वेदना होती है। तड़पन होती है, बात चुभती है और वे हैं—विभाजन से जुड़ी हुई बातें। स्वातंत्र्य का एक पक्ष बाहरी हो गया। दूसरा भाग यह, जो महादेश शेष है। प्राचीन राष्ट्र है। विकसित संस्कृति की धरोहर ऐसा विशिष्ट देश, जो हमको अपनी गोद में लेकर यहाँ तक चलकर आया हुआ, यह अपना देश, प्राचीन भारतवर्ष उस दिन विभाजित हो गया। देश का बँटवारा हो गया। भारत का अंग-भंग हो

गया और अपने देश का अंग-भंग कर देश के एक अंश से उस सार्वभौम देश पाकिस्तान की स्थापना हो गई। दुनिया में प्रथम नंबर का मुस्लिम देश, जबकि इंडोनेशिया द्वितीय रूप में बन गया। इस प्रकार पाकिस्तान का निर्माण भारतमाता के पवित्र अंगों को काटकर लाखों हिंदुओं की क्रूरतापूर्वक हत्या करके कर दिया।

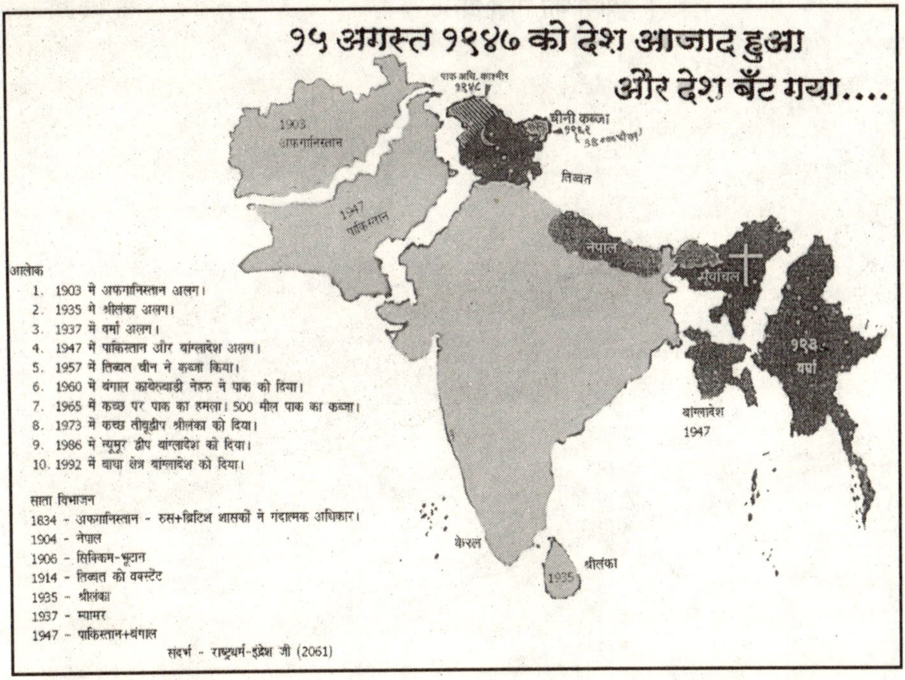

विश्वासघात

जिन लोगों को अपना माना, भाईचारे का नाता माना, प्यार किया, व्यवहार किया, अत्यंत निर्णायक घड़ी जब आकर खड़ी हो गई, उस समय उन लोगों ने कुछ स्थान नहीं माँगा, दौलत नहीं माँगी, मान-पद-प्रतिष्ठा की बात नहीं की वरन् पवित्र मातृभूमि के अत्यंत क्रूर विभाजन की माँग की और प्रतिनिधित्व करनेवाले हमारे राजनीतिक नेताओं ने उसको स्वीकार किया। इस प्रकार अपने देश का बँटवारा कर दिया। इस प्रकार अपने ही प्रतिनिधियों ने अपनी ही लेखनी से हस्ताक्षर करके सहर्ष स्वीकार किया और दुनिया से कहा कि हिंदुस्तान में इतना भू-भाग है और हिंदुस्तान से बँटा प्रदेश इतना है। इस प्रकार की दुनिया के सामने घोषणा की और कहा कि हम आजाद हो गए हैं, स्वतंत्र हो गए हैं और इसी के साथ जो बात जुड़ी हुई है कि १४ अगस्त तक तो दिल्ली में सरकार ब्रिटिश की थी, लेकिन संपूर्ण हिंदुस्तान अपना था—पंजाब, सिंध, कराची, बंगाल आदि।

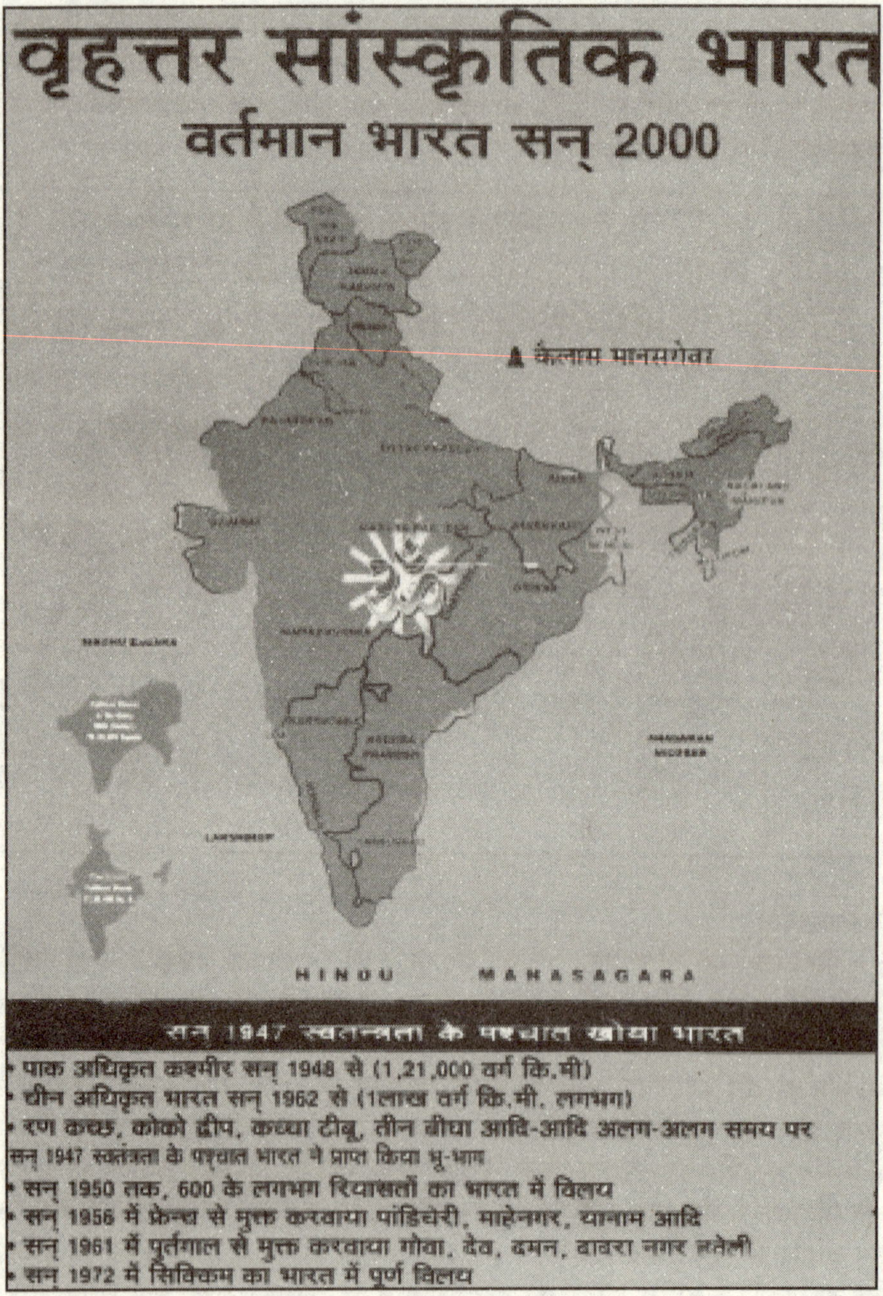

काली रात

संपूर्ण देश पर गोरे लोग शासन करते थे, परंतु वहाँ जाने के लिए वीजा की जरूरत न थी, लेकिन १५ अगस्त के बाद अपना देश अपने लिए विदेश बन गया। विभाजन का अर्थ हुआ स्वदेश

का विदेश बनना और अपने ही लोगों की बाध्यता आ खड़ी हुई। उससे आहत होकर आए हुए लोगों को स्वाभिमान छोड़नेवाले कहा। ऐसा सब यह हमारे सामने आजादी का पागलपन था, जबकि हम आजाद बनना चाहते थे। इसी उन्माद ने अपने हजारों बंधुओं को दासता के कारागार में ढकेल दिया। बहुत बड़ी नरहत्या हो गई। लाखों की संख्या में हो गई। इतिहासकार लिखता है—लाखों की संख्या में घोर नरमेध (None violence killed more people nonviolent) यज्ञ हो गया। एक विशिष्ट धर्म ने जन्म लिया इसलिए लाखों की संख्या में संपूर्ण जीवन-मूल्य ध्वस्त हो गए। मान-अपमान की चिंता करते हुए घोर बर्बरता के हाथों लक्ष-लक्ष हिंदुओं की नृशंस हत्या हो गई। यह स्थिति हमारी आँखों के सामने हो गई। आँख अत्यंत नीची हो गईं। माँ और बेटे, भाई और बहिन, पति और पत्नी एक-दूसरे से बिछुड़ गए, इधर-उधर भटकते रहे, यह भी नहीं जानते थे कि दूसरा जिंदा है या मरा। ऐसे ही अपने सैकड़ों लोगों का जीवन-मूल्य ध्वस्त किए हुए श्मशान में बैठकर लोगों ने खुशियाँ मनाईं, मिठाई बाँटी, दीप जलाए, गीत गाए और आज भी ताली बजा रहे हैं। हर वर्ष यह बात स्वतंत्रता संग्राम के साथ जुड़ी हुई है।

असफल स्वातंत्र्य समर

इस प्रकार हमेशा के लिए भारत के सिर पर नंगी तलवार लेकर कटिबद्ध एक शत्रु देश का निर्माण हो गया। आज भारत का अकूत धन सुरक्षा पर इसीलिए खर्च करना पड़ता है। विश्व की भलाई करने की जो क्षमता हिंदुस्तान में थी, वह लँगड़ी हो गई और हमेशा के लिए यह अपना देश, जो सनातन से एक होकर खड़ा रहा था, उसका विभाजन हो गया। इतना बड़ा संग्राम करनेवाले कौन थे? इतने वर्षों से स्वातंत्र्य संग्राम चला था और एक दिन भी जेल नहीं गए। पहने हुए कपड़ों की उनकी क्रीज एक दिन भी नहीं बिगड़ी। उन लोगों की माँग पर हमारे देश के हजारों लोगों (देशभक्तों) ने अपनी जवानी दाँव पर लगा दिया। वह सारा स्वातंत्र्य संग्राम व्यर्थ हो गया, बेकार हो गया। यह अंतःकरण को छूनेवाली बात है, जो हृदय को शूल की तरह चुभती है। क्या कभी मोहम्मद अली जिन्ना जेल गए थे, पुलिस की लाठियों की मार खाई थी, बैठे-बैठे आराम से धमकी देते हुए सारे हिंदुस्तान को झुका दिया। यह बात हम लोगों के लिए आत्म-परीक्षण की बात है। उस समय अगस्त में अपने भारत के प्रतिनिधि के नाते श्रीप्रकाशजी थे। आगे चलकर वे महाराष्ट्र के गवर्नर भी बने। काशी के बहुत बड़े देशभक्त श्री भगवानदासजी के सुपुत्र थे। उन्हें सभी स्वतंत्रता के प्रतिनिधि मानते थे।

उन्होंने संस्मरण में लिखा है कि मैं कराची जाने से पहले गांधीजी से मिला और गांधीजी से कहा कि जा रहा हूँ, वहाँ जो हिंदू हैं, जो मुस्लिमों के अत्याचार से पीड़ित हैं, उनके लिए कुछ संदेश दीजिए। आप जानते हैं कि दंगे कितने भयानक थे। गांधीजी को बहुत दुःख हो रहा था। तब गांधीजी ने कहा कि मेरे जीवन का सारा सपना मिट्टी में मिल गया। ये गांधीजी के शब्द थे। श्रीप्रकाश के सामने उनको सिर झुकाकर कहना पड़ा कि जिंदगी का सारा स्वप्न ध्वस्त हो गया। वह स्वप्न क्या था। गांधीजी का व्यक्तिगत जीवन तो कुछ था ही नहीं, वे देश को स्वतंत्र देखना चाहते थे। रामराज्य लाना चाहते थे। समरस समाज देखना चाहते थे। हिंदू-मुस्लिम भाई-भाई का सपना देखा करते थे। इन्हीं सब बातों से भरा यह स्वप्न सब मिट्टी में मिल गया। यह तो

केवल गांधीजी का ही सपना नहीं था, हर देशभक्त का सपना था। इसी सपने को लेकर हमारे देश में आजादी की लड़ाई छेड़ी गई थी। इसी सपने की उम्मीद रखकर हमारे देश के लक्ष-लक्ष देशभक्तों ने अपनी जवानी को कैदखानों में गँवा दिया। अंडमान उसी के लिए प्रसिद्ध बना। यही एक सपना था कि जिसका हृदय में दुर्दम्य संकल्प लेकर हमारे देशभक्त-क्रांतिकारी फाँसी के फंदे पर झूले थे। अपनी तीन-चार पीढ़ियों के तीस-चालीस करोड़ लोगों का जीवन ध्वस्त हो गया। पाँच हजार वर्ष के भारत के इतिहास में १५ अगस्त, १९४७ को जो यह अपमान हुआ, इससे बढ़कर अपमान-कलंक की कालिमा देश के नौजवानों के माथे पर कभी नहीं लगी थी। इस प्रकार संपूर्ण देश का घोर अपमान हुआ।

सूर्यास्त

हिंदुत्व की इतनी विडंबना तो अलाउद्दीन खिलजी, तैमूर लंग, मुगल सत्ता के काल में कुल मिलाकर भी नहीं हो पाई थी, वह हमारी आँखों के सामने हो गई। उनका अपराध यही था कि हिंदू समाज में स्त्री-पुरुष बनकर जन्म लिया। यही एक अपराध था। इसको जानने के लिए इतिहास के पन्नों को थोड़ा पलटकर देखना पड़ेगा कि इस देश में अंग्रेजों ने अपना राज स्थापित किया। उसके खिलाफ लड़ाई शुरू हुई और उनसे लड़ने के लिए अपने देश के जो प्रतिनिधि थे, बहुत बड़े देशभक्त थे। उन्होंने सोचा कि हिंदुस्तान में इस सत्ता के बाद जो लोग दास बने, गुलाम बने, उन सबको इकट्ठा करें और उनका संगठन करें। इस प्रकार की रणनीति बनाकर बहुत बड़ा आंदोलन चलाया, जिसमें बहुत बड़ी संख्या मुसलमानों की भी थी। इस प्रकार उन मुस्लिमों को साथ लिया और उनको साथ लेकर ही संघर्ष करना ठीक रहेगा, ऐसा सोचकर संग्राम प्रारंभ हुआ। यह कार्य शत्रु पक्ष को दुर्बल बनाने हेतु और अपने पक्ष को सबल बनाने हेतु किया तो इसमें कोई गलत बात नहीं थी, लेकिन उसके साथ एक बात और थी कि ब्रिटिश साम्राज्य कोई छोटा तो नहीं था। सारी दुनिया में इतना बड़ा साम्राज्य इतिहास में हुआ ही नहीं। बहुत बड़ा कहलानेवाला रोम साम्राज्य भी इससे छोटा था। ब्रिटिश तो कहा करते थे कि हमारा साम्राज्य वह है, जहाँ सूर्य कभी अस्त नहीं होता अर्थात् पूर्व में उदय होता और पश्चिम में अस्त होता है और पश्चिम में जब अस्त होता है, तब पूर्व में उदय होता है अर्थात् संपूर्ण दुनिया में अखंड साम्राज्य है। पूरब में डूबा तो पश्चिम में चमका, पश्चिम में डूबा तो पूरब में चमका अर्थात् हांगकांग में डूबा तो कनाडा में चमका, कनाडा में डूबा तो हांगकांग में चमका। इसलिए यह कहा करते थे कि हमारा साम्राज्य वह है, जहाँ सूरज डूबता नहीं है।

दक्षिण के हमारे एक बहुत बड़े देशभक्त थे। उनसे बार-बार धमकी भरे लहजे में ब्रिटिश गवर्नर कहा करते थे कि तुमको मालूम है कि मेरा साम्राज्य कहाँ तक है। ऐसा सुन-सुनकर सब बहुत तंग आ गए। तब एक दिन चिढ़कर उन्होंने कहा कि तुम जानते हो कि सूर्यास्त तुम्हारे राज्य में क्यों नहीं होता, सूर्य क्यों नहीं डूबता? यह बात उस गवर्नर को पता ही नहीं थी। तब उन्होंने कहा कि तुम अंग्रेज लोग चोर हो, सूरज रहते तो इतनी चोरी-डकैती करते हो और यदि सूर्य डूब गया तो न जाने क्या-क्या करोगे? तुम सबको सूर्य भगवान् अच्छी तरह जानते हैं, इसलिए सूर्य भगवान् जहाँ-जहाँ अंग्रेज जाते हैं, वहाँ-वहाँ पीछे-पीछे रहते हैं, इसलिए नहीं डूबता।

तुष्टिकरण की नीति वंदे मातरम् (पूरा) राष्ट्रगीत क्यों नहीं बना?

बात यह है कि इतने बड़े साम्राज्य से निपट लेने का संघर्ष कर लेने का कार्य सरल नहीं था। इसलिए सभी लोगों का विचार बना कि सब लोगों का संगठन बनाकर संघर्ष छेड़ें। इसलिए देश के मुसलमानों का आह्वान किया, साथ लिया। हाथ मिलाकर गले लगाया और कहा कि हम दोनों ही साथ-साथ स्वतंत्रता के लिए संघर्ष करेंगे। यह एक देशभक्त दूसरे देशभक्त का आह्वान करता है कि परतंत्रता-दासता से छुटकारा पाने के लिए या स्वतंत्रता पाने के लिए सामूहिक सहयोग दें। देशभक्ति की कसौटी पर कोई एक देशभक्त लड़ता है दूसरे को साथ लेकर या मातृभूमि की मुक्ति के लिए, वह तो कोई धंधे के लिए नहीं लड़ता, लेकिन यहाँ उस आधार पर नहीं हुआ और देने-लेने की बात शुरू हो गई। मुस्लिम तो यह जानता ही था कि हिंदू तो लड़नेवाला ही है, क्योंकि देश उसका ही है। इसलिए बंगाल में सुरेंद्र नाथ बनर्जी ने जो आह्वान किया था तो वहाँ पर भाग लेने से पहले यह बाध्यता मुसलमानों ने रखी कि वंदेमारतम् गीत नहीं बोला जाएगा, तभी हम लोग सम्मिलित होंगे। इस प्रकार हिंदुओं को पृथक्, अपमानित, तिरस्कृत करने का काम बात-बात पर शुरू हो गया। श्री बनर्जी लिखते हैं कि मुस्लिमों का सामान्य दैनिक व्यय जैसा धंधा होने लगा। एक दिन के इतने और दो दिन के उतने, इस प्रकार की शर्तें लगने लगीं।

इसी क्रम में पंजाब के कांग्रेस के वरिष्ठ कार्यकर्ता लिखते हैं कि मुसलमानों को लाने के लिए कितनी तकलीफ उठानी पड़ती थी। आने-जाने का व्यय हमको देना पड़ता था। तब कहीं वे आते थे। वे हमेशा अल्पाहार स्थल के पास ही रहा करते थे। पंडाल में वे कहीं दिखाई नहीं पड़ते थे। सामान्य दैनिक व्यय लेनेवालों से हाथ मिलाकर पंडाल में बैठकर स्वतंत्रता संग्राम शुरू हो गया। कांग्रेसवालों के पास तो कुछ था नहीं। केवल आश्वासन और प्रतिज्ञा थी और सब धन-सत्ता अंग्रेजों के पास थी। इसलिए मुसलमानों का अंग्रेजों के साथ स्वाभाविक गठबंधन होता चला गया। इस प्रकार का वातावरण था कि जब कोई मुसलमान कार्यक्रम में आता था तो बड़े गर्व की बात होती थी और बड़े जोर-जोर से चिल्ला-चिल्लाकर उसका स्वागत किया जाता था; अध्यक्ष के पास में कुरसी पर बिठाया जाता था, सम्मानित किया जाता था और उद्घोषित किया जाता था कि देखो, हमारे स्वतंत्रता समर में मुस्लिम भाई भी हैं। इतना झंझट करना पड़ता था। मुसलमानों का सहयोग दिखाने के लिए उनकी सेवा करनी पड़ती थी। उनकी सारी माँगें माननी पड़ती थीं और तब वे अपने लिए पृथक् चुनाव क्षेत्र की बात करते थे। इसके कारण मतदान संघ की माँग तो अंग्रेजों ने उन्हें प्रदान की, जो देश विभाजन में चाकू के समान साबित हुई। स्वतंत्र मतदान संघ, जिसे अंग्रेजों ने सन् १९०९ में लागू किया और जिसे सन् १९१६ में कांग्रेस ने मान्यता दी। यह जो स्वतंत्र मतदान संघ है, यह हमारे देश को काटने वाला चाकू सिद्ध हुआ।

जब-जब कांस्टीटुएंसी सुधार होता था, वहाँ पर मुसलमानों के स्वतंत्र अस्तित्व की स्थापना होती थी अर्थात् हम कदम-कदम पर झुकते चले गए और कहते रहे कि अब मुसलमान हमारे साथ आ रहे हैं, परंतु हम तो इसी बात को लेकर बैठे हैं कि यहाँ का जो मूल समाज है, राष्ट्रीय समाज है, हिंदू समाज है, उसके लिए तो यह भूमि मातृभूमि है। (Mother Land, Own Land, Holy Land), जिसके लिए जिएगा, मरेगा, जिसके लिए हिंदुत्व के शिलाखंड पर खड़े होकर सारी दुनिया को चुनौती देने की ताकत इस हिंदू समाज में है। लेकिन ऐसी बात हुई कि हिंदू की

आत्मा के तेज का खंडन हो गया और तेजोभंग कदम-कदम पर होने लगा। हम लोग वंदेमातरम् के बारे में जानते हैं। वह राष्ट्रवाद का स्वरूप था। ब्रिटिश लोगों ने इतिहास में लिखा है—वंदेमातरम् माने ब्रिटिशों के लिए चुनौती थी। लेकिन हिंदू के लिए अर्थ केवल इतना था कि माता की मैं वंदना करता हूँ। ब्रिटिशों के सामने इतना छोटा बच्चा भी, औरतें भी बोलती थीं वंदेमातरम् कि तुम परकीय हो, हम देश के हैं, तुम विदेशी हो, देश हमारा है। यह सारा अर्थ उस वंदेमातरम् में था। यह देश का अडिग संकल्प था, इसलिए ब्रिटिश लोगों ने वंदेमातरम् के ऊपर प्रतिबंध लगा दिया था। इस प्रतिबंध के विरुद्ध बहुत बड़ा आंदोलन हो गया, रक्तपात हो गया, उस गीत को स्थापित करने के लिए देश में लड़ाई हो गई। उन्होंने जो ध्वज बनाया, उसमें वंदेमातरम् लिखा था। बंगाल के एक समाचार-पत्र का नाम वंदेमातरम् था। क्रांतिकारी तो वंदेमातरम् का गीत गा-गाकर फाँसी पर चढ़ जाते थे और उधर अंग्रेजों ने वंदेमातरम् का अर्थ लगाया कि बंगाल वालों का यह कोई शब्द है कि वंदे माने बाँधो और मातरम् माने मारो, किसी की अक्ल भी अजीब होती है।

जब तक ब्रिटिश लोग विरोध कर रहे थे, तब तक कांग्रेस वालों को यह ध्यान में आ गया था और जब मुसलमानों को स्वप्न आ गया, तब उन्होंने दुष्प्रचार करना शुरू किया कि हिंदू लोग हम पर अत्याचार करते हैं। एक अत्याचार का जो आरोप लगाया कि हिंदू लोग हम पर जबरन वंदेमातरम् थोप रहे हैं और यह जो वंदेमातरम् है, उसमें मूर्ति पूजा का वर्णन है। अत: जो मुसलमान हैं, उनके लिए मूर्ति पूजा निषेध है। यदि हम मूर्ति पूजा का गीत नहीं गाएँगे तो यह राष्ट्रगीत नहीं बन पाएगा। इसलिए आठ लोगों की समिति बनाई गई, जो यह तय करेगी कि वंदेमातरम् गीत नहीं गाया जाएगा। यह राष्ट्रगीत नहीं बन पाए आदि-आदि विषयों पर चर्चा कर निर्णय करेगी, जिससे दोनों ही समुदायों हिंदू और मुसलमान में आपसी सद्भाव रह सके। अंतत: समिति ने निर्णय दिया कि पृथक् चरण में मूर्तिपूजा का भाव नहीं है और दो और तीन, इन चरणों में मूर्तिपूजा की बात है। इसलिए दोनों को खुश करने के लिए कांग्रेस निर्मित समिति ने दूसरे और तीसरे चरण को हटा दिया। लेकिन परिणाम गलत निकला कि तीसरे चरण को काटा तो हिंदू नाराज हो गए और दूसरे को रखा तो मुसलमान भी नाराज हो गए। इस प्रकार दोनों ही कौमें समिति का विरोध करने लगीं। अंतर्विरोधों के कारण आखिर यह राष्ट्रगान नहीं बन सका। उसके पीछे कांग्रेस की तुष्टीकरण की नीति विश्वासघात कर गई।

बाद में जन-गण-मन बनाया गया, जिसे राष्ट्रगान स्वीकार किया गया। उसकी अलग कहानी है। परिणामस्वरूप संसद् में मुसलमानों ने शिकायत की कि संसद् वंदेमातरम् गीत से शुरू होती है, इसलिए हम लोग शुरू में नहीं आ सकते। इसलिए उन्होंने (कांग्रेस) वंदेमातरम् गीत शुरू में नहीं रखा, समापन के समय रखा, क्योंकि जब सब लोग गीत गाने के लिए खड़े हो जाते हैं, तब मुसलमान लोग वापस चले जाते हैं। तुम भी खुश, हम भी खुश, कांग्रेसियों की यही तो तुष्टीकरण की नीति थी। दुर्भाग्य था कि हमारे देश के राष्ट्रगीत के साथ खिलवाड़ शुरू हो गई। 'मुसलमान मानें या न मानें, लेकिन मेरा तो राष्ट्रगीत यही रहेगा।' यह कहने वाला कोई नहीं था। हमारे समाज में आर्य समाज, ब्रह्म समाज के लोग हैं। वे भी मूर्ति पूजा के विरोधक हैं, लेकिन मुसलमानों की तरह इन लोगों ने कभी माँग नहीं की। कभी भी विरोध नहीं किया। क्योंकि ये लोग जानते हैं कि वंदेमातरम् में मेरी मातृभूमि का वर्णन है और अपनी माँ का गुणगान किसी

भी भाषा में गाओ, हृदय को अत्यंत आनंद होता है। वे वंदेमातरम् को इसी भाव से देखते हैं, लेकिन बात उस समय सिर्फ वंदेमातरम् की नहीं थी बल्कि राष्ट्रध्वज बनने की थी, अर्थात् सभी बातों पर हम झुकते गए। मुसलमान शर्तों पर शर्तें मनवाते गए। अंततः जो राष्ट्रध्वज बनाया गया, उसमें हरा रंग जो दिखाया गया, वह मुस्लिमों के अस्तित्व को दिखाने के लिए और सफेद रंग जो दिखाया, वह ईसाइयों के अस्तित्व को दिखाने के लिए अर्थात् कांग्रेस ने सभी को खुश रखने के लिए देश की अस्मिता को दाँव पर लगा दिया। जबकि देश की सभी प्रांतीय समितियों ने कहा था कि अपना एकमेव रंग 'भगवा' है। यह हमारी राष्ट्रीयता और अस्मिता का प्रतीक है। लेकिन कांग्रेस के केंद्रीय नेतृत्व ने सभी की भावनाओं को पीड़ा पहुँचाकर मिली-जुली संस्कृतिवाला ध्वज स्वीकार किया। वहीं पर हमारे मनभेदों और तुष्टीकरण की खाई बड़ी हो गई।

अंततः सभी लोगों ने संविधान निर्माता बाबा साहेब डॉ. अंबेडकर से मिलकर कहा कि आप संविधान में भगवा रंग का ही ध्वज बना सकते हैं, वही मान्य हो जाएगा। परंतु हजारों वर्षों के इतिहास में जो नहीं हुआ, वह वंदेमातरम् हटाकर, भगवा ध्वज को राष्ट्रध्वज न बनाकर, राम-रहीम-करीम आदि को खुश करने के लिए 'ईश्वर-अल्लाह तेरो नाम, सबको सन्मति दे भगवान' का नारा दिया। सभी को देश में समान अधिकार से रह पाने की कूटनीतिक चाल चली गई। लेकिन जिस उद्देश्य को लेकर बनाया, वह पूरा नहीं हो सका। मुसलमान और ईसाई इसे कभी नहीं गाते। केवल हिंदू ही गायन करते हैं। हिंदी, हिंदू, हिंदुस्तान के साथ खिलवाड़ किया गया।

अपमान का घूँट

इस देश में ऐसे महापुरुष हुए हैं, जिन्होंने अपना अस्तित्व हिंदुत्व की अस्मिता हेतु बलिदान कर दिया। शिवाजी, गुरुगोविंद, राणा प्रताप आदि के बारे में समाज को गुमराह करनेवाले देशद्रोही थे—ऐसे शब्दों को भी कांग्रेस के नेतृत्व ने स्वीकार किया। उन्होंने अपनी मातृभूमि के लिए हँस-हँस कर स्वयं का सर्वस्व अर्पण कर दिया। उनका अपमान भी संपूर्ण देश को सहना पड़ा। हिंदी भाषा से संस्कृत शब्द निकालकर उर्दू शब्द डालना, पग-पग पर ऐसे राष्ट्रघाती कुचक्र चलने लगे। हिंदी राष्ट्रभाषा कभी नहीं हो सकती, मुसलमान इसके विरोध में खड़े हो गए। इस प्रकार यह देश जो अखंड था, उसके अस्तित्व का विभाजन हो गया। उसके राष्ट्रगीत का विभाजन हो गया। उसके मंत्र का विभाजन हो गया। उसकी भाषा का विभाजन हो गया। उसके महापुरुषों का विभाजन हो गया अर्थात् सभी का सार्वजनिक रूप से अपमान हो गया। अंततः हमारी माता (भारतमाता) का क्रूरतापूर्वक बँटवारा हो गया। इस संपूर्ण आंदोलन में एक घटना ऐसी हुई, जो सबक सिखाने वाली थी। एक देश है तुर्की, वहाँ का जो सुल्तान था, उसे खलीफा कहा जाता था। वह प्रथम महायुद्ध में जर्मनी का साथ देकर इंग्लैंड के विरुद्ध लड़ा। दुर्भाग्यवश जर्मनी उस महायुद्ध में हार गया; लेकिन जर्मनी का साथ देने के कारण अंग्रेज तुर्की के खलीफा के कट्टर शत्रु बन गए। विजय के उपरांत इंग्लैंड ने तुर्की के खलीफा को गद्दी से उतारने की हलचल शुरू कर दी, यहाँ तक कि तुर्की का संपूर्ण मुस्लिम समाज भी खलीफा के विरुद्ध खड़ा हो गया, परंतु भारत के मुसलमानों को खलीफा को गद्दी से उतारने में बैचेनी हो उठी। आँखों से आँसू बहाने लगे। तब कांग्रेस ने मुस्लिमों को खुश करने के लिए ब्रिटिशों के विरुद्ध और खलीफा को

पुनः गद्दी पर बैठाने के लिए आंदोलन छेड़ दिया। उसी आंदोलन का नाम 'खिलाफत आंदोलन' पड़ा, जबकि बहुत से देशभक्तों ने कांग्रेसियों को समझाया कि तुर्की का सुल्तान हमारा पूर्वज नहीं, हमारे वंश, जाति, समाज का नहीं है। हमारे मजहब का नहीं है। इतना कुछ होने पर भी हम अंग्रेजों के विरुद्ध क्यों लड़ रहे हैं, लेकिन कांग्रेसी नेताओं ने एक भी बात नहीं मानी और हमारे देश के सैकड़ों लोगों को मुसलिम सुल्तान को काबिज करने के लिए मरने हेतु प्रेरित किया, जबकि खलीफा को उसी के देश के लोगों ने गद्दी से उतारकर जेल में डाल दिया। परिणामस्वरूप हिंदुस्तान का मुसलमान क्रुद्ध होकर उग्र हो गया। देश भर में भीषण दंगे शुरू हो गए। देश में नरसंहार शुरू हो गया।

गलती का फल

जिस खलीफा के लिए किसी भी देशभक्त की बात न मानकर कांग्रेसियों ने आंदोलन किया, वे अब अपने किए-कराए पर आँसू बहाने लगे। देश के हर कोने में मुस्लिम गुंडे तुर्की की घटना से क्रुद्ध हो हिंदुओं का नरसंहार करने लगे। ऐसी भीषण स्थिति में कांग्रेसी तमाशा देख रहे थे, यहाँ तक कि केरल में तलवार के दम पर लाखों हिंदुओं को धर्म-परिवर्तन करने के लिए मजबूर किया गया। यही मोपला कांड खिलाफत आंदोलन की विफलता का कारण निकला। जिसके साथ हिंदू को गले मिलाकर मरने को कहा, वह मर रहा था, धर्म-परिवर्तन के लिए मजबूर हो रहा था और कांग्रेसी नेता मुस्लिमों को खुश करने में लगे थे। तुष्टीकरण की कैसी घातक चाल थी कि इधर हिंदुओं का धर्म-परिवर्तन एवं नरसंहार हो रहा था तथा उधर मुस्लिमों को देशभक्त होने का कांग्रेस द्वारा प्रमाण-पत्र दिया जा रहा था। स्वतंत्रता संग्राम का ऐसा विचित्र उद्देश्य हो गया था। साध्य-साधन का बिल्कुल ही संबंध नहीं रहा। आगे चलकर कहाँ पहुँचेंगे, इसका बिल्कुल ही ज्ञान नहीं रहा। उधर कुछ ही दिनों में मुस्लिमों के प्रमुख, जो मुहम्मद अली जिन्ना थे, धमकी दे दी। धमकी क्या थी कि यदि पाकिस्तान नहीं देते तो हम डायरेक्ट एक्शन लेंगे, अर्थात् १६ अगस्त को देश भर में दंगे करने की योजना बनाई। हजारों लोगों का कत्लेआम करना और किसी भी प्रकार का मानवीय दृष्टिकोण नहीं रखना, निर्दोषों को भी नहीं छोड़ना। नरमेध करना।

धमकी की प्रतिक्रिया

जब इस संघर्ष में जिन्ना साहब से पत्रकारों ने पूछा कि आप हिंसा करने वाले हैं तो उन्होंने कहा कि नीतिगत शास्त्र से मैं चर्चा नहीं करूँगा। अगर आपको देखना है तो १६ अगस्त को कलकत्ता आ जाओ। इस समय पश्चिम बंगाल के सोहरावर्दी मुख्यमंत्री थे। पूरे देश में घोषणा कर दी कि १६ अगस्त को छुट्टी रहेगी। मेयर ने सभी मुस्लिमों को पेट्रोल सप्लाई किया। सभी मुस्लिमों को हथियारों से सज्जित किया। इससे एक वर्ष पूर्व ही स्वतंत्रता संग्राम समाप्त हुआ था, लेकिन प्रत्येक मुस्लिम गुंडे के पास पेट्रोल बम अभी भी थे, साथ ही हथियार भी। परिणामस्वरूप प्रातः होते ही कलकत्ता में अत्यंत भयानक नरमेध हुआ। लाखों हिंदुओं का कत्लेआम कर दिया गया। लाशें गली-गली में पड़ी सड़ रही थीं। कोई उठानेवाला नहीं था। पूरे शहर में बर्बरता का नंगा नाच हो रहा था। इस घटना का वर्णन हिंदुस्तान के अखबारों ने तो नहीं किया, लेकिन

ब्रिटिश समाचार-पत्र ने लिखा कि हिंदू अभी तो मार ही खाता रहा है, जब प्रतिक्रिया के लिए खड़ा हुआ तो सरकार आड़े आ जाती है। यह स्थिति इसलिए बनी कि अधिकतर मुस्लिम जो सेना में थे, यह समाप्त होने पर वे सभी छुट्टी पर हथियारों सहित घर आए थे। इसलिए उनके पास हथियार मौजूद थे। वही दंगों के दौरान हिंदुओं का खून बहाने के काम आए। ऐसा नरमेध इतिहास में विचित्र घटना बन गई। आचार्य कृपलानी लिखते हैं, "जब हम लोग वहाँ से चलने लगे, तो साथ में सुचेता कृपलानी भी थीं। चलते समय उन्होंने अपना सब सामान तो लिया ही, साथ में एक डिब्बी में साइनाइड विष भी लिया। जब गांधीजी ने कहा, यह विष क्यों लिया है? तब सुचेता ने कहा कि मेरे मान-शील की रक्षा की गारंटी नहीं है। मैंने शील की रक्षा के लिए इसे अपने साथ ले लिया है। यदि लाज-लज्जा का प्रश्न आ गया तो यह मेरे साथ है, मैं इसको ले लूँगी।" महात्मा गांधीजी के साथ रहनेवाली एक स्त्री इतनी भयभीत थी तो समाज की क्या दशा होगी? समाज तो अत्यंत भयभीत हो गया था। इसी संदर्भ में स्वाभाविक रूप से हिंदुओं की बहुत बड़ी प्रतिक्रिया हुई, बंगाल में जबरदस्त प्रतिक्रिया हुई। कई इतिहासकार कहते हैं कि बंगाल में जितने हिंदू मरे थे, प्रतिक्रियास्वरूप उससे दुगुने बिहार में मुसलमान मारे गए थे।

विवशता

उस समय जो वहाँ ब्रिटिश कमांडर थे, उन्होंने सारी घटनाओं को रिकॉर्ड किया था। उसका नाम हिंसा की स्मृति (Violence Memory) रखा था। मुहम्मद अली जिन्ना की प्रतिक्रिया के फलस्वरूप नेहरूजी ने डॉ. राजेंद्र प्रसाद से कहा कि सारा बिहार ऐसा पागल कैसे बन गया? नोआखाली में ऐसा भीषण नरसंहार हिंदुत्व के लिए बड़े ही शर्म की बात है। उधर लॉर्ड माउंटबेटन ब्रिटिशों के प्रतिनिधि बनकर आ गए। सन् १९४६-४७ में कांग्रेसी नेताओं से कहा कि अगर तुम आजादी चाहते हो तो बँटवारे को मान्यता दो, वरना आजादी संभव न होगी और कहा कि अगर आजादी चाहते हैं तो बँटवारा होगा और बँटवारा नहीं चाहते हो तो आजादी जाती है। ऐसी कुटिल नीति कांग्रेसियों के समक्ष रखी। दुर्भाग्य से हम आजादी के इतने प्यासे थे कि ऐसी शर्त भी हमने स्वीकार कर ली और १५ अगस्त के दिन देश का बर्बरतापूर्वक विभाजन हो गया। महाराष्ट्र के एक बहुत बड़े पत्रकार-लेखक लिखते हैं कि कांग्रेस के सम्मेलन में लगनेवाले टेंट उतारने (तोड़ने) के लिए दो महीने लगते थे, लेकिन ५० करोड़ की आबादीवाले देश को दो माह में ही तोड़ डाला। इस प्रकार देश का विभाजन हो गया, जिसको देखकर भी हम अनदेखे रहे, जानकर भी हम अनजान रहे, खुद को हँसाते रहे, पतन को उत्थान कहा। मातृभूमि के विभाजन को स्वातंत्र्य प्राप्ति का नाम दिया, क्योंकि हम अनेक वर्षों से कह रहे थे, अपने ही शब्दों में कह रहे थे कि हम यह नहीं होने देंगे। डॉ. राजेंद्र प्रसाद ने अपनी पुस्तक में लिखा, "आर्थिक, सामाजिक, संस्कृतिक, भौगोलिक दृष्टि से देश का विभाजन करना असंभव बात है।" सरदार पटेल तो कहा करते थे कि विभाजन तो बिल्कुल बेवकूफी की बात है, परंतु देश को गांधीजी पर पूर्ण विश्वास था और गांधीजी ने अपनी आत्मकथा में लिखा भी था कि जिसे भगवान् ने एक बनाया है, उसे तुम दो क्या बनाओगे, क्योंकि उसे तो भगवान् ने ही एक बनाया है। दूसरे यह देश तो भगवान् स्वरूप है, इसे तो विभाजित किया ही नहीं जा सकता है और गांधीजी 'दि

हरिजन' में लिखते हैं कि "देश के टुकड़े करने से पहले मेरे शरीर के टुकड़े करने पड़ेंगे, तभी विभाजन संभव हो सकेगा।"

समय बड़ा बलवान

विभाजन नितांत असत्य है। इसके सिद्धांतों को स्वीकार करना मेरे लिए परमात्मा को अस्वीकार करने जैसा है, अर्थात् भारत के टुकड़े करने से पूर्व मेरे शरीर के टुकड़े करने होंगे। वे मेरे टुकड़े-टुकड़े कर सकते हैं, परंतु वे मुझसे विभाजन को स्वीकार नहीं करा सकते हैं, जिसे मैं ठीक नहीं समझता। यदि कांग्रेस विभाजन स्वीकार करती है, तो वह मेरी मृतदेह पर ही ऐसा कर सकती है। जीवित रहते मैं उसे कभी स्वीकार नहीं करूँगा। यदि पूरा भारत भी जलकर भस्म हो जाए, तब भी हम पाकिस्तान की स्वीकृति नहीं देंगे। भारत के टुकड़े करने से पहले तुमको (मुसलमानों को) मेरे टुकड़े करने पड़ेंगे। इस कारण संपूर्ण देश को महात्माजी पर विश्वास था। इसी के बल पर कांग्रेस और मुस्लिम लीग देश में चुनाव लड़ीं, जिसमें मुस्लिम लीग ने पाकिस्तान का नारा दिया और कांग्रेस ने सांस्कृतिक भारत का नारा दिया। परिणामत: कांग्रेस ने भारी मतों से विजय पाई। कांग्रेस की इस विजय से क्रुद्ध होकर मुस्लिम लीग ने भीषण नरसंहार-दंगों की धमकी दे डाली, जिसके आगे गांधीजी को झुकना पड़ा और जो कल तक अखंडता की बात करते थे, वे ऐसा कहने को मजबूर हो गए कि अहिंसावादी होने के नाते मैं मुसलमानों की भारत के विभाजन की माँग का बलपूर्वक विरोध नहीं कर सकता। यदि आठ करोड़ मुसलमानों की यही इच्छा है तो विश्व की कोई भी शक्ति उसे रोक नहीं सकती। न ही हिंसा द्वारा और न ही अहिंसा द्वारा और यदि भारत के भाग्य में विभाजन ही लिखा है तो मैं उसे कदापि रोक नहीं सकता। मुसलमानों को अपनी शर्तें मनवाने का पूर्ण अधिकार है। मुसलमानों को आत्मनिर्णय का उतना ही अधिकार है, जितना दूसरे भारतवासियों को है। ऐसे लाचारी भरे शब्द बोलकर लाखों लोगों का सर्वनाश कर लाखों को विदेशी बनाना स्वीकार किया। सत्ता की भूखी-प्यासी कांग्रेस कुरसी पर बैठ गई। अपने द्वारा जो भी वादे किए, सभी झूठे पड़ गए और अब तक शरीर के टुकड़े होने के बाद ही देश का विभाजन होगा, कहनेवाले मौन धारण कर चुप्पी साध गए। इस प्रकार अपनी ही आँखों से देश का क्रूरतम विभाजन देखा। इन्हीं कारणों से अपनी माँ का अंग-भंग देखा। हम सब कबूतर की तरह लाचार बैठे अपने-अपने कुटुंबियों का सर्वनाश और धर्मांतरण देखते रहे तथा हाथ पर हाथ रखे बैठे रहे। हमारी माता विभाजित हो गई। एक तरफ हिंदुओं की नृशंस हत्या, बलात्कार, धर्मांतरण का सिलसिला, यहाँ तक कि हत्यारों ने बच्चों तक को नहीं बख्शा। वह पिशाचों का नंगा नाच था। बच्चों को उनके माँ-बाप के हाथों से छीनकर भालों तथा तलवारों की नोकों पर उछाला गया और कहीं उन्हें आग में जिंदा झोंका गया। अन्य जघन्य कर्म भी इतने ही भयावह थे। महिलाओं के स्तन, नाक-कान, हाथों को काट दिया गया। कहीं-कहीं गर्भवती महिलाओं के पेट फाड़कर आधी-अधूरी जिंदगी को गर्भ में से निकाल फेंका गया। कहीं-कहीं तो मुसलमानों की भीड़ द्वारा हिंदू महिलाओं को नंगा कर जुलूस भी निकाला गया।

अटक जिले के २३ गाँवों में १७ मार्च, १९४७ से लगभग दस दिन के भीतर ६४० हिंदुओं को मौत के घाट उतारा गया। इन गाँवों में हिंदुओं के १६५६ घर जला दिए गए और हजारों धार्मिक

स्थलों को ध्वस्त कर दिया गया। १३६१ हिंदू घरों की संपत्ति लूट ली गई। १४७१ हिंदू महिलाओं को जबरन मुसलमान बना दिया गया। लगभग १०० बच्चों एवं महिलाओं का अपहरण कर लिया गया अर्थात् इस्लामी उन्माद में लाखों निर्दोषों की नृशंस हत्या की गई। हजारों माँ-बहनों का शील हरण किया गया। करोड़ों हिंदुओं को बेघर कर दिया गया। हर हिंदू के दिल पर गहरे घाव कर दिए और भारतमाता को विभाजित कर लाखों हिंदुओं का खून पीकर अपनी प्यास बुझाई। आज हम सभी के सामने खंडित भारत माँ का एक यक्ष प्रश्न कुरेद-कुरेदकर पूछ रहा है कि क्या तुम भूल गए उस सिंध को, जहाँ तुम्हारे पूर्वजों की प्राचीनतम महान् सभ्यता आज भी मोहनजोदड़ो के खँडहरों में अंकित है। जहाँ हिंगलाज पवित्र शक्तिपीठ स्थित है। जहाँ राजा दाहिर ने मुस्लिम आक्रमणों को रोकने के लिए अपने प्राणों की आहुति दी थी। उनकी विधवा रानी नंगी तलवार लेकर रणक्षेत्र में कूद पड़ी थी और खून की आखिरी बूँद तक लड़ती रही। सूर्या और परिमल नाम की दोनों पुत्रियों ने अपने माता-पिता की मृत्यु और अपने अपमान का बदला पापी मुहम्मद बिन कासिम से बगदाद जाकर लिया।

श्रद्धा का उपहास

जिस भूमि पर महात्मा झूलेलाल ने तपस्या की, जहाँ देवल ऋषि हुए, क्या तुम भूल सकते हो उस पवित्र भूमि पंजाब को, जहाँ ऋषियों-मुनियों ने वेदों का साक्षात्कार किया। जहाँ भक्त प्रह्लाद का जन्म हुआ। जहाँ प्रह्लाद की पुकार पर नृसिंह भगवान् प्रकट हुए। जिस भूमि पर मर्यादा पुरुषोत्तम श्रीराम के पुत्रों में लव ने लवपुर (लाहौर) बसाया, दूसरे पुत्र कुश ने कुशपुर कुसूर बसाया। शालिवाहन स्यालकोट के चक्रवर्ती सम्राट् ने सिक्का चलाया। पूरन भक्त और हकीकत की नगरी स्यालकोट अमर है। जहाँ चाणक्य की तक्षशिला है, जहाँ झेलम के तट पर महाराजा पोरस ने विश्व विजयी सिकंदर के दाँत खट्टे किए थे, जहाँ महान् व्याकरणकार महर्षि पाणिनि का जन्म हुआ था। जिस वीरभूमि ने चार सौ साल तक इस्लाम की आँधी को रोके रखा, जहाँ के राजा जयपाल और आनंदपाल वीरगति को प्राप्त हुए, जहाँ हमारे ननकाना साहब, पंजासाहब और वारणराज (कटासराज) जैसे प्रसिद्ध तीर्थ हैं, जहाँ महाराजा रणजीतसिंह और हरी सिंह नलवा की विजय-गाथा लिखी गई, क्या तुम स्वर्ण भूमि कश्मीर को भूल जाओगे, जहाँ जगद्गुरु शंकराचार्य ने तपस्या की। जहाँ मार्तंड का सूर्य मंदिर है, जहाँ क्षीर भवानी धाम है। जिस कश्मीर को मेरा मुकुट और मेरा भाल कहा जाता है, क्या तुम भूल सकोगे? शस्य श्यामला बंगभूमि को, पूर्वी बंगाल को जहाँ तुम्हारे तीन-तीन शक्तिपीठ—सुमेधा, करतोमा, यशोदश विद्यमान हैं, जहाँ चहग्राम की देवी हैं, जहाँ सुई की नोक में से निकल जाए, ऐसे बारीक मलमल के लिए प्रसिद्ध ढाका शहर है और ढाकेश्वरी देवी का मंदिर है, जिसकी कोख से अनेक वीर योद्धाओं ने जन्म लिया, जिसके नोआखाली में भारतमाता का अंग-भंग करने वाले हत्यारों ने हजारों निर्दोष हिंदुओं का जनसंहार किया।

प्रतिरोध

अपना जो यह देश भारत है, बड़ा प्राचीन है और इसका हजारों वर्षों का इतिहास है। कई इतिहासकारों का कहना है, यह सबसे प्राचीन देश भी है, परंतु प्राचीनतम देश कहने मात्र से ही बहुत बड़े बड़प्पन का अनुभव नहीं होता है। हम चाहें या न चाहें, लेकिन यह प्राचीन देश तो है

ही। इसके ऊपर अनेक प्रकार के आक्रमण हुए हैं। ग्रीकों से लेकर दीर्घकाल तक आक्रमण होते रहे और उनका प्रतिरोध भी होता रहा। यह इतिहास की कहानी है। इस प्रकार १२वीं शताब्दी से मुसलमानों का आक्रमण इस प्रदेश पर प्रारंभ हुआ, लेकिन इनके आक्रमणों का स्वरूप कुछ भिन्न था। वे इस देश पर इस्लामियत को प्रस्थापित करने का स्वप्न देखते थे। आक्रमणकारी आते थे, लड़ते थे, लूटते थे और चले जाते थे। इस प्रकार धीरे-धीरे भारत पर इस्लामीकरण का शिकंजा कसता चला गया, जिसके चलते इस देश में बहुत बड़ा संघर्ष हुआ, जिसको नाम दिया 'Thousand years war'। यूरोप के इतिहास में Hundred years war की घटना जरूर है, वह भी फ्रांस और इंग्लैंड के बीच। हमारा इतिहास तो हजार वर्ष के संघर्ष का इतिहास है। कभी जीत हुई तो कभी हार, लेकिन ऐसा निरंतर चलता रहा। इसी कड़ी में पृथ्वीराज, राणाप्रताप, गुरु गोविंद सिंह, शिवाजी, छत्रसाल आदि का संघर्ष चलता रहा।

स्वप्न भंग

इसी संघर्ष के कारण हल्दीघाटी, पानीपत की लड़ाई हुई और इस्लामिक देश बनाने का सिलसिला बेरोकटोक चलता रहा। आखिर शिवाजी के कालखंड में मुसलमान आक्रांताओं का संपूर्ण देश को इस्लाम में बदलने का इरादा पूर्णतया ध्वस्त हो गया। दिल्लीश्वरोवा-जगदीश्वरोवा कहलानेवाला शहंशाह क्रूर, मदांध औरंगजेब का दक्षिण में आकर पूरे जीवन का स्वप्न चकनाचूर हो गया। इस्लामियत का सारा नशा उतर गया और महाराष्ट्र की धरती में सदा-सदा के लिए विलीन हो गया। उसकी जो कब्र है, वह महाराष्ट्र में है। वह खत्म हो गया और एकच्छत्र हिंदवी स्वराज की स्थापना हो गई। इधर धीरे-धीरे अंग्रेजों का भारत में आगमन प्रारंभ हो गया। मार खाए मुसलमानों की सत्ता प्राप्त करने की महत्त्वाकांक्षा समाप्त तो हुई ही नहीं थी। कुछ समय के उपरांत पुनः भारत को पूर्णतः इस्लामिक देश बनाने का जो सपना था, वह रह-रहकर मुँह फैला-फैलाकर जोर मारने लगा। सन् १९०५ में मोहम्मद इकबाल ने लिखा—'सारे जहाँ से अच्छा हिंदोस्ताँ हमारा', आगे चलकर सन् १९३०-३२ में जब वे मुस्लिम लीग के अध्यक्ष बने, बहुत बड़े कवि थे, वैसे हिंदू ही थे। उत्तर प्रदेश का जो सप्रू घराना है, इकबाल उस सप्रू घराने के ही थे। अब उनकी ही भाषा बदल गई और भाषा हो गई कि 'हम हैं मुसलमान, वतन सारा जहाँ हमारा', जिसमें उसी स्वप्न का आविष्कार था। कई पूर्वी देश और इजिप्ट आदि मुसलमान बने, लेकिन हिंदुस्तान नहीं बना। जहाँ पर मुसलमान बादशाह और सल्तनत इतने दीर्घकाल तक रहीं, हिंदू आज भी वहीं खड़ा है। हैदराबाद के निजाम के घर के आगे-पीछे, दाएँ-बाएँ, चारों तरफ हिंदुओं की ही बस्ती है। यह सब देखने के बाद उनका स्वप्न भंग होने के कारण मन में आक्रोश पैदा होता है। सैयद अहमद खाँ के बहुत बड़े मित्र थे मौलाना अल्ताफ हुसैन हाली (जन्म १८३५, मृत्यु १९१४) नाम के कवि। २०वीं शताब्दी के उर्दू कवियों में उनका बड़ा नाम है। 'मुसद्दस' नाम का उनका ग्रंथ है। वे अपने इस दुःख को अपने ग्रंथ में किस प्रकार व्यक्त करते हैं, अर्थात् इस्लाम को स्मरण करते हुए हिंदुस्तान के मुसलमानों से अपील करते हुए कहते हैं—

वो दीने हिजाजी का बेबाक बेड़ा।
निशां जिसका अक्साए आलम में पहुँचा।

मजाहम हुआ कोई खतरा न जिसको।
न ओमाँ में ठिठका, न कुलजम में झिझका।
किए पै सिपर जिसने सातों समंदर।
वो डूबा ढहाने में गंगा पे आकर॥

यानी कोई रोक नहीं सका, वह डूबा दहाने में गंगा पे आकर, यानी गंगा में डूब गया। उनके इस्लाम के जहाज ने सारी दुनिया को पार किया, लेकिन गंगा में आकर डूब गया। यह उनका दु:ख था। पर तेरे नाम पर तलवार उठाई किसने, बात जो बिगड़ी, वह बनाई किसने? तलवार उठानेवाला कोई नहीं, यह बहुत बड़ा स्वप्न भंग होने के कारण प्रकट होनेवाला आक्रोश था। यह दु:ख, यह स्वप्न भंग, यह आक्रोश इसको प्रत्यक्ष राजनीतिक क्षेत्र में पराजित करने का प्रयास प्रारंभ हो गया।

संभ्रम

'मुस्लिम लीग' नाम की संस्था स्थापित की। ब्रिटिशों के साथ दोस्ती की और इस दोस्ती तथा मुसलमानों की धर्मांधता के सहारे, यहाँ पर स्वतंत्र, सार्वभौम मुस्लिम राष्ट्र निर्माण करने का हजार वर्ष का स्वप्न, हजार वर्ष की लड़ाई। कभी जीतते, कभी हार खाते, आगे चलकर सन् १९४७ में हिंदुस्तान के एक विशिष्ट भाग पर कब्जा जमाने में, मुसलमानीकरण करने में वे सफल हो गए। उसी सफलता का साक्षी पाकिस्तान है और ऐसा वे आसानी से कर पाए, क्योंकि यहाँ के लोगों ने राष्ट्रदर्शन के संबंध में, राष्ट्रीय हित के संबंध में, राष्ट्रीय समाज के संबंध में, गलत लोगों को साथ लेकर अपने आंदोलन चलाए थे। उसका बहुत बड़ा सहारा उनको मिला। हमारे देश के नेताओं ने सोचा कि हमको स्वतंत्र होना है, स्वतंत्र बनना है तो मुसलमानों को साथ लेना है। लेने के लिए जो कीमत चुकानी है अर्थात् जो असली कीमत थी, उसको नहीं पहचाना और उन्होंने सोचा कि हिंदुओं तथा मुसलमानों में समान बातें हैं, एक राष्ट्र और एक समाज, एक राष्ट्रीय परिश्रम, इसके लिए समानता चाहिए, तो क्या-क्या समानताएँ हैं? मुसलमानों और हिंदुओं में दो समानताएँ हैं। एक है कि दोनों ही ब्रिटिशों के गुलाम हैं, यानी दोनों का बॉस एक है अथवा दोनों का मास्टर एक है। दोनों ही उनके घरों में काम करनेवाले चपरासी हैं। कहते हैं कि एक मालिक के दो गुलाम होते हैं तो गुलामों में आपस में मैत्री होती है, आत्मीयता होती है, दोस्ती होती है, क्योंकि दोनों ही समान संकट के शिकार हैं। इसलिए हिंदू और मुसलमानों में समान संकट के शिकार होने के कारण दोनों में दोस्ती हुई। दूसरी बात है कि दोनों का जो जन्म है, हिंदुस्तान नाम के भौगोलिक आवरण में हुआ, एक ही भौगोलिक आवरण में जन्म लेने के कारण उस भौगोलिक अवस्था में सबको समान आस्था रहेगी। भाईचारे का नाता रहेगा। ऐसी ही दो बातों को समझकर बैठे। दूसरी बातों के समझने की आवश्यकता ही नहीं समझी अर्थात् एक ही मैटरनिटी वार्ड में जन्म लेनेवाले दो बच्चे भाई होते हैं, यह समझने में जो मूर्खता है, ऐसी ही यह मूर्खता थी। हमारा मैटरनिटी वार्ड कॉमन था और मिडवाइफ भी कॉमन थी अर्थात् ब्रिटिश लोग थे और Common midwife and common Boss होने के कारण यह समझा कि हिंदू और मुसलमान दोनों ही दोस्त बनेंगे, भाई बनेंगे। इसलिए 'हिंदू-मुस्लिम भाई-भाई' का

जो नारा शुरू हो रहा है, भावात्मक नहीं है। यह अपनी मातृभूमि है, हम इसके पुत्र हैं। पुत्रवत् स्नेह करनेवाले समाज में भाई का नाता रहता है। दोनों ही भूतकाल और भविष्य में समानता के कुछ स्वप्न होते हैं, कुछ कल्पनाएँ और आकांक्षाएँ होती हैं।

भयंकर भूल

इन सारी बातों को एक ओर हटाकर Common midwife and common Boss आदि के आधार पर स्वतंत्रता का संग्राम चलाने में हमने समझा कि मुसलमान हमारे दोस्त बन जाएँगे। इसलिए उनको खरीदने का धंधा शुरू हो गया और इस प्रकार हिंदुओं को उपदेश देना भी शुरू हो गया कि देश को यदि आजाद बनाना है तो इनसे दोस्ती करो। हिंदू को स्वतंत्र होना था, क्योंकि देश उसका है, इसके पूर्वज उसके हैं, इसका भविष्य उससे है, हिंदुस्तान नहीं रहा तो दुनिया में हिंदुओं के पास अपना कहने के लिए कोई देश नहीं रहेगा। पर्सिया खोने के बाद जो पारसियों पर बीती थी, इजराइल खोने के बाद, जो यहूदियों की दुर्दशा हुई थी, दुनिया के बाजारों में हिंदू भी ठोकर खानेवाला वैसा ही बनेगा? यह हिंदू का दुःख है तो इसलिए जो मिलेगा, हिंदू को उसका पैर पकड़ना पड़े कि आजादी मिले, स्वातंत्र्य मिले, उसे जो कुछ भी करना पड़े, करे। इस प्रकार मुसलमानों के पैर पकड़ने की स्पर्धा शुरू हो गई और उन्होंने कहा कि हिंदू Majority में है, इसलिए मुसलमान डरते हैं। हिंदुओं का सबसे बड़ा अपराध है कि वे Majority में हैं। हजार वर्ष के प्रयत्न के बाद भी वे बहुसंख्यक (Majority) हैं। यह उसका पहला अपराध है। मुस्लिम तो डरते हैं, इसलिए उनका जो डर है, उसे पहले दूर करने का प्रयत्न करना चाहिए। फिर उन्होंने हिंदू-मुस्लिम का डर दूर करने का प्रयत्न किया। उनको निर्भीक बनाने के लिए कोशिशें की गईं। तुम क्या चाहते हो, जो भी चाहते हो, हम वह सब आपको प्रदान करेंगे। अब यह उनका अजीब डर था। जैसे-जैसे एक डर दूर होता था, दूसरा डर पैदा हो जाता था। इस प्रकार डर पैदा होने लगे। इस प्रकार हिंदुओं से कहा कि तुम अपने को हिंदू मत कहो। तुम यदि अपने को हिंदू कहोगे तो वे अपने को मुसलमान कहेंगे। तुम हिंदूपन भूल जाओ, वे मुसलमानपन भूल जाएँगे और दोनों एक साथ भारतीय, राष्ट्रीय बनेंगे। तभी राष्ट्र बन पाएगा, बन रहा है, बननेवाला है, बनते-बनते बनेगा। इस प्रकार हिंदू अपने हिंदूपन को खोने लगा। एक बहुत बड़े नेता ने कहा कि "Don't call me Hindu", अपने बारे में "Call me a donkey but don't call me hindu" ऐसा स्वीकार था। दूसरे एक और नेता ने कहा कि मैं हिंदू-मुसलमान-क्रिश्चियन "All rolled into one" और एक नेता का कथन था कि "I am neither a hindu, nor a muslim and nor christian nor parsi and nor a jew", ऐसे वे नकारकर बोलते थे। जब उनसे पूछा गया, "Then Who are you? तब उन्होंने कहा, "I am a man as if somebody doubted him." इस प्रकार की होड़ लग गई थी, हिंदूपन से अपना नाता तोड़ने की। जिस शब्द को बोलने से संपूर्ण हिंदुस्तान से अपना नाता जुड़ता है; हजारों वर्षों के इतिहास के साथ नाता जुड़ जाता है, इस देश की जो सारी संपत्ति है, उसका उत्तराधिकारी बन जाता है, उन नातों को तोड़ने के लिए हम लोगों से कहा गया कि हिंदुत्व से अपना नाता हटा दो और इस तरह हमने अपना नाता हटा दिया। इसके आधार पर इस देश का जो भविष्य है, अर्थात् हिंदू की शक्ति यानी इस राष्ट्र की शक्ति है।

जहरीली घोषणा

हिंदू की कमजोरी राष्ट्र की कमजोरी है, यह जानकर भी हिंदू की शक्ति का ह्रास करने का काम चलता रहा। हिंदू एक जाति है, पंथ है, धर्म है, एक धर्मांध (Communal) है, इत्यादि अनर्गल बातें उसके साथ जोड़कर अपने अस्तित्व को नकारने का काम मानो नए राष्ट्र के जन्म लेने का कारण। एक प्रकार की ऐसी बहुत बड़ी भूल कि घर में रहने वाले बेटे का कहना है कि इस घर से अपना रिश्ता भूल जाओ। घर के पुत्रों का कार्य घर की भलाई के लिए कब होता है, जब उनका घर के साथ नाता अक्षुण्ण होता है कि यह मेरा पिता है, यह मेरी माता है, यह मेरे बच्चे हैं। ८-१० घंटे काम करूँगा तो पेट की, घर की परवरिश करूँगा। यह जो ममत्व का नाता है, उसको तोड़ने के लिए कहा। यह देश एक देश नहीं है, एक लोग नहीं है, एक समाज नहीं है, एक राष्ट्र नहीं है। अभी जो कहा, उससे भी अत्यंत जहरीली घोषणा और कोई नहीं हो सकती। वह घोषणा यह थी कि "No Swaraj without Hindu Muslim unity" अर्थात् हिंदू और मुसलमान एक हुए बिना स्वराज्य नहीं मिलेगा, न ही लेंगे और न ही चाहिए। "Hindu muslim unity first and swaraj next." स्वातंत्र्य संग्राम में यह घोषणा हो गई। इसका सीधा अर्थ यह है कि राष्ट्र के स्वराज्य का जो वीटो है, "Final decision" है, वह सीधा मुसलमानों के हाथ में जाता है, अर्थात् हिंदू-मुस्लिम यूनिटी के लिए कोई भी कीमत दो, उसके बिना स्वराज्य नहीं मिलेगा। दिल्ली की सल्तनत को चुनौती देनेवाले, सारी दुनिया इकट्ठी होकर आने पर भी डाँवाँडोल होकर न हिलनेवाले, ऐसे अटल, अडिग, पराक्रमी हिंदू समाज को कहा कि इनके बिना स्वराज्य नहीं मिलेगा। मुट्ठी भर ब्रिटिश लोग दूर के ऐसे छोटे से देश से आए हुए और यहाँ पर राज्य करते हैं तो उनसे लड़कर हिंदू अपना स्वराज्य प्राप्त नहीं करेगा? यह घोषणा एक अत्यंत स्वाभिमानी और सामर्थ्यसंपन्न समाज को अत्यंत दुर्बल और कायर बनाने की थी। अंततः इसका परिणाम यह हुआ कि हिंदू हमेशा मुसलमानों के सहयोग की भिक्षा पर आश्रित हो गए और देनेवाला जो था, उसकी कीमत वसूल करने के धंधे में वह लीन हो गया। जिसके कारण आखिर में चलते-चलते हम एक अत्यंत विचित्र परिस्थिति में आ गए। कदम-कदम पर संविधान सुधार, एग्रीमेंट इत्यादि होते थे। हिंदू को बहुत सी चीजें गँवानी होती थीं।

कुपंथ अनुसरण

हिंदुओं ने कभी किसी देश में धर्मांतरण कराने के लिए जीवनव्रती धर्म प्रचारक को नहीं भेजा, लेकिन यहाँ उल्टा है, यहाँ अपने घर से अगर कोई धर्मांतरित हो गया तो वापस लेने में हम डरते हैं। जाति भ्रष्ट होते हैं, ऐसा कहनेवाला हिंदू और यहूदी, ये दो ही समाज हैं, जिनको धर्मांतरण न करने वाले बोलते हैं। ये अपना नंबर बढ़ाने का धंधा नहीं करते, परंतु हिंदू के अहिंदू बनने की प्रक्रिया दीर्घ काल तक चलती रही, जिसके संबंध में अपना समाज अत्यंत दुर्लक्षित रहा और बाद में चलकर देश के अनेक भागों में मुसलमानों तथा ईसाइयों की जनसंख्या बढ़ती चली गई, जिसके आखिर में चलकर देश विभाजन का स्वरूप खड़ा होता है, अर्थात् पाकिस्तान के अंतर्गत कौन-कौन से प्रदेश आते हैं, जिसको हम पश्चिम पाकिस्तान कहते हैं, उसमें सिंधु प्रांत पंजाब का जो पश्चिम पंजाब है, जहाँ मुस्लिम लीग की घोषणा थी कि हिंदू कोई रहने न

पाए, मगरबी पंजाब में, पश्चिम पंजाब में एक भी हिंदू नहीं रहना चाहिए, यह लीग का संकल्प था, लगभग यह स्थिति आ चुकी है। यह पश्चिम पंजाब, सिंध, बलूचिस्तान, सीमा का प्रांत और पूर्व में वंजापुर, बंगाल प्रांत, बांग्लादेश और असम का सिलहट नाम का जिला, जो बंगाल की सीमा से जुड़ा है, इतना सारा क्षेत्र मिलकर पाकिस्तान बना। जो प्रदेश बने, एक-एक प्रदेश का परीक्षण कीजिए, कैसे हैं? उदाहरण के लिए एक सिंध लेता हूँ। फिर सबको ले सकता हूँ। सिंध प्रांत जो है न, यह प्रांत सन् १९२५ तक बंबई प्रांत का क्षेत्र था। यह कराची से लेकर धारवाड़ तक एक ही प्रांत था, इसलिए वह हिंदू बहुसंख्यक क्षेत्र का भाग था।

खतरे की घंटी

आज कश्मीर प्रांत की समस्या क्या है? सिर्फ एक ही है कि "Our special province or special status", जो प्रांत अपने को 'Special' कहता है न, सारी दुनिया अपनी नाक वहाँ पर रगड़ती है। सबके साथ रहने में ही सबकी सुरक्षा होती है। किसी भाग ने कहा कि हमारा 'Special treatment' हो तो समझ लो कि वह प्रांत दुनिया का फुटबाल बनेगा। इसीलिए कश्मीर फुटबाल बना। सिंध में शुरू हो गया कि अलग सिंध चाहिए। 'Seperation of Sindh' का आंदोलन शुरू हो गया। सन् १९२५ में ब्रिटिश राज द्वारा एक अधिनियम पारित करके सिंधप्रांत को बॉम्बे प्रेसीडेंसी से अलग कर दिया गया। वह माँग थी जिन्ना की। जो जिन्ना के १४ Points हैं, उनमें एक माँग यह भी थी। सिंध प्रांत अलग बना और अलग बनने के बाद जब जिन्ना ने देखा कि वहाँ तो ८० प्रतिशत मुसलमान हैं। जब बाद में वहाँ निर्णय हुआ, विधानसभा के चुनाव हुए तो 'It became a part of pakistan', यदि सिंध बंबई का प्रांत रहता तो हिंदू बहुसंख्यक प्रांत रहता। अलग हुआ तो मुस्लिम बहुसंख्यक बना और बाद में पाकिस्तान बना। असम का सिलहट है, जहाँ चुनाव हुए। वहाँ 'Adult Education' नहीं थी, तब 'Property education qualification' था, तो वहाँ चुनाव हुए। ये चुनाव जो हुए, वे 'Census' के आधार पर हुए, जो सन् १९२१, १९३१, १९४१ ये तीनों वर्ष हैं। ये तीनों ही सरकार के साथ असहयोग के वर्ष हैं। गांधीजी के अहिंसा, असहयोग, नामक सत्याग्रह और भारत छोड़ो आंदोलन से पहले का भाग असहयोग का ही समय है। इसलिए हिंदू लोगों ने सबके साथ असहयोग किया। साथ ही जनगणना (Census) अधिकारी के साथ भी असहयोग किया। 'Census' अधिकारी ने आकर जब पूछा कि तुम्हारे घर में कितने लोग हैं, तब उत्तर था कि तुम क्या करोगे? सिलहट में चुनाव हुए। साठ-बासठ हजार मत पड़े, लेकिन हिंदू के कम पड़े। इस प्रकार सारा जिला हमेशा के लिए चला गया तो इसलिए हमें समझ लेना चाहिए कि जहाँ-जहाँ यह समस्या आम है, हिंदू की संख्या कम है। अहिंदू की संख्या जहाँ ज्यादा है, वहाँ पर देश की अखंडता के लिए चुनौती होती है। अतः एक सिद्धांत समझना चाहिए कि हिंदू की संख्या घटी, अहिंदू की संख्या बढ़ी तो राष्ट्र की अखंडता और अभंगता की दृष्टि से खतरे की घंटी बजी।

यह हिंदुस्तान में जो घंटी बज रही है, ये सब घंटियाँ एक ही आवाज दे रही हैं कि हिंदू आबादी कम है। इसलिए देशभक्ति की माँग है, देश की अखंडता की माँग है। कोई भी प्रांत, संभाग, जिला, तहसील, पंचायत ग्राम में हिंदू की संख्या घटनी नहीं चाहिए अर्थात् हमेशा ही वह

बहुसंख्यक (Majority) में ही रहनी चाहिए। यह 'Primary patrioty demand' है। देश की अखंडता की दृष्टि से तो अधिक आवश्यक है। इसलिए हमारे देश के जो प्रदेश, जहाँ पर हिंदू की संख्या घटी थी, आगे चलकर वही प्रांत पाकिस्तान के हिस्से बने। कश्मीर और नार्थ-ईस्ट के जो प्रदेश हैं, जहाँ मुस्लिम और क्रिश्चियन आदि की संख्या बढ़ने के कारण जो हालत हैं, वह तो सभी जानते हैं कि आज वहाँ पृथकतावादी विचारधारा पनप रही है। इस प्रकार हमारे देश के अनेक प्रांतों में यह हालत हो रही है। केरल में उन्होंने नया जिला बनाया मल्लापुरम्, यह कैसे बनाया गया, यह तो बड़ी ही विचित्र घटना है कि यहाँ पर 'It become a muslim majority district open to sea' अर्थात् कोई भी वहाँ से आ-जा सकता है। इस प्रकार की मल्लापुरम् की हालत है। तमिलनाडु के लोग जानते हैं कि डोनी जिला में, जहाँ पर २० वर्ष पहले हिंदू 'Majority' थी, परंतु कन्याकुमारी और रामनाथपुरम्, ये दोनों ही जिले आज ईसाई बहुसंख्यक (Majority) बने हैं और भी जिले बन रहे हैं। ४०-४२ के अंतर पर खड़े हैं, देश के लिए कौन से खतरे की घंटी बज रही है। इसको कम-से-कम देशभक्त लोगों को तो समझना ही चाहिए। 'It is very dangerous call.' ऐसे हिंदुस्तान की विचित्र परिस्थितियों का दृश्य हम देख रहे हैं। इसमें देश की अखंडता के लिए बहुत बड़ा धोखा है। पाकिस्तान जब बना, तब दुनिया के लोगों को हमने और एक सीख दी कि दुनिया में जब ऐसा होता है, अर्थात् देश की अखंडता के लिए जब चुनौती पैदा होती है तो उसके लिए कोई भी कीमत देकर वहाँ की जनता एवं समाज को खड़ा होना चाहिए, साथ ही किसी भी बात पर समझौता हो, लेकिन देश की एकता कि बारे में तो नहीं हो सकता।

सौदेबाजी

जब देश का विभाजन हो गया तो सारी दुनिया को एक बात मालूम हो गई कि हिंदुस्तान के लोग ऐसे हैं, अर्थात् हिंदू समाज की धारणा एवं इच्छाशक्ति कैसी है कि यहाँ पर माँग करो, बुलंद आवाज में बोलो, हाथ में चाकू-छुरी दिखाओ, रक्तपात की धमकी दे दो, नर-हत्या करो और ये अवश्य ही टूटेंगे, देश की एकता के साथ सौदा करेंगे। आज कश्मीर की समस्या 'Problem is the direct result of partition' के कारण है। हमारे देश के विभाजन का जो सबसे खतरनाक प्रश्न पैदा हुआ है, वह कश्मीर का है। जनसंख्या मुसलमानों की अधिक है, मुसलमानों की जनसंख्या के कारण 'Democratic Change' नहीं हो सकता। इसी के कारण धारा ३७० वहाँ पर है। वहाँ पर 'Muslim are in majority there', वहाँ हमेशा हिंदुओं का कत्लेआम होता रहा है। ऐसा देखकर क्रिश्चियनों को लगा कि हम भी क्यों न ऐसा करें, तो शुरू हो गए। नागालैंड में, मिजोरम में आखिर कहाँ तक होगा। बड़े ही अफसोस की बात है। जो कल तक भारतीय फौजों के साथ देश की अखंडता के लिए लड़ते थे, वही अब मिजोरम और नागालैंड के लिए अपने देश के टुकड़े कर देंगे। इसी दुर्भावना से रक्तपात करने लगे और इस प्रकार हिंदू लोग वहाँ संकट में घिर गए। इसलिए प्रश्न आता है कि किसी भी कीमत पर राष्ट्र की अखंडता के साथ सौदेबाजी नहीं होनी चाहिए।

अखंडता प्रथम

अमेरिका को पिछली शताब्दी में अर्थात् लगभग एक सौ पचास वर्ष पहले एक बहुत बड़ी चुनौती का सामना करना पड़ा। वहाँ के लोगों ने गुलामी पर प्रश्न उठाया था और चर्चा चली थी। अमेरिका के जो दक्षिणी प्रांत हैं, जैसे जार्जिया, साउथ कैरोलिना इत्यादि, इन सारे प्रांतों के लोगों ने केंद्र सरकार से अलग होने की घोषणा कर दी। 'Break away from union', अर्थात् हम साथ नहीं रहेंगे। तब तक संधि और शांति की बात करने वाले अब्राहम लिंकन ने कहा यदि 'They declared war against centre' तो फौज को ऑर्डर दिया 'Prepare to fight (War)', कारण कि वे लोग किसी भी बात पर समझौता करने को तैयार ही नहीं थे, लेकिन 'To break a way from country', यह तो कदापि नहीं हो सकता, उसके लिए अमेरिकावासियों को बहुत बड़ी कीमत चुकानी पड़ी। परिणामस्वरूप इतिहास में इतना घोर युद्ध कभी नहीं हुआ। इसे ही 'American Civil war' कहते हैं। भाई-भाई का युद्ध और तब से लेकर आज तक अमेरिका अखंड, अविभाज्य राष्ट्र है। इसका प्रमुख कारण यह है कि एकता, अखंडता से कोई भी समझौते नहीं होता। राष्ट्र की अखंडता प्रथम उद्देश्य है, ऐसा उन्होंने सिद्ध करके दिखाया। इस प्रकार राष्ट्र की अखंडता इत्यादि की जो बातें पैदा होती हैं, उसके लिए वहाँ के जो नेता होते हैं, जो संगठन होते हैं, विचार करनेवाले जो लोग होते हैं, उन सभी को मिलकर एक ही दिशा में प्रयास करना चाहिए।

मिथ्या आश्वासन

हमारी आजादी की लड़ाई जब चली थी, 'हम पाकिस्तान नहीं बनने देंगे', नेता ऐसे बड़े-बड़े बोल बोल रहे थे। उस समय एक प्रसिद्ध राजनेता ने कहा था कि नहीं-नहीं, कोई मतलब नहीं होता, अब तो पाकिस्तान देना ही पड़ेगा, उसको कोई नहीं रोक सकता, आज नहीं तो कल, देना पड़ेगा अर्थात् हमको देना ही पड़ेगा। आखिरी दम तक 'The will to servive' बचाने की जो जिद है, उसे सदा सजीव रखना चाहिए, लेकिन हमारे नेताओं ने 'जो देना ही पड़ेगा', ऐसा कहना शुरू कर दिया। तब एक दूसरे ने कहा था, "If muslim do not want to live with you how can you force them?" अतः हम उनको फोर्स नहीं कर सकते, यह कहकर पल्ला झाड़ लिया, अर्थात् अपने साथ रहने के लिए यह दूसरी भाषा है। इस प्रकार सिद्धांत की बड़ी-बड़ी बातें बोलना शुरू कर दिया और उसी स्वर में हम लोगों ने भी बोलना शुरू कर दिया। यह सारा इसलिए किया कि अपने मन में 'The war is last first in our mind', जब आदमी अपने युद्ध को गँवाता है, हार खाता है, वह सबसे पहले अपने मन में हार खाता है और मन की जो हार होती है, वह बाह्य रूप में प्रकट होती है। अर्थ यह है कि अपनी जो यह जिद है, मन का जो हठ है, वही निष्ठा की बात होती है। इसके साथ समझौता इत्यादि सारी बातें नहीं होनी चाहिए। यह जो संपूर्ण देश है, यह अखंड और अभंग है और ऐसा ही रहना चाहिए।

अनेक लोगों का यहाँ पर राज था, उससे पहले भी राज था और संपूर्ण हिंदुस्तान का, भारतवर्ष का वर्णन कवियों ने किया है। हमारे देश की सब भाषाओं की कविता में वर्णन है। संस्कृत के श्लोकों में वर्णन है। ये सब हिंदुस्तान की एक भौगोलिक स्थिति (Geography) का

वर्णन करते हैं। विष्णुपुराण का श्लोक तो हर कोई जानता है। कुमारसंभवम् में कालिदास ने भी अपने पहले श्लोक में ही मनोहारी वर्णन किया है कि भारत अति सुंदर है 'अस्य उत्तरस्याँ दिशि देवतात्मा' और 'समुद्रश्चैव दक्षिणं' अर्थात् यह जो भू-भाग है, उसका वर्णन कर के ही वे श्लोक शुरू करते हैं। रामायण में राम का व्यक्तित्व कैसा था, वाल्मीकि जी कहते हैं, 'समुद्रभिव गम्भीरे, धैर्येण हिमवान मिव', तब से लेकर ही अपने देश का जो भू पर चित्र है, यह स्पष्ट है। राज्य तो अनेक थे। ये राजा राज्य करते थे, लेकिन ये अखंड राष्ट्र के रूप में इतिहास काल के सारे थपेड़ों खाते हुए भी सांस्कृतिक एकता को आज तक सँजोए हुए यह एक देश है। अनेक प्रकार के स्टेट होते हैं, जैसे जर्मनी अभी-अभी द्वितीय महायुद्ध के बाद दो जर्मनी, पूर्व और पश्चिम जर्मनी हो गए। लेकिन जर्मन Nation नहीं थे, वे जर्मन स्टेट थे। भाषा वही थी, लोग वही थे, धर्म-पंथ वही था और उनकी आकांक्षाओं में भी कोई फर्क नहीं था। "They were political states, they were two German states but one German naition" वहाँ पर राष्ट्र एक ही था। There are two Korean states, but there is one Korean nation."

अखंड स्वप्न

जो राष्ट्र होता है, वह एक होता है। यह हिंदुस्तान और पाकिस्तान का मामला है "They may be two states but there is one nation." वैसा ही है। यह तो 'Solid homogeneous in divisible nation' है, क्योंकि यह तो एक राष्ट्र के रूप में है। Politicaly आता है और जाता है। हमारे देश के अनेक लोग, जैसे राममनोहर लोहिया जब कॉन्फ्रेंस में बोलते थे, तब इंडिया, पाकिस्तान, बँगलादेश की ही भाषा बोलते थे और सदा इसी को आधार लेकर वे बोलते थे। स्वातंत्र्य वीर सावरकर तो हिंदू समाज के बिना कल्पना ही नहीं करते थे। सिंधु के बिना हिंदू कैसे, हिंदू के बिना सिंधु कैसे, कैसे हो सकता है कि जीव के बिना यह देह रह सकती है। देह के बिना जीव कैसे रह सकता है? महर्षि अरविंद घोष ने १५ अगस्त के दिन कहा था कि भारत एक था, एक है और हमेशा ही यह एक बनकर रहनेवाला है। इस प्रकार हमें मन में अपने देश की अखंडता के संबंध में, एकता के संबंध में किसी भी प्रकार संदेह न रखते हुए संपूर्ण सुंदर चित्र अपने सामने लाना चाहिए। दो हजार मील लंबाई का, दो हजार मील चौड़ाई का ऐसा एक सुंदर वृहद् भारतवर्ष एक देश है और देश में करोड़ों लोग चारों तरफ बिखरे पड़े हैं। इनके आचार-विचार, चाल-चलन में, रहन-सहन में, रीति-रिवाजों में, त्योहारों के मनाने में छोटी-बड़ी भिन्नता होते हुए भी ये संपूर्ण लोग अपनी भूमि को मातृवत् मानते हैं और पुत्रवत् स्नेह करते हुए एक समाज के रूप में यहाँ पर जो सनातन से खड़े हैं, यह एक अत्यंत सुंदर, भव्य, स्फूर्तिदायक, अखंड चित्र हो, ऐसा यह चित्र सजीव प्रतिमा है, ऐसी सजीव प्रतिमा सदा ही अक्षुण्ण रहनी चाहिए और इस चित्र पर किसी भी प्रकार की मलिनता नहीं आनी चाहिए। यह एक स्वप्न या महत्त्वाकांक्षा अग्नि बनकर हम लोगों के अंत:करण में हमेशा के लिए सदा-सर्वदा धधकता रहना चाहिए। हम सब लोगों के लिए यह एक कर्तव्य के रूप में है। यह एक देश था और एक होकर रहने वाला है। अगर कोई कह उठे और दंगा करने लगे, धोखेबाजी करने लगे कि हम अलग राष्ट्र बनाएँगे तो अलग राष्ट्र ऐसे थोड़े ही पैदा होता है। धीरे-धीरे विकसित होकर

निर्माण होता है। राष्ट्र कैसे होता है, तो वेन गुरियन ने इसराइल के बारे में कहा कि "A nation is neither given as a gift nor God as present, not bought with gold and silver nor accured by Threating, nor achieved by agreement. It is creation of people who identify dersolities soil, where they are where the toil where they suffer shedding their tears, shedding their blood, shedding their sweat, not for a dare to but for generation to generation that is how barren."

सत्य-सत्य

उठे चार गुंडे, हाथ में लिया एक चाकू और काटा एक देश को और बनाया एक राष्ट्र। यह असंभव है। इस प्रकार राष्ट्र बन ही नहीं सकता। जब वहाँ की यह स्थिति देखते हैं और यह पाकिस्तान भी जानता है। अभी-अभी कुछ दिनों पूर्व पाकिस्तान सरकार ने एक पुस्तक लिखी है। इस पुस्तक का नाम है, "Five thousand years of Pakistan" यह इस सरकार ने प्रकाशित करवाई है, जिसके पहले अध्याय में लिखा है कि "Our great grammarian is Maharshi Padini", अर्थात् महर्षि पाणिनि उनका पहला अध्याय है, क्योंकि पाणिनि का जन्मस्थान तक्षशिला है। "Which is in Pakistan today." यह तो आप जानते ही हैं कि यह हमारा प्रदेश, जो पाकिस्तान में हैं, यह सारा का सारा हिंदू सांस्कृतिक जीवन के साथ जुड़ा है। जितना हिंदुओं का अपना सार वेदों में है, उसे यहीं पर सिंधु और पंजाब की पंचनदियों के किनारे दुनिया ने पहली बार सुना था। आज वह सारा प्रदेश पाकिस्तान में है, लेकिन यह आज भी हिंदू सांस्कृतिक जीवन के साथ जुड़ा है। उसके एक-एक गाँव की कहानी बड़ी ही विचित्र है कि वह आज भी हिंदू सांस्कृतिक जीवन से कैसे जुड़ा है? आज वह पाणिनि को क्यों बोलते हैं। आज उनको अपने आपको सिद्ध करने की आवश्यकता है। यह जो प्रदेश है, बहुत प्राचीन राष्ट्र है। यह उनको सिद्ध करना है। इसलिए आज वे सांस्कृतिक आधार ढूँढ़ते हैं तो भी बांग्लादेश कैसे फूटा और अब जो सिंध है, वह भी फूटनेवाला है। यह काल्पनिक राष्ट्र जो है, वह रहनेवाला नहीं है। इसलिए संपूर्ण अखंड राष्ट्र निर्माण करने की दृष्टि से एक अपनी जो संपूर्ण शक्ति है, उसके बल पर देश की शक्ति को बढ़ाना चाहिए। आजकल हम लोग मानचित्र देखकर बोलते हैं, यह अपना है, वह उनका है। अरे यह तो अपना अखंड हिंदुस्थान है, जो आज दिखाई दे रहा है, वह तो मात्र ५८ वर्षों का राजनीतिक राष्ट्र है, जबकि इजराइल से यहूदी लोगों को हटाए हुए दो हजार वर्ष बीत चुके थे। दो हजार वर्ष तक सारी दुनिया में बेचारे बिखरे रहे।

वे दुनिया में जहाँ भी गए, उन्हें छला जाता रहा अर्थात् यह सब होते हुए भी उनकी यही घोषणा थी कि "Return to the Palastine," हम Palastine वापस जाएँगे। उनके विवाह-विधि के पश्चात् आखिर का वाक्य था—"Next year in jeruslem" अर्थात् अगले वर्ष हम यरूशलम में जाएँगे, माने उनकी उस भूमि के साथ जो भावात्मक एकता है, ममत्व है, आत्मीयता है, लगाव है, उसको उन्होंने कभी भी मलिन नहीं होने दिया। "And in 1948 they reattend thier new nation of Israel" और इस प्रकार उन्होंने स्वतंत्र सार्वभौम इजराइल राष्ट्र १३ अरब दुश्मनों के बीच में उनके सिरों को फोड़कर प्रस्थापित किया। छोटा सा देश, मुट्ठी भर लोग,

पहाड़ जैसा पराक्रम निर्माण कर सकते हैं। बस सवाल यह है कि अपनी जिद कैसी, अपना मन कैसा, अपना हठ कैसा, अपना दृष्टिकोण कैसा इसके साथ में है।

संकल्प

इसलिए यह अपना जो अखंड राष्ट्र, सांस्कृतिक भारत का स्वप्न है, उसको भूलना नहीं चाहिए और न ही किसी को भुलाने देना चाहिए, क्योंकि अपना जो अविभाज्य हिंदुस्तान, परमेश्वर प्रदत्त, प्रकृतिकृत अखंड हिंदुस्तान है, उसके हम सभी सपूत हैं। सपूत का कर्तव्य है, माता का चित्र भवनमूर्ति के रूप में नहीं, अखंड मूर्ति के रूप में प्रस्थापित करे, पूजन-अर्चन करे। अत: कभी हमने जिस प्रकार अतीत के आक्रांताओं को खदेड़कर चैन की साँस ली थी और जननी को अभय प्रदान किया था, वैसी ही आज पुन: अटल प्रतिज्ञा लेने की घड़ी आ पड़ी है और जब तक हम द्विराष्ट्रवाद के जन्म देनेवाले मजहबी उन्माद को समाप्त कर भारतमाता की प्रतिमा को अखंड नहीं कर लेते, तब तक अन्न-जल ग्रहण नहीं करना चाहिए, अर्थात् जब तक हमारा संपूर्ण भारतवर्ष अविभाजित, अखंडित, अविच्छिन्न भू-भाग होगा, ऐसा अटल संकल्प नहीं होगा, तब तक अखंडता का प्रकटीकरण नहीं हो सकेगा। बस आँखों के सामने से अतीत का गौरव, वर्तमान की पीड़ा, भविष्य का स्वप्न कभी भी ओझल नहीं होना चाहिए। परिणामत: संकल्प तो लक्ष्य को पाने की मजबूत सीढ़ी होता है, क्योंकि "Better minded minority has created History." क्योंकि हमें दुनिया में आज तक जीवित रखनेवाला यही एक महामंत्र है, जिसने हजारों विदेशियों-आक्रांताओं को धूल चटाई और खदेड़कर अपनी ही माँद में घुस जाने के लिए मजबूर किया।

अत: इन विधर्मियों एवं विश्वासघातियों को खुश करनेवाली नीतियों एवं लोगों को अक्ल की राह दिखाएँ। जिन्होंने अपने सुख की खातिर माता का बँटवारा हँसते-हँसते स्वीकारा, लाखों लोगों की हत्या करवाकर कुरसी पर बैठे, १५ अगस्त को आजादी की दीपावली मनाते रहे और बेशर्मों ने अपनी आँखों से दु:ख की एक बूँद तक नहीं बहाई। ऐसे कुरसीलोलुप, मदांध, गद्दारों को, झूठी राष्ट्रभक्ति का ढोंग रचनेवालों को मौत की नींद सुलाकर संपूर्ण देश में पांचजन्य का उद्घोष कर माता को अखंडित करने के लिए सीमाओं की ओर कूच करें। सफलता अवश्य मिलेगी और माता अखंडित अवश्य होगी। ऐसा पवित्र संकल्प और प्रस्थान हृदय में धारण कर और अतीत के गौरवशाली स्वप्न को भविष्य में साकार करने हेतु प्राणपण से कटिबद्ध हो जाओ, क्योंकि जिसके बिना भारतवर्ष, माँ भारती, शहीदों की समाधियों में बैठी आत्माओं के स्वप्न अधूरे हैं, आज उन्हें पूर्ण करने का समय आ गया है।

विभाजन का मूल व्यावहारिक कारण

विभाजन का मूल कारण है नेतृत्व के मन में राष्ट्र और संस्कृति के बारे में भ्रामक धारणा। यह सही है कि अंग्रेजों ने यह संभ्रम फैलाने का प्रयास किया कि भारत कभी एक राष्ट्र रहा ही नहीं, उन्होंने इसे एक राष्ट्र बनाया है, परंतु इस बात के लिए अंग्रेजों को दोष देना ठीक नहीं है। वे तो आक्रांता थे, हम पर शासन करते थे। उनका तो यह काम ही था कि ऐसे संभ्रम उत्पन्न करें, जिनसे हमारा आत्मविश्वास और स्वाभिमान कम होकर हम कमजोर हों, परंतु दुर्भाग्य से

हमारे नेताओं के मन में संभ्रम उत्पन्न हुआ और प्राचीन राष्ट्रवाली बात नकारकर नवराष्ट्र वाली बात सामने आने लगी। श्री सुरेंद्रनाथ बनर्जी की पुस्तक 'A Nation in Making' का शीर्षक ही इस बात को स्पष्ट करता है। क्या ये सब नेता यह नहीं जानते थे कि हमारे राष्ट्र का आधार संस्कृति है और इसलिए एक राष्ट्र, अनेक राज्य, यह एक सामाजिक बात थी। क्या वे यह नहीं जानते थे कि संस्कृति के आधार पर यहाँ पर हजारों वर्षों से एक राष्ट्र विद्यमान है। फिर उनके मन में संभ्रम क्यों उत्पन्न हुआ।

केवल इतना ही नहीं, अंग्रेजों ने यह भी कहना शुरू किया कि जिस तरह मुसलमान और अंग्रेज बाहर से आए हैं, उसी तरह आर्य भी यहाँ बाहर से आए थे और वे ही आज हिंदू नाम से जाने जाते हैं। इस प्रकार हिंदुओं को भी अपनी तरह आक्रामकों की श्रेणी में लाकर खड़ा कर दिया। दुर्भाग्य से पहले लोकमान्य तिलक और बाद में पं. नेहरू ने इस बात को स्वीकार किया। इससे भी मिला-जुला राष्ट्र और मिली-जुली संस्कृति, इन बातों को बल मिला, परंतु आर्य जातिवाचक नहीं, 'गुणवाचक' शब्द है। इस बात को डॉ. अंबेडकर ने सप्रमाण सिद्ध किया, जिससे आर्य बाहर से आए, यह बात ही आधारहीन हो जाती है।

यदि एक राष्ट्र, एक संस्कृति वाली बात पर दृढ रहते तो ध्यान में आता कि राष्ट्रीयता और संस्कृति के संदर्भ में हिंदू और मुसलमान अलग-अलग इकाइयाँ न होकर एक ही इकाई हैं, इसलिए मुसलमानों को स्वाधीनता संग्राम में शामिल करने के लिए अलग से आह्वान करने की आवश्यकता ही अनुभव नहीं की जाती। आम जनता को किए हुए आह्वान हिंदुओं की ही तरह मुसलमानों के लिए लागू होते, किंतु हमारा नेतृत्व एक राष्ट्र, एक संस्कृति वाली बात भूल गया। इसलिए ऐसा विचार बना कि राष्ट्रीयता और संस्कृति के संदर्भ में हिंदू और मुसलमान अलग इकाइयाँ हैं और इसीलिए मुसलमानों को स्वाधीनता संग्राम में सम्मिलित करने के लिए अलग से आह्वान करने की आवश्यकता अनुभव की जाने लगी। इसकी स्वाभाविक परिणति किसी भी कीमत पर स्वाधीनता संग्राम में मुसलमानों को साथ लेने के लिए प्रयास करने में हुई, जबकि यह बात लेन-देन और शर्तों के आधार पर नहीं होनी चाहिए। एक परिस्थिति की कल्पना करें कि हिंदू-खलीफा पद की पुनर्स्थापना में सहयोग करें, तभी हम स्वाधीनता आंदोलन में सहयोग करेंगे। इसलिए स्वाधीनता संग्राम में मुस्लिम सहयोग विशुद्ध राष्ट्रभक्ति के आधार पर माँगा जाना चाहिए था, न कि सौदेबाजी के आधार पर; परंतु संभ्रमित नेतृत्व ने दूसरा मार्ग चुना। इसी से मुस्लिम अनुनय प्रारंभ हुआ, जिसे तुष्टीकरण कहा जाता है। व्यावहारिक रूप से यही विभाजन का कारण बना। स्वाधीनता संग्राम के समय जिस प्रकार मुस्लिमों की अनुनय की गई, वह गलत माँगों की पूर्ति के लिए थी। इसलिए उसके लिए तुष्टीकरण के स्थान पर विकृतीकरण शब्द अधिक सार्थक है। इसी का प्रयोग करना ठीक रहेगा।

अंततः स्वाधीनता संग्राम का नेतृत्व करनेवालों ने विभाजन की स्वीकृति देकर राष्ट्रीय एकता और अखंडता के मूल प्रश्न पर आत्मसमर्पण कर दिया, जिसके परिणामस्वरूप देश का दुर्भाग्यपूर्ण विभाजन हो गया। यह सत्य है कि पिछले हजारों वर्षों के इतिहास में हम पराधीन भी हुए, परंतु हमने पराधीनता को कभी स्वीकार नहीं किया, स्वाधीनता के लिए निरंतर संघर्ष करते रहे। अपने किसी भी भू-भाग पर हमने परायी सत्ता को स्वीकार नहीं किया, परंतु हमारे राजनीतिक नेतृत्व

ने स्वयं की दुर्बलताओं के कारण विभाजन को स्वीकृति देकर देश के बड़े भू-भाग पर परायी सत्ता को वैधानिक मान्यता दी।

क्या विभाजन टल सकता था?

अमेरिकी इतिहास में अब्राहम लिंकन ने देश-विभाजन और गृहयुद्ध में से गृहयुद्ध को चुना और अंततः देश को अखंड रखने में सफल हुए, उन्हें आज युद्ध-पिपासु नहीं, महापुरुष माना जाता है। गृहयुद्ध से भीषण रक्तपात होता तो क्या विभाजन के कारण भीषण रक्तपात नहीं हुआ। संभवतः गृहयुद्ध में जो होता, उससे भी अधिक हुआ; साथ ही देश का विभाजन भी हो गया। गृहयुद्ध में रक्तपात भी कम होता और देश भी अखंड रहता।

मुस्लिम लीग कई मामलों में अड़ जाती थी तो तत्कालीन हीनताग्रस्त नेतृत्व सांस्कृतिक भारत की माँग पर क्यों नहीं अड़ा। यदि नेतृत्व माँग पर अड़ जाता तो परिस्थितियाँ ही बदल जातीं। मुस्लिम लीग को सब मुसलमानों का समर्थन नहीं मिलता, क्योंकि पाकिस्तान निश्चित बनेगा, ऐसा स्पष्ट रूप से दिखने के बाद ही सब मुसलमानों ने मुस्लिम लीग को समर्थन दिया था। उससे पहले तो लीग को भी बहुत कम मुस्लिमों का समर्थन प्राप्त था।

लीग का राजनैतिक खेल अंग्रेजों के संरक्षण-प्रोत्साहन में चल रहा था। वह समाप्त हो जाता तो मुस्लिम लीग पंगु हो जाती। गांधीजी अनेक मुद्दों पर अनशन करके जान की बाजी लगाते थे। उन्होंने सांस्कृतिक भारत के प्रश्न पर ऐसा क्यों नहीं किया?

विभाजन के दो प्रयास हुए—१. राज्य के विभाजन का, २. देश के विभाजन का।

विडंबना यह है कि जहाँ एक राज्य के विभाजन के प्रयास को असफलता हाथ लगी, वही देश के विभाजन का प्रयास सफल हो गया। अंग्रेजों ने सन् १९०५ में बंग-भंग योजना बनाई। जनता ने इसका प्रचंड विरोध किया। इसके आगे अंग्रेजों को झुकना पड़ा और उन्हें १९११ में बंग-भंग योजना निरस्त करनी पड़ी।

अंग्रेजों की शह से पुष्ट हुई मुस्लिम लीग ने सन् १९४० में देश के विभाजन की माँग की। अंग्रेजों ने ३ जून, १९४७ को विभाजन की योजना प्रस्तुत की और १४, १५ अगस्त, १९४७ की मध्य रात्रि को देश का विभाजन हो गया। इस तरह जिस देश ने अपने एक राज्य के विभाजन को तो रोक लिया था, पर वही देश लगभग ४० वर्ष बाद अपने विभाजन को न रोक सका।

सांस्कृतिक भारत हमारी आस्था अर्थात् संकल्प

जिस स्वाधीनता से पूर्व प्रत्येक राष्ट्रभक्त के लिए स्वाधीनता की भावना प्रेरणा का मुख्य स्रोत हुआ करती थी, उसी तरह स्वाधीनता के बाद सांस्कृतिक भारत का स्वप्न प्रत्येक राष्ट्रभक्त के लिए प्रेरणा का मुख्य स्रोत होना चाहिए और इस स्वप्न को साकार करने के लिए उसे सतत क्रियाशील रहना चाहिए।

इतिहास के स्थापित सत्य

हजारों वर्ष पूर्व यहूदियों को उनके देश इजराइल से विस्थापित होना पड़ा। एक दृष्टि से देखा जाए तो उनका यह विस्थापन स्थापित सत्य था, परंतु यहूदियों की प्रचंड इच्छाशक्ति ने इस

स्थापित सत्य को बदल दिया और आज वे अपने देश इजराइल में रहते हैं।

द्वितीय विश्वयुद्ध के बाद जर्मनी का विभाजन हो गया। इतनी कठोरता थी कि अब यह विभाजन सदैव के लिए है, ऐसा लगने लगा था, परंतु आज जर्मनी फिर से अपने अखंड रूप में है।

कुछ वर्ष पूर्व तक सोवियत संघ विश्व की दो महाशक्तियों में से एक था। आज उसके अनेक टुकड़े हो चुके हैं। इस तरह सोवियत संघ भूतपूर्व का दर्जा प्राप्त कर चुका है।

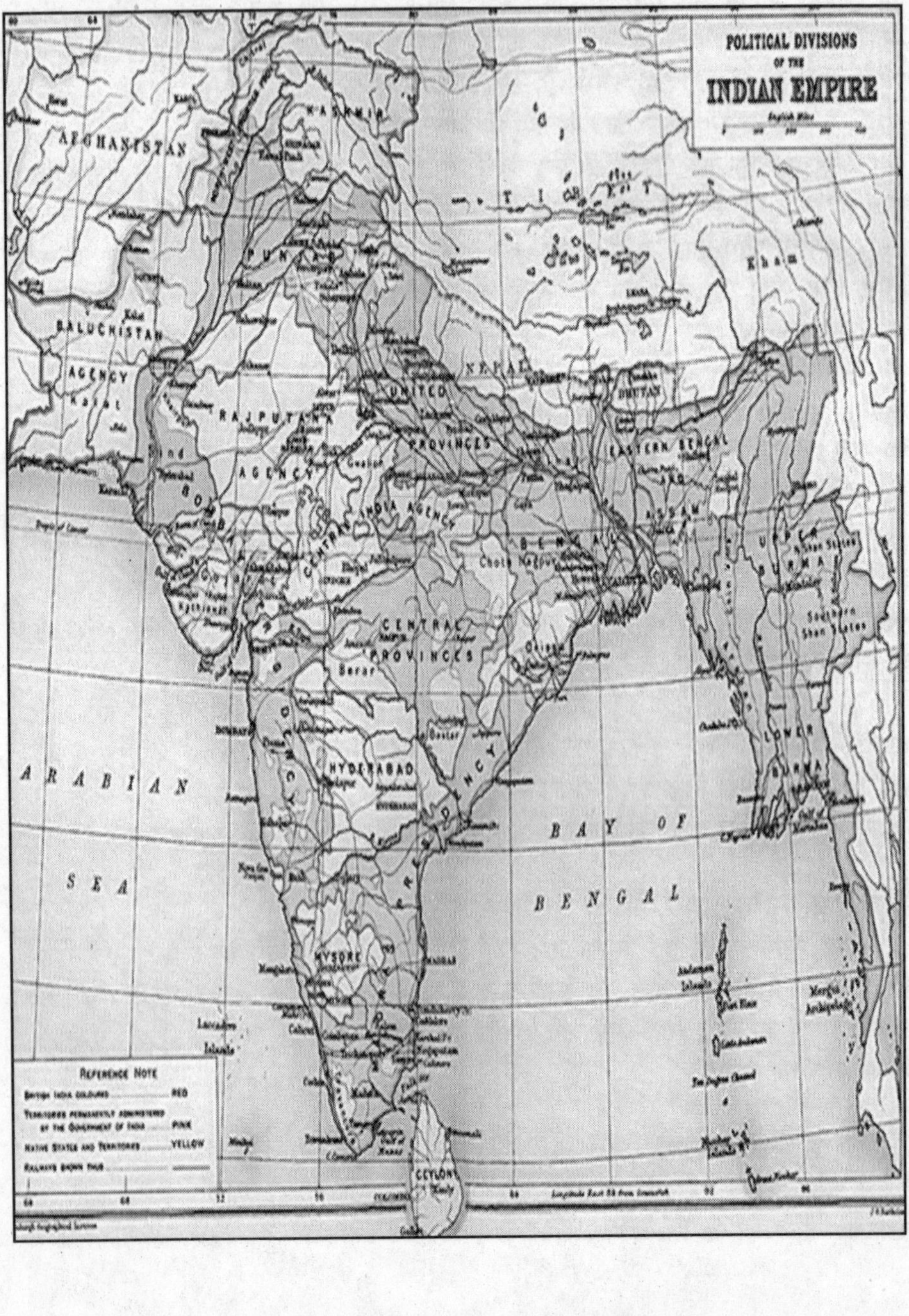

सन् १९७० से पूर्व बांग्लादेश के बारे में कोई सोच भी नहीं सकता था, परंतु सन् १९७१ में वह अस्तित्व में आ गया।

भारत विभाजन से कुछ वर्ष पूर्व तक विभाजन हो सकता है, यह बात असंभव लगती थी, परंतु सन् १९४७ में भारत का विभाजन हो गया।

इतिहास ऐसी अनेक असंभव लगने वाली बातों के संभव होने से भरा पड़ा है। फिर भारत विभाजन को स्थापित सत्य क्यों माना जाए, क्योंकि आज भी प्राथमिक विद्यालय से लेकर संसद् तक सभी भारतवासी पंजाब, सिंधु, गुजरात, मराठा, द्राविड़, उत्कल, बंगा वाला अखंड स्वरूपवाला राष्ट्रगान उसी भाव के स्मरण के लिए सस्वर गाते हैं।

अटल विश्वास सफलता की सीढ़ी।
अखंड साधनारत कोटिक पीढ़ी॥
संभ्रम के मेघों से न मन विचलित।
रजनी उदर फाड़ रवि तन पुलकित॥
भव पार लगाती धीरज तरनी।
जग 'राम-प्रतीक्षा' अब तक धरनी॥

सरदार वल्लभभाई पटेल

आधुनिक भारत के निर्माता सरदार वल्लभभाई पटेल का जन्म ३१ अक्तूबर, १८७५ को नादियाड (गुजरात) में एक कृषक परिवार में हुआ था। वे पिता झवेरभाई पटेल एवं माता लाड़बाई की चौथी संतान थे। उनके पिता गुजरात में सन् १८२९ में स्वामी सहजानंद द्वारा स्थापित स्वामी नारायण संप्रदाय के परम भक्त थे। ५५ वर्ष की अवस्था में उन्होंने अपना जीवन उसी को अर्पित कर दिया था। वल्लभभाई की माता भी अपने पति के समान एक धर्मपरायण नारी थीं। माता-पिता के श्रेष्ठ गुण, यथा—संयम, साहस, सहिष्णुता, देशप्रेम आदि का प्रभाव वल्लभभाई के चरित्र पर स्पष्ट था।

वल्लभभाई की प्रारंभिक शिक्षा करमसद में हुई। फिर उन्होंने पेटलाद के एक विद्यालय में प्रवेश लिया। दो वर्ष के पश्चात् उन्होंने नादियाड शहर के एक हाईस्कूल में प्रवेश लिया और १८९६ में हाईस्कूल की परीक्षा उत्तीर्ण की। इस बीच १८९३ में उनका विवाह झावेरबा के साथ कर दिया गया, पर उन्होंने अपने विवाह को अपनी पढ़ाई के रास्ते में आड़े नहीं आने दिया। अपनी पूरी शिक्षा के दौरान वे एक मेधावी छात्र रहे। लंदन से बैरिस्टर की पढ़ाई पूरी करने के बाद उन्होंने भारत आकर अहमदाबाद में वकालत शुरू की। वे अपना कर्तव्य पूरी ईमानदारी, समर्पण व हिम्मत के साथ पूरा करते थे।

सरदार पटेल ने महात्मा गांधी से प्रेरित होकर स्वतंत्रता आंदोलन में भाग लिया। वे गांधीजी के सत्याग्रह के साथ तब तक जुड़े रहे, जब तक वह अंग्रेजों के खिलाफ भारतीयों के संघर्ष में

कारगर था। उन्होंने कभी भी खुद को गांधीजी के नैतिक विश्वास व आदर्शों के साथ नहीं जोड़ा। उनका मानना था कि उन्हे सार्वभौमिक रूप से लागू करने का गांधीजी का आग्रह भारत के तत्कालीन राजनीतिक, आर्थिक व सामाजिक परिप्रेक्ष्य में अप्रासंगिक है। फिर भी गांधीजी के अनुसरण और समर्थन का संकल्प करने के बाद उन्होंने अपनी शैली और वेशभूषा को बदल लिया। उन्होंने गुजरात क्लब छोड़ दिया और भारतीय किसानों के समान वस्त्र और खान-पान को पूरी तरह से अपना लिया।

अपने मित्रों के आग्रह पर उन्होंने १९१७ में अहमदाबाद के सैनिटेशन कमिश्नर का चुनाव लड़ा और विजयी हुए। स्वतंत्रता आंदोलन में उनका सबसे पहला और बड़ा योगदान खेड़ा संघर्ष में हुआ। गुजरात का खेड़ा खंड उन दिनों भयंकर सूखे की चपेट में था। जब अंग्रेज सरकार ने किसानों की कर में छूट की माँग को अस्वीकार कर दिया, तब गांधीजी, सरदार पटेल व अन्य लोगों ने किसानों का नेतृत्व किया और उन्हें कर न देने के लिए प्रेरित किया। अंत में सरकार झुकी और करों में राहत दी गई। खेड़ा सत्याग्रह से वल्लभभाई पटेल राष्ट्रीय नायक के रूप में उभरकर सामने आए। उन्होंने गांधीजी के असहयोग आंदोलन का समर्थन किया और गुजरात कांग्रेस के अध्यक्ष के रूप में अहमदाबाद में ब्रिटिश चीजों के बहिष्कार के आयोजन में मदद की। वे १९२२, १९२४ और १९२७ में अहमदाबाद नगर निगम के अध्यक्ष चुने गए। उनके कार्यकाल में बिजली आपूर्ति और शिक्षा में सुधार हुआ तो जल निकासी और स्वच्छता व्यवस्था का पूरे शहर में विस्तार हुआ।

वर्ष १९२८ में गुजरात का बारदोली तालुका बाढ़ और अकाल से पीड़ित था। संकट की इस घड़ी में ब्रिटिश सरकार ने राजस्व करों को तीस प्रतिशत बढ़ा दिया। वल्लभभाई ने किसानों के समर्थन में करों को कम करने की गुहार लगाई, लेकिन अंग्रेज गवर्नर ने इससे इनकार कर दिया। उन्होंने किसानों को इकट्ठा किया और करों की एक भी पाई न चुकाने के लिए कहा। सरकार ने इस संघर्ष को दबाने की कोशिश की, अंततः अंग्रेज सरकार को झुकना पड़ा। इस सफलता के कारण पूरे भारत में वल्लभभाई का राजनैतिक कद और ऊँचा हो गया तथा इसी क्रम में वहाँ के लोगों द्वारा उन्हें 'सरदार' नाम दिया गया, जो उनके साथ अविभाज्य रूप से जुड़ गया।

सन् १९३० में नमक सत्याग्रह के दौरान सरदार पटेल को गिरफ्तार कर लिया गया, जिससे पूरे गुजरात में आंदोलन तीव्र हो गया और ब्रिटिश सरकार उन्हें रिहा करने को मजबूर हो गई। १९३१ के कराची कांग्रेस अधिवेशन के वे अध्यक्ष चुने गए। लंदन में गोलमेज सम्मेलन की विफलता पर उन्हें गांधीजी के साथ जनवरी १९३२ में गिरफ्तार कर लिया गया। अगस्त १९४२ में भारत छोड़ो आंदोलन के समय सरदार पटेल समेत कांग्रेस के कई नेताओं को कारावास में डाल दिया गया। इस प्रकार सरदार वल्लभभाई पटेल ने स्वतंत्रता संघर्ष में अपना बहुमूल्य योगदान दिया और इस निमित्त कई बार जेल की यात्राएँ भी कीं।

द्वितीय विश्वयुद्ध की समाप्ति के बाद तत्कालीन वैश्विक परिस्थितियों में भारत की स्वतंत्रता का मार्ग प्रशस्त हुआ। कैबिनेट मिशन के प्रस्ताव पर गठित अंतरिम मंत्रिमंडल में सरदार पटेल को गृह व सूचना तथा प्रसारण मंत्रालय का दायित्व मिला। यद्यपि अधिकांश प्रांतीय कांग्रेस समितियाँ पटेल के पक्ष में थीं, परंतु गांधीजी की इच्छा का मान रखते हुए उन्होंने प्रधानमंत्री पद की दौड़ से अपने को दूर रखा। गृहमंत्री के रूप में उनकी पहली प्राथमिकता देसी रियासतों को भारत में मिलाना था, क्योंकि भारतवर्ष को मिलने वाली स्वतंत्रता खंडित थी।

आजादी के समय भारत में लगभग ५६५ रियासतें थीं। जब अंग्रेजों ने भारत छोड़ा, तब वे सभी स्वतंत्र शासक बनने के स्वप्न देख रहे थे। उन्होंने तर्क दिया कि स्वतंत्र भारत की सरकार उन्हें बराबरी का दर्जा दे, किंतु सरदार पटेल ने स्पष्ट कर दिया कि अलग राज्य का उनका सपना असंभव है और भारतीय गणतंत्र का हिस्सा बनने में ही उनकी भलाई है। महान् बुद्धिमत्ता और राजनैतिक दूरदर्शिता के साथ उन्होंने छोटी रियासतों को संगठित किया। इसके परिणामस्वरूप तीन रियासतों को छोड़कर शेष सभी रजवाड़ों ने बिना रक्तपात के स्वेच्छा से भारत में विलय का प्रस्ताव स्वीकार कर लिया। केवल हैदराबाद, जूनागढ़ तथा जम्मू एवं कश्मीर के राजाओं ने ऐसा करना स्वीकार नहीं किया। अपनी कुशल संगठन शक्ति के बल पर उन्होंने हैदराबाद के निजाम और जूनागढ़ के नवाब को नियंत्रण में कर लिया और दोनों रियासतें भारत का अविभाज्य अंग बन गईं। एक बिखरे हुए देश को उन्होंने बिना किसी रक्तपात के पुन: संगठित कर दिया, जिसके लिए उन्हें 'लौहपुरुष' की उपाधि मिली और उन्हें 'भारत के बिस्मार्क' की संज्ञा से सम्मानित किया गया।

स्वतंत्र भारत के संविधान निर्माण में भी सरदार पटेल ने बहुमूल्य योगदान दिया। संविधान सभा की चार समितियों के वे सदस्य थे। इनमें से दो समितियों, यथा सलाहकार समिति और प्रांतीय संविधान समिति के वे अध्यक्ष थे और अन्य दो समितियों, यथा संचालन समिति और राज्य समिति, में वे सदस्य की सक्रिय भूमिका में थे। उनका पूरा जोर संविधान सभा के बाहर और भीतर भारत की आंतरिक और बाह्य सुरक्षा को सुनिश्चित करने, राष्ट्र के एकीकरण और देश में कानून व्यवस्था बनाए रखने पर था। उन्होंने हथियार रखने के अधिकार का विरोध किया तो जमींदारी उन्मूलन का समर्थन किया। न्यायिक नियुक्ति के सवाल पर उनका मानना था कि न्याय-तंत्र संदेह से परे और किसी भी प्रकार के राजनीतिक प्रभाव से मुक्त होना चाहिए। राष्ट्रभाषा के प्रश्न पर वे हिंदी के पक्ष में थे। २६ नवंबर, १९४९ को संविधान सभा को संबोधित करते हुए उन्होंने कहा कि १९३५ के भारत सरकार अधिनियम के विपरीत जो कि लोकतंत्र और राजशाही के बीच एक गठजोड़ था, परंतु हमारा संविधान भारतीय लोगों का वास्तविक संघ है, जो लोगों की संप्रभुता की मौलिक अवधारणा पर आधारित है।

राष्ट्र के नाम अपने संदेश में उन्होंने कहा कि हर एक नागरिक की जिम्मेदारी है कि वह अनुभव करे कि उसका देश स्वतंत्र है और इस स्वतंत्रता की रक्षा करना उसका कर्तव्य है। उसे यह स्मरण होना चाहिए कि वह एक भारतीय है और उसे इस देश में हर अधिकार प्राप्त है, पर उसकी कुछ जिम्मेदारियाँ भी हैं। वास्तव में सरदार पटेल आधुनिक भारत के शिल्पी थे। इस मितभाषी, अनुशासनप्रिय और कर्मठ व्यक्तित्व में बिस्मार्क जैसी संगठन कुशलता, कौटिल्य जैसी राजनीतिक दूरंदेशी तथा राष्ट्रीय एकता के प्रति अब्राहम लिंकन जैसी अटूट निष्ठा थी। जिस अदम्य उत्साह, असीम शक्ति, मानवीय समस्याओं के प्रति व्यावहारिक दृष्टिकोण से उन्होंने नवजात गणराज्य की प्रारंभिक कठिनाइयों का समाधान किया, उसके कारण विश्व के राजनीतिक मानचित्र में उन्होंने अपना अमिट स्थान बना लिया। ऐसा महान् व्यक्तित्व १५ दिसंबर, १९५० को सदा के लिए पंचतत्त्व में विलीन हो गया और हमें सौंप गया—'एक भारत, श्रेष्ठ भारत।'

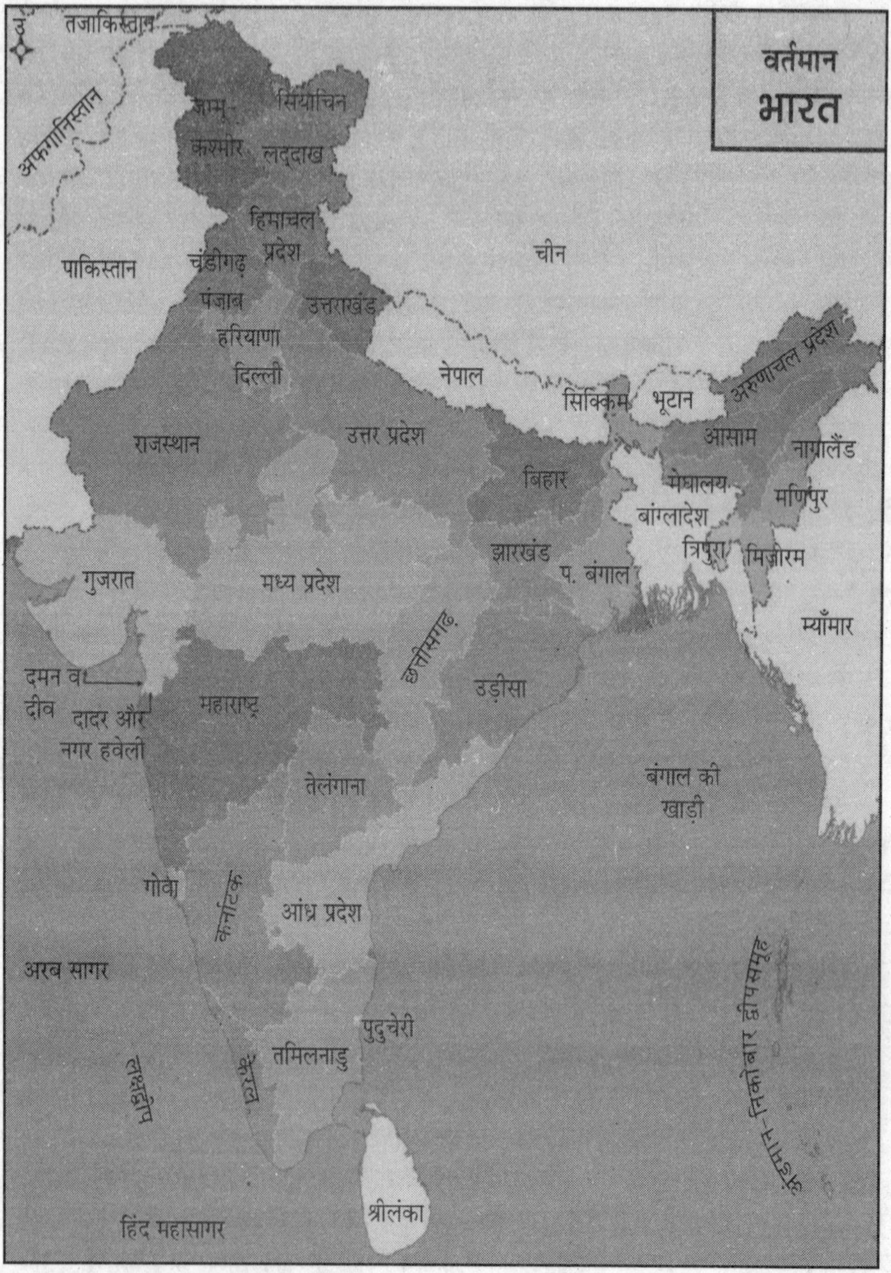

वर्तमान भारत का स्वरूप

भारत के राज्य और केंद्र शासित प्रदेश

भारत के राज्य एवं केंद्र शासित प्रदेश राजधानियों सहित राज्यों का एक संघ भारत, संसदीय प्रणालीवाला एक संप्रभु समाजवादी, धर्मनिरपेक्ष, लोकतांत्रिक गणतंत्र है। भारत के संविधान को

संविधान सभा ने २६ नवंबर, १९४९ को अपनाया था और यह २६ जनवरी, १९५० को लागू हुआ था। भारत में २९ राज्य और ७ केंद्र शासित प्रदेश शामिल हैं।

भारतीय राज्यों की सीमाओं को भाषायी आधार पर पुनर्गठित करने में राज्य पुनर्गठन अधिनियम ने अहम भूमिका निभाई, साथ ही इसने भारतीय संविधान में संशोधन किया, जिससे तीन प्रकार के राज्य ए, बी और सी राज्यों को एक ही प्रकार से संशोधित किया गया। हालाँकि सन् १९४७ के बाद से राज्यों की सीमाओं में कई अतिरिक्त बदलाव हुए, पर इस अधिनियम को भारतीय राज्यों का वर्तमान आकार और आकृति देने के लिए निर्विवाद कानून माना जाता है। नवंबर २००० में भारत में तीन नए राज्य बने—मध्य प्रदेश से छत्तीसगढ़ बना, उत्तर प्रदेश से उत्तरांचल और बिहार से झारखंड राज्य बना।

संविधान ने संसद् और राज्य विधानसभाओं को विधायी शक्तियाँ बाँटी हैं। संसद् दो सदनोंवाली है—निचले सदन को लोकसभा और ऊपरी सदन को राज्यसभा कहते हैं। राज्य स्तर पर कुछ विधानसभाएँ दो सदनोंवाली हैं और राष्ट्रीय संसद् की कार्यप्रणाली का अनुसरण करती हैं।

भारत के राज्य एवं केंद्र-शासित प्रदेश और उनकी भाषाएँ तथा राजधानियाँ

राज्य, राजधानी, क्षेत्रफल, जनसंख्या, भाषाएँ, सबसे बड़े शहर, जिले, घनत्व, साक्षरता दर, शहरी आबादी, प्रतिशत १००० पुरुषों पर महिलाएँ, स्थापना का साल

आंध्र प्रदेश—हैदराबाद, अमरावती, १६०,२०५ वर्गकिमी., ४,९३,७८,७७६, तेलुगु, विशाखापत्तनम, विजयवाड़ा, गुंटूर, १३,६७.६६*, ३३.४९*, ९९२*, १९५६

अरुणाचल प्रदेश—ईटानगर, ८३,७४३ वर्गकिमी., १,३८२,६११, अंग्रेजी, ईटानगर १७, १७ प्रतिवर्ग किमी. ६६.९५२२.६७,९२०,१९८७

असम—दिसपुर, ७८,४३८ वर्गकिमी., ३१,१६९,२७२, असमिया, गुवाहाटी, सिलचर, डिब्रूगढ़, नगाँव, २७,३९७ प्रतिवर्ग किमी., ७३.१८ १४.०८, ९५४, १९७५

बिहार—पटना, ९४,१६३ वर्गकिमी., १०३,८०४,६३७; हिंदी, पटना, गया, भागलपुर, मुजफ्फरपुर, बिहारशरीफ, ३८ १,१०२ प्रतिवर्ग किमी., ६३.८२, ११.३, ९१६, १९३५

छत्तीसगढ़—रायपुर, १३५,१९१ वर्गकिमी., २५,५४०,१९६, छत्तीसगढ़ी, रायपुर, भिलाई नगर, कोरबा, बिलासपुर, दुर्ग, २७,१८९ प्रतिवर्ग किमी., ७१.०४, २३.२४, ९९१, २०००

गोवा—पणजी, ३,७०२ वर्गकिमी., १,४५७,७२३, कोंकणी, पणजी, २,३९४ प्रतिवर्ग किमी., ८७.४, ६२.१७, ९६८, १९६१

गुजरात—गांधीनगर, १९६,०२४ वर्गकिमी., ६०,३८३,६२८, गुजराती, अहमदाबाद, सूरत, वडोदरा, राजकोट, भावनगर, ३३,३०८ प्रतिवर्ग किमी., ७९.३१, ४२.५८, ९१८, १९६०

हरियाणा—चंडीगढ़, ४४,२१२ वर्गकिमी., २५,३५३,०८१, हरयाणवी, फरीदाबाद, गुड़गाँव, रोहतक, हिसार, पानीपत, २१५७३ प्रतिवर्ग किमी., ७६.६४, २४.२५, ८७७, १९६६

हिमाचल प्रदेश—शिमला, ५५,६७३ वर्गकिमी., ६,८५६,५०९, हिंदी, शिमला १२,१२३ प्रतिवर्ग किमी., ८३.७८, १०.०४, ९७४, १९७१

जम्मू और कश्मीर—श्रीनगर (ग्रीष्म), जम्मू (शीत), २२२,२३६ वर्गकिमी., १२,५४८,९२६,

उर्दू, श्रीनगर, जम्मू, अनंतनाग, २२,५६ प्रतिवर्ग किमी., ६८.७४, २७.२१, ८८३, १९४८

झारखंड—राँची, ७९,७१४ वर्गकिमी., ३२,९६६,२३८, हिंदी, धनबाद, राँची, जमशेदपुर, बोकारो स्टील, २४,४१४ प्रतिवर्ग किमी., ६७.६३, २४.०५, ९४७, २०००

कर्नाटक—बंगलौर, १९१,७९१ वर्गकिमी., ६१,१३०,७०४, कन्नड़, बंगलौर, हुबली और धारवाड़, मैसूर, गुलबर्गा, बेलगाम, ३०,३१९ प्रतिवर्ग किमी., ७५.६, ३८.५७, ९६८, १९५६

केरल—तिरुवनंतपुरम्, ३८,८६३ वर्गकिमी., ३३,३८७,६७७, मलायालम, तिरुवनंतपुरम, कोच्चि, कोझीकोड, कोल्लम, त्रिशूर, १४८५९ प्रतिवर्ग किमी., ९३.९१, ४७.७२, १०८४, १९५६

मध्य प्रदेश—भोपाल, ३०८,२४५ वर्गकिमी., ७२,५९७,५६५, हिंदी, इंदौर, भोपाल, जबलपुर, ग्वालियर, उज्जैन, ५०,२३६ प्रतिवर्ग किमी., ७०.६३, २७.६३, ९३०, १९५६

महाराष्ट्र—मुंबई, ३०७,७१३ वर्गकिमी., ११२,३७२,९७२, मराठी, मुंबई, पुणे, नागपुर, ठाणे, पिंपरी और चिंचवाड़, ३५,३६५ प्रतिवर्ग किमी., ८२.९१, ४५.२३, ९४६, १९६०

मणिपुर—इंफाल, २२,३२७ वर्गकिमी., २,७२१, ७५६, मणिपुरी, इंफाल, ९,१२२ प्रतिवर्ग किमी., ७९.८५, २०.२१, ९८७, १९४७

मेघालय—शिलांग, २२,४२९ वर्गकिमी., २,९६४,००७, अंग्रेजी, शिलांग, ११,१३२ प्रतिवर्ग किमी., ७५.४८, २०.०८, ९८६, १९७०

मिजोरम—आइजोल, २१,०८१ वर्गकिमी., १,०९१,०१४, मिजो, आइजोल, ८५२ प्रतिवर्ग किमी., ९१.५८, ५१.५१, ९७५, १९७२

नागालैंड—कोहिमा, १६,५७९ वर्गकिमी., १,९८०,६०२, अंग्रेजी, दीमापुर, ११,११९ प्रतिवर्ग किमी., ८०.११, २८.९७, ९३१, १९६३

उड़ीसा—भुवनेश्वर, १५५,७०७ वर्गकिमी., ४१,९४७,३५८, ओड़िया, भुवनेश्वर, कटक, ब्रह्मपुर कस्बा, राउरकेला, पुरी कस्बा, ३०,२६९ प्रतिवर्ग किमी., ७३.४५, १६.६८, ९७८, १९४८

पंजाब—चंडीगढ़, ५०,३६२ वर्गकिमी., २७,७०४,२३६, पंजाबी, लुधियाना, अमृतसर, जालंधर, पटियाला, बठिंडा, २२,५५० प्रतिवर्ग किमी., ७६.६८, ३७.४९, ८९३, १९६६

राजस्थान—जयपुर, ३४२,२३९ वर्गकिमी., ६८,६२१,०१२, हिंदी, जयपुर, जोधपुर, कोटा, बीकानेर, अजमेर, ३३,२०१ प्रतिवर्ग किमी., ६७.०६, २४.८९, ९२६, १९४८

सिक्किम—गंगतोक, ७,०९६ वर्गकिमी., ६०७,६८८, नेपाली, गंगटोक, ४८६ प्रतिवर्ग किमी., ८२.२, २४.९७, ८८९, १९७५

तमिलनाडु—चेन्नई, १३०,०५८ वर्गकिमी., ७२,१३८,९५८, तमिल, चेन्नई, कोयंबटूर, मदुरई, तिरुचिरापल्ली, सलेम, ३२५५५ प्रतिवर्ग किमी., ८०.३३, ४८.४५, ९९५, १९६९

तेलंगाना—हैदराबाद, ११४,८४० वर्गकिमी., ३,५२,८६,७५७, तमिल, हैदराबाद, वारंगल, १०,३१० प्रतिवर्ग किमी., ६७.२२, २०१४

त्रिपुरा—अगरतला, १०,४८६ वर्गकिमी., ३,६७१, ०३२, बंगाली, अगरतला, ८,३५० प्रतिवर्ग किमी., ८७.७५, २६.१८, ९६१, १९५६

उत्तर प्रदेश—लखनऊ, २४०,९२८ वर्गकिमी., १९९,५८१,४७७, हिंदी, लखनऊ, कानपुर, गाजियाबाद, आगरा, मेरठ, ७५,८२८ प्रतिवर्ग किमी., ६९.७२, २२.२८, ९०८, १९३७

उत्तराखंड—देहरादून, ५३,४८३ वर्गकिमी., १०,११६,७५२, हिंदी, देहरादून, हरिद्वार, हल्द्वानी

व काठगोदाम, रुद्रपुर, १३,१८९ प्रतिवर्ग किमी., ७९.६३, ३०.५५, ९६३, २०००

पश्चिम बंगाल—कोलकाता, ८८,७५२ वर्गकिमी., ९१,३४७,७३६, बंगाली, कोलकाता, हावड़ा, दुर्गापुर, आसनसोल, सिलीगुड़ी, १९,१,०२९ प्रतिवर्ग किमी., ७७.०८, ३१.८९, ९४७, १९४७

केंद्र शासित प्रदेश, राजधानी, क्षेत्रफल, जनसंख्या, भाषाएँ, सबसे बड़े शहर, जिले, घनत्व, साक्षरता दर, शहरी आबादी, प्रतिशत १००० पुरुषों पर महिलाएँ, स्थापना का साल

अंडमान और निकोबार—पोर्ट ब्लेयर, ८,२४९ वर्गकिमी., ३७९,९४४, अंग्रेजी, पोर्ट, ब्लेयर, ३४६ प्रतिवर्ग किमी., ८६.२७, ३५.६७, ८७८, १९५६

चंडीगढ़—चंडीगढ़, ११४ वर्गकिमी., १,०५४,६८६, पंजाबी, चंडीगढ़, १९,२५२ प्रतिवर्ग किमी., ८६.४३, ९७.२५, ८१८, १९६६

दादरा और नागर हवेली—सिलवास, ४९१ वर्गकिमी., ३४२,८५३, अंग्रेजी, सिलवासा, १६९८ प्रतिवर्ग किमी., ७७.६५, ४६.६२, ७७५, १९४४

दमन और दीव, ११२ वर्गकिमी., २४२,९११, कोंकणी, मराठी व गुजराती, दमन २२,१६९ प्रतिवर्ग किमी., ८७.०७, ७५.१६, ६१८, १९८७

नई दिल्ली, ११,२९७ वर्गकिमी., १६,७५३,२३५, हिंदी, पंजाबी व उर्दू, दिल्ली, ९,११,२९७ प्रतिवर्ग किमी., ८६.३४, ९७.५, ८६६, १९५२

लक्षद्वीप—कवारत्ती, ३२ वर्गकिमी., ६४,४२९, अंग्रेजी, कवारत्ती, १२,०१३ वर्गकिमी., ९२.२८, ७८.०८, ९४६

पुडुचेरी—पांडिचरी, ४७९ वर्गकिमी., १,२४४,४६४, तमिल, अंग्रेजी, कराईकल, पुडुचेरी, ४,२५९८ प्रतिवर्ग किमी., ८६.५५, ६८.३१, १०३८, १९५४

अंडमान और निकोबार द्वीप समूह—'एम्राल्ड आइल्स' के रूप में लोकप्रिय और बंगाल की खाड़ी में स्थित अंडमान और निकोबार द्वीप समूह भारत का एक लोकप्रिय पर्यटन स्थल है। इस केंद्र शासित प्रदेश में कई आदिवासी जनजातियाँ और दो विशेष संस्कृतियाँ हैं—अंडमान और निगरिटो। यहाँ के लोग मैत्रीपूर्ण और खुशमिजाज होते हैं और अंडमान और निकोबार के लोगों में जो त्योहार मनाए जाते हैं, उनमें पंगुनी, उथिरम, पोंगल, शिवरात्रि, जन्माष्टमी आदि हैं। इस केंद्र शासित प्रदेश के लोकप्रिय पर्यटन स्थलों में राष्ट्रीय स्मारक, सबमरीन संग्रहालय, नौसेना समुद्री संग्रहालय, स्मृति का संग्रहालय, हड्डो जुलॉजिकल गार्डन शामिल हैं।

आंध्र प्रदेश—आंध्र प्रदेश भारत के दक्षिण क्षेत्र में स्थित है। यह अपनी अलग संस्कृति और कला के लिए जाना जाता है। राज्य में ज्यादातर आबादी तेलुगू बोलती है। राज्य में मनाए जानेवाले विशेष पर्वों में दशहरा, दीपावली, श्रीरामनवमी, विनायक संक्रांति हैं। इस राज्य में जरूर देखी जानेवाली जगहें इस राज्य में प्रथम दर्शनीय, अवश्य दर्शनीय स्थलों में तिरुपति में वेंकटेश्वर भगवान् का मंदिर, नागार्जुनसागर में नागार्जुन कोंडा, विशाखापत्तनम में अराकू घाटी और बोररा गुफाएँ, विजयवाड़ा में अमरावती आदि हैं।

अरुणाचल प्रदेश—अरुणाचल प्रदेश को भारत के सबसे आकर्षक राज्य का दर्जा मिला हुआ है और यहाँ विशाल पर्वत और बर्फ से ढकी चोटियाँ हैं। यहाँ कई जनजातियाँ और उप-जनजातियाँ हैं। अरुणाचल प्रदेश की अधिकांश जनसंख्या एशियाई मूल की है। इस राज्य की

सबसे अनूठी बात इसका जीववाद में विश्वास है। इस खूबसूरत राज्य में कई लोकप्रिय पर्यटन स्थल हैं, जैसे सिन्ची बोमडिला, तवांग और ग्याकर।

असम—भारत के पूर्वोत्तर में स्थित असम राज्य प्राकृतिक सुंदरता से भरपूर है। असम की आबादी में तिब्बती, हिंदू और बर्मन मूल के लोगों का मिश्रण है। असम की जनसंख्या में कई जनजातियाँ शामिल हैं, जो सभी त्योहार परस्पर उत्साह से मनाती हैं। तथापि असम का सबसे लोकप्रिय त्योहार बीहू है। पिछले कुछ सालों में असम एक महत्त्वपूर्ण पर्यटन स्थल के रूप में उभरा है। गांधी मंडप, कामाख्या मंदिर, उमानंदा, नवग्रह, राज्य जू, राज्य संग्रहालय आदि यहाँ के प्रमुख आकर्षण हैं।

बिहार—पूर्वी भारत में स्थित बिहार समृद्ध सांस्कृतिक विरासत से भरपूर है, जो प्राचीन काल से गौरवशाली रही है। बिहार के लोग जीवंत होते हैं और शांति एवं सद्भाव से रहते हैं। राज्य में मनाए जानेवाले त्योहारों में बुद्ध पूर्णिमा, सरस्वती पूजा, ईद-उल-फितर, होली, छठ पूजा, रथ यात्रा, महाशिवरात्रि और महावीर जयंती शामिल हैं।

चंडीगढ़—आजादी के बाद पहला सुनियोजित शहर चंडीगढ़ एक केंद्र शासित प्रदेश है और पंजाब तथा हरियाणा राज्यों की राजधानी है। सरकारी सर्वे के अनुसार यह शहर देश का सबसे साफ-सुथरा शहर है। सैलानियों के लिए यहाँ कई आकर्षण हैं, जिनमें बाग खास हैं। चंडीगढ़ के कई आकर्षणों में रॉक गार्डन, रोज गार्डन, सुखना झील और लेश्यार वैली आदि हैं। चंडीगढ़ कई प्रसिद्ध हस्तियों का जन्मस्थल रहा है, जैसे—मिल्खा सिंह, कपिल देव, अभिनव बिंद्रा और किरण खेर आदि।

छत्तीसगढ़—छत्तीसगढ़ मध्य भारत में स्थित राज्य है। बिजली और स्टील के स्रोत के रूप में प्रसिद्ध है। यह राज्य समृद्ध सांस्कृतिक विरासत से भरपूर है और पर्यटकों को अपनी ओर आकर्षित करता है। राज्य के झरने, वन्यजीव अभयारण्य और राष्ट्रीय पार्क तथा गुफाएँ छत्तीसगढ़ के मुख्य आकर्षण हैं।

दादरा और नगर हवेली—भारत के पश्चिमी तट के पास स्थित दादरा और नागर हवेली में शरमीले और साधारण आदिवासी रहते हैं। एक महत्त्वपूर्ण पर्यटन केंद्र के तौर पर उभरते इस केंद्र शासित प्रदेश में कई पर्यटन स्थल हैं।

दमन और दीव—दमन और दीव भारत के केंद्र शासित प्रदेश हैं और गुजरात के पास अरब सागर में स्थित है। यह विविध संस्कृतियों से भरी जगह है। दमन के लोगों के लिए नृत्य और संगीत रोजमर्रा के जीवन का हिस्सा हैं। यहाँ कई संस्कृतियाँ मौजूद हैं, जैसे शहरी यूरोपीय, भारतीय और आदिवासी। इस केंद्र शासित प्रदेश के चर्च और समुद्र तट सबसे बड़े पर्यटन आकर्षण हैं।

गोवा—भारत के मालाबार तट पर स्थित गोवा निश्चित ही भारत का सबसे अच्छा समुद्र तटीय पर्यटन स्थल माना जाता है। हिंदू और ईसाई के मिश्रित जनसंख्या वाले गोवा की संस्कृति अपने आप में बहुत अनूठी है। इसे भारत का सर्वाधिक हलचलों वाला राज्य माना जाता है और यहाँ बहुत ही सरल तथा आनंद-प्रेमी लोग रहते हैं। इस राज्य का मुख्य आकर्षण यहाँ के लंबे समुद्र तट हैं। इस राज्य में लोग चर्च, संग्रहालय और समुद्र तटों को सबसे अधिक देखने जाते

हैं। गोवा की वास्तुकला में भारतीय, पुर्तगाली और इस्लामिक वास्तुकला का मिश्रण है। गोवा के प्रमुख समुद्र तटों में कोल्वा, वागातोर, कलानगुत, हरमल, अंजुना, बागा और मीरमार शामिल हैं।

गुजरात—'पश्चिम का आभूषण' के रूप में विख्यात गुजरात भारत के पश्चिमी भाग में स्थित है। यह ऐतिहासिक दृष्टि से सिंधु घाटी सभ्यता का मुख्य केंद्र था। इस राज्य की विविध संस्कृति का पता इसी से चलता है कि यहाँ प्रमुख हिंदू त्योहारों के अलावा अन्य त्योहार, जैसे—ईद, महावीर जयंती और क्रिसमस आदि भी उतने ही उत्साह से मनाए जाते हैं। नृत्य और संगीत गुजरातियों के जीवन का अहम हिस्सा है। गरबा और डांडिया इस राज्य के मुख्य नृत्य हैं। लाट तोडी और खंबावती जैसे रागों का जन्म इसी राज्य में हुआ।

हरियाणा—हरियाणा का गठन पंजाब से अलग करके किया गया और १ नवंबर, १९६६ को इसे अलग राज्य का दर्जा दिया गया। भारत के इतिहास में हरियाणा का विशेष योगदान है। इस राज्य में कई ऐसी जगहें हैं, जो सिंधु घाटी सभ्यता और वैदिक सभ्यता से संबंधित हैं। भारतीय इतिहास की बड़ी-बड़ी लड़ाइयाँ इस राज्य में लड़ी गईं। राज्य के लोगों ने आज भी अपनी पुरानी संस्कृति और सामाजिक रीति-रिवाज की परंपरा को जीवंत बनाए रखा है। कई रुचिपूर्ण स्थानों के कारण यह राज्य अब एक सघन पर्यटन केंद्र है। हरियाणा में कई राष्ट्रीय स्तर के खिलाड़ियों का जन्म हुआ है, जैसे विजेंदर सिंह बेनीवाल, सुशील कुमार, साइना नेहवाल, कपिल देव, अजय जडेजा और अन्य कई।

हिमाचल प्रदेश—हिमाचल प्रदेश एक खूबसूरत राज्य है और यह अपनी सुंदरता और भव्यता के लिए जाना जाता है। पहले इसे 'देवभूमि' के नाम से जाना जाता था, जिसका अर्थ 'देवों की धरती' होता है। यह एक सघन पर्यटन केंद्र है और दुनिया के अलग-अलग हिस्सों से यहाँ पर्यटक आते हैं। इस राज्य का मुख्य आकर्षण एडवेंचर खेल हैं, जिनमें पैराग्लाइडिंग, आइस स्केटिंग, राफ्टिंग और अन्य कई साहसिक खेल शामिल हैं। इसके अलावा इस राज्य में नौ देवियों के प्रसिद्ध मंदिर हैं।

जम्मू और कश्मीर—जम्मू और कश्मीर को भारतीय संविधान के अनुच्छेद ३७० के अंतर्गत स्वायत्तता मिली हुई है। इसमें तीन क्षेत्र शामिल हैं—जम्मू, कश्मीर घाटी और लद्दाख। कश्मीर घाटी को धरती का स्वर्ग कहा जाता है और यहाँ बड़ी संख्या में सैलानी आते हैं। कई हिंदू सैलानी जम्मू और कश्मीर में घूमने जाते हैं, क्योंकि यहाँ वैष्णों देवी और अमरनाथ जैसे धार्मिक स्थल हैं। इस क्षेत्र में विभिन्न धर्मों के लोग रहते हैं। इसलिए यहाँ विभिन्न समुदायों के त्योहार समान उत्साह से मनाए जाते हैं, जैसे—ईद, वैशाखी, हेमिस त्योहार, उर्स, दीपावली और अन्य कई।

झारखंड—झारखंड को 'वन की भूमि' भी कहा जाता है और यह माइका, बॉक्साइट, लौह, कोयला, ताँबा आदि खनिजों से समृद्ध है। यह एक वनवासी बहुल राज्य है और यहाँ के लोग प्रकृति को जीवन का बहुत महत्त्वपूर्ण अंग मानते हैं। इस राज्य के लोगों द्वारा मनाए जानेवाले त्योहारों में तुसु मेला, करम त्योहार और सोहरानी शामिल हैं। राँची हिल, नेतरहट, सूर्य मंदिर, बैजनाथ धाम इस राज्य की कुछ रुचिकर जगहें हैं।

कर्नाटक—कर्नाटक दक्षिण पश्चिम भारत में स्थित है और अरब सागर तथा लक्षद्वीप सागर

से घिरा है। इसके पश्चिम में कई पड़ोसी राज्य हैं। भाषा और धर्म के आधार पर यहाँ कई जातियाँ रहती हैं। प्राचीन मंदिर, आकर्षक पर्वत, आधुनिक बुनियादी सुविधाएँ, समुद्र तट और जंगल जैसी कई चीजें कर्नाटक में विस्तृत रूप में उपलब्ध हैं। इस राज्य में मनाए जानेवाले प्रमुख त्योहारों में मैसूर का दशहरा, मकर संक्रांति, बसव जयंती, रमजान और उगाडि शामिल हैं।

केरल—'गॉड्स ओन कंट्री' के नाम से मशहूर केरल भारत के दक्षिण-पश्चिम में स्थित है। यह मसालों और रबर उत्पादन के लिए जाना जाता है। यह भारत के प्रमुख मछली उत्पादक राज्यों में से एक है। इस राज्य की संस्कृति की प्रकृति महानगरीय है और इसकी अपनी विशेष कला, जीवनशैली, वास्तुकला, भाषा और साहित्य है। संगीत और नृत्य इस राज्य के अभिन्न हिस्सा हैं। नृत्यों की विभिन्न शैलियाँ, जैसे कथकली, कूडियाट्टम, मोहिनीअट्टम और कर्नाटक संगीत केरलवासियों के बीच बहुत अहम स्थान रखते हैं। सैलानियों के बीच भारत में केरल सबसे पसंदीदा पर्यटन स्थल है। लोग इस राज्य में समुद्र तट, मंदिर, चर्च और वन्यजीव अभयारण्यों का सबसे ज्यादा दौरा करते हैं।

लक्षद्वीप—लक्षद्वीप लक्षद्वीप सागर में द्वीपों का एक समूह है और भारत का सबसे छोटा केंद्र शासित प्रदेश है। लक्षद्वीप में कई धर्म और रिवाज प्रचलित हैं, लेकिन यहाँ की ज्यादातर आबादी इसलाम धर्म का पालन करती है। यहाँ कई त्योहार, जैसे ईद-उल-फितर, मिलाद-उन-नबी, मुहर्रम और अन्य मनाए जाते हैं। इस केंद्र शासित प्रदेश के लोग सादा जीवन जीते हैं और एक-दूसरे के साथ सद्भाव से रहते हैं। इस द्वीप समूह में सैलानियों के लिए कई वाटर स्पोर्ट्स हैं, जैसे स्नोर्कलिंग और स्कूबा डाइविंग।

मध्य प्रदेश—मध्य प्रदेश मध्य भारत में स्थित है और इसकी भौगोलिक स्थिति के कारण इसे भारत का दिल भी कहा जाता है। इस राज्य में कई जनजातियाँ, जातियाँ और जाति समूह हैं और राज्य की ज्यादातर आबादी हिंदू धर्म का पालन करती है। मध्य प्रदेश के लोगों के बीच लोक शास्त्रीय संगीत बहुत महत्त्वपूर्ण स्थान रखता है। मैहर घराना, सैनिया घराना और ग्वालियर घराना इस राज्य के कुछ प्रमुख शास्त्रीय संगीत घराने हैं। मध्य प्रदेश में वन्य प्रेमियों के लिए वन्यजीव अभयारण्य और राष्ट्रीय पार्कों के रूप में कई सौगातें हैं। करेरा वन्यजीव अभयारण्य, बांधवगढ़ राष्ट्रीय उद्यान और कान्हा राष्ट्रीय पार्क इस राज्य में सबसे ज्यादा दर्शनीय जगहें हैं।

महाराष्ट्र—देश के पश्चिमी भाग में स्थित महाराष्ट्र भारत का दूसरा सबसे ज्यादा आबादीवाला राज्य है। ऐतिहासिक दृष्टि से महाराष्ट्र तीसरी सदी से मौजूद है और आज तक औद्योगिक, व्यावसायिक एवं व्यापारिक केंद्र है। इस राज्य में मराठी और हिंदी फिल्म उद्योग कार्यरत हैं, जो बड़ी संख्या में लोगों को अपनी ओर आकर्षित करते हैं। गणेश चतुर्थी का त्योहार यहाँ पूरे उत्साह और धूमधाम से मनाया जाता है। इस राज्य में मनाए जानेवाले अन्य त्योहारों में होली, दीपावली, ईद और क्रिसमस हैं। इन धार्मिक त्योहारों के अलावा यहाँ अजंता एलोरा फेस्टिवल और एलिफेंटा फेस्टिवल भी लोगों के बीच प्रमुख हैं। कई दर्शनीय जगह होने के कारण महाराष्ट्र में बड़ी संख्या में सैलानी आते हैं।

मणिपुर—मणिपुर भारत के पूर्वोत्तर भाग में स्थित है। कई संस्कृतियों—जैसे मीजो, कुकी, नागा—के लोग मणिपुर में रहते हैं। मणिपुर के लोगों का स्वभाव बहुत मिलनसार होता है

और राज्य की महिलाएँ समाज में ऊँचा दर्जा रखती हैं। राज्य में थियेटर हमेशा से ही लाई हरोबा फेस्टिवल का अहम हिस्सा रहा है। पारंपरिक मणिपुरी नृत्य भगवान् कृष्ण और उनकी प्रेयसी राधा के जीवन प्रसंगों पर आधारित होता है। मणिपुर में सैलानियों को आकर्षित करने के लिए झीलों, द्वीपों, पहाड़ियों, झरनों और गुफाओं जैसा बहुत कुछ है।

मेघालय—मेघालय नाम का मतलब होता है 'बादलों का घर'। यह राज्य असम और बांग्लादेश से घिरा है। इस राज्य का करीब ७० प्रतिशत क्षेत्र जंगलों से ढका है और यहाँ के जंगलों में बहुत ज्यादा बरसात होती है, इस कारण यहाँ विविध प्रकार की वनस्पतियाँ और जीव-जंतु होते हैं। मेघालय में तीन प्रमुख जनजातियाँ हैं—जयंतिया, खासी और गारो। झीलें, पहाड़ियाँ, झरने, बाग और नदियाँ मेघालय की सुंदरता को और बढ़ाते हैं। ये सब बड़ी संख्या में सैलानियों को अपनी ओर आकर्षित करते हैं।

मिजोरम—मिजोरम को सुंदरता के कारण 'लैंड ऑफ हाइलैंडर्स' भी कहा जाता है और यह पूर्वोत्तर भारत का एक राज्य है। इस राज्य की ९५ प्रतिशत आबादी विभिन्न वनवासी समूहों की है। राज्य की ज्यादातर आबादी ईसाई धर्म का पालन करती है। अल्पसंख्यकों में हिंदू, मुस्लिम और बौद्ध शामिल हैं। संगीत और नृत्य इस राज्य के त्योहारों और उत्सवों का अभिन्न हिस्सा हैं। यहाँ के प्रमुख नृत्य रूपों में चेरव, खुल्लम, चाय शामिल हैं और मिजोरम के लोग गिटार या ड्रम जैसे संगीत यंत्र बजाते हैं। मिजो लोगों को आमतौर पर लोक संगीत बहुत पसंद होता है।

नागालैंड—नागालैंड भारत के सेवन सिस्टर राज्यों में से एक है। इस राज्य में १६ जनजातियाँ हैं और हर जनजाति कपड़ों, भाषा और परंपरा के संदर्भ में विशिष्ट है। राज्य का मुख्य धर्म ईसाई है और राज्य की ज्यादातर आबादी बैपटिस्ट समूह से संबंध रखती है। नागालैंड को त्योहारों की धरती के तौर पर भी जाना जाता है। इतनी सारी जनजातियों और विभिन्न लोगों के चलते यहाँ साल भर त्योहार और उत्सव मनाए जाते हैं। अंतर-जनजाति संवाद बढ़ाने के लिए यहाँ होर्नबिल त्योहार मनाया जाता है और नागा लोग इसे पूरे उत्साह से मनाते हैं।

राष्ट्रीय राजधानी क्षेत्र (दिल्ली)—भारत की राजधानी दिल्ली को राष्ट्रीय राजधानी क्षेत्र के तौर पर भी जाना जाता है। भारतीय इतिहास में दिल्ली कई राजवंशों और शासकों की राजधानी रही है। दिल्ली न सिर्फ देश की राजनीतिक राजधानी है, बल्कि यह भारत सरकार की प्रशासनिक इकाई भी है, क्योंकि यहाँ भारतीय संसद् और कई मंत्रालय मौजूद हैं। देश के कई हिस्सों से लोगों के आकर बसने के कारण यहाँ की संस्कृति महानगरीय है। धार्मिक त्योहारों के अलावा दिल्ली में राष्ट्रीय त्योहार भी पूरे उत्साह से मनाए जाते हैं।

ओडिशा—ओडिशा को 'मंदिरों की धरती' भी कहा जाता है और यह भारत के पूर्वी तट पर स्थित है। प्राचीन काल में ओडिशा मौर्य शासक अशोक के कलिंग विजय के कारण लोकप्रिय हो गया था। संगीत, नृत्य, शिल्प और ऐतिहासिक स्मारक इस राज्य की समृद्ध संस्कृति और परंपरा की विशेषताएँ हैं। यह हथकरघा वस्त्र और हस्तशिल्प के लिए मशहूर है। पारंपरिक ओडिशी नृत्य भगवान् कृष्ण और उनकी प्रेयसी राधा के प्रेम को दिखाता है। ओडिशा के मंदिर भारत भर में मशहूर हैं और एक बार जरूर देखने लायक हैं। हर साल देश-विदेश से लाखों कृष्ण-भक्त इस राज्य में जगन्नाथ पुरी की रथयात्रा में शामिल होने के लिए आते हैं।

पुडुचेरी—पुडुचेरी को पहले पांडिचेरी के नाम से जाना जाता था और यह भारतीय तथा विदेशी लोगों के बीच बहुत मशहूर पर्यटन स्थल है। इसे 'पूर्व का फ्रेंच रिवेरा' भी कहा जाता है। इस केंद्र-शासित प्रदेश में फ्रांसीसी प्रभाव है, क्योंकि यहाँ लंबे समय तक फ्रांसीसी शासन रहा। फ्रांसीसी बुनियादी ढाँचे और फ्रांसीसी कॉलोनियाँ यहाँ के प्रमुख आकर्षण हैं। प्राचीन स्मारक, समुद्र तट, बाग और संग्रहालय इस केंद्र शासित प्रदेश की दर्शनीय जगहों में शामिल हैं।

पंजाब—'पाँच नदियों की भूमि' पंजाब भारत के उत्तर-पश्चिम हिस्से में स्थित है। पंजाब भारत और पाकिस्तान को सीमांकित करता है। यह राज्य पूरी दुनिया में अपनी समृद्ध और रंगारंग संस्कृति के लिए प्रसिद्ध है। पंजाबी अपनी जीवंत और समृद्ध जीवनशैली के लिए जाने जाते हैं। इस राज्य के नृत्य, त्योहार, लोककथाएँ और उत्सव पूरी दुनिया में मशहूर हैं। धार्मिक त्योहारों के अलावा पंजाब में फसलों के त्योहार, जैसे वैशाखी और लोहड़ी भी पूरे उत्साह एवं जोश से मनाए जाते हैं। इस राज्य का पर्यटन ज्यादातर ऐतिहासिक स्थानों, युद्ध क्षेत्रों और तीर्थ स्थलों के आसपास घूमता है। अमृतसर स्थित स्वर्ण मंदिर सबसे ज्यादा दर्शनीय जगह है और दुनिया भर से सैलानी इसे देखने आते हैं।

राजस्थान—क्षेत्रफल के संदर्भ में राजस्थान भारत में सबसे बड़ा है और इसे 'राजाओं की धरती' भी कहा जाता है। इसकी सीमाएँ कई राज्यों से जुड़ी हैं, जैसे-पंजाब, गुजरात, मध्य प्रदेश, उत्तर प्रदेश और हरियाणा। इस राज्य की संस्कृति बहुत समृद्ध और कलात्मक है। इस राज्य के कालबेलिया और घूमर जैसे नृत्य अंतरराष्ट्रीय स्तर पर पहचाने जाते हैं। यहाँ मनाए जानेवाले धार्मिक त्योहारों में दीपावली, होली, तीज, गणगौर और मकर संक्रांति शामिल हैं। राजस्थान की शाही शान और समृद्धि हर साल बड़ी संख्या में सैलानियों को अपनी ओर आकर्षित करती है। इस राज्य के सबसे आकर्षक स्थानों में महल, किले, मंदिर और थार रेगिस्तान हैं।

सिक्किम—सिक्किम पूर्वोत्तर भारत का एक राज्य है और देश का सबसे कम आबादीवाला राज्य है। सिक्किम की सीमाएँ तीन राज्यों से जुड़ी हैं—चीन, भूटान और नेपाल। यहाँ की संस्कृति में हिंदू और बौद्ध धर्म का मिश्रण है। यहाँ कई बौद्ध त्योहार, जैसे लूसूंग, सेशी, अबसोल, दसेन आदि राज्य के हर भाग में व्यापक तौर पर मनाए जाते हैं। सिक्किम के लोग उत्सवों में नाच और संगीत का भरपूर आनंद लेते हैं और उन्हें फुटबॉल तथा क्रिकेट भी बहुत पसंद होते हैं। सैलानियों और प्रकृति प्रेमियों के लिए यह राज्य स्वर्ग है। यहाँ प्रकृति माँ का भरपूर आशीर्वाद है और इस जगह की शांति बड़ी संख्या में सैलानियों को अपनी ओर आकर्षित करती है। राष्ट्रीय पार्क, संग्रहालय, मंदिर और धार्मिक स्थल पर्यटकों के पसंदीदा स्थान हैं।

तमिलनाडु—तमिलनाडु भारत के दक्षिणी छोर में स्थित राज्य है और आंध्र प्रदेश, केरल, पुडुचेरी तथा कर्नाटक जैसे राज्यों से घिरा है। तमिल लोग नृत्य, संगीत और साहित्य के प्रेमी होते हैं। भरतनाट्यम और कर्नाटक संगीत यहाँ सदियों से रहा है। इस राज्य में मनाए जानेवाले मुख्य त्योहारों में दीपावली, दशहरा, पोंगल, कार्थिका आदि शामिल हैं। यहाँ जनवरी के महीने में कर्नाटक संगीत का अनूठा त्योहार त्यागराज फेस्टिवल मनाया जाता है। तमिलनाडु इस देश के सबसे बड़े पर्यटन उद्योगों में से एक है। यहाँ के राष्ट्रीय पार्क, मंदिर और धार्मिक स्थल, समुद्र तट, पर्वत और वन्यजीव अभयारण्य सैलानियों के पसंदीदा स्थान हैं।

तेलंगाना—तेलंगाना भारत का २९वाँ राज्य है, जो २ जून, २०१४ को अस्तित्व में आया था। इससे पहले यह आंध्र प्रदेश का हिस्सा था और अब इसकी सीमाएँ आंध्र प्रदेश, कर्नाटक, महाराष्ट्र और छत्तीसगढ़ से लगी हैं। इस राज्य की संस्कृति फारसियों, मुगलों और निजाम से प्रेरित है। यहाँ मनाए जानेवाले कुछ त्योहारों में दीपावली, गणेश चतुर्थी, ईद-उल-फितर, ईद-उल-जुहा (बकरा ईद) शामिल हैं। यहाँ कुछ त्योहार हैं, जो सिर्फ इस राज्य में मनाए जाते हैं, जैसे बटाउकम्मा त्योहार और लश्कर बोनालू। मंदिर, स्मारक और झरने यहाँ सबसे बड़े पर्यटक आकर्षण हैं।

त्रिपुरा—त्रिपुरा भारत के सेवन सिस्टर राज्यों में से एक है और इसकी सीमाएँ बांग्लादेश, मिजोरम और असम से जुड़ी हैं। त्रिपुरा शब्द का संस्कृत में अर्थ होता है 'तीन नगर'। इस राज्य में कई जातीय समूह हैं, जैसे त्रिपुरी, गारो, मुंडा, ओरन और अन्य कई। इस राज्य में बाँस और बेंत के हस्तशिल्प बहुत लोकप्रिय हैं। संगीत और नृत्य इस राज्य की संस्कृति का अभिन्न हिस्सा हैं, यहाँ अलग-अलग मौकों के लिए लोगों के पास संगीत और नृत्य होता है। झूम नाच, लेबनाग नाच, ममीता नाच इस राज्य की कुछ लोकप्रिय नृत्य शैलियाँ हैं। महल, मंदिर और वन्यजीव अभयारण्य यहाँ के सबसे बड़े पर्यटक आकर्षण हैं।

उत्तर प्रदेश—उत्तर प्रदेश का अर्थ होता है 'उत्तरी प्रांत' और यह भारत के उत्तरी हिस्से में है। इसकी सीमाएँ दिल्ली, राजस्थान, हरियाणा, उत्तराखंड और अन्य राज्यों को स्पर्श करती हैं। इस राज्य की सांस्कृतिक जड़ें कला, साहित्य, इतिहास और परंपरा से जुड़ी हैं। इस राज्य के मुख्य त्योहार दीपावली, दशहरा, गणेश चतुर्थी, ईद, बुद्ध जयंती और अन्य हैं। इस राज्य में लगनेवाले कुंभ मेले में देश भर से बड़ी संख्या में सैलानी आते हैं। आगरा का ताजमहल, जो कि विश्व का सातवाँ अजूबा है, वह दुनिया भर के सैलानियों को अपनी ओर आकर्षित करता है। किले, स्मारक, तीर्थस्थल के रूप में उत्तर प्रदेश के पास सैलानियों के लिए बहुत कुछ है।

उत्तराखंड—उत्तराखंड को 'देवभूमि' भी कहा जाता है। यह भारत के उत्तर में स्थित एक राज्य है। इस राज्य का समाज विभिन्न जातीय समूहों का जटिल मिश्रण है, जिसमें गढ़वाल और कुमाऊँ क्षेत्र के लोग हैं। संगीत इस राज्य की संस्कृति का अभिन्न हिस्सा है और यहाँ के लोग त्योहारों और उत्सवों में लोकगीत गाते हैं। इस राज्य में मनाए जानेवाले त्योहारों में घी संक्रांति, खतारआ, नंदा देवी मेला, फूल देई और अन्य कई हैं। सैलानियों के लिए उत्तराखंड में कई स्थान हैं, जैसे हिल स्टेशन, तीर्थस्थल, वन्यजीव अभयारण्य और राष्ट्रीय पार्क।

पश्चिम बंगाल—देश के पूर्वोत्तर में स्थित पश्चिम बंगाल तीन अलग-अलग देशों से घिरा है—नेपाल, बांग्लादेश और भूटान। यह झारखंड, ओडिशा, सिक्किम, असम और बिहार जैसे राज्यों से भी घिरा है। इस राज्य में कई वनवासी समुदाय हैं, जैसे भूटिया, लेपचा, संताल और ओराओ। गोंभिरा और भवैया इस राज्य की प्रमुख नृत्य शैलियाँ हैं। दुर्गा पूजा इस राज्य का सबसे लोकप्रिय त्योहार है और सरस्वती पूजा, लक्ष्मी पूजा, पोइला वैशाखी आदि त्योहार यहाँ मनाए जाते हैं। दार्जिलिंग और सिलीगुड़ी जैसे हिल स्टेशन इस राज्य में सैलानियों को आकर्षित करते हैं। बंगाल की कुछ मशहूर जगहों में अयोध्या हिल, कूच बिहार पैलेस, भारतीय वानस्पतिक उद्यान और सुंदरवन नेशनल पार्क शामिल हैं।

भारत की सीमाएँ

देश की सीमाएँ प्राकृतिक एवं मानव-निर्मित, दोनों प्रकार की हैं। भारत की स्थलीय सीमाएँ उत्तर में तजाकिस्तान, चीन व नेपाल, उत्तर-पश्चिम में अफगानिस्तान, पश्चिम में पाकिस्तान, पूर्व में बांग्लादेश एवं म्याँमार तथा उत्तर-पूर्व में भूटान से मिलती हैं। पश्चिम में पाकिस्तान और पूर्व में बांग्लादेश के साथ भारत की सीमाएँ कृत्रिम अथवा निर्मित हैं, जबकि अन्य छह देशों—अफगानिस्तान, तजाकिस्तान, चीन, नेपाल, भूटान तथा म्याँमार के साथ भारत की सीमाएँ प्राकृतिक हैं। ये प्राकृतिक सीमाएँ सामान्यत: ऊँची पर्वत शृंखलाओं के रूप में हैं। उत्तर में हिमालय पर्वत हमारी सीमा बनाता है। इसकी मुस्ताघ, अगोल, कुनलुन तथा काराकोरम श्रेणियाँ जम्मू-कश्मीर की सीमा पर हैं। यहाँ पर एशिया के चार प्रमुख देशों—चीन, भारत, अफगानिस्तान, पाकिस्तान की सीमा आकर मिलती है।

भारत के पूर्व की ओर उच्च हिमालय का भाग है, जो भारत तथा चीन के बीच अंतरराष्ट्रीय सीमा का कार्य करता है। इसे मैकमोहन रेखा के नाम से जाना जाता है। भारत के सुदूर उत्तरी-पूर्वी कोने पर उत्तरी-पूर्वी त्रि-संधि है, जहाँ पर भारत, चीन तथा म्याँमार की सीमाएँ आपस में मिलती हैं। पाकिस्तान एवं भारत की सीमा को स्पर्श करनेवाले भारतीय राज्य हैं—जम्मू-कश्मीर, पंजाब, राजस्थान तथा गुजरात, जबकि अफगानिस्तान की सीमा मात्र जम्मू-कश्मीर राज्य को स्पर्श करती है। भारत एवं चीन की सीमा से सटे राज्य हैं—जम्मू-कश्मीर, हिमाचल प्रदेश, उत्तराखंड, सिक्किम तथा अरुणाचल प्रदेश। अरुणाचल प्रदेश, नागालैंड, मणिपुर तथा मिजोरम की सीमाएँ उत्तर-पूर्व में स्थित म्याँमार को स्पर्श करती हैं। बांग्लादेश एवं भारत की सीमा से लगे भारतीय राज्य हैं—मिजोरम, त्रिपुरा, असम, मेघालय तथा पश्चिम बंगाल।

वर्तमान में भारत के नौ राज्यों व पाँच केंद्रशासित प्रदेशों की सीमाएँ समुद्री तटरेखा से लगी हैं। ये राज्य हैं—कर्नाटक, महाराष्ट्र, गोवा, केरल, तमिलनाडु, आंध्र प्रदेश, उड़ीसा और पश्चिम बंगाल, गुजरात। केंद्र शासित प्रदेशों में पुडुचेरी, लक्षद्वीप, अंडमान और निकोबार द्वीप समूह, दादरा एवं नगर हवेली तथा दमन एवं दीव की सीमाएँ भी समुद्र से लगती हैं। भारत की सबसे लंबी स्थलीय सीमा चीन के साथ लगती है, जबकि सबसे छोटी स्थलीय सीमा भूटान के साथ संलग्न है। इस प्रकार भारत की स्थिति काफी महत्त्वपूर्ण है एवं हिमालय पर्वतमाला तथा हिंद महासागर के शीर्ष पर भारत की केंद्रीय स्थिति है। भारत के निकटतम पड़ोसी देश हैं—पाकिस्तान, अफगानिस्तान, चीन, नेपाल, म्याँमार तथा बांग्लादेश। पाक जलसंधि द्वारा अलग हुआ श्रीलंका भी हिंद महासागर में स्थित पड़ोसी देश है। भूटान जैसा पड़ोसी देश एक विशेष संधि द्वारा भारत पर निर्भर करता है एवं इसकी प्रतिरक्षा, विकास आदि कार्यों का उत्तरदायित्व भारत पर है। समुद्र पार भारत का सबसे निकटतम पड़ोसी श्रीलंका है, जिसे पाक जलडमरूमध्य भारत से पृथक् करता है। इसी प्रकार भारत का दूसरा सबसे निकटतम पड़ोसी देश इंडोनेशिया है। इंडोनेशिया के सुमात्रा द्वीप और भारत के ग्रेट निकोबार द्वीप को ग्रेट चैनल पृथक् करता है। मालदीव भारत का एक अन्य पड़ोसी देश है, जो लक्षद्वीप के दक्षिण में स्थित है।

भारत की स्थलीय सीमा की कुल लंबाई १५,२०० किमी. है तथा समुद्र तट की लंबाई ७,५१७ किमी. है, जिनसे कुल सात देशों की सीमाएँ लगती हैं, भारत की स्थलीय और जलीय

सीमा से ८ देशों की सीमाएँ लगती हैं। भारत की कुछ सीमाएँ प्राकृतिक एवं मानव निर्मित हैं। भारत की सीमाएँ और उनसे सटे राज्यों के नाम—

प्राकृतिक सीमाएँ

- अफगानिस्तान
- तजाकिस्तान
- चीन
- नेपाल
- भूटान
- म्याँमार

मानव निर्मित सीमाएँ

- बांग्लादेश
- पाकिस्तान
- भारत की समुद्री सीमा (Maritime boundary of India)
- दक्षिण में श्रीलंका

तीन देश बांग्लादेश, म्याँमार एवं पाकिस्तान ऐसे देश हैं, जिनसे स्थलीय सीमा के साथ भारत की जलीय सीमा भी लगी हुई है।

अफगानिस्तान और तजाकिस्तान से लगे भारतीय राज्य

अफगानिस्तान और तजाकिस्तान से कुल एक भारतीय राज्य की सीमा लगती है, वह राज्य है—जम्मू-कश्मीर।

नेपाल—स्थलीय सीमा की लंबाई १,७५१ किमी.

नेपाल से कुल पाँच भारतीय राज्यों की सीमा लगती हैं, वे राज्य हैं—उत्तर प्रदेश, सिक्किम, उत्तराखंड, पश्चिम बंगाल, बिहार।

भूटान स्थलीय सीमा की लंबाई—६९९ किमी.। भारत की सबसे छोटी स्थलीय सीमा भूटान के साथ है, भूटान से कुल ४ भारतीय राज्यों की सीमा लगती है। वे राज्य हैं—सिक्किम, अरुणाचल प्रदेश, असम, बंगाल।

चीन स्थलीय सीमा की लंबाई—३,४८८ किमी.। चीन से कुल पाँच भारतीय राज्यों की सीमा लगती है, वे राज्य हैं—हिमाचल प्रदेश, अरुणाचल प्रदेश, जम्मू-कश्मीर, चीन।

बांग्लादेश स्थलीय सीमा की लंबाई—४,०९६.७० किमी.। भारत की सबसे लंबी स्थलीय सीमा बांग्लादेश के साथ है, बांग्लादेश की सीमा रेखा का नाम नो मेंस लैंड है। बांग्लादेश से कुल पाँच राज्यों की सीमा लगती है, वे राज्य हैं—पश्चिम बंगाल, मेघालय, असम, मिजोरम, त्रिपुरा।

म्याँमार स्थलीय सीमा की लंबाई—१,६४३ किमी.। म्याँमार से कुल ४ भारतीय राज्यों की सीमा लगती है, वे राज्य हैं—नगालैंड, मेघालय, मिजोरम, अरुणाचल प्रदेश। पाकिस्तान स्थलीय सीमा की लंबाई—२,९१० किमी.। भारत-पाकिस्तान के बीच की सीमा रेडक्लिफ रेखा

है। पाकिस्तान से कुल चार भारतीय राज्यों की सीमा लगती है, वे राज्य हैं—पंजाब, राजस्थान, गुजरात, जम्मू-कश्मीर।

भारत की समुद्री सीमाएँ

भारत के समुद्री तट-१

धरती के ७०.८ प्रतिशत भाग पर समुद्र है, जिसमें से १४ प्रतिशत भाग पर बसा है, विराट हिंद महासागर। भारत तीन ओर से समुद्र से घिरा है और जिसके १३ राज्यों की सीमा से समुद्र लगा हुआ है।

निम्न प्रमुख समुद्र तटों से समुद्र को निहारना बहुत ही रोमांचक अनुभव होता है। ये राज्य निम्न हैं—१. आंध्र प्रदेश, २. पश्चिम बंगाल, ३. केरल, ४. कर्नाटक, ५. उड़ीसा, ६. तमिलनाडु, ७. महाराष्ट्र, ८. गोवा, ९. गुजरात, १०. पुडुचेरी, ११. अंडमान-निकोबार, १२. दमन-दीव और १३. लक्ष्यद्वीप।

केरल के समुद्री तट

१. कोवलम समुद्री तट (Kovalam Beach) तिरुवनंतपुरम सिटी से १६ किमी. दूर है।
२. वर्कला समुद्री तट (Varkala Beach) तिरुवनंतपुरम से ४१ किमी. दूर है।
३. थंगस्सेरी कोल्लम (Thanagassery Beach) से ५ किमी. पर है।
४. चेरिया समुद्री तट (Cheria Beach) अर्नाकुलम से ४५ किमी. दूर है।
५. तनुर समुद्री तट (Tanur Beach) मालाप्पुर जिले में है।
६. पदिनहरकारा समुद्र तट (Padinharekara Beach) मालाप्पुर जिले के कोझीकोड रेलवे स्टेशन से बहुत ही नजदीक है।
७. बेयपोरी समुद्री तट (Beypore Beach) कोझीकोड सिटी से १० किमी. दूर है।
८. कप्पाड समुद्री तट (Kappad Beach) कोझीकोड सिटी से १६ किमी. दूर है।

उड़ीसा के समुद्री तट

१. पुरी का समुद्री तट (Puri Beach)
२. गोपालपुर समुद्री तट (Gopalpur Beach) भुवनेश्वर से १७० किमी. और बेरहपुर से १५ किमी. दूर है।
३. चंडीपुर समुद्री तट (Chandipur Beach) बेरासोर से १६ किमी. दूर है।
४. कोणार्क समुद्र (Konark Beach) के किनारे बसा कोणार्क पुरी से ३५ किमी. और भुवनेश्वर से ६५ किमी. की दूरी पर है।
५. बालेश्वर या बालासोर उड़ीसा का तटीय जिला है। इसके अलावा कटक, अंगुल आदि बंदरगाह भी प्रसिद्ध हैं।

कर्नाटक के समुद्री तट

१. भटकाल समुद्री तट अरब सागर के किनारे स्थित है। यहाँ तट के किनारे विशाल मंदिर बने हुए हैं।

२. देवबाघ तट एक ऐसे द्वीप के किनारे स्थित है, जहाँ करवाट तट से तेज चलनेवाली नावों द्वारा पहुँचा जा सकता है। इस तट पर पूरे वर्ष जाया जा सकता है।

३. **करवार समुद्री तट**—यह तट उष्णकटिबंधीय भूमि की पतली पट्टी पर स्थित है, जो पश्चिम घाटों और अरब सागर के बीच है। यहाँ का मनोहारी प्राकृतिक परिवेश पर्यटकों को द्वीप के विशिष्ट चित्र प्रदान करता है।

४. **मेल्प तट**—यह तट उडपी से लगभग ६ किमी. की दूरी पर स्थित है। मेल्प तट पर एक प्राकृतिक बंदरगाह है और यह कर्नाटक के समृद्ध वर्ग को योगदान देनेवाला महत्त्वपूर्ण मछली पकड़ने का केंद्र है। यह तट पर्यटकों को एक शांत और आदर्श अवकाश का पूरा अवसर देता है। इस तट पर नाव की सवारी, मछली पकड़ने और तैरने का आनंद ही कुछ और है।

५. **मरावंथे तट**—यह अरब सागर और सातुपरनिका नदी के बीच स्थित है और इसकी पृष्ठभूमि में कोडाचारी पहाड़ियाँ हैं। कर्नाटक का यह तट दर्शकों को इस दुनिया के परे का अनुभव करा देता है। वास्तव में सूर्यास्त के समय आकाश का रंग नारंगी हो जाता है और सूर्य की सुनहरी किरणों के साथ समुद्री शोभा को देखना ईश्वर को देखने जैसा है।

६. मुरुदेश्वर तट विशालकाय मंदिरों और सपनों के पर्यटक गंतव्य स्थल के लिए जाना जाता है। यहाँ भगवान् के साक्षात् दर्शन किए जा सकते हैं। सचमुच ही भगवान् शिव की विशालकाय मूर्ति को देखना ऐसा ही लगता है कि वे स्वयं यहाँ हैं।

७. सेंट मेरी आइलैंड तट मैंगलोर से ५८ किमी. की दूरी पर उत्तर दिशा में स्थित है। यह बेसाल्ट चट्टानों का बना हुआ एक अनोखा तट है, जहाँ खड़े अष्टभुजी खंडों में बँटे हुए स्तंभी क्रिस्टलाइज्ड हो गए हैं। यहाँ आग्नेय चट्टानों के बारे में अध्ययन करनेवाले अनुसंधानकर्ता आते रहते हैं। इसके अलावा भी केरल में बहुत से तट हैं—मंगलोर और उदुपी।

तमिलनाडु के समुद्री तट

१. **मरिन**—मरिन समुद्री तट (Marina Beach) चेन्नई के पूर्व में स्थित है, जहाँ से सूर्यास्त का दृश्य बहुत ही सुंदर लगता है।

२. **इल्लियोट**—इल्लियोट समुद्री तट (Elliot Beach) बसंत नगर में स्थित है, जहाँ पर नहाने का मजा ही कुछ और है। इसीलिए इसे 'बाथिंग बीच' भी कहा जाता है। यह युवा प्रेमियों का मिलन स्थल भी है।

३. **कोवलम**—कोवलम समुद्री तट (Kovalam Beach) चेन्नई से ४० किमी. दूर महाबलीपुरम के रास्ते पर एक गाँव है, जो 'कोवेलोंग' नाम से जाना जाता है।

४. **महाबलीपुरम**—महाबलीपुरम का समुद्री तट (Mamallapuram Beach) चेन्नई से ५८ किमी. दूर दक्षिण में स्थित है। यहाँ पर भव्य और सुंदर समुद्री तट के अलावा पल्लव राजवंशों के काल के स्मारक और प्राचीन गुफाएँ पर्यटकों के लिए आकर्षण की केंद्र हैं।

५. **कन्याकुमारी**—कन्याकुमारी समुद्र तट (Kanyakumari Beach) पर हिंद महासागर, अरेबिन और बंगाल की खाड़ी का संगम होता है। यह हिंदुओं का प्राचीन तीर्थ-स्थल-केंद्र है। कन्याकुमारी अपने सूर्य उदय, सूर्यास्त और पूर्णिमा के चाँद के दर्शन के लिए प्रसिद्ध है। बहुरंगी रेत के साथ यहाँ के समुद्री और आकाशीय नजारे देखते ही बनते हैं।

६. **पूंपुहर**—पूंपुहर समुद्री तट (Poompuhar Beach) तमिल महाकाव्य सिलापथिकरम (Silapathikaram) उपलब्ध सूचनाओं के आधार पर केवरिपूंपात्तिनम की स्मृति में बनाया गया एक बंदरगाह है।

७. **रामेश्वरम्**—रामेश्वरम् का समुद्री तट चेन्नई से ५७२ किमी. दूर है। यह हिंदुओं के लिए पवित्र तीर्थस्थल है, जहाँ पर भगवान् शिव का भव्य एवं प्राचीन मंदिर है, जो बारह ज्योतिर्लिंगों के अंतर्गत आता है। इस शिवलिंग की स्थापना भगवान् राम ने की थी, इसीलिए इस स्थान का नाम रामेश्वर है।

भारत की समुद्री सीमाएँ असुरक्षित रही हैं, जिसके कारण समुद्र से लगे क्षेत्र में आक्रमणकारियों और धर्म-प्रचारकों का लगातार आना-जाना आसान रहने के कारण यहाँ का सामाजिक ताना-बाना तो टूटा ही है, साथ ही अंग्रेजों, फ्रांसीसियों, पुर्तगालियों, ईरानियों आदि द्वारा कब्जा कर शासन करने के दौरान वहाँ की मूल भाषा, धर्म और संस्कृति अब वैसी नहीं रही।

□

समर्पण-पर्व

भारतमाता देवप्रसूता, धर्मप्रसूता, यशप्रसूता, त्यागप्रसूता, तपप्रसूता, ज्ञानप्रसूता, विज्ञानप्रसूता, भावप्रसूता, मोक्षप्रसूता, आदि अनेक विशेषणों से ही विभूषित है और यह रत्नगर्भा, नवनिधियों की दाता, शरणागत वत्सला, महामंगला, करुणामयी जगज्जननी आदि आलंकारिक संबोधनों से भी विभूषित है।

न त्वहं काममे राज्यं न स्वर्गं न पुनर्भवम्।
कामये दुख ताप्तानां प्राणिनामार्तिनाशनम्॥

(महाराजा रंतिदेव–कल्याण सेवा अंक)

न तो मुझे राज्य की कामना है और न ही मुझे स्वर्ग की ही लालसा है। न ही मुझे पुनर्जन्म की इच्छा है। अगर कोई इच्छा है तो बस दु:खों से पीड़ित प्राणिमात्र के दु:खों को दूर करने की। यही मेरी अंतिम और पहली कामना है।

उपर्युक्त उक्ति का जीवन में अक्षरश: आचरण करनेवाले अनगिनत देवतात्मा, पुण्यात्मा, धर्मात्मा, त्याग–तपोमय जीवन जीनेवाले ऋषि–मुनि, वीरव्रती, शूरवीर, कर्मवीर, महावीर, दानी–ज्ञानी, स्वाभिमानी के रूप में माँ भारती की पवित्र कोख से अवतीर्ण होकर कोटिक संतानों ने माँ की गौरव गरिमा, महिमा, वैभव को बढ़ाने सँवारने में चार–चाँद लगाने में अपने जीवन की भेंट तक चढ़ाने में किंचित् भी संकोच नहीं किया और बढ़–चढ़कर आगे की पंक्ति में ही रहे, इतिहास आज ऐसे नरवीरों की गाथाओं से भरा पड़ा है, जिन्होंने अपने रहते भूतकाल की क्रूर अत्याचारी, आततायी, अधर्मी आँधी की गति को निस्तेज कर दिया और अपने बलिदान से माँ की पावन झाँकी को विश्वपूजित, जगद्वंदनीय के साथ–साथ साक्षात् सिंहवाहिनी, आदिशक्ति जगदंबिकामय बना दिया।

धन्य हो ऐसी माँ, जिसने ऐसी संतानों को जन्म दिया, जिन्होंने अपने जीवन का सर्वस्व न्योछावर कर जगती भर में माँ का मान बढ़ाया। 'तेरा वैभव अमर रहे माँ, हम दिन चार रहें न रहें।' उक्ति को सार्थक कर दिखाया और अपनी आनेवाली पीढ़ी के सम्मुख अपने जीवन का उदाहरण स्थापित किया, जिससे आनेवाली संतानें परंपरा से प्रेरणा लेकर पूर्वजों का अनुसरण कर सकें और माँ के अतीत के वैभव को यथावत् रूप देकर पूर्वजों की थाती को सम्मानित कर, माँ के दूध की लाज की रक्षा कर सकें, जिस से यह प्रवाह अविराम गंगासागर तक निष्कटंक गतिमान रह सके। नि:संदेह यही नियतिरूपी माँ एवं परमपिता परमेश्वर की भी शुभेच्छा है।

पुरखों का बलिदान व्यर्थ न होगा।
परंपरा का पंथ गर्त न होगा॥
सुपरिणाम अवश्य ही इच्छित होगा।
जग'राम चरित्र' काव्य भिन्न न होगा॥

प्रार्थना

वह शक्ति हमें दो दयानिधे,
कर्तव्य मार्ग पर डट जावें।
परसेवा परउपकार में हम,
जगजीवन सफल बना जावें॥ १॥

हम दीन-दुखी निबलों-विकलों,
के सेवक बन संताप हरें।
जो हैं अटके, भूले-भटके,
उनको तारें खुद तर जावें॥ २॥

छल, दंभ-द्वेष पाखंड झूठ,
अन्याय से निशिदिन दूर रहें।
जीवन हो शुद्ध सरल अपना,
शुचि प्रेम सुधारस बरसावें॥ ३॥

निज आन-बान, मर्यादा का,
प्रभु ध्यान रहे अभिमान रहे।
जिस देश जाति में जन्म लिया,
बलिदान उसी पर हो जावें॥ ४॥

(मुरारीलाल वर्मा, बालबंधु)

(कविताकोश)

गुरुमाता अरुंधती

ब्रह्मर्षि वसिष्ठ की धर्मपत्नी अरुंधती की गणना श्रेष्ठ पतिव्रताओं में होती है। वे मुनि मेधातिथि की कन्या थीं। ब्रह्मदेव की प्रेरणा से पिता ने उन्हें सावित्री देवी के संरक्षण में रखा, जिनसे उन्होंने सद्विद्याएँ प्राप्त कीं। अरुंधती न कभी अपने पति ब्रह्मर्षि वसिष्ठ से दूर रहती थीं और न किसी कर्म में उनका विरोध करती थीं। अरुंधती के पातिव्रत्य की परीक्षा स्वयं भगवान् शंकर ने ली थी, जिसमें सफल रहने पर उनकी कीर्ति और भी बढ़ी। आकाश में प्रदीप्त सप्त तारामंडलरूप सप्तर्षियों के साथ अरुंधती नक्षत्र वसिष्ठ के समीप चमकता है।

सती अनसूया

सती अनसूया अत्रि ऋषि की पत्नी थीं। घोर तपश्चर्या से भगवान् शंकर को प्रसन्न कर उन्होंने भगवान् दत्तात्रेय को पुत्र रूप में प्राप्त किया था। वनवास की अवधि में रामचंद्र सीता सहित अत्रि ऋषि के आश्रम में गए थे, जहाँ ऋषि-पत्नी अनसूया ने अपने प्रेमपूर्ण आतिथ्य से सीता को आह्लादित किया था और नारी धर्म तथा पातिव्रत्य का उपदेश दिया था। एक बार मांडव्य ऋषि ने किसी ऋषि-पत्नी को सूर्योदय होते ही विधवा हो जाने का शाप दे दिया। उस सती ने अपने तपोबल से सूर्योदय ही न होने दिया। सभी देव एवं ऋषि अनसूया की शरण गए और सूर्योदय के स्थगन से होनेवाले त्रास को दूर करने का अनुरोध किया। सती अनसूया ने उनसे शापित स्त्री के पति को पुनर्जीवित करने का वचन लेकर शाप मुक्त कराया और उसके सुहाग की रक्षा की, तभी सूर्योदय होने दिया।

सती सावित्री

महासतियों में उल्लेखनीय देवी सावित्री ने यह जानते हुए भी कि सत्यवान् अल्पायु है, उसका पतिरूप में वरण किया। जब सत्यवान् की जीवन-लीला समाप्त होने में चार दिन शेष रह गए तो सावित्री ने व्रत धारण किया। चौथे दिन सत्यवान् की मृत्यु हुई और यमराज उसके प्राण ले चले। सावित्री यमराज के पीछे-पीछे चली। मार्ग में यमराज और सावित्री में प्रश्नोत्तर हुआ। यमराज सावित्री के शालीन व्यवहार, बुद्धिमत्ता और एकनिष्ठ पतिपरायणता से बहुत प्रभावित हुए। प्रसन्न होकर उन्होंने सावित्री से वर माँगने को कहा। सावित्री ने ऐसे वर माँगे, जिनमें उनके मायके और ससुराल दोनों कुलों का कल्याण हुआ और यमराज को सत्यवान् के प्राण भी लौटाने पड़े। सावित्री ने अपने सतीत्व के बल पर अपने सौभाग्य की रक्षा की।

देवी जानकी

मिथिला के राजर्षि जनक की पुत्री और मर्यादापुरुषोत्तम रामचंद्रजी की पत्नी जानकी पातिव्रत्य का अनुपम आदर्श हैं। उन्हें जीवन में अपार कष्ट झेलने पड़े और कठिन परीक्षाओं से गुजरना पड़ा, किंतु अपने अविचल पातिव्रत्य के बल पर उन्होंने समस्त प्रतिकूलताओं को धैर्य व हर्षपूर्वक सहन किया। पति के साथ वनवास के कष्टों में आनंद का अनुभव किया। राक्षसराज रावण उनका मनोबल डिगाने में असफल रहा। अग्नि-परीक्षा देकर सीता ने अपने शील एवं चारित्र्य की निष्कलुषता सिद्ध की। वनवास की अवधि समाप्त होने के पश्चात् रामराज्य में प्रजारंजन के लिए जब राम ने सीता का परित्याग किया तो वे वन में वाल्मीकि मुनि के आश्रम में रहीं। सबको सीता के पातिव्रत और पवित्रता पर पूर्ण विश्वास हो गया। भूमि-पुत्री सीता ने पृथ्वी की सी सहनशीलता दिखाकर अपने नाम की सार्थकता सिद्ध की।

देवी सती

दक्ष प्रजापति की कन्या, भगवान् शंकर की पत्नी। पिता दक्षराज ने एक विशाल यज्ञ का आयोजन किया, परंतु शिवजी के प्रति मनमुटाव के कारण यज्ञ में शिव-सती को निमंत्रित नहीं किया। सती अनामंत्रित ही पिता के यहाँ जा पहुँचीं। वहाँ दक्ष ने शंकर के लिए अपशब्द कहे और

सती को भी अपमानजनक व्यवहार सहना पड़ा। पति का अनादर न सह सकने के कारण सती ने यज्ञ-कुंड में कूदकर देह-त्याग किया। दक्षराज के व्यवहार और पत्नी की मृत्यु से क्रुद्ध होकर शंकरजी ने अपने गणों से यज्ञ का ध्वंस और दक्ष का वध करा दिया। बाद में सती ने पर्वतराज हिमालय की कन्या के रूप में पुनर्जन्म पाया और पार्वती कहलाईं। शक्ति और चंडी भी इन्हीं के रूप हैं। अपने इन प्रचंड रूपों में उन्होंने असुरों का संहार किया और लोक को असुर-पीड़ा से मुक्ति दिलाई। संपूर्ण भारत में सती के ५१ शक्तिपीठ स्थापित हैं। इनके पीछे कथा यह है कि शिव सती की मृत देह को कंधे पर उठाए फिरने लगे। जहाँ-जहाँ सती के अंग गलकर गिरे, वहीं शक्तिपीठ स्थापित हुए, जो अब समग्र भारत की सांस्कृतिक एकता को अपने में समेटे हुए हैं।

महारानी द्रौपदी

पांचाल नरेश द्रुपद की पुत्री और स्वयंवर की मत्स्यवेध प्रतिस्पर्धा में अर्जुन की विजय के पश्चात् कुरुकुल वधू बनकर हस्तिनापुर पहुँची द्रौपदी महाभारत का अत्यंत तेजस्वी व्यक्तित्व है। कुलवधू के रूप में अपने और पांडवों के न्यायोचित अधिकारों के लिए द्रौपदी झुककर समझौता करने को कभी तैयार नहीं हुई और अनीति व अन्याय के प्रतिशोध के लिए सदैव तत्पर रही। द्रौपदी की श्रीकृष्ण में अपार निष्ठा थी। श्रीकृष्ण को वे सगी बहन के समान प्रिय थीं। द्रौपदी को जीवन में अनेक कष्ट और अपमान सहने पड़े। दु:शासन ने भरी सभा में वस्त्र-हरण का प्रयास कर इनकी मर्यादा भंग करनी चाही। वनवास-काल में जयद्रथ ने इनका अपहरण करने का प्रयास किया और अज्ञातवास के दिनों में कीचक ने शील-हरण करना चाहा। वनवास की अवधि पूरी होने पर द्रौपदी ने अपनी प्रतिज्ञा पूरी करने और अपना अपमान-अपराध करनेवालों को दंडित करने की प्रतिशोध ज्वाला पांडवों के मन में धधकाई। देदीप्यमान नारीत्व की प्रतिमूर्ति द्रौपदी का तेज भारतीय नारियों के लिए सदैव प्रेरणास्रोत रहेगा।

सती कण्णगी

कण्णगी का नाम पातिव्रत्य एवं सतीत्व के अनुपम उदाहरण के रूप में लिया जाता है। दक्षिण भारत में तमिलनाडु प्रदेश के वंजिननगरम् नामक एक प्राचीन स्थान में कण्णगी मंदिर है। प्रसिद्ध तमिल कवि इलंगो के काव्यग्रंथ 'शिलप्पधिकारम्' में कण्णगी के पातिव्रत्य का अनुपम चरित्र निरूपित हुआ है। इनके पति कोवलन ने माधवी नाम की एक वारांगना के प्रेमपाश में बँधकर अपना सबकुछ गँवा दिया। विपन्न बना कोवलन कण्णगी को संग लेकर काम-धंधे की आशा में मदुरई नगरी में पहुँचा। वहाँ के राजा ने कोवलन पर चोरी का मिथ्या आरोप लगाकर उसे प्राणदंड दे दिया। कण्णगी ने अग्नि देवता से अनुरोध किया कि वृद्ध, बालक, सज्जन, पतिव्रता और धार्मिक लोगों को छोड़कर शेष मदुरई नगरी को भस्म कर दें। सती कण्णगी के क्रोधावेश से मदुरई नगरी भस्म हो गई।

देवी गार्गी

वचक्नु ऋषि की विदुषी कन्या गार्गी ब्रह्मविद्या के अपने ज्ञान के कारण ब्रह्मवादिनी कहलाती थीं। राजा जनक की यज्ञशाला में ब्रह्मज्ञानी याज्ञवल्क्य के साथ दार्शनिक वाद-विवाद में

इन्होंने भाग लिया। बृहदारण्यक उपनिषद् में याज्ञवल्क्य-गार्गी संवाद मिलता है। प्राचीन भारत में स्त्रियाँ नाना प्रकार की विद्याओं को प्राप्त किया करती थीं, यज्ञ आदि के सार्वजनिक समारोहों तथा शास्त्रार्थ में भी भाग लिया करती थीं। बौद्धिक कार्यकलाप तथा ज्ञान के क्षेत्र में उनकी भागीदारी में कोई अवरोध या प्रतिबंध नहीं था, यह गार्गी के जीवन-वृत्त से भलीभाँति प्रमाणित होता है।

साध्वी मीरा

श्रीकृष्ण के अनुराग में रँगी मीरा युगाब्द ४७वीं (१६वीं ई.) शताब्दी की विख्यात भगवद्भक्त थीं। संपूर्ण भारत, विशेष रूप से हिंदीभाषी क्षेत्र मीरा के कृष्णभक्ति और कृष्ण-प्रेम के पदों से गुंजायमान रहा है। रत्नसिंह राठौर की कन्या मीरा को बचपन से ही कृष्णभक्ति की लौ लग गई थी। इनका विवाह महाराणा के पुत्र भोजराज के साथ हुआ था, किंतु मीरा का मन कृष्णानुराग में डूबा था।

वे सदैव भगवद्भक्ति में मग्न रहतीं। मंदिरों और संत-मंडली के मध्य अपने ही रचे हुए भक्ति के पदों का भावपूर्ण गायन और विभोर होकर नृत्य करती थीं। पति भोजराज की मृत्यु के बाद देवर विक्रमाजित ने अपनी भाभी को इस भक्ति पथ से परावृत कर लोक-जीवन की ओर मोड़ना चाहा। उनका मंदिर आदि सार्वजनिक स्थानों पर गाना और नाचना विक्रमाजित को अपने राजकुल की मर्यादा के प्रतिकूल प्रतीत होता था। कृष्ण-प्रेम का हठ त्यागने को बाध्य करने के लिए मीरा को अनेक कष्ट दिए गए, जिन्हें मीरा ने हँसते-हँसते झेला, पर उनकी प्रेम-अनन्यता में कोई अंतर नहीं आया। 'मेरे तो गिरिधर गोपाल, दूसरो न कोई' उनके जीवन की सरगम थी। उनके पद अपनी भाव-प्रवणता में अनुपम हैं।

रानी दुर्गावती

कलि संवत् की ४७वीं (१६वीं ई.) शताब्दी की भारतीय वीरांगना, जिसने यवन सेना से अत्यंत साहस और वीरतापूर्वक टक्कर ली और अंत में अपने शरीर को पापी शत्रुओं का स्पर्श न हो, यह विचारकर अपने खड्ग से आत्मबलिदान कर वीरगति पाई। गढ़ मंडला के राजा दलपतिशाह की मृत्यु हो जाने पर उनके राज्य पर संकट आ पड़ा था। मुगल बादशाह अकबर ने गढ़ मंडला पर अधिकार करने के लिए विशाल सेना भेजी थी। हाथी पर सवार होकर रानी दुर्गावती अत्यंत वीरता से जूझीं तथा अपने सैनिकों को बराबर प्रेरित करती रहीं। दुर्भाग्य से आंतरिक फूट के कारण आत्मरक्षा करना संभव न हो सका। मुगलों की साम्राज्य-पिपासा का प्रतिकार करनेवाली वीरांगनाओं में दुर्गावती का ऊँचा स्थान है।

रानी लक्ष्मीबाई

स्वातंत्र्य हेतु अंग्रेजों से जूझते हुए वीरगति पानेवाली, (१८५७ ई.) के प्रथम स्वातंत्र्य समर की वीरांगना मराठा पेशवा के आश्रित मोरोपंत तांबे की कन्या थीं और झाँसी के राजा गंगाधरराव की रानी। राजा की अकाल मृत्यु हो जाने पर ईस्ट इंडिया कंपनी सरकार ने इनके दत्तक पुत्र के अधिकार को अमान्य कर झाँसी राज्य को कंपनी के अधिकार में लेने की घोषणा की। इस अन्याय और अपमान का रानी लक्ष्मीबाई ने कठोर प्रतिकार किया। युगाब्द ४९५८ (सन् १८५७) के स्वातंत्र्य समर में वे

भी कूद पड़ीं। अंग्रेजों से जूझते हुए रानी झाँसी से निकलकर ग्वालियर की ओर बढ़ीं और ग्वालियर का किला जीत लिया। ग्वालियर का राजा मराठा सामंत होते हुए भी अंग्रेजों के विरुद्ध स्वाधीनता सेनानियों की कोई सहायता न करके अंग्रेजों का ही साथ दे रहा था। वहाँ से रानी घोड़े पर सवार हो किले से बाहर निकल पड़ीं। मार्ग में एक नाले के किनारे वे अंग्रेज सैनिकों से घिर गईं। अंतिम क्षण तक शत्रुओं को मौत के घाट उतारते हुए अंततः उस वीरांगना ने युद्धभूमि में ही वीरगति पाई। रानी लक्ष्मीबाई असाधारण शौर्य, धैर्य, संगठन-कुशलता, देशप्रेम और निर्भयता की प्रतीक हैं।

रानी अहिल्या (अहिल्याबाई होलकर)

देव-मंदिरों का जीर्णोद्धार कर भारतीय संस्कृति की रक्षा करनेवाली न्याय-परायणा, नीति-निपुणा, प्रजावत्सला रानी अहिल्याबाई होलकर माणकोजी शिंदे नामक पटेल की कन्या और इंदौर के राजा मल्हारराव होलकर के पुत्र खंडेराव की पत्नी थीं। खंडेराव कुंभेरी की लड़ाई में मारे गए। अहिल्याबाई अपने पुत्र भालेराव के नाम से राजकाज की देखभाल करती थीं। भालेराव भी शीघ्र ही मृत्यु को प्राप्त हो गया, अतः रानी इंदौर की शासिका बनीं। पूना में उस समय छलपूर्वक पेशवा बन बैठे रघुनाथराव ने अहिल्याबाई का राज्य भी हस्तगत करना चाहा, परंतु रानी की राजनीति के कारण उसकी लालसा पूरी नहीं हो सकी। अहिल्याबाई ने तीस वर्षों तक राज्य किया। उन्होंने लोकोपयोगी कार्यों पर उदार मन से धन व्यय किया और काशी-विश्वेश्वर, सोरटी-सोमनाथ, विष्णुपदी (गया), परली-बैजनाथ आदि महान् मंदिरों का जीर्णोद्धार कराया।

रानी चन्नम्मा

इतिहास में चन्नम्मा नाम की दो वीरांगनाएँ प्रसिद्ध हैं। इनमें से एक केलदी की रानी थी और दूसरी कित्तूर की। औरंगजेब ने शिवाजी के प्रथम पुत्र संभाजी की हत्या करने के बाद उनके दूसरे पुत्र राजाराम का पीछा किया। इस संकट के समय केलदी की रानी चन्नम्मा ने राजाराम को अपने किले में आश्रय देकर नवोदित शिवराज्य का परोक्षतः संरक्षण किया तथा अपने सैन्यबल से मुगलों का प्रतिकार किया।

कित्तूर (कर्नाटक में एक जागीर) की रानी चन्नम्मा ने अपने पति की अकाल मृत्यु के बाद अंग्रेजों की कित्तूर को हड़पने की योजना को विफल करने के लिए अंग्रेजों से डटकर टक्कर ली थी। अंग्रेज चन्नम्मा से संधि करने को विवश हुए। बाद में अंग्रेजों ने छल करके चन्नम्मा को बंदी बनाकर बेलहोंगल के किले में रखा। झाँसी की रानी लक्ष्मीबाई के समान इन दोनों रानियों ने स्वातंत्र्य हेतु अपना जीवन उत्सर्ग किया।

रानी रुद्रमांबा (रुद्रांबा)

आंध्र के काकतीय शासकों में छठे राजा गणपति देव की इकलौती पुत्री, जिसने पिता के मरणोपरांत राज्य-भार सँभाला। पिता ने अपनी पुत्री को राज्यकार्य की समुचित शिक्षा दी थी। पिता के साथ जय-यात्राओं में भाग लेकर इन्होंने अपनी वीरता की छाप छोड़ी थी, किंतु एक स्त्री राज्य सिंहासन पर बैठे, यह सामंतों और मांडलिकों को सहन न हो सका। उन्होंने विद्रोह किया। सीमावर्ती राजाओं को भी यह स्वर्ण अवसर जान पड़ा। वीर नारी रुद्रांबा ने इन सारे विरोधियों को पराभूत कर अपनी रणदक्षता का प्रमाण दिया। रुद्रांबा का विवाह चालुक्य नरेश वीरभद्र से हुआ। इन्होंने दो दशकों तक काकतीय साम्राज्य का कुशल संचालन किया।

भगिनी निवेदिता

यह आयरिश महिला थीं। इनका मूल नाम कुमारी मार्गरेट एलिजाबेथ नोबेल था। स्वामी विवेकानंद के व्यक्तित्व से प्रभावित और प्रेरित होकर ये उनकी शिष्या बनीं और युगाब्द ४९९९ (१८९८ ई.) में भारत आईं। स्वामीजी ने उनका नाम भगिनी निवेदिता रख दिया। इन्होंने हिंदू धर्म

का सार आत्मसात् किया और अपने लेखन तथा वाणी द्वारा हिंदू धर्म की श्रेष्ठता सिद्ध की। भारत आकर वे दीन-दुखियों की सेवा में लग गईं। भगिनी निवेदिता ने क्रांतिकारियों को भी प्रेरणा और मार्गदर्शन प्रदान किया। भारतीय संस्कृति और धर्म से वे पूर्ण एकात्म और समरस हो गई थीं। भारत में आधुनिक नवजागरण के प्रयत्नों में उनका महत्त्वपूर्ण योगदान रहा। उन्होंने 'Web of Indian Life' आदि उत्कृष्ट ग्रंथों की भी रचना की।

माँ सारदा

माँ सारदा श्रीरामकृष्ण परमहंस की धर्मपत्नी थीं। अपने जीवन को वीतराग पति के अनुरूप ढालकर वे सच्चे अर्थ में उनकी सहधर्मचारिणी बनीं। परमहंस और सारदा माँ का संबंध लौकिक न होकर देहभाव से नितांत परे अलौकिक-आध्यात्मिक था। श्रीरामकृष्ण सारदा को माँ जगदंबा के रूप में देखते थे और ये उन्हें जगदीश्वर समझती थीं। श्रीरामकृष्ण के समाधिस्थ होने के बाद इन्होंने विवेकानंद आदि उनके शिष्यों का पुत्रवत् पालन किया। स्वयं अपने जीवन को आध्यात्मिक साँचे में ढालकर माँ सारदा ने अपने पति के शिष्यों को भी आध्यात्मिक मार्गदर्शन प्रदान किया।

भगवान् श्रीराम

भगवान् विष्णु के सातवें अवतार के रूप में आराध्य श्रीराम का जीवन और चरित्र भारतीय संस्कृति के श्रेष्ठ जीवन-मूल्यों का प्रतीक है। मर्यादा-पालन का सर्वोत्तम आदर्श प्रस्तुत करने के कारण उन्हें मर्यादापुरुषोत्तम के रूप में स्मरण किया जाता है। उन्होंने रावण की अनीतिपूर्ण राजसत्ता समाप्त कर रामराज्य के रूप में आदर्श व्यवस्था स्थापित की। श्रीराम का दिव्य चरित्र सत्य, शील और सौंदर्य से मंडित है। भारतीय साहित्य में राम के दिव्य गुणों का आदिकवि वाल्मीकि से लेकर आज पर्यंत अनेकानेक महर्षियों, संतों, दार्शनिकों और कवियों ने नानाविध वर्णन किया है। सूर्यवंशी राम का जन्म इक्ष्वाकु और रघु के कुल में हुआ था। दशरथ-पुत्र रघुकुल-तिलक राम ने भूमि को राक्षसविहीन बनाने का संकल्प किया था। वनवास-काल में राम ने वनवासियों और वन-जातियों को संगठित एवं सुसंस्कारित कर उनकी सहायता से राक्षसों को पराजित कर लोक को निरापद बनाया। राम भारत के जन-जन के मन में बसे हुए हैं। वे भारतीय अस्मिता की पहचान, उसके हृदय का स्पंदन और उसकी आकांक्षाओं के प्रतीक एवं केंद्रबिंदु हैं। भारत की चिरकालिक अभिलाषा का नाम रामराज्य है।

महाराजा भरत

भरत नाम के पाँच प्रसिद्ध व्यक्ति हुए हैं। पहले भरत तो प्रथम मन्वंतर के एक राजा थे, जो विष्णु भक्त थे। दूसरे भरत भी योद्धा एवं राजा थे, जिनके नाम पर एक मानवकुल प्रसिद्ध है। तीसरे दाशरथि राम के भाई और परम उपासक एवं भक्त-शिरोमणि, कैकेयी-सुत भरत हुए हैं। चौथे भरत चंद्रवंशी राजा पुरु के वंश में दुष्यंत एवं शकुंतला के पुत्र थे। इन्हीं की नौवीं पीढ़ी में कुरु हुए, जिनके वंशज कौरव कहलाए। पाँचवें भरत प्रसिद्ध ऋषि और नाट्यशास्त्र के प्रणेता आचार्य हुए।

जिनके नाम पर हमारे देश का नाम 'भारत' पड़ा, कहा जाता है, ऐसे दो भरत प्रसिद्ध हुए

हैं—एक महायोगी ऋषभदेव के सबसे बड़े पुत्र थे और दूसरे दुष्यंत-शकुंतला के पुत्र। दुष्यंत-शकुंतला के पुत्र भरत चक्रवर्ती, परमप्रतापी, प्रजापालक, धर्मात्मा, भगवद्भक्त एवं सैकड़ों बड़े-बड़े यज्ञों के कर्ता हुए हैं। ये पुरुवंशी थे। दुष्यंत का ऋषि की पालित कन्या शकुंतला से गंधर्व विवाह हुआ था, जिससे भरत उत्पन्न हुए। दुष्यंत के बाद वे सम्राट् हुए। उन्होंने गंगा तट पर ५५ और यमुना तट पर ७८ अश्वमेध यज्ञ किए, दिग्विजय यात्रा की और म्लेच्छों को पराजित कर निर्जन प्रदेशों में भगा दिया, देवांगनाओं का दानवों से उद्धार किया तथा पृथ्वी के एकच्छत्र अधिपति बने।

भगवान् कृष्ण

भगवान् विष्णु के अष्टम अवतार के रूप में प्रसिद्ध, वसुदेव-देवकी के जाये तथा नंद-यशोदा के लालित-पालित पुत्र, अनेक असुरों के संहारकर्ता, गोकुलवासियों की इंद्रकोप से रक्षा हेतु गोवर्धन धारण करनेवाले, कंस के दुर्जन राज्य का अंत कर जरासंध को सत्रह बार परास्त करनेवाले, सुदामा के प्रति आत्मीयता का निर्वाह कर मित्रता का श्रेष्ठ आदर्श प्रस्थापित करनेवाले, युधिष्ठिर के राजसूय यज्ञ में अग्रपूजा का सम्मान पाकर भी यज्ञ में उपस्थित ब्राह्मणों के पैर धोनेवाले और भोज के पश्चात् सबके जूठे पत्तल उठानेवाले, महाभारत-युद्ध में पांडवों को कौरवों पर विजय दिलानेवाले, धर्म-संस्थापक एवं कर्मयोगी, भगवद्गीता का उपदेश देनेवाले, अपने वंश (यदुवंश) में उपजे दोषों के कारण उसका भी विध्वंस करनेवाले श्रीकृष्ण षोड्श कलायुक्त पूर्णावतार रूप में परम आराध्य हैं। न केवल भागवतपुराण के अपितु महाभारत महाकाव्य के भी वास्तविक नायक वही हैं। उनके चरित को आधार बनाकर भारत की सभी भाषाओं में उत्कृष्ट भक्ति-साहित्य का निर्माण हुआ है। श्रीकृष्ण के जन्म से पूर्व मथुरा में अंधक और वृष्णि गणों का संघ था, जिसके गणप्रमुख उग्रसेन श्रीकृष्ण के नाना देवक के बड़े भाई थे। कंस ने इसी गणराज्य को एकतंत्र में परिणित कर दिया था, जिसे कृष्ण ने पुनः गणराज्य बनाया। कंस का श्वसुर जरासंध प्रतिशोध के लिए बारंबार आक्रमण करने के पश्चात् जब विदेशियों को भी अपनी सहायता के लिए आमंत्रित करने लगा तो श्रीकृष्ण ने विदेशी कालयवन का अंत कराने के साथ ही इस प्रवृत्ति को बढ़ने न देने के लिए अंधक-वृष्णिगण को द्वारका स्थानांतरित कर दिया तथा बाद में जरासंध को युक्तिपूर्वक भीम के हाथों समाप्त कराया। वे अपने समय के सर्वश्रेष्ठ राजनीतिज्ञ थे और महायोगी भी।

पितामह भीष्म

महाभारतकालीन श्रेष्ठ पुरुष तथा कौरव-पांडवों के पितामह। ये कुरुवंशी राजा शांतनु के पुत्र थे, नाम था देवव्रत। भगवती गंगा इनकी माता थीं, इसलिए इन्हें गांगेय भी कहते हैं। ये परशुराम के शिष्य और महान् योद्धा थे। शांतनु-सत्यवती के विवाह की बाधा को दूर करने के लिए इन्होंने आजीवन ब्रह्मचारी रहने तथा सिंहासन पर न बैठने की कठोर प्रतिज्ञा की थी, जिसका इन्होंने सदैव दृढता से पालन किया। भीषण प्रतिज्ञा के कारण ही ये भीष्म कहलाए। शस्त्र और शास्त्र दोनों विद्याओं में निष्णात भीष्म महाभारत युद्ध में कौरवों की ओर से लड़े थे और उनकी सेनाओं का सेनापतित्व भी किया था। अर्जुन के बाणों से बिंधा शरीर लिये भीष्म सूर्य के उत्तरायण होने तक शर-शय्या पर लेटे रहे और धर्मराज युधिष्ठिर को राजधर्म का उत्कृष्ट उपदेश दिया, जो महाभारत के शांतिपर्व में उपलब्ध है। इसमें भारतीय राजनीति, समाजनीति और धर्मनीति का विस्तृत वर्णन है।

धर्मराज युधिष्ठिर

पाँच पांडवों में सबसे बड़े और धर्मराज के नाम से विख्यात रहे। इन्होंने महाभारत युद्ध को टालने का यथासंभव प्रयास किया। ये कौरवों के अन्याय का बदला अन्यायी मार्ग से लेने के विरुद्ध थे। यही नहीं अपितु कौरवों के शत्रुतापूर्ण छलों से बारंबार पीड़ित होते रहने के उपरांत भी इनके वनवास के समय जब चित्रसेन गंधर्व ने दुर्योधन को बंदी बनाया तो धर्मराज युधिष्ठिर ने अपने भाइयों से कहा, "आपस के संघर्ष में हम पाँच और कौरव सौ हैं, परंतु अन्य लोगों से संघर्ष

में हम एक सौ पाँच रहेंगे।'' यक्ष द्वारा पूछे गए प्रश्नों के ठीक-ठीक उत्तर देकर उन्होंने एक भाई को जिलाने का वरदान पाया और विमाता माद्री के पुत्र को जिलाने की समदृष्टि का परिचय देकर अपने चारों मृत बंधुओं को जिंदा करा लिया था। इन्होंने उजाड़ खांडवप्रस्थ को वासयोग्य बनाकर इंद्रप्रस्थ नगर (दिल्ली) की स्थापना की और राजसूय यज्ञ का आयोजन किया था। महाभारत युद्ध के पश्चात् कलियुगारंभ से ३६ वर्ष पूर्व ये हस्तिनापुर के सिंहासन पर बैठे और द्वापर के अंत में (३१०१ ई.पू.) राज्य-शासन परीक्षित को सौंपकर भाइयों और द्रौपदी सहित तीर्थयात्रा के बाद हिमालय पर चढ़ते चले गए। युधिष्ठिर को छोड़कर अन्य सब पांडव और द्रौपदी एक-एक कर मार्ग में ही गिर गए। युधिष्ठिर के नाम से भारत में एक संवत् भी प्रचलित है।

वीर अर्जुन

महाभारत के वीर, पाँच पांडवों में तीसरे, अद्वितीय धनुर्धर, पार्थ, सव्यसाची और धनंजय नामों से अभिहित, द्रोणाचार्य के प्रिय शिष्य, स्वयंवर में शस्त्र-कौशल दिखाकर द्रौपदी को जीतनेवाले, भारत के उत्तरीय प्रदेशों के दिग्विजयी, वीर अभिमन्यु के पिता, महाभारत युद्ध में पांडव पक्ष के मेरुदंड अर्जुन को महाभारत आरंभ में कुरुक्षेत्र के मैदान में दोनों और स्वजनों के ही संहार की शोककारी परिस्थिति देखकर युद्ध से विरक्ति हो गई थी। भगवान् श्रीकृष्ण ने, जो अर्जुन के घनिष्ठ सखा, संबंधी और मार्गदर्शक थे तथा महाभारत युद्ध में उनके सारथी बने थे, उन्हें श्रीमद्भगवद्गीता का उपदेश देकर व्यामोह-मुक्त किया था। अर्जुन का चरित्र भगवान् के प्रति पूर्ण समर्पण का श्रेष्ठ उदाहरण है।

मुनि मार्कंडेय

भृगुवंश में उत्पन्न नैष्ठिक ब्रह्मचारी और कठोर तपस्वी। बाल्यावस्था में ही भविष्यवक्ताओं ने इन्हें अल्पायु घोषित कर दिया था, इसलिए इन्होंने ऋषि-मुनियों से आशीर्वाद लेकर घोर तपस्या करके मृत्यु पर विजय पाई थी और कल्पांत में सृष्टि का प्रलय प्रत्यक्ष देखा था। रामायण में सर्वत्र इनका निर्देश दीर्घायु नाम से किया गया है। मार्कंडेय मुनि ने पांडवों को धर्म का उपदेश दिया था, विशेष रूप से युधिष्ठिर इनके धर्मोपदेश एवं तत्त्वज्ञान से बहुत प्रभावित थे।

राजा हरिश्चंद्र

अयोध्या के इक्ष्वाकुवंशी राजा, जिन्होंने सत्य के दृढ व्रत का पालन किया। वसिष्ठ ऋषि से इनके सत्यव्रत की प्रशंसा सुनकर ईर्ष्या से विश्वामित्र ऋषि ने इनके सत्यव्रत की परीक्षा ली और इनसे राज्यदान करवाया। दान के पश्चात् दक्षिणापूर्ति के लिए हरिश्चंद्र ने पुत्र रोहित, पत्नी तारामती तथा स्वयं को भी बेच डाला और एक चांडाल के दास बनकर श्मशान-भूमि पर शव जलाने का काम करने लगे। पुत्र रोहित सर्पदंश से मृत्यु को प्राप्त हुआ तो तारामती उसे दाह-संस्कार हेतु उसी श्मशान में लेकर आई। हरिश्चंद्र ने दाह-संस्कार का शुल्क लिये बिना रोहित का दाह-संस्कार करने से इनकार कर दिया। सत्य-परीक्षा में उन्हें खरा उतरा देखकर विश्वामित्र प्रसन्न हुए। उन्होंने रोहित को जीवित किया और हरिश्चंद्र को न केवल पूर्वस्थिति अपितु अक्षय कीर्ति प्राप्त हुई।

भक्त प्रह्लाद

श्रेष्ठ भगवद्भक्त प्रह्लाद दैत्य सम्राट् हिरण्यकशिपु के पुत्र थे। भक्ति मार्ग के विरोधी पिता ने पुत्र को ईश्वर-भक्ति से विमुख करने के उद्देश्य से नाना प्रकार के कष्ट दिए। किंतु प्रह्लाद की ईश भक्ति में आस्था अडिग रही। हिरण्यकशिपु की योजना से प्रह्लाद की बुआ होलिका प्रह्लाद को गोद में लेकर अग्नि-ज्वालाओं के बीच जा बैठी, पर भगवद्भक्ति के प्रताप से होलिका जल गई और प्रह्लाद का बाल भी बाँका नहीं हुआ। पिता ने इन्हें आग में तपे लोहे से बँधवाया, पर इससे भी प्रह्लाद को क्षति नहीं पहुँची। अपने इस अविचल भक्त की रक्षा के लिए स्वयं भगवान् नृसिंह रूप में प्रकट हुए और हिरण्यकशिपु का वध किया।

देवर्षि नारद

चारों वेद, इतिहास-पुराण, स्मृति, व्याकरण, दर्शनादि नाना विद्याओं में पारंगत देवर्षि नारद भागवत धर्म के आधार पाँचरात्र के प्रवर्तक, भक्ति, संगीत-विद्या, नीति आदि के मुख्याचार्य, नित्य परिव्राजक, रामकथा के आदिकवि वाल्मीकि तथा वैदिक संस्कृति के व्यवस्थापक एवं महाभारतकार वेदव्यास के प्रेरक, जीवमात्र के कल्याण के व्रती, बालक ध्रुव के उपदेश, देव-दैत्य दोनों के ही सम्मान के पात्र और भगवद्भक्ति के प्रचारक, महान् वैष्णव हैं। इन्हें ब्रह्मा का मानस पुत्र कहा जाता है। भगवान् ब्रह्मा से प्राप्त वीणा लेकर बराबर भगवन्नामगुण गाते रहना ही इनका स्वभाव है। नारद सतत तीनों लोकों में भ्रमण करनेवाले और कहाँ क्या चल रहा है, इसका ज्ञान रखनेवाले आदि-संवाददाता हैं। ये धर्म-संस्थापना के भगवत्कार्य में सदैव सहयोगी रहते हैं।

भक्त ध्रुव

राजा उत्तानपाद के पुत्र, श्रेष्ठ भगवद्भक्त, जिन्होंने सुकोमल बाल्यावस्था में ही कठोर तपस्या कर भगवान् विष्णु को प्रसन्न किया और अपनी अटल भक्ति के प्रतीक बन आकाश में अविचल ध्रुव नक्षत्र के रूप में स्थित हुए। बचपन में इन्होंने अपनी विमाता सुरुचि के दुर्व्यवहार से विकट कष्ट झेले। माता सुनीति की आज्ञा और महर्षि नारद के उपदेश से पाँच वर्ष की सुकुमार अवस्था में ही राजकुमार ध्रुव के अंत:करण में भगवद्भक्ति की प्रेरणा उत्पन्न हुई और उन्होंने यमुना तट पर मधुवन में अखंड तप किया।

वीर हनुमान

भगवान् राम के अनन्य भक्त एवं सेवक श्री हनुमान सुमेरु के राजा केसरी और गौतम-कन्या अंजनी के पुत्र हैं। इन्हें पवन-पुत्र और महाबली के नाम से भी स्मरण किया जाता है। बचपन में सूर्य को फल समझकर उसे तोड़ लाने के लिए झपटकर उसका अतिक्रमण किया, अपने मित्र किष्किंधापति सुग्रीव से राम-लक्ष्मण की भेंट कराई, सीता की खोज में राम के सहायक बने, सागर लाँघकर लंका गए, राम की मुद्रिका सीता माता तक पहुँचाई, अनेक राक्षसों को मारा, लंका-दहन किया, राम-रावण युद्ध में महान् पराक्रम किया तथा शक्ति लगने के कारण लक्ष्मण के मूर्च्छित होने पर संजीवनी औषधि के लिए द्रोणगिरि को उठा लाए। अतुल पराक्रमी, महाबली हनुमान की उपासना को आधार बनाकर संतों-भक्तों ने समय-समय पर सद्धार्मिकों में शक्ति और बल का संचार करने के

उपाय किए हैं। अजेय शक्ति के धनी, निष्कलंक चारित्र्य से संपन्न, ज्ञानगुण के आगार, विवेकशील व ध्येयनिष्ठा से युक्त हनुमान ने एक समर्पित कार्यकर्ता का अनुकरणीय आदर्श उपस्थित किया।

राजा जनक

जनक की गणना राजर्षियों में की जाती है। ये विदेह नाम से प्रख्यात थे। मिथिला में इनका राज्य था। ये महान् आत्मज्ञानी, ब्रह्मज्ञानी थे। बड़े-बड़े योगी-तपस्वी इनसे आत्मज्ञान प्राप्त करने

आते थे। राजा जनक की पुत्री होने से सीता जानकी कहलाईं। मर्त्य देह का त्याग कर जब जनक ऊर्ध्वगमन करने लगे तो उन्होंने मार्ग में यमलोक देखा और अपना सारा पुण्य देकर वहाँ के दुःखी जीवों का उद्धार किया। संसार में रहकर भी कैसे निरासक्त रहा जा सकता है, इसका अनुपम उदाहरण राजर्षि जनक के पुण्यचरित से मिलता है। देहासक्ति से मुक्त होने के कारण ही इनके लिए विदेह विशेषण का प्रयोग किया जाता था।

महर्षि व्यास

आषाढ़ शुक्ल पूर्णिमा का दिन व्यास-पूजा अर्थात् गुरुपूजा-दिवस के रूप में मनाया जाता है। मान्यता है कि प्रत्येक मन्वंतर में भगवान् विष्णु 'व्यास' अवतार ग्रहण कर वेदों का उद्धार करते हैं। आज तक २८ व्यासावतार हुए हैं। प्रचलित वैवस्वत मन्वंतर में कृष्ण-द्वैपायन व्यास का आविर्भाव हुआ। पराशर और सत्यवती के पुत्र कृष्ण-द्वैपायन व्यास ने १८ पुराणों की रचना की और अपने कुछ शिष्यों को वेदों का ज्ञान प्रदान कर उनके द्वारा उन्होंने वेदों की भिन्न-भिन्न शाखाओं का विस्तार कराया, ब्रह्मसूत्रों की रचना कर उपनिषदों का रहस्य जगत् के सामने रखा। महाभारत जैसे अत्युत्कृष्ट महाकाव्य की रचना की, जिसमें भारतीय संस्कृति को सुंदर आख्यानों-उपाख्यानों के माध्यम से प्रस्तुत किया गया है। नारद की आज्ञा से भक्तिरसपूर्ण श्रीमद्भागवत ग्रंथ का प्रणयन कर उन्होंने मन:शांति प्राप्त की। व्यास ने वैदिक संस्कृति की परंपरा को सुरक्षित रखने के लिए वेदों के तत्त्वों को विविध माध्यमों से लोक में प्रचारित किया।

महर्षि वसिष्ठ

ऋग्वेद के सप्तम मंडल के द्रष्टा ऋषि, जो यज्ञ प्रक्रिया के प्रथम ज्ञाता थे। वसिष्ठ सूर्यवंश के कुलगुरु थे। उन्होंने ब्रह्मा की आज्ञा से इस वंश का पौरोहित्य स्वीकार किया था। अपने तपोबल से रघुवंश के चक्रवर्ती नरेशों—दिलीप, रघु, रामचंद्र आदि की श्रीवृद्धि की और अनेक संकटों से सूर्यवंश की रक्षा की। बीच में एक बार कोई योग्य शासक न रहने पर उन्होंने राज्य-व्यवस्था की भी स्वयं देखभाल की और उचित समय पर राज्य के उत्तराधिकारी को शासन सौंप दिया। वसिष्ठ के पास 'नंदिनी' नाम की एक कामधेनु थी, जिसे हठात् बलपूर्वक प्राप्त करने के लिए विश्वामित्र ने वसिष्ठ से संघर्ष किया। विश्वामित्र ने क्षात्रतेज की तुलना में ब्रह्मतेज की श्रेष्ठता अनुभव की और राजपद त्यागकर तपस्या करके तपोबल से वसिष्ठ को हराने का प्रयत्न बहुत समय तक करते रहे, किंतु अंततः उन्होंने अपनी भूल स्वीकार कर ली। वसिष्ठ ब्राह्मणत्व के आदर्श हैं। विश्वामित्र के हाथों अपने सौ पुत्रों के मारे जाने पर भी उनके मन में कोई विकार उत्पन्न नहीं हुआ। अरुंधती वसिष्ठजी की पत्नी हैं, जो उनके साथ सप्तर्षि मंडल में स्थित हैं।

मुनि शुकदेव

भगवान् व्यास के पुत्र, जन्मना परम विरक्त, ब्रह्मविद्या के जिज्ञासु और भगवद्भक्ति के प्रचारक शुकदेवजी ने भागवत ग्रंथ का अध्ययन प्रमुखतया अपने पिता से किया था, भगवान् शंकर से श्रीकृष्णचंद्र की अमृतकथा सुनी थी, मिथिला नरेश राजा जनक से ब्रह्मविद्या प्राप्त की

थी और पांडवों के पौत्र राजा परीक्षित को, जिन्हें सातवें दिन सर्पदंश से मृत्यु का शाप मिला था, सात दिनों में संपूर्ण भागवत ग्रंथ सुनाया था।

राजा बलि

महान् विष्णुभक्त राजा बलि भगवद्भक्त प्रह्लाद के पौत्र थे। इन्होंने अपने पराक्रम से देवलोक पर अधिकार कर लिया था। इंद्रासन का अधिकारी बनने के लिए इन्होंने एक सौ अश्वमेध यज्ञ किए। अंतिम सौवें अश्वमेध यज्ञ के समय देवगण चिंतित होकर भगवान् विष्णु की शरण में गए। विष्णु वामन रूप धारण कर यज्ञस्थल पर पहुँचे और बलि से तीन पद (पग) भूमि माँगी। दैत्यगुरु शुक्राचार्य के निषेध करने पर भी बलि ने वामन को तीन पद भूमि दान दे दी। भगवान् वामन ने प्रथम दो पदों से मर्त्यलोक और स्वर्गलोक नाप लिये। तब तीसरा पद रखने के लिए बलि ने अपना मस्तक झुका दिया। भगवान् प्रसन्न हुए। उन्होंने बलि राजा को पाताल का अधिपति बना दिया। राजा बलि का चरित्र दानशीलता, वचनबद्धता और विष्णुभक्ति का अनुपम उदाहरण है। कार्तिक शुक्ल प्रतिपदा बलि-प्रतिपदा के रूप में मनाई जाती है और इस दिन बलिपूजन किया जाता है।

महर्षि दधीचि

अथर्वा ऋषि के पुत्र महर्षि दधीचि त्याग और परोपकार के अद्वितीय आदर्श हैं। परम तपस्वी दधीचि के तप से देवराज इंद्र को अपना सिंहासन छिन जाने की शंका पैदा हो गई थी। उसने इनकी तपस्या में विघ्न डालने के अनेक उपाय किए, पर असफल रहा। वही इंद्र वृत्रासुर से पराजित होकर महर्षि दधीचि के यहाँ याचक के रूप में उपस्थित हुआ और बोला, ''हम संकट में पड़ आपसे याचना करने आए हैं। हमें आपके शरीर की अस्थि चाहिए।'' उदारचेता महर्षि ने इंद्र के पिछले कृत्यों को भुलाकर लोकहित के लिए योग-विधि से शरीर छोड़ दिया। तब इंद्र ने उनकी अस्थियों से वज्र बनाया और वृत्रासुर को पराजित किया।

दधीचि उपनिषदों में वर्णित मधुविद्या के ज्ञात थे, किंतु उसके साथ यह शाप भी जुड़ा हुआ था कि यदि वे किसी को वह विद्या बताएँगे तो उनका सिर कटकर गिर जाएगा। इस बाधा से बचने के लिए अश्विनीकुमारों ने उन्हें अश्व का सिर लगा दिया और उन्होंने उसी से मधुविद्या का उपदेश अश्विनीकुमारों को दिया। अश्व का शिर गिर जाने पर अश्विनीकुमारों की भिषक् विद्या से उन्हें अपना मूल सिर पुनः पूर्ववत् मिल गया।

देवशिल्पी विश्वकर्मा

विश्व के आदि स्थपति एवं शिल्पी, जिन्होंने देवलोक और मनुष्यलोक में अनेक भव्य नगरों का निर्माण किया, विष्णु के सुदर्शनचक्र, शिव के त्रिशूल, इंद्र के वज्र और त्रिपुरदहनार्थ रुद्र के रथ के निर्माता भी विश्वकर्मा ही कहे जाते हैं। स्वयं कश्यप ऋषि ने विश्वकर्मा का अभिषेक किया था। समस्त शिल्पों के अधिदेवता विश्वकर्मा की माता का नाम महासती योगसिद्धा था, जो प्रभास नामक वसु की पुत्री थीं। विश्वरूप और वृज विश्वकर्मा के पुत्र हुए। हिंदू शिल्पी अपने कर्म की उन्नति के लिए सूर्य की सिंह राशि से कन्या राशि में संक्रांति के दिन इनकी आराधना करते हैं और इस दिन शिल्प के किसी उपकरण को व्यवहार में नहीं लाते।

राजा पृथु

राजा पृथु ने धरती पर विभिन्न प्रकार के धान्यों का आविष्कार किया, धरती में निहित रत्नों का अन्वेषण किया, धरती की सकल संपदाओं का दोहन किया, कृषि का अपूर्व विकास किया और प्रजा की समृद्धि के लिए पृथ्वी को वैभव संपन्न बनाया। फलत: यह धरती पृथु की कन्या कहलाई और पृथ्वी नाम से अभिहित हुई। यह अत्याचारी राजा वेन के पुत्र थे, इसलिए इन्हें 'वैन्य' भी कहते हैं। राजा वेन का वध करके ऋषियों ने पृथु को राज्याभिषिक्त किया था।

महर्षि वाल्मीकि

रामायण के रचयिता कवि। इन्होंने संस्कृत में रामचरित का वर्णन किया। इनका महाकाव्य रामायण बाद में अनेकानेक कवियों-लेखकों के लिए उपजीव्य बना। कहा जाता है कि पहले ये लूटपाट का काम करते थे। नारदजी ने इन्हें राम का नाम स्मरण करने की प्रेरणा दी। एक बार एक व्याध ने क्रौंच युगल में से नर क्रौंच को बाण से मार गिराया। इस पर उसकी भार्या ने करुण क्रंदन प्रारंभ कर दिया। यह दृश्य देखकर वाल्मीकि के हृदय की करुणा काव्यधारा के रूप में फूट निकली। उनकी वाणी व्याध के प्रति शाप के रूप में प्रकट हुई, किंतु विशेष बात यह रही कि वह अभिव्यक्ति छंदोबद्ध थी। यही वाणी आद्य कविता कहलाई। जिस छंद में शाप फूटा था, उसी अनुष्टुप छंद में बाद में वाल्मीकि ने नारदजी के बताए श्रीराम के अत्युज्ज्वल जीवन-चरित्र का वर्णन किया।

भगवान् भार्गव (परशुराम)

भृगु कुल में उत्पन्न व्यक्तियों में जमदग्नि ऋषि और रेणुका देवी के पुत्र परशुराम का नाम सर्वप्रथम है। इनकी गणना भगवान् विष्णु के दश अवतारों में हुई है। ये छठे अवतार थे। इन्होंने कश्यप ऋषि से मंत्र-विद्या और भगवान् शिव से धनुर्वेद प्राप्त किया था। ये महापराक्रमी हुए हैं। इनकी माता सूर्यवंश की राजकुमारी और इनकी पितामही (जमदग्नि की माता) कान्यकुब्ज के चंद्रवंश की राजकुमारी तथा विश्वामित्र की बड़ी बहन थीं। इस प्रकार इनका निकट संबंध अपने समय के दोनों प्रसिद्ध क्षत्रिय राजवंशों से था। जब कार्तवीर्य सहस्रार्जुन ने इनकी अनुपस्थिति में इनके तपस्यारत पिता जमदग्नि का वध कर दिया तो इन्होंने क्रोधावेश में सहस्रार्जुन सहित विश्वभर के सारे अत्याचारी राजाओं और उनके जन-उत्पीड़नकारी सहायकों का संहार किया तथा समस्त पृथ्वी जीतकर अपने मंत्रविद्या गुरु कश्यप ऋषि को दान में दे दी और स्वयं पश्चिम-सागर के तट पर समुद्र में से नई भूमि का निर्माण कर वहाँ तप करने लगे। इन्होंने कामरूप (असम) में भी तपस्या की और पर्वतों से घेरकर विशाल सागर सा बनाए ब्रह्मपुत्र महानद को अपने परशु से पर्वत काटकर भारत की ओर बहने का मार्ग दिया। उस तप:स्थान पर आज भी परशुरामकुंड प्रसिद्ध है। महाभारत के तीन दुर्धर्ष महावीर—भीष्म, द्रोण और कर्ण इनके शिष्य और चौथे अर्जुन इनके शिष्य के शिष्य थे। शिव के परमभक्त परशुराम तेजस्विता, अत्याचार के प्रचंड प्रतिशोध एवं अनीति-विरोध विकट प्रतिकार के प्रतीक हैं।

राजा भगीरथ

राजा सगर के वंशज और इक्ष्वाकुवंशी राजा दिलीप के पुत्र भगीरथ की कीर्ति गंगा को भूलोक पर लाकर अपने उन पूर्वजों (राजा सगर के पुत्रों) का उद्धार करने के कारण है, जो कपिल मुनि के कोप से दग्ध हुए थे। गंगा को पृथ्वी पर लाने के लिए राजा भगीरथ के पिता और पितामह ने भी प्रयास किए थे, पर वे सफल नहीं हो पाए थे। भगीरथ अपने कठोर तप से इस कार्य में सफल हुए, इसलिए गंगा को 'भागीरथी' नाम से अभिहित किया जाता है। गंगा की धारा को भूतल पर लाकर राजा भगीरथ ने भारत को श्रीवृद्धि प्रदान की और पितृऋण से भी मुक्त हुए। कठोर साधना के लिए 'भगीरथ-प्रयत्न' एक मुहावरा बन गया।

धनुर्धारी एकलव्य

आदर्श गुरुभक्त, श्रेष्ठ धनुर्धर, वचनधनी एकलव्य व्याधों के राजा हिरण्यधनु का पुत्र था। महाभारत काल के धनुर्विद्या के सर्वश्रेष्ठ आचार्य द्रोण से विद्या पाने की अभिलाषा लेकर एकलव्य उनके पास गया, किंतु द्रोणाचार्य ने राज्य के उत्तराधिकारियों को दी जा रही शस्त्र-विद्या इस वनवासी बालक को देना राज्य के लिए अहितकर मानकर उसे सिखाने से इनकार कर दिया। तब एकलव्य ने द्रोणाचार्य की मिट्टी की प्रतिमा बनाई, उसे गुरु मान्य किया, अनुकरण करते हुए और मानो उनके आदेश-निर्देश से धनुर्विद्या का अभ्यास कर श्रेष्ठ धनुर्धर बन गया। बाद में गुरुदक्षिणा में गुरु द्रोण द्वारा अँगूठा माँग लिये जाने पर बिना हिचक अपना अँगूठा देकर गुरुभक्ति का आदर्श प्रस्थापित किया। उसकी स्मृति में आज भी भील जनजाति के अनेक लोग धनुष-बाण चलाते समय अपने अँगूठे का प्रयोग नहीं करते।

महर्षि मनु

मानवजाति के आदिपुरुष और धर्मशास्त्र के प्रणेता मनु ने जलप्लावन के समय पृथ्वी के डूब जाने पर अपनी नौका में सृष्टि के सब बीज सुरक्षित रख लिये थे, जिनके आधार पर जलप्लावन उतर जाने के बाद उन्होंने धरती को सर्वसंपन्नता प्रदान की और नूतन मानव संस्कृति का निर्माण किया। ईसाइयों और मुसलमानों में भी नोअह और हजरत नूह के नाम से यही कथा प्रचलित है। मनु अनेक हुए हैं। पुराणों के अनुसार प्रत्येक कल्प के चौदह मन्वंतरों में अलग-अलग चौदह मनुओं का शासन होता है। वर्तमान मनु वैवस्वत अर्थात् सूर्यपुत्र कहलाते हैं और इसलिए यह मन्वंतर भी वैवस्वत मन्वंतर कहलाता है।

देववैद्य धन्वंतरि

देवताओं के वैद्य एवं 'आयुर्वेद शास्त्र' के प्रवर्तक। समुद्र-मंथन से आविर्भूत चौदह रत्नों में से एक धन्वंतरि थे, जो हाथ में अमृत कलश धारण कर समुद्र में से प्रादुर्भूत हुए। भगवान् विष्णु के आशीर्वचनानुसार धन्वंतरि ने द्वापर युग में काशिराज धन्व के पुत्र के रूप में पुनर्जन्म लिया, आयुर्वेद को आठ विभागों में विभक्त किया और प्रजा को रोग-मुक्त किया। वैद्यक और शल्यशास्त्र में पारंगत व्यक्तियों को धन्वंतरि कहने का प्रचलन है। धन्वंतरि के नाम पर आयुर्वेद के अनेक ग्रंथ प्रसिद्ध हैं।

राजा शिबि

शरणागत-रक्षण का आदर्श प्रस्तुत करनेवाले राजा शिबि उशीनगर के राजा थे। एक बार इंद्र ने उनकी शरणागत-रक्षणशीलता की परीक्षा लेने की ठानी। इसके लिए अग्नि-भयभीत कबूतर का रूप धारण कर उड़ते हुए आए और राजा शिबि की गोद में छिपने का प्रयास करने लगे। पीछे से बाज बनकर झपटते हुए इंद्र आए और कबूतर को अपना भोज्य बताकर शिबि से उसकी माँग करने लगे। कबूतर के बदले और कुछ न लेने के हठ पर अड़ा हुआ बाज अंत में इस बात पर माना कि शिबि कबूतर के ही भार के बराबर अपना मांस काटकर देंगे। जब राजा शिबि के एक-एक अंग का मांस कट जाने पर भी कबूतर के भार के समतुल्य नहीं हुआ तो उन्होंने अपने को संपूर्णतः बाज

के सामने प्रस्तुत कर दिया। राजा शिबि को शरणागत रक्षण की परीक्षा में खरा उतरा देखकर देवों ने साक्षात् प्रकट होकर उन्हें आशीर्वाद दिया और उनके शरीर को अक्षत कर दिया।

राजा रंतिदेव

महाराज संस्कृति के पुत्र, महाराज रंतिदेव आतिथ्य धर्म और परदुःखकातरता के मूर्तिमान प्रतीक थे। उन्होंने आगत की इच्छा जानते ही इच्छित वस्तु देने का व्रत धारण किया था। उदार आतिथ्य-सत्कार और दानशीलता के कारण राजकोष रिक्त हो गया। एक बार राज्य में भयंकर दुर्भिक्ष पड़ा। दीन-दुःखी और आर्तजनों को सब कुछ बाँटकर पूर्णतया अकिंचन बनकर राजा रंतिदेव अपनी पत्नी और संतान को लेकर वन में चले गए। वन में अड़तालीस दिन भूखे रहने के पश्चात् जब थोड़ा सा भोजन मिला तो वहाँ भी देवता अतिथि रूप धारण कर इनकी परीक्षा लेने आ पहुँचे। अपने सामने प्रस्तुत भोजन आगंतुकों को देकर वे स्वयं भूख-प्यास से मूर्च्छित होकर गिर पड़े, किंतु अतिथि सेवा की कड़ी परीक्षा में खरे उतरे। इनकी एकमात्र अभिलाषा थी—''न त्वहं कामये राज्यं न स्वर्गं नापुनर्भवम्। कामये दुःखतप्तानां प्राणिनामार्तिनाशनम्।''

''मुझे न तो राज्य चाहिए, न स्वर्ग चाहिए और न ही मोक्ष चाहिए। मेरी एकमात्र कामना यह है कि दुःखों से पीड़ित प्राणियों के कष्ट समाप्त हो जाएँ।''

महात्मा बुद्ध

बौद्ध मत के अनुसार सत्य ज्ञान (बोध) प्राप्त महापुरुष, जिनको बुद्ध कहा जाता है, अनेक हुए हैं। वर्तमान बौद्ध मत (धर्मचक्र) के प्रवर्तक गौतम बुद्ध का बौध प्राप्त करने से पूर्व का नाम सिद्धार्थ था। इनका जन्म कपिलवस्तु में शाक्यगण प्रमुख राजा शुद्धोदन के घर हुआ था। जगत् के जीवों के दुःखों से द्रवित होकर तीस वर्ष की युवावस्था में सिद्धार्थ अपनी पत्नी यशोधरा, पुत्र राहुल और राजप्रासाद के सुख-आराम को छोड़कर शांति की खोज में निकल पड़े। कई वर्ष तक घोर तप करने पर भी उन्हें शांति नहीं मिली। अंत में गया के समीप पिप्पलिवन में एक पीपल के नीचे जब वे ध्यानमग्न थे, उन्हें बोध (ज्ञान) प्राप्त हुआ। उन्होंने अपना प्रथम उपदेश वाराणसी के समीप सारनाथ में दिया। अब वे 'बुद्ध' कहलाने लगे और जिस वृक्ष के नीचे उन्हें बोध प्राप्त हुआ था, वह 'बोधिवृक्ष' कहलाया। दार्शनिक वाद-विवाद में न पड़कर वे दुःखनिवृत्ति के मार्ग पर बल देते थे। उन्होंने चार आर्य सत्यों, अष्टांग मध्यम मार्ग, अहिंसा और करुणा का उपदेश दिया। अपने बताए मार्ग का प्रचार करने के लिए उन्होंने अनुयायी भिक्षुओं और भिक्षुणियों का संघ स्थापित किया। उनके उपदेशों का व्यापक प्रभाव पड़ा और बौद्धमत भारत तथा अन्य अनेक देशों में फैल गया। अस्सी वर्ष की आयु में कुशीनगर में उनका देहांत हुआ। जातक ग्रंथों में बुद्ध के पूर्व-जन्मों की कथाएँ हैं। बौद्ध मतानुसार आगे भविष्य में भी अनेक बुद्ध होंगे।

तीर्थंकर जिनेंद्र

जैन मत के २४ तीर्थंकर (पूजनीय मुक्त पुरुष) माने गए हैं। इनमें प्रथम ऋषभदेव और वर्धमान महावीर अंतिम तीर्थंकर थे। सभी तीर्थंकर 'जिन' या 'जिनेंद्र' कहलाते हैं, जिसका अर्थ है—विजेता, जिसने अपनी इंद्रियों पर विजय प्राप्त कर ली है। जैन धर्ममत के दार्शनिक सिद्धांतों के

प्रवर्तक महावीर स्वामी का जन्म वैशाली के समीप कुंडिग्राम में वृजिगण के एक राजा सिद्धार्थ के घर हुआ था। राजकुमार होते हुए भी महावीर ने संन्यास लेकर तपोमय जीवन व्यतीत किया। बारह वर्ष की कठोर साधना के फलस्वरूप उन्हें ज्ञान प्राप्त हुआ। अब 'जिन' महावीर मथुरा, कोसल आदि में भ्रमण कर अपने मत का प्रचार करने लगे। महावीर ने अहिंसा पर सर्वाधिक आग्रह रखा और मोक्षसाधना के लिए सत्य, अस्तेय, ब्रह्मचर्य, अपरिग्रह, उपवास और कठित तप को मुख्य उपाय बताया। यह गौतम बुद्ध के लगभग समकालीन कहे जाते हैं।

गुरु गोरखनाथ

महान् योगी, ज्ञानी तथा सिद्धपुरुष गुरु गोरखनाथ प्रसिद्ध योगी मत्स्येंद्रनाथ के शिष्य थे। भारत के अनेक भागों—यथा उत्तर प्रदेश, बंगाल, पंजाब, गुजरात, महाराष्ट्र इत्यादि प्रांतों के अतिरिक्त नेपाल में भी इनके मठ पाए जाते हैं। इन्होंने हठयोग की साधना का प्रचार किया, मन के निग्रह पर बल दिया और भारतीय साधना तथा साहित्य को बहुत प्रभावित किया। गोरखनाथजी की चामत्कारिक योग-सिद्धियों से संबंधित अनेक कथाएँ प्रचलित हैं।

महर्षि पाणिनि

महान् वैयाकरण एवं भाषा-विज्ञानी। इनका रचा व्याकरण ग्रंथ 'अष्टाध्यायी' प्रचलित संस्कृत व्याकरण का आधार ग्रंथ है। प्रत्याहार एवं शब्दानुशासन, धातुपाठ, गणपाठ, उणादि सूत्र और लिंगानुशासन पाणिनीय व्याकरण के पाँच विभाग हैं। अष्टाध्यायी की रचना ईसा से सात सौ वर्ष पूर्व की प्रमाणित हुई है।

पाणिनि के जीवन से संबंधित जानकारी अब भी अत्यल्प है। वे तक्षशिला के निकट शलातुर ग्राम में रहते थे। उनके असाधारण कार्य के स्वरूप को देखते हुए लगता है कि उन्होंने संपूर्ण देश की यात्रा करके शब्द-संपदा का चयन और भाषा-प्रयोग का व्यापक अध्ययन किया होगा। उनकी मृत्यु शायद व्याघ्र द्वारा हुई।

पाणिनीय व्याकरण १४ माहेश्वर सूत्रों के आधार पर प्रतिष्ठित है, जिनके बारे में किंवदंती है कि वे भगवान् शिव के डमरू से निकले और शंकर के आदेश पर ही पाणिनि ने उन सूत्रों को आधार बनाकर व्याकरण-रचना की। संभव है कि पाणिनि के गुरु का नाम 'महेश्वर' रहा हो, जिन्होंने इन सूत्रों की रचना कर इनके आधार पर शेष कार्य करने का आदेश उन्हें दिया हो। पाणिनीय व्याकरण में शब्दोच्चारण का ध्वनिविज्ञान इतना उत्कृष्ट और परिपूर्ण है कि आज के ध्वनि-वैज्ञानिकों को भी दाँतों तले अंगुली दबानी पड़ती है। आज से ढाई सहस्र वर्ष से भी पहले के भारत में विज्ञान के एक अंग की अत्युन्नत स्थिति किसी को भी सोचने के लिए विवश कर देनेवाली है। आज माना जा रहा है कि संगणकों (कंप्यूटर) के लिए मध्यवर्ती भाषा के रूप में संस्कृत ही सर्वाधिक योग्य भाषा है। उत्तम व्याकरण के द्वारा संस्कृत के उन्नत स्वरूप को सुरक्षित करने में पाणिनि का योगदान अनुपम है।

महर्षि पतंजलि

महान् वैयाकरण, आयुर्वेदाचार्य और योगदर्शनाचार्य, जिन्होंने वाणी की शुद्धि के लिए व्याकरण शास्त्र का, शरीर शुद्धि के लिए वैद्यक शास्त्र का और चित्त-शुद्धि के लिए योगशास्त्र का प्रणयन किया। गोनर्द प्रदेश में जनमे पतंजलि ने पाणिनि की 'अष्टाध्यायी' पर अपना उच्चकोटि का 'महाभाष्य' लिखा तथा योगदर्शन के प्रतिपादन हेतु 'योगसूत्र' की रचना की। प्रचलित राजयोग की संपूर्ण पद्धति, परिणाम और अंतर्निहित सिंद्धात को इन्होंने १९४ सूत्रों में संगृहीत किया। योगसूत्रों में प्रतिपादित विषयों को साधारणत: चार भागों में बाँटा जा सकता है—योग-साधना संबंधी विचार, यौगिक सिद्धियों का परिचय, योग के चरम बिंदु समाधि का विवेचन और योगविद्या का दर्शन।

पतंजलि के अनुसार चित्तवृत्तियों का निरोध योग है। चित्त की वृत्तियों के निरोध के बिना पुरुष (जीव) अपने शुद्ध रूप (कैवल्य) में नहीं स्थित होता। इस स्वरूपावस्थान के लिए अष्टांग योग—यम, नियम, आसन, प्राणायम, प्रत्याहार, धारणा, ध्यान और समाधि का प्रतिपादन किया गया है।

पतंजलि वैदिक संस्कृति के रक्षक सम्राट् पुष्यमित्र शुंग के कुलगुरु और मार्गदर्शक कहे जाते हैं। उनका महाभाष्य संस्कृत व्याकरण का सर्वोच्च प्रमाण-ग्रंथ माना जाता है।

आचार्य शंकराचार्य

मलाबार (केरल) के कालडी ग्राम में जनमे महान् दार्शनिक। बत्तीस वर्ष की अल्पायु में देहावसान होने से पूर्व उन्होंने जो-जो कार्य कर दिखाए, उनका कोई समतुल्य नहीं। आचार्य शंकर ने गीता, ब्रह्मसूत्र और उपनिषदों पर अत्युच्च कोटि के भाष्य लिखे। दक्षिण से उत्तर, पश्चिम से पूर्व, सारे देश की यात्राएँ कर शास्त्रार्थ में सब ओर दिग्विजय प्राप्त की और चारों दिशाओं में देश के चार कोनों में मठ स्थापित किए, जो राष्ट्रीय एकता के दिक्पाल बनकर खड़े हैं। बौद्ध मत में विकार आ जाने पर उसे प्रभावहीन बनाकर वैदिक परंपरा की पुन: स्थापना करने में शंकर की महान् भूमिका रही है। उन्होंने ब्रह्म को एकमात्र सत्य माना और अद्वैत मत एवं मायावाद का प्रतिपादन किया। इस मत पर उनका मुख्य ग्रंथ 'शारीरिक भाष्य' नाम से प्रसिद्ध है। आचार्य शंकर के विरोधी उनको प्रच्छन्न बौद्ध कहते थे, क्योंकि उन्हें शंकर के अद्वैतवाद में बौद्धों के शून्यवाद की झलक दिखाई देती थी। दूसरी बात यह भी थी कि शंकराचार्य महात्मा बुद्ध का बहुत आदर करते थे। शंकराचार्य ने वेदांत दर्शन को नवचैतन्य प्रदान किया और देश को सांस्कृतिक एकता में आबद्ध किया। अखिल भारतीय स्तर पर लोगों के व्यापक मेल-मिलाप के कारणभूत कुंभ मेले की विच्छिन्न हुई परंपरा और तीर्थयात्राओं को उन्होंने फिर से प्रारंभ कराया और शैव, वैष्णव, शाक्त, गाणपत्य आदि के पारस्परिक मतभेदों को मिटाते हुए मंदिरों में सर्वमान्य पंचायतन पूजा की पद्धति डाली। अपने दार्शनिक विचारों में संसार को मिथ्या मानते हुए भी मातृभूमि के कण-कण में पुण्यभूमि का भाव जगाते हुए आचार्य शंकर अपनी देशयात्रा में पड़नेवाले नदी-पर्वतादि की स्तुति में काव्य-रचना करते चलते थे। पिता शिवगुरु और माता आर्यांबा के ऐसे अद्भुत, मेधावी, अद्भुतकर्मा पुत्र ने आठ वर्ष की आयु में ही संन्यास ले लिया था। इनके गुरु गोविंद भगवत्पाद प्रसिद्ध अद्वैतवादी चिंतक गौड़पादाचार्य के शिष्य थे।

आचार्य मध्वाचार्य

युगाब्द की ४४वीं अर्थात् ई. १३वीं शताब्दी के सुप्रसिद्ध दार्शनिक एवं द्वैतवाद के प्रवक्ता वैष्णव आचार्य, जिनका जन्म कर्नाटक में उडुपी के समीप हुआ था। ग्यारह वर्ष की अवस्था में मध्व ने श्री अच्युत प्रज्ञाचार्य से संन्यास दीक्षा ले ली। वैष्णव मत के प्रचारार्थ इन्होंने दीर्घकाल तक भारत में यात्राएँ कीं। आचार्य मध्व ने जीव की नित्य पृथक् सत्ता का प्रतिपादन किया। प्रस्थानत्रयी अर्थात् उपनिषद्, ब्रह्मसूत्र तथा भगवद्गीता पर आचार्य ने भाष्य ग्रंथ लिखे। मध्यकाल में भारतीय भाषाओं के भक्ति-साहित्य को आचार्य मध्व के मत और विचारों ने प्रेरित तथा प्रभावित किया।

आचार्य निंबार्काचार्य

आंध्र में गोदावरी तट पर वैदूर्यपत्तन के पास निंबार्क का आविर्भाव हुआ। ये द्वैताद्वैत मत के प्रवक्ता थे, जिसके अनुसार जीव और जगत् ब्रह्म से भिन्न भी हैं और अभिन्न भी। दक्षिण में जनमे निंबार्काचार्य मथुरा के समीप ध्रुव क्षेत्र में आश्रम बनाकर रहते थे। वेदांत, पारिजात, सौरभ इनका वेदांत सूत्रों पर लिखा भाष्य है। इन्होंने प्रस्थानत्रयी के स्थान पर प्रस्थानचतुष्ट्य को प्रधान माना और उसमें से चौथे प्रस्थान श्रीमद्भगवत् को ही परम प्रमाण स्वीकार किया। भारतीय भाषाओं में मध्यकाल में रचे गए वैष्णव भक्ति साहित्य पर निंबार्काचार्य के मत का बहुत प्रभाव पड़ा है।

आचार्य रामानुजाचार्य

विशिष्टाद्वैत सिद्धांत के प्रवक्ता रामानुजाचार्य का जन्म दक्षिण भारत के तिरुकुन्नूर गाँव में केशव भट्ट के घर हुआ था। पिता की मृत्यु के समय रामानुज छोटे थे। कांची जाकर यादवप्रकाश नामक गुरु से इन्होंने विद्या प्राप्त की और बाद में यामुनाचार्य से वैष्णव दीक्षा प्राप्त की। महात्मा नांबि ने इन्हें श्री नारायण मंत्र की दीक्षा दी, जिसे लोक-कल्याण के लिए रामानुजाचार्य ने सब लोगों को सुनाया। अपने विशिष्टाद्वैत सिद्धांत के अनुसार इन्होंने प्रस्थानत्रयी पर 'श्रीभाष्य' लिखा। इन्होंने एक अंत्यज जाति के साधु से भी उपदेश प्राप्त किया था और अस्पृश्यता निवारण के सामाजिक कार्य में लगे थे। इन्होंने भारत में शास्त्रीय आचार एवं भक्ति की पुनः प्रतिष्ठा की।

आचार्य वल्लभाचार्य

कलियुग की ४६वीं (अर्थात् १५वीं ईसवी) शताब्दी के प्रसिद्ध आचार्य, जिनका मत 'शुद्धाद्वैतवाद' के नाम से और जिनका भक्ति मार्ग 'पुष्टिमार्ग' के नाम से विख्यात है। आंध्र प्रदेश में जनमे श्रीवल्लभाचार्य गृहस्थ आचार्य थे। छोटी आयु में ही काशी में शास्त्राध्ययन पूर्ण कर चुकने पर वृंदावन चले गए और कुछ दिन ब्रजवास करके तीर्थाटन को निकले। श्रीविट्ठलनाथ इनके पुत्र थे। कहा जाता है कि वल्लभाचार्य की श्रीचैतन्य महाप्रभु से भी भेंट हुई थी। भगवान् का अनुग्रह ही पुष्टि है और इसी अनुग्रह से भक्ति का उदय होता है, ऐसी श्रीवल्लभाचार्य की मान्यता थी। इन्होंने 'अणुभाष्य' नाम से ब्रह्मसूत्र का भाष्य लिखा। ५२ वर्ष की अवस्था में ये वाराणसी में ज्योतिरूप में विलीन हो गए।

संत झूलेलाल

सिंध प्रांत के युगाब्द ४१वीं शती (ई. की १०वीं शताब्दी) के पूज्य पुरुष। मुसलमान नवाब ने सारी प्रजा का बलात् सामूहिक धर्मांतरण करना चाहा। श्री झूलेलाल ने अपने कर्तृत्व से उसकी इस दुष्ट योजना को विफल कर दिया। इन्हें वरुण देव का अवतार माना जाता है।

महाप्रभु श्रीचैतन्य

कलियुग की ४५वीं (ई. की १४वीं शताब्दी) में बंगाल प्रांत के नवद्वीप ग्राम में जनमे गौर-सुंदर निमाई अर्थात् श्रीचैतन्य महाप्रभु ने भक्ति तथा कृष्ण-कीर्तन की धारा प्रवाहित कर लोकचित्त को श्रीकृष्ण के रंग में रँग दिया। २४ वर्ष की आयु में गृहस्थाश्रम त्यागकर चैतन्य ने केशव भारती

नामक संन्यासी से संन्यास की दीक्षा ग्रहण की। आध्यात्मिक महापुरुष होने के साथ ही वे महान् नैयायिक भी थे। उन्होंने न्यायशास्त्र पर एक उत्कृष्ट ग्रंथ भी लिखा था। उनकी कृष्ण-भक्ति उत्कृष्ट भाववाली थी। उनके भावविभोर नृत्य-कीर्तन में साथ देते हुए लोगों की भारी भीड़ उनके साथ चलती थी। नवद्वीप छोड़कर उन्होंने श्रीजगन्नाथ धाम में निवास किया था। काशी, वृंदावन, दक्षिण भारत और मध्य भारत की यात्राएँ भी उन्होंने कीं और अंत में जगन्नाथ धाम में पधारकर कहा जाता है कि जगन्नाथजी के विग्रह में ही वे विलीन हो गए। जगन्नाथ पुरी में महाप्रभु चैतन्य का मठ विद्यमान है।

संत तिरुवल्लुवर

'तिरुक्कुरल' नामक तमिल सुभाषित ग्रंथ के रचयिता तिरुवल्लुवर का जन्म कलियुग की ३०वीं अर्थात् ईसा-पूर्व प्रथम शताब्दी में हुआ था। वे बुनकर का व्यवसाय करते थे। 'कुरल' (तिरुक्कुरल) में उन्होंने संपूर्ण मानवीय जीवन को प्रकाशित किया है। इस ग्रंथ में धर्म, अर्थ, काम, इन तीन पुरुषार्थों का प्रतिपादन हुआ है। 'कुरल' में १३३० द्विपदियाँ हैं। इसको तमिल साहित्य में बहुत ऊँचा स्थान प्राप्त है और इसका भारतीय भाषाओं के अतिरिक्त विदेशी भाषाओं में भी अनुवाद हुआ है। तिरुक्कुरल में पारंपरिक हिंदू विचार और जीवन-पद्धति की छाया सर्वत्र व्याप्त है।

संत नायन्मार

तमिलनाडु के ६३ शैव संत, जिनका समय कलियुगाब्द ३३वीं से ४०वीं शती (ई. की द्वितीय शताब्दी से नौवीं शताब्दी) तक माना जाता है। तमिलनाडु के प्रमुख शैव मंदिरों में नायन्मार संतों की मूर्तियाँ स्थापित की गई हैं। नायन्मार संत मोची से लेकर ब्राह्मण तक विभिन्न जातियों से संबंधित थे। इनमें तीन महिलाएँ भी हैं। ये जातिभेद और छुआछूत को नहीं मानते थे। इन्हें समाज के सभी वर्गों और जातियों की श्रद्धा प्राप्त हुई थी। ऊँची जाति और तथाकथित छोटी जाति के नायन्मार संतों में परस्पर किसी प्रकार का भेदभाव नहीं था। शिव-शक्ति में और शिव-भक्तों की सेवा में पूर्णतया निमग्न नायन्मार संतों ने अपूर्व निस्स्वार्थ भावना, सामाजिक समता, सेवा और त्याग का आदर्श प्रस्तुत किया।

संत आलवार

दक्षिण भारत के वैष्णव संत, जिनकी संख्या बारह कही जाती है। इनमें नम्मालवार, कुलशेखर, तिरुमगई और आंडाल का अधिक महत्त्व है। नायन्मार भक्तों के समान आलवार भी जातिप्रथा को नहीं मानते थे। इनके अनुयायियों और भक्तों में अनेक तथाकथित निम्न जातियों में से थे। आलवार भक्त भी थे और कवि भी। आलवार संतों के रचे गीतों का संग्रह 'प्रबंधम्' नामक ग्रंथ में हुआ है। तमिलनाडु के वैष्णव संप्रदाय में 'प्रबंधम्' का स्थान श्रीमद्‌भगवद्‌गीता के बराबर माना जाता है। श्री रामानुजाचार्य के प्रपत्तिवाद का मूल आलवारों की विचारधारा में मिलता है।

संत कवि कंबन

तमिल के महान् रामकथा-कवि, जिनकी लिखी रामायण को तमिलनाडु में वैसा ही ऊँचा स्थान प्राप्त है, जैसा उत्तर भारत में तुलसीदास के रामचरित मानस को। ये तमिलनाडु के शैव और वैष्णव, दोनों समाजों के श्रद्धेय महाकवि थे। तमिलनाडु के तिरुवयुंदुर नामक गाँव में अब से लगभग एक हजार वर्ष पूर्व जनमे इस प्रतिभाशाली महाकवि को श्रीरंग के पंडितों ने 'कवि चक्रवर्ती' उपाधि प्रदान करके इनकी रामायण की श्रेष्ठता को स्वीकार किया था। दक्षिण में रामकथा-प्रचार का अविस्मरणीय कार्य कांब या (कंबन) के हाथों संपन्न हुआ।

संत बसवेश्वर

वीरशैव संप्रदाय के संस्थापक श्री बसवेश्वर ने कर्नाटक तथा आंध्र में अपने संप्रदाय के सिद्धांतों और मान्यताओं का प्रचार किया। यह संप्रदाय मानव समाज में किसी प्रकार का भेदभाव स्वीकार नहीं करता। बाल्यावस्था से ही बसवेश्वर के अंत:करण में प्रखर शिवभक्ति का उदय हुआ था। भगवान् वीर महेश्वर में इनकी आस्था अडिग थी। पिता नादिराज और माता मदांबिका के घर इनका कलियुगाब्द ४२वीं शती (ई. ११वीं सदी) में कर्नाटक के बागवाड़ी ग्राम में जन्म हुआ। संगमनाथ नामक संन्यासी ने इनका लिंगधारण संस्कार करवाया। ये कुछ काल तक कल्याण के राजा विज्जल के मंत्री भी रहे थे।

महर्षि देवल

इस नाम के दो ऋषि प्रसिद्ध हुए हैं। हरिवंश पुराण के अनुसार एक देवल प्रत्यूष वसु के पुत्र हुए हैं और दूसरे असित के पुत्र। ये दूसरे देवल रंभा के शाप से 'अष्टावक्र' हो गए थे। गीता में उल्लेखित यही देवल धर्मशास्त्र के प्रवक्ता थे। ये वेदव्यास के शिष्य थे। आज भी देवल स्मृति उपलब्ध है। इन्होंने धर्मांतरितों को पुनः वापस लेने का विधान किया था।

संत रविदास

भक्तिकाल के प्रसिद्ध संत, जिनका काल युगाब्द ४६-४७वीं (ई. की १६वीं शताब्दी) का रहा है। इनका जन्म चर्मकार परिवार में हुआ था। ये काशी के निवासी थे और प्रसिद्ध वैष्णव संत रामानंद के अनुयायी थे। चर्मकार का व्यवसाय करते हुए इन्होंने अपनी असाधारण कृष्णभक्ति की रचनाओं में सहज-निर्मल अभिव्यक्ति की। संत कबीर के विपरीत रविदास सौम्य स्वभाव के संत पुरुष थे। वृद्धावस्था की ओर बढ़ते कबीर के पास यदा-कदा वे सत्संग लाभ करने जाते थे।

संत कबीर

कलियुग की ४६वीं (ईसा की १५वीं) शताब्दी में काशी में जनमे महात्मा कबीर प्रसिद्ध संत, कवि तथा समाज-सुधारक थे। इनका जन्म शायद हिंदू घर में तथा पालन-पोषण मुस्लिम परिवार में हुआ। ये स्वामी रामानंद के शिष्य बने। निर्गुण ब्रह्म के उपासक कबीर स्वभाव के फक्कड़ और वाणी के स्पष्ट वक्ता थे। उन्होंने सामाजिक रूढ़ियों, मूर्तिपूजा, छुआछूत और जाति-पाँति का तीव्र खंडन किया। उन्होंने ईश्वर को अपने अंतर में खोजने का उपदेश दिया, संसार के प्रपंचों में फँसे मनुष्य को ईश्वरोन्मुख करने के उद्देश्य से माया की कठोर भर्त्सना की।

बाह्याडंबरों का विरोध कर कबीर ने सच्ची मानसिक उपासना का मार्ग दिखाया। उन्होंने साखी (दोहे) और पद रचे, जो लोक में दूर-दूर तक व्याप्त हो गए। 'बीजक' में कबीर की वाणी का संकलन है। उनकी मृत्यु के बाद उनके अनुयायियों ने कबीरपंथ नाम से एक संप्रदाय स्थापित किया।

गुरु नानक देव

महान् संत और सिख परंपरा के प्रवर्तक (प्रथम गुरु), जिन्होंने वेदांत का ज्ञान लोकभाषा में प्रस्तुत किया। इनका जन्म पंजाब के तलवंडी गाँव में (जो अब ननकाना साहिब कहलाता है) कालूराम मेहता के घर हुआ। गुरु नानक शुद्ध हृदय के आध्यात्मिक पुरुष थे। उन्होंने जाति-पाँति और धर्म के बाह्याडंबरों को अस्वीकार किया। उन्होंने सारे देश का भ्रमण किया तथा मक्का, मदीना और काबुल भी गए। उनकी वाणी गुरुग्रंथ साहिब में लिखी हुई है, जिसे उन्होंने वेद, पुराण, स्मृति और शास्त्रों का सार कहा है। वे बाबर के आक्रमण के साक्षी रहे और उसे पाप की बारात कहा। मंदिरों और मूर्तियों के विध्वंस के काल में 'सगुण-निराकार' की उपासना का उपदेश देकर उन्होंने धर्म के मूल तत्त्वों की ओर ध्यान आकर्षित किया।

भक्त नरसी

भक्त नरसी मेहता के चरित का परिचय देनेवाला यदि कोई एक शब्द हो सकता है तो वह है पूर्ण भगवद्‌विश्वास। इनका जन्म काठियावाड़ प्रांत के जूनागढ़ में हुआ था। वैष्णवों का प्रिय भजन 'वैष्णव जन तो तेणे कहिए, जे पीर परायी जाणे रे' इनकी ही रचना है। इनके जीवन में भगवत्कृपा और भगवत् भक्ति के अनेक चमत्कार घटित हुए। भगवान् कृष्ण की भक्ति ही इनके जीवन का एकमात्र ध्येय था। भक्त का हठ इनके रचे पदों में अत्यंत भावमय रूप में अभिव्यक्त हुआ है। संत मीराबाई से इनका परिचय था। युगाब्द ४६वीं (१५वीं ई.) शताब्दी के इस भक्त कवि के पद भारतीय मनीषा-कोश के अमूल्य रत्न हैं।

गोस्वामी तुलसीदास

श्रेष्ठ रामभक्त एवं महाकवि, जिन्होंने संस्कृत काव्य-रचना में सिद्धहस्त होते हुए भी लोकचेतना के परिष्कार और उन्नयन के लिए लोकभाषा में 'रामचरितमानस' रचकर रामकथा को जन-जन के जीवन में व्याप्त कर दिया और मुस्लिमों द्वारा आक्रांत, हताश हिंदू जाति को मनोबल प्रदान कर संस्कृति-रक्षण का महत्त्वपूर्ण कार्य किया। विक्रम संवत् १६०० के आसपास बाँदा जिले (उ.प्र.) में जनमे रामबोला (तुलसीदास) का बाल्यकाल अति विषम परिस्थितियों में बीता, परंतु प्रतिकूलताओं के बीच इनकी राम में आस्था उत्तरोत्तर दृढ होती गई। अनाथ स्थिति में द्वार-द्वार ठोकरें खाते उस बालक को सौभाग्य से संत नरहरिदास ने अपने साथ ले जाकर शिक्षा दी और विस्तार से रामकथा सुनाई। युवावस्था में इनका रत्नावली से विवाह हुआ था, पर कुछ समय बाद ये गृहस्थ जीवन त्यागकर रामभक्ति की साधना में लग गए। 'विनय पत्रिका', 'दोहावली', 'गीतावली', 'कवितावली' आदि इनकी अन्य प्रसिद्ध रचनाएँ हैं। रामकथा के पात्रों के रूप में तुलसीदास ने जीवन को बल देने वाले भारतीय संस्कृति के श्रेष्ठ आदर्शों और जीवन-मूल्यों को प्रस्तुत किया है तथा राम के रूप में मर्यादा के उच्चादर्श का निर्वाह करने वाले दिव्य चरित्र का सृजन किया है।

दशमेश (गुरु गोविंद सिंह)

सिख पंथ के दस गुरुओं में अंतिम। ये नवम गुरु तेगबहादुर के पुत्र थे। इनका मूल नाम गोविंद राय था। इन्होंने केशगढ़ (आनंदपुर) में खालसा पंथ की स्थापना की, जो विधर्मी और अन्यायी मुगल सल्तनत से लड़ने वाली सेना थी। धर्म-रक्षा के लिए दीक्षित इन योद्धा सैनिकों को गुरु गोविंदराय ने 'सिंह' कहा और इसलिए अपने नाम के आगे 'सिंह' लगाकर गोविंद सिंह कहलाए। इन्होंने हिंदू समाज में क्षात्रतेज जगाया और उसे संगठित किया। इनके दो पुत्र मुगल सेनाओं से लड़ते हुए शहीद हो गए और दो पुत्रों ने धर्म के लिए आत्मबलिदान किया। सरहिंद के नवाब ने उन्हें पकड़ लिया था और मुसलमान बन जाने के लिए दबाव डाला, किंतु ११ और १३ वर्ष के उन वीर सपूतों ने जीवित ही दीवार में चिनवा दिए जाने पर भी इस्लाम स्वीकार नहीं किया। गुरु गोविंद सिंह के पाँच प्यारों में कथाकथित छोटी जातियों के लोग भी थे। दशम गुरु एक साथ ही धर्मपंथ के संस्थापक, वीर सेनापति एवं योद्धा और कवि थे। गुरु गोविंद सिंह के रचे ग्रंथों में विचित्र नाटक, अकाल-स्तुति, चौबीस अवतार कथा और चंडी-चरित्र प्रसिद्ध हैं। 'चौबीस

अवतार कथा' काव्यग्रंथ का ही एक भाग रामावतार कथा 'गोविंद रामायण' नाम से भी प्रसिद्ध है। दशम गुरु जब महाराष्ट्र में नांदेड़ क्षेत्र में रहे थे, दो विश्वासघाती पठानों ने उन पर हमला कर उन्हें घायल कर दिया, जिससे कुछ समय बाद उनकी मृत्यु हो गई। धार्मिक सिख समाज को जुझारू बनाने में गुरु गोविंद सिंह की अपूर्व भूमिका रही।

संत कवि शंकरदेव

असमिया के महान् कवि, धर्मसुधारक और प्रसिद्ध वैष्णव संत। उन्होंने समाज को चारित्रिक अध:पतन से उबारने के लिए कृष्णभक्ति संबंधी अनेक ग्रंथ रचे, भागवत धर्म का प्रचार किया, संपूर्ण असम में सत्राधिकार की व्यवस्था की और नामधर स्थापित किए। इनकी अधिकांश रचनाएँ भागवत पुराण पर आधारित हैं। 'कीर्तन घोषा' इनकी सर्वोत्कृष्ट कृति है। असमिया साहित्य के प्रसिद्ध नाट्यरूप 'अंकीया नाटक' के प्रारंभकर्ता भी शंकरदेव हैं। असमिया जनजीवन और संस्कृति को वैष्णव भक्ति या भागवत धर्म में ढालने का श्रेय शंकरदेव को ही है।

आचार्य सायणाचार्य और माधवाचार्य

कलियुग की ४४वीं-४५वीं (१३वीं-१४वीं शताब्दी) के भारत के इतिहास के दो महान् व्यक्तित्व, जो सगे भाई थे और जिन्होंने विद्या एवं पांडित्य के क्षेत्र के अतिरिक्त राजनीति के कर्मक्षेत्र में अपूर्व योगदान कर स्वधर्म और स्वराष्ट्र रक्षण का कार्य किया। दोनों भाई शस्त्रों और शास्त्रों में निष्णात थे। सायणाचार्य ने चारों वेदों पर भाष्य लिखे हैं। उनके भाष्य वेदाध्ययन परंपरा की सुरक्षा के लिए बहुत महत्त्वपूर्ण और नितांत सामयिक आधार सिद्ध हुए। माधवाचार्य ने 'पंचदशी' नामक ग्रंथ लिखा, जो वेदांत शास्त्र का सर्वमान्य ग्रंथ बना। मुस्लिम आक्रमणों से देश और धर्म की रक्षा के लिए हरिहर और बुक्काराय नामक दो वीर क्षत्रियों का मार्गदर्शन करते हुए विजयनगर साम्राज्य की स्थापना करवाकर माधवाचार्य ने कुछ समय प्रधानमंत्री के नाते राज्य को व्यवस्थित किया और फिर वह दायित्व अनुज सायणाचार्य को सौंपकर स्वयं संन्यास ले लिया तथा 'विद्यारण्य स्वामी' के नाम से श्रृंगेरी पीठ के शंकराचार्य हुए।

संत ज्ञानेश्वर

महाराष्ट्र के श्रेष्ठ संत और मराठी भाषा के कविकुलशेखर। संत ज्ञानेश्वर के पिता विट्ठल पंत एक बार संन्यास दीक्षा ग्रहण कर लेने के बाद गुरु आज्ञा से पुन: गृहस्थाश्रम में प्रविष्ट हुए थे, जिसमें उन्हें परिवार सहित सामाजिक बहिष्कार झेलना पड़ा था, किंतु उनकी चारों संतानों ने असाधारण सिद्धियाँ प्राप्त कीं। चारों में सबसे बड़े भाई निवृत्तिनाथ एक नाथपंथी योगी से दीक्षित होकर सिद्ध योगी हो गए। ज्ञानेश्वर ने इन्हीं ज्येष्ठ भ्राता से योगदीक्षा प्राप्त की। इन दोनों भाइयों की यौगिक सिद्धियों के चमत्कार महाराष्ट्र के घर-घर में चर्चा का विषय बन गए। उनके लघु भ्राता-भगिनी ने भी आध्यात्मिक उच्चता प्राप्त कर ली। संत ज्ञानेश्वर के प्रयत्नों के फलस्वरूप समाज में वर्णाश्रम व्यवस्था में आ गए दोषों के प्रक्षालन का कार्य हुआ, हिंदू समाज में समता की प्रस्थापना का स्वर तीव्र हुआ और भक्ति के लचीले सूत्र में बँधकर हिंदू धर्म एवं समाज मत-मतांतरों में बिखर जाने से बच सका। संत ज्ञानेश्वर ने अल्पायु में ही भावार्थ दीपिका (ज्ञानेश्वरी), अमृतानुभव, हरिपाठ के अभंग, चांगदेव पैंसठी और सैकड़ों फुटकर अभंगों की सरस रचना की। भावार्थ दीपिका (ज्ञानेश्वरी) श्रीमद्भगवद्गीता की काव्यमयी टीका है। ज्ञानेश्वर का यह ग्रंथ भारतीय संस्कृति तथा धार्मिक एवं भक्ति-साहित्य को उनकी अद्वितीय देन है। श्रीमद्भगवद्गीता के भक्तियुक्त कर्मयोग द्वारा ज्ञानेश्वर ने दुर्गति में फँसे तत्सामयिक हिंदू समाज

का उपचार किया। उन्होंने वारकरी संप्रदाय (महाराष्ट्र के भक्तिधर्म या भागवत संप्रदाय) को सुदृढ कर अवैदिक मतों को परास्त किया।

संत तुकाराम

महाराष्ट्र के संत-शिरोमणि, जिनका जन्म विट्ठल भक्तों के घराने में हुआ। ये जाति के कुनबी थे, पर व्यवसाय किराए की दुकान चलाने का करते थे। गृहस्थ होते हुए भी विरक्त थे। परिवार जनों के अकाल ही काल-कवलित हो जाने और सांसारिक जीवन में सुख-प्राप्ति की आशा के निरर्थक हो जाने के पश्चात् उन्हें तीव्र वैराग्य हो गया और वे ध्यान-साधना में प्रवृत्त हुए। बाबाजी चैतन्य नामक सिद्धपुरुष ने उन्हें 'राम कृष्ण हरि' मंत्र दिया और संत नामदेव ने स्वप्न में दर्शन देकर काव्य रचना की प्रेरणा दी। उन्होंने ५००० से भी अधिक मधुर अभंग रचे, जो महाराष्ट्र के जन-जन की जिह्वा पर सदैव विराजमान रहते हैं। इन अभंगों में उन्होंने अपने को विभिन्न भूमिकाओं में रखकर अपने आराध्य विट्ठल के प्रति निर्मल भक्ति भावना व्यक्त की है। तुकाराम ने सांघिक प्रार्थना का महत्त्व समझा और उसका प्रचलन किया। उनके रचित सुभाषित जीवन को सुगठित एवं स्वस्थ बनाने की प्रेरणा देते हैं। लोकभाषा पर उनका असामान्य अधिकार था। सगुण वैष्णवी भक्ति के प्रचारक संत तुकाराम ने अपनी अभंगवाणी की सुधावृष्टि से लोकचित्त को भावुकता और आस्था से भर दिया।

समर्थ रामदास

हिंदवी स्वराज्य के संस्थापक छत्रपति शिवाजी महाराज ने जिनसे मंत्र-दीक्षा और मार्गदर्शन प्राप्त किया, ऐसे संत श्रेष्ठ समर्थ रामदास परमार्थ और लोक-प्रपंच का मेल बिठानेवाले, हिंदू जाति को दुर्बलता त्यागकर प्रतिकार के लिए सन्नद्ध करनेवाले, कोदंडधारी भगवान् श्रीराम और बलभीम हनुमान की उपासना का जन-जन के बीच प्रचार करनेवाले, सहस्राधिक मठों की स्थापना और प्रत्येक में अखाड़ों की स्थापना कर जाति को हृष्ट-पुष्ट एवं बलवान बनाने की कल्पना रखनेवाले तथा शक्ति की उपासना का संदेश देनेवाले महाराष्ट्र के श्रेष्ठ कवि और संगठक हुए हैं। उनका रचा 'दासबोध' परमार्थ-चिंतन का ग्रंथ भी है और लोकप्रपंच का विवेकपूर्वक निर्वाह करने की सीख देनेवाला ग्रंथ भी।

मराठवाड़ा के जांब ग्राम में जनमे समर्थ रामदास ने विवाह-मंडप से भागकर पंचवटी में १२ वर्ष तपस्या की, संपूर्ण देश का भ्रमण कर प्रदेश-प्रदेश का अवलोकन किया और धर्मोद्धार एवं समाजोद्धार के कार्य में प्रवृत्त हुए तथा विदेशी-विधर्मी आक्रांताओं से त्रस्त हिंदू जाति को समर्थ, स्फूर्त और तेजस्वी बनाने के लिए कर्मयोग का संदेश दिया।

संत कवि पुरंदरदास

कलियुगाब्द ४७वीं शताब्दी (१६वीं ई.) के कर्नाटक के महान् संत कवि, जिनके भजन कर्नाटक में जन-जन की जिह्वा पर हैं। ये मध्य संप्रदाय के वैरागी कृष्णभक्त थे। इन्होंने भारत की तीर्थयात्रा की थी और विभिन्न क्षेत्रों में कुछ काल तक निवास करते हुए वहाँ के देवताओं पर भक्तिरस युक्त पदों की रचना की थी। बड़ी संख्या में लिखे इनके पदों में से आज थोड़े ही उपलब्ध हैं। ये 'दसिरपदगलू' के नाम से प्रसिद्ध हैं।

वीर बिरसा मुंडा

वनवासियों में 'बिरसा भगवान्' के नाम से स्मरण किए जानेवाले बिरसा मुंडा उत्कट देशभक्त हुए हैं। इनका जन्म बिहार के जनजाति-बहुल छोटानागपुर क्षेत्र के राँची जिले में युगाब्द ४९७६ (१८७५ ई.) में हुआ। अंग्रेजों द्वारा भारतीयों पर किए जानेवाले अत्याचारों और भारत की संपदा की उनके द्वारा की जा रही लूट को देखकर बिरसा ने उनका प्रतिरोध करने का निश्चय किया। इन्होंने अंग्रेज शासकों के विरुद्ध वनवासियों को संगठित किया और सशस्त्र विद्रोह कर अंग्रेजों को कड़ी चुनौती दी। २५ वर्ष की आयु में बंदी बना लिये जाने पर इन्हें कारागार में ही मार दिया गया।

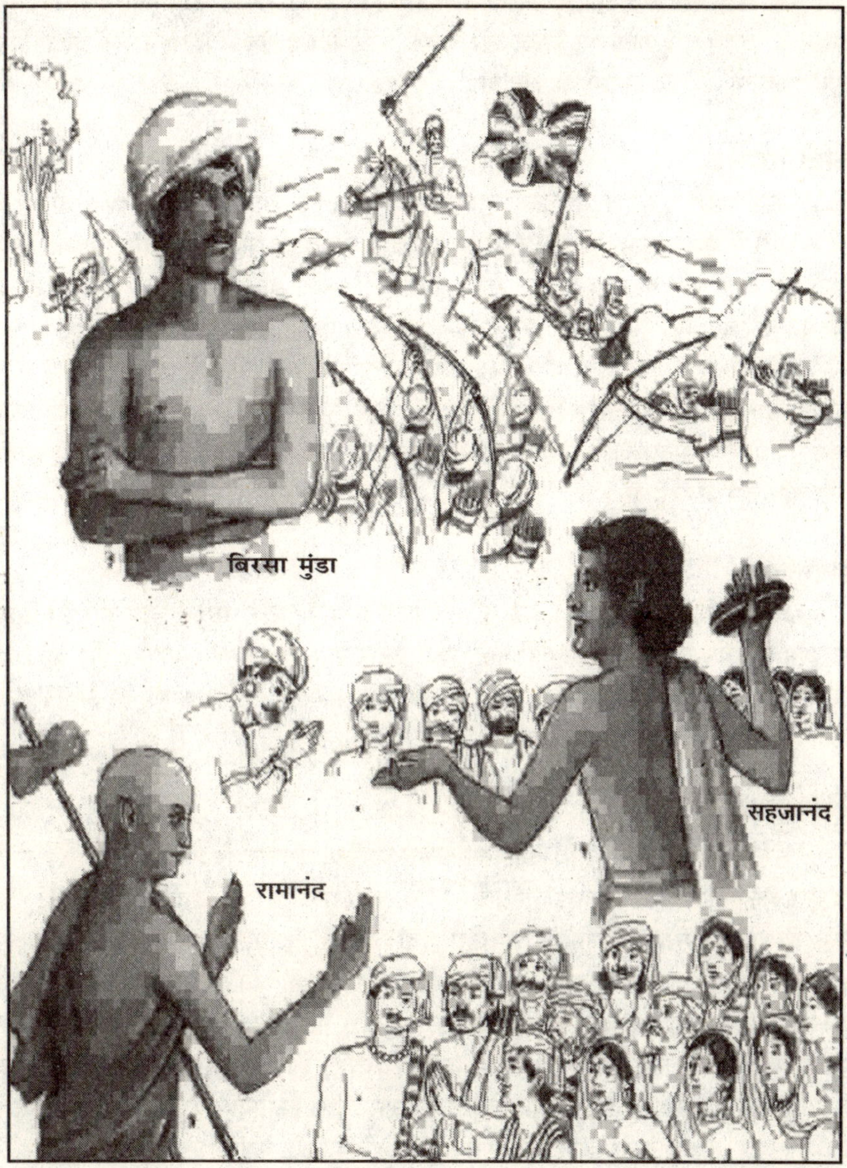

संत सहजानंद

युगाब्द ४८८२ (१७८१ ई.) में अयोध्या के निकट छपैया ग्राम में जनमे हरिकृष्ण की बाल्यावस्था में ही उसके माता-पिता परलोक सिधार गए और वह बालक विरक्त होकर एक तीर्थ से दूसरे तीर्थ में भ्रमण करने लगा। किसी योगी ने सुपात्र जानकर योगसाधना का मार्ग बता दिया। १६ वर्ष की आयु में सौराष्ट्र (गुजरात) के लोज ग्राम पहुँचे। वहाँ रामानंद संप्रदाय का मठ था। उनके संचालक स्वामी रामानंद ने हरिकृष्ण को संन्यास की दीक्षा देकर 'सहजानंद' नाम दिया। स्वामी सहजानंद ने मठ में आचार्य का कार्य करने के अतिरिक्त समाज के खोजा, मोची, कारीगर आदि वर्गों में अध्यात्म-चेतना जगाने का विशेष कार्य किया। उन्होंने स्वामीनारायण संप्रदाय के माध्यम से वैष्णव धर्म का प्रचार किया और कच्छ-काठियावाड़ क्षेत्र में सामान्य जनों के अतिरिक्त अपराधकर्मियों को भी सन्मार्ग पर लगाया।

स्वामी रामानंद

काशीवासी सुप्रसिद्ध रामभक्त स्वामी रामानंद का आविर्भाव कलियुगाब्द ४५वीं (१४वीं ई.) शताब्दी में हुआ। इन्होंने शैव और वैष्णव संप्रदायों में बढ़ रहे वैमनस्य को मिटाया और वैष्णव संप्रदाय के कठोर नियमों में छूट देकर उसे सर्वजन सुलभ बनाया। भक्ति के क्षेत्र में छुआछूत और जातिभेद के लिए कोई स्थान नहीं, भगवान् का द्वार बिना किसी भेदभाव के सबके लिए खुला है, ऐसी अपनी मान्यता को उन्होंने व्यावहारिक रूप से स्थापित किया। महात्मा कबीर ने उन्हीं से राम नाम का गुरु मंत्र ग्रहण किया था। कबीर, रैदास, पीपा आदि अनेक संत और भक्त कवि उनके शिष्य थे। यवन शासनकाल में उन्होंने अपने रामानंदी संप्रदाय का प्रवर्तन कर समाज को संगठित किया और उसकी रक्षा की।

भरतमुनि

नाट्यशास्त्र के आद्याचार्य। भरत मुनि के नाट्यशास्त्र में नाटक, संगीत, नृत्य और रस सिद्धांत का सूक्ष्म विवेचन किया गया है। यही नहीं, चारों प्रकार के (सुषिर, तंत्री, आतोद्य और घन) वाद्य यंत्रों के निर्माण की विधियाँ भी भरत मुनि ने अपने ग्रंथ में बताईं। संगीतशास्त्र का उन्होंने केवल कला पक्ष ही नहीं अपितु वैज्ञानिक पक्ष भी उजागर किया है।

कवि कालिदास

संस्कृत के श्रेष्ठतम कवि और नाटककार कालिदास राजा विक्रमादित्य के समकालीन थे। कुछ विद्वान् इन्हें ईसा से कुछ वर्ष पूर्व का तथा कुछ गुप्तकाल का मानते हैं। किंवदंती है कि इनका विवाह एक विदुषी राजकुमारी से करा दिया गया था, जिसने इन्हें मूर्ख कहकर अपमानित किया। अपमान के दंश ने उनके हृदय में संकल्प जगा दिया। कालिदास सरस्वती की कठिन साधना में जुट गए और काव्यकला में महानतम स्थान पर पहुँचकर ही शांति की साँस ली। इनके चार काव्य तथा तीन नाटक प्रसिद्ध हैं। काव्य हैं—रघुवंश, कुमारसंभव, मेघदूत और ऋतुसंहार। नाटक हैं—अभिज्ञान शाकुंतलम्, विक्रमोर्वशीयम् और मालविकाग्निमित्रम्। अभिज्ञान शाकुंतलम् नाटक पढ़कर प्रसिद्ध जर्मन कवि गेटे भाव-विभोर हो गए थे। कालिदास ने अपनी रचनाओं में

भारतीय संस्कृति की रसभीनी अभिव्यक्ति की है। इनकी रचनाओं में प्रेम के ललित और उदात्त रूप उत्कृष्ट कलात्मकता से प्रस्तुत हुए हैं। उपमा अलंकार में कालिदास की कोई तुलना नहीं।

राजा भोज

एक राजा, जिन्होंने स्वप्न देखा था कि उन्होंने अपने शत्रुओं का उच्छिष्ठ खाया है तथा उनके शत्रुओं ने उन्हें राज्य तथा स्त्रियों से वंचित कर दिया है, इससे प्रभावित होकर उन्होंने गृहत्याग किया और साधना द्वारा ब्रह्मनिर्वाण प्राप्त किया।

मालवा के परमारवंशी राजा भोज भी प्रसिद्ध हुए हैं, जो स्वयं बहुविद्याविशारद थे और विद्वानों को प्रश्रय देने के लिए उनकी बड़ी ख्याति थी। योगदर्शन पर 'भोजवृत्ति' नाम से प्रसिद्ध टीकाग्रंथ के अतिरिक्त ज्योतिष, साहित्य, संगीत, अश्वशास्त्र आदि अनेक विषयों पर भोज के नाम से जो ग्रंथ उपलब्ध हैं, वे राजा भोज की ही कृतियाँ मानी जाती हैं। कुछ अन्य पौराणिक व्यक्तियों के भी भोज नाम से उल्लेख मिलते हैं।

शिल्पी जकणाचार्य

कर्नाटक के प्रसिद्ध शिल्पी। इन्होंने कर्नाटक के प्रसिद्ध हलेबीड़, बेलूर, सोमनाथपुर आदि मंदिरों का निर्माण किया। शिल्पशास्त्र की 'होयसल शैली' इन्हीं की देन है।

महाकवि सूरदास

कलियुग की ४७वीं (१६वीं ई.) शताब्दी में हुए भक्तिकाल के सर्वश्रेष्ठ कृष्णभक्त महाकवि। ये अष्टछाप (आठ उच्चकोटि के कृष्णभक्त कवियों का समूह) के कवि थे। इन्होंने श्रीकृष्ण की लीलाओं का, विशेष रूप से बाल-लीलाओं और प्रेमलीलाओं का भक्ति-विह्वल भाव से वर्णन किया है। ये श्री वल्लभाचार्य के शिष्य थे और वृंदावन में श्रीनाथजी के समक्ष प्रतिदिन एक नया पद (भजन) बनाकर गाते थे। अंधे होते हुए भी इन्होंने अपने आराध्य श्रीकृष्ण की लीलाओं का अत्यंत सूक्ष्म एवं मनोवैज्ञानिक वर्णन किया है। इस कारण विद्वानों की मान्यता है कि वे जन्मांध नहीं रहे होंगे। बाद में ही किसी कारणवश उनकी दृष्टिहानि हुई होगी, क्योंकि जिसने कोई भी रूप कभी देखा ही न हो, वह उसका इतना सजीव वर्णन नहीं कर सकता। इनका काव्य संगीत गुण से युक्त है। 'सूरसागर' इनका उत्कृष्ट ग्रंथ है। यह ब्रजभाषा में रचे पदों का विशाल संग्रह है।

संगीतकार त्यागराज

कर्नाटक संगीत में प्रख्यात गायक एवं निष्ठावान रामभक्त त्यागराज का जन्म युगाब्द ४८६८ (१७६७ ई.) में तमिलनाडु के तंजौर जिले में तिरुवायूर में हुआ था। त्यागराज ने लौकिक मनुष्य के स्तुतिगान से इनकार किया और अपने उपास्य की समृति में पंचरत्न कीर्तन रचे तथा गाए। उनके गीत तेलुगू में रचे गए हैं। अस्सी वर्ष की आयु में उनकी मृत्यु हुई। उनकी समाधि पर तिरुवायूर में प्रति पाँचवें वर्ष त्यागराज आराधना नाम से संगीतोत्सव आयोजित किया जाता है, जिसमें देश के बड़े-बड़े संगीतकार भाग लेते हैं और त्यागराज के कीर्तनों का गायन करते हैं।

कवि रसखान

सुप्रसिद्ध कृष्णभक्त कवि। इनका पूरा नाम सैयद इब्राहीम 'रसखान' था। ये दिल्ली के पठान सरदार थे। इनका देश की राष्ट्रीय परंपरा से अटूट नाता था। इन्होंने भगवान् श्रीकृष्ण के अलौकिक प्रेम के रंग में रँगकर ब्रजभाषा में भक्ति रस के कवित्त-सवैयों की रचना की। वृंदावन में गोस्वामी विट्ठलनाथ ने इन्हें पुष्टिमार्ग की दीक्षा दी। इनकी रचनाओं में कृष्णभक्ति की सहज और निर्मल अभिव्यक्ति पूर्ण आंतरिकता और मार्मिकता से हुई है। 'प्रेम-वाटिका' और 'सुजान रसखान' इनके प्रसिद्ध काव्य-संग्रह हैं।

चित्रकार रविवर्मा

केरल में जनमे सुप्रसिद्ध चित्रकार। इन्होंने लगभग ३० वर्ष भारतीय चित्रकला की साधना में लगाए। इनके चित्रों में से अधिकांश पौराणिक विषयों के हैं। कुछ राजा-महाराजाओं के व्यक्ति-चित्र भी हैं। इनकी चित्रकला शैली में भारतीय तथा यूरोपीय शैलियों का सम्मिश्रण है।

मनीषी भातखंडे

युगाब्द ५१वीं शताब्दी (ईसा की २०वीं शती) में भारतीय संगीत के पुनरुद्धार का महान् कार्य करनेवाले मनीषियों में एक प्रमुख व्यक्तित्व श्री भातखंडे व्यवसाय से अधिवक्ता थे। उनका जन्म महाराष्ट्र में हुआ था और वे बंबई में सॉलिसीटर के रूप में कार्य करते थे। प्रारंभ से ही संगीत में रुचि थी। मनरंग घराने में मुहम्मद अली खाँ और अन्य संगीताचार्यों से संगीत सीखकर उन्होंने अपना अधिकांश जीवन भारतीय संगीत में अनुसंधान कार्य और उसके प्रचार-प्रसार में लगा दिया। 'लक्ष्य मंजरी' और 'अभिनव राग मंजरी' उनकी बहुमूल्य कृतियाँ हैं तथा लखनऊ का 'भातखंडे संगीत विद्यापीठ' उनके योगदान का स्मरण दिलाता हुआ खड़ा है।

राजा भाग्यचंद्र

मणिपुर के ललितकला उन्नायक राजा, जिनका मणिपुर में भारतीय संस्कृति के प्रचार-प्रसार में असाधारण योगदान रहा। कृष्ण-कथाओं पर आधारित मणिपुरी नृत्य का विकास इनकी ही देन है।

महर्षि अगस्त्य

एक वैदिक ऋषि, जिनका उल्लेख ऋग्वेद में एकाधिक स्थानों पर मिलता है। इनके कर्तृत्व के सूचक तीन महत्त्वपूर्ण कार्य हैं—वातापि राक्षस का संहार, विंध्याचल की बाढ़ को रोकना तथा समुद्र आचमन। ये विंध्याचल लाँघकर दक्षिण की ओर गए थे और आर्य सभ्यता का दक्षिण भारत में विस्तार किया था। वृहत्तर भारत में भी भारतीय संस्कृति और सभ्यता के प्रसार का महत्त्वपूर्ण कार्य इन्होंने संपन्न किया। दक्षिण-पूर्व एशिया के द्वीपों में अगस्त्य की मूर्ति की अर्चना आज भी की जाती है।

राजा कंबु

आधुनिक कंबोडिया का प्राचीन नाम कंबुज था। यह नाम कंबु नामक महापुरुष के कारण रखा गया था। कंबु मूलतः भारतवर्ष के निवासी राजा थे, जिन्होंने पूर्व दिशा में दिग्विजय अभियान कर एक अरण्यमय प्रदेश में प्रवेश किया, वहाँ के नागपूजक राजा को परास्त कर उसकी कन्या से विवाह किया और उस प्रदेश का उद्धार किया। कंबुज साम्राज्य का प्रारंभ कलियुग की ३२वीं अर्थात् ईसा की पहली शताब्दी के श्रुतवर्मा नामक सम्राट् से हुआ। श्रुतवर्मा और उसके परवर्ती राजाओं ने कंबुज साम्राज्य में हिंदू धर्म तथा संस्कृति की पताका फहराई। बाद में युगाब्द ३८वीं से ४६वीं (ईसा की ७वीं से १५वीं) शताब्दी तक शैलेंद्र वंश के राजाओं ने कंबुज पर शासन किया।

राजा कौंडिन्य

दक्षिण भारतवासी वीर पुरुष, जिन्होंने कलियुग की ३२वीं (ईसा की प्रथम) शताब्दी में समुद्र मार्ग से पूर्व की ओर जाकर महान् साम्राज्य की स्थापना की, जिसे (चीनी भाषा में) फूनान साम्राज्य के नाम से जाना जाता है और जिसमें कंबोडिया, अनाम, स्याम, मलाया, इंडो-चायना इत्यादि पौर्वात्य प्रदेशों का अंतर्भाव था। युगाब्द ३५वीं (ई. चौथी शताब्दी) में दक्षिण भारत से कौंडिन्य नाम का ही एक दूसरा वीर पुरुष फूनान साम्राज्य में गया था, जिसने हिंदू धर्म तथा संस्कृति के पुनरुत्थान का

अविस्मरणीय कार्य किया। कौंडिन्य साम्राज्य के संस्थापक प्रथम कौंडिन्य के राजवंश (सोमवंश) में चंद्रवर्मा, जयवर्मा, रुद्रवर्मा इत्यादि महान् राजा हुए। फूनान के हिंदू साम्राज्य की ओर से पूर्व के अन्य राज्यों में दूतमंडल भेजे जाते थे। इसी वंश के युगाब्द ३६वीं (पाँचती ई. शताब्दी) के शासक कौंडिन्य जयवर्मा ने शाक्य नागसेन नामक भिक्षु को धर्म-प्रचारार्थ चीन भेजा था।

राजा राजेंद्र चोल

दक्षिण भारत के सुप्रसिद्ध चोल वंश के पराक्रमी शासक, जिन्होंने चोल साम्राज्य का विस्तार समुद्रपार तक कर मलय द्वीप पर अधिकार कर लिया। युगाब्द ४२वीं (११वीं ई. शताब्दी) के इस पराक्रमी राजा ने दक्षिण-पूर्व एशिया के द्वीपों (मलाया, सुमात्रा, जावा) को जीतकर वहाँ भारतीय संस्कृति का प्रचार किया। इससे पूर्व वहाँ भारत से ही गए हुए शैलेंद्र वंश का शासन था, जिसके शिथिल पड़ने पर वह कार्य राजेंद्र ने सँभाल लिया। राजेंद्र पराक्रमी शासक राजराज के पुत्र थे। उन्होंने अपने पिता के साम्राज्य का दूर-दूर तक विस्तार किया। उनकी नौसेना बहुत शक्तिशाली थी। राजेंद्र चोल ने अपने लगभग तीस वर्ष के सफल शासन में धर्म, साहित्य और कला को बहुत प्रोत्साहन दिया। उन्होंने अनेक भव्य मंदिरों का निर्माण भी कराया।

सम्राट् अशोक

सम्राट् चंद्रगुप्त मौर्य के पौत्र तथा बिंबिसार के पुत्र सम्राट् अशोक का शासनकाल पाश्चात्य इतिहासकार कलियुग की २८वीं (ई.पू. तीसरी) शताब्दी बताते हैं, जबकि भारतीय परंपरा में यह उससे ११०० वर्ष पू. युगाब्द १७वीं शती माना जाता है। शासन के प्रारंभ में अशोक ने साम्राज्य विस्तार की नीति अपनाई। अशोक का साम्राज्य प्रायः संपूर्ण भारत पर और पश्चिमोत्तर में हिंदूकुश एवं ईरान की सीमा तक था। कलिंग के भीषण युद्ध में विजयी होने पर भी, भयंकर नरसंहार देखकर अशोक का हृदय-परिवर्तन हुआ। तत्पश्चात् अशोक ने शस्त्र और हिंसा पर आधारित दिग्विजय की नीति छोड़कर धर्म विजय की नीति अपनाई। उसने बौद्ध धर्म ग्रहण कर अपने साम्राज्य के सभी साधनों को लोकमंगल के कार्यों में लगाया। धर्म-विजय की प्राप्ति के लिए अशोक ने पर्वत-शिलाओं, प्रस्तर-स्तंभों और गुहाओं में धर्मप्रेरक वाक्य अंकित कराए, प्रचारक-संघ का गठन किया तथा धर्मचक्र-प्रवर्तन हेतु विदेशों में प्रचारक भेजे।

महाराजा पुष्यमित्र

मौर्यों के बाद मगध में शुंग वंश का राज्य प्रतिष्ठित करनेवाले एक प्रतापी राजा थे। इन्होंने अंतिम मौर्य राजा बृहद्रथ का वध कर मगध का सिंहासन प्राप्त किया, क्योंकि बृहद्रथ की अहिंसा नीति सेनापति पुष्यमित्र शुंग को देश की सीमाओं को आक्रांत कर रहे विदेशियों के विरुद्ध सैनिक अभियान की अनुमति देने में सर्वथा बाधक थी। पुष्यमित्र ने पश्चिमी सीमांत तक दिग्विजय कर यवनों को बाहर खदेड़ा और सिंधु नदी के तट पर अश्वमेध यज्ञ किया। इन्होंने वैदिक धर्म की पुनः प्रतिष्ठा का महान् कार्य संपादित किया। पाटलिपुत्र में भी पुष्यमित्र ने भारी अश्वमेध यज्ञ किया। इनके दो अश्वमेध यज्ञ करने का उल्लेख अयोध्या के शिलालेख में मिलता है। भारतीय काल-गणना में पुष्यमित्र का समय कलियुग की १९वीं शताब्दी (ई. से १२९८ वर्ष पू.) माना जाता है, किंतु पाश्चात्य इतिहासकारों ने यह ईसा से दो शती पूर्व बताया है। इनके पुत्र अग्निमित्र का वृत्तांत कालिदास के 'मालविकाग्निमित्रम्' नाटक में आया है।

महाराजा खारवेल

उत्कल प्रदेश के चेदि या चेत वंश के प्रतापी राजा, जिन्होंने समकालीन अनेक शत्रु राजाओं को परास्त करने के बाद मगधराज पुष्यमित्र शुंग से युद्ध प्रारंभ किया, किंतु उसी समय

यवनराज दिमित्र के मध्यदेश पर आक्रमण की राष्ट्रीय विपत्ति को पहचानकर सम्राट् पुष्यमित्र से संधि की और दिमित्र को परास्त किया। राजा खारवेल ने सातवाहन और उत्तरापथ के यवनों को परास्त करने के बाद अपने राज्य में जैन महासम्मेलन किया, जिसमें इन्हें 'खेमराजा' और 'धर्मराजा' की उपाधियाँ प्रदान की गईं। जैन मतावलंबी राजा खारवेल के शिलालेख भुवनेश्वर के निकट खंडगिरि और उदयगिरि में पाए गए हैं।

आचार्य चाणक्य

आचार्य चाणक्य सम्राट् चंद्रगुप्त मौर्य के गुरु थे और साम्राज्य को स्थिरता प्रदान करने के लिए कुछ समय तक महामंत्री भी रहे। तक्षशिला के राजनीतिविद् चाणक्य को विष्णुगुप्त और कौटिल्य नामों से भी जाना जाता है। उन्होंने मगध के नंदवंशी अत्याचारी राजा के अन्याय तथा कुशासन से क्रुद्ध होकर उसे अपदस्थ किया और धनानंद के हाथ गए हुए राज्य का उद्धार कर चंद्रगुप्त को मगध के सिंहासन पर आरूढ़ किया। वीर युवक चंद्रगुप्त को सहायता और मार्गदर्शन देकर चाणक्य ने भारत के पश्चिमी राज्यों पर हुए यवन आक्रमण का प्रतिकार किया। गुरु-शिष्य ने विशाल साम्राज्य का निर्माण कर उसमें उत्तम शासन की व्यवस्था की तथा ग्रीक सेनापति सेल्यूकस को पराजित करके भारत की नैसर्गिक सीमा हिंदूकुश पर्वत तक साम्राज्य का विस्तार किया। चाणक्य ने चंद्रगुप्त के प्रशासकीय उपयोग के लिए (कौटिलीय) 'अर्थशास्त्र' नामक ग्रंथ की रचना की, जो तत्कालीन राजनीति, अर्थनीति, सुरक्षा एवं युद्ध-नीति, विदेश-नीति, कृषि, पशुपालन, भूसंपदा एवं उद्योगनीति, विधि, समाज-नीति तथा धर्मनीति पर प्रकाश डालनेवाला महत्त्वपूर्ण ग्रंथ है।

सम्राट् चंद्रगुप्त मौर्य

मौर्य वंश के महान् साम्राज्य के संस्थापक, जिन्होंने चाणक्य जैसे गुरु के मार्गदर्शन में एक ओर मगध में नंद वंश के बल-वैभव से उन्मत्त राजा धनानंद को परास्त किया और दूसरी ओर भारत के पश्चिमोत्तर में यवन आक्रमण का प्रतिकार कर यवनों को पराभूत किया। चंद्रगुप्त ने मगध राज्य को इतना विस्तृत किया कि वह पश्चिमोत्तर में भारत की नैसर्गिक सीमा हिंदूकुश पर्वत तक जा पहुँचा और दक्षिण का बहुत बड़ा भाग भी उसके अंतर्गत आ गया। देश में इतना बड़ा साम्राज्य शताब्दियों से नहीं बना था। इससे राजनीतिक एकता के साथ-साथ देश की सांस्कृतिक एकता भी पुष्ट हुई और विदेशों में भी भारतवर्ष का प्रभाव-विस्तार हुआ। यूरोपीय इतिहासकारों के अनुसार यवन राजदूत मेगस्थनीज चंद्रगुप्त मौर्य के समय में पाटलिपुत्र भेजा गया था।

सम्राट् विक्रमादित्य

शक आक्रांताओं से पराजित अवंती नरेश के वीर पुत्र विक्रम ने निर्वासित स्थिति में ही युद्धविद्या सीखी, सैन्य संगठन किया और अपने पराक्रम से परकीय शक राजाओं को परास्त कर अवंतिका राज्य को मुक्त कराया। शकों को परास्त करने के कारण ही उन्हें शकारि विक्रमादित्य कहा जाता है। शकों पर विजय की स्मृति के रूप में ही विक्रम संवत् का प्रवर्तन हुआ, जो आज

भी भारत में प्रचलित है। प्रजा-हितैषी सद्‌गुणसंपन्न राजा के रूप में विक्रमादित्य की इतनी ख्याति हुई कि उनसे संबंधित कितनी ही कहानियाँ आज तक प्रचलित हैं।

महाराजा शालिवाहन

प्राचीन भारत का एक प्रसिद्ध राजवंश, जो सातवाहन अथवा शालिवाहन नाम से जाना जाता है और जिसका आधिपत्य कृष्णा-गोदावरी के मध्य था। इस महान् राजवंश में तीस प्रमुख राजा हुए, जिनमें गौतमीपुत्र और शालिवाहन विशेष प्रसिद्ध हैं। मूलत: इनकी राजधानी आंध्र प्रदेश के गुंटूर जिले में धनकटक (धरणीकोट) नगर में थी। इन्होंने महाराष्ट्र पर छाए हुए विदेशी शक क्षत्रप को पराजित किया और गोदावरी के तट पर प्रतिष्ठानपुर (पैठण) में नई राजधानी बनाई। शकों पर पुलुमाई शालिवाहन की विजय की स्मृति शालिवाहन शंक संवत् के रूप में आज भी भारत में विद्यमान है।

सम्राट् समुद्रगुप्त

सुप्रसिद्ध गुप्तवंशीय सम्राट्, जिन्होंने अपने पराक्रम और सैन्य अभियानों से गुप्त साम्राज्य का पर्याप्त विस्तार किया। प्रयाग के स्तंभ-लेख के अनुसार समुद्रगुप्त ने संपूर्ण भारत को स्वायत्त किया था। भारत से बाहर के देशों से भी उनका संबंध था। समुद्रगुप्त के महान् पराक्रम और उदारता का वर्णन ईरान के एक प्राचीन अभिलेख में प्राप्त हुआ है, जिससे उनके दिग्विजय के विस्तार का अनुमान लगाया जा सकता है। दिग्विजय संपन्न करने के पश्चात् समुद्रगुप्त ने अश्वमेध यज्ञ किया था। जिन लोकोत्तर व्यक्तित्व संपन्न राजाओं के कारण गुप्तवंश का शासनकाल भारतीय इतिहास का स्वर्णयुग कहलाया, उनमें सम्राट् समुद्रगुप्त का नाम सर्वोपरि है। वसुबंधु नामक सुप्रसिद्ध बौद्ध विद्वान् को समुद्रगुप्त का आश्रय प्राप्त था।

महाराजा हर्षवर्धन

कलियुग की ३८वीं (ईसा की सातवीं) शताब्दी के महान् भारतीय सम्राट्, जिन्होंने संपूर्ण उत्तर भारत को हूणों के वर्चस्व से मुक्त कर एकच्छत्र राज्य के अंतर्गत संगठित किया। ये स्थानेश्वर-नरेश प्रभाकरवर्धन के पुत्र थे और बड़े भाई राज्यवर्धन की मृत्यु के बाद राजा बने। गुप्त साम्राज्य के अंत से छिन्न-भिन्न हुए भारत में फिर एक विशाल साम्राज्य की स्थापना कर उन्होंने कान्यकुब्ज (कन्नौज) को अपनी राजधानी बनाया और देश को पुन: एकता के सूत्र में बाँधने का यशस्वी कार्य संपादित किया। चीनी यात्री युवान् (ह्वेनत्सांग) हर्ष के शासनकाल में भारत आया था। हर्ष प्रति पाँचवें वर्ष प्रयाग में एक विशाल सम्मेलन कर सर्वस्व दान करते थे और सभी संप्रदायों के देवताओं का सम्मान करते थे। वे श्रेष्ठ लेखक भी थे और साहित्यकारों का आदर करते थे। उन्होंने 'नागानंद', 'रत्नावली' और 'प्रियदर्शिका' नामक ग्रंथों की रचना की। संस्कृत के सुप्रसिद्ध कवि बाणभट्ट हर्ष के सखा और राजसभा के रत्न थे।

राजा शैलेंद्र

उत्कल प्रदेश के पुरी जिले के अंतर्गत बाणपुर राजवंश के राजा शैलेंद्र कलियुगाब्द ३८वीं (७वीं ई.) शताब्दी के एक महाप्रतापी सम्राट् हुए हैं, जिन्होंने भारत के बाहर वर्मा और सुवर्ण द्वीप (मलेशिया, इंडोनेशिया आदि द्वीप-समूह) तक अपने साम्राज्य का विस्तार किया। सात सौ वर्षों तक शैलेंद्रवंशीय राजाओं ने हिंदू धर्म और संस्कृति के संरक्षण एवं संवर्धन का कार्य किया,

विशेष रूप से सुवर्णद्वीप में। युगाब्द ३८वीं (७वीं ई.) शताब्दी में शैलेंद्र वंश का अधिराज्य बर्मा में स्थापित हुआ और ३८वीं शती के आरंभ में सुवर्ण द्वीप में। जावा और सुमात्रा में इनके बनवाए मंदिर अभी तक विद्यमान हैं। भारतीय नौ-वाणिज्य को भी शैलेंद्रवंशीय इन राजाओं ने पर्याप्त विकसित किया।

महाराजा बप्पा रावल

राजस्थान में गुहिलोत राजवंश के संस्थापक बप्पा रावल स्वधर्म के प्रखर अभियानी तथा अरबों को परास्त करनेवाले प्रतापी-पराक्रमी राजा हुए हैं। उदयपुर के निकट एक छोटे से राज्य नागह्रद (नागदा) के अधिपति पद से आरंभ कर ये चित्तौड़ के अधिपति बने। युगाब्द ३९वीं (८वीं ई.) शताब्दी में अरबों के आक्रमण भारत पर होने लगे थे। बप्पा रावल ने स्वदेश में तो उनको पराजित किया ही, आगे अरब तक बढ़कर शत्रुओं का दमन किया। दीर्घकाल तक राज्य-शासन करके तथा आक्रमणकारी अरबों को अनेक बार पराभूत कर बप्पा रावल ने अपने पुत्र को राज्य प्रदान किया और स्वयं शिवोपासक यति बन गए।

वीर लाचित बड़फुकन

असम के अहोम राज्यकाल के वीर सेनापति। इनका समय युगाब्द ४८वीं (१७वीं ई.) शताब्दी था। इन्होंने मुगल सेना के दाँत खट्टे किए और युद्ध में अपने प्रमादी मामा का सिर यह कहते हुए काट दिया कि ''मामा से देश बड़ा है।''

राजा भास्कर वर्मा

असम के युगाब्द ३८वीं (७वीं ईसा) शताब्दी के राजा। ये आजीवन ब्रह्मचारी रहे। भास्कर वर्मा विद्या और कला के संरक्षक, वीर योद्धा और कुशल प्रशासक थे। सम्राट् हर्षवर्धन से इनकी मैत्री-संधि थी।

महाराजा यशोधर्मा

कलियुग की ३६वीं (५वीं ई. शताब्दी) के राजा, जिनका साम्राज्य ब्रह्मपुत्र से महेंद्र पर्वत (उत्कल) तक और हिमालय से पश्चिम सागर (सिंधुसागर) तक फैला हुआ था। इनका उल्लेखनीय कर्तृत्व हूणवंश के क्रूर राजा मिहिरकुल को परास्त करना है। मंदसौर (मध्य प्रदेश) इनकी राजधानी थी, जिसके आस-पास इनके शिलालेख पाए गए हैं।

महाराजा कृष्णदेव राय

कलि संवत् की ४७वीं (१६वीं ई. शताब्दी) के विजयनगर साम्राज्य के प्रसिद्ध राजा। ये तुलुववंशीय नरसिंह राय के पुत्र थे। इन्होंने इस्माइल आदिलशाह को पराभूत किया और दक्षिण में मुस्लिम प्रभुसत्ता का मान-मर्दन किया। यह लोकोपकारी राजा के रूप में स्मरण किए जाते हैं। विजयनगर का प्रसिद्ध प्रत्युत्पन्नमति सभासद तेनालीराम महाराजा कृष्णदेव राय की ही राजसभा का रत्न था।

महाराजा ललितादित्य

कश्मीर के महाराजा प्रतापादित्य के तृतीय पुत्र, महान् योद्धा और विजेता, जिनका कीर्तिगान कश्मीर के इतिहासकार कवि कल्हण ने अपने ग्रंथ 'राजतरंगिणी' में किया है। विश्व-विजय के आकांक्षी ललितादित्य का राज्यकाल विजयों का इतिहास है। उन्होंने अरब, तुर्क, तातार आदि मुस्लिम आक्रामकों को न केवल पराजित किया, अपितु उनका दूर तक पीछा कर ऐसा दमन किया कि आगे की तीन शताब्दियों तक उन्हें कश्मीर की ओर आँख उठाकर देखने का साहस नहीं हुआ।

ललितादित्य ने पंजाब, कन्नौज, तिब्बत, बदख्शान को अपने राज्य में मिलाया और विजित राजाओं से उदार बर्ताव किया। उन्होंने भगवान् विष्णु और बुद्ध के बहुत से मंदिर बनवाए।

वीर मुसुनूरि नायक

कलि संवत् की ४५वीं (१४वीं ई. शताब्दी) में वारंगल राज्य (आंध्र प्रदेश) में प्रोलय और कप्पय नामक दो मुसुनूरि नायक हुए। उन्होंने आंध्र प्रदेश से मुस्लिम शासन को उखाड़ फेंका। मुहम्मद बिन तुगलक ने काकतीय नरेश प्रतापरुद्र को पराजित कर राजधानी ओरुगल (वर्तमान वारंगल) को अपने अधीन कर लिया था और उसका नाम सुल्तानपुर रखा था। प्रतापरुद्र के आकस्मिक निधन से हिंदू नेतृत्वविहीन हो गए थे। ऐसे समय सेनापति प्रोलय और उनके भतीजे कप्पय ने सेना, सामंतों और जनता को संगठित कर मुस्लिम शासन का विरोध किया। मुसुनूरि नायकों के प्रयास से ओरुगल मुक्त हुआ, वहाँ भगवा ध्वज पुनः फहराया, मुसलमानों के दक्षिण में और आगे बढ़ाने पर रोक लगी, महासंघ की स्थापना में सहायता मिली, हिंदुओं में आत्मविश्वास का उदय हुआ और धर्म की पुनः प्रतिष्ठा हुई।

महाराणा प्रताप

परतंत्रता के विरुद्ध आजीवन संघर्ष करनेवाले और हिंदुत्व की केसरिया पताका को सदैव ऊँचा रखनेवाले, स्वदेश और स्वधर्म के रक्षक राणा प्रताप के चरित्र में भारतीय प्रतिकार और प्रतिरोध-चेतना को प्रतिनिधित्व प्राप्त हुआ। जिस कालखंड में अनेक राजपूत नरेश स्वधर्म का स्वाभिमान भुलाकर मुगल बादशाह से संधि करने के साथ-साथ अपनी कन्या तक देकर उससे संबंध जोड़ रहे थे और 'दीन-इलाही' के द्वारा हिंदुओं को भ्रमित किया जा रहा था, उस युग में अकबर के दंभ और चाल को विफल करनेवाले वीर पुरुष थे राणा प्रताप।

मेवाड़-मुकुटमणि राणाप्रताप का जन्म बप्पा रावल के गौरवशाली कुल में हुआ था। यह महाराणा सांगा (र.ग्राम सिंह) के पौत्र थे। राजपूताने की पावन भूमि हल्दीघाटी में राणाप्रताप और उनके अमर बलिदानी वीर भीलों एवं राजपूतों ने मुगल सेना से संग्राम में जो लोकोत्तर पराक्रम दिखाया, उसकी कीर्ति कथा हिंदू जाति के इतिहास का स्वर्णिम पृष्ठ बन चुकी है। चित्तौड़ को स्वतंत्र कराने का संकल्प अपने हृदय में धारण किए राणा प्रताप ने वनवास स्वीकार किया और स्वदेश स्वातंत्र्य हेतु अपार कष्ट सहन किए। देशभक्त भामाशाह से अकल्पित सहायता प्राप्त होने पर महाराणा प्रताप ने सैन्य-संगठन करके अपने जीवनकाल में ८० में से ७७ किले पुनः जीत लिये।

छत्रपति शिवाजी

बीजापुर के आदिलशाही दरबार के सामंत शाहजी भोंसले के द्वितीय पुत्र शिवाजी के बाल मन में ही उनकी माता जीजाबाई ने स्वधर्म, स्वदेश एवं स्वपरंपरा के प्रति गौरव-बोध जगाकर अत्याचारी मुस्लिम सत्ता की दासता से मातृभूमि को मुक्त कराने का जो संकल्प जगाया, उसे दादाजी कोंडदेव जैसे वीर शूरमा ने शस्त्र-शास्त्र की शिक्षा द्वारा पुष्ट किया। परिणामस्वरूप शिवाजी ने सोलह वर्ष की अल्पायु में ही खेती-बाड़ी करनेवाले पहाड़ी मावलों में शूरवृत्ति एवं देश-धर्म की निष्ठा जगाकर तोरण के किले की विजय से स्वराज्य-स्थापना का जो श्रीगणेश किया तो फिर वह क्रम रुका नहीं।

मुगल सेनापति शाइस्ता खाँ का पराभव, अफजल खान का वध, औरंगजेब के आगरा बंदीवास से युक्तिपूर्वक निकल भागना, जयसिंह को प्रताड़ना भरा पत्र लिखकर उसके मन में स्वदेश व स्वधर्म के प्रति अनुराग जगाने का प्रयत्न करना, आदि घटनाएँ ऐसी हैं, जिनमें उनका साहस, कूटनीति, कुशलता, समय-सूचना, रणचातुरी, संगठन-कौशल आदि प्रकर्ष से प्रकट हुए हैं। अपने ५३ वर्ष के छोटे से जीवनकाल में ३६ छोटे-बड़े युद्धों में अपराजेय रहकर 'हिंदवी स्वराज्य' की स्थापना द्वारा उन्होंने समस्त हिंदू समाज में नवचेतना का संचार किया। राज्य व्यवहार-कोष के निर्माण, जहाजी बेड़े की स्थापना, मुद्रणालय, प्रारंभ करने के प्रयास आदि सबमें उनके परंपरा प्रेम के साथ-साथ प्रशासनिक कौसल के दर्शन प्रखरता से होते हैं। इन सबने छत्रपति शिवाजी महाराज को युगपुरुष की श्रेणी में रख दिया।

महाराजा रणजीत सिंह

पंजाब के सुप्रसिद्ध महाराजा, जिन्होंने जम्मू और कश्मीर को भी मिलाकर पंजाब को एक शक्तिशाली, प्रभुतासंपन्न राज्य का रूप दिया। हरिसिंह नलवा और जोरावर सिंह जैसे पराक्रमी सेनापतियों के नेतृत्व में संगठित सेना से उन्होंने राज्य की सीमाओं को तिब्बत के पश्चिम, सिंधु के उत्तर और खैबर दर्रे से लेकर यमुना नदी के पश्चिमी तट तक बढ़ाकर उसे राजनीतिक और भौगोलिक एकता प्रदान की। उनका प्रशासन सांप्रदायिक आग्रहों से मुक्त था और राज्य जनभावना पर आधारित था। गोहत्या पर उन्होंने कठोर प्रतिबंध लगाया था तथा अपने प्रभाव से अफगानिस्तान में भी वहाँ के शाह से गोहत्या बंद करवाई थी। महमूद गजनवी द्वारा लूटे गए सोमनाथ मंदिर के बहुमूल्य द्वार को वापस लाने का पराक्रम भी उन्हीं का था। उनके जीवित रहने तक अंग्रेजों की कूटनीति पंजाब में विफल ही रही।

महर्षि कपिल

सांख्य सूत्रों के रचयिता दार्शनिक, जिन्हें श्रीमद्‌भागवत में विष्णु के २४ अवतारों में स्थान मिला है। इनके माता-पिता का नाम कर्दम ऋषि और देवहूति बताया गया है। प्रचलित सांख्य दर्शन के ये प्रवर्तक माने जाते हैं। कपिल वेदांत दर्शन की भाँति ब्रह्म या आत्मा को ही एकमात्र सत् नहीं मानते थे। उन्होंने असंख्य जीवों या 'पुरुषों' तथा प्रकृति को भी स्वतंत्र तत्त्व माना। चेतन पुरुष और जड़ प्रकृति कपिल के मत में मुख्य तत्त्व हैं। प्रकृति नित्य है, जगत् की सारी वस्तुएँ उसी के विकार हैं। पुरुष की समीपता मात्र से और उसके ही लिए प्रकृति में क्रिया उत्पन्न होती है, जिससे विश्व की वस्तुओं की उत्पत्ति और विनाश होता है। कपिल के उपदेशों का एक बड़ा संग्रह 'षष्टितंत्र' कहा जाता है। 'सांख्य सूत्र' और 'सांख्य कारिका' सांख्यदर्शन के प्रमुख ग्रंथ हैं। पुराणों में कपिल मुनि का वर्णन महान् तपस्वी सिद्धपुरुष के रूप में है।

महर्षि कणाद

वैशेषिक दर्शन के प्रवर्तक मानेजाने वाले कणाद परमाणुवादी दार्शनिक थे। कणाद के ग्रंथ का नाम 'वैशेषिक सूत्र' है, जो दस अध्यायों में लिखा गया है। प्रत्येक अध्याय में दो-दो आह्निक हैं। कणाद ने जिस प्रयोजन से वैशेषिक सूत्र की रचना की, उसे उन्होंने ग्रंथ के प्रथम सूत्र में स्पष्ट कर दिया, "अब मैं धर्म संबंधी जिज्ञासा पर व्याख्यान करता हूँ।" फिर कहा, "जिससे अभ्युदय और नि:श्रेयस की सिद्धि होती है, वह धर्म है। उस (धर्म) को कहने में वेद प्रमाण है।" कणाद ने विश्व के तत्त्वों का छह पदार्थों में वर्गीकरण किया है, वे हैं—द्रव्य, गुण, कर्म, सामान्य, विशेष, समवाय। बाद में भाष्यकार प्रशस्तपाद ने इनमें एक और पदार्थ 'अभाव' को भी जोड़ दिया। वैशेषिक दर्शन अपने परमाणुवाद और क्रिया संबंधी वैज्ञानिक विश्लेषण के लिए प्रसिद्ध है।

आचार्य सुश्रुत

आयुर्वेद के प्रसिद्ध आचार्य, जिनकी शल्य चिकित्सा के लिए विशेष ख्याति थी। इनका रचा ग्रंथ है 'सुश्रुत संहिता'। कहा जाता है कि इन्होंने काशीपति दिवोदास से शल्यतंत्र का उपदेश

प्राप्त किया था। 'सुश्रुत संहिता' में वर्णित शल्यक्रिया—यंत्रों की उन्नत वैज्ञानिक संरचना का आधुनिक यंत्रों से सादृश्य वैज्ञानिकों को विस्मय में डालता है।

आचार्य चरक

आयुर्वेद के प्रसिद्ध आचार्य। इनका रचित प्रसिद्ध 'चरक संहिता' ग्रंथ आयुर्वेद में कायचिकित्सा का संहिताबद्ध मूल ग्रंथ है, जो विश्व की अनेक भाषाओं में अनूदित हो चुका है। 'शतपथ ब्राह्मण' में चरक का उल्लेख उनकी प्राचीनता का द्योतक है।

आचार्य भास्कराचार्य द्वितीय

कलि संवत् की ४३वीं (१२वीं ई. शताब्दी) के बहुत बड़े गणितज्ञ एवं ज्योतिषी। ये उज्जैन की वेधशाला के अध्यक्ष थे। इनके रचित गणित ज्योतिष के दो प्रसिद्ध ग्रंथ हैं—'सिद्धांत शिरोमणि' और 'करण कुतूहल'। 'लीलावती बीजगणित' भी उनकी प्रसिद्ध रचना है। न्यूटन से ५०० वर्ष पूर्व ही उन्होंने गुरुत्वाकर्षण का सिद्धांत स्पष्ट शब्दों में प्रतिपादित कर दिया था। उनसे शताब्दियों पूर्व एक और गणितज्ञ भास्कराचार्य हो चुके हैं।

ज्योतिषाचार्य वराहमिहिर

विक्रमादित्य और कालिदास के समकालीन प्रसिद्ध ज्योतिषाचार्य। इनका रचित 'बृहत् संहिता' प्रसिद्ध ग्रंथ है। संभवतः ये उज्जैन निवासी थे। विक्रमादित्य की राजसभा के नवरत्नों में वराहमिहिर की भी गणना की जाती है। आर्यभट्ट के सिद्धांतों के बारे में उनकी निरपेक्षता से भी यही प्रकट होता है कि वे पूर्ववर्ती रहे होंगे।

स्वामी रामकृष्ण परमहंस

बंगाल के प्रसिद्ध विरागी गृहस्थ सिद्ध पुरुष। स्वामी विवेकानंद उन्हीं के शिष्य थे। उनका बचपन का नाम गदाधर था। कलकत्ता के निकट दक्षिणेश्वर में काली के मंदिर में पुजारी का काम करते-करते उनका संपूर्ण जीवन कालीमय हो गया। एक दीर्घजीवी सिद्धपुरुष स्वामी तोतापुरी उनके गुरु थे, जिनसे उन्हें वेदांत का ज्ञान प्राप्त हुआ। ज्ञान-साधना के अतिरिक्त उन्होंने तंत्र साधना भी की। कठिन साधना के काल में उनकी विक्षिप्त जैसी अवस्था देखकर लोग उन्हें पागल समझने लगे थे। उनकी जीवन रक्षा तक हितैषियों के लिए चिंता का विषय बन गई, किंतु साधना पूरी होने पर वे परमहंस के रूप में विख्यात हो गए। उन्होंने विभिन्न संप्रदायों की साधना-पद्धतियों को अपनाकर देखा और इस निष्कर्ष पर पहुँचे कि सभी धर्ममत मूलतः अविरोधी हैं और परमात्मा की प्राप्ति के मार्ग हैं। उन दिनों बंगाल में बुद्धिवाद, नास्तिकता और परकीय संस्कृति के अंधानुकरण की प्रवृत्ति प्रबल थी। रामकृष्ण परमहंस ने सरल-सुबोध शैली में आध्यात्मिकता की शिक्षा देकर उक्त प्रवृत्ति को रोका। बड़े-बड़े विद्वान् और बुद्धिमान लोग उनके शिष्य बने। दूर विदेशों तक से लोग उनके दर्शन करने आते थे। उनके शिष्य विवेकानंद ने 'रामकृष्ण मिशन' नामक संस्था की स्थापना की जिससे उनके दिव्य संदेश का प्रचार किया जा सके।

स्वामी दयानंद सरस्वती

आर्य समाज के संस्थापक, वैदिक धर्म एवं विचार के प्रचारक, आधुनिक काल में हिंदू समाज के उद्धारक तथा महान् समाज-सुधारक स्वामी दयानंद सरस्वती का जन्म काठियावाड़ (गुजरात) के मोरबी नामक ग्राम में हुआ था। बचपन में ही उनके मन में मूर्तिपूजा के प्रति अनास्था उत्पन्न हो गई। उन्होंने गृह त्याग कर ब्रह्मचर्य की दीक्षा ली और अनेक वर्षों तक योग-साधना तथा शास्त्राध्ययन किया। आचार्य शंकर द्वारा स्थापित दशनामी संप्रदाय में संन्यास-दीक्षा लेने के पश्चात् वे दयानंद सरस्वती कहलाए। वेदाध्ययन के लिए व्याकरण के विशेष महत्त्व के कारण उन्होंने स्वामी विरजानंद से व्याकरण पढ़ना प्रारंभ किया। अपने विद्या-गुरु स्वामी विरजानंद के

आदेशानुसार वे वेदों के शुद्ध ज्ञान का प्रचार करने में लग गए। परंपरागत हिंदू धर्म (सनातन धर्म) के सुधार में स्वामी दयानंद का बहुत योगदान रहा। आर्य धर्म के तत्त्वों का सुबोध भाषा-शैली में प्रतिपादन करने के उद्देश्य से उन्होंने 'सत्यार्थ प्रकाश' लिखा। इस्लाम और ईसाइयत की अनेक भ्रामक बातों की उन्होंने कठोर आलोचना की। शास्त्रार्थ में विरोधियों को परास्त कर वैदिक मत की श्रेष्ठता का प्रतिपादन किया। आर्यत्व का अभिमान और स्वदेश का गौरव जगाया। युगाब्द ४९८४ (सन् १८८३) में अजमेर में दीपावली के दिन विषघात से उनकी मृत्यु हुई।

कविवर रवींद्रनाथ ठाकुर

'गीतांजलि' पर युगाब्द ५०१४ (ई. १९१३) में नोबेल पुरस्कार प्राप्त करनेवाले विश्वकवि रवींद्रनाथ ठाकुर बँगला साहिब साहित्य में नवयुग के प्रवर्तक थे। उनके पिता देवेंद्रनाथ ठाकुर बंगाल के प्रसिद्ध और आदणीय ब्रह्मसमाजी थे। साहित्यिक रुचि-संपन्न सुसंस्कृत परिवार में जनमे रवींद्रनाथ ठाकुर ने बंगाल वाङ्मय की अपूर्व श्रीवृद्धि की। बंगभंग के विरुद्ध जब बंगाल में आंदोलन का प्रवर्तन हुआ तो रवींद्रनाथ ठाकुर ने उत्कृष्ट देशभक्तिपूर्ण कविताओं की रचना की। उन्होंने इंग्लैंड, चीन, जापान आदि देशों का प्रवास और पाश्चात्य साहित्य का गहन अध्ययन किया था। शिक्षा के क्षेत्र में भी उनका योगदान विशिष्ट रहा। वे 'विश्वभारती' और 'शांतिनिकेतन' संस्थाओं के संस्थापक थे। कहानी और कविता ही नहीं, रवींद्र-संगीत भी उनकी अनुपम देन है। रवींद्रनाथ ठाकुर ने विश्व को भारतीय संस्कृति के सार्वभौम स्वरूप से परिचित कराया।

राजा राममोहन राय

बंगाल के एक धनाढ्य, रूढ़िवादी, वैष्णव परिवार में जनमे राममोहन राय प्रसिद्ध समाज सुधारक, आधुनिक भारत के निर्माता, ब्रह्म समाज के संस्थापक, वेदांतनिष्ठ, पाश्चात्य ज्ञान-विज्ञान के पुरस्कर्ता, सतीप्रथा उन्मूलन आंदोलन के प्रवर्तक, विभिन्न धर्ममतों में समन्वय स्थापित कर सार्वभौम धर्ममत का प्रतिपादन करनेवाले, विचार अभिव्यक्ति की स्वतंत्रता के समर्थक, आधुनिक बँगला पत्रकारिता के महान् प्रवर्तक और अनेक पत्र-पत्रिकाओं के प्रारंभकर्ता थे। पैतृक धन का सदुपयोग उन्होंने अपने सिद्धांतों को साकार रूप देने में किया। उन्होंने एकेश्वरवाद का समर्थन और मूर्तिपूजा का विरोध किया। देश में ईसाई मत के विस्तार का कार्य उनके कर्तृत्व के परिणामस्वरूप कुंठित हो गया।

स्वामी रामतीर्थ

गोस्वामी तुलसीदास के कुल में जनमे, पंजाब के गुजराँवाला जिले के तीर्थराम ने २८ वर्ष की आयु में महाविद्यालय के व्याख्याता पद से त्यागपत्र देकर संन्यास की दीक्षा ली और रामतीर्थ नाम से प्रख्यात हुए। उन्होंने वेदांत-प्रचार का अमित कार्य किया, विशेष रूप से विदेशों में। स्वामी विवेकानंद के समान उन्होंने भी विदेशों में घूम-घूमकर वेदांत चर्चा की और अनेक पाश्चात्य लोगों को अपना अनुयायी बनाया। उर्दू तथा फारसी पर उनका प्रारंभ से ही प्रभुत्व रहा, संस्कृत का अध्ययन किया, गणित विषय के तो वे प्राध्यापक रहे। ऋषिकेश के समीप वन में कठिन तपस्या की। उन्होंने देशभक्ति, निर्भयता तथा अद्वैत वेदांत मत का प्रचार किया। अध्यात्मनिष्ठ, भक्तिमय जीवन बिताते हुए देश-विदेश में भारतीय वेदांत की ज्योति जलाकर ३३ वर्ष की आयु में स्वामी रामतीर्थ ने गंगा में जलसमाधि ले ली।

महर्षि अरविंद

श्रीअरविंद भारत के एक श्रेष्ठ राजनीतिक नेता, क्रांतिकारी, योगी और भारतीय संस्कृति के श्रेष्ठ व्याख्यांता थे। उन्होंने प्राथमिक शिक्षा बंगाल में प्राप्त की। तदुपरांत अध्ययन के लिए इंग्लैंड गए। भारत लौटने पर राष्ट्रीय आंदोलन में कूद पड़े और क्रांतिकारी गतिविधियों में भाग लिया।

अलीपुर बम केस में जेल गए। 'कर्मयोगी', 'वंदेमातरम्' तथा 'आर्य' पत्रों का प्रकाशन किया। बाद में राजनीतिक आंदोलन के मार्ग से निवृत्त होकर पांडिचेरीवाले आए और योगसाधना में रत हुए। युगाब्द ५०२१ (सन् १९२०) में पांडिचेरी आश्रम की स्थापना की। 'पूर्णयोग', 'अतिमानस', 'अतिमानव' और 'दिव्य जीवन' की अवधारणाओं का प्रतिपादन करनेवाले अनेक ग्रंथों का प्रणयन किया। भारतमाता का चेतनामयी परमात्मा शक्ति के रूप में साक्षात्कार कर भारतीय राष्ट्रवाद को उन्होंने आध्यात्मिक और सांस्कृतिक अधिष्ठान प्रदान किया तथा भविष्य में भारत को जो योगदान करना है, उसका भी विवेचन किया। उन्होंने भारत के पुनः अखंड होने की भविष्यवाणी की है।

स्वामी विवेकानंद

विदेशों में हिंदू धर्म की कीर्तिपताका फहरानेवाले, स्वदेश में वेदांत की युगानुरूप व्याख्या कर हताशा एवं विभ्रांत समाज में उत्साह, स्फूर्ति और बल का संचार करनेवाले तथा भारतीय संस्कृति के अध्यात्म तत्त्व का व्यावहारिक रूप प्रतिपादन करनेवाले स्वामी विवेकानंद का बचपन का नाम नरेंद्र था। बालक नरेंद्र खेल तथा अध्ययन दोनों में ही प्रवीण था और ईश्वर के विषय में उसके मन में तीव्र जिज्ञासा थी। रामकृष्ण परमहंस के दर्शन और आशीर्वाद से नरेंद्र को ईश्वर का साक्षात्कार हुआ और मन की शंकाओं का समाधान हुआ। वे विवेकानंद बन गए। युगाब्द ४९९४ (१८९३ ई.) में अमेरिका में आयोजित 'सर्वधर्म सम्मेलन' में हिंदू धर्म के प्रतिनिधि के रूप में भाग लेकर अपनी ओजस्वी वक्तृता से वेदांत की अनुपम ज्ञान-संपदा का रहस्योद्घाटन करते हुए स्वामी विवेकानंद ने पश्चिम के मानस में हिंदू धर्म के प्रति आकर्षण और रुचि उत्पन्न की। स्वदेश में भ्रमण कर स्वामीजी ने मानव-सेवा को ईश्वर-सेवा का पर्याय बताया। गुरुभाइयों के साथ मिलकर उन्होंने 'रामकृष्ण मिशन' की स्थापना की और धर्म-जागृति तथा सेवा का आग्रह रखा। ३९ वर्ष के अल्प जीवनकाल में स्वामी विवेकानंद ने हिंदुत्व के नवोन्मेष का महान् कार्य किया।

दादाभाई नौरोजी

महाराष्ट्र के एक पारसी परिवार में जनमे दादाभाई नौरोजी आधुनिक भारत के प्रमुख देशभक्त, राजनीतिक नेता एवं समाज-सुधारक हुए हैं। भारतीयों के स्वराज्य के अधिकार को ब्रिटिश संसद् तक गुँजानेवाले दादाभाई भारतीय स्वातंत्र्य के वैधानिक आंदोलन के जनक थे। वे कांग्रेस के संस्थापकों में से एक थे और तीन बार कांग्रेस के अध्यक्ष बने। सन् १८९२ (युगाब्द ४९९३) में ब्रिटेन की लिबरल पार्टी की ओर से ब्रिटिश संसद् के सदस्य चुने जानेवाले वे प्रथम भारतीय थे। उन्होंने अंग्रेजों की आर्थिक नीतियों का तथ्यपरक एवं गहन विश्लेषण कर यह सिद्ध किया कि भारत का धन इंग्लैंड की ओर प्रवाहित हो रहा है। इसे 'ड्रेन थ्योरी' कहते हैं।

गोपबंधुदास

उड़ीसा में पुरी जिले के अंतर्गत जनमे पंडित गोपबंधुदास श्रेष्ठ कवि, लेखक, पत्रकार, दार्शनिक, समाज-सुधारक, कुशल संगठक, राजनीतिक नेता एवं हिंदुत्ववादी चिंतक के रूप में विख्यात हैं। स्वाधीनता संग्राम में गांधीजी के नेतृत्व के पूर्व एवं पश्चात् भी वे संपूर्ण उड़ीसा में अग्रणी रहे। उन्होंने अस्पृश्यता-निवारण हेतु अभियान चलाया और गांधीजी को भी हरिजन-उद्धार-

कार्य की प्रेरणा दी। उनके साथ पुरी जिले में पदयात्रा के समय ही महात्मा गांधी ने 'एक वस्त्र परिधान' का संकल्प लिया था। गोपबंधुदास ने आर्तजनों की सेवा के सामने निजी तथा पारिवारिक दु:खों एवं संकटों को सदा गौण माना। वे उड़ीसा के सर्वाधिक लोकप्रिय पत्र 'समाज' के प्रतिष्ठाता और अखिल भारतीय लोक-सेवक मंडल के प्रमुख कर्णधार थे।

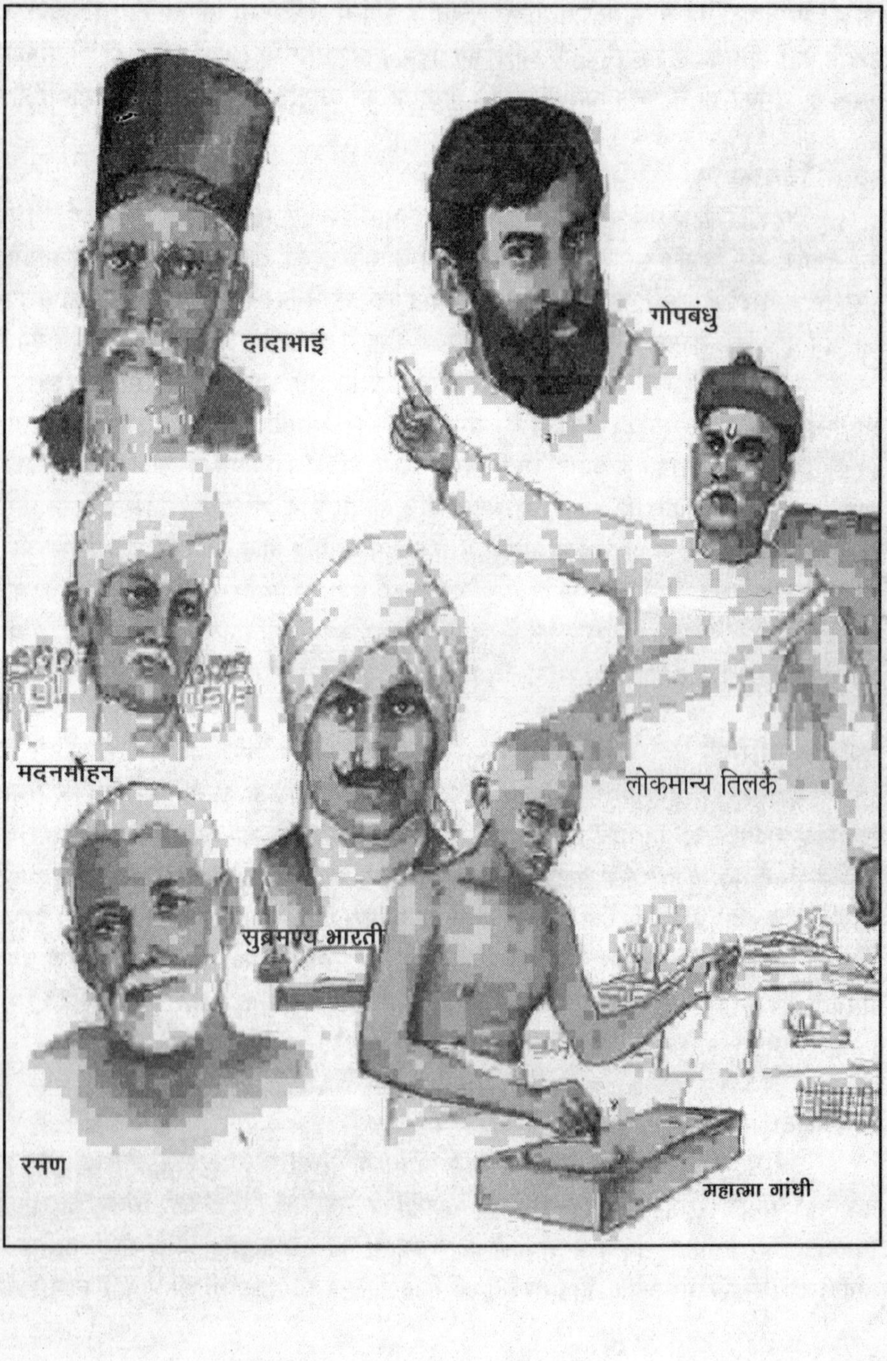

लोकमान्य बाल गंगाधर तिलक

'भारतीय असंतोष के जनक' तथा उग्र राष्ट्रवादी राजनीतिक विचारों के नेता लोकमान्य बाल गंगाधर तिलक का जन्म रत्नागिरि (महाराष्ट्र) में हुआ था। राष्ट्रीय शिक्षा के प्रसार के उद्देश्य से तिलक ने अनेक शिक्षा संस्थाओं की स्थापना की। उनमें सुप्रसिद्ध फर्ग्युसन कॉलेज भी था, जिसमें तिलक संस्कृत और गणित पढ़ाया करते थे। ब्रिटिश दमन-नीति का विरोध करने तथा लोगों में राष्ट्रीय चेतना जगाने के उद्देश्य से उन्होंने 'केसरी' और 'मराठा' पत्रों का प्रकाशन किया। 'स्वराज्य मेरा जन्मसिद्ध अधिकार है' की गर्जना करनेवाले भारत-केसरी तिलक ही थे। सन् १९०५ में बंगाल के विभाजन की घोषणा के बाद जब राष्ट्रीय आंदोलन में उभार आया तो तिलक ने स्वराज्य, स्वदेशी, विदेशी बहिष्कार और राष्ट्रीय शिक्षा की चतु:सूत्री योजना प्रस्तुत की। अंग्रेजों की दमन-नीति का प्रखर विरोध करने के कारण उन्हें छह वर्ष का कठोर कारावास देकर मांडले बंदीगृह में भेज दिया गया। कारागार में ही तिलक ने 'गीता-रहस्य' नामक श्रेष्ठ ग्रंथ लिखकर गीता की कर्मयोगपरक व्याख्या की। 'ओरायन' और 'आर्कटिक होम इन द वेदाज' नामक शोध-प्रबंध भी लिखे। उन्होंने जनजागृति के लिए गणेशोत्सव तथा शिव-जयंती महोत्सव प्रारंभ किए और उनके माध्यम से अंग्रेजी दासता के विरुद्ध जनरोष को मुखर किया।

महात्मा गांधी

राष्ट्रीय स्वातंत्र्य आंदोलन के प्रमुख नेता, जो लगभग तीन दशक तक भारत के सार्वजनिक जीवन पर छाए रहे। काठियावाड़, गुजरात में जनमे मोहनदास करमचंद गांधी ने दक्षिण अफ्रीका में भारतीयों को उनके न्यायोचित अधिकार प्राप्त कराने के लिए अहिंसात्मक सत्याग्रह की नूतन पद्धति का प्रयोग किया। युगाब्द ५०२१ (१९२० ई.) में लोकमान्य तिलक की मृत्यु के पश्चात् राष्ट्रीय आंदोलन का नेतृत्व गांधीजी के कंधों पर आ पड़ा। उन्होंने राष्ट्रीय आंदोलन में समाज के विभिन्न वर्गों का समावेश करके उसे व्यापक आधार प्रदान किया। युगाब्द ५०२१, ५०३१-३२ और ५०४३ (सन् १९२०, १९३०-३१ और १९४२) में गांधीजी ने तीन बड़े राष्ट्रीय आंदोलनों का संचालन किया। सत्य, अहिंसा, गीता और रामनाम में उनकी प्रगाढ़ आस्था थी। वे उदार सनातनी हिंदू थे। गांधीजी ने अस्पृश्यता-निवारण, गोरक्षण, ग्रामोद्योग, खादी, राष्ट्रभाषा, मद्यपान-निषेध जैसी अनेक राष्ट्रीय एवं रचनात्मक प्रवृत्तियों की शृंखला खड़ी की। राष्ट्रविरोधी तत्त्वों के प्रति भी सदाशयता रखी। उनके कुछ विचारों से असहमत नाथूराम गोडसे नामक उग्र व्यक्ति ने ३० जनवरी, १९४८ को गोली मारकर उनकी हत्या कर दी।

रमण महर्षि

रमण महर्षि एक साक्षात्कारी पुरुष थे, जिन्होंने प्रश्नोत्तर की सीधी-सरल पद्धति से उपदेश देकर अपने देशी-विदेशी शिष्यों एवं श्रद्धालुओं को दिव्य संदेश सुनाया। उनके विचारों का संकलन 'रमण गीता' ग्रंथ में हुआ है। इनका जन्म दक्षिण में मदुरै के समीप हुआ था। इनका मूल नाम वेंकट रमण था। गृह-त्यागकर वे अरुणाचलम् पहाड़ी पर ध्यानस्थ रहने लगे और आत्मज्ञान प्राप्त किया। देश-विदेश से आध्यात्मिक विद्या के जिज्ञासु उनके पास आने लगे, जिन्हें उन्होंने अपने सुबोध, सरल उपदेशों से परितृप्त किया।

महामना मदनमोहन मालवीय

काशी हिंदू विश्वविद्यालय के संस्थापक पंडित मदनमोहन मालवीय ने अंग्रेजी दासता के युग में हिंदू धर्म एवं परंपरा का स्वाभिमान जगाने का कार्य किया। उन्होंने राष्ट्रीय आंदोलन की धारा से जुड़कर कांग्रेस तथा हिंदू महासभा के माध्यम से अपने समय की सक्रिय राजनीति में प्रमुख भूमिका निभाई। कांग्रेस के दो बार अध्यक्ष रहे। अपने निजी जीवन की पवित्रता तथा श्रेष्ठ चारित्र्य की साख के बल पर धनसंग्रह कर लोकोपयोगी कार्यों का संयोजन किया। स्वातंत्र्य प्राप्ति हेतु किए जा रहे संघर्ष और सांस्कृतिक उन्नयन के प्रयासों में मालवीयजी ने महत्त्वपूर्ण योगदान दिया। राष्ट्रीय शिक्षा के प्रसार में उनका अविस्मरणीय योगदान है।

कवि सुब्रह्मण्यम भारती

तमिलनाडु के प्रमुख राष्ट्रीय कवि सुब्रह्मण्यम भारती ने सहज-सुबोध भाषा में लिखी अपनी राष्ट्रीय कविताओं द्वारा हजारों-लाखों लोगों के हृदय में देशभक्ति का संचार किया। वे अपनी ओजपूर्ण राष्ट्रीय रचनाओं के कारण कई बार जेल गए। राजनीतिक विचारों की दृष्टि से वे गरमपंथी थे। वे श्रीअरविंद, चिदंबरम् पिल्लै, वी.वी.एस. अय्यर आदि देशभक्तों और स्वाधीनता संग्राम के योद्धाओं के निकट संपर्क में आए। आलवार और नायन्मार भक्तों की शैली में उन्होंने अनेक भक्तिगीत रचे। सुब्रह्मण्यम भारती देशभक्त होने के साथ समाज-सुधारक भी थे। स्त्रियों की स्वतंत्रता, उच्च और निम्न जातियों की समानता तथा अस्पृश्यता निवारण के लिए उन्होंने बहुत काम किया। आधुनिक तमिल कविता की प्रवृत्ति का प्रारंभ भारती ने ही किया। भारती ने ऋषियों और संतों के आध्यात्मिक सांस्कृतिक दाय को जन-सामान्य तक पहुँचाने का महत्त्वपूर्ण कार्य किया।

आचार्य नागार्जुन

प्रसिद्ध बौद्ध दार्शनिक, जिनका जन्म विदर्भ में हुआ था। उन्होंने ब्राह्मण तथा बौद्ध ग्रंथों का गहन अध्ययन किया और आगे चलकर श्रीपर्वत (नागार्जुनी कोंडा, गुंटूर) को अपना निवास-स्थान बनाया। नागार्जुन आंध्र राजा गौतमीपुत्र यज्ञश्री (कलियुगाब्द ३२६७-३२९७ अर्थात् १६६-१९६ ई.) के समकालीन तथा सुहृद थे। वे वैद्यक तथा रसायनशास्त्र के भी आचार्य थे। उनका 'अष्टांग हृदय' वैद्यक एक महत्त्वपूर्ण ग्रंथ है। नागार्जुन के नाम से अनेक ग्रंथ प्रसिद्ध हैं, किंतु उनकी प्रमुख कृतियाँ दो हैं—'माध्यमिक कारिका' और 'विग्रहव्यावर्तनी'। नागार्जुन का दर्शन शून्यवाद कहलाता है, जिसे बौद्ध दर्शन में प्रमुखता प्राप्त हुई है। उन्होंने वस्तुशून्यता के सिद्धांत का प्रतिपादन किया, जिसका अर्थ है कि अविद्या के नष्ट हो जाने पर सभी वस्तुएँ शून्य में विलीन हो जाती हैं। कुछ शेष न रहना ही निर्वाण है। जिस काल के बारे में प्रचार किया जाता है कि ग्रीक देश से विज्ञान भारत में आया, उसी काल में नागार्जुन के रसायनशास्त्र का अनुवाद चीनी और जापानी भाषाओं में हो रहा था।

महर्षि भरद्वाज

मंत्रद्रष्टा वैदिक ऋषि और विमान-विद्या के विद्वान् आचार्य महर्षि भरद्वाज 'यंत्र सर्वस्व', 'अंशुतंत्र' और 'आकाश शास्त्र' ग्रंथों के निर्माता कहे जाते हैं। यंत्र सर्वस्व के वैमानिक प्रकरण में विमान-विद्या का विवेचन किया गया है और विमान विषयक रचना-क्रम कहे गए हैं। 'वैमानिक

प्रकरण' में विज्ञान विषय के प्राचीन पच्चीस ग्रंथों की सूची है तथा विमान शास्त्र के पूर्वाचार्यों और उनके रचे ग्रंथों के नामों का उल्लेख किया गया है, जिससे ज्ञात होता है कि प्राचीन भारत में विमान-निर्माण एवं संचालन-क्रिया की पूरी जानकारी थी। प्रयाग में गंगा-यमुना के संगम पर भरद्वाज का प्रसिद्ध गुरुकुल था।

ज्योतिषाचार्य आर्यभट्ट

कलि की ३६वीं (५वीं) शती में हुए भारत के महान् ज्योतिषाचार्य। इन्होंने 'आर्यभटीयम्' नामक ग्रंथ की रचना की, जो उपलब्ध सबसे प्राचीन ज्योतिष ग्रंथों में गिना जाता है। अन्य ज्योतिषियों ने 'आर्यभटीयम्' को 'आर्य सिद्धांत' कहा है। आर्यभट्ट ने यह सिद्धांत प्रतिपादित किया था कि सूर्य पृथ्वी की परिक्रमा नहीं करता, प्रत्युत पृथ्वी ही सूर्य की परिक्रमा करती है।

श्री जगदीशचंद्र बसु

पूर्वी बंगाल में जनमे भारत के महान् वैज्ञानिक। वनस्पतिशास्त्र और भौतिकी में इनकी गहरी रुचि थी। इंग्लैंड में अध्ययन करने के पश्चात् संवत् ४९८६ (१८८५ ई.) में भारत लौटे और प्रेसीडेंसी कॉलेज में भौतिकी के प्रोफेसर बने। उन्होंने विद्युत्-चुंबकीय रेडियो तरंगें उत्पन्न करने के लिए एक यंत्र बनाया। संवत् ४९९६ (१८९५ ई.) में इन तरंगों की सहायता से उन्होंने ७५ फीट की दूरी पर टेलीफोन की घंटी बजाई। इन्हीं तरंगों के उपयोग का विकास करके मारकोनी ने रेडियो का आविष्कार किया। जगदीशचंद्र बसु ने वैज्ञानिक उपकरणों द्वारा वनस्पतियों की सजीवता और प्रतिक्रियाशीलता सिद्ध की। इस प्रकार समस्त जीवमात्र की एकता सिद्ध की। वे रायल सोसाइटी के सदस्य चुने गए। सं. ५०१८ (१९१७ ई.) में उन्होंने कलकत्ता में 'बोस रिसर्च इंस्टीट्यूट' की स्थापना की।

श्री चंद्रशेखर वेंकटरामन

सुप्रसिद्ध भौतिक वैज्ञानिक, जिन्हें प्रकाश-भौतिकी में 'रमण-प्रभाव' का अन्वेषण करने पर सन् १९३० में नोबेल पुरस्कार प्राप्त हुआ। इनका जन्म त्रिचनापल्ली (तमिलनाडु) में हुआ था। आरंभिक शिक्षा वाल्टेयर में और उच्च शिक्षा मद्रास के प्रेसीडेंसी कॉलेज में प्राप्त की। वैज्ञानिक अनुसंधान विषयक प्रवृत्ति के कारण राज्य-सेवा में उच्च पद पर होते हुए भी समय निकालकर अनुसंधान में प्रवृत्त हुए। कलकत्ता विश्वविद्यालय में भौतिकी के प्रोफेसर, साइंस एसोसिएशन के सचिव, लंदन की रॉयल सोसाइटी के फेलो और बंगलौर के इंडियन इंस्टीट्यूट ऑफ साइंस के निदेशक रहे। अपना ऊँचे से ऊँचा अनुसंधान कार्य उन्होंने भारत में ही संपन्न किया। स्वाभिमान-संपन्न वे इतने थे कि अपने शिष्यों से कहते, ''विदेशियों की बातों का तब तक विश्वास न करो, जब तक वे सिद्ध न हो जाएँ।''

श्री रामानुजन

इनका जन्म मद्रास राज्य में तंजौर जिले के कुंभकोणम नगर में हुआ था। रामानुजन के पिता श्रीनिवास आयंगर एक निर्धन, किंतु स्वाभिमानी व्यक्ति थे। रामानुजन को गणित से बहुत प्रेम था। चौथी कक्षा से ही वे त्रिकोणमति में रुचि लेने लगे थे। छात्र जीवन में ही उन्होंने गणित के अनेक सूत्रों का अपने आप पता लगाया था। उनकी अद्‌भुत प्रतिभा का पता लगने पर वे इंग्लैंड बुला लिये गए। इंग्लैंड में प्रो. हार्डी के सहयोग से उन्होंने गणित में अनुसंधान किए और रॉयल सोसाइटी के फेलो चुने गए। अथक शोधकार्य और ब्रिटेन में शाकाहारी पौष्टिक भोजन न मिल पाने के कारण उनका स्वास्थ्य बहुत गिर गया और ३३ वर्ष की अल्पायु में क्षय

रोग से उनकी मृत्यु हो गई। गणितशास्त्र के जिन विषयों में रामानुजन ने योग दिया है, उनको संख्याओं का सिद्धांत, विभाजन (पार्टीशन) का सिद्धांत और सतत भिन्नों का सिद्धांत कहते हैं। मृत्यु के समय भी उनका मस्तिष्क इतना सजग था कि जब एक कार के नंबर १७२९ का उल्लेख हुआ तो तुरंत उनके मुँह से निकला कि 'हाँ, यह संख्या मैं जानता हूँ। यह वह छोटी से छोटी संख्या है, जिसे दो प्रकार से दो घनों के योग के रूप में प्रस्तुत किया जा सकता है—(१०³ + ९³) तथा (१२³ + १³)।

नेताजी सुभाषचंद्र बोस

नेताजी सुभाषचंद्र बोस (बसु) कटक (उड़ीसा) के प्रख्यात वकील जानकीनाथ बसु के पुत्र थे। उन्होंने आई.सी.एस. परीक्षा उत्तीर्ण की, पर उस सर्वोच्च सरकारी सेवा को ठोकर मारकर स्वाधीनता संघर्ष में कूद पड़े। गांधीजी के प्रत्याशी को पराजित कर कांग्रेस के अध्यक्ष चुने गए। अंग्रेजों की नजरबंदी को धत्ता बताकर विदेश पहुँचे। इंग्लैंड द्वितीय विश्वयुद्ध में फँसा था। इस स्थिति का लाभ उठाकर इंग्लैंड के शत्रु देश जापान की सहायता लेकर 'आजाद हिंद फौज' का विस्तार एवं नेतृत्व किया तथा अंग्रेजों के विरुद्ध सशस्त्र संग्राम करते हुए भारत के उत्तर-पूर्वी सीमांत में काफी आगे बढ़ आए। युगाब्द ५०४६ (सन् १९४५) में जापान की पराजय हो जाने पर वे एक विमान से किसी सुरक्षित स्थान को जा रहे थे। उनकी मृत्यु उसी विमान की दुर्घटना में हुई, ऐसा बताया गया, परंतु उनकी मृत्यु का रहस्य अब भी बना हुआ है। देश के लिए स्वाधीनता लाने में उनका अति महत्त्वपूर्ण योगदान यह रहा कि सेना में उनकी जगाई चेतना के फलस्वरूप अंग्रेजों के लिए यह संभव नहीं रहा कि वे भारतीयों के ही कंधों पर बंदूक रखकर भारत को अपने अधीन रख सकें।

स्वामी प्रणवानंद

'भारत सेवाश्रम संघ' के संस्थापक स्वामी प्रणवानंदजी पीड़ितों की सेवा-सहायता में सदैव अग्रणी रहे। उन्होंने प्रखर हिंदुत्व का प्रतिपादन किया। हिंदू संगठन हेतु संघशाखा के ही समान 'मिलन-मंदिर' के माध्यम से दैनिक एकत्रीकरण आयोजित करने की व्यवस्था विकसित की। वे विशेषत: बंगाल में संगठन कार्य में रत रहे।

स्वातंत्र्य वीर विनायक सावरकर

क्रांतिकारियों में अग्रणी, हिंदुत्व के प्रखर उद्घोषक, अस्पृश्यता-निवारण एवं सामाजिक समता जैसी समाज-सुधार प्रवृत्तियों के पुरस्कर्ता, ब्रिटिश दमन के प्रखर प्रतिकारक, आजीवन कठोर यातनाओं को सहर्ष भोगनेवाले अद्वितीय साहसी, प्रतिभावान् कवि, सशक्त लेखक, ओजस्वी वक्ता, स्वातंत्र्य वीर विनायक दामोदर सावरकर ने भारत से ब्रिटिश सत्ता को उखाड़ फेंकने के लिए सशस्त्र क्रांति के आंदोलन में भाग लिया और देश तथा विदेश में अनेक तरुण विद्यार्थियों को विदेशी सत्ता के प्रतिकार की प्रेरणा दी। ब्रिटिश सत्ता का प्रखर विरोध करने और क्रांतिकारी गतिविधियों का संचालन करने के कारण उन्हें जब इंग्लैंड से बंदी बनाकर भारत लाया जा रहा था तो उन्होंने जहाज से समुद्र में कूदकर भागने का प्रयत्न किया। दो

आजीवन कारावासों का दंड देकर उन्हें अंडमान भेजा गया। रत्नागिरि में नजरबंद रहते हुए उन्होंने अस्पृश्यता-निवारण जैसे सामाजिक कार्य किए। युगाब्द ४९५८ (सन् १८५७) में ब्रिटिश सत्ता के विरुद्ध भारतवासियों के संघर्ष को उन्होंने स्वातंत्र्य समर की संज्ञा दी। वीर सावरकर अनेक वर्षों तक हिंदू महासभा के अध्यक्ष रहे। हिंदू राष्ट्रीयता का उन्होंने आधुनिक शब्दावली में सशक्त एवं तर्कशुद्ध मंडन किया।

श्री ठक्कर बप्पा

प्रसिद्ध समाजसेवक, जिन्होंने वनवासियों की दुर्दशा से द्रवित होकर अपना संपूर्ण जीवन उन्हीं की दशा सुधारने और सेवा करने में लगा दिया। इनका जन्म गुजरात के भावनगर में एक समाजसेवापरायण व्यक्ति विट्ठलदास ठक्कर के घर हुआ था। ठक्कर बप्पा का पूरा नाम अमृतलाल ठक्कर था। उन्होंने वरिष्ठ अभियंता पद त्यागकर पूर्णकालिक सेवा-व्रत लिया। वे 'भारत सेवक समाज' के माध्यम से सेवाव्रती बने। उन्होंने 'भील सेवा मंडल' की स्थापना की, जो रचनात्मक कार्य की गंगोत्तरी बन गया। अपने समाज के उपेक्षित बंधुओं—वनवासी अथवा 'आदिम' जाति के लोगों की आर्त अव्यवस्था से कातर होकर ठक्कर बप्पा उन्हीं के हो गए।

डॉ. भीमराव आंबेडकर

महाराष्ट्र की महार जाति में जनमे भीमराव ने जातिगत भेदभाव का तीव्र दंश स्वयं अनुभव किया था। उन्होंने विदेश में उच्च शिक्षा प्राप्त की और अपने उपेक्षित बंधुओं को सम्मान और अधिकार प्राप्त कराने के लिए आजीवन अथक प्रयत्न किया। वे वित्त और विधिशास्त्र (कानून) के उच्चकोटि के विद्वान् थे। द्वितीय गोलमेज सम्मेलन (युगाब्द ५०३२) (१९३१ ई.) में डॉ. अंबेडकर ने हरिजनों के लिए पृथक् निर्वाचक-मंडल की माँग की थी, किंतु आगे चलकर 'पूना पैक्ट' को स्वीकार करते हुए उन्होंने यह आग्रह छोड़ दिया और संयुक्त निर्वाचक मंडल को स्वीकृति देकर हिंदू समाज को 'सवर्ण' और 'हरिजन' में बँटने से बचा लिया। उन्होंने मुस्लिम और ईसाई प्रलोभनों को ठुकराकर अपने अनुयायियों सहित बौद्धमत स्वीकार किया। उनका स्पष्ट कहना था कि धर्मांतरण करके विदेशी मूल के संप्रदायों में जाने से राष्ट्रनिष्ठा समाप्त होती है। स्वतंत्र भारत के संविधान निर्माण में उनकी महत्त्वपूर्ण भूमिका रही।

श्री ज्योतिराव फुले

महाराष्ट्र के महान् समाज-सुधारक ज्योतिराव फुले ने उपेक्षितों, अछूतों और स्त्रियों की अवस्था सुधारने के लिए कठिन प्रयास किए। शिक्षा के द्वारा उपेक्षितों और स्त्रियों की अवस्था उन्नत की जा सकती है, ऐसी उनकी मान्यता थी। हरिजनों तथा स्त्रियों की शिक्षा के लिए विद्यालय खोलनेवाले वे प्रथम समाज-सुधारक माने जाते हैं। हंटर कमीशन के सामने उन्होंने अनिवार्य प्राथमिक शिक्षा दिए जाने की माँग भी की थी। सामाजिक समता के वे पक्षधर थे। छुआछूत के विरुद्ध उन्होंने डटकर संघर्ष किया। युगाब्द ४९७५ (सन् १८७४ ई.) में उन्होंने 'सत्यशोधक समाज' की स्थापना की, ताकि लोगों को विशाल मानवधर्म की शिक्षा दी जा सके। विधवा स्त्रियों का मंडन कर देने की प्रथा (केशवपन) का उन्होंने कड़ा विरोध किया। अनाथ बालकों और निराधार स्त्रियों के लिए 'अनाथाश्रम' और 'सूतिका-गृह' चलाए। रूढ़िवाद और अंधश्रद्धा पर प्रहार कर ज्योतिबा ने बुद्धिवाद की शिक्षा दी।

श्री नारायण गुरु

हिंदू समाज की धार्मिक आस्था पर अनैतिक साधनों से आक्रमण करके हिंदुओं को ईसाई बनाने की गतिविधियाँ चलानेवाले ईसाई पादरियों की कूट योजनाओं का प्रतिकार एवं निवारण

करने और इस हेतु केरल में तथाकथित अछूतों के लिए मंदिरों की स्थापना करनेवाले नारायण गुरु का जन्म केरल में एक अछूत कहलानेवाली जाति में हुआ था। संस्कृत भाषा और वेदांत का गहन अध्ययन कर उन्होंने योग-साधना और तपस्या की तथा रोगी, निर्धन, अस्पृश्य एवं वनवासी बंधुओं की सेवा-शुश्रूषा में अपने को खपा दिया। उनके बनवाए मंदिर हिंदू संगठन के केंद्र बन गए। केरल में हिंदू समाज के धर्मांतरण की प्रवृत्ति को रोकने का चिरस्मरणीय कार्य यदि नारायण गुरु ने न किया होता तो केरल का हिंदू समाज बहुसंख्याक होते हुए भी धर्मभ्रष्ट हो गया होता।

डॉ. केशवराव हेडगेवार

राष्ट्रीय स्वयंसेवक संघ के संस्थापक महापुरुष, जिनके जीवन का एकमात्र ध्येय था, हिंदू अस्मिता के नवजागरण द्वारा हिंदू समाज को सुसंगठित बनाना, ताकि अपना राष्ट्र और समाज परम वैभव को प्राप्त कर सके। इस उद्देश्य की प्रेरणा से ही डॉक्टर केशव बलिरामजी ने युगाब्द ५०२६ (सन् १९२५) में विजयादशमी के दिन नागपुर में राष्ट्रीय स्वयंसेवक संघ की स्थापना की थी। बचपन से ही ज्वलंत देशभक्ति की भावना उनमें कूट-कूटकर भरी हुई थी। विद्यालय में अंग्रेज निरीक्षक का स्वागत 'वंदे मातरम्' बोलकर करने के कारण उन्हें हाईस्कूल से निष्कासित किया गया और फिर उन्हें पढ़ाई के लिए अन्यत्र जाना पड़ा। बाद में डॉक्टरी की पढ़ाई के लिए वे योजनापूर्वक क्रांतिकारियों के गढ़ कलकत्ता गए। वहाँ अनेक क्रांतिकारी देशभक्तों से उनका गहरा संपर्क बना। फलतः उन्होंने क्रांतिकारी गतिविधियों में भाग लिया और नागपुर लौटकर भी क्रांतिकारियों के सहयोगी बने रहे। नागपुर वापस लौटने के पश्चात् डॉक्टर साहब कांग्रेस, हिंदू महासभा आदि राजनीतिक संस्थाओं में सहभागी हुए। गत हजार वर्षों में अपने राष्ट्र और समाज के पराभव के कारणों का युक्तियुक्त विश्लेषण करके वे इस निष्कर्ष पर पहुँचे कि हिंदू धर्म, हिंदू संस्कृति तथा हिंदू राष्ट्र की चेतना के आधार पर हिंदू समाज को संगठित करके ही राष्ट्र का शाश्वत कल्याण संभव है। इस चिंतन की साकार परिणति संघ के रूप में हुई। संगठन की अत्यंत सरल और सहज अनुकरणीय पद्धति उनकी प्रतिभा की विशेष देन है।

श्री माधवराव सदाशिवराव गोलवलकर (श्रीगुरुजी)

राष्ट्रीय स्वयंसेवक संघ के संस्थापक एवं आद्य सरसंघचालक डॉ. हेडगेवारजी का युगाब्द ५०४१ (१९४० ई.) में असामयिक निधन हो जाने पर सरसंघचालक का दायित्व श्री माधवराव सदाशिवराव गोलवलकरजी के कंधों पर आ गया। उनका जन्म नागपुर में हुआ था। काशी विश्वविद्यालय में प्राध्यापक के रूप में काम करते हुए वे 'गुरुजी' नाम से प्रसिद्ध हुए। प्राध्यापकी छोड़कर विधि-शिक्षा ली, किंतु नैसर्गिक वैराग्य-वृत्ति के कारण सबकुछ छोड़कर सारगाछी (बंगाल) में स्वामी अखंडानंद के शिष्य बने और अध्यात्म-साधना में लीन हुए। स्वामीजी की मृत्यु के बाद उन्हीं की प्रेरणा और आज्ञा से, समाजरूपी परमेश्वर की सेवा करने की ओर उन्मुख हुए और इस कार्य के लिए उन्हें राष्ट्रीय स्वयंसेवक संघ सर्वोपयुक्त जान पड़ा। ३३ वर्ष (१९४०-१९७३) तक सरसंघचालक के रूप में उन्होंने संघकार्य का विस्तार करने के लिए अथक प्रयत्न किया, लाखों संस्कारित स्वयंसेवक खड़े किए, राष्ट्र एवं समाज-जीवन के विभिन्न क्षेत्रों का

पुनर्निर्माण करने के लिए स्वयंसेवकों को अनेक संस्थाएँ गठित करने की प्रेरणा दी और विश्व भर के हिंदुओं को एकता के सूत्र में बाँधने का प्रयास किया।

युगप्रवर्तक

आज भी उन नरवीरों की भग्नावशेष पड़ी दबी-कुचली समाधियों की अनंत गहराई से आवाज आती है कि हे माँ! मैं तेरी सेवा में अधिक कुछ नहीं कर पाया। जो कुछ भी मुझ अकिंचन के पास सर्वस्व था, बस वह ही दे पाने का सामर्थ्य जुटा पाया। हे माता! यदि अगला जन्म जिस योनि में मिले, वह तेरी ममता की छाँव तले ही लेने का सौभाग्य मिले, जिससे इस जन्म की शेष रही सेवा की पूर्ति में आहुति दे सकूँ। हे माता! आशीष दे कि हर जन्म में तू ही माँ रूप में मुझे प्राप्त हो। इतनी भर विनती तेरे कमल-चरणों में है। यह पुकार आज भी उन समाधियों से प्रश्रुत होती है।

धन्य हो हे महात्मन्! तुम्हारी सदा ही जय हो! तुम्हारा यशोगान यावद् चन्द्र दिवाकरौ अवनि तल पर गुंजित रहे।

हे धर्म की ढाल,
तुम्हारी जय हो।
हे यज्ञकुंड की ज्वाल,
तुम्हारी जय हो॥ १॥

हे मर्यादा की क्षिति,
तुम्हारी जय हो।
हे मानवत्व की भित्ति,
तुम्हारी जय हो॥ २॥

हे वंशी की तान,
तुम्हारी जय हो।
हे गीता के ज्ञान,
तुम्हारी जय हो॥ ३॥

हे कर्मपंथ के द्वार,
तुम्हारी जय हो।
हे सर्व समर्पण हार,
तुम्हारी जय हो॥ ४॥

हे ममता की गोद,
तुम्हारी जय हो।
हे काली का क्रोध,
तुम्हारी जय हो॥ ५॥

हे पौरुष के गीत,
तुम्हारी जय हो।

हे जीवन के मीत,
तुम्हारी जय हो॥ ६॥

हे भव के परित्राण,
तुम्हारी जय हो।
हे पथ के पाषाण,
तुम्हारी जय हो॥ ७॥

हे संगठन के तंत्र,
तुम्हारी जय हो।
हे जग'राम के मंत्र',
तुम्हारी जय हो॥ ८॥

□

सम्मान-पर्व

संस्कृति किसी भी देश के विकास में एक निर्णायक भूमिका निभाती है। एक राष्ट्र की एक संस्कृति अपने मूल्यों, लक्ष्यों, प्रथाओं और साझा विश्वासों का प्रतिनिधित्व करती है। भारतीय संस्कृति आदर्शवाद और उत्कृष्ट सम्मान के आधार पर एक दिव्य संस्कृति है। भारतीय संस्कृति अनंत विश्व स्तर पर लागू है और सभी के द्वारा स्वीकार्य है।

विश्व भर के इतिहासकारों, लेखकों, राजनेताओं, वैज्ञानिकों, शासकों और अन्य जानी-मानी हस्तियों ने भारत की प्रशंसा की है और शेष विश्व को दिए गए योगदान की सराहना की है। ये टिप्पणियाँ भारत की महानता का मात्र कुछ हिस्सा प्रदर्शित करती हैं, फिर भी इनसे हमें अपनी मातृभूमि पर गर्व का अनुभव होता है। 'गर्व से कहो, हम भारतीय हैं।'

> "If there is one place on the face of earth where all the dreams of living men have found a home from the very earliest days when man began the dream of existence, it is India."

—**Romain Rolland** *(French scholar)*

''यदि पृथ्वी के मुख पर कोई ऐसा स्थान है, जहाँ जीवित मानव जाति के सभी सपनों को बेहद शुरुआती समय से आश्रय मिलता है और जहाँ मनुष्य ने अपने अस्तित्व का सपना देखा, वह भारत है!''

—**रोम्यां रोलां** *(फ्रांसीसी विद्वान्)*

***

> "She (India) has left indelible imprints on one fourth of the human race in the course of a long succession of centuries. She has the right to reclaim...her place amongst the great nations summarizing and symbolizing the spirit of humanity. From Persia to the Chinese sea, from the icy regions of Siberia to Islands of Java and Borneo, India has propagated her beliefs, her tales, and her civilization!"

—**Sylvia Levi**

''भारत ने शताब्दियों से एक लंबे आरोहण के दौरान मानव जाति के एक चौथाई भाग पर अमिट छाप छोड़ी है। भारत के पास उसका स्थान मानवीयता की भावना को सांकेतिक रूप से दरशाने और महान् राष्ट्रों के बीच अपना स्थान बनाने का दावा करने का अधिकार है। पर्सिया से चीनी समुद्र तक साइबेरिया के बर्फीले क्षेत्रों से जावा और बोर्नियो के द्वीप समूहों तक भारत में

अपनी मान्यता, अपनी कहानियाँ और अपनी सभ्यता का प्रचार-प्रसार किया है।''

—**सिल्विया लेवी** *(फ्रांसीसी विद्वान्)*

***

"If I were asked under what sky the human mind has most fully developed some of its choicest gifts, has most deeply pondered on the greatest problems of life, and has found solutions, I should point to India."

—**Max Mueller** *(German scholar)*

''यदि हम से पूछा जाता कि आकाश तले कौन सा मानव मन सबसे अधिक विकसित है, इसके कुछ मनचाहे उपहार क्या हैं, जीवन की सबसे बड़ी समस्याओं पर सबसे अधिक गहराई से किसने विचार किया है और इसके समाधान पाए हैं तो मैं कहूँगा इसका उत्तर है भारत।''

—**मैक्स मूलर** *(जर्मन विद्वान्)*

***

"India conquered and dominated China culturally for 20 centuries without ever having to send a single soldier across her border."

—**Hu Shih** *(former Ambassador of China to USA)*

''भारत ने चीन की सीमा पार अपना एक भी सैनिक न भेजते हुए बीस शताब्दियों के लिए चीन को सांस्कृतिक रूप से जीता और उस पर अपना प्रभुत्व बनाया है।''

—**हु शिह** *(अमेरिका में चीन के पूर्व राजदूत)*

***

"There are some parts of the world that, once visited, get into your heart and won't go. For me, India is such a place. When I first visited, I was stunned by the richness of the land, by its lush beauty and exotic architecture, by its ability to overload the senses with the pure, concentrated intensity of its colors, smells, tastes, and sounds... I had been seeing the world in black & white and, when brought face-to-face with India, experienced everything re-rendered in brilliant technicolor."

—**Keith Bellows, National Geographic Society**

''दुनिया के कुछ हिस्से ऐसे हैं, जहाँ एक बार जाने के बाद वे आपके मन में बस जाते हैं और उनकी याद कभी नहीं मिटती। मेरे लिए भारत एक ऐसा ही स्थान है। जब मैंने यहाँ पहली बार कदम रखा तो मैं यहाँ की भूमि की समृद्धि, यहाँ की चटक हरियाली और भव्य वास्तुकला से, यहाँ के रंगों, खुशबुओं, स्वादों और ध्वनियों की शुद्ध, सघन तीव्रता से अपने अनुभूतियों को भर लेने की क्षमता से अभिभूत हो गई। यह अनुभव कुछ ऐसा ही था, जब मैंने दुनिया को उसके स्याह और सफेद रंग में देखा, जब मैंने भारत के जनजीवन को देखा और पाया कि यहाँ सभी कुछ चमकदार बहुरंगी है।''

—**किथ बेलोज** *(मुख्य संपादक, नेशनल जियोग्राफिक सोसाइटी)*

***

"We owe a lot to the Indians, who taught us how to count, without which no worthwhile scientific discovery could have been made."

—Albert Einstein

''हम भारतीयों के कृतज्ञ हैं, जिन्होंने हमें गिनना सिखाया, जिसके बिना कोई सार्थक वैज्ञानिक खोज नहीं की जा सकती थी।''

—अल्बर्ट आइंस्टीन

***

"Whenever I have read any part of the Vedas, I have felt that some unearthly and unknown light illuminated me. In the great teaching of the Vedas, there is no touch of sectarianism."

—Henry David Thoreau

''मैंने जब कभी वेदों का कोई भाग पढ़ा है, मैंने महसूस किया है कि किसी चमत्कारिक अज्ञात प्रकाश ने मुझे प्रकाशमान किया है। वेदों के महान् उपदेशों में सांप्रदायिकता का कोई अंश नहीं है।''

—हेनरी डेविड थोरीयो

***

"It is impossible not to be astonished by India. Nowhere on Earth does humanity present itself in such a dizzying, creative burst of cultures and religions, races and tongues."

—A Rough Guide to India

''भारत से चकित हुए बिना रहना असंभव है। दुनिया में कहीं भी और मानवता स्वयं को इतने बुलंद एवं रचनात्मक संस्कृतियों, धर्मों, जातियों और भाषाओं में प्रस्तुत नहीं करती है।''

—अ रफ गाइड टू इंडिया

***

"India was the motherland of our race, and Sanskrit the mother of Europe's languages: she was the mother of our philosophy; mother, through the Arabs, of much of our mathematics; mother, through the Buddha, of the ideals embodied in Christianity; mother, through the village community, of self-government and democracy. Mother India is in many ways the mother of us all."

—Will Durant

''भारत हमारी जाति की मातृभूमि था और संस्कृत यूरोप की भाषाओं की जननी; वो हमारे दर्शन की जननी थी; अरबों के माध्यम से हमारे गणित के अधिकतर ज्ञान की जननी; बुद्ध के माध्यम से क्रिश्चैनिटी में अपनाए गए आदर्शों की जननी; ग्रामीण समुदायों के माध्यम से स्वशासन और लोकतंत्र की जननी। भारत माता कई मायनों में हम सबकी माता है।''

—विल ड्यूरेंट

***

"India is, the cradle of the human race, the birthplace of human speech, the mother of history, the grandmother of legend, and the great grand mother of tradition. our most valuable and most instructive materials in the history of man are treasured up in India only. "

—Mark Twain

''भारत मानव जाति का पालना है, मानव वाणी का जन्मस्थान, इतिहास की जननी, किंवदंतियों की मातामही, और परंपरा की महामातामही, मानवीय इतिहास की सबसे मूल्यवान और शिक्षाप्रद वस्तुएँ भारत में ही निहित हैं।''

—मार्क ट्वेन

***

"So far as I am able to judge, nothing has been left undone, either by man or nature, to make India the most extraordinary country that the sun visits on his rounds. Nothing seems to have been forgotten, nothing overlooked."

—Mark Twain

''जहाँ तक मैं आँक सकता हूँ, परिक्रमा करते हुए सूर्य जहाँ-जहाँ से गुजरता है, उसमें भारत को सबसे असाधारण देश बनाने के लिए इनसान या प्रकृति के द्वारा कुछ भी अधूरा नहीं छोड़ा गया है। ऐसा लगता है कि न कुछ भूला गया है और न ही किसी चीज की अनदेखी की गई है।''

—मार्क ट्वेन

***

"India will teach us the tolerance and gentleness of mature mind, understanding spirit and a unifying, pacifying love for all human beings."

—Will Durant

''भारत हमें एक परिपक्व मन की सहिष्णुता और नम्रता, भावनाओं को समझाने और समेकक करना और सभी मनुष्यों को प्रेम से संतुष्ट करना सिखाएगा।''

—विल ड्यूरेंट

***

"From the Vedas we learn a practical art of surgery, medicine, music, house building under which mechanized art is included. They are encyclopedia of every aspect of life, culture, religion, science, ethics, law, cosmology and meteorology."

—William James

''वेदों से हम सर्जरी, चिकित्सा, संगीत, घर बनाना, जिसमें यंत्रीकृत कला शामिल है; की व्यावहारिक कला सीखते हैं। वे जीवन के हर एक पहलू, संस्कृति, धर्म, विज्ञान, नैतिकता, कानून, ब्रह्मांड विज्ञान और मौसम विज्ञान के विश्वकोष हैं।''

—विलियम जेम्स

***

"There is no book in the world that is so thrilling, stirring and inspiring as the Upanishads."

—Max Muller

''दुनिया में कोई ऐसी पुस्तक नहीं है, जो उपनिषदों जितनी रोमांचक, उद्दीपक और प्रेरणादायक हो।''

-मैक्स मूलर

***

"It is already becoming clear that a chapter which had a Western beginning will have to have an Indian ending if it is not to end in the self-destruction of the human race. At this supremely dangerous moment in history, the only way of salvation for mankind is the Indian way."

—Dr. Arnold Toynbee

''यह और भी स्पष्ट होता जा रहा है कि एक अध्याय, जिसकी पश्चिमी शुरुआत हो, उसका भारतीय अंत होना ही है; यदि उसे मानवजाति के विनाश में समाप्त नहीं होना है। इतिहास के इस बेहद खतरनाक क्षण में मानव जाति की मुक्ति का एकमात्र तरीका भारतीय तरीका है।''

—डॉ. अर्नोल्ड टोयन्बी

***

"The Sanskrit language, whatever be its antiquity is of wonderful structure, more perfect than the Greek, more copious than the Latin and more exquisitely refined than either."

—Sir William Jones

''संस्कृत भाषा, चाहे जितनी पुरानी हो, उसकी संरचना अद्‌भुत है, ग्रीक से अधिक परिपूर्ण, लेटिन से अधिक प्रचुर और दोनों से ही अधिक विशिष्टता से परिष्कृत।''

—सर विलियम जोन्स

***

"Gravitation was known to the Hindus (Indians) before the birth of Newton. The system of blood circulation was discovered by them centuries before Harvey was heard of."

—P. Johnstone

''हिंदुओं (भारतीयों) को गुरुत्वाकर्षण का ज्ञान न्यूटन के जन्म के पहले से था। रक्त परिसंचरण की प्रणाली उनके द्वारा हार्वे के बारे में सुने जाने से सदियों पहले खोजी जा चुकी थी।''

—पी. जॉनस्टोन

***

"There were very advanced Hindu astronomers in 6000 BC. Vedas contain an account of the dimension of Earth, Sun, Moon, Planets and Galaxies."

—Emmelin Plunret

''६००० ई.पू. में बहुत उन्नत हिंदू खगोलविद् थे। वेदों में पृथ्वी, सूर्य, चंद्रमा, ग्रहों एवं आकाशगंगाओं के आयामों का वर्णन है।''

—एमेलिन प्लुनरेट

***

"It is true that even across the Himalayan barrier India has sent to the west, such gifts as grammar and logic, philosophy and fables, hypnotism and chess, and above all numerals and the decimal system."

—Will Durant

''यह सच है कि हिमालय की बाधा के पार भी भारत ने पश्चिम में व्याकरण, तर्क, दर्शन, नीतिकथाएँ, सम्मोहन, शतरंज और सबसे बढ़कर अंकों तथा दशमलव प्रणाली का उपहार भेजा है।''

—विल ड्यूरेंट

***

"India has two million gods, and worships them all. In religion all other countries are paupers; India is the only millionaire."

—Mark Twain

''भारत में बीस लाख देवी-देवता हैं और वे सभी की पूजा करते हैं। धर्म के मामले में बाकी सभी देश कंगाल हैं, भारत ही करोड़पति है।'' **—मार्क ट्वेन**

***

"One Billion-Year-Old fossil prove life began in India."

—A F P Washington

''एक अरब वर्ष पुराने जीवाश्म साबित करते हैं कि जीवन की शुरुआत भारत में हुई थी।''

—ए.एफ.पी. वॉशिंगटन

***

''दुनिया में कुछ ऐसी जगह हैं, जहाँ एक बार जाने पर वे आपके हृदय में बस जाती हैं और कभी निकलती नहीं। मेरे लिए भारत एक ऐसी जगह है।''

—कीथ बेल्लोज

''भारत हमारी संपूर्ण जाति की जननी है तथा संस्कृत यूरोप की सभी भाषाओं की जननी है। (मानव) भारतमाता हमारे दर्शनशास्त्र की जननी है, अरबों के रास्ते हमारे अधिकांश गणित की जननी है, बुद्ध के रास्ते इसाइयत में निहित आदर्शों की जननी है, ग्रामीण समाज के रास्ते स्व-शासन और लोकतंत्र की जननी है। अनेक प्रकार से भारत माता हम सबकी माता है।''

—विल ड्यरेंट, अमेरिकी इतिहासकार

***

एतद्देशप्रसूतस्य सकासादग्रजन्मनः।
स्व-स्व चरित्रं शिक्षेरन् पृथिव्यां सर्व मानवाः॥

—महर्षि मनु

''पुराने काल में, इस देश (भारत) में जनमे लोगों के सामीप्य द्वारा (साथ रहकर) पृथ्वी के सब लोगों ने अपने-अपने चरित्र की शिक्षा ली।'' **—महर्षि मनु**

***

गायन्ति देवाः किल गीतकानि, धन्यास्तु ते भारतभूमिभागे।
स्वर्गापवर्गास्पद् मार्गभूते, भवन्ति भूयः पुरुषाः सुरत्वाद्॥

—विष्णु पुराण, २/३/४

''देवतागण गीत गाते हैं कि स्वर्ग और मोक्ष को प्रदान करने वाले मार्ग पर स्थित भारत के

लोग धन्य हैं। (क्योंकि) देवता भी जब पुनः मनुष्य योनि में जन्म लेते हैं तो यहीं जनमते हैं।''

—*विष्णु पुराण, २/३/४*

***

"Civilizations have arisen in other parts of the world. In ancient and modern times, wonderful ideas have been carried forward from one race to another…But mark you, my friends, it has been always with the blast of war trumpets and the march of embattled cohorts. Each idea had to be soaked in a deluge of blood...Each word of power had to be followed by the groans of millions, by the wails of orphans, by the tears of widows. This, many other nations have taught; but India for thousands of years peacefully existed. Here activity prevailed when even Greece did not exist...Even earlier, when history has no record, and tradition dares not peer into the gloom of that intense past, even from until now, ideas after ideas have marched out from her, but every word has been spoken with a blessing behind it and peace before it. We, of all nations of the world, have never been a conquering race, and that blessing is on our head, and therefore we live!"

—**Swami Vivekananda** *(Indian philosopher)*

''सभ्यताएँ दुनिया के अन्य भागों में उभरकर आई हैं। प्राचीन और आधुनिक समय के दौरान एक जाति से दूसरी जाति तक अनेक अच्छे विचार आगे ले जाए गए हैं, परंतु मार्क, मेरे मित्र, यह हमेशा युद्ध के बिगुल बजाने के साथ और तालबद्ध सैनिकों के पद ताल से शुरू हुआ है। हर नया विचार रक्त के तालाब में नहाया हुआ होता था¨¨विश्व की हर राजनैतिक शक्ति को लाखों लोगों के जीवन का बलिदान देना होता था, जिनसे बड़ी तादाद में अनाथ बच्चे और विधवाओं के आँसू दिखाई देते थे। यह अन्य अनेक राष्ट्रों ने सीखा, किंतु भारत में हजारों वर्षों से शांतिपूर्वक अपना अस्तित्व बनाए रखा। यहाँ जीवन तब भी था, जब ग्रीस अस्तित्व में नहीं आया था।¨¨इससे भी पहले जब इतिहास का कोई अभिलेख नहीं मिलता और परंपराओं ने उस अँधियारे भूतकाल में जाने की हिम्मत नहीं की। तब से लेकर अब तक विचारों के बाद नए विचार यहाँ से उभरकर आते रहे और प्रत्येक बोले गए शब्द के साथ आशीर्वाद और इसके पूर्व शांति का संदेश जुड़ा रहा। हम दुनिया के किसी भी राष्ट्र पर विजेता नहीं रहे हैं और यह आशीर्वाद हमारे सिर पर है, इसलिए हम जीवित हैं!''

—**स्वामी विवेकानंद** *(भारतीय दार्शनिक)*

□

- आधार
- पूर्ति की प्रक्रिया
- अनुभूति

आह्वान-पर्व

सीमाओं की गुहार पर, कण-कण के आर्तनाद पर, मानवता की करुण चीत्कार पर अब सोते रहना कापुरुषता है। आलस त्यागकर, घोर अंधकार की छाती को फाड़कर महातेजस्वी सूर्य की भाँति पाप-कलुष को रौंदते हुए निकलो पूर्व की खुली आहट से बाहर और सुनसान पथ के मूक पाषाण बनकर तिमिर में लघु टिमटिमाते दीप बनकर, पतझड़ में पुलकित बसंत बनकर, शुष्क मरुभूमि में अमिय-धार बनकर खिला दो उजड़े कानन को, जिससे पुन: चहाचहा उठें कलरव के नूतन स्वर, वेदों के गान, आनंद की तान और मधुऋतु की उन्मत्त बहार। पावन यज्ञ की ज्वाला में आहूत कर रही हैं। अनुष्ठान हेतु शीघ्रता करो! नहीं तो समय निकल जाएगा। समय किसी की प्रतीक्षा नहीं करता, नहीं तो 'का बरसा जब कृषि सुखाने। समय चूकि पुनि का पछताने॥' हाथ मलना पड़ेगा। निकल पड़ो परिव्राजक, पुजारी, प्रदर्शक बनकर, तिल-तिल को समेट पहाड़ सा खड़ा कर दो, जिससे पश्चिम की आँधी टकराकर चूर-चूर हो जाए और सदा-सदा के लिए निस्तेज हो जाए। देखो, मार्ग यही एक है, जो आँखों के सम्मुख है।

आधार

- स्वाभिमान का भाव
- अपने मूल्यों के प्रति आत्मविश्वास
- अपनी संस्कृति (परंपरा, आदर्श) पर गर्व
- संस्कृति को विश्व में प्रसार की महत्त्वाकांक्षा
- सुसंगठन
- सुख-दुःख में समान अनुभूति
- गौरव की समान अनुभूति
- लक्ष्य स्मरण
- इतिहास से प्रेरणा
- विजिगीषु वृत्ति
- समर्पण

पूर्ति की प्रक्रिया

- संपूर्ण समाज का जागरण
- जाग्रत् समाज का संगठन

- संगठित समाज का संस्कार
- संस्कारित समाज को उद्देश्य स्मरण, प्रबोधन
- उद्देश्य-प्रेरित समाज के हृदय में पूर्वजों के प्रति सम्मान का भाव जागरण
- ध्येयानुकूल व्यक्ति निर्माण स्वयं का उदाहरण अर्थात् पूर्ण समर्पण।

न राज्यं न च राजाऽसीत न दण्डो न च दाण्डिकः।
धर्मेणैव प्रजाः सर्वा रक्षन्तिस्म परस्परम्॥

अनुभूति

- पीड़ा, कामना, विश्वास और संकल्प आवश्यक
- प्रयत्नों की पराकाष्ठा के बिना कुछ नहीं होगा
- राष्ट्र और संस्कृति के बारे में भी स्पष्ट धारणा आवश्यक
- सेक्युलर राष्ट्र का सही अर्थ (Theocratic पांथिक) अर्थात् Secular पंथनिरपेक्ष
- विभिन्न संदर्भों में हिंदू का अर्थ
- हिंदुओं के दृष्टिकोण में कुछ नए परिवर्तन आवश्यक
- हिंदुत्व का शक्तिशाली होना आवश्यक
- अल्पसंख्यक, बहुसंख्यक का सही अर्थ
- मुस्लिम अलगाववाद की राजनैतिक पराजय आवश्यक
- राष्ट्रीय महापुरुष और आक्रामक शत्रु
- शिक्षा, पांथिक कट्टरता और समाज-सुधार
- सांस्कृतिक भारत की व्यावहारिक संभावनाएँ।

भारत फिर से अखंड होगा, यह तय है, परंतु कब होगा, यह हमारे पौरुष और प्रयासों पर निर्भर करेगा। यदि इसमें कमी रही तो जब होना चाहिए, उसके बाद ही होगा और तीव्रता रही तो जब होना चाहिए, उससे पहले ही हो जाएगा। इस तरह सांस्कृतिक भारत की उस घड़ी को हम पीछे भी खींच सकते हैं, परंतु इसके लिए अधिक-से-अधिक लोगों को पीढ़ियों तक प्रयास करने के सिद्धता रखते हुए इन्हीं आँखों, इसी शरीर से इस महाव्रत के साथ प्रयासरत रहना पड़ेगा। मैं भी उन सौभाग्यशाली लोगों में रहूँगा, ऐसा महाव्रत प्रत्येक भारतवासी को करना चाहिए। तभी प्रत्येक राष्ट्रभक्त का सांस्कृतिक भारत का स्वप्न शीघ्रातिशीघ्र साकार होगा।

सांस्कृतिक भारत का स्वप्न साकार करें, राष्ट्रीयता का प्रखर भाव जगाएँ। स्व का बोध पैदा करें। सामूहिकता के भाव तथा संगठन को दृढ करें। आखें खोलो! जागो!! उठो!!!

हे भारत! जागो, अपने खेतों, खलिहानों, चौपालों, झोंपड़ियों, महलों, अट्टालिकाओं, गिरि-पर्वत-कंदराओं, नदी, सरोवरों, झीलों, सागर की लहरों को जगा दो और स्मरण करा दो अपने अतीत की गौरवशाली झाँकी को, थाती को करा दो वर्तमान की दर्दनाक पीड़ा की अनुभूति, जन-जन को करा दो, हृदय अविदारक दृश्य का साक्षात्कार भ्रमित मन को करा दो। भविष्य के सुनहरे, स्वप्न की जगमग ज्योति को तन-बदन में ज्वार सा तूफान ला दो, लहरों की सी अपरिमित ऊर्जा को हृदय में समेट किनारों की उन्मत्तता को झकझोर दो। वर्षों की सोई अस्मिता अब तक

प्रतीक्षा कर रही है। उसकी आँखों में छलछलाए अश्रुबिंदु को पोंछ दो अपने नन्हे-नन्हे हाथों से, धीर बँधा दो। 'धर धीर जननि हम बालवीर, सब तेरे कष्ट मिटाएँगे।' ऐसा आश्वासन भरा प्रण सुनाकर दूध के ऋण की यही सौगंध है। यही पुकार है, यही ललकार है, यही गुहार है। उठो—

हे सुदर्शनधारी! अपनी कृष्णा के चीर को बचाओ, उठो हलधर, सँभालो अपने हल और मुसल को, उठो विश्वकर्मा के वंशज! बढ़ो लेकर कुदाल और फावड़ों को, उठो ग्वालो, धारण करो गोवर्धन को, उठो गांडीवधारियो! निकालो तरकश से प्रलयंकारी तीरों को, उठो गदाधारियो, कमर कसो, दुर्योधन जैसे पापी की जंघा तोड़कर अपमानित द्रौपदी की अपहृत लज्जा को लौटा लाने को, उठो महासमर के वीर विजेताओ! करो शंखनाद, बजाओ रणभेरी, जलाकर क्षण भर में राख कर दो पाप की सोने की लंका को, न रहेगा बाँस न बजेगी बाँसुरी। जब पापी ही नहीं रहेगा तो पाप कैसे फलेगा-फूलेगा। कर दो पाप की अशोक वाटिका को तहस-नहस, जिससे कभी कोई पापी दुबारा किसी सीता जैसी सतियों की लाज लूटने के इरादे से बंदी बनाने का दुस्साहस न कर सके।

इसी दिन के लिए माँ ने अपने आँचल में छिपाकर लोरियाँ गा-गाकर दूध पिलाया था। उसी की परीक्षा की घड़ी आ गई है।

माँ की लाज न लुटने पाए।
छोड़ो वृंदावन का सुख।
पल भर का अब विलंब कल्प सा।
देखो जाकर माँ का दुःख।
पापी के अंत की घड़ी निकट।
कमर कसो अब तजो अलस।
छोड़ समाधी उठो परशुधर।
'जग राम फोड़ो' अघकलश॥

□

भगवान् कल्कि

भगवान् कल्कि अवतार का जन्म कब, कहाँ, क्यों और कौन होंगे माता-पिता? धार्मिक एवं पौराणिक मान्यता के अनुसार जब पृथ्वी पर पाप बहुत अधिक बढ़ जाएगा। तब दुष्टों के संहार के लिए विष्णु का यह अवतार यानी 'कल्कि अवतार' प्रकट होगा। कल्कि को विष्णु का भावी और अंतिम अवतार माना गया है। भगवान् का यह अवतार निष्कलंक भगवान् के नाम से भी जाना जाएगा। आपको यह जानकर आश्चर्य होगा कि भगवान् श्री कल्कि ६४ कलाओं के पूर्ण निष्कलंक अवतार हैं। भगवान् श्री कल्कि की भक्ति इस समय एक ऐसे कवच के समान है, जो हमारी हर प्रकार से रक्षा कर सकती है। भगवान् श्री कल्कि की भक्ति व्यक्तिगत न होकर समष्टिगत है। जो भी व्यक्ति भगवान् श्री कल्कि की भक्ति करता है, वह चाहता है कि भगवान् शीघ्र अवतार धारण कर भूमि का भार हटाएँ और दुष्टों का संहार करें। कलियुग यानी कलह-क्लेश का युग, जिस युग में सभी के मन में असंतोष हो, सभी मानसिक रूप से दुःखी हों, वह युग ही कलियुग है। हिंदू धर्मग्रंथों में चार युग बताए गए हैं—सतयुग, त्रेतायुग, द्वापरयुग और कलयुग। सतयुग में लोगों में छल, कपट और दंभ नहीं होता है। त्रेतायुग में एक अंश अधर्म अपना पैर जमा लेता है। द्वापर युग में धर्म आधा ही रह जाता है। कलियुग के आने पर तीन अंशों से इस जगत् पर अधर्म का आक्रमण हो जाता है। इस युग में धर्म का सिर्फ एक चौथाई अंश ही रह जाता है। सतयुग के बाद जैसे-जैसे दूसरा युग आता-जाता है, वैसे-वैसे मनुष्यों की आयु, वीर्य, बुद्धि, बल और तेज का ह्रास होता जाता है।

भगवान् कल्कि अवतार माना जाता है और जैसा वर्तमान में चल रहा है कि कलियुग के अंत में संसार की ऐसी दशा होगी। लोग मछली-मांस ही खाएँगे और भेड़ व बकरियों का दूध पिएँगे। गाय तो दिखना भी बंद हो जाएगी। सभी एक-दूसरे को लूटने में लगे रहेंगे। व्रत-नियमों का पालन नहीं करेंगे। उसके विपरीत वेदों की निंदा करेंगे। स्त्रियाँ कठोर स्वभाव वाली व कड़वा बोलने वाली होंगी। वे पति की आज्ञा नहीं मानेंगी। अमावस्या के बिना ही सूर्य ग्रहण लगेगा। अपने देश छोड़कर दूसरे देश में रहना अच्छा माना जाएगा। व्यभिचार बढ़ेगा। उस समय मनुष्य की औसत आयु सोलह साल होगी। सात-आठ वर्ष की उम्र में पुरुष व स्त्री समागम करके संतान उत्पन करेंगे। पति व पत्नी अपनी स्त्री व पुरुष से संतुष्ट नहीं रहेंगे। मंदिर कहीं नहीं होंगे। युग के अंत में प्राणियों का अभाव हो जाएगा। तारों की चमक बहुत कम हो जाएगी। पृथ्वी पर गरमी बहुत बढ़ जाएगी। इसके बाद सतयुग का आरंभ होगा। उस समय काल की प्रेरणा से भगवान् विष्णु का कल्कि अवतार होगा। भगवान् कल्कि यह अवतार दशावतार परंपरा में अंतिम माना गया। शास्त्रों के अनुसार यह अवतार भविष्य में होने वाला है। कलियुग के अंत में जब शासकों का अन्याय

बढ़ जाएगा। चारों तरफ पाप बढ़ जाएँगे तथा अत्याचार का बोलबाला होगा, तब इस जगत् का कल्याण करने के लिए भगवान् विष्णु कल्कि के रूप में अवतार लेंगे। कल्कि अवतार का वर्णन कई पुराणों में हुआ है, परंतु इसे सर्वाधिक विस्तार कल्कि उपपुराण में मिला है, उसमें यह कथा उन्नीस अध्यायों में वर्णित है। भगवान् कल्कि अभी तो कलियुग का प्रथम चरण है। कलि के पाँच सहस्त्र से कुछ अधिक समय बीता है। इस समय मानव जाति का मानसिक एवं नैतिक पतन हो गया है, लेकिन जैसे-जैसे समय बीतता जाएगा, वैसे-वैसे धर्म की हानि होगी। सत्य, पवित्रता, क्षमा, दया, आयु, बल और स्मरणशक्ति सबका लोप होता जाएगा। अर्थहीन व्यक्ति असाधु माने जाएँगे। राजा दुष्ट, लोभी, निष्ठुर होंगे, उनमें तथा लुटेरों में कोई अंतर नहीं होगा। प्रजा वनों व पर्वतों में छिपकर अपना जीवन बिताएगी। समय पर बारिश नहीं होगी, वृक्ष फल नहीं देंगे। कलि के प्रभाव से प्राणियों के शरीर छोटे-छोटे, क्षीण और रोगग्रस्त होने लगेंगे। मनुष्यों का स्वभाव गधों जैसा दुस्सह, केवल गृहस्थी का भार ढोने वाला रह जाएगा। लोग विषयी हो जाएँगे। धर्म-कर्म का लोप हो जाएगा। मनुष्य जपरहित नास्तिक व चोर हो जाएँगे।

पुत्रः पितृवधं कृत्वा पिता पुत्रवधम्।
निरुद्वेगो वृहद्वादी न निन्दामुपलप्स्यते।।
म्लेच्छीभूतं जगत् सर्व भविष्यति न संशयः।
हस्तो हस्तं परिमुषेद् युगान्ते समुपस्थिते।।

पुत्र पिता का और पिता पुत्र का वध करके भी उद्विग्न नहीं होंगे। अपनी प्रशंसा के लिए लोग बड़ी-बड़ी बातें बनाएँगे किंतु समाज में उनकी निंदा नहीं होगी। उस समय सारा जगत् म्लेच्छ हो जाएगा, इसमें संशय नहीं। एक हाथ दूसरे हाथ को लूटेगा। सगा भाई भी भाई के धन को हड़प लेगा। अधर्म फैल जाएगा, पत्नियाँ अपने पति की बात नहीं मानेंगी। माँगने पर भी पतियों को अन्न, जल नहीं मिलेगा। चारों तरफ पाप फैल जाएगा। उस समय संभल ग्राम में विष्णुयशा नामक एक अत्यंत पवित्र, सदाचारी एवं श्रेष्ठ ब्राह्मण अत्यंत अनुरागी भक्त होंगे। वे सरल एवं उदार होंगे। उन्हीं

अत्यंत भाग्यशाली ब्राह्मण विष्णुयशा के यहाँ समस्त सद्‌गुणों के एकमात्र आश्रय निखिल सृष्टि के सर्जक, पालक एवं संहारक पर ब्रह्म परमेश्वर भगवान् कल्कि के रूप में अवतरित होंगे। वे महान् बुद्धि एवं पराक्रम से संपन्न महात्मा, सदाचारी तथा संपूर्ण प्रजा के शुभैषी होंगे।

मनसा तस्य सर्वाणिक वाहनान्यायुधानि च।।
उपस्थास्यन्ति योधाश्च शस्त्राणि कवचानि च।
स धर्मविजयीराजा चक्रवर्ती भविष्यति।।
स चेमं सकुलं लोकं प्रसादमुपनेश्यति।
उत्थितो ब्राह्मणो दीप्तः क्षयान्तकृतदुदारधीः।।

चिंतन करते ही उनके पास इच्छानुसार वाहन, अस्त्र-शस्त्र, योद्धा और कवच उपस्थित हो जाएँगे। वह धर्मविजयी चक्रवर्ती राजा होगा। वह उदारबुद्धि, तेजस्वी ब्राह्मण दुःख से व्याप्त हुए इस जगत् को आनंद प्रदान करेगा। कलियुग का अंत करने के लिए उनका प्रादुर्भाव होगा। भगवान् शंकर स्वयं उनको शस्त्रास्त्र की शिक्षा देंगे और भगवान् परशुराम उनके वेदोपदेष्टा होंगे। वे देवदत्त नामक शीघ्रागमी अश्व पर आरूढ़ होकर राजा के वेश में छिपकर रहने वाले पृथ्वी पर सर्वत्र फैल हुए दस्युओं एवं नीच स्वभाव वाले संपूर्ण म्लेच्छों का संहार करेंगे। कल्कि भगवान् के करकमलों से सभी दस्युओं का नाश हो जाएगा, फिर धर्म का उत्थान होगा। उनका यश तथा कर्म सभी परम पावन होंगे। वे ब्रह्माजी की चलाई हुई मंगलमयी मर्यादाओं की स्थापना करके रमणीय वन में प्रवेश करेंगे। इस प्रकार सर्वभूतात्मा सर्वेश्वर भगवान् कल्कि के अवतरित होने पर पृथ्वी पर पुनः सत्ययुग प्रतिष्ठित होगा। कहाँ होगा भगवान् कल्कि का जन्म? कल्कि भगवान् उत्तर प्रदेश में गंगा और रामगंगा के बीच बसे मुरादाबाद के संभल ग्राम में जन्म लेंगे। भगवान् के जन्म के समय चंद्रमा धनिष्ठा नक्षत्र और कुंभ राशि में होगा। सूर्य तुला राशि में स्वाति नक्षत्र में गोचर करेगा। गुरु स्वराशि धनु में और शनि अपनी उच्च राशि तुला में विराजमान होगा। वह ब्राह्मण कुमार बहुत ही बलवान, बुद्धिमान और पराक्रमी होगा। मन में सोचते ही उसके पास वाहन, अस्त्र-शस्त्र, योद्धा और कवच उपस्थित हो जाएँगे। वे सब दुष्टों का नाश करेंगे, तब सतयुग शुरू होगा। वे धर्म के अनुसार विजय पाकर चक्रवर्ती राजा बनेंगे।

कौन होंगे इनके माता-पिता? अपने माता-पिता की पाँचवीं संतान होंगे। भगवान् कल्कि के पिता का नाम विष्णुयश और माता का नाम सुमति होगा। पिता विष्णुयश का अर्थ हुआ, ऐसा व्यक्ति, जो सर्वव्यापक परमात्मा की स्तुति करता लोक हितैषी है। सुमति का अर्थ है, अच्छे विचार रखने और वेद, पुराण और विद्याओं को जानने वाली महिला। ऐसा होगा अंतिम अवतार कल्कि भगवान् का स्वरूप कल्कि निष्कलंक अवतार हैं। भगवान् का स्वरूप (सगुण रूप) परम दिव्य है। दिव्य अर्थात् दैवीय गुणों से संपन्न। वे सफेद घोड़े पर सवार हैं। भगवान् का रंग गोरा है, लेकिन गुस्से में काला भी हो जाता है। वे पीले वस्त्र धारण किए हुए हैं। प्रभु के हृदय पर श्रीवत्स का चिह्न अंकित है। गले में कौस्तुभ मणि है। स्वयं उनका मुख पूर्व की ओर है तथा अश्व दक्षिण में देखता प्रतीत होता है। यह चित्रण कल्कि की सक्रियता और गति की ओर संकेत करता है। युद्ध के समय उनके हाथों में दो तलवारें होती हैं। माना गया है कि पृथ्वी पर पाप की सीमा पार होने लगेगी, तब दुष्टों के संहार के लिए विष्णु का यह अवतार प्रकट होगा। भगवान् का यह अवतार दिशा धारा

में बदलाव का बहुत बड़ा प्रतीक होगा। मनीषियों ने कल्कि के इस स्वरूप की विवेचना में कहा है कि कल्कि सफेद रंग के घोड़े पर सवार होकर आततायियों पर प्रहार करते हैं। इसका अर्थ उनके आक्रमण में शांति (श्वेत रंग), शक्ति (अश्व) और परिष्कार (युद्ध) लगे हुए हैं। तलवार और धनुष को हथियारों के रूप में उपयोग करने का अर्थ है कि आसपास की और दूरगामी, दोनों तरह की दुष्ट प्रवृत्तियों का निवारण करेंगे अर्थात् भगवान् धरती पर से सारे पापों का नाश करेंगे। श्रीमद्भागवत के अभिन्न अंग भगवान् श्री कल्कि क्यों? शुकदेवजी (वैशंपायन, व्यासजी के पुत्र) पांडवों के एकमात्र वंशज अभिमन्यु पुत्र परीक्षित (विष्णुपुराण) को, जो उपदेश (कथा) सुना रहे थे, वह अठारह (१८) हजार श्लोकों का समावेश था। महाराज परीक्षित का सात दिन में निधन हो जाने से उन सारे श्लोकों का उपदेश न हो पाया था। अतः बाद में मार्कंडेय ऋषि के आग्रह पर शुकदेव जी ने पुण्याश्रम में उसे पूरा किया था। सूतजी (व्यासजी के शिष्य हर्षण सूत के नाम से प्रसिद्ध हुए, जिनकी धारणा शक्ति से संहिताएँ दे दीं) का कहना है कि वे भी वहाँ उपस्थित थे और पुण्यप्रद कथाओं को सुना था। सूतजी ने उन ऋषियों को जो कथा सुनाई, वही 'श्री कल्कि पुराण' के नाम से प्रसिद्ध है।

□

- संकल्प
- राष्ट्रीय गीत

संकल्प-पर्व

तस्मा अग्निर्भारत शर्म यंसज्ज्योक्पश्यात्सूर्यमुच्चरन्तम्।
य इन्द्राय सुनवामेत्याह नरे नर्याय नृतमाय नृणाम्॥

(ऋग्वेद, ४-२५-४)

सभी विषयों में अग्नि के समान तेजस्वी विद्वानों को धारण करनेवाला भारत सभी मनुष्यों को घर के समान सुख दे और जो यह कहते हैं कि विद्यावान, उत्तमशीलवान मनुष्यों के मुखियाजन (इंद्र) कुशल तथा ऐश्वर्यवान समाज का निर्माण करें, वे बहुत काल तक सूर्योदय देखें।

संकल्प

आज क्या हमारे हृदयों में अपनी मातृभूमि की भक्ति का यह पराक्रमी एवं तेजस्वी, ओजस्वी भाव जीवित है। क्या मातृभूमि की ओर देखने का वह चैतन्यमय और परिपूर्ण दृष्टिकोण जो प्रेरणा देता है, हृदय में ज्वलंत है।

संसार में स्वतंत्र, संपन्न एवं गौरवशाली राष्ट्र की सत्ता का जीवनप्राण तो मातृभूमि की ऐसी भक्ति है, जो तीव्र क्रियाशील, दृढ़निष्ठ तथा ज्वलंत है। भक्ति के वे अंगारे, जो हृदय में सुप्त पड़े हैं, उन्हें प्रज्वलित करें, ताकि वे मिलकर और पवित्र ज्वालाओं में परिणित होकर हमारी मातृभूमि पर भूत, वर्तमान के समस्त आक्रमणों को भस्म करें एवं भारतमाता के अतीत की अखंडित प्रतिमा की पुनः प्रतिष्ठा का स्वप्न साकार करें।

इसी भूमि में ईश्वरत्व है। इसका कण-कण पवित्र है, यह हमारी मातृभूमि है, यही हिंदूभूमि है, यह पवित्रातिपवित्र है। इसने हमारा पालन-पोषण किया है, इसने ही हमें समृद्धि, सुरक्षा, सौख्य प्रदान किया है। इसलिए हमारा अनन्य एवं पावन कर्तव्य है कि अपने जीवन को इस पवित्र भूमि के सम्मान के लिए इसकी माटी के एक-एक कण की रक्षा के लिए समर्पित कर दें, अर्थात् हमारा शरीर इसके काम आए। हम इसके लिए जिएँ और इसके लिए ही मरें। अपनी मातृभूमि की सेवा करते हुए यदि मृत्यु का वरण भी करना पड़े तो हमें कोई चिंता नहीं। सौभाग्य ही समझना चाहिए।

यह वह भूमि है, जिस पर राष्ट्रीय अस्तित्व अनंत काल तक अडिग खड़ा रह सकेगा। हमारा यह संकल्प है कि हम अपने सर्वस्व के कारण, अपने प्राणों के द्वारा भी माता की सेवा करेंगे। हमारे श्रेष्ठ पूर्वजों के त्याग और बलिदान से पावनता प्राप्त हुई है। ऐसे अनेक स्थान भरे पड़े हैं, जो पवित्रता की गाथाएँ समेटे खड़े हैं।

यह वह भूमि है, जिसकी माटी से सर्वोत्तम मानवों का निर्माण हुआ है। इसलिए उन महापुरुषों के चरण-चिह्नों का अनुसरण करना। यह प्रेरणा हमें अपनी माता के श्रेष्ठ स्वरूप का चिंतन कर प्राप्त करनी है और इस चिंतन से अपने अंदर यह संकल्प उत्पन्न करना है कि जिस प्रकार हमारे पूर्वजों ने इस महान् भूमि के हित एवं उसकी स्वतंत्रता के लिए स्वेच्छा से अपना जीवन सुमन भेंट चढ़ाया, उसी प्रकार हम भी बिना किसी हिचकिचाहट के अपना भी जीवन-सुमन भेंट करें। स्वार्थ-भय आदि कोई भी बात मुझे उस कार्य से विचलित नहीं कर सकेगी। अपने जीवन के इस सर्वश्रेष्ठ कर्तव्य को करने से कोई भी बाधा मुझे रोक नहीं सकती।

क्योंकि यह भगवान् की लीला भूमि है, यहाँ के नदी, पर्वत, जड़-चेतन, सभी पवित्र और पूजनीय हैं। भारत शक्ति-स्वरूपा है। यह लक्ष्मी, सरस्वती, दुर्गा की अवर्णनीय अभिव्यक्ति है।

जीवन के गठन में माता का स्थान सर्वोपरि एवं सर्वश्रेष्ठ होता है अर्थात् गठन में जो-जो भी सहायक हुए है, उनके प्रति एक आदर का भाव, कृतज्ञता का भाव, श्रद्धा का भाव, भक्ति का भाव अंत:करण में धारण करना, अति प्राचीन समय से चली आ रही विशिष्ट परंपरा है।

पिता भ्राता च पुत्राश्च खं द्यौश्च नरपुङ्गव।
भूमिर्भवति भूतानां सम्यगच्छिद्र दर्शना॥

(महाभारत, भीष्म पर्व, ६/९/७६)

यह भूमि भूतमात्र के लिए पिता, भ्राता, पुत्र/पुत्री, आकाश, स्वर्ग, सबकुछ है। हम भी दोषरहित दृष्टि से इसकी ओर देखेंगे तो अनुभव करेंगे कि यह मांगल्य प्रदायिनी है।

जिसकी ऋषि, मुनि, देवता तक जगज्जननी के रूप में उपासना करते हैं, वह भारतमाता हमारी आराध्या है। उसके स्वरूप का वर्णन वाणी व लेखनी द्वारा असंभव ही है। फिर भी माता के पुत्र के नाते उसके भव्य-दिव्य स्वरूप का वर्णन सूर्य के सम्मुख दीप जलाने के प्रयास के समान है।

भारतमाता के पावन मंदिर की झाँकी का वर्णन अत्यंत दुस्साध्य कार्य है, फिर माँ के रूप का वर्णन अबोध बालक भला क्या कर सकता है, जबकि उसे तो माँ के आँचल की छाया चाहिए। उस आँचल में से अमृत के समान अन्न-जल से पोषण करनेवाली माँ का जितना साक्षात्कार हो सका, उतना भर मात्र करने का प्रयास है। हे जगज्जननी! मैंने आपकी महानता न जानते हुए भी जो कुछ प्रयास किया है, उसके लिए मुझे क्षमा करना, आपकी तो यशोगाथा या स्तुति मैंने आपकी कृपा का प्रसाद प्राप्त करके ही की है। हमारी भारतमाता अब अपने अतीत के गौरव को प्राप्त कर पुन: विश्व में पूजनीय बने, प्रभु से यही बारंबार प्रार्थना है।

हे प्यार करनेवाली मातृभूमि! हे सुख से पालन पोषण करनेवाली हिंदू भूमि! हे महामंगलमयी पुण्यभूमि! तेरे ही कार्य में मेरा यह शरीर अर्पण हो। हे माता! हम तुझे बारंबार प्रणाम करते हैं।

नमो देव्यै महादेव्यै शिवायै सततं नम:।
नम: प्रकृत्यै भद्रायै नियता: प्रणता स्मृताम॥

(अथर्ववेद, तंत्रोक्त देवी सूक्तम्, श्लोक १)

ॐ सर्व मङ्गलमाङ्गल्ये शिवे सर्वार्थ साधिके।
शरणमेत्रयम्बके गौरी नारायणी नमोस्तुते॥

(दुर्गा सप्तशती)

आज की पीढ़ी के पुरुषार्थ से ही हम अपने राष्ट्र को पुन: परमवैभव के पथ पर अर्थात् अभ्युदय-नि:श्रेयस प्राप्ति के मार्ग पर ले जाने में समर्थ होंगे तथा हमारा देश विश्व मानवता के कल्याण के लिए नियत निर्दिष्ट अपनी भूमिका के निर्वाह में पुन: सफल होगा। परमेश्वर इस कार्य हेतु हमें संकल्प, प्रेरणा और सामर्थ्य प्रदान करेगा ही।

सर्वे भवन्तु सुखिनः,
सर्वे सन्तु निरामयाः।
सर्वे भद्राणि पश्यन्तु,
मा कश्चिद् दुःख भाग्भवेत्।
ॐ शान्ति! शान्ति!! शान्ति!!!

(ऋग्वेद)

अर्थात् सभी सुखी होवें, सभी रोग मुक्त रहें, सभी मंगलमय घटनाओं के साक्षी बनें और किसी को भी दुःख का भागी न बनना पड़े।

"May all be happy. May all remain free from disabilities. May all see auspicious things. May none suffer sorrows."

Om Shanti! Shanti!! Shanti!!! (*Rigved)*

राष्ट्रीय गीत

वंदे मातरम्!
सुजलां सुफलां, मलयजशीतलां,
शस्यश्यामलां मातरम्।
वंदे मातरम्॥ १॥

शुभ्रज्योत्स्ना-पुलकित-यामिनीम्,
फुल्ल-कुसुमित-द्रुमदल शोभिनीम्
सुहासिनी सुमधुर भाषिणीम्,
सुखदां वरदां मातरम्।
वंदे मातरम्॥ २॥

कोटि-कोटि कंठ कल-कल निनाद कराले
कोटि-कोटि भुजैर्धृतखरकर वाले
अबला केनो मां एतो बले,
बहुबल धारिणीं नमामितारिणीं
रिपुदल वारिणीं मातरम्।
वंदे मातरम्॥ ३॥

तुमि विद्या तुमि धर्म
तुमि हृदि तुमि मर्म
त्वं हि प्राणाः शरीरे

बाहुते तुमि मा शक्ति
हृदये तुमि मा भक्ति
तोमारई प्रतिमा गड़ि मंदिरे-मंदिरे।
वंदे मातरम्॥ ४॥

त्वं हि दुर्गा दशप्रहरणधारिणी
कमला कमल-दल विहारिणी
वाणी विद्यादायिनी, नमामि त्वां
नमामि कमलां अमलां अतुलाम्
सुजलां सुफलां मातरम्
वंदे मातरम्॥ ५॥

श्यामलां सरलां सुस्मितां भूषिताम्
धरणीं भरणीं मातरम्
वंदे मातरम्॥ ६॥

□

भरतवाक्य

विस्व भरण पोषण कर जोई।
ताकर नाम भरत अस होई॥

(रामचरितमानस—गोस्वामी तुलसीदास)

जिसने अपने जन्मकाल से लेकर आज तक अपना सर्वस्व भेंट चढ़ाकर भी सारी वसुधा का ही नहीं अपितु संपूर्ण सृष्टि के भरण-पोषण का जो ईश्वर प्रदत्त दायित्व मिला था, उसका निर्वाह करने में कोई कोर-कसर नहीं छोड़ी, यहाँ तक कि सर्वस्व लुटाकर स्वयं भिखारी तक बन गया, पर अपने गुरुतर दायित्व से किंचित् भी विचलित नहीं हुआ, उसकी यही महानता एक ज्योतिपुंज बनकर आज तक अखंड ज्योतित है और कोटिक जनों को दिग्दर्शन कराती है।

'यथा नाम तथा गुण'—जैसा नाम वैसा ही गुण है। अपने इन्हीं गुणों के कारण भरत ने निरपेक्ष निस्स्वार्थ भाव से वसुधा को अर्थात् 'माताभूमि पुत्रोऽहम् पृथिव्या' माँ मानकर और स्वयं को उसका पुत्र मानकर सेवा करने का जो उद्यम किया था, उसके इस अक्षुण्ण उद्यम के कारण संपूर्ण जगती ने भी उसे माँ रूप में देखने की एक अलौकिक दृष्टि पाई। यह अनूठा समाधान केवल भरत की अनथक साधना का ही प्रतिफल है, जो आज मातृवत् फलीभूत हो रहा है।

ऐसी मातृस्वरूपा जगज्जननी सदृश माँ भारती की स्तुति तो देवताओं से लेकर ऋषि-मुनि, ज्ञानी, विज्ञानी, त्यागी, तपस्वी, सामान्य नर-नारी, आबालवृद्ध, कवि, ध्यानी, चारण तक अपनी-अपनी भाव-भाषा, सुर-लय तान से विभिन्न साजो-सामान के सप्तसुरों से ओत-प्रोत होकर नित्य प्रति करते हैं, यथा—'गायन्ति देवा किलगीतिकानि' हो जन्म दुबारा तो भारत वतन मिले, 'तेरे चरणों की यदि धूल जो मिल जाए।' ऐसे अनेक उदाहरण साहित्य में भरे पड़े हैं। यह मात्र भक्ति की एक पराकाष्ठा की जीवंत झाँकी है। ऐसी है माँ भारती! जो अमूर्त होकर भी जनमानस में मूर्तरूप में विद्यमान है।

'जीवन पुष्प चढ़ा चरणों में' उक्ति को चरितार्थ करनेवालों की कमी नहीं है। भरे पड़े हैं ऐसे अनगिनत वीर सपूत, जिन्होंने हँसते-हँसते अपना संपूर्ण जीवन आहूत कर दिया, मन में किसी भी प्रकार की चाह तक नहीं जागी।

चाह नहीं सुरबाला के गहनों में गूँथा जाऊँ।
चाह नहीं प्रेमीमाला में बिंध प्यारी को ललचाऊँ॥
मुझे तोड़ लेना बनमाली उस पथ पर तुम देना फेंक।
मातृभूमि पर शीश चढ़ाने जिस पथ जाएँ वीर अनेक॥''

(पुष्प की अभिलाषा, माखनलाल चतुर्वेदी)

बस एक ही भाव कि जिसने जीवन दिया, आखिर है तो उसी का। जिसका है, उसी को लौटाने में कैसा संकोच! हँस-हँस लौटाने में ही जीवन की धन्यता है। उसी पर चलकर माँ भारती के पुत्रों ने जगती के समक्ष कीर्तिमान स्थापित कर माँ की कोख को धन्य किया है।

'कण-कण तीरथ, कण-कण मंदिर, कण-कण ईश्वर वास'—जिसका कण-कण तीर्थस्वरूप, मंदिरस्वरूप, ईश्वरस्वरूप हो गया हो, उसकी तो महिमा ही पावन से पावनतम हो जाती है। ऐसी भूमि स्मरणीय, वंदनीय, पूजनीय, अभिनंदनीय हो जाती है, जिसकी वास रोम-रोम में समा जाती है और पुलकित कर देती है तन-मन-आत्मा को, जिसके स्मरणमात्र से ही कोटिक पाप क्षण भर में भस्म हो जाते हैं, फिर स्पर्श तो स्वर्गिक अनुभूति देनेवाला होता है। देवता तक जिसका स्पर्श करने के लिए लालायित रहते हैं, तरसते हैं, फिर चाहे वे पर्वत, नदियाँ, वन-उपवन, गिरि-कंदराएँ, चतुर्दिक् व्याप्त सीमाएँ, उत्सव, परंपराएँ, मान्यताएँ, जीवन-मूल्य, इतिहास, राष्ट्र की जीवंत प्रतिमा, मत-पंथ, वाङ्मय, दर्शन, त्याग-तपस्या से भरी-पड़ी अक्षुण्ण थाती हो, आदि किसी भी रूप में हो, सभी के स्पर्श मात्र से ही ऐहिक-लोक से मुक्ति एवं पारलौकिक लोक की प्राप्ति सहज-सुलभ हो जाती है और चिर-पुरातनता और नित-नूतनता का आभास होने लगता है। ऐसी है मेरी माँ, जिसके चरणों के धूल की सोंधी-सोंधी सुगंध, जो मन को मोह लेती है और एक क्षण आलिंगन पाने के लिए तरस उठता है मन एवं तन। धन्य है गौरवासीन मातृभूमि, जिसकी रक्षा में हिमगिरि सीना तान सजग प्रहरी की भाँति खड़ा है और महोदधि निरंतर चरणों को प्रक्षालित कर रहा है। तू धन्य है माँ, तेरी महिमा भी धन्य है, तू चिर पुरातन से अपनी संतानों को आशीष देती आई है। इसी प्रकार कृपा का वरदहस्त शीश पर रखे रहना, तू कितनी महान् है, तेरी सदा जय हो, 'जीवन दीप जले चरणों में' यही आशीष देना।

वेदों की ऋचाओं में जिसका गान गूँजा हो, ऋषियों की वाणी में जिसका स्वर समाया हो, मंगलदायिनी कृतियों में जिसकी छवि समाई हो, शब्द-शब्द में जिसका आलिंगन समाया हो, आदि सभी ने मिलकर मानवता के उत्थान एवं उद्धार का संकल्प सँवारा हो और 'कृण्वन्तो विश्वमार्यम्' का उद्घोष कर 'वसुधैव कुटुम्बकम्' की छवि नैनों में सँजोकर सारी जगती को अपनी बाँहों में आबद्ध कर करुणा, ममता, स्नेह, दुलार, ज्ञान, धर्म, तप, जप, दृष्टि आदि का अनुपमेय वर देकर उँगली पकड़कर चलाने का अभियान पूरा किया। जब सारी जगती घोर अंधकार, निराशा से आँखें खोलकर देखने की इच्छा भर कर रही थी, तब जगती भर में अनगिनत सद्गुण संपन्न संतानों ने उनके पास जाकर, जिस प्रकार माँ जल लेकर शिशु की आँखें धोने का कार्य करती है, उसी प्रकार उन संतानों ने भी जगती की आँखों के अंधकार को धोकर ज्ञान के प्रकाश में लाकर उसे खड़ा किया और मानवता के हितार्थ धर्म-कर्म की उँगली पकड़ाकर चलाना सिखाया तथा अपने पैरों पर खड़े होने का स्वावलंबन स्वरूप आधार दिया। इसी प्रकार अनवरत अपने कर्तव्य-पथ पर अडिग रहे, ऐसी थी वेदों की शीतल छाँव, जिसने जगती को माँ की अनुभूति का आभास करा दिया और संपूर्ण धरती को (माताभूमि) माँ मानने का पाठ पढ़ा दिया, जो आज भी पुराणों, आख्यानों में वर्णित एवं सर्वविदित है।

संबंध सतत अनुभूति एवं आभास से ही जीवंत रहते हैं। जो कार्य पूर्वजों ने किया, उसी को आगे बढ़ाने का कार्य वर्तमान की संतानों का भी उसी तारतम्यता में होता है। जिसे राम ने भी बड़ी

ही कृतज्ञतापूर्वक निभाया, जिसकी झाँकी वाल्मीकि कृत रामायण एवं तुलसीकृत रामचरितमानस में भी उल्लिखित है, उसकी गाथा आज भारत के घर-घर में नित्य पाठ के माध्यम से एवं रामलीला आदि महोत्सवों के माध्यम से अभिहित है। जिसने मात्र भारत की धरती को ही नहीं वरन् संपूर्ण जगती को पृथ्वी माता मानकर अभ्यर्चना करने की पुनर्प्रतिष्ठा की, जिसका संदेश आज भी जगती भर में यत्र-तत्र-सर्वत्र 'जननी जन्मभूमिश्च स्वर्गाऽदपि गरीयसी' या 'जन्मभूमि मम पुरी सुहावन' के रूप में हृदयांकित है और भूली-बिसरी मातृभूमि की भक्ति की भाव भंगिमा साकार करने की सुधि दिलाती है और अपनी बाँहों में समेट लेने का भाव जगाती है तथा करुणित होकर अपनों के आँसू पोंछने का पाठ पढ़ाती है।

वंशी की तान से सुदर्शन की ललकार तक अविराम पथ के मूक पाषाण बन घोर निराशा, संभ्रम आदि में जीवन को दिशा देने का उद्यम भले ही कृष्ण ने किया हो, पर यह तो भारत की अविराम, अविच्छिन्न, सनातन, पुरातन, परंपरा का ही एकमात्र पाठ है, जिसे भारत ने भूत से लेकर आज तक निभाया है, उसी कड़ी को कृष्ण ने आगे बढ़ाया और वह करके दिखाया, जो निरा असंभव था। धर्मरूप पांडवों को माध्यम बनाकर उन्हें रथ का महारथी बनाकर स्वयं सारथी बनकर दानवता का शीश कुचलने का अभियान चलाया। पुनः धुरी से भटकी व्यवस्था को पुनर्प्रतिष्ठित किया। फिर एक बार साँसें भरती जगती को माँ भारती की ममता का अमृतरूप फल चखाकर, रसास्वादन कराकर पुनर्जीवित किया और 'संगच्छध्वम्, संवदद्ध्वम्, संवोमनांसि जानताम्' के मंत्र पर चलने की सीख दे-देकर 'एक बड़ा परिवार हमारा' का पुनः दीप जलाया।

दानवता का शीश तो धर्मदंड से ही कुचला जाता है, फिर दबी-कुचली दानवता वर्षों तक महागर्त में पड़ी मृतप्राय हो साँसें भरती है और निराश्रित होकर घोर अपमान की आग में झुलसती है, जल-भुनकर खाक सी हो जाती है, तब उसके सपनों की सृष्टि, तब कहीं जाकर मानवता सिर उठाकर आनंद की साँसें ले सकती है और धर्म-कर्म की पाठशालाएँ पुनः संचालित होने लगती हैं। सर्वत्र सुख ही सुख की अनुभूति होने लगती है, प्रकृति आह्लादित होने लगती है, सर्वत्र आनंद की वर्षा होने लगती है, शांति के मंत्र गूँजने लगते हैं 'ॐ द्यौ शान्तिः' के मंत्र की सामध्वनियाँ मन मोहने लगती हैं। सुख के बाद ही दुःख की शुरुआत होती है। शिखर के बाद ही गर्त में गिरता है, जो ऊपर जाता है, एक दिन उसका भी अंत नीचे ही होता है। ऊपर टिके रहने के लिए उतने ही साधना की जरूरत होती है, जितनी ऊपर पहुँचने के लिए करनी पड़ती है। यदि उतनी ही एकाग्रता से ऊपर पहुँचकर भी साधना रही तो ऊपर स्थान चिरस्थायी हो जाता है, यदि नहीं रही तो पतन अवश्यंभावी हो जाता है। उसी के फल ने भारत को भी महाभारत के बाद वर्षों की खुशी की एकाग्रता से दूर कर दिया, जिसने बँधी-बँधाई गठरी को खोलकर तृण-तृण सामान बिखेर दिया और पुनः उसी जगह लाकर खड़ा कर दिया, जहाँ से चलना प्रारंभ किया था।

'वयं साम्राज्यवादिना' यह मंत्र ऋषियों ने वेद के माध्यम से हमें अनादि काल से सिखाया था, जिसने केवल यही कहा और करने को उद्यत किया कि संसार का वैभव नहीं, संप्रभुता नहीं, धन नहीं, संसाधन नहीं, भौतिक आनंद आदि कुछ भी नहीं छीनना अपितु जीतना है तो उसका मन, हृदय और आत्मा जीतो। भौतिकता मिट्टी के ढेले 'लोष्ठवत् परद्रव्येषु' के समान है। 'आत्मवत् सर्वभूतेषु' ही हमारा सनातन आधार है, उसी आधार पर टिके रहकर अपनी तरणी को भौतिक

महोदधि से पार लगाना ही नहीं अपितु धर्म-परायणता से परमेष्ठि तक पहुँचाना है, साथ ही 'शठे शाठ्यम् समाचरेत्' को भी नहीं भूलना, 'अहिंसा परमो धर्मः' तो ठीक है, लेकिन 'धर्महिंसा तथैव च' को भी नहीं भूलना। इन्हीं सारे सिद्धांतों का पालन करते हुए माँ भारती के वीर सपूतों ने अपने शौर्य, पराक्रम, सेवा-संस्कार एवं धर्मपरायणता का परिचय देकर कीर्तिमान स्थापित किया है।

भारत कभी हारा नहीं है, न कभी अपना घोर संकटों में मार्ग बदला, कितनी भी आसुरी माया सिर चढ़कर बोलने लगी हो, पर अपना दीप तो टिमटिमाता ही रहा, चाहे कितनी आँधियाँ आई हों, तूफान आए हों, प्रबल झंझावात आए हों, स्वयं अपने स्थिर वृत्त के कारण अडिग रहा। कूटनीतिवश आगे बढ़ना या पीछे हटना तो अभिप्रेत माना हो, पर काल परिस्थिति में जो भी योग्य, उचित, स्वाभिमानी, पथारोहण लगा, उसी का परिपालन किया और उसी पर चलते हुए अपने पूर्वज़ों की कीर्ति को गौरवान्वित किया, चाहे सर्वस्व ही क्यों न लुटाना पड़ा हो, पर पूर्वजों के बताए मार्ग का अनादर कभी नहीं किया, उसी के सम्मान में जीना-मरना दोनों को ही श्रेयस्कर माना, पर जीते जी शत्रु को सीमा को छूने तक की अनुमति नहीं दी—ऐसी पराभव की नहीं अपितु संघर्ष की हमारी परिपाटी की गाथा रही है।

बिछ गए वे नींव की दीवार के नीचे गड़े हैं।
ये महल अपने शहीदों की छातियों पर खड़े हैं॥

बड़े-बड़े दुर्गों की पहली ईंट को चुपचाप नींव के घोर अंधकार में सबकुछ भुलाकर, सर्वस्व लुटाकर, सभी कुछ खोकर समा जाना होता है। किंचित् भी आह-कराह तक भी तन से तो दूर मन से भी किसी को आभास तक नहीं होने देती, वही साधना मानकर, समिधा बनकर आहुति हो जाती, अपनी सारी खुशियों की तिलांजलि दे देती है, तब कहीं जाकर दुर्ग का निर्माण होता है। ऐसा ही माँ भारती का भारत रूप दुर्गमंदिर भी अनगिनत अनाम धन्य वीर हुतात्माओं के बलिदान, सर्वस्व न्योछावर द्वारा ही संभव हो सका है। आज जो वैभव दिख रहा है, उसके पीछे सुदूर लंबी एक बलिदानी, त्यागी, समर्पित पावन परंपरा छिपी हुई है, जिसने अपना सर्वस्व संसार माँ भारती के श्रीचरणों में भेंट चढ़ा दिया और जिसने भारत के सुख में सुख, दुःख में दुःख, हँसी में हँसी, आह्लाद में आह्लाद को अपना सर्वस्व मान लिया और उसी अति दुर्गम यशहीन, सुखहीन, वैभवहीन, निराशून्य पथ पर चलने का साहस जुटाया और समा गए उसी महागर्त में, जिसमें समाई थी पूर्वजों की अनगिनत समाधियाँ, स्वयं मिटकर अमिट हो गए और अजर हो गए, अमर हो गए। अपना सर्वस्व लुटाकर और दे गए तो केवल एक पगडंडी, जिस पर हमें भी चलकर उनको श्रद्धांजलि देनी है। यही सच्ची श्रद्धांजलि उनके चरणों में होगी, जो हमारे जीवन को भी पवित्र कर देगी।

मानवता के लिए ऊषा की किरण जगानेवाले हम 'वयं अमृतस्य पुत्राः', हम तो चिरंजीवी हैं, अजर हैं, अमर हैं, हमें कोई भी नहीं मार सकता है।

नैनं छिन्दन्ति शस्त्राणि नैनं दहति पावकः।
ना चैनंक्लेदयन्त्यापो न शोषयति मारुतः॥

(गीता—२/२३, महर्षि वेद व्यास)

न हवा, न आग, न ही कोई अस्त्र-शस्त्र, क्योंकि हम तो आत्मरूप हैं। जिस प्रकार आत्मा

नहीं मरती और न मारी जाती है, उसी प्रकार हम भी न ही मरते हैं और न ही मारे जा सकते हैं, यही तो पूर्वजों ने कठोर साधना द्वारा अभय वर प्राप्त किया है, जिसके कारण हम अक्षुण्ण हो गए, अक्षय हो गए। जब ऐसा सत्य सिद्ध है तो 'उत्तिष्ठत, जाग्रत् प्राप्य वरान्निबोधत', उठो, जागो और तब तक न रुको, जब तक लक्ष्य नहीं मिल जाता, 'लक्ष्यप्रेरित बाण हैं हम' बिना संधान के बीच में रुकना हमारे वैदिक मंत्र की अनुमति नहीं, अतः अर्जुन के गांडीव, भीम की गदा, बलराम का हल-मूसल एवं कृष्ण का चक्र सुदर्शन, साथ ही जन-जन की पुकार और हुंकार बनकर जागो और आज माँ के दूध की लाज की रक्षा की घड़ी द्वार पर प्रतीक्षा कर रही है।

पल भर की देरी ना करो अब माता बाट निहारती।
चलो उतारें आरती, चलो उतारें आरती॥

'लक्ष्य तक पहुँचे बिना, रे पथिक विश्राम कैसा'—ये उक्ति बार-बार ललकार-ललकारकर यही कहती है कि हे भार्गव परशुराम! हे त्रेता के राम! हे महाभारत के कृष्ण! हे कुरुक्षेत्र के अर्जुन! हे गुरुकुल के चाणक्य! हे पौरुषेय चंद्रगुप्त! हे अवंतिका के विक्रम! हे मेवाड़ के बप्पा रावल! हे शब्दभेदी पृथ्वीराज! हे हिंदू सूर्यप्रताप! हे सूर शिरोमणि शिवाजी! हे अजेय रणजीत! हे कालजयी सुभाष जागो, उठो और अपनी माँ की खंडित अवस्था को देखो, उसके आँसू पोंछो। आज दानवता की कारा में वंदनीय भारतमाता माता देवकी की तरह पापी कंस की कारा में बंदिनी बनकर छटपटा रही है, उसकी मुक्ति की आश तुम्हीं हो, अस्त्र-शस्त्र सँभालो, कमर कसो 'हे जननी अब धीर धरो। सब तेरे कष्ट मिटा देंगे।'

ऐसा आश्वासन दो और भवानी के समक्ष खड़े होकर संकल्प लो, जिस प्रकार प्रभु श्रीराम ने 'निसिचर हीन करउं महि, भुज उठाइ पन कीन्ह' लिया था, पर सावधान रहना, क्योंकि—

बाँध लेंगे ये तुझे सब मोम के बंधन सजीले।
पंथ की बाधा बनेंगे तितलियों के पर रँगीले॥
चिर सजग आँखें उनींदी आज कैसा व्यस्त बाना।
जाग तुझको दूर जाना, जाग तुझको दूर जाना॥

(महादेवी वर्मा)

वही संकल्प की घड़ी आज पुनः द्वार पर प्रतीक्षा कर रही है, उठकर अपनी माँ के आँसू पोंछ, उसे धैर्य बँधा, उसके दूध की लाज रख, अपने पुत्र होने का जगती को आभास करा दे, ऐसी हरेक माँ की यही अंतिम इच्छा अपने हर बेटे से होती है।

भारत माता की जय
उपकार ने कर्तव्य के पथ पर चलाया।
स्तुति, नमन, स्मरण का मधुर अमिय चखाया॥
वेद, रामायण, गीता आत्म-पढ़ाया।
विस्तार, संघर्ष, समर्पण का दीप जलाया॥
आह्वान संकल्प ने पुनः स्मरण कराया।
जगराम ने भारत दर्शन पुष्प चढ़ाया॥

□

संकल्प पाठ

'ॐ विष्णुर्विष्णुर्विष्णु। ॐ नमः परमात्मने श्रीपुराण पुरुषोत्तमस्य श्री विष्णोराज्ञया प्रवर्तमानस्याद्यब्रह्म श्री ब्राह्मणो द्वितीय परार्द्धे श्रीश्वतेवाराह कल्पे वैवस्वत मन्वन्तरऽष्टाविशंतितमे कलियुगे प्रथम चरणे जम्बूद्वीपे भरतखण्डे आर्यावर्ते आर्यावर्तान्तर्गत ब्रह्मावर्तैकदेशे बौद्धावतारे अमुकनाम संवत्सरे अमुकायने (उत्तरायणे/दक्षिणायने) महामाङ्गल्यप्रदे मासानां मासोत्तमे अमुक मासे अमुक पक्षे (शुक्लपक्षे/कृष्णपक्षे) अमुकतिथौ अमुक वासरान्वितायां अमुक नक्षत्रे अमुक राशिस्थिते सूर्ये अमुक राशिस्थिते चन्द्रे अमुक राशिस्थिते भौमे अमुक राशिस्थिते वुधै अमुक राशि स्थिते गुरौ अमुक राशि स्थिते शुक्रे अमुक राशि स्थिते शनौसत्सु शुभे योगे शुभ करणे एवं गुण विशेष विशिष्टायां शुभ दुण तिथौ सकल शास्त्र श्रुति स्मृति पुराणोक्त फलप्राप्ति कामः अमुकोऽहं मयात्मनः सपुत्रस्त्री वान्धवस्य श्री नवदुर्गा दुग्रहतो ग्रहक्रतराजक्रत सर्वा विध पीड़ा निवृत्तिपूर्वकं नौराज्यदीर्घायुः पुष्टि धनधान्यसमृद्धयर्थं सर्वापन्निवृत्ति सर्वाभीष्ट फलावाप्ति धर्मार्थकाम मोक्ष चतुर्विध पुरुषार्थ द्वारा अमुक (राष्ट्र) देवता प्रीत्यर्थ पूजनपूर्वकं सङ्कल्पं (अमुक कर्म) करिष्ये।'

(पुण्यभूमि भारत
पं. जुगल किशोर शर्मा)

संदर्भ-सूची

वैदिक राष्ट्र-गान

१. शुक्ल यजुर्वेद—अध्याय-२२, मंत्र-२२/२३

आभार

१. सद्साहित्य

२. राष्ट्रीय साहित्य

३. धार्मिक साहित्य

अभिप्राय

१. मनुस्मृति—गीताप्रेस, गोरखपुर

२. सुभाषितानि

३. ऋग्वेद

४. श्रीमद्भगवद्गीता—महर्षि व्यास—गीताप्रेस, गोरखपुर

५. रामायण—महर्षि वाल्मीकि

६. विष्णुपुराण—गीताप्रेस, गोरखपुर

1. स्तुति-पर्व

१. भारत एकात्मता स्तोत्र—श्लोक: ३

२. संघ प्रार्थना—छंद-भुजंग प्रयात-१

३. बृहस्पति-आगम

४. विष्णुपुराण-खंड-१, अध्याय-३, श्लोक-१

५. वायुपुराण, अध्याय-४५, श्लोक-७६

६. कुमारसंभव (कालिदास), सर्ग-प्रथम, श्लोक-१

७. भागवत पुराण

८. भागवत पुराण, स्कंध-५, अध्याय-११, श्लोक-२१

९. देवीभागवत—स्कंध-८, अध्याय-१९, श्लोक-१२

१०. अथर्ववेद—भूमिसूक्त-१२/१/१
११. ऋग्वेद—५/५६/६
१२. ऋग्वेद—१/३/९
१३. अथर्ववेद—१२/१३/३
१४. अथर्ववेद—१२/८
१५. सुभाषितानि

२. नमन-पर्व

१. अथर्ववेद-१९, सूक्त-४१, मंत्र-२
२. सुभाषितानि
३. ऋग्वेद-१०/१३/१
४. विष्णु पुराण
५. आनंदमठ—बंकिमचंद्र चटर्जी
६. रवींद्रनाथ टैगोर रचित—काव्य-संग्रह
७. नया भारतगढो—स्वामी विवेकानंद
८. उत्तिष्ठत जाग्रत् आत्म वरान्निवोधत—एकनाथ रानाडे—विवेकानंद केंद्र
९. भारत वर्षोन्नति कैसे हो सकती—भारतेंदु हरिश्चंद्र
१०. पुण्यभूमि भारत—जुगल किशोर शर्मा—सुरुचि प्रकाशन
११. विचार नवनीत—प.पू. श्रीगुरुजी—ज्ञान गंगा प्रकाशन
१२. राष्ट्र वंदना—सुरुचि प्रकाशन
१३. राष्ट्रीय नवोत्थान—के. सूर्यनारायण राव—सुरुचि प्रकाशन

३. स्मरण-पर्व

१. भारत एकात्मता स्तोत्र—श्लोक ३-५७, हरिश्चंद्र बर्थवाल, सुरुचि प्रकाशन, दिल्ली
२. भारत की ऐतिहासिक मानचित्रावली—डॉ. हरिप्रसाद थपियाल—वाराणसी
३. पुण्यभूमि भारत—सुरुचि प्रकाशन, दिल्ली
४. भारत का भूगोल—खुल्लर
५. भारत का संक्षिप्त इतिहास—डॉ. सतीश मित्तल, सुरुचि प्रकाशन, दिल्ली
६. हे जगती के प्रथम राष्ट्र—नारायण भावे, अर्चना प्रकाशन, भोपाल
७. वैदिक राष्ट्र दर्शन—बालशास्त्री हरिदासजी, सुरुचि प्रकाशन, दिल्ली
८. वीरव्रत परम सामर्थ्य—दीनानाथ बत्रा कादंबरी
९. राष्ट्र—दत्तोपंत ठेंगड़ी
१०. भारत का भूगोल—आर.सी. तिवारी, प्रवालिका पब्लिकेशन, इलाहाबाद
११. भारत का वृहद् भूगोल—सुरेश चंद्र बंसल, मीनाक्षी प्रकाशन, मेरठ
१२. आधुनिक भारत का बृहत् भूगोल—चतुर्भुज मामोरियमा, साहित्य भवन पब्लिकेशन, आगरा

१३. भारत भौतिक पर्यावरण कक्षा-११, राष्ट्रीय शैक्षिक अनुसंधान प्रशिक्षण परिषद्
१४. ज्योग्राफी ऑफ हिमालय—ई अहमद, कल्याणी पब्लिकेशन, लुधियाना
१५. भारत का भूगोल—शिवशंकर ओझा, भौगोलिक अध्ययन केंद्र संस्थान, इलाहाबाद
१६. भारत का अतीत—मुंबई प्रकाशन
१७. ज्ञान गंगोत्तरी—ओरियंट पेपर मिल अमलताई, लीलाधर पांडेय
१८. संस्कृत-हिंदी शब्दकोश—वामन शिवराम आप्टे, अशोक प्रकाशन, दिल्ली
१९. भारतीय दर्शनशास्त्र का इतिहास—हरिदत्त शास्त्री—साहित्य भंडार, मेरठ
२०. चिंतक, विचारक—लेखक श्री योगेश जोशी।
२१. कुमारसंभव—महाकवि कालिदास
२२. अर्थशास्त्र—चाणक्य
२३. रामायण—महर्षि वाल्मीकि
२४. हमारे पुण्यस्थल
२५. भारत के प्रमुख हिंदू तीर्थ
२६. तंत्र-चूड़ामणि
२७. भारतीय-पंथ-संप्रदाय
२८. हिंदू वाङ्मय—गीता प्रेस, गोरखपुर
२९. बाल संस्कार—भारतीय वाङ्मय
३०. भारतीय दर्शन
३१. वैदिक शिक्षा आचार्य श्रीराम शर्मा
३२. भारतीय संस्कृति का विश्व संचार—विषय बिंदु
३३. राष्ट्रवाद की अवधारणा—डॉ. सतीश मित्तल
३४. इतिहास के झरोखे से—वचनेश त्रिपाठी
३५. भारत में विज्ञान की उज्ज्वल परंपरा—श्री सुरेश सोनी, अर्चना प्रकाशन, भोपाल
३६. हिंदू काल गणना—विष्णु पुराण
३७. विष्णु पुराण—भाग-१, अध्याय-३
३८. ब्रह्मांड पुराण—१/२४/१३९-१३४
३९. लिंग पुराण—१/६१/५०-५४
४०. वायुपुराण—१/५३/१११-११५
४१. महाभारत—आश्वमेधिकपर्व ४४/२, ४४/ १८
४२. कौटिल्य अर्थशास्त्र—२/२०
४३. सुश्रुत संहिता सूत्रस्थान—६/३-९
४४. शुक्ल यजुर्वेद संहिता—२७/४५, ३०/ १५, २२/ २७, २८/ ४५, २२/३१
४५. धर्मपाल समग्र के १० खंड
४६. हमारी गौरवशाली परंपरा—सुरेश सोनी
४७. कृण्वन्तो विश्वमार्यम्—डॉ. शरद हैवालकर

४८. पृथ्वीसूक्त—१२/१/४५
४९. ऋग्वेद—२/७/५
५०. ऋग्वेद—१०/१८/१०
५१. यजुर्वेद—९/२२
५२. यजुर्वेद—९/२३
५३. अथर्ववेद—१२/१/५४
५४. अथर्ववेद—१२/१/१२
५५. विष्णुपुराण—२/३/२४
५६. श्रीमद्‌भागवत—९/२०
५७. अथर्ववेद—१२/१/१२
५८. महाभारत—भीष्म पर्व—अध्याय-९१
५९. अर्थशास्त्र—चाणक्य
६०. सम्राट् विक्रमादित्य
६१. विज्ञान की देन
६२. हमारे वैज्ञानिक
६३. भारतीय शिक्षा केंद्र
६४. विषय बिंदु
६५. संस्कृति विशेषांक—गीताप्रेस, गोरखपुर
६६. कादंबरी—महाकवि बाण
६७. मनुस्मृति-२/२०
६८. ऋग्वेद
६९. मंगल भवन अमंगल हारी
७०. कुटुंब प्रवोधन
७१. सृजन से विसर्जन तक—अनिता देव
७२. ऋग्वेद-१०.१८५/४७, पार. गृ.सु. १/४/१४
७३. पार. गृ.सु. १/८/१-२, आ.ग.सु. १/७/१९
७४. भारतीय आश्रम व्यवस्था
७५. सुश्रुत संहिता, सूत्र स्थान-१/३५/१३
७६. अथर्ववेद-कांड-११, अनुवादक-३, वर्ग-५, मंत्र-३,४,५
७७. अथर्ववेद-कांड-११, अनुवादक-३, वर्ग-५,७,१७,१८,१९
७८. मनुस्मृति-अध्याय-३, श्लोक-२
७९. ऋग्वेद-मं-३/सु. ५५/नं-१६११
८०. अथर्ववेद-१४/२/१६
८१. सुश्रुत संहिता-१०/४६/४८
८२. मनुस्मृति-३/७९, ९/८९, ३/६६, ३/७७, ३/७८

८३. मनुस्मृति, अध्याय-६
८४. मनुस्मृति-संस्कार विधि
८५. ब्राह्मण-ग्रंथ
८६. ऋग्वेद मंडल-१०, सूक्त-७२, मंत्र-७
८७. ऋग्वेद मंडल-९, सूक्त-११३, मंत्र-१, २

४. वैदिक-पर्व

१. विष्णु पुराण
२. दशावतार—स्वाध्याय परिवार
३. मत्स्य पुराण, अध्याय-१२१-१३३
४. कूर्मपुराण
५. वामन पुराण
६. वराह पुराण
७. नरसिंह उप पुराण
८. दशावतार—स्वाध्याय परिवार
९. भारत की ऐतिहासिक मानचित्रावली—डॉ. हरि प्रसाद का पलिपाल—हिंदी प्रचारक पब्लिकेशंस, वाराणसी
१०. ब्रह्मांड पुराण, महर्षि व्यास—गीताप्रेस, गोरखपुर
११. भारतीय संस्कृति का विश्व संचार—विषय बिंदु
१२. रामायण, महर्षि वाल्मीकि-१/४४१/६

५. रामायण-पर्व

१. दशावतार—स्वाध्याय परिवार
२. रामायण—महर्षि वाल्मीकि-कांड-किष्किंधा, सर्ग-४०-४३
३. श्रीरामचरितमानस—तुलसीदास कृत रामायण, पं. ज्वालाप्रसाद मिश्र
४. 'जहँ-जहँ राम चरण चलि जाहीं'—पं. राम अवतार शर्मा
५. मर्यादा पुरुषोत्तम राम—गीताप्रेस, गोरखपुर

६. महाभारत-पर्व

१. श्रीकृष्ण विलक्षण नेतृत्व
२. श्रीकृष्ण जीवन-दर्शन
३. महाभारत—महर्षि व्यास—गीताप्रेस, गोरखपुर
४. भागवतपुराण, द्वादश—स्कंध
५. भारत की ऐतिहासिक मानचित्रावली—डॉ. हरिप्रसाद थपलियाल—वाराणसी प्रकाशन
६. महाभारत दिग्विजय पर्व, अध्याय—२५-३२—महर्षि व्यास—गीताप्रेस, गोरखपुर

७. सेना विभाग एवं संरचनाएँ, गीताप्रेस, गोरखपुर
८. भारत का प्राचीन मानचित्र—महर्षि व्यास के अनुसार

७. विस्मरण-पर्व

१. मेघदूतम्—महाकवि कालिदास—पूर्वाभाग-२६/३०
२. आदि-पर्व, चैत्ररथ-पर्व, अष्ट षडाधिक् शततमोहध्याय:—१/११/१६८/५२५
३. वाशिष्ठोपारष्यान श्लोक-२५
४. महाभारत-शांति पर्व, अध्याय-५, श्लोक-६-७, कोशल जनपद
५. अथर्ववेद-५/२२/१४, कुरुजन पद
६. महाभारत-शांति पर्व, श्लोक-२९, ३५
७. ऐतरेय ब्राह्मण-८,२२—अमंगलपद
८. बुद्धचरित-२७,११
९. कांवेल-विधुरपंडित जातक
१०. रघुवंश-कालिदास-६,२७
११. विष्णुपुराण—अध्याय-१०, अंश-४, कोशल जनपद
१२. कला सरित्सागर—४४/९
१३. महाभारत सभा पर्व, दिग्विजय पर्व, चतुर्विंशोध्याय: (२४) श्लोक-२३ (२/२३/२४/०/२२)
१४. ५/५४/११५/११/१ उद्योग पर्व, भगवधान पर्व, पंचवधान पर्व, पञ्चदशाधिकशततमोध्याय: (११५), गालवचरितम, श्लोक-१
१५. अथर्ववेद संहिता—२०/२७/८
१६. रघुवंश—सर्ग-३, श्लोक-५
१७. अंगुत्तर निकाय-बौद्ध ग्रंथ-अवंति जनपद, कोशल जनपद
१८. महाभारत—१४/२१/३
१९. रत्नावली—अंक द्रव्यम्, श्लोक-८
२०. स्वप्नवासवदत्ता, प्रथम अंक—वास जनपद, गांधार जनपद
२१. दिव्यावदान—बौद्ध ग्रंथ
२२. भगवती सूत्रण—जैद ग्रंथ, अवंति जनपद
२३. बौद्ध और जैन साहित्य
२४. कल्प सूत्र—जैन ग्रंथ
२५. महावीर—भारत भारती
२६. महावीर चरितम्
२७. विषम बिंदु
२८. चाणक्य नीति
२९. अर्थशास्त्र—चाणक्य
३०. सूत्र नियात—बौद्ध ग्रंथ, अश्मक जनपद

३१. अष्टाध्यायी—पाणिनि, अश्मक जनपद
३२. वायु पुराण—अश्मक जनपद
३३. दशकुमारचरित—अश्मक जनपद
३४. हर्षचरित—बाणभट्ट, अश्मक जनपद
३५. अर्थशास्त्र टीका—भट्टस्वामी, अश्मक जनपद
३६. उपासक दशा जैनसूत्र—अंग जनपद
३७. वृद्ध चरित—अंग जनपद
३८. नुरुवत मास्क ग्रंथ—कंबोज जनपद
३९. वाल्मीकि रामायण—कंबोज जनपद
४०. कंबोजलनुक सूत्र—पाणिनी—कंबोज जनपद
४१. महाभाष्य—पतंजलि—कंबोज जनपद
४२. हरिवंश पुराण—काशी जनपद
४३. स्कंद पुराण—काशी जनपद
४४. चीनी यात्री विवरण—काशी जनपद
४५. जातक कथाएँ—कुरु जनपद
४६. ऋग्वेद—कोशल जनपद, चेदि जनपद
४७. रघुवंश—कालिदास—कौशल जनपद
४८. कर्पूर मंजरी—चेदि जनपद
४९. महाबग्ग—बौद्ध ग्रंथ, वृज्जि जनपद
५०. चीनी इतिहास—गांधार जनपद
५१. प्राचीन भारतीय इतिहास—मगध जनपद
५२. शतपथ ब्राह्मड—मत्स्य जनपद
५३. मनुस्मृति—मत्स्य पुराण
५४. गोपध ब्राह्मण—मल्ल जनपद
५५. कौटिल्य का अर्थशास्त्र—श्री अनिल कुमार मिश्र, विमला देवी
५६. कौटिल्य का अर्थशास्त्र—श्री बी.के. चतुर्वेदी
५७. एंशिएंट इंडिया—रमेशचंद्र मजूमदार

८. विस्तार-पर्व

१. आचार्य चाणक्य (कौटिल्य)

१. प्राचीन भारत का इतिहास—द्विजेंद्र नारायण झा, कृष्ण मोहन श्रीमाली
२. चाणक्य नीति—स्वामी जगदीश्वरानंद सरस्वती
३. संपूर्ण चाणक्य नीति—रामचंद्र वर्मा शास्त्री

२. सम्राट् चंद्रगुप्त मौर्य

१. चंद्रगुप्त मौर्य एंड हिज टाइम्स—राधा कुमुद मुखर्जी

२. मौर्य साम्राज्य का इतिहास—सत्यकेतु विद्यालंकार
३. कौटिल्य का अर्थशास्त्र—विष्णुगुप्त—चाणक्य
४. एंशिएंट इंडिया ऐज डिस्क्राइब्ड बाई मेगस्थनीज ऐंड एरियन—मैक्रिंडिल
५. पोलिटिकल हिस्टरी ऑफ एनशिएंट इंडिया—हेमचंद्रराय चौधरी
६. दि एज ऑफ इंपीरियल यूनिटी—आर.सी. मजूमदार
७. एज ऑफ नंदाज ऐंड दि मौर्याज—के.के. नीलकंठ शास्त्री
८. दि कैंब्रिज हिस्टरी ऑफ इंडिया—ई.आर. रैप्सन

३. सम्राट् अशोक

१. आर्कियोलॉजिकल हिस्टरी ऑफ इंडियन बुद्धिज्म—लार्स फॉगेलिन
२. गार्डनर्स ऑर्ट थ्रू दि एज : ए ग्लोबल हिस्टरी—फ्रेड क्लीनर
३. इंडिया : दि एनशिएंट पास्ट—पुरजोर अवारी, रॉथलेज

४. महाराजा खारवेल

१. द ऐज ऑफ इंपीरियल यूनिटी—आर.सी. मजूमदार
२. कांप्रीहेंसिव हिस्टरी ऑफ इंडिया—हेनरी बेवरीज
३. हिस्टरी ऑफ उड़ीसा फ्राम द आर्ली टाइम अप—एन.के. साहू
४. खारवेल (कलिंग का राजा)—एन.के. साहू

५. सम्राट् पुष्यमित्र शुंग

१. जर्नल ऑफ बिहार एंड उड़ीसा रिसर्च सोसाइटी—काशी प्रसाद जायसवाल
२. ग्रीक्स इन बैक्ट्रिया ऐंड इंडिया
३. हर्षचरित
४. महाभाष्य एवं अष्टाध्यायी
५. भविष्य पर्व
६. प्राचीन भारत का इतिहास—राधेश्याम चौरसिया
७. दि डायनेस्टिक नेम ऑफ दि किंग, ऑफ दि पुष्यमित्र फैमिली—जे.सी. घोष

६. सम्राट् विक्रमादित्य

१. राजा विक्रमादित्य—एम.आई. राजस्वी, मनोज पब्लिकेशन (२००६)
२. भविष्य पुराण—गीता प्रेस, गोरखपुर
३. स्कंदपुराण—गीता प्रेस, गोरखपुर
४. दि विक्रमादित्य लीजेंड—एंथोनी कैनेडी, बॉर्डर (१९९२)
५. एंशिएंट मालवा ऐंड द विक्रमादित्य ट्रेडिशन—डी.सी. सरकार (१९६९)
६. मालवा थ्रू द एजेज फ्रॉम अर्लिएस्ट टाइम्स टू १३०५ ई.—कैलाशचंद्र जैन (१९७२)
७. शूद्रक—विश्वनाथ देव शर्मा (१९९९)
८. दि कथासरित्सागर
९. ओशन ऑफ द स्ट्रीम्स ऑफ स्टोरी—सी.एच. टाने (१८८०)

१०. विक्रम ऐंड द वैंपायर—रिचर्ड आर. बर्टन (१८७०)
११. द इनरोड्स ऑफ द स्काइथियंस इनटू इंडिया एंड द स्टोरी ऑफ कालकाचार्य—रॉयल एशियाटिक सोसाइटी की मुंबई शाखा की पत्रिका (१८७२)
१२. विक्रमाज एडवेंचर्स ऑर द थर्टी-टू टेल्स ऑफ दि थ्रोन—फ्रेंकलिन एजरटॉन (१९२६)
१३. विक्रमादित्य की गौरवगाथा—आचार्य श्री देवेंद्र मुनि।

७. महाराजा गौतमी पुत्र शातकर्णी (सातवाहन)

१. प्राचीन भारत का इतिहास—द्विजेद्र नारायण झा/कृष्णमोहन श्रीमाली
२. भारत कोश—आन लाइन
३. एन.सी.ई.आर.टी.—रामशरण वर्मा
४. प्राचीन भारत का इतिहास—डॉ. रमाशंकर त्रिपाठी
५. प्राचीन भारत—के.सी. श्रीवास्तव

८. सम्राट् समुद्रगुप्त का साम्राज्य

१. प्रयाग प्रशस्ति—हरिषेण
२. तीर्थराज प्रयाग—'इतिहास के आईने में'—कृष्ण कुमार यादव
३. प्राचीन भारतीय मुद्राएँ—प्रदीप कुमार राव/राजवंत राव
४. समुद्रगुप्त निबंध—हरिदास/विनोद कुमार

९. सम्राट् चंद्रगुप्त विक्रमादित्य द्वितीय का साम्राज्य

१. इंडियन हिस्टॉरिकल क्वाटर्ली, तृतीय, पृष्ठ-७१९
२. प्राचीन भारत का इतिहास—द्विजेंद्र नारायण झा/श्रीकृष्णमोहन माली
३. दि वंडर दैट वॉज इंडिया—बी.एल. बाथम
४. भारतीय उपमहाद्वीप की संस्कृतियाँ—आर.सी. ठाकरान

१०. सम्राट् स्कंदगुप्त का साम्राज्य

१. गुप्त साम्राज्य का उदय एवं पतन (१९८९)—अश्विनी अग्रवाल
२. पांडुलिपि विवाजिका—सच्चिदानंद पाठक
३. भारतीय अभिलेख—एस.एस. राणा, भारतीय विद्या प्रकाशन (१९७८)
४. हिस्टरी ऐंड नॉलेज ऑफ स्कंदगुप्त विक्रमादित्य (१९७६ जयप्रकाश सिंह)
५. स्कंदगुप्त नाटक—जयशंकर प्रसाद

११. महाराजा पुलकेशिन प्रथम का साम्राज्य

१. द चोल—नीलकंठ शास्त्री (१९८४)
२. प्राचीन भारत का इतिहास—द्विजेद्र नारायण झा/कृष्णमोहन श्रीमाली
३. एन. एटलस एंड सर्वे ऑफ साउथ एशियन हिस्टरी—कार्ट जे. स्मिथ—रुटलेज पब्लिकेशन

१२. सम्राट् यशोधर्मन का साम्राज्य

१. हिस्टॉरिकल जियोग्राफी ऑफ मध्य प्रदेश—पी.के. भट्टाचार्य

२. इंसक्रिप्सन ऑफ अर्ली गुप्ताज—एफ.जॉन. फ्लीट
३. यशोधर्मन के मंदसौर से प्राप्त अभिलेख
४. इंडियन इसीटेरिक बुद्धिज्म : सोशल हिस्टरी ऑफ तांत्रिक मूवमेंट—रोनाल्ड एम. डेविसन
५. फॉरेन इंफ्लूएंश ऑन एशिएंट इंडिया—कृष्ण चंद्र सागर
६. विष्णुवर्धन के विजयगढ़ से प्राप्त अभिलेख

१३. सम्राट् हर्ष का साम्राज्य

१. हर्षचरित—बाणभट्ट
२. हर्षचरित, एक सांस्कृतिक अध्ययन—वासुदेव अग्रवाल
३. हर्ष ऐंड हिज टाइम्स—बी.एन. श्रीवास्तव
४. हर्ष (१९५७)—यदुनंदन कपूर
५. रत्नावली—बेंडी डोनिगर
६. हर्ष ए मल्टीडिसिप्लनरी पॉलिटिकल स्टडी—शंकर गोयल
७. इंडिया—हिस्टरी रिलीजन विजन ऐंड कंट्रीब्यूशन टू द वर्ल्ड (पी. एल्क्जेंडर/वर्गीज)

१४. महाराजा नरसिंहवर्मन प्रथम का साम्राज्य

१. NCERT Ancient History Tamilnadu Board
२. प्राचीन भारत, प्रकाशन विभाग, भारत सरकार
३. A History of Ancient India, Srivastva
४. कुर्रम दान पत्र—अभिलेख
५. चीनी यात्रा वृत्तांत

१५. सम्राट् ललितादित्य का साम्राज्य

१. राजतरंगिणी—कल्हण
२. एंशिएंट इंडिया—आ.सी. मजूमदार
३. कश्मीर—गोपीनाथ श्रीवास्तव
४. स्टडीज इन द हिस्टरी ऐंड आर्ट ऑफ कश्मीर ऐंड इंडियन हिमालया (१९६९)—हरमन गॉटज
५. इंट्रोडक्शन टू द तंत्रलोक (१९८७)—नवजीन रस्तोगी

१६. महाराणा बप्पा रावल का साम्राज्य

१. हिस्टरी ऑफ मेवाड़—राम वल्लभ सोमानी (१९७६)
२. एंशिएंट इंडिया—आर.सी. मजूमदार (१९७७)
३. यशोवर्मन ऑफ कन्नौज—श्याम मनोहर मिश्रा (१९७७)

१७. महाराजा कृष्ण प्रथम का साम्राज्य

१. राष्ट्रकूटाज ऐंड देयर टाइम्स (१९३४)—अनंत सदाशिव
२. हिस्टरी ऑफ साउथ इंडिया—टी.के. सुब्रमण्यम/पी.एन. रविंद्रन
३. ए. कंसाइज हिस्टरी ऑफ कर्नाटक—कामथ सूर्यनाथ यू.

४. कल्चरल हिस्टरी ऑफ कर्नाटका—ए.पी. कर्मारकर
५. दि स्ट्रगल ऑफ एंपायर—आर.सी. मजूमदार
६. हिस्टरी ऑफ कन्नड लिटरेचर—नरसिंहाचार्या
७. हिस्टरी ऑफ राष्ट्रकुटाज—पं. विशेश्वरनाथ

१८. महाराजा देवपाल का साम्राज्य

१. एंशिएंट इंडिया—आर.सी. मजूमदार
२. ऐस्से ऑन एंशिएंट इंडिया—राजकुमार
३. एंशिएंट इंडियन हिस्टरी एंड सिविलाइजेशन—शैलेंद्रनाथ सेन
४. कारप्स ऑफ बंगाल—रामारंजन मुखर्जी
५. दि ऐज ऑफ इंपीरियल कन्नौज—आर.सी. मजूमदार

१९. सम्राट् मिहिरभोज प्रतिहार

१. प्राचीन भारत—राधाकुमुद मुखर्जी, राजकमल प्रकाशन, दिल्ली
२. ग्वालियर प्रशस्ति-४
३. एपिक इंडिया-१२
४. इलियट डाउनसन हिस्टरी ऑफ इंडिया
५. प्राचीन भारत का व्यापक इतिहास
६. भारत का एक इतिहास
७. राधानपुर अभिलेख-८

२०. महाराजा चोल राजवंश का साम्राज्य

१. हिस्टरी ऑफ साउथ इंडिया—पी.एन. चोपड़ा/टी.के. रविंद्रन/एन. सुब्रमण्यम
२. कल्चरल हिस्टरी ऑफ कर्नाटक—ए.पी. करमारकर
३. एंशिएंट इंडियन हिस्टरी ऐंड सिविलाइजेशन—शैलेंद्र नाथ सेन

२१. महाराजा वीर सुहेलदेव राजभर

१. अंधकारयुगीन भारत—काशी प्रसाद जायसवाल
२. प्राचीन भारत का इतिहास—के.सी. श्रीवास्तव
३. बहराइच जनपद का खोजपूर्ण इतिहास—कन्हैयालाल श्रीवास्तव
४. सुहेलदेव शौर्य सागर—आचार्य शिव प्रसाद सिंह

२२. महाराजा भोज परमार का साम्राज्य

१. भारतीय इतिहास कोष—सच्चिदानंद भट्टाचार्य
२. Samarangana Sudhadhar of Bhojadeva : An Ancient Treatise on Architceture in Two Volumes

२३. महाराजा पृथ्वीराज चौहान का साम्राज्य

१. हिस्टरी ऑफ मेवाड़—आर.वी. सोमानी

२. हिस्टरी ऑफ चाहामानस—आर.बी. सिंह
३. मध्यकालीन भारत—सतीश चंद्रा
४. दि अर्ली रूलर्स ऑफ खजुराहो—शिशिर कुमार मिश्रा
५. राष्ट्र के गौरव

९. संघर्ष-पर्व

१. अहोम का साम्राज्य

१. कंट्युनिटी ऐंड चेंज एमोंग दि अहोम—एन.के. गोगोई
२. स्टेट ऑफ ताई कल्चर—जी. फुकॉन
३. फ्रगमेंटेड मेमोरीज—साइकिया, याशमीन
४. अ शॉर्ट अकाउंट ऑफ दि अहोम प्युपिल—लैंबर्ट, टी.डी. एरिक
५. अहोम ऐंड दि स्टडी ऑफ अर्ली ताई सोसाइटी—टर्वेल, बारेंड जेन
६. दि ताई—अहोम कनेक्शन—साइकिया, याशमीन

२. लाचित बड़फुकन

१. लाचित बड़फुकन ऐंड हिज टाइम्स (१९४७), एस.के. भुएन
२. लाचित (२०००)—डोवेराह/स्वपून
३. लाचित बड़फुकन—अजीत बरुआ
४. लाचित बड़फुकन—आसामचा शिवाजी/डॉ. सुज्जकुमार भुंया

३. विजयनगर का साम्राज्य

१. हिस्टरी ऑफ कर्नाटक—अर्थिकाजे
२. रिलीफ कार्विंग ऑन दि ग्रेट प्लेटफॉर्म—एल. अन्ना, उलापिकोला
३. हिस्टरी ऑफ दि आंध्रास अप टू (१५६५ ई.)—जे. दुर्गा प्रसाद
४. ए सोशल हिस्टरी ऑफ दि डेक्कन—एम. रिचर्ड, इयटन
५. कॉन्शियस हिस्टरी ऑफ कर्नाटक—कामथ/यू. सूर्यनाथ
६. कल्चरल हिस्टरी ऑफ कर्नाटक—ए.पी. कर्मारकर
७. दि टेंपल हिस्ट्रिक्ट ऑफ बिट्ठपुर—मैक, एलेक्जेंडर
८. साउथ इंडियन इंसिक्रिप्शन—के.वी. रमेश
९. मेमोरियल स्टोंस—वर्गीस/एनीला
१०. विजय नगर—स्पलेंडर इन राइंस—मिचेल जॉर्ज
११. टेंसन इन कन्नड लिटरेसी कल्चर—डी.आर. नागराज

४. सम्राट् कृष्ण देवराय का साम्राज्य

१. ए सोशल हिस्टरी ऑफ दी डेक्कन—एम.रिचर्ड/ईटन
२. साउथ इंडियन ट्रांसक्रिप्शन—के.वी. रमेश
३. विजयनगर स्पेलेंडर इन राइंस—मिचेल जार्ज

४. कल्चरल हिस्टरी ऑफ कर्नाटक—ए.पी. करमारकर
५. हिस्टरी ऑफ कर्नाटक—अर्थिकांजे
६. हिस्टरी ऑफ आंध्रास अप टु (१५६५ ई.)—जे. दुर्गा प्रसाद

५. महाराजा हेमचंद्र विक्रमादित्य (हेमू) का साम्राज्य

१. हेमू : फॉरगॉटन हिंदू हीरो (१९८४)—आर.सी. मजूमदार
२. राइज ऐंड फॉल ऑफ मुगल एंपायर (१९६०)—राम प्रसाद त्रिपाठी
३. हेमचंद्र विक्रमादित्य फाउंडेशन की रिसर्च
४. मिलिट्री हिस्टरी ऑफ इंडिया (१९६०)—डॉ. जदुनाथ सरकार
५. शेरशाह ऐंड हिज टाइम्स (१९६५)—कालिका रंजन कानूनगो
६. अकनड नागा—अबुल फजल
७. दि मुगल एंपायर—एफ.जोन रिचर्ड
८. इंडियाज हिस्टोरिक वेटलंस (२००४)—कौशिक राय

६. महाराणा प्रताप का साम्राज्य

१. मिलिट्री हिस्टरी ऑफ इंडिया—जदुनाथ सरकार
२. मिडेवल इंडिया द्वितीय, सल्तनत से मुगल—सतीश चंद्रा
३. महाराणा प्रताप—डॉ. भावना सिंह—डायमंड पॉकेट बुक

७. महाराणा राजसिंह का साम्राज्य

१. हिस्टरी ऑफ औरंगजेब—जदुनाथ सरकार
२. महाराणा राजसिंह ऐंड हिज टाइम्स—श्रीराम शर्मा
३. राजस्थान में स्वतंत्रता संग्राम—वी.एल. पांगडिया
४. महाराणा राजसिंह और औरंगजेब—राजेंद्रशंकर भट्ट

८. छत्रपति शिवाजी का साम्राज्य

१. मध्यकालीन भारत—एल.पी. शर्मा
२. छत्रपति शिवाजी—श्री निवास कुटुंबले
३. वीर शिवाजी—कपिलजी
४. शिवाजी और उनका काल—जदुनाथ सरकार
५. स्टुडेंट्स ब्रिटेनिका—इंदु रामचंदानी
६. A Text book of midieval Indian History—N. jayapalam
७. A Social Hisrory of the deccan—Richard M. Eaton.

९. महाराजा छत्रसाल का साम्राज्य

१. हिंदू कुल गौरव वीर छत्रसाल—लोकहित प्रकाशन
२. छत्रसाल—भारत-भारती प्रकाशन, नागपुर
३. मध्यकालीन भारतीय इतिहास—प्राइमस बुक

४. बुंदेलखंड के बुंदेला राजा
५. बुंदेल केसरी छत्रसाल—कैलास मड़बैया
६. महाराजा छत्रसाल बुंदेला, कुशल सेनापति और असाधारण योद्धा—राजकुमार माली
७. राजपूत शाखाओं का इतिहास—देवी सिंह मंडावा

१०. पेशवा बाजीराव प्रथम का साम्राज्य

१. हिस्टरी ऑफ मराठाज—ग्रांट डफ
२. हिस्टरी ऑफ द मराठाज—जी.एस. सरदेसाई
३. पेशवा बाजीराव ऐंड मराठा एक्सपेंशन—डॉ. बी.जी. दिघे
४. राइज ऑफ पेशवाज—एच.एन. सिन्हा
५. मराठों का नवीन इतिहास, भाग-२—गोविंद सखाराम सरदेसाई
६. फाल ऑफ द मुगल अंपायर—जदुनाथ सरकार

११. महाराजा रणजीत सिंह का साम्राज्य

१. पंजाब प्रॉ द एज्स—एस.आर. बक्शी/रश्मि पाठक
२. रणजीत सिंह (सन् १७८० से सन् १८३९)—खुशवंत सिंह
३. महाराजा रणजीत सिंह—लॉर्ड ऑफ द फाइव रिवर्स (२००२)—जीन मेरी लाफॉण्ट
४. शेर-ए-पंजाब महाराजा रणजीत सिंह
५. महाराजा रणजीत सिंह—ज्ञान गंगा
६. भारतीय सामंतवाद—रामशरण शर्मा, राजकमल प्रकाशन

१२. वृहत्तर सांस्कृतिक भारत सन् १८०० से १९४७ तक (सुभाषचंद्र बोस)

१. आधुनिक भारत का इतिहास—बी.एल. ग्रोवर/विपिन चंद्रा
२. नेताजी सुभाषचंद्र बोस—शिशिर कुमार
३. कालजयी सुभाष—श्रीकृष्ण सरल
४. सुभाष चंद्र बोस—मुकेश 'नादान'

१३. बाह्य आक्रमण, जिन्होंने बदल दिया सांस्कृतिक भारत का नक्शा

१. अखंड भारत—डॉ. सदानंद सप्रे/अर्चना प्रकाशन, भोपाल
२. और देश बँट गया—हो.वे. शेषाद्रि, सुरुचि प्रकाशन, दिल्ली
३. देश की हत्या—गुरुदत्त
४. भारतीय इतिहास के छह स्वर्णिम पृष्ठ—वीर सावरकर, लोकहित प्रकाशन
५. महापुरुष जीवनी—भारत-भारती, नागपुर, कल्पवृक्ष प्रकाशन
६. राष्ट्र के गौरव

१०. समर्पण-पर्व

१. कविता कोश—मुरारी लाल वर्मा (बालबंधु)
२. महाराजा रंतिदेव

३. कवि मौलाना अल्ताफ हुसैन हाजी
४. भारत-एकात्मता स्तोत्र-व्याख्या सचित्र—डॉ. हरिश्चंद्र बर्थ्वाल, श्लोक—८-३१

११. सम्मान-पर्व

१. कोट्स ऑन इंडिया
२. कुटेशन फॉर इंडिया ऑफ फॉरनर
३. अनमोल विचार
४. महान् पुस्तकों के ५००१ अनमोल विचार
५. महान् पुरुष कथन

१२. आह्वान-पर्व

१. सांस्कृतिक भारत संकल्पना—अर्चना प्रकाशन
२. विषय बिंदु
३. पं. दीनदयाल उपाध्याय साहित्य—डॉ. महेश चंद्र शर्मा
४. स्वामी विवेकानंद साहित्य
५. स्वामी रामतीर्थ साहित्य
६. भारत एकात्मता स्तोत्र—डॉ. हरिश्चंद्र बर्थ्वाल, सुरुचि प्रकाशन
७. माँ का आह्वान—दीनानाथ बत्रा, सुरुचि प्रकाशन

१३. संकल्प-पर्व

१. सांस्कृतिक भारत मानचित्रावली वंदे मातरम्—जबलपुर प्रकाशन
२. ऋग्वेद—४/२५/४
३. स्वामी रामतीर्थ साहित्य
४. स्वामी विवेकानंद साहित्य
५. महर्षि अरविंद साहित्य
६. महाभारत
७. अथर्ववेद—तत्रोक्त देवीसूक्तम्, श्लोक-१
१०. आनंदमठ—बंकिम चंद्र चटर्जी
११. दुर्गाशप्तसती
१२. माँ के चरणों में—रंगाहरिजी, सुरुचि प्रकाशन
१३. सावरकर साहित्य
१४. विभिन्न धर्मग्रंथ
१५. ऋग्वेद

१४. भरतवाक्य

१. रामचरितमानस—गोस्वामी तुलसीदास

२. भारत वंदना—संघ गीत

३. पुष्प की अभिलाषा—सुमित्रानंदन पंत

४. शांतिपत्र

५. ऋग्वेद

६. राष्ट्रीय गीतमाला

७. गीता—व्यास

८. बौद्धक पुस्तिका—संघ

९. महादेवी वर्मा रचना

१५. संकल्प-पाठ

१. पुण्यभूमि भारत—पं. जुगल किशोर शर्मा, सुरुचि प्रकाशन

□□□